LEHRBUCH

DER

MINERALOGIE

VON

MAX BAUER.

MIT 588 HOLZSCHNITTEN.

BERLIN UND LEIPZIG.
VERLAG VON J. GUTTENTAG
(D. COLLIN).
1886.

Zur Beachtung.

FRANZ ERNST NEUMANN

IN KÖNIGSBERG I/PR.

ZU SEINEM SECHSZIGJÄHRIGEN DOKTORJUBILÄUM

IN DANKBARKEIT UND VEREHRUNG

GEWIDMET

VOM VERFASSER.

Vorrede.

Das vorliegende Lehrbuch soll dazu dienen, den Leser in das wissenschaftliche Studium der Mineralogie nach ihrem neuesten Standpunkt einzuführen. Dasselbe kann zum Studium neben einer mineralogischen Vorlesung benützt werden, aber auch ohne eine solche zum Selbststudium, wobei allerdings vorausgesetzt werden muss, dass eine, wenngleich nicht nothwendig umfangreiche Sammlung der wichtigsten Mineralien, Krystallmodelle, Präparate und Instrumente zur Verfügung steht, ohne deren sachgemässe Benützung ein tieferes Eindringen in die Mineralogie unmöglich ist.

Dem Zweck des Buches entsprechend ist der allgemeine und einleitende Theil desselben ziemlich ausführlich behandelt.

Zunächst sind darin die Lehren der Krystallographie eingehend dargestellt. Der Verfasser hat sich dabei nicht auf eine Beschreibung der Krystallformen beschränkt, sondern er hat sich bemüht, den Leser zu einem wirklichen Verständniss derselben gelangen zu lassen, soweit dies ohne umfangreiche mathematische Behandlung möglich ist.

Den physikalischen Eigenschaften der Mineralien wird heutzutage eine ganz besondere Wichtigkeit beigelegt. In dem Abschnitt über Mineralphysik wurde im allgemeinen die Kenntniss der Physik, soweit sie etwa in einer guten Universitätsvorlesung über Experimentalphysik dem Zuhörer übermittelt wird, als bekannt vorausgesetzt. Nur diejenigen physikalischen Lehren sind etwas ausführlicher behandelt worden, welche für die speciellen Zwecke der Mineralogie besondere Bedeutung haben und welche zuweilen in den Lehrbüchern der Physik nicht in der für den Mineralogen wünschenswerthen Ausführlichkeit dargestellt werden, wie z. B. die Farbenerscheinungen in den Krystallen im polarisirten Licht etc. Als bekannt vorauszusetzende Gegenstände wurden nur in soweit kurz berührt, dass der ganze Abschnitt über Mineralphysik an einem fortlaufenden Faden dargestellt werden konnte. Grössere theoretische Ausführungen, wie z. B. die Erklärung der Interferenzerscheinungen in Krystallen und Aehnliches wurden vermieden. In Bezug hierauf und überhaupt in Bezug auf die einschlägigen physikalischen Lehren sei auf die ausführlicheren Lehr- und Handbücher der Physik verwiesen.

In dem Abschnitt über Mineralchemie wurden die Lehren der Chemie, besonders der unorganischen als bekannt vorausgesetzt und es wurde im allgemeinen Theil hauptsächlich nur die chemische Zusammensetzung der Mineralien im allgemeinen, ihr Verhalten vor dem Löthrohr, sowie gegen Wasser, Säuren und andere Lösungsmittel, endlich namentlich die Lehren des Isomorphismus und Dimorphismus eingehender behandelt. Die Zusammensetzung der Mineralien wurde durch die empirischen Formeln, sowie nicht selten durch die älteren gruppirenden Formeln dargestellt. Dabei wurden die zwei Metallatome in den Sesquioxyden (und entsprechend in den empirischen Formeln) in bekannter Weise mittelst durchstrichener Buchstaben bezeichnet, zur leichteren Unterscheidung der Metallatome in den Monoxyden derselben Metalle, besonders beim Eisen.

Bei der Betrachtung der chemischen Verhältnisse der Mineralien im allgemeinen wurde schliesslich auch gebührende Rücksicht genommen auf die Art und Weise, wie die Mineralien entstehen, wie sie unter den verschiedenartigen von aussen auf sie einwirkenden natürlichen Einflüssen umgewandelt und wie sie endlich unter Umständen auch ganz zerstört werden, um anderen Mineralien zur Entstehung Veranlassung zu geben. Dabei durfte die Art und Weise des natürlichen Vorkommens der Mineralien in der Erdkruste nicht übergangen werden, das nicht nur an sich wichtig und interessant, sondern auch zur Beurtheilung der Entstehung der Mineralien von grösster Bedeutung ist. Es wurden daher in dem die Mineralien behandelnden Abschnitt des einleitenden Theiles einige Paragraphen über die allgemeinen Verhältnisse des Vorkommens der Mineralien eingefügt.

In allen Abschnitten wurde die Betrachtung nach Möglichkeit auf das Thatsächliche und das Beobachtete beschränkt und die Hereinziehung des rein Hypothetischen thunlichst vermieden.

Die weniger wichtigen Abschnitte des allgemeinen Theils

sind von den wichtigeren durch kleineren Druck unterschieden; klein gedruckt sind auch Beispiele zu allgemeineren Sätzen, längere Beschreibungen von Instrumenten und Aehnliches. Der Anfänger wird sich zunächst mit dem genaueren Studium des Grossgedruckten begnügen können. Im speciellen Theil sind die Beschreibungen der wichtigen und häufigen Mineralien gross, die der unwichtigeren und selteneren ebenfalls klein gedruckt. Der Anfänger kann die letzteren überschlagen. Eine Anzahl solcher unwichtigen Mineralien ist nur mit wenigen Worten im Text erwähnt, eine Anzahl anderer ist wenigstens in dem ausführlich gehaltenen alphabetischen Mineralverzeichniss am Schluss mit einem kurzen erläuternden Zusatz aufgeführt. Das Buch kann daher auch bis zu einem gewissen Grade als Nachschlagebuch benützt werden.

Die Mineralien organischen Ursprungs sind mehr anhangsweise und auch kurz behandelt, sowie durchaus mit kleinen Lettern gedruckt. Dass der Bernstein etwas ausführlicher beschrieben worden ist, wird in einem Buche, das zum allergrössten Theil in der Hauptstadt des Bernsteinlandes, in Königsberg i/Pr., entstanden ist, nicht auffallend erscheinen.

Das Register zerfällt in zwei getrennte Hälften, eine für die allgemeinen einleitenden Abschnitte und eine zweite, ein Mineralienregister, für den speciellen, beschreibenden Theil des Buches.

Im § 3 findet man eine Uebersicht über die wichtigsten selbständig erschienenen Werke der mineralogischen Litteratur. Dieselben sind nach Fächern und innerhalb jedes Faches chronologisch geordnet. Es wurde dabei bis zum Anfang dieses Jahrhunderts zurückgegangen. Absolute Vollständigkeit wurde nicht erstrebt. Ebensowenig ist dies der Fall mit den Litteraturnachweisen, namentlich aus Zeitschriften, welche den einzelnen Paragraphen und Mineralbeschreibungen angehängt sind. Bezüglich dieser war anfänglich grössere Vollständigkeit geplant und auch z. Th. ausgeführt. Die Durchführung dieser Absicht hätte aber zu viel Raum beansprucht, und so fand später eine Beschränkung auf das Wichtigste statt. In Folge davon sind die Litteraturangaben bei den einzelnen Paragraphen und Mineralien etwas ungleichförmig, die grössere Ausführlichkeit in einzelnen Punkten wird aber dem Buch wohl nicht zum Schaden gereichen. Im allgemeinen ist das Princip verfolgt, dass aus der citirten Litteratur jedes Gegenstandes die andere nicht citirte möglichst vollständig ersehen werden kann; zu diesem Zweck sind mehrfach an sich unbedeutende Arbeiten angeführt worden, wenn in ihnen die ältere Litteratur in hervorragender Weise berücksichtigt worden ist. Aus den Litteraturangaben sind auch die Namen derjenigen Forscher zu entnehmen, welche sich mit den betreffenden Gegenständen vorzugsweise eingehend beschäftigt haben. Im Texte selbst sind deren Namen nur ausnahmsweise genannt.

Die 588 Figuren sind mit geringen Ausnahmen neu construirt; nur eine kleine Zahl ist aus anderen Werken copirt, so z. B. die Abbildungen einiger Instrumente aus dem: „Bericht über die wissenschaftlichen Instrumente auf der Berliner Gewerbeausstellung im Jahre 1879".

Die sehr mühsame Correctur ist mit der dankenswerthen Unterstützung des Herrn Dr. R. Brauns hier ausgeführt worden, welcher auch das Register für den allgemeinen Theil angefertigt hat. Einige stehengebliebene sinnstörende Druckfehler wolle man vor der Benützung des Buches verbessern.

Die Fertigstellung des Buches hat, durch mannigfache Hindernisse unterbrochen, sehr lange Zeit in Anspruch genommen. Es konnten daher manche wichtige in den letzten Jahren erschienene Arbeiten theils gar nicht mehr, theils nur in ungenügender Weise bei der Correctur benützt werden.

Möge es dem Verfasser trotzdem gelungen sein, ein Werk zu schaffen, welches den Eingangs angegebenen Zweck zu erfüllen im Stande ist.

Besonderen Dank würde derselbe denjenigen Fachgenossen entgegenbringen, welche ihn auf die beim Gebrauche des Buchs sich ergebenden Mängel und Irrthümer aufmerksam machen wollten.

Marburg, Neujahr 1886.

Max Bauer.

Inhaltsübersicht.

Allgemeiner Theil.

I. Abschnitt. Krystallographie.

A. Begriff des Krystalls.

B. Begrenzungselemente.

C. Gesetze, nach welchen die Begrenzungselemente angeordnet sind.

Specieller Theil.

Sodann folgt die Beschreibung der einzelnen Mineralspecies.

Einleitung.

1. Mineralien. *Mineralogie* oder *Oryktognosie* ist derjenige Theil der Naturgeschichte, der sich mit der wissenschaftlichen Erforschung der Mineralien nach allen ihren Eigenschaften und Beziehungen beschäftigt.

Mineralien sind die homogenen, starren oder tropfbarflüssigen unorganischen Naturproducte von bestimmter, durch eine Formel ausdrückbarer chemischer Constitution, welche die feste Kruste der Erde und anderer planetarischer Himmelskörper zusammensetzen.

Alle Mineralien sind homogen, d. h. durch und durch gleichartig, so dass ein Theilchen ganz genau ebenso beschaffen ist, wie jedes andere Theilchen desselben Stücks. Dadurch unterscheiden sich die Mineralien u. a. von gewissen in der festen Erdkruste in grosser Ausdehnung und grossen Quantitäten an vielen Orten in ganz gleicher Weise vorkommenden Massen, wie Granit, Gneis etc., welche als *Gebirgsarten* oder *Gesteine* nicht der Mineralogie, sondern der *Petrographie* angehören. Es sind dies Mineralgemenge, deren einzelne homogene Bestandtheile Gegenstände der Mineralogie bilden.

Die allermeisten Mineralien sind fest, nur Quecksilber, Wasser und Petroleum sind flüssig.

Die Mineralien sind ferner unorganisch, d. h. nicht durch den Lebensprocess von Pflanzen und Thieren gebildet, und stehen in sofern jenen organischen, aus Zellen zusammengesetzten Naturkörpern gegenüber, welche letztere oder ihre Bestandtheile selbst dann nicht zu den Gegenständen der Mineralogie gehören, wenn sie im sog. fossilen oder versteinerten Zustande sich als Versteinerungen oder Petrefacten in der Erdkruste finden. Es sind also namentlich Muschelschalen, Korallenstücke und Aehnliches, sodann aber auch die im Thier- und Pflanzenkörper vielfach gebildeten Krystalle etc. vom Mineralreich ausgeschlossen. Ebenso ist es streng genommen mit den fossilen Kohlen (Stein- und Braunkohlen etc., welche überdies auch weit davon entfernt sind, homogen zu sein); mit Harzen, wie Bernstein und mit Aehnlichem, weil alle diese Körper organischen Ursprungs sind, mehr oder weniger weit vorgeschrittene Umwandlungsstadien von Pflanzenmassen verschiedener Art. Aber einem alten Gebrauch zufolge werden diese letzteren Substanzen trotzdem in der Mineralogie mit behandelt.

Nur solche Substanzen heissen Mineralien, die eine bestimmte und feste, durch eine Formel darstellbare chemische Constitution besitzen. Es giebt eine Anzahl sonst wie Mineralien sich verhaltender Körper, glasartig erstarrte Gesteinsmassen, wie Obsidian, Pechstein etc., die aber eine schwankende Zusammensetzung haben und daher nicht zu den Mineralien, sondern zu den Objecten der Petrographie zählen.

Die Mineralien, als auf vollkommen natürlichem Weg ohne Zuthun des Menschen entstandene sog. Naturproducte, stehen den sog. Kunstproducten der chemischen Fabriken und Laboratorien gegenüber, zu deren Entstehung der Mensch Veranlassung gegeben hat, z. B. Eisenvitriol, Alaun etc. In allen Eigenschaften der Homogenëität, der festen chemischen Zusammensetzung und der unorganischen Structur und Entstehung stimmen diese künstlich dargestellten Körper mit den Mineralien durchaus überein, aber die Mineralien haben gerade wegen ihrer vom Menschen ganz unabhängigen Entstehung in der festen Erdkruste, welche von ihnen zum grössten Theil zusammengesetzt wird, eine selbständige eigenthümliche Bedeutung, und es ist daher rathsam, sie für sich und abgesondert von den künstlich dargestellten Substanzen zu betrachten.

Stücke anderer planetarischer Himmelskörper gelangen zuweilen als sog. Meteoriten auf die Erde. Sie werden von Mineralien gebildet, welche z. Th. mit irdischen vollkommen identisch, z. Th. von allen solchen verschieden, aber in sämmtlichen wesentlichen Beziehungen mit ihnen analog sind.

2. Mineralogie. Die wissenschaftliche Untersuchung und Beschreibung der Mineralien hat sich auf alle ihre Eigenschaften, auf ihr Gesammtverhalten zu beziehen.

Das Erste, was sich hierbei darbietet, ist die *chemische Zusammensetzung*. Man muss vor allem wissen, was ein vorliegendes Mineral in stofflicher Beziehung ist, ehe man zur Erforschung weiterer Eigenschaften übergehen kann. Die *Chemie* ist also eine erste wichtige Hülfswissenschaft für die Mineralogie, welche auch zugleich das Verhalten der Mineralien gegen Säuren und Basen, gegen Wasser, Sauerstoff und Kohlensäure und andere Agentien ermittelt und bei der Frage nach der Entstehung der Mineralien eine wesentliche Rolle spielt.

Das Zweite ist die Erforschung der *Krystallform*, die Kenntniss der regelmässig polyëdrischen Begrenzung, welche die meisten Mineralien zeigen, und welche einmal an sich, sodann aber auch in ihren wichtigen Beziehungen zur chemischen Zusammensetzung untersucht wird (Isomorphismus, Dimorphismus). Die *Krystallographie* ist also eine zweite wichtige Hülfswissenschaft.

Sodann sind die *physikalischen* Eigenschaften der Mineralien ins Auge zu fassen, das Verhalten derselben gegen Wärme, Elektricität, Magnetismus, die Verhältnisse der Elasticität und der Härte, das specifische Gewicht und vor allem ihr Verhalten gegen das Licht; alles dies sowohl an sich, als in Beziehung zu der Krystallform und chemischen Zusammensetzung. Diese Untersuchungen setzen als Hülfswissenschaft die *Physik* voraus.

Auf Grund der chemischen, krystallographischen und physikalischen Eigenschaften werden die Mineralien sodann in ein System gebracht, was eine möglichst leichte und bequeme Uebersicht über das Gesammtgebiet zum Zwecke hat.

Da die Mineralien Theile der festen Erdkruste sind, so ist ferner von wesentlichem Interesse die Kenntniss ihres Vorkommens in derselben, der Art und Weise, wie sie mit anderen Mineralien zusammen den Aufbau der Erdkruste bewirken, wie sie in ihr entstanden sind, wie sie sich unter dem Einfluss der in der Erde stets wirksamen chemischen und physikalischen Kräfte verhalten, wie sie durch dieselben umgeändert und häufig ganz zerstört werden, und wie sie dabei zur Bildung neuer Mineralien Veranlassung geben. In diesen Fragen steht die Mineralogie zur *Geologie* in einer nahen Beziehung, so dass beide sich vielfach gegenseitig als Stütze und Ergänzung dienen.

Nach allem dem kann man also schliesslich die *Aufgabe der Mineralogie* zusammenfassen als die Anwendung der Lehren der Chemie, Krystallographie und Physik auf die Kenntniss der Mineralien unter gleichzeitiger Berücksichtigung der Art und Weise ihres Vorkommens in der Natur, ihrer Entstehung, ihrer Umwandlung und ihres Vergehens unter dem Einfluss der auf und in der Erde wirksamen chemischen und physikalischen Kräfte.

3. Litteratur. Im Folgenden ist eine Anzahl von Werken angegeben, welche für die Entwickelung unserer Wissenschaft von Bedeutung gewesen sind, geordnet nach den verschiedenen Zweigen der Mineralogie und nach den Jahren ihres Erscheinens. Litteraturangaben für einzelne specielle Gegenstände finden sich an den betreffenden Stellen im Text.

A. Lehr- und Handbücher der Mineralogie.

1794. **Wiedenmann.** Handbuch des oryktognostischen Theils der Mineralogie.
1801—5. **Reuss.** Lehrbuch der Mineralogie. 3 Bde.
1811—17. **Hoffmann.** Handbuch der Mineralogie. (Beendigt von Breithaupt.) 4 Bde.
1811—24. **Steffens.** Vollständiges Handbuch der Oryktognosie. 4 Bde. u. Suppl.
1822. **Haüy.** Traité de minéralogie. 2. Aufl. 4 Bde. u. Atlas.
1822—24. **Mohs.** Grundriss der Mineralogie. 2 Bde.
1826. **C. C. v. Leonhard.** Handbuch der Oryktognosie. 2. Aufl.
1828. **Naumann.** Lehrbuch der Mineralogie. 1 Bd. u. Atlas.
1828—47. **Hausmann.** Vollständiges Handbuch der Mineralogie. 2 Thle.
1829. **Haidinger.** Anfangsgründe der Mineralogie.
1830—31. **v. Kobell.** Charakteristik der Mineralien. 2 Bde.
1830—32. **Beudant.** Traité élementaire de minéralogie. 2. Aufl. 2 Bde.
1831. **Glocker.** Handbuch der Mineralogie. 2. Aufl.
1832. **Breithaupt.** Vollständige Charakteristik des Mineralsystems. 3. Aufl.
1836—39. **Mohs.** Leichtfassliche Anfangsgründe der Naturgeschichte des Mineralreichs. 2. Aufl. 2 Bde. (Der 2. Band bearbeitet von Zippe.)
1836—47. **Breithaupt.** Vollständiges Handbuch der Mineralogie. 3 Bde.
1838. **v. Kobell.** Grundzüge der Mineralogie.
1839. **Glocker.** Grundriss der Mineralogie.
1843. **Hartmann.** Handbuch der Mineralogie. 2 Bde. Nachtrag 1850.
1851. **Haidinger.** Handbuch der bestimmenden Mineralogie. 2. Aufl.
1852. **Phillips.** Elementary introduction in mineralogy. Neue (5.) Aufl. von Brooke und Miller.
1856—59. **Dufrénoy.** Traité de minéralogie. 4 Bde. u. Atlas.
1858—60. **Delafosse.** Nouveau cours de minéralogie. 2 Bde. und Atlas.
1859. **Zippe.** Lehrbuch der Mineralogie mit naturhistorischer Grundlage.
1860. **G. Leonhard.** Grundzüge der Mineralogie. 2. Aufl.
— **Pfaff.** Grundriss der Mineralogie.
1862. **Girard.** Handbuch der Mineralogie.
1862—74. **Des Cloizeaux.** Manuel de minéralogie. 2 Bde. Unvollständig.
1864. **Andrä.** Lehrbuch der gesammten Mineralogie.
1869. **Senft.** Lehrbuch der Mineralien- und Felsartenkunde.
— **J. D. Dana.** A system of mineralogy. 5. Aufl. mit 3 Nachträgen 1872 bis 1882.
1873—75. **Bombicci.** Corso di mineralogia. 2. Aufl. 2 Bde.

1874. **Blum.** Lehrbuch der Mineralogie. 4. Aufl.
1875. **Senft.** (Leunis, Synopsis der drei Naturreiche. 3. Bd. 1. Abth.: Mineralogie. 2. Aufl. bearbeitet von Senft; 1. Aufl. von Fr. Ad. Roemer.)
1877. **Edw. S. Dana.** A text-book of mineralogy.
— **Quenstedt.** Handbuch der Mineralogie. 3. Aufl.
1878. **v. Kobell.** Die Mineralogie, leichtfasslich dargestellt. 5. Aufl.
1880. **Kenngott.** Lehrbuch der Mineralogie. 5. Aufl.
1881. **Naumann.** Elemente der Mineralogie. 11. Aufl. bearb. von Zirkel.
1882. **Hornstein.** Kleines Lehrbuch der Mineralogie. 3. Aufl.
1884. **Tschermak.** Lehrbuch der Mineralogie.
(Noch unvollendet ist das Wörterbuch der Mineralogie etc. von Kenngott, v. Lasaulx und Rolle.)

B. Krystallographie und Physik der Mineralien.

1772. **Romé de l'Isle.** Essai de cristallographie.
1774. **A. G. Werner.** Von den äusserlichen Kennzeichen der Fossilien.
1783. **Romé de l'Isle.** Cristallographie. 4 Bde.
1822. **Haüy.** Traité de cristallographie. 2 Bde.
1823. **Neumann.** Beiträge zur Krystallonomie.
1825. **Naumann.** Grundriss der Krystallographie.
1829. **Grassmann.** Zur physischen Krystallonomie und geometrischen Combinationslehre.
1830. **Naumann.** Lehrbuch der reinen und angewandten Krystallographie. 2 Bde.
1831. **Kupffer.** Handbuch der rechnenden Krystallonomie.
1839. **Miller.** A treatise on crystallography. (Uebersetzt und bearbeitet von Grailich. 1856.)
1840. **Quenstedt.** Methode der Krystallographie.
1846. **Kenngott.** Lehrbuch der reinen Krystallographie.
1851. **Schröder.** Elemente der rechnenden Krystallographie.
1852. **Rammelsberg.** Lehrbuch der Krystallkunde.
1853. **Pfaff.** Grundriss der mathematischen Verhältnisse der Krystalle.
1854. **Naumann.** Anfangsgründe der Krystallographie. 2. Aufl.
1855. **Kenngott.** Synonymik der Krystallographie.
— **Schabus.** Bestimmung der Krystallgestalten in chemischen Laboratorien erzeugter Producte.
1856. **Grailich,** vergl. 1839 **Miller.**
— **Naumann.** Elemente der theoretischen Krystallographie.
1857. **Weissbach.** Das axonometrische Zeichnen.
1858. **Grailich.** Krystallographisch-optische Untersuchungen.
1861. **Karsten.** Lehrbuch der Krystallographie.
1862. **Kopp.** Einleitung in die Krystallographie. 2. Aufl.
1863. **Miller.** A tract on crystallography (übersetzt von Jörres, 1864).
1865. **N. v. Kokscharow.** Vorlesungen über Mineralogie.
1866. **V. v. Lang.** Lehrbuch der Krystallographie.
— **Bravais.** Études crystallographiques.
1866—68. **Schrauf.** Lehrbuch der physikalischen Mineralogie. 2 Bde.
1867. **G. Werner.** Leitfaden zum Studium der Krystallographie.
1873. **Quenstedt.** Grundriss der bestimmenden und rechnenden Krystallographie.
— **G. Rose.** Elemente der Krystallographie. 3. Aufl. bearbeitet von Sadebeck.
1876. **Sadebeck.** Angewandte Krystallographie.
— **C. Klein.** Einleitung in die Krystallberechnung.
— **Groth.** Physikalische Krystallographie.
1879. **Mallard.** Traité de crystallographie géometrique et physique.
— **Sohnke.** Entwickelung einer Theorie der Krystallstructur.
1881. **Liebisch.** Geometrische Krystallographie.
— **Bauerman.** Textbook of systematic mineralogy.
1883. **Rammelsberg.** Elemente der Krystallographie für Chemiker.
— **Brezina.** Methodik der Krystallbestimmung.

C. Mikroskopisches Verhalten der Mineralien.

1869—75. **Fischer.** Kritische mikroskopisch-mineralogische Studien, mit 2 Fortsetzungen.
1873. **Rosenbusch.** Mikroskopische Physiographie der petrographisch wichtigen Mineralien.
— **Zirkel.** Die mikroskopische Beschaffenheit der Mineralien und Gesteine.
1876. **Dölter.** Die Bestimmung der petrographisch wichtigeren Mineralien durch das Mikroskop.
1879. **Fouqué et Michel Lévy.** Minéralogie micrographique.
1881. **Zirkel.** Die Einführung des Mikroskops in das mineralog.-geolog. Studium.
1881—83. **Cohen.** Sammlung von Mikrophotographien zur Veranschaulichung der mikroskop. Structur der Mineralien und Gesteine. 10 Liefrg.
1883. **Tschermak.** Die mikroskopische Beschaffenheit der Meteoriten.

D. Chemische Verhältnisse der Mineralien.

(Vergl. auch die speciellen chemischen Werke von Fresenius, H. Rose, Wöhler, Rammelsberg etc., sowie betreffs des Löthrohrverhaltens der Mineralien die Abth. F. dieses Abschnittes.)
1795—1815. **Klaproth.** Beiträge zur chemischen Kenntniss der Mineralkörper. 6 Bde.
1808—1816. **John.** Chemische Untersuchung der Mineralkörper.
1822. **Stromeyer.** Untersuchungen über die Mischung der Mineralkörper.
1841—53. **Rammelsberg.** Handwörterbuch des chemischen Theils der Mineralogie. Mit 5 Suppl.
1843. **Delesse.** Thèse sur l'emploi de l'analyse chimique dans les récherches de minéralogie.
1854. **Volger.** Studien zur Entwickelungsgeschichte der Mineralien.
1861. **Wöhler.** Die Mineralanalyse in Beispielen.
1863—66. **Bischof.** Lehrbuch der chemischen und physikalischen Geologie. 3 Bde. 2. Aufl. Mit einem Suppl. 1871.
1875. **Rammelsberg.** Handbuch der Mineralchemie. 2. Aufl.
— **Haushofer.** Die Constitution der natürlichen Silicate nach den neuesten Ansichten der Chemie.
1879. **Roth.** Allgemeine und chemische Geologie. I. Bd.

E. Nachbildung (künstliche Darstellung) der Mineralien.

1857. **Gurlt.** Uebersicht der pyrogeneten künstlichen Mineralien.
1858. **C. C. v. Leonhard.** Hüttenerzeugnisse und andere auf künstlichem Wege gebildete Mineralien.
1872. **Fuchs.** Die künstlich dargestellten Mineralien.
1879. **Daubrée.** Études synthétiques de géologie expérimentale.
1882. **Fouqué et Michel Lévy.** Synthèse des minéraux et des roches.
1884. **Bourgeois.** Réproduction artificielle des minéraux.

F. Werke zur Untersuchung und Bestimmung der Mineralien.

1844. **Berzelius.** Die Anwendung des Löthrohrs. Deutsch von H. Rose. 4. Aufl.
1848. **Zimmermann.** Handbuch zum Bestimmen der Mineralien.
1857. **Scheerer.** Löthrohrbuch. 2. Aufl.
1862. **Kerl.** Leitfaden bei qualitativen und quantitativen Löthrohruntersuchungen. 2. Aufl.
1864. **Fischer.** Clavis der Silicate.
1866. **Blum.** Die Mineralien nach den Krystallsystemen geordnet.
1873. **Helmhacker.** Tafeln zur Bestimmung häufig vorkommender Mineralien.
1874. **Senft.** Analytische Tabellen zur Bestimmung der Mineralien.
1875. **Hirschwald.** Löthrohrtabellen.
— **Fuchs.** Anleitung zur Bestimmung der Mineralien. 2. Aufl.
1877. **Bořicky.** Elemente einer neuen chemisch-mikroskopischen Gesteinsanalyse.
1877—78. **Plattner.** Probirkunst mit dem Löthrohr. 5. Aufl.

1878. **Brush.** Manuel of determinative Mineralogy. 3. Aufl.
— **Leypold.** Mineralogische Tafeln.
— **Weissbach.** Tabellen zur Bestimmung der Mineralien nach äusseren Kennzeichen. 2. Aufl.
1879. **Laube.** Hülfstafeln zur Bestimmung der Mineralien. 2. Aufl.
1880. **Bunsen.** Flammenreactionen.
— **Chapman.** Blowpipe practice.
1881. **Landauer.** Die Löthrohranalyse. 2. Aufl.
— **Behrens.** Mikrochemische Methoden zur Mineralanalyse.
1884. **v. Kobell.** Tafeln zur Bestimmung der Mineralien mittelst einfacher chemischer Versuche. 12. Aufl. von Oebbeke.

G. Vorkommen der Mineralien.

1810—19. **Héron de Villefosse.** De la richesse minérale. 3 Bde. und Atlas.
1825. **Monticelli e Covelli.** Prodromo della mineralogia vesuviana.
1826. **Hisinger.** Mineralogische Geographie von Schweden. Deutsch von Wöhler nach der Handschrift zur 2. Aufl.
1837—42. **G. Rose.** Mineralogisch-geognostische Reise nach dem Ural etc. 2 Bde.
1842. **Beck.** Report of the mineralogy of the State of New-York.
1843. **G. Leonhard.** Handwörterbuch der topographischen Mineralogie.
1849. **Breithaupt.** Die Paragenesis der Mineralien.
1852. **A. Nordenskjöld.** Verzeichniss der in Finnland gefundenen Mineralien.
1853. **Sartorius von Waltershausen.** Die vulkanischen Gesteine von Sicilien und Island.
1855. **A. Nordenskjöld.** Beskrifning öfver de in Finland funna mineralier. (2. Aufl. 1863.)
— **Haidinger.** Geologische Uebersicht der Bergbaue der Oesterreichischen Monarchie.
1856. **Sella.** Studi sulla mineralogia sarda.
1857. **J. Roth.** Der Vesuv und die Umgebung von Neapel.
— **Vogl.** Gangverhältnisse und Mineralreichthum Joachimsthals.
1858. **Greg and Lettsom.** Manuel of the mineralogy of Great Britain and Ireland.
1858—73. **v. Zepharovich.** Mineralogisches Lexikon des Kaiserthums Oesterreich. 2 Bde.
1859—61. **v. Cotta.** Die Lehre von den Erzlagerstätten.
1863. **Fiedler.** Die Mineralien Schlesiens.
1866. **Kenngott.** Mineralien der Schweiz.
1868. **Daubrée.** Substances minérales. Extrait des rapports du Jury international de l'exposition universelle de 1867.
— **Senft.** Die krystallinischen Erdgemengtheile nach ihren mineralischen Eigenschaften.
1869. **Grimm.** Die Lagerstätten der nutzbaren Mineralien.
1870. **Landgrebe.** Mineralogie der Vulkane.
1873. **v. Dechen.** Die nutzbaren Mineralien und Gebirgsarten im Deutschen Reiche.
— **d'Achiardi.** Mineralogia della Toscana. 2 Bde.
1874. **Frenzel.** Mineralogisches Lexikon für das Königreich Sachsen.
1875. **Genth.** Report of the mineralogy of Pensylvania. Mit Nachtrag 1876.
— **Gonnard.** Mineralogie du département du Puy-de-Dôme.
— **How.** Mineralogy of Nova Scotia.
1876. **G. Leonhard.** Die Mineralien Badens nach ihrem Vorkommen. 3. Aufl.
1878. **Fugger.** Die Mineralien des Erzherzogthums Salzburg.
— **Giesecke.** Mineralogische Reise nach Grönland (ed. Johnstrup).
— **Raimondi.** Minéraux du Perou. Aus dem Spanischen von Martinet.
1879. **v. Groddeck.** Die Lehre von den Lagerstätten der Erze.
— **Domeyko.** Mineralojia, besonders die Mineralien von Chili, Bolivia, Peru und Argentinien behandelnd. 3. Aufl. Suppl. 1871.
— **Brakebusch.** Las Especies minerales de la Republica argentina.
1884. **Brunlechner.** Die Minerale des Herzogthums Kärnten.

(Siehe ausserdem die verschiedenen Werke über Petrographie von Zirkel, Rosenbusch, v. Lasaulx u. A.)

H. Sammelwerke, Zeitschriften etc.

1806—18. **Hisinger** und **Berzelius**. Afhandlingar i Fisik, Kemi och Mineralogi. 6 Bde.
1807—24. **v. Leonhard**. Taschenbuch für die gesammte Mineralogie. 18 Bde.
1811—33. **Schweigger**. Journal für Physik und Chemie. 69 Bde.
1829—55. **Karsten** und **v. Dechen**. Archiv für Mineralogie, Geognosie etc. 26 Bde.
1849. **Kenngott**. Mineralogische Untersuchungen.
1853—83. **v. Kokscharow**. Materialien zur Mineralogie Russlands. 9 Bde. nebst Atlas (wird fortgesetzt).
1853. **v. Kobell**. Die Mineralnamen und die mineralogische Nomenclatur.
1856—75. **Hessenberg**. Mineralogische Notizen. 12 Hefte. In den Abhandlungen der Senkenbergischen Gesellschaft von Bd. 1—10.
1865—78. **Schrauf**. Atlas der Krystallformen des Mineralreichs. (Unvollständig.)
1866. **Breithaupt**. Mineralogische Studien.
1867. **Des Cloizeaux**. Nouvelles recherches sur les propriétés optiques des cristaux.

Zeitschriften, in welchen gegenwärtig mineralogische Arbeiten publicirt werden:

Neues Jahrbuch für Mineralogie, Geologie und Paläontologie von Bauer, Dames und Liebisch, gegründet von Leonhard und Bronn 1830.
Mineralogische und petrographische Mittheilungen von Tschermak, seit 1871.
Zeitschrift für Krystallographie und Mineralogie von Groth, seit 1877.
Zeitschrift der Deutschen Geologischen Gesellschaft, seit 1849.
Annalen der Physik und Chemie von Wiedemann (früher Poggendorff und Gilbert), seit 1799.
Berg- und hüttenmännische Zeitung, seit 1842.
Verhandlungen und Schriften der russischen kaiserlichen Gesellschaft für die gesammte Mineralogie.
Annales de chimie et physique, seit 1816.
Bulletin de la société mineralogique de France, seit 1878.
Bulletin de la societé géologique de France, seit 1836.
Annales des mines, seit 1816.
The mineralogical Magazine, seit 1877.
American Journal of sciences and arts von Silliman, seit 1818.

(Ausserdem kommen mineralogische Arbeiten in den zahlreichen Schriften der Akademien und naturwissenschaftlichen Vereine etc. aller Länder zur Veröffentlichung, sowie vereinzelt in fast sämmtlichen der Chemie und Physik gewidmeten Zeitschriften.)

J. Jahresberichte über den Stand und den Fortschritt der Wissenschaft.

1822—48. **Berzelius**. Jahresbericht über die Fortschritte der physischen Wissenschaften. Deutsch von Gmelin.
1835—37. **Glocker**. Mineralogische Jahreshefte. 5 Bde.
1845. **v. Haidinger**. Uebersicht der Resultate mineralogischer Forschungen im Jahr 1843.
1852—68. **Kenngott**. Uebersicht der Resultate mineralogischer Forschungen in den Jahren 1844—1865. 17 Theile.
1847—. **Liebig** und **Kopp**. Jahresbericht über die Fortschritte der reinen etc. Chemie, Physik, Mineralogie und Geologie nebst Fortsetzungen, welche unter verschiedenen Herausgebern bis heutzutage erscheinen.

K. Uebersichten über das System.

1808. **Karsten**. Mineralogische Tabellen. 2. Aufl.
1809. **Haüy**. Tableau comparatif des résultats de la cristallographie et de l'analyse chimique.
1830. **Breithaupt**. Uebersicht des Mineralsystems.

1847. **Berzelius'** neues chemisches Mineralsystem nebst einer Zusammenstellung seiner älteren hierauf bezüglichen Arbeiten, herausgegeben von C. Rammelsberg.
— **Glocker.** Generum et specierum mineralium etc. synopsis.
— **Hörnes.** Uebersichtliche Darstellung des Mohs'schen Systems.
1849. **Nordenskjöld.** Ueber das atomistische Mineralsystem.
1852. **G. Rose.** Das krystallo-chemische Mineralsystem.
1875. **Weissbach.** Synopsis mineralogica.
1882. **Groth.** Tabellarische Uebersicht der Mineralien. 2. Aufl.
— **G. Werner.** Mineralogische und geologische Tabellen.

L. Beschreibung von Mineraliensammlungen.

1804. **Mohs.** Des Herrn J. F. von der Null's Mineraliencabinet.
1834. **Kayser.** Beschreibung der Mineraliensammlung des Medicinalraths Bergemann in Berlin.
1843. **Haidinger.** Bericht über die Mineraliensammlung der k. k. Hofkammer.
1837. **Lévy.** Déscription d'une collection de minéraux formée par M. Heuland.
1878. **Groth.** Die Mineraliensammlung der Kaiser-Wilhelms-Universität Strassburg.

M. Praktische Benutzung der Mineralien (Lithurgik etc.).

1803. **Leonhardi.** Oekonomische und technische Naturgeschichte des Mineralreichs.
1803—4. **Schmieder.** Versuch einer Lithurgik oder ökonomischen Mineralogie. 2 Bde.
1805. **Völker.** Handbuch der ökonomisch-technischen Mineralogie. 2 Bde.
1821. **Brard.** Minéralogie appliquée aux arts. 3 Bde.
1822. **Blumhof.** Lehrbuch der Lithurgik.
1826. **Naumann.** Entwurf der Lithurgik.
1840. **Blum.** Lithurgik.
1860. **Kluge.** Handbuch der Edelsteinkunde.
1867. **King.** The natural history of precious stones and of precious metals.
1868. **Schrauf.** Handbuch der Edelsteinkunde.
1870. **Rambosson.** Les pierres précieuses.
1881. **Jannettaz, Vanderheym etc.** Diamant et pierres précieuses.

N. Geschichte der Mineralogie.

1825. **Marx.** Geschichte der Krystallkunde.
1839. **Whewell.** Geschichte der inductiven Wissenschaften. (Deutsch von Littrow.)
1861. **Lenz.** Die Mineralogie der alten Griechen und Römer.
1865. **v. Kobell.** Geschichte der Mineralogie.

Allgemeiner Theil.

I. Abschnitt.

Krystallographie.

A. Begriff des Krystalls.

4. Krystallisirt, amorph. Gewisse Substanzen von bestimmter chemischer Constitution besitzen häufig eine regelmässig ebenflächige, polyëdrische Begrenzung, wie z. B. der Quarz, Feldspath, Alaun etc., während andere nie etwas Solches wahrnehmen lassen, wie z. B. Glas, Opal etc. Die ersteren Substanzen nannte man *krystallisirt,* die letzteren *amorph.* (Joh. Nep. Fuchs, Amorphismus im Gegensatze zu Krystallisation.)

Dieser Unterschied haftet aber nicht blos an der Gestaltung der Oberfläche, sondern er ist ein tiefgehender, das Gesammtverhalten der Substanz umfassender, und auch in den inneren physikalischen Eigenschaften der Körper begründeter, so dass es nach diesen letzteren möglich ist, einen krystallisirten Körper auch dann von einem amorphen zu unterscheiden, wenn derselbe seine regelmässige Begrenzung, z. B. infolge von mechanischer Entfernung der äusseren Schicht, nicht erkennen lässt.

Man findet nämlich bei der Untersuchung amorpher homogener Substanzen, dass dieselben nach allen Richtungen sich physikalisch vollkommen gleich verhalten, und dass ganz besonders alle diejenigen physikalischen Eigenschaften, welche mit der Cohäsion zusammenhängen, in ihnen nach allen Richtungen vollkommen gleich sind. Namentlich ist dies mit der Elasticität, gemessen durch den Elasticitätscoëfficienten, der Fall. Diesen letzteren findet man an einem amorphen Körper stets gleich, man mag das zur Messung dienende Stäbchen aus demselben herausschneiden, in welcher Richtung man will; er ist von der Richtung völlig unabhängig.

Dem gegenüber sind die krystallisirten Körper dadurch charakterisirt, dass in ihnen die physikalischen Eigenschaften im allgemeinen mit der Richtung sich ändern. Dies ist besonders und bei allen Krystallen ohne Ausnahme mit der Cohäsion und den damit zusammenhängenden Eigenschaften der Fall. In den meisten Krystallen sind so grosse Cohäsionsunterschiede vorhanden, dass sie sich nach gewissen Richtungen leicht nach ganz ebenen Flächen zerspalten lassen (126), während dies in anderen Richtungen nicht möglich ist. Die Existenz solcher Flächen besonders geringer Cohäsion, also besonders leichter Trennung der kleinsten Theilchen, sog. Spaltungsflächen oder Blätterbrüche, ist ein sicheres Kennzeichen für Krystallisation, sie finden sich nie an amorphen Körpern, allerdings auch nicht an allen krystallisirten gleich deutlich.

Besonders wichtig ist aber auch hier wie bei den amorphen Körpern die Elasticität, weil man diese nach allen Richtungen hin genau untersuchen kann. Man findet, dass in jedem krystallisirten Körper zwar in allen parallelen Richtungen der Elasticitätscoëfficient stets derselbe ist, dass er aber in abweichenden Richtungen im allgemeinen einen anderen Werth besitzt, dass er sich also mit der Richtung ändert. Damit ist nicht gesagt, dass in jeder andern Richtung stets auch ein anderer Elasticitätscoëfficient erhalten wird, im Gegentheil giebt es in den meisten Krystallen mehrere Richtungen gleicher Elasticität, aber jede Richtung verhält sich in Bezug auf die Elasticität stets anders als alle unmittelbar benachbarten (122).

Darnach kann man amorphe und krystallisirte Mineralien folgendermassen definiren:

Amorphe Substanzen sind solche, bei denen die Cohäsion und alle damit in Zusammenhang stehenden physikalischen Eigenschaften in allen Richtungen gleich, also von der Richtung unabhängig sind.

Krystallisirte Substanzen sind diejenigen homogenen festen Körper, bei denen die Cohäsion und alle damit zusammenhängenden Eigenschaften, besonders die Elasticität, sich mit der Richtung stetig ändern, sofern diese Aenderung nicht durch äussere Einflüsse hervorgebracht ist, sondern dem Wesen der Substanz entspricht.

Verschiedene Elasticität etc. in verschiedenen Richtungen haben z. B. auch Holz, Elfenbein und andere ähnliche Körper. Diese sind aber nicht homogen, fallen also nicht unter diese Definition. Ebensowenig fallen darunter gepresste oder gekühlte Gläser und ähnliche Substanzen, die zwar homogen sind, bei denen aber die Verschiedenheit der Elasticität in verschiedenen Richtungen durch äussere Einflüsse, wie Pressung, rasche Kühlung etc. hervorgebracht worden ist, während Glas wie alle andern amorphen Körper im ungepressten etc., also im natürlichen Zustande, nach allen Richtungen dieselbe Elasticität zeigt, im Gegensatz beispielsweise zum krystallisirten Quarz, der im vollkommen normalen natürlichen Zustande jene Unterschiede erkennen lässt, und der vielleicht durch äussere Einflüsse, wie Pressung, in einen Zustand der allseitigen Gleichheit der Elasticität künstlich versetzt werden könnte.

5. Individuum. Ist eine homogene zusammenhängende Masse eines krystallisirten Minerals so beschaffen, dass die von allen Punkten o (Fig. 1) (und zwar nicht nur in einer Ebene) ausgehenden parallelen Richtungen $o_1\,a_1$, $o_2\,a_2$, $o_3\,a_3$ . . . . .: ferner: $o_1\,b_1$, $o_2\,b_2$, $o_3\,b_3$; . . . . .;

etc. sich untereinander auf ihrer ganzen Erstreckung durch die Masse hindurch in jeder Beziehung physikalisch gleich verhalten, dann ist diese Masse einheitlich gebaut, sie bildet ein *Individuum*. Wenn man dagegen durch eine homogene Masse hindurch Richtungen legen kann, welche nicht auf ihrer ganzen Erstreckung von einem Ende bis zum andern physikalisch gleich sind, sondern nur bis zu einem gewissen Punkt, z. B. auf der Strecke *ab* oder *cd* bis zu *b* oder *d* (Fig. 2), von wo ab sie dann in ihrer Fortsetzung, also auf der Strecke bb_1 und dd_1', eine andere physikalische Beschaffenheit annehmen, so dass man sich in *b* in die Richtung bb_1', und in *d* in die Richtung dd_1 herumdrehen muss, um die erste Beschaffenheit in den Richtungen *ab* resp. *cd* wiederzufinden, wie dies die gleich resp. verschieden gezeichneten Linien andeuten, dann ist diese Masse nicht einheitlich gebaut, sondern aus zwei (oder mehreren) verschieden orientirten Individuen verwachsen. Diese stossen stets nach einer ganz scharfen Grenzfläche mn zusammen, welche von allen den Punkten *b*, *d* etc., in welchen die physikalische Beschaffenheit der hindurchgelegten geraden Richtungen sich ändert, gebildet wird.

Fig. 1.

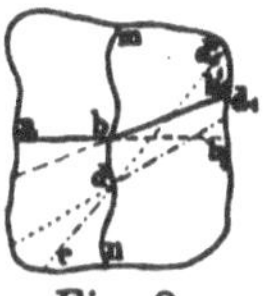
Fig. 2.

Wie lineare Richtungen, so verhalten sich auch Ebenen, die man durch die Masse hindurchlegt. So gehen Blätterbrüche (Spaltungsflächen) durch ein Mineralindividuum vollkommen gleichmässig und ununterbrochen von einem Ende bis zum andern hindurch; dagegen gehen sie bei einer aus zwei Individuen verwachsenen Masse nur bis zur Grenze beider Individuen in einer bestimmten Richtung, von dort an aber in einer anderen Richtung weiter, während sie in der ursprünglichen Richtung genau an der Grenze aufhören. Hieran lassen sich häufig einzelne Individuen von Verwachsungen mehrerer Individuen unterscheiden.

Zwei getrennte Individuen derselben Substanz, welche so liegen, dass die Richtungen im einen allen parallelen Richtungen im anderen Individuum physikalisch gleich sind, heissen *parallel*; Individuen, welche so stehen, dass die Richtungen im einen von parallelen Richtungen im anderen auch nur zum Theil verschieden sind, sind nicht parallel, sie sind *verschieden orientirt*.

6. Krystall, derb. Ein krystallisirter Körper, welcher nach aussen durch eine regelmässige und ebenflächige polyëdrische Begrenzung abgeschlossen wird, heisst ein *Krystall*, sofern diese äussere Begrenzung sogleich ursprünglich bei der Festwerdung des Körpers und zwar durch die inneren Kräfte desselben sich gebildet hat, und somit der Substanz desselben wesentlich ist. Krystallisirte Massen, welche eine solche regelmässige Begrenzung nicht besitzen, heissen *krystallinisch* oder *derb*; aus mehreren derben Individuen verwachsene Mineralmassen heissen *krystallinische* oder *derbe Aggregate*.

Zu dieser Definition des Begriffs Krystall ist Folgendes zu bemerken: Aus vielen krystallisirten Substanzen lassen sich, wenn in ihnen nach mindestens drei geeigneten

Richtungen leichte Spaltbarkeit herrscht (4. 126), ringsum ebenflächig begrenzte Stücke herausspalten. Die Spaltbarkeit ist im Wesen der Substanz begründet, sie verhält sich in allen Stücken derselben Substanz völlig gleich, die einzelnen Spaltungsflächen machen stets dieselben Winkel mit einander, wenn man sie an verschiedenen Stücken derselben Substanz darstellt; sie sind aber nicht ursprünglich, sondern erst nachträglich hergestellt; solche regelmässig polyëdrischen Stücke sind also keine ächten Krystalle, trotzdem dass ihre Form auf den inneren Kräften der Substanz beruht; man nennt sie *Spaltungsstücke*. Sie lassen sich z. B. in ausgezeichneter Weise am Kalkspath herstellen. Ebensowenig liegen ächte Krystalle vor, wenn eine Substanz durch irgend einen äusseren Umstand eine Form erhält, welche für die Krystalle einer andern Substanz charakteristisch ist, z. B. dadurch, dass ein Krystall einer Substanz so langsam und allmählig eine chemische Umwandlung erlitt, dass zwar die ursprüngliche Substanz einer andern Platz machte, aber unter völliger Erhaltung der ursprünglichen Form. In diesem Fall ist die Krystallform nicht durch die inneren Cohäsionskräfte der Substanz dieser aufgeprägt, sondern mehr durch Zufall entstanden, sie ist der Substanz nicht wesentlich. Derartige häufig vorkommende krystallähnliche Bildungen heissen *Afterkrystalle* oder *Pseudomorphosen* (219).

Ein von regelmässigen, den genannten Anforderungen entsprechenden Flächen begrenztes Individuum wird ein *einfacher Krystall* genannt; im Gegensatz zu den Zwillingen ((95) ff., nicht zu verwechseln mit einfachen Krystallformen (9)).

B. Begrenzungselemente.

Die Flächen, Kanten und Ecken, welche die Krystalle umschliessen, heissen die Begrenzungselemente derselben.

a. Flächen.

7. **Flächenparallelismus.** Die Flächen, welche die Krystalle begrenzen, treten nicht einzeln, sondern stets paarweise in der Art auf, dass zu jeder Fläche eine zweite ihr parallele vorhanden ist. Diese zwei Flächen gehören nothwendig zusammen, so dass man streng genommen nicht von, die Krystalle begrenzenden, Flächen, sondern von Flächenpaaren zu reden hätte. Wenn von einer Fläche gesprochen wird, so ist im allgemeinen die ihr parallele Gegenfläche mit verstanden.

Ausnahmen von der Erscheinung des Flächenparallelismus bilden nur gewisse hemimorphe und hemiëdrische Krystalle ((56. 57) z. B. Fig. 21).

8. **Flächenbeschaffenheit.** Die Begrenzungsflächen der Krystalle sind meist ziemlich eben, doch auch nicht selten stark gekrümmt, wie z. B. beim Diamant und bei manchen Gypskrystallen. Aber auch die ebenen Flächen sind meist nicht völlig glatt, sondern sie zeigen häufig kleine Erhabenheiten und Vertiefungen von verschiedener Form und Grösse, regelmässig geradlinige Streifen etc. Manche Flächen zeigen starken Glanz, andere sind matt und rauh, manche sind härter als

andere desselben Krystalls, manchen geht ein Blätterbruch parallel, manchen andern nicht etc. Dadurch erhalten die Krystallflächen einen durch die Gesammtheit ihrer Eigenschaften bestimmten physikalischen Charakter (108). Diejenigen Flächen eines Krystalls (und nur auf die Flächen eines und desselben Krystalls bezieht sich das Nachfolgende), welche denselben physikalischen Charakter haben, welche in physikalischer Hinsicht in jeder Beziehung gleich sind, sind auch krystallographisch gleich, sie heissen kurzweg *„gleich"*; physikalisch verschiedene Flächen sind auch krystallographisch verschieden. Dabei ist ganz abzusehen von der relativen Grösse und Gestalt derselben; krystallographisch gleiche Flächen eines Krystalls sind häufig in Form und Grösse sehr von einander verschieden, umgekehrt verschiedene Flächen nicht selten gleichgestaltet. Parallele Gegenflächen sind stets einander gleich (ausgenommen bei Hemiëdrie (56) und Hemimorphie (57).

Zur Erleichterung der Krystallbeschreibung pflegt man auf Abbildungen und Modellen alle gleichen Flächen eines Krystalls mit demselben Buchstaben zu bezeichnen (zu signiren).

9. **Einfache Krystallformen, Combinationen.** Untersucht man die in der Natur vorkommenden Krystalle, so findet man, dass es einmal solche giebt, deren Begrenzungsflächen alle einander gleich sind, sodann solche, welche von krystallographisch verschiedenen Flächen umgrenzt werden.

Die Begrenzungen von Krystallen der ersten Art — mit lauter gleichen Flächen — heissen *einfache Krystallformen.* Solche sind z. B. die oktaëdrischen Formen, welche man häufig beim Magneteisen findet (Fig. 3), die würfeligen Gestalten des Flussspathes (Fig. 4) u. a. m. Man findet aber, dass eine solche Form nicht ausschliesslich nur bei einem Mineral vorkommt, sondern bei mehreren. So findet man die oktaëdrischen Formen des Magneteisens gleicherweise als einfache Formen wieder beim Gold, Bleiglanz, ebenfalls beim Flussspath, der ausser den würfeligen auch oktaëdrische Krystalle bildet, beim Alaun etc. Die würfeligen Gestalten des Flussspaths finden sich ebenso wieder beim Steinsalz, Schwefelkies, gleichfalls beim Bleiglanz etc.

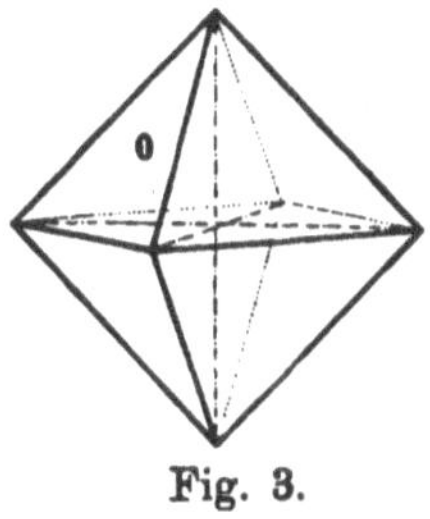

Fig. 3.

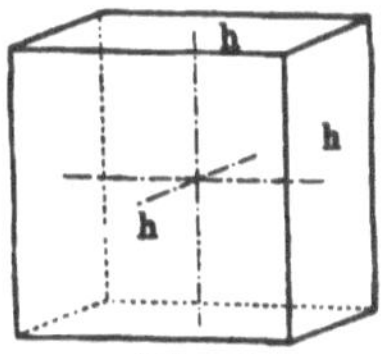

Fig. 4.

Die Formen mit von einander verschiedenen Begrenzungsflächen heissen *Combinationen.* Eine solche Combination, an einem Flussspathkrystall beobachtet, ist in Fig. 5 abgebildet. Der Krystall ist umgrenzt von den 8 dreieckigen Flächen *o*, welche alle glatt und glänzend sind, parallel mit welchen die Krystalle sich sehr leicht spalten lassen und die sich überhaupt in jeder Beziehung gleich verhalten; sodann von den 6 viereckigen Flächen *h*, welche rauh und matt sind, in deren Richtung Spaltung unmöglich ist und die sich ebenfalls als untereinander in jeder Beziehung gleich, aber von den Flächen *o* verschieden erweisen.

Denkt man sich nun die sämmtlichen Flächen *o* bis zur gegenseitigen Durchdringung ausgedehnt, bei gleichzeitigem Verschwinden der Flächen *h*, so entsteht, wie Fig 6 zeigt, dieselbe oktaëdrische Form, welche für sich allein beim Flussspath etc. sich findet (Fig. 3).

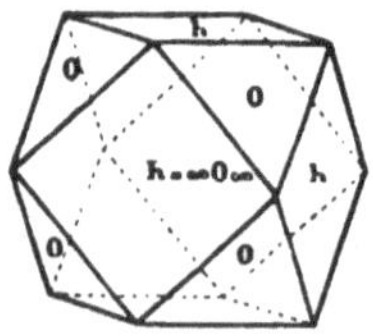

Fig. 5.

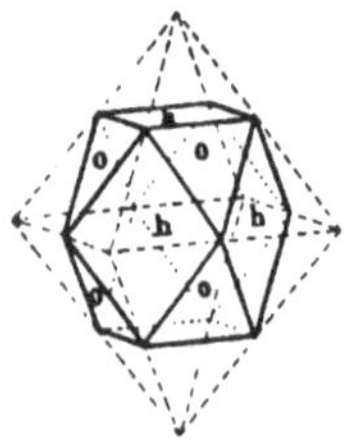

Fig. 6.

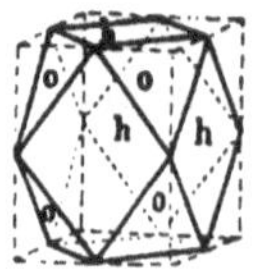

Fig. 7.

Denkt man sich dagegen in gleicher Weise die Flächen *h* ausgedehnt und *o* verschwunden (Fig. 7), so entsteht dadurch die würfelige Gestalt, welche beim Flussspath isolirt vorkommt (Fig. 4). An der in Fig. 5 dargestellten Krystallform sind also das Oktaëder und der Würfel gleichzeitig nebeneinander vorhanden; sie ist eine *Combination* dieser beiden einfachen Formen. Ebenso kann im allgemeinen jede andere Krystallform mit ungleichen Flächen als eine Vereinigung der Flächen mehrerer, sonst auch isolirt vorkommender einfacher Formen aufgefasst werden, wobei immer die zu einer einfachen Form gehörigen Flächen einander gleich und von den andern Flächen verschieden sind (vergl. 10).

Diese einfachen Formen können somit als die Elemente betrachtet werden, aus denen man sich den ganzen Reichthum der Krystallformen zusammensetzen kann. Sie sind in geringer Zahl nur vorhanden und jede kehrt bei einer mehr oder weniger grofsen Zahl von Mineralien wieder, entweder isolirt für sich, wie das oben für Oktaëder und Würfel gezeigt wurde, oder mit andern Formen zusammen, in Combinationen, die ebenfalls sich bei verschiedenen Mineralien wiederholen können. So kommt die Form Fig. 5 ausser beim Flussspath z. B. auch beim Bleiglanz etc. vor.

Combinationen, welche aus 2, 3, 4 ... einfachen Formen vereinigt sind, heissen 2, 3, 4 ... zählig. Die Flächen der einen einfachen Form sind häufig an Grösse überwiegend; diese heisst der *Träger* der Combination.

10. Offene, geschlossene Formen. Eine besondere Art einfacher Formen lehrt folgendes Beispiel kennen. In Fig. 8 ist ein von den Flächen *b* und *p* begrenzter Kalkspathkrystall abgebildet. Alle 6

Flächen *p* sind gleich, aber von den 2 Flächen *b* verschieden, die Flächen *p* bilden also eine einfache Krystallform und ebenso die Flächen *b*.

Die Flächen *p*, welche sich in 6 parallelen Kanten schneiden, bilden offenbar das in Fig. 8 (rechts) abgebildete sechsseitige Prisma, das den Raum nicht mehr allseitig begrenzt, sondern ihn nach oben und unten offen lässt; die von den beiden Flächen *b* gebildete einfache Form begrenzt dagegen den Raum nur nach oben und unten (Fig. 8, links), lässt ihn dagegen nach allen andern Richtungen hin offen. Man unterscheidet darnach von den *geschlossenen* einfachen Formen, wie z. B. das Oktaëder, die *offenen*; von diesen werden solche, welche den Raum nur in zwei entgegengesetzten Richtungen offen lassen, wie jenes sechsseitige Prisma *p*, allgemein *Prismen* genannt, während die von Fläche und Gegenfläche *b* gebildeten Formen, welche den Raum nur nach zwei entgegengesetzten Richtungen abschliessen, *Pinakoide* heissen.

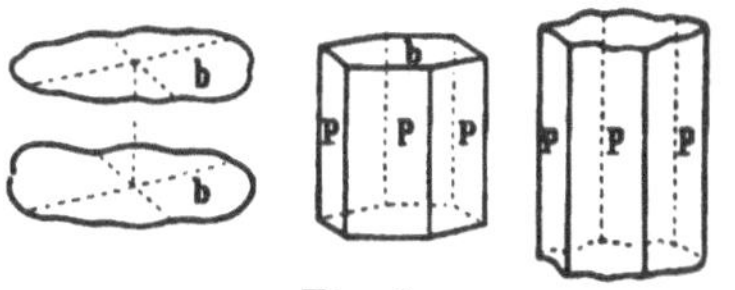

Fig. 8.

Solche offenen Formen können natürlich isolirt oder, wie man zu sagen pflegt, selbständig nicht vorkommen, sondern nur in Combination mit andern (offenen oder geschlossenen) Formen. Die Zahl der aus den Combinationen ableitbaren einfachen Formen ist also um die sämmtlichen offenen Formen grösser als die der selbständig vorkommenden. Uebrigens sind auch noch nicht alle in Combinationen sich findenden geschlossenen einfachen Formen isolirt bekannt; hier liegt aber keine physische Unmöglichkeit vor, sondern es ist zu erwarten oder doch möglich, dass sie mit fortschreitender Kenntniss der Krystallwelt auch selbständig noch gefunden werden.

b. Kanten.

11. Allgemeines. Die Flächen schneiden sich in Kanten, welche gerade verlaufen, wenn die Flächen eben sind; im andern Falle sind sie krumm, wie z. B. beim Diamant (8).

Da die Flächen stets mit ihren parallelen Gegenflächen, also paarweise auftreten, so sind die Kanten stets in einer Anzahl von mindestens vier untereinander parallelen vorhanden (oder würden vorhanden sein, wenn die Flächen weit genug ausgedehnt wären).

Die Kante zweier Flächen P und M wird mit P/M bezeichnet. Kanten, in welchen sich an einer Combination zwei nicht derselben einfachen Krystallform angehörige Flächen schneiden, heissen *Combinationskanten*, z. B. die Kanten *h/o* in Fig. 5.

12. Flächenwinkel. In den Kanten stossen die Flächen unter sehr verschieden grossen Winkeln zusammen, welche aber stets bei vollkommen regelmässig ausgebildeten und einheitlich gebauten einfachen Krystallen (6) ausspringend, also im Innern des Krystalls $<180^0$ sind (vergl. einspringende Winkel der Zwillinge (95) ff.; ebenso (94) bei parallel verwachsenen Individuen).

Die absolute Grösse der Flächenwinkel, d. h. der Winkel, unter welchen zwei Flächen in einer Kante zusammenstossen, ist für die Kenntniss der Krystalle höchst wichtig, und man hat daher den grössten Werth auf eine möglichst genaue Messung derselben zu legen. Diese geschieht mit Hülfe der *Goniometer,* welche als die wichtigsten Instrumente des Krystallographen anzusehen sind. Im Gebrauch ist hauptsächlich das Anlegegoniometer von Carangeot und das Reflexionsgoniometer von Wollaston, vielfach mit den Verbesserungen von Mitscherlich u. A. Dieses letztere giebt, wenn Krystalle mit gutspiegelnden Flächen vorliegen, auf wenige Minuten, ja Secunden genaue Resultate, auch wenn die Flächen klein sind, während das erstere grosse Krystalle mit glatten, wenn auch matten Flächen voraussetzt, aber auch unter den günstigsten Umständen nur auf $^1/_4{}^0$—$^1/_2{}^0$ richtige Näherungsresultate giebt.

Die ebenen Winkel der Kanten (Kantenwinkel) in den einzelnen Flächen lassen sich nicht genau messen, sie lassen sich aber aus den Flächenwinkeln leicht durch Rechnung ermitteln.

13. Anlegegoniometer. Das Anlegegoniometer besteht aus dem in Grade etc. getheilten Kreis *igh* (Fig. 9), dessen Mittelpunkt in *c* sich befindet. Durch *c* gehen zwei Schienen, deren eine *de* um *c* drehbar ist, die andere *hi* nicht. Der untere Rand der Schiene *hi* ist dem Durchmesser 0°—180° des Kreises parallel und *hl* geht verlängert durch *c*. Der Rand de der andern Schiene geht dem bei jedem Azimuth derselben durch den Mittelpunkt *c* sich fortsetzenden Rande *fk* parallel. Die Messung geschieht, indem man den Krystall so zwischen die beiden Schienen *ed* und *hi* bringt, wie das den Krystall darstellende gestrichelte Parallelogramm andeutet. Die zwei Flächen, deren Winkel gemessen werden soll, liegen den äusseren Rändern beider Schienen genau an, was durch Drehung der beweglichen Schiene *de* um *c* bewerkstelligt werden kann. Auch muss die Ebene des Theilkreises auf der zu messenden Kante möglichst genau senkrecht stehen. Der Rand *fk* der beweglichen Schiene *de* bezeichnet am Theilkreis die für den gesuchten Winkel abzulesende Zahl.

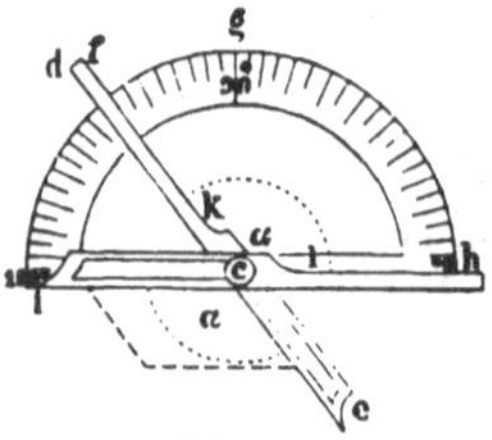

Fig. 9.

Um auch an in Hohlräumen sitzenden Krystallen Winkel messen zu können, hat das Instrument die Einrichtung, dass sich die eine Hälfte des Kreises um ein bei *g* befindliches Charnier umklappen lässt. Die beiden Schienen *de* und *hi* kann man in den in ihnen angebrachten Schlitzen parallel mit sich selbst verschieben, so dass sie nach Bedarf nur mit zwei kleinen Spitzen über *c* hinausragen. Auch kann man bei manchen Instrumenten die beiden Schienen aus dem Theilkreis herausnehmen und wieder einsetzen.

14. Reflexionsgoniometer. Das Reflexionsgoniometer beruht auf folgendem Princip (Fig. 10): Gemessen soll werden der Winkel der beiden Flächen *ac* und *bc* in der Kante *c* (kurz die Kante *c*). Auf der einen Fläche wird das Bild eines leuchtenden Punktes p nach dem bei o befindlichen Auge reflectirt, und somit in der Richtung ocq gesehen. Diese kann durch eine in der Verlängerung von oc bei q angebrachte Marke ein für allemal fest bestimmt werden. Das Auge bleibe stets in o und der leuchtende Punkt in p, und der Krystall acb sei so orientirt, dass o und p in einer zur Kante c senkrechten Ebene liegen (welche die Zeichnungsebene sein soll). Dann bewegt sich das auf ac reflectirte Bild von p allmählig aus dem Sehfeld heraus, wenn man den Krystall um die Kante c als Axe von a gegen a^1 hin dreht und verschwindet endlich ganz. Wenn dabei die zweite Fläche bc ungefähr in die ursprüngliche Lage der ersten Fläche ac gedreht ist, so erscheint das nun auf bc reflectirte Bild von p wieder im Sehfeld, bewegt sich darin bei weiterem Drehen vorwärts und wird in dem Augenblick wieder genau in der durch die Marke q fest bestimmten Richtung ocq gesehen, in welchem bc nach b^1c in die Verlängerung von ac fällt. Der Winkel, um den man dabei drehen muss, ist der Winkel bcb^1 der beiden Flächen cb und cb^1, d. h. der Nebenwinkel des zu messenden Winkels acb, welch' letzteren man also erhält, wenn man den gemessenen Winkel bcb_1 von 180° abzieht. Diese Messung kann geschehen, wenn der Krystall so an einem getheilten Kreis befestigt wird, dass die Kante c mit dessen Drehaxe genau zusammenfällt.

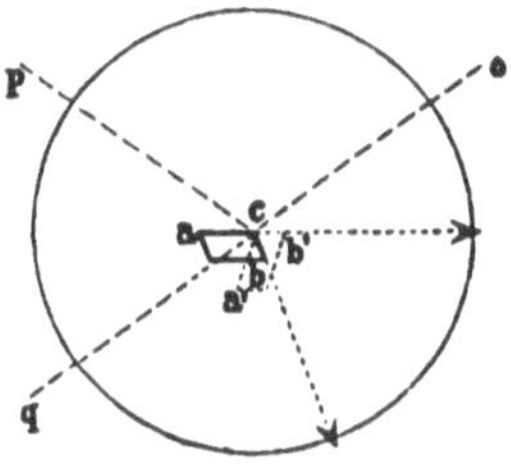

Fig. 10.

Der gemessene Winkel bcb_1 ist offenbar der Winkel der Normalen der beiden Flächen ac und bc. Man findet diesen direct gemessenen sog. „Normalenwinkel" vielfach statt des eigentlichen Flächenwinkels in den Krystallbeschreibungen angegeben.

15. Wollaston'sches Goniometer. Das ursprüngliche von *Wollaston* 1809 erfundene Reflexionsgoniometer in seiner einfachsten Gestalt ist in Fig. 11 abgebildet (wo man sich zunächst aber den Spiegel s und das Fernrohr e auf dem Stativ l, die spätere Zuthaten sind, wegzudenken hat).

Auf der runden Grundplatte ist das oblonge Messingstück q befestigt, auf welchem sich zwei dicke nach oben convergirende Messingfüsse erheben. Dieselben vereinigen sich (hinter dem Theilkreis) zu einer dicken Messingplatte, welche cylindrisch durchbohrt ist, und in dieser Durchbohrung dreht sich die Axe, welche, vorn gegen den Beschauer gerichtet, den Theilkreis trägt. Dieser ist senkrecht zu der Drehaxe, letztere ist horizontal, der Kreis selbst vertikal. Die Drehung dieser Axe mit dem Theilkreis geschieht mittelst des an ihrem hinteren Ende angebrachten grossen runden Knopfs, welcher im Bild am Rande der Scheibe links sichtbar wird. Diese Axe ist auch ihrerseits centrisch durchbohrt und in ihr dreht sich concentrisch eine zweite dünnere Axe mittelst des kleineren Knopfs, welcher unmittelbar links von dem genannten grösseren sichtbar ist. Die Einrichtung ist so getroffen, dass beim Drehen am kleinen Knopf nur die innere Axe bewegt wird, während die äussere mit dem Theilkreis unbeweglich bleibt; dass aber beim Drehen der dickeren äusseren Axe am grossen Knopf die innere Axe von selbst der Drehung folgt.

Am vorderen Ende der inneren Axe ist der Krystallträger $syzhk$ befestigt. Derselbe lässt sich zunächst zwischen zwei Schienen *s* in radialer Richtung über den Endpunkt der Drehaxe hin verschieben; das zwischen den beiden Schienen verschiebbare Stück ist senkrecht umgebogen und der zum Theilkreis senkrechte Arm trägt bei *y* einen zum Kreis parallelen Stift, um welchen sich das bei *z* senkrecht umgebogene Stück drehen lässt. An diesem ist die Hülse *h* befestigt, in welcher der Stift *k* geradlinig verschoben und auch gedreht werden kann. Dieser Stift *k* hat vorn einen Schlitz, in welchem ein viereckiges Messingplättchen *b* steckt, an das der zu messende Krystall mittelst Wachs angeklebt wird. Dieser muss so befestigt sein, dass die Kante der beiden Flächen, deren Winkel gemessen werden soll, der Drehaxe parallel wird und in ihre Verlängerung fällt; je genauer dies der Fall ist, desto genauer wird auch cet. par. die Messung des Winkels.

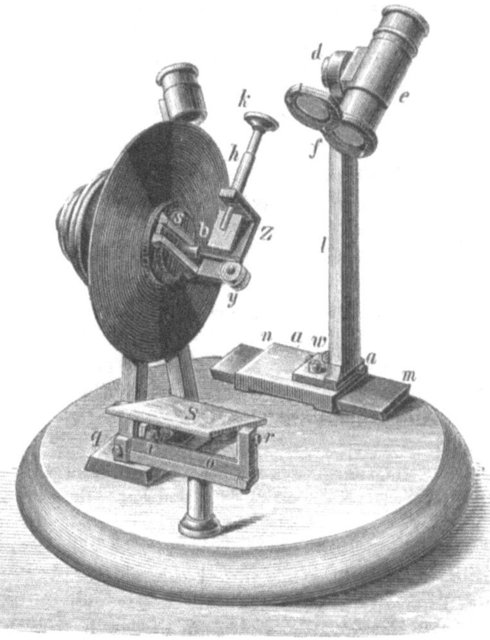

Fig. 11.

Diese Stellung erhält der Krystall zunächst so gut als möglich nach dem Augenmaass, wobei der Stift *k* dem Theilkreis parallel gestellt wird. Um die Kante genauer in die bezeichnete Lage zu bringen, benützt man die beiden zu einander senkrechten Axen *y* und *k*; durch successive Drehung um dieselben kann dem Krystall, also auch der betr. Kante jede beliebige Richtung gegeben werden, also auch diejenige, welche hier erforderlich ist. Zu diesem Zweck stellt man jetzt das Instrument gerade vor einem Fenster so auf, dass der Theilkreis senkrecht zu demselben gerichtet ist; je ferner das als gespiegeltes Object *p* (Fig. 10) benützte Fenster vom Krystall ist, desto genauer wird die Messung. Man bringt, wie überhaupt immer bei diesen Messungen, das Auge so nahe als möglich an den Krystall und lässt nun das Fenster auf der einen Krystallfläche spiegeln, indem man sie durch Drehung am kleinen Knopf in die geeignete Lage bringt. Das Bild des Fensters wird man dabei im allgemeinen schief stehen sehen; durch eine Drehung des Krystallträgers um den Stift *y* wird man es aber leicht dahin bringen können, dass das auf der Fläche gespiegelte Bild des Fensters gerade steht, d. h. dass die horizontalen Sprossen des Fensterkreuzes ebenfalls horizontale Bilder geben und dass die Bilder der vertikalen Sprossen mit den direct gesehenen zusammenfallen. In dieser

Lage ist die Fläche der Drehaxe parallel; durch Drehung dieser Axe wird an dieser Stellung nichts geändert. Dreht man nun den Krystall so, dass das Fenster auf der andern Fläche, deren Winkel zu jener ersten gemessen werden soll, gespiegelt wird, so wird dieses zweite Spiegelbild wieder im allgemeinen schief stehen; dasselbe kann nun durch Drehung des Stiftes *k* in der Hülse *h* gerade gestellt werden; die zweite Fläche ist dann der Drehaxe parallel. Dadurch ist aber die erste Fläche aus ihrer richtigen Lage etwas herausgerückt worden, man muss sie also durch Drehung um *y* von neuem in derselben Weise einstellen, wie oben gezeigt wurde, indem man auf ihr zum zweiten Mal das Fenster spiegeln lässt, dann wieder die zweite Fläche durch Drehung von *k* etc. Nach wenigen Wiederholungen, bei denen die Abweichungen immer kleiner und kleiner werden, sind beide Flächen, also auch deren Kante, sowie sämmtliche andere in derselben Zone liegenden Flächen der Axe parallel, man sagt, der Krystall ist *justirt;* die Spiegelbilder des Fensters gehen dann bei einer vollen Drehung des Krystalls bei unveränderter Stellung des Auges ganz gerade über das Sehfeld hin. Um nun die der Drehaxe parallele Kante auch genau in die Verlängerung von jener zu bringen, die Kante zu *centriren,* ist die innere Drehaxe noch einmal cylindrisch durchbohrt und es geht ein runder Stift hindurch, der vorn eine scharfe Schneide hat, welche genau in die Axe fällt. Der Krystallträger wird nun in den Schlitten *s* und senkrecht dazu der Stift *k* längs der Hülse *h* verschoben, bis die zu messende Kante genau an der Schneide anliegt, was mittelst dieser beiden Bewegungen stets möglich ist. Fehlt der Stift, so wird das Centriren nur nach dem Augenmass bewerkstelligt; jedenfalls aber ist zu controliren, ob dabei nicht die Flächen aus ihrer richtigen Lage gekommen sind, eventuell ist die Justirung zu corrigiren.

Die Messung selbst geschieht dann dadurch, dass man eine bestimmte horizontale Kante an dem Fenster ins Auge fasst und den Krystall durch Drehen an dem kleinen Knopf so stellt, dass ihr Spiegelbild auf der einen Fläche in geeigneter Richtung mit einer direct gesehenen Marke, welche man vor dem Instrument in möglichst grosser Entfernung wählt, zusammenfällt. Dann dreht man am grossen Knopf, bis dasselbe mit dem Spiegelbild der nämlichen Fensterkante auf der zweiten Fläche der Fall ist. Die vor und nach der letztern Drehung abgelesenen Winkel geben, von einander subtrahirt, den Normalenwinkel (das Supplement des Winkels) der beiden Flächen. Die Messung wird durch Repetition genauer: man dreht an dem kleinen Knopf den Krystall so, dass die erste Fläche wieder in die ursprüngliche Lage kommt, und dreht wieder am grossen Knopf, bis dasselbe auch mit der zweiten Fläche abermals der Fall ist etc. Abzulesen ist nur vor und nach dem Beginn der Messung nöthig; der ermittelte Winkel ist ein Multiplum des gesuchten, den man durch Division mit der Anzahl der Einstellungen der zweiten Fläche erhält als arithmetisches Mittel aus allen Einzeleinstellungen des Winkels.

Eine Verbesserung dieses einfachsten Instruments ist der Spiegel *s*, der um eine der Drehaxe des Instruments parallele Axe *r* drehbar ist. Das Fenster wird gleichzeitig auf der Krystallfläche und dem Spiegel reflectirt. Das auf dem Spiegel reflectirte Bild bleibt bei der Drehung des Krystalls unverändert stehen, kann also anstatt der direct gesehenen Marke *q* (Fig. 10) benützt werden. Diese beiden Reflexbilder sind viel bequemer gleichzeitig zu beobachten als das Spiegelbild auf der Krystallfläche und eine möglichst ferne Marke *q*, und die Messung ist daher mit diesem Spiegel leichter und auch genauer als ohne diesen.

Damit immer genau in derselben Richtung visirt wird, ist weiter das um die horizontale Axe *d* in einer zum Theilkreis parallelen Ebene drehbare Fernrohr *e* auf dem Stativ *l* angebracht worden, das genau auf die Drehaxe gerichtet wird. Vor die Objectivlinse desselben kann eine weitere Linse eingeschaltet werden, die man durch Drehung um einen Stift *f* vor der vorderen Oeffnung des Fernrohrs anbringen und wieder entfernen kann. Mit dieser Linse wirkt das Fernrohr als Lupe, mittelst welcher das Centriren mit grösserer Genauigkeit vorgenommen werden kann: man schiebt den Krystall so, dass die zu messende Kante in das Fadenkreuz des Fernrohrs fällt. Das Fernrohr lässt sich mit seinem Stativ längs der Platte *mn* in der Richtung der Drehaxe des Instruments etwas verschieben, um das Fadenkreuz auf Krystalle richten zu können, welche nicht immer genau in derselben Entfernung von dem Theilkreis aufgeklebt sind. Bei der Beobachtung der Reflexe zur Justirung und Messung muss die Linse wieder zurückgeschlagen werden.

Natürlich kann statt des als gespiegeltes Object benützten Fensters auch etwas anderes angewendet werden, namentlich wenn man das Fernrohr *e* gebraucht. In diesem Fall nimmt man zweckmässig eine kleine, möglichst entfernte Lichtflamme, welche in der durch das Fernrohr gegebenen Vertikalebene liegen muss. Man controlirt dies, indem man das Licht direkt mit dem Fernrohr anvisirt, das man zu diesem Zweck um die horizontale Axe nach oben dreht; das Licht muss dann in das Fadenkreuz fallen, und wenn dies nicht der Fall ist, muss das Instrument auf seiner Unterlage gedreht werden, bis diese Coincidenz eintritt; dann hat das Instrument gegen das Licht die richtige Stellung.

Das vorstehend beschriebene Instrument giebt die Winkel guter Flächen auf eine Minute genau. Noch genauere Messungen erfordern einen Centrir- und Justirapparat, von grösserer Vollkommenheit als den eben beschriebenen, der nur eine annähernde Einstellung der Krystallkante gestattet. Ein solcher vollkommener Centrir- und Justirapparat, der leicht mit dem vertikalen Kreis verbunden werden kann, ist in (15a) beschrieben. Ein mit einem solchen versehenes vollkommeneres Instrument hat zuerst *Mitscherlich* construirt, der auch zuerst mit dem Wollaston'schen Instrument das schon erwähnte Fernrohr verband und ebenso noch ein zweites Fernrohr, dem ersten gegenüber auf der andern Seite des Krystallträgers stehend, beide Fernrohre in einer auf der Drehaxe senkrechten Vertikalebene gelegen. Auch dieses zweite Fernrohr, das Collimatorrohr, ist mit dem einen Ende auf die Drehaxe gerichtet und kehrt das andere Ende nach oben und aussen, dem Ocular des ersten, des Beobachtungsfernrohres, entgegengesetzt. Es dient dazu, die Richtung des einfallenden Lichts genau zu fixiren; seine Einrichtung ist wie die des Beleuchtungsfernrohrs *C* in (15a).

Vollkommenere Instrumente dieser Art siehe: *V. v. Lang*, Denkschr. Wiener Ak. 1875; *Brezina*, Jahrb. k. k. geol. Reichsanstalt, 1884, pag. 321, vergl. auch (4) B.; *Klein*, Krystallographie (siehe (3) B.); *Liebisch*, siehe (15[a]). Die ersten Goniometer dieser Art: *Wollaston*, Gilb. Ann. Bd. 37, 1811, pag. 357 und *Mitscherlich*, Abh. Berl. Akad. 1843, pag. 189.

15a. Goniometer mit horizontalem Kreis. Solche vollkommenere mit einem grösseren Theilkreis versehene Instrumente werden heutzutage vielfach nicht mehr mit vertikalem Kreis construirt, sondern dieser wird nach dem Vorschlage von *Babinet* horizontal gelegt, die Drehaxe sowie die zu messenden Krystallkanten stehen dann vertikal. Der Vortheil davon ist, dass man auch grosse Krystalle messen kann, welche sich bei horizontaler Axe wegen zu bedeutenden Gewichts kaum stabil am Instrument befestigen lassen; ferner werden bei dieser Anordnung die drehenden Theile weniger und nicht einseitig abgenützt. Im Uebrigen ist aber die Einrichtung eines solchen Instruments, wie es in Fig. 12 im Durchschnitt abgebildet ist, von einem solchen mit Vertikalkreis nicht wesentlich verschieden.

Ein messingener Dreifuss mit Stellschrauben trägt das an das eine Bein fest angeschraubte Beleuchtungsfernrohr *C*, sowie eine horizontale dicke Messingplatte, welche centrisch bei *o* eine nach unten sich verjüngende conische Durchbohrung hat. Darin steckt eine erste hohle Axe *b*, welche den Nonienkreis *d* trägt und an der unten eine Scheibe *c* befestigt ist, an welcher die bei *α* befindliche Klemm- und Einstellvorrichtung angreift. An dem Nonienkreis ist das auf dem Stativ *B* befindliche Beobachtungsfernrohr festgeschraubt. In der Axe *b* steckt die zweite conischhohle Axe *e*, zu welcher der Limbus mit der Theilung bei *f* normal, also horizontal befestigt ist; diese Axe *e* hat unten den Knopf *g* und die Klemm- und Einstellvorrichtung *β*. In dieser Axe *e* steckt eine dritte conische Axe *h*, welche cylindrisch durchbohrt ist und den Stahlcylinder *s* aufnimmt, an dem oben der Krystallträger befestigt ist.

Unten trägt sie einen Knopf *i*, der von der sog. Centralschraube *k* durchbohrt ist, mittelst welcher man den Cylinder *s* mit dem Krystallträger höher und niedriger stellen kann. Die Schraube *l* dient dazu, eine feste Verbindung zwischen der Axe *h* und *e* herzustellen, so dass sie sich nur zusammen drehen können; nach Lösung der Schraube *l* dreht sich jede Axe selbständig; eine Klemmschraube bei *p* erlaubt eine feste Verbindung zwischen *s* und *h* herzustellen oder zu lösen.

Auf der Säule *s* ist der Krystallträger befestigt, der aus der Centrir- und Justirvorrichtung besteht. Die Justirvorrichtung wird gebildet von zwei Halbcylindern, von denen einer bei *t* sichtbar ist; an demselben ist unten ein Theil eines kreisförmigen Zahnrades befestigt, in dessen Zähne die Schraube ohne Ende *x* eingreift und den

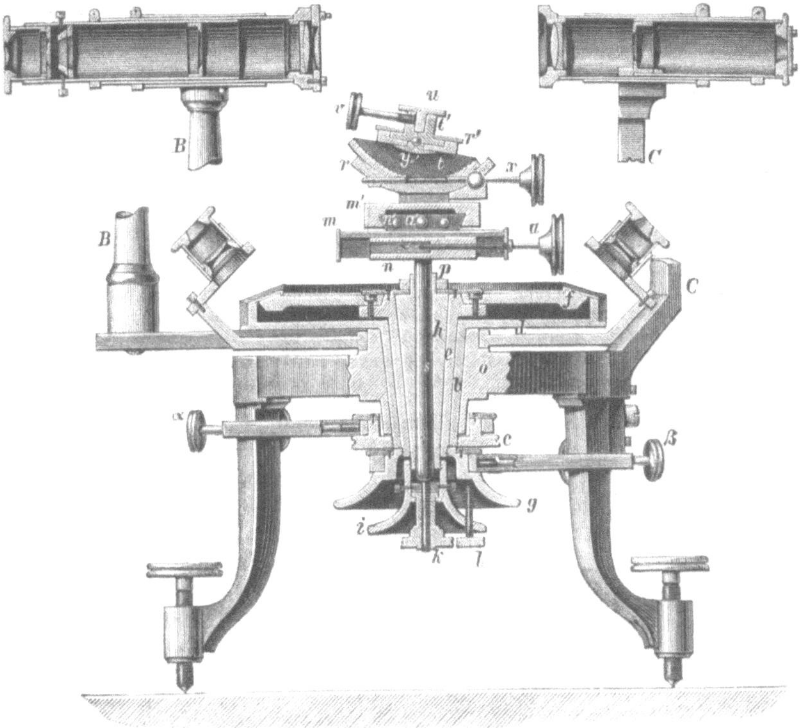

Fig. 12.

Cylinder um eine zu *s* und zu *x* senkrechte Axe in der hohlen Cylinderschale *r* dreht. Eine zweite genau gleiche nur etwas kleinere Vorrichtung ist auf die erstere bei *y* aufgesetzt; hier dreht sich der zweite Halbcylinder *t'* mittelst einer zu *x* und auf der Zeichnungsebene senkrechten Schraube ohne Ende *y* senkrecht zum ersten Cylinder *t* in der hohlen Cylinderschale *r'*. Dieser zweite Cylinder *t'* trägt oben das mit der Schraube *v* zu befestigende Plättchen *u*, auf das der zu messende Krystall aufgeklebt wird. Durch Drehung der die beiden Cylinder in Bewegung setzenden Schrauben *x* (die andere ist in der Zeichnung nur als kleiner Kreis über *y* zu sehen) kann dann der Kante des Krystalls jede beliebige Neigung gegeben werden.

Die Centrirvorrichtung *m'n* besteht aus zwei Schlitten, welche normal zur Stange *s* in zwei zu einander senkrechten Richtungen verschoben werden können. Eine Schraube *a* bewegt den unteren Schlitten *m* über *n* weg von rechts nach links; eine dazu senkrechte in *a'* sich projicirende Schraube bewegt den zweiten Schlitten

m' über die auf m befestigte Schiene n' weg von vorn nach hinten. Der zweite Schlitten m' trägt seinerseits den oben beschriebenen Justirapparat, man kann also den justirten Krystall mittelst der beiden Schlitten ins Centrum bringen. Der Krystall selbst wird mit der zu messenden Kante aufrecht mittelst Wachs auf das Plättchen u geklebt, welches durch die Schraube r fest mit der Justirvorrichtung verbunden werden kann.

Das Beleuchtungsfernrohr (Collimator) C trägt nach innen ein achromatisches Objectiv und nach aussen im Brennpunkt des letzteren eine Spalte mit geraden oder in der Mitte sich verjüngenden Wänden, oder eine anders gestaltete Oeffnung (das Signal). Diese wird intensiv beleuchtet, das Licht fällt auf die Linse, tritt parallel aus und zwar, da dies Fernrohr genau auf die Drehaxe gerichtet ist, in der Richtung auf letztere hin, in deren Fortsetzung der Krystall nach dem Augenmass möglichst genau centrirt und justirt auf das Plättchen u aufgesetzt ist. Auch das Beobachtungsfernrohr B ist genau auf die Drehaxe gerichtet; es vergrössert nicht oder sehr wenig. Durch Vorstecken einer Linse kann es in eine Lupe verwandelt werden, mittelst welcher man den bei u befindlichen Krystall deutlich sieht.

Der Krystall wird nun zunächst centrirt, indem man die beiden Schlitten m und m' mittelst der Schrauben a und a' bewegt, bis bei einer vollen Umdrehung des Knopfes i (bei loser Schraube l) der Krystall im Fadenkreuz des in eine Lupe verwandelten Fernrohrs unverrückt stehen bleibt; dann wird die Justirung bewirkt, indem man das Signal des Beleuchtungsfernrohrs zuerst auf der einen, dann auf der andern der zu messenden Flächen reflectiren lässt und jedesmal an den Schrauben des Justirapparats den Krystall so lange dreht, bis die vertikale Spalte jenes Beleuchtungsfernrohrs mit dem vertikalen Kreuzfaden im Fernrohr coincidirt. Schliesslich wird die zu messende Kante noch einmal fein centrirt. Die Messung selbst ergiebt sich dann nach dem beim Wollaston'schen Instrument angegebenen leicht von selbst.

(Ein solches Instrument dient auch zur Bestimmung der Brechungscoëfficienten. (140. 147. 154.)) (*Websky*, Zeitschr. für Kryst. IV. 545; weitere Litteratur über Goniometer siehe: Liebisch, Ber. über die wissensch. Instrumente der Berl. Gewerbeausstellung, 1880, pag. 321 und Handwörterbuch für Chemie, Artikel Krystallographie, pag. 160 ff.).

16. Gleiche Kanten. *Gleiche Kanten* eines Krystalls sind solche, in welchen sich beziehungsweise gleiche Flächen unter gleichen Winkeln schneiden. Hat man z. B. ein oblonges Prisma (Fig. 13), dessen zwei ungleiche Flächenpaare a und b sich rechtwinklig schneiden, so sind alle vier Kanten K einander gleich, da jede gebildet ist von zwei unter 90^0 zusammenstossenden Flächen a und b. Ist dagegen das Prisma ein rhombisches (Fig. 14), d. h. gebildet von zwei gleichen, aber schiefwinklig sich schneidenden Flächenpaaren (also vier gleichen Flächen) a, so sind zwar je zwei gegenüberliegende Kanten K resp. K^1 gleich, da sie gebildet sind von den gleichen Flächen a, welche unter den gleichen Winkeln α resp. α^1 zusammenstossen; aber K ist von K^1 trotz der Gleichheit der Flächen a an beiden Kanten verschieden, da der Winkel das eine Mal α, das andere Mal $\alpha^1 = 180^0 - \alpha$ ist. Stets ist eine Kante gleich der ihr diametral gegenüberliegenden.

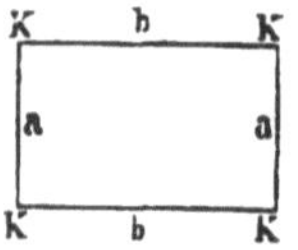

Fig. 13.

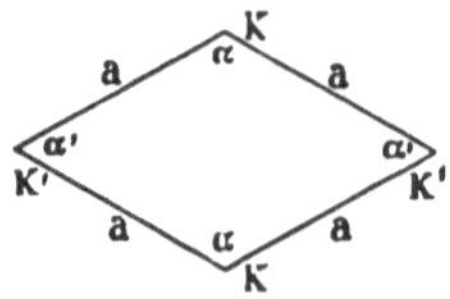

Fig. 14.

In dem Staurolithkrystall (Fig. 15) sind die Kanten m/o rechts und links einander gleich, weil auf beiden Seiten m und o sich unter gleichen Winkeln von 115^0 $17'$ schneiden; ebenso sind die Kanten m/r rechts und links von r oben und unten am Krystall gleich; da alle diese $\measuredangle\, m/r = 137^0\ 58'$, also einander gleich und von denselben Flächen m und r gebildet sind.

c. Ecken.

17. **Ecken.** Die Ecken entstehen dadurch, dass 3, 4,...n Flächen und Kanten in einem Punkt zusammenstossen. Man nennt eine Ecke z. B. 4kantig oder 4flächig, wenn sie von 4 gleichen Kanten resp. Flächen gebildet wird. 2+2kantig resp. =flächig, wenn in ihr je 2 und 2 gleiche Kanten resp. Flächen zusammenstossen etc.

Gleiche Ecken eines Krystalls sind solche, in denen gleich viele einander beziehungsweise gleiche Flächen und Kanten in der gleichen Ordnung aufeinander folgen, wobei diese Reihenfolge im gleichen Sinn oder im entgegengesetzten Sinne möglich ist.

Der Staurolithkrystall (Fig. 15) hat z. B. an der vertikalen Kante *m/m* zwei gleiche Ecken *mrm*, beide gebildet von den drei Flächen *m*, *m*, *r*; ferner von der Kante *m/m* und den beiden gleichen Kanten *m/r*, *r/m*, welche an beiden Ecken in der angegebenen Reihe auf einander folgen. Die beiden oberen Ecken *mrp* rechts und links von *r* sind ebenfalls einander gleich; an beiden folgen sich die drei Flächen *mrp* in der von den Buchstaben angegebenen Reihe, bei der einen rechts, bei der andern linksherum und ebenso bei beiden die Kanten *m/r*, *r/p*, *p/m*; in beiden Ecken folgen sich also in der That dieselben Flächen und Kanten in derselben Reihenfolge aber im entgegengesetzten Sinne; die beiden Ecken *mrp* an der unteren Fläche *r* sind den beiden genannten ebenfalls gleich.

Jede Ecke ist stets der ihr diametral gegenüberliegenden Ecke (der Gegenecke) gleich.

C. Gesetze, nach welchen die Begrenzungselemente der Krystalle angeordnet sind.

a. Gesetz der Winkelconstanz.

18. **Winkelconstanz.** Untersucht man alle gleichbegrenzten Krystalle derselben Substanz, so findet man, dass die entsprechenden Flächen sich in gleichliegenden Kanten stets unter denselben Winkeln schneiden. Bei fernerer Untersuchung findet man, dass dieselben Winkel auch dann wiederkehren, wenn man sie an Krystallen misst, an denen ausser jenen Flächen noch andere vorhanden sind oder an denen auch einige von ihnen fehlen. Kurz, es ist ein ausnahmslos festgestelltes Gesetz: *An sämmtlichen Krystallen derselben Substanz schneiden sich entsprechende Flächen in gleich liegenden Kanten stets unter gleichen Winkeln.* Dies ist das *Gesetz der constanten Flächenwinkel* oder, weil aus ihm von selbst auch die Gleichheit gleichliegender Kantenwinkel folgt, allgemein das *Gesetz der Winkelconstanz.*

Dabei ist aber abzusehen von unvermeidlichen kleinen Messungsfehlern und von kleinen Unregelmässigkeiten in der Ausbildung der Krystalle, welche kleine Abweichungen zur Folge haben.

Misst man die Winkel der Flächen an den oktaëdrischen Krystallen des Magneteisens (Fig. 3), so findet man an allen Kanten stets $109^0\ 28'$, und zwar auch dann, wenn, wie es häufig vorkommt, statt den Kanten andere Flächen, z. B. ∞O vorhanden sind, wie in Fig. 45, oder wenn noch andere Modificationen des oktaëdrischen Körpers eingetreten sind (Fig. 63). Unter denselben Winkeln schneiden sich stets die Flächen *o* des Flussspathkrystalles (Fig. 5), während sich die Flächen *h* stets unter 90^0 schneiden; die Flächen *o* und *h* machen stets $125^0\ 16'$. Die beiden Flächen, auf denen der ausgezeichnete Farbenschiller im Labradorfeldspath (siehe diesen) stattfindet, schneiden sich in allen Krystallen unter 134^0; die Flächen, denen im Kalkspath die Blätterbrüche parallel gehen, unter $105^0\ 5'$. Beim Staurolith findet man an allen Krystallen von der Form Fig. 15 $\sphericalangle\ m/m = 129^0\ 26'$; alle $\sphericalangle\ m/r = 137^0\ 58'$; alle $\sphericalangle\ m/o = 115^0\ 17'$; alle $\sphericalangle\ m/p = 90^0$ und $o/p = 90^0$ etc. Dieselben Winkel m/m, m/r etc. findet man aber auch an Krystallen, an welchen die Flächen *r* fehlen, oder wo zu den angegebenen Flächen noch weitere hinzugetreten sind.

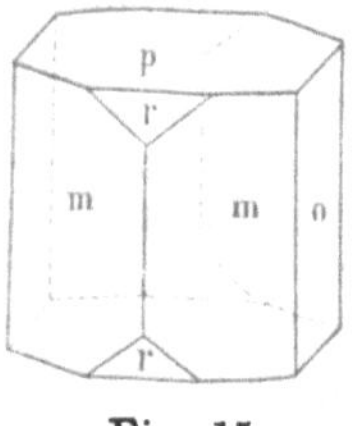

Fig. 15.

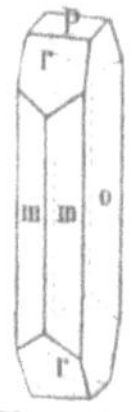

Fig. 16.

19. Parallelverschiebung der Flächen. Wenn man sämmtliche oktaëdrischen Krystalle von Magneteisen vergleicht, deren acht gleiche Flächen sich unter dem stets wiederkehrenden Winkel von $109^0\ 28'$ (resp. dessen Supplement von $70^0\ 32'$) schneiden, so haben sie z. Th. die Form Fig. 3; andere haben aber die etwas abweichende Form Fig. 17 oder Fig. 18, und noch viele andere ähnliche Gestalten dieser achtflächig begrenzten Krystalle kommen vor. Alle diese Gestalten müssen für krystallographisch gleich gehalten werden trotz ihrer grossen geometrischen Verschiedenheit, denn in jeder schneidet sich eine gleich grosse Anzahl unter einander gleicher Flächen in gleichliegenden Kanten unter gleichen Winkeln, so dass sich alle diese Formen nur durch die Gestalt, den Umfang und die Grösse der Begrenzungsflächen unterscheiden, welche ja aber krystallographisch ganz unwesentlich sind (8). Es ist nun aber leicht einzusehen, dass man die eine dieser Formen z. B. Fig. 18 aus den andern z. B. Fig. 3 dadurch entstanden denken kann, dass zwei Flächen parallel mit sich selbst um einen entsprechenden Betrag nach aussen rücken; dadurch wird ja weder an der physikalischen Beschaffenheit derselben noch an den Flächenwinkeln das Mindeste geändert. Ebenso kann durch Parallelverschiebung der Flächen die Form Fig. 3 in die Fig. 17 übergeführt werden und umgekehrt, wie die punktirten Linien zeigen. Ferner findet man häufig von den oben (18.) erwähnten Flächen begrenzte Stauro-

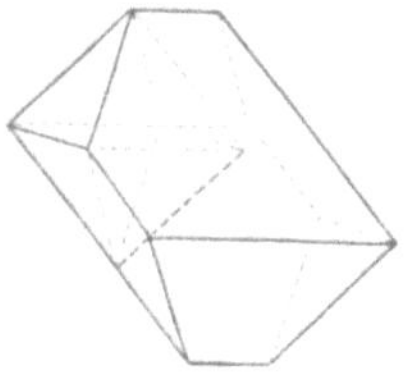
Fig. 17.

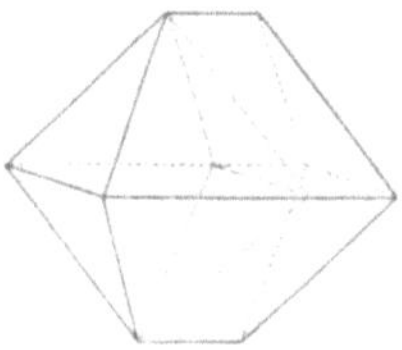
Fig. 18.

lithkrystalle, die aber nicht die Form Fig. 15, sondern die Form Fig. 16 haben. Beide Formen lassen sich ohne Aenderung der krystallographisch allein in Betracht kommenden Winkel und der Flächenbeschaffenheit in einander überführen, wenn man die Flächen *o* parallel mit sich etwas nach innen, resp. nach ausen schiebt. Aus allem diesem folgt, dass man sich die Krystallflächen nicht als starr und unbeweglich vorstellen darf, wie die Begrenzungsebenen geometrischer Körper, sondern sie müssen parallel mit sich beweglich gedacht werden, und man hat den Satz: *Jede Krystallfläche kann in beliebiger Weise parallel mit sich selbst verschoben werden, ohne dass an der betr. Krystallform dadurch etwas Wesentliches geändert wird.*

Aus der Parallelverschiebbarkeit der Flächen folgt auch, dass die Grösse der Krystalle eine unwesentliche Sache sein muss. In der That findet man auch von derselben Substanz Krystalle von krystallographisch gleicher Form in der verschiedensten Grösse, so z. B. Quarzkrystalle von mikroskopischer Kleinheit bis zu mehreren Centnern Gewicht.

20. Winkel verschiedener Substanzen. Die an den verschiedenen Krystallen derselben Substanz stets wiederkehrenden Winkel findet man im Allgemeinen nicht an Krystallen anderer Substanzen. Die *Winkel, welche die Flächen der Krystalle einer Substanz mit einander machen, sind für diese Substanz charakteristisch*; man kann diese daran wiedererkennen und von andern Substanzen unterscheiden, auch wenn die Krystalle der verschiedenen Substanzen sonst ausserordentlich ähnlich sind. So giebt es z. B. sog. Rhomboëder (Fig. 127) von Kalkspath, deren Flächen sich unter 105° 5′ schneiden; äusserlich häufig ununterscheidbar davon sind die Rhomboëder des Magnesit, wenn man nicht die Winkel misst, die hier 107° 28′ betragen. Nur die Formen des regulären Systems (58—64) und einige wenige andere sind für alle Substanzen ohne Ausnahme stets dieselben.

21. Ideale Krystallformen. Denkt man sich alle Flächen eines Krystalls parallel mit sich so verschoben, dass je alle gleichen Flächen von einem beliebigen Punkt im Innern des Krystalls, dem sog. *Mittelpunkt* desselben gleich weit entfernt sind, so schneiden sich diese Flächen wegen ihrer regelmässig-symmetrischen Vertheilung um den Krystallmittelpunkt (41 ff.) so, dass alle krystallographisch gleichen Flächen auch gleiche Form und Grösse erhalten, also congruent werden. Solche Formen, wo die krystallographisch gleichen Flächen auch geometrisch gleich sind, heissen *ideale Krystallformen,* man sagt, ihre Flächen seien *im Gleichgewicht.* Sie unterscheiden sich aber krystallographisch nicht wesentlich von den andern Formen, bei welchen die krystallographisch gleichen Flächen ungleiche Gestalten und Umrisse haben und welche durch paralleles Verschieben der Flächen aus ihnen abgeleitet werden können. Diese letzteren nennt man zuweilen unpassender Weise *verzerrte Formen* oder *Verzerrungen.* Eine ideale Form ist z. B. das in Fig. 3 dargestellte Oktaëder; verzerrte Oktaëder stellen Fig. 17 und 18 dar. Ideale Formen kommen in vollkommener Ausbildung wohl niemals in der Natur vor, stets sind die Krystalle mehr oder weniger „verzerrt". Nicht selten geht die „Verzerrung" so weit, dass von der idealen Gestalt sehr bedeutend abweichende, davon scheinbar total verschiedene Formen entstehen, welche auf die letzteren oft nur mit Hülfe von Winkelmessungen zurückgeführt werden können, indem man aus der Gleichheit gewisser Winkel in beiden Krystallen, umgekehrt wie in (18), die respective Gleichheit der betreffenden, den Winkel einschliessenden Flächen an denselben folgert.

Hätte man z. B. an einem „verzerrten" Staurolithkrystall einen Winkel von 129° 26′ gemessen, so würde man daraus mit Sicherheit schliessen, dass die betreffenden Flächen diejenigen des Prismas *m* sind etc.

Diese idealen Formen werden gewählt, wenn man die Krystalle plastisch als Modelle darstellen oder wenn man sie zeichnen will. Man ersieht dann aus den Umrissen die Gleichheit und Zusammengehörigkeit der Flächen, resp. die Verschiedenheit derselben. An den idealen Formen ist die Uebersicht über die einzelnen Flächen und einfachen Formen am leichtesten und bequemsten. Daher wird nicht selten die ganze Krystallographie auf denselben aufgebaut, was aber den Anfänger leicht zu der falschen Meinung führen kann, als seien die idealen Formen etwas krystallographisch Vollkommeneres, als die „Verzerrungen". Dies ist aber durchaus nicht der Fall, sie sind im Gegentheil Abstractionen, welche in absoluter Vollkommenheit in der Natur wohl nie vorkommen.

b. Das Gesetz der rationalen Kantenschnitte.

22. Kantenschnitte. Sind XOY, YOZ, ZOX drei beliebige Flächen eines Krystalls (Fig. 19), welche sich in dem Punkt O und in den drei Kanten OX, OY, OZ schneiden, und trifft eine vierte Fläche ABC diese drei Kanten in A, B, C, so ist diese letztere in ihrer Lage gegen die drei ersten Flächen vollkommen unzweideutig bestimmt, wenn man die drei Abschnitte (Kantenabschnitte) OA, OB, OC kennt. Verschiebt man nun die Fläche ABC parallel mit sich nach $A^1\,B^1\,C^1$, so ist diese neue Lage der Fläche durch die Kantenabschnitte OA^1, OB^1, OC^1 gegeben und zwar ist offenbar:

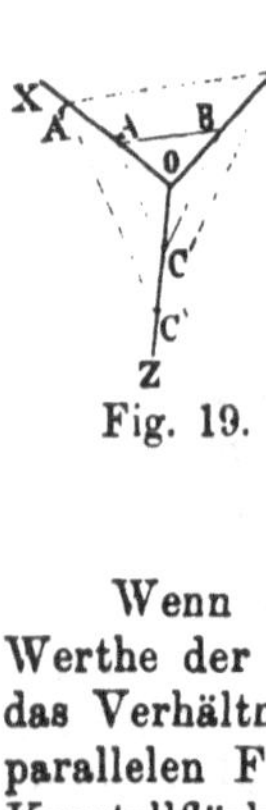

Fig. 19.

$$OA : OA^1 = OB : OB^1 = OC : OC^1 \text{ oder}$$
$$OA : OB : OC = OA^1 : OB^1 : OC^1$$

Wenn also bei dieser Parallelverschiebung auch die absoluten Werthe der Kantenabschnitte der Fläche sich ändern, so bleibt doch das Verhältniss derselben stets das nämliche. Da nun diese beiden parallelen Flächen als krystallographisch ident, als eine und dieselbe Krystallfläche, zu betrachten sind (19), so ist diese Fläche offenbar krystallographisch in ihrer Lage gegen jene drei Flächen und Kanten vollkommen bestimmt durch das allen den verschiedenen Parallellagen derselben gemeinsame Verhältniss der Abschnitte: $OA : OB : OC$, während die absolute Grösse dieser letzteren gleichgültig ist.

Setzt man nun $OA^1 = r \,.\, OA$, so ist $OB^1 = r \,.\, OB$; $OC^1 = r \,.\, OC$, da nur so das Verhältniss $OA : OB : OC$ erhalten bleibt. Man kann daher auch sagen: *Die drei Kantenabschnitte einer Fläche lassen sich mit einer beliebigen Zahl multipliciren (oder dividiren)*, ohne dass die durch die neuen Abschnitte dargestellte Fläche krystallographisch eine andere wird. Die Fläche mit den neuen Abschnitten ist parallel mit der ersten und die Multiplication (oder Division) ist der algebraische Ausdruck der Parallelverschiebung.

Ist die Fläche einer oder zwei von den drei Kanten parallel, so sind die auf diese Kanten bezüglichen Abschnitte $= \infty$.

23. Rationale Kantenschnitte. Wählt man aus sämmtlichen Begrenzungsflächen eines Krystalls drei beliebige aus, welche sich in drei von einem Punkt O ausgehenden Kanten OX, OY, OZ schneiden (Fig. 20), so ist irgend eine ebenso beliebige vierte Fläche ABC, welche die drei Kanten in A, B, C trifft, durch das Verhältniss der Abschnitte $OA : OB : OC = a : b : c$ in ihrer Lage (Neigung) gegen die Kanten OA, OB, OC und damit auch gegen jene drei Flächen krystallographisch unzweideutig gegeben. Ebenso ist dies der Fall für eine beliebige fünfte Fläche MNP durch das Verhältniss der Abschnitte: $OM : ON : OP = m : n : p$. Bildet man nun die Quotienten je der auf dieselbe Kante bezüglichen Abschnitte $\frac{m}{a}$, $\frac{n}{b}$, $\frac{p}{c}$, so kann man setzen: $\frac{m}{a} : \frac{n}{b} : \frac{p}{c} = h : k : l$.

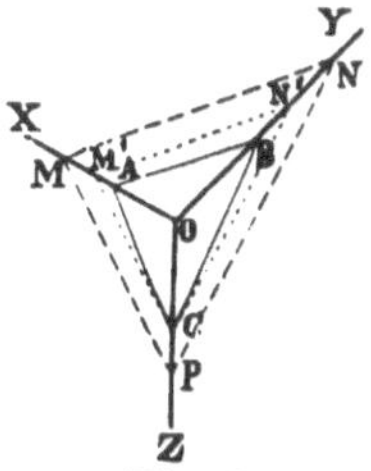

Fig. 20.

Nach einer bei allen bisher untersuchten Krystallen ohne Ausnahme gemachten Erfahrung sind nun die Krystallflächen stets so gruppirt, d. h. ihre gegenseitigen Neigungen sind so, dass diese Zahlen h, k, l rational, d. h. durch ganze Zahlen völlig exact ausdrückbare Grössen, also entweder direkt ganze Zahlen (incl. ∞) oder ächte oder unächte Brüche sind, m. a. W. jene drei Quotienten $\frac{m}{a}$ etc. verhalten sich stets wie rationale Grösse (∞ mit eingeschlossen), also z. B. $\frac{m}{a} : \frac{n}{b} : \frac{p}{c} = 1 : 2 : 3$ oder $= \frac{1}{2} : \frac{1}{3} : \frac{1}{4}$ oder $= 2 : 3 : \frac{2}{3}$ oder $= \infty : 1 : 1$, in welch' letzterem Fall die betr. Fläche mit der Kante OX parallel ist. Dagegen sind Verhältnisse: $\frac{m}{a} : \frac{n}{b} : \frac{p}{c} = \sqrt{2} : \sqrt{3} : \sqrt{5}$ oder $= lg\, 2 : log\, 3 : log\, 5$ *etc.* als irrational durchweg ausgeschlossen.

Da man ein Verhältniss von Brüchen stets in ein solches von ganzen Zahlen umwandeln kann, also z. B. $\frac{1}{2} : \frac{1}{3} : \frac{1}{4} = 6 : 4 : 3$, so kann man auch ebenso allgemein sagen, die Flächen aller Krystalle sind so gruppirt, dass h, k, l stets *ganze* Zahlen sind, dass sich jene drei Quotienten stets wie *ganze* Zahlen verhalten. Dabei sind a, b, c, m, n, p und ebenso $\frac{m}{a}$, $\frac{n}{b}$, $\frac{p}{c}$ je für sich betrachtet im allgemeinen irrational. Dasselbe, was für die Abschnitte m, n, p der fünften Fläche gilt, gilt für die Abschnitte einer sechsten etc. Fläche.

Dies ist das *Gesetz der rationalen Kantenschnitte*, das Hauptgesetz der Krystallographie, welches unter Zugrundelegung der obigen Auseinandersetzungen so ausgesprochen werden kann: *Die Flächen aller Krystalle liegen so gegeneinander (schneiden sich unter solchen Winkeln), dass die drei Quotienten je der beiden Stücke, welche zwei beliebige Flächen auf jeder der drei von einem Punkt ausgehenden und von drei beliebigen andern Flächen desselben Krystalls gebildeten Kanten abschneiden, sich stets wie rationale (ganze) Zahlen (∞ eingeschlossen) verhalten.*

23a. Man kann dies noch etwas anders fassen. Wenn $\frac{m}{a} : \frac{n}{b} : \frac{p}{c} = h : k : l$ ist, so kann man ganz allgemein setzen:

$$m = r \,.\, ah\,;\; n = r \,.\, bk\,;\; p = r \,.\, cl,$$

wo r eine beliebige Zahl ist. Dividirt man nun diese drei Abschnitte m, n, p mit r (22), so erhält man:

$$m = ha\,;\; n = kb\,;\; p = lc,$$

die Abschnitte m, n, p der fünften Fläche MNP können somit als rationale Vielfache der Abschnitte a, b, c der vierten Fläche ABC je auf derselben Kante dargestellt werden, d. h. als solche, wobei die Coëfficienten h, k, l von a, b, c stets rationale (ganze) Zahlen sind (∞ eingeschlossen). Ebenso können die Abschnitte m_1, n_1, p_1 einer sechsten Fläche $M_1N_1P_1$ in den Abschnitten a, b, c ausgedrückt werden:

$$m_1 = h_1\, a,\;\; n_1 = k_1\, b,\;\; p_1 = l_1\, c,$$

wo h_1, k_1, l_1 wieder rationale (ganze) Zahlen sind. So ist dieses für jede andere Fläche möglich und stets sind die Coëfficienten h_1, k_1, l_1, etc. der Abschnitte a, b, c der vierten Fläche rationale (ganze) Zahlen. Das Gesetz der rationalen Kantenschnitte kann also auch ausgesprochen werden: *Die Abschnitte, welche die Flächen eines Krystalls auf drei von drei andern Flächen desselben Krystalls gebildeten Kanten machen, können als rationale (ganze) Vielfache der Abschnitte ausgedrückt werden, die eine beliebige vierte Fläche des Krystalls von jenen drei Kanten abschneidet.*

Endlich: denkt man sich (Fig. 20) jene fünfte Fläche MNP, welche von den drei Kanten OA, OB, OC Stücke in dem Verhältniss: $m : n : p = ha : kb : lc$ abschneidet, parallel mit sich durch einen der drei Punkte A, B, C, also hier z. B. durch C gelegt, in welchem die vierte Fläche ABC die Kante OZ trifft, so dass MNO nun die Lage $M'N'C$ hat, so schneidet sie von dieser Kante ein Stück $OC = c$ ab und von den Kanten OX und OY die Stücke:

$$OM' = m' = \frac{h}{l} a = h'a \quad \text{und} \quad ON' = n' = \frac{k}{l} b = k'b,$$

wo $h' = \frac{h}{l}$ und $k' = \frac{k}{l}$. Eine weitere durch den Punkt C gehende Fläche $M''N''C$ ist unzweideutig gegeben durch die Abschnitte: $m'' = h''a$; $n'' = k''b$ und so jede andere Fläche des Krystalls, die man durch C hindurch legt. Die Abschnitte dieser Flächen auf der Kante OX und OY sind nun:

$$m' = h'a\,;\;\; m'' = h''a\,;\;\; m''' = h'''a\,;\; \ldots\ldots$$
$$n' = k'b\,;\;\; n'' = k''b\,;\;\; n''' = k'''b\,;\; \ldots\ldots$$

es verhält sich daher:

$$m' : m'' : m''' : \ldots\ldots = h' : h'' : h''' : \ldots\ldots$$
$$n' : n'' : n''' : \ldots\ldots = k' : k'' : k''' : \ldots\ldots$$

Da nun h, k, l etc. rationale (ganze) Zahlen sind, so müssen h', k', etc. ebenfalls rational sein und man kann das Gesetz der rationalen Kantenschnitte auch so aussprechen: *Legt man alle Flächen eines Krystalls durch denselben Punkt der einen der drei Kanten, so schneiden sie auf jeder der beiden andern Kanten Stücke ab, welche zu einander in rationalen Verhältnissen stehen* (vergl. das Beispiel (25)).

24. Mögliche Krystallflächen. Krystallreihe. An jedem Krystall findet sich natürlich nur eine bestimmte endliche und zwar meist nicht sehr grosse Zahl von Flächen ausgebildet, und diese sind alle nach dem oben genannten Gesetze gruppirt. Man muss hieraus schliessen, dass wenn an dem Krystall (oder einem andern sonst ganz gleichen derselben Substanz) noch eine weitere Fläche ausgebildet wäre, diese ebenfalls auf jeder der drei Kanten Stücke abschneiden würde, welche mit den andern dort von den sonstigen Flächen abgeschnittenen Stücken in rationalen Verhältnissen stünden. Es ist kein Grund vorhanden, warum irgend eine der durch dieses Verhalten charakterisirten Flächen nicht sollte an einem Krystall derselben Substanz vorkommen können, und in der That beobachtet man an neu aufgefundenen Krystallen der verschiedenen Substanzen tagtäglich neue Flächen, welche alle nach diesem Gesetz angeordnet und mit den anderen schon früher bekannt gewesenen Flächen verbunden sind, so dass man sagen kann: *An den Krystallen einer bestimmten Substanz können alle Flächen möglicher Weise vorkommen (sind alle Flächen möglich), deren Abschnitte auf drei beliebigen Kanten derselben in rationalen Verhältnissen zu einander stehen, die also dem Gesetz der rationalen Kantenschnitte folgen.*

Die Gesammtheit aller der unendlich vielen darnach an einem Krystall möglichen Flächen resp. die Gesammtheit aller von diesen Flächen begrenzten einfachen Krystallformen bildet die *Krystallreihe* der betreffenden Substanz. Sie ist implicite bekannt, wenn man nur 4 beliebige Flächen des letzteren kennt, welche so gegen einander liegen, wie die erstgenannten Flächen.

Für unmöglich müssen dagegen solche Flächen an einem Krystall gehalten werden, deren Abschnitte auf drei in einem Punkt sich schneidenden Kanten, mit den entsprechenden Abschnitten der andern Flächen nicht in rationalen Verhältnissen stehen; solche Flächen, welche jenem Gesetz nicht folgen, sind nie beobachtet worden.

25. Beispiel. An einem Krystall von Kieselzinkerz sind die in Fig. 21 dargestellten Flächen vorhanden, welche sich unter den für dieses Mineral charakteristischen Winkeln (20) schneiden. Wählt man unter diesen drei beliebige z. B. a, b, c aus, so schneiden sie sich, gehörig erweitert, in einem Punkt O, von dem die

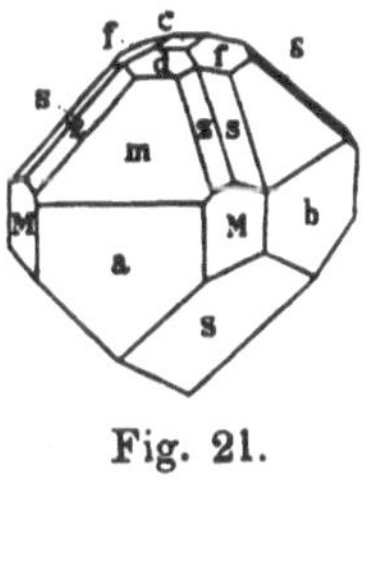

Fig. 21.

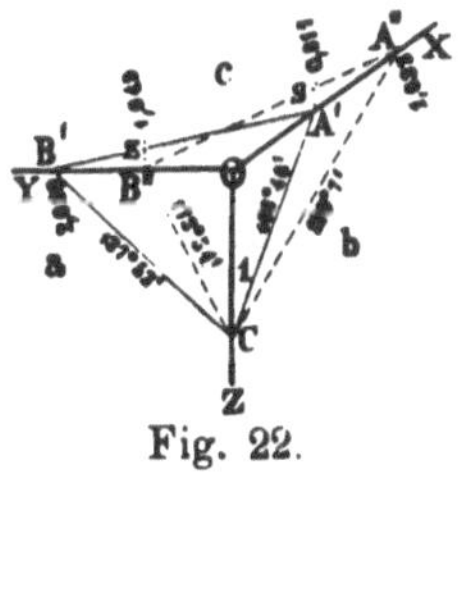

Fig. 22.

drei Kanten $b\,c = OX$, $c\,a = OY$ und $a\,b = OZ$ ausgehen, wie dies in Fig. 22 besonders gezeichnet ist. Eine Messung der drei Winkel $a\,b$, $b\,c$, b/a ergiebt, dass sie alle $= 90^0$ sind. Wählt man nun unter den übrigen Flächen noch eine vierte z. B. z ganz beliebig aus, so schneidet diese die Kanten OX, OY, OZ in A', B', C', und die Winkelmessung ergiebt, dass: $\measuredangle\, z\,a = 137^0\,52'$ und $\measuredangle\, z/b = 106^0\,46'$. Setzt man $OC' = 1$, so findet man aus den erwähnten Winkeln: $OA = 0{,}817$; $OB' = 2{,}099$. Nimmt man nun die Fläche s, so findet man für diese: $\measuredangle\, s/a = 113^0\,54'$ und $\measuredangle\, s\,b = 129^0\,7'$; und wenn s ebenfalls durch C' geht und OX und OY in A'' und B'' schneidet, so ist: $OA'' = 1{,}633$ und $OB'' = 1{,}049$. Die Verhältnisse der auf denselben Axen OX, resp. OY abgeschnittenen Stücke: $\frac{OA''}{OA'} = \frac{1{,}633}{0{,}817} = 2$ und: $\frac{OB''}{OB'} = \frac{1{,}049}{2{,}099} = \frac{1}{2}$ sind dann in der That rational, wie es das Gesetz der rationalen Kantenschnitte verlangt. In derselben Weise würde sich jede weitere Fläche des Krystalls verhalten, und zum gleichen Resultat würde man kommen, wenn man irgend drei andere Flächen statt a, b, c, und eine andere statt z gewählt hätte.

Eine Fläche, welche gegen a und b unter Winkeln $= 105^0\,53'$ und $148^0\,25'$ geneigt ist, würde, wenn auch sie durch den Punkt C' ginge, auf OX und OY Stücke abschneiden: $OA''' = 1{,}633$ und $OB''' = 0{,}525$ und die Verhältnisse $\frac{OA'''}{OA'} = \frac{1{,}633}{0{,}817} = 2$ und $\frac{OB'''}{OB'} = \frac{0{,}525}{2{,}099} = \frac{1}{4}$ wären auch hier rational. Eine solche Fläche wäre also als eine mögliche Fläche des Kieselzinkerzes anzusehen, d. h. man könnte erwarten, dass eine unter den angegebenen Winkeln gegen a und b geneigte Fläche an irgend einem andern Kieselzinkerzkrystall, als dem vorliegenden, dem sie fehlt, vorkommt. In der That kennt man auch Krystalle dieses Minerals, an welchen sich eine Fläche mit solchen Neigungen gegen a und b findet. Wäre dies nicht der Fall, so wäre doch zu erwarten, dass man noch einmal einen Kieselzinkerzkrystall mit einer solchen Fläche fände.

Dagegen müsste man eine Fläche, welche gegen a und b unter 120^0 und 130^0 geneigt ist und also, durch C' gehend, von OX und OY Stücke $= 1{,}161$ und $0{,}903$ abschneidet, am Kieselzinkerz für unmöglich halten, da die Verhältnisse: $\frac{1{,}161}{0{,}817} = 1{,}421\ldots$ und $\frac{0{,}903}{2{,}099} = 0{,}430\ldots$ irrational sind, und in der That ist auch eine Fläche mit solchen Neigungen gegen a und a noch nie beobachtet worden.

26. Axen. Parameter. Um eine leichte und bequeme Uebersicht über sämmtliche Flächen eines Krystalls zu erhalten, bezieht man dieselben in ganz ähnlicher Weise auf Axen, wie dies in der analytischen Geometrie geschieht. Man denkt sich durch einen beliebigen Punkt in Innern des Krystalls, den *Axenmittelpunkt* O, drei nicht in einer Ebene liegende Gerade OX, OY, OZ als Axen gezogen (Fig. 23). Jede Krystallfläche ist nun in ihrer Lage gegen das Axensystem bestimmt, wenn man das Verhältniss der drei Stücke kennt, welche dieselbe von den drei Axen abschneidet, und welche man die *Parameter* der Fläche nennt. Ist die Lage aller Flächen eines Krystalls gegen die Axen auf solche Weise durch ihre Parameter bestimmt, so ist damit die gegenseitige Anordnung und Neigung seiner Flächen und also die Gestalt desselben mathematisch gegeben.

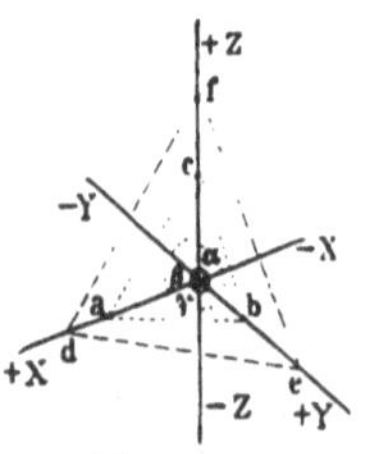

Fig. 23.

Zu diesem Zweck sind alle ganz beliebigen Richtungen für die Axen im Allgemeinen geeignet. Man wählt aber das Axensystem stets so, dass jede der drei durch je zwei Axen bestimmten Axenebenen eine wirkliche oder mögliche (24) Fläche des betreffenden Krystalls ist. Die Flächen des Krystalls, mit denen man die Axenebenen parallel annimmt, heissen die *Fundamentalflächen* desselben. Dann sind die Axen der Richtung nach offenbar Kanten, wie z. B. die strichpunktirten der Linien (Axen) in Fig. 39 zeigen, und die durch die drei Axen und Axenebenen gebildeten acht Raumdreiecke entsprechen acht dreikantigen Ecken der Krystalls. Sind aber die Axen der Richtung nach Kanten des Krystalls, so gilt für sie alles das, was für Kanten überhaupt gilt, namentlich müssen die Abschnitte der Flächen des Krystalls auf den Axen, die Parameter derselben, in rationalen Verhältnissen zu einander stehen (23 und 23a). Ist also das Verhältniss der Parameter einer zu den drei Axenebenen hinzutretenden vierten Fläche (sog. *Einheitsfläche*) $= a : b : c$, so lässt sich das Parameterverhältniss $d : e : f$ jeder ferneren Fläche in dem Verhältniss $a : b : c$ ausdrücken, d. h. darstellen unter der Form: $d : e : f = ma : nb : pc$, wo m, n, p, die sog. *Ableitungszahlen* der letzteren Fläche rationale ganze Zahlen sind, während a, b, c und d, e, f für sich meist irrational sind und in irrationalen Verhältnissen zu einander stehen. Man kann, wenn man neben den drei Axen, resp. Axenebenen, auch die Einheitsfläche mit dem Parameterverhältniss: $a : b : c$ aus den Flächen des Krystalls beliebig, aber ein für allemal fest ausgewählt hat, jede weitere Fläche durch ihre Ableitungszahlen m, n, p unzweideutig angeben, mit denen man die Parameter a, b, c der Einheitsfläche multipliciren muss, um ihre Parameter ma, nb, pc zu erhalten. In dieser Weise, indem man die Parameter aller Flächen eines Krystalls mittelst der Ableitungszahlen in denen einer einzigen, der Einheitsfläche, ausdrückt, werden die Krystalle auf das zu Grunde gelegte, durch drei beliebige Kanten bestimmte Axensystem bezogen und die Möglichkeit, die Parameter jeder Fläche eines Krystalls in übersichtlicher und einfacher Weise durch einige ganze Zahlen (oder Brüche) auf die Parameter einer einzigen Fläche, der Einheitsfläche, zu beziehen, ist der Grund, warum man stets die Axen in der angegebenen Weise als Kanten des Krystalls wählt. Dabei sind aber die + und —Richtungen der Axen scharf zu unterscheiden und diejenigen Ableitungszahlen als — aufzufassen, welche sich auf die — Axenrichtungen beziehen.

Die Parameter einer Fläche, ma, nb, pc, kann man mit jeder beliebigen Zahl r multipliciren oder dividiren (22), diese Fläche ist somit auch gegeben durch das Parameterverhältniss: $r \cdot ma : r \cdot nb : r \cdot pc$. was sich auch schreiben lässt: $rm \cdot a : rn \cdot b : rp \cdot c$; d. h. man kann auch die Ableitungszahlen einer Fläche mit einer beliebigen Zahl r multipliciren (dividiren), ohne dass sich dabei in krystallographischem Sinne etwas ändert; auch durch die Multiplication der Ableitungszahlen mit r wird nur eine einfache Parallelverschiebung der Fläche algebraisch ausgedrückt.

Das Parameterverhältniss: $ma : nb : pc$ einer Fläche heisst der

Axenausdruck, oder kurz der *Ausdruck* oder das *Symbol* der Fläche; die Fläche ist durch denselben in ihrer Lage gegen die Axen und damit auch gegen die andern Flächen des Krystalls unzweideutig gegeben; $a : b : c$ das Parameterverhältniss der Einheitsfläche, auf welches man die Parameter aller andern Flächen mittelst der Ableitungszahlen bezieht, heisst das *Axenverhältniss*. Die Parameter a, b und c heissen die *Axenlängen* oder *Axeneinheiten*. Da es sich nur um das Verhältniss $a : b : c$, nicht um die absoluten Längen von a, b, c handelt, so kann man eine Axenlänge $= 1$ setzen, dann sind die beiden andern Axenlängen durch absolute Werthe in derselben Einheit ausgedrückt; man kann das Axenverhältniss darnach auch schreiben: $a : b : 1$ oder $a : 1 : c$ oder $1 : b : c$.

27. Rationale Axenschnitte. Das Gesetz der rationalen Kantenschnitte kann nun nach dem Angeführten auch das Gesetz der *rationalen Axenschnitte* (*Parameter*), oder das Gesetz der *rationalen Ableitungszahlen* genannt und so ausgesprochen werden: *Die Ableitungszahlen aller Flächen eines Krystalls sind rational,* aber nur unter der Voraussetzung, dass die Axen parallel mit wirklichen oder möglichen Kanten des Krystalls sind, und dass die Axenlängen auf diesen durch eine Krystallfläche abgeschnittene Stücke sind. Man kann ferner sagen: *An einem Krystall sind alle solche Flächen möglich, welche von derartigen Axen Stücke mit rationalen Ableitungszahlen abschneiden, während Flächen mit irrationalen Ableitungszahlen unmöglich sind.*

Die Neigung und die Länge der Axen, sowie die Ableitungszahlen, welche an diesen Axen die einzelnen Flächen eines Krystalls bestimmen, haben stets andere Werthe, je nachdem man diese oder andere Flächen desselben als Einheits- und Fundamentalflächen wählt. Durch eine geschickte Wahl dieser letzteren kann man bewirken, dass die Ableitungszahlen der Flächen sehr kleine Zahlen sind, 1, 2, 3, selten mehr, abgesehen von ∞; man spricht daher auch von dem *Gesetz der einfachen rationalen Ableitungszahlen.*

28. Specielle Flächenausdrücke. Ist eine oder zwei Ableitungszahlen $= \infty$, so geht die Fläche der resp. den betreffenden Axen parallel. Flächen, welche einer Axe parallel sind, bei denen also eine Ableitungszahl $= \infty$, heissen *Dodekaidflächen;* solche, welchen zwei Axen parallel sind, wo also zwei Ableitungszahlen $= \infty$, heissen *Hexaidflächen;* es sind dies offenbar die drei Fundamentalflächen; endlich heissen solche Krystallflächen, welche alle drei Axen schneiden, *Oktaidflächen;* zu ihnen gehört vor allem die Einheitsfläche, welche von den drei Axen die Axeneinheiten a, b und c abschneidet.

Beispiele specieller Flächenausdrücke sind:

Oktaidflächen: $2a : b : c$; $a : \frac{2}{3} b : -2c$ und vor allen die Einheitsfläche $a : b : c$.

Dodekaidflächen: $2a : \infty b : 3c$; $- a : b : \infty c$ etc.

Hexaidflächen: $\infty a : \infty b : c$; $\infty a : b : \infty c$; $a : \infty b : \infty c$.

29. Parallele Gegenflächen. Eine Fläche schneidet auf der einen Seite des Axenmittelpunkts von den Axen Stücke ab, welche in demselben Verhältniss stehen, wie die von der parallelen Gegenfläche auf der andern Seite des Axenmittelpunkts abgeschnittenen Stücke (Fig. 24), aber die von der einen Fläche auf der einen Seite abgeschnittenen Stücke sind negativ in Beziehung auf die von der Parallelfläche auf der andern Seite abgeschnittenen. Man erhält also den Ausdruck der Gegenfläche zu einer Krystallfläche $ma : nb : pc$, wenn man deren Ableitungszahlen mit — 1 multiplicirt. Die Gegenfläche ist also: $-ma : -nb : -pc$, also z. B. $-a : -b : -c$ die Gegenfläche zu $a : b : c$; $2a : -b : -c$ zu $-2a : b : c$ etc.

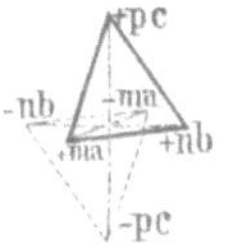

Fig. 24.

30. Axensystem. Ein Axensystem ist bekannt, wenn man die Winkel α, β, γ, welche die Axen b und c, c und a sowie a und b mit einander machen, und das Axenverhältniss: $a : b : c$ kennt. Da nach (26) statt $a : b : c$ auch z. B. $a : b : 1$ gesetzt werden kann, wo dann a und b auf die zu Grunde gelegte Einheit bezogene absolute Grössen sind, so ist das Axensystem durch die 5 von einander völlig unabhängigen Stücke: α, β, γ; a, b, die sog. *Elemente* des Axensystems (Axenelemente), vollständig gegeben. Zu deren Bestimmung müssen im allgemeinsten Fall 5 ebenfalls von einander völlig unabhängige Winkel an dem betr. Krystall gemessen werden, aus welchen man dann jene 5 Stücke berechnen kann, wenn die Axenausdrücke aller Flächen bekannt sind.

Wie die Neigungswinkel der Flächen für alle Krystalle derselben Substanz charakteristisch sind (20), so sind es demnach auch die Elemente der den Krystallen untergelegten Axensysteme, welche nur von jenen Winkeln abhängen und aus ihnen berechnet werden; und wie nur bei Krystallen einer bestimmten Substanz gewisse Flächenwinkel vorkommen, so auch nur gewisse Axenwinkel und Axenverhältnisse, während andere unmöglich sind. Allerdings sind an einem und demselben Krystall viele Axensysteme möglich, da je vier mögliche und in der oben angegebenen Weise gegen einander liegende Flächen desselben ein solches liefern. Aber alle diese Axensysteme sind auf einander zurückführbar und können aus einander berechnet werden, denn alle die in Frage kommenden Flächen stehen ja nach dem Gesetz der rationalen Kantenschnitte in einer bestimmten, mathematisch ausdrückbaren Beziehung zu einander. Die Axensysteme von Krystallen verschiedener Substanzen lassen dagegen keinerlei gesetzmässigen Zusammenhang erkennen und können daher auch nicht aus einander berechnet und in einander übergeführt werden, ebensowenig wie man einen gesetzmässigen Zusammenhang zwischen der Anordnung der Flächen bei Krystallen verschiedener Substanzen erkennen kann.

Die Ausdrücke aller an einem Axensystem möglichen Flächen, also die Krystallreihe des betreffenden Krystalls (24), erhält man, wenn man für die Ableitungszahlen m, n, p der Reihe nach alle möglichen rationalen Werthe in den allgemeinen Ausdruck: $ma : nb : pc$ setzt. Alle die verschiedenen an einem Krystall oder an allen Krystallen derselben Substanz möglichen Axensysteme, die sich durch ihre Axenwinkel und Axenverhältnisse von einander unterscheiden, geben dadurch infolge des erwähnten gesetzmässigen Zusammenhangs stets dieselbe Gruppe von Flächen, dieselbe Krystallreihe, indem sich die Flächen jedesmal unter denselben Winkeln schneiden. Dagegen erhält man aus Axensystemen, welche von Krystallen verschiedener Substanzen abgeleitet sind, stets andere Krystallreihen mit anderen Flächenneigungen, und zwar mit denjenigen, welche für die betr. Substanz charakteristisch sind (20). Durch die Axensysteme resp. durch die Elemente derselben sind somit die Krystalle in ihren wesentlichen Gestaltungsverhältnissen gegeben. Die Axen geben gewissermassen ein übersichtliches Bild der Krystallisation der verschiedenen Substanzen, welche sich auch durch ihre Axenelemente in krystallographischer Beziehung charakterisiren und von einander unterscheiden lassen, ebenso wie durch die Flächenwinkel, aber weitaus einfacher und übersichtlicher, als durch diese.

31. Flächenausdruck. Der Flächenausdruck: $ma : nb : pc$ ist zuerst von *Chr. S. Weiss*, der die Axen in die Krystallographie eingeführt hat, in dieser Form geschrieben worden. Diese Form der Axenausdrücke der Krystallflächen heisst darnach die *Weiss'sche Bezeichnungsweise,* bei der m, n, p Ableitungszahlen sind, welche meist als ganze, seltener gebrochene, $+$ oder $-$ Zahlen angegeben werden. Da man die Ableitungszahlen m, n, p einer Fläche mit einer beliebigen Zahl multipliciren oder dividiren kann (26), so kann man jeden Flächenausdruck mit gebrochenen Ableitungszahlen in einen solchen mit lauter ganzen verwandeln; so ist z. B. $\frac{3}{2}a : b : \frac{3}{4}c = 6a : 4b : 3c$. Man kann aber auch umgekehrt jeden Ausdruck so umwandeln, dass die Ableitungszahlen ächte Brüche mit dem Zähler 1 werden. Hat man z. B. den Ausdruck: $ma : nb : pc$, wo m, n, p ganze Zahlen sind, so kann man die drei Parameter mit mnp dividiren und erhält: $\frac{ma}{mnp} : \frac{nb}{mnp} : \frac{pc}{mnp} = \frac{a}{np} : \frac{b}{mp} : \frac{c}{mn} = \frac{a}{h} : \frac{b}{k} : \frac{c}{l}$, wenn man $np = h$ etc. setzt, wobei nothwendig h, k, l ebenfalls ganze Zahlen sein müssen. Solche ganze Zahlen, mit welchen die Axenlängen in den Flächenausdrücken *dividirt* werden, heissen die *Indices* der Flächen. Eine Fläche ist an einem gegebenen Axensystem durch das Verhältniss ihrer Indices $h : k : l$ unzweideutig bestimmt, wie durch das Verhältniss der Ableitungszahlen: $m : n : p$.

Miller bezeichnet die Krystallflächen mittelst der Indices, er lässt aber der Kürze wegen die Axenlängen weg und schreibt nur die Indices, und zwar stets in der Reihenfolge, in welcher sie sich auf die drei Axen a, b, c beziehen, indem er über negative (sich auf negative Axenzweige beziehende) Indices $-$ setzt. So ist also $\frac{a}{h} : \frac{b}{k} : \frac{c}{l}$ nach Miller $= hkl$ oder speciell: $\frac{a}{2} : \frac{b}{3} : c = 231$; $\frac{-a}{3} : b : c = \bar{3}11$ etc. Dem Maximalwerth ∞ bei den Ableitungszahlen entspricht hier ein Minimalwerth 0, so dass also:

die Dodekaidflächen: $a : \infty b : c = 101$; $\frac{a}{2} : -b : \infty c = 2\bar{1}0$ etc.

die Hexaidflächen: $a : \infty b : \infty c = 100$; $\infty a : b : \infty c = 010$ etc.

Diese Bezeichnungsweise der Krystallflächen mit blossen Indices, die sog. *Miller'sche* Bezeichnungsweise, soll in diesem Buch vorzugsweise angewendet werden, daneben die *Naumann'sche*, welche bei Betrachtung der einzelnen Krystallsysteme näher erläutert werden wird.

32. Beispiel. In dem oben (25) erwähnten Kieselzinkerzkrystall seien a, b, c als Fundamentalflächen beliebig gewählt, so dass die drei Axen (wie auch die Axenebenen) sich unter 90° schneiden. Wählt man dann noch beliebig eine vierte Fläche als Einheitsfläche, z. B. z, so ist für diese Annahme das Axensystem des Kieselzinkerzes bekannt. Die 3 Axenwinkel sind $= 90°$ und das Axenverhältniss: $a : b : c = 0{,}817 : 2{,}099 : 1$. Der Ausdruck der Einheitsfläche z ist: $z = a : b : c = 111$; derjenige einer weiteren Fläche s an diesem Axensystem wird dann: $s = 2a : \frac{1}{2}b : c = 4a : b : 2c = a : \frac{b}{4} : \frac{c}{2} = 142$ und diejenige der Fläche $A'''B'''C''' = 2a : \frac{1}{4}b : c = 8a : b : 4c : = a : \frac{b}{8} : \frac{c}{2} = 182$. Hätte man dagegen s als Einheitsfläche genommen, so wäre das Axenverhältniss für diesen Fall: $a : b : c = 1{,}633 : 1{,}049 : 1$. Jetzt hätte nicht mehr z, sondern s den Ausdruck:

$a:b:c = 111$, der sich nun aber auf das neue Axensystem bezieht, dagegen hätte z in Beziehung auf dieses neue Axensystem den Ausdruck: $\frac{1}{2}a:2b:c = a:4b:2c = \frac{a}{4}:b:\frac{c}{2} = 412$ und $A'''B'''C''$ wäre jetzt: $a:\frac{1}{2}b:c = 2a:b:2c = 121$. Ein ferneres Axenverhältniss würde die letztere Fläche geben, und ebenso jede andere, welche nicht einer Axe parallel ist, und ebenso könnte man auch stets andere Flächen zu Fundamentalflächen nehmen. Dass diese verschiedenen Axensysteme wirklich in einer gesetzmässigen Beziehung stehen und sich aus einander ableiten lassen, sieht man hier leicht, denn es ist: $a_z:a_s = 0{,}817:1{,}633 = 1:2$, d. h. $a_z = \frac{1}{2}a_s$; ferner $b_z:b_s = 2{,}099:1{,}049 = 2:1$, d. h. $b_z = 2b_s$, c ist in allen Fällen $= 1$. Complicirter und nur durch weitläufigere Rechnung nachzuweisen ist der Zusammenhang derjenigen Axensysteme desselben Krystalls, bei welchen auch die Fundamentalflächen andere sind.

Im Vorstehenden sind die allgemeinen Beziehungen der Axen aller Krystalle ohne Ausnahme auseinander gesetzt. Je nach den speciellen Verhältnissen (Symmetrieverhältnissen) der Krystalle wählt man aber die als Axen zu benutzenden Kanten etc. in verschiedenen Fällen verschieden (49 ff.).

c. Das Zonengesetz.

(Vergl. F. E. Neumann. De lege zonarum. Diss. Berlin 1826.)

33. Zone. Unter *Zone* versteht man einen Complex von Flächen, welche alle einer Geraden (Kante), der sog. *Zonenaxe,* parallel sind, und welche sich somit alle, eventuell in der Erweiterung, in Kanten schneiden, welche einander und der Zonenaxe parallel sind. Flächen, die in einer Zone liegen, heissen *tautozonal;* so sind alle Flächen jedes Prismas, z. B. die Flächen p (Fig. 8), tautozonal. Schon durch je zwei Flächen einer Zone ist stets die Richtung der Zonenaxe und damit im Wesentlichen die Zone selbst bestimmt. Liegt eine Fläche in einer Zone, so liegt die parallele Gegenfläche selbstverständlich ebenfalls darin.

Ist ein Krystall so auf einem Reflexionsgoniometer befestigt, dass die Axe einer Zone in die Drehaxe fällt, so müssen die Reflexe eines Lichtpunkts auf allen Flächen der Zone der Reihe nach auf dem gleichen Wege durch das Sehfeld wandern, wenn man den Krystall um 360° dreht, und zwar müssen sie sich in einer auf der Axe senkrechten Ebene bewegen. Ist das Goniometer mit einem Fernrohr versehen, so gehen die Reflexe der Reihe nach durch dessen Fadenkreuz. Daran kann man erkennen, ob eine Anzahl von Flächen in einer Zone liegen oder nicht, und zwar ist diese Probe sehr scharf und besonders dann von Werth, wenn sich die Flächen entweder gar nicht oder nur in sehr kurzen Kanten schneiden.

34. Ausdruck der Zone. Sind an dem Axensystem $OXYZ$ (Fig. 25) die beiden Flächen $ABC = \frac{a}{h}:\frac{b}{k}:\frac{c}{l} = hkl$ und $DEF = \frac{a}{h_{,}}:\frac{b}{k_{,}}:\frac{c}{l_{,}} = h_{,}k_{,}l_{,}$ gegeben, so ist deren Durchschnitt GH die Axe der durch die beiden Flächen bestimmten Zone. Denkt man sich die Zonenaxe GH parallel mit sich durch den Axenmittelpunkt O nach OK verlegt und das Parallelepiped $OMLNPQRS$ construirt, dessen Flächen den drei Axenebenen XOY, YOZ, ZOX parallel sind und

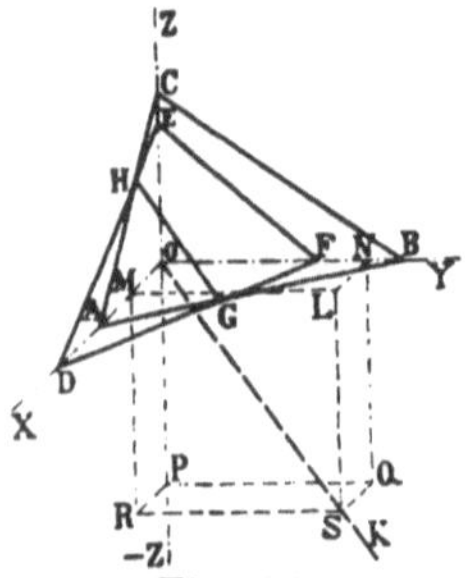

Fig. 25.

dessen Diagonale OS ist, wo S ein ganz beliebiger Punkt der Geraden OK, dann sind OM, ON, OP die Coordinaten von S. Kennt man diese, so kennt man auch die Zonenaxe SO ihrer Richtung nach, da diese ja ausser durch S auch durch den Axenmittelpunkt O gehen soll. Die Kenntniss des Punkts S resp. dessen Coordinaten genügt also, um die Zone der Richtung nach völlig zu bestimmen, ja schon das Verhältniss der Coordinaten $OM : ON : OP$ ist genügend, da jeder beliebige Punkt der Zonenaxe OK die Richtung derselben angiebt. Man findet nun mittelst einiger ähnlicher Dreiecke:

$$OM : ON : OP = (kl_, - k_, l)\, a : (lh_, - l_, h)\, b : (hk_, - h_, k)\, c$$
$$= ua : vb : wc.$$

Diese Zahlen $u = kl_, - k_, l$ etc., welche hier als Coëfficienten der Axenlängen a, b, c auftreten und welche in Verbindung mit diesen die Richtung der Zonenaxe bestimmen, heissen die *Indices* der Zone; in eine eckige Klammer gefasst: $[uvw]$ geben sie den *Ausdruck* (das Symbol) der Zone. Als Differenzen von Producten rationaler (ganzer) Zahlen sind auch u, v, w stets rational (ganz). Jeder durch drei rationale (ganze) Werthe von u, v, w dargestellte Ausdruck giebt eine an dem Krystall mögliche Zone oder Kantenrichtung. Zonen (Kantenrichtungen), deren Indices irrational sind, können an einem Krystall nicht vorkommen.

u, v, w lassen sich stets leicht nach einem Schema ermitteln:

$$\begin{array}{cccccc} & u & v & w & & \\ h & k & l & h & k & l \\ & \times & \times & \times & & \\ h_, & k_, & l_, & h_, & k_, & l_, \end{array}$$

Schreibt man die Indices der beiden Flächen doppelt neben und über einander, multiplicirt die durch nach rechts unten gehende Linien verbundenen Indices und ebenso die durch nach links unten gehende Linien verbundenen Indices und zieht die im zweiten Fall erhaltenen Producte von den im ersten Fall erhaltenen ab, so dass immer die Producte von zwei sich schneidenden Linien von einander abgezogen werden, dann ist die erste Differenz, über welcher im Schema u steht, der Index u für die Axe a, die zweite und dritte unter v und w sind die Indices v und w für b und c. Dabei müssen die Vorzeichen der Indices streng beobachtet werden. Die Zonenindices selbst können wie die der Flächen alle mit einer und derselben Zahl multiplicirt oder dividirt werden.

Beispiel. Gegeben die beiden Flächen:

$ABC = 212$; $DEF = 1\bar{1}1$, dann ist: $[uvw] = [30\bar{3}] = [\bar{1}01] = [101]$;
denn die Formeln für die Zonenindices geben nach dem Schema:

$$\begin{array}{cccccc} & u & v & w & & \\ 2 & 1 & 2 & 2 & 1 & 2 \\ & \times & \times & \times & & \\ 1 & \bar{1} & 1 & 1 & \bar{1} & 1 \end{array}$$

$u = 1 \,.\, 1 - 2 \,.\, (-1) = 3$; $v = 2 \,.\, 1 - 2 \,.\, 1 = 0$; $w = 2 \,.\, (-1) - 1 \,.\, 1 = -3$.

35. Zonengleichung. Hat eine Fläche den Ausdruck *hkl* und eine Zone den Ausdruck [*uvw*], so gilt, wenn die Fläche in dieser Zone liegt, die sog. Zonengleichung:

$$uh + vk + wl = 0.$$

Ist z. B. die Zone [121] gegeben, so liegt in ihr nach dieser Gleichung offenbar die Fläche: $\bar{1}1\bar{1}$, denn es ist: $u = 1$, $v = 2$, $w = 1$ und $h = -1$, $k = 1$, $l = -1$, also: $1 \,.\, (-1) + 2 \,.\, 1 + 1 \,.\, (-1) = -1 + 2 - 1 = 0$.

Dagegen liegt in dieser Zone nicht die Fläche: $10\bar{3}$, denn es ist:

$$1 \,.\, 1 + 0 \,.\, 2 + 1 \,.\, (-3) = 1 - 3 = -2, \text{ also nicht } = 0.$$

Diese Fläche liegt dagegen z. B. in der Zone: $[3\bar{1}1]$, denn es ist:

$$1 \,.\, 3 + 0 \,.\, (-1) + (-3) \,.\, 1 = 0.$$

36. Fläche in zwei Zonen. Eine Fläche eines Krystalls liegt im allgemeinen nicht nur in einer Zone, sondern in mehreren, in zwei, drei etc. gleichzeitig. Dies ist der Fall, wenn sie gleichzeitig den Axen aller dieser Zonen parallel ist. So ist z. B. in Fig. 26 die Fläche *c* gleichzeitig in den drei Zonen: $[a'a_,]$, $[a''a_{,,}]$, $[a'''a_{,,,}]$, wie man an der Parallelität der Kanten c/a', $a'/a_,$ $a_,/c$; c/a'', $a''/a_{,,}$ a''/c; c/a''', $a'''/a_{,,,}$ $a_{,,,}/c$ sieht.

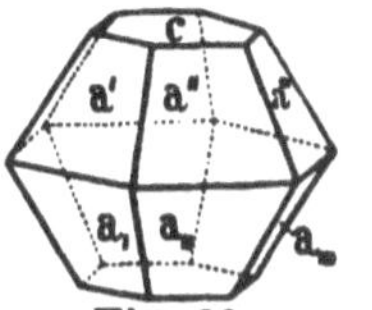

Fig. 26.

Da nun jede Ebene durch zwei Gerade, denen sie parallel geht, der Richtung nach völlig bestimmt ist, so ist auch eine Krystallfläche durch zwei Zonen, in denen sie liegt, völlig bestimmt, denn: eine Fläche liegt in zwei Zonen heisst ja nichts Anderes, als sie geht gleichzeitig den Axen beider Zonen parallel.

Liegt die Fläche gleichzeitig noch in einer dritten Zone, so muss diese zu den beiden ersteren in bestimmten mathematisch ausdrückbaren Beziehungen stehen.

Sind die beiden Zonen, in welchen eine Fläche *hkl* liegt, durch ihre Ausdrücke [*uvw*] und $[u_,v_,w_,]$ gegeben, so ist nach (35):

$$hu + kv + lw = 0 \text{ und } hu_, + kv_, + lw_, = 0,$$

und daraus folgt h, k, l ausgedrückt in u, v, w und $u_,, v_,, w_,$.

Die Werthe für h, k, l lassen sich aber nach demselben Schema unmittelbar ablesen wie: u, v, w in (34):

$$\begin{array}{cccccc} & h & & k & & l \\ u & v & w & u & v & w \\ & \times & \times & \times & & \\ u_, & v_, & w_, & u_, & v_, & w_, \end{array}$$

woraus man erhält:

$$h = vw_, - v_,w; \quad k = wu_, - w_,u; \quad l = uv_, - u_,v.$$

Da u, v, w und $u_,, v_,, w_,$ rational (ganz) sind, so müssen auch stets die daraus folgenden Werthe h, k, l wieder rational (ganz) sein. Jede in zwei Zonen liegende Fläche ist also eine mögliche Krystallfläche.

Sind z. B. gegeben die Zonen: [211] und $[10\bar{2}]$, dann ist für die Indices *hkl* der in beiden liegenden Fläche:

$h = 1 . (-2) - 1 . 0 = -2$; $k = 1 . 1 - (-2) . 2 = 5$; $l = 2 . 0 - 1 . 1 = -1$, also: $hkl = \bar{2}5\bar{1} = \frac{-a}{2} : \frac{b}{5} : -c$ oder $2\bar{5}1 = \frac{a}{2} : \frac{-b}{5} : c$ (29.) die durch jene zwei Zonen bestimmte Fläche.

37. Deduction. Sind vier Flächen eines Krystalls *A*, *B*, *C*, *D* durch ihre Ausdrücke an einem Axensystem bekannt, so ist es möglich, eine fünfte Fläche **x** abzuleiten, welche gleichzeitig in den Zonen von je zweien derselben liegt (34—36).

Ist z. B. $A = 302$; $B = 111$; $C = 101$; $D = 3\bar{1}3$, und soll $x = hkl$ in den beiden Zonen $[A,B]$ und $[C,D]$ liegen, so ist:

$$[A,B] = [uvw] = [\bar{2}\bar{1}3]; \quad [C,D] = [u_1 v_1 w_1] = [10\bar{1}] \text{ und hieraus:}$$

$$x = hkl = (uvw, u_1 v_1 w_1) = \bar{1}\bar{1}\bar{1} \text{ oder } = 111.$$

Diese Flächen *A*, *B*, *C*, *D* müssen aber, wenn dies möglich sein soll, eine ganz bestimmte allgemeine gegenseitige Lage haben. Sie dürfen nicht alle vier in einer Zone liegen, auch nicht drei in einer Zone und nur die vierte ausserhalb derselben, sondern es müssen immer nur je zwei in einer Zone liegen und dies thun sie, wenn sie mit ihren vier parallelen Gegenflächen liegen wie die Flächen eines Oktaëders (Fig. 3), wobei aber die Winkel der Oktaëderflächen gegen einander gleichgültig sind. Dann aber bestimmen solche vier Flächen nicht blos 2, sondern 6 verschiedene Zonen $[A, B]$, $[A, C]$, $[A, D]$, $[B, C]$, $[B, D]$, $[C, D]$, aus welchen nicht blos eine, sondern drei neue Flächen x abgeleitet werden können. Diese drei Flächen x geben wieder drei neue Zonen, welche mit den ursprünglichen sechs Zonen $[A, B]$ etc. wieder neue Flächen liefern, und so kann man durch allmähliges Fortschreiten in dieser Weise aus jenen vier ersten Flächen unendlich viele neue ableiten, welche alle mit einander im Zonenzusammenhang stehen. Man nennt diese Operation die *Deduction*. Die Ausdrücke der deducirten Flächen für das Axensystem, auf welches die Flächen *A* bis *D* bezogen sind, folgen durch fortgesetzte Anwendung der Formeln in (34) bis (36) aus den Ausdrücken der vier ersten Flächen. Die Ableitungszahlen (Indices) derselben sind daher nothwendig rationale, und die Flächen sind also mögliche Krystallflächen. Die unendlich vielen deducirten Flächen mit ihren rationalen Indices können in ihrer Gesammtheit darnach nicht verschieden sein von den unendlich vielen Flächen, deren Ausdrücke man erhält, wenn man direct die Axenlängen jenes Axensystems mit allen möglichen rationalen Zahlen als Indices combinirt. Man erhält somit genau denselben Flächencomplex, wenn man, entsprechend dem Gesetz der rationalen Kanten- oder Axenschnitte, an ein Axensystem unendlich viele Flächen mit rationalen Indices legt, oder wenn man aus vier beliebigen Flächen dieses Complexes, welche die oben angegebene allgemeine Lage gegen einander haben, durch Deduction aus dem Zonenzusammenhang alle ferneren möglichen Flächen ableitet; auf beiden Wegen erhält man die Krystallreihe der betr. Substanz und als Indices die Reihe der rationalen Zahlen. Leicht sieht man ein, dass die vier Flächen, welche man der Deduction zu Grunde legen muss, dieselbe allgemeine Lage gegen einander haben, wie die vier

Flächen, welche die Axenelemente geben (26); durch vier solche Flächen ist also mittelst beider Methoden die Gesammtheit der möglichen Flächen des betr. Krystalls gegeben.

38. **Zonengesetz.** Man kann darnach die erfahrungsmässig festgestellte, durch die Neigungswinkel charakterisirte Gruppirung der Flächen eines Krystalls aus solchen vier Flächen nicht nur angeben in mehr algebraischer Weise durch das Gesetz der rationalen Axenschnitte, sondern ganz ebenso gut in mehr geometrischer Weise, jedoch mit dem vorigen vollkommen gleichbedeutend, durch Deduction mit Hülfe des sog. *Zonengesetzes*, wie es zuerst von *Chr. S. Weiss und E. F. Neumann* ausgesprochen wurde. Dasselbe lautet: *Alle Flächen eines Krystalls stehen untereinander im Zonenzusammenhang,* d. h. man kann stets je vier Flächen aus den sämmtlichen an einem Krystall möglichen beliebig herausgreifen und alle andern aus ihnen deduciren, wenn jene vier nur die Lage gegen einander haben, wie in (37) angegeben. Welche so gestaltete Gruppe von vier Flächen man aus den Flächen eines Krystalls herausgreifen mag, stets erhält man ganz genau dieselbe Gruppirung der deducirten Flächen, d. h. dieselbe Krystallreihe, ebenso wie man auch stets dieselbe Krystallreihe bekommt, gleichgültig welche von den Flächen eines Krystalls man als Fundamentalflächen und als Einheitsfläche zur Bestimmung eines Axensystems wählt (30).

Der vollkommen ununterbrochene Zonenzusammenhang besteht aber mit Nothwendigkeit nur für die Gesammtheit aller der unendlich vielen möglichen Flächen eines Krystalls. An den factisch vorkommenden Krystallen ist aber nur eine beschränkte Zahl dieser Flächen ausgebildet. Die Folge davon ist, dass man an ihnen keinen vollkommen ununterbrochenen Zonenzusammenhang mehr beobachtet, d. h. dass man nicht mehr aus vier ganz beliebigen Flächen, welche nur die oben angegebene allgemeine Lage gegen einander haben, alle andern mittelst der Zonen deduciren kann. Häufig kann man auch an den Krystallen, wie sie die Natur bildet, alle Flächen aus solchen vier Flächen deduciren, denn auch die factisch ausgebildeten Flächen der Krystalle sind der Regel nach in Zonen geordnet, aber man kann dies nur aus vier ganz bestimmten Flächen oder auch aus mehreren Gruppen von solchen vier Flächen, die Zahl dieser Gruppen ist jedoch stets eine endlich begrenzte. Häufig giebt es aber überhaupt keine solche Gruppe von vier Flächen, aus denen sich alle andern thatsächlich vorhandenen Flächen des betr. Krystalls deduciren liessen; entweder lässt sich nur eine Anzahl dieser Flächen aus den Zonen bestimmen, oder aber auch wohl in seltenen Fällen gar keine. Ist der Zonenzusammenhang ununterbrochen, so folgen die Ausdrücke aller deducirten Flächen aus denen der vier zu Grunde gelegten Flächen nach den Formeln in (34) und (36) bezogen auf dasselbe Axensystem, wie jene vier. Zur Bestimmung der Ausdrücke von Flächen, die ausser dem Zonenverband liegen, ist das Messen von Flächenwinkeln und Berechnung nach den Methoden der rechnenden Krystallographie nöthig.

39. Beispiele. Hat man z. B. den Krystall Fig. 27, so lassen sich daran durch parallele Kanten ohne weiteres die Zonen: $[d_2 h_1 d_3 h_2]$, $[h_3 d_1 h_1 d_4]$, $[h_3 d_5 h_2 d_6]$, $[h_3 o_1 d_2 o_4]$, $[d_5 o_1 h_1 o_3]$, $[h_2 o_1 d_1 o_2]$, $[o_2 h_1 o_4 d_6]$, $[h_2 o_4 d_4 o_3]$ etc. je mit den nach hinten liegenden parallelen Gegenflächen erkennen und die genauere Untersuchung am Goniometer (33) würde noch weitere Zonen leicht ergeben, so namentlich: $[d_3 d_1 d_5]$, $[d_4 d_3 d_5]$, $[d_2 d_4 d_6]$, $[d_1 d_3 d_6]$ etc. Aber auch schon diese unmittelbar erkennbaren Zonen zeigen, dass jede Fläche des Krystalls mindestens in 2 Zonen liegt, so h_1 in $[d_5 o_1 h_1 o_3]$ und $[o_2 h_1 o_4 d_6]$; h_2 in $[h_2 o_4 d_4 o_3]$ und $[h_2 o_1 d_1 o_2]$ etc., und dass somit jede Fläche durch Zonen anderer Flächen bestimmt ist. Ferner sieht man, dass man aus den vier Flächen o, welche offenbar die erforderliche allgemeine Lage zu einander haben, alle andern Flächen deduciren kann. Zunächst ist h_1 bestimmt durch die Zone $[o_1 o_3]$ und $[o_2 o_4]$; h_2 durch $[o_1 o_2]$ und $[o_3 o_4]$; h_3 durch $[o_2 o_3]$ und $[o_1 o_4]$; ferner die Flächen d durch eine Zone $[oo]$ und $[hh]$, also z. B. d_1 durch $[o_1 o_2]$ und $[h_1 h_3]$; d_2 durch $[o_2 o_3]$ und $[h_1 h_2]$; d_3 durch $[o_1 o_4]$ und $[h_1 h_2]$ etc.

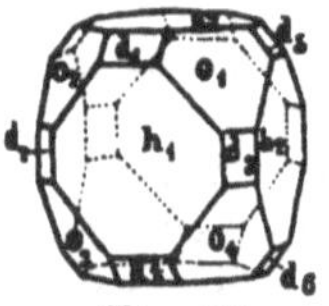

Fig. 27.

Für die Flächen o, welche der Deduction zu Grunde liegen, kann man beliebige Indices wählen, wenn nicht aus irgend welchen Gründen der Symmetrie etc. solche von vornherein gegeben oder indicirt sind. Jeder solchen Wahl entspricht dann implicite ein ganz bestimmtes Axensystem für den Krystall, das für jede andere vier Ausdrücke für jene Flächen o ein anderes ist. Die Ausdrücke (Indices) der Flächen o müssen nur so beschaffen sein, dass nach ihnen nicht z. B. drei der vier Flächen in einer Zone liegen etc., was mittelst der Zonengleichung (35) geprüft wird. Nimmt man z. B. an, dass: $o_1 = 111$, $o_2 = 1\bar{1}1$, $o_3 = 1\bar{1}\bar{1}$, $o_4 = 11\bar{1}$, so findet man, nach (34—36) aus den angegebenen Zonen: $h_1 = 100$. $h_2 = 010$ und $h_3 = 001$; ferner: $d_1 = 101$; $d_2 = 1\bar{1}0$; $d_3 = 110$ etc., welche Ausdrücke sich stets auf dasselbe Axensystem beziehen, das auch den Ausdrücken der Flächen o zu Grunde liegt. Eine ähnliche Deduction wäre noch aus den vier Flächen $d_1 d_2 d_3 d_4$, $d_2 d_3 d_5 d_6$ etc. möglich, nicht aber aus $d_1 h_1 o_1 d_3$ etc., welche die erforderliche allgemeine gegenseitige Lage auch haben.

Ein Flächencomplex, wie der, welcher den Axinitkrystall Fig. 28 umgrenzt, gestattet überhaupt keine ununterbrochene Deduction. Von den vier Flächen P, l, u, s kann man nicht ausgehen, da P, l, u in einer Zone liegen, dagegen ist P, r, u, x geeignet. Diese 4 Flächen geben die Fläche s aus den beiden Zonen $[r,u]$ und $[P,x]$, und zwar ist, wenn man: $P = 1\bar{1}0$; $u = 110$; $r = 1\bar{1}1$; $x = 111$ annimmt, $s = 201$. Wenn man dagegen die Ausdrücke annimmt: $P = 001$; $u = 111$; $r = 1\bar{1}1$; $x = 201$ so wird $s = 101$. Dagegen lässt sich der Ausdruck für l nicht aus dem Zonenverband ermitteln, denn für l ist nur die Zone $[P,u]$ bekannt. Um den Ausdruck von l zu bestimmen, muss man noch einen Winkel messen, den l mit einer andern Fläche macht, also $\angle\, l\, P$ oder $\angle\, l/s$ etc. Läge eine Fläche in gar keiner Zone bekannter Flächen, so müsste man zwei Winkel messen und die Bestimmung des Ausdrucks nach den hier nicht zu erläuternden Methoden der rechnenden Krystallographie ausführen.

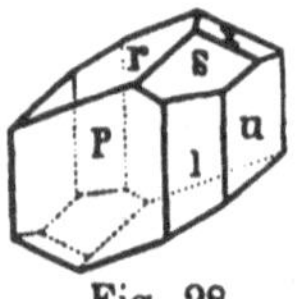

Fig. 28.

40. Praktischer Werth der Zonen. Die Kenntniss des Zonenzusammenhangs der an einem Krystall vorhandenen Flächen ist für die praktische Untersuchung und Beschreibung von Krystallen von grosser Wichtigkeit, da man, wie schon oben erwähnt, wenn alle Flächen im ununterbrochenen Zonenverbande stehen, die Ausdrücke derselben ohne alle Winkelmessung nach den Formeln in (34—36) sehr bequem aus denen von vier zweckmässig gelegenen Flächen bestimmen kann. Bei der Untersuchung eines Krystalls wird man also zweckmässig vor Allem die Zonen ermitteln, sei es durch Beobachtung paralleler Kanten oder auf dem Goniometer. Man braucht dann schliesslich, wenn alle Flächen im Zonenzusammenhang stehen, nur so viele Winkel zu messen, als nöthig sind, um das Axensystem zu berechnen, und das sind im Maximum fünf. Alle andern Winkel lassen sich dann mittelst der Axen und der aus den Zonen ermittelten Flächenausdrücke berechnen. Würde man keine Zone kennen, so müsste man wieder von vier beliebig, aber nach den obigen Principien gelegenen Flächen ausgehen, man könnte diesen nun wieder, beliebige Ausdrücke beilegen, müsste aber dann für jede weitere zu bestimmende Fläche zwei Winkel messen, die sie mit anderen Flächen des Krystalls macht. Dies wäre eine sehr mühevolle und zeitraubende Arbeit, welche ausserdem vielfach unsichere Resultate geben würde. In vielen praktischen Fällen wird sich zwar der Zonenzusammenhang der Flächen eines Krystalls nicht vollkommen ununterbrochen darstellen lassen und die Unterbrechungen müssen durch Winkelmessungen ausgefüllt werden, aber die Zahl der dazu nöthigen Winkel ist doch immer gering. So kann man also meist mittelst weniger gemessener Winkel aus dem Zonenverbande die Ausdrücke aller Flächen eines Krystalls, sowie alle anderen Flächenwinkel desselben berechnen, im concreten Fall misst man aber der Controle wegen immer eine grössere Zahl von Flächenwinkeln, als zur Rechnung unmittelbar nöthig ist.

d. Die Symmetrieverhältnisse.

41. Symmetrieebene. Zwei Flächen *s* des Augitkrystalls (Fig. 29) liegen symmetrisch zu einer Ebene, welche man sich durch den Krystall gelegt denken kann (diese Ebene ist hier durch die Kante *s*/*s* und die dünn gezeichneten Linien auf der Fläche *r* dargestellt), wenn beide einander gleich sind, wenn die Ebene mit ihnen in einer Zone liegt (durch die Kante *s*/*s* geht) und ihren Winkel *s*/*s* halbirt. Die Flächen *m* liegen aus ähnlichem Grunde zu derselben Ebene symmetrisch; eine der Ebene parallele Fläche *l* liegt symmetrisch zu ihrer parallelen Gegenfläche, und eine darauf senkrechte Fläche *r* ist für sich allein schon zu ihr symmetrisch. Zwei symmetrisch zu der Ebene liegenden Flächenpaare *m* und *s* geben zwei ebenfalls zu der Ebene symmetrisch liegende Kantenpaare *m*/*s* etc.; ebenso müssen auch die Ecken, welche die symmetrisch liegenden Flächen mit einander bilden, zu der Ebene symmetrisch sein, z. B. die beiden Ecken *msr*.

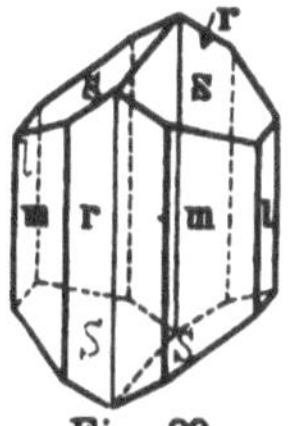

Fig. 29.

Eine solche Ebene, zu welcher die sämmtlichen Flächen, Kanten und Ecken eines Krystalls symmetrisch liegen, heisst eine *Symmetrieebene* (S. E.) des letzteren. Schon wenn der Nachweis geführt ist, dass nur ein Flächen-, Kanten- oder Eckenpaar eines Krystalls zu einer Ebene symmetrisch liegt, kann man schliessen, dass diese eine Symmetrieebene auch für alle andern Begrenzungselemente des Krystalls, also auch für diesen selbst ist.

Da jede S. E. mit jedem am Krystall vorhandenen zu ihr symmetrischen Flächenpaare in derselben Zone liegt, so ist sie stets eine mögliche Fläche des Krystalls, denn jede durch zwei Zonen bestimmte Fläche ist eine mögliche Krystallfläche (36). Im obigen Krystall z. B. ist die Fläche *l* die Symmetrieebene.

42. Grad der Symmetrie. Untersucht man alle bekannten Krystalle, einfache Formen sowohl wie Combinationen, auf ihre Symmetrieverhältnisse, so findet man, dass sich durch einen Theil derselben gar keine Symmetrieebene hindurchlegen lässt, dass dagegen die Begrenzungselemente bei andern nach 1, 3, 5, 7 oder 9 Ebenen symmetrisch angeordnet sind. Zugleich findet man, dass bei allen Krystallen, welche eine gleiche Anzahl von Symmetrieebenen haben, diese letzteren stets genau in derselben Weise gegen einander liegen, d. h. dass sie sich stets unter denselben Winkeln schneiden, so dass also die Angabe der Zahl der Symmetrieebenen eines Krystalls die Angabe der Gruppirung derselben involvirt. Beispielsweise stehen bei allen Krystallen mit drei Symmetrieebenen diese senkrecht auf einander.

Die Zahl der an einem Krystall vorhandenen S. E. bedingt das *Maass* oder *den Grad der Symmetrie* desselben. Krystalle vom gleichen Grade der Symmetrie sind solche, welche dieselbe Zahl von S. E. besitzen. Je mehr S. E. ein Krystall besitzt, desto höher ist der Grad der Symmetrie, desto symmetrischer ist er gebaut.

Die Symmetrieverhältnisse der Krystalle stehen im engsten Zusammenhang mit dem Gesetz der rationalen Kantenschnitte (dem Zonengesetz). Es lässt sich nämlich mathematisch nachweisen, dass Flächencomplexe, deren Flächen so angeordnet sind, dass für sie, wie dies bei Krystallen der Fall ist, jenes Gesetz gilt, nur in der Weise symmetrisch gebaut sein können, wie es auch für die Krystalle thatsächlich beobachtet ist, also nach 0, 1, 3, 5, 7 oder 9 S. E., nicht aber etwa z. B. nach 6 oder 8 S. E., und dass bei solchen Flächencomplexen auch andere gegenseitige Lagen der S. E. als die beobachteten als unmöglich ausgeschlossen sind, dass also z. B. 3 S. E. auch als Consequenz der Rationalität der Kantenschnitte nothwendig auf einander senkrecht sein müssen. Die an den Krystallen direct beobachteten Symmetrieverhältnisse stimmen mit den aus den rationalen Kantenschnitten gefolgerten vollkommen überein, einmal sofern keine andere Symmetrie, als die nach dem Gesetz der rationalen Kantenschnitte möglichen an den Krystallen beobachtet worden ist — dies ist eben die nothwendige Folge dieses Gesetzes —; sodann auch, sofern alle nach dem Gesetz möglichen Grade von Symmetrie auch factisch an Krystallen ausgebildet vorkommen.

43. Krystallsysteme. Man fasst die sämmtlichen Krystalle, welche einen und denselben Grad der Symmetrie haben, zusammen zu einer Gruppe, welche man ein *Krystallsystem* nennt. *Ein Krystallsystem ist also der Inbegriff aller Krystalle, welche denselben Grad von Symmetrie besitzen.*

Solcher Krystallsysteme giebt es im Ganzen sechs, und wie wir (42) gesehen haben, kann es auch nur 6 geben. Dieselben haben besondere Namen erhalten, welche im Folgenden unter Zufügung der Zahl und Lage der sie charakterisirenden S. E. angeführt sind.

Fig. 30.

1. *Reguläres System.* 9 S. E. Davon sind drei gleiche *A* auf einander senkrecht und schneiden sich in drei gleichen auf einander senkrechten Kanten; 6 andere unter sich gleiche S. E. *B* liegen so, dass je zwei durch eine Kante *A*/*A* gehen und die Winkel der beiden die Kante bildenden Flächen *A* halbiren. Je zwei S. E. *A* und *B* liegen also in einer Zone und schneiden sich unter 45°. Die Flächen *B* sind S. E. zu *A* und umgekehrt. Ein regulärer Krystall (Granatoëder) mit seinen 9 S. E. *A* und *B* ist in Fig. 30 abgebildet.

Dass die S. E. *A* und *B* verschieden sind, sieht man leicht, denn wären sie gleich, so müsste zwischen einer Fläche *A* und *B* noch eine weitere S. E. vorhanden sein. 9 S. E. bedingen also eine Verschiedenheit von *A* und *B*. Aehnliche Betrachtungen gelten auch bei den andern Systemen.

2. *Hexagonales System*. 7 S. E. 6 abwechselnd gleiche *A* und *B* liegen in einer Zone und machen 30° mit einander. Die siebente *C* ist senkrecht zu allen sechsen und von ihnen allen verschieden. Diese 7 S. E. schneiden sich in 7 Kanten, von welchen 6 abwechselnd gleiche in einer Ebene liegen und 30° mit einander machen, während die siebente von ihnen verschiedene auf ihnen allen senkrecht steht. (Fig. 31.)*)

3. *Quadratisches System*. 5 S. E. Vier abwechselnd gleiche *A* und *B* liegen in einer Zone und schneiden sich unter 45°. Die fünfte davon

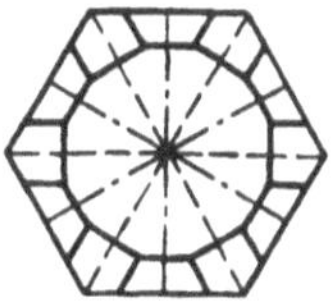

Fig. 31.

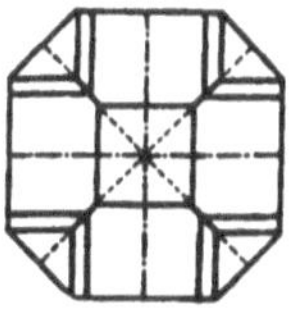

Fig. 32.

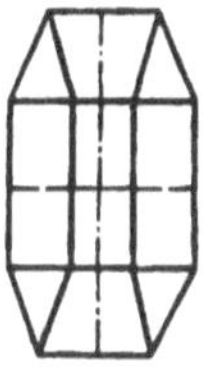

Fig. 33.

verschiedene *C* ist senkrecht zu jenen vier. Diese 5 S. E. schneiden sich in Kanten, von denen 4 abwechselnd gleiche in einer Ebene liegen und 45° machen, während die fünfte davon verschiedene auf den vieren senkrecht steht. (Fig. 32.)*)

4. *Rhombisches System*. 3 S. E., sind alle ungleich und schneiden sich unter rechten Winkeln in drei ebenfalls auf einander senkrechten ungleichen Kanten. (Fig. 33.)*)

5. *Monoklines System*. 1 S. E. (Fig. 29.)

6. *Triklines System*. 0 S. E. (Fig. 28.)

44. Grenzformen. Zuweilen findet man, dass Formen, denen factisch eine niedere Symmetrie zukommt, sich so sehr einer Form mit höherer Symmetrie nähern, dass ihnen ohne die genaueste Untersuchung jene höhere Symmetrie zugeschrieben werden müsste. So krystallisirt der Leucit in Formen, welche so sehr einem sog. regulären Ikositetraëder (58) ähnlich sind (Fig. 162), dass man das Mineral früher für regulär gehalten und jene regulären Formen darnach Leucitoëder genannt hat. Factisch sind aber die Formen des Leucits quadratisch, und zwar Combinationen eines Oktaëders und eines Dioktaëders (58, 79). Solche Formen nennt man *Grenzformen*, die ganze Erscheinung *Pseudosymmetrie*. Der Leucit wäre also pseudoregulär. Aehnliches beobachtet man an manchen rhombischen Krystallen, welche pseudohexagonal sind, z. B. am Carnallit etc. Aehnliche Pseudosymmetrien können auch durch Zwillingsbildung hervorgebracht werden (Mimesie, 105).

45. Modification der Kanten und Ecken. Combinationen verschiedener einfacher Krystallformen kann man sich geometrisch so entstanden denken, — in der Natur bei der Bildung der Krystalle ist der Vorgang natürlich ein ganz anderer — dass an den Kanten

*) Eine Symmetrieebene fällt mit der Zeichnungsebene zusammen.

und Ecken der einen Form die Flächen der andern mehr oder weniger grosse Stücke von der ersteren abschneidet. So schneidet bei der in (9) beschriebenen Combination des Oktaëders mit dem Würfel jede Würfelfläche eine Oktaëderecke weg und umgekehrt.

Dieses Abschneiden von Kanten und Ecken, die sog. *Modificationen* derselben durch Flächen, welches bei der Krystallbeschreibung vielfach erwähnt werden muss, wird je nach den speciellen dabei vorkommenden Verhältnissen mit besondern Namen belegt.

Eine Kante *a*/*b* heisst *abgestumpft* durch die Fläche *c*, wenn diese die zwei Flächen *a* und *b* in parallelen Kanten schneidet (mit *a* und *b* in einer Zone liegt) (Fig. 34); *c* heisst Abstumpfungsfläche. Ist $\sphericalangle a/c = \sphericalangle b/c$, so ist die Abstumpfung gerade, im andern Falle schief. Ist neben der Fläche *c* noch eine weitere *d* in der Zone [*ab*] vorhanden (Fig. 35), so sagt man, die Kante *a*/*b* ist durch die Flächen *c* und *d* zugeschärft. Auch hier kann die Zuschärfung eine gerade oder schiefe sein, je nachdem $\sphericalangle a/c = \sphericalangle b/d$ oder nicht.

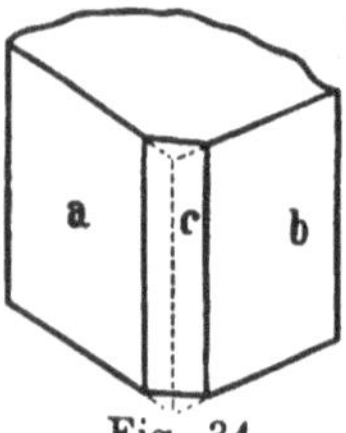

Fig. 34.

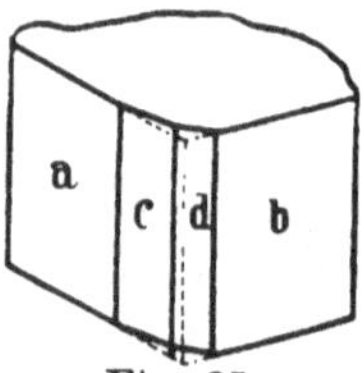

Fig. 35.

Ist eine Ecke (*abc*) durch eine Fläche *d* ersetzt, so sagt man, die Fläche stumpft die Ecke ab (Fig. 36), und zwar wieder entweder gerade oder schief, je nachdem die Abstumpfungsfläche gleiche oder ungleiche Winkel mit den die Ecke bildenden Flächen macht. Treten statt der Ecke mehrere Flächen auf, so heisst die Ecke zugeschärft, und zwar

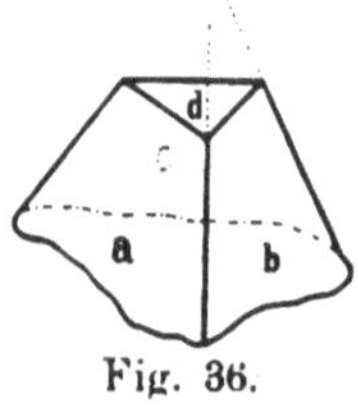

Fig. 36.

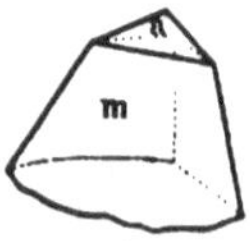

Fig. 37.

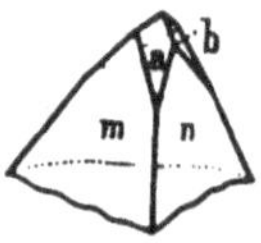

Fig. 38.

von den Flächen aus (Fig. 37) oder von den Kanten aus (Fig. 38). Die Fläche *a* (Fig. 38) heisst auf die Kante *m*/*n* aufgesetzt, und zwar gerade, wenn $\sphericalangle a/m = \sphericalangle a/n$, sonst schief. In Fig. 37 ist die Fläche *a* auf die Fläche *m* aufgesetzt.

46. Symmetriegesetz. Diese Zuschärfungen und Abstumpfungen von Kanten und Ecken gehen nun aber an den Krystallformen nicht regellos und willkürlich vor sich, sondern sie sind beherrscht durch das von *Haüy* zuerst angegebene *Symmetriegesetz: Bei eintretenden*

Combinationen erleiden gleiche Begrenzungselemente der Krystalle — gleiche Flächen, Kanten und Ecken — gleiche Veränderungen (Modificationen) durch die dazutretenden Flächen, d. h. die gleichen Begrenzungselemente werden von den neu hinzutretenden Flächen stets vollkommen gleich geschnitten, wenn keine Hemiëdrie oder Hemimorphie auftritt (56, 57).

Darnach kann an einem vollflächigen Krystall nie eine von zwei gleichen Flächen gebildete Kante anders als gerade abgestumpft sein, weil nur so die zwei gleichen Flächen gleich, d. h. unter zwei gleichen Winkeln geschnitten werden. Stumpft eine Fläche eine solche Kante schief ab, so muss stets noch eine zweite Fläche da sein, welche dieselbe Kante nach der andern Seite hin ebenso schief abstumpft, d. h., welche die zweite Fläche unter demselben Winkel schneidet, wie die erste Abstumpfungsfläche die erste Fläche an der Kante schneidet. Durch diese beiden Flächen werden die beiden die Kante bildenden Flächen wieder gleich geschnitten; die Kante ist dann zugeschärft. Wenn an einer Krystallform eine Kante abgestumpft oder zugeschärft ist, so müssen auch alle andern ihr gleichen Kanten in derselben Weise abgestumpft oder zugeschärft sein. Dasselbe gilt für die Ecken. Ungleiche Kanten und Ecken können in verschiedener Weise von zutretenden Flächen modificirt werden.

Beispiel. Eine Würfelkante (Fig. 66) wird entweder von einer Fläche ∞O gerade abgestumpft oder von zwei Flächen, $\infty O2$ welche je mit der anstossenden Würfelfläche $\infty O \infty$ gleiche Winkel machen, gerade zugeschärft (Fig. 73), denn alle Würfelflächen sind einander gleich. Nur für den Fall der Hemiëdrie (64) werden Würfelkanten schief abgestumpft (Fig. 100). Da ferner alle Kanten des Würfels gleich sind, so müssen sie auch nothwendig alle abgestumpft resp. zugeschärft werden, sobald eine es ist. Das reguläre Dodekaëder (Granatoëder) (Fig. 43) hat dreikantige und vierkantige je untereinander gleiche Ecken, deren jede von lauter gleichen Flächen und Kanten gebildet ist. Beiderlei Ecken können nur gerade abgestumpft oder vollkommen symmetrisch zugeschärft werden, so dass alle Kanten und Flächen an der Ecke von den Zuschärfungsflächen ganz gleich geschnitten werden. Alle Ecken einer Art müssen gleich modificirt, also alle abgestumpft, oder alle in derselben Weise zugeschärft werden. Aber wenn die dreiflächigen Ecken abgestumpft oder zugeschärft sind, so brauchen es nicht nothwendig die vierkantigen auch zu sein und umgekehrt. Sie werden, da sie ungleich sind, in ganz unabhängiger Weise modificirt, so dass z. B. die Form Fig. 67 entstehen kann, wo nur die vierkantigen Ecken abgestumpft sind, die dreikantigen nicht, und ebenso die Form Fig. 69 oder 45, wo das Umgekehrte der Fall ist; oder es kann auch die eine Gruppe von Ecken zugeschäfft, die andere abgestumpft sein, allerdings auch beide gerade abgestumpft (vergl. 47).

47. Anordnung der einfachen Formen in den Combinationen. Das Symmetriegesetz erfordert also häufig das gleichzeitige Auftreten von anderen Flächen, wenn eine solche an einer bestimmten Stelle eines Krystalls in einer bestimmten Weise vorkommt. Die Erfahrung zeigt nun, dass alle diese von der Symmetrie als gleichzeitig auftretend erforderten Flächen stets untereinander gleich und von allen andern Flächen verschieden sind, so dass sie einfache Krystallformen bilden.

So sind stets alle die Würfelkanten abstumpfenden oder in gleicher Weise zuschärfenden Flächen untereinander gleich, ebenso alle Abstumpfungsflächen der dreikantigen und ferner die der vierkantigen Granatoëderecken etc., während die letzteren

Flächen von den vorletzten, wenn sie an demselben Granatoëder zugleich auftreten (Fig. 70), stets verschieden sind. Denkt man sich z. B. alle Flächen ausgedehnt, welche die dreikantigen Ecken des Granatoëders abstumpfen, so erhält man das schon aus (9) bekannte Oktaëder; die Abstumpfungsflächen der vierkantigen Ecken geben den ebenfalls von dort bekannten Würfel.

Da aber nicht nur die Flächen, sondern auch die Kanten und Ecken eines Krystalls symmetrisch zu den Symmetrieebenen desselben liegen (41), so muss nothwendig die Gesammtheit der durch solche Abstumpfungen und Zuschärfungen der letzteren am Krystall auftretenden Flächen symmetrisch nach denselben Symmetrieebenen angeordnet sein, welche an jenem Krystall selbst herrschen. Die durch die Abstumpfung und Zuschärfung von gleichen Kanten und Ecken eines Krystalls neu entstehenden einfachen Krystallformen gehören also demselben Krystallsystem an, wie die ursprünglichen Formen, deren Kanten und Ecken die Abstumpfung etc. erlitten haben, und zwar in der Art, dass die Symmetrieebenen der ursprünglichen Form und der mit ihr in Combination tretenden neuen Form zusammenfallen unter sich und mit den Symmetrieebenen der wieder demselben System angehörigen Combination selbst. Die zwei oben erwähnten Beispiele können auch als Beispiele hierfür gelten. Das Granatoëder sowohl wie der die Ecken abstumpfenden Würfel und das Oktaëder haben 9 Symmetrieebenen und gehören daher dem regulären System an. Es folgt daraus das Gesetz der Combinationsbildung: *In den Combinationen sind nur einfache Formen desselben Krystallsystems mit einander vereinigt und die Combination selbst gehört ebenfalls diesem Krystallsystem an. Die S. E. aller combinirten einfachen Formen fallen mit den entsprechenden der Combination zusammen.*

48. Bildung von Combinationen. Darnach kann man sich die Combination zweier (oder mehrerer) beliebiger einfacher Krystallformen leicht klar machen: Man stellt sie mit parallelen Symmetrieebenen neben einander und lässt dann die Flächen der einen Form die entsprechenden Kanten oder Ecken der andern Form abstumpfen oder zuschärfen, indem man sich jene Flächen parallel mit sich selbst an die Form, welche die Modification erleiden soll, hingetragen denkt. Man findet dabei infolge der übereinstimmenden Symmetrie stets, dass einer Gruppe gleicher Ecken oder Kanten der einen Form ebenso viele gleiche Flächen oder Flächengruppen der andern Form der Lage nach entsprechen, durch welche jene gleichen Ecken und Kanten stets in gleicher Weise modificirt werden.

So erhält man leicht z. B. die Combination des Würfels *h* (Fig. 39) und des Granatoëders *d* (Fig. 41), beide dem regulären System angehörig. Man stellt sie mit parallelen Symmetrieebenen (oder Axen) neben einander, dann sieht man sofort, dass jede Granatoëderfläche der Lage nach einer Würfelkante entspricht, und wenn man die Granatoëderflächen parallel mit sich an den Würfel transportirt, so stumpft jede dieser 12 Flächen eine der 12 Würfelkanten ab, und zwar nothwendig gerade wegen der Gleichheit der Würfelflächen (was sich übrigens auch auf mathematischem Wege beweisen lässt). Es entsteht dadurch die Form Fig. 40. Dass durch Ausdehnung der Abstumpfungsflächen *d* der Würfelkanten wirklich das Granatoëder entsteht, zeigt dieselbe Figur, wo letzterer Körper in gestrichelten Linien als Erweiterung der Flächen *d* dargestellt ist. Es ist also gleichgültig, ob man sagt: Am Würfel sind die Kanten abgestumpft, oder: Der Würfel ist mit dem Granatoëder in Combination; durch gerade Abstumpfung der Kanten des Würfels tritt derselbe eben in Combination mit

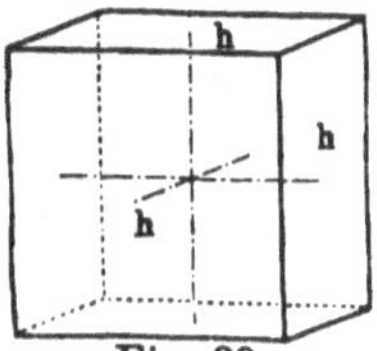

Fig. 39.

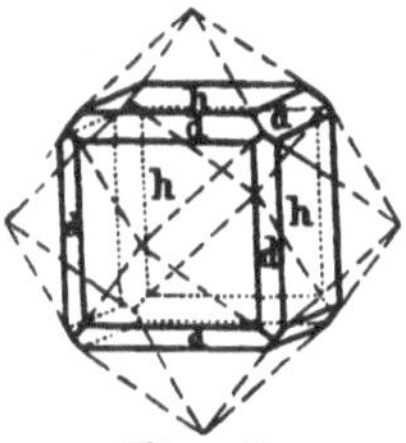

Fig. 40.

Fig. 41.

dem Granatoëder; und umgekehrt, wenn der Würfel in Combination mit dem Granatoëder tritt, so werden alle seine Kanten gerade abgestumpft.

Will man die Combination des Granatoëders mit dem Oktaëder, so stellt man wieder beide Formen (Fig. 42 und 43) mit parallelen Symmetrieebenen neben einander. Dann entsprechen offenbar die acht dreikantigen Granatoëderecken der Lage nach den acht Oktaëderflächen, und bei der Combination, wenn man die Oktaëderflächen parallel mit sich an das Granatoëder legt, stumpft jede solche Fläche eine der dreikantigen Ecken gerade ab (Fig. 45). Eine andere Form derselben Combination kann aber noch entstehen. Offenbar entsprechen auch die zwölf Granatoëderflächen und die zwölf Okta-

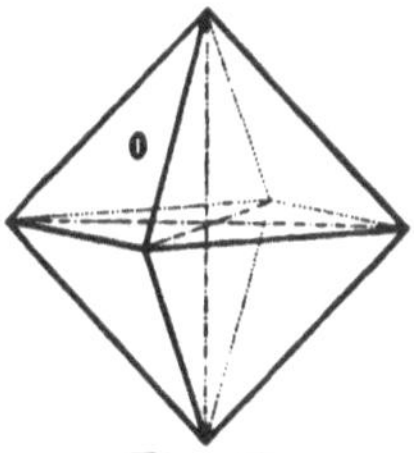

Fig. 42.

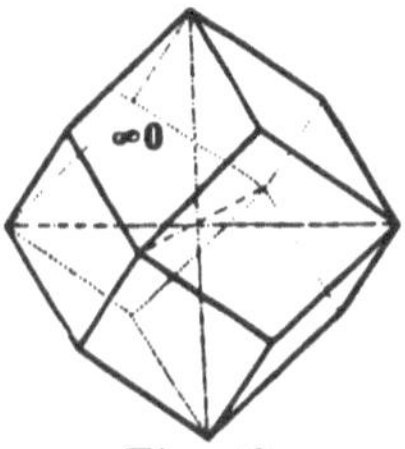

Fig. 43.

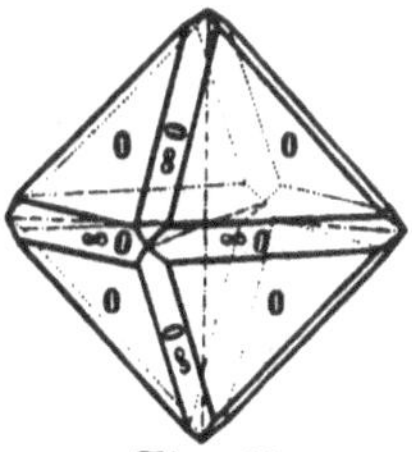

Fig. 44.

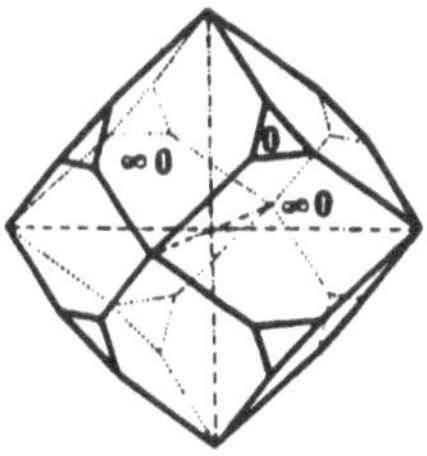

Fig. 45.

ëderkanten einander der Lage nach, und wenn jede Granatoëderfläche, parallel mit sich an das Oktaëder geschoben, eine solche Kante, und zwar nothwendig gerade, abstumpft, so entsteht die Combination der beiden Körper in der Form der Fig. 44, wo die Oktaëderflächen gross, die Granatoëderflächen klein sind, umgekehrt wie im vorhergehenden Fall. Auch die erst betrachtete Combination des Würfels und Granatoëders kann noch eine andere Form, nämlich die der Fig. 67 haben, wenn die Würfelflächen die sechs der Lage nach entsprechenden vierkantigen Ecken gerade abstumpfen. Hier sind dann die Granatoëderflächen gross, die Würfelflächen klein; oben (Fig. 40) war es umgekehrt.

Die Form Fig. 44 ist also mit der Fig. 45, ebenso die Fig. 40 oder 66 mit Fig. 67 krystallographisch identisch; es sind Combinationen von Oktaëder und Granatoëder resp. von Würfel und Granatoëder; Fig. 44 und 45, sowie 40 oder 66 und 67 unterscheiden sich von einander nur durch die krystallographisch bedeutungslose relative Grösse und Gestalt der Flächen.

Ganz in derselben Weise wie Kanten und Ecken einfacher Krystallformen bei der Bildung der Combinationen abgestumpft etc. werden, geschieht dies auch, wenn zu Combinationen behufs Bildung complicirterer Combinationen neue Flächen zutretend gedacht werden. Auch hier werden gleiche Kanten (Combinationskanten) und Ecken stets in ganz gleicher Weise modificirt.

49. Krystallographische Axen. Wir haben oben (26) die allgemeinen Verhältnisse der Krystallaxen kennen gelernt und gesehen, dass man auf jedes Axensystem, welches von möglichen Kanten eines Krystalls gebildet wird, die Flächen mit rationalen Ableitungszahlen (Indices) beziehen kann. Solcher Axensysteme sind für jeden Krystall unendlich viele möglich, man pflegt aber stets unter den möglichen für den praktischen Gebrauch eines auszuwählen, dessen Axen nach Richtung und Grösse so beschaffen sind, dass seine Symmetrie dieselbe ist, wie die des Krystalls selbst, sowohl was die Zahl, als die gegenseitige Lage der Symmetrieebenen anbelangt, und zwar so, dass zu gleicher Zeit jede Symmetrieebene des Axensystems mit einer entsprechenden des Krystalls zusammenfällt. Man kann dies in allen Fällen bewerkstelligen, indem man zweckmässig gelegene S. E. der Krystalle, welche ja stets möglichen Flächen desselben parallel gehen (41), als Axenebenen wählt, wobei stets einander gleiche S. E. auch in gleicher Weise zur Verwendung gelangen. Andere passend gelegene Flächen werden als Einheitsflächen genommen. Wenn die S. E. nicht ausreichen, wie im monoklinen und triklinen System, nimmt man noch andere Krystallflächen dazu, und man findet leicht solche, welche die Anforderung erfüllen, dass die von ihnen gebildeten Kanten ein mit dem Krystall in der Symmetrie übereinstimmendes Axensystem geben.

In einigen Fällen hat man sogar die Auswahl zwischen mehreren Axensystemen, welche den Anforderungen der Symmetrie genügen. Nur im regulären System ist die Lage der Axenebenee und der Einheitsfläche durch die Symmetrie ein für allemal fest bestimmt. Bei allen Krystallsystemen kann man ein ihren Symmetrieverhältnissen entsprechendes Axensystem mittelst drei Axen darstellen, nur im hexagonalen System sind deren vier erforderlich.

Ein nach obigen Grundsätzen gewähltes Axensystem, welches mit den darauf bezogenen Krystallen in Betreff der Symmetrie vollkommen übereinstimmt, heisst ein *krystallographisches Axensystem.*

49a. Krystallographische Axensysteme für die einzelnen Krystallsysteme. Bei *regulären* Krystallen muss man die drei auf einander senkrechten Symmetrieebenen *A* (43) als Axenebenen wählen. Diese schneiden sich in drei gleichen auf einander senkrechten Linien, den Axen. Da alle drei Axenebenen und Axen einander gleich sind, so giebt es eine Fläche, welche sie alle drei gleich, d. h. so schneidet, dass sie die drei Axenebenen unter gleichen Winkeln trifft und dass sie infolge dessen von ihnen gleiche Stücke abschneidet. Diese Fläche muss als Einheitsfläche gewählt werden. Das krystallographische Axensystem der regulären Krystalle besteht dann aus drei auf einander senkrechten und gleichlangen Axen a, a, a. Dass ein solches Axensystem in der That die Symmetrie der regulären Krystalle besitzt, ist leicht einzusehen.

Im *quadratischen* System wählt man zwei auf einander senkrechte und gleiche Symmetrieebenen A oder B und dazu noch die auf jenen beiden senkrechte und von ihnen verschiedene Symmetrieebene C als Axenebenen. Sowohl die zwei Flächen A, als die zwei Flächen B geben je mit C drei auf einander senkrechte Kanten als Axen, von welchen die beiden $A/C = a$ (resp. $B/C = b$) einander gleich und von der dritten A/A (resp. $B/B) = c$ verschieden sind. Solche einzig dastehenden Axen c, welche von mehreren anderen unter sich gleichen a verschieden sind, nennt man allgemein *Hauptaxen*, jene gleichen Axen a resp. b *Nebenaxen*. Im quadratischen System hat man also die Wahl zwischen zwei Axensystemen, welchen beiden die Hauptaxe c gemeinsam ist, während die Nebenaxen a und b für beide Axensysteme in einer zu c senkrechten Ebene liegen und sich in dieser unter 45^0 schneiden. Was die Längen der Axen a resp. b und c betrifft, so muss, es mögen die Flächen A oder B als Axenebenen gewählt sein, die Symmetrie Flächen zulassen, welche von beiden Nebenaxen a resp. b gleiche Stücke a resp. b abschneidet, von der Hauptaxe dagegen, welche von jenen verschieden ist, ein anderes Stück c; eine solche Fläche wählt man als Einheitsfläche. Man erhält dann als quadratisches Axensystem zwei gleichlange und auf einander senkrechte Nebenaxen a resp. b, und eine davon verschiedene auf den Axen a und b senkrechte Hauptaxe c; ein solches Axensystem hat wieder genau dieselbe Symmetrie, wie die quadratischen Krystalle selbst.

Ganz analog hat man bei der Wahl der vier Axen (drei Nebenaxen und eine Hauptaxe) *hexagonaler* Krystalle zu verfahren.

In *rhombischen* Krystallen geben die Durchschnitte der drei auf einander senkrechten ungleichen Symmetrieebenen die drei auf einander senkrechten, aber von einander verschiedenen Axen a, b, c der Richtung nach; jede diese drei Axen schneidende Fläche des Krystalls kann als Einheitsfläche dienen.

In *monoklinen* Krystallen ist stets die Symmetrieebene die eine der drei Axenebenen. Dazu wählt man noch zwei beliebige auf ihr senkrechte Krystallflächen als Axenebenen und erhält dann drei von einander verschiedene Axen a, b, c, von welchen zwei sich unter einem schiefen Winkel β schneiden, während die dritte auf diesen beiden senkrecht steht. Jede beliebige Fläche, welche alle drei Axen schneidet, kann als Einheitsfläche genommen werden.

Bei *triklinen* Krystallen geben drei beliebige, in einem Punkt sich schneidende Flächen die drei ungleichen und sich schiefwinklig schneidenden Axen a, b, c; jede beliebige diese drei Axen schneidende Fläche kann als Einheitsfläche dienen.

50. Fortsetzung. Darnach sind die für die einzelnen Krystallsysteme zu wählenden natürlichen Axensyteme die folgenden:

1. *Reguläres System.* Drei gleiche Axen a, a, a stehen auf einander senkrecht (Fig. 46).

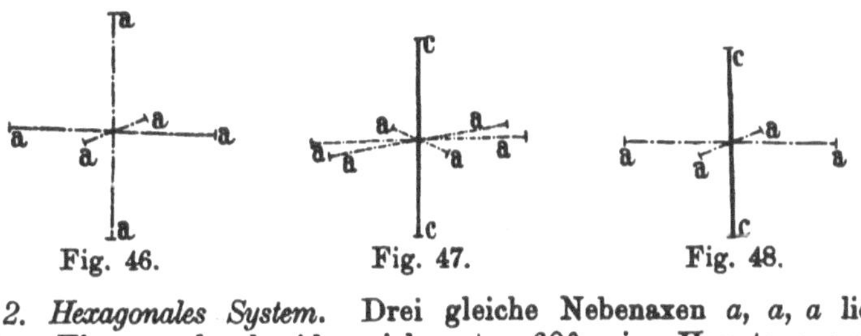

Fig. 46. Fig. 47. Fig. 48.

2. *Hexagonales System.* Drei gleiche Nebenaxen a, a, a liegen in einer Ebene und schneiden sich unter 60^0; eine Hauptaxe c steht auf ihnen senkrecht (Fig. 47).

3. *Quadratisches System.* Zwei gleiche Nebenaxen a, a und eine davon verschiedene Hauptaxe c stehen auf einander senkrecht (Fig. 48).

4. *Rhombisches System.* Drei von einander verschiedene Axen a, b, c stehen auf einander senkrecht (Fig. 49).

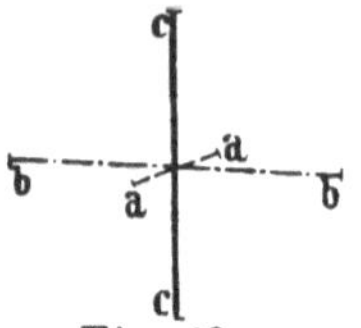

Fig. 49.

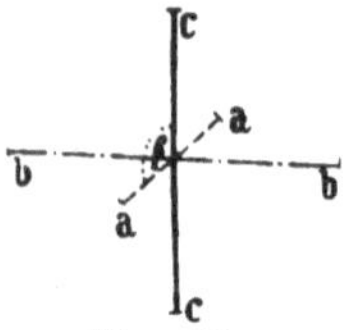

Fig. 50.

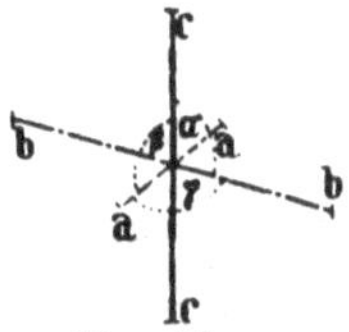

Fig. 51.

5. *Monoklines System.* Von den drei ungleichen Axen a, b, c machen a und c einen schiefen Winkel β mit einander, die dritte b steht senkrecht auf a und c (Fig. 50).

6. *Triklines System.* Die drei ungleichen Axen a, b, c machen schiefe Winkel α, β, γ mit einander (Fig. 51).

51. Axenelemente. Nur im regulären System sind das Verhältniss der Axen $a:a:a$ und die Axenwinkel ($= 90^0$), also die Axenelemente (30), ein für allemal fest bestimmt und für alle Substanzen constant. Die einzelnen regulären Krystallformen werden daher bei allen regulär krystallisirten Mineralien stets mit denselben Winkeln und überhaupt ganz in derselben Weise wiederkehren müssen. Bei allen andern Krystallsystemen sind die Axenelemente wechselnd je nach der Wahl der Fundamental- resp. Einheitsflächen. Für eine bestimmte Wahl dieser letzteren hängen die Axenelemente auch hier nur von den Flächenwinkeln der Krystalle der betreffenden Substanz ab und sind daher auch in einem solchen krystallographischen Axensystem für die Substanz charakteristisch (30). Ein solches krystallographisches Axensystem giebt aber in noch höherem Maasse ein übersichtliches Bild der Krystallisation einer Substanz, als ein von beliebigen Kanten gebildetes, weil durch ein solches auch die Symmetrieverhältnisse der Krystalle dargestellt werden.

52. Oktanten, Dodekanten. Die in diesen Axensystemen vorhandenen, von je drei aneinander stossenden Axenebenen gebildeten Raumabschnitte (Oktanten, im hexagonalen System Dodekanten) müssen Ecken des Krystalls entsprechen, denn die Axenebenen sind Flächen, die Axen selbst Kanten desselben parallel. Diese Raumabschnitte (Ecken) sind alle von der Reihe nach gleichen Flächen gebildet, nämlich von den drei (resp. vier) Axenebenen. Diese schneiden sich in den Kanten (Axen) entweder unter lauter in allen Oktanten der Reihe nach gleichen Winkeln, wie in den vier ersten Systemen, dann sind die sämmtlichen Raumabschnitte einander gleich; oder die Winkel von je vier Abschnitten sind einander gleich und von den vier anderen verschieden, wie im monoklinen System; oder aber es sind nur je zwei diametral gegenüberliegende Raumabschnitte, welche nur im Axenmittelpunkt aneinander stossen, einander gleich, wie im triklinen System.

53. Gruppirung der Flächen um die Axen. Ist das Axensystem der Krystalle in der angedeuteten Weise gewählt, so sind die Flächen der letzteren um dasselbe durchaus symmetrisch angeordnet, da ja die Krystalle und die krystallographischen Axensysteme, auf welche sie bezogen werden, in dem Grad der Symmetrie vollständig mit einander übereinstimmen (49) und die S. E. des Krystalls mit den entsprechenden S. E. des Axensystems zusammenfallen. Dies ist aber nur möglich, wenn in allen gleichen Raumabschnitten (Oktanten oder Dodekanten) der krystallographischen Axensysteme gleich viele Flächen liegen, durch welche alle gleichen Axen gleich, d. h. in denselben Entfernungen vom Axenmittelpunkt geschnitten werden, und wenn ferner alle Flächen, welche von gleichen Axen gleiche Stücke abschneiden, in allen Raumabschnitten einander gleich (8) und von allen andern Flächen verschieden sind.

So giebt es z. B. eine quadratische einfache Krystallform, das Dioktaëder (Fig. 148), welches die in (77) beschriebene Gestalt hat. Die Kanten desselben, welche in der auf den vier andern Symmetrieebenen senkrechten S. E. liegen, sind in Fig. 53 abgebildet, wo die beiden je zu einander senkrechten Linien *aa* (resp. *a'a'*) und *bb* die vier auf der Ebene des Papiers senkrechten Symmetrieebenen der Richtung nach angeben. Liegt nun eine Fläche des Körpers in der Richtung $+\frac{a}{h}$ nach $+\frac{a'}{k}$ und geht schief nach oben durch einen Punkt auf der gemeinsamen Schnittlinie der vier S. E., die hier jedenfalls Axe *c* ist, so erfordert die Symmetrie nach $+a-a$, dass links eine Ebene $+\frac{a}{h}-\frac{a'}{k}$ vorhanden ist, die mit der S. E. $+a-a$ denselben Winkel macht wie $+\frac{a}{h}+\frac{a}{k}$ und ebenfalls durch jenen Punkt der Axe *c* geht, so dass jedenfalls $\frac{a'}{k}$ rechts $=\frac{a'}{k}$ links sein muss; ganz ebenso erfordert die Symmetrie nach *bb* eine Fläche $+\frac{a}{k}+\frac{a'}{h}$ neben $+\frac{a}{h}+\frac{a'}{k}$, welche mit der S. E. *bb* denselben Winkel macht wie $+\frac{a}{h}+\frac{a'}{k}$, und so kann man leicht die Gruppirung der Flächen der Körper an den S. E. und den daraus folgenden Axen *aa* und *a'a'*, resp. *bb* sich im Detail klar machen. Wäre *bb* keine S. E., so wäre die Fläche $+\frac{a}{k}+\frac{a'}{h}$ nicht erforderlich und man erhielte ein rhombisches Oktaëder (Fig. 52), und in ähnlicher Weise bringt jede Aenderung in der Zahl und Anordnung der S. E. eine solche in der Gruppirung der Flächen mit sich.

54. Ableitung der einfachen Formen. Darnach kann man alle an einem beliebigen krystallographischen Axensystem möglichen einfachen Formen (und durch Vereinigung derselben deren Combinationen) a priori ableiten, wenn man an dasselbe Flächen legt, welche obigen Bedingungen für die symmetrische Gruppirung eines Flächencomplexes um das Axensystem entsprechen: 1) In jedem Raumabschnitt müssen auf allen gleichen Axen des Axensystems von den auftretenden Flächen gleiche Stücke abgeschnitten werden, und 2) In allen gleichen Raumabschnitten müssen gleichviel solcher Flächen vorhanden sein. Die vielfachen so construirten Formen stimmen mit den an den natürlichen Krystallen direct oder in Combinationen beobachteten auf das vollständigste überein.

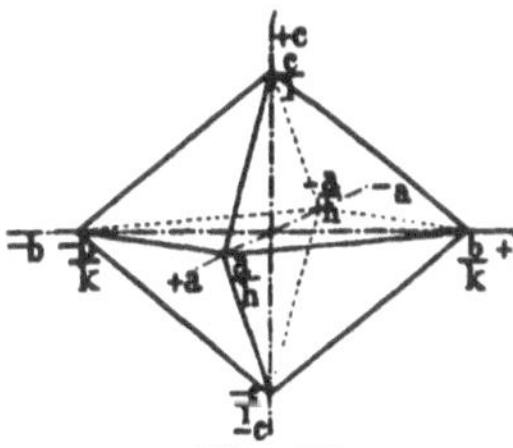

Fig. 52.

Hat man z. B. ein rhombisches Axensystem gebildet von den drei ungleichen auf einander senkrechten Axen *a*, *b*, *c* (Fig. 52), und wird dasselbe von der Fläche $\frac{+a}{h}:\frac{+b}{k}:\frac{+c}{l}$ geschnitten, so wird dadurch die Symmetrie in dem einen Oktanten vollvollständig erfüllt, denn da alle drei Axen ungleich sind, so können von ihnen auch ganz beliebige ungleiche Stücke abgeschnitten werden. In demselben Oktanten ist also keine weitere Fläche durch die Symmetrie erfordert, dagegen muss, da hier alle Oktanten einander gleich sind, eine solche Fläche, welche von den Axen a, b, c Stücke im Verhältniss $\frac{a}{h} : \frac{b}{k} : \frac{c}{l}$ abschneidet, in jedem der 7 anderen Oktanten auftreten, welche dann mit jener ersten ein sog. *rhombisches Oktaëder* bilden, wie es als einfache Krystallform an rhombischen Krystallen häufig vorkommt. Die acht Flächen eines solchen Oktaëders haben unter Berücksichtigung der Vorzeichen der Axenabschnitte folgende Ausdrücke:

$$\frac{a}{+h} : \frac{b}{+k} : \frac{c}{+l} = hkl \qquad \frac{a}{-h} : \frac{b}{-k} : \frac{c}{-l} = \bar{h}\bar{k}\bar{l}$$
$$\frac{a}{+h} : \frac{b}{-k} : \frac{c}{+l} = h\bar{k}l \qquad \frac{a}{-h} : \frac{b}{+k} : \frac{c}{-l} = \bar{h}k\bar{l}$$
$$\frac{a}{-h} : \frac{b}{-k} : \frac{c}{+l} = \bar{h}\bar{k}l \qquad \frac{a}{+h} : \frac{b}{+k} : \frac{c}{-l} = hk\bar{l}$$
$$\frac{a}{-h} : \frac{b}{+k} : \frac{c}{+l} = \bar{h}kl \qquad \frac{a}{+h} : \frac{b}{-k} : \frac{c}{-l} = h\bar{k}\bar{l}$$

Hat man dagegen ein *quadratisches* Axensystem mit drei rechtwinklig sich schneidenden Axen, von denen 2 einander gleich, a und a und die dritte c davon verschieden (Fig. 53, auf die Ebene der Nebenaxe projicirt, so dass die Axe c auf dem Papier senkrecht steht) und tritt daran eine Fläche $\frac{a}{+h} : \frac{a}{+k} : \frac{c}{+l}$ auf, so erfordert die Symmetrie zunächst, dass in demselben Oktanten, wo die genannte Fläche sich befindet, noch eine zweite durch $\frac{c}{+l}$ gehende Fläche auftritt, welche die erst in $\frac{a}{h}$ geschnittene Axe nun in $\frac{a}{k}$ schneidet und umgekehrt, dann ist in diesem Oktanten wieder alles symmetrisch, da nun die beiden gleichen Axen a auch in gleicher Weise, beide sowohl in $\frac{a}{h}$ als in $\frac{a}{k}$ geschnitten werden. Unterscheidet man, um unzweideutig festzustellen, zu welcher Axe a die Indices gehören, die von rechts nach links gehende als a' von der von vorn nach hinten gehenden a, dann sind diese zwei Flächen: $\frac{a}{h} : \frac{a'}{k} : \frac{c}{l} = hkl$ und $\frac{a}{k} : \frac{a'}{h} : \frac{a}{l} = khl$ (wenn man bei der Miller'schen Bezeichnungsweise stets die auf a bezüglichen Indices an erster, die auf a' bezüglichen an zweiter Stelle schreibt). Da nun die anderen 7 Oktanten den hier betrachteten gleich sind, so muss in jedem derselben eine solche Gruppe von zwei Flächen liegen, welche von den Axen a Stücke $\frac{a}{h}$ und $\frac{a}{k}$, und von c das Stück $\frac{c}{l}$ abschneidet, und man erhält eine 16flächige Doppelpyramide, welche als *Dioktaëder* bei quadratischen Krystallen als einfache Krystallform vorkommt (Fig. 148). Die Ausdrücke der Flächen derselben sind

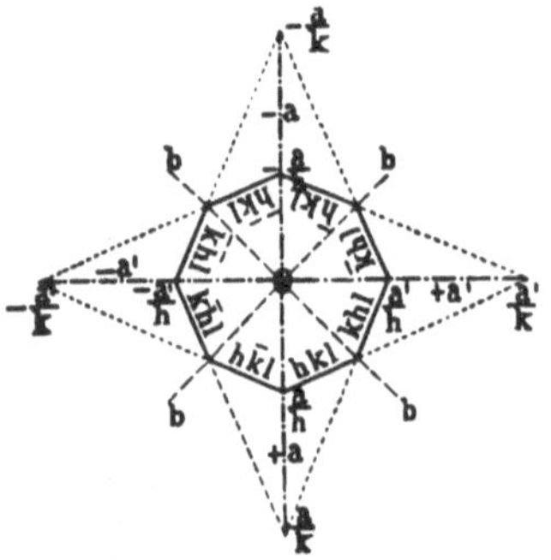

Fig. 53.

$$\frac{a}{+h} : \frac{a'}{+k} : \frac{c}{+l} = hkl \qquad \frac{a}{+h} : \frac{a'}{+k} : \frac{c}{-l} = hk\bar{l}$$
$$\frac{a}{+k} : \frac{a'}{+h} : \frac{c}{+l} = khl \qquad \frac{a}{+k} : \frac{a'}{+h} : \frac{c}{-l} = kh\bar{l}$$
$$\frac{a}{+h} : \frac{a'}{-k} : \frac{c}{+l} = h\bar{k}l \qquad \frac{a}{+h} : \frac{a'}{-k} : \frac{c}{-l} = h\bar{k}\bar{l}$$
$$\frac{a}{-k} : \frac{a'}{+h} : \frac{c}{+l} = \bar{k}hl \qquad \frac{a}{-k} : \frac{a'}{+h} : \frac{c}{-l} = \bar{k}h\bar{l}$$
$$\frac{a}{-h} : \frac{a'}{+k} : \frac{c}{+l} = \bar{h}kl \qquad \frac{a}{-h} : \frac{a'}{+k} : \frac{c}{-l} = \bar{h}k\bar{l}$$
$$\frac{a}{+k} : \frac{a'}{-h} : \frac{c}{+l} = k\bar{h}l \qquad \frac{a}{+k} : \frac{a'}{-h} : \frac{c}{-l} = k\bar{h}\bar{l}$$

$$\frac{a}{-h} : \frac{a'}{-k} : \frac{c}{+l} = \bar{h}\bar{k}l \qquad \frac{a}{-h} : \frac{a'}{-k} : \frac{c}{-l} = \bar{h}\bar{k}\bar{l}$$

$$\frac{a}{-k} : \frac{a'}{-h} : \frac{c}{+l} = \bar{k}\bar{h}l \qquad \frac{a}{-k} : \frac{a'}{-h} : \frac{c}{-l} = \bar{k}\bar{h}\bar{l}$$

In einem *monoklinen* Axensystem sind nur je zwei in der Symmetrieebene (ac) aneinanderstossende Oktanten und die zwei diametral gegenüberliegenden, also je vier und vier einander gleich (Fig. 54), und zwar die vier, in welchen der Winkel β, und die vier, in welchen der Winkel $180^0 - \beta$ ist. Tritt in einem Oktanten eine Fläche $\frac{a}{+h} : \frac{b}{+k} : \frac{c}{+l}$ auf, so erfüllt diese in demselben wegen der Ungleichheit der drei Axen die Symmetrie ganz; dagegen ist noch je eine Fläche in dem symmetrisch anstossenden Oktanten und in den zwei diametral gegenüberliegenden Oktanten erforderlich, und es entsteht ein schiefes rhombisches Prisma, wie es bei monoklinen Krystallen sehr häufig vorkommt. Dessen Flächen haben die Ausdrücke:

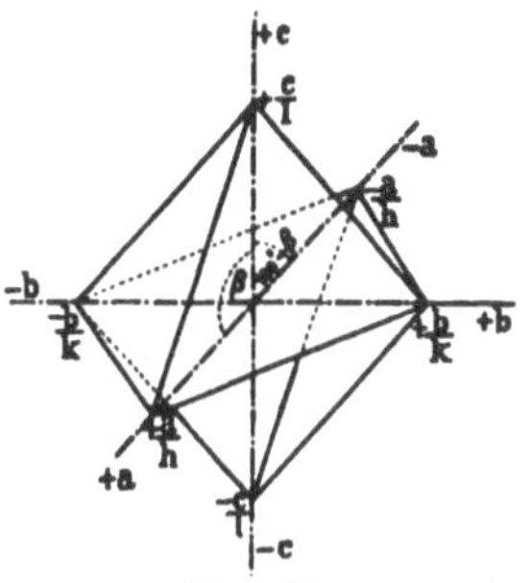

Fig. 54.

$$\frac{a}{+h} : \frac{b}{+k} : \frac{c}{+l} = hkl \qquad \frac{a}{-h} : \frac{b}{-k} : \frac{c}{-l} = \bar{h}\bar{k}\bar{l}$$

$$\frac{a}{+h} : \frac{b}{-k} : \frac{c}{+l} = h\bar{k}l \qquad \frac{a}{-h} : \frac{b}{+k} : \frac{c}{-l} = \bar{k}h\bar{l}$$

55. Gleichliegende, gleichnamige Flächen. Die nach der Symmetrie zu einer einfachen Krystallform gehörigen Flächen haben alle gegen das krystallographische Axensystem genau dieselbe Lage, man nennt sie daher auch *gleichliegende* Flächen. Ausserdem sieht man, wenn man die Ausdrücke der Flächen der sämmtlichen als Beispiele angeführten einfachen Krystallformen mit einander vergleicht, dass sie vollkommen gleich werden, wenn man von dem Unterschied der + und — Richtung der Axen absieht und wenn man gleichermassen absieht von einer Unterscheidung gleicher Axen a und a' in Bezug auf ihre Richtung. Dann erhält man für alle Flächen des Rhombenoktaëders (54) den Ausdruck: $\frac{a}{h} : \frac{b}{k} : \frac{c}{l} = (hkl)$; an den Ausdrücken für die Flächen des Dioktaëders (54) kann man die auf beide Nebenaxen a und a' bezüglichen Indices wegen der Gleichheit von a und a' vertauschen, sie stellen sich dann alle dar unter der Form: $\frac{a}{h} : \frac{a}{k} : \frac{c}{l} = (hkl)$, wo aber nun ($hkl$) eine ganz andere Bedeutung hat wie oben, da sich die Indices hier nicht auf ein rhombisches, sondern auf ein quadratisches Axensystem beziehen. Die Flächen des schiefen rhombischen Prismas erhalten an dem monoklinen Axensystem ebenfalls alle den Ausdruck: $\frac{a}{h} : \frac{b}{k} : \frac{c}{l} = (hkl)$, wo natürlich ($hkl$) wieder eine andere Bedeutung hat wie oben. So kann man alle Flächen einer jeden einfachen Krystallform ausnahmslos an einem krystallographischen Axensystem auf denselben Ausdruck bringen, der zugleich von den Ausdrücken aller anderen einfachen Formen verschieden ist. Daher nennt man die Flächen der einfachen Krystallformen auch *gleichnamige* Flächen und kann dann eine *einfache Krystall-*

form mit Beziehung auf ein in der Symmetrie mit ihr übereinstimmendes Axensystem auch definiren als eine *Krystallform, welche von lauter gleichliegenden und daher gleichnamigen Flächen begrenzt ist.* Diese Definition gilt aber nur für ein solches sog. krystallographisches Axensystem.

Man kann dann auch jede einfache Krystallform mit dem Ausdruck einer ihrer Flächen bezeichnen, welchen man zu diesem Zweck in eine runde Klammer schliesst, wenn man ihn in Miller'scher Weise schreibt; man erhält dadurch den *Ausdruck* (das Symbol) dieser Krystallform. So ist: $\frac{a}{h} : \frac{b}{k} : \frac{c}{l} = (hkl)$ der Ausdruck des rhombischen Oktaëders oder des schiefen rhombischen Prismas, je nachdem sich derselbe auf ein rhombisches oder monoklines Axensystem bezieht; $\frac{a}{h} : \frac{a}{k} : \frac{c}{l} = (hkl)$ ist der Ausdruck des Dioktaëders etc. Für das Symbol der ganzen Krystallform pflegt man die Fläche zu wählen, bei der $h > k$, resp. im regulären System $h > k > l$.

56. Hemiëdrie. Krystalle, an welchen alle von der Symmetrie erforderten Flächen ausgebildet sind, heissen *vollflächig* oder *holoëdrisch* (*Vollflächner* oder *Holoëder*), wie z. B. die oben schon erwähnten Krystallformen (Fig. 3, 4, 5, 52 etc.). Es giebt nun aber eine Reihe von Krystallformen, welche nach den Verhältnissen ihrer Symmetrie in keines der oben angeführten Krystallsysteme hineinpassen (43), welche man sich aber aus den vollflächigen Formen jener Systeme dadurch entstanden denken kann, dass die eine Hälfte der Flächen verschwunden und die andere Hälfte derselben allein ausgebildet ist, wodurch selbstverständlich ein Theil der S. E. des vollflächigen Krystalls aufhört, als solche zu fungiren. Diese Flächenhalbirung geschieht dabei den allgemeinen Symmetrieverhältnissen der betr. vollflächigen Körper entsprechend. Jede Hälfte der Flächen giebt einen *hemiëdrischen* Körper von der halben Flächenzahl; also jeder Vollflächner zwei correlate *Halbflächner* oder *Hemiëder.* Diese beiden sind stets entweder congruent und lassen sich durch Drehung des einen um eine (oder auch um mehrere) Axen zur Deckung bringen; oder sie sind spiegelbildlich gleich oder *enantiomorph,* und können durch keine Drehung zum vollständigen Zusammenfallen gebracht werden. Die beiden correlaten halbflächigen Formen derselben vollflächigen einfachen Krystallform werden als Hemiëder der 1. und 2. Ordnung, oder als positive und negative Hemiëder unterschieden, wobei es gleichgültig ist, welchen man als 1. Ordnung resp. als + auffassen will; man sagt: der eine ist der Gegenkörper des andern. Beispiele solcher hemiëdrischen Formen sind die beiden Tetraëder (Fig. 81, 82), welche aus dem regulären Oktaëder (Fig. 83), die beiden Pyritoëder (Fig. 97, 99), welche aus dem Pyramidenwürfel (Fig. 98) entstanden gedacht werden können etc.

An den vollflächigen Krystallen können im allgemeinen in mehr als einer Weise die Flächen, den allgemeinen Symmetrieverhältnissen entsprechend, in zwei Hälften gruppirt werden, und aus demselben

Holoëder können daher dem entsprechend mehrere verschiedene Arten von Hemiëdern entstehen. So giebt z. B. das Hexakisoktaëder bei der in Fig. 79 angedeuteten Flächengruppirung das Hexakistetraëder (Fig. 80); bei der in Fig. 95 veranschaulichten Gruppirung der Flächen dagegen das Diploëder (Fig. 96). Die specielle Art und Weise der Flächengruppirung nennt man das *Gesetz der Hemiëdrie*. Bei manchen solchen Hemiëdrien, nicht bei allen, verschwinden die parallelen Gegenflächen und es entstehen dann sog. *geneigtflächige* Hemiëder, z. B. das Tetraëder (Fig. 81, 82). Eine *parallelflächig*-hemiëdrische Form ist das Pyritoëder (Fig. 97, 99).

Wie an vollflächigen Krystallen stets nur einfache Formen desselben Krystallsystems mit einander combinirt sind, so finden sich an andern nur hemiëdrische Formen, und zwar auch stets nur solche hemiëdrische Formen in Combination, welche nach demselben Gesetz aus den einfachen holoëdrischen Formen eines gewissen Krystallsystems abgeleitet werden können. Dabei treten die beiden correlaten hemiëdrischen Formen desselbeu Holoëders ganz ebenso mit einander in Combination, wie beliebige andere Formen. Sind zwei solche correlate Formen allein mit einander combinirt, so geben sie natürlich eine Gestalt, welche geometrisch von dem ursprünglichen Vollflächner nicht wesentlich verschieden ist (62). Diese hemiëdrische Combination zeichnet sich aber dadurch aus, dass hier die dem einen Hemiëder zugehörigen Flächen physikalisch von den dem andern zugehörigen Flächen verschieden sind, wie das z. B. die Fig. 83 zeigt, welche eine Combination zweier correlater Tetraëder darstellt und welche genau die Form des entsprechenden Vollflächners, des Oktaëders Fig. 55 hat. Hierin hat man überhaupt ganz allgemein das Wesen der Hemiëdrie zu erblicken. Die eine Hälfte der Flächen, nach einem der speciellen Symmetrie des Vollflächners entsprechenden Gesetze der Hemiëdrie gruppirt, ist von der andern Hälfte der Flächen desselben Holoëders physikalisch verschieden geworden, wie das die Fig. 79, 83, 98 zeigen. Besteht die Verschiedenheit der beiden Hälften der Flächen eines Holoëders darin, dass die eine Hälfte derselben überhaupt gar nicht ausgebildet ist, dann entstehen die einfachen hemiëdrischen Formen, wie das Tetraëder, Pyritoëder etc.

Die speciellen Verhältnisse der Hemiëdrie in den einzelnen Krystallsystemen werden bei der Betrachtung der letzteren erläutert werden; es wird sich dabei herausstellen, dass gewisse einfache Krystallformen bei manchen Gesetzen der Hemiëdrie ihre alte Gestalt beibehalten. Diese gehören gleichzeitig zu den vollflächigen und zu den halbflächigen Formen; sie treten mit ihrer ganzen Flächenzahl in die hemiëdrischen Combinationen ein. Die Flächen haben aber bei ihnen dann eine andere Bedeutung als bei den Vollflächnern.

56ª. Tetartoëdrie. Nicht selten werden die Flächen der hemiëdrischen Formen nochmals in zwei Hälften gruppirt, deren jede wieder einen neuen Körper giebt, dessen Flächenzahl nun nur noch der vierte Theil des ursprünglichen vollflächigen ist, so dass also eine einfache holoëdrische Krystallform vier correlate theilflächige Gestalten geben kann. Diese Erscheinung heisst *Tetartoëdrie* und die so entstandenen Körper *Viertelflächner* oder *Tetartoëder*. Sie verhalten sich zu den Hemiëdern ganz ebenso wie diese zu den Holoëdern, und alles was oben von den allgemeinen Verhältnissen der hemiëdrischen Formen bemerkt wurde, gilt in gleicher Weise von den tetartoëdrischen.

57. Hemimorphismus. Meroëdrie. Unter *Hemimorphismus* oder *Hemimorphie* versteht man die Erscheinung, wonach ein Krystall an beiden Enden einer Axe, der Axe des Hemimorphismus, verschieden ausgebildet ist, sei es, dass an beiden Enden der Axe ganz verschiedene Flächen entwickelt sind, sei es, dass derselben einfachen Form angehörige Flächen an den beiden Enden der Axe physikalische Verschiedenheit zeigen. Die Erscheinung ist im ganzen selten. Hauptbeispiele sind der Turmalin, hexagonal (Fig. 513). Axe des Hemimorphismus ist die Hauptaxe; dann das rhombische Kieselzinkerz (Hemimorphit) (Fig. 21) und der Struvit (Fig. 551), Axe des Hemimorphismus, beide Male eine krystallographische Axe. Mit dieser Erscheinung ist mehrfach die der polaren Pyroelektricität in der Richtung der Axe des Hemimorphismus verbunden (Turmalin, Kieselzinkerz, (184)). Der Hemimorphismus ist übrigens keine von der Hemiëdrie etc. principiell verschiedene Erscheinung; manche Erscheinungen können ganz ebenso gut durch die Annahme von Hemiëdrie, als durch die von Hemimorphismus erklärt werden, wenn man annimmt, dass in den Krystallen nicht nur nach einer, sondern nach mehreren Richtungen (Axen) Hemimorphismus stattfindet, welche Richtungen nothwendig nach den allgemeinen Symmetrieverhältnissen des betreffenden Krystalls angeordnet sein müssen (z. B. beim Quarz, Boracit etc.).

Unter *Meroëdrie* versteht man ein zuweilen beobachtetes unregelmässiges Fehlen gewisser von der Symmetrie erforderter Flächen, was besonders bei sehr flächenreichen Krystallen mit sehr kleinen Flächen vorkommt. Zuweilen werden dadurch Formen anderer Systeme nachgeahmt. So findet sich der Flussspath zuweilen in scheinbar hexagonalen Formen, deren Winkel mit den den regulären Formen des Minerals zukommenden übereinstimmen, an denen aber eine Anzahl von Flächen nicht entwickelt ist.

D. Die Krystallsysteme.

1. Reguläres System.

(Tesserales, isometrisches System.) 9. S. E. (43). Drei gleiche auf einander senkrechte Axen: *a*, *a*, *a* (50) bilden acht gleiche Oktanten.

a. Holoëdrische Formen.

58. Einfache Formen. *1. Oktaëder.* Die Flächen schneiden von den Axen gleiche Stücke ab, also solche, welche sich verhalten wie: $a : a : a$; der Ausdruck des Oktaëders ist also: $(a : a : a) = (111)$. In jedem Oktanten ist somit eine Fläche, also im ganzen 8, welche sich unter Winkeln von 109° 28′ 16″ (resp. 70° 31′ 44″) schneiden. In der idealen Form sind die Begrenzungsflächen 8 gleichseitige Dreiecke, welche sich in 12 gleichen Kanten und 6 gleichen vierflächigen Ecken schneiden, durch welche die Axen hindurchgehen (Fig. 55).*) „Verzerrte“ Oktaëder vergl. Fig. 17 und 18.

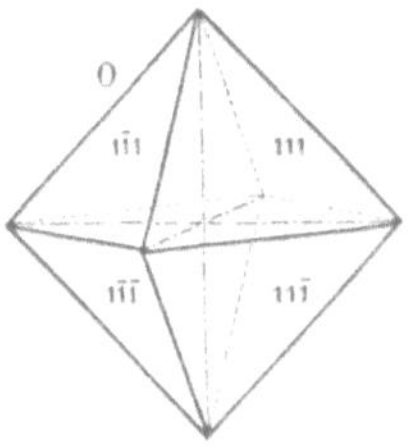

Fig. 55.

Die Oktaëderfläche ist die Einheitsfläche des regulären Systems.

2. *Hexaëder* (Würfel). Drei Flächenpaare stehen je auf einer Axe senkrecht, gehen also je den beiden andern Axen parallel (Fig. 56). Der Ausdruck ist daher: $(a : \infty a : \infty a) = (100)$ und die sechs Flächen schneiden sich unter 90°. In der idealen Gestalt sind die Flächen Quadrate. Jeder Krystall, der von drei aufeinander senkrechten gleichen Flächenpaaren begrenzt wird, ist aber krystallographisch ein Würfel, auch wenn er z. B. die Form Fig. 155 und 183 hat. Die 12 Kanten und die 8 Ecken sind alle gleich. Die Axen gehen durch die Mitten von je zwei gegenüberliegenden Flächen der Idealform.

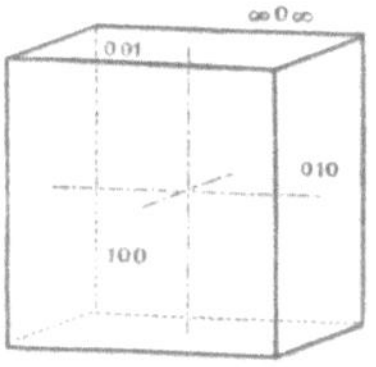

Fig. 56.

Die Würfelflächen sind die Fundamentalflächen (Axenebenen) des regulären Systems; sie sind parallel den S. E. *A* (43).

3. *Granatoëder* (Rhombendodekaëder). Die Flächen schneiden 2 Axen gleich, die dritte im Unendlichen, der Ausdruck ist also: $(a : a : \infty a) = (110)$. Die 12 Flächen bilden in der idealen Gestalt Rhomben, welche sich in 24 gleichen Kanten von 120° schneiden. Ausserdem sind 6 gleiche vierkantige und 8 gleiche dreikantige Ecken vorhanden (H und O). (Fig. 57.) Die Axen gehen durch je zwei gegenüberliegende vierkantige Ecken *H*.

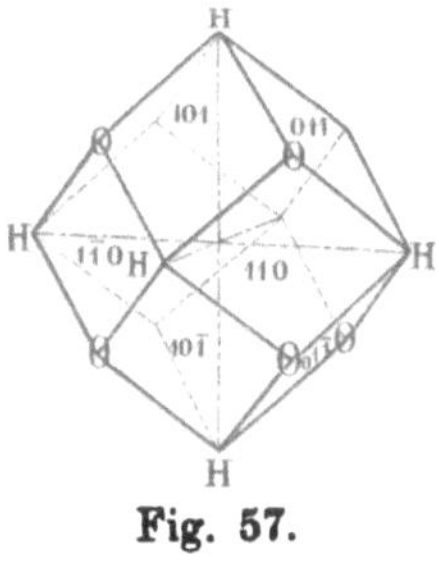

Fig. 57.

Die Flächen dieses Körpers sind den S. E. B parallel (Fig. 30). Oktaëder, Hexaëder und Dodekaëder kann es im regulären System nur je eines geben, d. h. alle Oktaëder, alle Würfel etc. sind je untereinander in jeder Beziehung, besonders betreffs der Flächenwinkel gleich. Dies sieht man auch aus den Ausdrücken, in denen nur constante Indices 1 und ∞ vorkommen. In den Ausdrücken der nächstfolgenden Körper kommen variable Ableitungszahlen (Indices) vor, für die man beliebige rationale Zahlen einsetzen kann. Jeder andern solchen Zahl entspricht ein in der allgemeinen Gestalt den andern gleicher, in den Winkelverhältnissen aber verschiedener Körper.

*) Bei den hier und im Folgenden angeführten Figuren ist der Verlauf der Axen meist durch strichpunktirte Linien angegeben und den einzelnen Flächen die ihnen nach ihrer speciellen Lage zukommenden Indices eingeschrieben.

4. *Tetrakishexaëder* (Pyramidenwürfel). Die Flächen gehen einer Axe parallel und schneiden von den beiden andern Axen ungleiche Stücke ab. Dies entspricht dem Flächenausdruck: $(a : ma : \infty a)$ $= (\frac{a}{m} : a : \infty a) = (m10)$ oder allgemein: $(hk0)$, z. B. (210), (310), (320) etc. Die 24 in der Idealform gleichschenklig-dreieckigen Flächen eines solchen Körpers sind so gruppirt, dass sie zu je vieren niedere Pyramiden über den Flächen eines Würfels machen, den man sich einbeschrieben denken kann (Fig. 58); denn 12 gleiche Kanten H liegen genau so gegeneinander und gegen die Axen, wie die 12 Kanten eines Würfels (Fig. 56). 24 andere gleiche Kanten P bilden die vierseitigen Pyramiden über den Würfelflächen. 8 gleiche 3 + 3kantige Ecken E liegen wie die Würfelecken; 6 gleiche vierkantige Ecken W bilden die Spitzen der Pyramiden; durch sie gehen die drei Axen a.

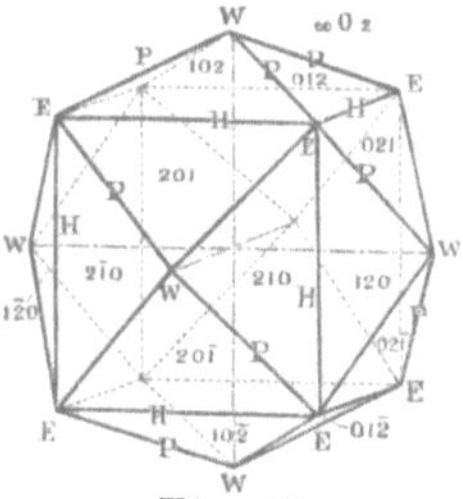

Fig. 58.

Die Neigungswinkel der Flächen in den Kanten H und P hängen von der Grösse von m (resp. von h und k) ab, und umgekehrt; m (resp. $\frac{h}{k}$) kann aus einem Flächenwinkel in H oder P berechnet werden. Für jeden Werth von m (resp. $\frac{h}{k}$) bleibt die allgemeine Gestalt des Körpers dieselbe, nur die relative Höhe der Pyramiden ändert sich entsprechend den Flächenwinkeln.

5. *Ikositetraëder*. Die 24 Flächen schneiden eine Axe in kleinerer, die beiden andern in gröfserer, aber gleicher Entfernung, der Ausdruck ist also: $(a : ma : ma)$ $(m > 1)$ oder $= (\frac{a}{m} : a : a) = (m11)$ oder allgemein (hkk) $h > k$, z. B. 211, 311, 322 etc. In der idealen Gestalt bilden die Flächen symmetrische Vierecke (Deltoide), welche zu dreien in den einzelnen Oktanten liegen. Sie schneiden sich in 24 in den Axenebenen gelegenen Kanten O, den sog. gebrochenen Oktaëderkanten (Fig. 59) und in 24 Kanten P, den sog. gebrochenen Würfelkanten. Die Ecken sind dreierlei: 8 dreikantige Ecken A, 6 vierkantige Ecken B und 12 2 + 2kantige Ecken C. B und C liegen in den Axenebenen; durch B gehen die Axen.

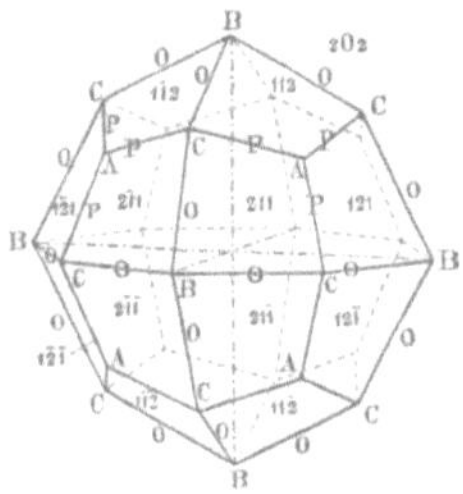

Fig. 59.

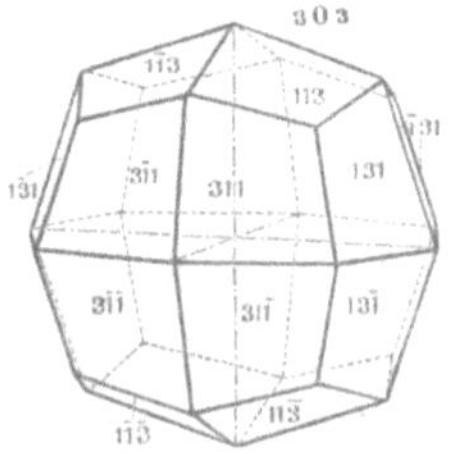

Fig. 60.

Mit der Zahl m resp. mit $\frac{h}{k}$ ändern sich die Flächenwinkel und damit in etwas die Gestalt; die Fig. 59 entspricht dem Ausdruck (211); Fig. 60 dem Ausdruck (311).

Eine ganz ähnliche Form wie Fig. 59 findet man beim Leucit (Fig. 162), wo man es aber mit einer quadratischen Combination zu thun hat; diese Form wurde früher für ein wirkliches reguläres Ikositetraëder gehalten, das darnach *Leucitoëder* genannt wurde (44, 79).

6. *Triakisoktaëder* (Pyramidenoktaëder). Jede der 24 Flächen schneidet zwei Axen gleich, die dritte in grösserer Entfernung, der Ausdruck ist also: $(a : a : ma)$, wo $m > 1$ oder: $(m\ m\ 1)$ oder allgemein (hhk), $h > k$, also z. B. (221), (331), (332) etc. In der idealen Form (Fig. 61) sind die Flächen gleichschenklige Dreiecke, welche dreiseitige niedere Pyramiden über den Flächen eines Oktaëders bilden, das man sich einbeschrieben denken kann; denn 12 Kanten O entsprechen in ihrer Lage durchaus den 12 Kanten und 6 4 + 4kantige Ecken E den Ecken eines Oktaëders; ausserdem sind noch die 24 gleichen Pyramidenkanten P und 8 dreikantige Pyramidenecken J vorhanden. Die Axen gehen durch die Ecken E.

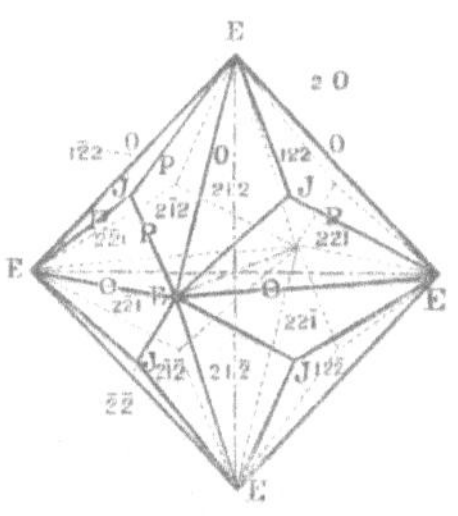

Fig. 61.

Die Höhe der Pyramiden (d. h. die Flächenwinkel in P und O) ändern sich mit der Zahl m (resp. $\frac{h}{k}$), welche sich aus jenen Winkeln berechnen lassen, und umgekehrt.

7. *Hexakisoktaëder* (Achtundvierzigflächner). Die 48 Flächen schneiden alle Axen ungleich, also ist der Ausdruck: $(ma : na : pa)$ oder: $(\frac{a}{h} : \frac{a}{k} : \frac{a}{l}) = (hkl)$, wo $h > k > l$, z. B. (321), (421) etc. Die Flächen bilden ungleichseitige Dreiecke (Fig. 62), welche sich in 24 Kanten K in den Axenebenen (gebrochene Oktaëderkanten) und in 24 Kanten L und M schneiden. An Ecken sind vorhanden: 6 4 + 4kantige sog. Oktaëderecken E, durch welche die Axen gehen, 8 3 + 3kantige O und 12 2 + 2kantige G.

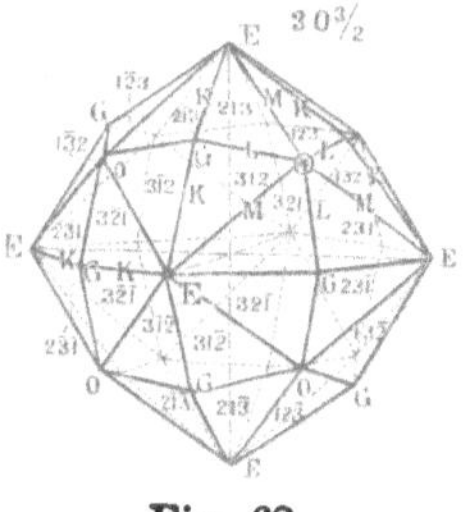

Fig. 62.

Die Flächenwinkel in K, L und M ändern sich mit m und n, resp. mit $\frac{h}{l}$ und $\frac{k}{l}$. Manchmal sind die Flächen so gruppirt, dass sie zu je vieren niedere Pyramiden auf den Flächen eines Granatoëders bilden, mit dessen Kanten bei manchen Werthen von m und n (resp. h, k, l) die Kanten M zusammenfallen; dies sind die sog. *Pyramidengranatoëder.*

Andere einfache Körper als diese 7 sind im regulären System nicht möglich. Weder lassen sich andere Lagen der Flächen gegen die Axen angeben, als jene 7, noch andere Flächenausdrücke, welche von jenen 7 wesentlich verschieden wären und nicht auf sie zurückgeführt werden könnten; noch endlich kann es einen anders gestalteten einfachen Körper mit den 9 S. E. des regulären Systems geben. Alle diese 7 Körper sind auch, theils selbständig, theils in Combinationen vorkommend, an Krystallen factisch beobachtet worden.

Das Hexakisoktaëder ist der flächenreichste einfache reguläre Körper und auch der allgemeinste, als dessen specielle Fälle die andern angesehen werden können. So kann man sich z. B. ein Ikositetraëder als ein Hexakisoktaëder vorstellen, in dessen Kanten M die anstossenden Flächen 180° machen, d. h. in eine zusammen fallen; beim Pyramidenoktaëder fallen die in den Kanten L zusammenstossenden Flächen in eine zusammen; beim Oktaëder alle um eine Ecke O herumliegenden Flächen etc.

59. Naumann'sche Bezeichnung. Nach der Naumann'schen Bezeichnungsweise werden nicht einzelne Flächen einer einfachen Krystallform, sondern die ganzen Formen in den Zeichen (Symbolen) dargestellt. Man geht dabei von dem Oktaëder aus. Man denkt sich eine Oktaëderfläche im Endpunkt einer Axe a festgehalten und so nach aussen gedreht, dass sie entweder von einer oder von beiden andern Axen a grössere Stücke abschneidet, als von der ersten. Auf diese Weise kann man offenbar die Lage der Fläche für alle oben betrachteten Körper erhalten, und in jeder Lage trifft die Fläche die eine Axe, in deren Ende sie festgehalten wird, in der Entfernung a, die beiden andern Axen in je nach der speciellen Lage der Fläche verschiedenen Entfernungen. Naumann bezeichnet nun das Oktaëder mit O und alle andern regulären einfachen Formen dadurch mit Hülfe des Buchstaben O, dass er die auf die zwei letztgenannten Axen bezüglichen Ableitungszahlen vor und hinter O setzt; eine etwaige Ableitungszahl 1 wird dabei fortgelassen. Die dritte Ableitungszahl, welche nach dem Obigen stets $= 1$ ist, wird nicht geschrieben. Darnach ist allgemein: $mOn = a : ma : na$, wo $n > m > 1$; und speciell z. B. $2O2 = a : 2a : 2a$; $3O = a : a : 3a$; $\infty O2 = a : 2a : \infty a$ etc.

Im Folgenden ist eine Uebersicht über jene 7 einfachen Körper des regulären Systems mit der betreffenden Bezeichnung gegeben:

1. Oktaëder: $O = a : a : a = (111)$.
2. Würfel: $\infty O \infty = a : \infty a : \infty a = (100)$.
3. Granatoëder: $\infty O = a : a : \infty a = (110)$.
4. Tetrakishexaëder: $\infty On = a : na : \infty a$ oder $(hk0)$
   z. B.: $\infty O2 = a : 2a : \infty a = (210)$.
5. Ikositetraëder: $mOm = a : ma : ma$ oder (hkk) $h > k$
   z. B.: $3O3 = a : 3a : 3a = (311)$.
6. Triakisoktaëder: $mO = a : a : ma = (hhk)$ $h > k$
   z. B.: $\frac{3}{2}O = a : a : \frac{3}{2}a = (332)$.
7. Hexakisoktaëder: $mOn = a : ma : na$ oder (hkl).
   z. B.: $3O\frac{3}{2} = a : \frac{3}{2}a : 3a = (321)$.

60. Combinationen. Das Allgemeine über die Combinationen ist schon oben (47. 48) gesagt, darnach wird das Folgende verständlich

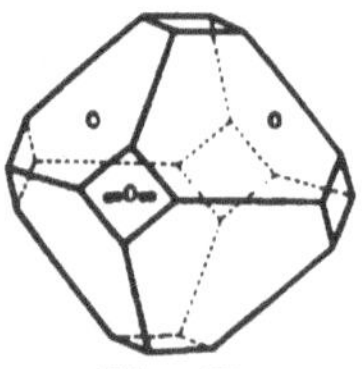

Fig. 63.

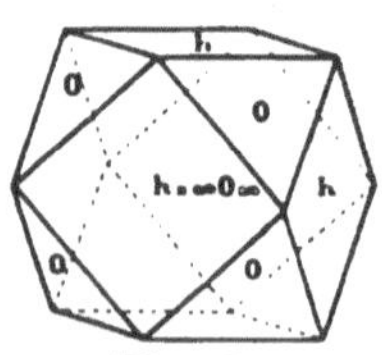
Fig. 64.

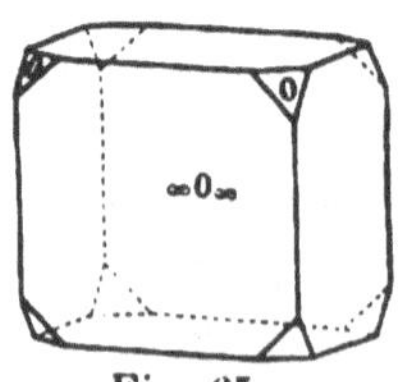

Fig. 65.

sein. Die in den folgenden Combinationen vorkommenden einfachen Formen sind auf den Abbildungen mit Naumann'schen Zeichen angegeben.

Das Oktaëder in Combination mit dem Würfel stumpft dessen Ecken ab (Fig. 65) und ebenso umgekehrt (Fig. 63). Beide Formen bilden dieselbe Combination, bei Fig. 63 ist das Oktaëder, bei Fig. 65 ist der Würfel gross und der Träger der Combination; zwischen beiden steht die in Fig. 64 abgebildete Form dieser Combination, der sog. Mittelkrystall oder das Cubooktaëder in der Mitte.

Das Granatoëder stumpft am Würfel die Kanten ab (Fig. 66), umgekehrt der Würfel am Dodekaëder die vierkantigen Ecken (Fig. 67). Auch diese beiden Figuren stellen die gleiche Combination

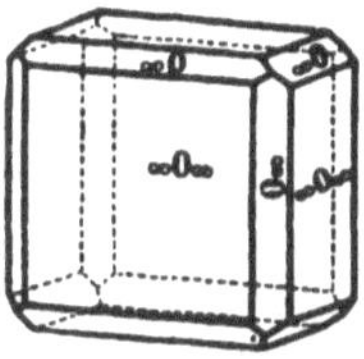
Fig. 66.

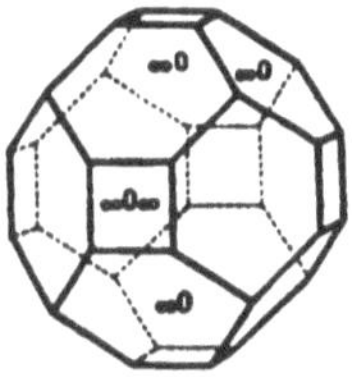
Fig. 67.

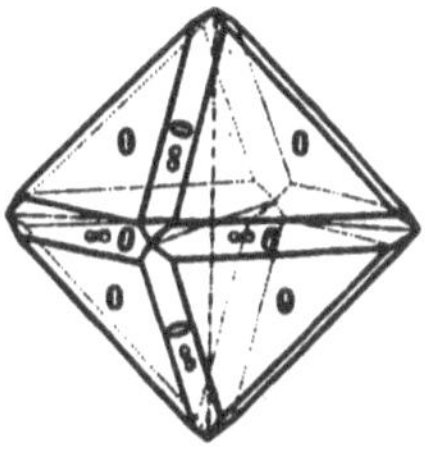
Fig. 68.

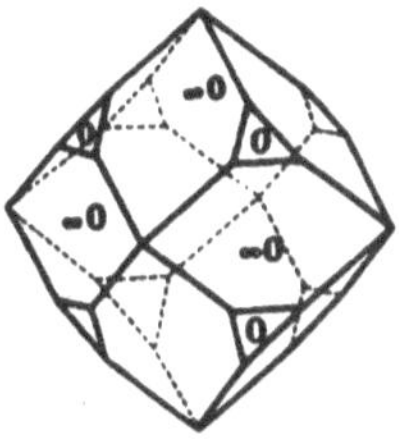
Fig. 69.

des Würfels mit dem Granatoëder dar. Das Granatoëder stumpft am Oktaëder die Kanten ab (Fig. 68) und umgekehrt dieses an jenem die dreikantigen Ecken (Fig. 69.) Sind Oktaëder, Würfel und

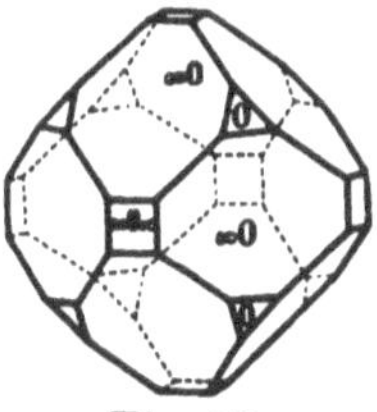
Fig. 70.

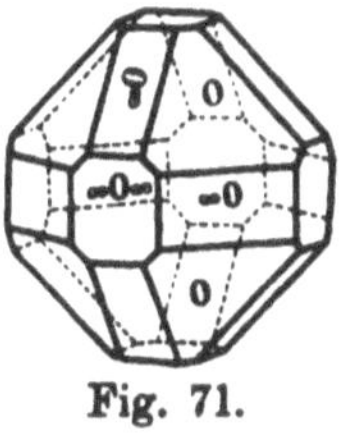
Fig. 71.

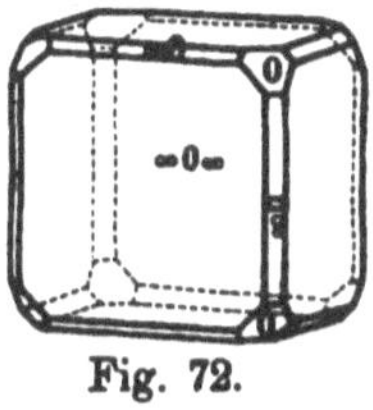
Fig. 72.

Granatoëder mit einander combinirt, so entstehen die Formen, welche in Fig. 70—72 dargestellt sind und bei denen der Reihe nach das Granatoëder, das Oktaëder, der Würfel die Träger der Combination sind.

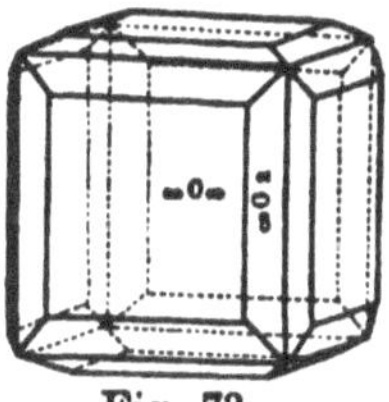
Fig. 73.

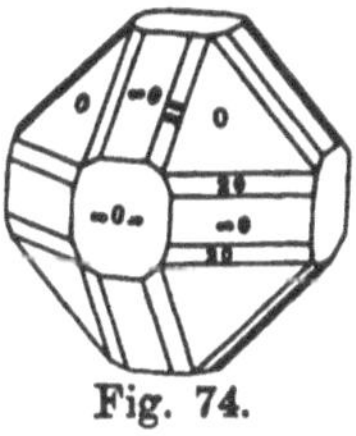
Fig. 74.

Fig. 75.

Die Fig. 73 zeigt den Pyramidenwürfel in Combination mit dem Würfel. Ersterer schärft die Kanten des letzteren zu, letzterer stumpft die vierkantigen Ecken des ersteren ab. In Fig. 74 ist die Combination des Würfels, des Oktaëders, des Granatoëders und des Pyramidenoktaëders $2O$ (221) dargestellt. Die gegenseitige Lage der erstgenannten drei Körper ist aus Fig. 71 bekannt; das Pyramidenoktaëder schärft im Allgemeinen die Oktaëderkanten zu, hier stumpft es dem entsprechend die Combinationskanten zwischen Oktaëder und Granatoëder ab. Fig. 75 stellt eine Combination von Ikositetraëder und Würfel dar. Die

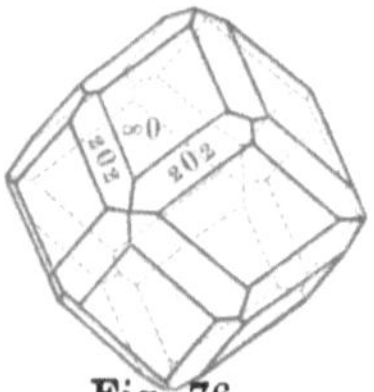

Fig. 76.

Fig. 77.

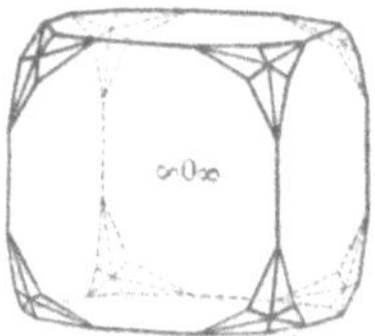

Fig. 78.

Ecken des letzteren werden von den Flächen des ersteren von den Flächen aus zugeschärft. Fig. 76 giebt das Granatoëder, dessen Kanten durch das Ikositetraëder $2O2$ (211) gerade abgestumpft werden. Das Hexakisoktaëder: $3O\frac{3}{2}$ (321) schärft die Granatoëderkanten zu und stumpft die aus Fig. 76 bekannten Combinationskanten zwischen den Flächen von ∞O und $2O2$ ab (Fig. 77). Die Würfelecken werden von den Achtundvierzigflächnern, z. B. $4O2$ (421), sechsflächig zugeschärft (Fig. 78).

b. Hemiëdrische Formen.

Es sind dreierlei Hemiëdrien des regulären Systems bekannt: 1. tetraëdrische, 2. pyritoëdrische, 3. gyroëdrische Hemiëdrie. Nur die beiden ersten sind verbreitet und wichtig und werden hier betrachtet.

60. Tetraëdrische Hemiëdrie. Nach dem Gesetz der *tetraëdrischen Hemiëdrie* verhalten sich die sämmtlichen Flächen je in den ab-

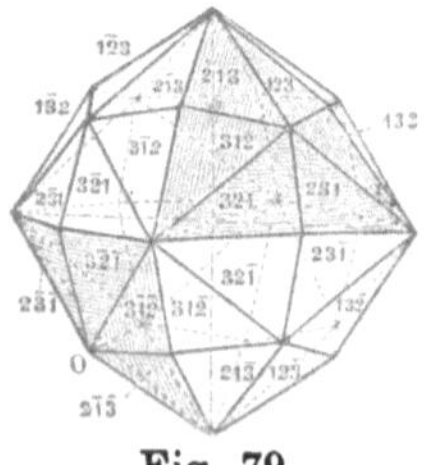

Fig. 79.

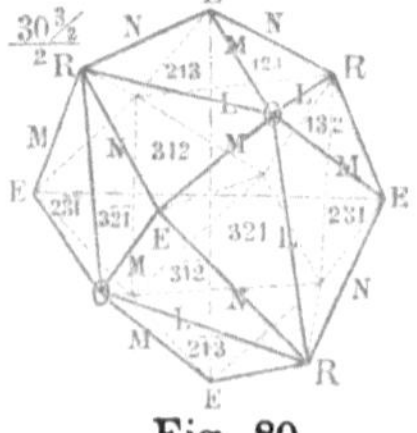

Fig. 80.

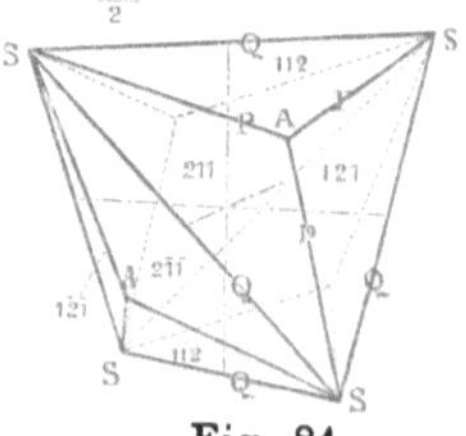

Fig. 84.

wechselnden Oktanten einander gleich, wie die schraffirten resp. nicht schraffirten Flächen des Hexakisoktaëders (Fig. 79) zeigen.

Jede Gruppe von Flächen giebt einen hemiëdrischen Körper, die beiden correlaten Körper sind congruent und jeder kann durch Drehung um eine Axe a um 90^0 zur Deckung mit dem andern gebracht werden. Dabei gehen die drei S. E. A verloren. Die beiden aus dem Hexakisoktaëder abgeleiteten hemiëdrischen Formen nennt man *Hexakistetraëder* (Fig. 80). Die Axen sind durch Linien, die gleichen Kanten und Ecken durch gleiche Buchstaben bezeichnet. Das Symbol der beiden aus dem Hexakisoktaëder mOn oder (hkl) nach obigem Gesetz abgeleiteten Hexakistetraëder ist: $+\frac{mOn}{2}$ und $-\frac{mOn}{2}$ oder: $+\varkappa(hkl)$ und $-\varkappa(\bar{h}\bar{k}l)$. $\varkappa$ dient zur Andeutung der Hemiëdrie; wo diese anderwärts unzweifelhaft angedeutet ist, kann $\varkappa$ auch wegbleiben.

Aus den Verhältnissen des Hexakisoktaëders folgen die Flächenvertheilung und die Bezeichnung der tetraëdrisch-hemiëdrischen Körper, die aus den andern regulären Holoëdern sich ableiten lassen, von selbst.

Das *Oktaëder* giebt zwei correlate *Tetraëder* $+\frac{O}{2}$ und $-\frac{O}{2}$ oder $+\varkappa(111)$ und $-\varkappa(\bar{1}\bar{1}1)$, welche stets von vier gleichseitigen Dreiecken begrenzt werden. Diese schneiden sich in den 6 gleichen Kanten unter Winkeln von $70^0\ 31'\ 44''$ und bilden 4 gleiche Ecken. Die Axen gehen durch die Mitten von je zwei gegenüberliegenden Kanten, welche sich bei beiden correlaten Tetraëdern in der Normalstellung unter 90^0 kreuzen (Fig. 81—83). Jedes *Ikositetraëder* giebt zwei *Triakistetraëder* (Pyramidentetraëder) $+\frac{mOm}{2}$ oder $+\varkappa(hhk)$ z. B. $+\frac{2O2}{2} = +\varkappa(211)$ (Fig. 84 pag. 62) und die entsprechenden negativen Formen der anderen Stellung. Jedes *Triakisoktaëder* giebt zwei *Deltoëder* (Deltoiddodekaëder): $+\frac{mO}{2}$ oder $+\varkappa(hhk)$ z. B. $+\frac{2O}{2} = +\varkappa(221)$ (Fig. 85) etc.

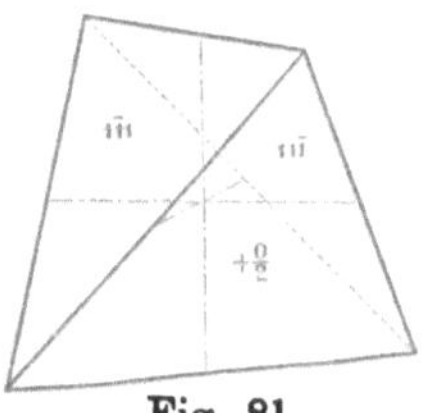
Fig. 81.

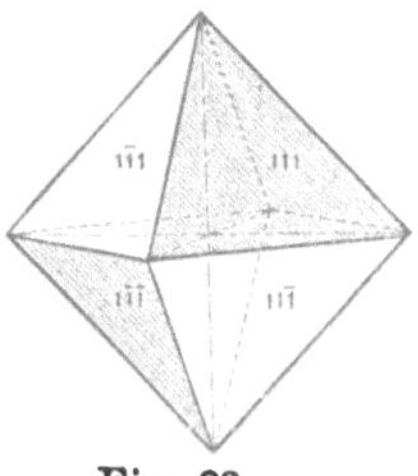
Fig. 83.

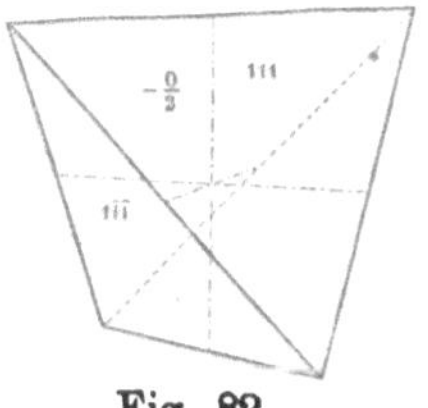
Fig. 82.

Die übrigen holoëdrischen Körper, der Würfel, das Granatoëder und die Pyramidenwürfel, werden nach dem Gesetz der tetraëdrischen Hemiëdrie nicht verändert. Da jede ihrer Flächen in zwei Oktanten zugleich liegt, so müsste, wenn die im einen Oktanten liegende Flächenhälfte auch verschwinden würde, sie doch gleich durch die sich ausdehnende Hälfte derselben Fläche im anstossenden Oktanten wieder ersetzt werden, wie das z. B. Fig. 86 am Granatoëder zeigt. Diese Körper treten also bei den tetraëdrischen Combinationen mit ihrer ganzen Flächenzahl auf.

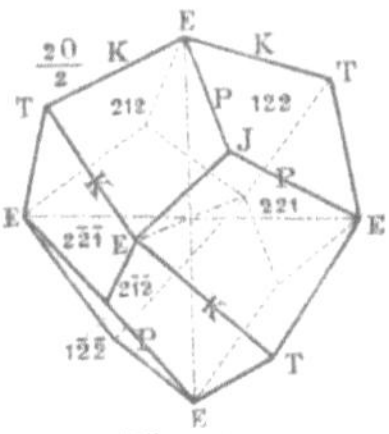

Fig. 85.

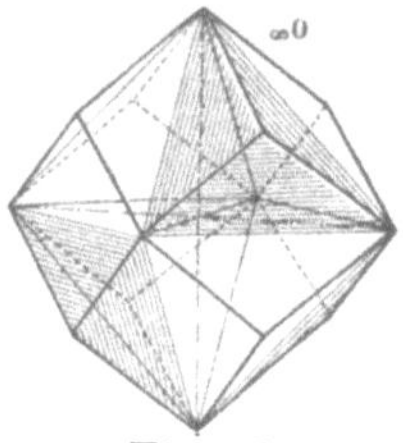

Fig. 86.

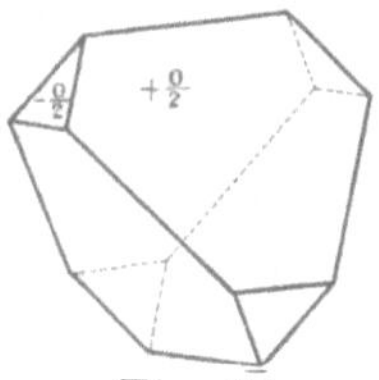

Fig. 87.

Den Formen der tetraëdrischen Hemiëdrie fehlen die parallelen Gegenflächen, daher heisst dieselbe auch die geneigtflächige Hemiëdrie des regulären Systems.

62. Tetraëdrische Combinationen. Kombinationen entstehen hier wie bei vollflächigen Formen: die Axen der zusammentretenden einfachen Formen sind auch hier parallel; doch hat man die Formen der Stellung nach zu unterscheiden, da z. B. das Tetraëder der einen Stellung eine von dem der andern Stellung wesentlich verschiedene Form ist, wie sie auch bei gleichzeitigem Auftreten an demselben Krystall von physikalisch verschiedenen Flächen begrenzt sind.

Die beiden Tetraëder stumpfen an einander die Ecken ab (Fig. 87). Wenn beide ins Gleichgewicht treten, so ist ihre Combination geometrisch identisch mit dem Oktaëder (56); der wesentliche Unterschied ist aber der, dass beim Oktaëder O alle Flächen einander gleich, bei der Combination: $+\frac{O}{2}.-\frac{O}{2}$ aber die Fläche $+\frac{O}{2}$ von den Flächen $-\frac{O}{2}$ verschieden sind (Fig. 88).

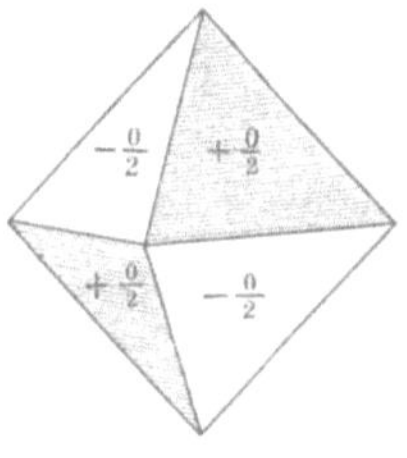

Fig. 88.

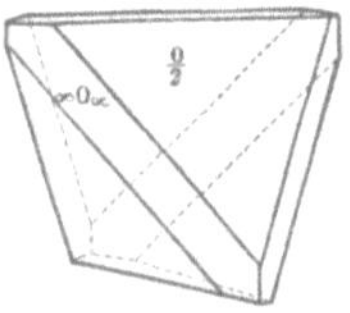

Fig. 89.

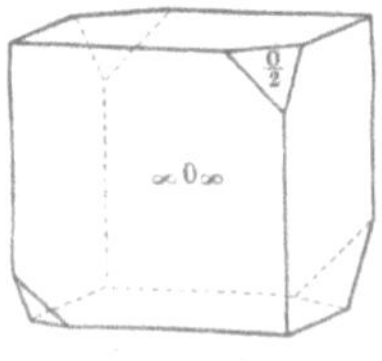

Fig. 90.

Der Würfel stumpft die Tetraëderkanten ab (Fig. 89), umgekehrt ein Tetraëder die abwechselnden Würfelecken (Fig. 90). Das Granatoëder schärft die Tetraëderecken von den Flächen aus zu (Fig. 91), und umgekehrt stumpft das Tetraëder die abwechselnden dreikantigen Ecken des Granatoëders ab (Fig. 92).

Das Tetraëder stumpft am Pyramidentetraëder der gleichen Stellung die Pyramidenecken ab und umgekehrt schärft das letztere die Kanten des ersteren zu (Fig. 93), dagegen stumpft das Tetraëder der einen Stellung die 3 + 3kantigen Ecken des Pyramidentetraëders der andern Stellung ab (Fig. 94). (Weitere Combinationen siehe bei Blende, Fahlerz und Boracit.)

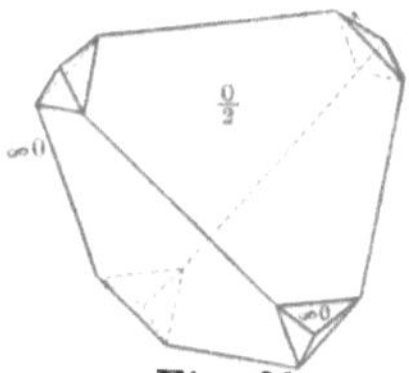
Fig. 91.

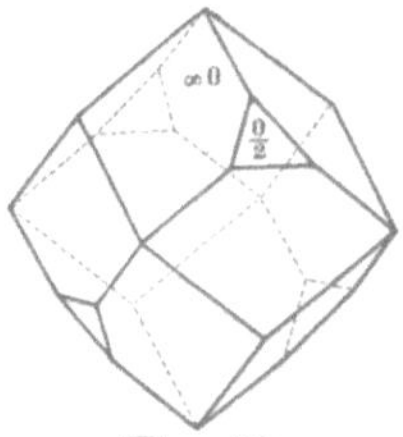
Fig. 92.

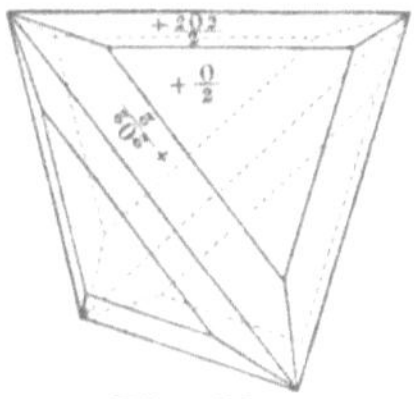
Fig. 93.

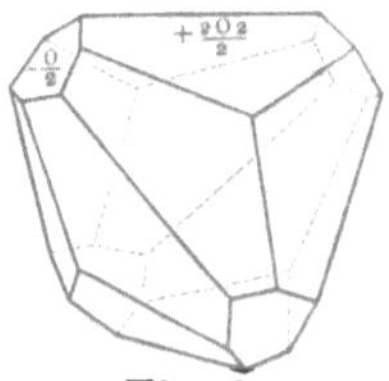
Fig. 94.

63. Pyritoëdrische Hemiëdrie. Nach dem Gesetz der *pyritoëdrischen Hemiëdrie* verhalten sich in jedem Oktanten die abwechselnden Flächen gleich, und in nebeneinander liegenden Oktanten stossen gleich sich verhaltende Flächen zusammen. Man sieht, dass dabei die S. E. *B* verloren gehen. Diese Flächenvertheilung giebt Fig. 95 für das Hexakisoktaëder. Auf solche Weise entstehen aus diesem Körper zwei *Diploëder* (Dyakisdodekaëder) (Fig. 96). Beide correlate Diploëder sind congruent und können durch Drehung um eine Axe *a* um 90^0 zur Deckung gebracht werden. Sie werden als $+\left[\frac{mOn}{2}\right]$ und $-\left[\frac{mOn}{2}\right]$ oder: $+\pi(hkl)$ und $-\pi(khl)$ bezeichnet.

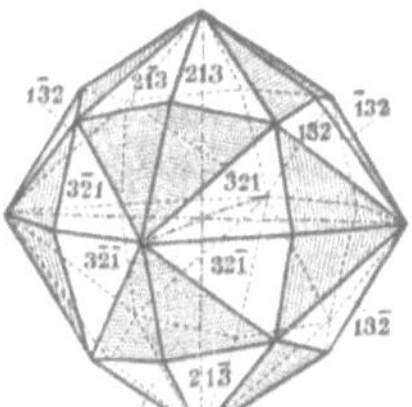
Fig. 95.

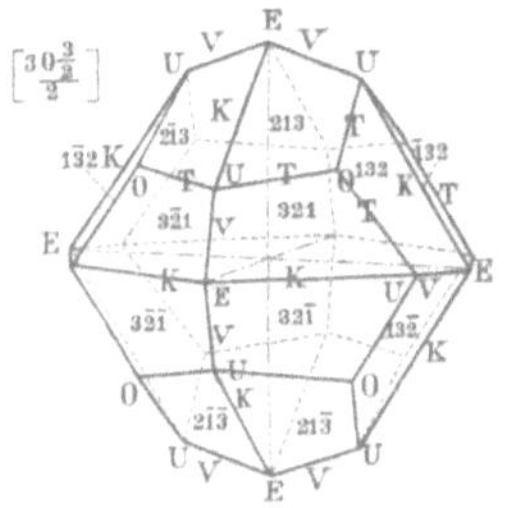
Fig. 96.

Aus dem *Pyramidenwürfel* (Fig. 98) kann man zwei correlate *Pyritoëder* (Pentagondodekaëder) ableiten (Fig. 97 und 99); die 6 gleichen Kanten *W* des einen Pyritoëders sind zu den entsprechenden des

Gegenkörpers senkrecht. Auch die beiden correlaten Pyritoëder können durch Drehung um eine Axe a zur Deckung gebracht werden. Die 12 Fünfecke sind nicht regulär, sondern symmetrisch; die 24 gleichen Kanten X sind von den sechs gleichen Kanten W verschieden, ebenso die 8 von drei Kanten X gebildeten Ecken Q von den 12 Ecken Y, in

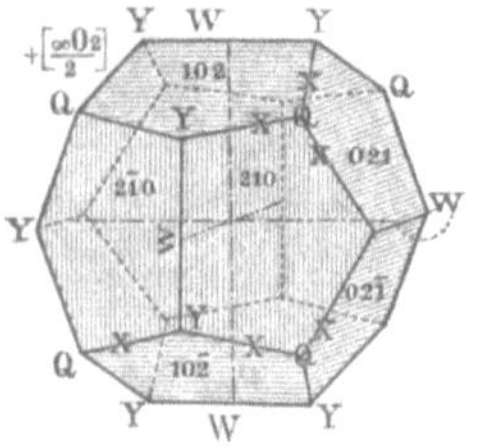

Fig. 97.

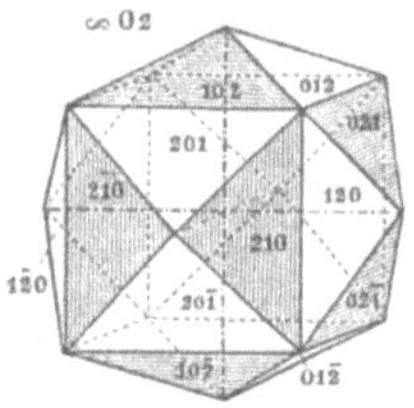

Fig. 98.

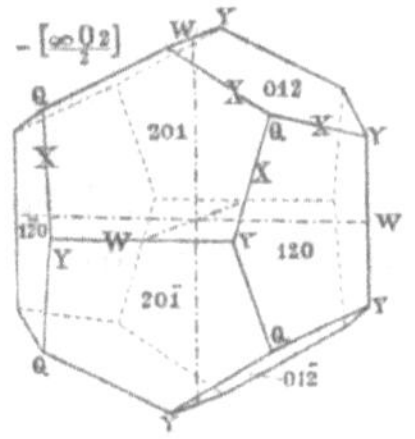

Fig. 99.

denen je zwei Kanten X und eine Kante W zusammenstossen. Das reguläre Pentagondodekaëder der Geometrie entspricht nicht dem Gesetz der rationalen Kantenschnitte, es ist daher krystallographisch unmöglich. Die beiden correlaten Pyritoëder des Pyramidenwürfels ∞On sind: $\pm\left[\frac{\infty On}{2}\right]$ oder $+\pi(hk0)$ und $-\pi(kh0)$, z. B. $+\left[\frac{\infty O2}{2}\right] = +\pi(210)$ und $-\pi(120)$. Sie sind wie die Diploëder parallelflächig, daher wird die pyritoëdrische Hemiëdrie auch als die parallelflächige bezeichnet.

Alle andern einfachen regulären Formen ausser Hexakisoktaëder und Pyramidenwürfel ändern ihre Gestalt bei dieser Hemiëdrie nicht; sie treten in Combinationen mit ihrer vollen Flächenzahl auf. Man überzeugt sich davon leicht, wenn man die holoëdrischen Formen als specielle Fälle des Hexakisoktaëders auffasst (58.)

64. Pyritoëdrische Combinationen. Von Combinationen pyritoëdrischer Körper sind einige besonders häufig. Die Pyritoëderflächen stumpfen am Würfel die Kanten ab, aber wegen der Hemiëdrie schief (Fig. 100); dies ist der Unterschied von der Combination des

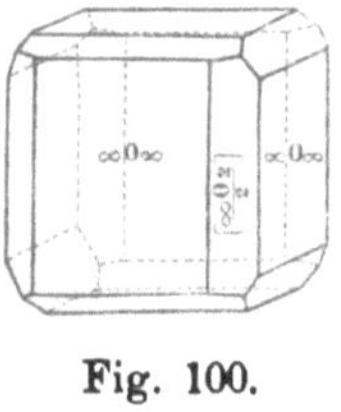

Fig. 100.

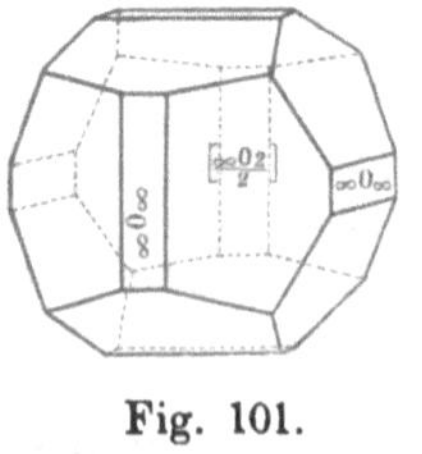

Fig. 101.

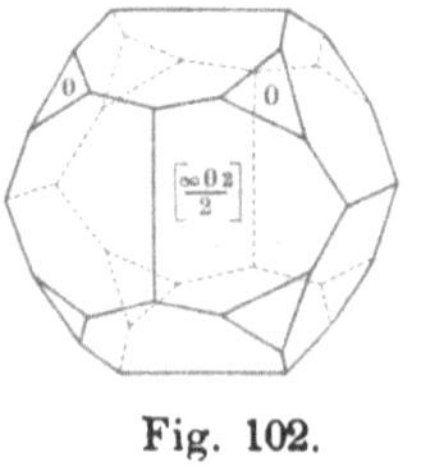

Fig. 102.

Granatoëders und Würfels, wo die Abstumpfung eine gerade ist (Fig. 66). Die Würfelflächen stumpfen am Pyritoëder die Kanten W gerade ab (Fig. 101). Das Oktaëder stumpft am Pyritoëder die dreikantigen Ecken Q ab (Fig. 102). Bei einer gewissen Ausdehnung der Oktaëderflächen bilden sie und die Pyritoëderflächen Dreiecke, im

Ganzen 20, von denen die von O gebildeten gleichseitig, die von $\left[\frac{\infty O2}{2}\right]$ gebildeten gleichschenklig sind; diese Combination ist das *Ikosaëder* (Fig. 103). Die Pyritoëderflächen schärfen am Oktaëder die Ecken

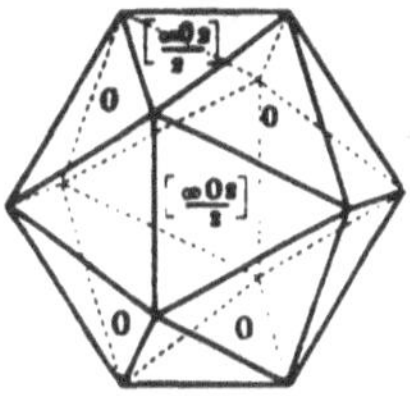

Fig. 103.

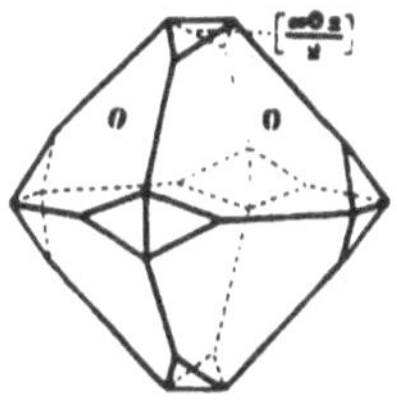

Fig. 104.

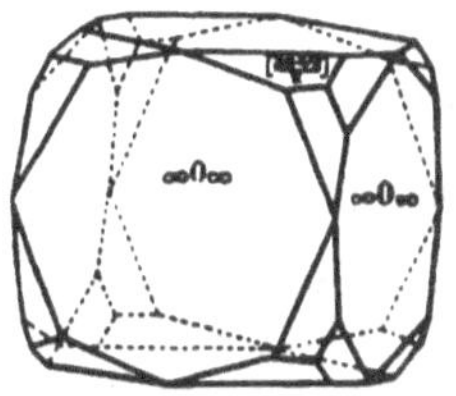

Fig. 105.

zweiflächig von je zwei gegenüberliegenden Kanten aus zu (Fig. 104). Das Diploëder schärft die Würfelecken dreiseitig, aber schief zu (Fig. 105) (vergl. Fig. 78). Einige andere Combinationen sind noch beim Schwefelkies (Pyrit), dem für diese Hemiëdrie typischen Mineral, angegeben.

Gyroëdrische Hemiëdrie. Die gyroëdrische Hemiëdrie kommt bei Mineralien kaum, die Tetartoëdrie gar nicht vor, beide werden daher hier übergangen.

2. Hexagonales System.

(Drei- und einaxiges, sechsgliedriges und dreigliedriges S.) 7. S. E.

65. Hexagonales System. Drei gleiche Axen a, welche sich unter 60^0 schneiden, liegen in einer Ebene *(Nebenaxen)*; eine vierte davon verschiedene, die *Hauptaxe c*, ist auf diesen senkrecht. $c \gtreqless a$. Die 12 von den Axenebenen gebildeten Raumabschnitte (Dodekanten) sind alle einander gleich. Die in der Ebene der Nebenaxen liegenden, die Winkel zwischen je zweien derselben halbirenden Richtungen b werden zuweilen als Hülfslinien verwendet (Zwischenaxen) (Fig. 106). Nach den Verhältnissen der Symmetrie kann man beliebig die Richtungen a oder b als die der Nebenaxen nehmen, je die andern sind dann die Zwischenaxen; die Hauptaxe ist dabei stets unveränderlich dieselbe. Eine S. E. fällt mit der Ebene der Nebenaxen zusammen; die 6 andern gehen alle durch die Hauptaxe und zugleich: die eine Gruppe von drei gleichen durch die Nebenaxen, die drei anderen ebenfalls einander gleichen durch die Zwischenaxen.

Fig. 106.

Aus den Flächenwinkeln der Krystalle lässt sich das Axenverhältniss $a : c$ berechnen, oder, wenn man a resp. $c = 1$ setzt, das Axenverhältniss $1 : c$ resp. $a : 1$ (26).

Jede Fläche, welche an einem hexagonalen Axensystem auftritt, schneidet die drei Nebenaxen (z. Th. im Unendlichen) in drei auf einer Geraden liegenden Punkten. Schon durch zwei Schnittpunkte $\frac{a}{h}$ und $\frac{a}{k}$ ist aber diese Gerade vollständig bestimmt, der dritte Schnittpunkt $\frac{a}{l}$ muss also aus jenen beiden sich ableiten lassen. Man findet, dass stets für den dritten zwischen $\frac{a}{h}$ und $\frac{a}{k}$ liegenden Schnitt $\frac{a}{l}$ ist: $l = h + k$, also: $\frac{a}{l} = \frac{a}{h + k}$, somit ist der Ausdruck einer beliebigen Fläche an den hexagonalen Axen: $\frac{a}{h} : \frac{a}{h + k} : \frac{a}{k} : \frac{c}{i}$ wo unter h der grössere Index verstanden sein soll, also $h > k$.

Um alle einzelnen Flächen eines Krystalls in ihrer Lage unzweideutig angeben zu können, muss man die Axenrichtungen wieder als + und — unterscheiden. Nach dem Vorgang von *Bravais* werden als die +Richtungen die um 120° gegeneinander geneigten Aeste der Axen a angenommen, die zwischenliegenden Aeste sind —, (Fig. 106), so dass also immer ein + und - Zweig abwechseln. Dann bezieht sich aber von den obigen Axenschnitten einer Fläche stets der mittlere auf einen Axenast, welcher den beiden andern im Zeichen entgegengesetzt ist; sein Index l muss also negativ sein, wenn die beiden andern Indices h und k positiv sind, und umgekehrt. In jedem hexagonalen Axenausdruck nach *Bravais* stehen also für die Nebenaxen zwei positive und ein negativer oder zwei negative und ein positiver Index, und es muss mit Berücksichtigung der Vorzeichen sein: $h + k = -l$ oder $h + k + l = 0$, d. h. die Summe der auf die drei Nebenaxen bezüglichen Indices ist $= 0$. Der Ausdruck einer beliebigen Fläche ist also: $\frac{+a}{h} : \frac{+a}{k} : \frac{\mp a}{l} : \frac{c}{i}$ oder $\frac{a}{\pm h} : \frac{a}{\pm k} : \frac{a}{\mp l} : \frac{c}{i}$ oder in Miller'scher Weise: $(hk\bar{l}i)$ oder auch $(\bar{h}\bar{k}li)$. Es erübrigt dann nur noch, die Indices stets in derselben Reihenfolge auf die drei Nebenaxen zu beziehen, welche man zu diesem Zwecke wohl auch als a_1, a_2, a_3 unterscheidet, wobei eine beliebige als die erste, die um 120° davon abweichende als die zweite etc. angenommen wird, so wie es Fig. 106 zeigt. Von den Indices in Miller'scher Schreibweise bezieht sich der erste stets auf a_1, der zweite auf a_2, der dritte auf a_3, wobei eine Nebenaxe ganz beliebig, aber ein für allemal fest als die erste a_1 angenommen wird. Der vierte Index bezieht sich auf die Hauptaxe c. Zur Bezeichnung der ganzen Krystallform mit dem Ausdruck $(hkli)$ pflegt man diejenige Fläche zu wählen, bei welcher $h > k$ und $l = h + k$ (dem absoluten Werthe nach ohne Rücksicht auf das Vorzeichen), also z. B. den Ausdruck: $(21\bar{3}1)$, nicht aber etwa: $(12\bar{3}1)$, welcher Ausdruck eine Fläche derselben einfachen Form darstellt.

a. Holoëdrische Formen.

66. Einfache Formen. *1. Didodekaëder* (Dihexagonale Pyramide, Sechskantner). Die Flächen schneiden alle drei Nebenaxen ungleich.

Der Ausdruck ist also: $\frac{a}{h} : \frac{a}{k} : \frac{a}{-l} : \frac{c}{i} = (hk\bar{l}i)$, z. B.: $\frac{a}{2} : a : \frac{a}{-3} : c = (21\bar{3}1)$. Die Symmetrie erfordert, damit alle Nebenaxen von der Gesammtheit der Flächen gleich geschnitten werden, 24 Flächen, welche so angeordnet sind, dass sie eine auf der Ebene der Nebenaxen nach oben und unten errichtete 24flächige Doppelpyramide bilden (Fig. 107). Dieselbe hat 12 gleiche Seiten- oder Randkanten *S* in der Ebene der Nebenaxen und 12 + 12 abwechselnd gleiche End- oder Polkanten, *V* und *K*. Zwei End- oder Polecken *c* liegen auf der Hauptaxe, 6 + 6 abwechselnd gleiche Seiten- oder Randecken *a* und *b* liegen in der Ebene der Nebenaxen. Die Richtung der Hauptaxe ist durch die Ecken *c* gegeben, die Neben- und Zwischenaxen durch die Ecken *a* und *b*, wobei man beliebig die Richtungen *aa* oder *bb* als Nebenaxen wählen kann.

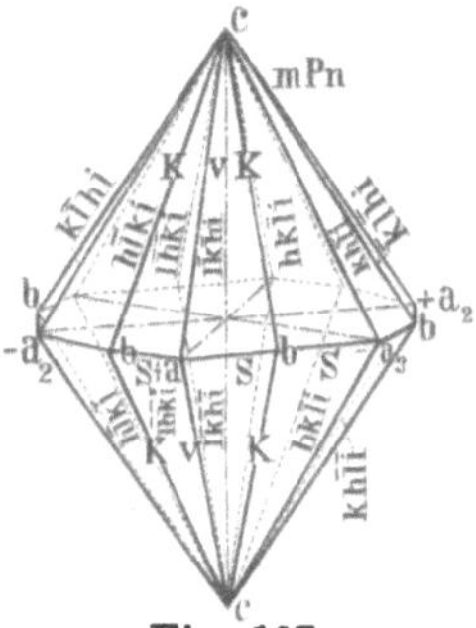

Fig. 107.

Bei den verschiedenen Körpern dieser Art, die an einem und demselben Axensystem vorkommen können und welche bald hoch bald niedrig sind, schneiden sich die Flächen in den Kanten unter verschiedenen Winkeln, und darnach schneiden die Flächen die Axen in verschiedenen Verhältnissen, d. h. mit verschiedenen Indices, *h*, *k*, *i*. Diese lassen sich aus jenen Winkeln berechnen und umgekehrt.

Didodekaëder sind bisher noch nie selbständig, sondern stets nur in Combinationen beobachtet worden.

2. *Dihexagonale Prismen* (12seitige Pr.). Denkt man sich alle Flächen des Didodekaëders aufgerichtet, bis sie der Axe *c* parallel werden, so fallen je zwei, welche sich in einer Seitenkante *S* schneiden, in eine zusammen, welche der Hauptaxe parallel ist, und man erhält ein 12seitiges Prisma, dessen Querschnitt der von den Seitenkanten *S* des Didodekaëders gebildeten Figur entspricht. Der Ausdruck ist: $\frac{a}{h} : \frac{a}{k} : \frac{a}{-l} : \frac{c}{0} = (hk\bar{l}0)$ (Fig. 108). Die Neben- und Zwischenaxen gehen durch die abwechselnden Kanten, die auf diesen senkrecht und der Axe *c* parallel sind.

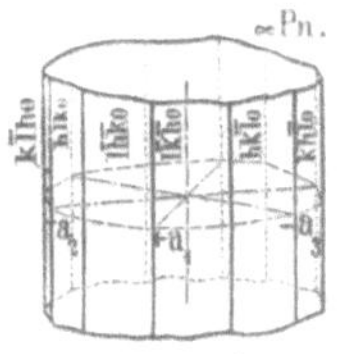

Fig. 108.

Die Winkel der Prismenflächen und damit die Form des Querschnitts ändert sich mit den Indices *h* und *k*; am gleichen Axensystem können viele solcher Prismen vorhanden sein, aber bei keinem ist der Querschnitt ein regulär zwölfseitiger; dieser ist mit dem Gesetz der rationalen Axenschnitte nicht vereinbar.

3. *Dihexaëder 1. Stellung* (Protopyramiden). Die Flächen gehen einer Nebenaxe parallel und schneiden die beiden andern Nebenaxen gleich; von der Hauptaxe wird ein beliebiges endliches Stück abgeschnitten. Der Ausdruck ist: $\frac{a}{h} : \frac{a}{0} : \frac{a}{-h} : \frac{c}{i} = (h0\bar{h}i)$ z. B. $a : \infty a : a : c = (10\bar{1}1)$. Es ist eine 6 + 6flächige Doppelpyramide über der Ebene

der Nebenaxen mit 6 gleichen Seiten- oder Randkanten S, welche ein reguläres Sechseck bilden, und 12 gleichen End- oder Polkanten K, 2 gleichen End- oder Polecken c, durch welche die Hauptaxe geht, und 6 gleichen Seiten- oder Randecken a, welche die Nebenaxen bestimmen (Fig. 109). Die Flächen sind gleichschenklige Dreiecke; die Zwischenaxen gehen durch die Mitte zweier gegenüberliegender Seitenkanten.

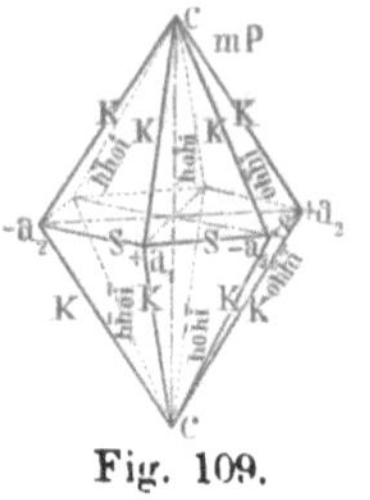

Fig. 109.

An jedem Axensystem sind viele solche Dihexaëder möglich, die bald hoch, bald niedrig sind und sich durch die Kantenwinkel unterscheiden, von denen die Indices abhängen, und umgekehrt.

4. Dihexaëder 2. Stellung (Deuteropyramiden). Die Flächen schneiden die Hauptaxe, sodann die Nebenaxen so, dass von einer ein gewisses Stück, von den beiden unmittelbar benachbarten gleiche Stücke abgeschnitten werden, welche doppelt so gross sind, als das auf der ersten Nebenaxe abgeschnittene Stück. Der Ausdruck ist daher: $\frac{a}{h} : \frac{a}{h} : \frac{a}{-2h} : \frac{c}{i} = (hh.2\bar{h}.i)$, z. B. $a : a : \frac{a}{-2} : c = (11\bar{2}1)$. Die Symmetrie erfordert das gleichzeitige Auftreten von 12 solchen Flächen, welche genau ebenso gegeneinander liegen, wie beim Dihexaëder 1. Stellung, von denen die Dihexaëder 2. Stellung nur in der Lage verschieden sind (Fig. 110), indem nämlich hier die Nebenaxen a durch die Mitte zweier Seitenkanten, die Zwischenaxen b durch zwei Seitenecken gehen. Ein Dihexaëder 1. Stellung kann in ein solches 2. Stellung an demselben Axensystem übergeführt werden, wenn man es um die Hauptaxe um 30° dreht.

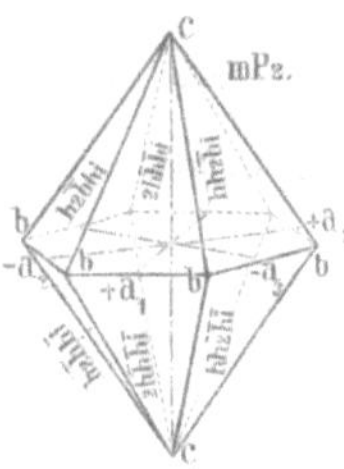

Fig. 110.

Ein für sich allein vorkommendes Dihexaëder ist an sich weder erster noch zweiter Stellung; es erhält diese Stellung erst, wenn man die Nebenaxen gewählt hat, welche man sich nach Belieben durch die Seitenecken oder die Mitte der Seitenkanten legen kann; im ersten Fall ist der Körper 1. Stellung, im zweiten Fall 2. Stellung. Der Unterschied wird erst wichtig bei Combinationen (68). (Vergl. quadr. System (77) Anm. zu 6 pag. 85.)

5. Hexagonales Prisma 1. Stellung (Protoprisma). Denkt man sich die Flächen des Dihexaëders 1. Stellung aufgerichtet, bis sie parallel mit der Hauptaxe werden, so entsteht ein sechsseitiges Prisma, dessen Querdurchschnitt ein regelmässiges Sechseck ist, wie die Seitenkanten S des Dihexaëders. Die 6 gleichen Kanten von 120° gehen der Hauptaxe c parallel, die Nebenaxen a stehen auf ihnen senkrecht (Fig. 111), der Flächenausdruck ist: $a : \infty a : -a : \infty c = (10\bar{1}0)$.

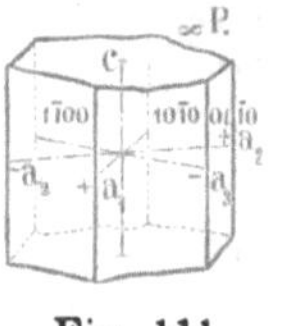

Fig. 111.

6. Hexagonales Prisma 2. Stellung (Deuteroprisma). Steht in derselben Beziehung zum Dihexaëder 2. Stellung wie das Prisma 1. Stellung zum Dihexaëder 1. Stellung. Ist mit dem vorigen vollkommen gleich-

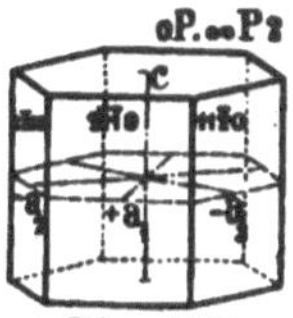

Fig. 112.

gestaltet, aber um 30° dagegen um die Hauptaxe gedreht, so dass die Nebenaxen auf den Prismenflächen senkrecht stehen (Fig. 112). Axenausdruck:

$$2a : 2a : -a : \infty c = a : a : \frac{-a}{2} : \infty c = 11\bar{2}0.$$

Ueber die Unterscheidung beider Prismen gilt das bei den Dihexaëdern Gesagte.

7. Die *Basis* (basisches Pinakoid, Geradendfläche). Ein Parallelflächenpaar senkrecht zur Axe c oder parallel der Ebene der Nebenaxen; also: $\infty a : \infty a : \infty a : c = 0001$ (Fig. 8, links).

67. Naumann'sche Bezeichnung. Bei der Bezeichnung der vollflächigen hexagonalen Formen nach der Methode von Naumann geht man von demjenigen Dihexaëder 1. Stellung aus, welches von den Axen die Einheiten abschneidet, das also den Ausdruck: $a : \infty a : -a : c = (10\bar{1}1)$ hat. Dasselbe wird *Hauptdihexaëder* (Grundform, Grundpyramide) genannt und mit P bezeichnet. Alle andern an dem durch P gegebenen Axensytem möglichen Krystallflächen kann man sich nun so entstanden denken, dass man eine Fläche von P im Ende einer Nebenaxe a (also im Abstand a vom Axenmittelpunkt) festhält und sie sich um diesen Punkt in die betreffende Lage gedreht denkt, und zwar so, dass von der nächstfolgenden Nebenaxe ein grösseres Stück als a, auf der Hauptaxe aber ein ganz beliebiges Stück abgeschnitten wird. Eine so gedrehte Fläche ist dann in jeder Lage vollkommen bestimmt, wenn man noch die von der nächstfolgenden Nebenaxe und von der Hauptaxe abgeschnittenen Stücke na und mc kennt, denn der Schnitt a auf der einen Nebenaxe in der Entfernung a ist ja ein für allemal gegeben. Jede andere Fläche denkt man sich der Symmetrie entsprechend neben dieser ersteren an den Axen auftretend. Die Bezeichnung der betreffenden Krystallform geschieht nun, indem man vor das Zeichen P des Hauptdihexaëders die Ableitungszahl m für c und hinter P die Ableitungszahl n für die andere Nebenaxe a setzt, als $mPn = mc : na : a$; wo nothwendig $n > 1$ und < 2 sein muss, wie man leicht aus einer Projection in der Ebene der Nebenaxen sieht. Von Naumann sind dabei aber abweichend von Bravais drei unmittelbar aufeinanderfolgende Halbaxen a positiv gedacht.

Darnach erhalten die verschiedenen einfachen Formen folgende Zeichen, wobei die dritte auf die Nebenaxen bezügliche Ableitungszahl nach der Formel in (65) ermittelt ist:

1. *Didodekaëder*: $mPn = \frac{na}{n-1} : a : na : mc$ oder $\frac{a}{h} : \frac{a}{k} : \frac{a}{-l} : \frac{c}{i} = (hk\bar{l}i)$;

z. B.: $3P\frac{3}{2} = \frac{3}{2}a : a : 3a : 3c = \frac{a}{2} : \frac{a}{3} : a : c$ (für Naumann'sche Axen, oder $= \frac{a}{2} : a : \frac{-a}{3} : c = (21\bar{3}1)$ (für Bravais'sche Axen.)

2. *Dihexagonale Prismen*: ∞Pn oder $(hk\bar{l}0)$

z. B.: $\infty P\frac{3}{2} = (21\bar{3}0)$.

3. *Dihexaëder 1. St.:* mP oder $(h0\bar{h}i)$

z. B.: $P = (10\bar{1}1)$ (Hauptdihexaëder).

4. *Dihexaëder 2. St.:* $mP2$ oder $(hh.\overline{2h}.i)$

z. B.: $2P2 = (11\bar{2}1)$.

5. *Hexagonales Prisma 1. St.:* $\infty P = 10\bar{1}0$

6. *Hexagonales Prisma 2. St.:* $\infty P2 = 11\bar{2}0$.

7. *Basis:* $oP = 0001$.

Hier kann man alle Formen als specielle Fälle der flächenreichsten, des Didodekaëders auffassen (58).

68. Combinationen. Die Flächen p des hexagonalen Prismas der einen Stellung stumpfen die Kanten des Prismas der andern Stellung p^1 gerade ab (Fig. 113). Die Flächen eines dihexagonalen Prismas schärfen die Kanten der hexagonalen Prismen zu oder stumpfen die Combinationskanten zwischen den beiden hexagonalen Prismen p und p^1 ab. Zuweilen sind beide hexagonale Prismen mit mehreren

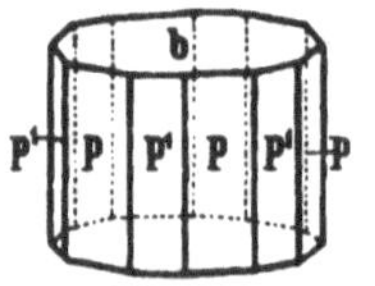

Fig. 113.

Fig. 114.

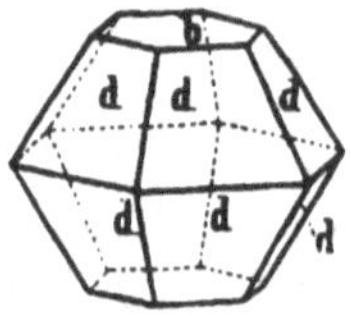

Fig. 115.

dihexagonalen Prismen combinirt, dann entstehen von so schmalen Facetten begrenzte vielseitig polygonale Prismen, dass sie auf den ersten Blick für walzenförmig rund gehalten werden können (z. B. beim Beryll). Die Basis schliesst die Prismen oben und unten und bildet langsäulenförmige (Fig. 113) oder gar dünnnadelförmige Krystalle oder niedere Tafeln (Fig. 114) oder papierdünne Plättchen, welche Formen alle krystallographisch nicht verschieden sind. Die Endecken der Pyramiden werden durch die Basis abgestumpft (Fig. 115). Die

Fig. 116.

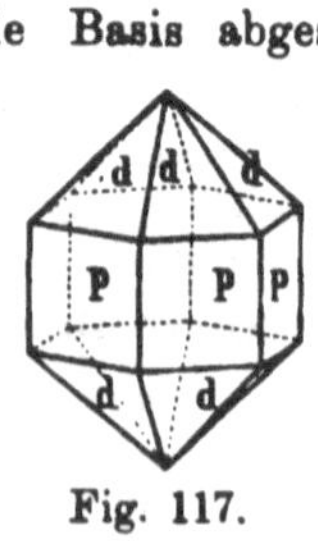

Fig. 117.

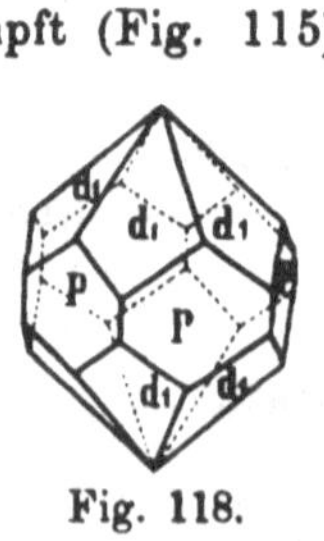

Fig. 118.

Flächen d eines stumpferen Dihexaëders (Fig. 116) schärfen die Endecken eines spitzeren Dihexaëders D derselben Stellung von den Flächen aus zu, und umgekehrt, die Flächen von D schärfen die Seitenkanten von d zu, so dass die Combinationskanten D/d den ursprünglichen Seitenkanten d/d und D/D parallel sind. Die Flächen eines Dihexaëders

d sind auf die Flächen eines hexagonalen Prismas derselben Stellung p aufgesetzt (Fig. 117); die Flächen des letzteren stumpfen die Seitenkanten des ersteren gerade ab; die Kanten d/p stehen auf den Prismenkanten p/p senkrecht. Dagegen sind die Dihexaëderflächen d_1 auf die Kanten des Prismas der andern Stellung p gerade aufgesetzt, und die Flächen des letzteren stumpfen die Seitenecken des ersteren gerade ab (Fig. 118). Zwei Dihexaëder d und d_1 von verschiedener Stellung sind so combinirt, dass die Flächen des einen

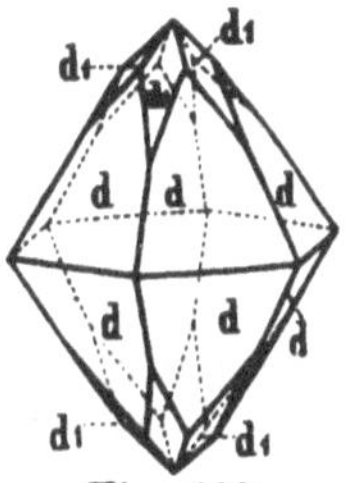

Fig. 119.

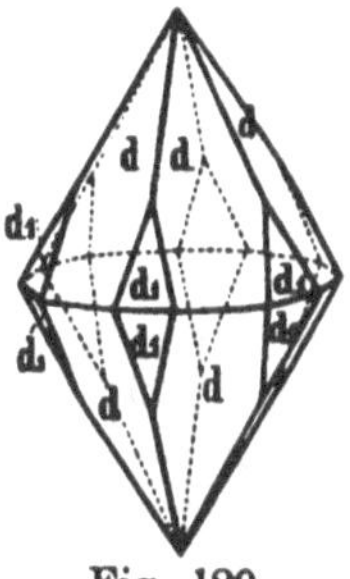

Fig. 120.

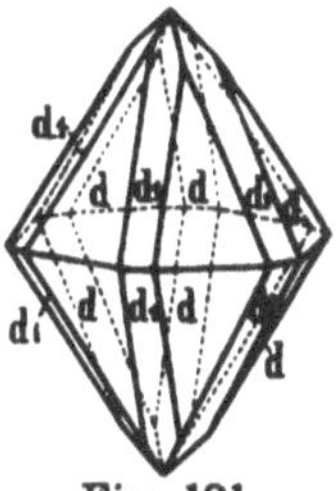

Fig. 121.

entweder die Endecken oder die Seitenecken des andern von den Endkanten aus zuschärfen oder dessen Endkanten gerade abstumpfen (Fig. 119—121). Dies ist der Fall, wenn die Flächen des Dihexaëders d_1 flacher, steiler oder genau ebenso gegen die Axe c geneigt liegen, wie die Endkanten von d.

An dem in Fig. 122 dargestellten Krystall von *Beryll* sind zwei Dihexaëder p und u der einen, eines s der andern Stellung, welches die Endkanten von u gerade abstumpft, wie man aus der Parallelität der Kanten s/u an jeder Fläche s sieht; dazu kommt ein hexagonales Prisma M von derselben Stellung wie p und u, ein Didodekaëder k und die Basis m. Wenn man diesen Krystall auf Axen beziehen will, so hat man vollkommen freie Wahl, welches von den Dihexaëdern man als erster Stellung ansehen will; die gleichliegenden sonstigen Dihexaëder (resp. Prismen) sind dann ebenfalls erster, die andern zweiter Stellung und die Nebenaxen liegen so, dass sie durch die Seitenecken der Dihexaëder erster Stellung resp. durch die Kanten der gleichliegenden Prismen gehen. Hat man p die erste Stellung gegeben, so ist auch u und M erster, s zweiter Stellung. Die Richtung der Hauptaxe ist wie stets den Kanten M/M parallel und die Nebenaxen schneiden die Kanten M/M senkrecht. Hätte man, umgekehrt, für s die erste Stellung angewendet, so wäre P, u und M zweiter Stellung und die Nebenaxen stünden auf den Flächen M senkrecht. Zur Bestimmung des Axenverhältnisses kann man wieder ein beliebiges Dihexaëder 1. Stellung, z. B. p als Hauptdihexaëder wählen, seine

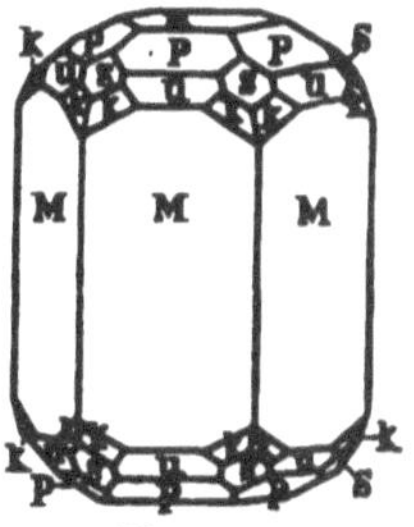

Fig. 122.

Flächenwinkel geben dann das Verhältniss $a : c$, und die Neigungen der Flächen der andern einfachen Formen (resp. der Zonenzusammenhang, (37 ff.)) geben die Ausdrücke. welche diese an den aus p bestimmten Axen haben. Ebenso hätte man aber auch u, schliesslich aber auch s, als Hauptdihexaëder wählen können; man hätte dann ein anderes Axenverhältniss $a : c$ und andere Ausdrücke für die andern einfachen Formen gefunden etc.

Diese Bestimmungen sind Aufgaben der rechnenden Krystallographie, welche hier ausgeschlossen bleibt.

b. Hemiëdrische Formen.

Es giebt Hemiëdrien nach verschiedenen Gesetzen. Wichtig ist besonders 1) die rhomboëdrische, sodann auch 2) die pyramidale Hemiëdrie.

69. Rhomboëdrische Hemiëdrie. Nach dem Gesetze der *rhomboëdrischen Hemiëdrie* verhalten sich, ähnlich wie bei der tetroëdrischen Hemiëdrie (61), sämmtliche in einem Dodekanten liegende Flächen gleich und von den Flächen der umliegenden Dodekanten verschieden. Die einfachen Formen dieser Hemiëdrie entstehen also, wenn von den Flächen der holoëdrischen Formen je die in einem Dodekanten liegenden verschwinden und die in den daran anstossenden Dodekanten liegenden Flächen sich ausdehnen.

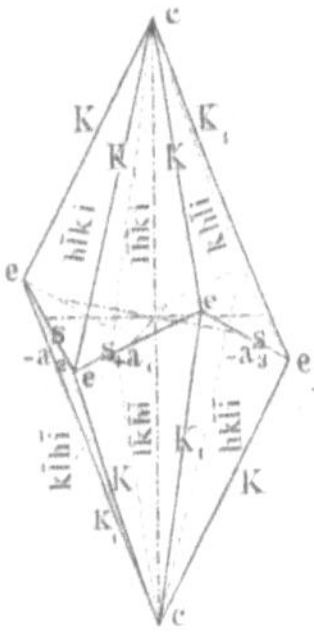

Fig. 123.

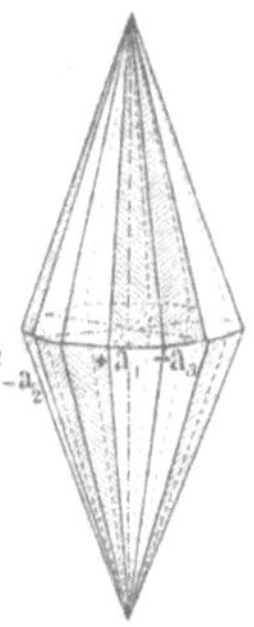

Fig. 124.

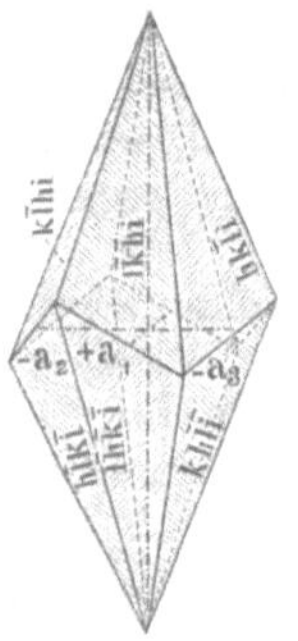

Fig. 125.

Diese Flächenvertheilung zeigt das *Didodekaëder* durch die Flächenschraffirung (Fig. 124). Denkt man sich alle schraffirten Flächen gleichzeitig ausgedehnt und gleichzeitig alle andern verschwunden, so entstehen zwei correlate *Skalenoëder* (Fig. 123, 125), begrenzt von je 12 unregelmässigen Dreiecken, welche sich in 6 zickzackförmig schief auf- und absteigenden Seiten- oder Randkanten S und in $6 + 6$ abwechselnd gleichen End- oder Polkanten K und K_1 schneiden, von welchen je $3 + 3$ abwechselnd gleiche in jeder der zwei gleichen End- oder Polecken c zusammenstossen, während sich in jeder der 6 gleichen Seiten- oder Randecken e, die abwechselnd höher und tiefer liegen, je zwei Kanten S und je eine Kante K und K_1 treffen. An jedem Skalenoëder sind in der Normalstellung, wie sie durch die Beziehung zum Didodekaëder gegeben, und wie sie in den Fig. 123 und 125 dargestellt ist, die Kanten K nach derjenigen Richtung gekehrt, nach welcher die Kanten K_1 des Gegenskalenoëders gehen und umgekehrt. Die Seitenkanten beider durchkreuzen sich in den Enden der Nebenaxen unter gewissen Winkeln, welche von den Indices des Didodekaëders abhängen. Beide Skalenoëder sind congruent, sie werden als Skalenoëder 1. und 2. Ordnung oder als + und — Skalenoëder unterschieden. Das eine Skalenoëder kann durch eine Drehung um die Hauptaxe um 180° in die Stellung des andern, des Gegenskalenoëders, gebracht werden. Die Hauptaxe geht bei allen Skalenoëdern durch die beiden Endecken *c*, ebenso die Nebenaxen durch die Mitte zweier gegenüberliegender Seitenkanten *s*, die Körper mögen erster oder zweiter Ordnung sein. Hier kann man also die Nebenaxen nicht beliebig wählen, wie im vollflächigen System, sie sind hier ebenso bestimmt und fest gegeben, wie die Hauptaxe. Das eine Skalenoëder wird nach Miller mit dem Ausdruck $\pi(hk\bar{l}i)$ bezeichnet, wo $h > k$, das Gegenskalenoëder ist dann $\pi(kh\bar{l}i)$.

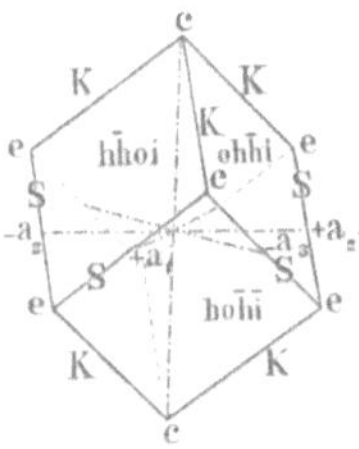
Fig. 126.

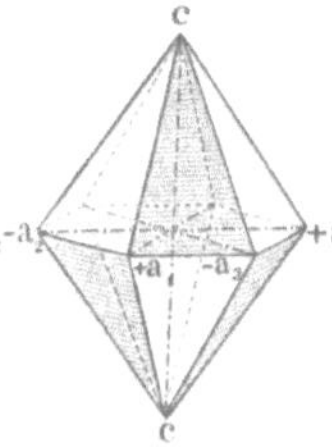
Fig. 127.

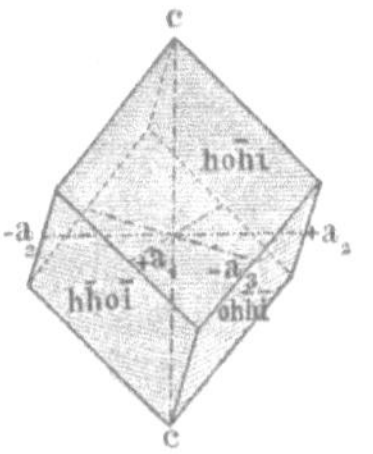
Fig. 128.

Nach demselben Gesetz entstehen aus den *Dihexaëder 1. Stellung* (Fig. 127) zwei correlate *Rhomboëder* (Fig. 126 und 128), je eines der 1. und 2. Ordnung oder ein + und ein — Rhomboëder, eines das Gegenrhomboëder des andern. Sie sind in der idealen Gestalt von 6 Rhomben begrenzt, welche sich in 6 gleichen End- oder Polkanten *K*, die durch die beiden Endecken *c* gehen, und in 6 gleichen zickzackförmig auf- und absteigenden Seiten- oder Randkanten *S* schneiden, welche durch die 6 gleichen Seiten- oder Randecken *e* gehen. Diese Seitenkanten verlaufen hier genau so wie bei den Skalenoëdern, auch die Axen liegen genau so wie dort. Die Endkanten des einen Rhomboëders sind in der Normalstellung nach derselben Seite hin gerichtet, nach welcher die Flächen des Gegenrhomboëders gerichtet sind; die Seitenkanten steigen in beiden in entgegengesetzten Richtungen auf- und ab, wie bei den Skalenoëdern. Rhomboëder und Gegenrhomboëder sind congruent und können durch Drehung um die Hauptaxe um 180° zur Deckung gebracht werden. Rhomboëder wie Skalenoëder sind bald spitz bald stumpf, je nachdem sie von der Hauptaxe grössere oder kleinere Stücke abschneiden. Beide sind parallelflächig. Der Ausdruck der beiden Rhomboëder nach Miller ist: $\pi(h0\bar{h}i)$ und $\pi(0h\bar{h}i)$.

Alle übrigen hexagonalen Formen geben nach diesem Gesetz keine neuen hemiëdrischen Körper, sondern sie treten in den Combinationen mit ihrer ganzen Flächenzahl auf, so namentlich die Dihexaëder 2. Stellung, die sich dadurch als solche ganz bestimmt charakterisiren und von denen erster Stellung unterscheiden; ebenso die Prismen und die Basis.

70. Naumann'sche Bezeichnung der rhomboëdrischen Formen. Wegen der die Bedeutung der vollflächigen Abtheilung weit überragenden

Wichtigkeit der rhomboëdrisch-hemiëdrischen, der fast alle hexagonalen Mineralien angehören, hat Naumann die einfachen Formen derselben nicht wie gewöhnlich bei hemiëdrischen Körpern, z. B. mit $\frac{mPn}{2}$, bezeichnet, sondern er hat eine besondere auf ihre speciellen Verhältnisse gegründete Bezeichnungsweise eingeführt. Er giebt den beiden von dem Dihexaëder mP ableitbaren Rhomboëdern das Zeichen mR und unterscheidet sie als $+ mR$ und $- mR$, also z. B. vom Hauptdihexaëder P abgeleitet $+ R$ (Hauptrhomboëder) und $- R$ (Gegenrhomboëder), welche von den Axen die Einheiten abschneiden. Dann ist:

$$+ mR = a_1 : \infty a_2 : -a_3 : mc = \pi(m0\bar{m}1)$$

oder allgemein: $\pi(h0\bar{h}i)$ und

$$- mR = -a_1 : \infty a_2 : a_3 : mc = \pi(\bar{m}0m1) \text{ oder}$$

$$= \infty a_1 : a_2 : - a_3 : mc = \pi(0m\bar{m}1)$$

oder allgemein: $\pi(\bar{h}0hi)$ oder auch $\pi(0h\bar{h}i)$.

Dabei dient π nur dazu, anzudeuten, dass rhomboëdrische Gestalten vorliegen, wo dies anderweitig unzweifelhaft bekannt ist, kann π auch fortbleiben.

Zur Bezeichnung eines Skalenoëders denkt man sich in demselben ein Rhomboëder einbeschrieben, welches mit ihm die Seitenkanten gemein hat, indem man durch je zwei anstossende Seitenkanten eine Ebene legt (Fig. 129). Die Seitenkanten des Rhomboëders fallen dann offenbar mit denen des Skalenoëders zusammen. Umgekehrt lassen sich auch durch die Seitenkanten eines Rhomboëders unendlich viele Skalenoëder legen, welche mit dem Rhomboëder die Seitenkanten gemein haben, aber von den Hauptaxen grössere Stücke abschneiden, als das Rhomboëder, indem man durch diese Seitenkanten und einen entfernteren Punkt der Hauptaxe Ebenen legt. Jedes Skalenoëder lässt sich demnach aus dem eingeschriebenen Rhomboëder ableiten, das mit ihm die Seitenkanten gemein hat, indem man angiebt, ein wievielmal grösseres Stück die Skalenoëderflächen auf der Hauptaxe abschneiden als die Flächen dieses Rhomboëders. Hat dieses den Ausdruck $\pm mR$, so schneidet seine Fläche das Stück mc von der Hauptaxe ab; schneiden die Flächen des Skalenoëders ein $n$mal grösseres Stück ab, das also $= n(mc)$ ist, wo $n > 1$, so schreibt man das Zeichen des Skalenoëders: $\pm mRn$.

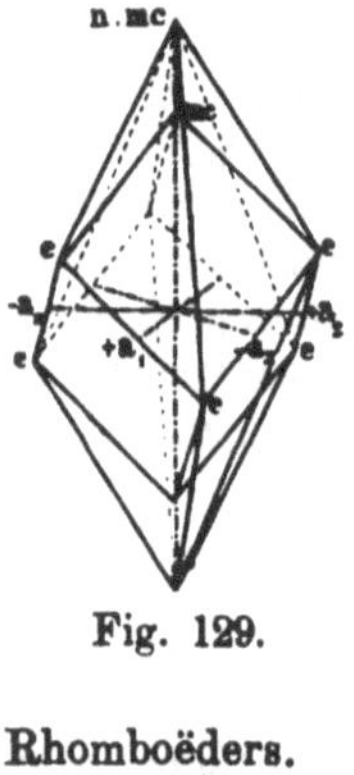

Fig. 129.

Dieses Zeichen ist nun ganz anders aufzufassen, als die andern Naumann'schen Zeichen; es bedeutet, dass das dem Skalenoëder eingeschriebene Rhomboëder das Symbol $+ mR$ hat, dass aber die Skalenoëderflächen Stücke $= n(mc)$ von der Hauptaxe abschneiden, und dadurch ist die Gestalt des Skalenoëders offenbar unzweideutig bestimmt. Hier beziehen sich nun beide Zahlen m und n auf die Hauptaxe, die Schnitte auf den Nebenaxen lassen sich nur durch Rechnung aus m und n ermitteln und umgekehrt. Man hat dazu folgende Formeln:

Soll ein nach Naumann gegebenes Skalenoëder: mRn, für das also m und n

bekannt ist, in den Indices $hk\bar{l}i$ ausgedrückt werden, wo $h > k$, d. h. sollen aus m und n die Indices h; k, l, i bestimmt werden, so ist:

$$h = n + 1,\ k = n - 1,\ l = 2n,\ i = \frac{2}{m}, \text{ und somit:}$$

$$mRn = \pi\,(hk\bar{l}i) = \pi\,(n + 1,\ n - 1, - 2n, \frac{2}{m}), \text{ z. B.}$$

$$R\,17 = \pi\,(17 + 1, 17 - 1, - 2 . 17, \frac{2}{1}) = \pi\,(18, 16, - 34, 2) = \pi\,(9 . 8 . \overline{17} . 1)$$

und

$$- R\,17 = \pi\,(8 . 9 . \overline{17} . 1 \text{ (oder } \pi\,(\bar{9} . \bar{8} . 17 . 1).$$

Ist für das Skalenoëder umgekehrt der Ausdruck $\pi\,(hk\bar{l}i)$ gegeben, wo $h > k$, und wird m und n aus h, k, l, i gesucht, so ist:

$$m = \frac{h - k}{i} \text{ und } n = \frac{h + k}{h - k}, \text{ somit:}$$

$$\pi\,(hk\bar{l}i) = \frac{h - k}{i}\,R\,\frac{h + k}{h - k}, \text{ also z. B.:}$$

$$\pi\,(9 . 8 . \overline{17} . 1) = \frac{9 - 8}{1}\,R.\,\frac{9 + 8}{9 - 8} = R\,17. \text{ Ebenso wäre:}$$

$$\pi\,(8 . 9 . \overline{17} . 1) = - R\,17.$$

70a. Uebersicht. Die einfachen Formen der rhomboëdrischen Hemiëdrie sind nun die folgenden:

1. Skalenoëder 1. und 2. Ordng.: $\pm\, mRn$ oder $\pi(hk\bar{l}i)$ und: $\pi(kh\bar{l}i)$ $(h > k)$
   z. B.: $\frac{1}{4}R3 = \pi(21\bar{3}4)$ und
   $- 2R2 = \pi(13\bar{4}1)$.
2. Rhomboëder 1. und 2. Ordng.: $\pm\, mR$ oder $\pi(h0\bar{h}i)$ und $\pi(0h\bar{h}i)$
   z. B.: $+ R = \pi(10\bar{1}1)$ und
   $- R = \pi(01\bar{1}1)$.
   (Haupt- und Gegenrhomboëder).
3. Dihexaëder (2. Stellung): $mP2$ oder $(h.h.\overline{2h}.i)$ z. B.: $P2 = (11\bar{2}1)$.
4. Dihexagonale Prismen: ∞Pn oder $(hk\bar{l}0)$ z. B.: $\infty P\frac{3}{2} = (21\bar{3}0)$.
5. Hexagonales Prisma 1. Stellung: $\infty R = (10\bar{1}0)$.
6. Hexagonales Prisma 2. Stellung: $\infty P2 = (11\bar{2}0)$.
7. Basis: $oR = (0001)$.

Auch hier lassen sich alle Formen 2—7 als specielle Fälle der flächenreichsten, des Skalenoëders auffassen. Das Dihexaëder 2. St. ist dann ein Skalenoëder mit lauter gleichen Endkanten, dessen Seitenkanten nothwendig gleichzeitig alle in der Ebene Nebenaxen liegen; das dihexagonale Prisma ist ein Skalenoëder, dessen Flächen und Seitenkanten die Hauptaxe im Unendlichen schneiden, je zwei in einer stumpfen Kante zusammenstossende Flächen gehören abwechslungsweise zum oberen und unteren Ende des Skalenoëders; beim Rhomboëder sind je zwei Skalenoëderflächen längs einer stumpfen Endkante zusammengefallen; das hexagonale Prisma 1. Stellung ist ein Rhomboëder mit unendlich fernem Schnitt auf der Hauptaxe, die Flächen gehören abwechselnd zum oberen und unteren Ende; das hexagonale Prisma 2. Stellung ist ein Dihexaëder 2. St. mit unendlich fernem Schnitt auf der Hauptaxe.

71. Ordnung der Rhomboëder und Skalenoëder. Zwei Rhomboëder sind von derselben Ordnung, wenn ihre Flächen resp. ihre Endkanten je nach derselben Seite gekehrt sind, z. B. die Rhomboëder r in den Fig. 130, 132 und 133. Zwei Skalenoëder sind von derselben Ordnung, wenn sie je ihre spitzeren und stumpferen Endkanten nach derselben Seite kehren. Kehrt ein Rhomboëder seine Endkanten nach den Seiten, wohin ein anderes seine Flächen kehrt, so sind sie von verschiedener Ordnung (z. Fig. 126 und 128); sind die schärferen Endkanten eines Skalenoëders nach der Richtung der stumpferen eines andern gekehrt, so sind beide ebenfalls von verschiedener Ordnung, z. B. Fig. 123 und 125. Kehrt ein Skalenoëder seine stumpfen Endkanten in die Richtung der Flächen, seine scharfen Endkanten in die Richtung der Endkanten eines Rhomboëders, so ist das Rhomboëder von derselben Ordnung wie das Skalenoëder (z. B. Fig. 123 und 126, ebenso 125 und 128). Ist aber die Endkante des Rhomboëders in der Richtung der stumpfen Endkante des Skalenoëders, die Flächen des Rhomboëders in der Richtung der scharfen Endkante des Skalenoëders gelegen, wie bei Fig. 123 und 128 und bei Fig. 125 und 126, so sind beide Körper von verschiedener Stellung. Dabei ist in allen Fällen vorausgesetzt, dass alle Axen in den beiden Körpern parallel sind.

72. Rhomboëdrische Combinationen. Die Basis b stumpft an den Skalenoëdern und Rhomboëdern die Endecken gerade ab (Fig. 130) und schliesst die Prismen oben und unten senkrecht zu deren Kanten (Fig. 112—114). Ein Rhomboëder r schärft an einem Rhomboëder R derselben Ordnung die Endecken von den Flächen aus zu (Fig. 131); an einem Rhomboëder der andern Stellung r geschieht dies durch das Rhomboëder r^1 entweder von den Endkanten aus (Fig. 132)

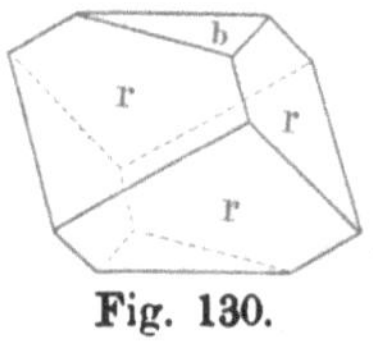

Fig. 130.

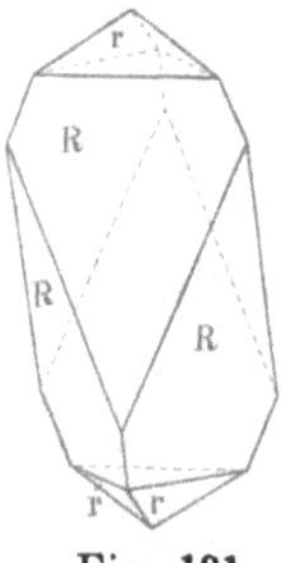

Fig. 131.

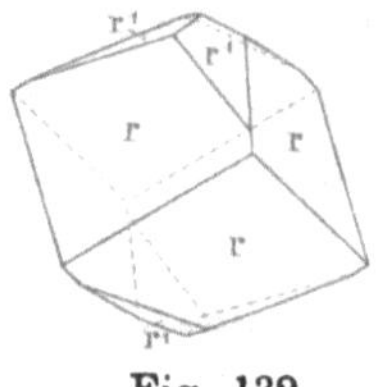

Fig. 132.

oder die Seitenecken werden schief abgestumpft, oder es werden endlich die Endkanten gerade abgestumpft (Fig. 133); das Rhomboëder r_1, dessen Flächen die Endkanten eines andern r gerade abstumpfen, heisst das *nächste stumpfere* zu diesem, r das *nächste schärfere* zu r_1. Ist das eine Rhomboëder $r = mR$ oder $\pi(h0\bar{h}i)$, so ist das nächste stumpfere $r_1 = -\frac{m}{2}R$ oder $\pi(0h\bar{h}.2i)$; ebenso spricht man von einem 2., 3., . . . stumpferen resp. schärferen Rhomboëder. Das zweite stumpfere, das die Endkanten des ersten oder nächsten stumpferen abstumpft, ist: $+\frac{m}{4}R$ oder: $\pi(h.0.\bar{h}.4i)$ etc. Das nächste schärfere zu mR oder $\pi(h0\bar{h}i)$ ist: — $2mR$ oder: π $(0.2h.2\bar{h}.i)$, das zweite schärfere: $+ 4mR$ oder π $(4h.0.4\bar{h}.i)$ etc. Solche Reihen von immer stumpferen (resp. schärferen) Rhomboëdern finden sich zuweilen an den Krystallen.

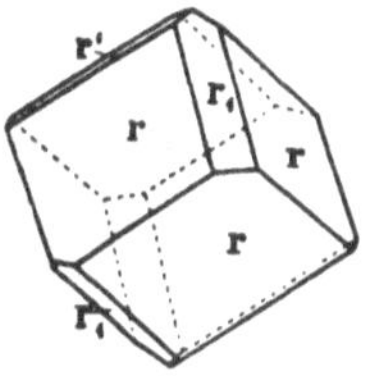
Fig. 133.

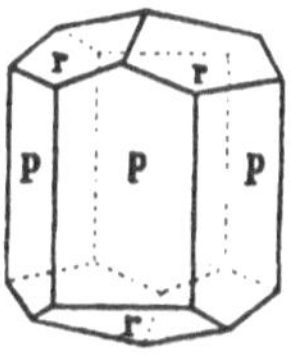
Fig. 134.

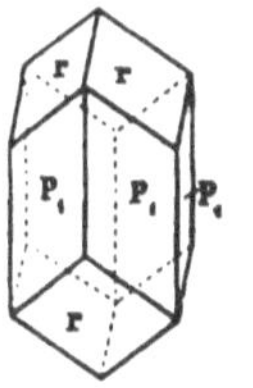
Fig. 135.

Das Prisma p erster Stellung stumpft an jedem Rhomboëder r oder Skalenoëder, gleichgültig ob 1. oder 2. Ordnung, die Seitenecken (Fig. 134), das Prisma p_1 2. Stellung, ebenso die Seitenkanten ab (Fig. 135). Rhomboëder r_1 stumpfen an Skalenoëdern s resp. s_1 ent-

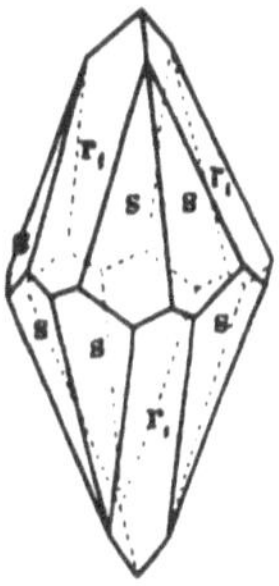
Fig. 136.

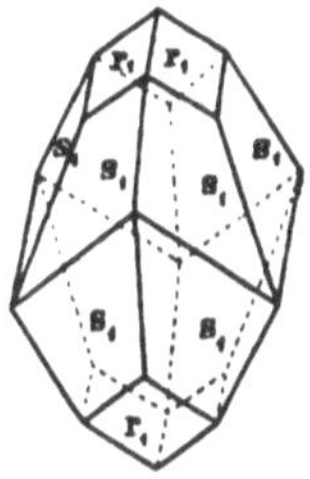
Fig. 137.

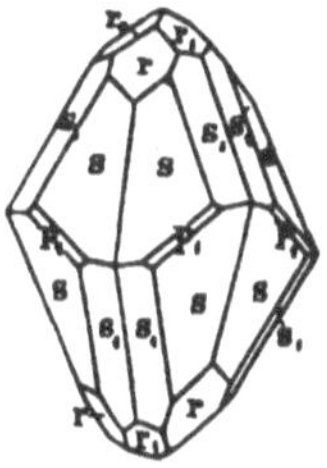
Fig. 138.

weder die abwechselnden Endkanten ab (Fig. 136) oder schärfen die Endecken zu (Fig. 137) oder modificiren deren Kanten und Ecken in noch anderer Weise.

An dem Fig. 138 abgebildeten Krystall sind zwei Rhomboëder verschiedener Stellung r und r_1, letzteres ist das nächste stumpfere zu ersterem, wie man daran sieht, dass die Fläche r_1 von den zwei anliegenden r in zwei parallelen Kanten geschnitten wird; ferner zwei Skalenoëder verschiedener Ordnung s und s_1; r und s und ebenso r_1 und s_1 sind von derselben Ordnung. In einem solchen Krystall pflegt man ein Rhomboëder als *Hauptrhomboëder* zu wählen, dem man den Ausdruck: $+ R(10\bar{1}1)$ giebt und aus dessen Flächenwinkeln man das dieser Annahme entsprechende Axenverhältniss $a:c$ berechnet. Ist hier r als Hauptrhomboëder gewählt, so ist $r_1 = -\frac{1}{2}R$ $(01\bar{1}2)$

und die Skalenoëderausdrücke lassen sich dann aus Zonen oder den Neigungsverhältnissen ihrer Flächen berechnen. Man hätte aber ganz ebenso r_1 als Hauptrhomboëder mit dem Ausdruck: $R\ (10\bar{1}1)$ wählen können, dann wäre das Verhältniss $a:c$ ein anderes als vorher geworden und es wäre dann r das nächste schärfere Rhomboëder zu r_1 und $r = -2R\,(02\bar{2}1)$. Die Flächen p, welche die Seitenkanten der Skalenoëder s und s_1 abstumpfen, gehören unter allen Umständen dem Prisma 2. Stellung an.

72a. Hemimorphismus. Der Hemimorphismus (57) spielt an einem wichtigen und verbreiteten rhomboëdrischen Mineral, dem Turmalin, und auch sonst bei rhomboëdrischen Krystallen eine hervorragende Rolle: an beiden Enden der Hauptaxe sind meist verschiedene Rhomboëder und Skalenoëder ausgebildet, wie die Figuren bei der speciellen Beschreibung des Turmalin zeigen (siehe diesen). Bei allen diesen Skalenoëdern und Rhomboëdern sind nur die 6 (resp. 3) um eine Endecke herum liegenden Flächen vorhanden, die anderen Flächen derselben fehlen, oder wenn sie ebenfalls vorhanden sind, so sind sie von denen an der ersteren Endecke verschieden. Der Hemimorphismus erstreckt sich aber auch auf die sechsseitigen Prismen 1. Stellung und auf die zwölfseitigen Prismen, an denen, ihrem Verhältniss zu den Rhomboëdern und Skalenoëdern als Grenzfällen derselben entsprechend (70a), beim sechsseitigen Prisma 1. Stellung je die abwechselnden Flächen, bei den zwölfseitigen Prismen je die abwechselnden Flächenpaare fehlen, so dass aus dem sechsseitigen Prisma 1. Stellung regelmässig dreiseitige, aus den zwölfseitigen Prismen symmetrisch sechsseitige Prismen als einfache hemimorphe Formen entstehen. Solche finden sich sehr häufig am Turmalin, dessen Prismen oft einen gleichseitigen dreieckigen oder einen symmetrisch sechsseitigen, resp. bei Combinationen neunseitigen Querschnitt zeigen, so dass man auch an Krystallen ohne Endbegrenzung deutlich den Hemimorphismus wahrnehmen kann. Anders verhalten sich die hexagonalen Prismen 2. Stellung als Grenzfälle der Dihexaëder 2. Stellung: wenn hier auch die dem einen Ende des Krystalls entsprechenden Flächenhälften verschwinden, so werden sie sofort wieder ersetzt durch die sich ausdehnenden Flächenhälften, welche dem andern Ende der Hauptaxe angehören. Dieses Prisma wird also durch den Hemimorphismus nicht verändert; in der That findet man es auch bei den Turmalin-Krystallen stets mit seiner vollen Flächenzahl entwickelt.

73. Pyramidale Hemiëdrie. Bei der *pyramidalen Hemiëdrie* gehören je zwei in den abwechselnden Seitenkanten s und s_1 zusammenstossende Flächen des Didodekaëders als gleich zusammen. Dehnen sich die Flächen dieser Gruppen aus, so entstehen zwei Dihexaëder von einer Stellung, welche zwischen derjenigen der beiden schon genannten Dihexaëdern in der Mitte liegt, so dass die Nebenaxen weder durch die Seitenecken e und e_1, noch durch die Mitten der Seitenkanten S und S_1 der beiden Dihexaëder, sondern durch andere Punkte der Seitenkanten gehen. Es sind dies die *Dihexaëder der dritten oder der Zwischenstellung* (Tritopyramiden) (Fig. 139, wo die Körper auf die Ebene der Nebenaxen projicirt sind). Zwei correlate Tritopyramiden sind stets congruent und lassen sich durch Drehung um einen geeigneten Winkel um die Hauptaxe zur Deckung bringen. Betrachtet man nun die übrigen holoëdrischen Formen des Hexagonalsystems als specielle Fälle des Didodekaëders

Fig. 139.

(67), so sieht man leicht, dass ausser den Didodekaëdern nur die dihexagonalen Prismen noch neue Formen liefern, und zwar *hexagonale Prismen der dritten oder Zwischenstellung* (Tritoprismen), indem von den Flächen der dihexagonalen Prismen je die abwechselnden sich ausdehnen und verschwinden (Fig. 139, wo man sich die Prismenflächen nach den Geraden S und S_1 auf der Ebene der Nebenaxen (des Papiers) senkrecht, also parallel mit der Hauptaxe zu denken hat). Alle andern holoëdrischen Formen ändern ihre Gestalt nach dem Gesetz dieser Hemiëdrie nicht, sondern treten in Combinationen dieser Hemiëdrie mit ihrer ganzen Flächenzahl auf.

Das Hauptbeispiel für die pyramidale Hemiëdrie des Hexagonalsystems bildet der *Apatit*, von welchem ein Krystall Fig. 140 abgebildet ist: zwei Dihexaëder der einen Stellung x und z und zwei der andern Stellung a und s sind vorhanden, dazu ein Prisma M von der ersteren und ein solches c von der andern Stellung. Die Kanten M/s sind durch u abgestumpft, aber nur einseitig, oben und unten links von s; diese Flächen u, von denen je zwei sich, gehörig erweitert, in horizontalen Seitenkanten schneiden würden, wie die Zonen [ucu] zeigen, bilden mit einander ein Dihexaëder der dritten Stellung. Die Flächen c, welche einseitig die Kanten M/c abstumpfen, bilden ein hexagonales Prisma der dritten Stellung.

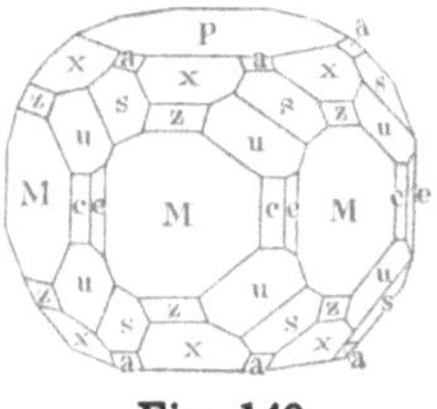

Fig. 140.

b. *Tetartoëdrische Formen.*

Dieselben können aus den hemiëdrischen entstanden gedacht werden, dadurch dass bei diesen abermals die Hälfte der Flächen verschwindet (56a). Im Folgenden sind sie aus den rhomboëdrischen Formen abgeleitet.

74. Trapezoëdrische Tetartoëdrie. Bei der *trapezoëdrischen Tetartoëdrie* verhalten sich je zwei in einer Seitenkante zusammenstossende Flächen eines Skalenoëders gleich und von den anliegenden Flächen verschieden. Die beiden Flächengruppen bilden zwei correlate Trapezoëder (Fig. 141—143). Die beiden zu einem Skalenoëder $+ mRn$ (Fig. 142) gehörigen Trapezoëder (Fig. 141 und 143) sind enantiomorph (56), sie verhalten sich wie die rechte und linke Hand und werden daher als rechte und linke (r und l) unterschieden. Das Gegenskalenoëder $- mRn$ liefert aber ebenfalls zwei als r und l von einander zu unterscheidende enantiomorphe Trapezoëder, welche wie die vorigen nicht mit einander zur Deckung gebracht werden können. Dagegen ist das rechte resp. linke Trapezoëder des einen Skalenoëders congruent dem entsprechenden des Gegenskalenoëders und kann mit diesem durch eine Drehung um die Hauptaxe

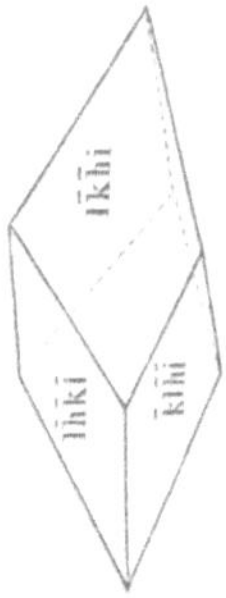
Fig. 141.

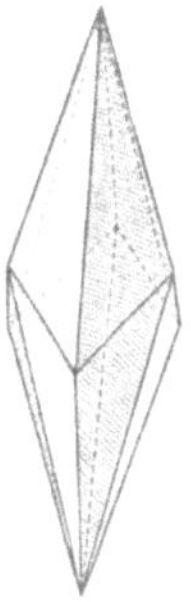
Fig. 142.

Fig. 143.

zur Deckung gebracht werden. Die vier correlaten Trapezoëder, welche ein Didodekaëder mPn liefert, werden in folgender Weise bezeichnet:

1. $+ r . \frac{mPn}{4}$ oder $\varrho\varkappa\ (hk\bar{l}i)$
2. $+ l . \frac{mPn}{4}$ oder $\varrho\varkappa\ (l\bar{k}\bar{h}i)$

} aus dem +Skalenoëder abgeleitet (beide enantiomorph).

3. $- r . \frac{mPn}{4}$ oder $\varrho\varkappa\ (\bar{l}\bar{h}ki)$
4. $- l . \frac{mPn}{4}$ oder $\varrho\varkappa\ (h\bar{l}ki)$

} aus dem —Skalenoëder abgeleitet (beide enantiomorph).

1 und 3, sowie 2 und 4 sind congruent. $\varrho\varkappa$ dient nur zur Bezeichnung der Tetartoëdrie; ist diese anderweitig genügend angedeutet, so kann $\varrho\varkappa$ wegbleiben.

Die Dihexaëder 2. Stellung $mP2\ (h . h . \overline{2h} . i)$ z. B. $2P2\ (11\bar{2}1)$ geben zwei correlate Trigonoëder (trigonale Pyramiden) (Fig. 144): $r\ \frac{2P2}{4} . \varrho\varkappa (2\bar{1}\bar{1}1)$ und $l . \frac{2P2}{4} . \varrho\varkappa\ (\bar{1}\bar{1}21)$. Die dihexagonalen Prismen geben zwei symmetrisch sechsseitige Prismen und die hexagonalen Prismen zweiter Stellung geben 2 reguläre dreiseitige Prismen. Auch sie sind als rechts und links zu unterscheiden. Die speciellen Verhältnisse folgen leicht aus dem für das Trapezoëder und Trigonoëder Angeführten. Alle andern rhomboëdrischen Formen, die Rhomboëder, das Prisma erster Stellung und die Basis bleiben unverändert.

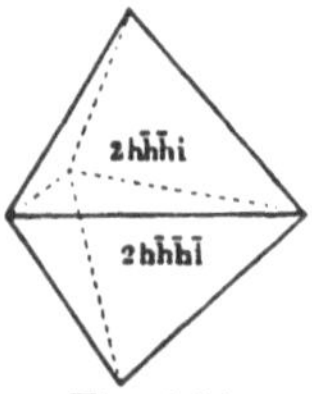

Fig. 144.

Das Hauptbeispiel für die trapezoëdrische Tetartoëdrie ist der *Quarz*. Er zeigt fast stets (Fig. 145) ein Rhomboëder P und ein Gegenrhomboëder z, welche ein scheinbares Dihexaëder 1. Stellung, aber mit physikalisch abwechselnd verschiedenen Flächen bilden. Die Seitenkanten desselben werden durch die stark horizontal gestreiften Flächen des hexagonalen Prismas 1. Stellung r gerade abgestumpft. Auf die abwechselnden Prismenkanten sind oben und unten die rhombisch gestalteten Flächen s eines Trigonoëders, die sog. Rhombenflächen, gerade aufgesetzt. Wäre der Krystall rhomboëdrisch, so müssten die andern drei Prismenkanten ebenfalls oben und unten solche Flächen s_1 tragen, wie die dünn gezeichneten Linien zeigen; diese würden die dick gezeichneten, factisch vorhandenen Flächen s zu einem Dihexaëder 2. Stellung ergänzen. Ausserdem sind die Kanten $s\,r$ noch durch die sog. Trapezflächen x abgestumpft, welche ebenfalls nur an den abwechselnden Kanten des Prismas r oben sowohl als unten liegen, jedoch oben und unten auf verschiedenen Seiten der Kanten r/r. Die x bilden ein Trapezoëder, welches von den an den andern Prismenkanten r/r dünn gezeichneten entsprechend liegenden Flächen x_1 zu einem Skalenoëder ergänzt werden würde, wenn diese vorhanden wären. Sie fehlen infolge der Tetartoëdrie, aber sie liegen offenbar so, dass sie zwei in einer Seitenkante zusammenstossende Skalenoëderflächen wären; ebenso auch die beiden factisch vorhandenen Flächen x. Die hier dick ausgezeichneten Flächen s und x liegen am obern Ende des Prismas rechts von der Prismenfläche r, wenn die Hauptrhomboëderfläche P dem Beschauer zugekehrt ist; sie sind die rechten Trapez- und Rhombenflächen; und begrenzen ein rechtes Trapezoëder resp. Trigonëder; ein Krystall, der sie trägt, heist ein rechter Krystall. Wären statt

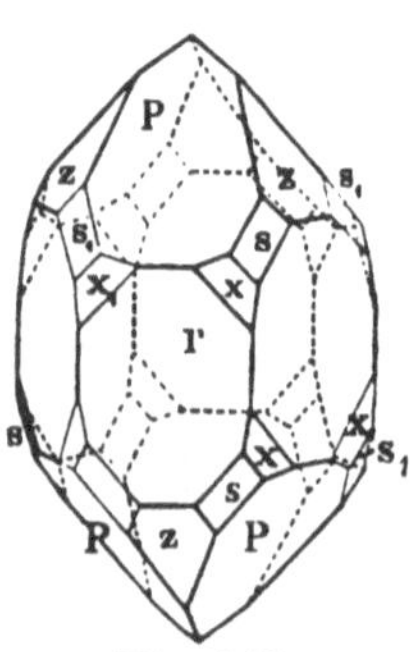

Fig. 145.

der dick gezeichneten die dünn gezeichneten Flächen *s* und *x* ausgebildet, so wäre der Krystall ein linker; diese Flächen liegen ja im Gegensatz zu den andern links und begrenzen das zum gleichen Skalenoëder resp. Dihexaëder zweiter Stellung gehörige linke Trapezoëder resp. Trigonoëder. Diese Flächenlage steht mit der Erscheinung der Cirkularpolarisation (162) im Zusammenhang; die rechten (linken) Quarze drehen die Polarisationsebene stets nach rechts (links).

75. Rhomboëdrische Tetartoëdrie. Die *rhomboëdrische Tetartoëdrie* findet statt, wenn die abwechselnden Flächen eines Skalenoëders in der Weise verschieden werden, dass eine nach oben gerichtete Fläche an einer Seitenkante sich mit der nach unten gerichteten der folgenden Seitenkante gleich verhält, etc. (Fig. 146); es entsteht dann aus jeder Flächenhälfte ein Rhomboëder der dritten oder Zwischenstellung. Diese finden sich vorzugsweise beim Dioptas; der in Fig. 147 dargestellte Krystall dieses Minerals zeigt folgende Formen: Rhomboëder *r* mit dem Prisma der zweiten Stellung *m*; deren abwechselnde Kanten *m*/*r* werden durch die einem solchen Rhomboëder der Zwischenstellung angehörigen Flächen *s* abgestumpft. Wären alle diese Kanten *m*/*r* abgestumpft, wie es die Symmetrie eigentlich erfordert, so würde dadurch ein Skalenoëder *s* entstehen.

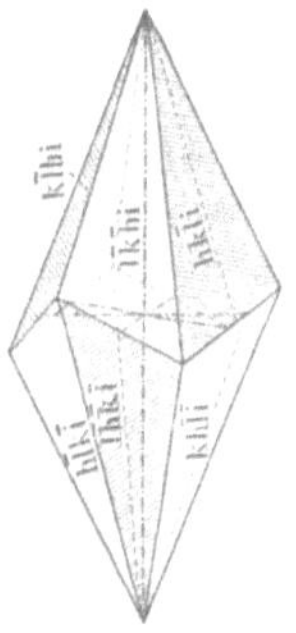

Fig. 146.

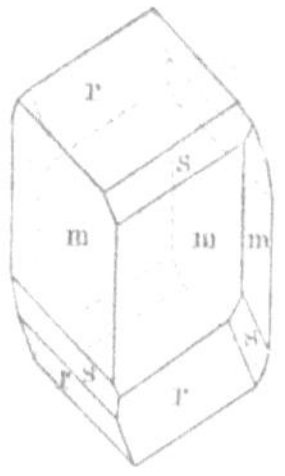

Fig. 147.

3. Quadratisches System.

(Viergliedriges oder tetragonales System. 5 S. E. Drei auf einander senkrechte Axen *a*, *a*, *c* bilden acht gleiche Oktanten).

76. Quadratisches System. Zwei gleiche Axen, die Nebenaxen *a*, stehen aufeinander und auf der dritten Axe, der Hauptaxe *c*, senkrecht; $c \lesseqgtr a$. Das Axenverhältniss $a : c$ oder der Werth von *a* für den Fall, dass $c = 1$ (resp. von *c* für den Fall, dass $a = 1$), folgt aus den Neigungswinkeln der Flächen. Es ist eine grosse Aehnlichkeit mit dem Hexagonalsystem vorhanden, welches ebenfalls eine Hauptaxe hat. Auch hier werden die den Winkel zwischen je zwei Nebenaxen *a* halbirenden Richtungen *b* wohl als Zwischenaxen bezeichnet. Man kann aber auch die Richtungen der Zwischenaxen als die der Nebenaxen wählen, nur werden dann das Axenverhältniss $a : c$ und die Ausdrücke der Flächen des Krystalls andere.

a. Holoëdrische Formen.

77. Einfache Formen. 1. *Dioktaëder* (Vierkantner, ditetragonale Pyramide). Die Flächen schneiden die drei Axen ungleich: $\frac{a}{h} : \frac{a}{k} : \frac{c}{l}$ $= (hkl)$, in jedem Oktanten sind 2 Flächen, also im Ganzen 16, welche eine doppelt achtseitige Pyramide bilden (Fig. 148) (53, 54). Durch die zwei Endecken (Polecken) c geht die Hauptaxe; je die vier abwechselnd einander gleichen Seitenecken (Randecken) a oder b geben die Neben- resp. Zwischenaxen. Alle 8 Seitenkanten (Randkanten) S sind einander gleich, aber nur die abwechselnden End- (Pol-)kanten K und K_1. Die Flächen der idealen Form sind unregelmässige Dreiecke.

Diese Körper sind theils hoch und spitz, theils niedrig und flach; ihre Gestalt hängt von den Flächenwinkeln ab, welche mit den Indices in mathematischer Beziehung stehen und sich aus ihnen berechnen lassen, und umgekehrt. Diese Formen sind bisher nur in Combinationen, noch nie selbständig beobachtet worden.

2. *Achtseitiges (ditetragonales) Prisma.* Diese Prismen sind gewissermassen Dioktaëder mit unendlich grosser Hauptaxe, deren Flächen also der Hauptaxe parallel gehen und von den Nebenaxen verschieden grosse Stücke abschneiden. Sie haben also den Ausdruck: $\frac{a}{h} : \frac{a}{k} : \infty c$ $= (hk0)$ (Fig. 149.) Die Flächen schneiden die Ebene der Neben-

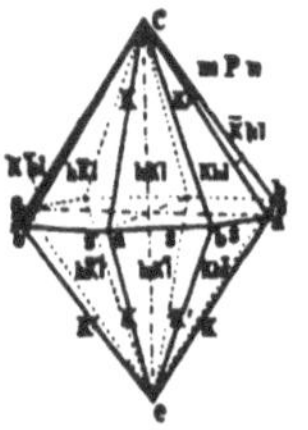

Fig. 148.

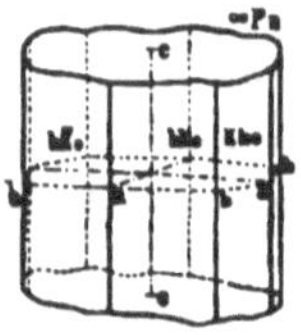

Fig. 149.

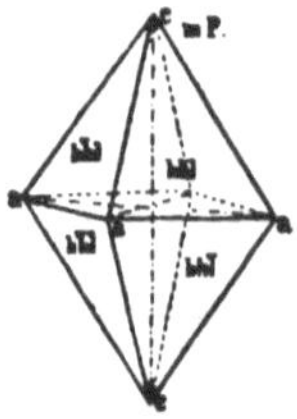

Fig. 150.

axen in derselben Figur, welche die Seitenkanten S des Dioktaëders machen, einem symmetrischen Achteck, dessen Winkel, die Winkel der Prismenflächen, sich mit den Indices h und k ändern.

Ein reguläres Achteck kann nie entstehen, weil es ein irrationales Verhältniss der Abschnitte auf den beiden Nebenaxen a ergeben würde.

3. *Oktaëder 1. Stellung* (Protopyramide). Die Flächen schneiden beide Nebenaxen gleich; sie sind: $\frac{a}{h} : \frac{a}{h} : \frac{c}{l} = (hhl)$. Acht congruente, in der Idealform gleichschenklige Dreiecke bilden eine auf der Ebene der Nebenaxen aufgesetzte Doppelpyramide mit 2 Endecken (Polecken) c, durch welche die Hauptaxe geht, und vier gleichen Seitenecken (Randecken) a, durch welche die Nebenaxen gehen (Fig. 150). Die Hauptaxe ist entweder länger oder kürzer als die Nebenaxen. Die 4 Seitenkanten (Randkanten) sind alle gleich, ebenso die 8 Endkanten (Polkanten).

4. *Oktaëder 2. Stellung* (Deuteropyramide). Deren Flächen gehen einer Nebenaxe parallel und haben daher den Ausdruck: $\frac{a}{h} : \infty a : \frac{c}{l}$ $= (h0l)$. Es entsteht dadurch ein Körper, der in jeder Beziehung

dem vorigen in den allgemeinen Gestaltungsverhältnissen gleich ist, nur gehen hier die Nebenaxen a durch die Mitte zweier Seitenkanten (Fig. 151). Durch Drehung um 45° um die Hauptaxe c wird ein Oktaëder 2. Stellung in die erste Stellung gebracht und umgekehrt.

5. *Quadratisches Prisma 1. Stellung* (Protoprisma). Seine Flächen gehen der Axe parallel und schneiden die beiden Axen a gleich. Der Ausdruck ist also: $a : a : \infty c = (110)$. Es sind gewissermassen

Fig. 151.

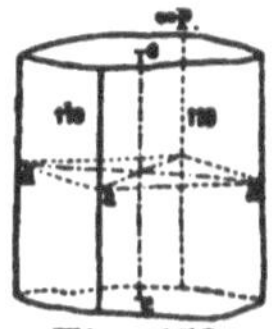
Fig. 152.

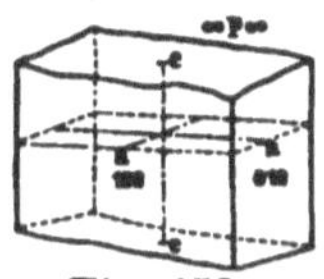
Fig. 153.

Quadratoktaëder 1. Stellung, welche die Axe c im Unendlichen schneiden. Die Flächen stehen senkrecht auf einander, also ist der ideale Querschnitt ein Quadrat (Fig. 152). Die Axen a stehen auf den Kanten senkrecht.

6. *Quadratisches Prisma 2. Stellung* (Deuteroprisma). Ist der Gestalt nach gleich dem Prisma 1. Stellung und verhält sich zum Oktaëder 2. Stellung wie das Prisma 1. Stellung zum Oktaëder 1. Stellung. Die Flächen schneiden eine Nebenaxe und sind der andern Nebenaxe und der Hauptaxe parallel; der Ausdruck ist also: $a : \infty a : \infty c = (100)$. Die Nebenaxen stehen auf den Flächen senkrecht (Fig. 153).

Der Unterschied zwischen den Oktaëdern resp. Prismen beider Stellungen tritt nur hervor, wenn verschieden gestellte Körper am nämlichen Krystall combinirt sind. Man hat die Wahl, welche Stellung man als die erste bezeichnen will; es folgt dann daraus die Lage der Neben- resp. Zwischenaxen, welche, wenn man die andere Stellung als die erste wählt, sich vertauschen. Sind an einem Krystall nur Formen einer Stellung, so sind dieselben an sich weder erster noch zweiter Stellung, sie werden es erst, wenn man die Nebenaxen in der einen oder andern Weise wählt.

7. *Basis* (basisches Pinakoid, Geradendfläche). Ein Flächenpaar senkrecht zur Hauptaxe: $\infty a : \infty a : c = (001)$; genau wie im Hexagonalsystem (Fig. 154 und 155).

Eine andere Lage von Flächen am quadratischen Axensystem, also andere einfache Formen dieses Systems als obige 7 sind nicht möglich. Sie entsprechen Nummer für Nummer den analogen hexagonalen Formen und alle allgemeinen Verhältnisse, welche dort auseinandergesetzt wurden, gelten mut. mut. auch hier.

78. **Naumann'sche Bezeichnung.** Für die Bezeichnung der Formen nach der Naumann'schen Methode geht man auch hier von dem Oktaëder 1. Stellung aus, das von den Axen die Axeneinheiten abschneidet, dem *Hauptoktaëder* oder der *Grundform (Grundpyramide)*. Man kann dasselbe aus den sämmtlichen am Krystall möglichen Oktaëdern beliebig auswählen. Dasselbe hat den Ausdruck: $a : a : c = (111)$ und wird mit P bezeichnet. Man kann nun wieder alle andern quadratischen Formen daraus ableiten, indem man eine Fläche im Endpunkt einer Nebenaxe a

festhält, so dass diese eine Axe stets in der Entfernung a vom Mittel punkt geschnitten wird; dann denkt man sich die Fläche gedreht, bis sie die gewünschte Lage hat, in der sie die Axe c und die andere Axe a im allgemeinen mit den Ableitungszahlen m und n schneidet, welche man vor und hinter P setzt. Die Fläche begrenzt dann mit den nach der Symmetrie noch ausserdem erforderlichen Flächen die einfache Krystallform $mPn = na : a : mc$, wo das auf die zweite Nebenaxe a bezügliche n beliebig gross, aber > 1. Darnach hat man folgende Uebersicht über die einfachen Formen des quadratischen Systems:

1. Dioktaëder: $mPn = a : na : mc$ oder: (hkl) $h > k$,
   z. B.: $\frac{3}{2} P3 = a : 3a : \frac{3}{2} c = (312)$.
2. Ditetragonale Prismen: $\infty Pn = na : a : \infty c$ oder $(hk0)$.
3. Oktaëder 1. Stellung: $mP = a : a : mc$ oder: (hhl),
   z. B.: $P = a : a : c = (111)$ (Hauptoktaëder).
4. Oktaëder 2. Stellung: $mP\infty = a : \infty a : mc$ oder: $(h0l)$,
   z. B.: $P\infty = a : \infty a : c = (101)$.
5. Quadrat. Prisma 1. Stellung: $\infty P = a : a : \infty c = (110)$.
6. Quadrat. Prisma 2. Stellung: $\infty P\infty = a : \infty a : \infty c = (100)$.
7. Basis: $oP = \infty a : \infty a : c = (001)$.

79. Combinationen. Von *Combinationen* sind folgende wichtig: das Prisma der einen Stellung n stumpft die Kanten des andern, m, ab (Fig. 154); achtseitige Prismen schärfen die Kanten von quadratischen zu; treten mehrere solche Prismen zusammen auf, so entstehen auch hier, wie im hexagonalen System, scheinbar walzenförmig runde Krystalle (68). Die Basis schliesst die Prismen oben und unten und bildet dadurch z. Th. dünne Tafeln, z. Th. lange prismatische Krystalle, wie z. B. in Fig. 155, wo ein Prisma 1. Stellung m mit der Basis combinirt ist. Diese Combination ist oft in der

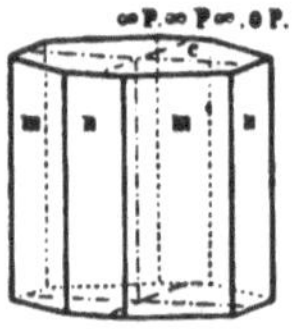

Fig. 154.

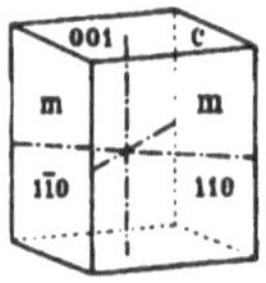

Fig. 155.

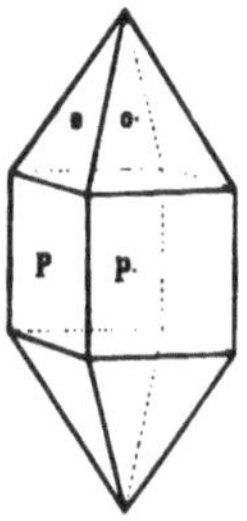

Fig. 156.

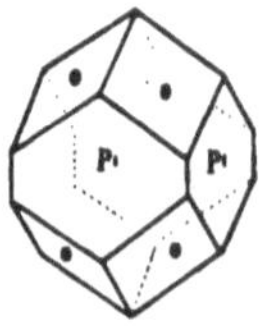

Fig. 157.

äusseren Form ganz dem Würfel ähnlich; aber hier sind die beiden Flächen m von der Fläche c verschieden, beim Würfel sind alle Flächen einander gleich ((58), Fig. 56); in beiden Körpern schneiden sich alle Flächen unter rechten Winkeln. An allen quadratischen Oktaëdern und Dioktaëdern stumpft die Basis die Endecken ab (Fig. 161). Prismen stumpfen an Oktaëdern derselben Stellung die Seitenkanten (Fig. 156), an Oktaëdern der andern Stellung die Seitenecken ab (Fig. 157).

Treten zwei verschieden hohe Oktaëder O und o derselben Stellung (Fig. 158) in Combination, so schärft das höhere O die Seitenkanten des niederen o, und umgekehrt das niedere o die Endecke des höheren O von den Flächen aus zu. Bei der Combination eines Oktaëders der einen mit einem solchen der andern Stellung, o und $o_{,}$, werden entweder die Seitenecken des ersteren zweiflächig (Fig. 159), oder seine Endecken vierflächig (Fig. 160), beidemal von den Kanten aus zugeschärft, je nach der Neigung der Flächen und Kanten. Haben die Flächen des einen Oktaëders $o_{,}$ die gleiche Neigung wie die Endkanten

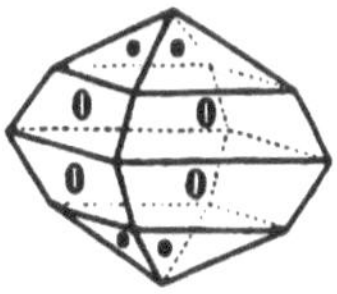

Fig. 158.

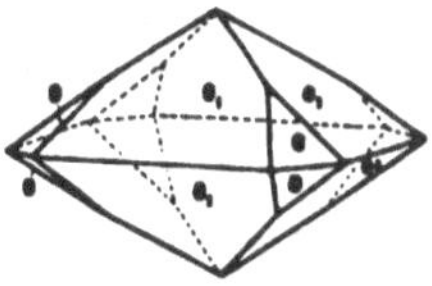

Fig. 159.

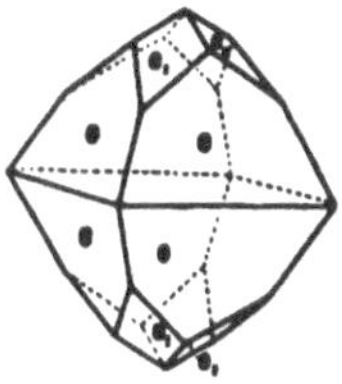

Fig. 160.

des andern o (Fig. 161), so stumpfen die Flächen von $o_{,}$ die Endkanten von o gerade ab. Das Oktaëder $o_{,}$ heisst dann das nächste stumpfere zu o, oder umgekehrt: o das nächste schärfere zu $o_{,}$. Werden die Endkanten von $o_{,}$ wieder gerade abgestumpft, so entsteht das zweite stumpfere Oktaëder, ferner das dritte stumpfere etc. Umgekehrt giebt es auch eine Reihe der schärferen Oktaëder, das zweite, dritte schärfere etc. Ein niederes Quadratoktaëder o schärft an einem spitzeren Dioktaëder i die Endecken von den stumpfen Endkanten aus zu, und es entsteht dadurch zuweilen eine dem regulären Ikositetraëder sehr ähnliche Form (Fig. 162, vergl. (44, 58)), das sog. Leucitoëder.

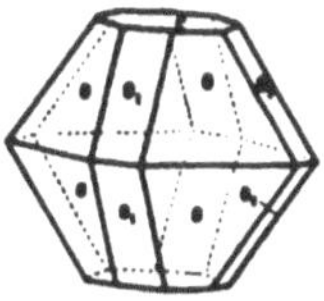

Fig. 161.

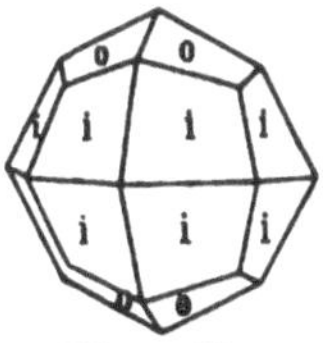

Fig. 162.

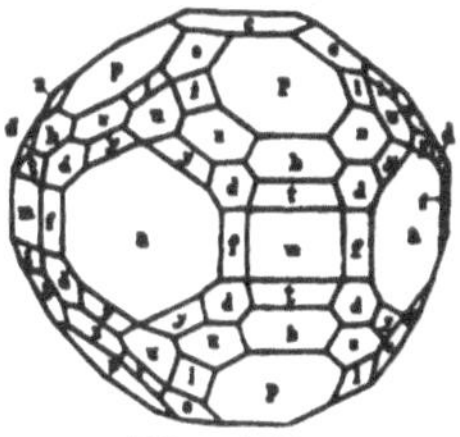

Fig. 163.

Fig. 163 giebt einen flächenreichen quadratischen Krystall von *Vesuvian*. Die Flächen a, m, f machen lauter parallele Kanten; die Flächen a und die Flächen m machen je 90° miteinander, es sind also die beiden quadratischen Prismen, was auch unmittelbar aus der Lage der S. E. an dem Krystalle folgt. Hieraus folgt auch, dass c die Basis sein muss. f ist ein achtseitiges Prisma. Ueber a liegen die Oktaëder u und o und über m liegen t, b, p, je von derselben Stellung mit a und m. Die Flächen i, y, z, d rechts und links von den

Oktaëdern sind oben und unten je achtmal vorhanden, es sind also Dioktaëderflächen. Will man nun diesem Krystall Axen unterlegen, so geht jedenfalls die Hauptaxe senkrecht zu c; die Nebenaxen gehen der Symmetrie entsprechend entweder senkrecht zu a oder zu m. Es ist dann ganz nach Belieben entweder m oder a das Prisma erster Stellung, und es sind entweder t, b, p oder u, o Oktaëder erster Stellung. Jedenfalls ist aber o das nächste stumpfere Oktaëder zu p, da es dessen Endkanten gerade abstumpft, denn die Kanten o/p rechts und links von o sind parallel; ferner p das nächste stumpfere zu u, denn die Kanten p/i und i/u rechts und links von p sind parallel; endlich u das nächste stumpfere zu b; also in einer Reihe: u das nächste stumpfere, p das zweite, o das dritte stumpfere zu b, oder: p das nächste, u das zweite, b das dritte schärfere zu o; oder o das nächste stumpfere, u das nächste, b das zweite schärfere Oktaëder zu p, etc., alles ganz unabhängig von der Axenwahl. Denkt man sich nun die Nebenaxen senkrecht zu a, m. a. W. denkt man sich m und damit auch die Formen t, b, p erster Stellung, so sind a, u, i zweiter. Die Axeneinheiten erhält man für diesen Fall, wenn man beliebig ein Oktaëder erster Stellung, z. B. p als Hauptoktaëder annimmt. Es folgt dann aus seinen Neigungswinkeln das Axenverhältniss $a:c$ und aus andern Winkeln oder aus Zonenverhältnissen folgende Ausdrücke für die andern einfachen Formen: für $p = P(111)$ ist: $o = P\infty(101)$, $u = 2P\infty\ (201)$, $b = 2P(221)$ und $t = 3P(331)$. Wählt man aber nun z. B. t als Hauptoktaëder, dann ist $t = P(111)$ und das Axenverhältniss $a:c$ ist nun, den Winkeln von t entsprechend, ein anderes, als vorhin; es wird an diesem Axensystem: $b = \frac{2}{3}P\ (223)$ und $p = \frac{1}{3}P\,(113)$ etc. In beiden Fällen wird wesentlich nur ausgesagt, dass die Schnitte auf der Hauptaxe für die drei Oktaëder p, b, t, gleiche Schnitte auf den Nebenaxen vorausgesetzt, sich wie: $1:2:3$ verhalten, und dieses Verhältniss ist von dem Axenverhältniss $a:c$ unabhängig. Auch b könnte als Hauptoktaëder gewählt werden, und wenn die Oktaëder u und o als die erste Stellung (also die bisherigen Zwischenaxen nur als Nebenaxen) angenommen würden, auch diese; jedesmal würden die Axenverhältnisse und die Ausdrücke der Oktaëder und Dioktaëder andere sein.

b. Hemiëdrische Formen.

Von Hemiëdrieen sind zwei wichtig:

80. Tetraëdrische Hemiëdrie. Die *tetraëdrische* (sphenoidische) *Hemiëdrie* entspricht genau der ebenso benannten des regulären Systems: die in den abwechselnden Oktanten liegenden Flächen verhalten sich gleich und von den in den anstossenden Oktanten liegenden Flächen verschieden.

Die Flächenvertheilung für das Dioktaëder giebt die Fig. 164. Dieser Körper liefert zwei congruente und durch Drehung um 90° um die Achse c zur Deckung zu bringende *quadratische Skalenoëder* (als

+ und —, oder 1. und 2. Ordnung unterschieden) (Fig. 165). Jedes derselben hat je 4 abwechselnd gleiche Kanten oben und unten durch das Ende der Hauptaxe gehend (Endkanten) und 4 gleiche zickzackförmig schief von unten nach oben gehende Seitenkanten, durch deren Mitte die Nebenaxen a gehen, ausserdem 2 gleiche $2+2$ kantige Endecken auf der Hauptaxe und 4 gleiche $2+1+1$ kantige Seitenecken. Das Dioktaëder mPn oder (hkl) giebt zwei Skaelnoëder: $+\frac{mPn}{2}$ oder $\varkappa\,(hkl)$ und $-\frac{mPn}{2}$ oder $\varkappa\,(h\bar{k}l)$.

Das Oktaëder 1. Stellung giebt zwei *Tetraëder* (Sphenoide) von verschiedener Ordnung, ebenfalls als + und — zu unterscheiden. Sie haben zwei gleiche Kanten an den Enden der Hauptaxe, senkrecht zu dieser (Endkanten), und vier gleiche Kanten (Seitenkanten), länger oder kürzer als die ersteren, gehen durch die Enden der Nebenaxen a zickzackförmig auf und ab. In der allgemeinen Gestalt gleichen sie oft

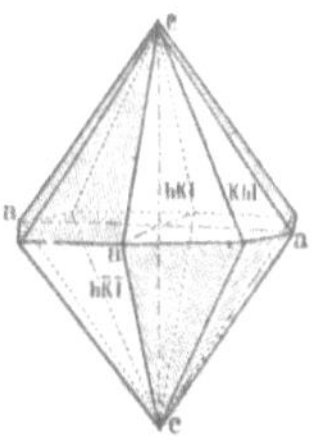
Fig. 164.

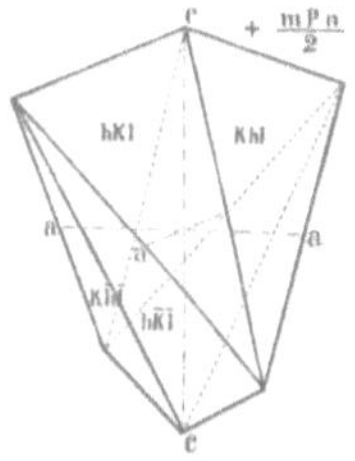
Fig. 165.

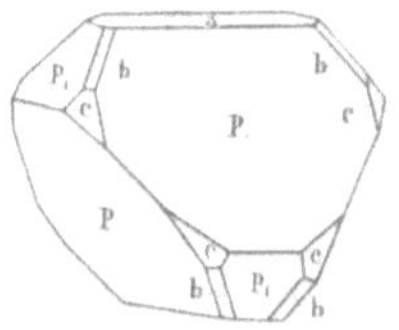
Fig. 166.

regulären Tetraëdern (Fig. 81, 82); sie sind aber spitzer oder stumpfer als diese. Aus dem Oktaëder mP oder (hhl) werden die zwei Tetraëder: $+\frac{mP}{2}$ oder $\varkappa\,(hhl)$ und: $-\frac{mP}{2}$ oder $\varkappa\,(h\bar{h}l)$. Auch solche zwei Tetraëder sind durch Drehung um 90^0 um c zur Deckung zu bringen. Alle andern einfachen holoëdrischen Formen, besonders die Oktaëder zweiter Stellung, bleiben durch diese Hemiëdrie unverändert, und es ist dadurch für solche hemiëdrischen Krystalle ein absoluter Unterschied für die Oktaëder der beiden Stellungen gegeben. Das, welches in zwei Tetraëder zerfällt, wird immer als dasjenige 1. Stellung angenommen.

Fig. 166 giebt einen Kupferkieskrystall, welcher diese Hemiëdrie zeigt: p und p_1 sind zwei aus demselben Oktaëder abgeleitete correlate Tetraëder, zu welchem Oktaëder das Oktaëder b das nächste stumpfere bilden würde. Infolge der Hemiëdrie sind die Flächen p und p_1 von einander verschieden, alle acht Flächen des Oktaëders b aber sind gleich. p und p_1 bilden also ein Oktaëder erster, b ein solches zweiter Stellung. c ist ein Skalenoëder, dessen zwei Flächen über p stumpfere Winkel machen als über p_1, das also mit p von derselben Stellung ist (vergl. 71).

81. Pyramidale Hemiëdrie. Bei der *pyramidalen Hemiëdrie* sind je zwei in einer Seitenkante zusammenstossende Flächen eines Didodekaëders einander gleich und von den rechts und links anstossenden Flächen verschieden. Es entstehen dadurch Quadratoktaëder, die geometrisch mit den schon betrachteten übereinstimmen, sich aber durch eine intermediäre Lage von ihnen unterscheiden, so dass weder die Neben-, noch die Zwischenaxen durch die Seitenecken gehen. (Quadratoktaëder von dritter oder Zwischenstellung oder Tritopyramiden.) Analog geben die achtseitigen Prismen quadratische Prismen von dritter oder Zwischenstellung (Tritoprismen). Alle andern einfachen Formen bleiben unverändert. Eine hierher gehörige Combination giebt der Scheelitkrystall (Fig. 167). *P* Oktaëder erster, *e* zweiter Stellung; *h* und *s* Oktaëder von Zwischenstellung. Alles ist hier ganz ebenso wie bei der pyramidalen Hemiëdrie des Hexagonalsystems (73).

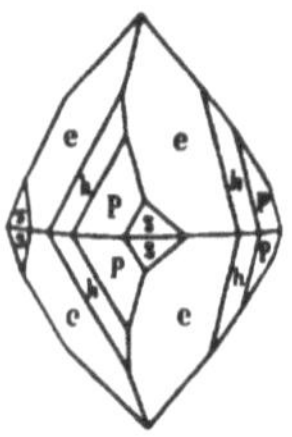

Fig 167.

4. Rhombisches System.

(Zweigliederiges S. 3 S. E. stehen auf einander senkrecht. Drei auf einander senkrechte ungleiche Axen *a*, *b*, *c* machen acht gleiche Oktanten.)

82. Rhombisches System. Die drei Axen sind der Richtung nach durch die Symmetrie der Krystalle unzweideutig gegeben. Eine der drei Axen, beliebig welche, denkt man sich stets aufrecht; sie heisst die Vertikalaxe und wird mit *c* oder $\dot{c}$ bezeichnet. Die grössere der beiden andern, die nun horizontal sind, heisst die *Makrodiagonale* oder *Makroaxe*, die kleinere die *Brachydiagonale* oder *Brachyaxe*. Erstere denkt man sich meist von rechts nach links gerichtet, nur bei wenigen Mineralien stellt man die Krystalle so, dass sie von vorn nach hinten auf den Beschauer zu läuft; die Brachydiagonale geht infolge dessen bei den Krystallen der meisten Mineralien von vorn nach hinten, nur in seltenen Ausnahmefällen von rechts nach links. Die von rechts nach links gehende Axe, also in den allermeisten Fällen die Makrodiagonale, heisst die *Queraxe*, die von vorn nach hinten gehende die *Längsaxe*; letztere wird stets mit *a* bezeichnet, die Queraxe mit *b* oder auch mit $\breve{a}$ resp. $\bar{b}$.

Ein Axensystem ist durch das Axenverhältniss: $a : b : c$ vollkommen gegeben.

83. Einfache Formen. 1. *Rhombische Oktaëder* (Pyramiden). Eine Fläche schneidet im Allgemeinen alle drei Axen ungleich, daher ist der Ausdruck: $\frac{a}{h} : \frac{b}{k} : \frac{c}{l} = (hkl)$ (54). In jedem Oktanten muss eine solche Fläche liegen. Diese acht Flächen bilden einen oktaëdrischen Körper mit 6 Ecken, von welchen nur je zwei gegenüberliegende an den beiden Enden derselben Axe einander gleich sind (Fig. 168). Von den zwölf Kanten sind je vier gleich, welche in einer der drei Axenebenen (Hauptschnitte) liegen. Diese bilden in jeder der Axenebenen *ab*, *bc* und *ac* mit einander eine rhombische Figur (einen rhombischen Schnitt), dessen Diagonalen die betreffenden beiden Axen sind. Die Flächen sind unregelmässige Dreiecke. Die Form des Körpers ist je nach dem Axenverhältniss $a:b:c$ und den Indices h, k, l verschieden. An jedem rhombischen Axensystem können unendlich viele Oktaëder vorkommen, deren Gestalt und Flächenwinkel sich mit den Indices h, k, l ändern.

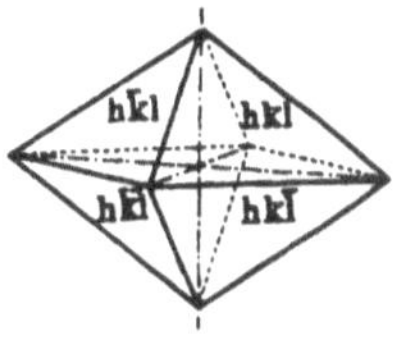

Fig. 168.

2. *Rhombische Prismen.* Die Flächen schneiden zwei Axen im Endlichen, die dritte im Unendlichen; dieser letzteren Axe ist dann das Prisma resp. dessen Kanten parallel. Prismen || der Axe c heissen *Vertikalprismen*, solche || b oder a heissen im allgemeinen *Domen*, und zwar *Makrodomen* oder *Querprismen* || der

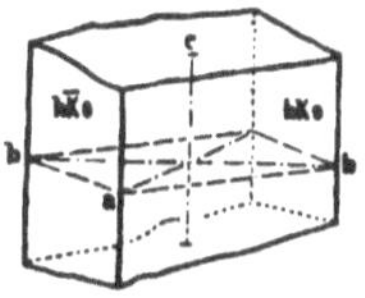

Fig. 169.

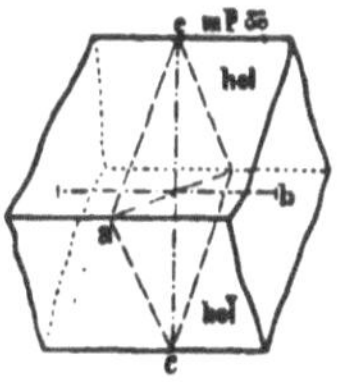

Fig. 170.

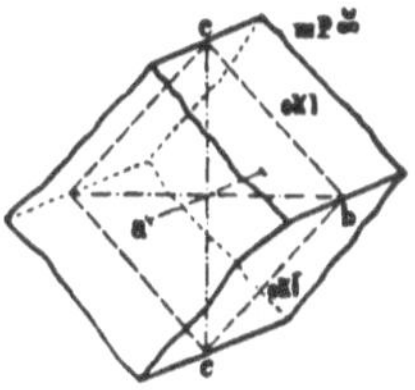

Fig. 171.

Makrodiagonale b; *Brachydomen* oder *Längsprismen* || der Brachydiagonale a. Alle diese Prismen haben einen rhombischen, von je 4 in einer Axenebene liegenden Kanten gebildeten Querschnitt, welcher je einem der drei rhombischen Schnitte eines Oktaëders entspricht; die Prismen können als Oktaëder aufgefasst werden, deren Flächen je eine Axe im Unendlichen schneiden.

a. *Vertikalprismen.* $\frac{a}{h} : \frac{b}{k} : \infty c = hk0$. Die 4 Kanten in der Axenebene *ab* bilden den Querschnitt. An jedem Axensystem können viele Vertikalprismen auftreten; die Winkel derselben hängen von dem Verhältniss: $h:k$ ab (Fig. 169). Das Prisma, resp. die Prismenkanten sind der Vertikalaxe c parallel.

b. *Querprismen* (Makrodomen). $\frac{a}{h} : \infty b : \frac{c}{l}$ $(h0l)$; || Axe b (Fig. 170).

c. *Längsprismen* (Brachydomen): $\infty a : \frac{b}{k} : \frac{c}{l}$ $(0kl)$; || Axe a (Fig. 171). Für die beiden letzteren Körper gilt alles für das Vertikalprisma Gesagte, nur muss man c mit b resp. a vertauschen.

Diese drei Prismen sind keine absolut verschiedenen Krystallformen; der Charakter derselben hängt von der Axenwahl ab und da man beliebig jede Axe als Vertikalaxe nehmen kann, so kann man auch jedes Prisma als Vertikalprisma auffassen; die Prismen in den beiden andern Richtungen sind dann Domen.

3. *Pinakoide.* Die Flächen schneiden eine Axe und sind den beiden andern Axen parallel; daher sind die Flächen auf jener ersten Axe senkrecht.

a. *Basis* (basisches Pinakoid) ⊥ Axe c, also ∥ a und b, somit; $\infty a : \infty b : c = 001$ (Fig. 172).

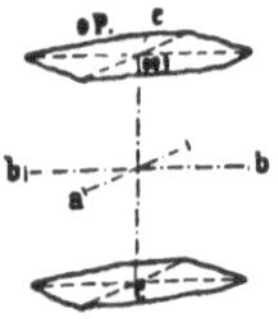

Fig. 172.

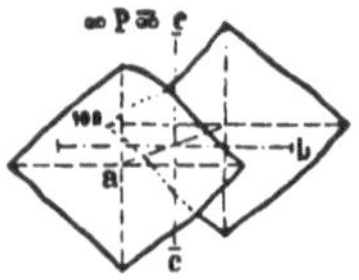

Fig. 173.

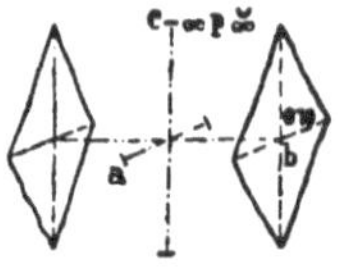

Fig. 174.

b. *Makropinakoid* (Querfläche) ⊥ Axe a, also ∥ b und c, somit: $a : \infty b : \infty c = (100)$ (Fig. 173).

c. *Brachypinakoid* (Längsfläche) ⊥ Axe b, also ∥ c und a, somit: $\infty a : b : \infty c = (010)$ (Fig. 174).

Die Unterschiede der Pinakoide sind ebenfalls keine absoluten, sie hängen ebenso wie bei den Prismen von der Axenwahl ab. Jedes Pinakoid kann je nach dieser Wahl Basis, Makro- oder Brachypinakoid werden.

84. Naumann'sche Bezeichnung. Bei der *Naumann'schen* Bezeichnungsweise geht man wieder von dem Oktaëder P, dem *Hauptoktaëder* oder der *Grundform* (Grundpyramide) aus, welches die Axeneinheiten von den Axen abschneidet, also von der Einheitsfläche und den zugehörigen Flächen begrenzt wird. Man denkt sich eine seiner Flächen im Endpunkt einer der horizontalen Axen a oder b festgehalten und so gedreht, dass sie die Lage der abzuleitenden Fläche erhält. Hier hat man nun zu unterscheiden, ob die Fläche die Axe a oder b in der Einheit schneidet, die Ableitungszahl n für die andere Axe b oder a wird hinter P gesetzt und mit $\breve{}$ oder $-$ bezeichnet, je nachdem sie sich auf a oder b bezieht. Die Fläche denkt man sich so gelegt, dass $n > 1$, dass die Fläche von P also in der Axenebene ab nach aussen gedreht wird. Die Ableitungszahl m vor P bezieht sich wie immer auf die Vertikalaxe c. Darnach hat man für die einfachen rhombischen Formen folgende Uebersicht:

1. *Oktaëder:*

$mP\breve{n} = na : b : mc$ oder (hkl) $h < k$. und: $mP\bar{n} = a : nb : mc$; oder: (hkl) $h > k$.

z. B. $P = a : b : c = (111)$ Hauptoktaëder.

2. *Prismen:*

a. Vertikalprismen: $\infty P\breve{n} = na : b : \infty c$ oder: $(hk0)$ $h < k$. und: $\infty P\bar{n} = a : nb : \infty c$; oder: $(hk0)$ $(h > k)$.

z. B. $\infty P = (110)$.

b. Makrodomen: $mP\bar{\infty} = a : \infty b : mc$ oder $(h0l)$

z. B. $P\bar{\infty} = a : \infty b : c = (101)$.

c. Brachydomen: $mP\breve{\infty} = \infty a : b : mc$ oder $(0kl)$.
z. B. $P\breve{\infty} = \infty a : b : c = (011)$.

3. Pinakoide:

a. Basis: $oP = \infty a : \infty b : c = (001)$.
b. Makropinakoid: $\infty P\bar{\infty} = a : \infty b : \infty c = (100)$.
c. Brachypinakoid: $\infty P\breve{\infty} = \infty a : b : \infty c = (010)$.

Andere einfache Formen als diese sind an einem rhombischen Axensystem unmöglich.

85. Combinationen. Zwei Oktaëder bilden, je nachdem sie die Axen schneiden, verschiedene Combinationen. Sind die auf 2 Axen bezüglichen Indices (Ableitungszahlen) in beiden Oktaëdern einander gleich, dann schärft das eine Oktaëder die auf der dritten Axe liegenden Ecken des andern so zu, dass die entstehenden Combinationskanten mit den in der Ebene der zwei ersten Axen gelegenen Oktaëderkanten parallel sind, z. B. wie in Fig. 175 für die 2 Oktaëder: hkl und $hk_{,}l$. Sind zwei oder alle drei Indices (Ableitungszahlen) verschieden, so sind die Combinationskanten schief zu allen Oktaëderkanten gerichtet (Fig. 176 für die Oktaëder: (hkl) und $(h_{,}k_{,}l_{,})$.

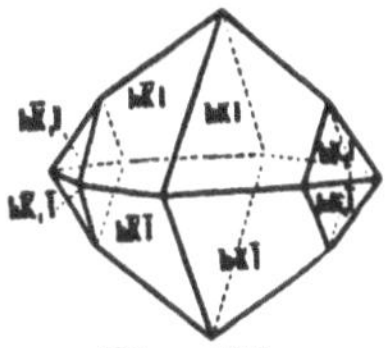

Fig. 175.

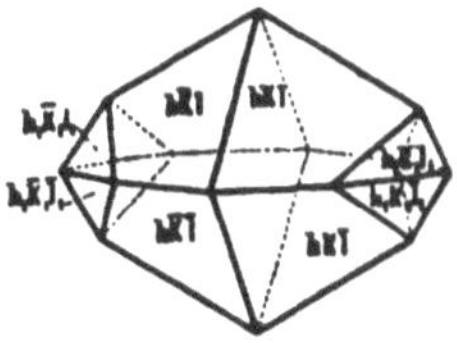

Fig. 176.

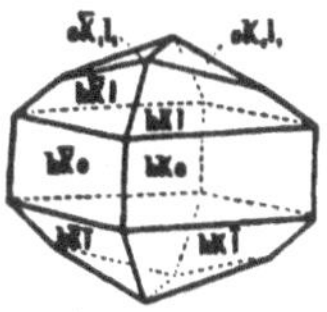

Fig. 177.

Prismen stumpfen an Oktaëdern die Kanten ab, oder sie sind auf die Kanten der Oktaëder gerade aufgesetzt, welche in der Ebene der vom Prisma im Endlichen geschnittenen Axen liegen. So stumpft das Prisma $(hk0)$ die horizontalen Kanten des Oktaëders (hkl) gerade ab. Hier sind die beiden ersten Indices für beide Körper gleich (Fig. 177). Dagegen sind die Flächen des Domes $(0k_{,}l_{,})$ auf die

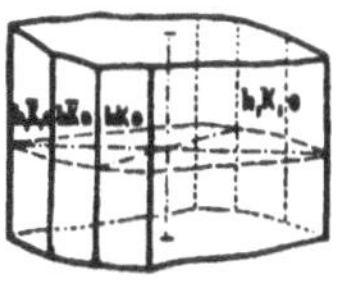

Fig. 178.

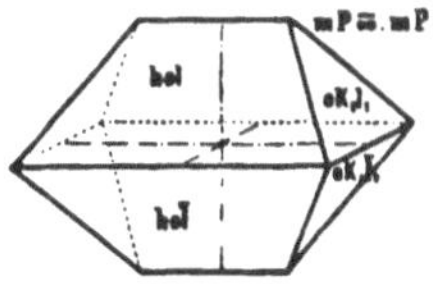

Fig. 179.

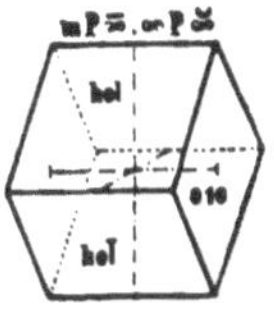

Fig. 180.

seitlichen Kanten des Oktaëders (hkl) gerade aufgesetzt (Fig. 177); hier ist k und $k_{,}$, sowie l und $l_{,}$ verschieden. Prismen derselben Stellung schärfen ihre Kanten gegenseitig zu, wie die beiden Vertikalprismen ($hk0$) und ($h,k,0$) (Fig. 178). Prismen verschiedener Stellung, z. B. die beiden Domen $h0l$ und $0k,l$, geben einen oktaëdrischen Körper (Fig. 179) mit einem in der Ebene der beiden Axen, denen die Domen parallel gehen, gelegenen oblongen Schnitt, ein sog. *Oblongoktaëder*, das aber also keine einfache Form, sondern eine Combination ist. Pinakoide schliessen entweder Prismen beiderseitig, z. B. bei dem Querdoma mit Längsfläche (Fig. 180) oder dem vertikalen rhombischen Prisma ($hk0$) mit Basis (Fig. 181): oder sie stumpfen zwei gegenüberliegende Kanten gerade ab, wie die Längsfläche (010) am Vertikalprisma ($hk0$)

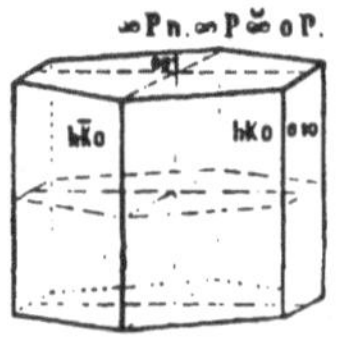

Fig. 181.

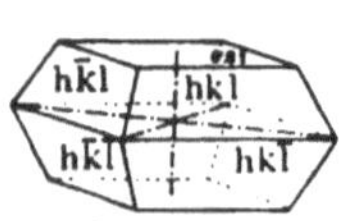

Fig. 182.

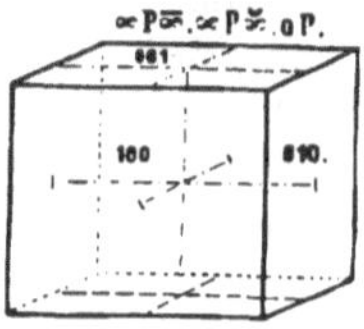

Fig. 183.

(Fig. 181). An Oktaëdern stumpfen sie je zwei gegenüberliegende Ecken gerade ab (Fig. 182). Alle drei Pinakoide geben ein oblonges Prisma mit Basis (Fig. 183), das sich vom quadratischen Prisma mit Basis und vom Würfel nur dadurch unterscheidet, dass alle Flächenpaare verschieden sind, während beim Würfel alle drei gleich, beim quadratischen Prisma zwei gleich sind; auf einander senkrecht sind sie bei allen dreien.

In Fig. 184 ist ein complicirterer rhombischer Krystall, dem *Topas* zugehörig, abgebildet. Die Axenrichtungen sind durch die Symmetrieebenen gegebene, deren Verlauf unmittelbar ins Auge fällt. Die Axe, welche parallel der Kante der Prismen M und l verläuft, soll die Vertikalaxe c sein, M und l sind dann Vertikalprismen und P ist die Basis. n ist ein Doma, o, s und x sind Oktaëder, und zwar haben o und s mit M theilweise gleiche Indices, denn die Flächen M, o, s, P liegen in einer Zone (schneiden sich in parallelen Kanten). Ist $o = hkl$, so ist $s = hkl$, und $M = hk0$. Zur Bestimmung des Axenverhältnisses wählt man eines der vorhandenen Oktaëder als Hauptoktaëder, z. B. o, dann ist $o = P(111)$, und das Axenverhältniss $a : b : c$ ergiebt sich aus den Neigungswinkeln der Flächen o; M ist $= \infty P\,(110)$ und n ist ein Brachydoma, denn das Prisma M hat seinen stumpfen Winkel vorn, auf seiner scharfen seitlichen Kante ist die Fläche n gerade aufgesetzt; also geht n der Brachydiagonale parallel; s ist $= a : b : \frac{1}{l}\, c\ (l > 1)$ und zwar $= \frac{1}{2}P = (112)$, und $x =$ (hkl,) und $l = hk0$ wo $h < k$. Die Indices für die Flächen: s, x, n und l folgen meist aus den Neigungswinkeln, da der Zonenzusammenhang hier

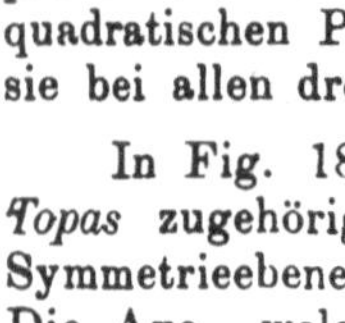

Fig. 184.

vielfach unterbrochen ist, doch liegt x in der Zone [oxn] und l in der Zone [xlx]. Man hätte auch s als Hauptoktaëder nehmen können, oder x, jedesmal hätte sich ein anderes Axenverhältnis $a : b : c$ und damit andere Indices für die andern abgeleiteten Flächen ergeben. Statt der Kante M/M hätte man aber auch eine andere Axe als Vertikalaxe wählen können, z. B. die Kante des Prismas n (oder die Kante P/n), das dann Vertikalprisma z. B. $= \infty P$ (110) geworden wäre. Da die Flächen n sich über P in einem stumpfen Winkel schneiden, so müsste P in diesem Fall Makropinakoid sein, also: $P = \infty \bar{P} \infty$ (100) und M und l wären Brachydomen; o, s, x wären nach wie vor Oktaëder. Je nach dem Axenverhältniss $a : b : c$ kann n aber auch einen andern Ausdruck als (110) erhalten, P kann dann auch Brachypinakoid werden, und damit werden dann M und l Makrodomen. Andere Aufstellungen der Axen ergeben sich daraus von selbst.

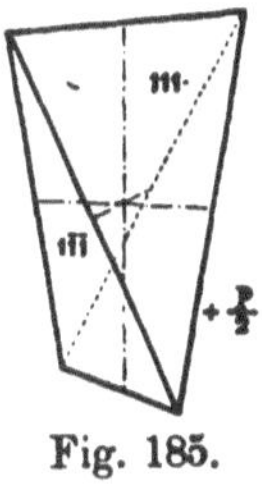
Fig. 185.

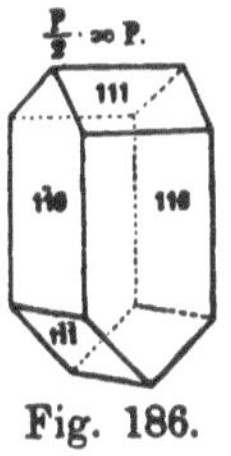
Fig. 186.

86. Hemiëdrie. Eine der *tedraëdrischen Hemiëdrie* entsprechende Hemiëdrie kommt auch hier vor. Jedes rhombische Oktaëder giebt zwei correlate Tetraëder (Fig. 185), gebildet von 4 ungleichseitigen Dreiecken, beide sind enantiomorph. Alle andern vollflächigen rhombischen Formen geben keine neuen hemiëdrischen Formen. Diese Hemiëdrie findet sich zuweilen beim *Bittersalz*, wo ein rhombisches Prisma mit einem solchen Tetraëder combinirt ist (Fig. 186).

5. Monoklines System.

(Klinorhombisches, monosymmetrisches, zwei- und eingliedriges S.) 1. S. E.

87. Monoklines System. Drei ungleiche Axen a, b, c, wovon eine, b auf den beiden andern a und c senkrecht steht, welche den $\measuredangle\ a/c = \beta$ machen. Die Krystalle werden meist so gestellt, dass der stumpfe Axenwinkel $a/c = \beta$ nach vorn gekehrt ist; c wird aufrecht gestellt (Vertikalaxe); a geht schief von vorn nach hinten (Klinodiagonale oder -Axe); b von rechts nach links (Orthodiagonale oder -Axe oder *Symmetrieaxe*), auf Letzterer ist auch die durch die Axen a und c gegebene Symmetrieebene senkrecht, b ist daher in ihrer Richtung bei allen monoklinen Krystallen ein für allemal gegeben; für die Richtungen der Axen a und c können zwei beliebige in der S. E. liegende Kanten gewählt werden. Das Axensystem ist durch das Axenverhältniss $a : b : c$ und den $\measuredangle\ \beta$ vollständig bestimmt; man schreibt die Axen auch: $\grave{a}$, b, $\grave{c}$. Die Oktanten sind zu 4 und 4 einander gleich; je zwei in der S. E. aneinanderstossende und die zwei diametral gegenüberliegenden. In der einen Gruppe von Oktanten ist der stumpfe $\measuredangle\ \beta$ neben zwei rechten Winkeln, in der andern der spitze Winkel $\beta_{,} = 180 - \beta$ (stumpfe und spitze Oktanten).

88. Einfache Formen. *1. Prismen.* Der allgemeinste Fall ist der, dass eine Fläche alle drei Axen ungleich schneidet. Eine solche hat den Ausdruck: $\frac{a}{h} : \frac{b}{k} : \frac{c}{l} = hkl$; sie ist die Fläche eines Prismas mit rhombischem Querschnitt, das schief an den Axen liegt ((54) Fig. 54), sich aber in keiner Weise der Gestalt nach von einem Prisma mit rhombischem Querschnitt im vorhergehenden Krystallsystem unterscheidet. Solche Prismen können nun an einem monoklinen Axensystem je nach der Richtung gegen die Axen a, b und c folgende Lagen haben:

a. *Schiefe Prismen* (Hemipyramiden, augitartige Paare), schneiden alle drei Axen; sie liegen entweder vorn oben in den Oktanten mit dem stumpfen Winkel β (Fig. 187) (vordere augitartige Paare, negative

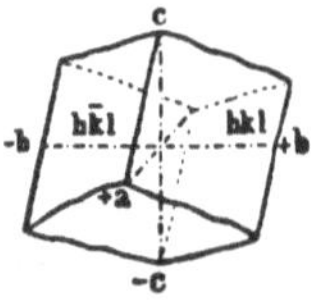

Fig. 187.

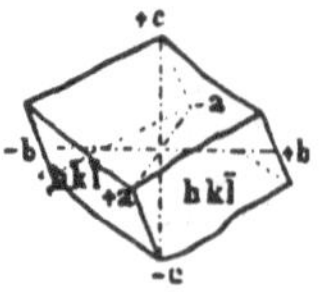

Fig. 188.

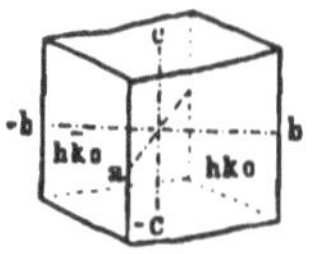

Fig. 189.

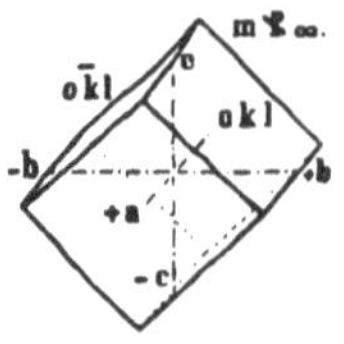

Fig. 190.

Hemipyramiden); oder oben hinten in den Oktanten mit dem spitzen Winkel $180^0 - \beta$ (Fig. 188) (hintere augitartige Paare, positve Hemipyramiden). Unterscheidet man die vordere und hintere Richtung der Axe a als $+$ und $-$, so haben die $-$ Hemipyramiden den Ausdruck: $\frac{a}{h} : \frac{b}{k} : \frac{c}{l} = (hkl)$, die $+$ Hemipyramiden dagegen: $\frac{-a}{h} : \frac{b}{k} : \frac{c}{l} = (\bar{h}kl)$.

b. *Vertikalprismen* gehen der Axe c parallel. Der Ausdruck ist: $\frac{a}{h} : \frac{b}{k} : \infty c = (hk0)$ (Fig. 189).

c. *Horizontalprismen, Klinodomen;* parallel mit der Axe a; haben den Ausdruck: $\infty a : \frac{b}{k} : \frac{c}{l} = (0kl)$ (Fig. 190).

Die genannten drei Prismen sind nicht absolut von einander verschieden, ihr specieller Charakter hängt von der Wahl der Axen a, b und c ab; ein Vertikalprisma wird zum Klinodoma, wenn man die bisher als Vertikalaxe betrachtete Richtung als die der Klinoaxe annimmt, was man jederzeit kann etc.

2. Querpinakoide. Flächenpaare parallel der Orthodiagonale b, also senkrecht zur S. E. ac. Nach ihrer Lage zu den Axen a und c unterscheidet man:

a. *Schiefendflächen* (Hemidomen), welche die Axen a und c schneiden, und zwar entweder vorn im stumpfen oder hinten im spitzen $\measuredangle\ \beta$ gelegen, darnach: vordere Schiefendflächen ($-$ Hemidomen):

$\frac{a}{h} : \infty b : \frac{c}{l} = (h0l)$ (Fig. 191), oder hintere Schiefendfläche (+ Hemidoma): $\frac{-a}{h} : \infty b : \frac{c}{l} = (\bar{h}0l)$ (Fig. 192).

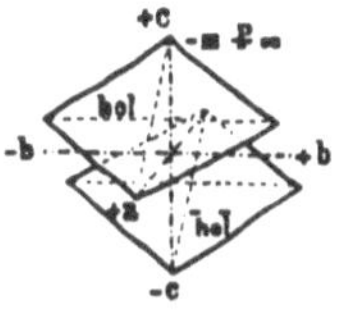
Fig. 191.

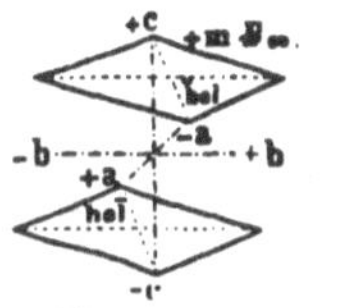
Fig. 192.

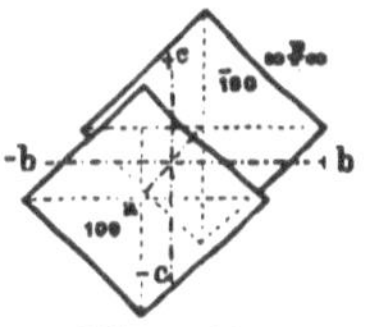
Fig. 193.

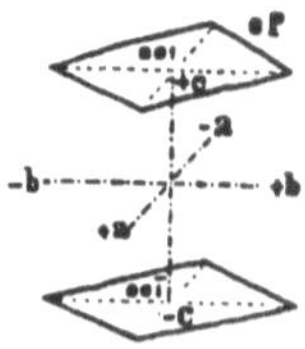
Fig. 194.

b. *Querfläche* (Orthopinakoid); auch der Axe c parallel. $a : \infty b : \infty c = (100)$ (Fig. 193).

c. *Geradendfläche* (Basis); auch der Axe a parallel. $\infty a : \infty b : c = (001)$ (Fig. 194).

Auch bei diesen drei Formen wie bei den Prismen hängt der specielle Charakter von der Wahl der Axen a und c ab, ihr Unterschied ist wieder kein absoluter.

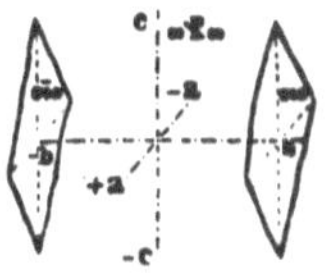
Fig. 195.

3. *Klinopinakoid* (Längsfläche); senkrecht zur Axe b, also der S. E. ac parallel. $\infty a : b : \infty c = (010)$ (Fig. 195).

Dieses Pinakoid unterscheidet sich absolut von den Querpinakoiden, seine Stellung ist von der Wahl der Axen a und c ganz unabhängig, mit denen es parallel geht, diese Axen mögen in der S. E. gewählt sein wie sie wollen; das Klinopinakoid bleibt bei jeder Axenwahl ein solches.

Andere einfache Formen als die genannten sind im monoklinen System unmöglich.

89. Naumann'sche Bezeichnung. Naumann bezeichnet die beiden Hemidomen $+ a : b : c$ und $- a : b : c$ mit $- P$ und $+ P$. Im einzelnen ist die Bezeichnung wie im rhombischen System, nur muss hier statt der Makro- und Brachydiagonale die Ortho- und Klinodiagonale unterschieden werden. Wenn sich eine hinter P stehende Ableitungszahl $n > 1$ auf die Klinoaxe a beziehen soll, wird P schief durchstrichen (mꝐn); gerade dagegen, wenn sich die Ableitungszahl n auf die Orthodiagonale b bezieht (mⱣn); (zuweilen wird über n, um diesen Unterschied anzudeuten, ein kleiner schiefer oder horizontaler Strich angebracht, also $mP\acute{n}$ und $mP\bar{n}$). Die Lage in den stumpfen und scharfen Oktanten wird, wo dies nöthig, durch Vorsetzen von + und − unterschieden, wo kein Vorzeichen gesetzt ist, ist stets + verstanden. Alle Flächen in den Oktanten mit dem spitzen Winkel β sind —, die andern +. Darnach hat man folgende Uebersicht über die einfachen monoklinen Formen

1. Prismen:

a. *Schiefe Prismen* (Hemipyramiden) und zwar:

$+\, m$Ᵽ$n = \pm\, a : nb : mc$ oder $(\bar{h}kl)$ resp. (hkl) $(h > k)$ und

$\pm\, m$Ᵽ$n = \pm\, na : b : mc$ oder $(\bar{h}kl)$ resp. (hkl) $(h < k)$.

z. B.: $P = (\bar{1}11)$; $-P = (111)$;

Ᵽ$2 = (\bar{1}22)$: $-$Ᵽ$2 = (212)$.

b. *Vertikalprismen:* ∞Ᵽ$n = a : nb : \infty c$ oder $(hk0)$ $(h > k)$; oder:

∞Ᵽ$n = na : b : \infty c$ oder $(hk0)$ $(h < k)$.

c. *Klinodomen:* mⱣ$\infty = \infty a : b : mc$ oder $(0kl)$.

2. Querpinakoide:

a. *Schiefendflächen* (Hemidomen) und zwar:

$+ m$Ᵽ$\infty = \pm\, a : \infty b : mc$ oder $(\bar{h}0l)$ resp. $(h0l)$.

z. B. $+$Ᵽ$\infty = (\bar{1}01)$ resp. (101).

b. *Querfläche:* ∞Ᵽ$\infty = (100)$.

c. *Basis:* $oP = (001)$.

3. Klinopinakoid: ∞Ᵽ$\infty = (010)$.

90. Combinationen. Die Combinationen dieser einfachen Formen kann man sich leicht vorstellen. Ein vorderes und hinteres schiefes Prisma

Fig. 196.

Fig. 197.

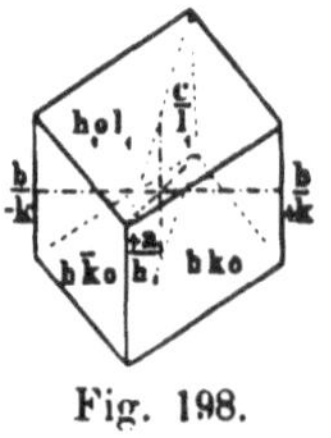
Fig. 198.

geben ein monoklines Oktaëder (Fig. 196, 197), wo bei den idealen Formen die Axe b zwar stets durch die zwei seitlichen Ecken gehen muss, die Axen a und c gehen aber nicht nothwendig durch die andern Ecken (Fig. 196). Eine Schiefendfläche ist auf die vordere, in der S. E. gelegene Kante eines Prismas, z. B. eines Vertikalprismas gerade aber schief zu den Prismenkanten aufgesetzt (Fig. 198). Das Klinopinakoid und zwei Querpinakoide geben ein oblonges Prisma mit schiefer Endfläche (Fig. 199). In dem monoklinen *Feldspathkrystall* (Fig. 200) geht die S. E. durch die Kanten T/T senkrecht über die Flächen P, k, x, y hinweg, und parallel mit

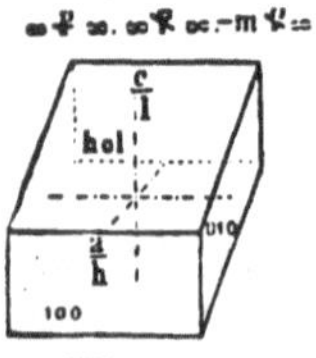
Fig. 199.

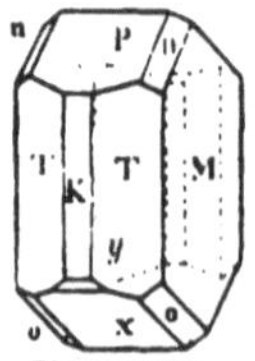
Fig. 200.

der Fläche M; nothwendig müssen P, k, x, y auf M senkrecht sein, sonst wäre ja keine Symmetrie rechts und links von M, der Krystall wäre nicht monoklin. Die Symmetrieaxe b steht senkrecht auf M, M ist stets das Klinopinakoid (Längsfläche); Axe b ist mit den Kanten P/x etc. parallel. Die Fläche T, ebenso n und o bilden Prismen, die Flächen P, x, y, k sind Pinakoide parallel mit der Orthodiagonale b. Wählt man nun T als Vertikalprisma ∞P (110), dann wird die Kante T/T Vertikalaxe c; wählt man ferner die Kantenrichtung P/n oder M/n als Axe a, dann ist P die Basis und $= oP$ (001) und n wird ein Klinodoma $m\mathrm{P}\infty$ oder $(0kl)$; x und y sind hintere Schiefendflächen: $+ m\mathrm{P}\infty$ oder $(\bar{h}0l)$. Die Axenverhältnisse lassen sich aus der ferneren Annahme berechnen, dass z. B. die Hemipyramide o einen bestimmten Ausdruck, etwa $(\bar{1}11)$ habe und indem man die gemessenen Flächenwinkel in Betracht zieht; $\measuredangle \beta$ kann als $\measuredangle P/k$ direct gemessen werden. Die Indices der andern Flächen folgen ebenfalls aus deren Neigungswinkeln oder aus den Zonenverhältnissen. Würde man für o oder T andere Ausdrücke, zu Grunde legen, so würde man andere Werthe für das Axensystem und auch für die Indices der übrigen Flächen finden. Statt T kann man sodann aber auch n, oder o etc. als Vertikalprisma auffassen; man könnte eine oder die andere $\parallel b$ verlaufende Fläche als Basis etc. wählen und würde dadurch wieder andere Axensysteme erhalten, welche alle dem Krystall im allgemeinen ganz gleich gut zu Grunde gelegt werden können.

Hemiëdrie ist im monoklinen System nicht beobachtet.

6. Triklines System.

(Klinorhomboidisches, asymmetrisches, eingliedriges S.) keine S. E.

91. Triklines System. Drei ungleiche Axen a, b, c schneiden sich unter den ungleichen und schiefen Winkeln $a/b = \gamma$, $b/c = \alpha$, $c/a = \beta$; sie bestimmen acht Oktanten, von welchen jeder nur dem diametral gegenüberliegenden gleich ist. Eine Axe denkt man sich aufrecht und nennt sie die Vertikalaxe c, die beiden andern a (Brachydiagonale, von vorn nach hinten) und b (Makrodiagonale, von rechts nach links) verhalten sich wie im rhombischen System. Ein triklines Axensystem ist durch das Axenverhältniss $a:b:c$ und die Axenwinkel α, β, γ vollständig gegeben. Man stellt die Krystalle gerne so auf, dass die Winkel α, β, γ im vorderen, oberen, rechten Oktanten stumpf sind.

Da die Flächen nicht mehr zu gewissen Ebenen symmetrisch angeordnet sind, so ist zu jeder nur ihre parallele Gegenfläche mit Nothwendigkeit vorhanden; der ganze Krystall wird umgrenzt von einzelnen Flächenpaaren, welche nur dem Gesetz der rationalen Axenschnitte unterworfen sind. Jede beliebigen drei Kanten können, wenn sie nicht in einer Ebene liegen, als Axen angenommen werden. An solchen haben dann die Krystallflächen eine bestimmte Lage, und darnach werden sie mit verschiedenen Namen belegt. *Viertelpyramiden* (Tetartopyramiden) schneiden alle drei Axen; *Hemiprismen* schneiden a und b und gehen c parallel; *Hemidomen* schneiden a und c, resp. b und c und gehen mit b, resp. mit a parallel. *Pinakoide* gehen den Axenebenen parallel. Dies gilt aber immer nur für ein ganz bestimmtes Axensystem; nimmt man andere Kanten zu Axen, so können die Flächen an den neuen Axen eine ganz andere Lage haben, die Hemiprismen können Pinakoide, die Viertelpyramiden Hemidomen etc. werden, so dass also keinerlei absoluter Unterschied zwischen diesen Flächenpaaren vorhanden ist.

92. Naumann'sche Bezeichnung. Nach der Naumann'schen Methode wird eine Fläche, welche von den Axen die Einheiten abschneidet, mit P bezeichnet. Dieses P kann nun in irgend einem der vier vorderen Oktanten liegen, also oben rechts oder links oder unten rechts oder links; um dies zu bezeichnen, werden an dem P oben oder unten, rechts oder links eine ' angebracht, so dass P' eine Fläche $a : b : c$ ist, welche in dem vorderen Oktanten oben rechts liegt; also wenn der hintere Zweig von a, der linke von b und der untere von c negativ sind: $P' = a : b : c = 111$; $,P = a : -b : -c = 1\bar{1}\bar{1}$ etc. Andere Axenschnitte als in der Einheit werden durch Ableitungszahlen m vor P und n hinter P angegeben, genau wie im rhombischen System; erstere, m, beziehen sich immer auf c, letztere, n, auf a oder b, je nachdem sie mit der speciellen Bezeichnung $\breve{}$ und $\bar{}$ versehen sind (84). Die Flächen von Hemiprismen und die von Hemidomen liegen in zwei vorderen Oktanten, welche ebenfalls durch Striche an P bezeichnet werden.

Demnach kommen an den triklinen Krystallen folgende einfache Formen vor:

1. *Viertelpyramiden:*

oben rechts: $mP'\bar{n} = a : nb : mc$ oder (hkl) $(h > k)$ oder:
$mP'\breve{n} = na : b : mc$ oder (hkl) $(h < k)$.

oben links: $m'P\bar{n} = a : -nb : mc$ oder $(h\bar{k}l)$ $(h > k)$ oder:
$m'P\breve{n} = na : -b : mc$ oder $(h\bar{k}l)$ $(h < k)$.

unten rechts: $mP_{,}\bar{n} = a : nb : -mc$ oder $(hk\bar{l})$ $(h > k)$ oder:
$mP_{,}\breve{n} = na : b : -mc$ oder $(hk\bar{l})$ $(h < k)$.

unten links: $m_{,}P\bar{n} = a : -nb : -mc$ oder $(h\bar{k}\bar{l})$ $(h > k)$ oder:
$m_{,}P\breve{n} = na : -b : -mc$ oder $(h\bar{k}\bar{l})$ $(h < k$.

z. B.: $'P = (1\bar{1}1)$; $3P' = (331)$; $\frac{1}{2}{}_{,}P\breve{3} = (1\bar{3}\bar{6})$; $2P'\bar{2} = (211)$.

2. *Hemiprismen und Hemidomen:*

rechtes Hemiprisma: $\infty P'_{,}\bar{n}$ resp. $\infty P'_{,}\breve{n}$ oder $(hk0)$.
linkes Hemiprisma: $\infty P'_{,}\bar{n}$ resp. $\infty P'_{,}\breve{n}$ oder $(h\bar{k}0)$.

oberes Makrodoma: $m'P'\bar{\infty}$ oder $(h0l)$.
unteres Makrodoma: $m,P,\bar{\infty}$ oder $(h0\bar{l})$.
rechtes Brachydoma: $m,P'\breve{\infty}$ oder $(0kl)$.
linkes Brachydoma: $m'P,\breve{\infty}$ oder $(0\bar{k}l)$.

3. *Pinakoide:*
Makropinakoid (Querfläche): $\infty P\bar{\infty} = (100)$.
Brachypinakoid (Längsfläche): $\infty P\breve{\infty} = (010)$.
bas. Pinakoid (Basis): $oP = (001)$.

93. Beispiel. Wählt man in dem Fig. 201 als Beispiel einer triklinen Combination dargestellten Krystall von *Kupfervitriol* die Kanten T/M, T/P und M/P als Axen c, b, a, dann ist T, M, P der Reihe nach Quer- und Längsfläche und Basis; n ist ein linkes, r ein rechtes Hemiprisma; v ein rechtes Brachydoma; s ist eine rechte obere Hemipyramide, w, q, o sind rechte untere, und p ist eine linke untere Hemipyramide. Wäre dagegen wieder M/T Vertikalaxe, aber n/P Makro- und v/r Brachydiagonale, so wäre n die Quer- und r die Längsfläche, P wäre ein vorderes oberes Makrodoma, p die Basis, etc., und so wäre für jede andere Axenwahl der Charakter der Flächen ein anderer. Die Neigungswinkel der Flächen geben die Axenlängen und -Winkel. Die Symbole der einzelnen Flächen, welche an jedem speciellen Axensystem andere werden, folgen aus den Zonen, oder ebenfalls aus gemessenen Winkeln.

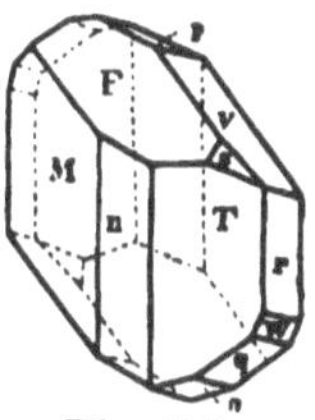

Fig. 201.

Hemiëdrie kommt im triklinen System nicht vor.

E. Gesetzmässige Verwachsung der Krystalle.

Parallelverwachsung.

94. Parallelverwachsung. Krystalle derselben Substanz findet man zuweilen vollkommen parallel mit einander verwachsen, d. h. so, dass die physikalisch gleichen Richtungen in beiden Individuen parallel sind (5). Es sind daher auch die Axen des einen Individuums parallel den entsprechenden Axen des andern und damit auch die Begrenzungselemente des einen parallel den entsprechenden Begrenzungselementen des andern Individuums. So findet man z. B. häufig reguläre Oktaëder von Alaun in der Fig. 202 dargestellten Weise verwachsen. Es entstehen dabei einspringende Winkel, die aber so beschaffen sind, dass je eine Fläche derselben an einem Individuum parallel einer Fläche am andern Individuum ist, also hier z. B. an dem einspringenden Winkel $a_1 a'_2$ die Flächen $a_1 \parallel a'_1$. $a'_2 \parallel a_2$ etc. Diese Art der Parallelverwachsung ist sehr häufig und es sind hierauf sehr viele einspringende Winkel an Krystallindividuen zurückzuführen: diese haben ja sonst lauter ausspringende Winkel (12). Durch solche Parallelverwachsung entstehen zuweilen eigenthümliche Gebilde, wie z. B. die sog. Scepterquarze, bei welchen auf einem langen dünnen Quarzsäulchen ein kurzer dicker Quarzkrystall aufgesetzt ist etc. (vergl. 106).

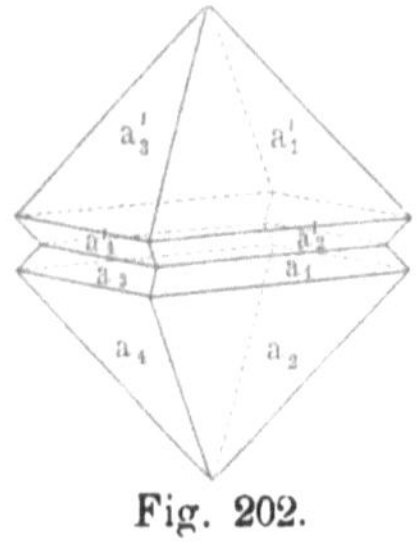

Fig. 202.

Nicht selten ist eine grosse Anzahl einzelner kleineren Individuen parallel verwachsen und diese bilden dann einen grössern Krystall, der zuweilen eine ganz andere Form zeigt, als die kleinen Einzelkryställchen, aus welchen er aufgebaut ist, und welche auch wohl als *Subindividuen* bezeichnet werden. So findet man häufig Oktaëder von Flussspath, welche von lauter unter einander parallelen Würfelchen gebildet sind, deren Ecken alle im Niveau der Flächen des Oktaëders liegen, so dass die Gestalt des letzteren dadurch, aber von lauter Scheinflächen begrenzt, hervorgebracht wird (Fig. 203). Ebenso findet man vielfach rhomboëdrisch oder skalenoëdrisch begrenzte Kalkspathkrystalle, welche aus kleinen Rhomboëderchen, zuweilen von derselben Form wie die von ihnen gebildeten grossen Rhomboëder, oder aus anders gestalteten Subindividuen zusammengesetzt erscheinen. Man bringt diese Erscheinungen mit dem allmähligen Wachsthum der Krystalle, das durch Auflagerung neuer Substanz auf der Oberfläche der alten vor sich geht, in Zusammenhang und nennt sie Wachsthumserscheinungen. Auch bezeichnet man wohl das ganze Gebiet der hierher gehörigen Erscheinungen mit dem Namen *Krystallotektonik* um den Aufbau der Krystalle aus den Subindividuen anzudeuten. Die Subindividuen sind übrigens nicht immer gross und einzeln deutlich erkennbar und von den andern deutlich unterscheidbar. Die durch ihre Verwachsung gebildeten grösseren Krystalle zeigen häufig eigenthümliche Oberflächenerscheinungen (drusig, facettirt, parquettirt etc.) (108).

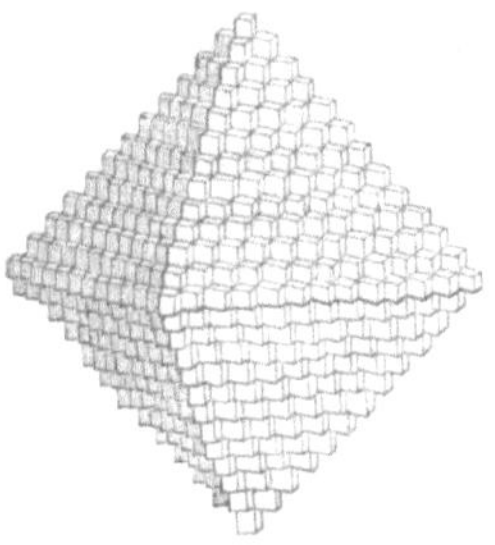
Fig. 203.

Häufig kommt es vor, dass kleine Kryställchen, welche einen grösseren Krystall zusammensetzen, nicht vollkommen, sondern nur annähernd parallel (hypoparallel) mit einander verwachsen. Dann sind die Flächen der so gebildeten Krystalle nicht eben, sondern mehr oder weniger stark gekrümmt. Auf diese Weise entstehen z. B. die sattelförmig gekrümmten Flächen der Rhomboëder des Braunspaths u. a. Mineralien, ferner Gruppen, wie z. B. die sog. garbenförmigen Krystalle des Desmin, wo von einem Punkt eine Anzahl prismenförmiger Krystalle in nahezu paralleler Richtung, aber doch etwas divergirend, nach oben und unten ausstrahlen, so dass in der Mitte eine Einschnürung entsteht, und anderes Aehnliches mehr. Doch dürfen nicht ohne weiteres alle krummen Flächen auf diese Weise erklärt werden.

Sadebeck, Angewandte Krystallographie.

Zwillingsverwachsung.

(Vergl. Sadebeck, Angewandte Krystallographie. 1876. Tschermak, Min. und petr. Mittheilungen II. 499. 1879. Klein, Ueber Zwillingsverbindungen und Verzerrungen, 1868).

95. Zwillinge. Krystallindividuen derselben Substanz kommen nicht nur in paralleler, sondern auch in nichtparalleler Stellung, aber in ganz bestimmter, krystallonomisch-gesetzmässiger Weise mit einander verwachsen vor. Letztere Verwachsungen nennt man *Zwillinge*. Wenige Fälle ausgenommen, besteht die Gesetzmässigkeit darin, dass die zwei Individuen, welche den Zwilling bilden, zu einer an beiden in gleicher Weise krystallonomisch definirbaren Ebene symmetrisch (umgekehrt) liegen. Diese Ebene heisst die *Zwillingsebene* (Zw. E.), die Normale derselben die *Zwillingsaxe*. (Zw. A.). Dreht man das eine Individuum eines Zwillings um die Zwillingsaxe um 180^0 herum, so wird es dem andern Individuum parallel; und umgekehrt: Sind beide Individuen parallel und dreht man das eine um 180^0 um die Zwillingsaxe, so kommt es in die Zwillingsstellung gegen das andere. In den verschwindend wenigen Fällen, in denen die beiden Individuen eines Zwillings nicht gegen eine Ebene symmetrisch liegen (100^b), wo also keine Zwillingsebene vorhanden ist, ist wenigstens eine Linie vorhanden, welche die angegebene Eigenschaft der Zwillingsaxe hat, und welche man daher auch hier als Zwillingsaxe bezeichnet.

Die Zwillingsfläche ist in den meisten Fällen eine wirklich vorhandene oder eine mögliche Krystallfläche beider Individuen und zwar ist es stets in beiden Individuen eine Fläche derselben einfachen Form, sie ist in beiden gleichnamig, z. B. bei regulären Krystallen vielfach eine Oktaëderfläche, bei Aragonitkrystallen eine Fläche des Vertikalprismas $\infty P(110)$. Als Zwillingsfläche kann im allgemeinen jede Fläche eines Krystalls dienen, doch kann niemals die Zwillingsfläche einer Symmetrieebene desselben parallel sein; denn wenn zwei Individuen symmetrisch zu einer ihrer Symmetrieebenen verwachsen sind, so sind sie stets parallel und nicht in Zwillingsstellung gegen einander. Für den Fall, dass die Zwillingsfläche parallel mit einer Krystallfläche ist, ist die Zwillingsaxe entweder einer wirklich vorhandenen oder einer möglichen Krystallkante parallel und zwar wieder in beiden Individuen derselben Kante; die Richtung der Zw. A. entspricht aber auch zuweilen keiner möglichen Kantenrichtung in den Einzelkrystallen. Selten, besonders bei den Zwillingen trikliner Krystalle vorkommend, sind die Fälle, wo die Zwillingsfläche keiner möglichen Fläche der Individuen parallel ist. In diesem Falle ist dann entweder die Zwillingsaxe wie vorhin einer in beiden Individuen gleichartigen Kante parallel; oder auch sie ist einer Kante nicht parallel, lässt sich aber dann krystallonomisch so definiren, dass sie in einer beiden Individuen gemeinsamen Fläche auf einer ebenfalls beiden gemeinsamen Kante derselben Fläche senkrecht steht.

Durch die Angabe der Zwillingsfläche oder -Axe ist der Zwilling unzweideutig bestimmt. Man nennt diese Angabe das *Zwillingsgesetz*.

Die unten angeführten Beispiele werden das Gesagte und noch weitere Verhältnisse der Zwillingskrystalle erläutern.

Beispiele. 96. Ein einfaches Beispiel einer solchen Zwillingsbildung bietet der in Fig. 204 und 205 dargestellte *Augitkrystall* bei dem der Augenschein lehrt, dass er aus zwei monoklinen Individuen von der

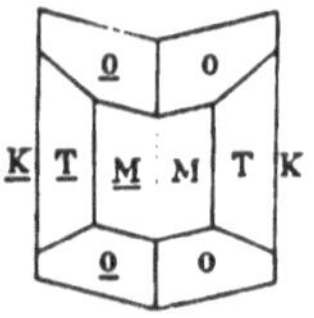

Fig. 204.

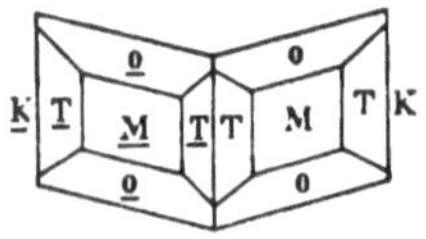

Fig. 205.

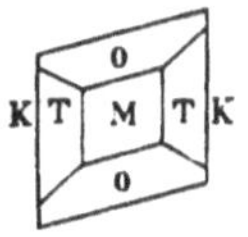

Fig. 206.

Form der Fig. 206 zusammengesetzt ist, an welchen *T* ein vertikales Prisma, *M* die Längsfläche, *K* die Querfläche und *o* ein augitartiges Paar (schiefes Prisma) darstellen. Die Grenze beider Individuen wird deutlich markirt durch die einspringenden Kanten der Flächen *o* und $\underline{o}$, wie überhaupt solche einspringende Winkel sehr häufig auf Zwillingsbildung hinweisen. Die nähere Untersuchung lehrt, dass die Flächen $Ko\underline{o}\underline{K}$ in einer Zone liegen, da die Kanten *K/o* und *K/o* den einspringenden Kanten $o/\underline{o}$ parallel sind; somit ist die beiden Individuen gemeinsame Fläche, die Zwillingsfläche, in diesem Fall parallel mit der Querfläche *K*; rechts und links von dieser in Fig. 204 auf *M* gestrichelt dargestellten Fläche ist Alles, Flächen, Kanten und Ecken, symmetrisch. Das Zwillingsgesetz würde also hier lauten: „Zwillingsfläche ist die Querfläche *K*“, oder man sagt auch: „Beide Individuen haben die Querfläche *K* gemein und liegen umgekehrt (d. h. zu *K* symmetrisch)“.

Man kann nun auch mit Hülfe der Zwillingsaxe zu einer klaren Vorstellung über die gegenseitige Lage der Individuen im Zwilling gelangen und das Zwillingsgesetz auch mit Hülfe dieser Axe angeben. Denkt man sich nämlich beide Individuen dieses Zwillings erst in vollkommen paralleler Stellung neben einander liegend, so dass sie sich in der Fläche *K*, welche Zwillingsfläche sein soll, berühren (Fig. 207), so kann man offenbar den Zwilling sich dadurch entstanden denken, dass man das eine Individuum (mit den unterstrichenen Flächenbuchstaben) um eine Axe senkrecht zu *K* um 180° herumdreht. Berührten sich vor der Drehung beide Individuen nach der Fläche *K*, so ist dies auch nachher noch der Fall; und wie vorher, so werden sich auch nachher die Umrisse von *K* in beiden Individuen vollkommen decken. Statt der nach oben links liegenden stumpfen Ecke wird aber durch die Drehung die scharfe von unten nach oben gebracht werden etc., und es entsteht die in Fig. 205 dargestellte Verwachsung. Diese unterscheidet sich offenbar in keinem wesentlichen Punkt von dem in Fig. 204 dargestellten Zwilling. Die einzige Abweichung ist nur die, dass im einen Fall die beiden Individuen ganz vollständig vorhanden sind während im andern Fall nur Stücke derselben den Zwilling bilden. Es ist aber eine sehr häufig vorkommende Frschinung, dass an einem Zwilling die beiden Individuen in der Richtung der Zwillingsaxe stark verkürzt erscheinen, so dass man besser die in der Natur thatsächlich beobachtete Form des Zwillings erhält, wenn man ein Individuum durch eine Schnittfläche parallel mit der Zwillingsfläche (senkrecht zur Zwillingsaxe) halbirt und die eine Hälfte, die nun wie die andere für sich ein Individuum darstellt, gegen die andere um 180° verdreht. Das Zwillingsgesetz wird dann mit Hülfe der Zwillingsaxe so ausgesprochen: „Zwillingsaxe senkrecht zu *K*", wobei die Drehung um 180° selbstverständlich ist, oder: „beide Individuen haben *K* gemein und sind in *K* (um eine Axe senkrecht zu *K*) um 180° verdreht". Wegen dieser Drehung um einen halben Kreisumfang heissen solche Zwillinge auch wohl *Hemitropieen*.

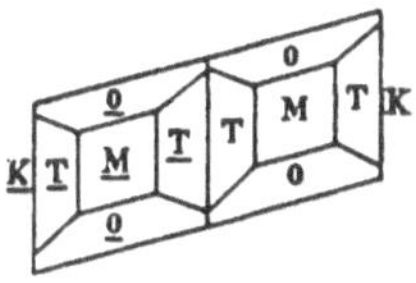

Fig. 207.

Selbstverständlich ist die Idee der Drehung des einen Individuums nur eine geometrische Abstraction, um sich die Lage der beiden Individuen im Zwilling klar zu machen. An eine Entstehung der Zwillinge in der Natur auf diese Weise wird wohl Niemand denken.

Im vorliegenden Beispiel war die Zwillingsfläche eine factisch vorhandene Krystallfläche, dagegen ist hier die Zwillingsaxe, also die Normale zur Querfläche, wie die specielle Betrachtung der monoklinen Krystalle zeigt keiner krystallographisch möglichen Kante der Individuen parallel.

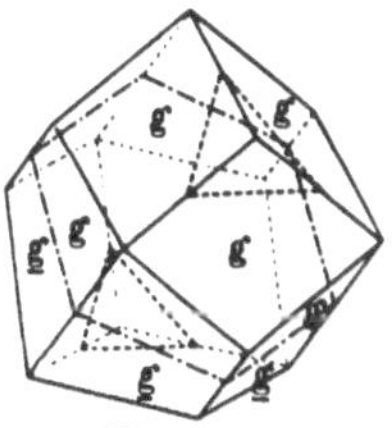
Fig. 208.

96a. Betrachten wir nun den in Fig. 208 dargestellten Krystall, der z. B. bei dem regulären *Sodalith* vorkommt, so findet man, dass derselbe von sechs in einer Zone liegenden Parallel-trapezen und je drei auf beiden Seiten auf die kurzen Trapezkanten aufgesetzten Rhomben begrenzt ist, welch' letztere sich aber nicht parallel gegenüberliegen, wie das die Trapeze thun. Sowohl die trapez- als die rhombenförmigen Flächen schneiden sich unter 120°. Hier sieht man nun keine einspringenden Winkel, aber ebenso wie diese, deutet auch der Mangel an gegenseitiger Parallelität bei den Rhombenflächen auf Zwillingsbildung hin. Man sieht auch in der That leicht, dass sich dieser Krystall nach einer strichpunktirt angegebenen, auf den Parallelkanten der Trapeze senkrechten Ebene in zwei symmetrische Hälften theilen lässt, deren jede in ihren wesentlichen Beziehungen, in den Winkeln etc. einem halben Granatoëder entspricht. Jene Ebene ist also hier Zwillingsfläche; weil sie auf den sechs parallelen Kanten der beiden granatoëdrischen Einzelindividuen senkrecht steht, muss sie offenbar eine der rechts und links liegenden dreikantigen Ecken gerade abstumpfen, wie die punktirten Dreiecke andeuten, sie ist also in beiden Granatoëdern eine Oktaëderfläche. Die Zwillingsaxe ist hier parallel mit den sechs parallelen Kanten der Trapeze, d. h. parallel mit den Granatoëderkanten. Dreht man die eine Hälfte des Krystalls um 180° um eine solche Axe, so erhält man ein vollständig regelrechtes Granatoëder. Aus einem solchen kann man sich umgekehrt den Zwilling entstanden denken, wenn man das Granatoëder senkrecht zu sechs parallelen Kanten halbirt und die beiden Hälften gegen einander um 180° in der Halbirungsebene (d. h. um eine jener sechs Kanten als Axen) verdreht. Hier ist die Zwillingsfläche zwar auch eine Krystallfläche, aber nur eine mögliche, nicht eine wirklich vorhandene. Ebenso ist aber auch gleichzeitig die Zwillingsaxe eine Kante und zwar in beiden Individuen eine gleichnamige, eine Granatoëderkante. Auch diese Granatoëder-Zwillinge sind häufig stark verkürzt, nicht selten so stark, dass von den 6 Flächen senkrecht zu der Zwillingsfläche nichts oder fast nichts mehr übrig ist und der Zwilling aus einer, über einer gemeinsamen, gleichseitig dreieckigen Basis errichteten Doppelpyramide besteht (z. B. beim Diamant).

96 b. Ein Beispiel eines Zwillings, wo zwar die Zwillingsaxe, aber nicht die Zwillingsfläche krystallonomisch möglich ist, liefert der *trikline Feldspath* (Albit oder Anorthit) (Fig. 209). Zwei Krystalle, gebildet von den vertikalen Prismenflächen *T* und *l*, der Basis *P* und der Längsfläche *M* und zuweilen auch der hier nur gestrichelt angedeuteten Querfläche *k*, sind mit der Basis *P* so verwachsen, dass *T* und *l* einspringende Winkel machen und dass die Kanten *P/K* und *P̲/K̲* beider Individuen parallel sind. Die Kanten *P/M* und *P̲/M̲* fallen nicht auf einander, sondern schneiden sich rechts und links unter kleinen Winkeln, und ebenso machen *M* und *M̲* kleine, einerseits aus-, andererseits einspringende Winkel. Dass *P* hier nicht Sym-

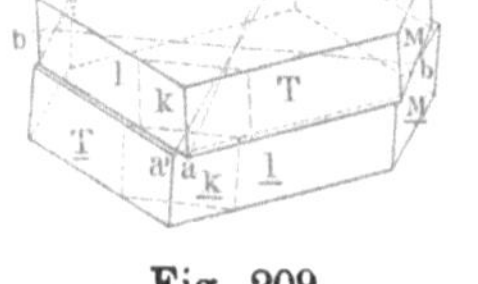

Fig. 209.

metrieebene ist, sieht man sofort, die Anordnung beider Individuen symmetrisch zu einer Ebene tritt dagegen hervor, wenn man das obere Individuum parallel mit sich so verschiebt, dass es neben dem unteren liegt, so dass in der neuen Lage die Flächen P und $\underline{P}$ zusammenfallen und die Kanten K/P und $\underline{K}/\underline{P}$ parallel sind (Fig. 210).

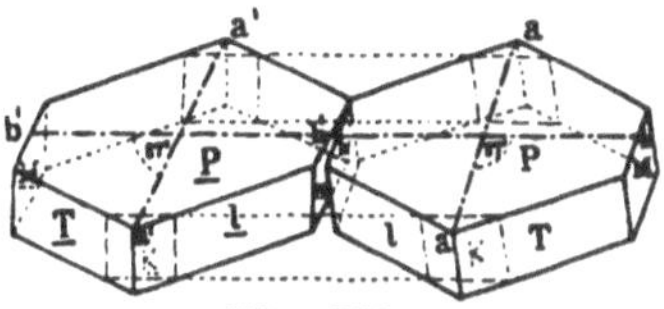

Fig. 210.

Man kann dann eine mit K/P und $\underline{K}/\underline{P}$ parallele Linie bbb^1b^1 ununterbrochen über P und $\underline{P}$ hinziehen, und die Anordnung der stumpfen und spitzen Winkel der Flächen an beiden Individuen in Verbindung mit der Flächenvertheilung selbst zeigt, dass in dieser Lage beide Individuen symmetrisch sind zu einer Ebene, die senkrecht zu bb^1 (Kante P/K) den keilförmigen Raum zwischen ihnen halbirt, welcher der Kreuzung der Kanten P/M und $\underline{P}/\underline{M}$ bei der ursprünglichen, in Fig. 209 dargestellten Lage entspricht. Diese Ebene ist also hier Zwillingsebene; sie ist keine krystallonomisch mögliche Fläche, dagegen ist die Zwillingsaxe bb^1, wie erwähnt, der Kante P/K in beiden Individuen parallel, also eine mögliche (oder factisch vorhandene) Kante derselben. Dreht man das eine Individuum um die Zwillingsaxe bb^1 um 180° herum, so wird es dem andern vollkommen parallel. Hier hat man auch zugleich ein Beispiel dafür, dass die beiden Individuen nicht immer mit der Zwillingsfläche verwachsen sind.

Zwillinge, bei denen sowohl Zwillingsebene, als Zwillingsaxe keine krystallonomisch möglichen Flächen resp. Kanten sind, sind zu selten, als dass hier ein Beispiel dafür erforderlich wäre. Sie finden sich beim triklinen *Anorthit*.

96 c. Uebrigens lassen sich viele Zwillinge auf mehr als nur eine einzige Weise erklären, d. h. es lässt sich auf mehrfache Weise die Art der Verbindung der Individuen angeben. So findet man sehr häufig einen Zwilling des monoklinen *Orthoklas*, den sog. Karlsbader Zwilling, in dem zwei Individuen, begrenzt von den Prismenflächen T, der Längsfläche M und der vorderen und hinteren Schiefendfläche P und y, in der Fig. 211 und 212 angegebenen Weise vereinigt sind. Beide Individuen sind zwar nach M verwachsen, M ist aber nicht Zwillingsebene, zu der beide Individuen symmetrisch liegen, sondern es ist dies die darauf senkrechte hier nicht gezeichnete Querfläche K, welche die stumpfe Kante T/T jedes einzelnen Individuums und ebenso die Kante $T/\underline{T}$ des Zwillings gerade abstumpfen würde. Die Verwachsungsebene M ist also hier auf der Zwillingsfläche senkrecht, was auch

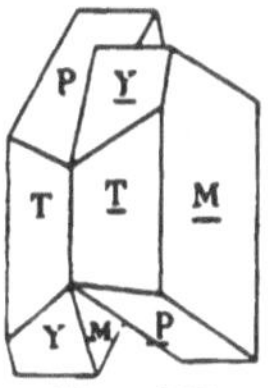

Fig. 211.

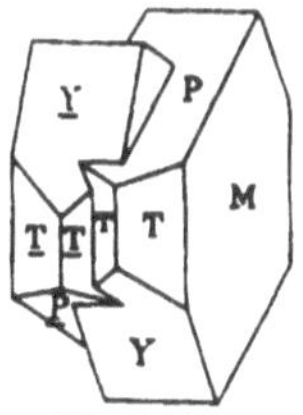

Fig. 212.

sonst sehr häufig vorkommt (96 b). Die Normale zu *K* (oder eine in *M* auf der Kante *M·T* senkrechte Linie) ist die Zwillingsaxe. Wenn man das eine Individuum um diese Axe um 180° herumdreht, so werden beide Individuen parallel, und umgekehrt, wenn man eines aus der Parallelstellung beider ebenso herausdreht, so entsteht der Zwilling. Derselbe entsteht aber ganz ebenso, wenn man das eine Individuum aus der Parallelstellung heraus um 180° um die Kante *M/T* dreht. Letztere ist dann Zwillingsaxe: sie ist auf der andern Zwillingsaxe senkrecht. Eine zu ihr senkrechte Ebene, welche übrigens krystallonomisch unmöglich ist, ist Zwillingsebene; auch zu ihr liegen beide Individuen symmetrisch. Diese zweite Zwillingsfläche ist auf der erstewähnten *K* senkrecht. Während bei der obigen Deutung die Zwillingsfläche eine mögliche Krystallfläche *K*, die Axe dagegen eine krystallonomisch unmögliche Richtung war, ist es hier umgekehrt: die Zwillingsaxe ist eine Kantenrichtung, die Zwillingsfläche ist als Krystallfläche unmöglich. Auch den oben betrachteten Augitzwilling (Fig. 204) kann man ganz genau in derselben Weise wie hier nach dem Gesetze erklären: Zwillingsaxe die Vertikalkante *M/T* oder *T/K*.

97. Zwillingsgrenze. Die Verwachsungsfläche beider Zwillingsindividuen, welche wie schon erwähnt nicht stets mit der Zwillingsebene zusammenfällt, und der Verlauf dieser Fläche auf der Begrenzung des Zwillingskrystalls, die sog. *Zwillingsgrenze* oder *Zwillingsnaht*, ist an den Zwillingskrystallen manchmal auf den ersten Blick zu erkennen, manchmal liegt sie auch sehr versteckt. Ersteres ist namentlich dann der Fall, wenn die Flächen der beiden Individuen an der Grenze einspringende Winkel bilden, wie z. B. bei dem oben beschriebenen Augitzwilling, bei dem Zwilling zweier regulärer Oktaëder des *Spinells* nach der Oktaëderfläche (Fig. 213), welche hier gleichzeitig Verwachsungsfläche und Zwillingsebene ist, etc. Die einspringenden Winkel an Zwillingen unterscheiden sich von den einspringenden Winkeln parallel verwachsener Individuen wesentlich dadurch, dass bei letztern immer eine Fläche rechts von der einspringenden Kante einer solchen links parallel ist (Fig. 202), bei Zwillingen findet dies nicht statt. Solche einspringende Winkel fehlen häufig ganz, dann giebt zuweilen die sog. federartige Streifung den Verlauf der Grenze. Geht nämlich die Zwillingsgrenze über eine beide Individuen des Zwillings in ununterbrochener Fortsetzung begrenzende Fläche am Zwillingskrystall hin, so ist nicht selten eine etwaige Streifung dieser Fläche rechts und links von der Grenze schief, aber beiderseits symmetrisch zu derselben gestellt (Fig. 214, *Harmotom*). Diese sog. federartige Streifung kommt aber

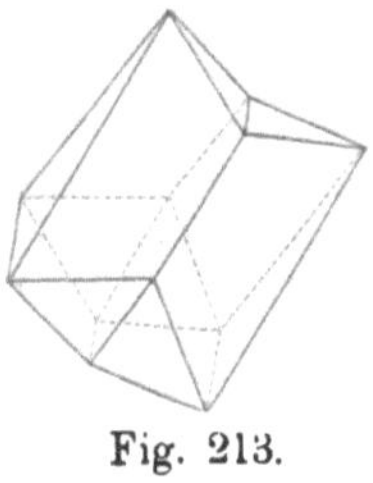

Fig. 213.

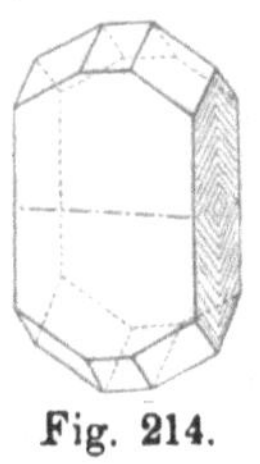

Fig. 214.

auch bei einfachen Krystallen (Chabasit, Glimmer etc.) zuweilen vor. Statt ihrer deuten zuweilen abwechselnd matte und glänzende Partien derselben Fläche die Zwillingsbildung an (100b); manchmal ist auch die über beiden Individuen gemeinsame Flächen hinlaufende Zwillingsgrenze etwas eingekerbt. Bei manchen Zwillingen ist ein solches äusseres Zeichen für die Erkennung der Zwillingsfläche überhaupt nicht mehr vorhanden, wie z. B. bei dem oben beschriebenen Granatoëderzwilling (Fig. 208), wo nur noch der Mangel paralleler Gegenflächen an beiden Enden des Krystalls auf Zwillingsbildung hindeutet, ihn aber nicht mit Sicherheit beweist, da auch durch Hemiëdrie etc. geneigtflächige Krystalle entstehen. In derartigen Fällen ist es überhaupt oft schwierig, zu erkennen, ob man es mit einem Zwilling oder einem einfachen Krystall zu thun hat. Dann sind die Blätterbrüche oft wichtig, die bei einem Zwilling nicht mehr alle ununterbrochen durch den ganzen Krystall hindurch gehen, wie beim Sodalith, Feldspath, Kalkspath (5). Bei nicht regulären Krystallen führt die Untersuchung im polarisirten Licht oft leicht zum Ziel (171).

98. Verwachsungsfläche. Was die Gestalt der Zusammensetzungs- (Verwachsungs-) fläche und der Zwillingsgrenze betrifft, so ist erstere häufig eine ganz ebene Fläche. Diese ist entweder parallel mit der Zwillingsebene (sog. Spinellzwilling Fig. 213, Augitzwilling (Fig. 204) oder senkrecht darauf (Fig. 209 und 211). Ist die Verwachsungsfläche eben, so ist die Zwillingsgrenze eine aus einzelnen geradlinigen Stücken zusammengesetzte ebene polygonale Figur. In anderen Fällen ist die Zusammensetzungfläche etwas wellig gekrümmt, oder die Grenze wellig hin- und hergebogen, wie z. B. häufig bei den Orthoklaskrystallen Fig. 215, die sich von den in Fig. 211 dargestellten nur dadurch unterscheidet, dass statt der hintern Schiefendflächen y, die etwas weniger steilen Flächen x vorhanden sind. Zuweilen weicht die Verwachsungsfläche noch stärker von der Ebene ab und die Grenze wird ziemlich complicirt, so dass die beiden Individuen z. Th. förmlich einander durchdringen, indem Vorsprünge des einen Individuums in Vertiefungen des andern eingreifen, wie dies bei vielen nach demselben Gesetz gebildeten Orthoklaskrystallen (Fig. 212) oder dem Zwilling von Flussspathwürfeln (Fig. 216) mit der Oktaëderfläche als Zwillingsfläche der Fall ist, welche so ineinander stecken, dass die Ecken des einen Individuums aus den Flächen des andern nasenförmig hervorragen.

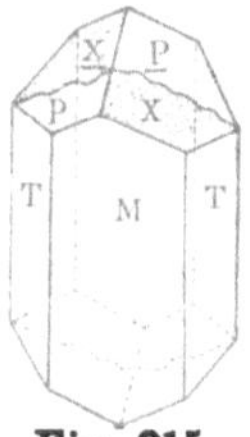

Fig. 215.

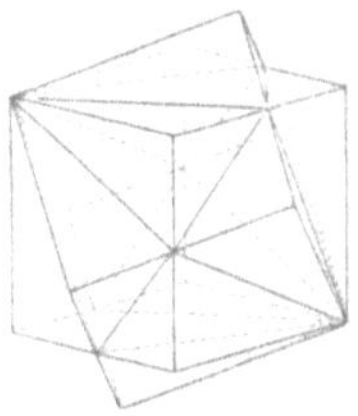
Fig. 216.

An den Verwachsungsflächen sind die beiden Individuen meist sehr fest mit einander verbunden, aber in manchen Fällen ist die Verwachsung auch nur lose, namentlich dann, wenn jene Fläche ganz oder nahezu eben ist.

99. Juxtaposition und Penetration. Häufig hört ein Individuum nicht an der Verwachsungsfläche auf, in der es sich mit dem andern Individuum berührt, sondern beide wachsen darüber hinaus fort und durchkreuzen sich vollständig, so dass zwei sich unter irgend einem Winkel durchschneidende Verwachsungsebenen entstehen. Dies zeigt z. B. der *Staurolithkrystall* Fig. 217. Solche Zwillinge werden als *Durchkreuzungs-* oder *Penetrationszwillinge* von den *Berührungs-* oder *Juxtapositionszwillingen* unterschieden, an denen sich die Individuen nach einer Fläche mehr oder weniger innig berühren. Zu den Penetrationszwillingen gehört auch der Flussspathzwilling Fig. 216, während die Orthoklaszwillinge Fig. 212 Juxtapositionszwillinge sind.

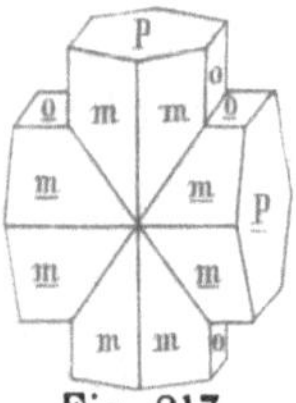
Fig. 217.

100. Zwillinge hemiëdrischer Krystalle. Bei hemiëdrischen Krystallen werden die Verhältnisse der Zwillingsbildung oft etwas modificirt. So gilt zuweilen bei derartigen Zwillingen die Symmetrie nach der Zw. E. nur noch in Bezug auf die Form der Zwillinge, nicht mehr in Bezug auf die physikalische Beschaffenheit der Flächen. Bei der *Zinkblende* kommen Zwillinge vor (Fig. 218), welche ganz ebenso gestaltet sind wie die Zwillinge des Spinells, bei denen zwei Oktaëder mit einer Fläche als Zwillings- und Verwachsungsfläche verbunden sind (sog. Spinellgesetz Fig. 213). Während aber bei den Spinellzwillingen in der Zwillingsgrenze an allen Kanten zwei gleiche Flächen zusammenstossen, so treffen sich beim Blendezwilling zwei infolge der Hemiëdrie verschieden gewordene Flächen, m. a. W. die Fläche des Haupttetraëders $+\frac{0}{2}$ des einen Individuums stösst an der Zwillingsgrenze überall auf eine Fläche des Gegentetraëders $-\frac{0^1}{2}$ des andern, und umgekehrt, wie die Schraffirung in Fig. 218 zeigt.

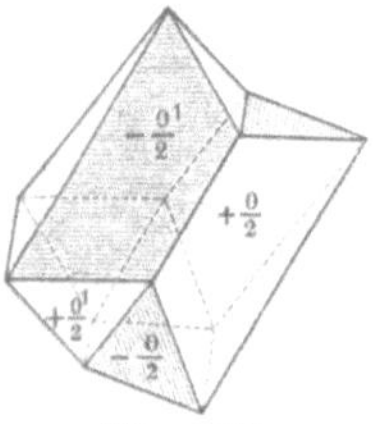
Fig. 218.

100a. Ergänzungszwillinge. Die hemiëdrischen Krystalle bilden zuweilen eigenthümliche Zwillinge, die sog. *Ergänzungszwillinge*, bei welchen zwei correlate hemiëdrische Körper mit parallelen Axen sich so durchdringen, dass die Ecken des einen aus den entsprechenden Flächen des an-

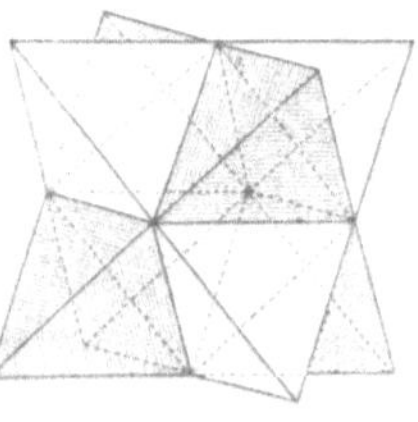
Fig. 219.

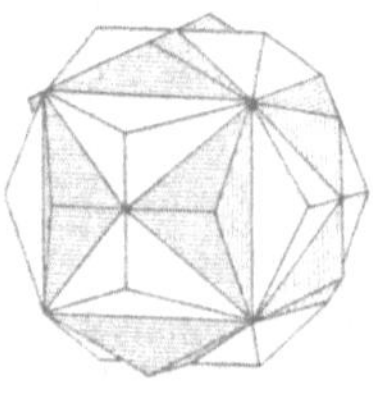
Fig. 220.

dern herausragen, wie dies Fig. 219 und 220 für zwei Tetraëder und für zwei Pyritoëder gezeichnet ist. Man kann auch hier den Zwilling durch Drehung um eine Axe oder durch Angabe der Zwillingsfläche erklären, gegen welche beide Individuen der Gestalt nach symmetrisch liegen; zweckmässiger scheint es aber hier zu sagen: beide Individuen haben alle Axenrichtungen gemein, aber die Raumabschnitte mit den sich ausdehnenden Flächen des einen Individuums liegen so wie die Raumabschnitte mit den verschwundenen Flächen des andern; die durch die Hemiëdrie ungleich gewordenen Oktanten beider Individuen haben die gleiche Lage. Bei genauerer Betrachtung sieht man, dass durch diese Zwillingsbildung diejenigen Symmetrieebenen am Zwilling wiederhergestellt werden, welche bei der Hemiëdrie in jedem einzelnen Individuum verschwunden sind. Denkt man sich die auf den einzelnen Flächen aufsitzenden nasenartigen Hervorragungen weg, so erhält man die entsprechenden vollflächigen Körper. Ergänzungszwillinge bilden auch hemimorphe Krystalle, z. B. das Kieselzinkerz (siehe dort Fig. 483).

100 b. Aehnliche Zwillinge mit parallelen Axen der Individuen kommen aber nicht nur in der angegebenen Weise durcheinander, sondern auch aneinander gewachsen vor, wie das z. B. der *Quarzzwilling* Fig. 221 zeigt. Hier sind zwei von den Prismenflächen *r*, den grösseren und glänzenden Rhomboëderflächen *P* und den meist kleineren und matten Gegenrhomboëderflächen *z* begrenzte Individuen so nach einer Fläche *r* verwachsen, dass alle Axen in beiden parallel sind, namentlich auch die Axen *c* und die ihnen parallelen Prismenkanten *r*/*r* und $\underline{r}/\underline{r}$; dass aber jede Fläche *z* einer Fläche $\underline{P}$ des andern Individuums parallel ist und umgekehrt. Der Zwilling entsteht, wenn man das eine Individuum aus der Parallelstellung heraus um 180° um die Axe *c* dreht. Derselbe Zwilling kann aber noch in anderer Weise auftreten, so dass er von einem einfachen Krystall sich auf den ersten Anblick gar nicht unterscheiden lässt (Fig. 222). Hier treten ausser den genannten Flächen noch die sog. Rhombenflächen *s* und die Trapezflächen *x* auf, die an den einfachen Individuen oben und unten an den abwechselnden Prismenkanten *r*/*r* liegen (74). Bei genauerer Betrachtung sieht man an einem solchen Zwilling, dass die abwechselnden Rhomboëderflächen *P* und *z* nicht gleichmässig matt und glänzend sind, sondern dass auf derselben Fläche matte und glänzende Stellen mit einander in scharfer Umgrenzung abwechseln. Dabei stossen in den Endkanten ausnahmslos glänzende Flächenelemente einerseits mit matten andererseits zusammen, und wo eine Linie, welche auf einer Fläche matte

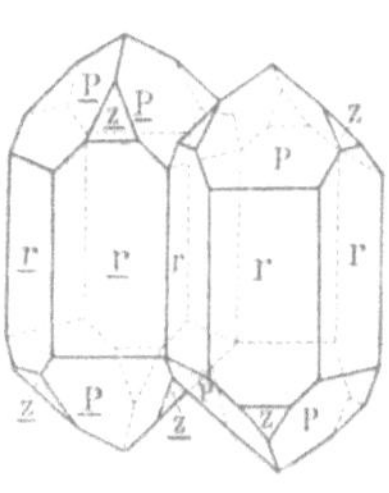
Fig. 221.

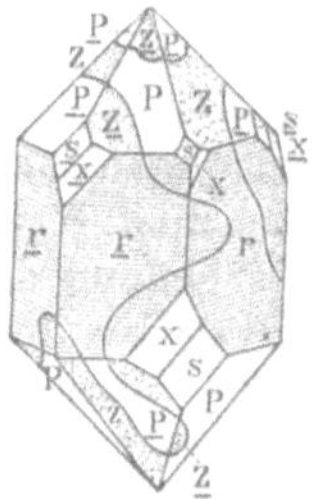
Fig. 222.

und glänzende Stellen von einander trennt, eine Endkante trifft und überschreitet, da wechselt auf beiden in der betr. Endkante zusammenstossenden Flächen die Beschaffenheit: ist unter dieser Grenze die Fläche links glänzend und rechts matt, so ist über der Grenze die Fläche rechts glänzend, links matt. Ausserdem sieht man auch, dass hier die Flächen *s* und *x* nicht mehr an den abwechselnden Kanten *r*/*r* oben und unten vorkommen und an den zwischenliegenden fehlen, sondern dass sie ganz regellos vertheilt sind. Dies alles ist die Folge einer innigen Durchdringung zweier nach dem obigen Gesetz verwachsener gleichdrehender Quarzindividuen, beide rechte oder beide linke. Von dieser Verwachsung kann man sich auf folgende Weise eine Vorstellung machen: die beiden Individuen I und II (Fig. 223, auf die Ebene der Nebenaxen projicirt) befinden sich gegeneinander in der oben angegebenen und Fig. 221 abgebildeten Zwillingsstellung. Schneidet man aus dem einen ein Stück längs der beliebigen durch die krummen

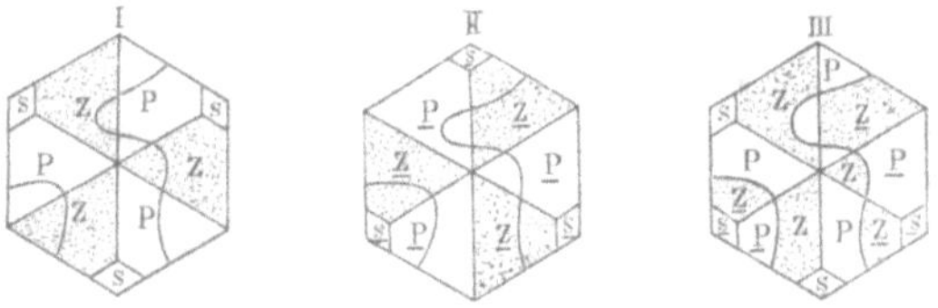

Fig. 223.

Linien angedeuteten Flächen heraus und setzt dafür ein ganz gleiches Stück des zweiten Individuums ein, welches aus diesem nach den ganz gleichen Flächen herausgeschnitten wurde, so entsteht der Zwilling III, der offenbar in allem Wesentlichen mit dem in Fig. 221 abgebildeten übereinstimmt. Derselbe unterscheidet sich in der That von einem einfachen Krystall der Gestalt nach nur durch die unregelmässige Vertheilung der Flächen *s* und *x*, und auch dieser Unterschied fällt an Krystallen fort, an welchen diese Flächen nicht ausgebildet sind. Diese Ungleichmässigkeit der Vertheilung von *s* entsteht dadurch, dass statt einer jeden ausgeschnittenen Ecke mit *s* und *x* eine solche eingesetzt, wo *s* und *x* fehlen (rechts am Zwilling III) und umgekehrt (links), wie die Vergleichung von I und II zeigt. Da dies in ganz willkürlicher Weise geschehen kann, so wird die Vertheilung der Flächen *s* und *x* am Zwilling ganz regellos. Ganz ähnlich erklärt sich auch die Abwechslung matter und glänzender Stellen, den Flächen *z* und *P* entsprechend, auf einer und derselben Fläche der dihexaëdrischen Begrenzung. Bei dieser Art der Verwachsung ist allerdings keine Ebene vorhanden, zu der beide Individuen symmetrisch liegen, in diesem Fall kann man aber, wie schon erwähnt, den Zwilling durch eine Drehung um die Hauptaxe *c* erklären. Solche Zwillinge sind zuerst an Krystallen aus dem Dauphiné beobachtet werden, sie heissen daher auch wohl *Dauphinéer Zwillinge.* Symmetrisch zu einer Ebene und zwar des zweiten hexagonalen Prismas liegen aber wieder die beiden Individuen, wenn ein rechter und ein linker Quarzkrystall mit parallelen Axen verwachsen sind (Fig. 224). Fasst man diese Verwachsung als Zwilling auf, so entspricht dieselbe in ihren wesentlichen Gestaltungsverhältnissen den Ergänzungszwillingen, die beiden Individuen lassen sich aber nicht durch Drehung in ihre gegenseitige Lage bringen. Diese Verwachsung ist zuerst an brasilianischen Krystallen beobachtet, daher der Name *brasilianische Zwillinge*.

Fig. 224.

Eine solche Form (Fig. 224) könnte übrigens auch dadurch entstehen, dass an einem Quarzkrystall ein rechtes und ein linkes Trapezoëder desselben Skalenoëders gleichzeitig auftreten. Den Zwilling unterscheidet man aber hier leicht auf optischem Wege, da beide Individuen die Polarisationsebene in verschiedener Richtung drehen, so dass unter Umständen Airy'sche Spiralen entstehen (162, 171). Am einfachen Krystall und am Dauphinéer Zwilling kann etwas derartiges nicht beobachtet werden.

101. Fortgesetzte Zwillingsbildung. Im Vorhergehenden waren immer nur zwei Individuen zu einem Zwilling verwachsen; diese Zwillingsbildung kann aber noch weiter gehen, indem sich nach demselben Gesetz an ein zweites Individuum ein drittes, an dieses ein viertes etc. anschliesst. Derartige Bildungen nennt man dann Drillinge, Vierlinge etc., allgemein Viellinge. Diese Verwachsung kann auf zweierlei Weise geschehen: einmal indem die Zwillingsfläche (resp. Axe), nach welcher das dritte an das zweite Individuum angewachsen ist, parallel läuft mit der Zwillingsfläche (resp. Axe), nach welcher die Verwachsung des zweiten und ersten Individuums stattgefunden hat, und so fort für alle anderen Individuen. In diesem Fall ist die Verwachsung aller Individuen eine *reihenförmige*. Oder die Zwillingsfläche (resp. Zwillingsaxe) des zweiten und dritten Individuums hat nicht dieselbe Richtung, wie die Zwillingsfläche (resp. Zwillingsaxe) des ersten und zweiten Individuums, sondern sie ist einer andern Fläche derselben einfachen Krystallform parallel, der die erste Zwillingsfläche angehört; in diesem Falle ist dann die Verwachsung aller Individuen eine *kreisförmige* (cyklische).

102. Polysynthetische Zwillinge. Ist ein Zwilling gebildet von den zwei rhombischen Prismen 1 und 2 (im Querschnitt dargestellt) Fig. 225, deren Zwillings- und Verwachsungsfläche die gemeinsame Prismenfläche ist, so kann an die dieser Zwillingsfläche parallelen anderen Prismenfläche des zweiten Individuums ein drittes zwillingsartig anwachsen, an dieses ebenso ein viertes, fünftes etc., immer je zwei benachbarte in Zwillingsstellung und stets nach derselben Zwillingsfläche, so dass alle Zwillings- und Verwachsungsflächen der Reihe parallel sind. Dann muss, wie leicht zu sehen, das dritte Individuum mit dem ersten parallel sein, das fünfte mit dem dritten etc., ebenso auch das zweite,

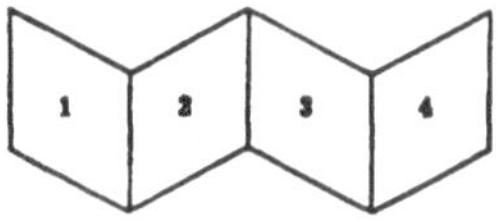

Fig. 225.

vierte etc., kurz, es müssen alle Individuen mit ungeraden und alle mit geraden Nummern je untereinander parallel und zu den entgegengesetzten in Zwillingsstellung sein. Solche häufig vorkommenden reihenförmig wiederholten Zwillingsverwachsungen heissen *polysynthetische* Zwillinge. Ihre specielle Ausbildung ist verschieden: häufig sind es nur drei Individuen, von denen das mittlere als papierdünne Lamelle parallel der Zwillingsfläche in ein grösseres Individuum eingeschoben erscheint (Fig. 226, 227); dies kommt bei manchen Krystallen des Aragonits vor. Besonders wichtig sind Zwillinge dieser Art, bei denen viele solche dünne Lamellen zwillingsartig in ein grösseres Individuum eingewachsen sind oder wo der ganze Krystall aus einer ausserordentlich grossen Zahl derartiger Lamellen aufgebaut ist, wie bei den triklinen Feldspathen (Plagioklasen). Dies sind rhomboidische Prismen T und l mit schiefer Abstumpfung der scharfen seitlichen Kante durch die Längsfläche M und mit einer auf die stumpfe

Fig. 226.

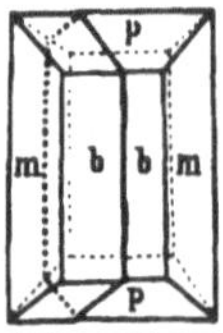

Fig. 227.

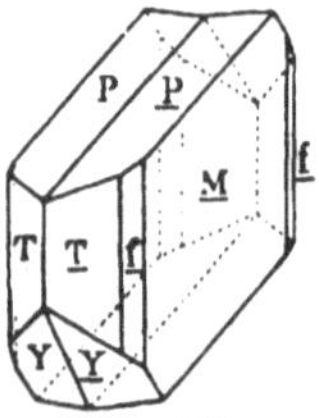

Fig. 228.

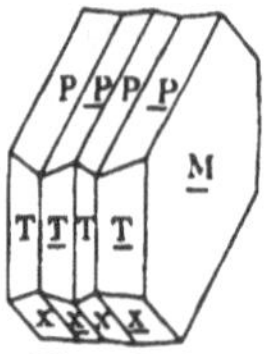

Fig. 229.

vordere Kante T/l schief aufgesetzten Endfläche P (Fig. 448), so dass P/M $= 93^0$ resp. 87^0 und einer entsprechenden hinteren schiefen Endfläche x resp. y. Das hier am häufigsten vorkommende Zwillingsgesetz ist das, wonach die Individuen die Fläche M gemein haben und umgekehrt liegen. Beim Zwilling müssen dann am einen Ende die beiden scharfen, am andern die beiden stumpfen Winkel P/M zusammenstossen. Am letzteren Ende machen die beiden Flächen P einen einspringenden Winkel P/P von 186^0 längs den Kanten P/M und $P/\underline{M}$ (Fig. 228). Wächst an das zweite Individuum ein drittes nach demselben Gesetz, so legt sich neben den einspringenden Winkel nun ein ausspringender P/P von 174^0, während am anderen Ende ein einspringender Winkel sich bildet, und beim Anwachsen noch weiterer Individuen bilden sich parallel mit der Kante P/M immer wieder neue abwechselnd ein- und ausspringende Kanten der Flächen P und P beider aneinander stossender Individuen (Fig. 229). Werden diese nun durch Zusammenrücken der Flächen M sehr dünn, lamellenförmig, so folgen die aus- und einspringenden sehr nahe aufeinander, und das Ganze macht dann den Eindruck, als wäre eine einheitliche Fläche P vorhanden, auf welcher eine Streifung ganz geradlinig in der Richtung der Kante P/M hinläuft.

103. Drillinge etc. Ist die Verwachsung eine kreisförmige, dann wachsen die rhombischen Prismen so aneinander, dass die Zwillingsfläche zwischen 2 und 3 die andere Prismenfläche ist, welche bei der Verwachsung von 1 und 2 nicht Zwillingsfläche war (Fig. 230). Die drei Individuen liegen dann alle um einen gemeinsamen Mittelpunkt herum und bilden einen Drilling. Da der Prismenwinkel nicht genau gleich 120° ist, so bleibt zwischen dem ersten und dritten Individuum ein kleiner keilförmiger Raum, der aber durch Ausdehnung der beiden Individuen 1 und 3 ausgefüllt wird, die dann längs einer unregelmässig verlaufenden Fläche aneinander stossen. Zuweilen wächst an das zweite Individuum 2 ein drittes, gleichzeitig aber an das

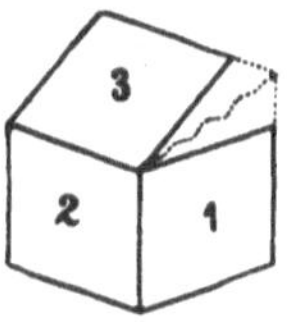

Fig. 230.

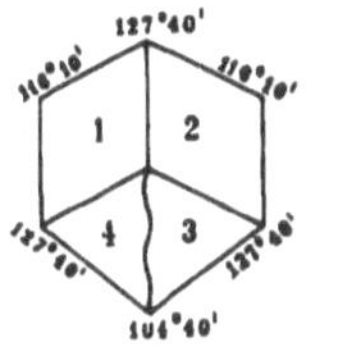

Fig. 231.

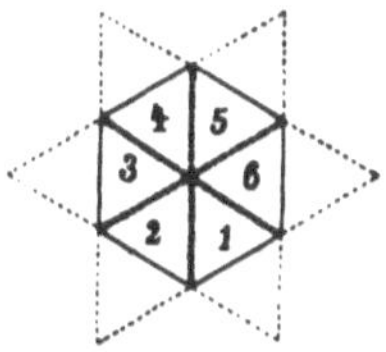

Fig. 232.

erste nach der andern Fläche ein viertes an (Fig. 231), einen Vierling bildend, wobei sich dann die Individuen 3 und 4 nur unvollständig entwickeln können; auch sie stossen dann nach einer unregelmässigen Grenzfläche aneinander. Eine noch grössere Anzahl von Individuen kann cyklisch verwachsen, wenn die scharfe Prismenkante nach dem gemeinsamen Mittelpunkt des so gebildeten Viellings gewendet ist (Fig. 232, wo sechs Individuen einen Sechsling bilden). Auch bei solchen Verwachsungen bleibt zwischen dem ersten und letzten Individuum ein kleiner keilförmiger Zwischenraum, oder es hindern sich das erste und letzte Individuum an der vollständigen Ausbildung, wovon aber hier der Einfachheit wegen abgesehen ist. Häufig sind bei solchen Sechslingen die nach aussen gekehrten scharfen Kanten sehr stark abgestumpft, so dass die Abstumpfungsflächen (Brachypinakoide) an den Zwillingsgrenzen aneinander stossen. Es entstehen dann häufig scheinbar regelmässig sechsseitige Prismen, bei denen ebensowenig wie bei den in Fig. 230 und 231 abgebildeten die Gegenflächen streng parallel sind.

Indessen können solche sechsfache Verwachsungen wie Fig. 232 auch in etwas anderer Weise gebildet sein. Es kommt nämlich auch bei diesen Bildungen vor, dass die Individuen, über die Zwillingsgrenze hinaus sich fortsetzend, Penetrationszwillinge bilden (99). Sind zunächst die drei Individuen 1, 2, 3 (Fig. 232) in der angegebenen Weise mit einander verwachsen und setzen sich dieselben über den gemeinsamen Mittelpunkt hinaus fort, so dass 4 die Fortsetzung von 1, 5 von 2, 6 von 3 ist, so entsteht eine ganz ähnliche Bildung wie jener Sechsling. Es müssen hier dann aber zwei diametral gegenüberliegende keilförmige Zwischenräume zwischen 1 und 6 und 3 und 4 entstehen, die aber auch hier stets durch Fortwachsen der Individuen bis zur gegenseitigen Berührung ausgefüllt sind. Ob ein solcher durch Juxtaposition gebildeter Sechsling oder ein durch Penetration gebildeter Drilling vorliegt, ist im concreten Fall oft schwer zu entscheiden (vergl. das Verhalten der Zwillinge im polarisirten Licht, (171)). Eine andere Art von Penetration ist noch Fig. 233 abgebildet, wo in ein grosses Individuum 1 zwei kleinere 2 und 3 rechts und links keilförmig eingeschoben sind, beide über den Mittelpunkt hinweg zusammengehörig, aber beide Hälften 2 resp. 3 sich gar nicht berührend. Verhältnisse wie die der Fig. 232 sind z. B. beim Witherit realisirt, die der andern genannten Figuren beim Aragonit. Hier ist zuweilen noch eine andere Art dieser cyklischen Verwachsung zu beobachten, nach welcher in ein grosses Individuum nach beiden Prismenflächen Zwillingslamellen eingeschoben sind (Fig. 234). nicht blos nach einer wie in Fig. 226 und 227.

Nicht immer liegen alle cyklisch verwachsenen Individuen eines Viellings um einen Punkt herum, sondern sie machen zuweilen einen mehr

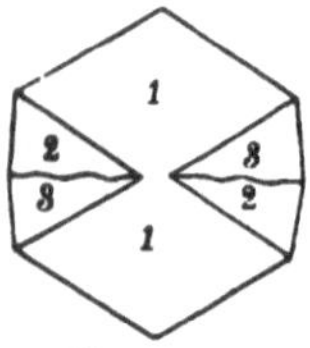

Fig. 233.

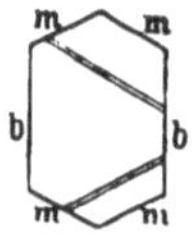

Fig. 234.

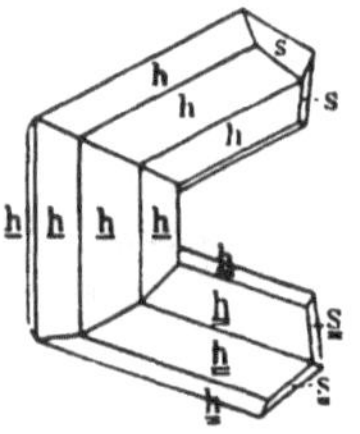

Fig. 235.

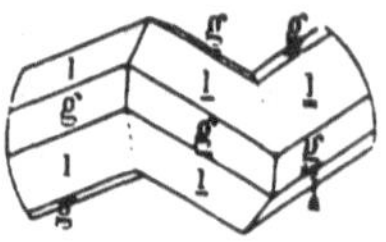

Fig. 236.

oder weniger geschlossenen Kreis. So giebt es quadratische Prismen von Rutil, welche nach einer Oktaëderfläche zwillingsartig verwachsen sind (Fig. 235). An das vom 1. Individuum abgekehrte Ende des zweiten heftet sich ein drittes mit einer andern Fläche desselben Oktaëders als Zwillingsfläche, daran in derselben Weise ein viertes und so fort. Diese Aneinanderreihung kann so vor sich gehen, dass die Hauptaxen aller Individuen in einer Ebene liegen (Fig. 235); oder es kann auch so geschehen, dass nur die Axen der Individuen 1 und 2, 2 und 3 etc. je in einer Ebene liegen, dass aber diese Ebenen nicht zusammenfallen, so dass die Individuen zickzackförmig hin und her gebogen erscheinen. (Fig. 236).

104. Doppelzwillinge. Zuweilen kommt es auch vor, dass ein aus zwei Individuen nach einem gewissen Gesetz gebildeter Zwilling mit einem andern gleich gebauten Zwilling derselben Substanz nach einem anderen Gesetz verwachsen ist, wobei die Fläche, zu der die beiden Zwillinge symmetrisch liegen, einer andern einfachen Krystallform angehört, als die Zwillingsflächen jedes einzelnen Zwillings. Es entstehen dann *Doppelzwillinge* oder Zwillinge höherer Ordnung, deren Verhältnisse oft sehr complicirt sind. So findet man nicht selten, dass beim Albit

Zwillinge zweier nach M verwachsener Individuen, wie sie oben beschrieben wurden (Fig. 228), so verbunden sind, dass sie wieder eine Fläche M gemein haben, daneben auch eine Kante M/l oder M/T; aber der eine Zwilling kehrt seine Hinterseite mit den Flächen x oder y nach vorn, also nach derselben Seite, nach welcher der andere Zwilling seine Vorderseite mit den Flächen P kehrt (Fig. 237). Der eine Zwillingskrystall kommt aus seiner Parallelstellung mit dem andern in die Stellung, die er am Doppelzwilling hat, wenn man ihn um 180° um die Kante $T/l = M/T$ dreht, welche somit für den Doppelzwilling Zwillingsaxe ist. Die darauf senkrechte Fläche ist seine Zwillingsfläche; sie ist krystallonomisch unmöglich.

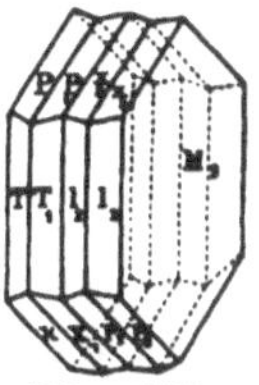
Fig. 237.

105. Mimesie. Die Folge der symmetrischen Verwachsung einzelner Individuen in den Zwillingen ist, dass die letzteren häufig eine höhere Symmetrie zeigen, als die ersteren, aus denen sie zusammengesetzt sind. So zeigt z. B. der gewöhnliche Albitzwilling (Fig. 228), gebildet von zwei triklinen Individuen, Symmetrie nach einer Ebene M, also die Symmetrie monokliner Krystalle. Während aber hier der einspringende Winkel auf P deutlich die Zwillingsbildung zeigt, giebt es andere ähnliche Verwachsungen, wo nur ausspringende Winkel vorhanden sind, wie z. B. an dem Krystall von Harmotom (Fig. 214), welcher aus zwei durcheinander hindurchgewachsenen monoklinen Individuen besteht und welcher durch diese Verwachsung die Symmetrie rhombischer Krystalle angenommen hat. Solche Zwillinge kann man leicht für rhombische, einfache Krystalle halten und hat dies auch beim Harmotom in der That lange gethan bis eine genaue, namentlich optische, Untersuchung den wirklichen Sachverhalt klarstellte.

In den genannten beiden Fällen ist die Symmetrie des Zwillings ganz genau die des höher symmetrischen Krystallsystems, in einigen Fällen ist dies auch nur annähernd der Fall. So giebt es z. B. Krystalle des rhombischen Aragonits (Fig. 231), welche ein scheinbar regelmässig sechsseitiges Prisma bilden, das aber nicht lauter gleiche Kanten von 120°, sondern solche von 127° 40′, 116° 10′ und 104° 40′ hat und welches aus vier rhombischen Prismen in der in der Figur angedeuteten Weise cyklisch verwachsen ist: 4,1; 1,2; 2,3 sind in Zwillingsstellung, 4,3 grenzen unregelmässig an einander. Aehnlich bildet der rhombische Alstonit durch Zwillingsbildung scheinbare hexagonale Dihexaëder, und nur genaue Untersuchung der Winkel und der optischen Verhältnisse (171) zeigen, dass man es hier mit einer Verwachsung rhombischer Krystalle zu thun hat.

In ähnlicher Weise denkt man sich gegenwärtig die Krystalle gewisser Mineralien, welche man sonst immer für einfache Individuen von höherer Symmetrie gehalten hat, aus einer grossen Anzahl von Individuen niederer Symmetrie durch complicirte Zwillingsbildung, zuweilen nach mehreren Gesetzen verwachsen. Diese Zwillingsverwachsungen ahmen die Formen der höheren Symmetrie so genau nach, dass man kaum Unterschiede dieser letzteren und der hypothetischen Zwillingskrystalle herausfinden kann. Man nennt daher diese Mineralien mimetische, die Erscheinung selbst *Mimesie*. Als Beispiele dafür werden u. A. angeführt: der scheinbar (mimetisch) reguläre Perowskit, aus rhombischen, der scheinbar quadratische Apophyllit aus monoklinen, der scheinbar rhomboëdrische Chabasit aus triklinen Individuen verwachsen. Der Grund, warum man diese Krystalle in der angedeuteten Weise auffasst, ist der, dass sie gewisse Erscheinungen, kleine Winkelunterschiede, Blätterbrüche, optische Eigenschaften etc. zeigen, welche sich nicht mit dem Krystallsystem der höheren Symmetrie direkt vereinigen lassen, dagegen ungezwungen mit der niedrigen Symmetrie der verwachsenen Einzelindividuen. So sind viele Apophyllitkrystalle (nicht alle) optisch zweiaxig, ebenso viele Chabasitkrystalle, während sie dem quadratischen resp. rhomboëdrischen System entsprechend einaxig sein müssten etc. Die Untersuchungen hierüber sind aber noch nicht abgeschlossen, und die mimetischen Krystalle werden durchaus nicht von allen Mineralogen in der angedeuteten Weise aufgefasst. Viele halten Perowskit wirklich für regulär, Apophyllit wirklich für quadratisch und Chabasit wirklich für rhomboëdrisch und erklären jene mit der höheren Symmetrie nicht vereinbaren Erscheinungen, namentlich die optischen, durch Störungen, welche die Krystalle bei ihrer Bildung oder später erlitten haben, um so mehr, als man ganz ähnliche abweichende Erscheinungen an sicher regulären etc. Krystallen beliebig künstlich nachmachen kann.

(Vergl. (172); ferner Tschermak. Ztschr. d. deutsch. geol. Ges. Bd. 31 pag. 637; Becke, Chabasit; Rumpf, Apophyllit etc.)

106. Baumförmig etc. Durch theils paralleles, theils zwillingsartiges, allerdings häufig nicht immer ganz vollkommen regelmässiges Verwachsen kleiner Kryställchen entstehen zuweilen eigenthümliche, mit besonderen Namen bezeichnete Krystallaggregate, welche namentlich bei den gediegenen Metallen eine Rolle spielen.

Wenn kleine Kryställchen mit ihren diametral gegenüberliegenden Ecken, Kanten oder Flächen in einer Reihe parallel aneinander wachsen, so z. B. kleine Oktaëderchen gediegenen Silbers mit ihren Ecken, so entstehen langgezogene Krystallstrahlen, welche theils ganz gerade, theils auch mehr oder weniger stark gebogen sind. Die einzelnen Kryställchen einer solchen Reihe sind vielfach ganz scharf ausgebildet, häufig sind sie auch stark gerundet, und schliesslich giebt es solche Strahlen, wo jede Spur von Kanten und Ecken verschwunden ist, so dass runde *draht-* oder *haarförmige* Gebilde vorliegen. Diese sind meistens stark gekrümmt, die feinen Haare des gediegenen Silbers sind sogar zuweilen in dichte Ballen zusammengerollt und ineinander verschlungen. Manchmal werden solche Drähte sehr dick; sie sind dann oft einfach gebogen wie Eberzähne und werden daher ebenfalls *Zähne* genannt; oft sind sie auch stärker gebogen und sogar propfenzieherförmig eingerollt. Zahnförmige Gestalten bildet übrigens auch beispielsweise das Steinsalz.

Krystallstrahlen wie die oben genannten durchkreuzen sich nun nicht selten. Dies geschieht häufig in einer Ebene, wobei sie Winkel von 60° und von 90° mit einander machen; es entstehen dann sog. *dendritische* Bildungen (vergl. auch (117)), welche besonders beim gediegenen Kupfer ausgezeichnet zu beobachten sind: mehr oder weniger dicke Strahlen schneiden sich unter 60° und bilden in der Ebene ein mehr oder weniger dichtes Maschenwerk. Diese krystallisirten Dendriten sind aber durchweg so gebaut, dass sie einen Zwilling bilden, dessen Zwillings- und Verwachsungsebene parallel der Fläche der Haupterstreckung des Maschenwerks durch dasselbe hindurchgeht. Die obere Hälfte dieses letzteren bildet ein trotz des maschigen Baues einheitliches Individuum, ebenso die untere, aber diese beiden Hälften sind Zwillinge nach der erwähnten Fläche, die einer Oktaëderfläche dieses regulär krystallisirten Metalls parallel geht. Die Maschen sind zuweilen sehr eng, die Zwischenräume zwischen den einzelnen Strahlen verschwinden häufig ganz und es entstehen *Bleche* (besonders ausgezeichnet beim gediegenen Gold). Solche Bleche sind ganz in derselben Weise gebaut, wie die erwähnten Dendriten, die obere und untere Hälfte sind in Zwillingsstellung zu einander: die Hauptausdehnungsfläche des Blechs ist Zwillingsfläche und beim regulären Gold ist sie parallel einer Oktaëderfläche.

Durchkreuzen sich die Strahlen nach mehreren Richtungen, welche nicht alle einer Ebene angehören, so geschieht dies entweder, wie beim gediegenen Silber, in der Art, dass von einzelnen Punkten eines Hauptstammes Seitenäste unter 90° oder 60° abgehen, von welchen wieder in ähnlicher Weise kleinere Zweige abgehen können. Dies sind die regelmässig *baumförmigen* Bildüngen. Oder die in drei oder mehr Raumrichtungen durcheinander gewachsenen Strahlen bilden ein mehr oder weniger dichtes räumliches Maschengewebe, wie beim Speiskobalt, gediegenen Wismuth etc. Solche Bildungen nennt man *gestrickt*.

Verwachsung ungleichartiger Krystalle.

107. Verwachsung ungleichartiger Mineralien. Zuweilen verwachsen auch Krystalle von verschiedenen Substanzen, deren Zusammensetzung und Krystallform gar keine Beziehungen zu einander erkennen lassen, in regelmässiger, krystallographisch definirbarer Weise mit einander, und die häufige Wiederholung der Verwachsung von Krystallen zweier bestimmter Substanzen in stets gleicher Art zeigt, dass man es nicht mit einer zufälligen, sondern mit einer gesetzmässigen Erscheinung zu thun hat.

Ein Beispiel hierzu bildet der trikline langprismatische *Cyanit* und der rhombische, ebenfalls langsäulenförmige *Staurolith;* stets liegt bei dieser Verwachsung der Staurolithkrystall so auf dem Cyanit, dass seine Flächen o (Fig. 16) mit der Hauptspaltungsfläche des letzteren und bei beiden die langen Prismenkanten parallel sind. Auf vielen rhomboëdrischen *Eisenglanzkrystallen* sind quadratische *Rutilkrystalle* so aufgewachsen, dass dieselben mit einer Fläche des Prismas 2. Stellung auf der Basis liegen, und zwar mit ihrer Hauptaxe senkrecht zu den Kanten dieser Basis mit den Flächen des nächsten stumpferen Rhomboëders. Aehnliche gesetzmässige Verwachsungen zeigen noch Quarz und Kalkspath, Fahlerz und Kupferkies etc. (Sadebeck, Angew. Krystallographie 1876 pag. 244 ff.) Eine andere Erscheinung ist die isomorphe Verwachsung (197).

F. Beschaffenheit und Ausbildung der Krystalle.

108. Krystallflächen. Die Krystallflächen sind, wie schon oben erwähnt wurde (8), kaum jemals vollkommen eben und glatt; am meisten ist dies noch bei kleinen aufgewachsenen Krystallen der Fall, welche daher auch zu goniometrischen Messungen am geeignetsten sind.

Abweichungen von der Ebenheit, also krumme Flächen kommen nicht so gar häufig vor; die gekrümmten Flächen sind meist convex, seltener concav. So ist es beim Diamant, der fast ausschliesslich krumme Begrenzungsflächen hat, nur die an ihm vorkommenden Oktaëderflächen sind stets eben; weniger häufig finden sich krumme Flächen an Gypskrystallen, die zuweilen linsenförmig gerundet aussehen. Eigenthümlich sind die sog. *geflossenen* Krystalle, deren Flächen und Kanten so abgerundet sind, wie wenn sie eine oberflächliche Schmelzung erlitten hätten (was aber factisch nicht der Fall ist); so bei manchen Krystallen des Apatit, des Augit, der Hornblende, des Bleiglanzes etc.

Vielfach ist die Flächenkrümmung nur eine scheinbare; die Flächen sind aus einer grösseren Anzahl von kleinen ebenen Flächenelementen zusammengesetzt, welche annähernd aber nicht ganz vollkommen in ein Niveau fallen. Dies ist einmal der Fall, wenn eine grössere Anzahl von kleinen ebenflächigen Krystallen in nicht vollkommen paralleler (hypoparalleler) Stellung mit einander verwachsen; so entstehen z. B. die krummen Flächen der sattelförmigen Braunspathkrystalle (94), ebenso diejenigen des Prehnits, des Desmins, mancher Bergkrystalle. In anderer Weise wird die scheinbare Krümmung dadurch hervorgebracht, dass an völlig einheitlich gebauten Krystallen in einer Zone zahlreiche sehr schmale Flächen auftreten, welche zusammen den Eindruck einer continuirlichen cylinderförmigen Krümmung hervorbringen, z. B. beim Beryll (68), Vesuvian (79).

Abweichungen von in ihrer Haupterstreckung ebenen Flächen von der vollkommenen Glätte, d. h. kleine Rauhigkeiten auf in der Hauptsache ebenen Flächen sind häufiger. Nach der speciellen Beschaffenheit dieser Flächen unterscheidet man: *Drusige* Flächen, viele kleine von anders gerichteten Flächen begrenzte Krystallecken sitzen auf den Flächen auf. Solche drusige Flächen sind z. B. die Flächen der aus parallelen Würfelchen verwachsenen oktaëdrischen Flussspathkrystalle (Fig. 203). Bei *rauhen* Flächen sind diese kleinen Erhabenheiten scharfkantig und eckig, aber unregelmässig begrenzt; die Unregelmässigkeiten sind vielfach sehr fein und dann die Flächen stets matt. *Körnige* Flächen sind von kleinen rundlichen Erhabenheiten bedeckt. Manche Flächen tragen regelmässig gestaltete grössere Erhabenheiten; so die Dihexaëderflächen des Quarzes vielfach gerundet dreiseitige Schuppen etc. Auf manchen Flächen sitzen in grosser Zahl und dicht neben einander kleine sehr niedere Pyramiden, begrenzt von Seitenflächen, welche von jener Fläche nur um sehr kleine Winkel abweichen (vicinale Flächen, 109), und an den Ecken parallel mit der betr. Fläche sehr breit abgestumpft. Solche Flächen heissen *parquetirt* oder *facettirt*; sie finden sich am Zinnstein, Vesuvian etc. Besonders häufig bemerkt man auf den Krystallflächen eine mehr oder weniger regelmässige *Streifung* oder Riefung. Sie ist theils fein, theils dick und grob, geradlinig oder auch wohl gebogen und krumm, und verläuft auf den Flächen meist in einer ganz bestimmten Richtung, so z. B. auf den Würfelflächen des Schwefelkieses parallel den Würfelkanten, auf den Prismenflächen des Quarzes parallel den Kanten mit den Rhomboëderflächen etc. Seltener ist es, dass auf einer Fläche in mehreren Richtungen Streifen gehen, die sich dann aber meist nicht schneiden, sondern längs einer geraden Linie zusammenstossen (federartige Streifung); sie findet sich vorzugsweise bei Zwillingen (97), aber auch bei einfachen Krystallen (Glimmer, Chabasit).

Die Streifung entsteht nicht selten dadurch, dass zwei Flächen vielfach wiederholt treppenförmig mit einander abwechseln, so z. B. beim Quarz die Prismenflächen und die darüber liegenden Rhomboëderflächen; je niederer und kleiner die Treppen sind, desto feiner die Streifung. Doch sind die Streifen auch oft durch auf den Flächen aufsitzende, feine aber langgezogene Erhabenheiten gebildet, besonders die nicht ganz geradlinige Streifung. Jene treppenförmige Abwechslung von Flächen bringt zuweilen stark gestreifte Scheinflächen hervor. So findet man die Schiefendflächen P und x an manchen Feldspathkrystallen (Adular) vielfach abwechseln, so dass alle dadurch entstehenden Kanten in eine Ebene fallen, welche als eine scheinbare, in der Richtung dieser Kanten stark gestreifte Fläche an dem Krystall sich darstellt.

Aber nicht nur durch Erhabenheiten wird die Glätte und Ebenheit der Krystallflächen gestört, sondern auch durch Vertiefungen. In vielen Flächen sind kleine mehr oder weniger regelmässige Vertiefungen eingesenkt, zuweilen von ganz ebenen kleinen Flächenelementen begrenzt, die sich in scharfen nach innen gerichteten Kanten und Ecken schneiden und die ganz bestimmten Krystallflächen parallel gehen; zuweilen sind diese Vertiefungen aber auch von ganz unregelmässigen Flächen gebildet, besonders wenn dieselben grösser sind. Es sind dies wahrscheinlich zum Theil nicht ursprüngliche Unregelmässigkeiten, sondern sie sind durch die corrodirende Thätigkeit des Wassers und anderer Agentien später eingeätzt, es sind natürliche Aetzfiguren (129). Sind die Vertiefungen der Flächen zahlreich, gross, unregelmässig und scharfkantig und eckig, wenn auch nicht gerade ebenflächig begrenzt, so heisst die Fläche *zerfressen* (zerfressene Krystalle).

109. Vicinale Flächen. Eine eigentümliche Erscheinung, welche die Beschaffenheit der Krystallflächen zuweilen beeinflusst, sind die sog. *vicinalen Flächen.* Diese Erscheinung besteht darin, dass eine Fläche, welche nach ihrer Lage gegen die andern Flächen einen durch einfache Indices bestimmten Ausdruck zu haben scheint, nach mehreren über sie hinweggehenden sehr stumpfen Kanten in eine Anzahl von Flächenstücken zerfällt, welche mit einander und mit der Fläche, welche auf den ersten Blick allein vorhanden zu sein scheint, sehr kleine Winkel machen. Diese Flächenstücke sind *vicinal* zu der grossen scheinbaren Gesammtfläche, der zuweilen eine der Facetten genau parallel geht, zuweilen auch nicht. Diese Theilflächen liegen in bestimmten Zonen und haben rationale Indices, sind also ächte Krystallflächen, die Ausdrücke sind aber sehr complicirt. So sieht man z. B. an Adularkrystallen häufig die Prismenflächen T' durch solche stumpfe Kanten abgetheilt. Es ist nicht mehr die Fläche T' vorhanden mit dem Ausdruck ∞P (110), sondern in dem Fig. 238 als Beispiel gezeichneten Fall sind statt T' die diesem sehr nahe liegenden Flächen $\xi = 43 . 42 . 1$; $\zeta = 71 . 70 . 1$ etc. vorhanden. Eine dieser Facetten ist auch genau mit T' parallel und hat also den Ausdruck: $T = 110$. Eine ähnliche Erscheinung etwas anderer Art ist mit dem Namen *Polyëdrie* belegt worden. (Websky, Ztschr. d. deutsch. geol. Ges. Bd. 15 pag. 677. Scacchi, ibid. pag. 15.)

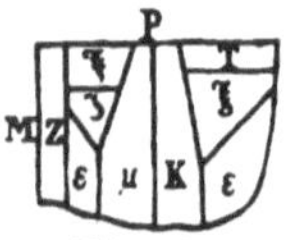

Fig. 238.

110. Krystallskelette. Eine eigenthümliche Beschaffenheit nimmt oft die Oberfläche der Krystalle an, wenn beim Wachsthum derselben die neue Substanz sich vorzugsweise an einzelnen Stellen anhäuft. Geschieht dies an den Kanten, so ist die Folge, dass die Flächen nach ihrer Mitte hin vertieft erscheinen (Quarz). Ist diese Anhäufung an den Kanten so regelmässig, dass die Vertiefung nach dem Innern der Flächen in ebenflächigen und geradlinigen Treppen erfolgt, wie z. B. nicht selten am Bleiglanz, dann heisst die Fläche kastenförmig vertieft. Zuweilen ist die Einsenkung der Fläche nur gering und seicht, zuweilen ist die Substanz des Krystalls so sehr an den Kanten concentrirt, dass von den Flächen aus tiefe Höhlungen oft bis zum Krystallmittelpunkt reichen; dann ist der Krystall durch die Kanten gewissermassen nur im Umriss angedeutet, aber die Umrisse sind nicht mit Masse ausgefüllt. Solche Bildungen heissen *Krystallskelette* (Bergkrystall, Bleiglanz). Einsenkungen der Krystallflächen werden übrigens auch zuweilen durch theilweise Wegführung der Substanz aus dem Krystall hervorgebracht; so sind z. B. bei den Pseudomorphosen von Malachit nach Rothkupfererz von Chessy die Flächen in der Mitte vertieft, weil bei der Umwandlung mehr Substanz weg- als zugeführt wurde, so dass die resultirende Verbindung (der Malachit) den durch die Kanten des Rothkupfererzkrystalls im Umriss angegebenen Raum nicht mehr völlig ausfüllen konnte.

Häuft sich die Masse mehr auf den Flächen an, so sind diese in ihrer Mitte erhöht und an den Kanten sind infolge dessen die Krystalle vertieft — eingekerbte Kanten —. Solche beobachtet man bei manchen Quarzen, beim Rothkupfererz, Gold, Silber etc. (siehe dagegen die infolge von Zwillingsbildung eingekerbten Kanten des Diamant).

111. Krystallschaalen. Zu erwähnen ist noch der schaalige Aufbau vieler Krystalle, der die Folge einer allmähligen, z. Th. sogar intermittirenden Bildung derselben ist. Einzelne dünne Schichten parallel der äusseren polyëdrischen Umgrenzung liegen in grosser Anzahl übereinander; dieselben hängen meist fest zusammen, sie treten aber auf dem Bruch der Krystalle deutlich hervor, wenn sie kleine Unterschiede im Aussehen, also in Farbe, Durchsichtigkeit etc. erkennen lassen. So ist es z. B. bei den Krystallen des gemeinen Quarzes, die häufig aus einer grossen Zahl solcher dünner Schichten aufgebaut sind. Bei manchen Mineralien tritt die Schichtenbildung erst bei der Verwitterung deutlich hervor oder bei künstlichem Anätzen der Bruchflächen. Bei manchen anderen Krystallen sind die Schichten namentlich in der Farbe so verschieden, dass sie auf den ersten Blick und mit grösster Deutlichkeit ins Auge fallen, so bei manchen Amethysten, in denen vielfach einzelne Lagen weissen Quarzes parallel mit den äusseren Krystallflächen eingeschaltet sind. Manchmal steckt ein Kernkrystall in einer Hülle desselben Minerals von anderer Farbe, z. B. giebt es violette Flussspathkrystalle mit gelber Hülle etc. Besonders deutlich tritt die intermittirende Bildung der Krystalle hervor, wenn die Oberfläche eines im Innern steckenden Kernes mit einer dünnen Schicht eines anders gefärbten fremden Minerals bedeckt ist. So findet man nicht selten Bergkrystalle, in denen ein kleinerer Bergkrystallkern steckt, dessen Rhomboëderflächen mit Chloritstaub bedeckt sind, so dass ein kleines grünes, der äussern Begrenzung paralleles Dihexaëder durch die sonst wasserhelle Substanz durchscheint. Am deutlichsten wird aber diese Bildung, wenn die einzelnen Schichten nicht fest zusammenhängen, sondern nur lose übereinander liegen und sich von einander abheben lassen, wie z. B. bei dem sog. Kappenquarz, manchen Krystallen von Epidot, Vesuvian, Wolframit etc.

Als eine häufige Erscheinung zeigt sich die Schaalenbildung der Mineralien unter dem Mikroskop. Die Leucite, Feldspathe, Granaten etc. in den Gesteinen erweisen sich häufig als aus einzelnen dünnen Schichten aufgebaut, welche sich concentrisch um einen centralen Kern herumlagern.

112. Feste Einschlüsse. Auch die Eigenschaft der Homogenität ist bei den Krystallen zuweilen nur in bedingter Weise erfüllt. Dieselben enthalten nämlich vielfach fremde Substanzen von fester, flüssiger oder gasförmiger Beschaffenheit eingeschlossen, so dass nur die zwischen den Einschlüssen befindliche Mineralsubstanz wirklich homogen ist. Dies ist sehr wichtig zu wissen, weil hierauf bei der Analyse der Mineralien Rücksicht genommen werden muss; man darf dazu nur Stücke verwenden, welche entweder ganz frei sind von solchen Einschlüssen (Verunreinigungen), oder man muss letztere vorher entfernen (187).

Diese Einschlüsse sind z. Th. mit blossem Auge deutlich zu sehen, z. Th. sind sie mikroskopisch klein und nur in bis zur durchsichtigen Dünnheit geschliffenen Plättchen (sog. Dünnschliffen) unter dem Mikroskop zu erkennen. Die Untersuchung solcher Dünnschliffe von Mineralien (und Gesteinen) unter dem Mikroskop ist in neuerer Zeit ganz besonders wichtig geworden.

Die *festen Einschlüsse* sind theils amorph, theils krystallisirt. Amorph sind sie hauptsächlich in solchen Mineralien, welche in aus feurigem Fluss erstarrten Lavagesteinen eingeschlossen sind und denen daher ebenfalls eine derartige Entstehung zuzuschreiben ist. Es ist hier glasartig erstarrte Gesteinsmasse, welche nicht Zeit hatte, sich bei der Festwerdung des Ganzen in Krystallen auszubilden. Feldspathe, Leucite, Quarze etc. aus Basalten, Trachyten etc. zeigen solche Einschlüsse, nicht selten in mehr oder weniger grosser Zahl, die einzelnen Einschlüsse sind mikroskopisch klein bis zu erheblicher Grösse. Manchmal haben diese Einschlüsse die Gestalt, welche die äussere Begrenzung des Krystalls, des sog. Wirths zeigt, in welchem sie auch in einzelnen Fällen in irgend einer regelmässigen Weise eingelagert sind, z. B. in Zonen parallel mit der äusseren Begrenzung des Wirths.

Häufiger sind Einschlüsse von Krystallen in andern Krystallen. Die Formen der Einschlüsse sind verschieden: nicht selten sind es lange Prismen z. B. von Strahlstein, oder Rutil, oder Turmalin etc., besonders im Bergkrystall, welche manchmal mit einem Ende aus diesem mehr oder weniger weit hervorragen: in andern Fällen sind es dünne Plättchen und Schüppchen, wie z. B. die Eisenglanz- oder Goethitschuppen in dem Oligoklas (sog. Sonnenstein) von Tvedestrand in Norwegen, wo ausserdem noch alle diese Schüppchen in paralleler Stellung parallel mit der Hauptspaltungsfläche des Feldspaths eingewachsen sind. Auch im Carnallit findet man solche dünnen Schüppchen. Körnchen von Magneteisen, Quarz etc. findet man in vielen Mineralien. Eigenthümlich ist der Einschluss von Thon im Chiastolith.

Sind die eingeschlossenen Kryställchen sehr klein und nur noch unter dem Mikroskop erkennbar, so nennt man sie *Mikrolithen*. Man spricht so von Augit-, Nephelin- etc. Mikrolithen, doch sind diese kleinen Gebilde oft ihrer mineralogischen Natur nach nicht sicher bestimmbar. Auch die Mikrolithen sind zuweilen in regelmässiger Weise in den Krystallen eingewachsen, so z. B. Magneteisenkörnchen in Flächen parallel mit den Krystallflächen des einschliessenden Leucits; in manchen Glimmern findet man in drei unter 60° gegeneinander geneigten Richtungen sehr dünne Nädelchen von Rutil in zahlloser Menge parallel den Hauptblätterbrüchen eingelagert, welche den Asterismus dieser Glimmer hervorbringen etc.

Die Zahl der eingeschlossenen Kryställchen ist manchmal gering, manchmal sehr gross, so dass nicht selten der ganze an sich farblose und durchsichtige Wirth von ihnen scheinbar gleichmässig getrübt und gefärbt erscheint. So ist der schon erwähnte Carnallit durch die Eisenglanz- oder Goethiteinschlüsse roth, der Sonnenstein erhält durch diese Schüppchen einen eigenthümlichen röthlichen Lichtschein, mancher Bergkrystall wird durch Einschluss massenhafter staubartiger Chloritpartikelchen dunkelgrün; ebenso wird mancher Quarz grün durch Strahlsteinnädelchen etc. Ist aber die Zahl der Einschlüsse auch oft sehr gross, so ist wegen der äussersten Kleinheit oder Dünne derselben ihre Masse doch gering. So beträgt z. B. im Sonnenstein der Gehalt an FeO_3 nur *ca* $^1/_3$ $^0/_0$, trotzdem die Eisenoxydschüppchen so zahlreich eingewachsen sind, dass sie den rothen Schiller in dem Mineral zu erzeugen im Stande sind, aber diese Plättchen sind eben äusserst dünn. Vielfach ist die Masse der Einschlüsse allerdings grösser, am grössten wohl bei dem sog. krystallisirten Sandstein von Fontainebleau: Kalkspathkrystalle mit eingeschlossenen Sandkörnern, welche ca. $^2/_3$ der ganzen Masse der Krystalle ausmachen.

(Söchting, Seyfert, Leonhard und Blum, Einschlüsse von Mineralien in krystallisirten Mineralien. Haarlem 1854. Vergl. auch die in (3) angeführten Werke über die mikroskop. Verhältnisse der Mineralien, bes. von v. Lasaulx, Rosenbusch und Zirkel, auch in Bezug auf den nächsten Abschnitt).

113. Flüssige und gasförmige Einschlüsse. Flüssige und gasförmige Einschlüsse in den Mineralien sind häufig nebeneinander vorhanden. Man findet vielfach rundliche Hohlräume, welche z. Th. von einer Flüssigkeit, z. Th. von Gas erfüllt sind. In mikroskopischer Kleinheit sind solche Einlagerungen sehr häufig, besonders im Quarz, aber auch in anderen Mineralien; sie sind nicht selten in ganzen Zügen und Schwärmen gruppirt, welche unregelmässig durch die Masse des Minerals zerstreut sind. Auch makroskopisch finden sich solche Einschlüsse nicht selten, so z. B. im Quarz von Poretta bei Bologna, in manchen Steinsalzkrystallen und anderen aus wässriger Lösung gebildeten Mineralien. Am grössten sind die flüssigen Einschlüsse wohl beim sog. Enhydros, einem Chalcedon, der rundliche, mit Flüssigkeit halberfüllte Hohlräume oft von mehreren Kubikcentimetern Inhalt umschliesst. Sind diese Höhlungen nicht ganz mit der Flüssigkeit erfüllt, so bewegt sich in ihnen beim Hin- und Herneigen eine Gasblase, eine sog. Libelle, welche man auch bei mikroskopischen Einschlüssen nicht selten wahrnimmt.

Zuweilen sind die Hohlräume von ganz unregelmässig gerundeten Flächen begrenzt, zuweilen aber auch von ebenen Flächen, welche der äusseren Begrenzung des Wirths entsprechen. Es entstehen dadurch sog. *negative Krystalle,* wie bei manchen Quarzen, beim Gyps, Topas, im Eis etc.

Die in den Hohlräumen befindlichen Gase und Flüssigkeiten sind von verschiedener Natur. Im Quarz findet man z. B. häufig flüssige CO_2, im Steinsalz gesättigte $NaCl$-Lösung etc. In letzterem sind auch zuweilen Bläschen von Kohlenwasserstoff unter hoher Spannung eingeschlossen. Löst man solches Steinsalz in Wasser auf, so werden die das Gas umgebenden Hüllen immer dünner und dünner, und bei einer gewissen Dünnheit sprengt das Gas die einschliessenden Wände unter einem knisternden Geräusch (Knistersalz von Wieliczka).

(Litt. vergl. (112).)

114. Eingewachsene Krystalle. Die in der Natur vorkommenden Krystalle finden sich in zweierlei Weise: einmal ringsum mit allen von der Symmetrie erforderten Flächen, Kanten und Ecken ausgebildet, was dann der Fall ist, wenn dieselben sich in einer weichen, nachgiebigen Umgebung ausgebildet haben, in welcher sie später bei der Festwerdung des Ganzen eingebettet liegen (*eingewachsene Krystalle*). Sodann finden sie sich an einer Stelle mehr oder weniger verstümmelt, wenn die Krystalle im freien Raume auf einer Unterlage sitzend entstanden sind (*aufgewachsene Krystalle*).

Die *eingewachsenen* Krystalle finden sich zum Theil nur vereinzelt in der sie umgebenden Masse (Grundmasse, Muttergestein), zum Theil sind sie darin in grösserer Zahl vorhanden, man nennt dies dann auch wohl eingesprengt. Sind sehr viele kleine Kryställchen (oder derbe Körnchen) eines Minerals in einem andern Mineral oder in einem Gesteine eingesprengt, so sagt man, das letztere Mineral oder Gestein sei mit dem ersteren Mineral imprägnirt. Eingewachsene Krystalle, wie z. B. Granat im Glimmerschiefer, Magneteisen im Chloritschiefer, Schwefelkies im Thonschiefer etc., sind *rundum vollkommen ausgebildet,* zu jeder Fläche, Kante und Ecke ist das parallele Gegenstück vorhanden, aber die Flächen sind infolge der innigen Berührung mit der Umgebung meist matt, sogar rauh. Diese Krystalle müssen sich in einer nachgiebigen Masse schwimmend gebildet haben, in welcher sie sich nach allen Richtungen hin in der Hauptsache ungehindert haben entwickeln können.

Die eingewachsenen Krystalle liegen entweder einzeln und ohne Zusammenhang in der Grundmasse, wie z. B. der Granat im Glimmerschiefer etc., oder sie sind zu mehreren mit einander verwachsen. Solche aus mehreren zusammengewachsenen Krystallen bestehende, in einer Grundmasse eingelagerte Zusammenhäufungen nennt man *Krystallgruppen*; sie können die verschiedenartigste Form haben. Solche bildet z. B. der Gyps im Thon, die Kupferlasur von Chessy ebenfalls im Thon etc. Mehr oder weniger zahlreiche Krystallspitzen, jede einem der zusammengewachsenen Individuen angehörig, ragen an ihnen hervor. Werden diese Individuen kleiner, resp. die polyëdrische Begrenzung der aus der Oberfläche der Gruppe herausragenden

Krystallspitzen unregelmässig, unvollkommen und undeutlich, so nähern sich die Gruppen immer mehr krystallinischen Aggregaten mit rundlicher Oberfläche (116).

115. Aufgewachsene Krystalle. Die *aufgewachsenen* Krystalle sitzen an dem einen Ende mit einer mehr oder weniger ausgedehnten Fläche, der Ansatzstelle, auf der Unterlage auf und ragen mit dem andern Ende frei in einen Hohlraum hinein. Die Ansatzstelle ist oft nur klein, manchmal aber auch sehr ausgedehnt. Nimmt man einen solchen Krystall von der Unterlage ab, so ist er an der Ansatzstelle *unvollständig ausgebildet*, da hier sich natürlich keine Flächen entwickeln konnten. Man kann aber ein solches Krystallbruchstück nach den Gesetzen der Symmetrie und des Flächenparallelismus (7, 41 ff.) meist leicht ergänzen, wie z. B. den Krystall (Fig. 239), an dem die punktirte Partie das ergänzte Stück vorstellt. Die Flächen der aufgewachsenen Krystalle sind meist glatt und glänzend.

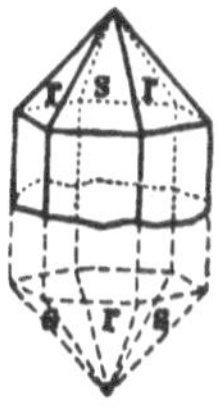

Fig. 239.

Selten sieht man einen einzelnen Krystall aufgewachsen, meist sind mehrere vereinigt und bilden eine *Druse* (Krystalldruse, z. B. Kalkspath-, Bleiglanz- etc. Druse). Die einzelnen Krystalle einer solchen Druse sind meist ganz regellos gegen einander gestellt, zuweilen zeigen sie aber doch eine gewisse Regelmässigkeit in der Anordnung; man spricht dann wohl auch von *Krystallstöcken*. So sind manchmal, aber selten, alle Krystalle einer Druse parallel, oder sie convergiren alle nach einem Punkte, wobei sie entweder langprismenförmig (z. B. Natrolith) oder dünntafelförmig sind (Eisenglanz bei den sog. Eisenrosen der Alpen), oder die Krystalle bilden dünne Tafeln, welche fächerförmig von einer allen gemeinsamen Linie ausstrahlen (wie z. B. der sog. kammförmige Schwerspath). Oder sie bilden tropfsteinartige Zapfen, deren einzelne Krystalle senkrecht zur Axe der Zapfen nach allen Richtungen radial hinausragen. Andere solche Gruppirungen kommen noch vor, welche in leicht verständlicher Weise durch Vergleich mit bekannten Gegenständen von charakteristischer Gestalt beschrieben werden, so garbenförmig (94), ruthenförmig etc.; rosettenförmig angeordnet nennt man eine Anzahl von meist kleinen, dünnen und lang gezogenen Krystallen, welche alle, auf einer ebenen Unterlage aufgewachsen, radial von einem Centrum ausstrahlen (Wavellit, Kobaltblüthe) etc.

Die Krystalle der Drusen sind oft gross und lang, z. B. beim Quarz, oft sind sie nur kurz und niedrig, z. B. beim Schwefelkies. Zuweilen werden die Krystalle sehr klein und bilden nur eine dünne Haut, welche auf grössere Erstreckung Gesteine und Mineralien überzieht. Solche Häute werden namentlich vom Quarz gebildet, der auf diese Weise die von ihm überzogenen Mineralien förmlich abgiesst und abformt (219).

Die Gestalt der Drusen hängt ab von derjenigen ihrer Unterlage; ist diese nahezu eben, wie z. B. die Wand einer Spalte im Gebirge, so ist auch die Druse eben und meist stark ausgedehnt; bildet sie die runde Wand eines kleinen Hohlraums im Gestein, so ist auch die Druse rund (208, 209). Die Unterlage der deutlich ausgebildeten Krystalle ist entweder mit dem aufsitzenden Mineral gleichartig oder nicht; ersteres ist der Fall, wenn z. B. Quarzkrystalle auf derbem Quarz sitzen, letzteres, wenn Flussspathkrystalle auf Sandstein, Kalkspathkrystalle auf Granit aufgewachsen sind, oder bei den Mineralien in den Mandeln (208). Im ersteren Fall ist die herausragende Krystallspitze häufig die directe Fortsetzung eines individualisirten Stücks der die Unterlage bildenden derben Masse, welche sich nach innen zu aus Mangel an Platz nicht mit deutlichen Flächen ausbilden konnte, sondern nur in den leeren Drusenraum hinein. Sehr häufig beobachtet man so, dass in grossen derben Massen eines Minerals auf Hohlräumen dasselbe Mineral in drusenförmig aufgewachsenen Krystallen ausgebildet ist, welche letztere sich unregelmässig begrenzt in die derbe Masse hinein fortsetzen, wie z. B. Bleiglanzkrystalle auf Drusen im derben Bleiglanz etc.

Manchmal ist ein Mineral in Form einer dünnen ausgebreiteten, zusammenhängenden oder auch pulverförmigen Decke oder eines sehr dünnen Häutchens auf der Oberfläche eines anderen Minerals abgelagert, z. B. eine dünne Haut von Rotgültigerz, Glaserz etc., oder ein feiner Staub von Pharmakolith. Man nennt dies einen *Anflug*. — Zuweilen bilden sich einzelne Krystalle oder ein feines Mehl auf der Oberfläche eines Minerals durch chemische Umwandlung oder theilweise Auflösung und Wiederabsatz des letzteren, z. B. Kobaltblüthe auf Speiskobalt, Steinsalz auf dem Boden und Salzsteppen etc.; man nennt dies eine *Ausblühung* oder *Efflorescenz*.

116. Derbe Aggregate. Krystalle mit regelmässigen Flächen können sich nur dann bilden, wenn die Umstände, welche bei der Bildung herrschten, dazu günstig sind. Ist dies nicht der Fall, bilden sich z. B. gleichzeitig viele Krystalle auf beschränktem Raum, oder ist die Substanz zwar fähig zu krystallisiren aber nicht regelmässige Krystalle zu bilden, wie der Brauneisenstein, so entstehen unregelmässig begrenzte, derbe (6) Krystallindividuen, durch Zusammenhäufung von vielen derselben, welche der nämlichen Mineralspecies angehören, die sog. *derben oder krystallinischen Aggregate.*

Die Individuen, welche diese Aggregate bilden, nennt man die *Zusammensetzungsstücke* derselben. Sie haben in den verschiedenen Aggregaten verschiedene Gestalt und sind in mehr oder weniger regelmässiger Weise mit einander verbunden; darnach ergeben sich verschiedene Structurformen der Aggregate.

Sind die Zusammensetzungsstücke nach allen Seiten hin ziemlich gleichmässig ausgedehnt, so heisst die Structur des Aggregats die *körnige* und man unterscheidet gross-, grob-, mittel- und feinkörnig (Kalkspath, als Marmor, Magneteisen, Augit etc.). Werden die Körner so klein, dass man sie nur noch im Dünnschliff unter dem Mikroskop unterscheiden kann, so heisst das Aggregat, welches für das blosse Auge ganz aus einem Guss zu sein scheint, *dicht* oder *kryptokrystallinisch* (z. B. Bleischweif, Kalkstein).

Sind die Zusammensetzungsstücke dünn und lamellenförmig, so

heisst das Aggregat *schaalig*, und zwar je nach der Form und Grösse der Schaalen: geradschaalig (Apophyllit, Kalkspath, nicht mit Blätterbruch zu verwechseln (126)); krummschaalig (Eisenglanz, Achat, Arsen); ferner dick- und dünnschaalig; parallel- und verworrenschaalig etc. Besteht die ganze Masse aus einzelnen kleinen und dünnen Blättchen, so heisst das Aggregat *schuppig* (Glimmer). Auch schuppige Massen können dicht werden.

Sind die Zusammensetzungsstücke nur nach einer Seite ausgedehnt, so heisst das Aggregat *stenglig* oder auch wohl *strahlig* wenn sie dick, *fasrig* wenn sie sehr fein sind. Man unterscheidet dick- und dünnstenglige, kurz- und langstenglige Aggregate nach den Dimensionen der Stengel; nach der Anordnung derselben: parallelstenglig oder -strahlig, excentrisch- oder radial-stenglig oder -strahlig oder verworrenstenglig oder -strahlig. Dieselben Unterschiede gelten für fasrige Aggregate. Stenglig ist der Pyknit, mancher Kalkspath etc., fasrig mancher Gyps, ebenfalls mancher Kalkspath etc. Manche verworrenfasrige Mineralien sind auch dicht, z. B. der Nephrit.

Zuweilen sind die Zusammensetzungsstücke eines Aggregats gleichzeitig auf mehrere verschiedene Arten mit einander verbunden, so dass zunächst kleinere Theile in einer bestimmten Weise zu grösseren Zusammensetzungsstücken (höherer Ordnung) vereinigt sind, die dann in einer andern Weise verbunden das Aggregat bilden (mehrfache Zusammensetzung). So ist z. B. der Achat dicht und schaalig. Mikroskopisch kleine Körnchen bilden dünne krumme Schichten oder Schaalen, welche in vielfacher Wiederholung übereinander liegen; ebenso ist das Arsen feinkörnig oder dicht und dickschaalig. Manche Vorkommnisse des Rotheisensteins sind schaalig und fasrig, einzelne Schaalen liegen übereinander, jede aus radial zu den concentrischen Schaalenoberflächen gestellten Fasern bestehend. Dieselben beiden Structurformen geben auch die Structur der *Oolithe* oder *Pisolithe* (z. B. Erbsenstein, Rogenstein). Diese bestehen ganz aus zusammengehäuften Kugeln. Die Kugeln sind concentrischschaalig, jede einzelne Schaale ist radialfasrig.

Manchmal sind solche Aggregate in bestimmter regelmässiger Weise nach aussen abgegrenzt. Besonders häufig beobachtet man rundliche Knollen, die zuweilen fast regelmässig kugelförmig werden (Wavellit) oder die auch eine cylindrische, pilzförmige, nierenförmige, traubige etc. Gestalt haben. Nierenförmig nennt man solche Knollen, wenn sie aus einzelnen Abschnitten grosser Kugeln, traubig wenn sie aus vielen kleinen Kugeln verwachsen scheinen (Brauneisenstein, Psilomelan). Die rundliche Oberfläche ist oft vollkommen glatt, zuweilen rauh durch hervorstehende Krystallspitzchen, die mehr oder weniger deutlich zur Erscheinung kommen können und welche dann den Uebergang zu den Krystallgruppen und -Drusen herstellen (114, 115). Solche runde, nierige und traubige Aggregate sind sehr häufig im Innern radialfasrig, doch auch nicht selten körnig oder von anderer Structur.

Diese rundlichen Massen sind theils auf einer Unterlage aufgewachsen, theils sind sie eingewachsen in gleicher Weise wie ausgebildete Krystalle. Aufgewachsen sind z. B. die radialfasrigen Kugeln des Wavellits, die ebenfalls radialfasrigen traubigen Massen des Sphärosiderits auf Hohlräumen im Basalt etc. Zu den aufgewachsenen Aggregaten dieser Art gehört der *Glaskopf*. Man versteht darunter radialfasrige Mineralien mit einer runden (nierenförmigen oder traubigen) Oberfläche, parallel mit welcher schaalige Absonderungsflächen verlaufen. Diese Structurform findet sich besonders bei einigen Eisenerzen, welche man durch ein Beiwort näher bezeichnet (rother, brauner Glaskopf etc.). Krystallinische Aggregate mit rundlicher Oberfläche bilden die krustenförmigen Ueberzüge, welche häufig z. B. aus Kalkspath durch Sickerwasser auf grosse Erstreckung hin gebildet werden; ebenso die aus tropfendem Wasser abgelagerten zapfenförmigen *Tropfsteine* (Stalaktiten), welche mit solchen Krusten oft in Verbindung stehen. Viele lösliche Mineralien bilden solche Krusten und Stalaktiten: Vitriole, Steinsalz etc., besonders aber, wie erwähnt, Kalkspath. Sie sind im Innern theils körnig, theils radialstrahlig und fasrig, von der Axe des Zapfens aus und nicht selten auch parallel der Zapfenoberfläche schaalig. Endlich seien hier die vielfach verästelten, sog. zackigen Gebilde der runden dünnen Stengel der Eisenblüthe erwähnt.

Eingewachsene rundliche Knollen von ähnlicher Form und Beschaffenheit (Concretionen) bildet viefach der Schwefelkies im Thon (der übrigens auch in ganz gleicher Weise aufgewachsen vorkommt) und manche andere Mineralien.

Die Zusammensetzungsstücke der Aggregate sind zum Theil sehr fest mit einander verwachsen, z. B. die Kalkspathkörner im Marmor, zum Theil sind sie locker und lose und lassen sich durch Drücken in der Hand trennen, z. B. der körnige Augit (Kokkolith), oder zwischen den Fingern zu Pulver zerreiben (Kreide). Ersteres ist der Fall, wenn die Grenzen der Zusammensetzungsstücke gegen einander (die Zusammensetzungsflächen) complicirt sind, letzteres, wenn die einzelnen Stücke nach fast ebenen Flächen zusammenstossen oder doch so, dass nicht weit hervorragende Theile des einen Korns in entsprechende Vertiefungen des andern eingreifen. Daher sind namentlich schaalige und fasrige Aggregate in der Richtung der Schaalen und Fasern häufig leicht zu trennen; beim Arsen z. B. lassen sich sogar vielfach einzelne Schaalen von einander abheben.

Manchmal sieht man, z. B. beim rothen Glaskopf, fast ebene Trennungsflächen in der ungefähren Richtung der radial verlaufenden Fasern durch die Masse hindurchgehen. Diese Flächen sind ganz glänzend und glatt und machen daher auf den ersten Blick den Eindruck von Krystallflächen. Davon ist aber keine Rede, die Flächen liegen unregelmässig gegen einander und die zwischen den einzelnen Flächen liegenden keilförmigen Stücke bilden nicht je ein Krystallindividuum, sondern ein radial fasriges Aggregat.

117. Amorphe Mineralien. Die amorphen Mineralien zeigen zuweilen, trotzdem dass ihnen an sich gar keine regelmässige Gestalt zukommt, ähnliche Formen wie die krystallinischen Aggregate. So findet man solche Körper häufig in Form von runden Knollen eingewachsen (Opal als Menilith) oder aufgewachsen (Opal als Hyalith), schön traubig beim Psilomelan; auch ausgedehnte Krusten und Ueberzüge bildend. Man findet zwar hier dieselben nierenförmigen und traubigen etc. Oberflächen wie bei jenen Aggregaten, aber keine Spur von innerer fasriger, körniger etc. Structur. Auch tropfsteinartige Gestalten finden sich. Vor allem sind aber die *Dendriten* zu erwähnen, braune oder schwarze moos- oder baumförmige Anflüge von Eisen- und Manganerzen, welche aus Lösungen sich abgeschieden haben, die infolge der Capillarität auf ganz engen Spalten sich in dieser eigenthümlichen Weise ausgebreitet haben. Man findet die Dendriten nur auf den Wänden solcher ganz engen Spalten, kann auch den Process künstlich nachahmen.

II. Abschnitt.

Mineralphysik.

Vergl. hiezu ausser den in (3) genannten Werken: *Wüllner*, Lehrbuch der Experimentalphysik, III. Aufl. *Pouillet-Müller*, Lehrbuch der Physik (neueste Auflage bearbeitet von Pfaundler). *Beer*, Einleitung in die höhere Optik (2. Aufl., bearbeitet von V. v. Lang). *Lommel*, Das Wesen des Lichts. *Radicke*, Handbuch der höheren Optik. *Billet*, Traité d'optique physique *Verdet*, Oeuvres complètes. *Herschel*, Vom Licht (übersetzt von Schmidt). *Brewster*, A treatise on optics, und manche andere Lehr- und Handbücher der Physik und einzelner Zweige derselben, besonders der Optik.

118. Hauptgesetz der Krystallphysik. Die physikalischen Eigenschaften der Mineralien stehen z. Th. zu der Structur derselben in keiner Beziehung, wie z. B. das specifische Gewicht; z. Th. sind sie von der Structur abhängig. Diese letzteren Eigenschaften hängen in bestimmter gesetzmässiger Weise mit den Richtungen zusammen, nach welchen sie in den Krystallen beobachtet werden, so die optischen und thermischen Eigenschaften, die Verhältnisse der Cohäsion etc. Amorphe Mineralien verhalten sich nach allen Richtungen physikalisch gleich, krystallisirte im allgemeinen verschieden, es gilt aber hier durchaus das Gesetz: *Krystallographisch gleiche Richtungen verhalten sich in jeder Beziehung physikalisch gleich*, so dass also die krystallographischen Symmetrieebenen auch in Beziehung auf die physikalischen Eigenschaften solche sind.

Bezüglich der Umkehrung dieses Hauptsatzes der Krystallphysik hat man zwei Gruppen von Eigenschaften zu unterscheiden. Für die eine Gruppe, wohin vorzugsweise die Cohäsion gehört und alles was damit zusammenhängt, gilt auch die Umkehrung ganz allgemein: *Alle krystallographisch verschiedenen Richtungen sind auch physikalisch verschieden.* Für die optischen, thermischen etc. Eigenschaften gilt dies aber nicht mehr ganz allgemein; in Bezug auf diese Eigenschaften sind zwar in den meisten Fällen die krystallographisch verschiedenen Richtungen ebenfalls physikalisch verschieden, aber es giebt auch Fälle, wo dies nicht mehr zutrifft. So sind z. B. sämmtliche Richtungen eines regulären Krystalls in optischer Beziehung einander gleich, während dies in krystallographischer Beziehung keineswegs der Fall ist. Der Würfelkante entspricht eine krystallographisch andere Richtung, als der Würfelflächendiagonale, nach beiden Richtungen bewegt sich aber das Licht in den regulären Krystallen mit ganz gleicher Geschwindigkeit.

(Vergl. *Sohnke*, Entwicklung einer Theorie der Krystallstruktur 1879.)

Specifisches Gewicht.

119. Specifisches Gewicht. Das *specifische Gewicht* eines Minerals ist die Zahl, welche angiebt, wie viel mal schwerer ein gewisses Volumen desselben ist, als dasselbe Volumen Wasser. Die Mineralien unterscheiden sich in Bezug hierauf bedeutend, und die specifischen Gewichte sind daher zur Charakterisirung der einzelnen Mineraspecies von grosser Wichtigkeit. Das höchste specifische Gewicht (G.) ist beim natürlich vorkommenden Iridium beobachtet worden: G = 22,8, woran sich die Gewichte der anderen schweren Metalle und die von deren Verbindungen anschliessen. Das schwerste Mineral, welches kein schweres Metall enthält, ist der Schwerspath, G = 4,3—4,7. Diejenigen Mineralien, welche am massenhaftesten vorkommen, welche also in der Zusammensetzung der festen Erdkruste die bedeutendste Rolle spielen, haben ein viel geringeres Gewicht: Quarz und Feldspath 2,65; Kalkspath 2,7; Augit und Hornblende 3,0—3,5. Diese niederen Zahlen sind mit Rücksicht auf das hohe specifische Gewicht der ganzen Erde, welches 5,5—5,6 beträgt, sehr auffallend, um so mehr, als sogar die schwersten, massenhaft in der Erdkruste vorkommenden Mineralien, Eisenglanz, Magneteisen etc., nur specifische Gewichte von 5—$5^1/_2$ haben. Noch geringer als die genannten Gewichte ist das des Gypses: 2,3 und der meisten wasserhaltigen Silicate, des Schwefels, Graphits etc.; an der untersten Stufe stehen die Mineralien organischen Ursprungs, die Harze, Naphta, Asphalt etc., deren specifische Gewichte zwischen 1,4 und 0,5 schwanken. Die geringste Zahl, welche überhaupt angegeben wird, ist die für den Pyropissit von Halle, dessen G = 0,49—0,52.

Das spezifische Gewicht eines Minerals wird an grösseren Stücken in bekannter Weise mittelst der hydrostatischen Wage bestimmt. Genauer ist in vielen Fällen die Bestimmung an gröblichem Pulver mittelst des *Pyknometers*. Dies ist ein kleines dünnwandiges Glasfläschchen mit einem weit herausragenden sorgfältig eingeriebenen Glasstöpsel, der in seiner Axe von einem feinen langen Kanal durchzogen ist.

Bei der Gewichtsbestimmung wird zuerst das absolute Gewicht p der Substanz bestimmt; dann wird das Pyknometer mit destillirtem Wasser gefüllt, so dass dasselbe den Kanal in dem Stöpsel bis an den oberen Rand erfüllt, und das Ganze gewogen. Das Gewicht sei $= a$. Endlich wird die Substanz vom Gewicht p in das Fläschchen geworfen, wodurch ein Theil des Wassers verdrängt wird, und dafür gesorgt, dass nach dem Aufsetzen des Stöpsels das Wasserniveau wieder genau bis zum oberen Ende desselben reicht; dann sei das Gewicht des Ganzen $= b$. Nun ist $p + a - b$ das Gewicht des durch die Substanz verdrängten Wassers, und man hat: $G = \frac{p}{p + a - b}$. Die an dem gröblichen Pulver der Substanz adhärirende Luft ist durch Auskochen oder unter der Luftpumpe zu entfernen und die Temperatur etc. in bekannter Weise zu berücksichtigen.

In neuerer Zeit wird das specifische Gewicht von Mineralien auch durch Eintauchen in Flüssigkeiten ermittelt, deren specifisches Gewicht man durch Verdünnen oder Concentriren genau dem des Minerals gleich macht, das dann darin eben noch schwimmt. Dies Abwägen eines bestimmten Volumens der Flüssigkeit giebt das specifische Gewicht. Hiezu sind Flüssigkeiten von besonders hohem specifischen Gewicht erforderlich, so eine Lösung von Kaliumquecksilberjodid oder von borwolframsaurem Cadmium (Klein'sche Lösung) etc. Diese Flüssigkeiten eignen sich namentlich auch zur Trennung von lockeren Mineralgemengen nach dem specifischen Gewicht in ihre einzelnen Bestandtheile.

Verschiedene Stücke eines und desselben Minerals geben nicht selten etwas verschiedene Zahlen für G. Dies hängt ausser mit kleinen Messungsfehlern hauptsächlich mit den Verunreinigungen zusammen, welche die Mineralien als mechanische Einmengungen und als isomorphe Beimischungen (112. 113. 198.) enthalten.

(Kohlrausch, Praktische Regeln zur Bestimmung des specifischen Gewichts 1856. Websky, Mineral. Studien, I.: Die Mineralspecies nach den für das specifische Gewicht gefundenen Werthen 1868. Gisevius, Methode der Bestimmung des specifischen Gewichts. Diss. Bonn 1883. Goldschmidt, Verwendbarkeit einer Kaliumquecksilberjodidlösung bei mineral. Untersuchungen, Diss. 1881.

Cohäsion.

120. Cohäsion. Die *Cohäsion* ist diejenige Eigenschaft der Mineralien, vermöge deren sie einer Trennung ihrer Theilchen Widerstand leisten. Die Kräfte, welche den Zusammenhalt der kleinsten Theile der Körper bedingen, werden allgemein die *Cohäsionskräfte* genannt. Auf ihnen beruhen u. A. die Aggregatzustände, von welchen hier aber nur der feste von Bedeutung ist. Je nach der speciellen Beschaffenheit der Cohäsion verhalten sich die Mineralien verschieden gegen äussere Einwirkungen, welche auf eine Trennung der kleinsten Theilchen oder auf eine Gestaltungsänderung des vorliegenden Stücks gerichtet sind.

121. Tenacität. Das allgemeine Verhalten der Mineralien solchen äusseren Einwirkungen gegenüber nennt man die *Tenacität* derselben. Es zeigen sich hierbei charakteristische und für das Erkennen und Unterscheiden der Mineralkörper wichtige Verschiedenheiten, welche mit besonderen Namen benannt worden sind.

Spröde heissen solche Mineralien, von denen das beim Einritzen mit dem Messer erzeugte Pulver unter Geräusch weggeschleudert wird (Feldspath, Blende etc., überhaupt die Mehrzahl der Mineralien); *milde* sind solche, bei welchen das Pulver neben der durch das Ritzen entstandenen Rinne ruhig liegen bleibt (Speckstein, Graphit etc.). An manchen Mineralien entsteht beim Ritzen überhaupt kein Pulver, sondern nur eine vertiefte Rinne. Von solchen kann man am Rande Spähne abschneiden. Zerbrechen diese auf dem Amboss beim Schlagen mit dem Hammer, so ist das Mineral *geschmeidig*

(z. B. Silberglanz, Kupferglanz); zerbrechen sie nicht, sondern lassen sie sich zu einer Platte hämmern, so heisst das Mineral *dehnbar* (duktil) (edle Metalle); doch wird zwischen dehnbar und geschmeidig nicht immer scharf unterschieden. Mineralien, welche sich in dünnen Platten umbiegen lassen, heissen *biegsam*, und zwar *elastisch biegsam*, wenn sie nach Aufhören der Wirkung der biegenden Kräfte ihre ursprüngliche Gestalt wieder annehmen (Glimmer); *gemein biegsam*, wenn sie dauernd gebogen bleiben (Chlorit). Manche Mineralien sind nach gewissen Richtungen biegsam, nach andern brechen sie ohne Biegung durch, z. B. Gyps.

122. Elasticität. Unter *Elasticität* versteht man die Eigenschaft der Mineralien, einer Gestalts- und Volumenänderung einen Widerstand entgegenzusetzen. Je grösser dieser Widerstand ist, je grösser also die äusseren Krafteinwirkungen sein müssen, um eine solche Aenderung herbeizuführen, desto grösser ist die Elasticität des betreffenden Körpers; je leichter die Aenderung vor sich geht, desto geringer ist sie. Demnach ist also Stahl im physikalischen Sinne elastischer als Kautschuk. Sind die Aenderungen nicht zu gross, so nimmt der Körper nach dem Aufhören der äusseren Kraftwirkungen seine ursprüngliche Form und Grösse wieder an; gehen sie über einen bestimmten Betrag hinaus, so ist dies nicht mehr der Fall; die kleinsten Theile nehmen dann eine neue stabile Gleichgewichtslage ein, man sagt, die Elasticitätsgrenze ist überschritten.

Die Elasticität innerhalb der Elasticitätsgrenze wird gemessen durch den *Elasticitätscoëfficienten*. Derselbe giebt das Verhältniss der Verlängerung oder Verkürzung eines Stabes zu der Kraft an, welche die Verlängerung oder Verkürzung hervorgebracht hat. Er sagt aus, wie gross das Gewicht sein muss, ausgedrückt in Grammen, das quadratische Stäbe von 1 □ mm Querschnitt auf das doppelte ihrer Länge auszudehnen oder auf die Hälfte ihrer Länge zusammenzudrücken im Stande wäre, vorausgesetzt, dass dabei die Elasticitätsgrenze nicht überschritten würde. Je grösser der Elasticitätscoëfficient, um so grösser die Elasticität. Bestimmt wird derselbe durch Beobachtung der Ausdehnung, der Compression, der Biegung oder Torsion von Stäbchen des betreffenden Minerals von bekannten Dimensionen unter dem Einfluss bekannter Gewichte.

Dabei stellt sich heraus, dass man bei einem *amorphen* Körper stets denselben Elasticitätscoëfficienten findet, wie auch die Richtung sein mag, in welcher das Stäbchen aus dem Stück herausgeschnitten ist. Anders bei *Krystallen*, wo nur dann gleiche Elasticitätscoëfficienten erhalten werden, wenn alle entsprechenden Dimensionen der Stäbchen parallel oder sonst krystallographisch gleich gerichtet sind. In allen anderen Fällen erhält man verschiedene Elasticitätscoëfficienten.

Am genauesten ist in dieser Beziehung das reguläre *Steinsalz* untersucht. Stäbchen parallel den Würfelkanten (senkrecht zu den Würfelflächen) ergaben gleiche Zahlen, der Coëfficient ist = 4 170 000 gr.; Stäbchen senkrecht zu den Oktaëderflächen geben: 3 400 000 gr, und solche, welche senkrecht zu den Granatoëderflächen sind: 3180000 gr. Aehnliche Beziehungen gab auch der rhomboëdrisch krystallisirte *Kalkspath*. In der Richtung der drei Endkanten des Hauptrhomboëders ist der Elasticitätscoëfficient derselbe, aber grösser als der in der Richtung der kleinen Diagonale der Hauptrhomboëderflächen, bei denen wieder untereinander Gleichheit herrscht. (Voigt, Untersuchungen über die Elasticitätsverhältnisse des Steinsalzes, Diss. Königsberg 1874 und Pogg. Ann. Erg. Bd. 7 pag. 177. Baumgarten (Kalkspath), Pogg. Ann. Bd. 152 pag. 369. Coromilas. Diss. Tübingen 1877.)

123. Härte. Die *Härte* ist die Eigenschaft der Mineralien, dem Eindringen einer Spitze eines fremden Körpers einen Widerstand entgegenzusetzen. Ist die Spitze härter, so dringt sie in das Mineral ein, dasselbe wird geritzt, und zwar um so leichter, je grösser der Unterschied der Härte ist. Ist das Mineral härter als die Spitze, so gleitet letztere ohne einzudringen darüber weg. Die Härte ist eine charakteristische Eigenschaft der Mineralien und wird auch praktisch zum Erkennen und Unterscheiden der einzelnen Species vielfach verwendet.

Zu diesem Zweck vergleicht man die Härte des betreffenden Minerals mit der Härte von 10 bestimmten verschieden harten und vom ersten bis zum zehnten allmählig an Härte zunehmenden Mineralien, die von *Mohs* ausgewählt worden sind und welche die Mohs'sche *Härteskala* bilden. Glieder derselben repräsentiren die einzelnen *Härtegrade*. Diese 10 für die einzelnen Härtegrade typischen Glieder der Härteskala sind vom weichsten zum härtesten: 1. Talk; 2. Gyps; 3. Kalkspath; 4. Flussspath; 5. Apatit; 6. Feldspath; 7. Quarz; 8. Topas; 9. Korund; 10. Diamant.

Man bestimmt die Härte der Mineralien in Graden der stets vorräthig zu haltenden Skala, indem man mit einer spitzigen Stelle der Mineralien derselben von Nr. 1 angefangen und der Reihe nach zu den härteren fortschreitend über eine möglichst glatte und ausgedehnte Fläche des zu untersuchenden Minerals hinfährt, bis bei irgend einem, z. B. dem 4. Gliede der Skala, ein Ritzen erfolgt. Dann ist das zu untersuchende Mineral weicher als dieses letztere. Ist es genau so hart wie das vorhergehende, also das 3. Glied der Skala war, durch welches noch kein Ritzen hervorgebracht wurde, so findet auch kein Ritzen statt, wenn man umgekehrt über dieses letztere mit dem zu untersuchenden Mineral hinstreicht. Erhält man jedoch hierbei einen Eindruck, so ist das Mineral des dritten Härtegrades weicher als das zu untersuchende, und die Härte des letzteren liegt zwischen der des 3. und 4. Gliedes der Skala. Man sagt im ersten Fall, das Mineral hat den dritten Härtegrad ($H = 3$); im andern Fall ist $H = 3-4$ oder $= 3\frac{1}{2}$; weitere Unterabtheilungen sind schwer festzustellen ($H = 3\frac{1}{4}$ oder $3\frac{3}{4}$).

Annähernden Aufschluss über die Härte der Mineralien geben folgende Bemerkungen. Mineralien des 1. Härtegrades fühlen sich fettig an (Graphit, Talk), die des zweiten lassen sich noch mit dem Fingernagel ritzen, nicht mehr aber die des dritten; bis $H = 4$ leicht mit einem Messer ritzbar, 5 schon nicht mehr gut, aber mit einer harten Feile. Für gewöhnliches Fensterglas ist ziemlich genau $H = 5$; Mineralien, welche

Fensterglas ritzen, haben also mindestens etwas mehr als $H = 5$. Von $H = 7$ an geben die Mineralien am Stahl reichliche Funken, z. B. Quarz. Härter als Quarz sind nur einige wenige Mineralien, meist Edelsteine (Edelsteinhärte), denen allen weit voran der Diamant.

Die Mohs'sche Methode der Härtebestimmung ist zwar praktisch von hohem Werth, aber doch zu wenig genau, als dass die Gesetze der Vertheilung der Härte an den Krystallen nach ihr könnten ermittelt werden. Dies ist nur bei sehr grossen Härtedifferenzen der Fall, z. B. beim Cyanit, wo an verschiedenen Stellen die Härte zwischen dem 4. und 7. Grade schwankt, und in wenigen anderen Fällen. Zu solchen genaueren Untersuchungen hat man besondere Instrumente, sog. *Sklerometer* benutzt, welche das Messen der Kraft ermöglichen, die nöthig ist, um eine Spitze von Stahl oder Diamant eben noch in das Mineral eindringen zu lassen, wenn dieselbe in einer bestimmten Richtung über eine ebene Fläche desselben hinweggezogen wird. Die Spitze wird so lange mit Gewichten beschwert, bis sie bei ihrem Wege eben noch einen Ritz hervorbringt, und diese Gewichte werden als Maass der Härte betrachtet, gleiches Material der Spitze vorausgesetzt. Auf diese Weise hat man ermittelt, dass die Krystalle in krystallographisch gleichen Richtungen stets dieselbe Härte haben; ob die Härte in ungleichen Richtungen stets verschieden ist, ist noch unsicher, doch ist dies durchaus wahrscheinlich. Auch mit den Blätterbrüchen hängt die Härte, wie es scheint, eng zusammen. Die Härte auf jeder Fläche kann graphisch mittelst der sog. *Härtekurve* dadurch dargestellt werden, dass man die zum Ritzen in jeder Richtung nöthigen Gewichte als Radien in dieser Richtung von einem gemeinsamen Mittelpunkt aus aufträgt und die Endpunkte dieser Radien mit einander durch eine Linie verbindet.

Beim Kalkspath ist die Härte am grössten auf den Flächen des ersten hexagonalen Prismas, am kleinsten auf den Flächen des Hauptrhomboëders, in der Richtung der kleinen Diagonale von der Seitenecke nach der Endecke, in umgekehrter Richtung ist das Ritzen auf derselben Linie schwieriger, entsprechend der krystallographischen Verschiedenheit beider Richtungen auf der kleinen Diagonale. Längs der grossen Diagonale ist, wie krystallographisch so auch in Bezug auf die Härte kein Unterschied, ob man von rechts nach links geht oder umgekehrt: beide Endpunkte sind Seitenecken. (Exner, Untersuchungen über die Härte an Krystallflächen 1873. Franz Pogg., Ann. Bd. 80. Grailich und Pekarek, Sitzgsber. Wiener Akad. Bd. 13. Pfaff, Sitzgsber. der Münch. Akad. 1884. Mesosklerometer.)

124. Zersprengbarkeit. Von der Härte im allgemeinen verschieden ist die *Zersprengbarkeit* der Mineralien, die grössere oder geringere Leichtigkeit, mit der durch Hammerschläge Stücke losgelöst werden können. Manche Mineralien sind zwischen den Fingern zerreiblich, lockere Massen, z. B. Kreide. Leicht zersprengbar ist z. B. Schwefel, Feuerstein etc., schwer zersprengbar (fest, zähe) z. B. Nephrit. Diese Eigenschaft scheint mit der Tenacität und der Structur in naher Beziehung zu stehen; spröde Mineralien sind häufig leichter zersprengbar als milde, dehnbare lassen sich überhaupt nicht mehr in Stücke zerschlagen. Besonders fest und zähe scheinen gewisse verworren fasrige Aggregate zu sein, wie z. B. der Nephrit, der sich viel schwieriger zertrümmern lässt, als krystallisirte Hornblenden, zu denen er als Varietäten gehört. Auch die verschiedenen Varietäten des Quarzes zeigen sich in Bezug auf Zersprengbarkeit sehr verschieden, was ebenfalls mit Structurverhältnissen zusammenhängen dürfte.

125. Bruch. Die Formen der Bruchflächen, welche die Mineralien beim Zerschlagen oder Zerreissen erhalten, sind für dieselben vielfach charakteristisch. Sie sind entweder regelmässig ebenflächig (*Blätterbrüche*) (126), oder unregelmässig. Diese unregelmässigen Formen der Bruchflächen nennt man kurz den *Bruch* der Mineralien. Man unterscheidet in dieser Beziehung:

1. *Muschligen Bruch.* Die eine Bruchfläche ist rundlich erhaben, die andere entsprechend ebenso vertieft, ähnlich wie das Innere einer

Muschelschaale. Diese Vertiefungen sind gross oder klein, flach oder tief; man unterscheidet darnach: gross- und klein-, flach- und tiefmuschligen Bruch. Sehr vollkommen grossmuschlig ist z. B. der Bruch des Feuersteins. 2. *Unebener Bruch* verläuft in den kleinmuschligen (Kalk, Schwefelkies). 3. *Ebener Bruch* (Jaspis). 4. *Splittriger Bruch*. Auf den Bruchflächen sind halbblosgerissene Splitter hängen geblieben, welche sich als hellere Stellen auf dem dunkleren Hintergrunde abheben (Hornstein). Es ist der Gegensatz zum *glatten* Bruch, wo dies nicht der Fall ist. 5. *Hackiger Bruch*, bei geschmeidigen Metallen. 6. *Erdiger Bruch* bei erdigen Mineralien (Kreide, Tripel etc.).

126. **Blätterbruch.** Zerschlägt man einen Kalkspath-Krystall, so zerbricht derselbe stets nach vollkommen ebenen Bruchflächen, welche man *Blätterbrüche* oder *Blätterdurchgänge* oder auch wohl *Spaltungsflächen* nennt, da man sie vielfach durch Spalten mit einem Meissel darstellt. In ähnlicher Weise zerbrechen Krystalle von Steinsalz, Bleiglanz, Flussspath etc., während Quarz, Granat und andere Mineralien etwas Aehnliches nicht deutlich beobachten lassen.

Die Leichtigkeit der Herstellung der Blätterdurchgänge ist bei verschiedenen Mineralien und bei einem und demselben Mineral in verschiedenen Richtungen eine sehr verschiedene. Manchmal entstehen sie schon beim unregelmässigen Schlag (Kalkspath) oder durch Zerreissen (Glimmer); manchmal nur wenn man einen scharfen Meissel in der geeigneten Richtung in das Mineral eintreibt; manchmal erhält man sie überhaupt nur mehr zufällig, aber kaum wenn man sie mit Absicht darzustellen sucht. Je leichter die Darstellung ist, desto regelmässiger, ebener und glatter sind die erhaltenen Flächen, je schwieriger dies ist, desto unvollkommener, unterbrochener und rauher sind dieselben, so dass nur einzelne vollkommen ebene Flächentheilchen, die aber alle in einer Richtung liegen, mit umfangreicheren unebenen Stellen des Bruchs abwechseln. Ein solcher Blätterbruch ist dann auf den ersten Blick sehr ähnlich dem gewöhnlichen unregelmässigen, unebenen Bruch, aber dieser letztere ist durchaus uneben und enthält gar keine ebenen Flächenelemente mehr. Die Existenz von solchen erkennt man an vollkommen regelmässigen Spiegelbildern, die auf ihnen reflectirt werden, und welche auf unebenem Bruch nicht entstehen können. Darnach unterscheidet man verschiedene Grade der Vollkommenheit der Spaltbarkeit: dieselbe ist vollkommen z. B. beim Kalkspath, Glimmer, Gyps etc., ziemlich vollkommen z. B. beim Flussspath, Rutil (in der Richtung der Prismenflächen) etc.; deutlich z. B. beim Augit, Kryolith etc.; ziemlich deutlich z. B. beim Nepehlin, Skapolith etc.; undeutlich z. B. beim Granat, Fahlerz etc. Spuren von Blätterbrüchen fehlen wohl bei keinem Krystall. Die Richtungen sehr leicht darstellbarer Blätterbrüche sind häufig schon äusserlich an geradlinigen Spalten zu erkennen, welche in der betreffenden Richtung verlaufen. Auf den vollkommenen Brüchen selbst bemerkt man häufig Perlmutterglanz (173) und die Eigenschaft des Irisirens (179).

Diese ebenen Trennungsflächen, die Blätterbrüche, gehen stets wirklichen (oder möglichen) Flächen der betreffenden Krystalle parallel, und zwar bei allen Krystallen einer jeden hier in Betracht kommenden Mineralspecies stets den Flächen derselben einfachen Krystallform; so die Blätterbrüche des Kalkspaths den Flächen eines Rhomboëders mit dem Endkantenwinkel von 105° 5′; beim Steinsalz und Bleiglanz parallel mit den Flächen des Würfels, beim Flussspath mit denen des Oktaëders. Es gilt dabei das Gesetz: Geht einer Fläche ein Blätterbruch parallel, so geht auch allen andern ihr gleichen Flächen ein solcher parallel, und zwar ein gleich leicht darstellbarer. Zuweilen gehen auch krystallographisch verschiedenen Flächen eines Krystalls Blätterbrüche parallel, wie z. B. beim Schwerspath; dann sind zwar alle diejenigen, welche gleichen Flächen entsprechen, auch gleich leicht darstellbar, aber solche, welche zu verschiedenen Flächen gehören, lassen sich verschieden leicht herstellen.

Die einfachen Krystallformen, mit deren Flächen parallele Blätterbrüche von mehr oder weniger grosser Vollkommenheit beobachtet worden sind, sind die folgenden:

Reguläres System. Würfel (Steinsalz); Oktaëder (Flussspath); Granatoëder (Blende).

Hexagonales System. Dihexaëder (Pyromorphit); hexagonales Prisma (Zinnober); Rhomboëder (Kalkspath); Basis (Beryll).

Quadratisches System. Oktaëder (Scheelit); quadr. Prisma (Rutil); Basis (Apophyllit).

Rhombisches System. Oktaëder (Schwefel); Prisma (Schwerspath); Pinakoid (Topas).

Monoklines System. Prisma (Hornblende): Längsfläche (Gyps), parallel mit der Axe *b* (Glimmer).

Triklines System. (Plagioklas).

Amorphe Mineralien haben nie Blätterbrüche.

Kennt man die Blätterbrüche in den verschiedenen Mineralien, so kann man sich darnach ganz ebenso gut krystallographisch orientiren, wenn auch nur Bruchstücke ohne regelmässige Flächen vorliegen, als wenn vollständige Krystalle vorhanden wären. Die Blätterbrüche sind demnach ganz besonders wichtig für die Untersuchung der Krystalle.

Gehen durch ein Mineral Blätterbrüche (Bl. Br.) in mehr als zwei nicht in einer Zone liegenden Flächen, so kann man aus ihm ringsum ebenflächig begrenzte sog. *Spaltungsstücke* herausspalten, welche die Gestalt derjenigen einfachen Krystallform haben, mit deren Flächen die Bl. Br. parallel gehen; so giebt es z. B. beim Kalkspath rhomboëdrische, beim Flussspath oktaëdrische, beim Steinsalz hexaëdrische Spaltungsstücke. Man muss sich hüten, solche mit ächten Krystallen zu verwechseln (6).

Was den physikalischen Charakter der Blätterbrüche anbelangt, so sind es Flächen, nach welchen die absolute Festigkeit des betreffenden Minerals ein Minimum, d. h. kleiner als nach allen unmittelbar benachbarten Flächen ist. Die Krystalle lassen sich somit senkrecht zu diesen Flächen mit einem Minimum von Kraft auseinander reissen. Die Blätterbrüche sind also keine präexistirenden Flächen von bestimmter Lage, es sind Richtungen von dem angegebenen physikalischen Charakter; die Theilung ist nicht auf gewisse Stellen im Krystall begrenzt, sondern unter Anwendung der geeigneten Hülfsmittel an jedem Punkt in der betreffenden Richtung auszuführen. Dadurch unterscheiden sich spaltbare (blättrige) Mineralien von sog. geradschaaligen (116), welche aus einzelnen, oft sehr dünnen parallelflächig begrenzten Plättchen verwachsen sind. Hier findet eine leichte Trennung nur nach den Flächen statt, wo sich zwei Plättchen berühren, nicht aber auch durch die Mitte der Plättchen hindurch. Hier ist also die Möglichkeit der ebenflächigen Theilung oder Spaltung eine endliche, durch die Zahl der übereinander liegenden Plättchen bedingte, bei blättrigen Mineralien dagegen ist sie unbegrenzt, jedes Spaltungsplättchen lässt sich wieder weiter spalten und nur die Unzulänglichkeit der mechanischen Hülfsmittel setzt eine physische Grenze, rein theoretisch ist eine solche aber nicht vorhanden.

127. Gleitflächen. Wie es in den Krystallen Flächen der geringsten absoluten Festigkeit giebt, parallel mit welchen durch Spaltung die Blätterbrüche dargestellt werden können, so existiren auch nach anderen Flächen Minima der Festigkeit anderer Art, in deren Richtung ebene Trennungsflächen durch andere mechanische Processe als durch Spaltung dargestellt werden können, während durch Spaltung dies nicht möglich ist.

Presst man einen Steinsalzwürfel (Fig. 240) senkrecht zu zwei gegenüberliegenden Würfelkanten *v* (welche man zweckmässig durch Abfeilen gerade abstumpft), so erfolgt eine Trennung des Würfels in zwei Stücke nach ganz ebenen und glatten Flächen, welche der durch die beiden Kanten *v* gehenden Granatoëderfläche *g* parallel sind. Diese Trennungsflächen sind dadurch entstanden, dass in Folge nie ganz zu vermeidender Unregelmässigkeiten des Drucks die beiden Hälften in der Richtung der Pfeile gegen einander verschoben worden sind, und man hat daher in dieser Granatoëderfläche eine Fläche leichtester Verschiebbarkeit oder leichtesten Gleitens, eine sog. *Gleitfläche* (Gleitbruch) zu sehen. Jeder Granatoëderfläche des Steinsalzes geht eine Gleitfläche parallel, alle lassen sich mit gleicher Leichtigkeit darstellen, und zwar so leicht, dass man zuweilen an natürlich vorkommenden Steinsalzstücken solche granatoëdrischen Gleitflächen von natürlicher Entstehung infolge des Gebirgsdrucks sieht, die ganz ebenso glatt und glänzend sind, wie Blätterbrüche. Durch keinen anderen mechanischen Process als durch das Abschieben lassen sich diese Flächen herstellen, also namentlich nicht durch Spalten, während man umgekehrt eine ebene Trennungsfläche parallel den Würfelflächen nie durch Abschieben erhalten kann, so dass man sieht, dass hier zwei ganz verschiedene Erscheinungen vorliegen. Beim Spalten gehen die trennenden Kräfte senkrecht, beim Abschieben parallel zu den dabei entstehenden Trennungsflächen.

Fig. 240.

Aehnliche aber etwas complicirtere Erscheinungen zeigt der Kalkspath. Feilt man an 2 gegenüberliegenden Seitenecken E eines rhomboëdrischen Spaltungsstücks R Flächen an parallel zwei Flächen eines ersten hexagonalen Prismas und presst in der Richtung der Pfeile (Fig. 241), so entsteht zunächst eine eingeschaltete Zwillingslamelle zwischen den beiden parallelen Zwillingsflächen r und r_1, welche in der Richtung einer Fläche des nächsten stumpferen Rhomboëders $-\frac{1}{2}R$ $(01\bar{1}2)$ verlaufen. Wird der Druck vermehrt, so findet eine Trennung des Rhomboëders in zwei Stücke längs einer solchen Fläche $-\frac{1}{2}R$ statt, welche also ebenfalls eine Gleitfläche ist. Hier geht aber nun der Trennung eine Umlagerung der Moleküle in der Nähe der nachmaligen Trennungsfläche in eine Zwillingsstellung voraus, für welche ebendieselbe Fläche Zwillingsfläche ist. Diese Umlagerung scheint vor dem Abschieben immer dann vor sich gehen, wenn die betreffende Gleitfläche überhaupt Zwillingsfläche sein kann, so z. B. beim Glimmer, Cyanit etc. Beim Steinsalz dagegen kann die Gleitfläche als Granatoëderfläche nicht Zwillingsfläche sein.

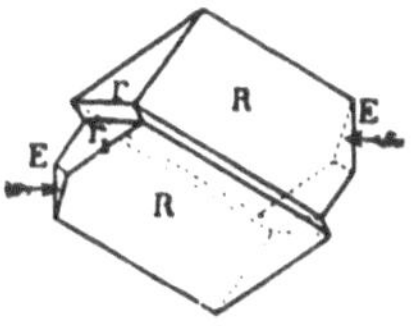

Fig. 241.

Nach diesem Princip lassen sich beim Kalkspath nicht nur dünne Zwillingslamellen herstellen, sondern man kann ein ganzes Stück eines grossen Krystalls in die Zwillingsstellung bringen. Setzt man (Fig. 242) auf einer stumpfen Kante Ee eines Spaltungsrhomboëders von Kalkspath in M nahe bei der stumpfen Ecke E ein Messer senkrecht zu der Kante auf, und drückt dasselbe in den Krystall hinein, so wird die bei E liegende stumpfe Ecke infolge der leichten Verschiebbarkeit der Theilchen in der Richtung der Fläche r nach rechts gedrängt, E kommt nach E^1 und das rechts liegende verschobene Stück befindet sich gegen das Ganze in Zwillingsstellung, wobei die Fläche r des nächsten stumpferen Rhomboëders, welche die Kante Ee abstumpft, Zwillingsfläche ist.

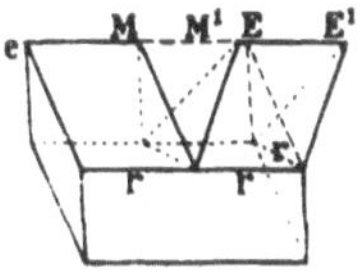

Fig. 242.

(Reusch, Pogg. Ann. 132 pag. 441. 1867. Sitzungsber. Berl. Ak. 1872. Bauer, Zeitschr. deutsch. geol. Ges. 1878 p. 283. Baumhauer, Zeitschr. Kryst. Bd. III. 588, 1879. Bauer, N. Jahrb. Min. etc. 1882, I. Bd. 138. Mügge, ibid. 1883, I. Bd. 32, II. Bd. 13; 1884, I. Bd. 50 und 216 und an anderen Orten der Jahrg. 1883 u. 1884. Coromilas. Diss., Tübingen 1877.)

128. Körnerprobe. Eine eigenthümliche Methode, Gleitflächen und Blätterbrüche darzustellen, besteht darin, eine stumpfe Stahlspitze, z. B. einen Körner, wie ihn die Metallarbeiter verwenden, durch einen leichten Schlag in das Mineral einzutreiben; für härtere Mineralien hat man auch eine Diamantspitze angewendet. Dabei entstehen in bestimmten Richtungen kurze, mit jenen Brüchen parallele Sprünge, welche auf der Fläche, auf welcher die Spitze aufgesetzt war, ein für das Mineral charakteristisches Liniensystem hervorbringen. Diese Linien heissen *Schlaglinien*, zusammen bilden sie die *Schlagfigur*. Setzt man den Körner auf einer Steinsalzspaltungsfläche auf, so entstehen 6 von dem Angriffspunkt ausgehende und den Granatoëderflächen parallel verlaufende Spalten, also den Gleitflächen entsprechend, und ebenso kann man die Gleitflächen auch beim Gyps, Kalkspath etc. auf diesem Wege mittelst sog. *Körnerprobe* sichtbar machen. Legt man eine dünne Glimmerplatte (siehe Glimmer) auf eine elastische Unterlage, so bekommt man durch die Körnerprobe einen sechsstrahligen Stern, der aber einem System von Blätterbrüchen, nicht von Gleitflächen entspricht. Drückt man dagegen auf ein solches Glimmerblättchen mit einem vorn gerundeten Stift, so entsteht ein sechsstrahliger Stern, der gegen den ersten um 30° verdreht ist, und dessen Strahlen Gleitflächen des Glimmers entsprechen (*Drucklinien*, *Druckfigur*). Aehnlich können die Gleitflächen am Bleiglanz dargestellt werden. (Reusch, Pogg. Ann. 136, pag. 130 und 136, pag. 632. Bauer, Pogg. Ann. 138, 337. Zeitschr. d. deutsch. Geol. Ges. 1874, 138. Mügge, N. Jahrb. Min. etc. 1884, I. Bd. pag. 63. Vergl. auch die Litt. in (127).)

129. Aetzfiguren. In nahem Zusammenhang mit den Verhältnissen der Cohäsion steht das Verhalten der Mineralien gegen den Einfluss von Lösungsmitteln, durch welche die sog. *Aetzfiguren* hervorgebracht werden. Diese sind mehr oder weniger regelmässig geradlinig und scharfkantig und -eckig begrenzte Eindrücke auf den Flächen der Mineralien; sie entstehen, wenn man die Krystalle kurze Zeit mit einem passenden gasförmigen oder flüssigen Lösungsmittel in Berührung bringt. Diese Figuren folgen mit ihrer Symmetrie genau der Symmetrie der Krystalle, auf denen sie gebildet werden. Sie werden begrenzt von kleinen Flächen, welche parallel mit möglichen Krystallflächen in das Innere des Krystalls hineingehen. Alle gleichen Flächen eines Krystalls tragen stets die gleichen Aetzfiguren, und die auf jeder Fläche befindlichen Figuren haben stets dieselbe Symmetrie, wie die betreffende Fläche selbst.

So haben die drei (einander gleichen) Spaltungsflächen des Kalkspaths durch Aetzen mit *HCl* Figuren von der Fig. 243 abgebildeten Form, welche symmetrisch zur kleinen Diagonale dieser Flächen liegen: rechts und links gleich, oben und unten verschieden ausgebildet; eine Glimmerplatte erhält durch Aetzen mit *HFl* Aetzeindrücke, welche nur zur kleinen Diagonale der natürlichen rhombischen Spaltungsplättchen symmetrisch sind, nicht aber zur grossen, ganz der monoklinen Krystallisation des Glimmers entsprechend (Fig. 244). Die Aetzfiguren auf den Prismen- und Pinakoidflächen des Schwerspaths sind der rhombischen Symmetrie entsprechend stets nach

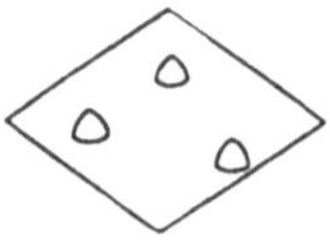

Fig. 243.

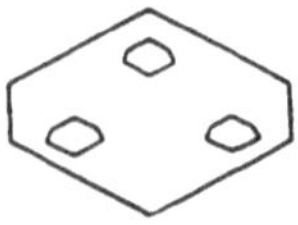

Fig. 244.

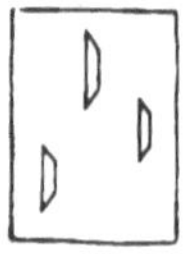

Fig. 245.

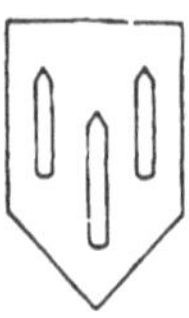

Fig. 246.

zwei auf einander senkrechten Richtungen symmetrisch; auf einer Prismenfläche von Apatit sind sie der pyramidalen Hemiëdrie entsprechend oben und unten gleich, rechts und links verschieden (Fig. 245); auf der Querfläche von Kieselzinkerz sind sie endlich rechts und links gleich, aber dem Hemimorphismus nach der Axe entsprechend oben und unten verschieden (Fig. 246).

Wegen der Uebereinstimmung der Symmetrie der Aetzfiguren mit der des betreffenden Krystalls kann man aus ersterer auf letztere schliessen. Man stellt zu diesem Zweck vielfach an den Mineralien solche Figuren dar. Diese Untersuchungsmethode hat sogar neuerer Zeit eine ziemliche Wichtigkeit erlangt, und die Krystallisation mancher Mineralien ist durch sie erst richtig erkannt worden. So hat z. B. die Gestalt der Aetzeindrücke auf den Spaltungsflächen des Glimmers zuerst auf die Vermuthung geführt, dass derselbe monoklin sei, und nicht rhombisch, wie man früher glaubte.

Die Aetzeindrücke sind im allgemeinen um so schärfer begrenzt, je kleiner sie sind und durch je kürzere Einwirkung des Lösungsmittels sie entstanden sind. Einige Augenblicke der Einwirkung des letzteren genügen vielfach; verlängert man die Einwirkung, so werden die Figuren gross, aber verschwommen. Manchmal sind sie von mikroskopischer Kleinheit. Ihre Gestalt an einem Mineral hängt z. Th. von der Natur des angewandten Lösungsmittels ab, aber für alle Lösungsmittel sind die Verhältnisse der Symmetrie die oben auseinandergesetzten. Als gasförmiges Lösungsmittel dient z. B. der *O* beim Glühen eines oxydirbaren Krystalls (z. B. Diamant) an der Luft.

Manche Mineralien (Kalkspath, Flussspath etc.) zeigen nicht selten natürliche Aetzfiguren, hervorgebracht durch die Gebirgsfeuchtigkeit und andere natürliche Einflüsse. Dieselben sind meist gross und ihre Begrenzung ist undeutlich.

Uebrigens greift das Lösungsmittel die Krystalle nicht immer allein auf den Flächen an und bildet Aetzfiguren; zuweilen beobachtet man auch, dass hauptsächlich an den Kanten Substanz gelöst wird, wobei sich dann schmale, die betreffende Kante abstumpfende Flächen *(Corrosionsflächen)* bilden. Behandelt man z. B. Quarz mit *HFl*, so werden dadurch die abwechselnden Kanten P/z, sowie die Kanten P/P, P/s und z/z abgestumpft, und zwar vollständig der tetartoëdrischen Krystallform entsprechend. (Leydolt, Stzgsber. Wiener Ak. Bd. 15 und 19. Baumhauer, Stzgsber. bayr. Ak. 1874 und 1875. N. Jahrb. Min. 1876. Ztschr. Kryst. seit 1876. Exner, Stzgsber. Wiener Ak. Bd. 69. Hirschwald, Pogg., Ann. Bd. 137. G. Rose, Stzgsber. Berl. Ak. 1873. G. Werner, N. Jahrb. Min. 1880.)

Optische Eigenschaften.

130. Isotrop. Anisotrop. In Bezug auf die Art der Fortpflanzung einer im Innern einer Substanz erregten Lichtbewegung unterscheidet man zwei Klassen von Körpern:

1. *Isotrope.* Bei ihnen hat der Aether nach allen Richtungen hin dieselbe Elasticität; das Licht pflanzt sich daher nach allen Richtungen mit derselben Geschwindigkeit fort (Gase, Flüssigkeiten, amorphe Körper, reguläre Krystalle).

2. *Anisotrope* (Heterotrope). Bei diesen ändert sich die Elasticität des Aethers mit der Richtung, die Fortpflanzungsgeschwindigkeit des Lichts ist also nach verschiedenen Richtungen verschieden. (Alle Krystalle ausser den regulären.)

131. Welle. Strahl. Eine in einem beliebigen Punkt im Innern einer Substanz erregte Lichtbewegung pflanzt sich durch die Querschwingungen des Aethers nach allen Seiten fort, und in jedem einzelnen Moment ist die Bewegung in jeder Richtung bis zu einem bestimmten Punkt gelangt. Die Fläche, welche alle diese Punkte verbindet, heisst die *Wellenfläche* der Substanz. Der erregte Punkt ist der Mittelpunkt derselben, ihre Gestalt ist die nämliche für alle Exemplare derselben Substanz und in jedem einzelnen Stück für jeden Punkt desselben als Mittelpunkt. Alle auf der Wellenfläche befindlichen Punkte befinden sich im gleichen Schwingungszustand. Die gerade Fortpflanzungsrichtung vom Centrum der Wellenfläche nach einem Punkt derselben heisst ein *Strahl.* Die Richtung der Wellenfläche in diesem Punkt wird durch die Tangentialebene derselben gegeben. Das vom Mittelpunkt auf diese Tangentialebene gefällte Loth ist die *Wellennormale*, sie giebt die Richtung an, in welcher die Welle an dem betreffenden Punkt vorwärts schreitet.

Strahlen nach benachbarten Punkten der Wellenfläche divergiren unter einem gewissen Winkel, welcher um so kleiner ist, je weiter sich die Welle vorwärts bewegt hat. Ist die Welle unendlich weit fortgeschritten, so werden diese Strahlen parallel und das betreffende Stück der Wellenfläche wird eben. Eine ebene Welle besteht also aus einem Bündel paralleler Strahlen.

Sehr weit entfernte Lichtquellen, z. B. die Sonne oder auch entfernte terrestrische Lichtquellen, liefern sehr annähernd parallel Lichtstrahlen; die Collimatoren sind zur Herstellung von Bündeln paralleler Lichtstrahlen bestimmte Instrumente (siehe Beleuchtungsfernrohr des Goniometers etc.).

Isotrope Medien. 132. Da in solchen die Fortpflanzungsgeschwindigkeit des Lichts nach allen Richtungen dieselbe ist, so ist die Wellenfläche eine Kugel und die Strahlen fallen stets mit den entsprechenden Wellennormalen zusammen, denn die Kugelfläche ist ja in jedem Punkte senkrecht zum betr. Radius.

Die Fortpflanzungsgeschwindigkeit v einer in einem isotropen Medium sich fortpflanzenden ebenen Welle geht nach der Formel: $v = \sqrt{\frac{e}{d}}$ vor sich, wo e die Elasticität des Aethers und d die Dichte desselben bedeutet. Nach der Annahme von Fresnel ist in allen isotropen Substanzen die Elasticität des Aethers dieselbe, die Dichte d desselben dagegen in verschiedenen Substanzen verschieden,*) und man unterscheidet darnach optisch mehr oder weniger dichte Körper. In dichteren Substanzen pflanzt sich das Licht langsamer fort als in dünneren, z. B. in Wasser langsamer als in Luft.

133. Reflexion. Trifft eine ebene Welle die ebene Grenzfläche zweier durchsichtiger isotroper Körper, z. B. von Luft und Steinsalz, unter irgend einem Winkel, so dringt ein Theil der Welle in die zweite Substanz ein, der andere Theil wird an der Grenzfläche in das erste Mittel zurückgeworfen (reflectirt). Die Reflexion geht in der Art vor sich, dass die Normale der reflectirten Welle in der Einfallsebene liegt und mit dem Einfallsloth denselben Winkel macht wie die Normale der einfallenden Welle, und dasselbe gilt auch für die einzelnen Strahlen der beiden ebenen Wellen. Hierauf beruht das Reflexions-

*) Dieser Annahme von Fresnel, aus welcher folgt, dass das polarisirte Licht senkrecht zur Polarisationsebene schwingen muss, steht die entgegengesetzte Ansicht von F. E. Neumann gleichberechtigt gegenüber, wonach die Dichte des Aethers in allen isotropen Körpern gleich, die Elasticität desselben dagegen in verschiedenen Substanzen verschieden ist. Eine Folge der letzteren Annahme ist, dass die Schwingungen des polarisirten Lichtes parallel mit der Polarisationsebene vor sich gehen. Nach beiden Ansichten lassen sich die beobachteten Erscheinungen gleich vollständig erklären; eine experimentelle Entscheidung über die Richtigkeit der einen oder andern ist noch nicht erfolgt. Die Annahme von Fresnel ist hier nur deshalb bevorzugt, weil sie zur Zeit von den allermeisten Mineralogen ihren Betrachtungen zu Grunde gelegt wird.

goniometer (14), das übrigens auch zur Messung der Flächenwinkel an anisotropen Krystallen benutzt werden kann, da auch die Reflexion einer aus Luft einfallenden Lichtwelle an Flächen anisotroper Krystalle nach demselben Gesetz vor sich geht.

Die Reflexion des Lichts geht in voller Gesetzmässigkeit nur vor sich, wenn die reflectirende Ebene vollkommen eben und glatt ist. In diesem Fall entsteht von einem gespiegelten Object, z. B. von einer Lichtflamme, ein scharfes und richtiges Bild. Unregelmässigkeiten der Flächen veranlassen Störungen im Zustandekommen der Bilder. So wird z. B. durch eine Flächenkrümmung das Spiegelbild in der Richtung der Krümmung auseinander gezogen, auf rauhen Flächen entstehen nur undeutlich umgrenzte Spiegelbilder; zerfällt eine Fläche in mehrere nicht vollkommen parallelle Facetten, so giebt jede Facette ein besonderes Spiegelbild, die Fläche reflectirt dann mehrere Bilder desselben Objects etc. Durch derartige Unregelmässigkeiten wird die Genauigkeit der Winkelmessung mit dem Reflexionsgoniometer vielfach sehr beeinträchtigt.

Durch gewisse bestimmte Unregelmässigkeiten der Krystallflächen werden vielfach eigenthümlich gestaltete, von der Beschaffenheit der Flächen abhängige Reflexbilder von Lichtflammen (sog. Lichtfiguren) erzeugt, die man namentlich auch oft auf durch Aetzen künstlich matt gemachten Krystallflächen beobachtet, und welche in derselben Weise symmetrisch gestaltet sind, wie die Krystalle selbst.

134. Refraction. Der Theil einer an der ebenen Grenze zweier isotroper Medien in schiefer Richtung ankommenden ebenen Welle, welcher in das zweite Medium eindringt, wird dabei aus seiner ursprünglichen Richtung abgelenkt (gebrochen), er erleidet eine Refraction. Diese findet nur dann nicht statt, wenn die ankommende Welle senkrecht einfällt; in diesem Fall geht die Welle im zweiten Medium in der ursprünglichen Richtung weiter. Bei jeder Refraction liegt die Normale der einfallenden und die der gebrochenen Welle (der einfallende und der gebrochene Strahl) in der Einfallsebene. Macht die Normale der einfallenden ebenen Welle (der einfallende Strahl) AO (Fig. 247) mit dem Einfallsloth LL_1 (der Normale zur Grenzfläche MM) den Einfallswinkel i und die Normale der gebrochenen ebenen Welle (der gebrochene Strahl) OC den Brechungswinkel r, so ist stets: $n = \frac{\sin i}{\sin r}$, wo n eine constante von dem Einfallswinkel i unabhängige Zahl ist, die der *Brechungscoëfficient* (Brechungsindex) aus der ersten Substanz gegen die andere heisst. Er ist abhängig von der Natur der beiden Medien und von der Farbe (Schwingungsdauer oder Wellenlänge) des angewendeten Lichts. Man pflegt den Brechungscoëfficienten meist anzugeben für den Fall, dass das erste Medium Luft ist, und wenn von dem Brechungscoëfficienten einer Substanz die Rede ist, so meint man meist diesen. Der *absolute Brechungscoëfficient* einer Substanz ist dagegen derjenige, welcher sich beim Uebergang des Lichts aus einem luftleeren Raum (aus dem freien Aether) in die zweite Substanz ergiebt.

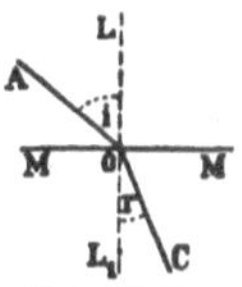

Fig. 247.

Die Brechungscoëfficienten der Mineralien sind alle > 1; sie schwanken bei isotropen zwischen: $n = 1{,}3305$ (Wasser) und $n = 2{,}849$ (Rothkupfererz). Werthe, welche sich der 2 nähern oder sie gar überschreiten, sind nicht sehr häufig.

Sind v_1 und v_2 die Fortpflanzungsgeschwindigkeiten des Lichts im ersten und zweiten Medium, so ist: $n = \frac{\sin i}{\sin r} = \frac{v_1}{v_2}$. Wenn das erste Medium wieder Luft ist und wenn die Fortpflanzungsgeschwindigkeit des Lichtes in der Luft: $v_1 = 1$ gesetzt wird, dann ist: $n = \frac{1}{v_2}$ oder $v_2 = \frac{1}{n}$, d. h. der Brechungscoëfficient ist der reciproke Werth der Fortpflanzungsgeschwindigkeit des Lichts im zweiten Medium, und umgekehrt.

135. Dispersion. Der Brechungscoëfficient ist von der Wellenlänge des Lichts abhängig. Er ist am kleinsten für rothes, am grössten für violettes Licht. Eine Welle rothen Lichts wird ceteris paribus weniger stark abgelenkt, als eine Welle violetten Lichts. Fällt ein Bündel weisser Lichtstrahlen ein, so wird es bei der Brechung zerlegt und die verschieden stark abgelenkten rothen bis violetten Strahlen folgen in ununterbrochener Reihe neben einander. Diese Erscheinung heisst die *Farbenzerstreuung* oder *Dispersion.* Je mehr sich dabei die rothen von den violetten Strahlen entfernen, desto stärker ist die Dispersion, welche durch die Differenz der Brechungscoëfficienten für rothes und violettes Licht gemessen wird (vergl. 138).

Nach *Cauchy* wird die Abhängigkeit der absoluten Brechungscoëfficienten n einer Substanz von der Farbe des betreffenden Lichts (Wellenlänge λ im freien Aether) ausgedrückt durch die Formel: $n = \alpha + \frac{\beta}{\lambda^2}$, wo α und β zwei von der Natur der Substanz abhängige constante Coëfficienten sind. Kennt man n einer Substanz für zwei verschiedene Farben (für zwei Werthe von λ), so erhält man zwei Gleichungen, welche α und β ergeben, und mit deren Hülfe lässt sich dann aus der Formel für jedes weitere λ (jede andere Farbe) der zugehörige Brechungscoëfficient n berechnen.

136. Polarisation. Wenn an der ebenen Grenzfläche zweier durchsichtigen isotropen Medien einfallendes Licht theils reflectirt, theils gebrochen wird, so sind diese beiden Theile des einfallenden Lichts, der reflectirte und der gebrochene, polarisirt, und zwar senkrecht zu einander; das reflectirte Licht in der Einfallsebene, das gebrochene in einer darauf senkrechten; die Schwingungen des reflectirten Lichts gehen also (nach Fresnel) senkrecht, die des gebrochenen Lichts parallel mit der Einfallsebene vor sich. Bei den meisten Einfallswinkeln ist jedoch die Polarisation im reflectirten Lichte nur eine theilweise, es ist dem polarisirten Licht natürliches beigemischt. Vollständig findet die Polarisation nur statt, wenn die reflectirten Strahlen OB auf den gebrochenen OC senkrecht stehen (Fig. 248). In diesem Fall ist $r = 90^0 - i$, also: $\sin i = n \sin r = n \sin (90^0 - i) = n \cos i$ oder: $n = tg i$. Der Einfallswinkel i, welcher diese Gleichung befriedigt, bei welchem also vollständige Polarisation des reflectirten Lichts stattfindet, heisst der *Polarisationswinkel* der betr. Substanz; er ist z. B. für Glas $= 54\frac{1}{2}{}^0$, für Diamant $= 68^0\ 1'$ für Licht von mittlerer Brechbarkeit (grün).

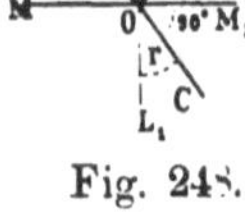

Fig. 248.

Vollständige Polarisation namentlich auch des hindurchgegangenen Lichts kann übrigens auch bei andern Einfallswinkeln erhalten werden, wenn man statt einer einfachen Platte z. B. von Glas ein System über einander geschichteter Glasplatten, einen sog. Glassatz anwendet, dessen einzelne Scheiben wiederholte Reflexionen veranlassen. Solche Glassätze werden zuweilen als polarisirende Apparate statt der Nicols (146) verwendet. Der Polarisationswinkel i kann bestimmt und aus ihm der Brechungscoëfficient n ermittelt werden nach der Gleichung: $n = tg\ i$; doch ist diese Methode, n zu ermitteln, ungenau und wenig ausgebildet.

137. Planparallele Platte. Geht ein Lichstrahl AO aus einem optisch dünneren in ein dichteres Medium über, so wird der gebrochene Strahl OC (Fig. 248) nach dem Einfallsloth LL_1 hin abgelenkt; der Einfallswinkel i ist grösser als der Brechungswinkel r. Geht der Strahl aus einem dichteren Medium in ein dünneres über, so wird der gebrochene Strahl OC sich vom Einfallsloth LL_1 entfernen (Fig. 249) und es ist $i < r$. Fällt in diesem Falle der Strahl unter einem Winkel ein, der gleich dem Brechungswinkel r im vorigen Fall ist, so wird er unter einem Winkel gebrochen, der gleich dem Einfallswinkel i im vorigen Fall ist, vorausgesetzt, dass die beiden Substanzen dieselben sind und nur der Strahl sie beidemal in umgekehrter Richtung durchmisst. Im ersten Fall ist $n > 1$, im letzteren $n < 1$. Ist der Brechungscoëfficient beim Uebergang des Lichts aus einem Körper A in einen andern $B = n$, so ist er beim Uebergang von B in A: $= \frac{1}{n}$ und wenn ein Lichtstrahl vom Punkte A ausgehend auf dem Weg AOC den Punkt C erreicht, so würde er ganz ebenso von C ausgehend auf demselben Wege über O in umgekehrter Richtung den Punkt A erreichen, wieder vorausgesetzt, dass die Substanzen A und B beidemal dieselben sind.

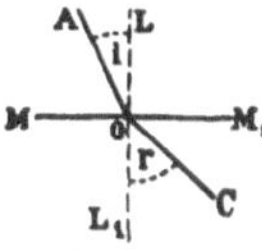

Fig. 249.

Man kann sich darnach die Vorgänge klar machen, welche man beobachtet, wenn ein Licht eine planparallele Platte MN eines Minerals, die überall von Luft umgeben ist, durchstrahlt (Fig. 250): der unter dem Einfallswinkel i auf der Fläche NN_1 ankommende Strahl AB wird unter dem Brechungswinkel r nach BC gebrochen; er kommt an der Fläche MM_1 unter dem Einfallswinkel r an und wird beim Austritt unter dem Winkel i nach CD gebrochen, so dass $AB \parallel CD$. Wenn ein Strahl also nach Durchstrahlung einer planparallelen Platte in dasselbe Medium austritt, aus welchem er eingetreten war, so geschieht dies ohne Ablenkung aus seiner ursprünglichen Richtung, es findet nur eine geringe seitliche Verschiebung des Strahles statt.

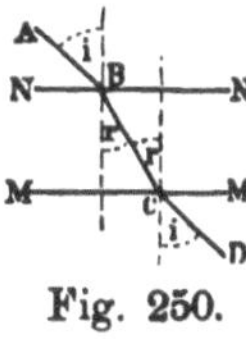

Fig. 250.

Dasselbe findet statt, wenn man drei oder mehrere verschiedene planparallele Platten, z. B. Glastafeln oder eine Tafel von Glas und eine solche von einer andern durchsichtigen Substanz, übereinander legt. Auch in diesem Falle erleidet ein hindurchgehender Strahl beim Austritt in dasselbe Medium (Luft) keine Ablenkung. Daraus lässt sich ermitteln, dass wenn n_1 und n_2 die Brechungscoëfficienten zweier Substanzen A und B (gegen Luft) sind und n_3 der Brechungscoëfficient beim Uebergang aus der ersten A in die zweite, man erhält: $n_3 = \frac{n_2}{n_1}$, wo $n_3 \lesseqgtr 1$, aber n_1 und n_2 stets > 1. Ist z. B. der Brechungscoëfficient von Wasser: $n_1 = 1{,}3305$, der von Flussspath $n_2 = 1{,}433$, so ist der Coëfficient beim Uebergang von Wasser in Flussspath $= \frac{n_2}{n_1} = \frac{1{,}433}{1{,}3305} = 1{,}077$. Diese Formel giebt auch den absoluten Brechungscoëfficienten (n_3) einer Substanz, wenn der gewöhnliche Brechungscoëfficient derselben (gegen Luft) (n_2) und der absolute Brechungscoëfficient der Luft gegeben ist. Letzterer ist ein für allemal bekannt $= 1{,}000\,294$; (bei 0^0 C und 760^{mm} Druck), der Coëfficient für den Uebergang aus Luft in den freien Aether ist also: $n_1 = \frac{1}{1{,}000\,294}$, somit $n_3 = \frac{n_2}{\frac{1}{1{,}000\,294}} = 1{,}000\,294\, n_2$; der absolute Brechungscoëfficient des Wassers ist darnach $= 1{,}000\,294 . 1{,}3305 = 1{,}3311$.

138. Prisma. Geht dagegen ein Lichtstrahl durch einen von zwei convergirenden ebenen Flächen begrenzten Körper, ein sog. *Prisma* hindurch, so wird er beim Wiederaustritt in die Luft nicht mehr in seine ursprüngliche Richtung zurückgeführt, sondern noch weiter aus ihr abgelenkt.

Man lässt die Lichtstrahlen meist zur brechenden Kante senkrecht auf die erste Fläche des Prismas einfallen. Der Durchschnitt des Prismas durch eine zu dieser Kante senkrechte Ebene sei MNP (Fig. 251), N sei die brechende Kante. Fällt ein Strahl rothen Lichts in der Richtung AB ein, so wird er nach BC_r gebrochen und verlässt das Prisma in der Richtung C_rD_r und ABC_rD_r liegt in jener zur brechenden Kante senkrechten Ebene. Der Winkel $A,E_rD_r = \alpha_r$, den der austretende Strahl C_rD_r mit dem einfallenden AB macht, heisst die *Ablenkung* des Strahls. Fällt nach AB ein Strahl violetten Lichts ein, so wird dieser in B stärker, nach BC_v gebrochen und verlässt das Prisma nach einer abermaligen stärkeren Brechung bei C_v in der Richtung C_vD_v. Auch BC_vD_v liegt in der Ebene ABC_rD_r. Die Ablenkung ist hier $\alpha_v = A,E_vD_v$ und zwar ist stets $\alpha_v > \alpha_r$. Lässt man auf dasselbe Prisma in der Richtung AB ein Strahlenbündel weissen Lichts einfallen, so wird dasselbe infolge der Dispersion zerlegt (135); die dabei entstehenden rothen Strahlen werden wieder nach C_rD_r, die violetten nach C_vD_v gebrochen, die gebrochenen Strahlen der zwischenliegenden Farben liegen zwischen diesen beiden Geraden in derselben Ebene mit ihnen. Wenn man diese zerlegten Strahlen auffängt, so entsteht ein *Spectrum*, dessen rothes Ende der ursprünglichen Einfallsrichtung stets näher ist, als das violette. Je weiter vom rothen Ende das violette entfernt ist, je länger das Spectrum ist, desto grösser ist die Dispersion der Substanz; diese ist z. B. beim Diamant viel grösser als beim Steinsalz.

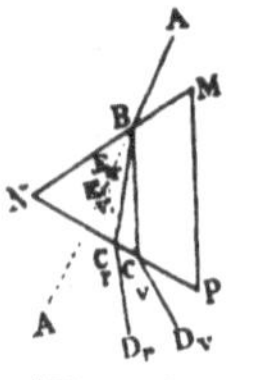

Fig. 251.

Die Ablenkung eines Lichtstrahls durch das Prisma ist für jeden Einfallswinkel eine andere. Sie ist ein Minimum, wenn der Strahl im

Innern des Prismas gegen beide brechenden Flächen gleich geneigt ist wie der Strahl BC in Fig. 252. Dann macht auch der einfallende Strahl z. B. $A_r B$ mit der Ebene MN des Prismas denselben Winkel, den der entsprechende austretende Strahl CD_r mit der Ebene NP macht. Die Minimalablenkung ist für Prismen aus derselben Substanz um so grösser, je grösser der brechende Winkel MNP des Prismas ist. Ein violetter Strahl $A_v B$, der durch das Prisma nach BC hindurch gehen soll, muss nach dem Obigen mit BC einen etwas grösseren Winkel machen, als ein rother Strahl $A_r B$; entsprechend ist es mit den austretenden Strahlen CD_v und CD_r.

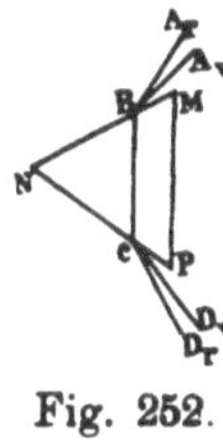
Fig. 252.

139. Totalreflexion. Tritt ein Lichtstrahl AB (Fig. 253) aus einem dichteren Medium in ein dünneres nach BC, so ist $i < r$ (137). Fällt ein zweiter Strahl $A_1 B$ unter einem grösseren Einfallswinkel $A_1 BL$ ein, so wird er nach BC_1 gebrochen, der Brechungswinkel $C_1 BL_1$ ist ebenfalls grösser geworden. Nimmt so der Einfallswinkel, stetig zu, so geschieht dies auch beim Brechungswinkel und bei einem gewissen Einfallswinkel $A_2 BL$, wird der betreffende einfallende Strahl $A_2 B$ nach BD in der Richtung der Trennungsfläche DD_1 beider Medien gebrochen: der Brechungswinkel ist für diesen Fall $= DBL_1 = 90^0$. Wird nun der Einfallswinkel noch grösser, fällt z. B. ein Strahl in der Richtung MB ein, so wird derselbe überhaupt nicht mehr gebrochen, sondern der einfallende Strahl wird in B, ohne dass eine Lichtbewegung in das zweite Medium eintritt, nach dem gewöhnlichen Brechungsgesetz vollständig und ohne Schwächung in der Richtung BN reflectirt, so dass $\sphericalangle NBL = \sphericalangle MBL$. Diese Erscheinung heisst die *Totalreflexion*. Der Einfallswinkel $A_2 BL$, für welchen der Brechungswinkel $= 90^0$ ist, heisst der *Grenzwinkel* der totalen Reflexion. Für diesen Grenzwinkel ist: $\frac{1}{n} = \frac{\sin i}{\sin 90^0} = \sin i$, wenn n den Brechungscoëfficienten aus dem dünneren in das dichtere Medium bedeutet, so dass also $n > 1$.

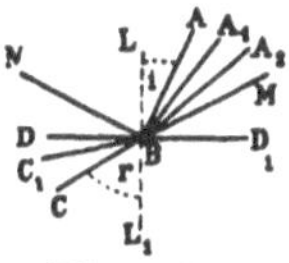
Fig. 253.

Beim Uebergang aus einem dünnern in ein dichteres Medium kann niemals Totalreflexion eintreten.

140. Brechungscoëfficienten. Ein isotroper Körper ist in der Hauptsache optisch bestimmt, wenn man seine Brechungscoëfficienten für die verschiedenen Farben kennt. Diese und damit implicite die Lichtgeschwindigkeiten in der betreffenden Substanz werden nach verschiedenen Methoden ermittelt (vergl. (136)):

1. *Methode mit dem Prisma.* Aus der Substanz wird ein Prisma mit zwei vollkommen glatten und ebenen und möglichst grossen Flächen, die mit einander den brechenden Winkel β machen, geschliffen (Fig. 254). Das Prisma wird so auf dem Objectträger eines Goniometers

(15[a]) befestigt, dass die brechende Kante der in O gelegenen, in der Verlängerung durch das Prisma hindurchgehenden Drehaxe des Instruments parallel ist. Auf die erste Prismenfläche fällt ein Bündel paralleler Lichtstrahlen in der Richtung AB durch einen auf die Drehaxe O gerichteten Collimator AS mit einer der brechenden Kante parallelen Spalte A; diese Strahlen werden nach BC gebrochen und treten nach CD_1 aus. Man kann nun den Träger mit dem Prisma leicht so drehen, dass dabei die Ablenkung ein Minimum wird. Die Richtung des Strahls CD_1 für die Minimalablenkung wird durch das ebenfalls auf die Drehaxe O gerichtete Fernrohr bei D_1 fixirt. Dieses muss aber um den Winkel $D_1OD = \alpha$ um die Axe O bis in die ursprüngliche Richtung OD des einfallenden Strahls gedreht werden, indem man nach Wegnahme des Prismas die Spalte bei A anvisirt, und dieser Winkel α ist die Ablenkung. Aus den Winkeln α und β ergiebt sich dann: $n = \frac{\sin \frac{1}{2} (\alpha + \beta)}{\sin \frac{1}{2} \beta}$.

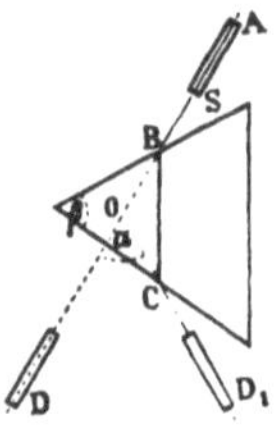

Fig. 254.

Für jede Farbe ist der Einfallswinkel bei der Minimalablenkung ein anderer (138), daher ist für jede Farbe die Minimalablenkung besonders aufzusuchen und einzustellen. Eine kleine Ungenauigkeit in der Einstellung des Prismas auf die Minimalablenkung hat auf den Werth von n einen geringen Einfluss.

Wenn das Prisma ein deutliches Spectrum giebt, so kann man für jede Farbe desselben besonders die Minimalablenkung suchen und daraus den betreffenden Werth von n bestimmen; wenn die Beschaffenheit der Substanz ein solches nicht zu Stande kommen lässt, so kann man die Spalte mit verschiedenem homogenen Licht beleuchten (mittelst gefärbter Metallflammen, *Li*-Flamme roth, *Na*-Flamme gelb, *Tl*-Flamme grün, oder mittelst gefärbter Gläser, von welchen aber nur durch Kupfer gefärbte rothe sehr annähernd homogene Farbe geben etc.).

2. *Methode mit dem Mikroskop* (erfunden von dem Marquis von Chaulnes). Diese beruht darauf, dass wenn ein im Mikroskop deutlich und scharf gesehener Punkt mit einer planparallelen Platte einer durchsichtigen Substanz bedeckt wird, man denselben nicht mehr sieht. Um ihn wiederzusehen, ist es nöthig, das Mikroskop um einen gewissen Betrag v zu heben, der nur von der Dicke d der Platte und von deren Brechungscoëfficienten n abhängt und zwar ist sehr annähernd: $v = d\,(1 - \frac{1}{n})$ oder $n = \frac{d}{d-v}$.

Bei der Erzeugung des Bildes von A im Mikroskop spielen alle von A aus auf die bei G (Fig. 255) gelegene Objektivlinse fallenden Strahlen eine Rolle, so z. B. der Strahl AD. Wird die Platte von der Dicke $AB = d$ auf A gelegt, so wird AD abgelenkt; wenn das Bild von A wie früher entstehen soll, so muss für AD ein anderer Strahl von A aus eintreten, der durch die Platte hindurch die Linse 1) unter demselben Winkel und 2) in derselben Entfernung von der Mikroskopaxe AG trifft wie vorher AD. Das kann nur ein Strahl, der von A in einer solchen Richtung AH ausgeht, dass er in H beim Austritt aus dem Plättchen nach der Richtung $HD_1 \parallel AD$ gebrochen wird, dann ist die erste Bedingung erfüllt; die zweite ist erfüllt, wenn man dann das Mikroskop bis zu dem Punkt D_1 zurückschiebt, der gegeben ist als Schnitt von HD_1 mit $DD_1 \parallel AB$. Die Länge, um welche das Mikroskop hat zurückgezogen werden müssen, ist $GG_1 = v$ und sehr nahe $= DD_1$, da DD_1 stets sehr nahe bei der Mikroskopaxe AB liegt. Zieht

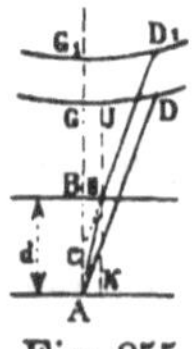

Fig. 255.

man nun HD_1 bis C und $JHK \parallel AB$. dann ist auch $CA = DD_1 = v$ (annähernd). Ferner ist: $n = \frac{\sin JHD_1}{\sin AHK} = \frac{\sin BCH}{\sin BAH}$. Nun ist aber $tg\, BCH = \frac{BH}{BC}$ und $tg\, BAH = \frac{BH}{BA}$, somit: $\frac{tg\, BCH}{tg\, BAH} = \frac{BA}{BC} = \frac{BA}{BA - AC} = \frac{d}{d - v}$. Offenbar sind aber stets die Winkel BAH etc., um welche es sich hier handelt, sehr klein, so dass man sehr annähernd statt der tg die sin setzen kann; es ist dann: $\frac{tg\, BCH}{tg\, BAH} = \frac{\sin BCH}{\sin BAH} = n = \frac{d}{d - v}$.

Bei der Ausführung der Messung wird d mit dem Sphärometer, v mittelst einer auf dem Knopf der Mikrometerschraube des Mikroskops angebrachten Theilung gemessen, welche Bruchtheile der bekannten Ganghöhe jener Schraube abzulesen gestattet. Das Zurückziehen des Mikroskops muss natürlich um den vollen Betrag v mit dieser Schraube ausgeführt werden.

(Bauer, Sitzgsber. Berl. Akad. 22. Nov. 1875 pg. 698 u. Tschermak, Min. Mitth. I. 1878, pg. 28; vergl, auch: Bertin, Ann. chim. phys. ser. III. Bd. 26 pg. 228 für eine kleine Abänderung dieser Methode.)

3. Methode der Totalreflexion. Während beide genannte Methoden eine durchsichtige Substanz und zwei ebene Flächen voraussetzen, hat die Methode der Totalreflexion den Vorzug, auch an undurchsichtigen Substanzen ausführbar zu sein; auch ist nur eine einzige ebene Fläche erforderlich.

Es sei MN (Fig. 256) eine ebene Fläche eines von einer stärker brechenden Flüssigkeit umgebenen isotropen Minerals, auf welche von allen Seiten her Licht einfällt, und das Auge sei fest in O. Dann werden unter zu grossem Winkel auf MN einfallende Strahlen total reflectirt (139) und ein unter einem bestimmten Winkel einfallender Strahl AI wird dabei nach O gelangen, ebenso der etwas steiler einfallende Strahl BE etc. Dagegen wird der noch steiler einfallende Strahl DG nicht mehr total reflektirt werden, sondern in das optisch dünnere Mineral nach GH eintreten, wenn sein Einfallswinkel kleiner als der Grenzwinkel ist. Die linke Hälfte der Fläche MN ist also durch die in das Auge gelangenden totalreflectirten Strahlen hell, die rechte Hälfte, welche keine Strahlen ins Auge reflectirt, dunkel, und beide Hälften sind durch eine Grenzlinie bei F geschieden, deren Lage dem Grenzstrahl CFO entspricht, welcher unter dem Grenzwinkel einfällt. Bei Anwendung homogenen Lichts ist diese Grenzlinie ziemlich scharf, bei weissem Licht ist sie farbig gesäumt, weil die Grenze für jede Farbe eine etwas andere Lage hat.

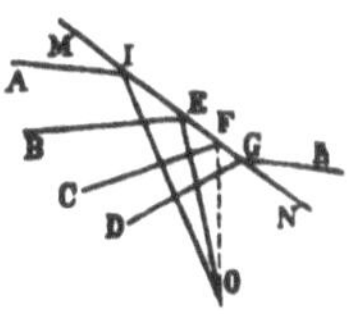

Fig. 256.

Man kann nun die Beobachtung der Grenze der Totalreflexion in folgender Weise zur Ermittlung der Brechungscoëfficienten benützen.

Man befestigt das zu untersuchende Mineral an einer in O (Fig. 257) projicirten vertikalen Drehaxe, welche senkrecht zu einem horizontalen Theilkreis durch dessen Mittelpunkt geht. Diese Axe fällt in die ebenfalls senkrechte reflectirende Fläche MN, welche in ein mit einer stark brechenden Flüssigkeit, meist CS_2, gefülltes cylindrisches Gefäss eingetaucht ist. Dieses ist ringsum

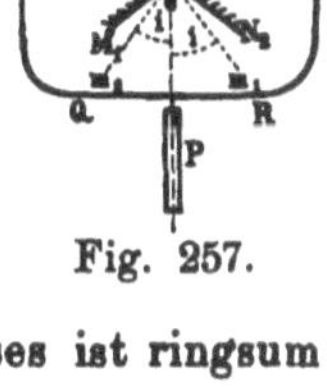

Fig. 257.

von mattgeschliffenem Glas gebildet, durch welches diffuses Licht von allen Seiten auf MN fallen kann, nur bei RQ ist eine vertikalstehende planparallele durchsichtige Glasscheibe, auf welche normal das horizontale auf Unendlich eingestellte Fernrohr P gerichtet ist. Hat die Fläche MN zuerst die Stellung $M_1 N_1$, so werden die von rechts kommenden Strahlen die Grenze der Totalreflexion erzeugen, und man kann diese Grenze durch Drehung der Fläche MN um die Axe O auf das Fadenkreuz des Fernrohrs einstellen. Ist $m_1 n_1$ die Normale zu $M_1 N_1$, so ist $m_1 OP$ der Grenzwinkel i. Dreht man nun die Fläche $M_1 N_1$ an der Drehaxe in die Stellung $M_2 N_2$, so geben die von links kommenden Strahlen ebenfalls eine Grenze, die man auf das Fadenkreuz einstellen kann. Ist $m_2 n_2$ die Normale zu $M_2 N_2$, so ist $m_2 OP'$ der Grenzwinkel i für diese Stellung. Man muss also, um von der einen Grenze auf die andere einzustellen, die Fläche MN um den doppelten Grenzwinkel, um $m_1 Om_2 = 2i$, drehen, und da man diese Drehung am Theilkreis ablesen kann, so ist damit i bestimmt. Zunächst ist der Brechungscoëfficient v ($v > 1$) des Minerals gegen den stärker brechenden CS_2 bestimmt, und man hat: $\frac{1}{v} = \sin i$. Sind aber N und n die Brechungscoëfficienten des CS_2 und des Minerals gegen Luft, so ist (137): $\frac{1}{v} = \frac{n}{N} = \sin i$, also: $n = N \sin i$.

N ist ein für allemal bekannt. Da sich dieser Werth mit der Temperatur wesentlich ändert, so ist hierauf sorgsam Rücksicht zu nehmen. Bei gelbem Licht und bei 20° C. ist $N = 1{,}6274$ und die Verminderung von N beträgt 0,00080 für jede Temperatursteigerung um 1°.

Ausser der erwähnten giebt es noch andere Methoden, die Totalreflexion zur Bestimmung von Brechungscoëfficenten zu benützen; die vorliegende wird gegenwärtig von den Mineralogen am meisten angewandt. (F. Kohlrausch, Verh. der phys. med. Ges. Würzburg. Bd. XII. 1877. Wiedemann, Ann. IV. pg. 1 und Bd. XVI. 603. K. Feuszner, Ueber eine neue Methode der Brechungsexponentbestimmung mittelst Totalreflexion. Inaug. Diss. Marburg 1882. Liebisch, Zeitschr. für Instrumentenk. 1884. 1885.)

Anisotrope Medien.

141. Schwingungsrichtungen. Nach der Ansicht von Fresnel ist der Aether in anisotropen Medien (130) so beschaffen, dass seine Elasticität nicht nach allen Richtungen gleich ist, sondern sich mit der Richtung ändert. Das Licht wird also nicht mehr nach allen Seiten mit derselben Geschwindigkeit fortgepflanzt, sondern diese ändert sich ebenfalls mit der Richtung. Die Wellenfläche kann also hier keine Kugelfläche mehr sein. Auch hier gilt noch die Gleichung: $v = \sqrt{\frac{e}{d}}$ (132), aber während diese in jedem isotropen Medium wegen der Constanz von e und d für alle Richtungen denselben Werth hat, ändert sich hier der Werth von v gleichzeitig mit dem von e mit der Richtung. Sind v_1 und v_2 die Geschwindigkeiten, mit welchen in demselben anisotropen Medium Schwingungen fortgepflanzt werden, die in Richtungen mit den Elasticitäten e_1 und e_2 stattfinden, so ist, da hier d constant: $v_1 : v_2 = \sqrt{\frac{e_1}{d}} : \sqrt{\frac{e_2}{d}} = \sqrt{e_1} : \sqrt{e_2}$, d. h. die Fortpflanzungsgeschwindigkeiten zweier verschieden gerichteter Wellen in demselben anisotropen Medium verhalten sich wie die Quadratwurzeln aus den Elasticitäten des Aethers in den Richtungen, in welchen die Schwingungen der beiden Wellen stattfinden. Es handelt sich dabei stets nur um die Elasticität in der Richtung quer zur Fortpflanzungsrichtung, in welcher die Schwingungen stattfinden, nicht um die in der Fortpflanzungsrichtung herrschende; diese ist vollkommen gleichgültig. Daher ist es auch möglich, dass in derselben Richtung in einem Krystall sich zwei Wellen mit verschiedener Geschwindigkeit fortpflanzen, wenn die Schwingungen in beiden Wellen in zwei der unendlich vielen, auf der Fortpflanzungsrichtung senkrechten Richtungen vor sich gehen.

In jedem anisotropen Krystall können sich in der That in derselben Richtung zwei, und nur zwei, Wellen gleichzeitig und mit verschiedenen Geschwindigkeiten fortpflanzen, die beide vollkommen polarisirt sind und ihre Schwingungen in zwei zu einander senkrechten Richtungen quer zur Fortpflanzungsrichtung ausführen; diese beiden Richtungen sind die sog. *Schwingungsrichtungen* des Krystalls für die betreffende Fortpflanzungsrichtung. Sie fallen zusammen mit den stets zu einander senkrechten beiden Richtungen, in welchen der Aether in einer zur Fortpflanzungsrichtung der beiden Wellen senkrechten Ebene die grösste und die kleinste Elasticität besitzt.

142. Doppelbrechung. Da die Grösse der Ablenkung (Brechung) beim Uebergang einer Welle aus einem Medium in ein anderes für jede Farbe und Temperatur lediglich von der Fortpflanzungsgeschwindigkeit des Lichts in beiden Medien (134) abhängt, so müssen offenbar die beiden Wellen, welche sich in einem anisotropen Krystall in derselben Richtung, aber mit verschiedener Geschwindigkeit fortpflanzen, beim schiefen Austreten in Luft verschieden stark abgelenkt werden, also ihren Weg in der Luft in zwei verschiedenen, einander allerdings sehr nahe liegenden Richtungen fortsetzen. Dabei erleidet die rascher sich im Krystall fortpflanzende Welle eine geringere Ablenkung, als die langsamere. Ebenso werden aber auch, wenn auf einen solchen Krystall eine ebene Lichtwelle von aussen einfällt, in demselben zwei Schwingungen erregt, welche zwei mit verschiedener Geschwindigkeit und in verschiedener Richtung im Krystall sich fortpflanzende Wellen (resp. Strahlen) liefern, die mittelst der Huyghens'schen Construction aufgefunden werden können. Bei jedem solchen Uebergang aus dem anisotropen Krystall in ein anderes Medium, z. B. Luft, oder umgekehrt entstehen also im allgemeinen aus einer Fortpflanzungsrichtung des Lichts deren zwei, eine einfallende Lichtwelle zerfällt bei der Brechung in zwei Wellen. Die anisotropen Krystalle heissen daher *doppelbrechend* im Gegensatz zu den *einfach lichtbrechenden* isotropen Substanzen, wo jeder einfallenden Welle nur eine einzige des gebrochenen Lichts entspricht. Die Erscheinung selbst heisst die *doppelte Lichtbrechung* (Doppelbrechung). Dieselbe äussert sich u. A. darin, dass wenn man durch einen doppelt brechenden Körper hindurch einen leuchtenden Punkt betrachtet, derselbe doppelt erscheint (vergl. 145). Je grösser der Winkel ist, den die Fortpflanzungsrichtungen der beiden so entstehenden Wellen mit einander machen, desto stärker ist die Doppelbrechung; desto weiter sind dann auch die beiden Bilder von einander entfernt, welche bei der Betrachtung eines Gegenstands durch einen doppeltbrechenden Körper entstehen (145a).

143. Optische Axen. Es giebt in jedem doppeltbrechenden Krystall eine, resp. zwei Richtungen, in welcher sich nur eine einzige Welle durch denselben hindurch bewegt, in welcher also nur einfache Lichtbrechung stattfindet und in welcher stets nur einfache Bilder eines Lichtpunkts gesehen werden. Solche Richtungen heissen *optische Axen*, und man unterscheidet nach der Zahl derselben *einaxige* und *zweiaxige* Krystalle. Die ersteren umfassen alle dem hexagonalen und quadratischen, die letzteren alle dem rhombischen, monoklinen und triklinen System angehörigen Krystalle.

144. Einaxige Krystalle. In *einaxigen* Krystallen denkt man sich den Aether um die optische Axe, welche stets mit der krystallographischen Hauptaxe zusammenfällt, so vertheilt, dass seine Elasticität in dieser Richtung ein Maximum (resp. Minimum), in allen darauf senkrechten Richtungen dagegen gleich und ein Minimum (resp. Maximum) ist. In den Zwischenrichtungen ist die Elasticität eine intermediäre, und zwar ist sie in allen solchen Richtungen gleich, welche gegen die Axe die gleiche Neigung haben. Darnach ist die Elasticität des Aethers in allen durch die Axe gehenden Ebenen, den sog. *Hauptschnitten*, ganz gleich vertheilt: sie nimmt in jedem Hauptschnitt von der Richtung der Axe bis zu der darauf senkrecht in der Ebene der Nebenaxen gelegenen Richtung ganz stetig und in ganz gleicher Weise ab (resp. zu).

Krystalle, bei denen die Elasticität des Aethers in der Richtung der Axe ein Maximum (resp. Minimum) ist, heissen negativ, —, z. B. Kalkspath, (resp. positiv, +, z. B. Quarz).

Die beiden nach irgend einer Richtung in einem solchen Krystall sich fortpflanzenden Wellen schreiten mittelst Schwingungen vorwärts, welche senkrecht und parallel zu dem Hauptschnitt sind, in welchem die Fortpflanzungsrichtung liegt, d. h. senkrecht und parallel zu einer Ebene, welche man durch die Fortpflanzungsrichtung und die Richtung der Hauptaxe legen kann. Die Schwingungsrichtungen der Wellen in einaxigen Krystallen sind also für jede Fortpflanzungsrichtung senkrecht und parallel zu dem durch diese letztern bestimmten Hauptschnitt; andere Schwingungen sind ausgeschlossen (vergl. 159).

Alle senkrecht zu einem Hauptschnitt schwingenden Lichtbewegungen müssen sich im Krystall stets mit derselben Geschwindigkeit fortpflanzen, das Azimut mag sein, welches es will; denn diese Schwingungen gehen alle senkrecht zur Axe vor sich, und in allen diesen Richtungen ist ja die Elasticität des Aethers dieselbe. Eine solche Lichtbewegung verhält sich also wie wenn sie in einem isotropen Medium stattfände, ihre Geschwindigkeit ist von der Richtung der Fortpflanzung im Krystall (von der Neigung derselben gegen die optische Axe) vollkommen unabhängig. Bei einer im Hauptschnitt schwingenden Lichtbewegung ändert sich mit der Fortpflanzungsrichtung auch die Schwingungsrichtung und damit die Fortpflanzungsgeschwindigkeit. Diese ist nur in allen solchen Richtungen gleich, welche zur Axe gleich geneigt sind, entsprechend den Verhältnissen des Aethers, und nimmt von der Richtung parallel der Axe bis zu der Richtung senkrecht darauf stetig ab (resp. zu.) Eine solche Lichtbewegung, deren Fortpflanzungsgeschwindigkeit in einem Krystall sich mit der Richtung ändert, heisst eine *ausserordentliche* (extraordinäre, ausserordentliche Wellen und Strahlen), während die Lichtbewegung mit Schwingungen senkrecht zum Hauptschnitt eine *ordentliche* (ordinäre, ordentliche Wellen und Strahlen) heisst.

144 a. Wellenfläche. In *positiven* Krystallen wird sich eine Lichtbewegung in der Richtung der Axe, also mit Schwingungen senkrecht zur Axe, mit einer Geschwindigkeit $\mathfrak{o}$ fortpflanzen, welche grösser ist als die Fortpflanzungsgeschwindigkeit $\mathfrak{e}$ einer ausserordentlichen Lichtbewegung senkrecht zur Axe, also mit Schwingungen parallel der Axe, weil die Elasticität des Aethers parallel der Axe kleiner ist, als senkrecht dazu, und zwar muss die Geschwindigkeit $\mathfrak{o}$ die grösste, $\mathfrak{e}$ die kleinste überhaupt in dem betr. Krystalle mögliche Fortpflanzungsgeschwindigkeit sein. Bei *negativen* Krystallen ist dies alles gerade umgekehrt. Die Fortpflanzungsgeschwindigkeit in einer intermediären Richtung erhält man, wenn man $\mathfrak{o}$ in der Richtung der Hauptaxe, $\mathfrak{e}$ senkrecht dazu aufträgt und über beiden als Axen eine Ellipse construirt. Eine ausserordentliche Lichtbewegung, deren Fortpflanzungsrichtung mit der Axe den Winkel α macht, hat eine Geschwindigkeit, welche gleich ist dem Radius der Ellipse, welcher mit der Axe denselben Winkel α einschliesst (Fig. 258 für einen positiven, Fig. 259 für einen negativen Krystall). Die Fortpflanzungsgeschwindigkeit einer ordentlichen Lichtbewegung ist nach allen Richtungen dieselbe, nämlich $\mathfrak{o}$; in der Richtung der Axe bewegt sich also alles Licht mit derselben Geschwindigkeit $\mathfrak{o}$, hier hört der Unterschied zwischen ordentlicher und ausserordent-

Fig. 258.

Fig. 259.

licher Lichtbewegung somit auf, es findet hier gar keine Doppelbrechung statt.

Wird also im Innern eines einaxigen Krystalls der Aether an einem Punkt *O* erschüttert, so breitet sich eine ordentliche und eine ausserordentliche Welle um *O* herum aus. Die erstere schreitet nach allen Seiten mit der Geschwindigkeit $\mathfrak{o}$ fort, die ordentliche Wellenfläche ist also eine Kugel um *O*. Die letztere bewegt sich nur in der Richtung der Axe mit der Geschwindigkeit $\mathfrak{o}$, senkrecht dazu mit der Geschwindigkeit $\mathfrak{e}$, in allen intermediären Richtungen mit Geschwindigkeiten, welche man aus den oben genannten Ellipsen in der angegebenen Weise erhält. Da sich in allen Hauptschnitten des Krystalls die ausserordentlichen Wellen ganz in derselben Weise fortpflanzen, so dass dies in gleich zu der Axe geneigten Richtungen auch stets mit derselben Geschwindigkeit geschieht, so muss die ausserordentliche Wellenfläche ein Rotationsellipsoid sein, dessen Rotationsaxe der Richtung nach die Hauptaxe und dessen Meridiane die genannten Ellipsen sind, dessen Rotationsaxe der Länge nach $= \mathfrak{o}$, dessen Aequatorialaxe $= \mathfrak{e}$ ist. Da in der Richtung der Axe die Fortpflanzungsgeschwindigkeit der ordentlichen sowohl als der ausserordentlichen Welle $= \mathfrak{o}$ ist, so berühren sich beide Wellenflächen an den Enden der Hauptaxen, umfassen sich aber im übrigen, und zwar umgiebt bei $+$ Krystallen die kugelförmige ordentliche Wellenfläche die elliptische ausserordentliche (Fig. 258), bei — Krystallen umgiebt die elliptische ausserordentliche die kugelige ordentliche (Fig. 259). Hieraus folgt dann unmittelbar, dass bei $+$ Krystallen die Fortpflanzungsgeschwindigkeit der ausserordentlichen Wellen stets kleiner, bei — Krystallen stets grösser ist, als die ordentlichen Wellen.

145. Character der Doppelbrechung. Wenn eine ebene Lichtwelle in der Richtung *AB* (Fig. 260, 261) auf die irgendwie gelegene ebene Grenzfläche *MN* eines einaxigen Krystalls trifft, dessen Hauptaxe nach *BC* gerichtet ist, so wird diese Welle doppelt gebrochen; nach *Bo* geht die ordentliche, nach *Be* die ausserordentliche gebrochene Welle. Da bei negativen Krystallen die ordentliche Welle sich langsamer fortpflanzt, als die ausserordentliche, so wird sie stärker gebrochen als letztere (142); bei positiven Krystallenist dies umgekehrt. Die Fortpflanzungsrichtung der ausserordentlichen Welle *Be* ist daher bei negativen Krystallen stets von der Hauptaxe *BC* weiter entfernt, als die Richtung der ordentlichen Welle *Bo* (Fig. 261), sie wird von der Axe gleichsam abgestossen; bei positiven Krystallen ist sie näher bei der Axe *BC*, sie wird von der Axe gleichsam angezogen (Fig. 260), daher heissen — Krystalle auch *repulsiv*, $+$ Krystalle *attractiv*.

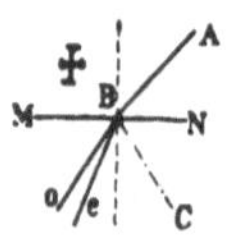

Fig. 260.

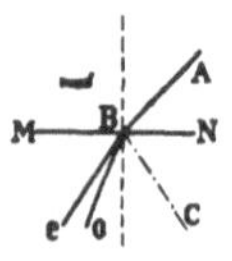

Fig. 261.

Die Fortpflanzungsrichtungen der ordentlichen und ausserordentlichen Wellen *Bo* und *Be* (die ordentliche und ausserordentliche Wellennormale) folgen bei der Brechung dem gewöhnlichen Brechungsgesetz (134). Was die gebrochenen Strahlen betrifft, so fällt der ordentliche Strahl mit der ordentlichen Wellennormale *Bo* stets zusammen, er folgt also ebenfalls in jeder Beziehung dem allgemeinen Brechungsgesetz. Der gebrochene ausserordentliche Strahl fällt aber mit der ausserordentlichen Wellennormale *Be* im allgemeinen nicht mehr zusammen und folgt nicht dem allgemeinen Brechungsgesetz, er liegt sogar nicht einmal stets in der Einfallsebene des Strahls *AB*. Das ist nur der Fall, wenn *AB* in einem Hauptschnitt oder senkrecht dazu einfällt; in allen andern Fällen tritt der gebrochene ausserordentliche Strahl aus der Einfallsebene heraus. Sein Brechungsgesetz ist dann ziemlich complicirt und wird mittelst der Huyghens'schen Construction angegeben.

145ª. Doppelbrechung im Kalkspath. Am geeignetsten zur Beobachtung der Erscheinungen der Doppelbrechung ist der rhomboëdrische, also einaxige Kalkspath. Er findet sich in grossen durchsichtigen Massen, aus denen man schöne Spaltungsrhomboëder herstellen kann. Wegen der sehr starken Doppelbrechung nennt man diese durchsichtige Varietät *Doppelspath.* An ihm beobachtet man bezüglich der Doppelbrechung folgendes: Legt man ein Spaltungsstück auf ein weisses, mit einem schwarzen Punkt versehenes Papier, so sieht man von oben aus zwei Bilder des Punkts, beide in dem vertikalen Hauptschnitt des Krystalls gelegen. Befindet sich das Auge senkrecht über dem Punkte m (Fig. 262), so sieht man das eine Bild senkrecht nach unten an der Stelle, wo der Punkt m selbst ist, das andere im vertikalen Hauptschnitt etwas nach der unteren stumpfen Ecke c des Spaltungsstücks hin verschoben bei m_1. Die Entfernung der Bilder bleibt dieselbe, ob man das Auge der Fläche nähert, oder von ihr entfernt, dagegen ist ihre Entfernung grösser bei dickeren, als bei dünneren Stücken. Dreht man den Kalkspath um eine Axe $o_1 m$ senkrecht zu der Spaltungsfläche, auf welche man sieht, so bleibt das Bild m an seiner Stelle, das Bild m_1 dagegen dreht sich mit, indem es immer in dem vertikalen Hauptschnitt bleibt. Beide Bilder mom_1 haben dabei stets dieselbe Helligkeit und dieselbe Entfernung von einander. Das nicht abgelenkte Bild m ist das ordentliche, das abgelenkte Bild m_1 das ausserordentliche. Betrachtet man einen fernen Punkt durch einen Kalkspath, so sind die Erscheinungen ganz ähnlich. Sieht man in einer anderen Richtung als senkrecht zum Blätterbruch durch den Krystall, so sind die beiden Bilder bei gleicher Dicke des letztern um so entfernter, je mehr diese Richtung sich der Normale zur Axe nähert. Senkrecht zur Axe, also durch zwei gegenüberliegende Prismenflächen gesehen, sind die Bilder am weitesten von einander entfernt. Die Bilder sind einander um so näher, je näher die Richtung, in der man durch den Krystall hindurchsieht, der Richtung der Axe ist. Längs der Axe gesehen, erhält man überhaupt nur ein einziges Bild, weil nach der Axe keine Doppelbrechung stattfindet.

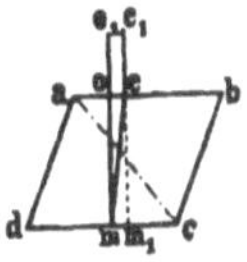

Fig. 262.

Bei den meisten Krystallen ist die Doppelbrechung viel schwächer, als beim Kalkspath; die beiden Bilder, das ordentliche und das ausserordentliche, überdecken sich auch in der Stellung, wo sie das Maximum der Entfernung haben, theilweise, und man kann die Erscheinung daher meist nicht in der angegebenen Weise beobachten. Die beiden Bilder treten aber weiter auseinander und lassen dann die Doppelbrechung erkennen, wenn man einen Punkt statt durch eine planparallele Platte durch ein Prisma aus dem betreffenden Krystall betrachtet. (Erkennung der Doppelbrechung im Polarisationsinstrument vergl. (158) ff.)

146. Nicol'sches Prisma. Turmalinplatte. Der Umstand, dass doppeltbrechende Körper das durch sie hindurch gehende Licht vollkommen polarisiren, wird zur Herstellung von Apparaten benützt, welche Licht liefern, das in einer bestimmten Ebene polarisirt ist. Es handelt sich dabei darum, die eine der beiden durch die Doppelbrechung erhaltenen Wellen zu eliminiren und nur die andere ins Auge gelangen zu lassen. Man benützt dazu am häufigsten Turmalin- und Kalkspathkrystalle, beide dem hexagonalen (rhomboëdrischen) Krystallsystem angehörig, doch können auch andere doppeltbrechende Krystalle verwendet werden.

Schleift man eine Platte von *Turmalin* von dunkelbrauner oder -grüner Farbe (hellgefärbte sind untauglich) parallel mit der Hauptaxe, so wird beim Hindurchgehen des Lichts die dabei entstehende ordentliche Welle total absorbirt (177) und nur die ausserordentliche gelangt, stark gefärbt, ins Auge. Man hat also nur in die Fortpflanzungsrichtung eines Strahlenbündels gewöhnlichen Lichts eine solche Turmalinplatte einzuschalten, um ein Bündel polarisirter Lichtstrahlen zu erhalten, deren Schwingungen parallel mit der Axe des Turmalins vor sich gehen.

Um statt des gefärbten Lichts, das der Turmalin liefert, weisses zu erhalten, benützt man den *Doppelspath,* in welchem man die Absorption des ordentlichen Strahls künstlich hervorbringen kann. Man schleift an ein längliches Doppelspathspaltungsstück, dessen Umriss in dem Hauptschnitt durch die lange Endkante BC das Parallelogramm $ABCD$ darstellt (Fig. 263), zwei neue Flächen AB_1 und C_1D an, welche wie AB und CD auf dem Schnitt $ABCD$ senkrecht stehen und mit AB und CD Winkel von je 3^0 machen. Dann zersägt man das Spaltungsprisma senkrecht zu $ABCD$, so dass die Trennungsfläche B_1C_1 mit AB_1 und C_1D Winkel von 90^0 macht, polirt dieselbe und klebt die beiden Hälften mittelst Canadabalsam genau in der alten Lage wieder aufeinander. Der Balsam hat einen Brechungscoëfficienten, welcher zwischen denen der ordentlichen und ausserordentlichen Welle im Kalkspath in der Mitte steht. Fällt nun ein gewöhnlicher Lichtstrahl ab auf die Fläche AB_1 parallel zur Kante BD ein, so wird er doppelt gebrochen, und zwar der ordentliche stärker nach bc, der auserordentliche weniger stark nach be. Der Strahl bc wird an dem optisch weniger dichten Canadabalsam total reflectirt und durch Ablenken nach cd beseitigt; der Strahl be geht durch die Balsamschicht hindurch nach ef und verlässt den Kalkspath nach $fg \parallel ab$. Dieser Apparat heisst ein *Nicol'sches* Prisma oder kurz ein *Nicol.* Das durch einen solchen Apparat gegangene Licht ist senkrecht zum Hauptschnitt polarisirt, die Schwingungen gehen somit im Hauptschnitt, also in der Richtung der *kurzen* Diagonale des Querschnitts des Spaltungsprismas vor sich. Dieser Hauptschnitt wird auch wohl die Schwingungsebene des Nicols genannt.

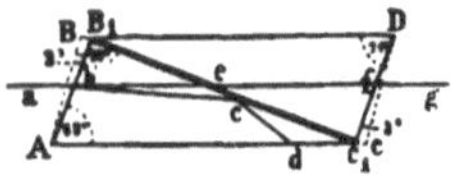
Fig. 263.

Uebrigens sind diese Prismen zuweilen auch in etwas anderer Weise construirt, was aber in der Hauptsache ihre Wirkung nicht wesentlich ändert. (K. Feussner, Zeitschr. für Instrumentenkunde Bd. IV. pg. 41. 1884.)

147. Brechungscoëfficienten. Kennt man die Fortpflanzungsgeschwindigkeiten $\mathfrak{e}$ und $\mathfrak{o}$ der in der Richtung der Axe und senkrecht dazu schwingenden ausserordentlichen Wellen in einem einaxigen Krystall, so folgen daraus die Fortpflanzungsgeschwindigkeiten der in intermediären Richtungen schwingenden Wellen nach (144ª). Durch die Kenntniss von $\mathfrak{e}$ und $\mathfrak{o}$ für jede Farbe sind somit einaxige Krystalle in der Hauptsache optisch bestimmt. Diese Werthe werden aber ermittelt durch die Bestimmung der Brechungscoëfficienten ε und ω der Wellen, welche parallel und senkrecht zur Axe schwingen, der sog. *Hauptbrechungs-*

coëfficienten, für welche ebenfalls die Formeln $\mathfrak{e} = \frac{1}{\varepsilon}$, $\mathfrak{o} = \frac{1}{\omega}$ gelten (134). ω ist der *ordentliche* Brechungscoëfficient, er gilt für ordentliche Wellen durchaus, ε ist der *ausserordentliche*, er gilt für diejenigen ausserordentlichen Wellen, welche in der Richtung der Hauptaxe schwingen, für ausserordentliche Schwingungen, welche in keiner der beiden genannten Richtungen stattfinden, gelten Brechungscoëfficienten, welche zwischen ω und ε liegen, für + Krystalle ist stets $\omega < \varepsilon$ (z. B. Quarz); für − Krystalle: $\omega > \varepsilon$ (z. B. Kalkspath). Die Bestimmung der Hauptbrechungscoëfficienten geschieht nach den auch bei isotropen Körpern angewendeten Methoden (140).

1. Methode mit dem Prisma. Die Prismen müssen so geschliffen sein, dass bei der Minimalablenkung die senkrecht zur brechenden Kante hindurchgehenden Wellen das Prisma in der Richtung der Hauptaxe oder senkrecht dazu durchziehen. Die Schwingungen der Wellen im Prisma müssen dann in der That senkrecht resp. parallel mit der Axe vor sich gehen, wie es für die Wellen, welche ω und ε geben sollen, nach dem Obigen erforderlich ist. Dies wird erreicht, wenn man die brechende Kante entweder der Hauptaxe parallel macht oder wenn man das Prisma so schleift, dass die Hauptaxe in der den brechenden Winkel halbirenden Ebene auf der brechenden Kante des Prismas senkrecht steht; weniger empfiehlt es sich, die brechende Kante senkrecht zur Hauptaxe zu legen, so dass diese letztere mit beiden Prismenflächen gleiche Winkel macht.

In Fig. 264 sei die brechende Kante *N* des Prismas der Hauptaxe des Krystalls parallel, die Prismenflächen *MN* und *NP* sind dann ebenfalls der Hauptaxe parallel, können aber sonst ganz beliebig liegen. Minimalablenkung findet auch hier statt, wenn die Wellen den Krystall in der Richtung *BC* durchziehen, welche gegen *MN* und *NP* gleich geneigt und zur brechenden Kante senkrecht ist. In dieser Richtung gehen aber zwei Wellen, die ordentliche und die ausserordentliche, mit verschiedener Geschwindigkeit hindurch, die eine, ausserordentliche parallel mit der brechenden Kante *N* (Axe), die andere, ordentliche senkrecht dazu nach *NO* schwingend, welches so liegt, dass $MNO = PNO$, also $NO \perp BC$ ist. Wegen der verschiedenen Geschwindigkeit beider Wellen treten sie bei *C* nach verschiedenen Richtungen CD_o und CD_e aus, sie müssen also auch aus verschiedenen Richtungen A_oB und A_eB auf der Fläche *MN* in *B* ankommen. Man muss somit für die ordentliche und ausserordentliche Welle die Minimalablenkung getrennt aufsuchen und erhält daraus dann ω und ε. Man unterscheidet beide mittelst eines auf das Ocular des Beobachtungsfernrohrs aufgesetzten Nicols; ist dessen Schwingungsebene der brechenden Kante parallel, so erhält man ε, ist sie zu derselben senkrecht, so erhält man ω, wobei dann Farbe, Temperatur etc. noch besonders zu berücksichtigen ist.

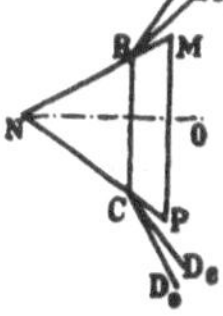

Fig. 264.

Ist dagegen die brechende Kante N auf der Hauptaxe senkrecht, dann sei die letztere zunächst nach NO (Fig. 264) gerichtet, so dass sie den brechenden Winkel MNP halbirt. Dann sind die beiden Flächen MN und NP des Prismas gegen die Hauptaxe NO gleich geneigt, können aber sonst beliebig liegen. In diesem Fall schwingt von den beiden bei der Minimalablenkung nach BC durch das Prisma gehenden Wellen die eine, ordentliche senkrecht zur Axe, also parallel mit der brechenden Kante N, die andere, ausserordentliche parallel mit der Axe NO. Bei einem solchen Prisma muss die Schwingungsebene des Nicols parallel mit der brechenden Kante des Prismas sein, wenn man ω, senkrecht dazu und parallel NO, wenn man ε erhalten will.

Sind die beiden Prismenflächen MN und NP gegen die Axe nicht gleich geneigt, so dass die Axe nach NO gerichtet ist, wie in Fig. 265, so erhält man zwar wieder den ordentlichen Coëfficienten ω aus einer Welle, welche nach BC hindurch geht und parallel mit der brechenden Kante N, also senkrecht zur Axe NO schwingt, aber man erhält aus einer in der Richtung der Minimalablenkung BC hindurchgehenden ausserordentlichen Welle nun nicht mehr ε, sondern einen Brechungscoëfficienten, der zwischen ε und ω liegt und den Schwingungen in der Richtung RS entspricht, welche in dem durch AB und NO bestimmten Hauptschnitt MNP senkrecht zu BC, aber schief zur Axe NO ist.

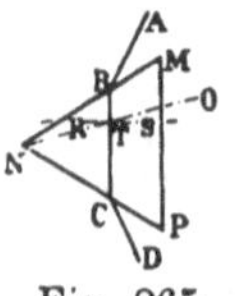

Fig. 265.

Ist endlich die brechende Kante wieder senkrecht zur Hauptaxe (Fig. 266), liegt diese aber so, dass sie mit den Prismenflächen gleiche Winkel macht, dann ist sie offenbar der Richtung BC der Minimalablenkung parallel. Geht nun in dieser Richtung das Licht durch das Prisma, so erhält man nur den Coëfficienten ω, weil eben in der Richtung der Hauptaxe BC nur Wellen durch den Krystall gehen, welche die Geschwindigkeit $\mathfrak{o}$ haben, keine andern.

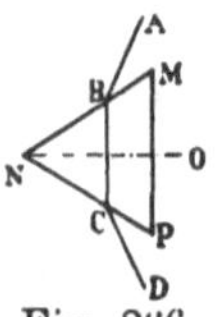

Fig. 266.

2. *Methode mit dem Mikroskop.* Diese wird hier ganz ebenso angewendet, wie bei isotropen Substanzen (140). Eine Platte senkrecht zur Axe, parallel mit der Basis giebt nur ω; eine solche parallel mit der Axe giebt ω und ε: beide werden mit Hülfe eines am Mikroskop angebrachten Nicols unterschieden: ist die Schwingungsrichtung der Hauptaxe des Krystalls parallel, so erhält man ε, ist sie darauf senkrecht, so erhält man ω.

3. *Methode der Totalreflexion.* Im allgemeinen giebt jede irgendwie am Krystall gelegene Fläche ω und ε. Die Fläche MN (Fig. 267) sei senkrecht zur Axe CC_1. Eine aus dem Schwefelkohlenstoff auf MN einfallende Welle AO giebt zwei gebrochene Wellen im Krystall, welche sich nach OB_o und OB_e fortpflanzen. Die Schwingungen der ordentlichen Welle OB_o sind im Grenzfall, d. h. wenn sie sich nach ON bewegt, wie überhaupt immer, senkrecht zu CC_1 und zur Ebene der Zeichnung; die Schwingungen der ausserordentlichen Wellen OB_e gehen im Grenzfall parallel CC_1 vor sich. Die Brechungsverhältnisse beider lassen sich wie bei isotropen Mineralien durch Totalreflexion bestimmen. Die den beiden

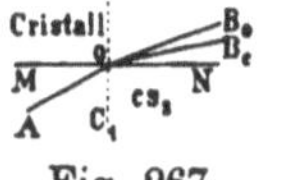

Fig. 267.

gebrochenen Wellen entsprechenden Grenzen der Totalreflexion gehen nacheinander durch das Sehfeld, hier zuerst B_e, dann B_o, denn in dem Moment, wo OB_e bereits total reflectirt ist, wird OB_o noch nach innen gebrochen, und erst bei einer weiteren Drehung der Fläche um eine zur Zeichungsebene senkrechte, durch O gehende Axe tritt die Totalreflexion auch für OB_o ein. Die beiden reflectirten Wellen unterscheidet man mittelst eines auf das Beobachtungsfernrohr aufgesetzten Nicols; ist dessen kleine Diagonale senkrecht, so geht die ordentliche Welle hindurch und man erhält ω, ist dieselbe horizontal, so erhält man ε.

Ist die reflectirende Fläche MN parallel der Axe und ist die Axe selbst horizontal, also senkrecht zur Drehaxe des Instruments, also parallel der Linie MN, auf welcher die Drehaxe des Instruments senkrecht ist, so werden nur senkrecht zur Axe des Krystalls schwingende Wellen reflectirt und man erhält nur ω. Ist die Axe dagegen senkrecht und der Drehaxe parallel, so erhält man wieder ω und ε, und zwar nun, entgegengesetzt gegen vorhin, ε bei senkrechter, ω bei wagerechter Stellung der kleinen Diagonale des Nicols.

(Litt. vergl. (140). W. Kohlrausch, über exper. Best. von Lichtgeschwindigkeiten in Krystallen. Diss. Würzburg 1879. Wied., Ann. VI. Liebisch, N. Jahrb. Min. 1885. 1. Bd. pag. 245.)

Eine andere Methode der Bestimmung von Brechungscoëfficienten an einaxigen Krystallen vergl. Bauer, N. Jahrb. für Mineralogie etc., Beilageband II, pag. 49.

148. Zweiaxige Krystalle. In *zweiaxigen* Krystallen ist der Aether so beschaffen, dass die Elasticität desselben in einer Richtung OX ein Maximum, in einer zweiten Richtung OZ senkrecht dazu ein Minimum und senkrecht zu diesen beiden Richtungen nach OY von mittlerem Werthe ist. Auch in allen andern zwischenliegenden Richtungen ist die Elasticität eine intermediäre. Jene drei aufeinander senkrechten Richtungen sind die *Elasticitätsaxen* des Krystalls. Die Fortpflanzungsgeschwindigkeiten $\mathfrak{a}, \mathfrak{b}, \mathfrak{c}$, der nach OX, OY, OZ schwingenden Wellen ist ebenfalls die grösste, mittlere und kleinste, also: $\mathfrak{a} > \mathfrak{b} > \mathfrak{c}$. $\mathfrak{a}, \mathfrak{b}, \mathfrak{c}$ sind die Längen der drei Elasticitätsaxen OX, OY, OZ. Die den Schwingungen nach den drei Elasticitätsaxen entsprechenden Brechungscoëfficienten sind α, β, γ. und zwar ist: $\alpha = \frac{1}{\mathfrak{a}}$; $\beta = \frac{1}{\mathfrak{b}}$; $\gamma = \frac{1}{\mathfrak{c}}$ oder $\mathfrak{a} = \frac{1}{\alpha}$; $\mathfrak{b} = \frac{1}{\beta}$; $\mathfrak{c} = \frac{1}{\gamma}$ (134), wobei: $\alpha < \beta < \gamma$. Es sind dies die *Hauptbrechungscoëfficienten*, die Ebenen der Elasticitätsaxen XOY, YOZ und ZOX sind die *Hauptschnitte* des Krystalls. Die Grössen $\mathfrak{a}, \mathfrak{b}, \mathfrak{c}$ (α, β, γ) sind mit der Farbe des angewandten Lichts und mit der Temperatur veränderlich; ebenso im allgemeinen die Lage der Elasticitätsaxen gegen die krystallographischen Axen. Stets aber liegen die Elasticitätsaxen in den Krystallen so, dass ihre Lage den Symmetrieverhältnissen der letzteren entspricht, also entweder in den Symmetrieebenen oder senkrecht darauf (das Nähere siehe (152)).

149. Schwingungsrichtungen. In jeder Richtung können sich im Innern eines zweiaxigen Krystalls zwei Wellen mit verschiedener

Geschwindigkeit fortpflanzen, welche beide senkrecht zu einander polarisirt sind und deren Schwingungen in zwei ganz bestimmten auf einander senkrechten Richtungen normal zur Fortpflanzungsrichtung stattfinden. Diese Schwingungsrichtungen sind auch hier wie bei allen anisotropen Krystallen (141) diejenigen stets aufeinander senkrechten Richtungen, in welchen die Elasticität des Aethers normal zur Fortpflanzungsrichtung in dem Krystall den grössten und den kleinsten Werth hat. Andere Schwingungen, als nach diesen beiden Richtungen, können sich in einer bestimmten Fortpflanzungsrichtung nicht durch den Krystall hindurch bewegen. Die nach der Richtung der grösseren Elasticität des Aethers schwingende Welle schreitet rascher vorwärts, als die andere, welche hinter jener um einen bestimmten u. A. von der Dicke des Krystalls abhängigen Betrag zurückbleibt.

Man benutzt häufig z. B. zur Bestimmung des Charakters der Doppelbrechung sog. Viertelundulationsglimmerplatten ($\frac{1}{4}$ λ Platten), d. h. Glimmerspaltungsplättchen von solcher Dicke, dass bei senkrecht hindurch gehendem Licht die letztere Welle hinter der ersteren beim Austritt an der oberen Fläche um eine Viertelwellenlänge ($\frac{1}{4}$ λ) zurückgeblieben ist.

Die beiden zu einer Fortpflanzungsrichtung gehörigen Schwingungsrichtungen eines zweiaxigen Krystalls findet man folgendermassen: Denkt man sich über den drei aufeinander senkrechten Elasticitätsaxen $\mathfrak{a}$, $\mathfrak{b}$, $\mathfrak{c}$ ein Ellipsoid (das sog. Elasticitätsellipsoid) construirt, und gehen die Fortpflanzungsrichtungen der Wellen durch deren Mittelpunkt hindurch, so schneidet eine durch denselben Mittelpunkt gehende Ebene normal zu einer solchen Fortpflanzungsrichtung das Ellipsoid nach einer Ellipse. Die Richtungen der grossen und kleinen Axe derselben sind die Richtungen der grössten und kleinsten Elasticität normal zu der betr. Fortpflanzungsrichtung, es sind die Schwingungsrichtungen in einer planparallelen Platte senkrecht zu der betreffenden Fortpflanzungsrichtung.

149a. Wellenfläche. Für die in den Hauptschnitten gelegenen Fortpflanzungsrichtungen lassen sich die zugehörigen Schwingungsrichtungen (senkrecht und parallel zu dem betreffenden Hauptschnitt) und auch die zugehörigen Fortpflanzungsgeschwindigkeiten ohne Schwierigkeit angeben, und man kann darnach den Verlauf der Wellenfläche in den Hauptschnitten ermitteln und dadurch einen Einblick in die Gestalt derselben erlangen.

In einer in einem Hauptschnitt gelegenen Richtung pflanzen sich zwei Wellen fort (und nur diese zwei), welche nach dem obigen senkrecht und parallel zum Hauptschnitt schwingen. Liegt diese Richtung in dem Hauptschnitt XOZ, so müssen sich die senkrecht dazu, also parallel mit der Axe OY schwingenden Wellen mit derselben Geschwindigkeit im Krystall fortpflanzen, die Fortpflanzungsrichtung mag in diesem Hauptschnitt sein, welche sie will. Eine solche Welle verhält sich in diesem Hauptschnitt also wie die ordentliche Welle in einem einaxigen Krystall. Die Wellenfläche giebt im Schnitt mit der Ebene XOZ einen Kreis um den erregten Punkt O mit dem

Radius b. Aber in dem Hauptschnitt *XOZ* können sich noch Wellen mit Schwingungen parallel dem Hauptschnitt fortpflanzen (Fig. 268). Geschieht dies in der Richtung *OX*, so schwingt die Welle parallel *OZ*; pflanzt sie sich nach *OZ* fort, so schwingt sie parallel *OX*; diese beiden Wellen haben also die Geschwindigkeiten c und a, und in derselben Zeit, wo die parallel *OY* schwingenden Wellen sich nach allen Seiten in der Ebene *XOZ* bis zu einem Kreis mit dem Radius b ausgebreitet haben, entfernen sich die letzteren beiden Wellen von *O* um die Längen c auf *OX* und a auf *OZ*. Die Geschwindigkeiten der zwischen *OX* und *OZ* sich fortpflanzenden Wellen erhält man für jede Richtung wieder als Radius einer über a und c als Axen construirten Ellipse. Diese parallel dem Hauptschnitt schwingenden Wellen pflanzen sich also je nach der Richtung verschieden rasch fort, sie verhalten sich in dieser Beziehung wie die ausserordentliche Welle in einem einaxigen Krystall (144).

Fig. 268.

Den Verlauf der Wellenfläche in den Hauptschnitten *YOZ* und *XOZ* erhält man in ganz ähnlicher Weise. In *YOZ* erhält man (Fig. 269) einen Kreis mit dem Radius a und eine Ellipse mit der Axe c auf *OY* und b auf *OZ*, und in *XOY* einen Kreis mit dem Radius c und eine Ellipse mit den Axen a und b auf *OY* und *OX* (Fig 270). Setzt man die Hauptschnitte in der natürlichen Lage senkrecht zu einander zusammen, so erhält man eine genügende Vorstellung von der Wellenfläche zweiaxiger Krystalle, welche auch hier aus zwei Schaalen besteht, wie bei einaxigen, die sich aber gegenseitig durchdringen. Die ganze Fläche ist symmetrisch zu den drei durch die Elasticitätsaxen *OX, OY, OZ* gelegten Hauptschnitten.

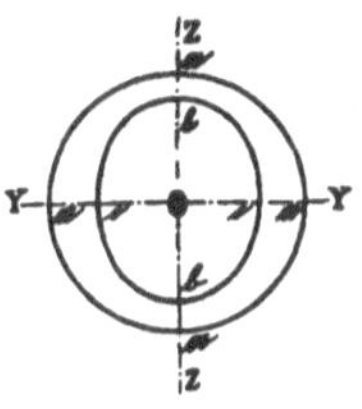

Fig. 269.

Fig. 270.

150. Optische Axen. Von besonderem Interesse ist die Bewegung der Lichtwellen in dem Hauptschnitt *XOZ* (Fig. 268). Während sich in jeder Richtung in einem zweiaxigen Krystall zwei Wellen parallel, aber mit verschiedener Geschwindigkeit fortpflanzen können, deren Lagen in einem bestimmten Moment durch die Tangentialebenen an jede der beiden Schaalen der Wellenfläche angegeben werden, giebt es in dem Hauptschnitt *XOZ* zwei Richtungen, in welchen sich je nur eine einzige Welle fortpflanzen kann. Es giebt nämlich rechts und links von *OZ* resp. *OX* eine Richtung, in welcher beide Schaalen der Wellenflächen von einer einzigen gemeinsamen Ebene berührt werden, was bei den beiden andern Hauptschnitten nicht möglich ist. Diese gemeinsame Berührungsebene erhält man, wenn man die gemeinsamen Tangenten *MN* und *M'N'* der Ellipse und des Kreises um *O* zieht und in diesen Linien *MN* und *M'N'* auf der Ebene *XOZ* senkrechte Ebenen errichtet. Zu diesen parallel bewegen sich die beiden in der betreffenden Richtung allein sich fortpflanzenden Wellen; ihre Fortpflanzungsrichtungen (Normalen) sind OM und OM', beiderseits symmetrisch zu OZ und OX, so dass $MOZ = M'OZ$, $MOX = M'OX$. In diesen Richungen OM und OM' findet also keine Doppelbrechung statt. Die nach OM und OM' sich bewegenden Wellen schreiten mit der mittleren Geschwindigkeit $\mathfrak{b} = \frac{1}{\beta}$ vorwärts. Diese beiden Richtungen OM und OM', in denen keine Doppelbrechung der Lichtwellen stattfindet, sind die *optischen Axen* des Krystalls.

OM und OM' verhalten sich also in gewisser Beziehung optisch wie die Hauptaxen einaxiger Krystalle. Aber während bei diesen zu der einzigen Welle auch nur ein einziger Strahl gehört, gehören bei den zweiaxigen Krystallen zu der einen Welle unendlich viele Strahlen. Die Berührungsebenen MN und $M'N'$ berühren die Wellenfläche nach einem Kreis, und jeder von O nach einem Punkt dieses Kreises gezogene Radius ist ein zu dieser Welle gehöriger Strahl, also z. B. die beiden in XOZ liegenden Radien OM und ON. Alle diese Strahlen liegen je auf einem Kreiskegel, dessen Spitze in O und dessen Basis jener Kreis auf der Ebene MN und $M'N'$ ist; sie erzeugen die Erscheinung der *conischen Refraction.*

151. Axenwinkel. Der Winkel der optischen Axen MOM' (Fig. 268) ist eine für die optische Charakterisirung der Krystalle sehr wichtige Grösse, da er im allgemeinen, nicht immer, für alle Krystalle derselben Substanz constant derselbe ist. Dieser Winkel hängt einzig und allein von den drei Hauptbrechungscoëfficenten α, β, γ (resp. von den Längen der Elasticitätsaxen $\mathfrak{a}$, $\mathfrak{b}$, $\mathfrak{c}$) ab, mit welchen gleichzeitig er für verschiedene Farben und Temperaturen seine Grösse ändert. Ist v der Winkel, den eine optische Axe OM oder OM' mit der Axe OZ der kleinsten Elasticität macht, also $v = ZOM = ZOM'$, so ist:

$$\cos v = \sqrt{\frac{\mathfrak{b}^2 - \mathfrak{c}^2}{\mathfrak{a}^2 - \mathfrak{c}^2}} = \sqrt{\frac{\frac{1}{\beta^2} - \frac{1}{\gamma^2}}{\frac{1}{\alpha^2} - \frac{1}{\gamma^2}}}; \quad \sin v = \sqrt{\frac{\mathfrak{a}^2 - \mathfrak{b}^2}{\mathfrak{a}^2 - \mathfrak{c}^2}} = \sqrt{\frac{\frac{1}{\alpha^2} - \frac{1}{\beta^2}}{\frac{1}{\alpha^2} - \frac{1}{\gamma^2}}}.$$

Diejenige Elasticitätsaxe, welche den spitzen Winkel der optischen Axen halbirt, heisst die *optische Mittellinie* (M. L.) oder auch die erste Mittellinie (Bisektrix); die darauf senkrechte Elasticitätsaxe, welche den stumpfen Axenwinkel halbirt, heisst die *zweite Mittellinie* (Supplementarlinie); die erste und die zweite Mittellinie liegen in der Ebene XOZ der optischen Axen, sie sind stets die Axen OX und OZ der grössten und kleinsten Elasticität; senkrecht auf ihnen resp. auf der optischen Axenebene steht stets die mittlere Elasticitätsaxe OY, welche auch die *optische Normale* heisst. Krystalle, bei welchen die Mittellinie die Axe OX der grössten Elasticität ist, heissen *negative*, —, (Fig. 271), solche, wo sie die Axe OZ der kleinsten Elasticität ist, heissen *positive*, +, Krystalle (Fig. 272). Für negative Krystalle ist somit $v > 45^0$, für positive:

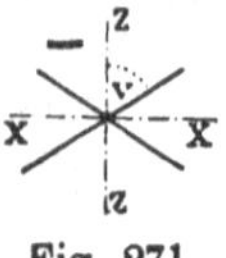

Fig 271.

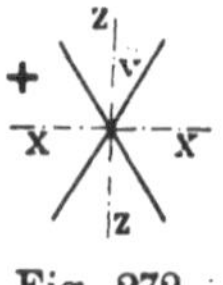

Fig. 272.

$v < 45$. Ein negativer Krystall wäre demnach auch in Fig. 268 dargestellt.

151a. Dispersion der opt. Axen. In jedem zweiaxigen Krystall ist der Axenwinkel für rothes Licht von dem für violettes verschieden, und zwar ist er bei manchen grösser, bei manchen kleiner; das erstere Verhalten, dass der Axenwinkel für rothes Licht der grössere ist, bezeichnet man mit: $\varrho > v$, das letztere, dass der Axenwinkel für rothes Licht der kleinere ist, mit $\varrho < v$. Die Winkel für alle andern Farben liegen zwischen denen für rothes und für violettes Licht in der Mitte. Diese ganze Erscheinung nennt man die *Dispersion der optischen Axen*.

Dieselbe kann so weit gehen, dass die Ebene der Axen für rothes Licht auf der für violettes (blaues) Licht senkrecht steht bei gleich bleibender Mittellinie; so z. B. beim Brookit.

152. Dispersion der Elasticitätsaxen. Die Lage der Elasticitätsaxen ist in vielen Fällen von der Farbe des Lichts abhängig, ebenso auch von der Temperatur. Man nennt die Erscheinung, dass die Elasticitätsaxen ihre Lage mit der Farbe des angewandten Lichts ändern, die *Dispersion der Elasticitätsaxen*. Für jede Farbe aber und für jede Temperatur stehen die Elasticitätsaxen und ebenso auch die optischen Axen in Beziehung auf ihre Lage im engsten Zusammenhang mit der Symmetrie des betr. Krystalls, derart, dass jede krystallographische Symmetrieebene auch eine solche in Bezug auf jene Axen ist (148).

Für die einzelnen Krystallsysteme verhält sich die Dispersion der optischen und Elasticitätsaxen folgendermassen:

1. In *rhombischen* Krystallen sind für jede Farbe und für jede Temperatur die Elasticitätsaxen den krystallographischen Axen parallel, Dispersion der Elasticitätsaxen findet also hier nicht statt. Jede der drei krystallographischen Axenebenen ist ein optischer Hauptschnitt; die Ebene der optischen Axen fällt stets mit einer solchen Axenebene zusammen, und ebenso ist die Mittellinie stets einer Krystallaxe parallel. Nur die Länge der Elasticitätsaxen ändert sich mit der Farbe und der Temperatur, und damit der Axenwinkel.

2. In *monoklinen* Krystallen ist stets eine der drei Elasticitätsaxen bei jeder Temperatur und für jede Farbe auf der Symmetrieebene senkrecht, die beiden andern liegen in der Symmetrieebene, aber für verschiedene Farben und Temperaturen verschieden. Die Symmetrieaxe (Orthodiagonale) ist also stets eine optische Elasticitätsaxe und die S. E. ist stets ein optischer Hauptschnitt, in welchem für die zwei darin liegenden Elasticitätsaxen Dispersion stattfindet, so dass die Elasticitätaxen für rothes Licht mit den entsprechenden für blaues einen kleinen Winkel einschliessen. Bezüglich der Lage der optischen Axen und der optischen Mittellinie hat man hier drei specielle Fälle zu unterscheiden. Bei der bildlichen Darstellung derselben ist als Beispiel das Verhalten von + Krystallen gewählt, wo die Mittellinie

der Axe OZ der kleinsten Elasticität parallel ist; die Verhältnisse der — Krystalle ergeben sich dann daraus von selbst:

a. Die Ebene der optischen Axen fällt mit der Symmetrieebene des Krystalls zusammen. In dieser Ebene liegen dann die erste und die zweite M. L., und die optische Normale OY ist der Symmetrieaxe parallel. (Fig. 273.) Die M. L. OZ_r und OZ_v für rothes und violettes Licht haben eine etwas verschiedene Lage (Dispersion der Elasticitätsaxen, speciell der Mittellinien); ebenso die Axen OR und OV für rothes und violettes Licht (Dispersion der optischen Axen); auf der einen Seite der Mittellinien müssen daher die Axen OR_1 und OV_1 etwas näher bei einander liegen, als auf der anderen Seite die Axen OR und OV; der Winkel ROR_1 ist stets von VOV_1 oder Z_rOR von Z_vOV etwas verschieden. Diese Art der Dispersion heisst die *geneigte Dispersion* (z. B. beim Gyps.)

b. Die Ebene der optischen Axen liegt in einer Schiefendfläche; sie geht für jede Farbe durch die Symmetrie-Axe b und ist gegen die Querfläche $\infty P\infty$ (100) (Fig. 274 und 275) unter einem schiefen Winkel geneigt, aber dieser Winkel ist für rothes Licht anders als

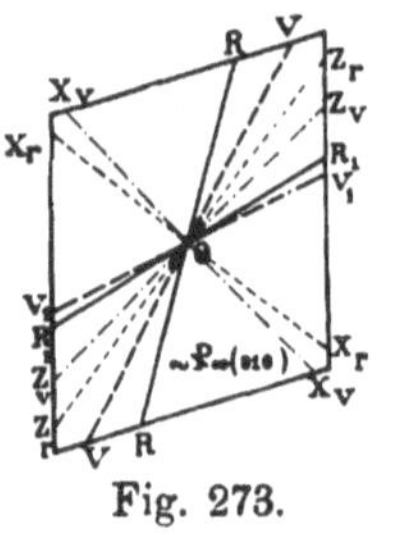
Fig. 273.

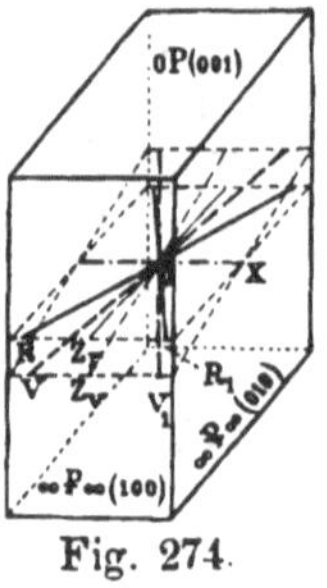

Fig. 274.

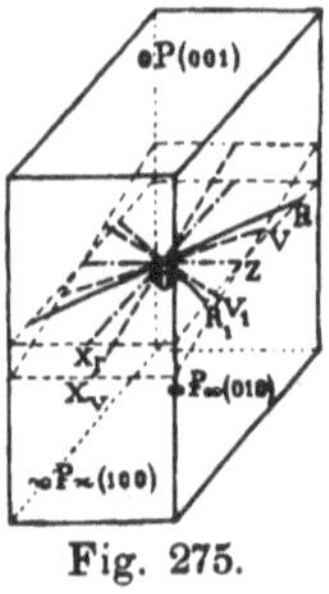

Fig. 275.

für violettes, so dass die Axenebene ROR_1 für rothes Licht mit der für violettes Licht VOV_1 einen kleinen Winkel macht. Hier sind zwei Specialfälle zu unterscheiden.

α. Die Mittellinie OZ liegt in der Symmetrieebene (Fig. 274), OR und OR_1 sind die optischen Axen, OZ_r ist die M. L. für rothes Licht; OV und OV_1 sind die Axen, OZ_v ist die M. L. für violettes Licht. Die den Mittellinien entsprechenden Elasticitätsaxen machen also hier in der Symmetrieebene einen kleinen Winkel Z_rOZ_v mit einander, denselben Winkel machen die ebenfalls in der S. E. liegenden, hier aber nicht gezeichneten Elasticitätsaxen OY_r und OY_v; nur die dritte Elasticitätsaxe OX (die zweite Mittellinie) ist stets für alle Farben etc. dieselbe, sie ist parallel der Symmetrieaxe b. Diese Art von Dispersion heisst die *horizontale Dispersion* (z. B. beim Orthoklas).

β. Die Mittellinie OZ geht der Symmetrieaxe parallel. Dies gilt für alle Farben und Temperaturen. In Fig. 275 sind wieder OR und OR_1 die optischen Axen für rothes, OV und OV_1 die für violettes Licht. Die Ebenen beider gehen durch die Axe b, welche ja die gemeinsame M. L. OZ ist, und sie machen hier einen kleinen Winkel VZR mit einander. Das weitere ergiebt die Figur. Dispersion der M. L. findet hier nicht statt. Diese Art von Dispersion heisst die *gekreuzte* (z. B. beim Borax). Andere als diese drei Arten der Dispersion sind mit der Symmetrie monokliner Krystalle unvereinbar.

3. In *triklinen* Krystallen ist eine gesetzmässige Beziehung zwischen der Lage der Elasticitätsaxen und der krystallographischen Begrenzung nicht mehr vorhanden; die Elasticitätsaxen liegen für jede andere Farbe immer etwas anders, es findet Dispersion der optischen Axen, der Elasticitätsaxen und der Mittellinien zugleich statt.

153. Optische Constanten. Die optischen Verhältnisse eines zweiaxigen Krystalls sind im wesentlichen bekannt, wenn man die Länge der Elasticitätsaxen $\mathfrak{a}$, $\mathfrak{b}$, $\mathfrak{c}$ für alle Farben oder, was im Grunde dasselbe ist, die Hauptbrechungscoëfficienten $\frac{1}{\mathfrak{a}}$, $\frac{1}{\mathfrak{b}}$, $\frac{1}{\mathfrak{c}}$ kennt, sowie die Lage der Elasticitätsaxen gegen die krystallographischen Begrenzungselemente. Die Zahlen, welche die Richtung und Grösse der Elasticitätsaxen in einem solchen Krystall angeben, heissen die *optischen Constanten* desselben. Die Richtung der Elasticitätsaxen, d. h. ihre Lage zu der Begrenzung des betreffenden Krystalls wird nach den folgenden Abschnitten (157 ff.) mittelst des Polarisationsinstruments bestimmt. Die Bestimmung der Hauptbrechungscoëfficienten geschieht auch hier am häufigsten nach den schon oben bei den isotropen und einaxigen Krystallen erläuterten Methoden (140, 147). Im concreten Falle muss eine Bestimmung der Lage der Elasticitätsaxen der Bestimmung der Hauptbrechungscoëfficienten vorausgehen, sofern diese Lage nicht unmittelbar aus der krystallographischen Symmetrie folgt.

154. Brechungscoëfficienten. 1. *Methode mit dem Prisma.* Die drei Hauptbrechungscoëfficienten erhält man mit Hülfe dreier Prismen, deren Kanten den drei Elasticitätsaxen parallel gehen, deren Flächen aber im Krystall sonst beliebig liegen können. Durch jedes solches Prisma gehen zwei Wellen, von denen die eine, ordentliche, parallel mit der brechenden Kante resp. der betreffenden Elasticitätsaxe schwingt. Nur diese kommt hier in Betracht, und sie kann leicht mit dem Nicol erkannt werden; sie liefert den Brechungscoëfficienten, welcher den Schwingungen in der Richtung jener Axe entspricht. Man kann aber auch mit nur zwei Prismen alle drei Hauptbrechungscoëfficienten, darunter sogar den einen doppelt bestimmen. Dabei gehen die Kanten der Prismen ebenfalls je einer Elasticitätsaxe parallel, die Prismenflächen NM und NP müssen aber so liegen, dass je eine zweite Elasticitätsaxe NO, welche auf der Prismenkante senkrecht ist, den Prismenwinkel MNP halbirt (Fig. 266). Ist z. B. die brechende Kante N parallel mit der Axe OY und ist NO parallel mit der Axe OX, so schwingt von den beiden Wellen, welche bei der Minimalablenkung das Prisma längs BC durchschreiten, die eine $\parallel N$ oder OY, die andere $\parallel NO$ oder OX; die erste giebt also β, die andere α. Ist in einem zweiten Prisma die brechende Kante $\parallel OZ$ und entspricht NO der Axe OY, so erhält man γ und β, letzteres zum zweiten Mal. Die Unterscheidung von α, β, γ erfolgt auch hier mittelst eines Nicols. Ist beim zweiten Prisma die Kante parallel OZ, liegen aber die Flächen desselben sonst beliebig, so erhält man aus ihm nur γ. Man braucht also nur ein Prisma mit orientirten Flächen, beim zweiten braucht blos die Kante orientirt zu sein.

2. *Methode mit dem Mikroskop.* Hierbei sind mindestens zwei planparallele Platten, parallel mit zwei Hauptschnitten, z. B. XOY und und XOZ nöthig. Die erstere Platte giebt α und β aus der Verschiebung, welche das Mikroskop erleiden muss (147), wenn parallel mit OX resp. OY schwingendes Licht (mittelst eines Nicols herzustellen) durch den Krystall geht. Die zweite Platte giebt α (zum zweiten Mal) und γ.

3. *Methode der Totalreflexion.* Eine einzige ebene Fläche parallel einem Hauptschnitt, für welche die Lage der Elasticitätsaxen bekannt ist (zu ermitteln nach (157a)), genügt zur Bestimmung von α, β, γ (147). Ist die Fläche parallel XOY und wird sie in den Schwefelkohlenstoff so eingetaucht, dass OY horizontal, also OX senkrecht ist, so erhält man zwei Grenzen, welche Schwingungen $\parallel OX$ und $\parallel OZ$ entsprechen, und man findet daraus α und γ. Ist dann bei einer zweiten Einstellung derselben Platte OX horizontal und OY vertikal, dann entsprechen die beiden Grenzen Schwingungen $\parallel OY$ und $\parallel OZ$ und man erhält β und γ (letzteres zum zweiten Mal).

(Litt. vergl. (140) und (147), sowie W. Kohlrausch, Wiedem. Ann. VII.)

Eine Methode zur Bestimmung des mittleren Brechungscoëfficienten β aus dem Winkel der optischen Axen vergl. (168). Andere Methoden zur Bestimmung der Brechungscoëfficienten zweiaxiger Krystalle: Bauer, Sitzgsber. Berl. Ak. 1877 pag. 684; auch Tschermak, Min. Mittheilgn. 1878 pag. 14. Liebisch, Zeitschr. Kryst. Bd. VII.)

155. Untersuchung im Polarisationsinstrument. Um ein Mineral als einfach- oder doppeltbrechend zu erkennen, um bei doppeltbrechenden Substanzen die Ein- oder Zweiaxigkeit unabhängig von der Krystallform zu unterscheiden, um die Lage der Elasticitätsaxen und der Hauptschnitte gegen die krystallographische Begrenzung resp. die Blätterbrüche, zu bestimmen, um die Lage der optischen Axen, den Axenwinkel, die Dispersionsverhältnisse, endlich um den Charakter der Doppelbrechung (ob + oder —) ohne Kenntniss der absoluten Werthe der Längen der Elasticitätsaxen zu untersuchen, dienen die *Polarisationsinstrumente*, von denen einige auch fälschlicher Weise Polarisationsmikroskope genannt werden. Bei ihnen fällt das durch eine polarisirende Vorrichtung, (den Polarisator: einen Nicol, eine Turmalinplatte oder einen Glassatz) polarisirte Licht auf das meist in Form von planparallelen Platten angewendete Mineral, geht durch dasselbe hindurch, durchdringt eine zweite polarisirende Vorrichtung, den Analyseur, und gelangt dann in das Auge. Dabei muss man, um alle hierher gehörigen Erscheinungen zu beobachten, das polarisirte Licht theils in parallelen Strahlen, theils in solchen durch das Mineral gehen lassen, welche im Innern desselben convergiren (Polarisationsinstrument mit parallelem und convergentem Licht).

Da die Lage aller optischen Richtungen mit der Symmetrie der Krystalle auf das innigste zusammenhängt, so bilden diese optischen Untersuchungen wichtige Ergänzungen zu den krystallographischen, und nicht selten kann man aus den optischen Erscheinungen, welche das Polarisationsinstrument zeigt, das Krystallsystem eines Minerals bestimmen, auch wenn keine Spur von einer regelmässigen Begrenzung vorhanden oder wenn diese mangelhaft ausgebildet ist. In manchen Fällen hat die optische Untersuchung das Krystallsystem eines Minerals richtig kennen gelehrt, nachdem es durch blosse Beobachtung der äusseren Form zuerst unrichtig bestimmt worden war (vergl. Grenzformen (44) und Mimesie (105)); daher ist bei durchsichtigen Substanzen die Controle der krystallographischen Untersuchungen durch optische stets dringend geboten. Die optische Untersuchung der Mineralien im Polarisationsinstrument ist somit von grosser Wichtigkeit und bildet heutzutage einen der wichtigsten Theile der wissenschaftlichen mineralogischen Forschung.

156. Polarisationsinstrument für convergentes Licht. Ein von Mineralogen vielgebrauchtes Polarisationsinstrument ist Fig. 276 abgebildet. Die Einrichtung für convergirendes Licht ist links, die für paralleles Licht rechts dargestellt.

Das Polarisationsinstrument für *convergentes Licht* besteht aus einem schweren Metallfuss, auf welchem sich die dreiseitige Säule *A* erhebt. Längs dieser bewegt sich der Arm *B*, der mittelst einer Schraube festgeklemmt werden kann, und der Arm *C*, der sich mittelst eines Triebes heben und senken lässt. An dem Arm *B* ist die abwärts gehende cylindrische Röhre *g* befestigt, in der sich die zweite Röhre *f* verschieben und drehen lässt. In dieser steckt der polarisirende Nicol *p* und darüber und darunter eine Linse *e*, deren gemeinsamer Brennpunkt in der Mitte von *p* liegt. In dem oberen Theil der Röhre *g* ist ein System von 4 Sammellinsen *n* von sehr kurzer Brennweite eingelassen, die zusammen und dicht übereinander in eine kurze Messingröhre gefasst sind, mittelst welcher man sie beliebig aus *g* herausheben und wieder einsetzen kann. Das obere Ende von *g* ist ferner noch umgeben von einem um die Axe des Instruments drehbaren Objecttisch *l*, auf welchem oben der Krystallträger *k*. eine Glasplatte, liegt. Der Objecttisch *l* hat am Rande bei *i* eine Kreistheilung welche über den mit dem Arm *B* fest verbundenen Noniuskreis *h* hich hinwegbewegt. Die Theilung auf *i* geht von rechts nach links, den Uhrzeigern entgegen, wie *h* rechts oben in Fig. 276 zeigt.

In der Durchbohrung des oberen Armes *C* bewegt sich ebenfalls eine Messingröhre *b*, die gerade Fortsetzung von *g* bildend, dieselbe trägt unten ein System von 4 Linsen von kurzer Brennweite *o*, welches dem Linsensystem *n* ganz gleich ist, aber die Linsen liegen hier umgekehrt. In der Brennebene dieser Linsen ist ein Glasmikrometer *r* mit einem getheilten und einem darauf senkrechtn ungetheilten Arm. In der Röhre *b* ist die Ocularröhre *v* mit der Ocularlinse *t* verschiebbar. Auf ihr ist der analysirende Nicol *q* aufgesetzt, der mit seiner Fassung *t'* gedreht, aber auch beliebig aufgesetzt und abgenommen werden kann. Bei *z* ist ein Schlitz, in welchem eine $\frac{1}{4}\lambda$ Glimmerplatte (149) oder ein Quarzkeil (159 a) zur Bestimmung des Charakters der Doppelbrechung (163. 169) oder ein dünnes Gypsplättchen eingeschoben werden kann. Der zu beobachtende Krystall wird auf den Tisch *k* gelegt, der von einer

Glasplatte gebildet wird, und es werden ihm zur Erzielung eines möglichst grossen Sehfelds die Linsen *n* und *o* möglichst genähert. Die Beleuchtung geschieht von unten durch den Spiegel *S*.

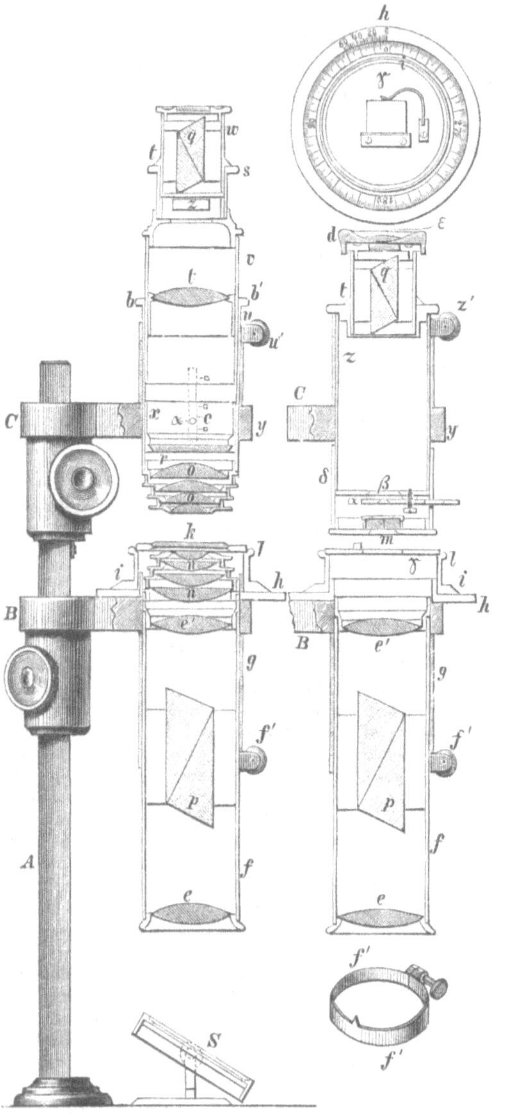

Fig. 276.

Ein sehr viel einfacheres, aber zu vielen Zwecken sehr gut brauchbares Polarisationsinstrument für convergentes Licht ist die *Turmalinzange*. Zwei parallel der Axe geschnittene Turmalinplatten (146) werden von einem federnden Draht zusammengehalten; zwischen beiden wird die zu beobachtende Krystallplatte eingeklemmt. Beide Turmalinplatten sind in ihrer Ebene drehbar und die Axen (Schwingungs- resp. Polarisationsebenen) beider können daher rechtwinklig gekreuzt oder parallel gestellt werden. Im ersten Fall ist das Sehfeld dunkel, im letzteren hell.

159a. Pol.-Instr. für paralleles Licht. Soll das Instrument für Beobachtung im parallelen Licht eingerichtet werden, so werden die Linsen *n* aus der unteren Röhre herausgenommen und die obere Röhre *b* wird ersetzt durch eine andere *z*, welcher die Linsen *o* und *t* fehlen. Der analysirende Nicol *q* wird auch auf diese Röhre aufgesetzt, und die Beleuchtung geschieht wieder mittelst des Spiegels *S*. Durch die Drehung und Verschiebung der Röhren können alle erforderlichen gegenseitigen Stellungen der einzelnen Theile, namentlich der Nicols gegen einander, leicht hergestellt werden. Eingeritzte Marken erleichtern das Auffinden dieser Stellungen, und mit Hülfe von Klemmringen, von denen einer bei *f* abgebildet ist, können die einzelnen Theile des Instruments in der erforderlichen Lage gegen einander festgestellt werden. (Liebisch, vergl. 15a. Reusch, Pogg. Ann. 92 und Ber. Naturf.-Vers. Karlsruhe 1858. Bertin, Ann. chim. phys.

III. sér. Bd. 69 pg. 78. V. v. Lang, Carl's Repertorium Bd. VII. Groth, Pogg. Ann. Bd. 144. Becke, Tschermak, Min. Mitth. Bd. II. 1880 pg. 430.)

157. **Wirkung des Polarisationsinstruments.** Fällt gewöhnliches Licht auf den Spiegel S des Polarisationsinstruments für *convergentes Licht*, so gelangen die Strahlen zunächst von S auf die Linse e, von welcher sie nach ihrem Brennpunkt in der Mitte des polarisirenden Nicols p concentrirt werden. Nach Durchstrahlung dieses Nicols fallen sie divergirend auf die mit e ganz gleiche Linse e', deren Brennpunkt mit dem der Linse e in der Mitte des Nicols p zusammen fällt, und von welcher aus sie als ein mit der Axe des Instruments paralleles Strahlenbündel auf das Linsensystem n gelangen. Hier werden sie sehr stark nach oben convergent gemacht, so dass sie aus der obersten, kleinen Linse n als ein sehr stumpfer Kegel austreten, dessen Spitze unmittelbar über dieser Linse liegt und eventuell in eine auf die Linse (resp. den Krystallträger) gelegte Krystallplatte fällt, in welche das Licht an der Unterseite convergirend ein- und aus welcher es an der Oberseite unter demselben Winkel divergirend austritt, so dass es in einem ebenso stumpfen Kegel, als welcher es die Linsen n verlassen hatte, nun auf die Linsen o fällt. Von diesen werden die Strahlen wieder der Axe des Instruments parallel gemacht und fallen so auf die Linse t, welche die Strahlen wieder convergirend durch den analysirenden Nicol q und dann ins Auge sendet. Bei den meisten Beobachtungen sind die Nicols senkrecht gekreuzt, d. h. ihre Schwingungsebenen machen 90^0 miteinander, und dies wird im Folgenden als Normalstellung angenommen. In diesem Fall ist das Sehfeld dunkel, denn die von dem Nicol p kommenden Strahlen können weder ganz noch zum Theil durch den oberen Nicol q hindurch gehen und in das Auge gelangen. Sind beide Nicols parallel, so ist das Sehfeld hell, da die von p kommenden Schwingungen ungehindert durch q hindurch gehen können, und bei einer Kreuzung der Schwingungsebenen unter einem spitzen Winkel findet eine theilweise Aufhellung statt. Bei einer vollen Drehung des oberen Nicols um 360^0 erhält man also abwechselnd je zweimal völlige Aufhellung und Verdunkelung des Sehfelds mit ganz allmähligen Uebergängen. Man beobachtet im convergenten polarisirten Licht hauptsächlich Krystallplatten senkrecht zu den optischen Axen und Mittellinien und erhält dabei die Interferenzerscheinungen, welche in (161), (162), (165), (166) etc. beschrieben werden, mittelst deren die Lage der optischen Axen im Krystall, der Charakter der Doppelbrechung, die Grösse des Axenwinkels etc. bestimmt wird.

In dem Polarisationsinstrument für *paralleles* Licht gehen die von S kommenden Strahlen wie vorhin durch e, p und e' hindurch, fallen aber dann, da die Linsen n fehlen, parallel auf die auf dem Krystallträger liegenden Krystallplatte, senkrecht zu deren Oberfläche, und gelangen als paralleles Bündel durch den Nicol q ins Auge. Auch hier ist das Sehfeld ganz ebenso wie vorhin bei gekreuzten Nicols dunkel etc. Das dunkle Sehfeld wird aber aufgehellt, wenn man eine anisotrope Krystallplatte so zwischen beide Nicols auf den Krystallträger bringt, dass ihre Schwingungsrichtungen nicht mit denen der beiden Nicols zusammenfallen. Fallen die genannten Ebenen zusammen, so geht das von p kommende polarisirte Licht ungehindert durch den Krystall, wie wenn er gar nicht vorhanden wäre; findet diese Coincidenz nicht statt, so wird die von unten kommende Lichtwelle von dem Krystall in zwei nach seinen beiden Schwingungsrichtungen schwingenden Wellen zerlegt (141), welche infolge der verschiedenen Elasticität nach diesen beiden Richtungen den Krystall mit verschiedener Geschwindigkeit durcheilen und an seiner oberen Grenzfläche infolgedessen im allgemeinen mit einem Gangunterschied ankommen und aus dem Krystall austreten. Sie interferiren dabei, nachdem ihre Schwingungen nach dem Parallelogramm der Kräfte auf die Schwingungsebene des oberen Nicols reducirt sind, und die Folge davon ist eine Aufhellung und auch eine Färbung des Sehfelds im Bereich des Plättchens, letzteres aber nur, wenn die Krystallplatte nicht zu dick ist.

Da die im allgemeinen durch eine anisotrope Krystallplatte hervorgebrachte Aufhellung des Sehfelds einer vollkommenen Verdunkelung Platz macht, wenn die Schwingungsrichtungen der Platte mit denen der beiden Nicols zusammenfallen; da bei einer Drehung der Krystallplatte auf dem drehbaren Objecttisch l für den Fall dieser Coincidenz eine vollkommene Auslöschung des vorher mehr oder weniger hellen Sehfelds stattfindet, so nennt man die Schwingungsrichtungen der Platte auch ihre *Auslöschungsrichtungen*. Man erkennt diese Richtungen der grössten und kleinsten Elasticität in jeder Krystallplatte eben daran, dass sie bei völliger Auslöschung des Sehfelds mit den aufeinander senkrechten Schwingungsrichtungen der Nicols zusammenfallen, was die Bestimmung ihrer Lage gegen eine in der Fläche des Plättchens liegende Kante (die sog. *Auslöschungsschiefe* in Bezug auf diese Kante) gestattet. Dies ist eine Hauptaufgabe des Polarisationsinstruments mit parallelem Licht (157a), das allerdings zu diesem Zweck auch besonders eingerichtet wird (Stauroskop (157b)). Sodann beobachtet man aber in demselben auch überhaupt, ob eine Substanz isotrop ist oder nicht (158), ob sie einheitlich gebaut oder aus mehreren Individuen verwachsen ist (171), man beobachtet die Circularpolarisation (162) etc.

157a. Auslöschungsschiefe. Man versteht unter der *Auslöschungsschiefe* einer Krystallplatte in Beziehung auf eine in der Platte gelegene Kantenrichtung den spitzen Winkel, welchen eine Auslöschungsrichtung der Platte mit dieser Kante bildet. Ist dieser Winkel = 0, also die Auslöschungsschiefe gleich 0, so ist die Schwingungsrichtung der betreffenden Kante parallel.

Hat man das Plättchen $ABCD$ (Fig. 277, wo links bei B_1 90° statt 270° stehen muss) mit den beiden Auslöschungsrichtungen AC

und BD, so ist $DBA = \alpha$ die Auslöschungsschiefe von BD in Bezug auf die Kante AB; für AC ist die Schiefe in Bezug auf dieselbe Kante $= CAB = 90^0 - \alpha$; es ist also nur die Bestimmung des Winkels α für eine der Auslöschungsrichtungen nöthig, der Winkel für die andere folgt dann von selbst, und ebenso die Auslöschungsschiefen für andere Kanten in demselben Plättchen, wenn man die Neigungen aller dieser Kanten gegen einander aus der Krystallform kennt. Die Bestimmung von α geschieht, indem man das Plättchen so auf den Krystallträger K des mit einem Theilkreis versehenen Objecttisches l (Fig. 276) legt, dass die betr. Kante AB mit der Schwingungsebene B_1D_1 des einen Nicols parallel ist (Fig. 277), so dass also $AB \parallel B_1D_1$; dann macht die betr. Auslöschungsrichtung BD mit dieser Schwingungsebene B_1D_1 offenbar den gesuchten Winkel $BB_1 = \alpha$. Das Sehfeld ist jetzt hell, wird aber dunkel, wenn der Krystall mit dem Objecttisch so von B in der Richtung nach B_1 gedreht wird, bis B auf B_1 fällt. Dann fällt die Auslöschungsrichtung BD mit der Schwingungsrichtung $B'D'$ des Nicols zusammen, und man erkennt diese Coincidenz an der völligen Verdunkelung des Sehfeldes. Der Winkel α, um den man den Krystall aus der Anfangsstellung BD bis zur Verdunklung des Sehfelds hat drehen müssen, kann in dem Theilkreis des Objecttisches abgelesen werden.

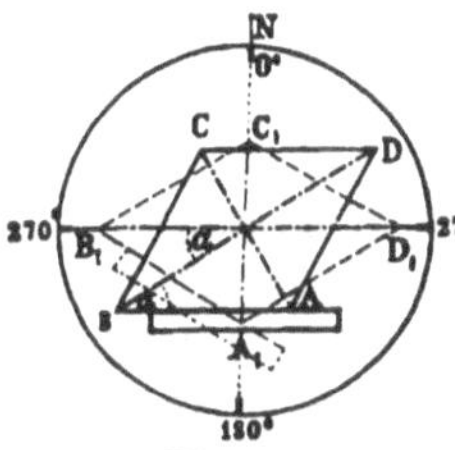

Fig. 277.

Eine Methode, durch welche mit Hülfe des in Fig. 276 (rechts) dargestellten Instruments die Auslöschungsschiefe praktisch gemessen wird, soll im Princip angedeutet werden. Man ersetzt den Krystallträger k (Fig. 276, links) durch einen anderen γ (rechts oben), der in den Objecttisch unbeweglich eingelassen werden kann. Eine auf ihm befestigte geradlinige Schiene verläuft, etwas über die obere Fläche von γ hervorragend, in der Richtung $90^0 - 270^0$ der Theilung des Tisches nahe am Centrum vorbei. Zuweilen ist es zweckmässig, den Krystallträger γ aus undurchsichtigem Material herzustellen und das Licht nur durch eine kleine centrale Oeffnung hindurchgehen zu lassen. Die Krystallplatte wird in centraler Lage so auf den Träger gelegt, dass die betreffende Kante an die Schiene anstösst, und wird mit einer Feder bei γ an diese Schiene angedrückt. Das Polarisationsinstrument ist so eingerichtet, dass die Schwingungsebene des einen Nicols durch den Nullpunkt N des feststehenden Nonius geht. Setzt man dann den Objecttisch mit der Krystallplatte so auf den Noniuskreis, dass der Nullpunkt der Theilung mit dem des Nonius N zusammenfällt (Fig. 276, rechts oben), so fällt die Kante AB (Fig. 277), zu welcher die Auslöschungsschiefe gefunden werden soll, in die Richtung B_1D_1 der Schwingungsebene des zweiten Nicols, die nun mit der Richtung $90^0 - 270^0$, welche die der Schiene ist, coincidirt. Dreht man jetzt den Krystall bis zum Eintritt der völligen Auslöschung, so kann man den dazu nöthigen Winkel α, die gesuchte Auslöschungsschiefe, unmittelbar am Theilkreis ablesen. Ist gleich bei der angegebenen Stellung der Krystallplatte das Sehfeld vollkommen dunkel, so dass eine Drehung zur Hervorbringung der Dunkelheit gar nicht nöthig ist, ist also $\alpha = 0$, so ist die Auslöschungsrichtung der betr. Kante parallel.

157 b. Stauroskop. Diese Messung der Auslöschungsschiefe ist mit dem gewöhnlichen Polarisationsinstrument ungenau, weil das durch Kreuzung der Nicols erzeugte dunkle Sehfeld wenig empfindlich ist, so dass man die Krystallplatte, wenn ihre Schwingungsrichtungen mit denen der gekreuzten Nicols zusammenfallen, um einen gewissen Winkel nach rechts oder links drehen kann, ohne dass das Auge eine Veränderung (Aufhellung) des Sehfelds wahrnimmt. Um diesem Uebelstand abzuhelfen, hat man das *Stauroskop* construirt, dessen wesentlicher Unterschied von einem gewöhnlichen Polarisationsinstrument für paralleles Licht darin besteht, dass in demselben noch ein Stück eingeschaltet ist, durch welches sein Sehfeld für solche Messungen empfindlicher gemacht wird, d. h. so dass in demselben sofort eine starke, leicht bemerkbare Veränderung eintritt, wenn die auf einander senkrechten Schwingungsrichtungen beider Nicols und die der Platte einen auch nur ganz geringen Winkel mit einander machen.

Man benützt zu diesem Zweck gegenwärtig vorzugsweise die aus zwei planparallel und gleich schief gegen die Axen geschliffenen Kalkspathstücken bestehende Doppelplatte von *Calderon*, in der die beiden Kalkspathstücke nach einer durch die Axe des Instruments gehenden, das Sehfeld halbirenden Diametralebene symmetrisch mit einander verbunden sind. Diese Platte giebt bei gekreuzten Nicols ein gleichmässig graues Sehfeld, wenn die Trennungsfläche der beiden Stücke der Doppelplatte dem Hauptschnitt eines Nicols parallel ist, vorausgesetzt, dass kein anisotroper Krystall eingelegt ist oder dass die Schwingungsrichtungen des Krystalls mit denen des Instruments zusammenfallen. Machen diese dagegen einen auch nur ganz kleinen Winkel mit einander, so wird das Sehfeld in der Weise geändert, dass die beiden Hälften desselben rechts und links von dem durch jene Trennungsfläche bestimmten Durchmesser die eine heller, die andere dunkler werden als vorhin (sog. Halbschattenapparat), also eine grosse Verschiedenheit zeigen, welche bei der Drehung der Krystallplatte erst bei der genauen Coincidenz jener Schwingungsrichtungen wieder vollständig verschwindet. Diese Coincidenz erkennt man also dann aus der völlig gleichmässigen Färbung des Sehfelds. Dabei ist die Unsicherheit der Einstellung sehr viel geringer, als bei dem einfachen dunkeln Sehfeld des Polarisationsinstruments. Bei der Beobachtung muss man aber hierbei auf das Ocular des Instruments (Fig. 276, rechts) eine Linse ε aufsetzen, welche die bei m befindliche, mittelst einer über das untere Ende der Röhre z übergeschobenen Messinghülse δ befestigte Doppelplatte m, sowie den unmittelbar unter m befindlichen Krystall scharf zu sehen gestattet. Die Messinghülse δ trägt bei α und β einen Diaphragmaapparat.

Man hat ausser dieser Calderon'schen Doppelplatte das Sehfeld auch durch andere Mittel empfindlicher gemacht. Der Erfinder des Stauroskops, *von Kobell*, hat eine senkrecht zur Axe geschliffene Kalkspathplatte eingeschaltet, welche die in (161) beschriebene Interferenzfigur giebt; *Brezina* hat eine, eine ähnliche Figur gebende Kalkspathdoppelplatte construirt; beide Figuren bleiben nur dann ganz ungestört, wenn die Schwingungsrichtungen einer anisotropen Krystallplatte genau mit denen der gekreuzten Nicols zusammenfallen resp. wenn das untersuchte Mineral isotrop ist. Auch sind sog. Zwillingsnicols statt des einen gewöhnlichen Nicols p des Instruments angewendet worden; ferner die sog. Bertrand'sche Quarz-Doppelplatte und Anderes. Auch zur Verbesserung und zur Correctur der Einstellung der Kante in der Richtung der Schwingungsebene des einen Nicols sind besondere Vorrichtungen getroffen worden.

(Vergl. v. Kobell, gelehrte Anzeigen Münch. Ak. 1855. 146 und Pogg. Ann. Bd. 40, 41, 42; Grailich, kryst.-opt. Untersuchungen (vergl. (3)). Brezina, Pogg. Ann. Bd. 128 und 130. Groth, Pogg. Ann. 144. Calderon, Zeitschr. Kryst. II. Laspeyres, Zeitschr. Kryst. VI. VIII., Zeitschr. Instrum.-Kunde. 1882.)

157c. Mikroskop mit Polarisation. Zur Beobachtung der Krystalle im polarisirten Licht, besonders von sehr kleinen, z. B. in Mineralgemengen, Gesteinen etc., werden vielfach gewöhnliche Mikroskope angewendet, in welchen man über und unter dem drehbaren Objecttisch je einen Nicol einschaltet. Die Mineralien werden, wenn nöthig, in papierdünnen Lamellen (Dünnschliffen) angewandt, da oft dickere Schichten nicht durchsichtig genug sind. Bei der gewöhnlichen Anordnung der Mikroskope findet die Beobachtung im parallelen Licht statt, und man kann dabei beobachten, ob ein Mineral isotrop ist oder nicht, wobei man zweckmässig durch Einschaltung eines Gypsplättchens etc. das Sehfeld empfindlicher macht (157, 158); man kann die Auslöschungsschiefen bestimmen, wobei man das Mikroskop durch Beifügung einer Kalkspathplatte etc. als Stauroskop (Mikrostauroskop) einrichten kann; man beobachtet im Mikroskop, ob das Mineral homogen ist oder fremde Einschlüsse enthält, die sich im polarisirten Licht besonders scharf erkennen lassen; beobachtet, ob eine Substanz einheitlich gebaut oder aus einzelnen verschieden orientirten Individuen verwachsen ist (171) etc. Auch Krystallwinkel (Kantenwinkel) können mit zweckmässig gerichteten Mikroskopen gemessen werden, sowie Brechungscoëffienten (147); ebenso kann man die Verhältnisse des Pleochroismus untersuchen (177). Entfernt man das Ocular, so kann man das Mikroskop in ein Polarisationsinstrument für convergentes Licht verwandeln und bei gekreuzten Nicols die Interferenzfiguren (161, 165) untersuchen. Zweckmässig wird dabei zuweilen auch eine Linse über dem unteren Nicol eingesetzt, welche die Bilder deutlicher macht, was namentlich bei starken Vergrösserungen nothwendig ist (Condensorlinse). Eine über dem Objectiv eingeschaltete Linse (Bertrand'sche Linse) kann dazu dienen, die sehr kleinen Interferenzbilder zu vergrössern.

(Vergl. die Werke von Rosenbusch, Zirkel und Fouqué und Michel Lévy (3); sowie: Bertrand, Bull. soc. min. France I. 1878, III. 1880 pg. 98; C. Klein, Nachr. Göttg. Ges. Wissensch. 1878 pag. 461; v. Lasaulx, N. Jahrb. Min. 1878 pag. 377 und 509: endlich Rosenbusch ibid. 1876.)

Beobachtungen im Polarisationsinstrument.

(Des Cloizeaux, Mémoire sur l'emploi du microscope polarisant. Paris 1864. (Aus Ann. des mines 6. ser. Bd. 6, dtsch. Pogg. Ann. Bd. 126.)

Isotrope Mineralien.

158. Isotrope Mineralien. Bringt man ein isotropes Mineral in das Polarisationsinstrument (für paralleles oder convergentes Licht), so wird dadurch das Sehfeld im Bereich des Krystalls gar nicht verändert. Dasselbige bleibt hell bei parallelen, dunkel bei gekreuzten Nicols, auch wenn das Mineral mit dem Objectträger um 360° gedreht wird. Dies gilt, die Richtung, in der man durch das Mineral hindurchsieht, mag sein, welche sie will. Diese Eigenschaft erlaubt, isotrope Mineralien von anisotropen zu unterscheiden, was auf anderem Wege häufig unmöglich ist; denn anisotrope Substanzen verändern das Sehfeld des Polarisationsinstruments, wenn sie nicht in Plättchen senkrecht zu einer optischen Axe angewendet werden.

Sehr schwache Doppelbrechung wird, da sie nur schwache Aufhellung des Sehfelds hervorbringt, leicht übersehen, und sehr schwach doppeltbrechende Körper werden daher leicht für isotrop gehalten. Man macht das Sehfeld empfindlicher, indem man eine sehr dünne Gypsplatte so in das Instrument bringt, dass ihre Hauptschnitte 45° mit den Schwingungsebenen der Nicols machen. Das Sehfeld wird dann stark gefärbt und ein auch nur schwach doppeltbrechender Körper ändert es sehr stark, während das gefärbte Sehfeld von einem wirklich und nicht blos scheinbar isotropen Körper nicht verändert wird. Am besten ist ein Gypsplättchen, welches im Polarisationsinstrument das Roth 1. Ordnung annimmt. Auch eine Quarzplatte senkrecht zur Axe von 3,75 mm Dicke giebt ein sehr empfindliches Sehfeld (162).

Mit Hülfe eines Gypsplättchens, welches das Roth 1. Ordnung giebt, kann man in einer schwach doppelbrechenden Krystallplatte auch bestimmen, welcher der beiden Schwingungsrichtungen die grösste und welcher die kleinste Elasticität des Aethers in der Platte entspricht. In dem Gypsplättchen kann man leicht die Richtung der kleinsten Elasticität ermitteln, in den Gypsplättchen des Handels ist diese Richtung durch eine Linie angegeben. Coincidirt dieselbe mit der Richtung der kleinsten Elasticität in der Krystallplatte, so wird dadurch das Gypsplättchen gewissermassen verdickt, die rothe Farbe wird verändert und zwar, der nunmehrigen grösseren Dicke und dem dadurch hervorgebrachten grösseren Gangunterschiede der beiden die zwei Platten durchziehenden Wellen entsprechend, in eine solche höherer Ordnung (violett und blau 2. Ordnung); die Farbe s t e i g t. Coincidirt dagegen die Richtung grösster Elasticität in der Krystallplatte mit der bekannten der kleinsten Elasticität im Gypsplättchen, so wird gewissermassen die Dicke des letzteren und damit der Gangunterschied der beiden Wellen verringert, die rothe Farbe wird in eine solche verändert, die einer geringeren Dicke entspricht (orange oder gelb 1. Ordnung); die Farbe des Gypsplättchens f ä l l t. (Klocke, N. Jahrb. Min. 1880 1. Bd. pag. 54. C. Klein, Nachr. Gött. Ges. Wiss. 1884 pag. 421).

Einaxige Krystalle.

159. Im parallelen Licht. Beobachtet man eine senkrecht zur Axe geschnittene Platte eines einaxigen Krystalls, so verhält sich dieselbe genau wie eine Platte eines isotropen Minerals (158). Das Sehfeld bleibt bei gekreuzten Nicols dunkel. Das Licht geht in diesem Fall in der Richtung der Axe, also in der Richtung mangelnder Doppelbrechung durch den Krystall.

Der Unterschied von den isotropen Mineralien tritt im parallelen Licht erst ein, wenn man eine schief gegen die Axe gerichtete oder zu ihr parallele Platte untersucht. Bringt man eine solche in das Polarisationsinstrument, so lässt dieselbe das Sehfeld nur dann ungeändert dunkel, wenn die optische Axe (resp. der auf der Ebene der Platte senkrechte Hauptschnitt derselben) der einen, die darauf senkrechte Ebene der andern Schwingungsebene des Instruments parallel sind; man erkennt daraus, dass in der That die Schwingungsebenen eines einaxigen Krystalls parallel und senkrecht zu den Hauptschnitten sind (144).

Dreht man die Krystallplatte aus einer Stellung, in welcher sie das Sehfeld dunkel liess, mit dem Objecttisch um 360°, so findet man, dass bei Azimuten von 90°, 180°, 270° und wieder bei 360° das Sehfeld dunkel ist; bei allen diesen Stellungen fallen die Schwingungsebenen des Instruments mit denen des Krystalls zusammen. In allen zwischenliegenden Azimuten ist das Sehfeld dagegen bei gekreuzten Nicols mehr oder weniger aufgehellt, am stärksten bei den Azimuten von 45°, 135°, 225° und 315°, wo die Schwingungsebenen der Krystallplatte

45° mit denen der beiden Nicols machen. Dreht man die Platte von diesen Stellungen nach rechts oder links, so findet Verdunkelung des Sehfelds statt, und bei einer Drehung von 45° ist dasselbe vollkommen ausgelöscht. Bei einer vollen Drehung der Platte um 360° zwischen gekreuzten Nicols finden also abwechselnd je vier allmählig in einander übergehende vollständige Aufhellungen und Verdunkelungen des Sehfelds in Azimuten von je 45° statt.

Nur Aufhellung und Verdunkelung des Sehfelds findet statt, wenn man das Instrument mit homegenem Licht beleuchtet. Tritt weisses Licht ein, so wird das aufgehellte Plättchen, wenn es nicht zu dick ist, im allgemeinen auch gefärbt, zuweilen höchst intensiv, und zwar mit den Newtonianischen Farben dünner Plättchen, am intensivsten im Azimut von 45°. Diese Farben sind von der Dicke des Plättchens und von der Stärke seiner Doppelbrechung abhängig, und sind ganz gleichmässig, wenn das Plättchen ganz gleichmässig dick ist. Sie sind ein sicheres Zeichen von Doppelbrechung, geben aber auch bis zu einem gewissen Grade ein Maass für dieselbe. Je stärker die Doppelbrechung, desto dünner müssen die Plättchen sein, um noch Farben zu zeigen; sind dickere Plättchen noch gefärbt, so ist ihre Doppelbrechung nothwendig gering. In Dünnschliffen von Gesteinen kann man darnach stärker doppeltbrechende Krystalle von weniger stark doppeltbrechenden unterscheiden.

Die weisse Farbe, welche zu dicke Krystallplatten zeigen, ist eine complicirte Mischfarbe, das sog. Weiss höherer Ordnung.

159a. Quarzkeil. Auch der Grad der Aufhellung der Krystallplatte (im homogenen Lichte) bei dem Azimut von 45° ist von der Dicke derselben und von der Stärke der Doppelbrechung abhängig. Am stärksten wird eine solche Platte aufgehellt, wenn die schnellere der beiden in ihr sich bewegenden Wellen beim Verlassen der Platte an ihrer oberen Fläche gegen die langsamere um eine halbe Wellenlänge $(\frac{1}{2}\lambda)$ oder ein ungerades Vielfaches einer solchen $(\frac{3}{2}\lambda, \frac{5}{2}\lambda, \cdots \frac{2n-1}{2}\lambda)$ vorausgeeilt ist. Dagegen findet eine Aufhellung überhaupt gar nicht mehr statt, wenn der Gang der beiden Wellen beim Verlassen der Platte um eine ganze Wellenlänge (λ) oder um ein Vielfaches einer solchen ($2\lambda, 3\lambda \ldots n\lambda$) verschieden ist. In diesem Falle ist also eine Krystallplatte bei einer vollen Umdrehung um 360° zwischen gekreuzten Nicols stets dunkel. Für eine Substanz mit einer gewissen Brechbarkeit hängt dies nur von der Dicke der Platte ab. Platten von gewissen ganz bestimmten Dicken, die aber von den Brechungsverhältnissen des Krystalls und von der Wellenlänge des angewandten Lichts abhängig und daher für verschiedene Substanzen und für verschiedene Farben, verschieden sind, können also keine Aufhellung des Sehfelds hervorbringen. Hierauf beruht die Erscheinung, welche eine keilförmig geschliffene Krystallplatte zwischen gekreuzten Nicols zeigt (ein Gypskeil, Quarzkeil etc.). Hat man z. B. einen Quarzkeil, dessen Kante der Hauptaxe parallel ist und dessen Flächen unter einem sehr kleinen Winkel convergiren, so zeigt derselbe im Polarisationsinstrument, wenn seine Kante 45° mit den Schwingungsebenen beider Nicols bildet, bei homogener Beleuchtung abwechselnd helle und dunkle Streifen parallel mit der Kante. Die dunkeln Streifen entsprechen Dicken, wo die beiden Wellen um $n\lambda$ differiren, sie bleiben bei einer vollen Umdrehung der Platte dunkel, die hellen Streifen entsprechen Dicken von $\frac{2n-1}{2}\lambda$, werden dabei abwechselnd hell und dunkel, so dass beim Azimut 0°, 90° etc. der ganze Keil dunkel ist. Bei Beleuchtung mit weissem Licht wechseln im Azimut 45° verschiedenfarbige Streifen in derselben Richtung mit einander ab, zum Beweis, dass in der That auch die Farbe der Platte von ihrer Dicke abhängt. Gegen das dickere Ende werden die Farben immer blasser und hören endlich ganz auf, um dem Weiss höherer Ordnung Platz zu machen. Solche Keile werden zuweilen zur Bestimmung des Charakters der Doppelbrechung benützt (169).

160. Im Stauroskop. In Bezug auf die Lage der Schwingungsrichtungen in einaxigen Krystallen findet man im Stauroskop ganz in Uebereinstimmung mit der Theorie, wonach stets eine Schwingungsrichtung parallel, eine andere senkrecht zum Hauptschnitt sein muss, folgendes: Auf Prismenflächen (quadratischen und hexagonalen) ist eine Auslöschungsrichtung stets parallel, die andere senkrecht zur Prismenkante (Fig. 278, wo auf der rechten Fläche ∞P: (110) statt: (100) stehen muss und wo die Pfeile die Auslöschungsrichtungen angeben, ebenso auch bei den nachfolgenden Figuren); auf Oktaëder- und Dihexaëderflächen ist eine Auslöschungsrichtung senkrecht, die andere parallel der Seitenkante; auf Rhomboëderflächen sind sie beiden Diagonalen parallel (Fig. 279), und zwar alles dies für jede Farbe und Temperatur. Trifft eines dieser Merkmale nicht zu, so ist der Krystall nicht hexagonal resp. quadratisch, wenn er auch äusserlich noch so sehr darnach aussieht. So giebt es im monoklinen System rhomboëderähnliche Körper (rhombische Prismen mit Schiefendfläche), welche aber die in Fig. 283 dargestellten Auslöschungsverhältnisse zeigen (164b) und sich dadurch von wirklichen Rhomboëdern leicht und sicher unterscheiden lassen.

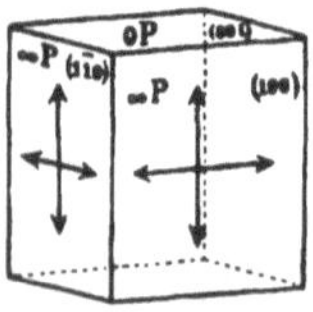

Fig. 278.

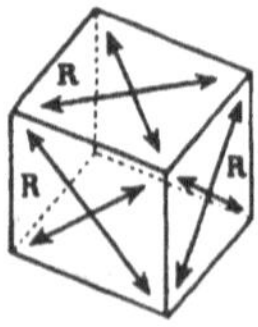

Fig. 279.

161. Im convergenten Licht. Eine Platte senkrecht zur Axe, welche im parallelen Licht von einer isotropen Platte nicht zu unterscheiden ist (159), lässt sich im convergenten Licht leicht erkennen, da sie durch die Interferenz der den Krystall durchschreitenden ordentlichen und ausserordentlichen Wellen eine sog. Interferenzfigur von folgender Form giebt: bei gekreuzten Nicols wird das Sehfeld von zwei in der Richtung der Polarisationsebenen des oberen und unteren Nicols verlaufenden und sich im Mittelpunkt rechtwinklig schneidenden schwarzen Balken durchzogen; der Mittelpunkt ist umgeben von einem System von abwechselnd hellen und dunkeln, nach aussen hin immer matter werdenden Kreisen. Erstere sind bei homogenem Licht alle gleich gefärbt, bei weissem Licht sind sie von aussen nach innen von verschiedener Färbung, aber in jedem Kreis auf dem ganzen Umfang gleich (isochromatische Kreise). Diese Erscheinung unterscheidet einaxige Krystalle von allen andern.

Die Durchmesser der Ringe sind in derselben Platte grösser für rothes, als für violettes Licht; sie sind um so enger, je dicker die Platten, gleiche Substanz und Farbe vorausgesetzt; gleich dicke Platten verschiedener Substanzen geben um so engere Ringe, je stärker doppeltbrechend sie sind, je grösser also der Unterschied der Brechungscoëfficienten ω und ε.

Eine Drehung der Platte um die Axe lässt diese Interferenzfigur völlig ungeändert.

Bei parallelen Nicols wird alles bisher Helle dunkel, und umgekehrt; alle Farben werden in ihre Complementärfarben verwandelt.

162. Circularpolarisation. Einige einaxige Krystalle (von Mineralien Quarz und Zinnober) haben die Eigenschaft, dass sich längs ihrer Axe zwei nicht geradlinig, sondern in Kreislinien in entgegengesetzter Richtung schwingende (circular polarisirte) Wellen mit verschiedener Geschwindigkeit, aber gleicher Intensität vorwärts bewegen, wenn eine geradlinig polarisirte Welle auf die Unterseite der Platte fällt. Diese beiden Wellen interferiren beim Austritt aus der oberen Fläche der Platte und erzeugen wieder eine geradlinig polarisirte Welle, deren Polarisationsebene aber einen gewissen Winkel gegen die der einfallenden geradlinig polarisirten Welle macht, so dass durch den Krystall gewissermassen die Schwingungsebene des durch den unteren Nicol polarisirten Lichts um jenen Winkel entweder nach rechts oder nach links gedreht erscheint. Diese Erscheinung heisst die Circularpolarisation der einaxigen Krystalle. Man unterscheidet dabei in dem eben angegebenen Sinne rechts- und linksdrehende Krystalle.

Solche circularpolarisirende Krystalle zeigen im Polarisationsinstrument Erscheinungen, welche von den an andern einaxigen Krystallen beobachteten z. Th. abweichen. Eine Platte senkrecht zur Axe giebt bei homogenem Licht und bei gekreuzten Nicols im Polarisationsinstrument für paralleles Licht nicht dunkel, sondern man muss erst den oberen Nicol nach rechts (rechtsdrehende Krystalle), resp. nach links (linksdrehende Krystalle) drehen, ehe das Sehfeld dunkel wird, und zwar gerade um den Winkel, um welchen die Polarisationsebene gedreht erscheint. Dieser Winkel ist bei Quarzplatten bei gleicher Dicke kleiner für rothes als für violettes Licht und ist für dasselbe Licht der Dicke des Quarzes proportional, also bei einer Platte von 2 mm Dicke noch einmal so gross als bei einer solchen von 1 mm. Die Drehung (nach rechts oder links ganz gleich) beträgt bei einer Quarzplatte von 1 mm Dicke 15,°3 für rothes, 21°,67 für gelbes, 42,°20 für violettes Licht. Eine Quarzplatte von 3,75 mm Dicke dreht die untere Polarisationsebene für mittleres (gelbgrünes) Licht um 90°, sie zeigt also für solches Licht bei parallelen Nicols ein dunkles Sehfeld. Im weissen Licht ist das Sehfeld bei jedem Winkel der beiden Nicols gegen einander gefärbt, aber je nach der Grösse des Winkels beider Polarisationsebenen ist die Farbe verschieden und bei der Drehung eines, z. B. des obern Nicols ändert sich dieselbe. Ist das Sehfeld bei senkrecht gekreuzten Nicols z. B. gelb, so wird es bei rechten Krystallen bei der Drehung des oberen Nicols nach rechts im Sinne der Uhrzeiger der Reihe nach grün, blau etc., kurz die Farben folgen sich in der Ordnung der Spectralfarben, obgleich es keine einfachen Spectralfarben, sondern auch hier wieder die complicirt gemischten Farben dünner Plättchen sind. In linken Krystallen folgen sich beim Drehen des oberen Nicols von rechts nach links die Farben in dieser Ordnung; man kann daran rechte und linke Krystalle leicht unterscheiden.

Bei gekreuzten Nicols zeigt die Quarzplatte von 3,75 mm Dicke im weissen Licht eine eigenthümliche röthlich violette Farbe, die sog. „teinte de passage" oder „teinte sensible". Diese ändert sich schon bei einer ganz geringen Drehung eines Nicols sehr merklich in roth oder blau, ebenso wenn ein doppeltbrechender Krystall noch eingeschaltet wird, dessen Schwingungsrichtungen einen wenn auch nur ganz geringen Winkel mit den Schwingungsebenen der beiden Nicols machen. Daher wird eine solche Quarzplatte dazu benützt, um das Sehfeld des Polarisationsinstruments empfindlicher zu machen, um geringe Spuren von Doppelbrechung zu entdecken (158). Bei parallelen Nicols ist eine solche Platte gelb.

Im convergenten Licht entsteht bei circularpolarisirenden Krystallen in Platten senkrecht zur Axe eine ähnliche Interferenzfigur, wie bei andern einaxigen Krystallen, aber die Balken des schwarzen Kreuzes setzen sich nicht durch das Mittelfeld fort, sondern dieses ist hell und gefärbt, und zwar zeigt es die Farbe, welche die Platte auch im parallelen Licht zeigen würde; beim Drehen des oberen Nicols verändert sich diese Farbe wie im parallelen Licht.

Legt man eine Platte eines rechts- und eine solche eines linksdrehenden Quarzes aufeinander, so entstehen eigenthümliche spiralförmige Figuren (Airy'sche Spiralen), welche nach entgegengesetzten Seiten gebogen sind, je nachdem der rechte oder der linke Quarz oben liegt. Auch scheinbar einfache Quarzkrystalle zeigen zuweilen diese Erscheinung, welche beweist, dass man es mit Verwachsungen eines rechten und eines linken Krystalls mit parallelen Krystallaxen zu thun hat (100 b).

Die Circularpolarisation steht mit gewissen krystallographischen Erscheinungen der betreffenden Mineralien in engster Beziehung: dieselben sind trapezoëdrisch-tetartoëdrisch, was namentlich der Quarz deutlich zeigt, und die rechtsdrehenden Krystalle sind durch rechts-, die linksdrehenden durch linksliegende Rhomben- und Trapezflächen ausgezeichnet (74). Allgemein findet man Circularpolarisation häufig bei enantiomorphen Körpern (56).

163. Charakter der Doppelbrechung. Der Charakter der Doppelbrechung eines einaxigen Krystalls, d. h. ob derselbe + oder — ist (144), ist wichtig, weil aus ihm unmittelbar, d. h. ohne Kenntniss der absoluten Werthe von ω und ε, folgt ob $\omega \gtrless \varepsilon$. Auch für die Charakterisirung der einzelnen Mineralspecies ist dieser Charakter von Bedeutung und derselbe wird deshalb häufig bestimmt. Er ergiebt sich aus den Veränderungen, welche die in (161) und (162) beschriebenen Interferenzfiguren erleiden, wenn neben der Krystallplatte noch eine Viertelundulationsplatte (148) in das Polarisationsinstrument eingeschaltet wird, indem man sie in den Schlitz x (Fig. 276) einschiebt. Die $\frac{1}{4}\lambda$-Platte muss so orientirt sein, dass die Ebene der optischen Axen derselben mit den Schwingungsebenen beider Nicols 45° macht. Dann wird durch sie die Interferenzfigur derart verändert, dass die durch die beiden genannten Schwingungsebenen gebildeten Quadranten der isochromatischen Kreise sich abwechselnd erweitern und verengern. Von dem schwarzen Kreuz bleiben nur 2 schwarze Punkte übrig, deren Verbindungslinie bei + Krystallen senkrecht, bei — Krystallen parallel zu der ein für allemal durch eine Linie kenntlich gemachten Ebene der optischen Axen der $\frac{1}{4}\lambda$-Glimmerplatte ist.

(Dove, Pogg. Ann. Bd. 40 pag. 457 und Farbenlehre pag. 242. Bertin, Ann. chim. phys. 4. ser. Bd. 13.)

Manche Mineralien von sehr geringer Doppelbrechung, bei denen also ω und ε sehr wenig von einander verschieden sind, zeigen an einzelnen Stellen einer Platte die Erscheinung der +, an andern Stellen derselben Platte die der —Krystalle, z. B. Apophyllit, Pennin etc.

Zweiaxige Krystalle.

164. Im parallelen Licht. Das Verhalten zweiaxiger Krystalle im parallelen Licht ist dem einaxiger ganz analog. Eine Platte senkrecht zu einer optischen Axe bleibt bei einer vollen Umdrehung dunkel (vergl. Kalkowsky, Ztschr. Kryst. IX. 486, 1884), eine sonst wie gerichtete Platte lässt das dunkle Sehfeld nur dann ungeändert, wenn ihre Schwingungsrichtungen mit denen der beiden Nicols zusammenfallen; ist dies nicht der Fall, so ist das Sehfeld ebenso wie bei einaxigen Krystallen aufgehellt resp. gefärbt. Alles in (159, 159a) Gesagte gilt auch hier. Am bequemsten beobachtet man derartige Erscheinungen an Spaltungsplättchen von Gyps, welche man in beliebiger Dünnheit parallel mit einem Hauptschnitt anfertigen kann, und welche man daher zur Herstellung empfindlich gefärbter Gesichtsfelder in Polarisationsinstrumenten benützt (158). In voller Allgemeinheit gilt das Angeführte für alle zweiaxigen Krystalle ohne Ausnahme. Die einzelnen Krystallsysteme unterscheiden sich aber von einander durch die Lage der Auslöschungsrichtungen gegen die krystallographische Begrenzung der Krystalle, welche auch hier wieder durchaus der Symmetrie der Krystalle entspricht.

a. An *rhombischen* Krystallen sind die Auslöschungsrichtungen auf Pinakoidflächen stets den der Fläche parallelen Krystallaxen parallel, und zwar gleichzeitig für alle Farben. Auf den Flächen eines oblongen Prismas mit der Basis (Fig. 280) gehen also die Auslöschungsrichtungen für alle Farben mit den Kanten parallel. Trifft dies bei der Beobachtung im Stauroskop nicht zu, so ist der Krystall

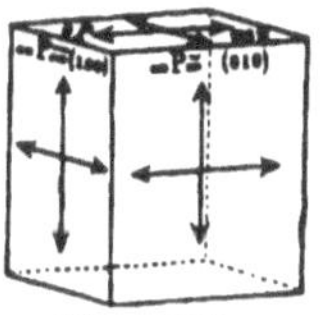
Fig. 280.

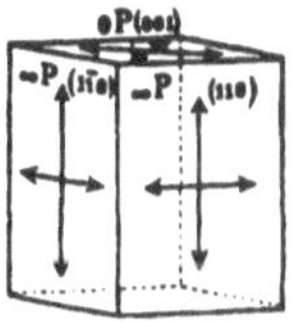
Fig. 281.

nicht rhombisch. Auf den Flächen der rhombischen Prismen stehen die Auslöschungsrichtungen zu den Prismenkanten senkrecht oder sind mit diesen parallel, ebenfalls für alle Farben (Fig. 281); ist dies nicht der Fall, ergiebt das Stauroskop auf Flächen eines rhombischen Prismas die Auslöschung schief zu den Kanten, so kann das Prisma nicht einem rhombischen, es muss einem monoklinen Krystall angehören (Fig. 283). Auf der Basis eines rhombischen Prismas sind die Auslöschungsrichtungen für alle Farben den beiden Diagonalen parallel (Fig. 281).

b. In *monoklinen* Krystallen findet auf Platten parallel der Symmetrieaxe *b* Auslöschung statt. wenn diese Axe der Schwingungsebene des einen Nicols parallel ist, und zwar für alle Farben ohne Ausnahme. Auf Platten parallel der S. E. (| zur Axe *b*) ist die Auslöschung für verschiedene Farben verschieden und die Auslöschungsrichtungen *r* und *v* für rothes und violettes Licht haben keine gesetzmässige Lage gegen die krystallographische Begrenzung. Die Auslöschungsrichtungen eines monoklinen oblongen Prismas mit Schiefendfläche giebt dem entsprechend Fig. 282. Eine Elasticitätsaxe ist die Axe *b*, sie ist für alle Farben dieselbe, die beiden andern Elasticitätsaxen sind die Linien *r* und *v* für rothes und violettes Licht. Ihre Lage ist durch das Stauroskop zu ermitteln. Auf den Flächen der rhombischen Prismen der monoklinen Krystalle liegen die Auslöschungsrichtungen schief zu der Kante, für die verschiedenen Farben verschieden. aber auf den beiden rechts und links von den S. E. liegenden Prismenflächen vollkommen symmetrisch (Fig. 283). Auf der Basis gehen die Auslöschungsrichtungen den beiden Diagonalen für alle Farben parallel (Fig. 283) (vergl. das Rhomboëder (160).

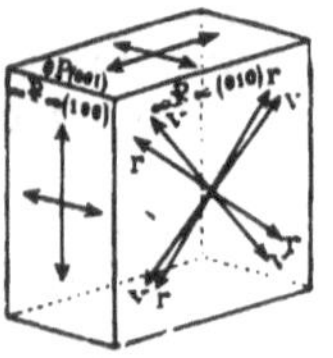

Fig. 282.

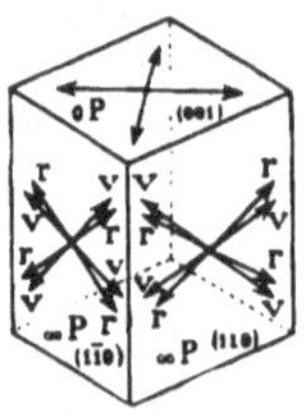

Fig. 283.

c. In *triklinen* Krystallen liegen die Auslöschungsrichtungen auf allen Flächen schief zu den Kanten, ungleich schief für die verschiedenen Farben und ohne jede Symmetrie. Hier müssen alle Bestimmungen von Auslöschungsrichtungen mittelst des Stauroskops ausgeführt werden, da irgend eine theoretische Beziehung zur natürlichen Begrenzung der Krystalle hier nicht mehr vorhanden ist.

165. Im convergenten Licht. Eine Platte senkrecht zu einer optischen Axe giebt eine Interferenzfigur, welche der von einaxigen Krystallen ähnlich ist. Die chromatischen Ringe sind aber hier nicht Kreise, sondern ellipsenähnliche Figuren, und das schwarze Kreuz ist auf einen schwarzen Balken reducirt.

Viel wichtiger sind die Interferenzfiguren von senkrecht zur Mittellinie geschliffenen Platten. Es entstehen hier bei homogener

Beleuchtung abwechselnd helle und dunkle Lemniskaten (Fig. 284, 285), deren Mittelpunkte O_1 und O_2 den optischen Axen entsprechen, so dass also O_1 O_2 die Spur der Ebene der optischen Axen auf der Ebene

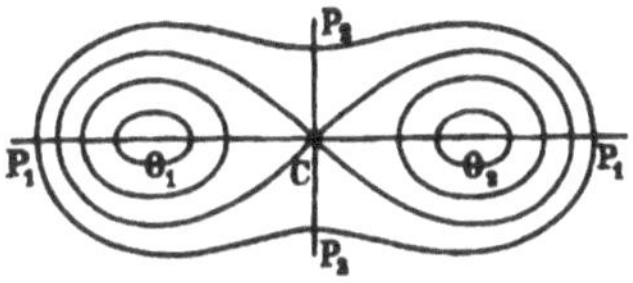

Fig. 284.

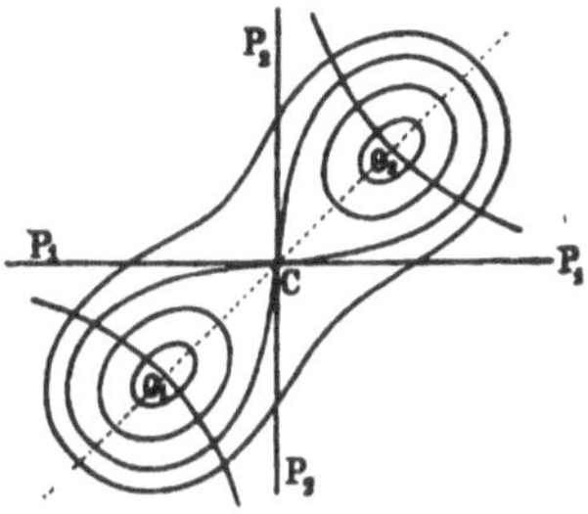

Fig. 285.

des Plättchens angiebt. Diese Lemniskaten bleiben bei jedem Azimut der Ebene der optischen Axen gegen die Polarisationsebenen des Instruments genau dieselben. Je näher O_1 und O_2, desto kleiner ist der Axenwinkel, die Entfernung O_1 und O_2 ist von der Dicke des Plättchens unabhängig. Neben den Lemniskaten ist aber stets noch etwas weiteres vorhanden. Ist zunächst das Plättchen so in das Polarisationsinstrument gelegt, dass die Axenebene $O_1 O_2$ mit dessen einer Polarisationsebene, z. B. P_1 P_1 zusammenfällt, daher auf der andern P_2 P_2 senkrecht steht (0°-Stellung), so sind die Lemniskaten von einem schwarzen Kreuz durchzogen, dessen Balken sich in C in den Richtungen P_1 P_1 und P_2 P_2 durchschneiden (Fig. 284). Dreht man das Plättchen um die Mittellinie C, so öffnet sich das Kreuz, und bei der Stellung, wo die Axenebene $O_1 O_2$ mit beiden Polarisationsebenen P_1 P_1 und P_2 P_2 45° macht, (45°-Stellung), ist neben den Lemniskaten statt des Kreuzes eine schwarze Hyperbel vorhanden (Fig. 285), deren beide Aeste durch O_1 und O_2 gehen und zu der P_1 P_1 und P_2 P_2 Asymptoten sind.

Im homogenen Licht sind die Hyperbeln schwarz und die Lemniskaten abwechselnd hell und dunkel (schwarz). Für verschiedene Farben sind auf derselben Platte die Lemniskaten verschieden weit oder eng, und ebenso ist die Entfernung $O_1 O_2$ der Hyperbeläste für verschiedene Farben verschieden, entsprechend der Verschiedenheit des Winkels der optischen Axen für verschieden farbiges Licht (151). Ist $O_1 O_2$ für rothes Licht grösser als für violettes, was man leicht sieht, wenn man die Erscheinung abwechselnd durch ein rothes und ein violettes (blaues) Glas betrachtet, so ist der Axenwinkel für rothes Licht grösser als für violettes ($\varrho > v$); im umgekehrten Falle ist $\varrho < v$. Je dicker die Platte, desto enger sind cet. par. die Ringe der Lemniskaten, ebenso um so enger, je stärker die Doppelbrechung.

Im weissen Licht sind die Lemniskaten farbig, von aussen nach innen abwechselnd heller und dunkler, keine aber ganz schwarz, und die Farbenvertheilung richtet sich genau nach der Symmetrie der Krystalle, so dass eine krystallographische S. E., welche über die zur Mittellinie senkrechte Platte hingeht, auch eine Symmetrierichtung für die Vertheilung der Farben bildet (166). Diese Farben sind Folgen der Dispersion der Elasticitätsaxen, der optischen Axen und der Mittellinien (151a, 152). Auch die Hyperbeln sind im weissen Licht nicht mehr ganz schwarz, sondern mit rothen und blauen Säumen versehen. Ist der innere Saum roth und der äussere blau, so ist $\varrho > v$, ist dagegen der äussere Saum roth, der innere blau, so ist $\varrho < v$. Dies ist eine Folge der Dispersion der optischen Axen.

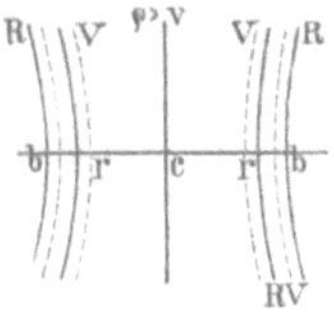

Fig. 286.

Ist nämlich in Fig. 286 *RR* die Hyperbel für rothes, *VV* für violettes (oder blaues) Licht, so ist in dieser Figur das Verhältniss $\varrho > v$ dargestellt. Wendet man gleichzeitig rothes und violettes (oder auch weisses) Licht an, so ist auf beiden Seiten von *c* zwischen den innern Linien *R* und *V* jedenfalls Dunkelheit, denn hier liegt sowohl ein Theil der dunkeln Hyperbel für rothes, als auch für blaues Licht. Nach innen geht nur noch die Hyperbel für Violett bis *r*, hier ist also Violett (Blau) im Minimum, also muss hier ein rother Saum entstehen; nach aussen geht nur die Hyperbel für Roth noch bis *b*, hier ist also Roth im Minimum, also muss hier ein blauer Saum entstehen; denn jenseits der äusseren Linie *V* ist Violett (Blau) ungeschwächt, wie Roth jenseits der inneren Linie *R*.

Auch auf Platten senkrecht zur 2. Mittellinie entstehen solche Interferenzfiguren; an einer solchen ist aber $\varrho < v$, wenn an der 1. Mittellinie $\varrho > v$ ist und umgekehrt. Aehnliche Erscheinungen als die eben beschriebenen erblickt man in manchen Krystallen beim Hindurchsehen mit blossem Auge in bestimmten Richtungen, ohne Anwendung eines Polarisationsinstruments. Man nennt solche Krystalle *idiocyclophan*. (Bertin, Ztschr. Kryst. Bd. III 449.) Hierher gehören gewisse (nicht alle) Krystalle von Aragonit, Epidot etc.)

166. Interferenzfiguren. Für die einzelnen Krystallsysteme gilt bezüglich der Interferenzfiguren und der symmetrischen Farbenvertheilung in denselben das Folgende:

Bei *rhombischen* Krystallen ist die Platte, auf der man die

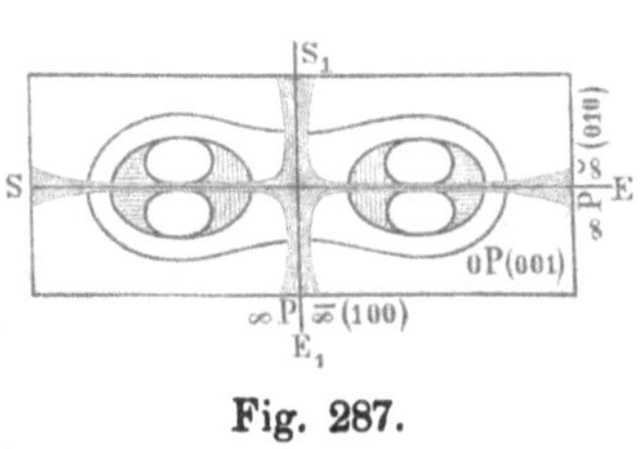

Fig. 287.

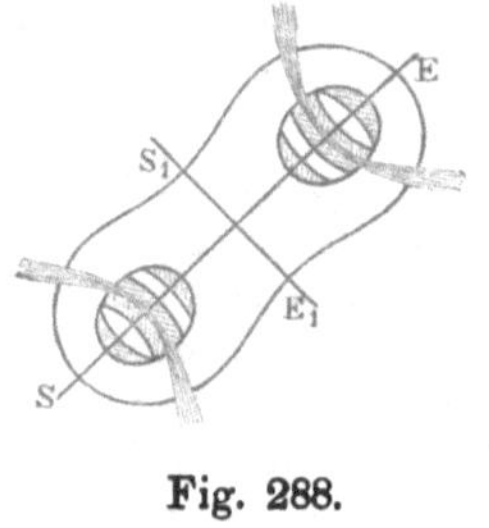

Fig. 288.

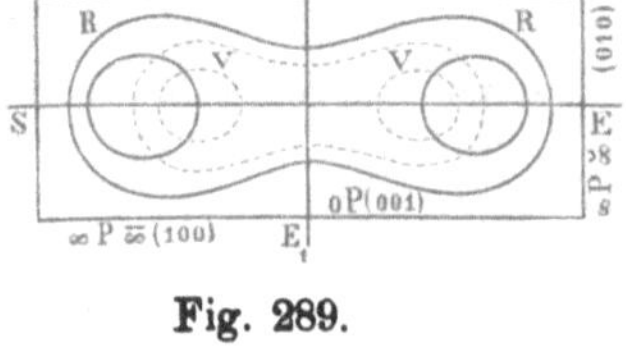

Fig. 289.

Interferenzfigur beobachtet, einer krystallographischen Axenebene parallel. Die Farben sind nach 2 aufeinander senkrechten Richtungen *SE* und S_1E_1 (Fig. 287) auf der Platte symmetrisch vertheilt, wie die Schraffirung zeigt, an der gleich gerichtete Linien gleiche Farben andeuten, und diese beiden Richtungen SE und S_1E_1 entsprechen zwei Axenebenen (S. E.) des Krystalls. Ist z. B. die M. L. ‖ Axe c, also das Plättchen parallel der Basis $oP(001)$, so gehen die beiden Symmetrierichtungen S_1E_1 und SE den Axen a und b resp. den Axenebenen (S. E.) ac und bc parallel. Dieselbe Symmetrie ist auch für die 45°-Stellung vorhanden (Fig. 288). Die gegenseitige Lage der Lemniskaten für rothes und blaues Licht zeigt Fig. 289 für den Fall, dass $\varrho > v$. Auch hier sieht man wieder völlige Symmetrie nach SE und S_1E_1.

Bei *monoklinen Krystallen* sind die Platten senkrecht zur M.L., auf welchen man die Interferenzfiguren beobachtet, entweder parallel oder senkrecht zur Symmetrieebene.

Bei Krystallen mit *geneigter Dispersion*, wo die optischen Axen in den S. E. liegen (152), muss die Platte senkrecht zur S. E. sein; sie ist aber nicht für alle Farben genau senkrecht zur M. L., da diese für die verschiedenen Farben eine etwas verschiedene Lage OZ_r und OZ_v hat (Fig. 273). Von den Interferenzlemniskaten liegen die beiden Centren O_1 und O_2 (Fig. 284, 285) in der S. E. des Krystalls, welche in der Richtung SE (Fig. 290—292) verläuft. SE ist

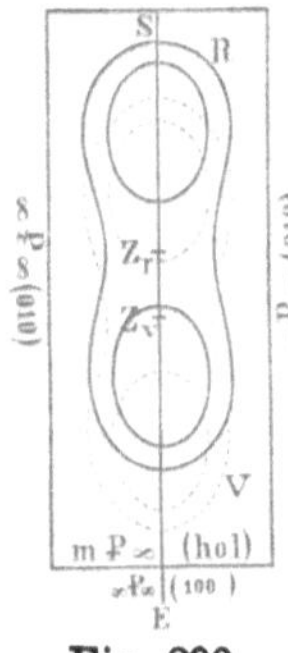

Fig. 290.

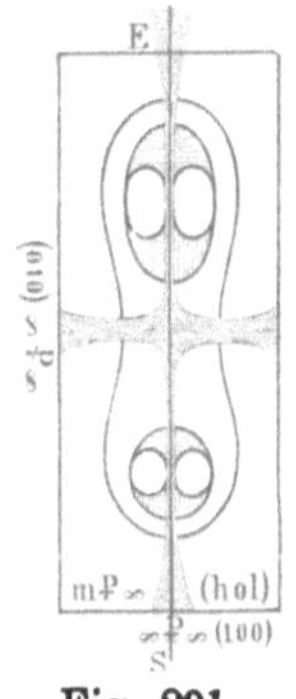

Fig. 291.

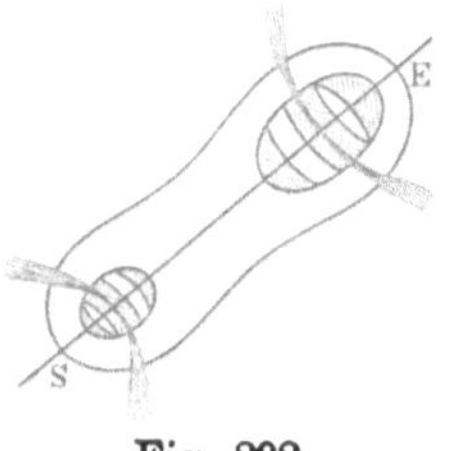

Fig. 292.

auch Symmetrierichtung für die Farbenvertheilung, und zwar die einzige: beide Augen der Lemniskaten sind rechts und links von SE gleich, aber das vordere ist vom hinteren verschieden, der krystallographischen Verschiedenheit zwischen vorn und hinten in monoklinen Krystallen entsprechend. Die Lage der Lemniskaten für rothes und violettes Licht giebt Fig. 290. Dieselben sind in der S. E. etwas gegen einander verschoben, beide zeigen aber Symmetrie nach SE. Die Interferenzfigur bei der 0°-Stellung giebt Fig. 291, bei der 45°-Stellung Fig. 292. Alle diese Verhältnisse folgen leicht aus der Vergleichung der Fig. 273.

Bei der *horizontalen Dispersion* (152), wo die Ebene der optischen Axen senkrecht zur S. E. ist und wo die M. L. in der S. E. liegt, muss die Fläche der Platte ebenfalls zur S. E. senkrecht sein. Auch hier kann sie wegen der Dispersion der Mittellinien nicht für alle Farben genau auf der M. L. senkrecht stehen (Fig. 274). Da hier

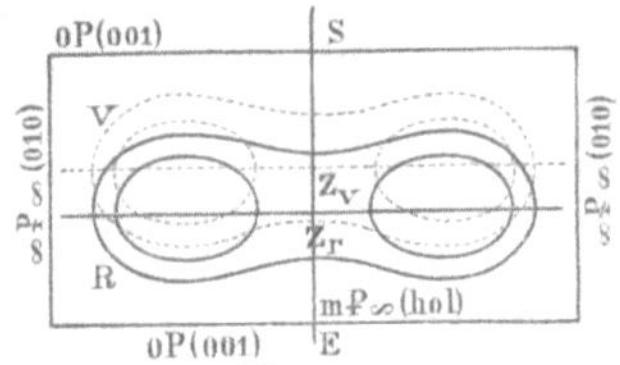

Fig. 293.

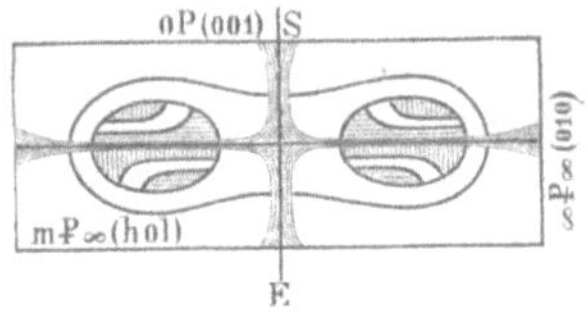

Fig. 294.

die optischen Axen rechts und links von der S. E. unter gleichen Neigungen zu derselben sich symmetrisch hinaus erstrecken, so müssen die Augen der Lemniskaten ebenfalls rechts und links von dieser liegen, und ihre Verbindungslinie muss auf der S. E. senkrecht stehen. Dabei liegt die Lemniskate für Roth etwas unter (oder über) der für Violett (Fig. 293). Die bei weisser Beleuchtung entstehenden Lemniskaten sind in Fig. 294 und 295 abgebildet: in beiden Augen ist die Farbenvertheilung rechts und links von der Symmetrieebene *SE* genau gleich, aber jedes Auge ist vorn anders gefärbt als hinten, da auch hier nur zwischen rechts und links Gleichheit, zwischen vorn und hinten aber Verschiedenheit herrscht.

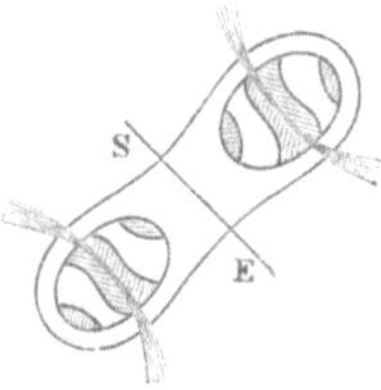

Fig. 295.

Bei der *gekreuzten Dispersion* (152), wo die Axenebene senkrecht zur S. E. und die M. L. parallel der Symmetrieaxe *b* ist, muss die

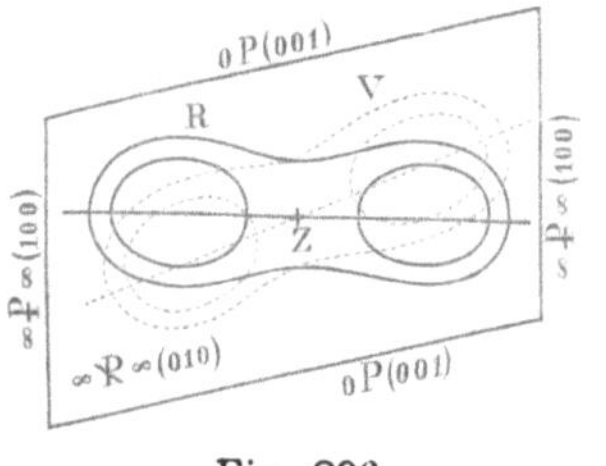

Fig. 296.

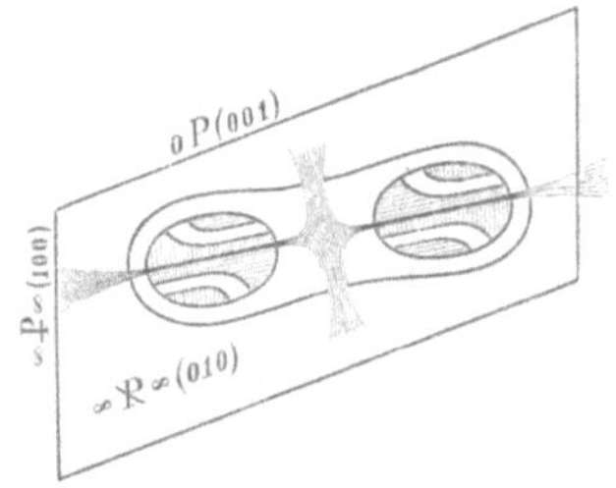

Fig. 297.

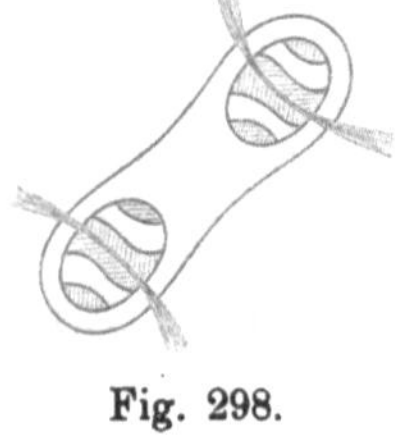

Fig. 298.

Platte parallel der S. E. sein. Hier ist nun die Platte für alle Farben genau senkrecht zu der gemeinsamen Mittellinie, nämlich zur Orthodiagonale *b*. Ueber eine Platte senkrecht zu *b*, ‖ der S. E. geht nun keine Symmetrierichtung mehr weg, daher sind auch die Interferenzfiguren im weissen Licht ohne Symmetrie (Fig. 297 und 298), die Farbenvertheilung ist aber derart, dass an beiden Enden jedes durch den Mittelpunkt C der Lemniskaten (Fig. 284) gehenden Durchmessers gleiche Färbung ist. Die Lemniskaten für Roth und für Violett haben beide den Mittelpunkt gemein und sind um einen kleinen Winkel gegeneinander gedreht oder gekreuzt (Fig. 296).

Bei *triklinen Krystallen* ist die Farbenvertheilung ganz unregelmässig, aber insofern charakteristisch, als hier das eine Auge der Lemniskaten die eine, das andere eine zweite Art von Dispersion zeigen kann, wie sie bei monoklinen Krystallen, hier aber stets gleich für beide Augen, beobachtet werden.

167. Grösse des Axenwinkels. Da in dem Interferenzbild zweiaxiger Krystalle bei der 45°-Stellung die Scheitel der Hyperbel die Orte angeben, wo die optischen Axen eine zur Mittellinie senkrechte Krystallplatte verlassen, so kann man eine solche auch zur Bestimmung des Winkels der optischen Axen benützen. Man befestigt die Platte so an einem Theilkreis, dass dieser der Ebene der optischen Axen parallel ist, und lässt die Platte um eine zur optischen Normale parallele Axe sich drehen, welche durch den Mittelpunkt des Theilkreises geht. Alsdann stellt man erst den einen Scheitel der Hyperbel auf das Fadenkreuz eines zum Theilkreis parallelen und auf die Drehaxe gerichteten Fernrohrs ein, dreht den Krystall um jene Axe bis der zweite Scheitel mit dem Fadenkreuz coincidirt, und liest den Winkel, um den man drehen musste, am Theilkreis ab. Dies ist dann der *scheinbare* Winkel der optischen Axen in Luft, der $= 2\,E$ ist, wenn E den Winkel einer optischen Axe mit der 1. Mittelline bezeichnet; der *wahre* Axenwinkel kann daraus leicht berechnet werden.

Wenn man einen Hyperbelscheitel auf das Fadenkreuz einstellt, so visirt man nämlich nicht in der Richtung $o^1 m_1$ und $o_1 m_1$ der optischen Axen (Fig. 299), sondern in den Richtungen $o_1 o_2$ und $o^1 o^2$. Man misst daher nicht den wahren Axenwinkel $o_1 m_1 o^1 = 2\,V_a$, sondern den scheinbaren $o_2 K o^2 = 2E$. Dies ist die Folge davon, dass jede in der Richtung einer optischen Axe den Krystall durchziehende Lichtwelle an der Austrittsfläche $o_1 o^1$ des Plättchens von dem der M. L. parallelen Einfallsloth NP weggebrochen wird; sie verlässt dann den Krystall in der Richtung $o^1 o^2$ (resp. auf der anderen Seite in der Richtung $o_1 o_2$). Da die Wellen in der Richtung der Axen sich mit der mittleren Geschwindigkeit $\mathfrak{b} = \frac{1}{\beta}$ im Krystall bewegen (150)

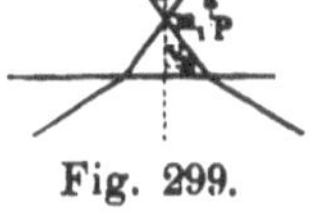

Fig. 299.

so ist: $\frac{\sin No^1o^2}{\sin m_1\ o^1P} = \beta$, oder: $\sin m_1 o^1 P = \frac{\sin No^1o^2}{\beta}$. Es ist aber No^1o^2 der halbe scheinbare Axenwinkel E, $m_1 o^1 P$ der halbe wahre Axenwinkel V_a, d. h. der Winkel, den eine optische Axe im Innern des Krystalls mit der Mittellinie macht (der halbe *innere* oder *wahre* Axenwinkel), man erhält also den letztern aus dem gemessenen scheinbaren nach der Formel: $\sin V_a = \frac{\sin E}{\beta}$. Bei + Krystallen ist: $V_a = v$, bei — Krystallen: $V_a = 90^0 - v$ (151).

Je grösser der spitze Axenwinkel $2 Va$ ist, desto grösser ist auch der Einfallswinkel, unter welchem eine in der Richtung einer Axe $m_1 o^1$ sich bewegende Welle die Fläche $o^1 o_1$ des Plättchens trifft. Ist dieser Winkel zu gross, so tritt totale Reflexion ein und die Strahlen parallel den optischen Axen können den Krystall nicht verlassen, sondern werden nach innen zurückgeworfen. Unter solchen Umständen kommt das Interferenzbild nicht zu Stande, und der Axenwinkel kann nicht gemessen werden. In diesem Fall taucht man das Krystallplättchen in eine Flüssigkeit, meistens in Oel, in welches die Strahlen dann austreten, so dass nunmehr das Interferenzbild entstehen kann. Beim Austritt des Lichts in Oel findet keine so starke Brechung statt, wie in Luft; der scheinbare Winkel der optischen Axen in Oel $2Ha$ ist also kleiner als $2E$. Ist n der Brechungscoëfficient des Oels, so ist: $\frac{\sin Va}{\sin Ha} = \frac{n}{\beta}$ oder: $\sin Va = \frac{n}{\beta} \sin Ha$; auch hat man: $\sin E = n \sin Ha$.

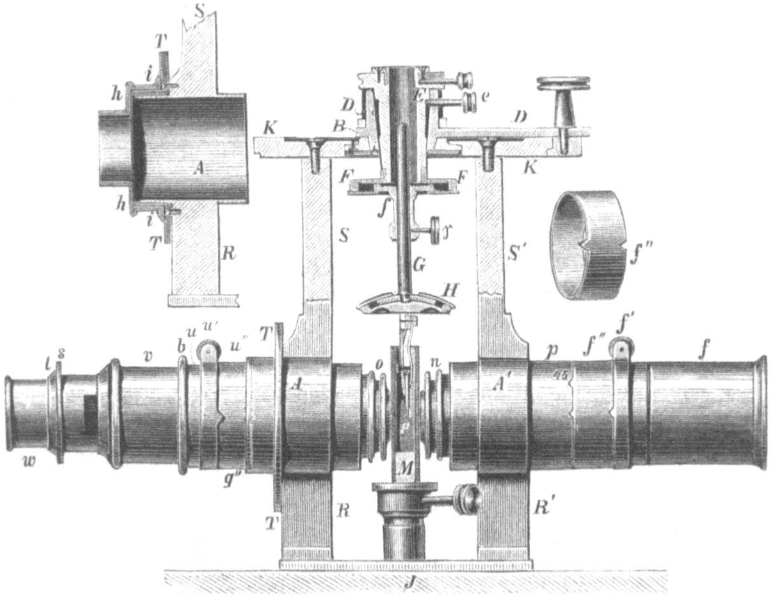

Fig. 300.

Hat man eine Platte senkrecht zur zweiten Mittellinie, so sieht man auf ihr, allerdings der Grösse des stumpfen Axenwinkels $2 Vo$ wegen meist nur im Oel, ebenfalls ein Interferenzbild und kann den dem Winkel $2 Vo$ entsprechenden scheinbaren Winkel in Oel $2Ho$ messen und daraus jenen wahren stumpfen Axenwinkel $2 Vo$ berechnen, welcher das Supplement von $2 Va$ ist, so dass: $Vo = 90^0 - Va$. Man hat in diesem Fall: $\frac{\sin Vo}{\sin Ho} = \frac{n}{\beta}$, also: $\sin Vo = \frac{n}{\beta} \sin Ho$; ferner ist, wenn $2Eo$ der scheinbare Axenwinkel in Luft an der zweiten Mittellinie ist: $\sin Eo = \beta \sin Vo$. Da nun $\sin Vo = \cos Va$, so hat man nach der obigen Formel: $tg\, Va = \frac{\sin Ha}{\sin Ho}$.

Man erhält also ohne Kenntniss von β den spitzen wahren Axenwinkel, wenn man die Axenwinkel *Ho* und *Ha* in Oel an der ersten und an der zweiten Mittellinie misst, wozu zwei planparallele Platten senkrecht zu je einer der beiden Mittellinien nöthig sind. Solche Beobachtungen ergeben aber auch den Werth von β; denn es ist: $\sin Va = \frac{\sin E}{\beta}$, also: $\beta = \frac{\sin E}{\sin Va}$, wobei man E direct beobachten und Va aus dem obigen Ausdrucke für $tg\ Va$ berechnen kann. Aber auch der Werth für n ergiebt sich aus diesen Winkeln: Es ist nach obiger Formel: $n = \frac{\sin E}{\sin Ha}$; man hat also den Axenwinkel auf einer Platte erst in der Luft, $2E$, sodann in Oel, $2Ha$, jedesmal an der ersten M. L. zu messen.

168. Messung des Axenwinkels. Die Messung des scheinbaren Axenwinkels bewerkstelligt man auf folgende Weise: Man bringt die beiden Röhren *f* und *v* des Polarisationsinstruments für convergentes Licht (Fig. 276) in die beiden Hülsen *A* und *A'* (Fig. 300), so dass die Axe der einen genau in die der andern fällt und dass diese Axen dem horizontalen Theilkreis *K* parallel und in der Richtung eines Durchmessers desselben gehen. Der Theilkreis ist centrisch durchbohrt durch den Conus *B*, an welchem sich der Arm *D* mit dem Nonius befindet, welchen man mittelst des Knopfes rechts von *D* herumdrehen, auch am Theilkreis festklemmen kann. Der Conus *B* ist wieder centrisch durchbohrt durch den hohlen Conus *E*, den man mittelst der Schraube *e* an *B* festklemmen kann, und welcher unten die Scheibe *F* trägt, in der sich die kleinere Scheibe *f* horizontal hin und her schieben lässt. Durch *f* geht die Axe *G* welche sich in *f* auf und ab schieben und drehen und mittelst der Schraube γ festklemmen lässt. *G* trägt unten die Kugelschaale *H*, in welcher sich eine kleinere Kugelschaale verschieben lässt; diese letztere trägt die federnde Zange, welche den Krystall *p* so fasst, dass seine Flächen der Axe *G* parallel sind. Die zur M. L. senkrechte Platte muss nun so in den Apparat gebracht werden, dass sie senkrecht und die Ebene der optischen Axen horizontal ist. Dies wird mit der als Justirvorrichtung dienenden Kugelschaale *H* bewerkstelligt; der Krystall ist dann um seine optische Normale drehbar und die Axenebene bleibt bei der Drehung horizontal. Sodann muss sie in den Mittelpunkt des Theilkreises *K* gerückt werden, was mittelst der als Centrirvorrichtung dienenden Scheiben *F* und *f* geschieht. Sind nun die Nicols in *n* und *f* so gekreuzt, dass die Schwingungsebene eines jeden mit dem Horizont 45^0 macht, dann erhält man in der Krystallplatte horizontal liegende Lemniskaten mit den beiden Hyperbeln. Man kann jetzt die erste Hyperbel auf den Vertikalfaden des Oculars einstellen, sodann den Krystall mit dem Arm *D* so lange drehen, bis die zweite Hyperbel von dem Vertikalfaden berührt wird, und dann den Winkel ablesen; derselbe ist gleich dem gesuchten scheinbaren Axenwinkel 2 *E*. Dabei ist die Beleuchtungsröhre *f* mit dem polarisirenden Nicol nach dem hellen Himmel gekehrt, oder mit homogenem Licht erleuchtet. Die Linsen *o* und *n* werden der Platte zur Erzielung eines grossen Sehfelds möglichst genähert. Bei Winkelmessungen in Oel wird der Krystall in einem Trog *M* gedreht, der von zwei parallelen und planparallelen Glasplatten begrenzt ist und der das Oel enthält.

169. Charakter der Doppelbrechung. Obwohl die directe Bestimmung des Charakters der Doppelbrechung bei zweiaxigen Krystallen nicht dieselbe Wichtigkeit hat wie bei einaxigen, wo dadurch unmittelbar festgestellt wird, ob der ordentliche oder ausserordentliche Brechungscoëfficient der grössere, so ist dies doch auch hier noch ein praktisch nicht unwichtiges Merkmal, und man pflegt daher dieselbe häufig vorzunehmen. Es handelt sich dabei darum zu entscheiden, ob die den spitzen Axenwinkel halbirende Elasticitätsaxe die Axe der grössten (negativ) oder kleinsten (positiv) Elasticität ist (Fig. 271, 272).

Die Bestimmung geschieht mit der Viertelundulationsglimmerplatte im convergenten Licht. Man bringt die senkrecht zur Mittellinie geschliffene Krystallplatte in der 0°-Stellung in das Polarisationsinstrument, so dass die Axenebene einer der beiden gekreuzten Polarisationsebenen desselben parallel ist, dass also die Lemniskaten mit dem schwarzen Kreuz entstehen. Man führt die $\frac{1}{4}$ λ-Platte so ein, dass ihre Axenebene 45° mit den Polarisationsebenen macht. Dann verengern sich in zwei gegenüberliegenden Oktanten die Ringe, in den andern beiden erweitern sich dieselben. Der Krystall ist nun positiv oder negativ, je nachdem die Verbindungslinie der beiden Quadranten mit den erweiterten Ringen senkrecht oder parallel der Richtung der Axenebene der $\frac{1}{4}$ λ-Platte ist.

Auch des Quarzkeils kann man sich zu diesem Zwecke bedienen. Man bringt die zu untersuchende Platte in der 45°-Stellung in das Instrument für convergentes Licht, so dass die Hyperbeln entstehen, und schiebt dann den Keil zwischen der Platte und dem obern Nicol so ein, dass das eine Mal seine Kante, also die Hauptaxe des Quarzes parallel, das andere Mal senkrecht zur Axenebene des Krystalls ist. Bei einer von diesen beiden Lagen des Keils erweitern sich die inneren Ringe der Lemniskaten. Geschieht dies, wenn der Keil mit seiner Kante parallel der Axenebene eingeschoben wurde, so ist der Krystall *positiv*, war die Kante des Keils senkrecht zur Axenebene, so ist der Krystall *negativ*. Auch nicht zu dünne Quarzplatten senkrecht zur Axe kann man anwenden; man bringt sie unter den obern Nicol und dreht sie etwas um eine horizontale Axe, welche parallel, sodann um eine solche, welche senkrecht zur Richtung der Axenebene des Krystalls liegt. In einem dieser beiden Fälle erweitern sich die Ringe der Interferenzfiguren, und zwar ist der Krystall +, wenn jene Axe senkrecht zur Ebene der optischen Axen des Krystalls ist, —, wenn die Axe mit derselben parallel läuft. Auch hierbei muss die Krystallplatte in der 45°-Stellung sein.

Ist die Platte senkrecht zur zweiten Mittellinie geschliffen, so wird man für die beiden Arten der Krystalle die umgekehrten Merkmale erhalten, da hier bei positiven Krystallen die den stumpfen Axenwinkel halbirende Elasticitätsaxe die Axe der grössten Elasticität ist (Fig. 272). Man sagt daher auch z. B. bei einem nach der obigen Definition (151) positiven Krystall, die seinen spitzen Axenwinkel halbirende (erste) Mittellinie sei +, die den stumpfen Axenwinkel halbirende (zweite) Mittellinie sei — und entsprechend bei negativen Krystallen.

170. Einfluss der Temperatur. Die Temperatur ist, wie mehrfach schon erwähnt wurde, von grossem Einfluss auf die optischen Eigenschaften der Mineralien, aber nur auf diejenigen, welche nicht mit den Krystallsystemen gesetzmässig zusammenhängen. Isotrope Mineralien bleiben bei jeder Temperatur isotrop, einaxige und zweiaxige bleiben ein- resp. zweiaxig (vergl. übrigens weiter unten). Die optische Axe bleibt bei ersteren bei jeder Temperatur der Hauptaxe parallel, die Elasticitätsaxen stets den Krystallaxen bei rhombischen Krystallen, eine Elasticitätsaxe stets der Symmetrieaxe im monoklinen System. Alles Andere ist von der Temperatur abhängig: die Brechungscoëfficienten isotroper Mineralien, die Lage der zwei Elasticitätsaxen in der Symmetrieebene monokliner Krystalle, die Lage aller drei Elasticitätsaxen in triklinen Krystallen, die Grösse der Elasticitätsaxen (Hauptbrechungscoëfficienten) anisotroper Krystalle, sowie die Grösse der Winkel der optischen Axen, und zwar ändert sich dabei das Gleiche stets in gleicher Weise, das Ungleiche, also z. B. die drei Hauptbrechungscoëfficienten α, β, γ eines zweiaxigen Krystalls ungleich. Die Angabe der Temperatur, bei welcher solche Untersuchungen ausgeführt worden sind, ist daher nothwendig.

Vielfach lassen sich diese Anordnungen nur mittelst genauer Messungen constatiren, zuweilen können sie unmittelbar sichtbar gemacht werden, wenn sie nämlich nicht wie gewöhnlich sehr klein, sondern von erheblicher Grösse sind. Hat man z. B. eine senkrecht zur Mittellinie der in der Symmetrieebene liegenden optischen Axen geschliffene Platte des monoklinen Gypses, so sieht man im Polarisationsinstrument die Erscheinungen der geneigten Dispersion (166) sehr deutlich. Erwärmt man nun, so bewegen sich beide Augen der Lemniskate gegen die Mitte des Sehfelds (Dispersion der optischen Axen), aber, ihrer Verschiedenheit entsprechend, mit verschiedener Geschwindigkeit (Dispersion der Mittellinien). Der Axenwinkel wird immer kleiner. Bei einer gewissen Temperatur fallen beide Augen zusammen, der Axenwinkel ist $= 0^0$, aber nicht gleichzeitig für alle Farben, was diesen Zustand von dem Verhalten einaxiger Krystalle wesentlich unterscheidet. Während für mittlere Strahlen die optischen Axen zusammenfallen, ist ihre Ebene für das eine Ende des Spectrums noch der S. E. parallel, für das andere Ende desselben ist sie zur S. E. senkrecht. Steigt die Temperatur noch höher, so ist schliesslich die Ebene der optischen Axen für alle Farben zur S. E. senkrecht. Die Dispersion ist nicht mehr geneigt, sondern horizontal, und nun wird der Axenwinkel für steigende Temperaturen immer grösser. Bei Verminderung der Temperatur geht die ganze Erscheinung rückwärts vor sich. Ausser anderen Mineralien zeigt auch noch der Orthoklas diese Aenderung der Lage der Axenebene bei steigender Temperatur, hier bleibt aber bei genügender Erhitzung die neue Lage der Axe sehr häufig bestehen, die Erscheinung geht nicht wieder rückwärts vor sich. Eine eigenthümliche Aenderung erleiden manche Mineralien beim Erhitzen, indem sie, anfänglich anisotrop, bei einer gewissen Temperatur isotrop werden, um nachher beim Erkalten wieder den früheren Zustand anzunehmen, so Tridymit, Leucit, Boracit. Dies soll mit einer molecularen Umlagerung und dadurch bedingten Uebergang in ein anderes Krystallsystem zusammenhängen; doch bedürfen diese Erscheinungen noch weiterer Untersuchung. Dass die Erwärmung in der That im Stande ist, weitgehende moleculare Umlagerungen in den Krystallen hervorzubringen, sieht man daran, dass durch Erwärmung in einheitlich gebauten Individuen mancher Mineralien Zwillingslamellen sich bilden oder auch wohl vorhandene Lamellen verschwinden (z. B. beim Kalkspath, Anhydrit, Leadhillit).

(W. Klein, Zeitschr. Kryst. Bd. IX. pg. 38. C. Klein, Nachrichten Gött. Ges. Wissensch. 1884 (Leucit). Mallard, Bull. soc. min. France. Bd. V. (Heulandit).

171. Zwillinge. Der Bau der Zwillingskrystalle lässt sich mit Hülfe des polarisirten Lichts sehr gut untersuchen. Eine Platte eines Zwillings giebt bei paralleler Beleuchtung nicht wie eine planparallele Platte eines Individuums für die ganze Fläche gleichzeitig hell und dunkel, oder gleiche Färbung, sondern, wenn das eine Individuum dunkel ist, ist das andere daneben liegende wegen der verschiedenen Orientirung seiner Schwingungsebenen gegen die Polarisationsebenen der beiden Nicols mehr oder weniger hell. Diese Unterschiede treten noch deutlicher hervor, wenn man gleichzeitig in den Apparat ein dünnes Gypsplättchen oder eine Quarzplatte senkrecht zur Axe einschaltet (157b, 158). Im Bereich des einen Zwillingsindividuums ist dann die Färbung eine andere als im Bereich des andern. Die scharfe Grenze zwischen den beiden verschieden gefärbten Feldern giebt den Verlauf der Zwillingsgrenze an, der bald geradlinig, bald unregelmässig ist. Sehr gut zeigen diese Erscheinung die aus sehr vielen Zwillingsindividuen lamellenförmig verwachsenen triklinen Feldspathe (Plagioklase). Ist die Fläche des Plättchens senkrecht zur Zwillingsfläche, so sind die (durch Pfeile bezeichneten) Schwingungsrichtungen beider Individuuen zur Zwillingsfläche symmetrisch (Fig. 301), was man durch Messung im Stauroskop leicht constatiren kann.

Fig. 301.

Im Bisherigen sind die beiden Individuen neben einander liegend, also ihre Verwachsungsfläche genau oder nahezu auf der Begrenzungsebene des Blättchens senkrecht angenommen worden. Sind die Individuen aber nach einer Ebene verwachsen, welche nahezu oder genau der Begrenzungsebene des Blättchens parallel ist, so dass also jeder hindurch gehende Lichtstrahl beide Individuen passiren muss, so ist bei keinem Azimut im parallelen Licht vollständige Dunkelheit vorhanden, wie das z. B. manche Glimmerzwillinge zeigen.

Im convergenten Licht sieht man, wenn die Fläche der Platte zu den Mittellinien der (zweiaxigen) Individuen senkrecht ist, die Interferenzfiguren verschieden gerichtet, entweder nebeneinander, wie bei dem Aragonitzwilling (Fig. 301), oder auch wohl, wenn die Individuen sich stellenweise oder ganz überlagern, sich durchkreuzend, wie z. B. bei den oben erwähnten Glimmerzwillingen, bei den Weissbleierzzwillingen etc.

Durch derartige Beobachtungen werden manche scheinbar einem gewissen Krystallsystem angehörige (mimetische) Krystalle, z. B. die scheinbar hexagonalen, dihexaëderähnlichen des Alstonit, als aus rhombischen Individuen verwachsene Zwillinge (Viellinge) erkannt (Fig. 302). Im parallelen Licht giebt die parallel der Basis geschliffene Platte 12 verschieden helle Felder, von welchen immer zwei durch je zwei Felder getrennte Abschnitte sich optisch gleich verhalten, also zu einem Individuum gehören. Es ist also eine Verwachsung von 3 Individuen, welche alle, über den Mittelpunkt hinaus sich fortsetzend, sich durchkreuzen.

Fig. 302.

Vollkommen bunte Farbenvertheilung zeigen im polarisirten Licht dünne Plättchen körniger Aggregate, bei denen aber, der unregelmässigen Verwachsung der Körner entsprechend, keine Symmetrie der Auslöschungsrichtungen gegen die Grenzen zu beobachten ist. Dies ist namentlich wichtig bei der Beurtheilung der Natur von scheinbar einheitlich gebildeten dichten Aggregaten, die unter dem Mikroskop mit Polarisationsvorrichtung in dünnen Plättchen ein höchst complicirtes buntes Bild geben (*Aggregatpolarisation*), während ein wirklich einheitlich gebautes Mineral, wie z. B. ein Gypsplättchen, überall bei gleicher Dicke ganz gleichmässig gefärbt ist.

172. Optische Anomalien. Man beobachtet zuweilen, dass Mineralien anomale optische Verhältnisse zeigen, welche nach den oben erläuterten Gesetzen ihrem amorphen oder irgendwie krystallisirten Zustande nicht vollkommen entsprechen. Manche amorphe Mineralien oder reguläre Krystalle, wie z. B. solche von Alaun, Analcim, Boracit, Granat etc., zeigen infolge derartiger Anomalien im Polarisationsinstrument mehr oder weniger deutliche Doppelbrechung; manche quadratische oder hexagonale Krystalle, wie solche von Honigstein, Vesuvian, Apatit, Beryll, Apophyllit, Chabasit etc. zeigen die Interferenzbilder zweiaxiger Krystalle. Dabei lassen diese Krystalle zuweilen eine Eintheilung in einzelne verschieden gefärbte

Felder erkennen, wie sie Zwillinge zeigen, wenn man sie im Polarisationsinstrument mit parallelem Licht betrachtet, wie wenn sie also aus mehreren Individuen zwillingsartig verwachsen wären. An den Grenzen dieser verschieden orientirten Felder zeigen sich zuweilen rechts und links symmetrisch liegende Auslöschungsrichtungen und im convergenten Licht Hyperbeln und Lemniskaten.

Man hat daher vielfach nach dem Vorgang von *Mallard* solche Krystalle auch geradezu als aus einer Anzahl von Individuen niederer Symmetrie aufgebaute Viellingskrystalle betrachtet, welche eine Form mit einer höheren Symmetrie so genau nachahmen, dass höchstens nur sehr geringe Winkelunterschiede zwischen beiden vorhanden sind (mimetische Krystalle, (105)).

Es sind aber doch auch Erscheinungen bekannt, welche auf diese Beobachtungen ein anderes Licht werfen, und welche sie ohne Annahme eines solchen complicirten Aufbaus erklären. Amorphe oder regulär krystallisirte Mineralien werden durch einseitigen Druck oder durch rasches Abkühlen doppeltbrechend (z. B. Glas); einaxige Krystalle durch Pressung senkrecht zur Axe zweiaxig, z. B. Quarz. Manche Krystalle von Alaun und Granat von genau derselben Form und Zusammensetzung wie jene oben erwähnten doppeltbrechenden Alaun- und Granatkrystalle sind vollkommen isotrop, also unzweifelhaft regulär, was einen Dimorphismus der Substanz bei völlig gleicher äusserer Form voraussetzen würde, was aber beim Alaun mit der Reinheit der Substanz zusammen zu hängen scheint, denn die chemisch reinen Alaune sind isotrop und nur die isomorphen Mischungen mehrerer Alaunarten doppeltbrechend gefunden worden; manche Apophyllit- und Chabasit-Krystalle sind genau einaxig. Man hat daher auch angenommen, die betreffenden Krystalle seien alle factisch regulär, resp. hexagonal und quadratisch, aber sie befinden sich in einem Zustande innerer Spannung, entstanden gleich bei der Bildung der Krystalle oder durch nachher einwirkende äussere Pressungen, und die anomale Doppelbrechung, resp. die Zweiaxigkeit sei Folge dieser Spannung. Dass die Doppelbrechung mancher regulärer Krystalle eine solche Ursache haben kann, ist z. B. für den Alaun unzweifelhaft nachgewiesen; derselbe ist, wenn er das Licht einfach bricht, optisch normal, wenn er Doppelbrechung zeigt, optisch anomal; ebenso würden alle oben genannten Mineralien dem entsprechend solche optische Anomalien zeigen. Dass die scheinbare Zwillingsverwachsung, wenigstens bei einigen der hierher gehörigen mimetischen Krystalle, in der That wohl nicht der Wirklichkeit entspricht, sieht man z. B. am Boracit, wo bei der Erwärmung die scheinbaren Zwillingsgrenzen sich ändern und auch wohl ganz verschwinden, so dass ein bei niederer Temperatur zwillingsartig gebauter Krystall bei höherer einheitlich gebaut erscheint, was kaum sich mit Zwillingsbildung, wohl aber mit der Annahme von inneren Spannungen oder anderen secundären Vorgängen im Innern des Krystalls erklären lässt. Bei einer Temperatur von 265^0 wird der Boracit sogar gänzlich isotrop, und es ist dann völlige Uebereinstimmung zwischen dem optischen Verhalten und der genau regulären Krystallform. Der Boracit wäre demnach bei niederer Temperatur optisch anomal, würde aber bei höherer Temperatur normal. Man kann ähnliche Erscheinungen auch künstlich nachahmen, indem man z. B. Gelatine im plastischen Zustand in polyedrische Hohlformen presst. Zerschneidet man eine solche Masse, so erhält man Platten, welche im polarisirten Licht eine ganz ähnliche Feldereintheilung erkennen lassen wie jene Krystalle, und ebenso Lemniskaten etc., und diese Feldereintheilung hängt mit der äusseren polyedrischen Begrenzung dieser Massen ebenso eng zusammen, wie dort, so dass also durch eine unzweifelhaft vollkommen amorphe Masse, in welcher zweifellos solche innere Spannungen wirken, jene Erscheinungen in Krystallen genau nachgeahmt werden.

Die genannten beiden Ansichten stehen sich bei der Erklärung der erwähnten optischen Anomalien augenblicklich entgegen. Dem Einen sind jene und noch andere Krystalle mimetische Zwillinge, ihr optisches Verhalten ist normal; dem Andern ist die Krystallform höherer Symmetrie die wahre, dem Mineral charakteristische, einheitliche, und die optischen Erscheinungen sind anomal. Eine definitive Entscheidung für die eine oder die andere Ansicht ist zur Zeit noch nicht erfolgt.

(F. E. Neumann, Pogg. Ann. Bd. 54. 1841. Mallard, Explication des phénomènes optiques anomaux. 1877, sowie u. A. die Abhandlungen von C. Klein über Granat und Boracit. Reusch, Sitzungsber. Berl. Ak. 11. Juni 1867. Klocke, Ber. über die Verhdlgn. naturf. Ges. Freiberg Bd. VIII., N. Jahrb. Min. etc. 1880 und 1881. R. Brauns ibid. 1883 Bd. II. 1885. Bd. I. Bücking, Ztschr. Kryst. Bd. VIII; vergl. Ben-Saude und Baumhauer über Perowskit; Grosse-Bohle über Sénarmontit; Becke über Chabasit; Rumpf über Apophyllit etc. (siehe diese)).

173. Glanz. Das an der Oberfläche eines Minerals ankommende Licht wird dort z. Th. reflectirt, z. Th. dringt es ins Innere ein. Von diesem letzteren Theil wird aber wieder ein Theil im Innern reflectirt und nach aussen geworfen, so dass es mit dem oberflächlich gespiegelten Licht ins Auge gelangt, wo diese Mischung u. A. den Eindruck des *Glanzes* hervorruft, dessen Charakter bei verschiedenen Mineralien je nach der Mischung jener beiden Lichtarten ein verschiedener ist. Er ist ein sehr wichtiges Kennzeichen der Mineralien, und wird angegeben, indem man den Glanz des betr. Minerals mit dem Glanz bekannter Gegenstände vergleicht. Man pflegt mehrere Arten von Glanz zu unterscheiden, die aber zum Theil auf einzelne Flächen eines Krystalls beschränkt sind, während andere Flächen einen andern Glanz zeigen. Es sind die folgenden:

1. *Metallglanz*. Der starke mit vollkommener Undurchsichtigkeit verbundene Glanz der Metalle. Alle Mineralien, welche ihn zeigen, heissen metallische (Gold, Bleiglanz, Schwefelkies), auf ihm beruht der Unterschied zwischen metallisch und nicht metallisch. Den Uebergang zwischen beiden bildet der *halbmetallische* Glanz (Pyrolusit, Chromeisenstein).

2. *Glasglanz.* Bei den meisten nicht metallischen Mineralien, z. B. Quarz. Von ihm sind die andern Abarten des nicht metallischen Glanzes im Grunde nur Unterabtheilungen, welche durch gewisse Verhältnisse der Structur oder andere physikalische Eigenschaften verursacht werden. Er ist verbunden mit mehr oder weniger vollkommener Durchsichtigkeit.

3. *Diamantglanz.* Diamant und andere Mineralien, welche vollkommene Durchsichtigkeit, sowie starke Lichtbrechung und Farbenzerstreuung zeigen (Diamant, Weissbleierz, Vitrolblei).

4. *Perlmutterglanz.* Auf Flächen, denen sehr deutliche Blätterbrüche parallel gehen, besonders, wenn schon eine geringe Aufblätterung stattgefunden hat. Blätterbrüche lassen sich vielfach leicht an dem sehr charakteristischen Perlmutterglanz erkennen (Glimmer, Desmin).

5. *Seidenglanz* (Atlasglanz). Fasrige Mineralien, z. B. Fasergyps.

6. *Fettglanz* (Harz-, Wachsglanz). Das Mineral sieht aus, wie mit einer Schicht fetten Oels überzogen (Eläolith), oder wie Harz oder Wachs.

Zwischen diesen Arten des Glanzes giebt es alle möglichen Zwischenstufen (z. B. den metallartigen Diamantglanz des Rothgültigerzes etc.), die nach dem Obigen leicht verständlich sind.

Die Mineralien zeigen nicht nur verschiedene Arten, sondern auch verschiedene Grade des Glanzes: 1. *starkglänzend,* natürliche ebene Flächen reflectiren völlig scharfe Bilder (Bergkrystall); 2. *glänzend,* die Bilder sind verschwommen; 3. *wenig glänzend,* die Fläche reflectirt noch viel Licht, giebt aber keine Bilder mehr, meist bei körnigen Aggregaten, z. B. Marmor; 4. *schimmernd,* die Fläche zeigt nur noch einen schwachen Schein, dichte Aggregate, z. B. Jaspis; 5. *matt,* es wird fast kein Licht mehr reflectirt, erdige Substanzen (Thon, Tripel).

Der natürliche Glanz kann durch künstliches Poliren der Art und dem Grade nach oft sehr stark verändert werden. Matte oder wenig glänzende Mineralien, welche beim Streichen mit einem runden harten Körper glänzend werden, heissen *im Strich glänzend* (z. B. Schieferthon).

174. Pellucidität. Wenn das Licht mehr oder weniger dicke Schichten der Mineralien durchstrahlt, so wird ein mehr oder weniger grosser Theil desselben absorbirt und nur der Rest tritt wieder aus dem Mineral heraus. Hierauf beruhen die Erscheinungen der *Pellucidität* und der *Farben.*

Bei der *Pellucidität* der Mineralien kommt es auf die Menge des durchgelassenen Lichtes an. Je nach dem grösseren oder geringeren Bruchtheil, welcher von dem ankommenden Licht durchgelassen resp. absorbirt wird, unterscheidet man verschiedene Grade der Pellucidität, welche allerdings in hohem Grade von der Dicke des untersuchten Stückes beeinflusst werden.

1. *Durchsichtig.* Dicke Stücke lassen beinahe die ganze ankommende Lichtmenge durch. Man erblickt, durch dicke Stücke gesehen, die Gegenstände mit deutlichen Umrissen. Sind durchsichtige Mineralien farblos, so heissen sie *wasserhell.* 2. *Halbdurchsichtig.* Lassen durch die dicken Stücke hindurch nur noch unbestimmte Umrisse erkennen.

3. *Durchscheinend.* Das ganze Stück lässt noch Licht durch, aber Umrisse sind gar nicht mehr zu erkennen. 4. *Kantendurchscheinend.* Nur sehr dünne Schichten, so namentlich die dünnen Ränder an Bruchstellen lassen noch etwas Licht durch; der Rand ist deswegen beim Durchsehen heller als die dickere nach innen zu gelegene Masse. 5. *Undurchsichtig* (opak). Lassen gar kein Licht mehr durch.

Am wenigsten durchsichtig, d. h. so beschaffen, dass sie in sehr dünnen Lagen schon die ganze einfallende Lichtbewegung absorbiren, sind die Metalle und die metallischen Mineralien. Doch lassen sich sogar gewisse Metalle in so feinen Lamellen herstellen, dass sie durchsichtig werden, so *Au* mit grüner, *Ag* mit blauer Farbe.

Es giebt Mineralien, z. B. Quarz, an deren verschiedenen Varietäten alle die angeführten Grade der Pellucidität beobachtet werden können.

175. Farbe. Die *Farbe* der Mineralien hängt von der Qualität des durchgelassenen Lichts ab, welche darauf beruht, dass von dem durch sie hindurchgegangenen oder an der Oberfläche etwas in sie eingedrungenen und wieder aus dem Inneren heraus nach aussen reflectirten, ursprünglich weissen Licht einzelne Strahlen von gewisser Brechbarkeit absorbirt wurden, so dass die übrigen dann im Auge eine von der Menge und Qualität des absorbirten Lichts abhängige Mischfarbe erzeugen. Werden nicht einzelne farbige Strahlen vorzugsweise stark geschwächt, sondern erleiden sie alle ohne Rücksicht auf die Wellenlänge dieselbe Schwächung, so sind die betr. Mineralien farblos, wenn die Absorption gering, grau, schliesslich schwarz, wenn sie stärker oder fast vollständig ist.

Die Farbe ist nun ein für die verschiedenen Mineralien in verschiedenem Grade wichtiges Kennzeichen. Manche Mineralien, vorzugsweise die metallischen, zeigen stets dieselbe Farbe: Gold ist stets gelb, Silber weiss, Magneteisen schwarz; aber auch bei manchen nicht metallischen Mineralien kommt diese constante Färbung vor: Kupfervitriol ist stets blau, Malachit grün, Realgar roth. Für sie ist die Farbe ein constantes charakteristisches Merkmal. Es sind die *farbigen* oder *idiochromatischen* Mineralien. Bei solchen ist die Farbe eine wesentliche Eigenschaft der Substanz. Andere nicht metallische Mineralien sind in ihrem reinsten Zustande farblos oder nur äusserst schwach gelblich oder graulich gefärbt, wie Quarz (als Bergkrystall), Flussspath etc. Diese erhalten aber oft eine Färbung durch Beimischung fremder farbiger Körper in oft nur äussert geringer Menge, so dass vielfach die Natur dieser färbenden Bestandtheile sich analytisch gar nicht nachweisen lässt. Diese Färbung ist aber nicht immer für alle Stücke des Minerals die nämliche, sondern sie hängt von der färbenden Beimischung ab, so dass also verschiedene Stücke eines Minerals verschiedene Farben zeigen können. Quarz findet sich z. B. ausser in farblosen Stücken auch roth, violett, gelb, braun etc. Diese Mineralien heissen *gefärbt* oder *allochromatisch.* Ihre Färbung ist wechselnd, also kein charakteristisches, sondern nur ein sehr unwesentliches, zufälliges Kennzeichen. Die sämmtlichen bei einem gefärbten Mineral beobachteten Farben nennt man die *Farbenreihe* desselben. Sogar an einem und demselben Stück eines solchen Minerals kommen häufig verschiedene Farben vor, wie z. B. bei dem Achat, manchen Diopsidkrystallen, die am einen Ende grün, am andern weiss sind, manchen Turmalinen, welche weiss und an einem Ende schwarz sind (Mohrenköpfe) etc. Es entstehen dadurch zuweilen Farbenzeichnungen, welche mit den selbstverständlichen Ausdrücken: gestreift, geflammt, geadert, gefleckt, wolkig etc. benannt werden.

Die metallischen Mineralien lassen an jedem einzelnen Stücke schon durch ihren metallischen Habitus erkennen, dass sie farbig sind, dass bei ihnen also die Farbe ein wichtiges Kennzeichen ist, während man bei nicht metallischen Mineralien an einzelnen Stücken eines Minerals nicht unterscheiden kann, ob die Farbe wesentlich oder nur zufällig ist. Es sind daher vorzugsweise die *metallischen* Farben für die Charakterisirung der Mineralien von Bedeutung. Unter ihnen fehlt blau und grün. Die an den metallischen Mineralien beobachteten Farben sind: 1. *Roth* (kupferroth: Kupfer). 2. *Braun* (tombakbraun: Magnetkies, wenn angelaufen). 3. *Gelb* (broncegelb: Magnetkies auf frischem Bruch; speissgelb, etwas ins Graue: Schwefelkies; messinggelb, etwas ins Grüne: Kupferkies; goldgelb: Gold). 4. *Weiss* (silberweiss, ins Gelbe: Silber; Zinnweiss, ins Graue: Antimon). 5. *Grau* (stahlgrau: Platin; bleigrau: Antimonglanz, Bleiglanz). 6. *Schwarz* (eisenschwarz: Magneteisen).

Auch die nicht metallischen Farben sind, obwohl sie keine so erhebliche Bedeutung haben, classificirt worden, und zwar von dem Begründer der wissenschaftlichen Mineralogie *A. G. Werner*, der allen Farben eine grosse Wichtigkeit beilegte. (A. G. Werner, von den äusserlichen Kennzeichen der Fossilien, Leipzig 1774.) Man unterscheidet 8 Hauptfarben, jede mit einer Anzahl von Nüancen. Die Nüance, welche eine bestimmte Farbe in höchster Reinheit darstellt, heisst die *Charakterfarbe*, sie ist in der folgenden Uebersicht gesperrt gedruckt.

1. *Weiss* (schneeweiss, röthlich-, gelblich-, grünlich-, blaulich-, graulichweiss).
2. *Grau* (aschgrau, grünlich-, blaulich-, röthlich-, gelblich-, rauch-, schwarzgrau).
3. *Schwarz* (sammetschwarz, graulich-, bräunlich- oder pech-, röthlich-, grünlich- oder raben-, blaulichschwarz).
4. *Blau* (berlinerblau, schwärzlich-, lasur-, lavendel-, viol-, pflaumen-, smalte-, indigo-, himmelblau).
5. *Grün* (smaragdgrün, span-, seladon-, berg-, lauch-, apfel-, pistacien-, schwärzlich-, oliven-, gras-, spargel-, öl-, zeisiggrün).
6. *Gelb* (citronengelb, schwefel-, stroh-, wachs-, honig-, ocker-, wein-, isabell-, erbsen-, pommeranzengelb).
7. *Roth* (carminroth, morgen-, hyacinth-, ziegel-, scharlach-, blut-, fleisch-, cochenille-, rosen-, carmoisin-, pfirsichblüth-, columbin-, kirsch-, bräunlichroth).
8. *Braun* (kastanienbraun, röthlich-, nelken-, haar-, gelblich-, holz-, leder-, schwärzlichbraun).

Jede Farbennüance ist bald hell, bald dunkel.

Die Farben ändern sich vielfach an der Luft und am Licht entweder durch die ganze Masse, oder nur an der Oberfläche, indem das Mineral eine mehr oder weniger tiefgehende chemische Umwandlung erleidet. Mancher Topas wird am Licht blasser; Eisenspath bei Luftzutritt dunkler etc. An der Oberfläche ändert sich die broncegelbe Farbe des Magnetkieses in tombakbraun, die weisse des Arsens in schwarz. Findet diese Farbenänderung nur an der Oberfläche statt, so nennt man sie das *Anlaufen*, die entstehenden Farben *Anlauffarben*. Sie sind entweder, wie in den beiden erwähnten Beispielen des Magnetkieses und des Arsens, auf der ganzen Fläche gleich, oder das Mineral läuft bunt an, z. B. Buntkupfererz, Wismuth etc. Dieses Buntanlaufen wird auch mit den Namen: regenbogenartig, pfauenschweifig, taubenhälsig etc bezeichnet.

176. Strich. Von Wichtigkeit ist häufig die Farbe des feinen Pulvers, das bei farbigen Mineralien ebenfalls charakteristisch gefärbt zu sein pflegt, während gefärbte meist weisses oder doch sehr helles Pulver geben. Man stellt das Pulver dar, indem man mit dem Mineral über eine rauhe Porzellanplatte streicht; die Farbe des Strichs ist dann die des hängen gebliebenen Pulvers. Man spricht daher statt von der Farbe des Pulvers auch von der Farbe des Strichs oder kurz vom *Strich*. Der Strich der Mineralien ist meist eine hellere Nüance der Farbe, welche die Masse des Minerals hat; nicht selten zeigt er aber auch eine andere Farbe als diese. So ist Eisenglanz schwarz, der Strich roth; Manganblende braun, der Strich grün; Schwefelkies gelb, der Strich schwarz etc.

177. Pleochroismus. Durchsichtige doppeltbrechende Krystalle haben häufig die Eigenschaft, nach verschiedenen Richtungen hindurchgehendes Licht infolge der Absorption von Strahlen von verschiedener Brechbarkeit in verschiedener Weise zu färben, so zwar, dass Richtungen, welche sich in Bezug auf die Lichtbrechung gleich verhalten, auch gleiche Farben zeigen; in optisch verschiedenen Richtungen sind auch die Farben verschieden. Der rhomboëdrische Pennin z. B. zeigt senkrecht zur Basis, in der Richtung der Axe gesehen, grüne, senkrecht zur Axe dagegen in allen Richtungen braunrothe Farbe; der rhombische Cordierit (Dichroit) zeigt auf die drei Pinakoidflächen (resp. in der Richtung der drei Axen) gesehen die Farben dunkelblau, hellblau, graulichgelb. Diese Erscheinung nennt man *Pleochroismus* (Dichroismus beim einaxigen Pennin, Trichroismus beim zweiaxigen Cordierit). Sie ist nicht immer so deutlich, wie in den erwähnten Fällen, die Farben der verschiedenen Richtungen stehen sich oft sehr nahe, zuweilen handelt es sich blos um kleine Helligkeitsunterschiede in dem durchgelassenen Licht, stets gleiche Dicke der untersuchten Platten vorausgesetzt.

Bei *isotropen* Mineralien beobachtet man diese Erscheinungen nicht, denn sie hängen aufs engste mit der Doppelbrechung zusammen: in solchen Mineralien sind alle Richtungen optisch, also auch in der Farbe gleich. Fällt dagegen Licht auf eine (eben vorausgesetzte) Begrenzungsfläche eines *anisotropen* Krystalls, so wird dasselbe nach dem Eindringen in denselben im allgemeinen in zwei Wellen zerlegt, welche sich mit senkrecht zu einander stattfindenden Schwingungen fortpflanzen. Diese beiden Richtungen sind im allgemeinen von einander krystallographisch verschieden. Sie verhalten sich auch optisch verschieden, indem von den Schwingungen in der einen Richtung ein anderer Theil absorbirt wird, als von denen in der darauf senkrechten Richtung. Von der einen Welle bleibt daher nach dem Verlassen des Krystalls ein anders gefärbter Rest übrig, als von der andern.

Zur besseren Beobachtung dieser Erscheinung hat Haidinger die *Dichrolupe* oder das *Dichroskop* construirt: Es ist ein nach einer Endkante stark verlängertes Spaltungsstück von Doppelspath A (Fig. 303), an dessen beiden Flächen die Glaskeile F und B so angeklebt werden, dass dadurch zwei ebene Grenzflächen senkrecht zu der langen Kante entstehen; bei B ist ein Metallplättchen mit einer kleinen quadratischen Oeffnung D, bei C ist eine Lupe, welche die Oeffnung D beim Hindurchsehen von C nach D scharf sichtbar macht. Das Ganze ist in eine Messinghülse gefasst und diese bei B noch vielfach mit einem um die Axe des Ganzen drehbaren Krystallträger versehen, der in der Mitte so durchbohrt ist, dass bei der Drehung seine Oeffnung stets genau über der quadratischen bei B liegen bleibt.

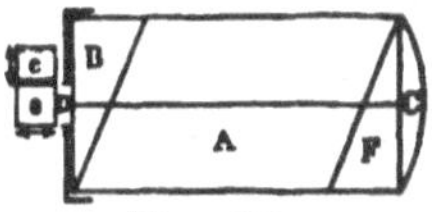

Fig. 303.

Sieht man nun bei C in das Instrument nach einer Lichtquelle (dem hellen Himmel), so fällt das Licht parallel mit der langen Kante auf die vordere Fläche bei B ein, also in dem durch diese Kante bestimmten Hauptschnitt, und man sieht wegen der Doppelbrechung des Kalkspaths zwei Bilder der quadratischen Oeffnung, das eine o gerade aus, da wo diese Oeffnung liegt, das andere e in dem Hauptschnitt etwas nach der stumpfen Ecke des Kalkspaths verschoben. Das erstere Bild o ist das ordentliche, es entspricht Schwingungen senkrecht zum Hauptschnitt, oder, wenn man sich diesen ein für allemal vertikal gestellt denkt, Horizontalschwingungen parallel mit der langen Diagonale des Querschnitts des Kalkspathsstücks und ist farblos; das andere, ausserordentliche, Bild e wird durch Schwingungen im Hauptschnitt, also durch Vertikalschwingungen parallel mit der kurzen Diagonale hervorgebracht und hat einen nach o hin rothen, auf der anderen Seite einen blauen Saum, an dem man es leicht wieder erkennt. Liegt eine Seite des Quadrats bei D horizontal, so liegen beide Bilder mit horizontalen und vertikalen Grenzen im Hauptschnitt übereinander, und wenn die Oeffnung die geeignete Grösse hat, so berühren sie sich längs einer horizontalen Linie, wie es die beiden Quadrate o und e der Fig. 303 zeigen. Dabei sieht man leicht, dass das Bild o etwas heller ist als e; auch der Kalkspath ist etwas dichroitisch, Schwingungen im Hauptschnitt werden etwas stärker absorbirt, als solche senkrecht dazu.

Klebt man nun einen dichroitischen Krystall auf den drehbaren Objectträger vor die Oeffnung D, so sieht man die beiden Bilder o und e im allgemeinen verschieden gefärbt.

Ist der Krystall *einaxig* und die Platte parallel der Axe geschliffen, so erhält man das Maximum der Differenz der Färbung der beiden Bilder o und e, wenn die Axenrichtung des Krystalls vertikal (‖ dem Hauptschnitt oder der kleinen Diagonale des Kalkspaths) oder horizontal ist. Ist sie vertikal, so gehen die im Krystall parallel mit der Axe stattgehabten Schwingungen ohne irgend eine Störung auch durch den Kalkspath und finden hier in dem Hauptschnitt statt, nachdem sie im Krystall die entsprechende Absorption erlitten haben; das Bild e wird also die Farbe zeigen, welche die Schwingungen parallel mit der Axe im Krystall annehmen, also die Farbe E der ausserordentlichen Schwingungen in diesem. Ebenso werden die Schwingungen, welche im Krystall senkrecht zur Axe vor sich gehen, ganz ungehindert durch den Kalkspath gehen können; sie finden in diesem senkrecht zum Hauptschnitt statt; das Bild o wird also die Farbe zeigen, welche der Absorption von Schwingungen senkrecht zur Axe in dem Krystall entspricht, also die Farbe O der ordentlichen Schwingungen. Diese zwei Farben sieht man in den beiden sich berührenden Bildern der quadratischen Oeffnung unmittelbar nebeneinander, was die Constatirung sehr geringer Unterschiede ermöglicht. Ein hexagonaler Krystall von Rubin giebt in diesem Fall ein intensiv rothes Bild *o* und ein sehr blassrothes *e*. Hätte man die Axe des Krystalls horizontal (senkrecht zum Hauptschnitt) gestellt, so würden die Farben der Bilder *o* und *e* vertauscht sein; kennt man aber die Richtung der Axe im Krystall und ihre Lage zum Hauptschnitt des Instruments, so lassen sich die den beiden Schwingungen im Krystall entsprechenden beiden Absorptionsfarben *O* und *E* stets leicht angeben (Dichroismus). Dreht man nun den Objectträger, dann macht die Axe des Krystalls einen Winkel α mit dem Hauptschnitt des Kalkspaths, die Bilder *o* und *e* nähern sich einander in ihrer Färbung, und wenn $\alpha = 45^0$, so sind sie beide gleich und die Farbe liegt zwischen den Farben *O* und *E* in der Mitte. Die Schwingungen im Krystall werden in jeder solchen Zwischenlage nach dem Hauptschnitt im Kalkspath und senkrecht darauf zerlegt und geben von α abhängige Zwischenfarben. Für $\alpha = 45^0$ sind die Componenten nach den beiden Schwingungsebenen des Kalkspaths und somit auch die Farben der Bilder *o* und *e* einander gleich. Sieht man dagegen parallel zur Axe durch den Krystall, so sieht man, ebenso wie bei isotropen Mineralien, die Bilder *o* und *e* stets gleich gefärbt; in diesem Fall kommen nur Schwingungen in das Instrument, welche im Krystall senkrecht zur Axe stattgefunden haben, und diese verhalten sich alle ganz gleich; der Rubin würde hier also eine dunkelrothe Farbe *O* geben. Sieht man ohne Instrument senkrecht zur Basis, also parallel mit der Axe durch den Krystall, so sieht man offenbar die Farbe *O*; dies ist die sog. *Axenfarbe;* senkrecht zur Axe dagegen kommen gleichzeitig Strahlen ins Auge, welche die Absorption der Schwingungen senkrecht und parallel der Krystallaxe erlitten haben. Die Farbe, die man auf diese Weise sieht, welche man *Prismenfarbe* nennen könnte, ist also eine Mischfarbe von *O* und *E*.

Bei *zweiaxigen* Krystallen verhält sich jede Platte parallel mit einem Hauptschnitt im Dichroskop, ganz genau ebenso wie die einaxige Platte parallel der Axe; sie giebt zwei, beispielsweise den Schwingungen nach den Elasticitätsaxen *OX* und *OY* entsprechende Absorptionsfarben $\mathfrak{a}$ und $\mathfrak{b}$; ist die Platte den Axen *OX* und *OZ* parallel, so giebt sie die diesen Schwingungen entsprechenden Farben $\mathfrak{a}$ und $\mathfrak{c}$; dann sind die drei Hauptabsorptionsfarben für Schwingungen nach *OX*, *OY*, *OZ*: $\mathfrak{a}$, $\mathfrak{b}$, $\mathfrak{c}$ bekannt und $\mathfrak{a}$ ist sogar doppelt bestimmt. Sieht man ohne Instrument senkrecht durch die erste Platte in der Richtung der Axe *OZ*, so erhält man eine Mischfarbe $\mathfrak{C}$ aus den beiden Farben $\mathfrak{a}$ und $\mathfrak{b}$; die zweite Platte giebt beim Durchsehen in der Richtung *OY* eine Mischfarbe $\mathfrak{B}$ aus $\mathfrak{a}$ und $\mathfrak{c}$, und eine dritte Platte parallel den Elasticitätsaxen *OY* und *OZ* giebt eine Mischfarbe $\mathfrak{A}$ aus $\mathfrak{b}$ und $\mathfrak{c}$. Die drei Farben $\mathfrak{a}$, $\mathfrak{b}$, $\mathfrak{c}$ nennt man die *Axenfarben*, $\mathfrak{A}$, $\mathfrak{B}$, $\mathfrak{C}$ die *Flächenfarben* der Substanz. Das Schema in Fig. 304 giebt deren Anordnung. Es stellt einen würfelförmig geschliffenen Körper vor, der aus einem zweiaxigen Krystall so gearbeitet ist, dass seine drei Parallelflächen-

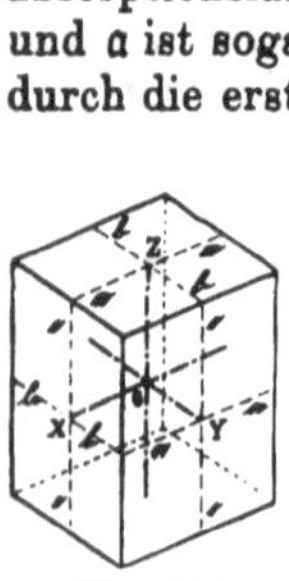

Fig. 304.

paare senkrecht zu den drei Elasticitätsaxen OX, OY, OZ sind. Ein solcher Körper giebt unmittelbar beim Hindurchsehen mit blossem Auge nach OX, OY und OZ die Flächenfarben 𝔄, 𝔅, ℭ und mitHülfe des Dichroskops die Axenfarben 𝔞, 𝔟, 𝔠, und zwar jede doppelt, wenn man auf jeder der drei auf einander senkrechten Flächen beobachtet. Plättchen schief zu den Elasticitätsaxen geben Flächenfarben, welche zwischen 𝔄, 𝔅, ℭ in der Mitte liegen und die von der Neigung der Fläche des Plättchens gegen die drei Axen abhängen. Jedes solche Plättchen giebt auch im Dichroskop zwei verschiedene Farben, ganz ebenso wie ein solches parallel mit zwei Elasticitätsaxen. Das Maximum der Farbenverschiedenheit tritt bei einem solchen schief gegen die Axen liegenden Plättchen im Dichroskop dann ein, wenn die beiden auf einander senkrechten Richtungen der grössten und kleinsten Elasticität im Plättchen (die beiden Schwingungs- oder Auslöschungsrichtungen des Plättchens) dem Hauptschnitt des Dichroskops parallel und darauf senkrecht sind. Die Farben des Plättchens liegen dann zwischen 𝔞, 𝔟, 𝔠. Die Verhältnisse des Pleochroismus optisch zweiaxiger Krystalle werden meist durch die drei Axenfarben 𝔞, 𝔟, 𝔠 angegeben (Trichroismus); für den Cordierit ist z. B.: 𝔞 graulichgelb, 𝔟 hellblau, 𝔠 dunkelblau (Schema des Pleochroismus). Zuweilen zeigen die Farben 𝔞, 𝔟, 𝔠, welche das Dichroskop liefert, deutlich an, welche Schwingungen am stärksten, welche weniger absorbirt werden. Man bezeichnet dies schematisch z. B. durch 𝔞 > 𝔟 > 𝔠 oder 𝔟 > 𝔠 > 𝔞 etc. Letzteres Schema z. B. soll ausdrücken, dass die nach OY, der Axe der mittleren Elasticität, schwingenden Strahlen stärker absorbirt oder geschwächt werden, als die nach OZ, und diese wieder stärker als die nach OX.

(Haidinger, Pogg. Ann. Bd. 65. Sitzgsbr. Wiener Ak. Bd. 13. Böhm. Ges. der Wissensch. 1845. V. v. Lang. Sitzgsbr. Wiener Ak. Bd. 82. Mallard, Bull. soc. min. France. Bd. VI. Sénarmont. Pogg. Ann. Bd. 91.)

Eine andere, bes. für kleine Krystalle zweckmässige Beobachtungsmethode des Pleochroismus ist die mittelst eines Mikroskops mit drehbarem Tisch, an welchem unter dem Objecttisch, nicht aber darüber, ein Nicol eingeschaltet ist. Stellt man die eine Schwingungsebene des Krystalls parallel dem Hauptschnitt des Nicols, so kommt nur Licht ins Auge, welches sich durch Schwingungen parallel mit dieser Schwingungsrichtung im Krystall fortgepflanzt hat und welches daher im Auge den Farbeneindruck hervorbringt, welcher diesen Schwingungen entspricht. Den Farbeneindruck, welcher Schwingungen nach der andern Schwingungsrichtung des Krystalls entspricht, erhält man, wenn man nun diese Schwingungsrichtung dem Hauptschnitt des Nicols parallel stellt. Dreht man von der einen Stellung den Krystall mit dem Objecttisch in die andere, so geht die eine Farbe ganz stetig durch allmählige Uebergänge in die andere über, welche nach einer Drehung von 90^0 erreicht wird. Man erhält so die beiden Farben nacheinander, nicht nebeneinander (Tschermak. Sitgzbr. Wiener Ak. Bd. 59).

Da Pleochroismus mit Doppelbrechung zusammenhängt, so ist diese Erscheinung eine sichere und scharfe Probe, dass die betreffende Substanz nicht isotrop sein kann; nur muss man sich eventuell überzeugen, dass kein Plättchen senkrecht zu einer optischen Axe vorliegt, oder man muss die Abwesenheit des Pleochroismus in mindestens zwei Richtungen constatiren.

178. **Phosphorescenz. Fluorescenz.** Manche Mineralien zeigen in dem an ihrer Oberfläche reflektirten Licht eine andere Farbe, als in dem, welches durch ihre Masse hindurchgegangen ist. Diese Erscheinung nennt man die *Fluorescenz*. Sie ist

besonders deutlich bei gewissen Flussspathvarietäten, z. B. bei dem von Cumberland in England: das reflectirte Licht ist schön dunkelblau, das durchgegangene hellgrün. Auch manche Bernsteinstücke, besonders von Sicilien, zeigen ähnliche Erscheinungen.

Verbreiteter ist die *Phosphorescenz*, d. h. das Ausstrahlen eines eigenen Lichts bei gewöhnlicher oder doch bei einer wenig erhöhten, noch unter der Glühhitze gelegenen Temperatur, welches durch verschiedene Mittel hervorgebracht werden kann. Nach dem Bestrahlen mit Sonnenlicht phosphorescirt der Diamant sehr energisch und strahlt im Dunkeln ein ziemlich intensives Licht aus. Durch mechanische Kraftwirkungen wird diese Erscheinung vielfach hervorgerufen, so z. B. durch Zerreissen von Glimmerplatten nach den Blätterbrüchen, durch Kratzen mit einem harten Körper an Zinkblende, Dolomit etc. Sehr schön zeigt sich die Erscheinung beim Schleifen harter Steinarten, z. B. von Achaten. Durch schwaches Erwärmen wird das Phosphoresciren z. B. bei gewissen Varietäten von Flussspath und Apatit hervorgerufen. Sie glühen bei einer gewissen Temperatur plötzlich auf und werden bald wieder dunkel. Aehnliches Aufglühen zeigt auch z. B. der Gadolinit. Bei allen diesen Mineralien lässt sich die Erscheinung des Aufglühens nur einmal hervorbringen, aber zum zweiten Mal an demselben Stück nicht wieder.

179. Besondere Farbenerscheinungen. Manche Mineralien zeigen gewisse besondere Farben- und Lichterscheinungen, die oft sehr charakteristisch sind.

Das *Irisiren* wird hervorgebracht durch dünne Luftlamellen, welche auf Spalten und besonders in der Richtung von Blätterbrüchen sich innerhalb der Mineralien befinden und welche die grellen Farben der dünnen Plättchen hervorbringen. An ihrem Vorhandensein in bestimmten Richtungen kann man ebenso wie am Perlmutterglanz Spaltungsflächen, auch wenn sie nicht thatsächlich ausgebildet sind, vielfach leicht erkennen (Glimmer, Adular, aber auch Quarz etc.). Aehnlich zu erklären ist wohl auch das *Opalisiren*, das Farbenschillern des edlen Opals, auf welchem dessen Verwendung als Edelstein beruht. Auf dem milchweissen, seltener schwarzen Hintergrund, den die Farbe des Minerals liefert, sieht man die mehr oder weniger zahlreichen glänzenden Farbenflitter roth, grün, blau, gelb etc. scharf hervortreten. Das *Asterisiren*, das besonders manche Glimmer zeigen, besteht darin, dass man beim Durchsehen nach einer hellen Lichtflamme einen regelmässigen hellen sechs- (oder zwölf-) strahligen Stern erblickt, hervorgebracht durch zahlreich eingelagerte, mikroskopisch kleine Stäbchen, welche alle in drei sich unter 60° schneidenden Richtungen orientirt sind, auf welchen die Strahlen des Sterns senkrecht stehen. Es ist eine Beugungserscheinung. Auch manche Sapphirkrystalle zeigen beim Durchsehen senkrecht zur Basis (längs der Axe) einen solchen Stern (Sternsapphir), der auch bei der Reflexion von Licht auf der Basis erscheint.

Manche fasrige Mineralien (Fasergyps, Katzenauge etc.) zeigen besonders auf rund geschliffenen Flächen einen eigenthümlichen milchigen Lichtschein, welcher beim Drehen des Minerals um die Faserrichtung über die krumme Fläche quer zur Faser hinwandert. In manchen farblosen Feldspathen (Adularen) sieht man nach gewissen bestimmten Richtungen ein bläulich weisses, mondartiges Licht, das von feinen Spalten herrührt, welche mit Blätterbrüchen zusammenhängen, auf welchen das eingedrungene Licht wieder nach aussen reflectirt wird. Die Erscheinung nennt man *Adularisiren*; die Adulare, die sie zeigen, Mondstein. Eine ähnliche Ursache hat auch die prächtige Farbenerscheinung des auf gewissen (nicht auf allen) Krystallflächen in den glänzendsten grünen, blauen, rothen etc. Tinten spielenden Labradorfeldspaths (*Labradorisiren* oder *Farbenwandlung*). (Reusch, Pogg. Ann. Bd. 116, 118, 120. Vogelsang, Arch. néerland. Bd. III.) Für den Hypersthen charakteristisch ist ein auf den deutlichsten Spaltungsflächen hervortretender *metallischer Schiller*, besonders von kupferrother Farbe (Kosmann, N. Jahrb. Min. etc. 1868), ähnlich beim Bronzit etc. Der rothe Schiller des Avanturinquarzes, des sog. Sonnensteins (eines Feldspaths) etc. beruht auf der Einlagerung von unter einander mehr oder weniger vollständig parallelen dünnen Schüppchen von Eisenglanz oder Goethit.

Thermische, elektrische und magnetische Eigenschaften.

180. Wärmestrahlung. Die Mineralien verhalten sich in Bezug auf strahlende Wärme ganz analog, wie gegen das Licht. Es giebt diathermane Mineralien, wie das Steinsalz, welche wenig von den durchgehenden Wärmestrahlen absorbiren, und athermane, wie der Alaun, welche wenig Wärmestrahlen hindurchlassen. In einem Wärme durchlassenden, einem durchsichtigen Körper vergleichbaren Krystall verhalten sich gleiche Richtungen stets in Beziehung auf die Wärmestrahlung einander gleich.

181. Wärmeleitung. Die Mineralien sind theils gute, theils schlechte Leiter der Wärme. Zu den besten gehören die metallischen Mineralien, zu den schlechtesten gewisse organische Substanzen, wie Bernstein. Je leichter ein Mineral die Wärme leitet, desto kälter fühlt es sich in der Hand an, da es die Wärme derselben rasch in seiner ganzen Masse vertheilt; schlechte Wärmeleiter fühlen sich warm an, da durch sie der Hand nur wenig Wärme entzogen wird. Es ist dies ein zuweilen ganz bequemes Mittel, um rasch Mineralsubstanzen im bearbeiteten, polirten Zustande von ähnlich aussehendem Holz etc. zu unterscheiden. Auch die Wärmeleitung ist in krystallographisch gleichen Richtungen stets genau dieselbe.

Dies kann sehr leicht nach der Methode von Sénarmont gezeigt werden. Eine nicht zu dicke Krystallplatte ist mit einer dünnen Schicht Wachs bedeckt. Die Platte wird von einem centralen Punkt aus erwärmt mittelst eines langen gebogenen Drahts, der an einem Ende durch ein in der Mitte der Krystallplatte befindliches Loch gesteckt und am andern Ende erhitzt wird. Von diesem Punkt wird die Erwärmung nach allen Richtungen fortgeleitet, und zwar gleich, wenn die Leitungsfähigkeit nach allen Seiten die gleiche, ungleich, wenn dies nicht der Fall ist. Wird die Erwärmung bis zum Schmelzen des Wachses fortgesetzt, so kann man an der Grenze zwischen der geschmolzenen und nicht geschmolzenen Partie, welche auch nach dem Erkalten an einem niederen Ringwall erkennbar bleibt, die Art der Wärmeleitung constatiren. Diese Grenze ist entweder ein Kreis, dann wurde die Wärme offenbar nach allen Seiten gleich gut geleitet, oder sie ist eine Ellipse, dann wird die Leitungsfähigkeit durch die radii vectores derselben angegeben. (Sénarmont, Pogg. Ann. Bd. 73, 74, 75. Die Modifikation dieser Methode von Röntgen, Ztschr. Kryst. Bd. III pag. 17. Pape, Wiedemann. Ann. Bd. 1.)

Darnach findet man, dass Platten amorpher und regulärkrystallisirter Mineralien stets Kreise geben, sie leiten die Wärme nach allen Raumrichtungen gleich gut. Einaxige Krystalle geben auf Platten parallel der Basis ebenfalls stets Kreise; auf Platten parallel mit der Axe entstehen aber Ellipsen, deren Axen in dem Hauptschnitt des Krystalls und senkrecht darauf liegen. Diese sind in der Richtung der Axe verlängert oder verkürzt, je nachdem die Leitungsfähigkeit in der Richtung der Axe grösser oder kleiner ist, als senkrecht dazu. Beim Quarz findet man bei den Ellipsen auf den Prismenflächen die beiden Ellipsenaxen senkrecht und parallel der Hauptaxe = 10 : 13, und in diesem Verhältniss steht die Leitungsfähigkeit nach diesen beiden Richtungen. In anders orientirten Platten und in Platten optisch zweiaxiger Krystalle erhält man Ellipsen, deren Axen stets mit etwaigen Symmetrierichtungen in der Ebene der Platten zusammenfallen.

182. Ausdehnung. Fast alle Mineralien dehnen sich in der Wärme aus, aber die Grösse der Ausdehnung, der Ausdehnungscoëfficient, ist nicht bei allen gleich gross. Es giebt einige Mineralien, bei welchen in gewissen Richtungen sogar eine Contraction eintritt, wenn die Temperatur steigt, z. B. beim Kalkspath in der Richtung der Nebenaxen.

Krystalle dehnen sich im allgemeinen nach verschiedenen Richtungen verschieden, immer aber nach gleichen Richtungen gleich aus. Dabei *bleibt stets das Krystallsystem dasselbe, tautozonale Flächen bleiben tautozonal und alle Flächen behalten ihre Ausdrücke.* Bei amorphen Mineralien und regulären Krystallen ist die Ausdehnung nach allen Richtungen dieselbe, daher bleiben die Flächenwinkel regulärer Krystalle bei allen Temperaturen dieselben, und eine Kugel aus einem solchen Mineral bleibt bei jeder Temperatur eine Kugel, nur ist der Durchmesser jedesmal ein anderer.

Einige reguläre Krystalle zeigen bei einer bestimmten Temperatur ein Maximum der Dichtigkeit, ähnlich wie das Wasser bei 4^0 C., und dehnen sich von da ab bei Temperatur-Erhöhung und -Erniedrigung aus, so z. B. Diamant bei -42^0 C.

Bei einaxigen Krystallen ist die Ausdehnung in allen Richtungen senkrecht zur Axe dieselbe und von der Ausdehnung in der Richtung der letzteren verschieden, welche bald die grössere, bald die kleinere ist. Eine Kugel aus einem solchen Krystall wird bei einer Temperaturveränderung ein Rotationsellipsoid, dessen Drehaxe der Hauptaxe des Krystalls parallel ist. An den Krystallen bleiben die mit der Symmetrie derselben zusammenhängenden Winkel (Prismenwinkel und Winkel der Basis gegen die Prismenflächen) für alle Temperaturen stets dieselben, während sich die andern mit der Temperatur verändern, z. B. die Winkel der Quadratoktaëder etc. Damit ändert sich dann auch das Axenverhältniss $a : c$.

Dies wurde besonders beim Kalkspath beobachtet. In der Richtung der Hauptaxe ist der Ausdehnungscoëfficient für 100^0 C. $= + 0{,}002626$; in der Richtung der Nebenaxen $= - 0{,}000310$, d. h. senkrecht zur Axe zieht sich der Kalkspath zwischen 0^0 und 100^0 bei der Erwärmung zusammen. Dabei wird jedes Rhomboëder spitzer, und die Endkantenwinkel derselben müssen also beim Erwärmen kleiner werden. Für das Spaltungsrhomboëder ist dieser Winkel: $= 105^0\,4'$ bei 10^0 C. und $104^0\,55^1/_2{}'$ bei 100^0 C., also um $8^1/_2{}'$ kleiner.

Bei zweiaxigen Krystallen beobachtet man drei aufeinander senkrechte Richtungen der grössten, kleinsten und mittleren Ausdehnung (thermische Axen). Bei rhombischen Krystallen fallen dieselben mit den drei Krystallaxen zusammen; bei monoklinen Krystallen geht dic eine derselben der Orthodiagonale parallel, und die zwei andern liegen irgendwo in der Symmetrieebene; endlich bei triklinen Krystallen findet eine Beziehung zwischen der Lage dieser Axen und der krystallographischen Begrenzung nicht mehr statt. Die thermischen Axen liegen also stets symmetrisch zu den Symmetrieebenen der Krystalle, ebenso wie die optischen Elasticitätsaxen, mit welchen sie aber im allgemeinen nicht zusammenfallen. Eine aus einem solchen Krystall geschliffene Kugel wird bei einer Temperaturänderung ein dreiaxiges

Ellipsoid, und an einem Krystall ändern sich alle Winkel, welche nicht $= 90^0$ sind, weil nur diese letzteren mit der Symmetrie (dem Krystallsystem) nothwendig zusammenhängen. Mit den Winkeln ändert sich auch das Axenverhältniss: $a:b:c$.

Die Aenderungen der Krystallwinkel und der Axenverhältnisse $a:b:c$ finden bei stetigen Temperaturänderungen ebenfalls ganz stetig statt. Dies ist für die Krystallographie von grosser Bedeutung, da es beweist, dass die Verhältnisse der Axenlängen $a:b:c$ nicht rational sein können (sofern sie nicht einander gleich sind: z. B. $a:a:a$). Würden z. B. die drei Axen a, b, c eines rhombischen Krystalls sich wie rationale Zahlen verhalten, so könnte dies nur für eine ganz bestimmte Temperatur richtig sein. Bei einer geringen Aenderung derselben würde sich das Axenverhältniss ändern und müsste dann irrational werden, da die Aenderung ganz stetig und nicht sprungweise von einem rationalen Verhältniss zum anderen stattfindet. Ebenso ist es in allen andern Fällen. Die *Verhältnisse der Axen der Krystalle sind somit irrational.* Ebensowenig können die Axenlängen Wurzeln aus ganzen Zahlen sein. Stets gleich sind die drei regulären Axen und die Nebenaxen quadratischer und hexagonaler Krystalle.

(Mitscherlich, Pogg. Ann. Bd. 1 und 10. F. E. Neumann, ibid. Bd. 27. Fletcher, Ztschr. Kryst. Bd. IV und VIII. Fizeau, Versch. Stellen der Comptes rendus, 1866, 1868 etc.; ferner Pogg. Ann. Bd. 128, 137 etc.)

183. Aenderung des Aggregatzustandes. Die meisten Mineralien ändern in höherer Temperatur ihren Aggregatzustand, indem sie schmelzen oder sich verflüchtigen. Ihr Verhalten in dieser Beziehung wird geprüft mittelst einer gewöhnlichen Löthrohrflamme, und alle Angaben hierüber beziehen sich auf die dadurch hervorgebrachte Temperatur. So gilt z. B. der Quarz in der Mineralogie für unschmelzbar, weil er vor dem Löthrohr nicht schmilzt, während er in dem Knallgasgebläse dies mit grosser Leichtigkeit thut.

Die *Schmelzbarkeit* schwankt in weiten Grenzen. Sie ist ein wichtiges Kennzeichen zur Unterscheidung und Erkennung der Mineralien, und es ist daher, um dieselben in Bezug auf diese Eigenschaft mit einander vergleichen zu können, von *v. Kobell* eine Schmelzbarkeitsskala aufgestellt worden, analog der Mohs'schen Härteskala, welche sechs je durch ein typisches Mineral charakterisirte Grade mit von 1 bis 6 immer schwieriger werdender Schmelzbarkeit enthält:

1. *Antimonglanz.* } In gröberen resp. feineren Splittern schon am
2. *Natrolith.* } Saume eines Kerzenlichts (ohne Löthrohrblasen) schmelzend.

3. *Almandin.* Nicht mehr am Kerzenlicht, wie die vorigen, aber leicht und auch in groben Splittern vor dem Löthrohr schmelzend.

4. *Strahlstein* (vom Zillerthal). } Vor dem Löthrohr in weniger
5. *Adular* (vom St. Gotthard). } feinen resp. feineren Splittern schmelzbar.

6. *Bronzit* (von Kupferberg im Bayreuthschen etc.). Vor dem Löthrohr nur in den feinsten Spitzen etwas abrundbar.

Man hat Splitter dieser Mineralien vorräthig und vergleicht sie bei der Bestimmung mit ähnlichen der zu untersuchenden Probe.

Die Mineralien verhalten sich beim Erhitzen und Schmelzen oft eigenthümlich; manche zerspringen oder zerknistern (decreptiren) in kleine Stückchen oder in ein feines Pulver; manche schmelzen unter Aufkochen (Zeolithe); manche blähen sich auf und bilden blumenkohlähnliche Massen, welche dann manchmal nicht weiter schmelzbar sind (Epidot); manche zeigen nach dem Erkalten ebene Begrenzungsflächen der Schmelzprobe (Pyromorphit) etc. Dies hängt z. Th. mit einem beim Erhitzen vor sich gehenden Substanzverlust zusammen (siehe unten).

Bei diesen Versuchen werden die Stücke entweder in der Platinpincette oder im Platindraht oder auf Kohle erhitzt.

Viele Mineralien lassen sich verdampfen (sublimiren), sind flüchtig, z. B. Steinsalz, und lassen auf der Kohle oder dem Platinblech keinen Rückstand.

Manche Mineralien werden beim Schmelzen und Sublimiren nicht wesentlich verändert und erstarren in der Kälte zu Massen, welche den ursprünglichen durchaus gleich sind. Geschmolzener Augit erstarrt wieder zu Augit, sublimirtes Steinsalz giebt wieder Steinsalz. Andere werden wesentlich verändert. In chemischer Beziehung besteht diese Aenderung vielfach darin, dass in der Hitze einzelne Bestandtheile weggehen, z. B. das Wasser der Zeolithe, der Schwefel mancher Schwefelmetalle etc., welche Mineralien *theilweise flüchtig* genannt werden; oder es treten Oxydationsprozesse ein, wie z. B. beim Spatheisenstein, welcher CO_2 verliert und dessen FeO sich zu Fe_3O_4 oxydirt und dadurch magnetisch wird, u. A. mehr. Bei andern Mineralien gehen Umwandlungen in physikalischer Hinsicht vor sich. Manche Krystalle erstarren nach dem Schmelzen ohne Substanzverlust zu amorphen Massen, wie z. B. Realgar, Granat, Vesuvian. Letzere beide verlieren dabei bedeutend an specifischem Gewicht, z. B. sinkt das des Vesuvians von 3,4 vor, auf 2,9 nach dem Erstarren, und ausserdem wird die vorher von Säuren nicht angegriffene Substanz nachher von solchen leicht zersetzt. Manche Mineralien erstarren in anderer Krystallform; so erstarrt geschmolzene Hornblende ohne Aenderung der chemischen Zusammensetzung in der Krystallform des Augits etc.

184. Elektricität. Pyroelektricität. Die Mineralien sind theils gute, theils schlechte Leiter der Elektricität. Bei Krystallen sind stets gleiche Richtungen in Bezug auf die Leitungsfähigkeit für die Elektricität einander gleich.

Man kann in den Mineralien durch verschiedene Einwirkungen Elektricität erregen, so durch Reibung, wobei z. B. der Quarz +, der Bernstein — wird; durch Druck, z. B. im Kalkspath, der schon bei einer gelinden Pressung zwischen den Fingern stark + wird (Piëzoelektricität); durch Lichtbestrahlung, z. B. im Flussspath (Photoelektricität); durch Wärmebestrahlung, z. B. in Quarz (Aktinoelektricität). Am wichtigsten ist aber die Erregung von Elektricität in Krystallen durch Temperaturänderung (Pyroelektricität, Thermoelektricität Hankel). Bei constanter, hoher oder niederer Temperatur sind die hierher gehörigen Krystalle nicht elektrisch, werden es aber bei jeder Erhöhung oder Erniedrigung derselben. Die Erregung ist der Art, dass einzelne Stellen der Oberfläche, und zwar auf derselben Krystallfläche, in oft vielfachem Wechsel +, andere — werden. Diejenigen Stellen, welche bei der Temperaturerhöhung + sind, werden bei Erniedrigung — ; man heisst diese Stellen *analog*, weil die Vorzeichen der Temperaturänderung und der dadurch erregten Elektricität dieselben sind. Die *antilogen* Stellen, wo dieselben entgegengesetzt sind, werden beim Erwärmen –, beim Erkalten + electrisch. Die Beobachtungen werden meist mit erkaltenden Krystallen angestellt. Manche Mineralien verlieren beim Erwärmen über eine gewisse Temperatur hinaus die elektrische Erregbarkeit, z. B. Boracit über 265°, d. h. also genau von derselben Temperatur ab, bei welcher er isotrop wird (172). Sehr merkwürdig ist auch die Erscheinung, dass sich beim Abkühlen von 105°—110° ab die Pole des Boracits umkehren, d. h. dass die Pole, welche beim Abkühlen über dieser Temperatur + sind, unter derselben — werden und umgekehrt.

Gleiche Richtungen und gleiche Stellen eines Krystalls verhalten sich pyroelektrisch gleich in Bezug auf Vorzeichen und Intensität der Erregung, und es scheint auch, als ob sich ungleiche Stellen stets verschieden verhielten, so dass die Vertheilung der pyroelektrischen Erregung genau nach der Symmetrie des betreffenden Krystalls stattfände. Allerdings treten dabei vielfach Störungen auf, welche mit der Oberflächenbeschaffenheit, mit Bruchstellen etc. zusammenhängen.

An den Enden aller Nebenaxen sind z. B. Kalkspathkrystalle stets gleich erregt, aber entgegengesetzt wie an den Enden der Hauptaxe. Die beiden symmetrischen Hälften eines Gypskrystalls verhalten sich beide ganz gleich etc.

Sind beide Enden einer Richtung in einem Krystall krystallographisch ungleich und infolge dessen am einen Ende andere Krystallflächen ausgebildet als am andern, so beobachtet man häufig, dass auch die Pyroelektricitäten an beiden Enden einer solchen Richtung verschieden sind, die Krystalle sind dann polarelektrisch. Dies ist z. B. bei hemimorphen Krystallen längs der Axe des Hemimorphismus der Fall, so bes. beim Turmalin und Kieselzinkerz; oder bei hemiëdrisch-geneigtflächigen Krystallen, z. B. bei dem tetraëdrischen Boracit, wo jede zwei gegenüberliegende Würfelecken verbindende Gerade an beiden Enden verschieden erregt wird, so dass die vier Flächen des einen Tetraëders analog, die des andern antilog sind. Auch an Zwillingen, z. B. des Skolecits, beobachtet man eine ähnliche Erscheinung.

(Hankel an vielen Stellen der Berichte der sächs. Akad. in Leipzig u. Pogg. Ann.) Eine sehr bequeme Methode, die Vertheilung der Elektricität auf der Oberfläche eines durch Temperaturänderung oder sonstwie elektrisch erregten Krystalls sichtbar zu machen, besteht darin, dass man diese mit einem sehr feinen Pulver bestäubt, das aus Schwefel und Mennige gemischt ist. Auf den + erregten Stellen der Oberfläche werden dann die — erregten gelben Schwefelstäubchen, auf den — erregten Stellen die dabei ihrerseits + gewordenen rothen Mennigestäubchen angesammelt. (Kundt, Ztschr. Kryst. Bd. VIII.) Bei starker Erregung kann die Elektricität mittelst einer Magnetnadel nachgewiesen werden.

184a. Thermoelektricität. Auch die *Thermoelektricität*, die Erregung eines galvanischen Stroms durch Erwärmen der Berührungsstelle zweier leitender Mineralien, deren andere Enden durch eine metallische Leitung verbunden sind, ist von einiger Bedeutung. So giebt es Schwefelkies- (auch Kobaltglanz-) Krystalle, welche in der thermoelektrischen Spannungsreihe noch jenseits des Antimon, und andere, welche noch jenseits des Wismuths stehen. G. Rose hat dieses Verhalten mit der pyritoëdrischen Hemiëdrie dieser Mineralien in Zusammenhang zu bringen gesucht, indem er die hemiëdrischen Formen der auf der Seite des *Sb* stehenden positiven Krystalle als die Formen der einen Stellung, die der andern Krystalle als die der andern Stellung, und solche Krystalle, welche an verschiedenen Stellen + und — sind, als Ergänzungszwillinge mit parallelen Hauptaxen auffasste. Es giebt aber auch holoëdrische Körper von ähnlichem Verhalten, von denen verschiedene Stücke im Contact mit einander einen thermoelektrischen Strom liefern können, z. B. metallisches Kupfer, Bleiglanz etc., was mit der Beimischung geringer Mengen von Verunreinigungen zusammen zu hängen scheint. (G. Rose, Pogg. Ann. 142, 13. 1871. Schrauf und Dana, Sitzgsber. Wiener Akad. 69. 1874.)

185. Magnetismus. Manche Mineralien sind magnetisch, indem sie vom Magnet gezogen werden (*retraktorisch*), wie Magneteisen, Magnetkies, ein Theil des gediegenen Platins; diese sind zuweilen polar, an einem Ende —, am andern +, meist aber wirken alle Stellen ihrer Oberfläche in gleicher Weise auf beide Pole einer Magnetnadel. Gewisse Varietäten, bes. angewitterte Stücke des Magneteisens, sind sogar *attraktorisch* magnetisch und ziehen Eisenfeile an sich (natürliche Magnete). Auch sie sind zuweilen polarisch. Die genannten Mineralien zeigen starken Magnetismus, schwächere Grade, durch feinere Hülfsmittel nachweisbar, lassen noch viele andere Mineralien, bes. *Fe*- und *Ni*- haltige erkennen. Manche an sich nicht magnetische Mineralien und Gesteine sind durch Einmengung von Magneteisen magnetisch.

(Greiss, Pogg. Ann. 98. Grailich und v. Lang, Sitzgsber. Wien. Ak. Bd. 32. 1858.)

III. Abschnitt.

Mineralchemie.

Dieser Abschnitt umfasst hier die Darstellung der chemischen Zusammensetzung der Mineralien und der chemischen Charakteristik derselben, sowie der Art und Weise, wie sie sich bilden und wie sie umgewandelt und zerstört werden; endlich der sowohl an sich, als auch namentlich für die Beurtheilung der Entstehung besonders wichtigen Art und Weise des Vorkommens derselben in der Natur. Litteratur siehe (3) D—G.

186. Zusammensetzung. Die Mineralien sind aus den chemischen Elementen nach den Gesetzen, welche die Chemie ermittelt hat, aufgebaut. Diese Gesetze werden hier als bekannt angenommen. Alle bisher aufgefundenen Elemente sind in Mineralien vertreten, es kommen aber nicht alle Elemente isolirt und auch nicht alle möglichen Verbindungen der Elemente als Mineralien in der Natur vor, sondern nur solche, welche unter der Einwirkung der in der Erdkruste stets vor sich gehenden chemischen Processe nicht leicht zerstört werden.

Die Zusammensetzung der Mineralien wird durch eine Formel angegeben, welche zeigt, was für Elemente und wie viel Atome von jedem in denselben vorhanden sind. Solche Formeln heissen empirische. Constitutionsformeln, welche angeben sollen, wie die Atome im Molecül gelagert sind, beruhen vielfach und namentlich bei den complicirt zusammengesetzten Mineralien auf willkürlichen und unsicheren Annahmen; von ihnen wird daher hier abgesehen. Dagegen werden zuweilen, wenn es zur Erreichung einer leichteren Uebersicht bequem erscheint, die sog. gruppirenden Formeln der älteren Chemie angewendet. So wird also z. B. ein Mineral von der Zusammensetzung des Orthoklases geschrieben: $K_2 Al Si_6 O_{16}$ oder auch nach Bedürfniss: $K_2O . Al O_3 . 6 Si O_2$.

187. Analyse. Die chemische Zusammensetzung eines Minerals wird durch eine genaue quantitative Analyse ermittelt, deren Ausführung die Aufgabe der Mineralchemie ist. Aus der Analyse wird dann, unter Berücksichtigung der Verhältnisse des Isomorphismus (192 ff.) etc., nach den Gesetzen der Stöchiometrie eine Formel berechnet. So ist die Formel für sehr viele Mineralien unzweifelhaft festgestellt, bei andern ist dies noch nicht gelungen. Es sind das solche Mineralien, welche entweder sehr complicirt und aus vielen schwierig trennbaren Elementen, von z. Th. wenig bekannten Eigenschaften zusammengesetzt sind, oder welche sehr complicirte isomorphe Mischungen darstellen, oder welche nur in geringen Mengen zur Verfügung stehen etc.

Dabei ist immer vorausgesetzt, dass die Analyse mit vollkommen reinem und homogenem Material angestellt ist. Die Mineralien enthalten vielfach fremde Beimengungen (Unreinigkeiten) mechanisch eingeschlossen. Die Betrachtung unter dem Mikroskop, wenn nöthig im polarisirten Licht, eventuell im Dünnschliff lehrt, ob solche vorhanden sind oder nicht. Ist die Masse frei davon, so ist sie ohne weiteres zur Analyse geeignet; wenn nicht, so muss man die Unreinigkeiten zu entfernen suchen. Sind es grössere Körnchen, oder sind sie nur an einzelnen Stellen in dem zu untersuchenden Mineral angehäuft, so kann man sie zuweilen unter der Lupe oder dem Mikroskop durch Auslesen des Unreinen mechanisch entfernen. Auch durch Schlemmen des feinen Pulvers kann zuweilen eine mechanische Trennung bewirkt werden, wenn die zu trennenden Theilchen ein erheblich verschiedenes specifisches Gewicht haben, oder durch Behandeln des Pulvers mit Flüssigkeiten von verschiedenem specifischen Gewicht (119) oder durch den Magnet. Leichter und besser geht diese Trennung zuweilen auf chemischem Wege vor sich, wenn das zu untersuchende Mineral in Wasser oder Säuren löslich ist, die Unreinigkeiten nicht, oder wenn das Umgekehrte der Fall ist. Ist kein Mittel zur Trennung ausreichend, so ist die vorliegende Substanz zur Ermittelung der chemischen Zusammensetzung des in Frage stehenden Minerals ungeeignet. Geringe Mengen von fremden Beimengungen sind übrigens meist von keinem erheblichen Belang und können bei der Analyse vernachlässigt, eventuell auch bei der Ermittelung der Formel in Rechnung gestellt werden (vergl. Sonnenstein von Tvedestrand (179)).

In neuerer Zeit hat man auch Methoden ersonnen, um die Mineralien unter dem Mikroskop chemisch zu untersuchen (mikrochemische Analyse). (Vergl. (3) F. Behrens und Bořicky; sodann Lehmann, Wiedemann Annalen, Bd. 13 pag. 506. 1881.)

188. Verhalten vor dem Löthrohr. Handelt es sich nur darum, ein vorliegendes Mineral zu bestimmen, d. h. zu ermitteln, zu welcher der bekannten Mineralspecies es gehört, so werden, wenn die Untersuchung der hierbei zunächst in Betracht zu ziehenden äusseren Eigenschaften nicht genügt, chemische Versuche ausgeführt. Diese brauchen aber meist nur darauf auszugehen, einzelne besonders charakteristische oder besonders leicht aufzufindende Bestandtheile (Elemente) qualitativ nachzuweisen resp. deren Abwesenheit zu constatiren (chemische Charakteristik der Mineralien). Die zu diesem Zweck angestellten Versuche werden der Leichtigkeit und Raschheit der Ausführung wegen und weil schon sehr kleine Körnchen des Minerals zur Untersuchung ausreichen, meist auf trockenem Wege vor dem Löthrohr (v. d. L.) ausgeführt; nur in Ausnahmefällen wird der nasse Weg zu Hülfe genommen. Die Hauptoperationen, welche man dabei anwendet, sind: Erhitzen der Substanz im unten geschlossenen Glasröhrchen (im Kolben) zur Ermittlung, ob etwas Flüchtiges fortgeht, z. B. H_2O aus Hydraten, oder ob die ganze Probe verschwindet, z. B. ged. As (theilweise oder ganz flüchtig, und zwar bei Luftabschluss); Erhitzen in der unten offenen Röhre, welche Luft zutreten lässt oder auf Platinblech, zur Prüfung des Verhaltens der Probe bei Einwirkung des Sauerstoffs; auch hier ist manches Mineral ganz oder theilweise flüchtig. Hier wie im vorigen Fall hat man den Geruch der fortgehenden Gase zu prüfen, welcher zuweilen, z. B. für *S* der Geruch der SO_2, sehr charakteristisch ist, und zu beobachten, ob sich im Röhrchen auf der Wand desselben ein Beschlag absetzt (z. B. bei Arsenkies). In manchen Fällen ist es zweckmässig, hierbei das feine Pulver des Minerals mit Soda zu mischen, z. B. bei Nachweis von *Hg*. Auch die Erscheinung des Decrepitirens (Zerknisterns), des Farbenwechsels beim Erhitzen, Phosphorescirens etc. muss hierbei beobachtet werden. Ferner wird der Körper auf Kohle erhitzt, entweder für sich, wobei auch die Schmelzbarkeit ermittelt wird, oder in feinem Pulver mit Soda zusammen. Auch hier wird die vollkommene oder theilweise Flüchtigkeit der Substanz ermittelt, die sich manchmal an einem mehr oder weniger dicken Rauch zu erkennen giebt, wobei ebenfalls zuweilen ein charakteristischer Geruch auftritt, z. B. der Knoblauchgeruch des Arsens. Wenn nöthig, werden auf diese Weise für gewisse anderweitige Versuche schädliche flüchtige Bestandtheile wie *S*, *As* etc. entfernt (Rösten, wenn die Erhitzung im Oxydationsfeuer geschieht); sodann wird oft nach dem Erhitzen im Reductionsfeuer ev. mit Soda die Entstehung von metallischen Körnchen, z. B. von *Pb*, *Cu* etc. beobachtet, welche dann specieller auf ihre Natur geprüft werden müssen; Körner von *Pb*, *Cu*, *Ag* etc., überhaupt von regulären Metallen müssen sich auf dem Amboss in dünne Plättchen aushämmern lassen, da sie geschmeidig sind. Gewisse Mineralien (*Fe*-haltige) werden beim Erhitzen auf der Kohle magnetisch. Endlich wird oft die Bildung von für einzelne Elemente charakteristischen Beschlägen auf der Kohle beobachtet, welche sich aus dem oben erwähnten Rauche absetzen und welche sich durch die in der Hitze und nach dem Erkalten hervortretende Farbe und durch andere Eigenschaften von einander unterscheiden. Die oxydirende Wirkung der Flamme wird bei diesen Processen oft durch Zusatz von etwas KNO_3, die reducirende durch Zusatz von etwas *Sn* zur Probe verstärkt.

Die Erhitzung in der Platinzange geschieht hauptsächlich zur Ermittlung der Schmelzbarkeit des Minerals (183); man wendet dabei kleine dünne und spitzige Splitter an. Es ist hierbei zu beobachten, ob die Probe unverändert schmilzt, ob sie trübe wird, die Farbe ändert, sich aufbläht oder Blasen wirft, ob sie nach einiger Zeit des Schmelzens unschmelzbar wird, ob sie nach dem Erkalten klar bleibt, und wieder in den früheren Zustand übergeht, oder ob und wie sie sich ändert etc. Daneben erhält man zuweilen eine für gewisse Elemente, bes. *B*, *P*, *Cu*, Alkalien, Erdalkalien etc., charakteristische Färbung der blauen Löthrohrflamme (bequemer in der Flamme des Bunsenbrenners) ev. nach dem Eintauchen der Probe in *HCl*. Die Erhitzung *As*-, *Sb*- etc. haltiger Mineralien darf nicht in der Platinzange vorgenommen werden, da diese Elemente mit dem *Pt* sehr leicht zusammenschmelzen; bei solchen erhitzt man auf Kohle. Manche Mineralien oxydiren sich, in Pulverform mit Salpeter gemischt, beim Erhitzen plötzlich unter Explosionserscheinungen (verpuffen), z. B. Molybdänglanz.

Zur Prüfung auf Metalloxyde dient besonders das Schmelzen von feinem Pulver der Substanz (bei den Schwefelmetallen nach dem Rösten) mit Borax, wobei häufig die Perle eine charakteristische Färbung annimmt. In der Oese eines Platindrahts wird eine Boraxperle geschmolzen, von dem Pulver des Minerals eine geringe Menge zugesetzt und wieder geschmolzen. Das Pulver löst sich dabei im Borax auf oder verhält sich darin irgendwie anders, was oft neben der dabei entstehenden Farbe von Bedeutung ist. Ebenfalls wichtig ist das Verhalten der Mineralien in der Phosphorsalz- und Sodaperle. Man hat dabei die Farbe in der Oxydations- und Reductionsflamme (*O.Fl.* und *R.Fl.*) zu unterscheiden.

In der folgenden Tabelle*) ist das Hauptsächlichste über das chemische Verhalten der wichtigeren Elemente vor dem Löthrohr (v. d. L.) zusammengestellt, hauptsächlich mit Bezug auf das oben Erwähnte, doch sind auch einige andere, ohne besondere Erläuterung verständliche Reactionen noch beigefügt. Die Tabelle genügt in den meisten Fällen zur Ermittlung der Elemente in den Mineralien, zuweilen stört aber das Nebeneinandervorkommen mehrerer Elemente die Erscheinungen. In diesem Fall muss auf ein diesem Gegenstand speciell gewidmetes Werk recurrirt werden (3. F.). Bei manchen Elementen sind Reaktionen angegeben, welche aus dem bekannten chemischen Verhalten derselben ohne weiteres von selbst klar sind.

Anm.: *O.Fl.* = Oxydations-, *R.Fl.* = Reductionsflamme. *Bsch.* = Beschlag. *h.* = heiss; *k.* = kalt.

Element resp. Verbindung.	Erhitzen auf Kohle in der Reductionsflamme.	Flammenfärbung.	Färbung der Boraxperle. (*S*-Metalle sind vorher zu rösten.)		Sonstige Reactionen.
			O.Fl. (ev. Zusatz v. KNO_3).	*R.Fl.* (ev. Zusatz von *Sn.*)	
$H (H_2O)$	. . . .	. . . .	. . . .	. . . .	Im Glasrohr beim Erwärmen Wassertropfen (vergl. 190).
S (SO_3)	Schmelze mit Soda in *R.Fl.* färbt *Ag*-Blech braun (Heparreaction).	. . . .	. . . .	. . . .	*S* und *S*-Metalle geben verbrannt oder geröstet SO_2-Geruch.
Se	Rettichgeruch, grauer metallischer Beschlag.	blau in *O.Fl.*			
Te	Weisser Bsch. mit rothem Rand.				
$P (P_2O_5)$	. . . .	blaugrün nach Befeuchten mit H_2SO_4.			
$B (B_2O_3)$	. . . .	gelbl. grün, kleine Mengen nach Schmelzen mit $CaFl_2$ und $HKSO_4$.			
N (N_2O_5)	. . . .	. . . .	. . . .	. . . .	Verpufft mit *C.* Im Kolben mit H_2SO_4 rothe Dämpfe.

*) Vergl. G. Werner, Mineralog. Tafeln pag. 7 (III K). Was aus der Tabelle für das Löthrohrverhalten der einzelnen Mineralien ohne weiteres von selbst hervorgeht, wird bei der Mineralbeschreibung nicht noch besonders erwähnt.

Element resp. Verbindung.	Erhitzen auf Kohle in der Reductionsflamme.	Flammenfärbung.	Färbung der Boraxperle. O. Fl. (ev. Zusatz v. KNO_3).	Färbung der Boraxperle. R. Fl. (ev. Zusatz von Sn).	Sonstige Reactionen.
			(S-Metalle sind vorher zu rösten.)		
(NH_3)	. . . .	. . . .	. . . . . .	. . . . . .	Mit K-Lauge Dämpfe, welche rothes Lackmuspapier blau färben etc.
C	. . . .	. . . .	. . . . . .	. . . . . .	Verpufft mit KNO_3 (nicht Diamant).
(CO_3)	. . . .	. . . .	. . . . . .	. . . . . .	Aufbrausen mit kalter oder nur mit warmer HCl oder HNO_3.
Si (SiO_2)	. . . .	. . . .	. . . . . .	. . . . . .	In Sodaperle unter Aufbrausen löslich. In P-Salzperle Kieselskelett, auch SiO_2 Verbindungen.
Ti (TiO_2)	. . . .	. . . .	. . . . . .	. . . . . .	P-Salzperle: R. Fl. h. gelb; k. violett (bei Gegenw. von Fe braunroth, durch Zusatz von Zn-Staub violett). O. Fl. farblos.
Cl	. . . .	lasurblau ins Purpurne } i. ein. m. CuO gesättigten P-Salzperle.			
Br	. . . .	blaugrün } i. ein. m. CuO gesättigten P-Salzperle.			
I	. . . .	grün } i. ein. m. CuO gesättigten P-Salzperle.			
Fl	. . . .	. . . .	. . . . . .	. . . . . .	Mit H_2SO_4 Dämpfe von HFl, welche Glas ätzen und Fernambukpapier gelb färben.
K	. . . .	violett (wenn Na vorhanden durch Kobaltglas geseh.).			
Na	. . . .	gelb.			
Li	. . . .	carminroth (durch Na verdunkelt).			
Ca	. . . .	gelbroth.			
Ba	. . . .	gelbl. grün.			
Sr	. . . .	purpurroth.			
Al	blau } nach Befeuchten mit CoN_2O_6 und Glühen (wenn das Mineral farblos).				
Mg	blassroth } nach Befeuchten mit CoN_2O_6 und Glühen (wenn das Mineral farblos).				
Cd	Bsch. rothbraun } beiSchmelze mit Soda.				
Zu	Bsch. h. gelb, k. weiss, nicht flüchtig in O. Fl. } beiSchmelze mit Soda.	. . . .	. . . . . .	. . . . . .	Bsch. durch Glühen mit CoN_2O_6 grün.
Fe	magnetisch durch Bildung von Fe_3O_4.	. . . .	h. roth, k. gelb.	gelbgrün.	
Mn	. . . .	. . . .	violett.	blassroth.	Mit Soda und Salpeter grüne Schmelze auf Pt-Blech.
Co	. . . .	. . . .	blau.	blau.	
Ni	. . . .	. . . .	h. braun, k. gelblich, mit KNO_3 blau.	trübe grau.	
V	. . . .	. . . .	gelb oder braun.	grün.	
Cr	. . . .	. . . .	{ h. gelbroth, k. smaragdgrün.		

Element resp. Verbindung.	Erhitzen auf Kohle in der Reductionsflamme.	Flammenfärbung.	Färbung der Boraxperle. (S-Metalle sind vorher zu rösten.) *O.Fl.* (ev. Zusatz v. KNO_3).	*R.Fl.* (ev. Zusatz von *Sn*).	Sonstige Reactionen.
W					*P*-Salzperle in *O.Fl.* gelbl., in *R.Fl.* *h.* grün, *k.* blau; bei Gegenw. von *Fe* blutroth.
Mo	*Bsch.* in Wärme gelb, in Kälte weiss, nahe der Probe roth (in *O.Fl.*).		*h.* gelbl.braun, *k.* opalartig.	undurchsichtig braun.	*P*-Salzperle in *R.Fl.* grün. Mit conc. H_2SO_4 erwärmt und mit Weingeist versetzt, blaue Lösung.
U					*P*-Salzperle in *O.Fl.* gelb, *R.Fl.* grün.
Pb	Mit Soda geschmolzen, graues dehnbares Metallkorn. *Bsch.* gelb, am Rande weiss.				
Cu	rothes dehnbares Metallkorn (mit Soda).	grün, mit *HCl* befeuchtet blau.	*h* grün, *k.* blau.	undurchsichtig braunroth.	
Hg					Mit Soda im Glasrohr *Hg*-Tropfen.
Ag	weisses } dehnbares Metallkorn.				
Au	gelbes }				
Sn	*Bsch.* weiss, nicht flüchtig; mit Soda graues dehnbares Metallkorn.				*Bsch.* durch Glühen mit CoN_2O_6 blau.
As	Knoblauchgeruch.				
Sb	*Bsch.* weiss, flüchtig.				
Bi	*Bsch.* *h.* braunroth, *k.* gelb; sprödes Metallkorn.				

189. Verhalten gegen Lösungsmittel. Neben dem Verhalten der Mineralien v. d. L. ist noch wichtig das Verhalten gegen Lösungsmittel.

Im *Wasser* sind wenige Mineralien vollkommen und leicht löslich, so Steinsalz, Sylvin, Carnallit, letzterer ist sogar an feuchter Luft zerfliesslich. Schwerer schon löslich, aber immer noch zu den am leichtesten löslichen Mineralien gehörig ist der Gyps. Die meisten sind sehr wenig löslich, mit am wenigsten Quarz, Schwerspath etc., keines ist aber absolut unlöslich. Manche Mineralien sind theilweise löslich, es kann aus ihnen etwas Lösliches ausgezogen (ausgelaugt) werden und ein unlöslicher Rest bleibt zurück, z. B. wird aus Glauberit Na_2SO_4 ausgezogen und $CaSO_4$ bleibt zurück. Die im Wasser ganz oder theilweise löslichen Mineralien haben einen starken, zuweilen charakteristischen Geschmack, der sie auf der Zunge als löslich meist sehr leicht erkennen lässt. Eine sehr geringe Menge von Alkalien oder Erdalkalien, welche durch destillirtes Wasser aus vielen Silicaten ausgezogen werden kann, theilt dem Wasser eine deutliche alkalische Reaction mit. Das in der Erdkruste circulirende Wasser ist nie ganz rein, sondern enthält, wenn auch nur geringe Menge O, CO_2, organische Substanzen und endlich verschiedene unorganische Verbindungen, welche aus den

Mineralien der Erdkruste ausgelaugt worden sind. Unter dem Einfluss dieser gelösten Stoffe wird dann vielfach die Lösung anderer Mineralstoffe vermittelt, welche ohne diese nicht in Lösung gelangen würden (217, 218).

Was das Verhalten der Mineralien gegen *Säuren* betrifft, so werden hauptsächlich Salzsäure (HCl) und Salpetersäure (HNO_3) benützt. Manche Mineralien sind in Säuren vollkommen löslich; so manche Oxyde (Eisenglanz, Magneteisen etc., manche Phosphate, Arseniate etc.). Andere werden bei der Behandlung mit Säuren zersetzt, sie geben dabei zuweilen Gase aus; so die Carbonate (Kalkspath) CO_2; dabei brausen sie stark auf, manche allerdings erst beim Erwärmen (Dolomit). Manche andere Mineralien entwickeln H_2S bei der Behandlung mit HCl (Antimonglanz); manganoxyd- und -hyperoxydhaltige entwickeln Clgas. Viele Mineralien hinterlassen einen festen Rückstand und sind nur theilweise (in HCl) löslich, namentlich gewisse Silicate, bei welchen die Gesammtheit der Basen gelöst und die SiO_2 ausgeschieden wird, und zwar entweder als Gallerte (Barsowit, Nephelin, Analcim): man sagt, diese Mineralien (Silicate) gelatiniren mit Säure oder als schleimiges Pulver (Leucit, Natrolith etc.); viele Schwefelverbindungen, deren Schwefel zuweilen neben andern Bestandtheilen nicht in Lösung geht etc. Manche Metalle (Au, Pt) sind nur in Königswasser löslich. Manchmal untersucht man auch das Verhalten der Mineralien gegen H_2SO_4.

Auch aus Wolframiaten, Titanaten etc. wird durch HCl die Säure ausgeschieden, aber bei einem Ueberschuss von HCl wieder gelöst.

In *Alkalien* lösen sich einige Mineralien vollkommen, z. B. Realgar; theilweise löslich ist eine Anzahl von Schwefelmetallen etc., auch einige Phosphate und Arseniate, Oxyde etc. sind ganz oder theilweise in Alkalien löslich.

Gar nicht von all diesen Lösungsmitteln angegriffen werden viele Mineralien, wie Diamant, Korund, Schwerspath, Quarz (dieser nur von HFl), Topas, Granat, Vesuvian, Epidot und viele andere Silicate. Die drei letztgenannten werden aber nach dem Glühen oder Schmelzen von Säuren zersetzt; Alaunstein wird nach dem Glühen z. Th. von Wasser aufgelöst.

190. Wassergehalt. Das Wasser entweicht aus manchen wasserhaltigen Mineralien schon bei gewöhnlicher Temperatur (Laumontit) oder bei einer geringen Steigerung derselben (Vitriol, Gyps) oder doch unter 300° (Natrolith). Solches Wasser wird in feuchter Luft oder beim Befeuchten der Substanz häufig unter Herstellung des früheren Zustandes von dem entwässerten Mineral wieder aufgenommen, das auch im entwässerten Zustand seine ursprünglichen physikalischen Eigenschaften zum Theil beibehalten hatte. Es hat also keine völlige Zerstörung der ursprünglichen Substanz dadurch stattgefunden, dass das Wasser zeitweilig aus der Verbindung austrat. Aus manchen

Mineralien entweicht das Wasser aber auch erst bei sehr hoher Temperatur, welche jenseits der Glühhitze liegt, und das so ausgegebene Wasser wird in feuchter Luft nicht wieder aufgenommen. Die ursprüngliche Substanz ist gänzlich zerstört und unfähig wieder in den ursprünglichen Zustand überzugehen (z. B. Dioptas). Endlich giebt es solche Mineralien, aus welchen ein Theil des Wassers unter 300° C., ein anderer Theil erst bei Glühhitze entweicht, wie z. B. beim Desmin.

Man stellt sich vor, dass alles das bei nicht zu hoher Temperatur entweichende Wasser, namentlich wenn es nachher von dem entwässerten Mineral wieder aufgenommen wird, als sog. *Krystallwasser* fertig gebildet in dem Mineral enthalten ist, und schreibt demzufolge z. B. die Formel des Natrolith: $Na_2 AlSi_3 O_{10} . 2H_2 O$ oder . $2aq$. Dagegen wäre das erst in der Glühhitze entweichende Wasser, das man auch *Hydratwasser* oder *Constitutionswasser* nennt, das nicht wieder aufgenommen wird, nicht als H_2O im Mineral fertig gebildet, sondern letzteres enthielte H, der eventuell durch Metalle ersetzt werden könnte, und aus dem beim Glühen das Wasser erst durch Zersetzung der Substanz und Aufnahme von O aus derselben entstünde. Darnach wäre Dioptas: $H_2 CuSiO_4$ (nicht: $CuSiO_3 . H_2O$) und Desmin: $H_4 CaAlSi_6 O_{18} . 4H_2O$, hier also H neben H_2O. In einzelnen Mineralien soll auch eine kleine Menge Fl durch Hydroxyl (HO) ersetzt werden. Durch diese Auffassung des beim Glühen entwickelten Wassers ist die Formel mancher Mineralien klargelegt worden, welche, wie Glimmer, Epidot, Turmalin etc., eine kleine Menge H_2O beim Glühen abgeben. Diese war lange für spätere, infolge von beginnender Verwitterung hinzugetretene Beimengung gehalten worden (217), man muss jetzt aber annehmen, dass oft die frischen Mineralien neben den Metallen eine kleine Menge H enthalten, welche, zu den Metallen hinzugenommen, die Aufstellung einfacher und befriedigender Formeln ermöglichen, wie sie ohne diese Annahme nicht aufgestellt werden können (vergl. übrigens (218)). Das Entweichen des Wassers aus den Mineralien hat häufig die Folge, dass die ursprünglich frische, glänzende, durchsichtige und compacte Masse matt, undurchsichtig, trübe, locker und erdig wird.

(Laspeyres, Journ. für prakt. Chemie. 1875. Pape, Pogg. Ann. Bd. 125 pag. 513 (Verwitterungsellipsoid). Mallard, Bull. soc. min. France Bd. V. 1882.)

191. Dimorphismus. Jeder chemisch definirten, durch eine bestimmte Formel ausdrückbaren Substanz, sie sei einfach (ein Element) oder zusammengesetzt (eine Verbindung), kommt im allgemeinen eine einzige ganz bestimmte, für sie charakteristische Krystallform, d. h. eine Reihe zusammengehöriger, aus derselben Grundform ableitbarer, eine Krystallreihe bildender Formen zu (24), welche durch die der betreffenden Substanz zukommenden Krystallflächenwinkel (20, 30) oder das aus ihnen berechnete Axensystem sich von den Formen anderer Substanzen unterscheiden. Dieses allgemeine Gesetz erleidet aber eine Anzahl von Ausnahmen, auf welchen der *Dimorphismus*

(Dimorphie, Polymorphismus, Heteromorphismus) beruht. Dieser besteht darin, dass eine bestimmte Substanz in zwei oder mehreren selbständigen, nicht aufeinander zurückführbaren und durch verschiedene Flächenwinkel (Axensysteme) charakterisirten Formenreihen krystallisiren kann, welche zuweilen demselben Krystallsystem, meist aber verschiedenen Systemen angehören. Je nach der Zahl solcher Formenreihen sagt man, die Substanz sei di-, trimorph. Alle diese chemisch gleichen, aber krystallographisch verschiedenen Substanzen heissen *heteromorphe Modificationen* der betreffenden chemischen Verbindung (resp. des betr. Elements). So ist z. B. die Verbindung $CaCO_3$ dimorph; sie krystallisirt rhomboëdrisch als Kalkspath, rhombisch als Aragonit. Kalkspath und Aragonit sind heteromorphe Modificationen der Verbindung $CaCO_3$; Kalkspath ist mit Aragonit heteromorph. Nicht selten wird beoachtet, dass die Krystallformen heteromorpher Substanzen bei aller Verschiedenheit doch in gewissen Zonen sehr nahestehende Winkel zeigen.

Eine bemerkenswerthe Erscheinung ist, dass die heteromorphen Modificationen einer Substanz ein zuweilen sehr erheblich verschiedenes specifisches Gewicht und nicht selten durchaus verschiedene sonstige Eigenschaften besitzen, wie das im Extrem beim Kohlenstoff beobachtet wird. Dieser ist als äusserst harter (H. = 10), durchsichtiger, wasserheller, demantglänzender Diamant, dessen G. = 3,5, regulär und als äussert weicher (H. = 1), undurchsichtiger, schwarzer, metallisch glänzender Graphit, dessen G. = 2,0, monoklin krystallisirt, beide mit ganz verschiedenen Blätterbrüchen, verschiedenem Verhalten gegen Reagentien etc.

Im Folgenden ist eine Anzahl der wichtigsten unter den Mineralien vorkommenden Beispiele des Dimorphismus mit Angabe der spezifischen Gewichte angeführt.

C: regulär: Diamant (G. = 3,5); monoklin: Graphit (G. = 2,0).

SiO_2: hexagonal: Quarz (G. = 2,65); rhombisch: Asmanit oder Tridymit (G. = 2,30).

TiO_2: quadratisch: Rutil (G. = 4,3); quadratisch in andern Formen: Anatas (G. = 3,9); rhombisch: Brookit (G. = 4,1).

FeS_2: regulär: Schwefelkies (G. = 5,1); rhombisch: Markasit (G. = 4,7).

$CaCO_3$: hexagonal: Kalkspath (G. = 2,7); rhombisch: Aragonit (G. = 2,9).

Manche Substanzen, welche in mehreren verschiedenen krystallisirten heteromorphen Modificationen vorkommen, finden sich ausserdem auch amorph, so z. B. SiO_2 als Opal, $CaCO_3$ als Kreide etc. (Litt. Arzruni in Fehling's Handwörterbuch der Chemie bei Isomerie pag. 836. Credner, Journ. für prakt. Chemie. 1870.)

192. Isomorphismus. Aeusserst wichtig ist die Erscheinung, welche von ihrem Entdecker, Mitscherlich, mit dem Namen des *Isomorphismus* belegt worden ist und welche man auch Homöomorphismus nennt. Sie besteht darin, dass sehr häufig chemisch analog gebaute

Mineralien in Formen krystallisiren, welche sich so nahe stehen, dass die entsprechenden Flächenwinkel derselben nur um ganz kleine Beträge von einander verschieden sind. Körper, welche diese Beziehung zeigen, heissen *isomorph* (homöomorph); eine Anzahl untereinander isomorpher Körper nennt man eine *isomorphe Reihe oder Gruppe*; dieselben spielen im Mineralreiche eine sehr grosse Rolle.

Einige Beispiele solcher Reihen oder Gruppen sind die folgenden:

Spinellgruppe (regulär): Spinell: $MgAlO_4$; Magneteisen: $FeFeO_4$; Chromeisenstein: $FeCrO_4$; Zinkspinell: $ZnAlO_4$.

Steinsalzgruppe (regulär): Steinsalz: $NaCl$; Sylvin: KCl; Chlorsilber: $AgCl$; Salmiak: NH_4Cl.

Bleiglanzgruppe (regulär): Bleiglanz: PbS; Silberglanz: Ag_2S etc.

Kalkspathgruppe (rhomboëdrisch): Kalkspath: $CaCO_3$, Rhomboëderwinkel = 105° 5′ (E. K.); Talkspath: $MgCO_3$, 107° 20′; Eisenspath: $FeCO_3$, 107° 0′; Manganspath: $MnCO_3$, 106° 51′; Zinkspath: $ZnCO_3$, 107° 40′; Natronsalpeter: $NaNO_3$, 106° 33′.

Schwerspathgruppe (rhombisch): Schwerspath: $BaSO_4$, $110 : 1\bar{1}0 = 101° 40′$, $011 : 0\bar{1}1 = 74° 36′$; Cölestin: $SrSO_4$, 104° 10′ und 76° 0′; Vitriolblei: $PbSO_4$, 103° 43′, 75° 36′.

Plagioklasgruppe (triklin): Albit: $Na_2AlSi_6O_{16}$; $110 : 1\bar{1}0 = 120° 47′$; $001 : 010 = 93° 36′$; $110 : 001 = 114° 42′$; Anorthit: $CaAlSi_2O_8$; 120° 30′, 94° 10′, 114° 7′.

(Die Litteratur über Isomorphismus siehe Arzruni, Isomorphie, Handwörterbuch der Chemie von Fehling; auch H. Kopp. Ber. deutsch. chem. Ges. Bd. XII pag. 868. 1879.)

193. Chem. Verhalten isom. Körper. Die chemische Analogie isomorpher Substanzen besteht, wenn sie am vollkommensten ist, darin, dass dieselben eine gleiche Anzahl gleichwerthiger Atome enthalten, wobei in den meisten Fällen ein und dasselbe Element (oder auch mehrere Elemente) in mehreren oder allen Gliedern der betr. isomorphen Reihe wiederkehrt. So ist z. B. in der Reihe des Schwerspaths (192) in allen Gliedern 1 At. S und 4 At. O, daneben im Schwerspath 1 At. Ba, im Cölestin Sr, im Vitriolblei Pb ebenfalls je 1 Atom, welche alle zweiwerthig sind. In der Formel sowohl des Spinells als des Magneteisens ist O_4 vorhanden, im ersteren ist das zweiwerthige Mg entsprechend dem zweiwerthigen Fe; ebenso entsprechen sich die sechswerthigen Doppelatome Al und Fe, und ähnlich verhalten sich je die anderen Glieder dieser Reihen. Sind auf diese Weise in allen Gliedern einer isomorphen Reihe gleich viele, beziehungsweise gleichwerthige Atome, so kann man alle diese Glieder durch eine gemeinsame Formel mit einem oder mehreren allgemeinen Zeichen angeben, welche letztere sich dann der Reihe nach durch die in den einzelnen Verbindungen vorhandenen speciellen Elemente ersetzen lassen. So haben die Glieder der Schwerspathreihe die allgemeine Formel $R_{II}SO_4$, wo $R_{II} = Ba, Sr, Pb$; für die Glieder der Spinellgruppe ist diese: $M_{II}R_{VI}O_4$, wo $M_{II} = Mg, Fe, Zn$; $R_{VI} = Al, Fe, Cr$.

Geringere Uebereinstimmung zeigen schon die zwei isomorphen Mineralien: Kalkspath $CaCO_3$ und Natronsalpeter $NaNO_3$; hier sind zwar ebenfalls noch in beiden Formeln gleich viele Atome, aber die entsprechenden sind nicht mehr alle gleichwerthig. Das einwerthige Na ent-

spricht dem zweiwerthigen *Ca*, und ebenso entsprechen sich die verschiedenwerthigen *C* und *N*. Aehnlich ist es bei den Plagioklasen, bei denen die chemische Analogie erst hervortritt, wenn man die Anorthitformel verdoppelt und schreibt: $Ca_2 \not{Al} Al_2 Si_4 O_{16}$: dann entsprechen sich in dieser Formel und in der des Albits: $Na_2 \not{Al} Si_8 O_{16}$: Ca_2 und Na_2, Al und $\not{Al}$, $Al_2 + Si_4$ und Si_8, also wieder in beiden Formeln eine gleiche Zahl, jedoch theilweise verschiedenwerthiger Atome.

Endlich kann auch die Zahl der Atome in den verschiedenen Gliedern einer Reihe verschieden sein, dann ist aber stets eine Anzahl von Atomen (eine Atomgruppe) in der einen Verbindung mit einem ihr entsprechenden einzigen Atom (oder einer Atomgruppe) in der andern Verbindung gleichwerthig; so ist es z. B. beim Steinsalz: $NaCl$ und Salmiak: NH_4Cl, wo Na der ebenfalls einwerthigen Gruppe NH_4 entspricht, die man auch als *Am* bezeichnet, worauf dann die Formel des Salmiaks *AmCl* auch äusserlich mit der des Steinsalzes $NaCl$ übereinstimmt; ähnlich beim Bleiglanz: PbS und Silberglanz: Ag_2S, wo die zwei einwerthigen *Ag*-Atome dem zweiwerthigen *Pb* entsprechen. Andere Beziehungen zwischen den Gliedern isomorpher Reihen als die drei hier genannten sind in chemischer Beziehung bisher noch nicht beobachtet.

Die Elemente, welche in den Formeln der isomorphen Mineralien einer Reihe für die allgemeinen Zeichen gesetzt werden können, wie z. B. *Ba Sr, Pb* in der Schwerspathreihe etc., nennt man *isomorphe* Elemente, ohne damit aussprechen zu wollen, dass sie im chemisch reinen Zustand gleich krystallisiren. Elemente, welche in einer Reihe isomorph sind, sind es in anderen Reihen nicht immer; so ist in der Kalkspathreihe *Ca* mit *Mg, Fe, Mn, Zn* isomorph, nicht aber mit *Ba, Sr, Pb*, während in der Aragonitreihe (siehe unten bei Aragonit) *Ca* mit *Ba, Sr, Pb* isomorph ist, nicht aber auch mit *Mg, Mn, Fe, Zn*. Dieser sog. Isomorphismus der Elemente bezieht sich also immer nur auf eine bestimmte Reihe. Uebrigens sind vielfach Elemente auch wirklich isomorph, so *Au, Ag, Pt, Cu* etc.; *Bi, Sb, As*, etc.

194. Krystallogr. Verhalten isom. Körper. Was die Krystallformen isomorpher Mineralien betrifft, so sind dieselben nicht vollständig identisch, sondern sie sind nur sehr ähnlich, indem einander entsprechende gleichliegende Flächen sich unter sehr nahe, aber nicht vollkommen gleichen Winkeln schneiden. Die entsprechenden Rhomboëderendkanten-Winkel in der rhomboëdrischen Kalkspathreihe schwanken z. B. zwischen 105° 5′ und 107° 40′; die entsprechenden Winkel der Oktaëder der quadratischen Rutilreihe zwischen 123° 8′ und 121° 40′ etc.; grössere Unterschiede kommen selten vor, über 5° gehen dieselben wohl kaum hinaus. Nur bei regulären isomorphen Substanzen findet vollkommene Uebereinstimmung aller Winkel statt, die aber hier ihren Grund in der Symmetrie der regulären Krystalle, nicht im Isomorphismus hat, denn auch nicht isomorphe reguläre Krystalle stimmen ja in ihren Winkeln völlig überein.

Eine Folge der Winkelähnlichkeit ist auch eine grosse Uebereinstimmung der Axenverhältnisse isomorpher Körper; so ist z. B. für die isomorphen rhombischen Mineralien: Schwerspath; $a:b:c =$ 0,621 : 0,762 : 1; Cölestin: = 0,621 : 0,795 : 1; Vitriolblei: = 0,608 : 0,774 : 1.

Uebrigens giebt es auch Beispiele von ebenso vollkommener Winkelübereinstimmung bei Substanzen, welche wohl gar keine näheren Beziehungen zu einander haben, wie z. B. Borax und Augit, bei denen die chemische Zusammensetzung gar keine Analogien bietet, und die also auch schwerlich als isomorph anzusehen sind (Isogonismus). Dieses rein äusserliche Verhältniss besteht namentlich bei allen regulären Substanzen, bei welchen daher die Beurtheilung der Frage, ob Isomorphismus vorliegt oder nicht, besondere Schwierigkeiten hat. Hier müssen dann besonders die isomorphen Mischungen und Fortwachsungen ins Auge gefasst werden. (197. 198.)

195. Physikal. Verhalten isom. Körper. Vergleicht man die physikalischen Eigenschaften isomorpher Mineralien, so findet man auch in dieser Beziehung vielfach grosse Analogie. So sind besonders die Blätterbrüche häufig dieselben, z. B. in der Kalkspathreihe, wo durchweg den Flächen der obenerwähnten Rhomboëder mit Endkantenwinkeln von 105° 5′ etc. vollkommene Spaltbarkeit entspricht. Ebenso finden sich in der Schwerspathreihe Blätterbrüche parallel den Flächen des Prisma's, dessen Winkel oben angegeben sind, und eine weitere Spaltbarkeit geht senkrecht zu den Prismenkanten. Aber die Blätterbrüche sind nicht in allen Fällen in dieser Weise analog, so gehen z. B. den Flächen des Granatoëders bei der Zinkblende vollkommene Blätterbrüche parallel, bei der damit isomorphen Manganblende nicht. Dagegen hat letzteres Mineral hexaëdrische Spaltbarkeit, ersteres nicht.

In Beziehung auf die optischen Verhältnisse zeigen die Glieder der isomorphen Reihen vielfach sehr grosse Uebereinstimmung, häufig ist dies auch weniger der Fall. So sind z. B. alle Mineralien der Kalkspathreihe —. Bei allen Mineralien der Schwerspathreihe liegen die Elasticitätsaxen $\mathfrak{a}$, $\mathfrak{b}$, $\mathfrak{c}$ ganz gleich. Die kleine Diagonale des Spaltungsprismas (Krystallaxe a) ist Mittellinie, Axenebene ist die Ebene ac, bei allen ist $\varrho < v$, nur der Axenwinkel ist nicht bei allen gleich. In andern Fällen ist die Uebereinstimmung weniger gross. Beim rhombischen Aragonit ist die Vertikalaxe c die negative Mittellinie und bc ist Axenebene und $\varrho < v$. Bei dem damit isomorphen Weissbleierz ist noch c Mittellinie und negativ, aber ac ist Axenebene und $\varrho > v$. Bei den isomorphen triklinen Feldspathen Albit und Anorthit liegen die entsprechenden Elasticitätsaxen sehr verschieden, wie überhaupt isomorphe Krystalle des triklinen Systems in Bezug auf ihre optischen Verhältnisse wenig Uebereinstimmung zeigen.

196. Isodimorphismus. Wichtig sind die sog. isodimorphen Reihen, welche dadurch entstehen, dass eine Substanz dimorph ist und dass sich an jede ihrer heteromorphen Modificationen andere damit isomorphe Substanzen anreihen. Eine bekannte Reihe dieser Art ist die isodimorphe Reihe des $CaCO_3$, welches rhomboëdrisch als Kalkspath, rhombisch als Aragonit krystallisirt. Aehnlich krystallisirte Carbonate schliessen sich an Kalkspath und an Aragonit an (isomorphe Reihe des Kalkspaths und des Aragonits), so dass man folgende isodimorphe Reihe erhält:

$CaCO_3$ {
Kalkspath; damit isomorph: $MgCO_3$, Talkspath; $FeCO_3$, Eisenspath; $MnCO_3$, Manganspath; $ZnCO_3$, Zinkspath; $NaNO_3$, Natronsalpeter.
Aragonit; damit isomorph: $BaCO_3$, Witherit; $SrCO_3$, Strontianit; $PbCO_3$, Weissbleierz; KNO_3; Kalisalpeter.
}

Eine andere isodimorphe Reihe ist die von As_2O_3 und Sb_2O_3; jedes für sich ist dimorph, regulär und rhombisch und je die gleich krystallisirten sind isomorph:

	regulär	rhombisch.
Sb_2O_3:	Senarmontit	Antimonblüthe.
As_2O_3:	Arsenblüthe	Claudetit.

197. Isomorphe Fortwachsung. Die chemische Aehnlichkeit isomorpher Substanzen, welche in der Formel ihren Ausdruck findet, tritt in einigen andern Erscheinungen besonders klar hervor, welche daher als wichtige Criterien des Isomorphismus anzusehen sind. Dies sind die isomorphen *Fortwachsungen* und die isomorphen *Mischungen.*

Bringt man einen Krystall in eine Lösung seiner eigenen Substanz, so wächst er darin fort, indem sich an seiner Oberfläche neue Schichten derselben Substanz ablagern, so dass die Oberfläche stets wesentlich dieselbe Krystallform beibehält. Ein kleines Oktaëder von Alaun z. B. wächst in einer Alaunlösung fort und behält dabei seine oktaëdrische Gestalt.

Ganz ebenso verhält es sich, wenn man einen Krystall in die Lösung einer mit ihm isomorphen Substanz hängt; er wächst in derselben fort wie in einer Lösung seiner eigenen Substanz. An seiner Oberfläche lagern sich ebenfalls neue Schichten ab, und zwar nun der isomorphen Substanz, so dass unter Umständen der alte Krystall vollständig als Kern in der neugebildeten Schaale stecken kann, wenn die Ueberwachsung über die ganze Oberfläche hin erfolgt ist. Dabei ist die Begrenzung der Schaale krystallographisch ebenso orientirt, wie die des Kerns. Allerdings können die entsprechenden Flächen im allgemeinen nicht bei beiden genau parallel sein, weil ja die Winkel isomorpher Krystalle im allgemeinen nur ähnlich, nicht gleich sind. Meist sind einige Flächen und Kanten in dem Kern und der Ueberwachsungskruste genau parallel und die andern Flächen etc. machen in beiden kleine Winkel mit einander; nur bei regulären Substanzen ist die Oberfläche des Kerns mit derjenigen der isomorphen Schaale vollkommen parallel. Diese Fortwachsung kommt im Allgemeinen bei nicht isomorphen Substanzen nicht vor (siehe unten), sie kann daher als ein Beweis für Isomorphismus aufgefasst werden.

Ein bekanntes Beispiel ist die Ueberrindung eines rothen oktaëdrischen Krystalls von Chromalaun in einer Lösung des durchsichtigen farblosen gewöhnlichen Alauns. Das ursprüngliche Oktaëder vergrössert sich fortwährend. Der Krystall bleibt stets oktaëdrisch, und jede Fläche des Oktaëders des Kerns ist (weil die Krystalle regulär sind) genau parallel der entsprechenden Fläche des Oktaëders der Rinde.

Aber auch bei Krystallen natürlich vorkommender Mineralien kommt diese Ueberwachsung isomorpher Substanzen nicht selten vor:

Talkspathkrystalle tragen einen parallel orientirten Ueberzug von Kalkspath, thonerdereiche und eisenoxydreiche Epidote, Epidot und Orthit, verschieden zusammengesetzte und gefärbte Turmaline etc. sind in dieser Weise verwachsen. Solche Uebereinanderwachsungen sind von besonderer Wichtigkeit, weil bei ihnen die isomorphen Substanzen ungemischt neben einander liegen und getrennt untersucht werden können.

(Vergl. Kopp (192).)

Diese Parallelverwachsung isomorpher Krystalle ist nicht zu verwechseln mit der regelmässigen Verwachsung nicht isomorpher Krystalle, wie Staurolith und Cyanit, Rutil und Eisenglanz etc. (106), welche weder in ihrer Krystallform noch in ihrer Zusammensetzung nähere Beziehungen zu einander erkennen lassen.

198. Isomorphe Mischungen. Befinden sich dagegen zwei (oder mehr) isomorphe Substanzen, z. B. gewöhnlicher Alaun und Chromalaun gleichzeitig in derselben Flüssigkeit gelöst und es scheiden sich aus dieser Lösung Krystalle aus, so enthalten diese gleichzeitig beide isomorphe Substanzen neben einander, z. B. die beiden Alaune, aber nicht etwa in mechanischer Mengung, sondern die Krystalle sind vollkommen homogen und die Vereinigung der isomorphen Substanzen hat schon im Molecül stattgefunden. Solche von verschiedenen isomorphen Körpern gleichzeitig gebildete Krystalle sind die *isomorphen Mischungen*. Dieselben haben wieder dieselbe Krystallform wie die Grundverbindungen, aus denen sie gebildet sind (199). Etwas ähnliches beobachtet man nie, wenn zwei nicht isomorphe Substanzen, z. B. $NaCl$ und $NaNO_3$ in derselben Flüssigkeit gelöst sind; es scheiden sich hier beim Krystallisiren die Krystalle beider Substanzen ganz getrennt von einander aus. Die Mischung in der angedeuteten Weise kann also wie das parallele Fortwachsen als ein Beweis für den Isomorphismus der betr. Substanzen gelten.

In chemischer Beziehung sind die isomorphen Mischungen dadurch charakterisirt, dass sich die Grundverbindungen in sehr wechselnden Verhältnissen vereinigen, so dass also in den verschiedenen Mischkrystallen zweier isomorpher Substanzen die in ihnen vorhandenen isomorphen Elemente in den verschiedensten relativen Mengen neben einander vorkommen können. Allerdings wird in manchen Fällen ein bestimmtes Mischungsverhältniss besonders häufig, ja fast ausschliesslich angetroffen, z. B. beim Dolomit, wo die beiden isomorphen Grundverbindungen $CaCO_3$ und $MgCO_3$ meist in einer gleichen Zahl von Molecülen vorhanden sind.

Dieses schwankende Mischungsverhältniss unterscheidet isomorphe Mischungen von Doppelsalzen, in welchen auch gleichzeitig mehrere Metalle neben einander vorhanden und mit derselben Säure verbunden sind, z. B. $K_2SO_4 \,.\, MgSO_4 \,.\, 6H_2O$; hier sind aber K und Mg nicht isomorphe Elemente in einer Mischung, sondern sie sind Theile einer constanten Verbindung, eines Doppelsalzes, in welchen sie immer und jederzeit im nämlichen Verhältniss 2 : 1 neben einander vorkommen.

Die Formel isomorpher Mischungen kann man in verschiedener Weise schreiben. So schreibt man z. B. den Dolomit, der aus $CaCO_3$ und $MgCO_3$ gemischt ist: $(Ca,Mg)CO_3$, oder, da die Mischung meist zu gleich vielen Molecülen stattfindet: $(\frac{1}{2} Ca, \frac{1}{2} Mg)CO_3$, oder man schreibt die allgemeine Formel: RCO_3, $R = Ca, Mg$, oder: $R = \frac{1}{2} Ca + \frac{1}{2} Mg$, oder $2R = Ca + Mg$; oder man schreibt endlich ausführlich: $CaCO_3 + MgCO_3$, wobei etwaige andere Mischungsverhältnisse unter der Form: $\frac{2}{3} CaCO_3 + \frac{1}{3} MgCO_3$ oder $2CaCO_3 + MgCO_3$ angedeutet werden. Die Mischungsverhältnisse sind oft sehr complicirt und nicht durch einfache Zahlen auszudrücken, man giebt dann die Mischung meist nur annähernd durch die nächststehenden kleineren Zahlen an. Schematisch kann man sich eine solche isomorphe Mischung so entstanden denken, dass für einen Theil eines darin vorhandenen Elements, also z. B. beim Dolomit, für einen Theil des *Ca* eine äquivalente Menge des isomorphen *Mg* in die Verbindung $CaCO_3$ eingetreten ist; die isomorphen Elemente einer Reihe vertreten sich also in den Mischungen gegenseitig, man nennt sie daher auch *vicarirende* Elemente oder Bestandtheile.

Unter den Mineralien sind isomorphe Mischungen äusserst verbreitet, und die Zusammensetzung vieler Krystalle lässt sich nur mit ihrer Hülfe begreifen. So giebt es vollkommen homogene rhomboëdrisch krystallisirte Mineralien, welche CaO, MgO, FeO, MnO und CO_2 enthalten, und zwar in sehr complicirten, von einem Exemplar zum andern schwankenden Mischungsverhältnissen; sie erweisen sich als isomorphe Mischungen von $CaCO_3$, $MgCO_3$, $FeCO_3$, $MnCO_3$. Die triklinen Feldspathe enthalten neben SiO_2 und AlO_3 besonders noch Na_2O und CaO und zwar in sehr wechselnden Mengen; alle aber lassen sich als isomorphe Mischungen von m Mol. Albit ($Na_2AlSi_6O_{16}$) und n Mol. Anorthit ($CaAlSi_2O_8$) auffassen. Aehnliche derartige Mischungen sind die Turmaline, die Epidote, Skapolithe, kurz eine sehr grosse Menge von Mineralien sind in dieser Weise gemischt, und zwar nicht selten aus Grundverbindungen, welche isolirt gar nicht bekannt sind, die man aber aus den Mischungen berechnen kann und deren Krystallform durch die der Mischung selbst ebenfalls wenigstens annähernd gegeben ist.

So ist z. B. der *Pisanit* ein monokliner *Cu*haltiger Eisenvitriol, der als isomorphe Mischung: $mFeSO_4 . 7H_2O + nCuSO_4 . 7H_2O$ zu betrachten ist. $CuSO_4 . 7H_2O$ ist isolirt nicht bekannt, es folgt aus der Existenz des Pisanits, dass es eine diesem und dem Eisenvitriol selbst sehr nahe stehende Krystallform haben müsste.

Aus isomorphen Beimischungen erklärt sich auch der Umstand, dass häufig in vollkommen homogenen und in mechanischem Sinne reinen Mineralien, in denen das Mikroskop keine Spur von Beimengung erkennen lässt, geringe Mengen von fremden „Verunreinigungen" bei der Analyse sich finden. So giebt es kaum einen Kalkspath, der nicht Spuren von *Mg* enthielte, keinen Albit ohne atwas *Ca* und *K*, keinen Anorthit ohne *Na* etc.

199. Kryst. und phys. Verhalten isom. Mischungen. Dass die *Krystallformen* der isomorphen Mischungen gleich oder ähnlich denen der Grundverbindungen sind, ist schon erwähnt; entsprechende Winkel sind innerhalb der bei isomorphen Substanzen überhaupt beobachteten Differenzen einander und denen der Grundverbindungen gleich (194). Meist liegen die Winkel der Mischungen zwischen den entsprechenden Winkeln der Grundverbindungen, so ist z. B. der Winkel an der Endkante eines Dolomitrhomboëders $CaCO_3 + MgCO_3 =$ 106° 15', zwischen den Winkeln beim Kalkspath $CaCO_3$ (105° 5') und beim Talkspath $MgCO_3$ (107° 20'). Manchmal ändern sich sogar die Winkel der Mischungen dem Mischungsverhältniss proportional, z. B. gerade in der Kalkspathreihe; manchmal ändern sie sich regellos und manchmal allerdings liegen dieselben auch ganz ausserhalb der durch die entsprechenden Winkel der Grundverbindungen gegebenen Grenzen.

Was die *physikalischen* Verhältnisse der Mischkrystalle betrifft, so sind diese ebenfalls häufig innerhalb der bei der Betrachtung der physikalischen Eigenschaften isomorpher Körper überhaupt gefundenen Grenzen (195) einander gleich. Die Blätterbrüche stimmen z. B. häufig mit denen der Grundverbindungen überein, z. B. in der Kalkspathreihe, die optischen Verhältnisse der Mischkrystalle sind denen der Grundverbindungen analog, wenn diese selbst analog sind. So sind z. B. alle Mischkrystalle der Kalkspathreihe negativ, gerade wie alle Grundverbindungen derselben. Zeigen die Grundverbindungen Verschiedenheiten, so beobachtet man nicht selten bei den Mischkrystallen, dass z. B. die optischen Eigenschaften sich um so mehr denen des einen Endglieds nähern, je mehr von demselben in der Mischung vorhanden ist, so dass in optischer Beziehung ein ganz ebenso stetiger und allmähliger Uebergang von einem zum andern Ende besteht, wie in chemischer, was sich besonders in der Grösse des Axenwinkels und in der Lage der Elasticitätsaxen gegen die Begrenzungselemente der Krystalle zu erkennen giebt. Dies ist z. B. besonders bei der Untersuchung der Plagioklase, der isomorphen Mischungen von Albit und Anorthit nachgewiesen worden, bei welchen man einen so innigen Zusammenhang zwischen der chemischen Zusammensetzung und dem optischen Verhalten beobachtet hat, dass man aus dem relativen Gehalt an Ca und Na auf die Lage der optischen Elasticitätsaxen schliessen kann, und umgekehrt. Es hat sich dabei herausgestellt, dass man bei solchen Vergleichungen in erster Linie die Lage der Elasticitätsaxen in Betracht ziehen muss, und dass der Charakter der Doppelbrechung unwesentlich ist, da die Axenwinkel sich mit dem Mischungsverhältniss ändern und so bei einer gewissen Zusammensetzung an einer Axe als Mittellinie ein dem rechten naher spitzer, bei einer etwas anderen Zusammensetzung an derselben Axe und in derselben Ebene ein ebensolcher stumpfer Winkel auftreten kann, womit der Charakter der Doppelbrechung in das Gegentheil übergeht. Ebenso geht damit $\varrho > v$ in $\varrho < v$ über, und umgekehrt.

(Vergl. Schuster bei Plagioklas.)

200. Entstehung der Mineralien. Die Entstehung der Mineralien geht nach den in der Chemie gelehrten Processen vor sich, es sind durchaus chemische Vorgänge, welche hiebei in Frage kommen, die einmal von den in Wirksamkeit tretenden Stoffen, sodann von den Umständen abhängen, unter welchen diese mit einander in Berührung kommen.

Wenn eine dabei sich bildende Substanz überhaupt fähig ist zu krystallisiren, so werden Krystalle entstehen, und zwar um so schöner ausgebildet und grösser, je langsamer und stetiger und ungestörter der Process vor sich gehen konnte, um so kleiner und unvollständiger dagegen, je rascher dies der Fall war. Häufig haben aber die bei der Entstehung eines krystallisirten Minerals herrschenden Umstände die Ausbildung von Krystallflächen ganz verhindert, es entstanden dann derbe Aggregate (116); ja manchmal kann sogar eine an sich zu krystallisiren fähige Substanz völlig verhindert werden, sich überhaupt krystallinisch auszubilden, sie kann durch die bei ihrer Festwerdung herrschenden Umstände gezwungen werden, amorph zu erstarren.

Man kann die in der Natur als Mineralien sich findenden Substanzen vielfach mit allen wesentlichen Eigenschaften der natürlichen Mineralien in den Laboratorien herstellen, man kann die Mineralien also künstlich nachbilden, oder, wie man uneigentlich sagt, viele Mineralien lassen sich künstlich darstellen. Man darf aber nicht glauben, dass die Art und Weise, wie man ein solches „künstliches Mineral" im Laboratorium erzeugt hat, auch stets diejenige ist, auf welche die entsprechende Mineralsubstanz sich in der Natur gebildet hat, oder umgekehrt, dass man ein Mineral, welches man auf eine bestimmte Weise durchaus nicht künstlich nachbilden kann, auch in der Natur nie so entstanden sei. Die Bedingungen, welche bei den Mineralbildungsprocessen in der Natur obgewaltet haben, lassen sich eben nicht immer in Bezug auf alle Einzelheiten, des Druckes, der Temperatur etc., künstlich wiederholen. So kann man z. B. Quarz künstlich nicht durch Auskrystallisiren aus einem Schmelzfluss darstellen. Dagegen findet man dieses Mineral häufig als Gemengtheil von Gesteinen, welche nach der ganzen Art ihres Vorkommens als erstarrte Laven zu betrachten sind, so dass hier die Bildung des Quarzes aus einem Schmelzfluss unzweifelhaft ist. Schwerspath, $BaSO_4$, kann man künstlich durch Zusammenschmelzen von $BaCl_2$ und K_2SO_4 herstellen; die Art und Weise des Vorkommens des natürlichen Schwerspaths ist aber derart, dass er auf diese Weise nicht entstanden sein kann, sondern dass er als Absatz aus wässriger Lösung anzusehen ist, wie er sich übrigens künstlich ebenfalls herstellen lässt.

Wenn man ein richtiges Urtheil über die Bildung der Mineralien in der Natur gewinnen will, so muss man nicht allein die chemischen Processe ins Auge fassen, welche zur Entstehung der betreffenden Verbindung führen können, sondern man muss auch berücksichtigen, wie die Mineralien in der Natur vorkommen, wie sie sich in der Erdkruste finden, wie sie gelagert, wie sie mit andern Mineralien vergesellschaftet sind etc. Man wird dadurch in den meisten Fällen die allgemeinen Verhältnisse ermitteln können, welche bei der Entstehung des betr. Minerals obgewaltet haben, ob Absatz aus Wasser, Erstarrung aus Schmelzfluss oder aus Gasen (Sublimation), ob secundäre Bildung durch Umwandlung eines präexistirenden anderen Minerals etc. vorliegt. Sache der chemischen Forschung bleibt es dann, das Detail des Vorgangs aufzuklären, aber auch das immer im Hinblick auf das Vorkommen der Mineralien. Man darf dabei nicht vergessen, dass ein und dasselbe Mineral oft in verschiedener Weise in der Erdkruste sich findet und demgemäss auch in verschiedener Weise entstanden ist. So findet sich Quarz ausser in jenen Laven auch auf Drusenräumen mancher Gesteine, wo er nur durch Absatz aus wässriger Lösung sich gebildet haben kann. Bei manchen Mineralien ist die Art der Entstehung noch in Dunkel gehüllt; vollkommene Klarheit darüber ist nur vorhanden, wenn die Versuche künstlicher Nachbildung unter den durch das Vorkommen angedeuteten Verhältnissen gelingen, und auch da lässt sich noch denken, dass nicht ein Weg der Entstehung der allein mögliche ist, sondern dass vielleicht doch auch noch andere zum Ziele führen und bei Entstehung des Minerals wirklich zum Ziele geführt haben. Es sollen demnach im Folgenden die Art und Weise des Vorkommens der Mineralien in der Erdkruste erläutert und dann die chemischen Processe, die bei der Mineralbildung thätig gewesen sind, dargestellt werden.

201. Vorkommen der Mineralien. Die feste Erdkruste wird in der Hauptsache von den sog. Gesteinen oder Fels- oder Gebirgsarten gebildet, welche, in gleicher Weise beschaffen, auf grössere Erstreckung hin den Aufbau derselben bewirken. In den Gesteinen finden sich in irgend einer Weise die Mineralien. und die Kenntniss ihrer Verbindung mit den Gesteinen bedingt in der Hauptsache die Kenntniss ihres Vorkommens in der Erdkruste überhaupt. Die Mineralogie steht hierdurch in inniger Beziehung zu der Gesteinslehre oder *Petrographie*.

In den Gesteinen finden sich nun die Mineralien auf verschiedene Weise: einmal als ursprüngliche Bestandtheile (Gemengtheile)*) derselben gleich anfangs bei der Entstehung des Gesteins mit diesem gebildet; oder aber nachträglich nach Verfestigung desselben in ihm abgelagert, meistens auf irgendwie gestalteten Hohlräumen, die sich in den Gesteinen durch alle möglichen Vorgänge vielfach gebildet haben. Die Mineralien sind dabei in sehr verschiedener Weise verbreitet: manche wie Quarz, Feldspath, Kalk etc. sind über die ganze Erde hin bekannt und an sehr vielen Stellen in Massen vorhanden, manche andere sind zwar ebenfalls sehr weithin verbreitet, nicht weniger wie die vorigen, aber sie finden sich fast überall nur sparsam, höchstens stellenweise in grösseren Massen, z. B. Apatit, Schwefelkies etc.; andere, wie z. B. Kryolith, finden sich nur an einer oder wenigen Stellen, dort aber

---

*) Es ist dabei von den glasigen Gesteinen abgesehen, welche nicht in das Gebiet der Mineralogie gehören (1).

massenhaft; endlich finden sich manche andere nur an wenigen Stellen und auch dort nur spärlich, wie z. B. Diamant, Gadolinit etc.

202. Gesteinsgemengtheile. Die ursprünglichen mineralischen Bestandtheile (Gemengtheile) der Gesteine sind von wesentlich gleicher Entstehung wie die Gesteine selbst, deren Bildung nach der Lagerung und nach anderen, meist geologischen Merkmalen in den meisten Fällen sich unzweifelhaft feststellen lässt. Die Kenntniss der Entstehung des ganzen Gesteins involvirt dann die Kenntniss der Entstehung der Bestandtheile desselben.

Die Gesteine enthalten entweder lauter gleichartige Bestandtheile (*einfache* Gesteine), also z. B. lauter Kalkspathindividuen (der sog. Kalkstein oder Marmor); sie repräsentiren das massenhafte Vorkommen eines Minerals. In andern Fällen ist das Gestein aus Individuen mehrerer Mineralspecies zusammengesetzt, (*gemengte* Gesteine) z. B. Granit aus Feldspath, Quarz und Glimmer; diese letzteren sind die Gemengtheile. Man nennt sie *wesentliche* Gemengtheile, wenn sie zur Existenz eines petrographisch bestimmt charakterisirten Gesteins nothwendig gehören, so dass nicht mehr dasselbe, sondern ein anderes Gestein vorliegen würde, wenn einer dieser Gemengtheile fehlte. So besteht der Gneis (wie der Granit) aus Feldspath, Quarz und Glimmer als wesentlichen Gemengtheilen; fehlte eines derselben, z. B. Feldspath, so hätte man nicht mehr Gneis, sondern Glimmerschiefer. Diesen wesentlichen gegenüber sind die *accessorischen* Gemengtheile der Gesteine solche, welche nicht nothwendig zu denselben gehören, sondern welche zuweilen vorhanden sind, zuweilen nicht. So giebt es manche Gneise, welche Granat enthalten; der Granat ist also ein accessorischer Bestandtheil eines solchen Gneises, der in andern Gneisen nicht vorhanden zu sein braucht.

Die Zahl der in den Gesteinen wichtigen Mineralien, welche entweder die wesentlichen oder die häufigeren accessorischen Bestandtheile derselben bilden, ist nicht sehr gross; man nennt sie die *gesteinsbildenden* Mineralien. Die andern Mineralien, weitaus die Mehrzahl der bekannten Species, finden sich nur so spärlich, dass sie im Aufbau der Erdkruste eine ganz untergeordnete Rolle spielen.

203. Structur. Die Mineralbestandtheile sind in den Gesteinen in verschiedener Weise mit einander verbunden, und davon hängt die Structur der Gesteine ab; die bei ihnen beobachteten Structurformen sind im allgemeinen die nämlichen, welche auch bei den krystallinischen Aggregaten vorkommen (116), nur eine oder die andere, z. B. die faserige, trifft man kaum an den Gesteinen. Dagegen beobachtet man bei ihnen einige besondere Structurformen, z. B. die porphyrische, wo grössere Krystalle in einer feinkörnigen oder dichten Grundmasse liegen. Auch sind die Gesteine nicht selten blasig mit regelmässig rundlichen, elliptischen Hohlräumen, oder zellig (cavernös) mit grossen, unregelmässigen Hohlräumen etc. (vergl. (208)). Die Structur ist für die Unterscheidung der Gesteine wichtig; dasselbe Mineralgemenge, Feldspath, Quarz und Glimmer, bildet mit körniger Structur den Granit, mit porphyrischer den davon sehr verschiedenen Felsitporphyr. Auch die Art und Weise, wie die accessorischen Mineralien in den Gesteinen vertheilt sind, ist verschieden: bald sind es einzelne grössere Krystalle (oder Krystallgruppen), z. B. Granat im Gneis. Gyps im Thon; bald eine grosse Menge kleiner Krystalle, welche mehr oder weniger gleichmässig das ganze Gestein durchziehen. So finden sich z. B. häufig Schwefelkies und andere Kiese in die Gesteine eingesprengt. Partien eines Gesteins, wo solche kleine, oft mikroskopische Mineraltheilchen in grösserer Menge eingestreut sind, als ringsumher, nennt man *Imprägnationen* (114). Hierher gehören z. B. die sog. Fahlbänder, Imprägnationen von Kiesen in den norwegischen Gneisen und anderen krystallinischen Schiefern. Ist dagegen eine grössere Mineralmasse in irgend einer Weise in ein anderes Gestein eingelagert, so dass sie ringsum von demselben umgeben ist, so nennt man dieselbe wohl eine *Lagerstätte*: z. B. Kryolith im Gneis, Marmor ebenfalls im Gneis etc. Ist diese Mineralmasse ein Erz, so ist es eine *Erzlagerstätte*, z. B. Magneteisen und andere Eisenerze in krystallinischen Schiefern.

204. Lagerung. Von der grössten Wichtigkeit für die Beurtheilung der Entstehung der Gesteine und der dieselben zusammensetzenden Mineralien ist ihre *Lagerung*, die Art und Weise, wie die Gesteine in der Erdkruste miteinander verknüpft und gruppirt sind. Man hat in dieser Beziehung *geschichtete* und *massige* Gesteine zu unterscheiden.

Die ersteren, die *geschichteten* oder *Schichtgesteine* bestehen aus einer mehr oder weniger grossen Anzahl parallelflächig begrenzter Gesteinsplatten von grösserer oder geringerer Dicke (Mächtigkeit), welche parallel übereinander liegen. Eine solche Platte heisst eine *Schicht*, die Begrenzungsflächen die *Schichtflächen*, eine Anzahl übereinanderliegender Schichten ein *Schichtensystem*. Alle Schichten eines Schichtensystems sind entweder von demselben Mineral oder Mineralgemenge gebildet, oder es wechseln Schichten von verschiedener mineralogischer Natur mit einander ab. Wiederholen sich Schichten von verschiedener mineralogischer Beschaffenheit mehrmals in verschiedenen Niveaus eines Schichtensystems in derselben Weise, so dass aus anderem Material gebildete Schichten dazwischen liegen, so findet eine sog. *Wechsellagerung* statt. Eine Schicht eines solchen Systems, welche aus einem andern Gesteinsmaterial besteht als die andern Schichten. nennt man ein *Flötz*, bes. wenn das Material der Schicht technisch nutzbar ist, z. B. Kohlenflötze, Eisensteinsflötze etc. Die Art der Lagerung ist genau dieselbe, welche die unter unseren Augen entstehenden Absätze aus den verschiedenen an der Erdoberfläche vorhandenen Gewässern, namentlich aus dem Meere einnehmen.

Den geschichteten gegenüber stehen die *massigen* Gesteine

(*Massengesteine*), welche eine solche schichtenförmige Gliederung nicht zeigen, sondern mehr aus einem Guss sind (von späteren Zerklüftungen abgesehen). Dieselben lagern regellos gegen die umgebenden Gesteine, welche sie meist quer durchsetzen (durchgreifende Lagerung), namentlich durchschneiden sie, wenn sie in Verbindung mit Schichtgesteinen stehen, meist die Schichten derselben quer unter beliebigen Winkeln. Sie sitzen häufig als umfangreiche, unregelmässig begrenzte, nach allen Horizontalrichtungen ziemlich gleichmässig ausgedehnte Massen in dem umgebenden Gestein (*Stöcke*), oder sie erfüllen mehr oder weniger mächtige Spalten in den Gesteinen (*Gesteinsgänge*), oder sie sind in weitausgedehnten *Decken* an der Oberfläche der Erde ausgebreitet, oder sie ziehen sich als *Ströme* nach einer Richtung hin weit fort. Alle diese Lagerungsformen stehen mit einander in Verbindung: von einem Stock gehen häufig Gänge desselben Gesteins nach allen Richtungen aus; Gänge breiten sich an der Stelle, wo sie die Erdoberfläche erreichen, zu Strömen und Decken aus etc. An der Erdoberfläche ragen solche Gesteine häufig als *Kuppen* über die Umgebung empor, und diese Kuppen sind nicht selten durch einen gangartig in die unterliegenden Gesteine sich hineinerstreckenden Stiel mit dem Innern der Erde verbunden.

Solche Lagerungsverhältnisse beobachtet man bei den in glühendflüssigem Zustand aus dem Erdinnern herausbrechenden Laven.

205. Material der Gesteine. Untersucht man das Material, aus dem diese beiden nach der Lagerung verschiedenen Arten von Gesteinen gebildet sind, so findet man, dass die massigen Gesteine fast ausschliesslich aus SiO_2-haltigen Mineralien bestehen: Feldspath, Glimmer, Augit, Hornblende, Quarz, neben denen vielfach noch amorphe glasartige Gesteinspartikel in grösserer oder geringerer Menge auftreten, alles genau so, wie man es bei unzweifelhaft aus feurigem Fluss erstarrten Lavengesteinen jetzt noch thätiger Vulkane beobachtet. Man darf daher, in Berücksichtigung der Lagerungsverhältnisse (204), unbedenklich den Massengesteinen dieselbe Entstehung zuschreiben und sie als Erstarrungsproducte von in glühendem Fluss an die Erdoberfläche gedrungenem Gesteinsmaterial betrachten. Man nennt sie daher *Eruptivgesteine*.

Eine Anzahl derselben: Granite, Diorite, Syenite etc., sind schon in sehr frühen Zeiten der Erdbildung an die Erdoberfläche emporgedrungen, und sie unterscheiden sich daher in manchen Punkten von den später zur Eruption gelangten Gesteinen, deren Verhältnisse von denen heute entstehender Laven in nichts Wesentlichem abweichen (Basalte, Trachyte etc). Man unterscheidet demnach *ältere* und *jüngere* Eruptivgesteine oder *plutonische* und *vulkanische* Gesteine.

Das Material der Schichtgesteine ist ein verschiedenes. Es sind z. Th. Mineralmassen, wie Kalk, Steinsalz, Thon, welche unter unseren Augen auch heute noch aus dem Wasser schichtenförmig abgelagert werden, und man muss daher die Schichtgesteine solcher Art als Absätze aus dem Wasser betrachten, um so mehr, als sie vielfach Reste von im Wasser gelebt habenden Organismen als sog. Versteinerungen einschliessen, welche in den massigen Gesteinen durchaus fehlen. Man nennt diese geschichteten Gesteine daher auch *Sedimentärgesteine.* Andere Schichtgesteine stimmen in der mineralogischen Beschaffenheit der Bestandtheile völlig mit den plutonischen Gesteinen überein, sie bestehen wie jene aus Feldspath, Quarz, Glimmer, Augit, Hornblende etc. und unterscheiden sich von ihnen nur dadurch, dass sie geschichtet, die andern dagegen massig sind. Dies sind die sog. *krystallinischen Schiefer* (Gneis, Glimmerschiefer etc.), welche, mit Schichten von Kalk (Marmor), Eisenerzen und andern Gesteinsmassen wechsellagernd, die Basis aller Schichtgesteine bilden, auf denen, als den ältesten, die stets jüngeren Sedimentärgesteine aufruhen. Sie bilden mit den mineralogisch gleichen plutonischen Gesteinen das, was man das *Urgebirge* nennt: die Sedimentärgesteine bilden das *Flötzgebirge.*

Was die Entstehung der krystallinischen Schiefer betrifft, so ist dieselbe in der Hauptsache noch in Dunkel gehüllt (*kryptogene* Gesteine). Manche Geologen halten sie für Umwandlungsproducte von echten Sedimentärschichten und nennen sie daher *metamorphische* Gesteine.

206. Trümmergesteine. Die Gesteine sind ferner noch danach zu unterscheiden, ob sie gleich von vornherein als völlig zusammenhängende Massen sich gebildet haben, oder ob sie ursprünglich lose gewesen und später erst durch Verkittung der einzelnen losen Theile fest geworden sind; oder ob sie auch noch jetzt ganz unzusammenhängende lose Accumulate darstellen. Die ersteren Gesteine nennt man *ursprüngliche,* die letzteren *Trümmergesteine* (Klastische Gesteine).

Die Bestandtheile der Trümmergesteine entstehen häufig durch Zertrümmerung präexistirender Gesteine, und zwar hauptsächlich durch die Thätigkeit des Wassers auf chemischem und mechanischem Wege. Es sind hauptsächlich schwer zersetzbare und harte Mineraltheile, wie Quarz etc., welche bei derartigen Zerstörungsprocessen zuletzt übrig bleiben. Als lose Massen nennt man solche Trümmer Sande und Kiese (z. B. im Bette von Bächen und Flüssen, am Meeresufer, auf dem Grund von Seen etc., oder wenn das Wasser abgelaufen ist, unmittelbar an der Erdoberfläche.) Solche Sande und Kiese enthalten zuweilen nutzbare Mineralien, wie edle Metalle, Zinnerz, Edelsteine etc., welche durch Auswaschen gewonnen werden können. Man nennt sie dann *Saifen* oder *Saifenlager.* Sind die Bruchstücke eines solchen losen Accumulats durch irgend ein Bindemittel (Cement) nachträglich verkittet, so entstehen daraus die Sandsteine, Conglomerat, Breccien etc. Die feinsten Trümmergesteine sind die Thongesteine, Thon, Schieferthon, Thonschiefer etc. Aber auch durch vulkanische Thätigkeit werden lose Massen erzeugt, welche entweder aus in der Tiefe losgerissenen Bruchstücken von Gesteinen des Erdinnern bestehen oder aus bei der Eruption zerstäubter Lava, sog. Asche, die in oft mehlartig feinen Theilchen in ungeheurer Masse aus den Kratern herausgefördert wird; oder es sind mehr oder weniger grosse Fetzen von Lava, von zuweilen eigenthümlich gerundeter Form, sog. Bomben, Lapilli etc.; die grösseren Auswürflinge sind meist mit den an Masse ungemein überwiegenden Aschen gemischt. Wenn derartige Accumulate später im Laufe der Zeiten Zusammenhalt gewinnen und fest werden, so bilden sie die *vulkanischen Tuffe*.

207. Mineralien späterer Entstehung. Ausser jenen eigentlichen Gemengtheilen der Gesteine, die von der nämlichen Art der Entstehung wie diese selbst sind, findet man in oder auf den Gesteinen noch vielfach Mineralien von späterer Entstehung; deren Bildung ist dann möglicher Weise von der des Gesteins total verschieden. Meist spielt hier das Wasser eine Rolle, oder es sind Producte der Sublimation von Gasen, Schmelzprocesse sind von keiner Bedeutung.

Diese später gebildeten Mineralien entstehen oft in dem Gestein selbst, wenn dasselbe nicht vollkommen starr und unnachgiebig ist; so findet man nicht selten später gebildete Krystalle von Gyps im Thon, ringsum ganz dicht vom Thon umgeben, dessen Bestandtheile der in der Entstehung begriffene Krystall bei Seite schob, um selbst Platz zu bekommen; ein Hohlraum ist an der betr. Stelle zur Aufnahme des Gypskrystalls nicht vorhanden gewesen (concretionäre Bildung). In andern Fällen siedeln sich auf der Oberfläche der Gesteine Mineralien an, sei es, dass Mineralsubstanzen in Lösung enthaltende Gewässer darüber hinfliessen oder auf ihnen stagniren und ihre aufgelösten Bestandtheile ganz oder theilweise ausscheiden, wie z. B. die Absätze von Quellen und Seen; oder sei es, dass die Sublimationsproducte vulkanischer Gase auf den Kraterwänden und der Oberfläche der Lavaströme Mineralablagerungen erzeugen.

Von besonderem Interesse als Ansiedelungsplätze von später neugebildeten Mineralien sind aber die Wände von Hohlräumen, welche in der verschiedensten Weise im Innern der Gesteine sich finden und auf denen die neugebildeten Mineralien oft in den prachtvollsten Krystalldrusen aufgewachsen sind.

208. Mineralien auf Mandelräumen. Diese Hohlräume sind ringsum geschlossen und von kleinen, seltener von erheblicheren Dimensionen. Es sind die regelmässig gerundeten Hohlräume blasiger Eruptivgesteine (Melaphyre, Basalte etc.), welche in dem noch halbflüssigen Gestein durch die Ausdehnung der darin aufgelösten Gase sich gebildet und die sich bei der vollkommenen Festwerdung des Gesteins erhalten haben. In ihnen haben sich häufig die verschiedenartigsten Mineralien angesiedelt, in einzelnen Schichten übereinander die Wände dieser Blasenräume bedeckend. Häufig ist zuinnerst eine Folge äussert dünner und äusserst zahlreicher Chalcedonschichten, sog. Achat, über welchen krystallisirter Quarz folgt, der seine Krystallspitzen nach innen kehrt, welche dann ihrerseits wieder Krystalle von Kalkspath, Zeolithen etc. tragen. Diese Hohldrusen (sog. Geoden) haben die angenäherte Gestalt von Mandeln, sie werden daher auch *Mandeln* genannt, die Hohlräume selbst heissen *Mandelräume*, die Gesteine, welche die Mandeln einschliessen, *Mandelsteine*.

Andere geschlossene Hohlräume sind aber noch auf manigfache sonstige Weise, z. B. durch Auflösen und Wegführen einzelner Bestandtheile der Gesteine entstanden. Diese sind dann gleichfalls häufig mit Krystallen, namentlich von Kalkspath und anderen Carbonaten, Zeolithen etc. ausgekleidet, ebenso auch die hohlen Innenräume von Petrefacten, z. B. Ammoniten etc.

209. Mineralien auf Spalten. Am grossartigsten ist aber die Ansiedlung neu gebildeter Mineralien auf den Klüften und Spalten, welche so häufig die Gesteine durchziehen. Niemals zeigen die Gesteine einen vollkommenen Zusammenhang nach allen Richtungen, stets sind sie bei der Erhärtung und Verfestigung und bei den Bewegungen der Erdkruste zerrissen und zerklüftet worden. Die so entstandenen Spalten und Klüfte sind theils klein, theils grösser; zuweilen sind es Spalten von erheblicher Breite, die sich kilometerweit in die Länge und bis in unergründliche Tiefen ausdehnen. Auf den Wänden dieser Spalten sind häufig neu gebildete Mineralien abgelagert, welche entweder die ganze Spalte ausfüllen oder zwischen den Wänden noch Hohlräume, Drusenräume, übrig lassen. Auf diesen Drusenräumen sind die Mineralien dann meist sehr schön auskrystallisirt und die Spitzen der Krystalle ragen in den leergebliebenen Raum. Kleine ausgefüllte Klüfte dieser Art findet man häufig im Kalkstein; hier sind sie mit Kalkspath erfüllt, im Thonschiefer mit Quarz, im körnigen Gyps mit fasrigem Gyps, dessen Fasern zu den Spaltenwänden senkrecht sind. Auf Klüften in den Silicatgesteinen der Alpen sind schöne Krystalle von Quarz, Feldspath, Titanit etc. sehr häufig. Die Klüfte erweitern sich stellenweise zu ausgedehnten Räumen, die mit äusserst zahlreichen und grossen Krystallen ausgekleidet sind; namentlich finden sich in diesen centnerschwere Bergkrystalle etc. (Krystallkeller). Sind diese mit später gebildeten Mineralien ganz oder zum Theil erfüllten Spalten von etwas grösseren Dimensionen, so nennt man sie *Gänge*, und zwar zum Unterschiede von den äusserlich ganz ebenso beschaffenen und gestalteten Gängen von Eruptivgestein (Gesteinsgängen, (204)), *Mineralgänge*. Diese sind häufig ganz oder zum Theil mit nutzbaren Erzen ausgefüllt und heissen dann *Erzgänge*; sie bilden in vielen Gegenden, im Erzgebirge, im Harz etc., den Gegenstand eines umfangreichen Bergbaus und haben daher neben dem wissenschaftlichen ein sehr hervorragendes praktisches Interesse.

Die Mineralgänge sind selten vollständig mit ein und demselben Mineral ausgefüllt, meist sind es mehrere Mineralien, welche dann sehr häufig in rechts und links symmetrischen Lagen als dünne Platten auf den Spaltenwänden befestigt sind; also z. B. eine Schicht Kalkspath rechts und links, darüber beiderseits eine Schicht Bleiglanz; dann rechts und links eine Lage Quarz, dann vielleicht wieder Bleiglanz etc. Diese Anordnung weist auf den Absatz der Gangmineralien aus wässriger Lösung hin; denn ist die Gangspalte mit einer Flüssigkeit erfüllt, welche Mineralien ausscheidet, so muss dies gleicherweise auf beiden Spaltenwänden geschehen, und wenn im Laufe der Zeit die Natur der Lösungen wechselt, so müssen auch die abgesetzten Mineralien andere werden, aber stets rechts und links in gleicher Weise. Zuweilen ist ein Theil des Gangs mit Trümmern des Nebengesteins erfüllt, um welche herum sich dann die Schichten concentrisch gruppiren, und derartige Modificationen sind noch mehr möglich. Besonders schön ausgebildete aufgewachsene Krystalle haben besonders die im Innern offen gebliebenen Drusenräume der Erzgänge geliefert, welche beim Bergbau häufig angebrochen und ausgebeutet werden, doch bedecken in solchen Drusenräumen nicht nur deutliche Krystalle die Wände, sondern auch derbe Krusten mit gerundeter Oberfläche, tropfsteinartige Massen, besonders wenn das die Spalte erfüllende Mineral nicht deutlich zu krystallisiren im Stande ist, wie z. B. der Brauneisenstein.

Von besonders gewaltigen Dimensionen sind die häufig als lokale Erweiterungen von Spalten zu betrachtenden Höhlen, welche in manchen Gyps- und Kalkgebirgen vielfach sich finden. Auch diese sind mit Mineralneubildungen ausgekleidet; in den Gypshöhlen (Schlotten) sind es vorzugsweise Gypskrystalle, in den Kalkhöhlen sind es Kalkspathkrystalle oder Kalkspathkrusten von oft bedeutender Dicke, und Kalkspathtropfsteine (Stalaktiten und Stalagmiten) von den kleinsten bis zu den gewaltigsten Dimensionen, von mehreren Metern Länge und entsprechender Dicke.

210. Contactbildungen. Ein eigenthümliches Vorkommen von Mineralien ist in den sog. Contactzonen. An vielen Orten beobachtet man nämlich, dass da, wo ein Eruptivgestein, z. B. Granit, ein anderes, namentlich Kalk oder Thonschiefer, berührt, das letztere Gestein auf eine gewisse Entfernung von der Contactfläche mit dem ersteren Krystalle von gewissen Mineralien in grösserer oder kleinerer Menge enthält, so dass diese von der Grenze weg immer spärlicher werden und endlich ganz verschwinden. Es sind hauptsächlich Silicate: im Kalk ist es Granat, Vesuvian, Augit, Hornblende, aber auch Spinell, Graphit etc.; im Thonschiefer Staurolith, Chiastolith etc., welche in diesen sog. Contactzonen vorkommen. Diese Mineralien verdanken offenbar der Einwirkung des Eruptivgesteins auf das andere Gestein in der Contactzone ihre Entstehung. Wie man sich diese Einwirkung speciell zu denken hat, ist noch nicht genügend ermittelt. Man nennt solche Mineralien *Contactmineralien.* Bildungen dieser Art finden sich in besonderer Schönheit am Monzoni in Tyrol, bei Orawitza im Banat, in der Gegend von Christiania in Norwegen, an mehreren Stellen in den Pyrenäen und an vielen anderen Orten. Als Contactbildungen in massenhaftem Vorkommen sind gewisse Eisenerze z. B. im Lahnthal anzusehen, welche aus Kalk in der Berührung mit Diabas entstanden sind.

Reine Hitzeeinwirkungen haben manche vulkanische Gesteine auf unmittelbar benachbarte Mineralmassen ausgeübt. Am Meissner in Hessen ist die Braunkohle im Contact mit dem Basalt ihres Bitumens beraubt und stenglig abgesondert; auf der Grube Alte Birke im Siegenschen hat man einen Contact zwischen Basalt und Spatheisenstein beobachtet, wobei letzteres Mineral in mulmiges Magneteisen verwandelt worden ist; Thon ist häufig zu Porcellanjaspis, Basaltjaspis etc. gebrannt u. A. m.

211. Paragenesis. Von nicht unerheblichem Interesse ist es von jedem einzelnen Mineral zu wissen, in welcher Weise es an den verschiedenen Fundorten vorkommt, welche andere Mineralien mit ihm auf derselben Lagerstätte erscheinen, wie alle diese Mineralien daselbst mit einander vergesellschaftet sind, in welcher Reihenfolge sie sich dort gebildet haben etc. Die mehr oder weniger ausgesprochene Art des Zusammenvorkommens der Mineralien nennt man nach Breithaupt die *Paragenesis* derselben (vergl. 3 G.) So findet sich der Melanit, Leucit und andere Mineralien stets nur in vulkanischen Gesteinen resp. den Tuffen derselben, nie in plutonischen Gesteinen, in Kalk etc. Wismuthglanz findet sich fast nur mit Kupferkies und und ist jünger als dieser. Mit Buntkupfererz findet man fast immer später gebildete Kupferkieskrystalle. Die Scheelitkrystalle von Zinnwalde sitzen viel häufiger auf den mit vorkommenden Quarz- als den ebenfalls bei ihrer Bildung schon vorhanden gewesenen Glimmerkrystallen. Auf Freiberger Erzgängen findet sich der Kalkspath stets nur mit dem gewöhnlichen Skalenoëder $R3$ $(21\bar{3}1)$, wenn er mit Kupferkies zusammen vorkommt. Quarz mit Rhomben- und Trapezflächen findet sich mit fluorhaltigen Mineralien zusammen. Noch andere ähnliche Regeln des Vorkommens sind in grosser Zahl beobachtet worden und haben schon vielfach Licht auf die Vorgänge und Verhältnisse bei der Bildung der einzelnen Mineralien und ihrer Varietäten geworfen.

212. Mineralbildungsprocesse. Die chemischen Processe, welche zur Entstehung von Mineralien Veranlassung gegeben haben, sind hauptsächlich: Abscheidung aus wässriger Lösung entweder auf rein chemischem, unorganischem Wege, oder unter Beihülfe oder Vermittelung von organischen Wesen; ferner Erstarrung aus dem Schmelzfluss und endlich Erstarrung aus dem gasförmigen Zustand (Sublimation).

213. Abscheidung aus Wasser. Am wichtigsten sind wohl die Ausscheidungen aus wässriger Lösung, die auf verschiedene Weise bewerkstelligt werden können. Solche aus wässriger Lösung ausgeschiedene Mineralien enthalten häufig zahlreiche, meist mikroskopische Flüssigkeitseinschlüsse (110). Durch Verdunstung des Lösungsmittels scheidet sich Steinsalz aus, z. B. noch jetzt in den Salzseen der Umgebung des caspischen Meeres; die grossen Massen des Steinsalzes, die in den Gebirgsschichten eingelagert sich finden, sind wohl alle auf diese Weise entstanden, ebenso der häufig Spalten ausfüllende Fasergyps und viele andere direct im Wasser lösliche Mineralien. Auch durch Temperaturerniedrigung wurde das Wasser häufig veranlasst, einen Theil der aufgelösten Substanzen abzuscheiden, so z. B. die heissen, Kieselsäure haltigen Quellen der Umgebung des Geysirs auf Island und in andern vulkanischen Gegenden; die SiO_2 schied sich dabei zum grössten Theil amorph als Opal aus. Zuweilen wird die Lösung durch die Gegenwart irgend einer Substanz im Wasser vermittelt. Dies gilt namentlich für die Lösung von $CaCO_3$ und anderen Carbonaten durch die Vermittelung von CO_2. Geht die CO_2 fort, so fällt $CaCO_3$ aus, und zwar bei niederer Temperatur als Kalkspath, bei höherer als Aragonit. Letzteres ist der Fall in den Thermen von Karlsbad, in denen sich der aus Aragonit bestehende Erbsenstein und Sprudelstein gebildet hat. Verbreiteter ist die Ausscheidung von Kalkspath. Diese geschieht theilweise in deutlich ausgebildeten Krystallen auf Klüften und Spalten im Kalkgebirge, auf Erzgängen etc. Das Wasser löste im Kalkgebirge mittelst der in ihm aufgelösten Kohlensäure die Substanz auf, welche es in den Spalten desselben nach der Verdunstung dieses Gases wieder zur Ablagerung brachte. Mit derben krystallinischen Massen von Kalkspath erfüllen sich ebenfalls häufig die Klüfte und Spalten im Kalkgebirge; solche Massen setzen auch die mit nierenförmigen Oberflächen versehenen Krusten und Sinter zusammen, welche die Wände von Kalkhöhlen überziehen, sowie die aus tropfendem Wasser gebildeten Kalkstalaktiten (Tropfsteine) an denselben Orten. In grossen Massen entsteht Kalk als Kalktuff (Travertin) auf diesem Wege, z. B. an Wasserfällen, welche von sehr stark $CaCO_3$ haltigem, aus dem Kalkgebirge kommenden Wasser gebildet werden, auf dem Grunde von Seen, welche durch solche Wasser gespeist werden etc. Hier fängt aber schon die Mitwirkung des organischen Lebens an (214). Viele Mineralien und grosse Massen derselben haben sich offenbar auch durch doppelte Umsetzung in den Lösungen gebildet, an Orten, in welchen von allen Seiten das Wasser zusammenfloss und wo es mehr oder weniger stagnirte, also vor allem in den Hohlräumen der Gesteine, auf Klüften und Spalten in Blasenräumen vulkanischer Gesteine etc. So ist wohl meist die Bildung sehr schwer löslicher Mineralien aufzufassen, wie die des Schwerspaths, der Schwefelmetalle und complicirt zusammengesetzter Substanzen, wie mancher Silicate etc. Beispiele solcher Bildungen zeigen wohl die meisten Mineralien der Erzgänge, ferner die Mineralien, welche die Mandelräume der Melaphyre erfüllen etc. Die Lösungen, welche derartige Bildungen erzeugten, haben die in den Hohlräumen abgelagerten Substanzen sehr häufig den Gesteinsmassen entnommen, die den Hohlraum umgeben, also dem sog. Nebengestein der Gänge, dem die Mandeln umgebenden Melaphyr etc., welch letzterer, wenn die Mandelräume mit Mineralmasse erfüllt sind, stets stark verwittert erscheint etc. Solche in den Hohlräumen gelagerte Mineralien, welche zweifellos dem umgebenden Gestein derselben entstammen, nennt man allgemein *Secretionen*. Ueberhaupt wird das Material zur Bildung von Mineralien sehr häufig aus schon vorhandenen Mineralien genommen, welche durch alle möglichen Umwandlungsprocesse verändert und schliesslich zerstört werden (217, 218). Die neugebildeten Mineralien von secundärer Entstehung siedeln sich entweder an der Stelle an, wo das umgewandelte Mineral gewesen war, oder die aus diesem genommenen Stoffe werden in Lösung fortgeführt und bewirken, vielfach mit aus anderen Gegenden stammenden Stoffen, die Neubildungen. Jedenfalls wird durch diese fortwährenden Neu- und Umbildungen von Mineralien in der Erdkruste ein ununterbrochener Kreislauf der unorganischen Materie hervorgebracht, über den weiter unten noch Einzelheiten angeführt werden sollen.

214. Organische Mineralbildungen. Durch Vermittlung von organischen Wesen sind gewaltige Mineralmassen gebildet worden. Hierher gehören zunächst alle Steinkohlen und ähnliche Bildungen, welche nichts anderes sind, als zusammengehäufte Pflanzensubstanzen und die Umwandlungsproducte derselben. Organischen Ursprungs ist auch wohl aller aus dem Meer abgelagerte Kalk, also die Hauptmasse des Materials, welches die Kalkgebirge zusammensetzt. Direct durch chemische Processe kann sich aus Meerwasser kein $CaCO_3$ ausscheiden, dazu ist viel zu wenig $CaCO_3$ in demselben aufgelöst, aber viele Meeresbewohner: Kalkalgen, Foraminiferen, Korallen, Echinodermen, Konchylien etc. scheiden ihn durch ihren Lebensprocess aus und bilden aus ihm ihre Harttheile, Schaalen etc. Diese häufen sich nach dem Tode der Thiere zusammen und bilden mit der Zeit gewaltige Kalkablagerungen. In diesen sieht man häufig noch die zusammengehäuften Schaalenstücke etc. theils mit blossem Auge, theils unter dem Mikroskop, theilweise ist allerdings auch jede Spur organischer Structur durch spätere Umwandlung zerstört worden, so dass jetzt rein unorganische Massen vorliegen. Auch die Kalkausscheidung aus süssem Wasser wird durch Vermittlung organischer Wesen, besonders durch Pflanzen, veranlasst oder doch vermehrt. Wasserpflanzen überziehen sich häufig dadurch, dass sie dem Wasser CO_2 entziehen, mit Kalk und bilden dadurch einen Theil des Kalktuffs, auch Moose am Rande von Quellen etc. wirken ähnlich (213). Aber nicht nur Kalk wird auf diese Weise ausgegeschieden, auch Kieselsäure, z. B. Polirschiefer, Tripel und Aehnliches; hier sind es Diatomeen, welche die Abscheidung veranlassen indem sie sich Kieselpanzer bilden. Endlich werden auch Eisenerze (Raseneisenerze etc.) z. Th. durch Vermittlung von Diatomeen aus *Fe*-haltigen Wassern massenhaft zur Ablagerung gebracht.

215. Erstarrung aus dem Schmelzfluss. Bei der Erstarrung aus dem Schmelzflusse war selten oder nie ein Mineral allein geschmolzen, sondern aus einem glühend flüssigen Magma von irgend welcher Zusammensetzung schieden sich beim Erkalten verschiedenartige Mineralien aus. Es liegt also auch hier eine Ausscheidung von Mineralien aus einer Lösung vor, aber nicht in der Kälte, sondern bei sehr hoher Temperatur. Eine solche Schmelze ist meist nur dann im Stande Krystalle abzuscheiden, wenn die Erkaltung sehr langsam und stetig vor sich geht. Die Krystalle sind um so grösser, je langsamer sie sich bildeten. Meist erstarrt aber ein mehr oder weniger grosser Theil der Masse amorph als Gesteinsglas, und solche eingeschlossene Glaspartikel, oft von mikroskopischer Kleinheit, sind ein untrügliches Kennzeichen durch Erstarrung aus dem Schmelzfluss gebildeten Mineralien. Auf diese Weise entstehen alle die Mineralien der Lavaströme und entstanden überhaupt die der Eruptivgesteine, wobei allerdings häufig das Wasser eine grosse Rolle mitspielte, bes. bei den plutonischen Gesteinen (Granit, Syenit etc.), deren Bestandtheile kein Glas, sondern Flüssigkeitseinschlüsse enthalten, und denen man daher trotz ihrer Lagerungsverhältnisse keinen rein pyrogenen, sondern einen sog. hydatopyrogenen Ursprung zuschreibt.

216. Sublimation. Am wenigsten wichtig ist die Bildung von Mineralien durch Absatz aus Dämpfen, d. h. durch Sublimation. Die Schauplätze solcher Vorgänge sind hauptsächlich die Fumarolen der Vulkane, zuweilen auch brennende Kohlenfelder. Selten werden Dämpfe eines bestimmten Minerals erzeugt und dieses somit direct sublimirt, meist findet auch hier doppelte Umsetzung statt, so z. B. bei der Sublimation von Eisenglanz, der sich aus Dämpfen von Fe_2Cl_6 und H_2O umsetzt und welcher die Wände der Krater und der Fumarolenspalten häufig in deutlichen Krystallen überzieht, auch wohl ganze Klüfte ausfüllt. Durch Umsetzung von $SiCl_4$-Dämpfen mit metallhaltigen Dämpfen entstehen häufig sublimirte Silicate, wie Augit, Hornblende etc., die direct ebensowenig flüchtig sind wie der Eisenglanz. Zu den wichtigsten Sublimationsproducten der Vulkane sind auch Steinsalz (stets KCl-haltig) und Salmiak zu rechnen.

217. Umwandlung der Mineralien. Die Mineralien, welche auf irgend eine Weise sich gebildet haben, sind stets der Einwirkung der in der Erde thätigen Agentien ausgesetzt und werden dadurch wohl alle mehr oder weniger stark angegriffen und schliesslich vollständig umgewandelt und zerstört. Manche Mineralien leisten diesen Einwirkungen einen sehr starken Widerstand, wie Gold, Platin, Diamant, auch Quarz etc., andere werden leicht angegriffen, z. B. Schwefelmetalle, Feldspath, Olivin etc.

Der Hauptträger dieser Umwandlungsprocesse ist das Wasser, welches fortwährend die gesammte Erdkruste auf das innigste durchtränkt; es sind hydrochemische Processe, welche dabei in Betracht kommen. Alle anderen Einwirkungen sind viel weniger wichtig. Ist das Wasser in dem Zustande thätig, in welchem es aus der Atmosphäre und aus der Humusdecke in die Erde eindringt, also bei niederer Temperatur und mit den in den Mineralien langsam wirkenden Stoffen: O, CO_2 und organischen Humussubstanzen, so nennt man seine Thätigkeit *einfache Verwitterung.* Bei seiner Bewegung in der Erdkruste nimmt aber das Wasser allmählig Mineralbestandtheile auf, welche sich dann an den ferneren Umwandlungsprocessen ebenfalls betheiligen und namentlich durch doppelte Umsetzungen Veränderungen in den Mineralien hervorrufen. Dies ist die *complicirte Verwitterung*. Zu den Verwitterungserscheinungen pflegt man auch den Wasserverlust mancher Mineralien bei niederer Temperatur zu rechnen (Verstäubung). Alle diese Vorgänge spielen sich sehr langsam ab und ihre Resultate sind meist erst nach längerer Zeit in den Mineralien wahrzunehmen. Wirkt aber das Wasser bei höherer Temperatur wie das der heissen Quellen, oder enthält es starke Säuren, wie z. B. HCl in den Vulkanen oder H_2SO_4 ebendort, aber auch vielfach durch Verwitterung von S-Metallen erzeugt, so nennt man die Umwandlung der Mineralien *Zersetzung*. Doch wird diese Unterscheidung nicht immer streng festgehalten und man nennt häufig auch solche Mineralien zersetzt, welche durch Verwitterung eine mehr oder weniger weitgehende Umwandlung erlitten haben.

Selten beginnen die Umwandlungsprocesse im Innern der Mineralien, meist an der Oberfläche, und man sieht daher häufig ein Mineral mit einer äusseren Schicht eines Umwandlungsproductes bedeckt, während im Innern noch ein grösserer oder kleinerer Kern der unveränderten Substanz steckt. So findet man z. B. nicht selten Olivinkrystalle, deren äussere Partien aus Serpentin bestehen, in welchen sich der Olivin umgewandelt hat. Der Umwandlungsprocess dringt häufig, wie z. B. gerade beim Olivin, in der Art ins Innere vor, dass sich mikroskopisch feine Spältchen bilden, von deren Wänden aus die Verwitterung erfolgt. Dabei bemerkt man unter dem Mikroskop, dass die noch frische und die umgewandelte Partie nach einer scharfen Grenze an einander stossen, nicht allmählig in einander übergehen. Häufig sitzen auch die Producte der Verwitterung in deutlichen Krystallen auf dem noch unverwitterten Rest des ursprünglichen Minerals oder auf dessen Ueberbleibseln auf, wie z. B. Weissbleierz auf Bleiglanz.

Die hydrochemische Einwirkung auf die Mineralien ist unter verschiedenen Umständen eine verschiedene, und dasselbe Mineral kann also auch unter verschiedenen Umständen sehr verschiedene Umwandlungsproducte geben. So giebt die Verwitterung des Bleiglanzes. PbS, bald Vitriolblei, $PbSO_4$; bald Weissbleierz, $PbCO_3$; bald Pyromorphit (Bleiphosphat); und noch andere Mineralien können durch die Veränderung desselben entstehen.

Die wichtigsten hydrochemischen Processe, welche umwandelnd und zerstörend auf die Mineralien einwirken, sind: die einfache Lösung, die Aufnahme von Sauerstoff und Kohlensäure. die Abgabe von Sauerstoff, Aufnahme und seltener Verlust von Wasser, Aufnahme fester Bestandtheile aus Lösungen ohne gleichzeitige Abgabe von Bestandtheilen, oder umgekehrt blosse Abgabe von Bestandtheilen, oder auch endlich gleichzeitige Abgabe und Aufnahme von solchen (Austausch von Bestandtheilen). Das letztere, der Austausch von Bestandtheilen. ist am häufigsten; die einfachsten Vorgänge der Lösung, Oxydation. Reduction, Wasseraufnahme etc. kommen in voller Reinheit ohne jede Mitwirkung der anderen Processe selten vor. Die meisten Verwitterungsvorgänge sind sehr complicirt und die meisten der genannten Processe wirken fast stets neben einander.

Dabei geht mehr oder weniger von der Substanz der umgewandelten Mineralien in Lösung, wird fortgeführt und an andern Stellen zur Einleitung complicirter Verwitterungsprocesse, oder auf irgend eine Weise zu Neubildungen verwendet. Es werden neugebildete Mineralien aus diesen Lösungen abgeschieden (213), die dann ihrerseits wieder Verwitterungsprocessen unterliegen können, so dass, wie schon erwähnt, ein steter Kreislauf der unorganischen Substanz in der Erdkruste stattfindet.

218. Hydrochemische Umwandlungsprocesse. Im Folgenden ist eine Anzahl von Beispielen für die Umwandlung, Zerstörung und Neubildung von Mineralien durch hydrochemische Processe angeführt.

Vollständige Auflösung durch reines Wasser erleiden Steinsalz, Sylvin, Vitriole, ebenso aber auch Gyps; unter Beihülfe von CO_2 löst sich leicht Kalkspath und andere Carbonate. Dabei hinterbleiben die in den löslichen Mineralien etwa eingemengten unlöslichen fremden Körper, wie Quarzkrystalle etc. Ganz unlöslich ist wohl kein Mineral. Partielle Auflösung (Auslaugung) findet ebenfalls häufig statt; in besonders grossem Massstabe bei manchen $MgCO_3$-haltigen Kalken: $CaCO_3$ wird fortgeführt und $MgCO_3$-reicherer dolomitischer Kalk und zuletzt eigentlicher Dolomit bleibt zurück. Ein etwas complicirteres Beispiel von Auslaugung verbunden mit Wasseraufnahme bietet die Verwandlung von Orthoklas, $K_2O \,.\, \overline{Al}O_3 \,.\, 6SiO_2$, in Kaolin: $2H_2O \,.\, \overline{Al}O_3 \,.\, 2SiO_2$; K_2O mit einem Theil der SiO_2 tritt aus und wird in Lösung fortgeführt, H_2O tritt ein; dieses wird also gegen jene Bestandtheile ausgetauscht.

Schwefelmetalle erleiden häufig Oxydationsprocesse. Speiskobalt, $CoAs_2$, geht über in Kobaltblüthe, $Co_3As_2O_8 \,.\, 7H_2O$ (bei gleichzeitiger Wasseraufnahme), welche als rothe Ausblühung den grauen Speiskobalt bedeckt. Schwefelkies, FeS_2, Magnetkies, Fe_7S_8, geben unter Wasseraufnahme Eisenvitriol; dabei wird SO_3 frei, welche auf benachbarte Mineralien zersetzend einwirkt und z. B. aus der $\overline{Al}O_3$ des Thons, der häufig den Schwefelkies einschliesst, ebenfalls unter H_2O-Aufnahme Thonerdesulphat, sowie unter Aufnahme von K_2O auch Alaun bildet. Ist in dem Thon Kalk in geringer Menge, so wird dieser häufig aufgelöst und es entstehen neugebildete Gypskrystalle von oft sehr schöner krystallographischer Ausbildung, alles dies infolge der Oxydation des Schwefelkieses. Ein reiner Oxydationsprocess liegt der schon erwähnten Umwandlung von Bleiglanz, PbS, in Vitriolblei, $PbSO_4$, zu Grunde. Auch niederoxydirte Metalle oder gediegene Metalle nehmen O auf, z. B. Magneteisen $FeO \,.\, \overline{Fe}O_3$, das in Eisenglanz, $\overline{Fe}O_3$, übergeht, ebenso Cu, das in Cu_2O (Rothkupfererz) übergeht. Spatheisenstein, $FeCO_3$, verliert CO_2, FeO geht unter Aufnahme von O und H_2O in Goethit, $H_2O \,.\, \overline{Fe}O_3$ (oder Brauneisenstein) über und wird dabei braun. In diesen wird auch Schwefelkies nicht selten verwandelt, wenn S nicht in SO_3, sondern in SO_2 übergeht und als solche fortgeführt wird. Manche Mineralien nehmen S statt O auf, so geht Ag über in Silberglanz, Ag_2S.

Reine Hydratbildung kommt in der Natur in grossem Maasstabe vor, indem der Anhydrit, $CaSO_4$, durch Wasseraufnahme in Gyps. $CaSO_4 . 2H_2O$ übergeht, womit eine ausserordentliche Volumenvermehrung verbunden ist. Beispiele von Wasseraufnahme, neben andern Processen, sind schon oben angeführt. Sehr viele an sich wasserfreie Mineralien enthalten in Folge beginnender Verwitterung kleine Quantitäten H_2O. Solche kleine Mengen Wasser können oft als Zeichen dafür angesehen werden, dass das Mineral nicht mehr ganz frisch ist (vergl. dazu (190)). Der umgekehrte Process des Wasserverlustes tritt hauptsächlich bei höherer Temperatur ein, z. B. beim Erhitzen des Thons durch Kohlenbrände und Bildung von Porcellanjaspis etc. Aber auch bei niederer Temperatur geht zuweilen H_2O fort, z. B. aus Brauneisenstein unter Bildung von Eisenoxyd; der Laumontit verliert sein Krystallwasser in trockener Luft etc., doch ist dieser Process verhältnissmässig selten (190).

Reductionsprocesse sind ebenfalls nicht selten; Eisenvitriollösungen in Berührung mit organischen Resten pflanzlichen oder thierischen Ursprungs geben Schwefelkies; auf diese Weise sind wohl die Schwefelkiesmassen in den Stein- und Braunkohlen, im Bernstein etc. entstanden. Eisenoxydsalze, z. B. Silicate, werden zu Oxydulsilicaten reducirt; Eisenoxyd giebt Magneteisen, $FeO . Fe_2O_3$; Rothkupfererz Cu_2O wird zu Cu reducirt etc., alles meist unter dem Einfluss organischer Substanzen, die im Wasser gelöst sind.

Der Carbonatbildungsprocess unter dem Einfluss CO_2-haltigen Wassers kommt häufig bei Kupfererzen vor; Cu geht durch Oxydation zunächst in Rothkupfererz Cu_2O über, was seinerseits dann noch mehr O, ferner CO_2 und H_2O aufnimmt und Malachit, ein grünes H_2O-haltiges Kupfercarbonat bildet. In grösserem Maassstabe bilden sich Carbonate bei der Umwandlung des Olivins, $2MgO . SiO_2$ in Serpentin, $MgO . 2SiO_2 . 2H_2O$. Es wird dabei aus der MgO und einem Theil der CO_2 des Wassers auch $MgCO_3$ gebildet, die sich als Magnesit ablagert. Der Serpentin wird aber von dem CO_2-haltigen Wasser häufig noch weiter umgewandelt. Alle MgO geht dann in $MgCO_3$ (Magnesit) über und die SiO_2 wird als Quarz, Opal etc. frei.

Infolge beginnender Carbonatbildung enthalten viele Mineralien kleine Quantitäten CO_2 und brausen daher mit Säuren etwas auf, auch wenn sie an sich im reinen Zustand vollkommen CO_2-frei sind. Auch diese kleinen CO_2-Mengen werden als bezeichnend für den Beginn der Verwitterung angesehen.

Als Beispiel eines Austausches fester Bestandtheile (complicirte Verwitterung) diene der Leucit, $K_2O . AlO_3 . 4SiO_2$, der in Berührung mit Wasser, das Na-Salz (Natronsilicat) aufgelöst enthält, sich in Analcim $Na_2O . AlO_3 . 4SiO_2 . 2H_2O$ verwandelt; Na_2O und K_2O werden gegenseitig ausgetauscht und H_2O wird aufgenommen. Aehnliche Processe finden äusserst häufig statt.

Endlich sei als Beispiel einer Zersetzung in grösserem Maassstabe die Bildung des Alaunsteins aus Feldspath: $K_2O . AlO_3 . 6SiO_2$ erwähnt. Auf letzteren wirken SO_3-haltige Dämpfe vulkanischen Ursprungs ein, häufig durch Oxydation von SO_2 gebildet. K_2O und AlO_3 des Feldspaths verbinden sich mit SO_3 zu Alaunstein: $K_2O . 3AlO_3 . 4SO_3 . 6H_2O$ und SiO_2 wird ausgeschieden.

219. Pseudomorphosen. Von besonders hervorragendem Interesse sind diejenigen Fälle der Umwandlung von Mineralien, wo die Processe so langsam und stetig vor sich gingen, dass die Krystallform des ursprünglichen Minerals erhalten blieb. Das Resultat ist dann, dass eine Substanz in der ihr nach ihrer natürlichen Beschaffenheit gar nicht zukommenden Krystallform einer andern Substanz sich findet. Derartige Mineralien mit von anderen Mineralien entlehnter Krystallform nennt man *Pseudomorphosen* oder *Afterkrystalle*. So kommt z. B. manchmal Serpentin in der Krystallform des Olivins vor als Pseudomorphose von Serpentin nach Olivin; oder Quarz in der Form von Kalkspath als Pseudomorphose von Quarz nach Kalkspath etc.

Die Pseudomorphosen haben für die Beurtheilung der Umwandlungsvorgänge im Mineralreich eine grosse Bedeutung, sofern durch ihre Existenz die Möglichkeit vieler Umwandlungen bewiesen wird, die man sonst für wenig wahrscheinlich halten würde. Findet sich eine Substanz in der Form einer anderen, so muss die ursprüngliche Substanz meist durch Auflösung im Wasser, fortgeführt oder auf hydrochemischem Wege (217. 218.) in jene umgewandelt worden sein. Dass dies wirklich geschehen ist, wird häufig dadurch unzweifelhaft dargethan, dass Ueberreste der ursprünglichen Substanz in dem späteren Umwandlungsproducte noch vorhanden sind.

Je nach dem speciellen Vorgange bei der Bildung von Pseudomorphosen unterscheidet man folgende Arten derselben:

1. Paramorphosen; durch moleculare Umlagerung der ursprünglichen Substanz ohne chemische Umwandlung entstanden. Eine heteromorphe Modification einer Substanz geht in eine andere über. Hierher gehören z. B. Pseudomorphosen von Aragonit nach Kalkspath, Kalkspath nach Aragonit, Hornblende nach Augit, Rutil nach Brookit (Arkansit) etc.

2. Umwandlungs-Pseudomorphosen durch chemische Umänderung der Substanz. Dabei wird entweder nur neue Substanz aufgenommen (selten), oder es wird nur Substanz abgegeben (ebenfalls nicht häufig); oder es findet ein Austausch einzelner Bestandtheile statt. Beispiele: Pseudomorphose von Silberglanz, Ag_2S, nach Silber Ag, Aufnahme von S; ferner Gyps $CaSO_4 . 2H_2O$ nach Anhydrit, $CaSO_4$, Aufnahme von Wasser; aber auch Anhydrit nach Gyps, Abgabe von Wasser;

Kupfer, Cu, nach Rothkupfererz, Cu_2O, Abgabe von Sauerstoff.

Epidot ($H_2O \,.\, 4CaO \,.\, 3(Al_2O_3, Fe_2O_3) \,.\, 6SiO_2$) nach Orthoklas ($K_2O \,.\, Al_2O_3 \,.\, 6SiO_2$) Verlust von K_2O, Aufnahme von H_2O, CaO und Fe_2O_3;

Speckstein ($H_2O \,.\, 3MgO \,.\, 4SiO_2$) nach Talkspath ($MgCO_3$); Abgabe von CO_2, Aufnahme von H_2O und SiO_2;

Goethit ($H_2O \,.\, Fe_2O_3$) nach Schwefelkies (FeS_2); Abgabe von S, Aufnahme von H_2O und O;

ferner Serpentin nach Olivin; Kaolin nach Orthoklas etc.

3. *Verdrängungspseudomorphosen.* Von der Substanz des ursprünglichen Minerals ist in der Pseudomorphose nichts mehr vorhanden, sie ist vollständig verdrängt.

Pyrolusit (MnO_2) nach Kalkspath ($CaCO_3$).

Quarz (SiO_2) nach Flussspath ($CaFl_2$) oder Kalkspath ($CaCO_3$); Gyps ($CaSO_4 \,.\, 2H_2O$) nach Steinsalz ($NaCl$);

Kupfer nach Kalkspath oder Aragonit ($CaCO_3$).

Neben diesen eigentlichen durch rein chemische Processe sich bildenden Pseudomorphosen giebt es auch solche, wo die fremde Form der neuen Substanz durch mehr zufällige Vorgänge aufgeprägt wird (mechanische Abformung). Die so entstandenen Pseudomorphosen haben nicht die grosse Wichtigkeit der oben beschriebenen.

Manche Mineralien finden sich mit einer papierdünnen Haut eines anderen Minerals überzogen, welche sich den Flächen des Kernkrystalls so anlegt, dass sie seine Form ganz genau erkennen lässt. So sind manche Fahlerzkrystalle von Clausthal mit einer ganz dünnen Kupferkieshülle bedeckt, so dass man Kupferkies in der Form des Fahlerzes zu haben glaubt; ähnliche Ueberzüge bildet namentlich der Quarz, z. B. auf dem Schwerspath von Schriesheim im Odenwald und an vielen anderen Orten. Derartige Bildungen nennt man *Umhüllungspseudomorphosen* (Perimorphosen Kenngott).

Nun kommt es zuweilen vor, dass der von einer solchen dünnen Hülle umgebene Kern aufgelöst und fortgeführt wird, während die Hülle selbst unverändert bleibt, man hat dann eine Hohlform von der Gestalt des ursprünglichen Krystalls. Dies ist auf Erzgängen gar nicht selten, wo eine Quarzhaut die Hülle und z. B. Kalkspath den verschwundenen Kern bildet. Diese Hülle bleibt aber nicht immer leer, sondern sie füllt sich oft wieder mit später neu gebildeten Mineralien aus, und zwar sind dabei zwei Fälle denkbar: einmal ist die den Hohlraum ausfüllende Substanz dieselbe wie diejenige, welche die dünne Hülle bildet, also im obigen Beispiel wieder Quarz, dann erhält man einen Krystall; in welchem nun Kern und Hülle aus derselben Substanz besteht; beide haften fest aneinander, haben aber verschiedene Structur etc., und u. d. M. kann man meist leicht die scharf geradlinig verlaufende Grenze zwischen Hülle und Kern sehen. Aeusserlich scheint der so gebildete Afterkrystall aus einem Guss zu sein, mit meistens mehr oder weniger rauhen Flächen. So sind vielfach die Pseudomorphosen von Quarz (Hornstein oder Chalcedon) nach Kalkspath gebaut und entstanden, welche man nicht selten auf Erzgängen findet. In andern Fällen ist die ausfüllende Substanz eine beliebige andere, als die der Hülle; so findet man bei Sundwig unweit Iserlohn in Westphalen Pseudomorphosen von Eisenglanz (Rotheisenstein) in der Form von Kalkspathskalenoëdern, die häufig noch von der Quarzhaut überzogen sind, welche den Kalkspath ursprünglich umhüllte, nach dem Verschwinden des $CaCO_3$ dessen Form conservirte und dem ausfüllenden Rotheisenstein übermittelte, von dem sich die Quarzhülle vielfach wie eine Kappe abheben lässt. Solche Ausfüllungspseudomorphosen hat Kenngott *Pleromorphosen* genannt.

Ein letzter Act dieses Processes ist schliesslich der, dass auch die formgebende Hülle verschwindet; dann ist die Beurtheilung des Vorgangs schwierig. So giebt es Pseudomorphosen von Rotheisenstein nach Kalkspath ohne Quarzhüllen an manchen Orten. Bei ihnen könnte die Quarzhülle verschwunden sein (wie sie auch thatsächlich an manchen Sundwiger Exemplaren fehlt); aber es ist auch nicht ausgeschlossen, dass sich Kalkspath unter Erhaltung der Form direct in Rotheisenstein ($Fe\,O_3$) verwandelt hat (Verdrängungspseudomorphose).

Ganz eigenthümliche Bildungen sind die von Scheerer *Perimorphosen* genannten Mineralien von Arendal (nicht Perimorphosen Kenngott's, siehe oben). Dünne Schaalen oder Häute von Granat- oder Vesuviansubstanz umschliessen Räume je von der Krystallform dieser Mineralien, welche innen vollkommen erfüllt sind mit einem regellosen Gemenge von Granat resp. Vesuvian mit Skapolith, Epidot, Quarz, Kalkspath etc.

Zu den Pseudomorphosen gehören in einem gewissen Sinne auch die *Versteinerungen*, in denen verschiedene Mineralsubstanzen die Stelle von organischen Formen einnehmen. Sehr häufig sind die Versteinerungen von Kalk gebildet, wie die erhaltenen Theile der betreffenden Organismen, die Muschelschaalen, Korallenstöcke etc. ebenfalls waren. Häufig ist an die Stelle des Kalks später $Si\,O_2$ getreten, die Versteinerungen sind verkieselt, das ist namentlich auch bei versteinerten Pflanzen häufig. Sodann ist besonders Schwefelkies zu erwähnen (verkieste Versteinerungen.) Seltenere Versteinerungsmittel sind Flussspath, Gyps, Eisenglanz und manche andere.

(Blum, Die Pseudomorphosen des Mineralreichs. 1843. Mit vier Nachträgen. 1847—79. E. Geinitz, N. Jahrb. für Min. etc. 1877 und Tschermak, Min. Mitthlgn. II. 449. 1879.)

Specieller Theil.

I. Abschnitt.

Systematik.

220. Mineralspecies. Man fasst alle diejenigen Mineralsubstanzen zu einer *Mineralspecies* zusammen, welche die gleiche chemische Zusammensetzung und dieselbe Krystallform haben (resp. amorph sind). Die äusseren und physikalischen Eigenschaften hängen von den genannten beiden mehr oder weniger direct und ausschliesslich ab, oder sie sind mit äusseren Einflüssen veränderlich und dann bei der Klassification unwesentlich und unwichtig.

Die Identität der chemischen Zusammensetzung aller zu derselben Mineralspecies zu rechnenden Exemplare ist aber selten eine absolute. Ganz abgesehen von mechanisch eingemengten Verunreinigungen sind den meisten Mineralien mehr oder weniger grosse Quantitäten isomorpher Substanzen beigemischt. Kleine Mengen solcher isomorpher Beimischungen werden vernachlässigt, Schwierigkeiten in der Abgrenzung der Species treten aber ein, wenn zwischen zwei isomorphen Endgliedern so viele verschiedene Mischungen sich gebildet haben, dass vom einen zum anderen ein ganz allmähliger Uebergang stattfindet, wie z. B. zwischen dem Natronfeldspath (Albit) und dem Kalkfeldspath (Anorthit). In solchen Fällen muss man an je nach den speciellen Verhältnissen zu beurtheilenden Punkten in der Mischungsreihe Grenzen ziehen, zwischen welchen die eine solche Reihe bildenden Species liegen (vergl. die Reihe der Plagioklase); die Species sind in solchen Fällen im Ganzen vollkommen willkürlich und beliebig abgeschieden, aber eine Eintheilung einer solchen Reihe in einzelne Species ist nöthig, trotzdem hier eine rationelle Abgrenzung unmöglich ist, weil, wenn man die ganze Reihe als zu einer Species gehörig ansehen wollte, man in diese auch die beiden ganz verschiedenen Endglieder (hier z. B. Albit und Anorthit) rechnen müsste, was einer zweckmässigen Systematik widerspräche.

Dass die chemische Zusammensetzung allein nicht zur Umgrenzung der Species ausreicht, sieht man aus der Existenz von dimorphen Körpern, die zwar gleich zusammengesetzt, aber sonst sehr verschieden sind. Wollte man alle chemisch gleich zusammengesetzten Mineralien ohne Rücksicht auf das Krystallsystem zu einer Species zusammenfassen, so würde z. B. Graphit und Diamant eine solche mit einander bilden, zwei Körper, welche doch in jeder Hinsicht, ausser in der Zusammensetzung, von einander höchst verschieden sind. Es ist also ausser der Zusammensetzung noch Anderes zur Abgrenzung der Species nöthig, und dabei bietet sich als das Wichtigste von selbst die Krystallform dar. Bei Beurtheilung der Gleichheit oder Verschiedenheit der Krystallform kommt es lediglich auf die Krystallreihe (das Axensystem), nicht auf die im speciellen Fall gerade ausgebildeten Krystallformen an. Aber auch das Axensystem, d. h. das Axenverhältniss ev. die Axenwinkel, ist nicht stets bei allen Krystallen derselben Species absolut gleich, sondern es ist ebenfalls wie die Zusammensetzung und mit dieser etwas, aber allerdings in engen Grenzen schwankend. Das Krystallsystem ist aber bei allen zu einer Species gehörigen Mineralien stets dasselbe.

Was die von der Zusammensetzung und resp. von der Krystallform abhängigen physikalischen Eigenschaften betrifft, so sind von ihnen vorzugsweise das specifische Gewicht, die Blätterbrüche und die optischen Verhältnisse ins Auge zu fassen. Ersteres steht mit der Zusammensetzung und Krystallform derart in Verbindung, dass stets gleich zusammengesetzte und krystallisirte Mineralien auch das gleiche specifische Gewicht haben. Dasselbe gilt für die Blätterbrüche: gleich zusammengesetzte Mineralien von derselben Krystallform sind stets in den nämlichen Richtungen spaltbar. Diese Eigenschaften sind also bei der Klassification nicht weiter zu verwerthen. Von den optischen Verhältnissen stehen einige mit der Krystallform in nothwendigem Zusammenhang, wie optische Einaxigkeit mit hexagonalem resp. quadratischem Krystallsystem etc. Diese sind hier ebenfalls nicht weiter zu berücksichtigen. Andere an sich veränderliche und mit der Krystallform zum Theil weniger direct zusammenhängende Eigenschaften sind an allen Exemplaren eines durch chemische Zusammensetzung und Krystallform charakterisirten Minerals ziemlich constant dieselben; dies ist namentlich betreffs der Lage der Elasticitätsaxen gegen die krystallographischen der Fall, soweit sie überhaupt von dieser in der Lage verschieden sind, was nur im monoklinen und triklinen System der Fall ist. Sie sind zwar durch isomorphe Beimischungen und auch durch gewisse äussere Einflüsse, wie Temperaturveränderungen etc., etwas schwankend, aber meist innerhalb enger Grenzen. Weniger constant und daher weniger wichtig ist der Charakter der Doppelbrechung — es giebt Mineralspecies, von denen einzelne Exemplare theils + theils — sind —, der Axenwinkel etc. Wie weit Farben von Wichtigkeit sind, vergl. (175); nur bei metallischen Substanzen haben sie selbständige Bedeutung und sind für die durch chemische Zusammensetzung und Krystallform charakterisirten mineralischen Substanzen constant. Aehnlich ist es beim Glanz, der bei nicht metallischen, zum Theil auch bei metallischen Substanzen, wesentlich mit von der Structur des betreffenden Stücks abhängt. Kurz, man überzeugt sich bei der Betrachtung sämmtlicher Eigenschaften der Mineralien, dass die chemische Zusammensetzung und die Krystallisation für die Charakterisirung der Mineralspecies erforderlich, aber auch genügend sind, da die anderen Eigenschaften von diesen beiden entweder abhängen oder mit äusseren Einflüssen schwankend, also für den vorliegenden Zweck unwichtig sind.

221. Varietät. Nach der Verschiedenheit der mit äusseren Einflüssen schwankenden Eigenschaften werden innerhalb der einzelnen Mineralspecies vielfach *Varietäten* als Unterabtheilungen der Species unterschieden, welche aber wegen des schwankenden Charakters der Unterscheidungsmerkmale nicht scharf geschieden sind, sondern ineinander allmählig übergehen, im Gegensatz zu den Species, welche abgesehen von den isomorphen Mischungen vollkommen scharfe Grenzen gegen einander haben. Die bei der Abscheidung der Varietäten einer Mineralspecies von einander in Betracht zu ziehenden Eigenschaften sind in jedem einzelnen Falle andere: es ist die Farbe (z. B. bei Bergkrystall und Rauchtopas), Glanz (Fettquarz), Durchsichtigkeit (Bergkrystall und gemeiner Quarz), ferner Structurverhältnisse (z. B. Gypsspath, Alabaster, Fasergyps) und Anderes mehr.

222. Mineralsystem. Das Mineralsystem ordnet nun die einzelnen Mineralspecies in der Weise an, dass dadurch ein möglichst leichter und bequemer Ueberblick über die Gesammtheit des Mineralreichs gewährt wird. Eine tiefergehende Bedeutung, etwa wie dem zoologischen und botanischen System, kommt dem Mineralsystem nicht zu, es bezweckt lediglich eine möglichst übersichtliche Gruppirung der Mineralspecies. Auch hierbei wie bei der Abgrenzung der Species wird man zweckmässig die chemische Zusammensetzung und die Krystallisation in erste Linie stellen. In Bezug auf die erstere werden auf Grund der chemischen Zusammensetzung grössere Hauptunterabtheilungen — Klassen — unterschieden, und zwar nehmen wir deren 14 an, deren Umfang allerdings ein zum Theil verschiedener ist:

1. Klasse: *Elemente.*
2. „ *Haloidverbindungen.*
3. „ *Schwefelverbindungen.*
4. „ *Oxyde.*
5. „ *Borate.*
6. „ *Carbonate und Nitrate.*
7. „ *Titanate, Zirkoniate, Thorate.*
8. „ *Silicate.*
9. „ *Tantalate und Niobate.*
10. „ *Phosphate, Arseniate, Vanadinate.*
11. „ *Wolframiate und Molybdate.*
12. „ *Chromate.*
13. „ *Sulphate.*
14. „ *Mineralsubstanzen organischen Ursprungs.*

Die Klassen, welche Mineralien mit Sauerstoffsäuren enthalten, sind nach dem steigenden Sauerstoffgehalt der Säureanhydride geordnet. Innerhalb der einzelnen Klassen wird zunächst eine Abtheilung der wasserfreien und wasserhaltigen Mineralien unterschieden, sofern wasserhaltige Mineralien in der Klasse überhaupt vorhanden sind. Sodann werden stets alle isomorphen Mineralien in eine Reihe zusammengefasst und in ununterbrochener Folge beschrieben, aber vielfach an die einzelnen Mineralien die mit ihnen heteromorphen unmittelbar angeschlossen. Dem Isomorphismus ist somit bei der Gruppirung der Species eine grosse Wichtigkeit beigelegt, die auch schon zum Theil bei der Abgrenzung der Klassen hervortrat, sofern innerhalb der Sauerstoffsalze die Verbindungen aller derjenigen Säuren in eine Klasse vereinigt wurden, welche in denselben isomorphen Reihen auftreten. Es ist dadurch erreicht, dass stets alle Glieder einer isomorphen Reihe im System unmittelbar hinter einander aufgeführt werden können. Die Aneinanderreihung der einzelnen isomorphen Gruppen und der ausserhalb dieser isolirt stehenden Mineralien geschieht wieder nach chemischen Grundsätzen, im allgemeinen so, dass sie nach steigendem Gehalt eines bestimmten Bestandtheils geordnet sind, also z. B. bei Salzen in der Reihe der zunehmenden Basicität. Doch ist dies nicht consequent durchgeführt, und es sind zuweilen Mineralien zusammengestellt, welche durch die Gesammtheit ihres Verhaltens nahe Beziehungen zeigen, auch wenn sie nach dem rein chemischen Gesichtspunkt getrennt sein müssten. Ebenso sind auch an gewisse wasserfreie Mineralien einige ihnen sonst in anderer Hinsicht nahestehende wasserhaltige angeschlossen und so einige grosse natürliche Gruppen geschaffen, z. B. die des Thons (Kaolins), des Serpentins etc. In allen Fällen war der oberste Gesichtspunkt Leichtigkeit der Uebersicht über das Mineralreich, die man sich allerdings wohl in gleicher Weise auch durch andere Gruppirung der Species verschaffen kann.

II. Abschnitt.

Systematische Beschreibung der Mineralspecies.

Abkürzungen.

S. E. = Symmetrieebene.

S. K. = Seitenkante. E. K. = Endkante.

S. E. = Seitenecke. E. E. = Endecke.

Zw. Fl. = Zwillingsfläche. Zw. A. = Zwillingsaxe.

Bl. Br. = Blätterbruch.

u. d. M. = unter dem Mikroskop.

r., g., gr., bl., etc. = roth, gelb, grün, blau etc.

D. Br. = Doppelbrechung; beispielsweise:

— D. Br. = die Doppelbrechung des Krystalls ist negativ.

opt. A. E. = Ebene der optischen Axen und

M. L. = optische Mittellinie; beispielsweise:

opt. A. E. *ac*, + M. L. *a* = die Ebene der optischen Axen ist der krystallographischen Axenebene *ac* und die positive Mittellinie der Krystallaxe *a* parallel.

n = Brechungscoëfficient isotroper Substanzen, z. B. n_r für rothes, n_{bl} für blaues etc. Licht.

ω, ε = Hauptbrechungscoëfficienten einaxiger Krystalle.

α, β, γ = " " zweiaxiger " ($\alpha < \beta < \gamma$).

H. = Härte.

G. = specifisches Gewicht.

v. d. L. = vor dem Löthrohr.

I. Klasse.

Elemente.

a. Metalloide. b. Metalle.

a. Metalloide.

Schwefel.

S, z. Th. sehr rein, z. Th. mit Thon, Bitumen, Schwefelarsen etc. gemengt; auch *Se* ist manchmal darin enthalten (Selenschwefel), ebenso *Te* (Tellurschwefel).

Rhombisch, häufig in ausgezeichneten aufgewachsenen Krystallen: Oktaëder $P = P$ (111) fehlt nie: 143° 18′ (S. K.); 106° 38′ und 84° 58′ (E. K.); die seitlichen E. K. sind häufig durch die Flächen von $n = P\breve{\infty}$ (011), die E. E. durch die Basis $c = oP$ (001) gerade abgestumpft. Die Flächen des Oktaëders $s = \frac{1}{3}P$ (113) stumpfen häufig die Kanten P/c ab (Fig. 305), seltener sind die Prismenflächen $m = \infty P$ (110), die S. K. von P abstumpfend. Zuweilen haben die Krystalle einen tetraëdrischen Habitus, indem die abwechselnden Flächen P gross und klein sind. Zwillinge nicht häufig, nach 3 Gesetzen; Zw. Fl. eine Fläche eines der drei Prismen, welche die Kanten von P abstumpfen.

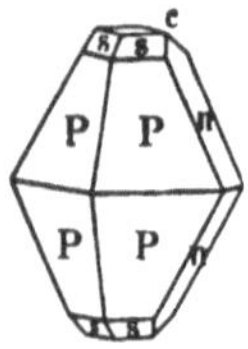

Fig. 305.

Bl. Br. sehr unvollkommen; Bruch bei reinen Stücken muschlig. Spröd ins Milde. Leicht zersprengbar. H = 2. G. = 1,9—2,1. Reine Stücke schwefelgelb; häufig auch andere Nüancen von gelb, bes. ins Braun und Rothe, unreine Massen auch leberbraun. Zuweilen vollkommen durchsichtig, meist allerdings trübe; Fettglanz auf Krystallflächen, auf Brüchen reiner Stücke ins Demantartige. Sehr starke doppelte Lichtbrechung. $\beta = 2,023$ (r.) und 2,082 (bl.); opt. A. E. ac; + M. L. c, $\varrho < v$. Leitet die Electricität schlecht; ebenso die Wärme, grössere Stücke zerspringen daher leicht in der Hand, weil sie ungleich erwärmt und dadurch ungleichmässig ausgedehnt werden. Schmilzt leicht und verdampft in der Hitze. In CS_2 löslich; aus der Lösung und aus Dämpfen bilden sich rhombische Krystalle wie die natürlichen; aus dem Schmelzfluss erstarren monokline Krystalle, welche an natürlichem Schwefel noch nicht beobachtet worden sind. Verbrennt an der Luft mit blauer Flamme zu SO_2 mit dem charakteristischen Geruch.

Findet sich in schönen Krystallen und in derben Massen, zuweilen auch in krustenförmigen Ueberzügen mit nierenförmiger Oberfläche, als Stalaktiten etc., oder als lockeres Aggregat kleiner Kryställchen (Mehlschwefel); auch in runden mehr oder weniger stark verunreinigten Knollen von brauner Farbe. Sehr häufig ist Schwefel mit Gyps zusammen im Thon, vielfach mit Braunkohlen und bituminösen Substanzen, vorzugsweise in der Tertiärformation. Berühmt ist das Vorkommen bei Girgenti, Caltanisetta, Racalmuto, Lercara etc., in Sicilien, dem Hauptschwefelland der Erde, wo jährlich mehr als 6 Mill. Centner gewonnen werden; es sind derbe Massen und auf Drusen schöne Krystalle mit Cölestin, Gyps, Kalkspath, Aragonit etc.; ähnlich ist das Vorkommen bei Conil in Spanien, wo sich ebenfalls ausgezeichnete Krystalle finden; die schönen Krystalle von Perticara in Italien sind mit Asphalt bedeckt. Eigenthümlich ist das Vorkommen von Terruel in Spanien, wo Schwefel die Schaalen von Süsswasserschnecken erfüllt; derbe Massen bei Bex in der Schweiz, Weenzen in Hannover, beidemal im Gyps, ebenso bei Swoszowice in Galizien etc. Die erwähnten braunen runden Knollen im Thon bei Radoboj in Croatien mit Braunkohle. Als Sublimationsproduct von Vulkanen nicht selten (Solfatara bei Neapel, Vulkano etc.), zuweilen in gut ausgebildeten Krystallen;

in ebensolchen auch als Sublimationsproduct von Stein- und Braunkohlenbränden gebildet. Mehlschwefel bildet sich ebenfalls in Vulkanen, aber auch vielfach als Absatz H_2S-haltiger Quellen in geringen Mengen. Der nicht vulkanische Schwefel entsteht häufig durch Reduction von Gypslösung mittelst organischer Substanzen; aus Schwefelmetall wird nicht selten durch Verwitterung S abgeschieden, z. B. aus Bleiglanz, Kupferkies, Schwefelkies, aus letzterem in grosser Menge bei Famatina in Argentinien etc. Sehr viel Schwefel wird auch durch theilweise Oxydation von H_2S an der Luft gebildet.

(G. v. Rath, Pogg. Ann. 145 pag. 1, VI. Ergänz.-Bd. pag. 349. Brezina, Sitzgsber. Wiener Ak. Bd. 60. Arzruni, Zeitschr. Kryst. Bd. VIII. v. Zepharovich, Lotos 1876.)

Diamant.

C, sehr rein. Kleine Spuren von unorganischen Beimengungen bleiben beim Verbrennen zurück (Aschenbestandtheile). Regulär: Oktaëder, Granatoëder und Hexakisoktaëder sind die gewöhnlichsten Formen, seltener sind Würfel und Pyramidenwürfel; auch Ikositetraëder und Pyramidenoktaëder kommen vor. Es treten somit alle einfachen Formen des regulären Systems am Diamant auf, und von diesen nur Ikositetraëder niemals selbständig oder doch vorwiegend. Die Flächen des Oktaëders sind glatt und eben und vielfach mit dreiseitig-pyramidalen Vertiefungen versehen. Die Flächen der andern Formen sind gekrümmt, vielfach gestreift, unregelmässig und drusig; die Würfelflächen sind meist matt und rauh, auch die Pyramidenwürfelflächen zeigen vielfach diese Beschaffenheit. Die oben genannten Formen sind jedoch blos scheinbar vollflächig, in Wirklichkeit sind sie tetraëdrisch-hemiëdrisch. Deutlich tetraëdrische Krystalle findet man zwar selten, aber ihr wenn auch seltenes Vorkommen lässt keinen Zweifel an der genannten krystallographischen Ausbildung des Diamants. Die scheinbar vollflächigen Krystalle sind Ergänzungszwillinge zweier tetraëdrischer Formen nach Art des in Fig. 219 dargestellten, wo

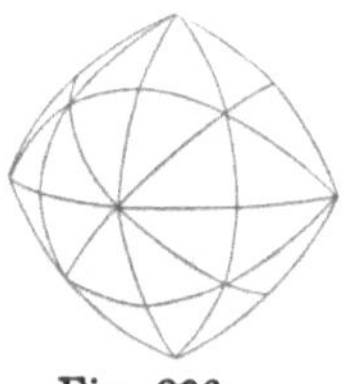

Fig. 306.

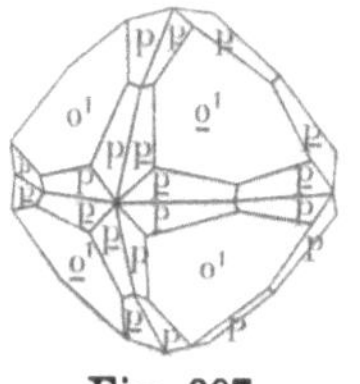

Fig. 307.

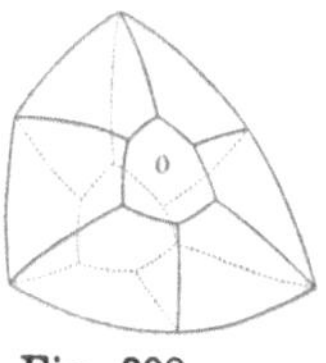

Fig. 308.

die Tetraëderkanten (oder die diesen in der Lage entsprechenden Kanten anderer tetraëdrischer Körper) sich rechtwinklig durchkreuzen und wo die Ecken des einen Tetraëders (resp. die den Tetraëderecken entsprechenden Ecken) aus den Flächen des Gegentetraëders nasenartig hervorragen.

Vielfach sind es nicht Tetraëder, sondern Hexakistetraëder p und $\underline{p}$, welche in dieser Weise mit einander verwachsen sind. Die scheinbar vollflächigen, namentlich die oktaëdrischen Formen kommen dann dadurch zu Stande, dass die Tetraëderecken resp. 6kantigen Ecken der beiden Hexakistetraëder p und $\underline{p}$, welche in ihren Lagen den Tetraëderecken entsprechen, durch die Flächen je des Tetraëders der anderen Stellung, $\underline{o}^1$ und o^1 sehr stark abgestumpft sind, so dass an den einspringenden Zwillingsgrenzen von den Flächen p und $\underline{p}$ nur kleine Facetten übrig bleiben (Fig. 307), während die Flächen $\underline{o}^1$ und o^1 ein Oktaëder bilden, an dessen Kanten die Reste der Flächen p und $\underline{p}$ einspringende Winkel (Einkerbungen) bilden. Die zu Tetraëdern gleicher Stellung gehörigen Flächen o^1 und $\underline{o}^1$ sind physikalisch nicht von einander verschieden, p und $\underline{p}$ sind parallel mit den einspringenden Kanten deutlich gestreift. Von der Zwillingsbildung und Tetraëdrie giebt dann nichts mehr Kunde, als diese eingekerbten Kanten des scheinbaren Oktaëders, die man an sehr vielen Diamantkrystallen beobachtet, und wenn die Abstumpfung der Ecken von p noch stärker ist, als in Fig. 307, dann verschwinden diese Kerben ganz und man hat ein scheinbar vollflächiges, weil von lauter gleichen Flächen umgrenztes Oktaëder. In ähnlicher Weise kann man sich dann auch Formen wie das scheinbar vollflächige Hexakisoktaëder (Fig. 306) etc. entstanden denken.

Uebrigens finden sich häufig auch Zwillinge nach dem gewöhnlichen Zwillingsgesetz, Zw. Fl. die Oktaëderfläche. Die Individuen, für sich Durchkreuzungszwillinge wie der eben beschriebene, sind entweder Oktaëder, dann entstehen Zwillinge wie Fig. 213 (Spinellzwillinge), oder sie sind, und zwar noch häufiger, von Granatoëder- oder Hexakisoktaëderform, die Zwillinge sind dann ganz analog gebildet wie die Sodalithzwillinge ((96a) Fig. 208) und häufig in der Richtung der Zwillingsaxe stark verkürzt. Ein solcher Diamantzwilling ist Fig. 308 abgebildet: zwei der Zwillingsfläche parallele Oktaëderflächen o sind senkrecht zur Zwillingsaxe, die übrigen Flächen sind Hexakisoktaëderflächen. Auch Durchwachsung zweier Würfel nach diesem Gesetz, wie beim Flussspath (Fig. 216), kommt vor.

Den Oktaëderflächen gehen vollkommene Bl. Br. parallel; H. $= 10$, härtestes Mineral; spröde. G. $= 3{,}50 - 3{,}53$; bei $- 42^0 3$ ein Maximum der Dichtigkeit. Demantglänzend, durchsichtig. seltener trübe und undurchsichtig. Farblos und wasserhell (wenn keine Spur von Färbung oder Trübung: Steine vom reinsten oder ersten Wasser); häufig etwas gelblich, dann weniger werthvoll. Tiefe, gesättigte Farben: blau, roth, grün, auch schwarz sind selten und sehr geschätzt. Sehr starke Lichtbrechung und Farbenzerstreuung: $n = 2{,}4135$ (r.); $2{,}4278$ (gr.). Auf letzterer beruht das prächtige Farbenspiel geschliffener Diamanten. Zuweilen Spuren von anomaler Doppelbrechung, besonders in der Nähe der nicht selten vorhandenen Einschlüsse fester, flüssiger und gasförmiger Natur. Durch Bestrahlung phosphorescirend, oft lang andauernd; durch Reiben elektrisch; durch Erwärmen wenig ausgedehnt. V. d. L. unschmelzbar, bei längerem Glühen an der Luft, oder besser im Sauerstoff, verbrennt er zu CO_2, im O-strom brennt er sogar, einmal entzündet, fort. Nach kürzerem Glühen an der Luft entstehen auf den Flächen die oben erwähnten regelmässig pyramidalen Vertiefungen als Aetzfiguren von ganz bestimmter constanter Orientirung (129).

Findet sich als ringsum ausgebildete, also schwimmend gebildete, nie auf einer Unterlage aufgewachsene Krystalle oder als Gruppen unregelmässig verwachsener Krystalle, zuweilen von radialstengliger Structur. Diese Krystalle sind von minimaler Grösse bis wenig über die einer Wallnuss gefunden, je grösser, desto seltener; Krystalle von Erbsengrösse sind schon ungewöhnlich, von Haselnussgrösse sehr selten und grössere sind nur in wenigen Exemplaren gefunden. Fundstellen sind fast ausschliesslich die Diamantsaifen von Vorderindien, seit alten Zeiten bekannt, heutzutage aber von geringer Bedeutung; von Brasilien (Prov. Minas Geraës und Bahia, 1727 entdeckt) und am Cap (seit 1867 bekannt). Von hier stammt der grösste z. Z. bekannte Diamant von einem Gewicht von 475 Karat. Geringe Mengen hat man auch in Georgia, N. Carolina, am Ural etc. gefunden. Für das ursprüngliche Muttergestein des amerikanischen D. hält man den Itacolumit, ein schiefriges aus Quarz und Glimmer bestehendes Gestein, in dem man in Brasilien einzelne Kryställchen eingewachsen gefunden hat. Am Cap kommen mit dem D. Serpentin, Olivingesteine etc. vor, in welchen derselbe ursprünglich wohl eingewachsen war.

Carbonat (Carbonado) ist ein krystallinischer, derber, zuweilen poröser, schwarzer D. von coaksähnlichem Aussehen und ebenfalls mit H. = 10, der in oft grösseren Klumpen (bis 2 ℔. Gewicht) sich in den brasilischen Diamantsaifen findet; er ist unrein und hat bis zu 2% Beimengungen.

Der D. wird seit den ältesten Zeiten als Edelstein verwendet. Zur Erhöhung des Effects wird er geschliffen, was wegen der grossen Härte nur im eigenen Pulver geschehen kann (das Schleifen erfunden 1456 in Brügge). Je nach der Zahl und gegenseitigen Lage der angeschliffenen Facetten unterscheidet man hier wie bei andern Edelsteinen verschiedene Schliffformen: Brillanten, Rosetten, Tafelsteine etc. Zur Herstellung des Schleifpulvers verwendet man z. Th. Abfälle grösserer Stücke, welche zum Schleifen zu klein oder zu schlecht sind, und trübe oder unregelmässig verwachsene Kryställchen, die sich zum Schleifen nicht eignen (Diamantbort). Im Juwelenhandel werden die D. nach Karatgewicht verkauft, 1 Karat schwankend um 200 mgr. Der Diamant dient übrigens wegen seiner Härte auch zum Schleifen anderer Edelsteine, zum Bohren derselben etc., neuerdings hauptsächlich auch zu Gesteinsbohrungen in Bergwerken, Tunnels etc.; besonders der Carbonat wird hierzu benutzt. Zum Glasschneiden kann nur eine natürliche Krystallkante dienen, nicht ein Spaltungssplitter, ein solcher ritzt nur, schneidet aber nicht.

(G. Rose-Sadebeck, Abh. Berl. Akad. 1876. E. Weiss, N. Jahrb. Min. etc. 1880 Bd. II. G. Rose, Sitzgsber. Berl. Akad. 1872.)

Graphit (Reissblei).

C, aber weniger rein, als Diamant; selten weniger als 1% *Fe*-haltiger Aschenbestandtheile, deren Menge bis zu 20% steigen kann. Auch flüchtige Bestandtheile fehlen nicht ganz. Findet sich zuweilen in dünnen sechsseitigen Plättchen, welche aber dem monoklinen System angehören sollen. Sehr deutlicher Blätterbruch nach der Basis; sehr mild, biegsam; H. = 0,5—1, daher fettig anzufühlen und auf Papier schreibend. Schwarz mit schwarzem Strich; reine Massen stark metallglänzend, unreine matt, halbmetallisch; undurchsichtig. Leiter der Elektricität. G. = 1,9—2,3; der reine von Ceylon: G. = 2,25. Unschmelzbar, von Säuren und Basen nicht angegriffen; mit Salpeter schwach verpuffend; im Sauerstoff schwerer verbrennend, als Diamant.

Einzelne Täfelchen im körnigen Kalk, z. Th. mit deutlicheren Krystallflächen (Pargas in Finnland); meist in unregelmässigen kleinen Plättchen, bes. in der Contactzone gegen Silicatgesteine; stellenweise ist der Kalk mit Graphitstaub förmlich imprägnirt und dadurch schwarz gefärbt (Auerbach a. d. Bergstrasse, Wunsidel im Fichtelgebirge, in Schlesien an mehreren Orten etc.) Sparsam in Eruptivgesteinen (im Syenit von Miask und von Frederikswärn in Norwegen, im Porphyr von Elbingerode im Harz); hauptsächlich verbreitet in krystallinischen Schiefern (Gneis, Glimmerschiefer, Thonschiefer etc.), in denen er vielfach den Glimmer ersetzt und Graphitschiefer bildet. Dazwischen nicht selten grössere Massen reineren Graphits, blättrig, zuweilen von ausgedehnten Lamellen zusammengesetzt, auch strahlig und stenglig-blättrig, sowie schuppig bis dicht, mehr oder weniger rein, selten fasrig, holzähnlich. So findet sich der Gr. bei Passau in Bayern, Schwarzbach in Böhmen, in Mähren, Kaisersberg in Steyermark, Mühldorf a. D. in Nieder-Oesterreich, sodann gangförmig im Gouv. Irkutsk in Sibirien, sehr reine feinkörnige bis dichte Massen (Alibertgraphit); ebenso kommt er sehr rein bei Borrowdale in England vor; sehr reine Massen kommen auch aus Spanien, aus Ceylon etc.; findet sich auch in einigen Meteoriten.

Verwendung des weniger reinen Gr. zum Ofenschwärzen, zu Schmelztigeln etc., des reineren zu Bleistiften. — (Nordenskiöld, Pogg. Ann. Bd. 96. Hj. Sjögren. Öfvers. kgl. Vetenskaps-Ak. Förh. Stockholm, 1884 pag. 29.)

b. Metalle.

Die Metalle sind theils *regulär* theils *rhomboëdrisch;* alle regulären und alle rhomboëdrischen sind je mit einander isomorph und finden sich vielfach mit einander gemischt. *Pd* ist sowohl regulär als rhomboëdrisch, die Gesammtheit der natürlich vorkommenden Metalle bildet daher eine isodimorphe Reihe, um so mehr, als auch andere Metalle, besonders *Ir*, wenigstens in den isomorphen Mischungen in beiden Reihen vorkommen. Die regulären Metalle sind geschmeidig und dehnbar, die rhomboëdrischen spröde bis höchstens milde, jedenfalls stets spröder als die regulären, und nie dehnbar; man unterscheidet daher auch *geschmeidige* und *spröde* Metalle.

Isomorphe Reihe der rhomboëdrischen (spröden) Metalle.

Palladium:	$a:c = ?$	Arsen:	$a:c = 1:1,4025$
Wismuth:	$a:c = 1:1,3035$	Tellur:	$a:c = 1:1,3298$
Antimon:	$a:c = 1:1,2236$	Osmium-Iridium:	$a:c = 1:1,41$ cca.

In isomorpher Mischung findet sich auch hier das isolirt nur in regulären, nicht aber in rhomboëdrischen Krystallen bekannte Iridium, sowie andere Metalle der regulären Reihe. (G. Rose, Abh. Berl. Ak. 1850.)

Wismuth.

Bi mit geringen Beimischungen von *As, Sb, S* etc. Das Hauptrhomboëder R $(10\bar{1}1)$ hat in den E. K.: $R/R = 87^0\ 40'$, ist also dem Würfel sehr ähnlich. Zwillinge nach: $-2R$ $(02\bar{2}1)$. Natürliche Krystalle sehr selten, meist nur körnige, derbe, blättrige Massen; die Bl. Br. gehen nach der Basis $0R$ (0001) deutlich, nach dem nächsten schärfern Rhomboëder $-2R$ $(02\bar{2}1)$ etwas weniger deutlich; auch blechförmig, baumförmig und gestrickt. Metallglänzend, röthlich silberweiss, häufig grün oder bunt angelaufen. H. $= 2-3$, milde. G. $= 9,6-9,8$. Leicht v. d. L. schmelzbar, giebt einen gelben Beschlag auf der Kohle. In HNO_3 löslich, die Lösung giebt mit viel Wasser einen weissen Niederschlag. Findet sich vorzugsweise auf Gängen mit *Co-* und *Ni*-Erzen; im Erzgebirge besonders bei Schneeberg, dann bei Riechelsdorf und Bieber in Hessen, bei Wittichen im Schwarzwald etc.; in grösseren Mengen in Bolivia, auch in Tasmanien. Wird in der Medicin und zu leichtflüssigen Legirungen verwendet.

Isomorphe Mischungen von *Bi* und *Te*, die auch zuweilen noch *Se* und *S* enthalten, finden sich mehrfach: Tellurwismuth, Tetradymit etc.

Antimon.

Sb, etwas *As, Ag* etc. $R/R = 87^0\ 7'$ (E. K.). Zwillinge nach $-\frac{1}{2}R(01\bar{1}2)$; zuweilen mehrfach wiederholte Zwillingsbildung. Krystalle selten. Bl. Br. nach der Basis $0R$ (0001) und dem nächsten stumpferen Rhomboëder: $-\frac{1}{2}R$ $(01\bar{1}2)$ vollkommen. H. $= 3-4$. Mild ins Spröde. G. $= 6,6-6,8$. Metallglänzend. Zinnweiss, wenig anlaufend. Leicht schmelzbar und flüchtig, giebt einen dicken weissen Rauch und auf Kohle einen weissen Beschlag. Selten in grösseren Mengen als derbes, körniges Aggregat, meist in einzelnen Körnern oder als dünner Ueberzug, besonders auf Arsen; auch mit nierenförmig gerundeter Oberfläche. Hauptsächlich auf Erzgängen: Andreasberg im Harz, Přibram in Böhmen, Allemont in Frankreich, Sala in Schweden; Borneo etc.

(Laspeyres, Zeitschr. deutsch. geol. Ges. 27. 1875. 574. F. A. Roemer, N. Jahrb. Min. 1848. pag. 310. Mügge, N. Jahrb. Min. 1884. II. pag. 40.)

Arsen.

As mit wenig *Fe, Ni, Co, Ag* etc. Natürliche Krystalle sehr selten. $R/R = 85^0\ 4'$ (E K.). Bl. Br. nach der Basis $0R$ (0001)

deutlich und nach — $2R$ $(02\bar{2}1)$ weniger deutlich. Zinnweiss ins Graue auf ganz frischem Bruch, aber sehr rasch schwarz anlaufend. Spröde. H. = 3 – 4. G. = 5,7—5,8. V. d. L. flüchtig mit Knoblauchgeruch. Meist in derben, häufig schaaligen, feinkörnigen bis dichten Stücken mit nierenförmiger Oberfläche (Scherbenkobalt); die einzelnen Schaalen lassen sich häufig von einander abheben; die Oberfläche trägt nicht selten einen dünnen Ueberzug von weissem und an der Luft nicht schwarz werdendem Antimon. Auf Erz-, bes. Silbergängen (Andreasberg, im Erzgebirge, Allemont etc.), auch mit *Co*- und *Ni*-Erzen.

(v. Zepharovich, Sitzgsber. Wiener Akad. Bd. 71.)

Isomorphe Mischungen von *As* und *Sb* finden sich unter dem Namen *Arsenantimon* (Allemontit). Andreasberg, Allemont im Dauphiné.

Tellur. *Te* zuweilen mit einer isomorphen Beimischung von *Se*. Kleine selten deutliche Krystalle, $R/R = 86^0\ 57'$ (E. K.) und feinkörnige, metallisch glänzende Aggregate von weisser Farbe. Fazebaja in Siebenbürgen, in Colorado in Nordamerika. (v. Foullon, Verh. k. k. Reichsanstalt 1884).

Osmium-Iridium. Rhomboëdrische isomorphe Mischungen von *Ir*, *Os* und einigen anderen Platinmetallen in verschiedenen Verhältnissen: 17—80$^0/_0$ *Os*; 70—20$^0/_0$ *Ir*, wenig *Pt*, *Rh*, *Ru* etc. Es sind alle möglichen Mischungsverhältnisse beobachtet, doch unterscheidet man vornehmlich deren zwei:

a. *Dunkles O.* (Iridosmin, Sysserskit); 20—30$^0/_0$ *Ir*, den Formeln: $Ir\ Os_3$ bis $Ir\ Os_4$ entsprechend, $R/R = 84^0\ 28'$. G. = 20,0—20,2. Bildet kleine stahl- bis bleigraue, selten mit deutlichen Krystallflächen versehene, basisch spaltbare, spröde Plättchen, welche in der Hitze *Os* verlieren und den charakteristischen *Os*-geruch geben. Werden in der Spiritusflamme schwarz und auf Platinblech erhitzt laufen sie bunt an. Spärlich in den Platinsaifen des Ural, besonders bei Syssersk, auch in Californien.

b. *Helles oder lichtes O.* (Osmiridium, Newjanskit). 40—70$^0/_0$ *Ir*, den Formeln: $Ir\ Os$ bis $Ir_3\ Os_5$ entsprechend; selten dihexaëdrische Kryställchen, sonst in ähnlichen Plättchen wie das dunkle *O.*, aber zinnweiss und v. d. L. unveränderlich, nur von schmelzendem Salpeter angegriffen. G. = 18,8—19,5. Ebenfalls mit *Pt* zusammen im Ural, aber seltener als das dunkle *O.*; besonders bei Newjansk,; auch in Südamerika, Brasilien etc.

Palladium, sehr selten. Dimorph. 1. sehr kleine, silberweisse, hexagonale Täfelchen auf Gold bei Tilkerode am Harz (*Allopalladium*), 2. kleine lichte stahlgraue Oktaëderchen mit Platin in Brasilien. Hiermit beginnt die

Isomorphe Reihe der regulären (geschmeidigen) Metalle.

Umfassend die Metalle: *Pd*, *Ir*, *Pt*, *Au*, *Ag*, *Cu*, *Fe*, *Pb*, *Hg*.

Iridium, sehr selten. Silberweisse Körnchen und undeutliche Kryställchen. Ural. Stets *Pt*-haltig; sehr *Pt*-reiche heissen *Platiniriduum* (Brasilien). G. = 21,57—23,46.

Platin.

Pt in isomorpher Mischung mit *Fe*, *Ir*, *Rh*, *Ru*, *Pd*, *Os*, *Au*, *Cu* etc. Wegen der vielen fremden Beimischungen auch *Polyxen* genannt. *Pt* meist zwischen 70 und 80 $^0/_0$, sodann 5—13 *Fe* (Eisenplatin), die andern Metalle in geringeren Mengen. Krystalle, Oktaëder und Würfel, wenig deutlich und nicht spaltbar, sind selten; meist kleine Körnchen oder Schüppchen, seltener grössere, unregelmässig gestaltete Knollen und

Klumpen mit löcheriger Oberfläche, bis zu 20 *Ø*. Metallglänzend, licht stahlgrau. G. = 17—19. H. = 4—4½. Dehnbar mit hackigem Bruch; z. Th. stark magnetisch. V. d. L. unschmelzbar. Nur in Königswasser löslich. Hat sich bisher fast ausschliesslich in Saifen gefunden, aus denen es ausgewaschen wird (Platinsaifen), zuerst bei Popayan in Columbien in Südamerika, sodann in Brasilien, Borneo etc. Die Hauptmasse des in der Technik (früher auch zu russischen Münzen) verwendeten *Pt* kommt aber (seit 1822) vom Ural, wo es an vielen Stellen, besonders in der Gegend von Nischne-Tagilsk, mit andern Platinmetallen, wenig *Au* (das für sich allein in andern Saifen vorkommt), Edelsteinen, Chromeisenstein und Serpentin, in welchem es wohl ursprünglich eingewachsen war, sich findet. Bei Beresowsk auch mit Gold im Quarz. Production im ganzen Ural: 96 Pud im Jahr 1876; 181 Pud im Jahr 1881.

Gold.

Au, aber nie ohne einen mehr oder weniger grossen *Ag*-Gehalt, 0,16—15 % *Ag*, doch steigt derselbe ausnahmsweise bis über 30 % (Elektrum vom Schlangenberg im Altai); wenig *Fe* und *Cu*; selten etwas *Pd* (Palladiumgold = Porpezit aus Brasilien) oder *Rh* (Rhodiumgold). Das Gold ist häufig schön krystallisirt: Oktaëder: O (111) und Würfel: $\infty O \infty$ (100) sind die Hauptformen, weniger häufig ist das Granatoëder: ∞O (110), der Pyramidenwürfel: $\infty O2$ (210) und das Ikositetraëder: $3O3$ (311). Weitere Formen sind selten. Zwillinge sind sehr gewöhnlich, nach O; sie bilden häufig dendritische und blechförmige Gestalten, an denen die Oberseite zur Unterseite in Zwillingsstellung sich befindet (115). Auch zahn-, draht-, haar- und moosförmig. Sehr geschmeidig und dehnbar. H. = 2½—3. G. = 15,6—19,4. Goldgelb, um so lichter, je mehr *Ag*. Lebhafter Metallglanz. In äusserst dünnen Schichten mit grüner Farbe durchsichtig. V. d. L. unschwer schmelzbar, nur in Königswasser löslich. Verbindet sich schwer mit anderen Elementen, daher fast nur gediegen in der Natur; in Erzen und zwar nur mit *Te* verbunden spärlich (vergl. Schrifterz und Blättererz).

Findet sich auf ursprünglicher Lagerstätte und in grösserer Menge in den Goldsaifen, in einzelnen Plättchen und Körnchen, sehr verbreitet im Sande der Flüsse etc. Auf ursprünglicher Lagerstätte ist es, vielfach mit Schwefelkies, im Quarz der krystallinischen Schiefer eingewachsen, so im Ural (Beresowsk), Californien, Australien, in geringerer Menge auch in Europa: in Böhmen, in den Alpen bei Gastein, im Zillerthal und noch an vielen andern Orten. Sodann findet es sich in vulkanischen Gesteinen (Trachyten etc.) mit Silber und Silbererzen zusammen, so in Nevada (Comstockgang) und bei Schemnitz in Ungarn. Aus dem Goldquarz namentlich kommt das Gold in die Saifen, in denen es sich in Form kleiner Körnchen oder Schüppchen, seltener grösserer Körner oder als Klumpen von beträchtlichem Gewicht (bis zu 100 *U.*) findet. Aus den Saifen wird das meiste Gold gewonnen, besonders reich sind die von Californien (jetzt fast erschöpft), Australien, Neuseeland, Brasilien, im Ural und in Sibirien bis zum stillen Ocean an vielen Orten. Geringe Mengen im Sande des Rheins, der Eder und anderer deutscher Flüsse.

(G. Rose, Pogg. Ann. Bd. 23. G. vom Rath, Ztsch. Kryst. I. 1. Helmhacker, Tschermak, Mineralog. Mittheilungen Bd. VII. 1877. G. Werner, N. Jahrb. Min. 1881. Bd. I. Suess, Die Zukunft des Goldes. 1877.)

Silber.

Ag, meist sehr wenig fremde Beimischungen. Zuweilen etwas *Au*, bis 28 % (güldisches Silber), auch etwas *Cu*, *Te*, *Hg*, *Bi* etc. Häufig schön krystallisirt, in denselben einfachen Formen und Zwillingen wie *Au*. Beim *Ag* sind die regelmässig baumförmigen, dendritischen, farrnkrautähnlichen und andern derartigen Bildungen besonders ausgezeichnet, ebenso auch das zahn-, draht-, haar- und moosförmige Vorkommen, während Bleche selten so regelmässig gebildet sind, wie beim *Au*. Silberweiss, in Berührung mit H_2S mehr oder weniger dunkel anlaufend unter Bildung von Ag_2S. Aeusserst dünne Schichten blau durchscheinend. G. = 10,1—11,0. H. = 2,5—3. Sehr dehnbar. V. d. L. leicht schmelzbar. In HNO_3 und conc. H_2SO_4 löslich; geht überhaupt viel leichter Verbindungen mit andern Elementen ein als *Au* und *Pt* und findet sich daher häufiger in chemischer Verbindung als Erz, wie gediegen, während *Pt* nur und *Au* fast nur im gediegenen Zustand in der Natur vorkommen. Das gediegene *Ag* findet sich nie in Saifen, nur auf ursprünglicher Lagerstätte, bes. auf Erzgängen mit Silber- und andern Erzen. Die europäischen Fundorte sind z. Th. ziemlich ausgebeutet. Es ist besonders zu nennen: Harz (Andreasberg); Markirch in den Vogesen; mehrere Orte im Schwarzwald; das Erzgebirge (Schneeberg, Marienberg, Freiberg, Joachimsthal etc.); Přibram in Böhmen; Schemnitz in Ungarn; Kongsberg in Norwegen; Altai (Schlangenberg); Nertschinsk in Transbaikalien etc.; besonders wichtig ist der westliche Theil von Amerika: westliche Unionsstaaten, Mexiko, Peru, Chili etc. *Ag* ist häufig in Ag_2S, $AgCl$ etc. umgewandelt, welche als Pseudomorphosen nach *Ag* vorkommen. Entsteht zuweilen aus Silberglanz, Rothgültigerz und andern *S*-haltigen Silbererzen, in deren Form es sich nicht selten findet.

(Sadebeck, Tschermak, Min. Mitth. 1878. 293. G. vom Rath, Ztschr. Kryst. Bd. III.)

Quecksilber. Metallisch glänzende zinnweisse Tropfen von *Hg*, welche einzeln oder in grösserer Anzahl auf Zinnober liegen, grössere Massen sind selten. Almaden, Idria, Moschellandsberg in der Pfalz, Californien. Zuweilen fern von Zinnoberlagerstätten im Diluvium auf räthselhafte Weise vorkommend, wie z. B. bei Lüneburg in Hannover. Krystallisirt bei —40° regulär.

Amalgam. Eine isomorphe Mischung von *Ag* und *Hg*, ungefähr dem Verhältnisse $AgHg$ bis Ag_2Hg_3 (25—36 % *Ag*) entsprechend; silberweisse, schöne, reguläre, zuweilen sehr flächenreiche Krystalle, auch runde oder eckige Körner und dünne Bleche und Anflüge auf Thon etc. mit Zinnober, besonders zu Moschellandsberg in der

Pfalz und auf der Grube Friedrichssegen bei Oberlahnstein. Sehr viel mehr Silber enthält der *Arquerit*, $Ag_{12}\,Hg$ (86,5 *Ag*), in grösseren Partien bei Arqueros unweit Coquimbo in Chili und in Brit. Columbia. Aehnliches auch bei Kongsberg (Kongsbergit, 94 *Ag*). Silberärmer ist ein Amalgam von Sala in Schweden (46,3 *Ag*), zwischen Amalgam und Arquerit in der Mitte stehend. *Goldamalgam*, in den *Pt*-saifen in Columbien; weiche zerdrückbare Körnchen; auch in Californien.

Kupfer.

Cu, meist fast chemisch rein. Krystallisirt ganz ähnlich wie *Au* und *Ag*, die Krystalle nicht selten ziemlich gross. Häufig in dendritischen Bildungen, bei welchen sich die mehr oder weniger gedrängt stehenden Strahlen unter 60⁰ schneiden. Die obere Seite befindet sich auch hier zur unteren in Zwillingsstellung nach der Oktaëderfläche, nach welcher die Hauptausbreitung des Gebildes erfolgt. Auch Bleche und dickere Platten, seltener zahn-, draht- und haarförmige Gestalten. Vielfach unregelmässig begrenzte Körner und grössere, zuweilen sehr umfangreiche Massen. Kupferroth, häufig braun, kirschroth oder grün angelaufen. G. = 8,5—8,9. H. = 2,5—3. Sehr dehnbar. Schmilzt v. d. L. leicht. Löst sich in *HCl*, H_2SO_4 etc. Mit andern Elementen geht es leicht Verbindungen ein, daher überwiegend als Erz in der Natur. Das gediegen vorkommende *Cu* erleidet leicht Veränderungen, oxydirt sich zu Cu_2O (Rothkupfererz), welches sich weiter in das grüne Carbonat Malachit verwandelt. Pseudomorphosen, aus *Cu* in der Form anderer Mineralien entstanden, nicht selten, z. B. nach Kalkspath, Aragonit etc. Das Kupfer findet sich mit Kupfererzen in Gängen und Lagern im Ural (Bogoslawsk, Nischnei-Tagilsk, Gumeschewsk, Turginsk etc.) schön krystallisirt, oft dendritische Massen im Kalkspath; am oberen See im Staat Michigan in Nordamerika, Mandelräume und Spalten in einem Mandelstein erfüllend, mit Silber und Prehnit, zuweilen Hunderte von Centnern schwere Massen; Chili, Peru, Australien. In Europa wenig wichtig, z. B. bei Rheinbreitenbach am Rhein, im Westerwald, in Cornwall, im Banat, bei Falun in Schweden etc.

(G. Rose, Reise in den Ural Bd. I. 401. Schrauf. Tschermak, Min. Mitthlgn. 1873. G. v. Rath, Ztschr. Kryst. Bd. II. Fletcher, Phil. Mag. ser. V Bd. 9, pag. 180).

Blei. *Pb*; bei Pajsberg in Schweden mit Eisen- und Manganerz; auch an andern Orten, aber mehrfach ist das Vorkommniss unsicher.

Eisen.

Vielfach als Meteoreisen, weniger von natürlichem irdischen Ursprung bekannt. Das Meteoreisen ist theils vollkommen compact ohne eingemengte, nicht metallische Mineralien (z. B. das Eisen von Braunau), oder es bildet ein zelliges Maschengewebe, das zwar noch völlig zusammenhängt, aber in den Maschen sind Körner anderer Mineralien, z. B. von Olivin eingeschlossen (sog. Pallaseisen von Krasnojarsk in Sibirien); oder es sind endlich einzelne Eisenkörnchen den nicht metallischen Bestandtheilen der Meteoriten beigemengt. Wenige

Meteoriten sind ganz *Fe*-frei. Das meteorische Eisen ist stets *Ni*-haltig (3—8 %, selten mehr). Es krystallisirt wie das künstliche regulär, ist hexaëdrisch deutlich spaltbar, was bes. deutlich bei dem Braunauer Eisen zu beobachten ist, und zeigt vielfach nach mehreren Richtungen eingewachsene Zwillingslamellen, besonders nach den Oktaëderflächen. Nach diesen sind auch häufig dünne Lamellen von Phosphornickeleisen (Schreibersit) eingelagert, welche mit den Zwillingslamellen zusammen schaalige Absonderung nach diesen Flächen erzeugen, die man nicht für oktaëdrische Spaltbarkeit halten darf. Mit diesen Lamellen von Phosphornickeleisen stehen auch die auf ebenen Schliffflächen beim Aetzen hervortretenden sog. Widmannstätten'schen Figuren im Zusammenhang, welche für Meteoreisen charakteristisch sind. Es sind dies geradlinig verlaufende Linien, welche sich unter verschiedenen, von der Richtung der Schnittfläche im Eisenkrystall abhängigen Winkeln durchschneiden und ein mehr oder weniger dichtes Netz hervorbringen. Die Lamellen von Phosphornickeleisen sind in Säuren nicht löslich, dagegen die zwischenliegenden Partien von phosphorfreiem und nickelärmerem Eisen, welche also durch die Aetzung vertieft werden, so dass jene Lamellen als erhabene Linien hervortreten. Nicht selten sind die Meteoreisenmassen sehr gross: das Pallaseisen wog 1600 *Ü.*, das vom Red River in Louisiana 3000 *Ü.*, das vom Fluss Bendego in Brasilien 17000 *Ü.* etc. Eisenmeteorite fallen seltener als Steinmeteorite, aber man hat doch manche Fälle schon beobachtet: bei Dikson (Tennessee), Juli oder August 1835; bei Braunau in Böhmen am 14. Juli 1847; bei Agram (171 *Ü.*) am 26. Mai 1851.

Tellurisches Eisen soll in manchen Basalten in feinen Schüppchen vorkommen, ebenso in manchen Platinsaifen; in einem Schwefelkiesknollen in der Lettenkohle bei Mühlhausen in Thüringen, in dem Kreidemergel von Chotzen in Böhmen etc. Manches dieser Vorkommen ist sehr zweifelhaft. Tellurisch sind wohl auch die grossen Eisenmassen im Basalt von Ovifak in Grönland, welche vielleicht durch die reducirende Einwirkung von Braunkohle auf Basalt entstanden sind.

Das Eisen ist stahlgrau bis eisenschwarz, metallglänzend, aber an der Luft leicht rostend. Geschmeidig und dehnbar; H. = $4\frac{1}{2}$. G. = 7,0—7,8. Sehr stark magnetisch; schmilzt unter Funkensprühen und löst sich leicht in Säuren.

(Tschermak, Sitzgsber. Wiener Ak. 1874 Bd. 70. Sadebeck, Pogg. Ann. 156, 554. 1876. Brezina, Denkschr. Wiener Ak. 1880 u. 1881. Steenstrup und Lorenzen, Ztschr. d. deutsch. geol. Ges. Bd. 35 pag. 695.)

II. Klasse.

Haloidverbindungen.

Nicht metallische Mineralien von meist geringer Härte. Theils wasserfrei, theils wasserhaltig; theils einfache Verbindungen, wie Steinsalz: $NaCl$, theils Doppelverbindungen, wie *Carnallit*: $KCl \,.\, MgCl_2 \,.\, 6 H_2O$, theils ist neben der Haloidverbindung noch eine andere vorhanden, wie z. B. im *Phosgenit*: $PbCl_2$ und $PbCO_3$. Manche hierher gehörige Mineralien sind im Wasser löslich, manche nicht. Mehrere sind technisch von sehr grosser Bedeutung.

a. Einfache Haloidverbindungen.

Isomorphe Reihe des Steinsalzes.

Steinsalz $NaCl$, Sylvin KCl, Salmiak NH_4Cl, Chlorsilber $AgCl$, Huantajayit $(Na, Ag)\ Cl$, Bromsilber $Ag\,Br$, Chlorbromsilber $Ag\ (Cl, Br)$ und Jodobromit $AgJ \,.\, 2\,Ag\ (Cl \,.\, Br)$, alle regulär.

Steinsalz (Halit).

$NaCl$, zuweilen fast chemisch rein: 39,3 Na, 60,7 Cl; die vorkommenden Verunreinigungen sind: KCl, vielfach als isomorphe Beimischung, besonders in dem vulkanischen Steinsalz, sodann $MgCl_2$, $CaCl_2$, Na_2SO_4, $MgSO_4$, Gyps, Thon, organische Substanzen etc. Auch Gas- und Flüssigkeitseinschlüsse mitunter von erheblicher Grösse finden sich nicht selten. Die Gase sind zuweilen in gespanntem Zustande eingeschlossen und sprengen die bei der Auflösung der Stücke im Wasser dünner werdenden Wände der Hohlräume unter einem knisternden Geräusch (Knistersalz von Wieliczka in Galizien). Regulär: meist Würfel, auch Oktaëder und Pyramidenwürfel, andere Formen sind seltener. Den Würfelflächen gehen vollkommene Blätterbrüche, den Granatoëderflächen Gleitflächen parallel. H. = $2\frac{1}{2}$, milde. Reine Stücke wasserhell, durch Beimengungen undurchsichtig, auch mannichfach gefärbt: roth, grün, blau, violett etc.; das Pigment ist bisweilen organischer Natur und verschwindet beim Erwärmen, zuweilen unorganisch, z. B. $Fe\,O_3$, das die rothe Farbe manches Steinsalzes hervorbringt. $n = 1{,}5442$ (Na-Licht); glasglänzend; diatherman. G. = 2,1—2,3. In Wasser leicht löslich, findet sich daher in allen terrestrischen Gewässern, in den Bächen, Flüssen und den meisten Seen in geringer, in den Meeren und abflusslosen Seen in grösserer Menge. Hygroskopisch, aber an sich nicht zerfliesslich, die Stücke werden jedoch von der Luft wegen der z. Th. zerfliesslichen Beimengungen stark angegriffen, und allmählig werden die Krystallkanten und Ecken abgerundet; die Aetzfiguren sind von Pyramidenwürfelflächen begrenzt.

Der Geschmack ist salzig. Schmilzt in der Kerzenflamme und färbt dieselbe gelb. (*Na*-Flamme.)

Findet sich fast ausschliesslich mit Gyps und Anhydrit zusammen im Thon und Kalk eingeschlossen und mit allen diesen Substanzen häufig schichtenförmig wechsellagernd, meist in sehr bedeutenden Mengen. Es ist meist körniges, mehr oder weniger unreines Salz, in welchem Nester des wasserhellen Minerals von grosskörniger Structur zerstreut liegen. Schnüre parallelfasrigen Salzes setzen zuweilen quer durch die körnigen Massen und das umgebende Gestein. Deutliche Krystalle sind nicht häufig; sie sind stets aufgewachsen und finden sich auf Drusenräumen und an Stellen, wo Tropfwasser fallen und verdunsten. An solchen Stellen entstehen aber häufiger klein- bis feinkörnige Massen mit rauher nierenförmiger Oberfläche oder förmliche Tropfsteine. Zähne, Haare und ähnliche Bildungen. Der das Steinsalzlager umgebende Thon ist häufig von Salz imprägnirt (Salzthon). Steinsalzlager häufig von linsenförmiger Gestalt; von besonderer Wichtigkeit sind: Wieliczka und Kalucz in Galizien, der Tertiärformation angehörig; Berchtesgaden in den bayrischen, Hallein, Hall, Aussee, Hallstadt in den österreichischen Alpen, Wilhelmsglück und Friedrichshall in Württemberg, Salzburg in Lothringen etc. in der Trias; Stassfurt, Artern, Sperenberg (hier mehr als 1000 Meter mächtig), Segeberg in Holstein, Lüneburg etc. im Zechstein; bei Cardona in Spanien ragt ein Steinsalzberg von erheblichem Umfang 550 Fuss hoch über die Umgebung empor, ähnlich am Ilek bei Orenburg in Russland, auch in Siebenbürgen tritt stellenweise das Salz unmittelbar an die Erdoberfläche; dies ist aber doch nur ausnahmsweise der Fall, meist, wie z. B. an allen den weiter oben genannten Punkten, ist dasselbe in der Erde versteckt. In manchen Gegenden ist der Erdboden ganz mit Salz durchzogen, das nach Regenwetter an der Oberfläche ausblüht und die Erdoberfläche mit einer Salzkruste bedeckt. Dies sind die Salzsteppen, z. B. in der Umgebung des salzigen Eltonsees in der Niederung des caspischen Meeres in Russland; in den Eltonsee wie in viele andere Seen wird *NaCl* in grossen Mengen hineingeführt durch das in dem salzhaltigen umgebenden Boden *NaCl* auflösende Wasser; dieses Salz scheidet sich dann je nach der Jahreszeit auf dem Boden der Seen schichtenweise aus und wird gewonnen. Auch durch vulkanische Sublimationen wird Steinsalz gebildet, das meist reich an isomorph beigemischtem *KCl* ist, so z. B. am Vesuv, manchmal in so grossen Massen, dass es als Speisesalz Verwendung findet.

Die grossen Steinsalzmassen sind durch Austrocknen abgesperrter Meeresarme entstanden; die im Meereswasser leichter löslichen und in geringerer Menge vorhandenen Stoffe, wie *KCl*, $MgCl_2$ etc., mussten demgemäss über dem Steinsalz zur Ablagerung gelangt sein; dies ist auch in der ausgezeichnetsten Weise bei Stassfurt der Fall, wo diese Stoffe die mächtige Decke der sog. Abraumsalze (Sylvin, Carnallit. Kainit, Kieserit etc.) bilden, welche durch ihren grossen Kaligehalt so wichtig sind; sie finden sich auch bei Kalucz und Bochnia in

Galizien, in Spuren bei Hallstadt etc., ferner am Urumiahsee in Persien und in der Salzkette im Norden des Pendjab in Indien. An den meisten andern Orten haben sich die Abraumsalze nicht gebildet oder sie sind später wieder aufgelöst und weggeführt worden.

(Ochsenius, Die Bildung der Steinsalzlager. 1877. Bischof, Die Steinsalzwerke von Stassfurt. 2. Aufl. 1875. Tschermak, Stzgsber. Wiener Ak. 1871.)

Sylvin.

KCl, zuweilen fast chemisch rein. Regulär, meist Würfel mit abgestumpften Ecken. Sehr reine klare Krystalle mit dieser Begrenzung von Stassfurt sind Hövellit genannt worden. Mit den Flächen des Würfels geht ein vollkommener Blätterbruch parallel. Farblos, durchsichtig bis durchscheinend, zuweilen gefärbt, im Ganzen dem Steinsalz sehr ähnlich, der Glanz geht aber mehr ins Fette und der Geschmack ist mehr scharf und brennend. H. = 2½. G. = 1,9—2,0. In Wasser leicht löslich, schmelzbar und noch leichter flüchtig, als *NaCl*; daher in verhältnissmässig grosser Menge dem vulkanischen Steinsalz beigemischt, in dem sogar *KCl* zuweilen überwiegt, so dass dadurch alle möglichen Uebergänge zwischen *NaCl* und *KCl* hervorgebracht werden. Färbt die Flamme violett (*K*-Flamme, Unterschied von Steinsalz, welches die Flamme gelb färbt, *Na*-Flamme). Diatherman, wie Steinsalz. Findet sich seltener in Krystallen, meist in derben blättrigen, auch körnigen Aggregaten; massenhaft unter den Abraumsalzen der Steinsalzlager in Stassfurt, Kalucz in Galizien, geringe Mengen bei Berchtesgaden und Hallein. Zuweilen entstehen durch Zersetzung des Carnallit (s. d.) körnige Aggregate von Sylvin (Leopoldit). Auch unter den Sublimationsproducten der Vulkane, bes. des Vesuvs. Die Massen in den Abraumsalzen, deren Entstehung in der Hauptsache mit der des Steinsalzes gleichartig ist, sind technisch wichtig zur Fabrikation von Kalipräparaten, künstlichen Düngemitteln etc. (Vergl. in vielen Beziehungen das Steinsalz).

Salmiak. NH_4Cl. Regulär, soll aber gyroëdrisch-hemiëdrisch sein. Deutliche Krystalle nicht häufig, zuweilen durch Meroëdrie entstellt. Farblos, der vulkanische häufig durch Eisenchlorid gelb gefärbt. Mild. In Wasser löslich; scharfsalziger Geschmack. Findet sich in Krusten als Sublimationsproduct auf den Kraterwänden und Laven mancher Vulkane, z. B. des Vesuvs, zuweilen in erheblicher Menge. Auch in unterirdischen Kohlenbränden wird Salmiak erzeugt, so bei Duttweiler im Saargebiet, bei Hainichen in Sachsen etc. Hierher gehören wohl auch, wie es scheint, die reichen centralasiatischen Fundstellen Turfan und Kutsche, die schwerlich Vulkane sind. (Tschermak, Min. Mitthlgn. 2. Reihe. Bd. 4 pag. 531.)

Chlorsilber (Hornsilber, Silberhornerz, Kerargyrit, Kerat).

AgCl mit 75,3 *Ag*. Regulär. Deutliche Krystalle selten, vorzugsweise $\infty O \infty$ (100); keine Blätterbrüche. H. = 1—1½. G. = 5,58—5,60. Vollkommen reine Massen sind farblos, aber in der Natur meist gelb, grau, grünlich, violett, braun. Durchscheinend bis undurchsichtig; fettartiger bis diamantartiger Glanz, nicht stark; der

Strich ist glänzender. Lässt sich mit dem Messer schneiden, geschmeidig. V. d. L. schmilzt es und reducirt sich auf Kohle zu *Ag*; nur in Ammoniak löslich. Findet sich meist in derben horn- oder wachsähnlichen Massen oder in krustenartigen Ueberzügen auf Gängen mit anderen Silbererzen, bes. in den oberen Theilen derselben; vorzugsweise in Chili, Peru und Mexiko, wo es zu den wichtigsten Erzen gehört (neben den *Br*-haltigen Erzen); auch in den Silbergruben in Nevada; in Europa im Erzgebirge, bei Kongsberg etc. in geringerer Menge.

Huantajayit. Regulär, isomorphe Mischung von $AgCl$ mit $NaCl$: $(Ag, Na)\,Cl$. von Huantajaya in Peru. Mit Chlorsilber, Atakamit etc. auf Eisenocker.

Bromsilber (Bromargyrit, Bromyrit, Bromit).

$AgBr$ mit 57,4 *Ag*. Die reg. Oktaëder und Würfel sehr klein, meist stark glänzende grüne und gelbe Krusten mit zeisiggrünem Strich bildend, welche oft dem Hornsilber sehr ähnlich sind, aber beim Erhitzen auf Kohle *Br*-Dämpfe geben; besonders auf den Silbererzlagerstätten von Chili und Mexiko (San Onofre) mit Hornsilber, aber ganz rein nur in geringer Menge.

In viel grösseren Mengen als reines Bromsilber finden sich isomorphe Mischungen von Chlor- und Bromsilber, welche unter dem Namen *Chlorbromsilber* zusammengefasst werden, und bei denen das Verhältniss von $Cl : Br$ zwischen $1 : 5\frac{2}{3}$ und $1 : \frac{1}{3}$ schwankt. Einzelne Mischungsverhältnisse, u. A. bei Copiapo in Chili vorkommend, haben besondere Namen bekommen: *Mikrobromit*: $3AgCl + AgBr$; *Embolit*: $3AgCl + 2AgBr$; *Megabromit*: $AgCl + AgBr$ etc. Im Aussehen dem Chlorsilber und Bromsilber sehr ähnlich. Besonders wichtige Erze in Chili, wo sie mit Chlorsilber vorkommen (z. B. in Chanarcillo); auch in Mexiko, Honduras etc.

(Mösta, Ueber das Vorkommen der Chlor-, Brom- und Jodverbindungen des Silbers in der Natur. Marburg 1870.)

Jodobromit ist eine reguläre isomorphe Mischung: $AgJ + 2Ag(Cl,Br)$. geschmeidig von schwefelgelber Farbe. Von Dernburg in Nassau auf Quarz (v. Lasaulx, N. Jahrb. Min. 1877. pag. 616 u. 1878 pag. 619).

Jodsilber (Jodargyrit, Jodyrit, Jodit). AgJ mit 46,0 *Ag*. Hexagonale dihexaëdrische Täfelchen mit deutlicher basischer Spaltbarkeit; die Form ähnlich der des Greenockits. Die Verbindung AgJ ist also dimorph (vergl. den regulären Jodobromit). Die hexagonale Modification geht bei 146° C., unter einem Druck von 2475 kg pro Quadratcentimeter schon bei 20° C. in die reguläre über. H. = 1. G. = 5,5 — 5,7. Gelb, durchscheinend. Schmilzt leicht. Mit anderen *Ag*-Erzen in Chili, Mexiko, Spanien.

Cotunnit (Chlorblei). $PbCl_2$, kleine weisse diamantglänzende rhombische Krystalle und unregelmässig begrenzte Körner auf Laven des Vesuvs; Sublimationsprodukt der Jahre 1822 und 1855.

Quecksilberhornerz (Kalomel). *HgCl*. Quadratisch. P (111). $P/P = 135^{0}$ 40′ S. K. Manche Krystalle sehr flächenreich. Blätterbrüche ‖ $\infty P\infty$ (100). Milde. H. = 1—2; graulich- bis gelblichweiss, ähnlich dem Hornsilber. Demantglänzend. Vollständig flüchtig. G. = 6,5. Auf den Zinnoberlagerstätten der Pfalz, von Almaden, Idria, Horzowitz in Böhmen, El Doctor in Mexiko. Die meist sehr kleinen Kryställchen bilden dünne Ueberzüge auf anderen Mineralien.

(Websky, Sitzgsber. Berl. Ak. 1877.)

Isomorphe Reihe des Flussspaths.

Regulär; Flussspath $CaFl_2$; Yttrocerit $(Ca, Ce, Y) Fl_2$; Chlorocalcit $CaCl_2$.

Flussspath (Fluorit, Liparit).

$CaFl_2$, 48,72 *Ca*, 51,18 *Fl*; häufig ziemlich rein, zuweilen etwas $CaCl_2$, Calciumphosphat etc., auch organische Substanz, in manchen Flussspathen in solcher Menge, dass dieselben beim Zerschlagen brenzlig riechen (Stinkfluss). In ausgezeichneten, stets aufgewachsenen regulären Krystallen. Sehr häufig Würfel (Fig. 56), seltener Oktaëder (Fig. 55); häufiger wieder beide combinirt (Fig. 64); oder Oktaëder und Würfel mit abgestumpften Kanten (Fig. 66, 68), also in Combination mit dem Granatoëder; letztere Form isolirt ist selten; häufig sind am Würfel die Kanten zugeschärft (Combination mit dem Pyramidenwürfel $\infty O3$ (310) (Fig. 73). Ikositetraëder und Pyramidenoktaëder sind weniger häufig, letztere Form, und zwar $4O$(441), als Seltenheit ganz selbständig. Von Hexakisoktaëdern findet sich besonders $4O2$ (421) als sechsflächige Zuschärfung der Ecken des Würfels (Fig. 78). Zuweilen fehlen an den Krystallen des Flussspaths einzelne Flächen, so dass rhomboëdrische und andere Formen nachgeahmt werden (Krystalle von Zschopau in Sachsen). Durch Parallelverwachsung kleiner Würfelchen entstehen oktaëdrische Krystalle (Fig. 203). Zwillinge häufig nach der Oktaëderfläche, besonders sind würflige Krystalle in dieser Weise verwachsen, so dass die Form Fig. 216 entsteht. Die Ecken des einen Individuums ragen aus den Flächen des andern nasenförmig hervor; sehr schön an den stark fluorescirenden englischen Krystallen, bei denen die von den Kanten des andern Individuums durchbohrten Würfelflächen sich an den Berührungsstellen zu niederen vierseitigen Pyramiden erheben.

Bl. Br. nach den Oktaëderflächen vollkommen. H. = 4. G. = 3,15 —3,20. Glasglanz; an sich farblos, aber häufig stark gefärbt, z. Th. sehr intensiv; gelb, violblau, grün, roth etc., vielfach durch organische Substanz, so dass die Farbe beim Erhitzen verschwindet; zuweilen am nämlichen Stücke verschiedene Farben. Durchsichtig selten, häufiger durchscheinend, bis undurchsichtig; die Würfelzwillinge von Cumberland ausgezeichnet fluorescirend: im auffallenden Licht dunkelblau, im durchgehenden hellgrün. Manche Flussspathe phosphoresciren beim Erwärmen (Chlorophan).

V. d. L. decrepitirend und nicht besonders leicht schmelzend, aber leicht mit Gyps zu einer klaren, beim Erstarren trüben Perle zusammenfliessend. Von H_2O kaum angegriffen, ebensowenig von HCl; von H_2SO_4 unter Entwicklung von HFl-Dämpfen, welche Glas ätzen, vollkommen zersetzt. Durch Anätzen mit H_2SO_4 erhält man auf den Flächen des Flussspaths als Aetzfiguren kleine Vertiefungen, an welchen Flächen von $3O3$ (311), $\infty O3$ (310) und ∞O (110) auftreten. Dieselben Flächen finden sich an grösseren und unregelmässiger gestalteten Vertiefungen, die an der Oberfläche der Krystalle nicht selten vorkommen und welche als natürliche Aetzfiguren anzusehen sind.

Der Flussspath ist ein sehr häufiges Mineral, das in schönen Krystallen, in derben Massen, auch vollkommen dicht, sowie erdig (Flusserde, Ratofkit von Moskau) sich findet, und zwar vorzugsweise auf Gängen. Er erfüllt in derben Massen weite Spalten, allein oder mit Schwerspath, z. B. bei Brotterode im Thüringer Wald, oder in dichten Massen, z. B. bei Stolberg am Harz. Besonders bekannt sind die derben blauschwarzen Massen des Stinkflusses von Wölsendorf in Bayern, dessen beigemengte organische Bestandtheile Schönbein für das Antozon hielt. Ausgezeichnete blau und weissgefärbte derbe Massen finden sich bei Castleton in Derbyshire in England, welche zu Kamingesimsen und andern ähnlichen Ornamenten verschliffen werden. Auf Drusenräumen des derben Minerals sitzen nicht selten Krystalle, welche sich aber in besonderer Schönheit auf den verschiedensten Erzgängen finden, ebenfalls mit derbem Flussspath zusammen; im Erzgebirge und Harz, im Schwarzwald, in England, bes. auf den Bleierzgängen in Cumberland, Derbyshire, Devonshire, Cornwall etc.; bei Kongsberg in Norwegen. Fundorte schöner Krystalle ausserhalb von Erzgängen sind: Striegau und Königshayn in Schlesien, Waldshut im Schwarzwald; im Granit der Hochalpen an mehreren Stellen von rother Farbe; bei Drammen in Norwegen. Eigenthümlich ist das Vorkommen im vulkanischen Tuffe bei Tiano in Campanien und in den Auswürflingen der Somma (Vesuv). Sehr selten als Versteinerungsmittel von Petrefacten.

Dient ausser zu Ornamenten hauptsächlich als Flussmittel bei Hüttenprocessen. (Klocke, Bericht der naturf. Ges. zu Freiburg i. Br. Bd. 6. Werner, Neues Jahrb. für Min. 1881. I. 14. v. Lasaulx, Ztschr. Kryst. 1877. Bd. I pag. 359. G. Rose, Pogg. Ann. Bd. 12. 483. Hessenberg, Notizen (3.))

Yttrocerit. Dunkelblaue kleine Körner und dünne Ueberzüge und Anflüge, auch erdig, im Granit von Broddbo und Finbo in Schweden (bei Falun); regulär mit oktaëdrischer Spaltbarkeit. Es ist ein wahrscheinlich etwas zersetzter Flussspath, bei dem ein Theil des $CaFl_2$ durch die isomorphen: $CeFl_2$ und YFl_2 in nicht unerheblichen Mengen ersetzt ist. *Fluocerit* ebendaher, ziegelroth, vielleicht hexagonales $CeFl_2$; etwas Aehnliches ist der hexagonale *Tysonit*, sehr selten, von Colorado (vergl. Parisit pag. 268).

Chlorocalcit. Würfel von $CaCl_2$, auch krustenförmige Ueberzüge; Sublimationsproduct des Vesuvs, auch im salzhaltigen Boden in Peru.

Sellait. $MgFl_2$, quadratisch. Sehr selten im Anhydrit von Moutiers in Savoyen.

Der *Fluellit* von Cornwall soll reines Fluoraluminium sein.

b. Zusammengesetzte Haloidverbindungen.

Kryolith.

$3NaFl . AlFl_3$; 13,0 *Al;* 32,8 *Na;* 54,2 *Fl.* Früher für rhombisch, dann für triklin gehalten, ist aber monoklin. Die Flächen des rhombischen Prismas $m = \infty P$ (110) sind in mehreren Richtungen gestreift; $m/m = 91^0\ 58'$ vorn. Die Basis $c = oP(001)$ ist glatt; $m/c = 90^0\ 8'$. *m* und *c* begrenzen meist die Krystalle allein, welche dann ein würfelförmiges Aussehen haben. Dazu kommt nicht selten: $r = P\infty$ (011), $r/c = 125^0\ 46'$; $v = P\infty$ (101); $p = -P$ (111); $s = -2P2$ (121); $k = +P\infty$ ($\bar{1}01$); $a = \infty P\infty$ (100). (Fig. 309.) Darnach $a : b : c = 0{,}966 : 1 : 1{,}388$; $\beta = 90^0\ 11'$. Zwillinge nach verschiedenen Gesetzen. Die Krystalle sind nach *c* vollkommen, nach *m* etwas weniger vollkommen, spaltbar; also nach drei beinahe auf einander senkrechten Richtungen, ausserdem nach der Längsfläche $\infty P\infty$ (010) deutlich; dieser Bl. Br. würde die scharfe seitliche Kante des Prismas gerade abstumpfen. Die drei Hauptblätterbrüche wurden früher als genau senkrecht und den Flächen eines oblongen Prismas mas mit der Basis entsprechend angesehen. H. = 2,5—3; spröde. G. = 2,95—2,97. Opt. A. E. senkrecht zur S. E. *ac*, gegen die Basis unter $45^0\ 55'$, gegen die Vertikalaxe unter $43^0\ 54'$ geneigt, steigt also im scharfen Winkel β von vorn nach hinten in die Höhe; + D. Br. gering; $\varrho < v$. M. L. in der S. E. Horizontale Dispersion. Axenwinkel in Luft: $2E = 58^0\ 50'$ (r.) $= 59^0\ 24'$ (g.) $= 60^0\ 10'$ (bl.). Eigenthümlicher feuchter Glasglanz. Meist weiss, zuweilen braun, auch schwarz, durchscheinend. Schmilzt in der Lichtflamme; v. d. L. in der offenen Glasröhre giebt er *HFl*-Dämpfe, welche Glas ätzen. Durch H_2SO_4 unter Bildung von *HFl*-Dämpfen vollständig zersetzt. Findet sich in einem ausgedehnten Lager im Granit bei Evigtok am Arksutfjord in Westgrönland, in den äussern Theilen des Lagers weiss, in der Tiefe schwarz, die würfelähnlichen Krystalle sitzen in dünnen Krusten auf Spalten und Klüften des derben Kryoliths. Er schliesst eine Menge Krystallanderer Mineralien ein: Quarz, Kupfer- und Schwefelkies, Bleiglanz, Blende, Spatheisenstein, Columbit etc. Wird massenhaft gewonnen und zur Herstellung von *Na*, Soda, Alaun, *HFl* etc. technisch verwerthet. In kleineren Mengen bei Miask im Ilmengebirge im Granit und in Californien.

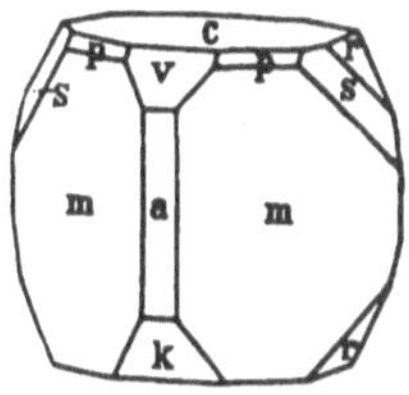

Fig. 309.

(Krenner, Math. und naturw. Berichte aus Ungarn. Bd. 1. Mügge, Jahrbuch der wissensch. Arbeiten zu Hamburg. 1883. Websky, N. Jahrb. für Min. etc. 1867. pag. 810. Des Cloizeaux. Bull. soc. min. de France. 1883. Benzon, Amtlicher Bericht über die Wiener Weltausstellung. Heft 20. pag. 667. Taylor, Proceedings geol. soc. 1866. pag. 141. Johnstrup, Versammlung skand. Naturforscher in Stockholm 1880, gedruckt 1883.)

Mit dem Kryolith kommt eine Anzahl ähnlich zusammengesetzter und auch ähnlich aussehender, z. Th. sehr gut krystallisirter Mineralien, aber alle in geringerer Menge vor, so u. A.:

Pachnolith. $NaFl . CaFl_2 . AlFl_3$, dünne monokline Prismen. (v. Kokscharow, Materialien Bd. IX 1885.)

Thomsenolith. $NaFl . CaFl_2 . AlFl_3 . H_2O$. Monoklin. Beide in Grönland.

Chiolith. $5 NaFl . AlFl_3$; quadratisch, meist derb in feinkörnigen Aggregaten, von Miask im Ilmengebirge.

(Ueber alle natürl. Fluorverbindungen: Groth, Ztschr. f. Kryst. Bd. VII.)

Carnallit.

$KCl . MgCl_2 . 6H_2O$ mit 26,8 KCl, 34,2 $MgCl_2$, 39,0 H_2O, wenig $NaCl$ ersetzt etwas KCl. Rhombisch, hexagonale Formen nachahmend; ein Prisma ∞P (110) hat den Winkel 118° 37′; die seitl. Kante ist durch die Längsfläche $\infty P\breve{\infty}$ (010) abgestumpft, so dass ein scheinbar reguläres sechsseitiges Prisma entsteht. Auf die Prismenflächen sind die Flächen des Oktaëders P (111) und auf die Längsfläche die Flächen des Brachydomas $2P\breve{\infty}$ (021) aufgesetzt, und zwar ist $111 : 11\bar{1} = 107^0\ 20'$ und $02\bar{1} : 021 = 108^0\ 27'$; sie machen also zusammen ein scheinbares Dihexaëder, dessen Endecke noch durch die Basis oP (001) abgestumpft wird. Bruch muschlig. H. = 1—2. G. = 1,6. Farblos, grau, oft durch Eisenglanzschüppchen roth, durchsichtig bis durchscheinend. Opt. 2-axig. A. E. *ac*, + M. L. *a*. Sehr starke Doppelbrechung. V. d. L. leicht schmelzbar. In H_2O leicht löslich, an der Luft zerfliesslich, lässt sich aber nicht umkrystallisiren, sondern zersetzt sich in $MgCl_2$ und KCl. Verliert zuweilen durch Auslaugen $MgCl_2$, so dass KCl in derben, körnigen Massen zurückbleibt (Leopoldit von Leopoldshall bei Stassfurt). Findet sich fast nur in derben Massen, Krystalle bilden sich zuweilen aus Tropfwassern. Bes. wichtig in den Abraumsalzen von Stassfurt; auch bei Maman in Persien und in Colorado in Nordamerika. Bei Westeregeln unfern Stassfurt Pseudomorphosen von Steinsalz nach Carnallit. Die Verwendung ist die gleiche wie beim Sylvin.

(H. Rose, Ztschr. d. deutsch. geol. Ges. Bd. VIII. 117. Hessenberg, Min. Notizen. 1866.)

Tachyhydrit. $CaCl_2 . 2MgCl_2 . 12H_2O$, rhomboëdrisch, bildet durchscheinende, gelbe, zerfliessliche Massen im Anhydrit bei Stassfurt.

Kainit.

$KCl . MgSO_4 . 3H_2O$ mit 30,0 KCl. Gelbe bis graue durchscheinende körnige Massen, auf deren Hohlräumen monokline Krystalle sitzen. (Groth, Pogg. Ann. 137 pag. 442. v. Zepharovich, Zeitschr. Kryst. Bd. VI.) G. = 2,13. In H_2O zersetzt und gelöst. Aus der Lösung krystallisirt sog. *Pikromerit*, $K_2SO_4 . MgSO_4 . 6H_2O$ aus. Dasselbe Salz krystallisirt aus der Lösung gewisser Salzkrusten auf Vesuvlaven aus neben *Cyanochroit*: $K_2SO_4 . CuSO_4 . 6H_2O$. Der Kainit findet sich in Massen bei Stassfurt und Kalucz in den Abraumsalzen und ist ebenfalls, wie die mitvorkommenden Sylvin und Carnallit in der Kaliindustrie von Wichtigkeit.

Kremersit bildet rothe, leicht zerfliessliche reguläre Oktaëder von der Zusammensetzung: $2\,KCl \,.\, 2\,AmCl \,.\, Fe_2Cl_6 \,.\, 3H_2O$; in den Sublimationsproducten des Vesuvs. Ebendort der *Molysit*, Fe_2Cl_6, in braunrothen Krusten.

Atacamit (Salzkupfererz).

$CuCl_2 \,.\, 3(H_2O \,.\, CuO) = H_3Cu_2O_3Cl$ mit 59,45 *Cu*. Rhombisch; einige häufiger vorkommende Formen sind in der Fig. 310 abgebildeten Combination vereinigt: $m = \infty P$ (110); $s = \infty \breve{P}2$ (120); $b = \infty \breve{P}\infty$ (010); $c = oP$ (001); $z = 3P$ (331); $e = \breve{P}\infty$ (011). *m* sehr stark vertikal gestreift, die andern Flächen vielfach matt und gekrümmt, so dass die Winkel nur annähernd messbar sind: $m/m = 112^0\ 29'$; $e/e = 106^0\ 13'$, $a : b : c = 0{,}6683 : 1 : 0{,}7506$. Die Krystalle sind fast stets in der Richtung der Axe *c* verlängert, die meisten klein, nadelförmig, die von der Burra-Burragrube nördlich von Adelaide in Südaustralien ziemlich gross. Nach *b* vollkommen spaltbar; spröde. H. = $3-3\frac{1}{2}$. G. schwankend: 3,67—3,76 und 4,0—4,3; die Krystalle von Burra-Burra: G. = 3,76—3,77. Gras- bis smaragdgrün, hellgrüner Strich; Glasglanz; durchsichtig bis durchscheinend. A. E. *bc*; M. L. *b*. V. d. L. schmilzt er auf Kohle und reducirt sich zu *Cu*; färbt die Flamme blaugrün. Erst bei 200° giebt er Wasser ab. In Säuren und Ammoniak löslich. In Krystallen, derben Massen und zuweilen als grünes Pulver findet er sich in Menge als wichtiges Kupfererz in der Wüste Atacama, sowie bei Copiapo etc. in Chili; in Indien; dann in Australien an verschiedenen Orten (siehe oben) etc. Auch in den Sublimationsproducten des Vesuvs als grüner Beschlag auf Laven. Verwandelt sich nicht selten in Malachit, welcher zuweilen nach A. Pseudomorphosen bildet.

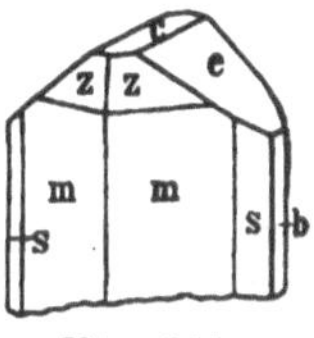

Fig. 310.

(Klein, N. Jahrb. für Min. 1871. 495. v. Zepharovich, Sitzgsber. Wiener Ak. Bd. 63. 1871 und Bd. 68. 1873. Brögger, Zeitschr. für Kryst. III. 489. 1879. G. vom Rath, ibid. Bd. V., Ludwig, Tschermak, Min. Mitthlgn. Bd. III. 1873. pag. 35.)

Matlockit. $PbCl_2 \,.\, PbO$. Zusammengehäufte, dünne, quadratische, durchscheinende, gelbliche oder grünliche, demantglänzende, nach der Basis deutlich spaltbare Täfelchen; mit Bleiglanz bei Matlock in Derbyshire. *Mendipit.* $PbCl_2 \,.\, 2PbO$. Rhombisch, aber nur derbe, weisse oder gelbe, auch röthliche Massen; von den Mendiphills in Sommersetshire und von Brilon in Westphalen.

Bleihornerz (Hornblei, Phosgenit, Kerasin).

$PbCl_2 \,.\, PbCO_3$. Quadratisch; das Prisma $m = \infty P$ (110) und die Basis $c = oP$ (001) herrschen meist vor; den Flächen *m* gehen deutliche Blätterbrüche parallel; die Zahl der einfachen Formen ist beträchtlich, ein Krystall vom Mte. Poni in Sardinien zeigt z. B. die Combination (Fig. 311). Neben *m* und *c* findet sich: $b = \infty P\infty$

(100); $u = \infty P2$ (210); $x = P$ (111); $o = 2P\infty$ (201); $s = 2P2$ (211); $c:x = 123^{0}\ 2'$; daher $a:c = 1:1,0876$. Die Krystalle sind nach der Axe c verlängert; sie sind durchsichtig bis durchscheinend, sehr stark diamantglänzend, weiss, grau, grün, gelb. D. Br. $+$, $\omega = 2,114$; $\varepsilon = 2,140$ (or.). G. = 6,0–6,3. H. = $2\frac{1}{2}$–3. Milde. V. d. L. leicht schmelzbar und auf Kohle zu Pb reducirbar. In HNO_3 unter Brausen löslich. Besonders schöne Krystalle am Mte. Poni auf der Insel Sardinien; auch bei Gibbas ebendort; ferner bei Matlock in Derbyshire, und im Thon eingewachsen in kleinen quadratischen Prismen mit der Basis bei Tarnowitz in Oberschlesien, hier meist in $PbCO_3$ verwandelt, u. a. a. O.

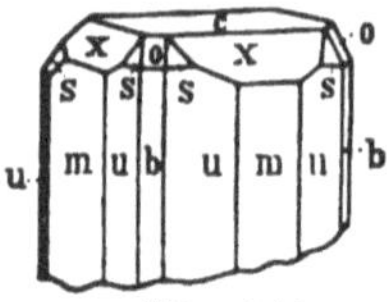

Fig. 311.

(Hansel, Ztschr. für Kryst. II. 1878. 291. Krug v. Nidda, Zeitschr. d. deutsch. geol. Ges. Bd. II. 126.)

Parisit. $RFl_2 . 3RCO_3$, $R = Ce, La, Di, Ca$; lange und spitze bräunliche Dihexaëder, mit Smaragd im Muzothal in Neu-Granada; auch im Goldsande von Kischtim im Ural *(Kischtim-Parisit)*, vom vorigen chemisch etwas verschieden, als Geschiebe. Aehnlich zusammengesetzt ist der *Bastnäsit* (Hamartit) von der Bastnäsgrube bei Riddarhyttan in Schweden; dasselbe Mineral findet sich in der Nähe des Pikes Peak in Colorado, wo er aus *Tysonit* (pag. 264) entsteht.

III. Klasse.

Schwefelverbindungen.

Es sind die *S-*, *Se-*, *Te-*, *As-*, *Sb-*Verbindungen der schweren Metalle. Viele davon sind technisch von grosser Wichtigkeit, weil unter ihnen die verbreitetsten Erze mancher Metalle sich befinden, daher war die Aufmerksamkeit der Bergleute seit den frühesten Zeiten auf sie gerichtet. Sie sind theils metallisch glänzend, theils nicht; theils sind sie dunkel gefärbt, theils hell, und man unterscheidet darnach drei Abtheilungen: 1. *Kiese:* metallglänzend und hellgefärbt (weiss, hellgrau, gelb, roth); 2. *Glanze:* metallglänzend und dunkelgefärbt (schwarz, dunkelgrau); 3. *Blenden:* nicht metallglänzend, durchsichtig bis durchscheinend. Beispiele sind: Schwefelkies, Arsenkies; Bleiglanz, Silberglanz; Zinkblende, Silberblende = Rothgültigerz. Indessen sind diese alten Bergmannsnamen nicht lediglich auf die Schwefelmetalle beschränkt, sondern werden auch auf andere Erze angewandt, so z. B. Eisenglanz: Fe_2O_3.

In chemischer Beziehung sind die Schwefelmetalle den Sauerstoffverbindungen vollkommen analog; es giebt auch hier indifferente, saure und basische Verbindungen, und die beiden letztern treten auch hier zu Salzen, den sog. Sulphosalzen, zusammen.

Die hierher gehörigen Mineralien sind meist nicht sehr hart, nur einige Kiese, z. B. Schwefelkies, erreichen Feldspathhärte; dagegen ist das specifische Gewicht meist ziemlich hoch. Sie sind mild, einige sogar geschmeidig, wenige sind spröde. Von Säuren werden die meisten, z. Th. unter Abscheidung eines Niederschlags von S oder einer andern

Substanz zersetzt, resp. gelöst, viele auch durch Kalilauge. V. d. L. schmelzen sie meist leicht, entwickeln dabei vielfach stark rauchende Dämpfe, beschlagen die Kohle und geben Metallkörner. Dabei treten, wenn *As*, *Se*, *Te*, *S* vorhanden sind, die bekannten charakteristischen Gerüche ein. Einzelne sind im Kolben unzersetzt vollkommen flüchtig, einige hinterlassen einen nicht flüchtigen Rückstand; ein solcher hinterbleibt oft auch v. d. L. auf der Kohle, der nach der Behandlung im Oxydationsfeuer (Rösten) von den oben genannten Elementen nichts mehr enthält und der zur weiteren Untersuchung der Substanz benutzt wird, z. B. zur Untersuchung in der Borax- etc. Perle, welcher das Rösten stets vorausgehen muss.

Es werden zuerst die einfachen Schwefelverbindungen, dann die Sulphosalze, zwischen beiden eine Anzahl solcher von noch nicht genau bekannter Natur betrachtet. Von den einfachen kommen zuerst die Schwefelverbindungen der rhomboëdrischen, dann die der regulären Metalle, in beiden Abtheilungen folgen sie sich nach steigendem Schwefelgehalt. Bei den Sulphosalzen kommen zuerst die sauersten, die andern folgen in der Reihe der stetig zunehmenden Basicität.

Einfache Schwefelverbindungen.

a. Schwefelverbindungen der rhomboëdrischen Metalle.

Realgar (Rauschroth, rothe Arsenblende).

AsS: 70,1 As. Monokline, zuweilen sehr gut ausgebildete aufgewachsene Krystalle, wie z. B. die Fig. 312 abgebildete Combination: $M = \infty P\,(110)$; $l = \infty P\!\!\!\!\!\!\,\,\,2\ (210)$; $b = \infty P\!\!\!\!\,\,\infty\ (010)$; $P = oP\,(001)$; $u = P\!\!\!\!\,\,\infty\,(011)$; $s = +P(\bar{1}11)$; $M/M = 74^0\,26'$ vorn; $P/M = 104^0\,12'$; $P/n = 156^0\,1'$; daraus: $a : b : c = 1{,}440 : 1 : 1{,}973$; $\beta = 113^0\,55'$. Prismen herrschen meist vor. Bl. Br. $\|$ P und b ziemlich deutlich. Bruch muschlig. Milde. H. $= 1\frac{1}{2}$—2. G. $=$ 3,4 — 3,6. Morgenroth mit pomeranzengelbem Strich; Fettglanz; durchsichtig bis durchscheinend. A. E. ac; M. L. meist im stumpfen Winkel a/c, 77^0 mit $+a$ und $36^0\,55'$ mit $+c$. D. Br. —, sehr stark. Von Königswasser unter Abgabe von S gelöst; vollkommen in Alkalien löslich. V. d. L. bei Luftabschluss im Kolben vollkommen flüchtig, giebt dabei ein rothes Sublimat; im offenen Glasrohr wird es zum Theil oxydirt und giebt neben dem rothen auch ein weisses Sublimat von As_2O_3 und SO_2-Geruch; verbrennt an der Luft mit weisser Flamme; verändert sich am Licht und zerfällt in ein gelbes Pulver. Findet sich in schönen Krystallen z. B. auf Erzgängen bei Kapnik, Felsöbanya etc. in Siebenbürgen; im Dolomit des Binnenthals in Wallis; derbe Massen mit Auripigment im Thon bei Tajowa in Ungarn; Sublimationsproduct von Vulkanen (Solfatara, Vulkano).

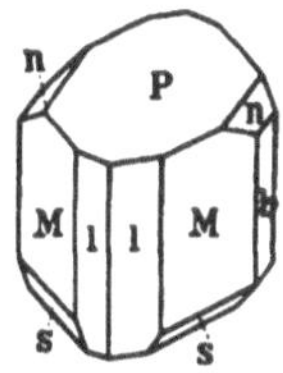

Fig. 312.

Isomorphe Reihe des Grauspiessglanzes.

Rhombisch.	Grauspiessglanz:	$Sb_2\,S_3$.	$a : b : c = 0{,}984 : 1 : 1{,}011$
	Auripigment:	$As_2\,S_3$.	$a : b : c = 0{,}904 : 1 : 1{,}011$
	Wismuthglanz:	$Bi_2\,S_3$.	$a : b : c = 0{,}968 : 1 : 0{,}985$
?	Selenwismuthglanz:	$Bi_2\,(Se, S)_3$.	?

Grauspiessglanz (Antimonglanz, Antimonit).

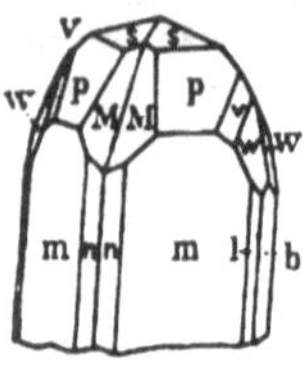
Fig. 313.

Fig. 314.

Sb_2S_3 . 71,76 Sb, 18,24 S; meist sehr rein. Lange rhombische Prismen mit spitzer (Fig. 314) oder stumpfer Endung (Fig. 313); nicht selten dünne Nadeln. Die Krystalle bilden theils ziemlich flächenreiche, theils einfachere Combinationen. Fig. 314 giebt: $m = \infty P$ (110), $m : m = 90^0\,54'$, also ein beinahe quadratisches Prisma; $b = \infty P\breve{\infty}$ (010); $w = 3P\breve{3}$ (131); Fig. 313 neben m, w und b noch: $n = \infty P\bar{2}$ (210); $l = \infty P\breve{\tfrac{5}{3}}$ (350); $M = \tfrac{4}{3}P\bar{4}$ (413); $p = P$ (111); $s = \tfrac{1}{3}P$ (113); $v = 2P\breve{2}$ (121). Die Flächen m meist vertikal gestreift, die anderen oft krumm. Daher die Winkelmessungen häufig ungenau: $p : p = 111 : \bar{1}11 = 108^0\,20'$; $p : m = 111 : 110 = 145^0\,15'$. Ausgezeichneter Bl. Br. ‖ der Längsfläche b; derselbe ist deutlich horizontal gestreift. Gleitfläche ‖ Basis. In der Richtung der Axe a sind die Prismen häufig stark gekrümmt und hin- und hergebogen. Milde. H. = 2. G. = 4,6—4,7. Bleigrau, metallglänzend. V. d. L. vollkommen flüchtig, giebt weissen Rauch. In conc. HCl unter Entwicklung von H_2S gelöst. In aufgewachsenen Krystallen und derben blättrigen und körnigen Aggregaten, zuweilen auch dicht und haarförmig, (Federerz z. Th., z. B. Grube Münstergrund im Schwarzwald); auf Gängen und Lagern häufig für sich allein, ohne Begleitung anderer Erze: Wolfsberg im Harz, Arnsberg in Westphalen, Bräunsdorf bei Freiberg in Sachsen, Magurka, Felsöbanya etc. in Ungarn, Toskana, Borneo, Japan (von hier schöne Krystalle z. Th. von enormer Grösse.) Zur Herstellung von Sb hauptsächlich benutzt. Verwittert zu Sb_2O_3 und zu Antimonocker.

(Krenner, Sitzgsber. Wiener Ak. 1864. 436. E. S. Dana, Ztschr. Kryst. Bd. 9. Koort, Diss. Freiburg 1884.)

Rothspiessglanzerz (Antimonblende, Pyrostibnit). $Sb_2S_2O = 2Sb_2S_3 . Sb_2O_3$. Monokline, kirschrothe, zu Büscheln gruppirte, feine durchscheinende Nadeln; mit Antimonglanz bei Bräunsdorf, Přibram etc.

Auripigment (Rauschgelb, gelbe Arsenblende).

As_2S_3, 60,98 As. Krystalle selten gut ausgebildet, zeigen aber denselben ausgezeichneten Blätterbruch in der Richtung der Längsfläche mit der Horizontalstreifung, wie der Antimonglanz. Milde; dünne Blättchen, biegsam. H. = $1\tfrac{1}{2}$—2; G. = 3,4—3,5. Citronengelb mit gleichem Strich; durchsichtig bis durchscheinend; fettglänzend, auf dem Blätterbruch diamantartig. Leicht schmelzbar, vollkommen flüchtig unter As-Geruch. Verbrennt an der Luft und löst sich in HNO_3 und Alkalien. Findet sich, vielfach mit Realgar zusammen, in derben blättrigen Massen, Knollen im Thon bildend bei Tajowa in Ungarn; geringe Mengen auf Erzgängen zuweilen andere Mineralien staubförmig imprägnirend und gelb färbend: Felsöbanya in Ungarn,

Andreasberg im Harz etc. Grössere Massen in Kleinasien. Auch in den Sublimationsproducten der Vulkane.

Wismuthglanz (Bismutin). Bi_2S_3, ein licht bleigraues, metallisches, in einer Richtung leicht spaltbares Mineral, dem Antimonglanz sehr ähnlich, selten. Erzgebirge, Cornwall, Riddarhyttan in Schweden, Tazna in Bolivia etc. *Selenwismuthglanz* (Frenzelit) $Bi_2(Se, S)_3$, dem vorigen ähnlich, selten, gehört wohl auch in diese Gruppe, stammt von Guanajuato in Mexiko, daher auch Guanajuatit.

b. Einfache Schwefelverbindungen der regulären Metalle.

Dieselben sind nach dem Schwefelgehalt gruppirt.

Verbindungen R_2S und RS.

Diese zerfallen der Krystallform nach in vier Reihen, deren eine dem rhombischen, eine dem regulären und zwei dem hexagonalen System angehören.

Die in diese Reihe gehörigen Mineralien sind die folgenden:

rhombisch	regulär	hexagonal	hexagonal
	Bleiglanz: PbS Selenblei: $PbSe$ Tellurblei: $PbTe$ Cuproplumbit: $(Cu_2, Pb) S$? Selenkupferblei: $(Cu_2, Pb) Se$		Kupferindig: CuS. $a:c = 1:1,147$. Zinnober: HgS. $a:c = 1:1,145$. ? Selenquecksilber: $HgSe$.
Akanthit: $Ag_2 S$. $a:b:c = 0,689:1:0,995$ Kupferglanz: Cu_2S. $a:b:c = 0,582:1:0,971$? Selenkupfer: Cu_2Se Stromeyerit: $(Cu_2, Ag_2)S$. $a:b:c = 0,582:1:0,921$? Eukairit: $(Cu_2, Ag_2) Se$. ? Antimonsilber: Ag_2Sb.	Silberglanz: Ag_2S Selensilber: Ag_2Se Tellursilber: Ag_2Te Jalpait: $(Ag_2, Cu_2) S$. ferner: Zinkblende: ZnS und $(Zn, Fe)S$. Eisennickelkies: $(Fe, Ni) S$ Manganblende: MnS	Breithauptit: $NiSb$. $a:c = 1:0,991$. Kupfernickel: $NiAs$. $a:c = 1:0,946$. Millerit: NiS. $a:c = 1:0,989$. ? Troilit: FeS. Würtzit: ZnS und $(Zn, Fe) S$. $a:c = 1:0,935$. Greenockit: CdS. $a:c = 1:0,939$.	

Die Glieder der ersten Reihe, ebenso die der dritten und der vierten sind je mit einander isomorph, aber nicht die hexagonalen Mineralien in der dritten mit denen in der vierten Reihe; die Formen derselben lassen sich nicht auf einander zurückführen. Von den regulären Mineralien der zweiten Reihe sind jedenfalls Ag_2S und PbS und die daran sich anschliessenden isomorph, sie mischen sich vielfach. Ebenso sind die drei letzten Glieder der Reihe isomorph. MnS und ZnS sind tetraëdrisch, ob dies beim Eisennickelkies auch der Fall ist, oder nicht, ist z. Z. noch nicht bekannt, in dem letzteren und in der Zinkblende findet sich aber das gemeinsame Glied FeS als isomorphe Beimischung zu NiS und ZnS. Ob PbS und ZnS isomorph sind, ist jedenfalls zweifelhaft. Die drei ersten Reihen stehen auch in dem Zusammenhang des Isodimorphismus. Ag_2S ist dimorph, und zwar sowohl regulär als auch rhombisch; ZnS ist sowohl regulär, als auch hexagonal, somit ebenfalls dimorph.

α. Reguläre.

Bleiglanz (Galenit).

PbS mit 86,6 *Pb*; häufig durch *Fe*, *Zn*, *Sb* etc. verunreinigt; wichtig ist ein fast nie fehlender, wenn auch kleiner *Ag*-Gehalt. Besonders stark verunreinigt ist der dichte Bleiglanz (Bleischweif). Ein sehr unreiner Bleischweif von Přibram in Böhmen, mit *ZnS* und As_2S_3 gemengt, ist *Steinmannit* genannt worden. *Ueberschwefelblei* oder *Johnstonit* ist ein mulmiger Bleiglanz mit eingemengtem Schwefel, der sich an den Kerzenflammen entzündet und fortbrennt (vergl. Cuproplumbit).

Regulär, der Würfel $\infty O \infty$ (100), durch ausgezeichneten Bl. Br. charakterisirt, findet sich häufig als Krystallform; dazu ebenso häufig das Oktaëder *O* (111), zuweilen entstehen dann ausgezeichnete Kubooktaëder (Fig. 65). Auch das Granatoëder ∞O (110) tritt zuweilen dazu nebst dem Pyramidenoktaëder 2*O* (211) (Fig. 74 von Neudorf am Harz). Ikositetraëder sind häufig, aber gerade das gewöhnliche: 2*O*2 (211) ist hier selten. Zwillinge nach *O*; die Individuen an- oder durcheinander gewachsen, zuweilen eigenthümlich verzerrt, mit gerundeten flachen Ecken und Kanten (Gonderbach in Westphalen, wo die Krystalle zuweilen wie angeschmolzen und geflossen aussehen). In derben Massen sind zuweilen Lamellen in Zwillingsstellung nach 4*O* (441) eingewachsen, welche auf den Würfelflächen eine ausgezeichnete Parallelstreifung hervorbringen.

Der vollkommene würflige Blätterbruch ist schon erwähnt, Gleitflächen ‖ nach den Granatoëderflächen. Milde. H. = $2\frac{1}{2}$—3. G. = 7,2 bis 7,6. Ausgezeichneter Metallglanz. Röthlich-bleigrau, Strich grauschwarz. V. d. L. verknistert er und giebt auf Kohle leicht ein Metallkorn und gelben Bleibeschlag. In conc. HNO_3 unter Abscheidung von *S* löslich.

Findet sich in Krystallen, theils aufgewachsen auf derbem Bleiglanz oder auf anderen Mineralien, oder eingewachsen im Thon und Kalk. Derbe Massen, oft von bedeutendem Umfang, sind häufig; sie sind gross-, grob- und feinkörnig bis dicht, auch fasrig und gestrickt; zuweilen mit nierenförmiger Oberfläche, auch wohl stalaktitisch. Der Bleiglanz kommt auf Gängen in verschiedenartigem Nebengestein und auf Lagern vor, meist mit andern Erzen, z. B. Zinkblende und sonstigen Mineralien (Kalkspath, Schwerspath, Quarz etc.) zusammen, auch Flussspath fehlt nicht. Sodann bildet er Nester in anderen Gesteinen oder Auskleidungen grösserer Hohlräume, zuweilen in bedeutender Dicke; endlich findet er sich sogar in so erheblicher Masse als Gemengtheil von Sandsteinen (bei Commern in der Eifel), dass die bergmännische Gewinnung lohnt (sog. Knottenerze). Der Bleiglanz ist ein ausserordentlich verbreitetes Mineral; überall, wo er in grösseren Massen sich findet, wird er abgebaut; er ist das wichtigste Bleierz und wegen des meist nicht über $\frac{1}{3}$ % betragenden kleinen *Ag*-Gehalts auch ein wichtiges Silbererz. Er findet sich im Harz, u. a. bei Klausthal und Harzgerode, im Siegenschen, in Westphalen, in Nassau, im Schwarzwald. Besonders reich ist sodann das Erzgebirge in Sachsen und Böhmen;

in Böhmen ferner Přibram und Mies; in Oberschlesien ist er bei Tarnowitz, in den Alpen vorzugsweise bei Raibl und Bleiberg in Kärnthen. Reich sind auch Ungarn und Siebenbürgen (Kapnik, Rodna), Italien auf der Insel Sardinien (Monte Poni etc.), Spanien (in der Sierra Nevada). In Frankreich finden sich grosse Massen von Bleiglanz in der Bretagne, in England auf Gängen in der Kohlenformation in Northumberland, Derbyshire, Cumberland, auf der Insel Man etc., in Schweden bei Tunaberg und Sala. Ausserordentlich reich ist schliesslich Nordamerika an vielen Orten.

Der Bleiglanz wird sehr leicht oxydirt und sonst verändert. Er bildet unter Zutritt der betreffenden Säuren Weissbleierz: $PbCO_3$, Vitriolblei: $PbSO_4$, Gelbbleierz: $PbMoO_4$, Phosgenit, Bleiphosphate und Arseniate, zuweilen in erheblichen Mengen. Diese Mineralien gehen aber auch ihrerseits zuweilen in Bleiglanz über, z. B. die hexagonalen Prismen des Pyromorphits (sog. Blaubleierz von Bernkastel in Nassau und von der Bretagne), sehr schöne Pseudomorphosen von Bleiglanz nach Pyromorphit bildend.

(Sadebeck, Ztschr. d. deutsch. geol. Ges. 26, 618. 1874. v. Zepharovich, Ztschr. für Kryst. I. 155. 1877. Bauer, N. Jahrb. für Min. 1882. I. 138.)

Cuproplumbit (Kupferbleiglanz) ist ein Bleiglanz mit 19,9 Cu: $2PbS + Cu_2S$ in isomorpher Mischung; bildet derbe, schwärzlich-bleigraue, würflig spaltbare Massen; mit Kupferglanz in Chili.

Selenblei (Clausthalit). $PbSe$, zuweilen ein Theil des Pb durch Ag ersetzt. Derbe, würflig blättrige, feinkörnige, graue, metallisch glänzende Aggregate. Von Tilkerode, Lerbach, Zorge und Clausthal am Harz, meist mit Bleiglanz zusammen; bes. reich ist die Provinz Mendoza in den argentinischen Cordilleren, wo massenhafte Se-Erze im Trachyt liegen, z. Th. mit 21% Ag im Selenblei.

Selenkupferblei (Zorgit). Bleigraue, meist feinkörnige Aggregate von Zorge und Tilkerode u. a. Orte, in denen $PbSe$ mit Cu_2Se isomorph gemischt ist. Vielleicht ist ein Theil desselben nicht regulär. Ein silberhaltiges Erz $(Pb, Cu_2, Ag_2)\,Se$ in der Provinz Mendoza in Argentinien.

Tellurblei (Altait). $PbTe$, bis 1% Ag, wenig geschmeidige, derbe, würflig blättrige Massen, zinnweiss, zuweilen gelb angelaufen. Wales, Altai, Colorado, Chili.

Silberglanz (Glaserz, Argentit).

Ag_2S mit 87,1 Ag, zuweilen etwas Pb, Cu, Fe. Unter den Krystallformen sind: $\infty O \infty$ (100); O(111); ∞O (110) die häufigsten, vielfach O mit $\infty O \infty$. Auch $2O2$ (211) ist nicht selten, findet sich sogar selbständig. Bildet Durchwachsungszwillinge nach O(111). Die Krystallflächen sind meist rauh, krumm und matt, Bruch uneben und hackig; geschmeidig und dehnbar, lässt sich schneiden wie Blei. H. $= 2-2\frac{1}{2}$; G. $= 7{,}31-7{,}36$. Dunkel bleigrau bis schwarz, zuweilen angelaufen. Matter Metallglanz, im Strich glänzend. V. d. L. schmelzend, hinterlässt ein Ag-Korn, in conc. HNO_3 unter Abscheidung von S löslich. Findet sich in zuweilen ziemlich grossen, aufgewachsenen Krystallen, welche nicht selten zu mehr oder weniger regelmässigen Gruppen vereinigt sind, auch derb, sowie in baum-, haar-, draht-, zahnförmigen und gestrickten Massen, Blechen und dünnen Anflügen. Diese Gestalten und andere Vorkommen sind vielfach Pseudomorphosen nach Silber, das sehr leicht S aufnimmt. Auf Erzgängen, besonders in deren tiefer gelegenen Partien; ein sehr wichtiges Silbererz. Im Erzgebirge, besonders bei Freiberg, im Harz bei Andreasberg, bei Schemnitz in Ungarn, bei Kongsberg in Norwegen, in Nordamerika (Nevada etc.), Mexiko, Peru, Chili.

Jalpait, reguläre, hexaëdrisch spaltbare Massen, zuweilen Oktaëder; $3Ag_2S + Cu_2S$ mit 71,8 Ag, metallglänzend, dunkel bleigrau. Jalpa in Mexiko, Chili.

Selensilber (Naumannit). Ag_2Se, 73 Ag, bis 5 Pb. Metallglänzende, eisenschwarze, geschmeidige, sehr gut hexaëdrisch spaltbare feinkörnige Massen von Tilkerode am Harz, und in der Provinz Mendoza in Argentinien. Kupferhaltig $(Ag_2, Cu_2, Pb)Se$ (siehe Selenblei).

Tellursilber (Hessit). Ag_2Te mit 62,8 Ag, manchmal Au-haltig: $nAg_2Te + Au_2Te$, bis 26 % Au (Tellursilbergold, Petzit). Kubische, vielfach verzerrte Krystalle; meist derb, stahl- bis bleigrau. Auf den Silbererzlagerstätten von Botes bei Zalathna (besonders schöne Krystalle) und Nagyag in Siebenbürgen, Rezbanya in Ungarn, am Altai, Colorado und Californien, Chili. (Becke, Tschermak, Min. Mittheilungen 1880, 301.) Silberreicher als *Hessit* ist der seltene und noch wenig bekannte Stützit, Ag_4Te, monoklin, wahrscheinlich von Nagyag in Siebenbürgen, mit Gold und Hessit auf Quarz (vergl. den ebenfalls monoklinen Sylvanit).

Eisennickelkies (Pentlandit). $2FeS + NiS$; 21,81 Ni, 42,10 Fe. Derbe oktaëdrisch spaltbare Massen, hell tombakbraun, von Lillehammer in Norwegen.

Manganblende (Alabandin, Manganglanz). MnS. Tetraëdrisch, Krystalle selten; meist derbe, würflig blättrige Massen, halbmetallisch glänzend, dunkel stahlgrau, aber meist mattbraun angelaufen, zeisiggrüner Strich. Kapnik und Nagyag in Siebenbürgen, Alabanda in Kleinasien, Mexiko, Brasilien.

Zinkblende (Blende, Sphalerit).

ZnS, 67,0 Zn, aber meist stark verunreinigt; Cu, Mn, Ag, Sn, Sb, Cs, Rb, Ga, etc. finden sich namentlich in der dichten Blende; wichtiger als die genannten Metalle ist aber manchmal Cd (bis $3\frac{1}{2}$ %) und namentlich Fe, das fast nie fehlt und dessen Menge bis über 18 % steigt, so dass die meisten Blenden besser als isomorphe Mischungen von ZnS und FeS, und zwar vorzugsweise zwischen den Grenzen ZnS und $2ZnS + FeS$ angesehen werden. Eine solche FeS-reiche Mischung ist z. B. der *Marmatit* ($3ZnS + FeS$) von Marmato bei Popayan in Columbien mit 23 FeS, entsprechend 15 Fe.

Die Krystalle sind regulär-tetraëdrisch, doch sind selbständige Tetraëder selten (Ain Barber in Algier); das Aussehen der Krystalle ist meist ein holoëdrisches, dadurch dass die beiden correlaten hemiëdrischen Formen neben einander vorkommen, also z. B. besonders häufig die beiden Tetraëder $o = +\frac{O}{2}(111)$ und $o' = -\frac{O}{2}(1\bar{1}1)$. Die Hemiëdrie zeigt sich darin, dass die Flächen des einen Tetraëders matt, die des andern glänzend, dass sie überhaupt von einander verschieden sind (Fig. 315). Neben den Tetraëdern sind Würfel und Granatoëder häufig, ersterer die Oktaëderecken abstumpfend, letzteres nicht selten in Combination mit dem Pyramidentetraëder $i = \frac{3O3}{2}$ (311) (Fig. 316), dessen Flächen an den abwechselnden dreikantigen Ecken des Granatoëders g mit dessen Flächen sechs von der betreffenden Ecke ausstrahlende Kanten i/g bilden (das gewöhnliche Pyramidentetraëder $\frac{2O2}{2}$ (211) würde die um die abwechselnden dreikantigen Ecken herumliegenden Granatoëderkanten gerade abstumpfen). Andere Formen sind seltener; dagegen sind Zwillingsverwachsungen in sehr verschiedenartiger Ausbildung häufig. Zwei Oktaëder, gebildet von den correlaten Tetraëdern o und o' sind nach dem Spinellgesetz und zwar so verwachsen, dass eine Fläche o des einen und o' des andern sich berühren; in der Zwillingsgrenze machen dann ringsum je zwei

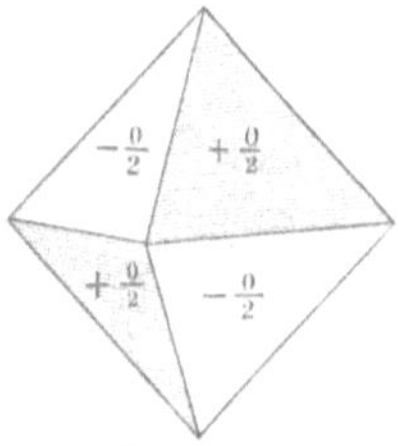
Fig. 315.

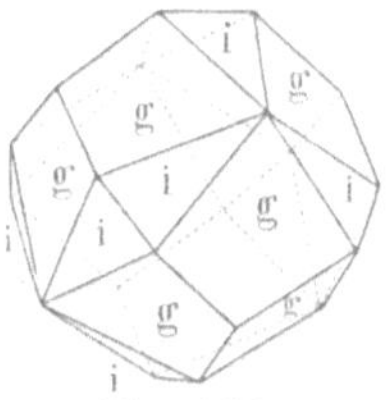
Fig. 316.

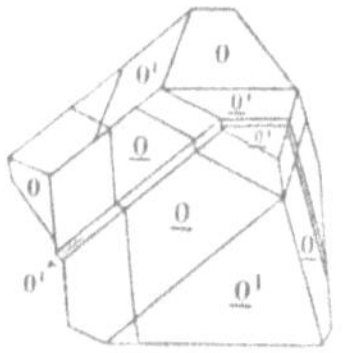
Fig. 317.

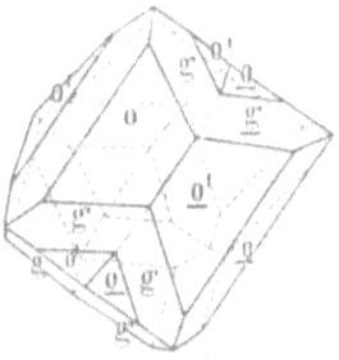
Fig. 318.

ungleichartige Flächen o und o' aus- und einspringende Winkel (Fig. 317); dasselbe ist bei Fig. 318 der Fall, wo die Granatoëderflächen g die Oktaëderkanten o/o' abstumpfen; je zwei Flächen g und $\underline{g}$ fallen dabei über die Zwillingsgrenze hinweg in ein Niveau. Häufig sind die beiden Hauptindividuen noch von Zwillingslamellen durchsetzt, welche nach demselben Gesetz parallel mit derselben oder mit andern Oktaëderflächen eingewachsen sind (Fig. 317), überhaupt wiederholt sich diese Zwillingsbildung leicht mehrfach in verschiedener Weise. Manchmal sind auch beide Oktaëder durcheinander gewachsen, so dass die Ecken des einen aus den Flächen des andern herausragen, oder sie sind nach einer auf der Zw. E. senkrechten Ebene verwachsen, oder zwei granatoëdrisch begrenzte Individuen machen einen Zwilling ähnlich dem Sodalithzwilling (Fig. 208).

Ausgezeichnete Spaltbarkeit nach den Granatoëderflächen; spröde; H. $= 3\frac{1}{2}$—4. G. $= 3{,}9$—$4{,}2$. Selten farblos (z. B. der sog. Cleiophan von Franklin in New Jersey, der in reinen Stücken fast wasserhell ist), meist gefärbt, grün, seltener roth, oft gelb, braun, schwarz; um so dunkler, je grösser der Eisengehalt; Strich bei den dunkeln braun oder gelb. Durchsichtig bis undurchsichtig. Der Glanz liegt zwischen Demant- und Fettglanz. Phosphorescirt beim Zerbrechen, Zerreiben und mancher auch beim Erwärmen. $n = 2{,}37$ (Na), (gemessen an der hellgrünen Blende von Picos de Europa bei Santander in Spanien). V. d. L. stark verknisternd, fast unschmelzbar; giebt *Zn*-Beschlag; in *HCl* löslich.

Die Blende findet sich in Krystallen, die stets aufgewachsen sind. in grossblättrigen Massen, sodann in körnigen Aggregaten, welche bis ins Dichte gehen und die um so unreiner sind, je feiner das Korn: zuweilen auch schalig mit nieriger Oberfläche (Schalenblende z. B. bei Raibl in Kärnthen) und stalaktitische Zapfen. Manche Schalenblenden bestehen auch z. Th. aus Würtzit (s. d.). Die einzelnen Schalen wechsellagern mit dünnen Schichten Bleiglanz: die Schichten der Schalenblende sind hellbräunlich. Die Blende ist ein sehr verbreitetes Mineral, das sich häufig mit Bleiglanz, Schwefelkies, Kupferkies, sowie mit Schwerspath, Kalkspath, Quarz etc. auf Gängen und andern Lagerstätten findet: auch ist sie nicht selten in einzelnen mehr oder weniger zahlreichen Körnern oder in grösseren Massen im Kalk eingewachsen. Auf Drusen und Hohlräumen sitzen dann bei allen diesen Vorkommnissen die ausgebildeten Krystalle. Bekannte Fundorte sind: Freiberg u. a. O. im Erzgebirge, Přibram in Böhmen, Neudorf u. a. O. im Harz, im Siegenschen, in Westphalen, bei Ems in Nassau; im Dolomit des Binnenthals im Wallis ausgezeichnete Krystalle; grosse Massen am Schneeberg bei Passeir in Tyrol als Lager im Gneis; ferner bei Raibl und Bleiberg in Kärnthen, Schemnitz in Ungarn, Rodna und Kapnik in Siebenbürgen. Ausgezeichnete Spaltungsstücke aus Kalk in der Gegend von Santander in Spanien (siehe oben). Die Blende von Pierrefitte in den Pyrenäen ist galliumhaltig; in England ist sie sehr verbreitet; bei Ammeberg am Wettersee, unweit Askersund in Schweden bildet sie mächtige Lager im Gneise; in Norwegen z. B. bei Gumerud; in Nordamerika an vielen Orten.

Verwittert leicht zu Zinkvitriol und bildet auch Galmey und Zinkblüthe. Aus Zinkvitriollösungen wird *ZnS* durch organische Substanzen, z. B. durch Grubenholz, wieder reducirt. Sehr wichtiges Zinkerz.

(Sadebeck, Zeitschr. deutsch. geol. Ges. 1869 und 1878. Becke, Tschermak. Min. u. petr. Mittheilungen Bd. V. 1882.)

β. Hexagonale.

Würtzit (Strahlenblende, Spiautrit). *ZnS*, ebenfalls mit *FeS*, zuweilen auch mit *CdS* isomorph gemischt. Krystalle selten, meist excentrisch fasrige braune Massen. Oruro in Bolivia, Přibram in Böhmen etc. Auch in mancher Schalenblende (siehe oben) findet sich W. (Geroldseck bei Lahr, Diepenlinchen in Westphalen).

Greenockit (Cadmiumblende). *CdS*, aufgewachsene hexagonale Prismen mit Dihexaëdern derselben Stellung und Basis, hemimorph. Gelb, durchscheinend. Starker, fettartiger Demantglanz. Bishopton in Schottland (im Mandelstein), Přibram, Friedensville Pa. Zuweilen als gelber, erdiger Anflug. (Mügge, N. Jahrb. Min. etc. 1882. II. 18.)

Troilit. *FeS*, 63.64 *Fe*. Tombakbraune, metallglänzende, derbe Körner nur in manchen Meteoreisen (vergl. den äusserlich sehr ähnlichen Magnetkies: Fe_7S_8).

Millerit (Haarkies, Nickelkies).

NiS, 64,45 *Ni*. Rhomboëdrisch; lange nadel- bis sehr dünn haarförmige Prismen, selten dicker, von messing- bis speisgelber Farbe, welche zu Büscheln gruppirt oder auch ganz unregelmässig auf-, und zuweilen zu einem förmlichen Filz durcheinandergewachsen sind. Metallglanz. Spröde; H. = $3\frac{1}{2}$. G. = 5,26—5,30. Schmilzt unter Spritzen zu einer magnetischen Kugel. Von HNO_3 zu grüner Flüssigkeit gelöst. Findet sich im Erzgebirge an mehreren Orten, bei Richelsdorf und Bieber in Hessen, im Siegenschen, im Harz etc. mit andern *Ni*- und *Co*-Erzen zusammen; im Saarbrückenschen auf Eisenspath. Besonders schön und in Menge auf Drusen im Kalk in der Stadt St. Louis in Missouri.

Kupfernickel (Rothnickelkies, Nickelin, Arseniknickel).

NiAs; 43,6 *Ni*, zuweilen etwas *Fe* und *Sb* (bis 8%), also isomorphe Beimischung von *NiSb*. Meist derb, feinkörnig; dihexaëdrische Krystalle, gewöhnlich auf derbem Kupfernickel, ziemlich selten. Bruch muschlig bis uneben; H. = $5\frac{1}{2}$. G. = 7,4—7,8. Hell kupferroth, zuweilen schwarz angelaufen, auch wohl grün, durch in Folge von Verwitterung gebildete Nickelblüthe; schwarzer Strich. V. d. L. auf Kohle unter Entwicklung von *As*-Dämpfen zu einer weissen Kugel schmelzend; mit conc. HNO_3 giebt er eine grüne Lösung unter Abscheidung von As_2O_3. Im Kolben kein Sublimat. In der Boraxperle *Ni*-Reaction. Es ist das verbreitetste Nickelmineral; auf Gängen mit anderen *Ni*- und *Co*-Erzen: Andreasberg im Harz, im Erzgebirge an vielen Orten, bei Sangerhausen, zuweilen in Krystallen, auf Gängen im Kupferschiefer (sog. Kupferschieferrücken), bei Bieber und Richelsdorf in Hessen ebenso; Schladming in Steiermark; in Argentinien.

Ein ähnliches Mineral von Wolfach im Schwarzwald hat 28% *Sb*; dasselbe führt zum *Antimonnickel* (Breithauptit), *NiSb*, der zuweilen stark *As*-haltig ist, z. B. der sog. *Aarit* aus dem Dep. Basses Pyrenées mit 28% *As*. Meist sind es kleine, hell kupferrothe Blättchen und Kryställchen (Dihexaëder). Andreasberg, Sangerhausen.

Kupferindig (Covellin).

CuS, 66,46 *Cu*. Deutliche hexagonale Krystalle sind sehr selten; Blätterbruch nach der Basis. Meist derbe Massen mit flach muschligem Bruch. H. = $1\frac{1}{2}$—2; dunkel indigoblau mit schwarzem Strich; halbmetallisch glänzend. Sehr häufig als Umwandlungsproduct von Kupferkies, Buntkupfererz, Kupferglanz etc., häufig diese Mineralien in einer dünnen dunkelblauen Schicht überziehend, so bei Badenweiler im Schwarzwald, Sangerhausen, Leogang im Salzburgschen etc. In grösseren Massen in Chili, Bolivia, Peru, auf der Insel Kuwau bei Neuseeland; dann ein wichtiges Kupfererz. Als Sublimationsproduct in Gestalt dünner schwarzer Plättchen auf Vesuvlaven.

Cantonit, ebenfalls *CuS*, ist aber im Gegensatz zu Covellin hexaëdrisch spaltbar und wird daher wohl auch für eine Pseudomorphose nach Bleiglanz gehalten. Cantongrube in Georgia.

Zinnober (Cinnabarit, Mercurblende).

HgS; 86,2 Hg, 13,8 S. Hexagonal-trapezoëdrisch wie Quarz. Die Krystalle sind meist vorzugsweise von Rhomboëdern begrenzt; die Basis ist ausgedehnt, und die Krystalle werden dadurch dick tafelförmig; seltener sind sie prismen- oder gar nadelförmig. Der in Fig. 319 dargestellte Krystall ist eine Combination folgender Formen: $M = \infty R$ $(10\bar{1}0)$; $c = 0R$ (0001); $n = R$ $(10\bar{1}1)$; $a = \frac{1}{2}R$ $(10\bar{1}2)$; $h = \frac{1}{3}R$ $(10\bar{1}3)$; $q = -2R$ $(02\bar{2}1)$; häufig ist noch $i = \frac{2}{5}R$ (2025); $n/c = 110^{0}\ 12'$, also $a : c = 1 : 1{,}145$. Selten sind Trapezoëderflächen; dieselben sind ebenso gruppirt wie beim Quarz. Häufig Zwillinge mit parallelen Axen nach Art der Dauphinéer Quarzzwillinge.

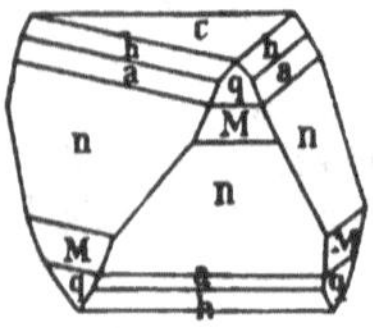

Fig. 319.

Bl. Br. vollkommen nach den Flächen des Prismas M, Bruch kleinmuschlig. Milde. H. $= 2$—$2\frac{1}{2}$. G. $= 8{,}0 - 8{,}3$. Cochennilleroth, besonders grell gefärbt sind erdige und fasrige Varietäten. Krystalle und compakte derbe Massen etwas dunkler mit einem Stich ins Graue. Der Strich ist scharlachroth oder cochenilleroth wie der feinerdige Zinnober. Durchsichtig bis durchscheinend; metallartiger Diamantglanz; $+$ D. Br. sehr stark: $\omega = 2{,}854$; $\varepsilon = 3{,}201$ (r.). Circularpolarisation in Verbindung mit der Trapezoëdrie genau wie beim Quarz, die Drehung ist hier aber viel stärker. V. d. L. vollkommen flüchtig. Mit Soda erhitzt, giebt der Z. ein Sublimat von Hg. In Königswasser vollkommen löslich. Findet sich, meist Lagerstätten für sich allein bildend, ohne mitvorkommende andere Erze, theils auf Gängen, wie bei Moschellandsberg und a. a. O., in der Pfalz, theils auf Lagern in verschiedenen Sedimentärgesteinen, so bei Hohensolms in Hessen-Nassau, in grossen Massen bei Idria in Krain und bei Almaden in Spanien., sodann in der Gegend von Santa Fiora in Toscana. In Amerika ist besonders zu erwähnen die vor mehr als 300 Jahren entdeckte Ablagerung von Huancavelica in den peruanischen Anden, sodann die sehr ergiebigen von Neu-Almaden, Neu-Idria und a. O. in Californien, wo der Zinnober auf Gängen im Serpentin liegt. Von eigenthümlicher Entstehung sind die reichen Ablagerungen von Sulphurbank am Clear lake in Californien, mit Schwefel in einem zersetzten Trachyt, und von Steamboat springs in Nevada (zinnoberhaltige Kieselsinter); an beiden Orten sind es vulkanische Sublimationen, am letztgenannten Ort noch jetzt sich bildend. Ebenso ist das allerdings spärliche Vorkommen in den Absätzen des Geysirs in Island zu erklären. Findet sich auch in Japan.

In allen diesen Ablagerungen sind Krystalle selten; dieselben sind stets aufgewachsen. Ebenso sind auch derbe späthige Massen, aus denen man sechsseitige Prismen spalten kann, nicht sehr gewöhnliche Erscheinungen Am verbreitetsten sind grobkörnige bis dichte Aggregate; seltener finden sich erdige Anflüge und kleine fasrige Partien. Besonders zu erwähnen sind einige stark verunreinigte Varietäten, besonders von Idria, in denen der Zinnober mit Idrialin, einem Kohlenwasserstoff, C_3H_2, sowie mit unorganischen Substanzen in mehr oder weniger grosser Menge gemengt ist. Diese Gemenge enthalten zuweilen nur noch wenig HgS und sind dann sehr leicht; die Farbe ist kirschroth bis schwarz, je nach der Menge des vorhandenen HgS. Verhältnissmässig reine, schwere, kirschrothe Stücke mit rothem Strich sind *Quecksilberlebererz* genannt worden, unreinere, leichte, schwarze Massen mit dunklem Strich brennen zuweilen leicht an der Luft, *Quecksilberbranderz*; letzteres hat zuweilen eigenthümliche kleine regelmässig halbkugelförmige oder muschelförmige schalige Vertiefungen (*Korallenerz*).

(Schabus, Sitzgsber. Wien. Ak. Bd. VI. 63, 1851. Mügge, N. Jahrb. Min. 1882, II. 29. G. vom Rath, Sitzgsber. naturhist. Verein, Bonn 1883, 45. 122.)

Metacinnabarit, ein krystallinisches schwarzes Pulver HgS in Begleitung von mit Zinnober auf der Redingtongrube in Lake Cy. in Californien.

Selenquecksilber (Tiemannit). $HgSe$, dunkelgraue, metallische, körnige Massen ohne Blätterbruch. Zorge und Tilkerode am Harz.

γ. Rhombische.

Kupferglanz (Kupferglas, Redruthit, Chalkosin).

Cu_2S, 79,8Cu, stets etwas Fe, bis zu $6^1/_2{}^0/_0$. Die rhombischen Krystalle haben meist hexagonales Aussehen. Die Prismen $M = \infty P$ (110) haben einen von 120° wenig verschiedenen Winkel: $M/M =$ 119° 35′; die Längsfläche $b = \infty \breve{P} \infty$ (010) bildet mit ihm deshalb ein scheinbar hexagonales Prisma. Die Basis $c = 0P$ (001) ist ∥ der Axe a, d. h. parallel der Kante b/c deutlich gestreift, ebenso die noch zu erwähnenden Domenflächen d und e. Das Oktaëder $a = \frac{1}{3}P(113)$ und das stets damit zusammen vorkommende Brachydoma $e = \frac{2}{3}\breve{P}\infty$ (023) bilden über dem Prisma ein scheinbares Dihexaëder (Fig. 320); $c/a = 147°\ 10'$; $c/e = 147°\ 6'$. Zuweilen stumpfen die Flächen von $p = P$ (111) die Kanten a/M, die Flächen von $d = 2\breve{P}\infty$ (021) die Kanten e/b ab, beide ebenfalls einen solchen dihexaëderähnlichen Körper mit einander bildend: $p/c = 117°\ 19'$; $d/c = 117°\ 10'$. Die Krystalle sind meist dick tafel- oder nieder prismenförmig und in der Richtung der Axe a etwas verlängert. Zwillinge nach 3 Gesetzen: 1) Nach M; meist Drillinge, die drei Individuen sind durcheinander gewachsen

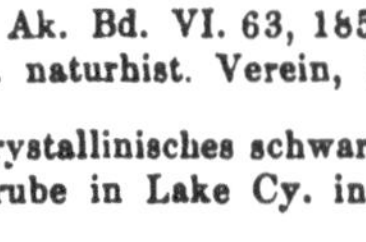

Fig. 320.

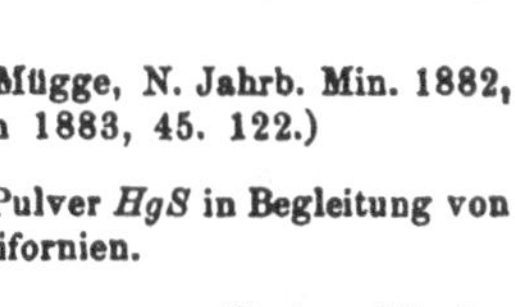

Fig. 321.

und bilden zuweilen einen sechsstrahligen Stern. Die Basis ist allen Individuen gemeinsam, die federartige Streifung auf c giebt die Zwillingsgrenzen (Fig. 321). 2) Nach einer Fläche des Brachydomas: $\frac{4}{3}P\breve{\infty}$ (043), die Basen c machen 69°; auch hier findet Durchkreuzung statt, und es wächst häufig noch ein drittes Individuum an, ebenfalls mit den zwei ersten einen sechsstrahligen Stern bildend. Die Streifen auf $\bar{\bar{c}}$ und $\underline{\underline{c}}$ sind beide der Kante $\bar{\bar{c}}\underline{\underline{c}}$ parallel (Fig. 321). Diese beiden Gesetze sind zuweilen vereinigt (Fig. 321). 3) In seltenern Fällen findet auch eine annähernd senkrechte Kreuzung der Individuen (Flächen c) statt, wenn eine Fläche von $\frac{1}{2}P$(112) Zw. Fl. ist; in diesem Fall ist die Streifung auf beiden Flächen c der Zwillingskante cc nicht parallel. Bruch muschlig; sehr mild, mit dem Messer lassen sich Spähne abschneiden. H. = $2\frac{1}{2}$ – 3. G. = 5,5—5,8. Schwärzlich bleigrau, zuweilen bunt, meist blau, auch braun angelaufen; Strich schwarz, geringer Metallglanz. V. d. L. schmilzt es leicht zu einer spritzenden Kugel; mit Soda geschmolzen ein Cu-Korn: in HNO_3 löslich. Findet sich in Krystallen und derb, und ist ein ziemlich verbreitetes, aber nicht sehr massenhaft vorhandenes Kupfererz, das mit anderen Kupfererzen, besonders mit Kupferkies und Buntkupfererz, in verschiedener Weise auf Gängen und Lagern vorkommt. Besonders schöne Krystalle auf den Erzgängen in Cornwall (Redruth), in Deutschland meist derb: im Siegenschen auf Brauneisenerzgängen, bei Freiberg, Kupferberg in Schlesien, Camsdorf in Thüringen, im Banat, Toskana, im Ural, in Peru, Chili, Nordamerika; schöne aufgewachsene Krystalle auch zu Bristol in Connecticut. Eigenthümlich ist das Vorkommen im Kupferschiefer im Mansfeldischen, in kleinen Flittern, selten in grösseren Körnern oder dünnen Plättchen eingesprengt. Als Versteinerungsmittel von Cypressenzweigen bei Frankenberg in Hessen (sog. Frankenberger Kornähren) ebenfalls im Kupferschiefer. Geht zuweilen in Kupferindig über; häufiger durch Verwitterung in oxydische Cu-Verbindungen, bes. Malachit; auch in Vitriol verwandelt.

Harrisit von der Cantonmine in Georgia, ist würflig blättriges Cu_2S und wird für eine Pseudomorphose nach Bleiglanz gehalten.

Silberkupferglanz (Stromeyerit). $Ag_2S + Cu_2S$ (53,1 Ag, 31.1 Cu, etwas Fe). Das Verhältnis von Ag : Cu schwankt aber in weiten Grenzen, da es isomorphe Mischungen von Ag_2S und Cu_2S von rhombischer Form sind, in denen meist Cu_2S über Ag_2S überwiegt (Kupfersilberglanz). Krystalle selten, meist dunkel stahlgraue, metallische Massen. Schlangenberg (Altai); Rudelstadt (Schlesien); Chili, Peru, Arizona, z. Th. als Silbererz nicht unwichtig.

(Vergl. den chemisch gleichen, aber regulären Jalpait pag. 274.)

Selenkupfer (Berzelianit, Berzelin). Cu_2Se, dünne, silberweisse Ueberzüge, Krystallform unbekannt. Skrikerum in Norwegen, Lehrbach im Harz.

Crookesit, ein bleigraues Selenkupfer von Skrikerum mit 17,25 % Tl und 3,71 Ag.

Eukairit. $Cu_2Se + Ag_2Se$, ähnlich Silberkupferglanz, mit dem daher vielleicht in der Krystallisation übereinstimmend. Bisher nur derb bekannt. Skrikerum in Schweden, Chili.

Akanthit, rhombisches Ag_2S, im Silberkupferglanz mit Cu_2S isomorph gemischt. Die Krystalle meist nicht sehr deutlich. Freiberg, Joachimsthal, dem Silberglanz ähnlich. (Dauber, Sitzgsber. Wiener Ak. Bd. 39, 1860.)

Antimonsilber (Diskrasit, Spiessglanzsilber).

Enthält *Ag* und *Sb* in verschiedenen Verhältnissen, 63—84% *Ag*, entsprechend den Verhältnissen Ag_2Sb bis Ag_6Sb; daher wurde es wohl für eine isomorphe Mischung von *Ag* und *Sb* gehalten. Aber alle deutlichen Krystalle und grobkörnigen Aggregate entsprechen der Formel Ag_2Sb, nur die feinkörnigen sind *Ag*-reicher, man hält daher auch diese letztere Formel für die dem Mineral eigentlich zukommende und nimmt an, dass in den *Ag*-reicheren Varietäten Silber mechanisch beigemengt ist. Krystallform rhombisch, ähnlich der des Kupferglanzes, gute Krystalle sind aber selten. Deutlicher Bl. Br. ‖ der Basis. Auch Zwillinge. Meist grob- bis feinkörnige Aggregate. Silber- bis zinnweiss, zuweilen dunkler angelaufen; starker Metallglanz. H. = $3\frac{1}{2}$. G. = 9,4—10,0; leicht schmelzbar und *Sb*-rauch- und -beschlag liefernd. Auf Kohle hinterbleibt ein *Ag*-Korn. In HNO_3 löslich. Auf Erzgängen mit andern *Ag*-Erzen. Im Schwarzwald, bes. bei Wolfach, bei Andreasberg im Harz, bei Allemont im Dauphiné; Arsenantimonsilber in Peru, Chanarcillo in Chili (Chanarcillit). Nicht unwichtiges *Ag*-Erz.

(Rammelsberg, Zeitschr. d. deutsch. geol. Ges. 1864.)

Verbindungen R_7S_8.

Magnetkies (Pyrrhotin).

Fe_7S_8 mit 69,5 *Fe*, doch führen manche Analysen auch auf etwas andere Formeln, die man allgemein: Fe_nS_{n+1} schreibt. Stets findet sich etwas mehr *S* als *Fe*, beim Erhitzen im *H*-Strom geht etwas *S* fort, und es bleibt *FeS* übrig, wobei der ursprüngliche starke Magnetismus der Substanz verschwindet. Demnach kann die Formel des M. nicht *FeS* sein, denn aus *FeS* geht unter obigen Umständen kein *S* weg. Manche M. enthalten *Ni* bis zu $5\frac{1}{2}$%, besonders mancher schwedische, norwegische und amerikanische, er ist daher ein wichtiges Nickelerz. Hexagonal, und trotz der abweichenden Zusammensetzung in der Krystallform mit Greenockit und den damit isomorphen Mineralien nahe übereinstimmend. Meist hexagonale Prismen mit Basis, entweder dicke Tafeln oder ganz dünne Plättchen, stets aufgewachsen. Nach der Basis geht entweder ein Bl. Br. oder eine schalige Absonderung. Spröde. H. = $3\frac{1}{2} - 4\frac{1}{2}$. G. = 4,4—4,7. Metallglänzend, broncegelb im frischen Bruch, aber sehr rasch tombakbraun anlaufend. Strich schwarz. Stark magnetisch. V. d. L. schmelzbar zu einer schwarzen magnetischen Kugel; von *HCl* unter Abscheidung von S und Entwicklung von H_2S zersetzt. Findet sich theils in Krystallen, theils in derben Massen auf Gängen und Lagern mit andern Erzen, sowie als Gemengtheil plutonischer Gesteine; im Schwarzwald, Harz (Andreasberg), Erzgebirge, bei Kupferberg in Schlesien, Bodenmais im bayr. Wald, bei Waldenstein in Kärnthen. Verbreitet in Skandinavien auf Gängen und Lagern in den krystallinischen Schiefern, Ni-haltig; in Falun und Klefva in Schweden, Snarum bei Modum und Kongsberg in Norwegen; ebenso in Nordamerika. Kommt auch als Bestandtheil mancher Meteorsteine vor. Verwittert zu Eisenvitriol etc., ähnlich wie Schwefelkies (vgl. Troilit, *FeS*).

(Habermehl, Ber. Oberhess. Ges. für Natur- und Heilk. XVIII. 83. Streng, N. Jahrb. für Min. etc. 1882. I. 183. Bodewig, Zeitschr. Kryst. Bd. VII.)

Verbindungen R_4S_5 *bis* R_2S_3.

Polydymit. Ni_4S_5: 59,45 Ni, wenig Co und Fe. Regulär. Hellgrau, metallisch, langsam gelb oder grau anlaufend: Grünau im Saynschen in Westphalen. Unreiner *P.* ist der Nickelwismuthglanz (Wismuthnickelkies) oder Saynit, auch Grünauit.

Kobaltnickelkies (Kobaltkies, Linneit). $(Ni, Co)S$. $(Ni, Co)_2S_3 = (Ni, Co)_3S_4$, analog dem Spinell, meist Ni stark über Co überwiegend; zuweilen bis 14 Cu. Reguläre Oktaëder und Spinellzwillinge; auch derb. Metallglänzend, hell stahlgrau, schwarzer Strich. Auf Gängen bei Müsen im Siegenschen (Schwabengrube) und bei Bastnäs in Schweden mit Kupferkies; auch in Nordamerika.

Beyrichit. $Ni_5S_7 = 3NiS.2NiS_2$; schilfförmige, schraubenförmig gedrehte Krystalle, bleigrau, metallisch. Westerwald, sehr selten.

Horbachit. $4Fe_2S_3 + Ni_2S_3$. Bildet unregelmässig begrenzte, metallische, magnetische Massen, tombakbraun ins Stahlgraue, in einem verwitterten Gneis von Horbach bei St. Blasien im Schwarzwald.

Verbindungen RS_2.

Dieselben sind zahlreich. Der Krystallform nach sind sie theils hexagonal (?), theils regulär-pyritoëdrisch, theils rhombisch. Die beiden letzteren Reihen sind isodimorph: alle regulären und alle rhombischen sind isomorph, FeS_2 ist sowohl rhombisch, als regulär bekannt, ebenso noch eine Anzahl anderer hierher gehöriger Verbindungen, wenn nicht isolirt, so doch in isomorpher Mischung mit anderen.

hexagonal (?).	regulär.	rhombisch.
Molybdänglanz: MoS_2.	Schwefelkies: FeS_2	Markasit: FeS_2; $a:b:c = 0,752:1:1,185$.
	Hauerit: MnS_2.	
		Arsenkies: $FeAsS$; $a:b:c = 0,6709:1:1,189$.
	Kobaltglanz: $(Co, Fe)AsS$.	Kobaltarsenkies: $(Fe, Co)AsS$ und $(Co, Fe)AsS$.
		Arseneisen: $FeAs_2$; $a:b:c = 0,6580:1:1,284$.
	Antimonnickelglanz: $NiSbS$.	
	Arsenantimonnickelglanz: $Ni(As, Sb)S$.	Wolfachit: $Ni(As, Sb)S$.
	Arsennickelglanz: $NiAsS$.	
	Speiskobalt: $CoAs_2$.	Safflorit: $CoAs_2$.
	Chloanthit: $NiAs_2$.	Weissnickelkies: $NiAs_2$.

α. Hexagonale.

Molybdänglanz (Molybdänit, Wasserblei).

MoS_2, 59,0 *Mo*. Dünne Plättchen, zuweilen regelmässig sechsseitig begrenzt, ähnlich dem Graphit, mit einem sehr deutlichen Bl. Br. Metallglänzend, röthlich-bleigrau (Unterschied vom schwarzen Graphit). H. = $\frac{1}{2}$—1, fettig anzufühlen, dunkelgrauer Strich auf Papier. Unschmelzbar, mit Salpeter verpuffend. Im Granit, Gneis und ähnlichen Gesteinen, auch im Quarz eingewachsen, besonders auf Zinnerzlagerstätten im Erzgebirge und in Cornwall, auch in Finnland. Deutliche Krystalle von Narksak in Grönland, es lässt sich aber nicht bestimmt entscheiden, ob sie hexagonal sind (vergl. Graphit); auch an andern Orten in Nordamerika.

β. Reguläre.

Schwefelkies (Eisenkies, Pyrit).

FeS_2; 46,7 *Fe*, 53,3 *S*. Geringe Mengen von *Co*, *Ni*, *Cu*, *Tl*, auch *Ag*, *Au* etc. finden sich zuweilen; *Ag* und *Au* wird sogar aus manchen Pyriten abgeschieden. Ausgezeichnetstes Beispiel der nach ihm benannten pyritoëdrischen Hemiëdrie des regulären Systems. Würfel,

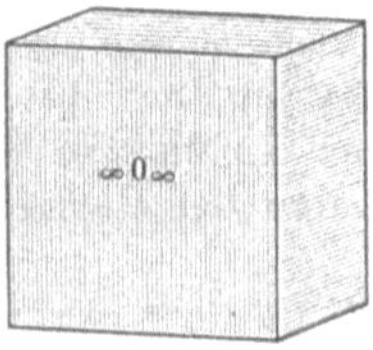
Fig. 322.

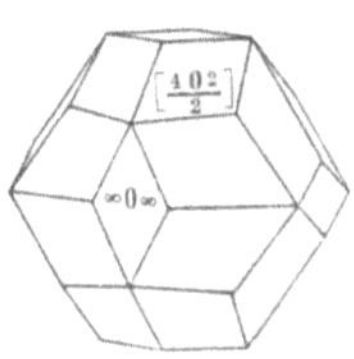
Fig. 323.

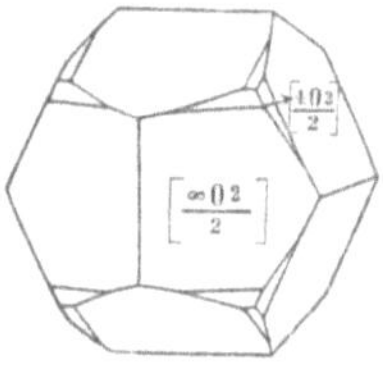
Fig. 324.

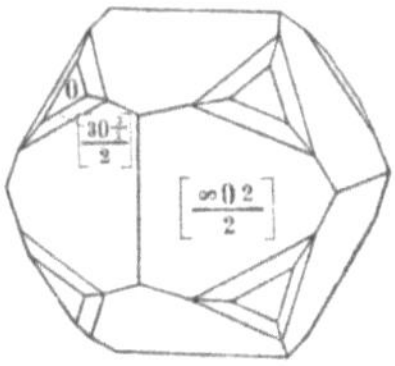
Fig. 325.

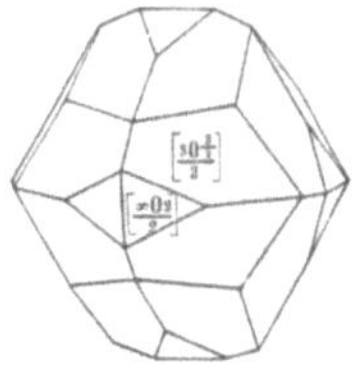
Fig. 326.

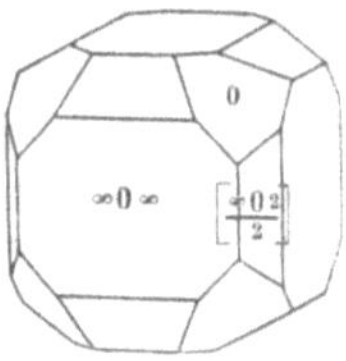
Fig. 327.

sehr häufig, die Flächen meist parallel den Kanten gestreift in drei auf einander senkrechten Richtungen (Fig. 322); ebenfalls sehr häufig das Pyritoëder: $\left[\frac{\infty O 2}{2}\right]$ (210) (Fig. 97), aber auch solche mit andern Ausdrücken; sie sind häufig parallel (oder auch senkrecht) zu den Kanten *W* gestreift. Würfel und Pyritoëder auch häufig combinirt (Fig, 100, 101). Das Oktaëder ist selbständig weniger verbreitet, stumpft aber am Pyritoëder nicht selten die Ecken O ab (Fig. 102), bildet auch wohl die sog. Ikosaëder (Fig. 103), an denen die Oktaëderflächen sich durch Glätte und Glanz und durch gleichseitig dreieckige Gestalt auszeichnen, seltener ist die Form Fig. 104; häufig ist das Oktaëder mit dem Würfel combinirt. Granatoëder, Ikositetraëder und Pyramidenoktaëder spielen keine grosse Rolle, dagegen sind die Diploëder von Bedeutung, und zwar finden sich solche von verschiedenen Ausdrücken, z. B. $\left[\frac{3O\frac{3}{2}}{2}\right]$ (321), $\left[\frac{4O2}{2}\right]$ (421) etc. Sie sind selten selbständig (Fig. 96) oder combinirt mit dem Würfel (Fig. 323), häufiger finden sie sich als unsymmetrische Zuschärfung der Würfelecken (Fig. 105), oder als Zuschärfung der Ecken O des Pyritoëders (Fig. 324); zuweilen auch mit dem Ikosaëder (Fig. 325), die Kanten zwischen den Oktaëder- nnd Pyritoëderflächen abstumpfend, oder auch mit einem Pyritoëder derselben Ordnung (Fig. 326); auch Oktaëder, Würfel und Pyritoëder in derselben Combination (Fig. 327). Zuweilen sind die Combinationen sehr flächenreich und complicirt. Zwillinge mit parallelen Axen nicht selten; die Ergänzungszwillinge des eisernen Kreuzes, gebildet von zwei Pyritoëdern, vergl. Fig. 220. Spaltbarkeit kaum wahrzunehmen, kleinmuschliger Bruch; spröde; H. = 6—6½, giebt aber doch Funken am Stahl, von verbrennendem Schwefel herrührend, der sich durch den Geruch verräth; er ist eine der härtesten Schwefelverbindungen. G. 4,9—5,2. Metallglanz; undurchsichtig; speisgelb (mit einen Stich ins Graue, zum Unterschied vom messinggelben Kupferkies, mit einem Stich ins Grüne); an der Oberfläche häufig durch Bildung von Eisenoxydhydrat braun angelaufen; Strich schwarzbraun. Schwach magnetisch; schlechter Leiter der Elektricität; thermoelektrisches Verhalten (184 a).

Im Kolben wird S sublimirt und FeS bleibt zurück; auf solche Weise wird im Grossen Schwefel aus Pyrit gewonnen; in der offenen Glasröhre erhitzt, entweicht SO_2. V. d. L. auf Kohle brennt er mit der blauen Flamme des Schwefels, SO_2 geht fort und FeO_3 bleibt als rother Rückstand übrig. Die beim Rösten des Schwefelkieses (ebenso auch anderer Kiese, Blenden und Glanze) entweichende SO_2 wird häufig zur Schwefelsäurefabrication, das zurückbleibende FeO_3 wird als sog. Englischroth zum Poliren etc. benutzt. In der Red. Fl. schmilzt er zu einer schwarzen, magnetischen Kugel. Von HCl wird er nicht angegriffen, von HNO_3 unter Abscheidung von S zersetzt.

Der Schwefelkies ist weitaus das verbreitetste Schwefelmetall. Er findet sich in Krystallen, welche theils in Gesteinen verschiedener Art, einzeln oder zu Gruppen verbunden, eingewachsen, theils zu Drusen vereinigt aufgewachsen sind. Die Krystalle sind zuweilen zu regelmässigen Aggregaten (gestrickten Massen, Dendriten etc.) verbunden. Noch häufiger findet er sich derb mit verschiedenen Structurformen in grossen Massen, oder in einzelnen eingewachsenen Körnern und Flittern oft Imprägnationen in den Gesteinen bildend. Die derben Aggregrate haben häufig nierenförmige oder traubige Oberfläche oder andere gerundete Gestalten, die theils eingewachsen (Concretionen), theils aufgewachsen sind; im Innern sind diese Gebilde bisweilen excentrisch strahlig, häufiger feinkörnig bis dicht. Grosse zusammenhängende Massen finden sich häufig auf Gängen und Lagern, vielfach von anderen Schwefelmetallen begleitet, die wieder ihrerseits, wenn sie an Menge überwiegen, selten ganz ohne begleitenden Schwefelkies vorkommen, der auf fast allen Erzlagerstätten eine mehr oder weniger bedeutende Rolle spielt. So kommt er aber nicht nur mit anderen geschwefelten Erzen, namentlich mit Kupferkies, Bleiglanz, Blende, Arsenkies, Silbererzen etc. an unzähligen Orten vor, sondern auch mit oxydischen Erzen, Magneteisen, Eisenglanz, Spatheisenstein, Zinnstein und anderen Mineralien, bes. mit Quarz, auf Lagerstätten der verschiedensten Art. Auf Drusen- und Hohlräumen dieser Lagerstätten finden sich dann vorzugsweise die schönen Krystalle. Eingewachsen findet sich der Schwefelkies in den verschiedensten Gesteinen so in krystallinischen Schiefern sehr häufig und verbreitet, sie oft auf weite Erstreckung imprägnirend (z. B. in den sog. Fahlbändern des südl. Norwegen) und in den den Schiefern eingelagerten Kalken, in Thonschiefern und andern Thongesteinen, häufig auch in Stein- und Braunkohlen und in anderen organischen Massen, z. B. im Bernstein hier vielfach äusserst dünne Häutchen auf Kluftflächen und Spalten bildend; ferner in Eruptivgesteinen, alten sowohl (Granit, Syenit, Diorit etc.) als jungen (Trachyten, Andesiten etc.).

Fundorte grösserer zusammenhängender Massen von Schwefelkies sind u. a. der Rammelsberg bei Goslar, im Thonschiefer und der Grauwacke, das südl. Norwegen, Falun u. a. O. in Schweden im Gneis, auf der engl. Insel Anglesea und viele andere. Nicht selten ist er mit Kupferkies innig gemengt, z. B. bei Falun, am Rammelsberg etc. und ist dann ein wichtiges Kupfererz. Fundorte schöner Krystalle sind die Eisenerzlagerstätten von Elba, von Traversella in Piemont, von Waldenstein in Kärnthen etc., bei Gross-Almerode in Hessen im Thon, ebenso bei Vlotho bei Minden in Westphalen (Zwillinge des eisernen Kreuzes). Kladno in Böhmen in der Steinkohle; man findet deren ferner in den Erzgängen des Erzgebirges und Harzes, bei Přibram in Böhmen, Schemnitz etc. in Ungarn, Beresowsk im Ural und an vielen andern Stellen, die auch nur annähernd vollzählig aufzuführen unmöglich ist.

Der Schwefelkies findet sich nicht sehr häufig als Pseudomorphose in der Form anderer Mineralien, so z. B. in der Form von Magnetkies, Rothgültigerz und andern Silbererzen, auch von Schwerspath, Flussspath etc. Desto häufiger findet er sich aber als Versteinerungsmittel von Fossilien; er gehört mit zu den Mineralien, welche am häufigsten Versteinerungen bilden (verkieste Versteinerungen). Dabei ahmt er nicht nur die Gestalt der der Erhaltung zugänglichen Theile (der Harttheile) der betr. Organismen, bes. von Thieren (Conchylien), auf das vollkommenste nach, sondern er umhüllt oft das Ganze mit einem mehr oder minder dicken und massiven Harnisch mit meist kleintraubiger oder deutlich krystallisirter Oberfläche. Hier ist kein Zweifel, dass sich der Schwefelkies durch Reduction aus eisenvitriolhaltigen Gewässern vermittelst der organischen Stoffe jener Thiere gebildet hat. Ebendaher schreibt sich auch das häufige Vorkommen von Schwefelkies in Kohlen, im Bernstein etc., und durch ähnliche Reductionsprocesse, welche man künstlich nachahmen kann, ist wohl häufig auch sonst Schwefelkies entstanden.

Der Schwefelkies verwittert sehr leicht und bildet je nach den speciellen Verhältnissen verschiedene Umwandlungsproducte. Zuweilen gehen die aus dem S entstehenden Substanzen vollkommen fort und es bleibt nur Fe als Eisenoxydhydrat (dichter Goethit) zurück, nicht selten in der Form des Schwefelkieses als Pseudomorphose; oder es bildet sich Eisenvitriol und nebenher noch freie H_2SO_4. Der so gebildete Vitriol wird zuweilen auf diese Weise aus manchen Schwefelkies enthaltenden Gesteinen (Vitriolschiefer) technisch gewonnen. Die freie H_2SO_4 wirkt zersetzend auf ihre Umgebung ein, so dass unter Umständen schwefelkieshaltige Gesteine leicht zerstört werden und zerfallen, wodurch solche zuweilen als Baumaterial werthlos werden. Ist der verwitternde Schwefelkies im Thon eingesprengt, so bildet die bei der Verwitterung entstehende H_2SO_4 Aluminiumsulphat, das durch Zusatz von Kali in Alaun verwandelt werden kann. Solche Thone nennt man Alaunthone oder -schiefer; sie dienen zur Herstellung von Alaun, wobei man die Verwitterungsprocesse wie auch bei der Vitriolgewinnung durch künstliches Rösten des Kieses bei höherer Temperatur beschleunigt. Ist in dem Thon etwas Kalk, so bildet sich Gyps, häufig in sehr schönen Krystallen. In den Grubenwässern findet man nicht selten Eisenvitriol und die anderen Verwitterungsproducte des Schwefelkieses gelöst. Als Eisenerz kann das Mineral nicht benutzt werden, da es ein S-haltiges und daher brüchiges Eisen liefert, dagegen ist es sehr wichtig zur Darstellung von Schwefelsäure; aus ihm und andern Kiesen etc. (Blende, Bleiglanz, Markasit etc.) wird ca. $^7/_8$ aller in der Technik verwendeter Schwefelsäure gewonnen, nur ca. $^1/_8$ aus Schwefel. Im derben und dichten Zustand ist Markasit von Schwefelkies oft nicht zu unterscheiden. Diese beiden Mineralien sind zuweilen regelmässig verwachsen (pag. 290).

(Strüver, Studi sulla mineralogia italiana: Pyrite del Piemonte et dell' Elba; Atti Accad. Torino, 1869. G. Rose siehe (184a).)

Hauerit (Mangankies). MnS_2, pyritoëdrisch, wie Schwefelkies; deutlich hexaëdrisch spaltbare braune, in dünnen Lamellen schwach durchscheinende Krystalle von bräunlichrothem Strich, im Thon und Gyps mit Schwefel von Kalinka bei Neusohl in Ungarn.

Kobaltglanz (Glanzkobalt, Kobaltin).

$CoAsS$, mit etwas Fe; 35,54 Co, 45,18 As. Krystallisirt genau wie Pyrit, die Combinationen sind stets einfach: $\left[\frac{\infty O 2}{2}\right]$ (210), theils für sich, theils mit $\infty O \infty$ (100) (Fig. 100, 101), die Streifung ist dieselbe wie beim Schwefelkies. Nicht selten $\left[\frac{\infty O 2}{2}\right]$ (210) mit vorwaltendem Oktaëder O (111) (Fig. 104) oder umgekehrt $\left[\frac{\infty O2}{2}\right]$ vorwaltend (Fig. 102) oder das Ikosaëder (Fig. 103). Auch Pyritoëder, Oktaëder und Würfel (Fig. 327). Hexaëdrisch deutlich spaltbar. Spröde. H. = $5\frac{1}{2}$. G. = 6,0—6,35. Thermoelektrisch ähnlich dem Pyrit (184 a). Stark metallisch glänzend, röthlich silberweiss, oft durch Anlaufen grau, Strich grauschwarz. Im Kolben nicht verändert, auf Kohle zu einer magnetischen Kugel schmelzbar unter Entwicklung von Dämpfen von As_2O_3 und SO_2. In HNO_3 mit rother Farbe löslich. Wenig verbreitet: bei Tunaberg in Schweden mit Kupferkies im Gneis; bei Skutterud, unweit Modum in Norwegen im quarzigen Gneis ohne Kupferkies; bei Querbach in Schlesien im Gneis; bei Daschkessan im Kaukasus. Wichtiges Kobalterz zur Smaltebereitung.

(Vergl. den rhomb. Kobaltarsenkies (Glaukodot, Danait etc. pag. 291). (G. Rose (184a).)

Arsennickelglanz (Nickelarsenkies, Gersdorffit). $NiAsS$, mit etwas Fe, Co und Sb; 35,1 Ni. Pyritoëdrisch, aber vorzugsweise Oktaëder, selten Pyritoëder, mit deutlichem hexaëdrischen Blätterbruch; meist derb. Metallisch, silberweiss bis stahlgrau, zuweilen dunkler angelaufen, schwarzgrauer Strich, spröde. H. = $5\frac{1}{2}$. G. = 5,6—6,7. Im Kolben verknisternd und ein rothes Sublimat, mit HNO_3 eine grüne Lösung gebend. Müsen im Siegenschen, Harzgerode, Lobenstein im Reussischen, Schladming in Steiermark, Loos in Schweden.

Antimonnickelglanz (Nickelantimonglanz, Ullmannit). $NiSbS$; 27,7 Ni mit wenig As und Co. Regulär, pyritoëdrisch (Krystalle von Montenarba, Districkt Sarrabus, Sardinien). Doch werden auch tetraëdrische Krystalle beschrieben (Lölling in Kärnthen). Hexaëdrisch deutlich spaltbar, meist derb. Gleicht dem Gersdorffit, ist aber dunkler stahlgrau bis fast bleigrau und läuft noch dunkler an, metallglänzend. Spröde. H. = 5—$5\frac{1}{2}$. G. = 6,2—6,5. Giebt im Kolben ein weisses Sublimat und mit HNO_3 eine grüne Lösung; findet sich z. Th. mit Gersdorffit zusammen, bei Harzgerode, Lobenstein, ferner bei Freusdorf im Westerwald, bei Lölling in Kärnthen etc. (Klein und Jannasch, N. Jahrb. für Min. etc. 1883. I. v. Zepharovich, Lotos Jan. 1870.)

Korynit. Isomorphe Mischung der beiden vorigen Verbindungen, aber mehr von der ersteren, denn er enthält nur 13,45 Sb gegen 37,81 As. Oktaëdrisch, ohne ausgesprochene Hemiëdrie, aber meist derb, ähnlich den beiden vorigen. Olsa in Kärnthen.

Wie Korynit zusammengesetzt ist der rhombische *Wolfachit*, silber- bis zinnweiss, lebhaft metallglänzend, von Wolfach im Schwarzwald auf Speiskobalt.

Speiskobalt (Smaltit).

$CoAs_2$; 28,2 Co, 71,8 As; doch trifft wahrscheinlich wegen Verunreinigung der Substanz diese Formel selten genau zu, der As-Gehalt ist meist geringer. Nie fehlt etwas Fe, das bis $18\frac{1}{2}$ % steigen kann (Eisenkobaltkies = grauer Speiskobalt), im Gegensatz zu dem Fe-freien „weissen Speiskobalt"; auch Ag, Cu, S, Bi (bis 4 % beim Wismuthkobaltkies) finden sich, wichtig ist aber besonders Ni, welches in jedem Mengenverhältniss neben Co (und Fe) vorhanden ist, da die beiden isomorphen Substanzen des Sp. und des Chloanthits (siehe diesen pag. 288) sich in jedem Verhältnisse mischen, so dass vom reinen Sp. bis zum reinen Chl. ein ganz allmähliger Uebergang stattfindet.

Die Krystalle sind regulär, meist Würfel und Oktaëder, die, wenn sie nicht ganz klein sind, rauhe und bauchige Flächen haben; auch Granatoëder und Ikositetraëder kommen vor; ebenso werden pyritoëdrische Formen angegeben, welche aber meist sehr undeutlich und unsicher sind. Zwillinge nach einer Oktaëderfläche, zuweilen in einer Richtung sehr stark verlängert, so dass sie lange Prismen bilden (Stengelkobalt). Häufig derb, körnig, auch vielfach mit nieriger Oberfläche. Bl. Br. oktaëdrisch, undeutlich. Spröde, Bruch kleinmuschlig. H. = $5\frac{1}{2}$, G. = 6,4—7,3, mit steigendem *Fe*-Gehalt wachsend. Metallglänzend, zinnweiss, hell- auch dunkelstahlgrau, um so dunkler, je mehr *Fe*, durch Anlaufen oft dunkler. Strich grauschwarz. Im Kolben sublimirt etwas *As*, im offenen Glasrohr As_2O_3. In der Red. Fl. unter Entwicklung von *As*-Geruch zu einer schwarzen, magnetischen Perle schmelzbar. Giebt mit HNO_3 eine rothe Lösung und bei der Verwitterung einen rothen Beschlag von Kobaltblüthe. (Unterschied von Chloanthit und diesem nahe stehenden Mischungen, wo dieses beides grün ist, äusserlich sind die beiden Mineralien fast ununterscheidbar.) Findet sich theils in deutlichen, stets aufgewachsenen Krystallen, oder in gestrickten Aggregaten oder derb, mehr oder weniger feinkörnig, hauptsächlich auf Gängen im Urgebirge mit Arsen, Arsenkies, Silbererzen etc.; im Erzgebirge bes. bei Schneeberg; im Schwarzwald; in Cornwall etc.; oder aber auf Gängen im Zechstein (sog. Kupferschieferrücken) bei Bieber und Riechelsdorf in Hessen, Camsdorf bei Saalfeld in Thüringen etc. Der *Wismuthkobaltkies* ist ein fein gestrickter, bunt angelaufener Sp. von Schneeberg mit 4% *Bi*.

(Groth, Pogg. Ann. Bd. 152. Bauer, Zeitschr. d. Deutsch. geol. Ges. Bd. 27 pag. 245. G. v. Rath, Zeitschr. Kryst. I. pag. 8.)

Safflorit (Spathopyrit) von Bieber, Schneeberg, Reinerzau im Schwarzwald, Tunaberg in Schweden ist ein rhombischer Speiskobalt: $(Co,Fe)As_2$, ganz ähnlich dem grauen Eisenkobaltkies, aber stenglig. (Leroy Mc. Cay. Diss. des College of New-Jersey; Freiberg 1883.)

Chloanthit.

$NiAs_2$, 28,2 *Ni*. Alles beim Speiskobalt Angeführte gilt ganz ebenso auch hier, wenn man bei der Betrachtung der Zusammensetzung *Ni* statt *Co* setzt. Die Krystallform, das physikalische und chemische Verhalten ist dasselbe wie dort, nur giebt der Chl. mit HNO_3 eine grüne Lösung und bei der Verwitterung einen grünen Beschlag von Nickelblüthe. Die Art des Vorkommens und die Fundorte sind ebenfalls dieselben wie dort. Die Unterscheidung beider Mineralien ist ohne chemische Untersuchung oft unmöglich. Wird wegen des *Ni*- und *As*-Gehalts technisch verwerthet.

(Litt. wie Speiskobalt.)

Weissnickelkies (Rammelsbergit) verhält sich zum Chloanthit wie Safflorit zum Speiskobalt. Es ist ein zinnweisses, rhombisches, stengliges bis fasriges Mineral von der Zusammensetzung des Chloanthit; von Schneeberg und Riechelsdorf.

γ. Rhombische.

Markasit (Wasserkies, Binarkies, Strahlkies).

FeS_2 wie Schwefelkies; zuweilen etwas *Cu* und *As* enthaltend. Rhombische, meist nieder tafelförmige Krystalle, häufig wie Fig. 328. $M = \infty P$ (110); $M/M = 106^0\ 5'$. $l = \breve{P}\infty$ (011); $l/l = 99^0\ 40'$ (obere Kante); $r = \frac{1}{4}\breve{P}\infty$ (014); $r/r = 146^0\ 50'$ (oben); $c = 0P$ (001), die obere Kante *r/r* abstumpfend; *c* und *r* sind in der Richtung der Axe *a* stark gestreift. Zuweilen findet sich noch das Makrodoma $g = \bar{P}\infty$ (101) auf die vordere Kante *M/M* gerade aufgesetzt und

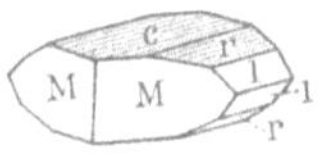

Fig. 328.

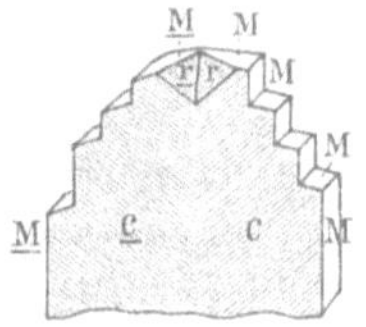

Fig. 329.

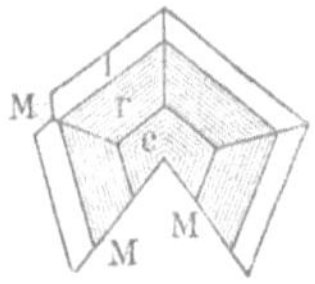

Fig. 330.

das Oktaëder *P* (111), die Kanten *M/c* abstumpfend. Zwillinge nach 2 Gesetzen. 1. Zw. Fl. *M*. Zwei dünne Tafeln oder niedere Prismen, hauptsächlich von *M*, *c* und *r* begrenzt, sind mit *M* aneinandergewachsen; die Flächen von *M* wiederholen sich rechts und links von der Zwillingsfläche treppenförmig (Fig. 329); auch kann diese Zwillingsbildung durch Anwachsung weiterer Individuen nach derselben Zw. Fl. polysynthetische Gruppen liefern (sog. Kammkies). Die Zwillingsgrenze tritt durch die einspringenden Winkel von *r* und die federartige Streifung auf *c* und *r* meist deutlich hervor. Oder aber es wächst an das zweite Individuum nach der andern Prismenfläche ein drittes, an dieses in gleicher Weise ein viertes etc. Individuum an, so dass eine kreisförmige Gruppe entsteht; die scharfen seitlichen Kanten *r/r* und *l/l* sind nach aussen gekehrt, die Flächen *M* fehlen oder sind klein (sog. Speerkies) Fig. 330. 2. Zw. Fl. *g* ist seltener. Man findet auch zuweilen Speerkieskrystalle, nach dem 2. Gesetz durcheinander gewachsen. Bruch uneben, spröde. G. = 4,65 – 4,88. H. = 6—6½. Farbe und Strich wie beim Pyrit, aber etwas grünlich; ebenso ist das chemische Verhalten, die Verwitterungserscheinungen und die technische Verwerthung wie beim Pyrit. Findet sich häufig in Krystallen eingewachsen und aufgewachsen und zu Gruppen vereinigt, auch in stengligen und strahligen derben Massen (Strahlkies), sowie dicht, dann wenig glänzend (Leberkies). Häufig mit runder, nierenförmiger Oberfläche oder stalaktitisch. Vielfach in weichen Thonen, zuweilen mit Braunkohlen als Speerkies (Littmitz und Altsattel in Böhmen, Misdroy, Folkestone in England); oder auf Erzgängen, vielfach in einfachen Krystallen und als Kammkies (Clausthal, Freiberg, Přibram etc.). Im ganzen weniger verbreitet, als Schwefelkies, besonders ist er nicht im Gneis und anderen Urgesteinen eingesprengt, doch sind derbe Körner oder dichte Massen häufig nicht mit Sicherheit von Schwefelkies zu unterscheiden. Man hat wohl alle sehr leicht verwitterbaren Eisenkiese für M. gehalten, es giebt aber doch auch unzweifelhafte Pyrite, die sehr viel leichter verwittern, als die andern. Zuweilen mit Schwefelkies regelmässig verwachsen: ein Schwefelkieskrystall liegt mit einer Würfelfläche auf der Fläche *c* des Markasits und zwar so, dass ausserdem eine Würfelfläche des Pyrits mit einer Fläche *M* des Markasits oder eine Granatoëderfläche der ersteren der Querfläche des letzteren parallel ist.

(Sadebeck, Pogg. Ann. Erg.-Bd. VIII. 1878, 625.)

Arsenkies (Misspickel, Giftkies, Arsenopyrit).

FeAsS; 34,36 *Fe*, 46,01 *As*, 19,63 *S*. Die Formel stimmt aber z. Th. nur annähernd mit den Analysen; etwas *Ni*, *Bi*, *Se*, *Au*, *Ag* (Weisserz) ist oft vorhanden, namentlich findet sich *Co* zuweilen in grösseren Mengen (Kobaltarsenkies). Ein etwas *As*-reicherer Arsenkies mit einem kleinen *Sb*-Gehalt von Geier in Sachsen ist Geierit genannt worden. Die rhombischen Krystalle sind denen des Markasits sehr ähnlich; sie bilden niedere Prismen $M = \infty P$ (110); $M/M = 111^{\circ}\ 53'$ mit dem Brachydoma: $r = \frac{1}{4}P\breve{\infty}$ (014) mit parallel der Axe *a* stark gestreiften Flächen sehr häufig (Fig. 321); $r/r = 146^{\circ}\ 52'$ (oben). Die Winkel ziemlich schwankend. Dazu kommt zuweilen: $n = \frac{1}{2}P\breve{\infty}$ (012); $l = P\breve{\infty}$ (011); $g = \bar{P}\infty$ (101). Zwillinge nach 2 Gesetzen: 1. nach *M*, wie beim Markasit, aber seltener, 2. häufiger nach *g*; die Verticalaxe beider Individuen sind unter $120^{\circ}\ 48'$ gegen einander geneigt (Fig. 322). Spaltbarkeit nach ∞P wenig deutlich, unebener Bruch, spröde; H. $= 5\frac{1}{2}-6$. G. $= 5{,}36-6{,}5$. Silber- bis zinnweiss, zuweilen dunkler angelaufen, schwarzer Strich. Im Kolben gelbes Sublimat (Unterschied von Arseneisen). Schmilzt in der R. Fl. zu einer schwarzen magnetischen Kugel. In HNO_3 unter Abscheidung von *S* und As_2O_3 gelöst. Findet sich theils in deutlichen Krystallen meist aufgewachsen und zu Drusen vereinigt, seltener eingewachsen in Gesteinen (Gneiss etc.) Auch stenglige und körnige derbe Massen. Hauptsächlich auf Silbererze, Bleiglanz, Blende und Zinnstein führenden Gängen im Erzgebirge (Freiberg), im Harz, bei Schladming in Steiermark, Wittenberg im Salzburgischen, in Cornwall, bei Sala in Schweden. Zur Herstellung von *As* und von Arsenpräparaten benützt; das sog. Weisserz von Bräunsdorf bei Freiberg liefert Silber. Bildet durch Verwitterung verschiedene wasserhaltige Eisenarseniate. Der sog. Plinian ist von Arsenkies nicht verschieden.

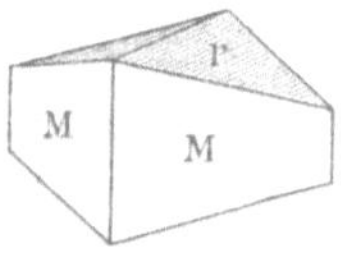

Fig. 321.

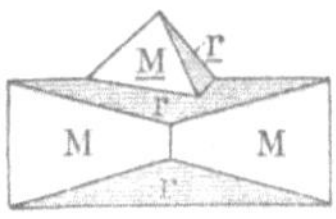

Fig. 322.

(Arzruni, Zeitschr. Kryst. Bd. II. 430. Bd. VII. 337.)

Kobaltarsenkies (Danait) enthält bis zu 10% *Co*. Die Krystallform und das Aussehen ist im Wesentlichen so wie beim gewöhnlichen Arsenkies, aber häufig flächenreicher. Skutterud in Norwegen mit Kobaltglanz, Frankonia in New Hampshire. Hierher gehört auch:

Glaukodot, mit 25% *Co* und 12% *Fe*; es ist also ein rhombischer, eisenhaltiger Kobaltglanz von der Form des Arsenkieses aus dem Chloritschiefer von Hokansbo in Schweden, Huasko in Chili etc. Wismuthhaltig bei Orawitza im Banat (Alloklas). (Sadebeck, Tschermak, Min. Mitth. 1877. Becke, ebendaselbst.)

Arseneisen (Arsenikalkies, Löllingit).

$FeAs_2$; 27,2 *As*, stets etwas *S* (bis 6%); manche Analysen geben weniger *As*, daher wurde neben der obigen die Verbindung Fe_2As_3 angenommen (Leukopyrit); diese Abweichung ist aber wahrscheinlich Folge von Verunreinigung, z. Th. durch Magneteisen Fe_3O_4. Gute Krystalle seltener als beim Arsenkies; sie sind denen des Arsenkieses ähnlich. Blätterbrüche nicht sehr deutlich. Das Arseneisen ist überhaupt sehr ähnlich dem Arsenkies, aber etwas lichter gefärbt, schwerer (G. = 6,8—7,4), weicher (H. = 5—5½) und im Kolben, wenn rein, kein rothes, sondern ein schwarzes Sublimat gebend, auch in der Red. Fl. schwerer schmelzend. Reichenstein in Schlesien, einzelne, meist undeutliche Krystallnädelchen, strahlige oder körnige, zuweilen ziemlich grosse Massen im Serpentin, z. Th. *Au*-haltig; bei Lölling in Kärnthen mit Spatheisenstein; Geier und Breitenbrunn im Erzgebirge, Andreasberg im Harz etc. Benutzt zur Bereitung von As_2O_3. Aus dem schlesischen wird *Au* geschieden. Verwitterung ähnlich wie beim Arsenkies.

(Hare, Inaug. Diss. Breslau 1879.)

(Einige rhombische Kiese RS_2 sind anhangsweise an Korynit, Speiskobalt und Chloanthit, der regulären Gruppe angeschlossen und dort nachzusehen.)

Schrifterz (Schrifttellur, Sylvanit). Monokline Krystalle, klein und undeutlich, meist reihenförmig gruppirt, so dass schriftähnliche dendritische Formen entstehen. Metallisch glänzend, gelblich weiss bis stahlgrau. Die Zusammensetzung wird gewöhnlich durch die Formel $(Au, Ag)\ Te_2$ ausgedrückt, die Analysen geben aber sehr verschiedene Resultate (*cca* 60% *Te*, 30 *Au*, 10 *Ag*). Eine gelbe *Pb*-haltige Varietät ist *Müllerit* oder Gelberz (Weisstellur) genannt worden. Auf schmalen Klüften im Trachyt von Offenbanya und Nagyag in Siebenbürgen; auch in Colorado und in Californien (Calaveras Cty.).

(v. Kokscharow, Bull. acad. Petersb. Bd. IX. 192. Schrauf, Zeitschr. Kryst. Bd. II.)

Sehr ähnlich zusammengesetzt ist der broncegelbe *Calaverit* aus Californien mit 41 *Au*; ebenso der rhombische, silberweisse *Krennerit* (Bunsenin) von Nagyag, mit welchem das Gelberz in der Krystallform übereinstimmen soll. (G. vom Rath, Zeitschr. Kryst. Bd. I).

Blättererz (Blättertellur, Nagyagit). Dunkelbleigraue, in einer Richtung leicht spaltbare, rechtwinklich-viereckige metallische Plättchen, quadratisch oder rhombisch, mit Schrifterz an denselben Orten und in derselben Weise vorkommend. Zusammensetzung schwankend, vorzugsweise goldhaltiges Tellurblei: 15—32 *Te*, 3—10 *S*, 54—61 *Pb*, 9—13 *Au*, etwas *Ag*, *Cu* etc. Alle diese **Mineralien werden auf Gold und Tellur verarbeitet; es sind die einzigen bisher bekannten Golderze.**

(Schrauf, Zeitschr. Kryst. II. 239. Fletcher, Phil. mag. 1880. Bd. IX pag. 188.)

Verbindungen RS_3.

Tesseralkies (Arsenikkobaltkies, Skutterudit, Hartkobalterz) $CoAs_3$. Stark metallisch glänzende, zinnweise, reguläre Krystalle, H. = 6. Mit Kobaltglanz auf dem Erzlager im Glimmerschiefer von Skutterud bei Modum in Norwegen.

Folgende z. Th. sehr wichtige Mineralien sind in ihrer chemischen Constitution z. Th. noch nicht vollkommen klar gestellt.

Kupferkies (Chalkopyrit).

$CuFeS_2$; 34,57 *Cu*, 30,54 *Fe*, 34,89 *S*; wird entweder als $CuS \,.\, FeS$ oder als $Cu_2S \,.\, Fe_2S_3$ gedeutet; beide Deutungen entsprechen den Analysen gleich gut. Quadratisch, vorzüglichstes Beispiel der tetraëdrischen Hemiëdrie. Der Habitus der Krystalle ist bald tetraëdrisch, bald oktaëdrisch; die Winkel sind z. Th. denen des regulären Systems sehr ähnlich. Das Hauptoktaëder zerfällt in die beiden Tetraëder: $p = +\frac{P}{2}$ (111) und $p_, = -\frac{P}{2}$ $(1\bar{1}1)$, ersteres meist matt und gestreift, letzteres glatt und glänzend. $p/p_, = 108^0\ 40'$ (S. K.) und $109^0\ 53'$ (E. K.); beide sind zuweilen im Gleichgewicht, zuweilen ist auch *p* grösser, so dass scheinbar reguläre Oktaëder (Fig. 88) oder Formen wie Fig. 87 entstehen können, wo aber immer die abwechselnden Flächen verschieden sind. (Die Figuren sind vollkommen zutreffend, wenn man in ihnen *p* statt *o* setzt.) Dies ist auch der Fall in Fig. 166, wo ausser *p* und $p_,$ noch folgende einfache Formen vorkommen: das nächste schärfere Oktaëder: $c = 2P\infty$ (201):

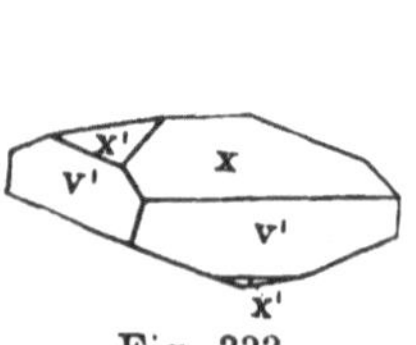

Fig. 333.

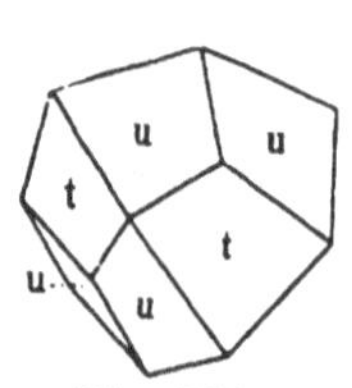

Fig. 334.

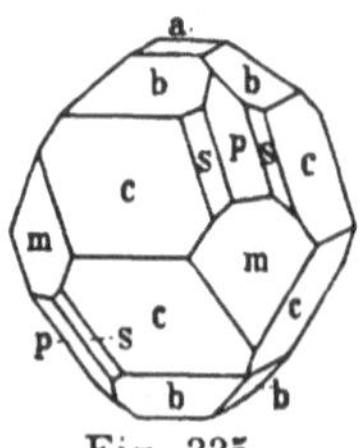

Fig. 335.

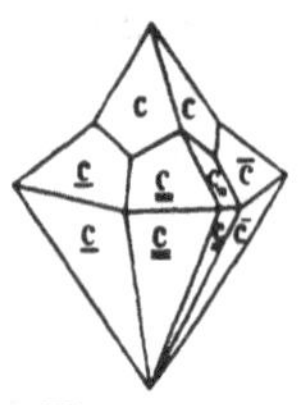

Fig. 336.

das nächste stumpfere Oktaëder: $b = P\infty$ (101) und die Basis: $a = 0P$ (001). *c* begrenzt die Krystalle zuweilen allein (Fig. 336). Auch spitzere und stumpfere Oktaëder (resp. Tetraëder) von der Stellung des Hauptoktaëders fehlen nicht (Fig. 333), wo $x = \frac{\frac{1}{4}P}{2}$ (114) und $x' = -\frac{\frac{1}{4}P}{2}$ $(1\bar{1}4)$ und $v' = -\frac{4P}{2}$ $(4\bar{4}1)$; ebensowenig Skalenoëder, z. B. in Fig. 334, wo das Skalenoëder $u = \frac{P2}{2}$ (212) mit dem Tetraëder: $t = \frac{2P}{2}$ (221) combinirt ist; sogar ganz selbständig kommen die Skalenoëder zuweilen vor. Prismen sind nicht sehr häufig; ein solches bilden in der Figur 335 abgebildeten Combination die Flächen $m = \infty P$(110), in der ausserdem neben den schon erwähnten Flächen p, a, b, c noch das Skalenoëder $s = \frac{\frac{5}{3}P5}{2}$ (513) vorkommt, dessen Flächen die Kanten p/c abstumpfen. Wenige Krystalle sind einfach, die meisten sind Zwillinge nach p resp. $p_{,}$. Theils sind es Ergänzungszwillinge tetraëdrisch ausgebildeter Individuen, ähnlich wie in Fig. 219 oder spinellartige Zwillinge oktaëdrischer Individuen, wobei eine Fläche p des einen Individuums und eine Fläche $p_{,}$ des andern aneinander liegen, so dass an der Grenze stets eine Fläche p links und eine Fläche $p_{,}$ rechts zusammenstossen und umgekehrt, ähnlich wie bei dem Zinkblendezwilling Fig. 317, wo nur p statt o zu setzen wäre. Vielfach wiederholt sich die Zwillingsbildung. Dünne Zwillingslamellen sind in beiden Individuen nach demselben Gesetz parallel mit der Zwillingsfläche oder mit den andern Flächen p eingelagert oder es wächst in einem einspringenden Winkel $p/p_{,}$ noch ein drittes oktaëdrisches Individuum an das zweite nach demselben Gesetz an etc. Besonders bemerkenswerth ist die wiederholte Zwillingsbildung nach p bei Krystallen, welche nur von dem nächsten schärferen Oktaëder c begrenzt sind; an jeder Endkante wächst ein Individuum zwillingsartig an (vergl. Fig. 356 beim Hausmannit) und es entsteht auf diese Weise der Fünfling (Fig. 336) von der Gestalt eines Oktaëders, dessen vier nach einer Endecke convergirende Endkanten in der Mitte nach innen eingeknickt sind. Auch Zwillinge nach andern Gesetzen kommen als Seltenheit vor. Die Krystalle sind oft sehr schwierig zu entziffern.

Spaltbarkeit wenig deutlich, Bruch kleinmuschlig bis uneben. Mild ins Spröde. G. = 4,1—4,3. H. = $3\frac{1}{2}$—4 (Unterschied von dem ähnlich aussehenden Schwefelkies, wo H. = 6—$6\frac{1}{2}$). Metallglänzend. Farbe messinggelb (mit einem Stich ins Grün, vergl. Schwefelkies). Zuweilen bunt angelaufen, bes. blau infolge von oberflächlicher Umwandlung in Kupferindig; Strich schwarz. V. d. L. dekrepitirend und in der Red. Fl. ziemlich leicht zu einer schwarzen magnetischen Kugel schmelzbar. Von HNO_3 unter Abscheidung von S gelöst, von HCl kaum angegriffen.

Findet sich häufig als Krystalle, welche stets aufgewachsen und selten gross sind, vorwiegend bildet er aber ein derbes feinkörniges Aggregat, dem meist ziemlich viel Schwefelkies beigemengt ist. Diese Aggregate, oft besser als kupferkieshaltige Schwefelkiesmassen aufzufassen, bilden nicht selten mächtige Lagerstätten, wo häufig den genannten Kiesen noch Bleiglanz, Blende etc. beigemengt ist. Nicht selten sind einzelne Körner oder Flitter, oft unsichtbar klein, andern Gesteinen eingesprengt, so dem Kupferschiefer im Mansfeld'schen, in Hessen etc., sowie den krystallinischen Schiefern in manchen Gegenden (Norwegen, sog. Fahlbänder). Grössere Massen finden sich im Rammelsberg bei Goslar und bei Clausthal im Harz, im Erzgebirge an vielen Orten, im Siegenschen, in Nassau, Westphalen, im bayr. Wald bei Bodenmais, in den Alpen an mehreren Stellen, in Cornwall, Norwegen (Röraas), Schweden (Falun), im Ural an vielen Stellen, ebenso in Nordamerika, Peru, Chili etc. Es ist ein verbreitetes Mineral und das wichtigste Kupfererz. Verwittert leicht und geht in Vitriol, häufig auch in Malachit über, ferner in sog. Ziegelerz, ein ziegelrothes Gemenge von Rothkupfererz und Braun- und Rotheisenstein oder auch in Kupferpecherz, Kieselkupfer und andere oxydische Verbindungen. Auch in Kupferindig wird er zuweilen in grösseren Mengen verwandelt.

(Sadebeck, Zeitschr. deutsch. geol. Ges. 1868. Fletcher, Philos. Magaz. Okt. 1882.)

Buntkupfererz (Bornit).

Enthält, wie der Kupferkies, *Cu, Fe, S*, aber in wechselnden Verhältnissen: 6—17 *Fe* und 50—71 *Cu*. Manche halten ihn daher für eine isomorphe Mischung von CuS, Cu_2S und FeS, wozu die Analysen quantitativ gut stimmen. Da aber alle Analysen von Krystallen auf die Formel $Cu_3FeS_3 = CuS \,.\, Cu_2S \,.\, FeS$ führen, so nimmt man auch wohl diese als die wahre Formel des Buntkupfererzes an, und erklärt die Abweichungen der derben Massen von dieser Formel durch fremde Beimengungen; diese letztere Formel wird auch wohl als $3Cu_2S \,.\, Fe_2S_3$ gedeutet. Das Mineral ist regulär, ohne Blätterbrüche; die Krystalle, meist Würfel und Oktaëder mit unregelmässigen bauchigen Flächen, sind stets aufgewachsen. In grösseren Massen findet sich das B. derb, feinkörnig mit muschligem Bruch; es ist schwach metallglänzend, undurchsichtig, tombackbraun, läuft aber sehr rasch bunt, besonders blau und roth, an. H. = 3; G. = 4,9—5,1; mild, ins Spröde. Weniger häufig als Kupferkies wie dieser und vielfach mit ihm zusammen vorkommend. Freiberg, Kupferberg in Schlesien, im Kupferschiefer im Mansfeld'schen etc., Dognatzka im Banat, in Cornwall, Peru, Chili etc. Geht dieselben Umwandlungen ein, wie Kupferkies.

(Rammelsberg, Zeitschr. d. Deutsch. geol. Ges. Bd. 18.)

Zinnkies, $FeCu_2SnS_4$ mit 30% *Sn* und etwas *Zn*. Regulär, tetraëdrisch; stahlgrau ins Gelb, metallisch; Cornwall, Zinnwald, Peru.

Sternbergit. $AgFe_2S_3$, fächer- und büschelförmige Gruppen dünn tafelförmiger, rhombischer, tombackbrauner Kryställchen von verschiedenen Gruben des Erzgebirges. Eine ähnliche Verbindung ist der *Frieseït*, $Ag_2Fe_5S_8$ von Joachimsthal und der *Silberkies* (Argentopyrit); unter letzterem Namen mehrere etwas verschieden zusammengesetzte Mineralien verstanden, welche aber, wie auch der Frieseït, alle der Formel $Ag_2S + x$ Mol. Fe_nS_{n+1} (das letzte Glied entsprechend dem Magnetkies) folgen. Die rhombischen, pseudohexagonalen, stahlgrauen bis zinnweissen, sehr spröden Kryställchen von Joachimsthal werden auch für Pseudomorphosen gehalten. Aehnliche Mineralien finden sich bei Marienberg in Sachsen und Andreasberg im Harz, doch bedarf hierbei noch vieles der Aufklärung. (Streng, N. Jahrb. Min. etc. 1878, 785.)

Zusammengesetzte Schwefelverbindungen.

Die Mineralien von derselben allgemeinen Formel: $mMS . nR_2S_3$ sind in eine Gruppe zusammengefasst. M bedeutet das reguläre Metall (Pb, Ag etc.), R das rhomboëdrische (As, Sb etc.). Die sauersten Mineralien stehen voran, hernach folgen immer basischere; den Beschluss machen die Verbindungen von R_2S_5, deren Zahl sehr gering ist.

Verbindungen $MS . 2R_2S_3 = MR_4S_7$.

Guejarit. $Cu_2S . 2Sb_2S_3$; rhombisch, stahlgrau in's Bläuliche. Auf einem Spatheisensteingang des Distrikts Guejar in der Sierra Nevada in Spanien.

Verbindungen $2MS . 3R_2S_3 = M_2R_6S_{11}$.

Chiviatit. $2PbS . 3Bi_2S_3$; dem Wismuthglanz ähnlich aussehende bleigraue blättrige Aggregate von Chiviato in Peru.

Verbindungen $MS . R_2S_3 = MR_2S_4$.

Berthierit. $FeS . Sb_2S_3$, doch werden auch andere Formeln angegeben, wie überhaupt unter diesem Namen Verschiedenes vereinigt zu sein scheint. Stahl- bis bleigraue, oft bunt angelaufene stenglige oder faserige Aggregate, theilweise dem Antimonglanz ähnlich, von Bräunsdorf und Chazelles (Auvergne), Anglar (Dép. de la Creuse), Arany-Jòka (Ungarn), Californien.

Isomorphe Reihe des Zinckenits.

Rhombisch.

Zinckenit:	$PbS . SbS_3$	$a : b : c = 0,5698 : 1 : 0,5978.$
Skleroklas:	$PbS . As_2S_3$	$= 0,589 : 1 : 0,619.$
Emplektit:	$Cu_2S . Bi_2S_3$	$= 0,5385 : 1 : 0,6204.$
Wolfsbergit:	$Cu_2S . Sb_2S_3$	$= 0,589 : 1 : 0,654.$

Zinckenit. Die Krystalle sind pseudohexagonale Drillinge (scheinbare hexag. Prisma und Dihexaëder der andern Stellung) nadelförmig, bündelförmig verwachsen; auch derb. Dunkelstahlgrau, milde. Wolfsberg im Harz. Hausach im Schwarzwald.

Skleroklas (Sartorit, Arsenomelan). Hellbleigrau, spröde. Nadelförmige, sehr dünne Krystalle, aus dem Dolomit des Binnenthals in Wallis.

Emplektit (Kupferwismuthglanz z. Th.). Zinnweisse, meist gelb angelaufene, deutlich spaltbare, dünne Säulen im Quarz. Grube Tannenbaum bei Schwarzenberg im Erzgebirge, Aamdal in Telemarken (Norwegen).

Wolfsbergit (Kupferantimonglanz). Tafel- oder säulenförmige Krystalle, oder derbe, feinkörnige Massen; schwarz-grau; Wolfsberg a. Harz. In dieselbe Reihe gehört vielleicht noch:

Galenobismutit $PbS . Bi_2S_3$; Zinnweiss. Kogrube in Wermeland (Schweden).

Miargyrit.

$Ag_2S . Sb_2S_3$; 36,73 Ag, wenig Cu und Fe. Monokline Krystalle selten. Bruch kleinmuschlig bis uneben. Mild. H. $= 2-2\frac{1}{2}$. G. $= 5,18$ bis 5,25. Undurchsichtig, halbmetallischer ins diamantartige gehender Glanz. Dunkelstahlgrau mit kirschrothem Strich, ähnlich dunklem Rothgültigerz. Leicht schmelzbar; mit Soda geschmolzen erhält man ein Ag-Korn. Auf Erzgängen mit andern Ag-Erzen, mit denen es zusammen auf *Ag* verhüttet wird; ist aber im Ganzen selten, Bräunsdorf, Přibram, Spanien, Potosi u. a. O. in Mexico; der von Felsöbanya (Ungarn) hat 4 % *Pb* (Kenngottit).

(Weisbach, Pogg. Ann. 125, 441. 1865. Zeitsch. Kryst. etc. II. 1877. G. v. Rath, Zeitschr. Kryst. VIII. 25. 1883. Lewis, ibid. Bd. VIII. 545.)

Silberwismuthglanz. $Ag_2S . Bi_2S_3$. Derb, grau mit hellgrauem Strich. Morococha in Peru; ähnliche Mineralien auch in den Gängen des Schapbachthals im Schwarzwald.

Verbindungen $4MS . 3R_2S_3 = M_4R_6S_{13}$.

Plagionit. $4PbS . 3Sb_2S_3$ (auch $5PbS . 4Sb_2S_3$ oder $9PbS . 7Sb_2S_3$ geschrieben). Dicktafelförmige monokline, nach einem Prisma spaltbare Krystalle, auch derbe, zuweilen traubige Massen, schwärzlich bleigrau; v. d. L. heftig zerknisternd; Wolfsberg am Harz.

Verbindungen $3MS . 2R_2S_3 = M_3R_4S_9$.

Binnit (Dufrénoysit); $3Cu_2S . 2As_2S_3$. Reguläre, kleine, aber sehr flächenreiche Krystalle, auch derbe Körner; dunkelstahlgrau mit röthlich-braunem Strich. Im Dolomit des Binnenthals im Canton Wallis.

Klaprothit; $3Cu_2S . 2Bi_2S_3$. Aehnlich dem Emplektit. Wittichen u. a. Orte im Schwarzwald.

Verbindungen $2MS . R_2S_3 = M_2R_2S_5$.

Isomorphe Reihe des Jamesonits.

Rhombisch.

Jamesonit: $2PbS . Sb_2S_3$; $a : b : c = 0{,}915 : 1 : ?$

Dufrénoysit: $2PbS . As_2S_3$; $a : b : c = 0{,}938 : 1 : 1531$ (vielleicht auch Cosalith).

Jamesonit (Querspiessglanz). Rhombische Prismen und Nadeln mit deutlichem basischen Blätterbruch, zuweilen zu sternförmigen Gruppen radial angeordnet. Meist derb, strahlig und fasrig. Mild. G. = 5,6. H. = 2—2½. Dunkelstahlgrau bis bleigrau. In Cornwall in grösseren Mengen, in Spanien, bei Nertschinsk, in Sibirien etc. Hierher gehört auch das meiste *Federerz* (Heteromorphit, Plumosit), ausserordentlich zarte Nädelchen von Jamesonit, welche vielfach zu filzähnlichen Massen von geringem Glanz und dunkelgrauer Farbe in einander gewachsen sind; an mehreren Orten im Harz, im Erzgebirge, bei Felsöbanya (vrgl. auch bei Antimonglanz).

Brongniartin; $2(Ag_2, Pb)S . Sb_2S_3$; $25 Pb$, $26 Ag$ regulär, meist derb; grauschwarz; aus Mexico; ist wie ein silberhaltiger Jamesonit zusammengesetzt.

Dufrénoysit (Binnit, Skleroklas); $2PbS . As_2S_3$. Selten gute Krystalle, zuweilen ziemlich grosse dicke Prismen; sehr flächenreich, mit einem vollkommenen Blätterbruch. Sehr spröd und zerbrechlich. Dunkelbleigrau mit röthlich-braunem Strich. Lebhafter Metallglanz. Binnenthal im Dolomit.

Cosalit. $2PbS . Bi_2S_3$, derb, bleigrau von Cosala in Mexico und Rezbanya. Gehört wahrscheinlich in dieselbe Reihe.

Verbindungen $5MS . 2R_2S_3 = M_5R_4S_{11}$.

Bekannt ist nur: $5(Pb, Ag_2)S . 2Sb_2S_3$ und zwar dimorph:

a) *Freieslebenit* (Schilfglaserz). Monokline Krystalle mit mehreren treppenförmig abwechselnden Prismen, die längsgestreift sind und den Krystallen ein schilfartiges Aussehen verleihen. G. = 6,35. Freiberg, Felsöbanya, Hiendelaencina in Spanien, Nevada.

b) *Diaphorit.* Rhombisch. G. = 5,90. Wie Freieslebenit dunkelstahlgrau und metallglänzend. Přibram, beide sehr selten. (v. Zepharovich, Sitzgsber. Wiener Ak. Bd. 63. Vrba. Zeitschr. Kryst. Bd. II. Bücking ibid. Bd. II.)

Verbindungen $3MS \,.\, R_2S_3 = M_3R_2S_6$.

Wittichenit (Kupferwismuthglanz z. Th.); $3Cu_2S \,.\, Bi_2S_3$. Bleigrau, röthlich anlaufend, im Schwerspath bei Wittichen im Schwarzwald, meist derb.

Julianit; $3Cu_2S \,.\, As_2S_3$. Gruppen regulärer Kryställchen, auf dem frischen Bruch metallisch glänzend, röthlich bleigrau, aber bald schwarz anlaufend; auf Kalkspath der Grube Friederike Juliane bei Rudolstadt in Schlesien.

Boulangerit; $3PbS \,.\, Sb_2S_3$. Feinkörnige oder faserige bis dichte, dem Antimonglanz ähnliche Massen. Von Oberlahr und Mayen in Rheinpreussen, Wolfsberg, Přibram, Molières (Dep. du Gard) in ziemlicher Menge, Lappland, Nertschinsk, Nevada in Nordamerika.

Kobellit; $3(Pb, Fe)S \,.\, (Bi, Sb)_2S_3$. Faserigem Antimonglanz ähnliche Massen, mit Kobaltglanz, Kupferkies und Arsenkies von Hveua in Nerike (Schweden).

Nadelerz; (Belonit, Patrinit). $2PbS \,.\, Cu_2S \,.\, Bi_2S_3 = PbCuBiS_3$, ähnlich dem Bournonit. Schwärzlich bleigraue Haare und Nadeln, häufig gelb angelaufen; im weissen Goldquarz von Beresowsk (Ural). Es ist vielfach verwittert und der Quarz in der Umgebung in Folge dessen durch Malachit grüngefärbt.

Bournonit (Spiessglanzbleierz, Schwarzspiessglanzerz).

$2PbS \,.\, Cu_2S \,.\, Sb_2S_3 = PbCuSbS_3$, ähnlich dem Nadelerz, mit 42,38 *Pb*, 12,98 *Cu*, 24,98 *Sb*, 19,66 *S*, wenig *Fe* und *Mn*. Krystallisirt rhombisch mit Annäherung an das Quadratische: $m = \infty P$ (110); $m/m = 93^0\,40'$; dazu häufig die Abstumpfungen beider Kanten durch die Querfläche $a = \infty P\bar{\infty}$ (100) und die Längsfläche $b = \infty P\breve{\infty}$ (010), auf welche die beiden Domen $o = P\bar{\infty}$ (101) und $n = P\breve{\infty}$ (011)

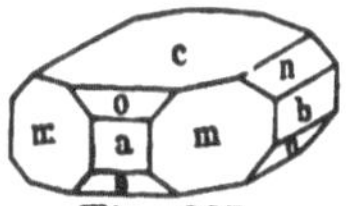

Fig. 337.

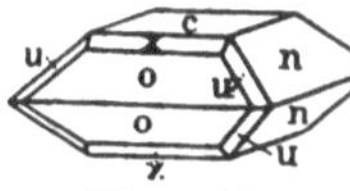

Fig. 338.

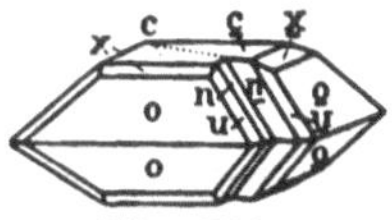

Fig. 339.

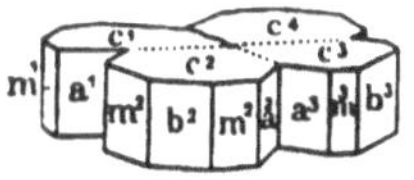
Fig. 340.

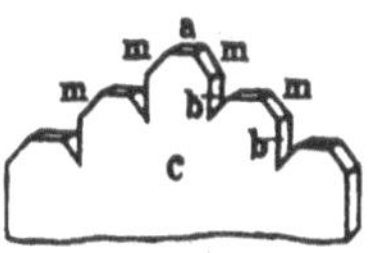

Fig. 341.

aufgesetzt sind; sowie die sehr ausgedehnte Basis $c = oP$ (001) (Fig. 337). Eine andere Combination ist in Fig. 338 dargestellt, wo das Prisma und die zwei Pinakoide *a* und *b* fehlen, wo dagegen über *o* noch das Doma $x = \frac{1}{2}P\bar{\infty}$ (102), sowie das Oktaëder $u = \frac{1}{2}P$ (112) als Abstumpfung der Kante n/o auftreten. $o/c = 126^0\,17'$; $n/c = 138^0\,6'$, daraus $a : b : c = 0{,}938 : 1 : 0{,}897$. Zwillinge nach *m* sehr häufig wegen der annähernden Rechtwinkligkeit des Prismas oft von einfachen Krystallen schwer zu unterscheiden; ein solcher aus zwei Individuen der Form Fig. 338 bestehend ist Fig. 339 abgebildet; hier sind beide Individuen aneinandergewachsen, zuweilen durchkreuzen sie sich auch ähnlich wie beim Staurolith. Nicht selten wiederholt sich die Zwillingsbildung und zwar entweder reihenförmig, dann sind in die grossen Individuen des Zwillings Fig. 339 zuweilen einzelne dünne Lamellen parallel mit der Zwillingsfläche zwillingsartig nach demselben Gesetz eingeschoben. Oder die Verwachsung ist cyklisch, es entstehen dann Vierlinge, wie es Fig. 340 zeigt. Auch Parallelverwachsungen mehrerer einfacher Individuen (Fig. 341) kommen vor. Die Krystalle sind stets als dicke Tafeln ausgebildet und kommen nur aufgewachsen vor.

Kein Blätterbruch, Bruch kleinmuschlig bis uneben; spröde ins Milde, H. $= 2\frac{1}{2} - 3$. G. $= 5{,}70 - 5{,}86$. Bleigrau bis eisenschwarz, graulich-schwarzer Strich, metallglänzend, undurchsichtig. V. d. L. leicht schmelzbar zu einer schwarzen Kugel; giebt weisse Dämpfe und hinterlässt schliesslich eine *Cu*-reiche Schlacke. In HNO_3 theilweise löslich zu einer blauen Solution. Die Krystalle und derben Massen des Minerals finden sich mit anderen Blei- und Kupfererzen auf Erzgängen; Horhausen in Nassau, Neudorf am Harz, Kàpnik in Ungarn, vielfach Zwillinge und parallelverwachsene Krystalle (sog. Rädelerz,); Nagyag in Siebenbürgen; Wölch in Kärnten (zersetzt, Wölchit); Přibram, Waldenstein in Kärnten, Cornwall etc. Wird zuweilen auf *Pb* und *Cu* verhüttet.

(Zirkel, Sitzgsber. Wiener Ak. Bd. 45. Hessenberg. Min. Notizen. (3); v. Kokscharow, Materialien, Bd. VIII.)

Stylotyp; $2(Cu,Ag)_2S \,.\, FeS \,.\, Sb_2S_3$ mit 8,3 *Ag*, zuweilen undeutliche Krystalle, welche Winkel ähnlich denen des Bournonits erkennen lassen. Meist derb, körnig; metallisch, eisenschwarz, von Copiapo in Chili.

Isomorphe Reihe des Rothgültigerzes (Silberblende).

(Rhomboëdrisch, hemimorph).

Dunkles Rothgültigerz. $3Ag_2S \,.\, Sb_2S_3 \,.\, R\,R = 108^0\,42'$ (E.K.) $a : c = 1 : 0{,}788$.
Lichtes Rothgültigerz. $3Ag_2S \,.\, As_2S_3 \,.\, R\,R = 107^0\,50'$ (E.K.) $a : c = 1 : 0{,}803$.

Beide Verbindungen meist für sich, isomorphe Mischungen kommen seltener vor, (vrgl. Feuerblende und Rittingerit). Die Rhomboëderwinkel stehen denen des Kalkspaths sehr nahe.

Dunkles Rothgültigerz (Antimonsilberblende, Pyrargyrit).

Ag_3SbS_3; 59,78 *Ag*, 22,51 *Sb*, 17,71 *S*. Vielfach sehr schöne, stets aufgewachsene, langprismenförmige Krystalle. Besonders häufig ist das zweite Prisma: $n = \infty P2$ $(11\bar{2}0)$, das fast stets herrscht, seltener das erste Prisma $k = \infty R(10\bar{1}0)$, von dem aber infolge des Hemimorphismus nur die abwechselnden Flächen auftreten, die abwechselnden Kanten von *n* abstumpfend oder Prismen von gleichseitigdreieckigem Querschnitt bildend (vergl. Turmalin) und (72a). Die Basis $c = oP\,(0001)$ ist nicht häufig, tritt aber doch zuweilen als einzige Endbegrenzung der Prismen auf. Die gewöhnlich vorkommenden Endflächen sind Rhomboëder und Skalenoëder; das Hauptrhomboëder $P = R\,(10\bar{1}1)$ ist nicht selten, doch fehlt es auch vielfach; es ist an den Enden der Prismen zuweilen allein vorhanden, ebenso das nächste stumpfere $z = -\frac{1}{2}R$ $(01\bar{1}2)$ (Fig. 343); häufiger stumpft aber z die Endkanten von P ab; ebenso häufig werden die Kanten P/z durch die Flächen des Skalenoëders $l = \frac{1}{4}R3$ $(21\bar{3}4)$ und die Kanten P/n durch die des Skalenoëders $h = R3$ $(21\bar{3}1)$ abgestumpft, so dass die Combination Fig. 342 (auf die Basis projicirt) entsteht. Zuweilen treten noch weitere Rhomboëder und Skalenoëder hinzu, so dass sehr complicirte und flächenreiche Gestalten entstehen. Die letzterwähnte Combination (Fig. 342) ist wieder verschieden, je nachdem die steilen Flächen von h vorherrschen oder nicht; im ersteren Falle entstehen Krystalle mit spitzer Endigung, an denen die Endecken von h nur wenig durch die Flächen P, z und l modificirt werden, im andern haben die Krystalle stumpfe Endigungen; fast bei allen spitzzulaufenden Krystallen ist das Skalenoëder h die am Ende herrschende Form. Zwillinge sind nicht selten, besonders nach dem Gesetz: Zw. Fl. eine Fläche von $\frac{1}{4}R$ $(10\bar{1}4)$ (zweites stumpferes Rhomboëder, dessen Flächen die E. K. des nächsten stumpferen z gerade abstumpfen). Zwei Individuen sind so verwachsen, dass zwei Endkanten und ebenso zwei Flächen von z zusammenfallen, wenn z die Endbegrenzung bildet, so dass also eine Abstumpfung dieser gemeinsamen Kante z/z ununterbrochen durch beide Individuen hindurchgeht; dies ist eben eine Fläche von $\frac{1}{4}R$. Zuweilen ist an jeder Endkante eines Individuums ein anderes angewachsen, so dass Vierlinge entstehen. Die Verwachsungsflächen sind auf der gemeinsamen Endkante z/z, also auch auf der diese abstumpfenden gemeinsamen Zwillingsfläche $\frac{1}{4}R$ senkrecht; die Hauptaxen benachbarter Individuen machen $26^0\ 7'$ (Fig. 343). Zwillinge nach anderen Gesetzen sind seltener.

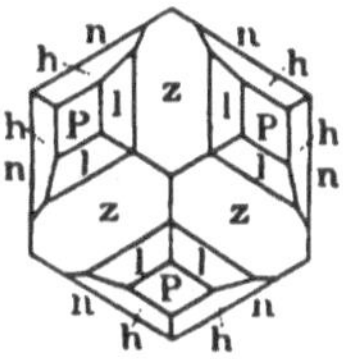
Fig. 342.

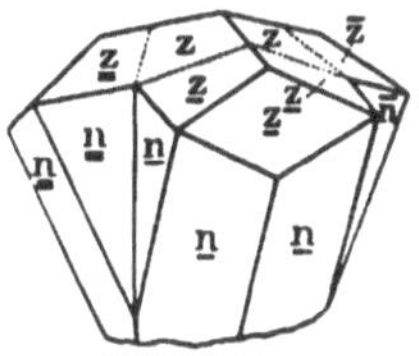
Fig. 343.

Bl. Br. parallel P ziemlich deutlich; Bruch uneben bis splittrig; mild ins Spröde. H. = 2—2½. G. = 5,75—5,85. Dunkelcochenilleroth ins Bleigrau, Strich hellroth, metallischer Diamantglanz; durchscheinend bis undurchsichtig, selten durchsichtig. — D. Br., $\omega = 3{,}084$, $\varepsilon = 2{,}881$ (Li).

Zerknistert im Kolben, schmilzt und giebt dann ein rothes Sublimat von Sb_2S_3. V. d. L. auf Kohle Sb-Rauch und -Beschlag und ein Ag-Korn. In HNO_3 schwarz werdend und dann aufgelöst; auch in Kalilauge theilweise löslich. Die Krystalle und derben Massen finden sich auf allen Silbererzlagerstätten, zuweilen in erheblichen Mengen, besonders auf Gängen: Andreasberg im Harz, Gonderbach in Westphalen, vielfach im Erzgebirge (Freiberg, Johanngeorgenstadt etc.); Přibram, Schemnitz; Kongsberg; auf allen Silbererzlagerstätten des westlichen Nord- und Süd-Amerika, so namentlich z. B. bei Chanarcillo in Chili.

Lichtes R. (Arsensilberblende, Proustit.)

Ag_3AsS_3; 65,46 *Ag*, 15,15 *As*, 19,39 *S*. Krystallographisch vom Vorigen nicht wesentlich verschieden, nur etwas andere Winkel; ebenso ist Spaltbarkeit und Härte wie dort. H. = 2—2½. G. = 5,5—5,6. Farbe hellcochenilleroth, Strich morgenroth, durchscheinend oder durchsichtig. — D. Br., $\omega = 2{,}9789$, $\varepsilon = 2{,}7113$ (*Li*). In HNO_3 und Kalilauge theilweise löslich; in der Hitze wie das dunkle *R.*, giebt aber *As*-Rauch und -Geruch. Vorkommen wie dort, auch in der Hauptsache an den gleichen Fundorten; an einigen Orten findet sich aber Proustit auch ohne grössere Mengen von Pyrargyrit (Wittichen im Schwarzwald, Markirch in den Vogesen, Joachimsthal, Annaberg, Marienberg im Erzgebirge, westl. Unionsstaaten (Nevada) etc.)

Beide Erze sind zuweilen in Ag_2S oder *Ag* verwandelt. Beide sind wichtige Silbererze.

(Qu. Sella, Quadro delle forme cristalline dell' Argento rosso, Abh. Turin. Ak. 1856. Streng, N. Jahrb. Min. 1878; Rethwisch, N. Jahrb. Min. IV. Beil.-Bd. pag. 31).

Dieselbe Zusammensetzung wie das dunkle Rothgültigerz, also Ag_3SbS_3, welche Substanz darnach dimorph wäre, hat die in kleinen dünnen pommeranzengelben bis röthlichbraunen monoklinen Täfelchen vorkommende *Feuerblende* (Pyrostilpnit) von Andreasberg; dasselbe Mineral findet sich auch bei Freiberg, Přibram, Felsöbanya, Chanarcillo. Damit vielleicht isomorph ist der aus *Ag*, *As* und *S* bestehende, *Sb* und *Se* freie *Rittingerit*, der in dunkelbraunen monoklinen Täfelchen, welche denen der Feuerblende sehr ähnlich sind, bei Joachimsthal, Kupferberg in Schlesien, Felsöbanya, Chanarcillo etc. vorkommt. Ein ähnliches Mineral ist auch der *Xanthokon*, der aber As_2S_5 neben As_2S_3 enthält und dessen Formel: $Ag_9As_3S_{10} = 2(3Ag_2S . As_2S_3) . (3Ag_2S . As_2S_5)$ ist; er bildet auf den Erzgängen von Freiberg, Kupferberg in Schlesien, Wittichen etc. dünne pommeranzengelbe rhomboëdrische Täfelchen.

Verbindungen $4MS . R_2S_3 = M_4R_2S_7$.

Isomorphe Reihe des Fahlerzes.

Regulär-tetraëdrisch, daher auch *Tetraëdrit* genannt.

Fahlerz (Tetraëdrit).

Die Fahlerze enthalten für *R* entweder nur *Sb* (*Antimonfahlerz*) oder nur *As* (*Arsenfahlerz* = *Tennantit*) oder *As* und *Sb* neben einander in isomorpher Vertretung (*Mischfahlerz*); ein kleiner *Bi*-Gehalt (bis 6% Bi_2S_3, vergl. Rionit pag. 303) ist nicht häufig (Bulach im Schwarzwald). Den Metallen *M* fehlt *Cu* nie (15 bis 53%); daneben finden sich *Ag* (bis 31%), aber nur in reinen Antimonfahlerzen ohne *As*; ferner *Fe* und *Zn* (je bis 9%) und in einigen kein oder wenig *As* enthaltenden Fahlerzen auch *Hg* (bis 18%), sowie geringe Mengen von *Co* und *Ni*. *Pb* fehlt durchgängig. Ein Antimonfahlerz hätte darnach im allgemeinen die Formel: $4\,(Cu_2, Ag_2, Fe, Zn, Hg)\,S . Sb_2\,S_3$, wobei aber *Ag*, *Zn* und besonders *Hg* auch fehlen können, während *Cu* und *Fe* stets vorhanden sind. Aehnlich wäre die Formel des Arsenfahlerzes und der Mischfahlerze, wo aber stets *Ag* fehlt. Uebrigens führen keineswegs alle Analysen genau auf die obige Formel, zuweilen finden sogar recht erhebliche Abweichungen davon statt. Stets aber ist bei grösserem *Ag*-Gehalt weniger *Cu*, und bei grösserem

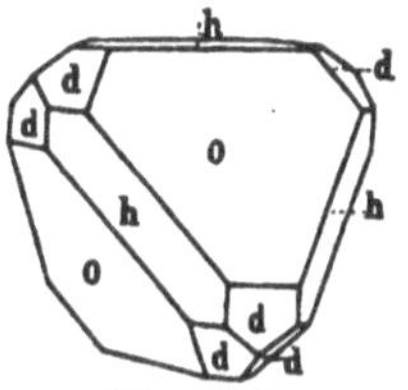

Fig. 344.

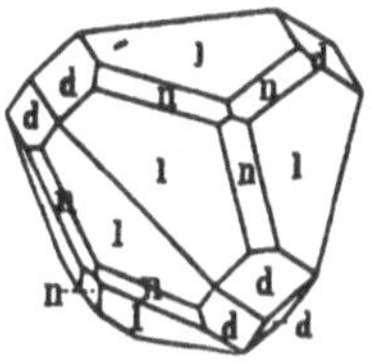

Fig. 345.

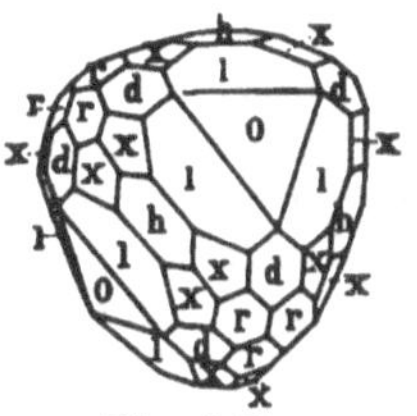

Fig. 346.

Zn-Gehalt weniger *Fe* vorhanden, so dass sich *Cu* und *Ag* einerseits und *Zn* und *Fe* andererseits isomorph zu vertreten scheinen.

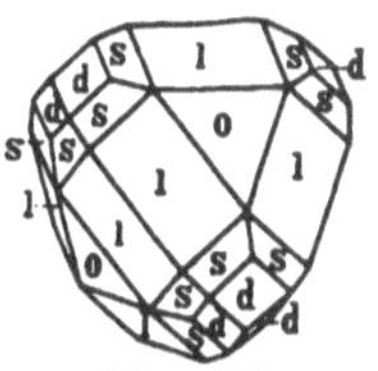

Fig. 347.

Schöne Krystalle, stets aufgewachsen, sind häufig; sie sind entweder vorwiegend tetraëdrisch oder auch wohl granatoëdrisch. Im letzteren Falle sind es Granatoëder, deren abwechselnde dreikantige Ecken durch die Flächen eines Tetraëders abgestumpft sind (Fig. 92). Im ersteren Falle herrscht meist entweder das Tetraëder $o = +\frac{O}{2}$ (111) oder das Pyramidentetraëder $l = +\frac{2O2}{2}$ (211). Die langen Kanten beider Körper sind durch die Würfelflächen abgestumpft, die aber immer klein und schmal sind (Fig. 344, vergl. Fig. 89). Beide genannte Körper: $\frac{O}{2}$ und $\frac{2O2}{2}$ sind häufig in Combination (Fig. 93), oder das Tetraëder mit dem Granatoëder $d = \infty O$ (110) (Fig. 91), wozu nicht selten noch der Würfel *h* tritt (Fig. 344). Auch mit dem Pyramidentetraëder *l* ist das Granatoëder *d* combinirt und ausserdem sind die Pyramidenkanten von *l* nicht selten durch die Flächen *n* des Deltoiddodekaëders derselben Stellung: $\frac{\frac{3}{2}O}{2}$ (332) abgestumpft (Fig. 345). Eine complicirtere Combination giebt Fig. 346, wo ausser *o, d, h, l* noch das Pyramidentetraëder 2. Ordnung: $r = -\frac{2O2}{2}$ $(2\bar{2}1)$ und der Pyramidenwürfel $x = \infty O3$ (310) ausgebildet sind. Auch Hexakistetraëder kommen vor, z. B. $s = \frac{3O\frac{3}{2}}{2}$ (321), die Kante *d*/*l* abstumpfend (Fig. 347) und andere. Die Ecken von $\frac{O}{2}$ oder die diesen entsprechenden werden nicht selten durch die Flächen des Gegentetraëders: $-\frac{O}{2}$ $(1\bar{1}1)$ abgestumpft. Auch Zwillinge finden sich nach einer Tetraëderfläche, die Individuen theils aneinander, theils durcheinander gewachsen; auch Ergänzungszwillinge, ähnlich Fig. 219, wo die Tetraëderkanten beider Individuen sich rechtwinklig kreuzen und wo meist kleine Ecken des einen aus den Flächen des andern Individuums nasenartig herausragen.

Bl. Br. fehlen, Bruch kleinmuschlig bis uneben; spröde. H. = 3—4, G. = 4,2 - 5,6. Metallglanz meist sehr stark, besonders auf Bruchflächen; stahlgrau bis eisenschwarz, Strich schwarz, bei den Arsenfahlerzen braun bis kirschroth. Im Kolben geben alle *F.* ein gelbes oder rothes Sublimat; auf Kohle unter Entwicklung von *Sb*-Rauch, ev. *As*-Geruch leicht zu einer grauen, zuweilen magnetischen Kugel schmelzbar. Von HNO_3 und Kalilauge zersetzt. Im Speciellen ist das Verhalten von der jeweiligen Zusammensetzung abhängig.

Ausser in aufgewachsenen Krystallen finden sich die Fahlerze häufig mit andern *Cu*-Erzen in zuweilen sehr bedeutenden derben, körnigen Massen, vorzugsweise auf Gängen, als ein wichtiges *Cu*-, auch *Ag*-Erz, auch etwas *Hg* wird wohl daraus gewonnen.

Man unterscheidet innerhalb der Gruppe der Fahlerze, deren Glieder chemisch ziemlich allmählig ineinander übergehen, gleichwohl einige besondere Species, die aber nicht scharf auseinander gehalten werden können:

Kupferfahlerz (Schwarzerz), das gewöhnlichste *F.*; *Cu* neben *Fe* und *Zn*, aber kein oder wenig *Ag*. Die Krystalle sind tetraëdrisch. Meist allein oder vorwiegend *Sb*, weniger *As* enthaltend. Dunkelstahlgrau bis eisenschwarz, mit schwarzem, nur bei *Zn*-reichen ins Braun gehendem Strich. *G.* > 5. Ein sehr verbreitetes Erz: Clausthal im Harz (hier die Krystalle zuweilen mit einer dünnen Schicht Kupferkies bedeckt); Neudorf im Harz; im Siegen'schen, Nassau (Horhausen); im Schwarzwald, Kahl im Spessart, Camsdorf in Thüringen, im Erzgebirge an vielen Orten, in Tyrol, Kapnik in Siebenbürgen, Cornwall, Nordamerika, Mexiko. Ein 7% *Zn* und 4% *As* enthaltendes Kupferfahlerz ist wohl der sog. *Fieldit* von Coquimbo in Chili.

Silberfahlerz (Freibergit, Graugültigerz, dunkles oder krystallisirtes Weissgültigerz, Polytelit z. Th.) mit einem bis 31% steigenden *Ag*-Gehalt; nur *Sb*, kein *As*. G. = 4,8—5,0. Farbe und Strich wie beim Kupferfahlerz. Weniger verbreitet wie dieses, aber mit ihm vielfach zusammen: Schwarzwald, Harz, bes. wichtig im Erzgebirge bei Freiberg, in Nevada etc. Hierher gehört wohl auch der 3% *Ag* enthaltende *Aphthonit* von Wermeland in Schweden.

Quecksilberfahlerz (Spaniolith, Schwatzit). Bis 18% *Hg*; theils reine *Sb*-, theils Mischfahlerze; Krystalle z. Th. granatoëdrisch. G. = 5,0—5,6. Geben mit Soda im Kolben ein Sublimat von *Hg*. Wenig verbreitet: Moschellandsberg in der Pfalz mit Zinnober, Schwatz in Tyrol, Kotterbach und Poratsch in Ungarn.

Arsenfahlerz (Tennantit), wenig verbreitet; stets *Ag*-frei. Die Krystalle granatoëdrisch; Farbe wie oben, Strich braun bis kirschroth, doch auch schwarz. G. = 4,2—4,5. Redruth in Cornwall, Skutterud in Norwegen, Saszka im Banat, Rudelstadt in Schlesien. Eine sehr *Zn*-reiche (8,89 *Zn*) Varietät von Freiberg ist *Kupferblende* genannt worden. Etwas *Sb*-haltig ist der *Sandbergerit* von Morococha in Peru mit 7 *Zn*. Hierher gehören wohl auch die derben, äusserlich durchaus fahlerzähnlichen *Annivit* und *Studerit* vom Anniviersthal in Wallis, für die man allerdings die Formel: $3Cu_2S \, . \, 5As_2S_3$ mit etwas *Fe, Zn* und *Sb* gefunden hat (vergl. Julianit). Dorther stammt auch der *Rionit*, wahrscheinlich ein Fahlerz mit $13^0/_0$ *Bi* neben 11 *As*.

Die Fahlerze verwittern wie andere ähnliche Erze und geben verschiedene Umwandlungsproducte, bes. häufig Malachit; auch in Bournonit ist das Fahlerz zuweilen verwandelt (Kapnik). Mit Kupferkies zuweilen regelmässig verwachsen.

(Sadebeck, Zeitschr. d. deutsch. geol. Ges. 1872 pag. 437).

Weissgültigerz (helles W., Polytelit, z. Th., Leukargyrit).

$4RS \, . \, Sb_2S_3$; $R = Pb$ (38,36), *Ag* (5,78); *Zn, Fe, Cu* nur in Spuren. Feinkörniges, nie deutlich krystallisirtes hellgraues bis silberweisses Erz, eingewachsen, im Bleiglanz. Mild. G. = 5,4. Ein nicht unwichtiges *Ag*-Erz der Freiberger Gruben. Ist vielleicht ein Gemenge.

Jordanit. $4PbS \, . \, As_2S_3$. Rhombisch. Dunkelgrau, sehr ähnlich dem Binnit und Dufrénoysit, mit denen er im Dolomit des Binnenthals vorkommt; er hat einen deutlichen Bl. Br. und schwarzen Strich.

Meneghinit. $4PbS \, . \, Sb_2S_3$. Rhombisch, mit dem vorigen vielleicht isomorph. Bleigraue Nadeln auf dichtem M. Bottino in Toscana, Schwarzenberg in Sachsen, Goldkronach (A. Schmidt, Zeitschr. Kryst. VIII 613. Hintze ibid. IX 291).

Verbindungen $5MS \, . \, R_2S_3 = M_5R_2S_8$.

Geokronit. $5PbS \, . \, Sb_2S_3$ mit etwas *As* und *Cu*. Rhombisch, aber meist dicht; hellbleigrau, dunkler angelaufen; Sala in Schweden. Dasselbe ist vielleicht der *Kilbrickenit* von Kilbricken in Ireland, für den auch die Formel: $6PbS \, . \, Sb_2S_3$ aufgestellt wird. Der G. ist vielleicht isomorph mit:

Sprödglaserz (Stephanit, Melanglanz).

$5Ag_2S \, . \, Sb_2S_3$; 68,36 *Ag*, etwas *As, Cu, Fe*. Rhombische Krystalle, tafel- oder säulenförmig: ∞P (110), 115° 39'; $\infty \breve{P}\infty$ (010); $0P$ (001); P (111); $2\breve{P}\infty$ (021), 72° 12' (oben), sind zuweilen combinirt, ähnliche Formen wie beim Kupferglanz (Fig. 320) bildend, nicht selten, aber prismatisch stark verlängert. Auch Zwillinge nach ∞P. Bruch kleinmuschlig bis uneben, mild, (aber spröder als Silberglanzglaserz, dem er sonst sehr ähnlich sieht; daher der Name: Sprödglaserz). H. = 2—2½. G. = 6,0—6,25. Eisenschwarz, schwacher Metallglanz. V. d. L. decrepitirt er, schmilzt leicht und giebt ein *Ag*-Korn. Findet sich als wichtiges und verbreitetes Silbererz in Krystallen und derben Massen, auch pseudomorph nach *Ag*, zusammen mit Silber, Silberglanz, Rothgültigerz u. a. Silbererzen auf den Silbererzlagerstätten im Harz (Andreasberg); im Erzgebirge; bei Přibram;

bei Schemnitz (sog. Röschgewächs); bei Kongsberg; im westlichen Theil von Amerika, besonders im Comstocklgang in Nevada in Masse, bei Zacatecas in Mexico etc.

(Vrba, Zeitschr. Kryst. V. pag. 417 und 435. Morton, ibid. Bd. IX.)

Verbindungen $6MS \,.\, R_2S_3 = M_6R_2S_9$ *und basischere.*

Beegerit. $6PbS \,.\, Bi_2S_3$ mit etwas *Cu*; reguläre, würflig-blättrige, graue Aggregate von Colorado.

Polybasit. (Eugenglanz); $9\,(Ag_2, Cu_2)\,S$; $(Sb, As)_2S_3$; 64,3—72,4 *Ag*, 3,0—9,9 *Cu*. Rhombische, scheinbar hexagonale Tafeln, zuweilen sehr dünn; auch derb. Eisenschwarz, halbmetallisch, sehr dünne Plättchen durchsichtig. H. = 2—2½, G. = 6,0—6,25. Seltener als Silberglanz, Sprödglaserz und Rothgültigerz, aber immer noch ein nicht unwichtiges Silbererz; mit den genannten zusammen vorkommend. Erzgebirge (Freiberg, Marienberg, Joachimsthal), Přibram, Schemnitz. Westamerika im Süden und Norden.

Polyargyrit. $12Ag_2S \,.\, Sb_2S_3$; dunkelbleigraue, reguläre Kryställchen von Wolfach im Schwarzwald.

Verbindungen von R_2S_5.

Gruppe des Enargit.

Isomorph sind die rhombischen: *Famatinit:* $3Cu_2S \,.\, Sb_2S_5$; $a : b : c = 0{,}871 : 1 : 0{,}823$ und *Enargit:* $3Cu_2S \,.\, As_2S_5$ mit demselben Axenverhältniss. Mit letzterem ist gleich zusammengesetzt der wahrscheinlich monokline *Clarit* und der *Luzonit.*

Famatinit. Sehr kleine, nicht spaltbare Kryställchen und derbe, graulich-kupferrothe, metallische Massen aus der Sierra Famatina in Argentinien als Begleiter des Enargit.

Enargit. 48,60 *Cu*, wenig *Fe, Zn, Sb.* Rhombische Krystalle, nicht häufig; ∞P (110), 97° 53′, deutlich spaltbar; die 3 Pinakoide: $0P$ (001), $\infty P\breve{\infty}$ (010), $\infty P\bar{\infty}$ (100) sind nicht selten combinirt, daneben $P\breve{\infty}$ (011), 100° 58′ oben; auch Zwillinge. Spröde, H. = 3. G. = 4,36—4,47. Eisenschwarz mit schwarzem Strich, unvollkommener Metallglanz. Schmilzt leicht und giebt im Kolben etwas *S*; durch Kalilauge zersetzt. In Menge als wichtiges Kupfererz bei Morococha in Peru mit Fahlerz und Kupferkies und an zahlreichen anderen Punkten der Cordilleren, z. B. mit Famatinit zusammen in der Sierra Famatina in Argentinien, auf Gängen im Thonschiefer; auf der Insel Luzon bei Mancayan in einem Gang im Trachyt; spärlich bei Parad in Ungarn und bei Brixlegg in Tyrol.

Ein Erz mit 11,74 *Sb* und 8,88 *As* von Cerro de Pasco in Peru, ist wahrscheinlich eine isomorphe Mischung der beiden vorhergehenden Mineralien.

Clarit. Monokline, büschelförmig gruppirte, klinodiagonal sehr vollkommen spaltbare, bleigraue Krystalle in dem Schwerspath der Grube Clara in der Schapbach im Schwarzwald. Der äusserlich dem Famatinit sehr ähnliche dunkelkupferrothe, violett anlaufende, nicht spaltbare, nur derb bekannte *Luzonit* hat die Zusammensetzung des Enargits und Clarits, kommt auch mit dem ersteren zusammen auf der

Insel Luzon vor. Sein Verhältniss zu den andern genannten Mineralien ist noch nicht genügend aufgeklärt.

Epiboulangerit, $3PbS \cdot Sb_2S_5$; früher für Antimonglanz gehalten, von Altenberg in Schlesien; feine Nadeln und Körnchen im Braunspath eingewachsen.

Epigenit. $9RS \cdot As_2S_5$, $R = Cu, Fe$; kurz säulenförmige rhombische Krystalle, stahlgrau mit schwarzem Strich, schwach metallglänzend, von Wittichen im Schwarzwald.

(Vergl. auch den As_2S_5-haltigen Xanthocon pag. 300.)

IV. Klasse.

Oxyde.

a. Wasserfreie Oxyde.

Oxyde R_2O.

Wasser.

H_2O; das natürlich vorkommende Wasser ist wohl nie chemisch rein, stets durch aufgelöste Substanzen verunreinigt. Weich heisst es, wenn wenig Salze, hart, wenn viel Salze, namentlich grössere Mengen von Gyps darin aufgelöst sind. $NaCl$-haltiges Wasser nennt man Soole, hierher gehört auch das Meerwasser, das bis gegen $5\,\%$ feste Bestandtheile, hauptsächlich $NaCl$ enthält; ebenso auch das Wasser mancher abflussloser Seen, z. B. des Todten Meers, das mit $NaCl$ beinahe gesättigt ist. Im allgemeinen nennt man Wasser mit erheblichen Mengen von gelösten festen Bestandtheilen Mineralwasser; diese sind ausser $NaCl$ namentlich $MgSO_4$, Na_2SO_4, Na_2CO_3, $FeCO_3$ etc. meist eines oder das andere vorwiegend, und darnach wird das Wasser benannt: Bitterwasser, Eisenwasser etc. Wasser mit CO_2 heissen Säuerlinge, solche mit $FeCO_3$ Eisensäuerlinge, mit Na_2CO_3 alkalische Säuerlinge etc.; Wasser mit H_2S heisst Schwefelwasser. Das Wasser ist flüssig, erstarrt bei 0^0 krystallinisch (hexagonal, siehe Eis), hat bei 4^0 seine grösste Dichtigkeit: G. = 1 bei 760 mm Barometerstand; siedet dann bei 100^0 C. Es ist farblos, in dicken Schichten blau; bei Verunreinigung mit geringen Mengen organischer Bestandtheile braun oder grün; in grossen Wasserbecken (Seen, Meeren etc.) hängt die Farbe aber auch von der Beschaffenheit des Grundes, der Art der Beleuchtung durch die Sonne etc. ab. $n = 1{,}3309$; $1{,}3336$; $1{,}3442$ für die Linien B, D, H des Spectrums. Das Vorkommen des W. ist ein ganz allgemeines, es ist das verbreitetste Mineral. Nach dem Vorkommen unterscheidet man Gebirgsfeuchtigkeit: dasjenige, welches die Gesteine in der Erdkruste durchtränkt, Quellwasser (wobei man kalte und warme Quellen (Thermen) zu unterscheiden hat), Fluss-, See-, Meerwasser etc.

Die Gebirgsfeuchtigkeit ist in sofern von besonderer Wichtigkeit, als sie in der Hauptsache die hydrochemischen Mineralbildungs- und Umbildungsprocesse in der Erdkruste vermittelt (217, 218).

Eis.

H_2O, krystallinisch erstarrtes Wasser, stets rein, auch wenn das Wasser gelöste Stoffe enthält, z. B. das Meerwasser (abgesehen von mechanisch eingeschlossener Mutterlauge). Hexagonal, Prisma mit Basis, auch wohl Dihexaëderflächen; sechsstrahlige Krystallgruppen bilden die Schneesterne. Zerbrechlich, Bruch muschlig; mild ins Spröde; sehr plastisch, getrennte Stücke können unter einem gewissen Drucke zu einer homogenen Masse zusammenfrieren. H. = $1\frac{1}{2}-2$. G. = 0,918 bei 0°. D. Br. +; $\omega = 1,30598$ (r.); 1,31200 (gr.); 1,31700 (v.); $\varepsilon = 1,30734$ (r.); 1,31360 (gr.); 1,32100 (v). Durchsichtig bis durchscheinend, meist farblos, in dicken Massen ebenfalls blau. In kleineren, meist rasch wieder schmelzenden Massen bildet sich Eis als Schnee, Hagel und als winterliche Decke der Wasserflächen kälterer Gegenden, auch auf dem Grunde der letzteren als Grundeis. In Gegenden, wo die mittlere Jahrestemperatur unter 0° liegt, häufen sich Eismassen an, von denen aus sich Eisströme, die sog. Gletscher, in wärmere Gegenden hinein erstrecken. Jenseits der Schneegrenze, welche in den Polargegenden sehr weit, bis auf den Meeresspiegel, herabsteigt, in wärmeren Gegenden aber nur im Hochgebirge erreicht wird, sammelt sich der Schnee an, der sich allmählig zu Firn, einer körnigen Eismasse — jedes Korn ein Individuum — umwandelt, aus der dann das compacte Gletschereis entsteht. Beim Frieren eines ruhigen Wasserspiegels bildet sich an der Oberfläche eine Eisschicht, von gleicher krystallographischer Orientirung durch die ganze Masse hindurch; die Hauptaxe steht zur Wasserfläche senkrecht. Beim Aufthauen dicker Eisplatten zerfallen dieselben häufig in ein Haufwerk dünner Stengel, welche senkrecht auf der Oberfläche der Platten stehen. Deutliche, messbare Krystalle, einzeln oder zu Drusen vereinigt, bilden sich nicht selten, z. B. auf Grashalmen und anderen Gegenständen, welche aus grösseren Schneeflächen herausragen, durch Sublimation aus dem umgebenden Schnee.

Rothkupfererz (Cuprit).

Cu_2O; 88,8 Cu. Regulär, und zwar gyroëdrisch, meist Oktaëder und Granatoëder, selbständig oder in Combination, auch Würfel, und seltener andere reguläre Formen, zuweilen in complicirten Combinationen. Ziemlich deutliche oktaëdrische Spaltbarkeit; spröde; H. = $3\frac{1}{2}-4$; G. = 5,7 bis 6,1. Roth in verschiedenen Nüancen; hellcochenilleroth (die sog. Kupferblüthe) bis dunkelkirschroth, der Strich im letzteren Falle heller und braunroth. Halbdurchsichtig bis durchscheinend, selten durchsichtig; halbmetallischer Diamantglanz. $n = 2{,}849$ (r.), also sehr starkes Lichtbrechungsvermögen. In Säuren und in Ammoniak löslich; v. d. L. auf Kohle erst schwarz werdend, dann schmelzend und sich zu einem Kupferkorn reducirend. Findet sich häufig in deutlichen Krystallen, die, auf derbem Rothkupfererz aufgewachsen, Drusen bilden; selten sind die Krystalle, zuweilen Gruppen bildend, eingewachsen und zwar im Thon, so in beträchtlicher Grösse bei Chessy in der Nähe von Lyon. Das häufigste Vorkommen sind aber derbe blättrige bis dichte Massen, die sich mit gediegenem Kupfer und anderen Kupfererzen auf Gängen und Lagern im Granit, Gneis und in Sedimentärgesteinen finden, so z. B. im Dillenburgischen in Nassau, im Westerwald, im Siegenschen, in Cornwall, im Banat, im Ural an mehreren Orten (Gumeschewsk, Nischne-Tagilsk etc.), in Chili, auf Cuba, in Südafrika etc. Es wird zuweilen, wenn es sich in genügenden Massen findet, auf Kupfer verhüttet. Eine eigenthümliche Abart des Rothkupfererzes ist die *Kupferblüthe* (Chalkotrichit), lange und dünne haarförmige Kryställchen, meist zu filzartigen Aggregaten verwachsen auf Quarz. Man hat diese haarförmigen Gebilde früher für nicht regulär gehalten, es hat sich aber herausgestellt, dass sie isotrop und daher nur eine eigenthümliche Erscheinungsweise des Rothkupfererzes sind, die bei Rheinbreitenbach am Rhein, auch in Cornwall vorkommt.

Das Rothkupfererz entsteht leicht durch Oxydation aus gediegenem Kupfer, Pseudomorphosen bildend. Auch durch Oxydation von schwefelhaltigen Kupfererzen entsteht das Mineral, z. B. durch Verwitterung des Kupferkieses und des Buntkupfererzes; S geht dabei fort und es bildet sich ein ziegelrothes, erdiges Gemenge von Cu_2O und $\underline{Fe}O_3$ resp. Eisenoxydhyrat, welches als *Ziegelerz* bezeichnet wird. Seinerseits nimmt das Rothkupfererz häufig noch mehr O, sowie H_2O und CO_2 auf, und geht in den grünen Malachit über, ebenfalls Pseudomorphosen bildend; solche sind z. B. vielfach die oben erwähnten grossen Krystalle von Chessy bei Lyon.

(G. Rose, Reise in den Ural, Bd. I pag. 264. Miers, Philos. mag. 1884.)

Oxyde RO.

Schwarzkupfererz (Tenorit, Melaconit).

CuO; 79,85 Cu. Findet sich in Gestalt dünner schwarzer, gelblichbraun durchscheinender, metallisch glänzender Krystallplättchen des triklinen, vielleicht auch des monoklinen Krystallsystems auf Laven des Vesuvs (*Tenorit*). (Kalkowsky, Zeitschr. Kryst. III. 279. 1879.) Sodann als feines schwarzes Pulver, ebenfalls auf Vesuvlaven oder als compacte braunschwarze Massen mit andern Kupfererzen zusammen (Kupferkies, Buntkupfererz etc.), aus denen es wahrscheinlich entstanden ist (*Melaconit*). Für diese compacten Massen ist H. = 3, G. = 6,25. Der Melaconit findet sich in grossen Quantitäten auf den Kupfererzlagerstätten in Nordamerika im Staate Michigan am oberen See; mit vorkommende würflige Krystalle dieser Substanz gelten für Pseudomorphosen nach Buntkupfererz oder Rothkupfererz. Ebenso findet es sich auch in den Kupfererzlagerstätten der Wüste Atacama in Chili. Wird auf Kupfer verhüttet.

Das Verhältniss des Tenorits zum Melanocit ist noch nicht sicher festgestellt. Unter *Kupferschwärze* versteht man ein unreines CuO, was sich als dünner schwarzer (nicht blauer, dieser ist Kupferindig, CuS) Ueberzug auf Kupferkies nicht selten findet.

Isomorphe Gruppe des Periklas (regulär).

Periklas. MgO, kleine grüne Oktaëder in Kalkauswürflingen der Somma. *Bunsenit.* NiO, Johanngeorgenstadt. *Manganosit.* MnO, Longbanshyttan in Wermland.

Bleiglätte (Massicot), PbO; blassgelbes Pulver, mit Weissbleierz auf Bleiglanz. Badenweiler, auch an mehreren Orten in Mexiko etc. Das Vorkommen ist z. Th. zweifelhaft in Bezug auf seine natürliche Entstehung.

Rothzinkerz (Zinkit, Spartalit).

ZnO, $\overset{..}{Mn}O_3$-haltig (bis 12°/₀ $\overset{..}{Mn}O_3$). Hexagonal, aber deutliche natürliche Krystalle sind noch nicht gefunden. Basische Spaltbarkeit deutlich, weniger deutlich die prismatische nach den Flächen eines hexagonalen Prismas. Spröde: H. $= 4-4\frac{1}{2}$. G. $= 5{,}43-5{,}7$. Diamantähnlicher Metallglanz nicht stark. Dunkelroth durch den Mn-Gehalt, orangegelber Strich, durchscheinend. V. d. L. unschmelzbar, giebt Zn-Beschlag, in Säuren löslich. Mit Franklinit und Kalkspath zu Stirling Hill und Mine Hill, Sussex Co, New Jersey. Wird auf Zn verhüttet, da es massenhaft vorkommt und zwar im Kalk, im Gneis eingelagert. Bildet sich bei manchen Hüttenprocessen als Sublimationsproduct in ausgezeichneten Krystallen: hexagonale Prismen mit mehreren Dihexaëdern derselben Stellung, Basis etc.

Oxyde $\overset{..}{R}O_3$.

Isomorphe Reihe des Korunds (rhomboëdrisch).

Korund: $\overset{..}{Al}O_3$:	$a : c = 1 : 1{,}363$.
Eisenglanz: $\overset{..}{Fe}O_3$:	$a : c = 1 : 1{,}359$.
Titaneisen: $m\,\overset{..}{Fe}O_3 + n\,Fe\,Ti\,O_3$;	$a : c = 1 : 1{,}359$ ca.

Korund.

$\overset{..}{Al}O_3$, 53,2 Al; wenig $\overset{..}{Fe}O_3$ und andere Verunreinigungen. Das Hauptrhomboëder: $R = R$ $(10\bar{1}1)$, $R/R = 86^0\ 4'$ (E. K.) ist häufig, damit combinirt nicht selten allein die Basis $c = oR$ (0001) (Fig. 348), so dass oft Formen entstehen, die mit dem regulären Oktaëder eine gewisse Aehnlichkeit haben. Die Basis zeigt zuweilen eine dreifache Streifung unter 60°. Auch das zweite Prisma $s = \infty P2$ $(11\bar{2}0)$ ist nicht selten und sogar häufig herrschend mit der Basis c und kleinen

Flächen R (Fig. 349); auch Dihexaëder 2. Stellung sind häufig, besonders ganz steile, entweder für sich allein oder doch vorwaltend, wie in Fig. 350, wo $l = 4P2$ $(22\bar{4}1)$, $l/l = 159^{0}\ 12'$ (S. K.) mit untergeordneten Flächen R und c den Krystall begrenzt; oder mehrere solche über einander und mit anderen Formen in Combination (Fig. 351), wo neben s, l, c und R noch $t = 9P2$ $(9\,.\,9\,.\,\bar{18}\,.\,2)$ und $r = \frac{4}{3}P2$ $(22\bar{4}3)$, $r/r = 122^{0}\ 22'$ (S. K.) vorkommen, so dass ein hexagonales Prisma mit bauchig gekrümmten Flächen vorzuliegen scheint; r ist dadurch

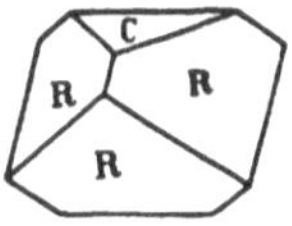

Fig. 348.

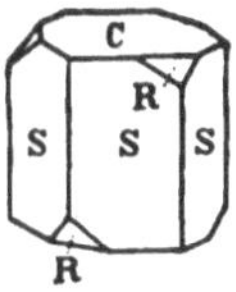

Fig. 349.

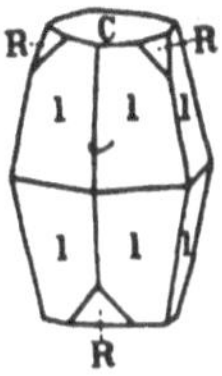

Fig. 350.

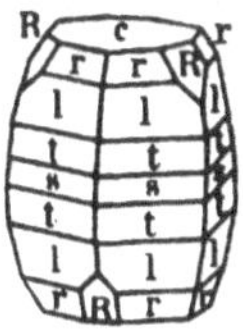

Fig. 351.

ausgezeichnet, dass seine abwechselnden E. K. durch die Flächen des Hauptrhomboëders R abgestumpft werden. Zwillinge giebt es: 1) nach R: einzelne Lamellen sind parallel den Hauptrhomboëderflächen einem grössern Krystall in Zwillingsstellung nach R eingewachsen; dadurch entsteht häufig eine schalige Absonderung in der Richtung der Flächen von R, welche man nicht mit Blätterbrüchen verwechseln darf; sie ist entweder nur einer, oder zwei resp. allen drei Flächen R parallel, je nachdem einer oder mehreren dieser Flächen solche Zwillingslamellen parallel gehen; mit dieser Zwillingsbildung steht meist die oben erwähnte dreifache Streifung auf der Basis in Verbindung. 2) nach der Basis c: eine Anzahl dünner Lamellen liegt nach dieser Fläche zwillingsartig über einander, die abwechselnden in paralleler, die an einanderstossenden in Zwillingsstellung, und rufen auch in dieser Richtung zuweilen schalige Absonderung hervor. Blätterbrüche sind nicht vorhanden. Bruch muschlig; spröde; H. = 9; härtestes Mineral nach Diamant, daher als Zapfenlager bei feinen Uhren, als Schleif- und Polirmittel etc. verwendet (vergl. Smirgel). G. = 3,9—4,0, unreiner K. = 3,7—4,3. D. Br. — ; $\omega = 1.768$, $\varepsilon = 1{,}760$ (r.), zuweilen scheinbar 2axig. Durchsichtig (edler K.), auch trübe und undurchsichtig (gemeiner K.). Glasglänzend, der edle sehr stark. Der edle K. ist selten ganz farblos und wasserhell, meist roth (*Rubin*) oder blau (*Sapphir*), beide häufig nur gefleckt, besonders der Sapphir; selten grün (orientalischer Smaragd), gelb (orient. Topas) oder violett (orient. Amethyst der Juwelire), alle sind höchst werthvolle Edelsteine. Auch der gemeine K. ist blau (häufiger) und roth (seltener), zeigt aber ausserdem noch andere trübe Farben, grünlich, grau, braun (sog. Demantspath) u. a. m. Ausgezeichneter Dichroismus, O dunkel-, E hellroth. Manche Korunde reflectiren auf der Basis ein sechsstrahligen Stern, wenn eine Lichtflamme darauf gespiegelt wird (Stern- oder Katzensapphir, z. B. von Ratnapura auf Ceylon). V. d. L. unschmelzbar. Der Rubin wird in der Hitze farblos, sodann beim Erkalten erst grün, sodann wieder roth, wie er anfangs war. Von Säuren nicht angegriffen; feines Pulver beim Glühen mit Kobaltsolution blau.

Der edle K. findet sich im Basalt, Rubin, z. B. in dem von Victoria in Australien, Sapphir in dem von Mittel- und Niedermendig am Rhein, z. Th. in deutlichen Krystallen, meist aber nur unregelmässig begrenzte kleine Körner. Die meisten Rubine und Sapphire kommen aber aus den Edelsteinsaifen von Hinterindien, Ceylon etc., in welchen sie oft mehr oder weniger stark abgerieben sind. Die dortherstammenden K. werden hauptsächlich als Edelsteine verschliffen. Auch an der Iserwiese, am Ursprung der Iser, finden sich zuweilen im Flusssand grössere und kleinere Rubin- und Sapphir-Körner, ferner bei Expailly in der Auvergne in Frankreich, am Ural etc., überall mit andern Edelsteinen (Hyacinth, Spinell etc.) gemengt. Der gemeine K. findet sich in einzelnen Körnern und in derben Massen bis zum Gewicht von mehreren Centnern hauptsächlich im Granit, Gneis, überhaupt im Urgebirge. Bekannte Fundorte sind: Wolfhau im Riesengebirge, Biella in Piemont, hier etwas zersetzt und weicher, grau, Campolongo am St. Gotthard im körnigen Dolomit, im Ural bei Miask und Mursinsk, sowie im Barsowit in den Goldsaifen bei Barsowskoy, in Ostindien, China (von hier u. A. der Demantspath), in den östlichen Unionstaaten an vielen Orten; auch auf Gängen in Serpentin und, für sich allein oder mit dem edlen K., in den Saifen zusammen.

Eine besonders wichtige Varietät des gemeinen K. ist der *Smirgel* es ist Sapphir, aber durch Eisenglanz, Magneteisen u. a. Beimengungen sind die Stücke schwarz gefärbt und auch weicher als reiner Korund. Er findet sich in grossen feinkörnigen Massen den krystallinischen Schiefern eingelagert, die beste Sorte auf der Insel Naxos, weniger gute Abänderungen, mit stärkerer Verunreinigung, aber in viel grösseren Massen, als auf Naxos, in Kleinasien in dem Gebiet zwischen den Städten Magnesia, Tiré (s. ö. Smyrna) und Aïdin (am Mäander), am Gumach dagh, kleinere Mengen auch auf Samos, Chios und Cypern; ferner bei Chester Co. in Massachusetts, am Ochsenkopf bei Schwarzenberg in Sachsen etc. Der Smirgel wird im Grossen gewonnen, besonders auf Naxos und in zehnmal grösserer Menge in Kleinasien (Türkischer oder Levantiner Smirgel); er wird sodann zu Schleif- und Polirpulver und zu Geräthen zum Abschleifen und Abdrehen von Metallen und zu ähnlichen Zwecken verarbeitet.

(C. Klein, N. Jahrb. Min. 1871. 487. Genth, Contrib. from laboratory of the Univ. of Pennsylvania 1873. Tschermak, Min. Mittheilgn. 1878.)

Eisenglanz (Rotheisenstein, Hämatit).

FeO_3, 70,0 *Fe*; in den Krystallen vielfach etwas *FeO* und TiO_2 ($FeTiO_3$), namentlich in den alpinen, den Uebergang zum Titaneisen vermittelnd; die derben und dichten Massen sind sehr oft durch alle möglichen Beimengungen stark verunreinigt.

Die Krystallisation ist der des Korunds sehr ähnlich. Das Hauptrhomboëder $R = R$ $(10\bar{1}1)$ hat $R/R = 85^0\ 58'$ (E. K.), ist also einem Würfel sehr ähnlich; es begrenzt die Krystalle manchmal für sich allein, z. B. die auf den Zinnerzlagerstätten von Altenberg in Sachsen, wo die Flächen R in der Richtung der schiefen Diagonale deutlich gestreift sind; nicht selten sind die E. K. von R durch die Flächen des nächsten stumpferen Rhomboëders $o = -\frac{1}{2}R$ $(01\bar{1}2)$ abgestumpft (Fig. 133) (Altenberg); oder die E. E. von R ist abgestumpft durch die Basis $c = oR$ (0001), welche entweder klein ist (Fig. 348), wie z. B. bei Krystallen ebenfalls von Altenberg, oder gross (Fig. 352), so dass die Krystalle oft die Gestalt papierdünner Plättchen haben,

Fig. 352.

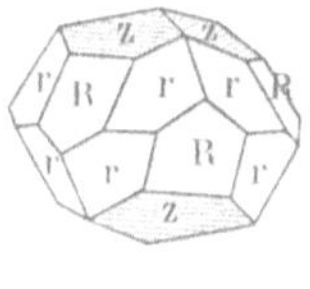

Fig. 353.

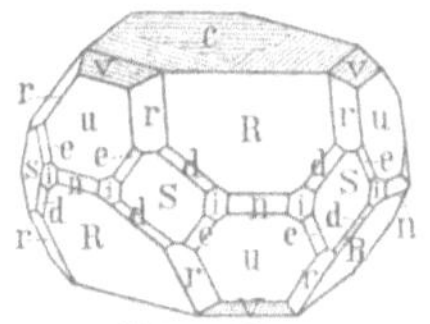

Fig. 354.

wie dies so oft an den Eisenglanzsublimationen der Vulkane beobachtet wird, an deren Rändern auch zuweilen das Gegenrhomboëder $l = -R$ $(01\bar{1}1)$ neben oder statt R auftritt. Sehr verbreitet ist das auch beim Korund vorkommende Dihexaëder: $r = \frac{4}{3}P2$ $(22\bar{4}3)$, $r/r = 128^0\ 0'$ (E. K.), z. B. Fig. 353 mit R zusammen, dessen Flächen die abwechselnden E. K. r/r gerade abstumpfen; die E. E. ist hier durch eine rundliche Fläche ersetzt, welche in der Richtung ihrer Kante gegen R stark gestreift ist (Krystall von Elba); diese rundliche Fläche besteht aus drei krummen und daher allmählig in einander übergehenden Flächen des zweiten stumpferen Rhomboëders $z = \frac{1}{4}R$ $(40\bar{4}1)$. Seltener ist an den Krystallen nur R und r (Altenberg) oder neben r noch das zweite Prisma $s = \infty P2$ $(11\bar{2}0)$, dessen Flächen die S. K. von r gerade abstumpfen, sowie eine kleine Basis (Reichenstein in Schlesien und Framont in den Vogesen); oder r nur mit der die E. E. abstumpfenden Basis (an denselben Orten); oder auch das Prisma s mit der Basis (Framont). Das erste Prisma $n = \infty P$ $(10\bar{1}0)$ ist seltener, als das häufige s, kommt aber auch zuweilen vor (Framont). Skalenoëder sind im allgemeinen nicht sehr häufig; einer der gewöhnlichsten, aber immer noch seltenen ist $y = \frac{2}{5}R3$ $(42\bar{6}5)$, die Kante R/r an den Krystallen der Fig. 353 abstumpfend. Einen sehr flächenreichen Krystall aus den Alpen (St. Gotthard) stellt Figur 354 dar, an dem ausser den nach dem Vorhergehenden bekannten Flächen noch vorkommen: das nächste schärfere Rhomboëder $u = -2R$ $(02\bar{2}1)$, die beiden Skalenoëder: $d = R3$ ($21\bar{3}1$) und $e = -2R3$ ($24\bar{6}1$), die Kanten R/s, resp. u/s abstumpfend, sowie das zwölfseitige Prisma: $i = \infty P\frac{3}{2}$ ($21\bar{3}0$). An diesem Krystall ist die E. E. der Rhomboëder R und u durch die Basis c abgestumpft, die in die Flächen u dadurch allmählig übergeht, dass die Kanten c/u durch die in diesen Richtungen gestreiften und etwas gekrümmten Flächen v abgestumpft sind; auch die Fläche c selbst ist in diesen Richtungen deutlich, also dreifach gestreift.

Zwillingsbildung ist häufig, nach denselben beiden Gesetzen, wie beim Korund. 1) nach R; auch hier sind Zwillingslamellen eingewachsen, welche nach R eine schalige Absonderung und auf der Basis c Zwillingsstreifen in der Richtung dieser Flächen hervorrufen. 2) nach c; hier sind die Individuen entweder mit Prismenflächen aneinandergewachsen, wie bei manchen der dünnen vulkanisch sublimirten Täfelchen, oder sie sind mit gemeinsamer Vertikalaxe durcheinandergewachsen; zuweilen sind auch hier mehrere Individuen nach der Fläche c verwachsen, manchmal papierdünne Plättchen, welche eine schalige Absonderung auch nach c hervorbringen.

(Strüver, Schriften der Turiner Akademie VII. 1871 (bes. die Krystalle von Elba und Traversella). Bücking, Zeitschr. Kryst. I. II; Bauer, Zeitschr. d. deutsch. geol. Ges. XXVI. 1874 pag. 176. Hessenberg, Min. Not. an mehreren Stellen).

Das natürliche Eisenoxyd ist in HCl löslich; wenig magnetisch. H. = 5½—6; G. = 4,5—5,3. V. d. L. schwer schmelzbar, zuweilen unter Funkensprühen; nach dem Erhitzen stärker magnetisch, besonders nach dem Glühen in der Reduktionsflamme.

Die einzelnen Vorkommnisse des Eisenglanzes sind z. T. äusserlich sehr von einander verschieden. Theilweise sind sie sehr stark metallischglänzend, schwarz, theilweise nicht metallisch und roth; stets ist aber der Strich roth. Nach der äusseren Erscheinung hat man eine Anzahl von Varietäten unterschieden, welche aber in einander allmählig übergehen und keineswegs scharf auseinandergehalten werden können.

a. *Eisenglanz* (Glanzeisenerz). Metallisch glänzend, die Krystalle oft sehr stark; schwarz bis dunkelstahlgrau, undurchsichtig, nur ganz dünne Plättchen mit rother Farbe durchscheinend bis durchsichtig; Strich kirschroth. Findet sich sehr häufig in schön ausgebildeten Krystallen, welche meist dicke Tafeln und niedere Prismen, auch dünne Lamellen bilden, seltener langgezogene Säulen, wie die Combinationen *s*, *r*, *c* etc. von Reichenstein u. a. O. Die krystallographischen Verhältnisse sind oben angegeben worden. Die Krystalle sind fast stets aufgewachsen, und zwar entweder auf derbem, körnigem Eisenglanz oder auf Klüften und Spalten in Silicatgesteinen verschiedener Art. Mit derbem Eisenglanz und anderen Eisenerzen zusammen finden sich die ausgezeichneten, zuweilen an der Oberfläche in prächtigen Anlauffarben spielenden Krystalle von Elba (Fig. 353); die Krystalle von Traversella in Piemont, Framont und Altenberg etc. Ausser Verbindung mit massenhaft vorkommenden Eisenerzen besonders schöne Krystalle auf den Klüften der krystallinischen Silicatgesteine der Alpen an vielen Stellen, mit Adular, Quarz etc., so am St. Gotthard, im Binnenthal etc. Es sind entweder dicke oder dünne tafelförmige Krystalle, die dünnen Platten zuweilen wie die Blätter einer Rose zur Druse gruppirt (Eisenrosen). Einen hierher gehörigen Krystall giebt Fig. 354. Den Eisenrosen ähnliche Drusen von Capao in Brasilien. Die alpinen Krystalle sind z. T. etwas TiO_2-haltig und werden daher auch wohl schon zum Titaneisen gerechnet (Basanomelan); manchmal ist auf ihrer Basis schön krystallisirter Rutil in krystallographisch definirbarer, regelmässig wiederkehrender Weise gesetzmässig aufgewachsen (107). Sonst finden sich Eisenglanzkrystalle ausser Verbindung massenhafter Eisenerze auf den Zinnsteingängen von Altenberg und anderen Orten des Erzgebirges, bei Reichenstein in Schlesien, in den Achatmandeln von Oberstein a. d. Nahe etc. Die durch vulkanische Dämpfe sublimirten Krystalle, welche durch gegenseitige Umsetzung von Eisenchlorid- und Wasserdämpfen entstanden sind, wurden schon erwähnt; sie finden sich am Vesuv, Aetna, auf den Liparen etc.; ferner in den erloschenen Vulkanen des Laacherseegebiets, der Eifel, des Mont Dore etc., zuweilen in einzelnen dünnen oder dickeren Tafeln auf Lava aufgewachsen, zuweilen breite Spalten und grosse Hohlräume ausfüllend. Beinahe mikroskopisch kleine äusserst dünne, daher rothe Kryställchen finden sich in ungeheurer Anzahl in manchen Mineralien eingewachsen, dieselben rothfärbend so im Carnallit von Stassfurt, im Sonnenstein von Tvedestrand etc.

Neben dem *derben* Eisenglanz ist zunächst der schalige und blättrige zu erwähnen, der aus einzelnen mehr oder weniger dicken, schwarzen Plättchen, zuweilen aus äusserst dünnen Lamellen und Schuppen zusammengesetzt ist. Die Aggregate sind entweder gerade- oder krummschalig. Wenn die Plättchen sehr dünn sind, nennt man die Masse *Eisenglimmer*; er findet sich bei Waldenstein in Kärnten mit Schwefelkies, auf den Eisenglanzlagerstätten von Elba ebenfalls mit Schwefelkies, derbe schalige Massen überhaupt vielfach mit dem körnigen Eisenglanz zusammen auf den unten zu erwähnenden Lagerstätten. In manchen krystallinischen Schiefern ersetzen Lamellen von Eisenglimmer den gewöhnlichen Glimmer und es entstehen dadurch die sog. *Eisenglimmerschiefer,* so im Soonwalde, bei Dobschau in Ungarn, Blansko in Mähren, in Portugal, Frankreich, Ungarn und besonders massenhaft in Brasilien (Itabirit) und Südcarolina etc., z. Th. ziemlich rein, z. Th. mit beigemengtem Magneteisen, Quarz etc. Werden die Plättchen sehr klein, so bilden sich schuppige Aggregate, die meist lose sind, an den Fingern schmutzen und wegen zu geringer Dicke zuweilen nicht mehr schwarz und metallglänzend, sondern roth durchscheinend (Eisenrahm). Solcher findet sich bei Suhl im Thüringer Wald mit Eisenerzen, in Quarzkugeln und andern Hohlräumen in Porphyren, im Granit von Schönmünznach im Schwarzwald, im Fichtelgebirge, in den Mandeln mancher Melaphyre etc.

Am massenhaftesten ist unter den derben Varietäten der *körnige* und *dichte* Eisenglanz; theils grobkörnig, die einzelnen Körner oft nur lose verbunden, theils feinkörnig und dicht und dann auch noch stahlgrau. Er bildet in seinen verschiedenen Varietäten mit andern Structurformen des Eisenglanzes, mit Rotheisenstein, sodann mit Magneteisen und häufig auch mit Silicatmineralien Lager oft von ungeheurer Massenhaftigkeit. Hierher gehört das Lager von Elba, auf der Insel Utö u. a. a. O. in Schweden mit Magneteisen, ebenso in Spanien, Nordamerika (Missouri und am Oberen See) etc.; geringere Mengen im Thüringer Wald, Riesengebirge. Auf Drusenräumen sitzen gut ausgebildete Krystalle (Elba). Auf Gängen ist der körnige und dichte Eisenglanz seltener.

b. *Rotheisenstein.* Deutlich roth; in dicken Stücken röthlich-stahlgrau meist aber blutroth; stets mit rothem Strich. Wenn die Farbe ins Stahlgraue geht, so ist der Glanz halbmetallisch, im andern Fall ist er nicht metallisch und je nach der speciellen Beschaffenheit der Masse etwas verschieden. Der halbmetallische röthlich-stahlgraue Rotheisenstein schliesst sich an den Eisenglanz unmittelbar an, die andern Varietäten desselben entfernen sich von ihm z. Th. sehr weit. Die Härte ist vielfach geringer als beim Eisenglanz (H. = 3,5). G. = 4,5—4,9. V. d. L. und gegen Säuren in der Hauptsache wie Eisenglanz.

Der Rotheisenstein findet sich nie in deutlichen Krystallen, doch ist auch er oft krystallisirt, wie die häufig strahlige und fasrige Beschaffenheit desselben zeigt. Die Strahlen und Fasern gehen meist radial von einem Punkt aus; sie halten im allgemeinen fest zusammen, vielfach lassen sich aber einzelne sehr spitze und dünne Radialfasern von der Hauptmasse ablösen. Auf Radialbrüchen solcher Aggregate beobachtet man einen z. Th. etwas ins Metallische gehenden Seidenglanz. In annähernd radialer Richtung gehen zuweilen durch solche fasrige Rotheisensteinaggregate beinahe ebene, metallisch glänzende Absonderungsflächen hindurch, die man nicht mit Krystallflächen verwechseln darf. Sie begrenzen, wenn sie in grösserer Anzahl vorhanden sind, vielfach krystallähnliche, spitzkegelförmige Gestalten, die aber im Innern nicht einheitlich, sondern aus excentrisch verlaufenden Fasern gebildet sind. Zuweilen hat der fasrige Rotheisenstein eine nierenförmige bis traubige Oberfläche (rother Glaskopf); dieser rundlichen Oberfläche gehen nicht selten auch innere Absonderungsflächen parallel. Der fasrige Rotheisenstein findet sich in mehr oder weniger grossen Mengen mit dichtem Rotheisenstein zusammen, die fasrige Varietät, besonders der rothe Glaskopf, stets die Oberfläche desselben auf Hohlräumen etc. als eine mehr oder weniger dicke Kruste überdeckend. Diese fasrige Varietät findet sich in schönen Exemplaren im Erzgebirge in Sachsen und Böhmen, im Siegen'schen und sonst am Rhein, am Harz, in Lothringen und an vielen andern Orten; aber viel massenhafter als der fasrige findet sich der *dichte Rotheisenstein* roth in verschiedenen Nüancen ohne Metallglanz. Derselbe ist zuweilen völlig compact und hat dann einen flachmuschligen bis ebenen Bruch, zuweilen ist er auch stark porös; der Glanz ist immer gering. Der dichte Rotheisenstein ist meist nicht mehr so rein, wie der Eisenglanz oder rothe Glaskopf, sondern durch Beimengungen verschiedener Art verunreinigt. Er findet sich auf Gängen und Lagern an vielen Orten, das Muttergestein des fasrigen Rotheisensteins und des rothen Glaskopfs bildend (s. o.), der in geringen Mengen wohl stets dem dichten Rotheisenstein eingemengt ist: so im Thüringer Wald bei Suhl, in Nassau, bei Wetzlar, in Oberhessen, im Siegen'schen, in Lothringen, Luxemburg; ferner in Westphalen, im Waldeck'schen, im Harz (Zorge, Lerbach, Elbingerode), im Erzgebirge bei Altenberg, Schneeberg, Platten etc.; in Schlesien, im Voigtlande etc. Ausserhalb Deutschlands massenhaft in Spanien, Brasilien, Nordamerika. Zuweilen ist das Rotheisenerz vollkommen erdig und bildet den rothen *Eisenocker*.

Wenn der dichte Rotheisenstein mit Thon gemengt ist, so hat man den intensiv gefärbten *rothen Thoneisenstein* von mattem Bruch. Derselbe ist noch zuweilen als Eisenerz verwendbar. Er ist manchmal oolithisch, wie z. B. das Eisenerz des unteren braunen Jura in der schwäbischen Alb (Wasseralfingen), im Lias bei Helmstedt etc. Nimmt der Thongehalt zu, so entsteht zuweilen der *Röthel*, eine sehr weiche, schreibende, intensiv roth gefärbte Masse, welche zu rothen Schreibestiften verarbeitet wird (Kaulsdorf bei Saalfeld in Thüringen). Intensiv rothe Thone sind sehr verbreitet, sie, wie überhaupt alle intensiv rothen Gesteine, Porphyre, Sandsteine etc., sind durch Eisenoxyd in feinster Vertheilung (Rotheisenocker) gefärbt. Ein rother Thon, der durch einen Braunkohlenbrand geglüht und parallelstenglig abgesondert wurde, ist der *stenglige Thoneisenstein* aus dem nördlichen Böhmen.

Zuweilen ist dem Oxyde Kieselsäure beigemengt (kieseliger Rotheisenstein) und es werden dadurch alle möglichen Uebergänge zum rothen Eisenkiesel und zum rothen Jaspis hervorgebracht. Auch Kalk ist nicht selten beigemengt (kalkiger Rotheisenstein).

Eisenoxyd in seinen verschiedenen Varietäten bildet nicht selten Pseudomorphosen, so z. B. nach Kalkspathskalenoëdern bei Sundwig in Westphalen, im Siegen'schen, bei Amönau unweit Marburg und an vielen andern Orten; das Material der Pseudomorphose ist z. Th. Eisenglanz, z. Th. Rotheisenstein. Auch Schwefelkies und Spatheisenstein findet sich vielfach in Eisenoxyd verwandelt, ebenso Magneteisen, dessen schwarze Oktaëder zuweilen einen rothen Strich und die Zusammensetzung FeO_3 haben (Martit von Brasilien). Eisenoxyd entsteht ferner zuweilen aus Eisenoxydhydrat durch Wasserverlust; nach einer Annahme soll der rothe Glaskopf auf diese Weise aus braunem Glaskopf entstanden sein. Umgekehrt verwandelt sich aber auch vielfach Eisenoxyd in Eisenoxydhydrat durch Aufnahme von Wasser, z. B. in Elba; auch in Magneteisen geht Eisenoxyd manchmal über. Eisenglanz dient zuweilen als Versteinerungsmittel, so bei den Liasmuscheln von Saumur in Frankreich.

Der Eisenglanz und Rotheisenstein in ihren z. Th. massenhaft vorkommenden Abänderungen gehören mit zu den wichtigsten Eisenerzen. Die harten Varietäten werden auch vielfach zum Poliren benutzt.

Titaneisen (Rhomboëdrisches Titaneisen, Ilmenit).

Ist eine isomorphe Mischung von $mFe\!\!\!/O_3$ und $nFeTiO_3$, wo *Fe* z. Th. durch *Mg* ersetzt ist, daher das letzte Glied allgemeiner $n(Fe, Mg)\,TiO_3$ geschrieben wird. Man kann somit das T. nicht als eine isomorphe Mischung von $Fe\!\!\!/O_3$ und $Ti\!\!\!/O_3$ auffassen, was an sich möglich wäre, da es dieselbe Zahl von Atomen von *Fe* und *Ti* voraussetzt, aber der *Mg*-Gehalt würde dann die Annahme von $Mg\!\!\!/O_3$ erfordern, was sich chemisch nicht rechtfertigen liesse. In der Mischung überwiegt bald das erste, bald das zweite Glied, einige Varietäten enthalten sogar gar kein $Fe\!\!\!/O_3$, so der Crichtonit von Bourg d'Oisans (Dauphiné): $FeTiO_3$ mit 52,63 TiO_2, und andere, darunter das Titaneisen von Gastein (Kibdelophan) und das *Mg*-haltige T. (Pikrotitanit) von Laytonsfarm in New York: $(Fe, Mg)\,TiO_3$ mit 58,52 TiO_2 und 15,11 MgO; die meisten enthalten aber $Fe\!\!\!/O_3$, und zwar von 1 Mol. $Fe\!\!\!/O_3$ auf 10 Mol. $FeTiO_3$ (8,87 $Fe\!\!\!/O_3$, 51,30 TiO_2 (Egersund in Norwegen) bis herauf zu 3 Mol. $Fe\!\!\!/O_3$ und 1 Mol. $FeTiO_3$ (83,41 $Fe\!\!\!/O_3$ und 9,10 TiO_2). Dies ist der schon oben beim Eisenglanz erwähnte Basanomelan vom St. Gotthard etc., welcher auf der Grenze zwischen Eisenglanz und Titaneisen steht.

Die Krystallform ist der des Eisenglanzes sehr ähnlich, aber rhomboëdrisch-tetartoëdrisch, wie der Krystall Fig. 355 zeigt, wo neben $R = R$ $(10\bar{1}1)$; $R/R = 85^0\,58'$ (E. K.); $u = -2R$ $(02\bar{2}1)$ und $c = oR$ (0001) die Flächen des auch beim Eisenglanz beobachteten Dihexaëders 2. Stellung $r = \frac{4}{3}P2$ $(22\bar{4}3)$ nur abwechselnd oben und unten vorkommen. Zuweilen findet man sehr steile Rhomboëder: $5R\,(50\bar{5}1)$ (?) E. K. $= 61\frac{1}{2}^0$ ca. mit der Basis (Crichtonit). Zwillinge, besonders als eingeschobene Lamellen, nach *R*, wie bei Eisenglanz und Korund, daher auf der Basis auch hier häufig dreifache Streifung und schalige Absonderung nach *R*. Solche ist auch nach *c* oft vorhanden, daher vielleicht Zwillingsbildung nach dieser Fläche.

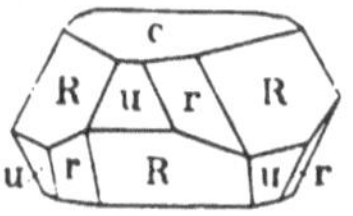

Fig. 355.

Blätterbruch ist nicht beobachtet; der Bruch ist muschlig; H. $= 5-6$. G. $= 4{,}3-5{,}2$, um so höher, je TiO_2 ärmer. Meist sehr stark metallglänzend; undurchsichtig, sehr dünne Plättchen braun durchscheinend, eisenschwarz, schwarzer oder brauner Strich, schwach oder gar nicht magnetisch (vergl. oktaëdrisches Titaneisen); sehr schwer schmelzbar, nach dem Glühen stärker magnetisch. In *HCl* schwer löslich, TiO_2 bleibt ungelöst zurück.

Kommt in deutlichen Krystallen oder derben Körnern in Gesteinen eingewachsen, selten aufgewachsen vor, so im Granit. Gneis,

Gabbro, Syenit, Diabas, Serpentin, Basalt etc., in makro- und mikroskopischer Grösse. Aus diesen Gesteinen gelangt es dann in den Sand der Flüsse und Bäche. Es finden sich aufgewachsen mit Bergkrystall, Anatas etc. auf Klüften in den krystallinischen Schiefern bei Bourg d'Oisans die kleinen scharfen Kryställchen des Crichtonit; eingewachsen findet sich das T. im Granit von Aschaffenburg, im Talkschiefer der Gegend von Gastein (Kibdelophan); im südlichen Norwegen in grossen Mengen im Syenit und ähnlichen Gesteinen, z. B. bei Tvedestrand, Arendal (sog. Hystatit), Egersund etc. Krystalle finden sich zu Snarum bei Modum im Serpentin; ebensolche im Miascit des Ilmengebirges bei Miask (Ilmenit). In Canada und in den Vereinigten Staaten findet sich T. an vielen Orten und in Menge. Wird in den Gesteinen nicht selten in weissen derben Titanit umgewandelt (Titanomorphit oder Leukoxen). Titaneisen in schwarzen abgerollten Körnern mit sehr stark glänzendem muschligen Bruch findet sich, mit stark magnetischen Körnern gemischt (Iserin) im Sande der Iserwiese, am Ursprung der Iser, kleine Körnchen im Sande von Menaccan in Cornwall (Menaccanit) und noch vielfach sonst im Sande der Flüsse (Titaneisensand), stets, wie an der Iserwiese, mit magnetischen Körnern dem oktaëdrischen Titaneisen zugehörig zusammen; bekannt ist auch das Vorkommen bei Ohlapian in Siebenbürgen im Goldsande.

(Bücking, Zeitschr. für Kryst. I und II. v. Kokscharow, Mineralien Bd. VI.)

Isodimorphe Gruppe von Sb_2O_3 und As_2O_3.

Beide krystallisiren regulär und rhombisch; je die regulären und die rhombischen Mineralien sind isomorph (196). (Groth, Pogg. Ann. Bd. 137 pag. 414.)

	regulär.	rhombisch.	
Sb_2O_3	Sénarmontit	Antimonblüthe	$a:b:c = 0,3758 : 1 : 0,3500.$
As_2O_3	Arsenolith	Claudetit	$= 0,3822 : 1 : 0,3443.$

Alle vier sind wenig verbreitet und unwichtig.

Sénarmontit. Weisse diamantglänzende Oktaëder von Perneck in Ungarn, Mimine in Algier, auch in Canada. G. = 5,2—5,3. Zeigt häufig anomale Doppelbrechung. (Grosse-Bohle, Inaug. Diss. Leipzig 1880.)

Antimonblüthe (Valentinit, Weissspiessglanzerz). Dünne weisse oder graue demantglänzende Plättchen von rechteckigem Umfang und mit ausgezeichneter brachydiagonaler Spaltbarkeit. Mit Grauspiessglanzerz zu Bräunsdorf in Sachsen und zu Přibram in Böhmen. G. = 5,57. (Laspeyres, Zeitschr. Kryst. IX. 1884.)

Arsenolith (Arsenit). Meist erdig, auch fasrig; Andreasberg, Joachimsthal. Mit andern Arsenmineralien.

Claudetit. In dünnen Plättchen; St. Domingogrube in Portugal mit Arsenkies.

Wismuthocker. Bi_2O_3, strohgelbe, grüne oder hellgraue derbe und erdige Masse, durch Umwandlung von Bi_2S_3 und anderer Bi-haltiger Mineralien entstanden. Schneeberg, Joachimsthal, Cornwall.

Braunit (Hartmanganerz).

$\overset{..}{Mn}O_3$, 69,2 Mn meist etwas SiO_2 und BaO enthaltend, daher wird das Mineral wohl auch als eine isomorphe Mischung von $\overset{..}{Mn}O_3 =$

$MnO . MnO_2$ und $MnO . SiO_2$ angesehen, wo etwas MnO durch BaO vertreten ist. Quadratisch, in dem regulären ähnlichen Oktaëdern. $P/P = 108^0$ 39′ (S. K.) Nach P etwas blättrig. Spröde. H. = 6—6,5. G. = 4,75—4,9. Dunkelbraunschwarz bis eisenschwarz, schwarzer Strich, undurchsichtig, mit unvollkommenem Metallglanz. Unschmelzbar, in HCl unter Entwicklung von Cl löslich. In kleinen aufgewachsenen Krystallen und derben Massen. Auf den Braunsteinlagerstätten der Gegend von Ilmenau im Thüringer Walde, Ilfeld im Harz, in Schweden mit Hausmannit (s. d.); bei St. Marcel in Piemont (Marcellin) etc. Bildet einen Theil des Braunsteins.

Oxyde R_3O_4 $(MO . RO_3)$.

Hierher gehört vorzugsweise die isomorphe Gruppe der regulären *Spinelle* und ausserhalb derselben von wichtigeren Mineralien dieser Zusammensetzung noch der damit enger verbundene *Chrysoberyll* und der entfernter stehende *Hausmannit* etc.

Hausmannit (Scharfmanganerz).

Mn_3O_4 mit 72,05 Mn; daneben etwas SiO_2, BaO etc. Die Formel wird als: 2 $MnO . MnO_2$ gedeutet, wobei MnO z. Th. durch BaO, MnO_2 durch SiO_2 ersetzt ist. Quadratisch in spitzen Oktaëdern $P = P$ (111), an denen $P/P = 117^0$ 54′ (S. K.); untergeordnete Flächen des nächsten stumpferen Oktaëders $P\infty$ (101) stumpfen zuweilen die E. K. von P gerade ab und kleine Flächen $\frac{1}{3}P$ (113) schärfen die E. E. von P von den Flächen P aus vierflächig zu, auch stumpft die Basis $0P$ (001) zuweilen die E. E. von P ab. Zwillinge nach $P\infty$ (101) häufig, wie es Fig. 356 zeigt; zwei E. K. von P machen dabei einen einspringenden Winkel von 161^0 38′; zuweilen wächst an jede E. K. ein Individuum nach diesem Gesetz zwillingsartig an, so dass Fünflinge entstehen, wie beim Kupferkies (Fig. 336). Nach der Basis deutlich blättrig; spröde; H. = 5—5½. G. = 4,7—4,8 Pechschwarz mit röthlichbraunem Strich; metallglänzend, nicht sehr stark; vollkommen undurchsichtig. V. d. L. unschmelzbar, entwickelt etwas O. In HCl unter Entwicklung von Cl löslich. Vorkommen in aufgewachsenen, stets kleinen Krystallen und in derben, körnigen Aggregaten, besonders massenhaft bei Pajsberg und im Kirchspiel Nordmarken in Wermland im Urkalkstein; in geringerer Menge bei Ilfeld im Harz und Ilmenau im Thüringer Wald mit Schwerspath und mit anderen Manganerzen: Braunit und besonders Pyrolusit, mit denen zusammen es einen Bestandtheil des Braunsteins bildet.

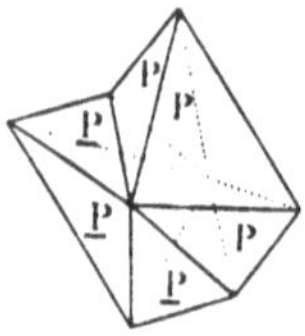

Fig. 356.

Mennige. Pb_3O_4. Morgenrothe bis gelbe fettglänzende Massen: Bleialf bei Trier, Badenweiler im Schwarzwald, Dernburg in Nassau, in der Provinz Santander in Spanien etc. Die natürliche Entstehung ist z. Th. zweifelhaft.

Isomorphe Gruppe des Spinells.

Reguläre Mineralien von der Zusammensetzung $MO \cdot \bar{R}O_3 = M\bar{R}O_4$. Bilden sehr vielfache isomorphe Mischungen; damit heteromorph ist der rhombische Chrysoberyll (siehe unten).

Edler Spinell.

$Mg\bar{A}lO_4$, etwas $\bar{C}rO_3$, FeO, SiO_2. Hauptsächlich Oktaëder, oft mit abgestumpften Kanten (Granatoëder) und von den Flächen aus vierflächig zugeschärften Ecken durch das Ikositetraëder $3O3$ (311), während die sonst häufige Form $2O2$ (211) hier fehlt. Zwillinge nach der Oktaëderfläche (Fig. 213), sehr gewöhnlich; diese heissen darnach allgemein Spinellzwillinge. Die Zwillingsbildung wiederholt sich zuweilen. H. = 8. Spröde. Muschliger Bruch. G. = 3,5 – 3,8. Durchsichtig bis durchscheinend, lebhaft glasglänzend. Farblos, hellroth (Balas-Rubin), roth mit einem Stich ins Blaue oder Violette. (Almandinspinell), gelbroth (Rubicell) und hauptsächlich rubinroth und dem Rubin oft sehr ähnlich (Rubinspinell). Da auch der Rubin zuweilen in dem regulären Oktaëder ähnlich aussehenden Combinationen: $R(10\bar{1}1)$, und $oR(0001)$ vorkommt, so ist es manchmal nicht leicht, Spinell und Rubin zu erkennen, die Betrachtung im polarisirten Licht und mit dem Dichroskop lässt aber den isotropen Spinell von dem doppeltbrechenden Rubin leicht unterscheiden (pag. 175). Beim Glühen farblos, beim Erkalten wieder roth, aber nicht vorher grün, wie Rubin. In losen Krystallen und Körnern in den Edelsteinsaifen von Ceylon und Hinterindien; das ursprüngliche Vorkommen wenig bekannt. Benutzung wie Rubin als Edelstein etc.

(Strüver, Zeitschr. Kryst. II. 480.)

Blauer Spinell. $Mg(\bar{A}l, \bar{F}e)O_4$ mit 3,57 $\bar{F}eO_3$. Hellblaue Oktaëder im Kalk von Åker in Södermanland (Schweden) und von Sussex Cty. (New-York); ähnlich zusammengesetzt ist der *Chlorospinell* (mit 9—15% $\bar{F}eO_3$), smaragdgrüne, durch etwas CuO gefärbte Oktaëder aus dem Talkschiefer bei Slatoust im Ural.

Ceylanit (Pleonast). $(Mg, Fe)(\bar{A}l, \bar{F}e)O_4$, bis 20% FeO. Krystallisirt wie der edle Spinell; zuweilen sehr flächenreich. G. = 3,8; H. = $7\frac{1}{2}$. Schwarz, aber dunkelbouteillengrün durchscheinend. In vulkanischen Gesteinen am Vesuv und im Albaner Gebirge bei Rom auf Drusenräumen aufgewachsen in kleinen, sehr glänzenden Krystallen. Als Contactmineral oft in grösseren Krystallen mit grünem Augit am Monzoni in Tyrol; im Kalk zu Warwik und Amity in New-York und an vielen andern Stellen in Nord-Amerika; im Barsowit des Ural mit Korund; im Schuttgebirge auf Ceylon in grossen Krystallen, ferner an der Iserwiese etc.

Der *Hercynit* von Ronsberg im Böhmerwald ist wahrscheinlich ein stark verunreinigter Ceylanit. *Picotit* $(Mg, Fe)(\bar{A}l, \bar{F}e, \bar{C}r)O_4$ ist ein Chromceylanit mit ca. 8% $\bar{C}rO_3$; kleine stark glänzende Oktaëderchen von schwarzer Farbe, welche ein hellbraunes Pulver geben. H. = 8. Im Olivingesteine von Lherz in den Pyrenäen u. a. a. Orten; auch in den im Basalt eingeschlossenen Olivinknollen sowie in manchen Serpentinen. Ein sog. *Chrompicotit* mit 56% $\text{Cr}O_3$ in dem Olivinfels der Dunmountains in Neuseeland.

Chromeisenstein (Chromit).

$(Fe, Mg)(\text{Cr}, \text{Al}, \text{Fe})O_4$; 40—65% $\text{Cr}O_3$. Besonders MgO-reich der Magnochromit von Frankenstein in Schlesien. In manchen kommt auch CrO vor. Die Zusammensetzung ist sehr schwankend. Krystalle (Oktaëder) sind sehr selten, meist sind es derbe Massen von unvollkommen muschligem bis unebenem Bruch, oder körnige Aggregate. H. = $5\frac{1}{2}$—$6\frac{1}{2}$. Spröde. G. = 4,0 – 4,6. Pechschwarz mit hellbraunem Strich, unvollkommener Metallglanz. Zuweilen magnetisch, stets nach dem Glühen auf Kohle. Unschmelzbar. Von Säuren kaum angegriffen. Sein Vorkommen ist hauptsächlich an den Serpentin und andere Mg-Silicate gebunden, in welchen er sich zuweilen massenhaft findet und aus welchen er auch in die Saifen gelangt: Frankenstein in Schlesien, Kraubat in Steiermark, Insel Unst, Röras in Norwegen, bei Baltimore und sonst in Nord-Amerika, sehr verbreitet im Ural, besonders am Ostabhang; auch auf den Andamanen in Massen. Wichtigstes Material zur Herstellung von Chrompräparaten.

Zinkspinell (Automolit, Gahnit).

$Zn\text{Al}O_4$, 38,7 ZnO, z. Th. durch FeO, MnO und MgO vertreten; auch etwas $\text{Fe}O_3$ ist vorhanden. Meist in Oktaëdern, z. Th. ziemlich gross, an denen andere Formen nur untergeordnet vorkommen und deren Flächen deutliche Bl. Br. parallel gehen. Spröde. H. = 8. G. = 4,33—4,35, sogar bis 4,9. Grünlichschwarz, Strich grau, glasglänzend; durchscheinend bis undurchsichtig. Giebt mit Soda auf Kohle einen Zn-Beschlag. Von Säuren und Alkalien nicht angegriffen. Bei Falun im Talkschiefer, bei Franklin in New-York im Kalk, ebenso bei Tiriolo in Calabrien; auch als Begleiter der brasilianischen Diamanten.

Ganz ähnliche Mineralien sind der grünlich-schwarze *Kreittonit* $(Zn(\text{Al}, \text{Fe})O_4$ von Bodenmais im bayr. Wald und der dunkelbraune *Dysluit* $(Zn, Fe, Mn)(\text{Al}, \text{Fe})O_4$ im Kalkspath von Sterling in New-York.

Franklinit ist ebenfalls Zn-haltig, $(Zn, Fe, Mn)(\text{Fe}, \text{Mn})O_4$; 17—25% ZnO und 18—20% $\text{Mn}O_3$. Schwarze Oktaëder mit gerundeten Kanten und Ecken und röthlich braunem Strich. Metallischglänzend. H. = 6—$6\frac{1}{2}$. G. = 5,0 – 5,1. Bruch muschlig. Spröde; schwachmagnetisch. Unschmelzbar; in HCl löslich. In grösserer Menge mit Rothzinkerz im Kalk von Hamburg bei Franklin furnace in New-York.

Jakobsit, stark glänzende, magnetische, schwarze Oktaëderchen mit röthlichem Strich. $(Mn, Mg)(\text{Fe}, \text{Mn})O_4$; im körnigen Kalk von Jakobsberg in Wermland.

Magneteisen (Magnetit).

Fe_3O_4 oder $FeO \,.\, Fe_2O_3$; 72,4 *Fe* oder 31,03 FeO, 68,97 Fe_2O_3; etwas MnO, MgO (bis 6%, Talkeisenerz) und TiO_2 ist vielfach vorhanden (vergl. unten oktaëdrisches Titaneisen). Krystalle sehr häufig, meist Oktaëder *o*; häufig auch Granatoëder *d*, die Flächen in der Richtung der grossen Diagonale stark gestreift und die dreikantigen Ecken durch *o* abgestumpft (Fig. 357); zuweilen sind die Krystalle auch sehr flächenreich, wie die Fig. 358 zeigt; an diesem Krystall ist ausser *o* und *d* noch der Würfel *w*, die Ikositretraëder $m = 3O3$ (311) und $n = \frac{7}{2}O\frac{7}{2}$ (722) und die Hexakisoktaëder $x = \frac{21}{5}O3$ (21 . 7 . 5) und $y = 5O\frac{5}{3}$ (531). Zwillinge wie beim Spinell sehr häufig. Kein Bl. Br., dagegen in Folge der Zwillingsverwachsung nach den Flächen von *o* häufig schalige Absonderung; Bruch kleinmuschlig; spröde; H. = 5½—6½; G.=4,9 bis 5,2. Eisenschwarz mit schwarzem Strich; undurchsichtig, sehr dünne Lamellen, welche in manchem amerikanischen Glimmer zwischen den Spaltungsflächen eingewachsen sind, scheinen mit brauner Farbe durch. Metallglänzend, besonders stark auf dem Bruch, zuweilen auf den Krystallflächen matt. Sehr stark magnetisch, z. Th. sogar attractorisch (natürlicher Magnet), besonders angewitterte derbe Stücke; zuweilen sogar polar. V. d. L. schwer schmelzbar, in *HCl* leicht löslich.

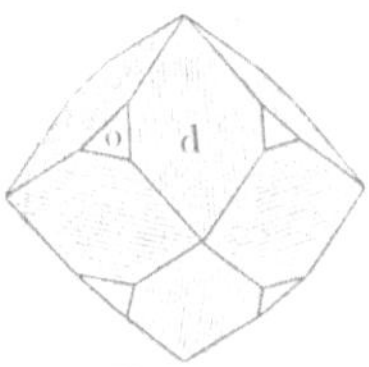

Fig. 357.

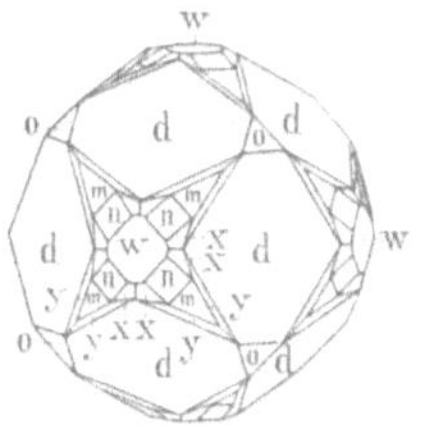

Fig. 358.

Die deutlichen Krystalle sind vielfach eingewachsen, so in grosser Zahl in den Talk- und Chloritschiefern der Tyroler Alpen (Oktaëder); auch in andern Theilen der Alpen, bei Zöptau in Mähren, Falun in Schweden etc.; bei Valencia in Spanien im Gyps. Aufgewachsene Krystalle, auf derbem Magneteisen oder andern Gesteinen, bes. auf krystallinischen Schiefern, ebenfalls in den Alpen (Traversella in Piemont, Binnenthal im Wallis, Monzoni in Tyrol), in vulkanischen Auswürflingen des Albaner Gebirges und des Vesuvs, im Riesengebirge, in Schweden an mehreren Orten, ebenso im Ural (Miask, Slatoust, Achmatowsk etc.). Einzelne derbe Körner finden sich in Granit, Basalt und vielen andern Gesteinen, oft reichlich eingesprengt. Basalt und andere Gesteine werden durch vertheiltes M. schwarz gefärbt. Zusammenhängende derbe Massen haben zuweilen eine gewaltige Ausdehnung, mit Eisenglanz (siehe diesen) und andern Eisenerzen ganze Berge bildend. Es sind stockförmige Lagerstätten in den krystallinischen Schiefern des Harzes, Riesengebirges, Erzgebirges, Thüringer Waldes; ferner auf Elba und bei Traversella in Piemont, vorzugsweise aber im Norden: hier ist eines der eisenreichsten Länder der Erde Schweden, in welchem eine eisenerzreiche Zone, das „Järnbäraland“, von Singö, gegenüber den Alandsinseln, von ONO nach WSW hinzieht, in welcher ganze Eisenberge, zumeist Magneteisen, weniger Eisenglanz, getrennt oder nebeneinander, sich finden. Die Erzmassen, welche vielfach mit Silicaten gemengt sind, bilden Einlagerungen in den krystallinischen Schiefern in verschiedener Form. Hier sind die hochberühmten Eisenerzlager von Dannemora bei Upsala, sodann die zahlreichen Lager in Westmanland (Norberg etc.), Wermland (Nordmark, Persberg, Longban) und andern Gegenden; etwas abseits liegt die ziemlich viel Eisenglanz führende Magneteisenlagerstätte von Utö bei Stockholm, der Taberg südl. von Jönköping am Wettersee und namentlich die lappländischen Eisenerzberge, von denen der von Gellivara, 5 km lang, 1—3 km breit und 1281 m hoch, der bekannteste ist. Arm an Magneteisen (und andern Eisenerzen) ist Norwegen (Arendal). Reich dagegen ist wieder der Ural, wo zahlreiche Magneteisenmassen, ebenfalls wie in Schweden, den krystallinischen Schiefern, aber auch dem Syenit etc. eingelagert sind, und von denen sich manche gleichfalls zu Magneteisenbergen erheben, wie der berühmte Goro Blagodat und mehrere andere; besonders reich an Magneteisen in Gängen im Diorit ist die Gegend von Slatoust. An manchen Stellen kommt mit dem Magneteisen auch Rotheisenstein vor. Reich an Magneteisen ist auch Nord-Amerika bes. im Staat New-York; Brasilien etc. Zuweilen im Sande der Bäche und Flüsse als Magneteisensand.

Das Magneteisen bildet eines der wichtigsten Eisenerze und findet sich in diesen Lagerstätten in verschiedenen Structurformen, meist mehr oder weniger fein- bis grobkörnig, die Körner der Aggregate fest oder locker verbunden; auch dicht. Besondere Erwähnung verdient der Magneteisenmulm von der Grube Altebirke im Siegenschen, wo Basalt den Spatheisenstein durchsetzt und im Contact in mulmiges Magneteisen verwandelt hat. Durch Oxydation geht Magneteisen zuweilen in FeO_3 über und bildet Pseudomorphosen von FeO_3 in Oktaëderform, die aber rothen Strich haben (Martit von Brasilien).

Titaneisen (oktaëdrisches T., Trappeisenerz, schlackiges Magneteisen). Hier ist ein Theil des FeO_3 durch $FeTiO_3$ ersetzt. Der TiO_2-Gehalt schwankt zwischen 8 und 25% (vergl. oben bei Titaneisen pag. 316). Deutliche oktaëdrische Krystalle selten; findet sich hauptsächlich im Basalt und andern vulkanischen Gesteinen, zuweilen neben Magneteisen, in einzelnen kleinen Flittern oder grösseren Körnern von ausgezeichnetem muschligen Bruch und sehr starkem Metallglanz. Schwarz mit schwarzem Strich, und ebenso stark magnetisch, wie Magneteisen. G. = 4,8—5,0. Hauptfundorte sind der Basalt von Unkel am Rhein, Meiches in Hessen etc. Besonders verbreitet ist das titanhaltige Magneteisen im Sande vieler Bäche und Flüsse, Seen und Meere (Titaneisensand), die schwarzen Körnchen lassen sich mit dem Magnet ausziehen. So z. B. aus dem Sande der Ostsee, aus dem

Sande vieler Seen des norddeutschen Flachlands, z. B. dem des Müggelsees bei Berlin, ferner aus dem Sande der Elbe, des Rheins etc. Besonders zu erwähnen ist die Iserwiese, wo schwarze, oft ziemlich grosse Titaneisenkörner in Menge sich im Sande finden (*Iserin*); sie sind theils magnetisch und gehören hierher, theils nicht magnetisch und gehören zum rhomboëdrischen Titaneisen (siehe dieses).

(v. Kokscharow, Materialien Bd. III.)

Magnoferrit. Sublimationsproduct des Vesuvs; $MgFe O_4$ in schwarzen Oktaëdern auf Eisenglanz, mit dem er oft in krystallographisch definirbarer Weise verwachsen ist.

Uranpecherz (Nasturan, Pechblende, Uranin).

UUO_4, doch ist die Masse durch Pb, Fe, As, SiO_2, H_2O und andere Stoffe sehr stark verunreinigt, so dass die Zugehörigkeit zur Spinellgruppe zweifelhaft ist; selten sind mehr als 80% Uranoxyde vorhanden. Manche Uranpecherze enthalten auch Ce, La etc. und besonders Th (Thoruranin, von Moss in Norwegen = Bröggerit und von Garta bei Arendal = Cleveït). Krystalle (reguläre Oktaëder) sind selten; fast stets derbe Massen, vielfach mit nierenförmiger Oberfläche, auch körnig, stenglig, dicht etc. Bruch muschlig, spröde, H. und G. bei verschiedenen Vorkommen sehr verschieden: H. = 3—6. G. = 4,8—8,0. Pechschwarz, auch ins Grünliche, Strich hellgrün bis braunschwarz; fettartiger Metallglanz, undurchsichtig. Unschmelzbar; in HNO_3 in der Wärme leicht löslich, aber nicht in HCl. Auf Erzgängen bes. im Erzgebirge (Schneeberg, Joachimsthal etc.), bei Přibram, in Cornwall, Norwegen (bei Strömsheim in Säterdalen Krystalle, sog. Uranoniobit, mit einem kleinen Nb_2O_5-Gehalt), auch bei Moss und Garta (siehe oben) in regulären Oktaëdern; am Oberen See in Nord-Amerika (eine unreine Varietät von da erhielt den Namen Coracit), bei Branchville in Connecticut, Mitchell Co. in N. Carolina etc. Hauptmaterial für Uranpräparate, besonders in der Porcellanmalerei wichtig. Verwittert leicht und giebt zur Entstehung anderer U-haltiger Mineralien (Gummit, Uranophan, Uranphosphate etc.) Veranlassung.

(v. Fallou, Jahrb. k. k. Reichsanstalt 1883. Blomstrand, Journ. prakt. Chem. Bd. 29. 1884. pag. 191.)

In der allgemeinen Formel $MO . RO_3$ mit den Spinellen übereinstimmend, aber in der Krystallform davon verschieden, ist der:

Chrysoberyll (Cymophan).

$BeAlO_4$, etwas FeO_3, TiO_2 und CrO_3 enthaltend. Rhombisch, die Verbindung MRO_4 ist also dimorph. Die Krystallform ist sehr ähnlich der des Olivins. Eine gewöhnliche Combination ist die folgende (Fig. 359) allerdings meist nur in Zwillingsverwachsung vorkommende (vergl. Fig. 361): $z = \infty P (110)$; $z/z = 129^0 38'$; $M = \infty \bar{P} \infty (100)$ mit deutlicher Vertikalstreifung; $T = \infty\breve{P}\infty$ (010), ausserdem: $s = \infty\breve{P}2$ (120). $s/s = 93^0\ 33'$ (vorn). Auf z ist das Oktaëder $o = P$ (111), auf s das Oktaëder $n = 2\breve{P}2$ (121) gerade aufgesetzt. T, n, o liegen in einer Zone; $o/o = 107^0\ 29'$ (S. K.), $86^0\ 16'$ und $139^0\ 53'$ (E. K.). Die seitliche E. K. von o wird durch das Brachydoma $i = \breve{P}\infty$ (011) abgestumpft; $i/i = 119^0\ 46'$ (oben). Ausgezeichnete Zwillingsbildung: die Zwillingsfläche ist i, die Individuen sind mit einer darauf senkrechten Fläche verwachsen. Die Flächen M fallen dann in ein Niveau. Dadurch entstehen zuweilen Zwillinge wie Fig. 360, welche ein beinahe gleichseitiges Dreieck bilden; die gemeinsame Fläche M hat längs der auf i senkrechten Höhenlinie, nach welcher die Zwillingsgrenze verläuft, eine ausgezeichnete federartige Streifung: ausser c

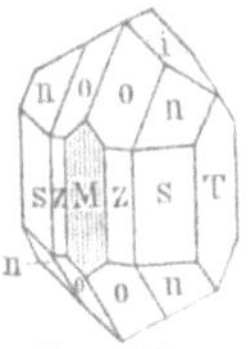

Fig. 359.

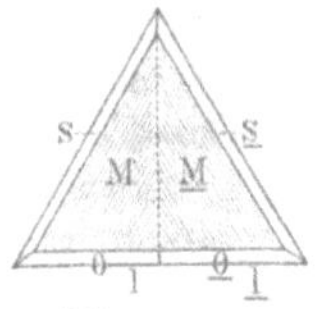

Fig. 360.

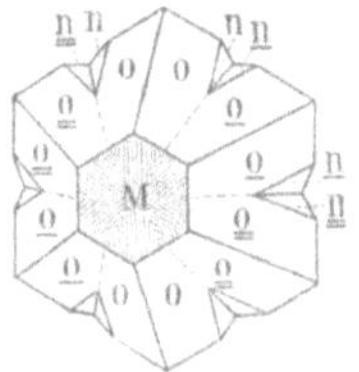

Fig. 361.

sind hier nur die Flächen i, s, o als schmale Facetten entwickelt. Diese Zwillingsbildung wiederholt sich, an das zweite wächst ein drittes Individuum, alle drei wachsen über den gemeinsamen Berührungspunkt hinaus fort, scheinbare Sechslinge von pseudohexagonaler Form bildend (Fig. 361), wo die federartige Streifung auf M und die einspringenden Winkel n/n die Zwillingsgrenzen angeben. Die constituirenden Individuen dieses Drillings sind hier ähnlich wie in Fig. 359 begrenzt. Deutlicher Bl. Br. $\parallel T$: Bruch muschlig. H. $= 8\frac{1}{2}$, folgt in der Härte auf Korund. G. $= 3{,}65 - 3{,}8$. Durchsichtig bis durchscheinend; spargelgrün bis schwefelgelb, vielfach mit einem bläulichen wogenden Lichtschein, der besonders auf rundlichen Oberflächen hervortritt (Cymophan). Merklicher Dichroismus, nach a, b, c schwingende Strahlen resp. spargelgrün, gelblichgrün und fast farblos. Manche Varietäten (Alexandrit) sind smaragdgrün bei Tageslicht, blauroth beim Hindurchsehen nach einer Lampe. Opt. A. E. ac: $+$ M. L. c. $2E = 50^0\ 7'$. $\varrho > v$. $\beta = 1{,}759$. Unschmelzbar, in Säuren unlöslich; wird mit Kobaltsolution blau. Krystalle, dünne Platten oder dicke Tafeln, stets eingewachsen in Granit, häufiger in Gneis und Glimmerschiefer; oder auch lose, mehr oder weniger abgerollt im Schuttgebirge. Im Gneise von Marschendorf in Mähren und bei Haddam in Connecticut, hellgrüne dünne Plättchen, wie z. B. Fig. 360. Smaragdgrün im Glimmerschiefer der Takowaja im Ural, östl. von Katharinenburg (Alexandrit). In den Edelsteinsaifen von Ceylon und Brasilien spargelgrüne lose Körner, bei diesen hauptsächlich das erwähnte wogende Licht. Sehr geschätzter Edelstein.

(Klein, N. Jahrb. Min. etc. 1869. 1871. Cathrein, Zeitschr. Kryst. VIII. Frischmann, Sitzgsber. Münch. Ak. 1867. Hessenberg, Min. Notizen 1861.)

Oxyde RO_2.

Der grösste Theil der hierher gehörigen Mineralien, und zwar diejenigen, welche SiO_2, TiO_2, ZrO_2 und SrO_2 enthalten, bilden eine zusammenhängende isodimorphe Reihe, ausserhalb welcher von wichtigeren Mineralien nur *Pyrolusit*, MnO_2, steht.

Eine Uebersicht über diese Reihe giebt folgende Tabelle, in welcher lauter heteromorphe, gleich zusammengesetzte Mineralien in einer vertikalen, lauter isomorphe in einer horizontalen Reihe stehen:

SiO_2.	TiO_2.	SnO_2.	$ZrO_2.SiO_2$.
Opal, amorph.	.	.	.
Quarz, hexagonal, $a:c = 1:0{,}999$.	.	.	.
Tridymit (Asmanit), rhombisch: $a:b:c = 0{,}8602:1:0{,}9385$.	*Brookit*, rhombisch, $a:b:c = 0{,}8416:1:0{,}9444$.	.	.
.	*Anatas*, quadratisch, $a:c = 1:1{,}7777$.	.	.
	Rutil, quadratisch, $a:c = 1:0{,}6442$.	*Zinnstein* und $a:c = 1:0{,}6721$	*Zirkon*, $a:c = 1:0{,}6404$,

beide ebenfalls quadratisch.

SiO_2 ist also dimorph und kommt ausserdem noch amorph vor, TiO_2 ist trimorph (vergl. hierüber Schrauf, Zeitschr. Kryst. Bd. IX. 1884 pag. 433). Die quadratischen Formen von Rutil und Anatas können nicht auf einander zurückgeführt werden, was daraus hervorgeht, dass das Verhältniss der Hauptaxen: $\frac{0{,}6442}{1{,}7777}$ irrational ist. Dass beide trotz des gleichen Krystallsystems doch in ihrer Substanz verschieden sind, zeigt auch das verschiedene specifische Gewicht beider (siehe unten).

Opal.

SiO_2 mit 1—21% H_2O, selten mehr, meist zwischen 3 und 10%, dasselbe geht schon bei wenig erhöhter Temperatur fort und ist daher wohl nicht ein wesentlicher Bestandtheil; vieler Opal ist als eingetrocknete Kieselgallerte anzusehen, in welcher beim Festwerden eine mehr oder weniger grosse Menge H_2O zurückblieb. Häufig sind auch noch $\overline{Al}O_3$, $\overline{Fe}O_3$, MgO, CaO, Alkalien etc. vorhanden, manche Varietäten des Opals sind sogar sehr stark verunreinigt. In manchen Opalen sind Tridymittäfelchen in Menge eingewachsen.

Der Opal ist amorph, entweder ganz unregelmässig begrenzt, oder mit nieriger und traubiger Oberfläche, aufgewachsen, auch stalaktitisch, oder als rundliche Knollen in andern Gesteinen eingewachsen, sowie in Form von anderen Mineralien als Pseudomorphosen; endlich als Versteinerungsmittel, besonders von Holz. Findet sich auch in lockeren, zwischen den Fingern zerreiblichen Aggregaten oder vollkommen erdig, oft als ein unfühlbar feines Pulver. Nicht erdige Varietäten sind spröde. H. = $5\frac{1}{2}$—$6\frac{1}{2}$; G. = 1,9—2.5, je nach der Reinheit, der reinste 2,15—2,20. Alle Grade der Durchscheinenheit: vollkommen durchsichtig bis undurchsichtig. An sich farblos, aber häufig durch Beimischungen, namentlich eisenhaltiger Bestandtheile, mehr oder weniger intensiv gefärbt: gelb, braun, roth, grün, schwarz; blau scheint allein zu fehlen. Glasglanz, zuweilen ins Fette. An sich einfache Lichtbrechung, aber durch innere Spannungen häufig anomal doppelbrechend. V. d. L. meist stark zerknisternd und unschmelzbar. Giebt meist im Kolben eine nicht unerhebliche Menge Wasser. Von Säuren nicht angegriffen; in heissen Alkalien löslich.

Nach den speciellen Verhältnissen, dem Aussehen, beruhend auf Farbe, Glanz, Durchscheinenheit etc., und nach den fremden Beimengungen unterscheidet man eine Anzahl von Varietäten, welche mit besonderen Namen belegt worden sind.

Hyalith. Wasserhelle, bis fingerdicke Krusten mit kleintraubiger Oberfläche, meist auf Basalt, aber auch auf andern Gesteinen, zuweilen sogar auf Moosen und Flechten aufsitzend, was die Neuheit der ganzen Bildung beweist; häufig anomal doppelbrechend. n = 1,4347 bis 1,4555 (r.). Kaiserstuhl bei Freiburg i. Br., Erlenbach bei Frankfurt a. M., Waltsch in Böhmen etc. auf Basalt, Jordansmühl in Schlesien auf Serpentin etc.

Edler Opal. Meist milchweiss, auch gelblich und schwarz, in bunten Farben spielend, matter Glasglanz, muschliger Bruch, durchscheinend bis halb durchsichtig; n = 1,442—1,446 (r.). Werthvoller Edelstein. Bes. in dem grauen Trachyttuff (sog. Opalmutter) von Cerwenitza zwischen Eperies und Kaschau in Ungarn, bei dessen Verwitterung er sich gebildet hat, in kleinen Flittern und grösseren Partien; wird hier systematisch gewonnen. Ferner in Mexiko, Guatemala, Queensland in Australien etc.

Gemeiner Opal. Ohne Farbenspiel; halbdurchsichtig bis durchscheinend, farblos und in verschiedenen Farben, aber nicht intensiv gefärbt, und, weil noch ziemlich rein, ziemlich starker Glas-, zuweilen Fettglanz. Meist aus der SiO_2 verwitterter Silicatgesteine (bes. vulkanischer Gesteine) gebildet und in diesen (oder in deren Nähe) abgelagert, als Ausfüllungen von Spalten und Klüften und andern Hohlräumen, als krustenförmige Ueberzüge, stalaktitische Zapfen, runde Knollen etc. *Feueropal,* dunkelweingelb bis hyacinthroth, halbdurchsichtig, im Trachyt oder Perlstein von Zimapan in Mexiko; *Milchopal,* milchweiss (etwas bläulich), halbdurchsichtig; *Prasopal,* durch Ni apfelgrün gefärbt, Gegend von Frankenstein in Schlesien, wo auch noch andere Opalvarietäten vorkommen; *Wachsopal,* von der Farbe und dem Aussehen des Wachses, von Telkebanya und andern Orten in Ungarn im Trachyt, ebenfalls mit andern Opalarten zusammen, sind einige mit besonderen Namen belegte Abänderungen des gemeinen Opals. An ihn schliesst sich an der *Hydrophan*, bräunlich und höchstens kantendurchscheinend; ins Wasser gelegt wird er durch Aufnahme von Wasser in seine Poren halbdurchsichtig und sogar farbenspielend wie edler Opal (sog. Weltauge); in Folge der Porosität an der Zunge klebend. Hubertsburg in Sachsen, Cerwenitza etc.

Halbopal. Durchscheinend bis undurchsichtig, wenig glänzend, zuweilen ins Fette, meist stark gefärbt durch fremde Beimengungen, roth, braun, gelb, grün etc., zuweilen mehrere Farben an einem Stück. Vorkommen in derselben Weise wie der gemeine Opal, und auch an denselben, sowie an vielen andern Orten und durch alle möglichen Uebergänge mit ihm zusammenhängend. Hierher gehört auch der *Holzopal*, in Opal versteinertes Holz, häufig in Ungarn; *Cacholong*, nierenförmige und traubige, matte, weisse Ueberzüge auf vulkanischen Gesteinen auf Island, den Farör etc., auf Brauneisenstein bei Hüttenberg in Kärnthen etc. Der Halbopal hängt durch allmählige Uebergänge zusammen mit *Jaspopal* und *Opaljaspis*. Dies sind noch unreinere Opalmassen, namentlich stark eisenhaltig bis 40% Fe_2O_3 (Eisenopal), daher intensiv gelb, braun und roth und von hohem spec. Gewicht, bei G. = 2,5. Sie vermitteln den Uebergang zwischen Opal und Jaspis. Ein grüner ungarischer ist *Chloropal* genannt worden.

Einige weitere Opalvarietäten sind: *Menilit*, runde nierenförmige Knollen, undurchsichtig von brauner oder rauchgrauer Farbe, Concretionen im sog. Klebschiefer von Ménilmontant bei Paris. Der *Schwimmkiesel*, lockere, stark poröse und daher sehr leichte, auf Wasser schwimmende Knollen von St. Ouen bei Paris.

Die in manchen heissen Quellen gelöste SiO_2 scheidet sich beim Erkalten des Wassers als Opal aus, wodurch Neubildungen dieses Minerals von der verschiedenartigsten Beschaffenheit entstehen. Hauptgebiete solcher neugebildeten Ablagerungen von Opalsinter sind die Umgebung des Geysirs in Island, das Yellowstonerivergebiet in Nordamerika und Neuseeland (Nordinsel). Kleintraubig, perlmutterglänzend, durchscheinend und weiss ist der *Perlsinter* (Fiorit) von Sta. Fiora in Toscana, der aber in derselben Weise auch an den drei genannten Localitäten sich findet. Dies ist die reinste Varietät dieser Opalsinter. Weniger rein ist schon der *Kieselsinter*, der zwar auch noch nierenförmige glänzende Oberfläche hat, aber im Innern matt und sogar erdig, und auch zuweilen gefärbt ist. Hieran schliesst sich der *Kieseltuff* (Geyserit), undurchsichtige, trübe und matte, compakte Massen, weiss und roth, zuweilen regelmässig geschichtet; nicht selten auch Krusten und Ueberzüge mit nierenförmiger Oberfläche und sogar förmliche Stalaktiten bildend. Die *Kieselguhr* bildet matte rothe und weisse, z. Th. deutlich geschichtete Massen von lockerer, sogar zerreiblicher Beschaffenheit. Die Kieselguhr ist zuweilen organischen Ursprungs (siehe unten).

Zum Opal werden wegen des specifischen Gewichts und der Löslichkeit in Alkalien vielfach noch Zusammenhäufungen von aus SiO_2 bestehenden Diatomeenpanzern gerechnet, welche weisse, lockere, zuweilen mehlartige, oft auch ganz feingeschichtete Massen von erheblicher Ausdehnung bilden und welche Bergmehl, Tripel, Polierschiefer, Klebschiefer (klebt wegen der porösen Beschaffenheit an der Zunge) etc. genannt werden. Auch die Kieselguhr gehört z. Th. hierher. Hauptfundorte sind u. A.: der Habichtswald bei Cassel, Bilin und Franzensbad in Böhmen, und die Auvergne (Randanit), Nordafrika (Tripolis, daher die Bezeichnung Tripel) etc. Als Polirmittel benutzt.

(Behrens, Sitzgsber. Wiener Ak. Bd. 64. 1871.)

Quarz.

SiO_2, 46,67 Si, 53,33 O. Zuweilen fast chemisch rein, häufig auch mehr oder weniger stark verunreinigt; FeO_3, AlO_3, MnO_3, MgO, CaO, H_2O, organische Substanzen finden sich, sowie Flüssig-

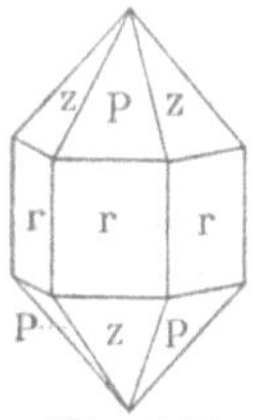

Fig. 362.

Fig. 363.

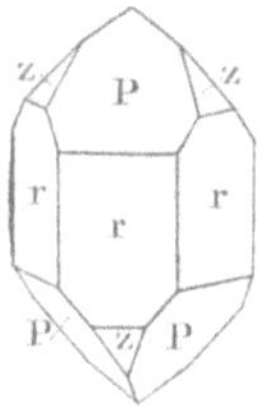

Fig. 364.

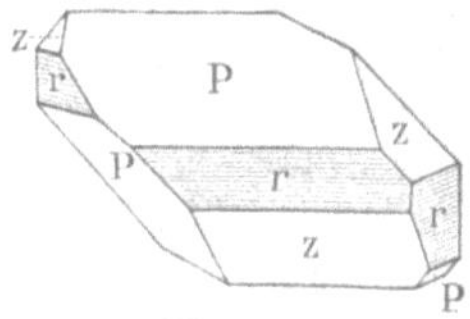

Fig. 365.

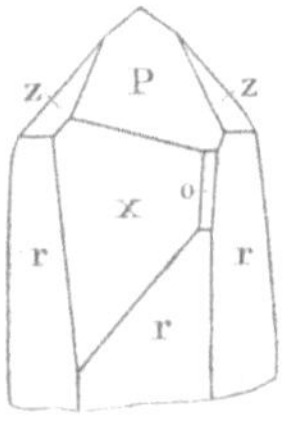

Fig. 366.

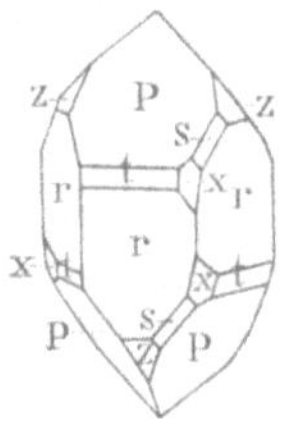

Fig. 367.

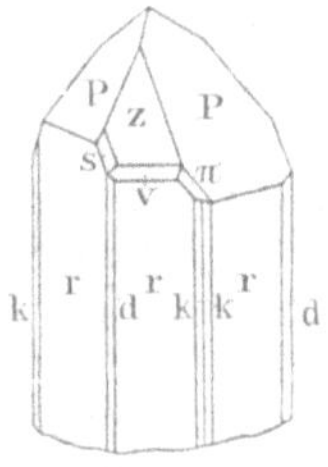

Fig. 368.

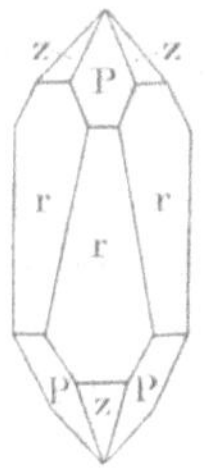

Fig. 369.

keiten, Wasser und flüssige Kohlensäure, mechanisch eingeschlossen in Schwärmen von mikroskopisch kleinen Poren, oder aber auch zuweilen in grösseren Hohlräumen, in denen man eine Luftblase auf der Flüssigkeit hin- und hergehen sieht (Quarz von Poretta bei Bologna). Auch Krystalle anderer Mineralien findet man im Quarz sehr häufig eingewachsen, und zwar findet man solche fremde Einschlüsse im Quarz in grösserer Mannigfaltigkeit, als in irgend einem anderen Mineral.

Hexagonal, aber nicht vollflächig, sondern trapezoëdrisch-tetardoëdrisch. Ein Rhomboëder $P = R\,(10\bar{1}1)$ mit glänzenden und ein Gegenrhomboëder $z = -R\,(01\bar{1}1)$ mit häufig matten Flächen bilden einen dihexaëdrischen Körper, dessen S. K. durch die Flächen des ersten Prismas $r = \infty R$ $(10\bar{1}0)$ gerade abgestumpft werden. Die Flächen r sind horizontal deutlich gestreift; sie sind neben P und z die gewöhnlichsten Flächen des Quarzes; diese drei sind mit verschwindenden Ausnahmen an allen vollständig ausgebildeten Quarzkrystallen stets vorhanden; $P/z = 133^{0}\ 44'$ (E. K.) und $= 103^{0}\ 34'$ (S. K.); $P/r = z/r = 141^{0}\ 47'$. Bei vielen Krystallen ist r ziemlich lang (Fig. 362), bei manchen bildet r nur schmale Facetten (Fig. 363), in seltenen Fällen fehlt r auch wohl ganz. Die Flächen P und z sind selten alle ganz gleich gross, wie in Fig. 362, häufig sind die Flächen P und z an Grösse verschieden, und zwar ist z meist kleiner, als die zwischenliegenden P (Fig. 364), häufig ist aber auch die Verschiedenheit in der Grösse und Ausbildung von P und z und damit z. Th. von r eine ganz unregelmässige, und die Krystalle sind dann nicht selten von der idealen Form (Fig. 362) sehr entfernt (Fig. 365).

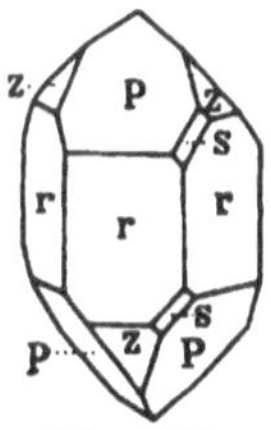

Fig. 370.

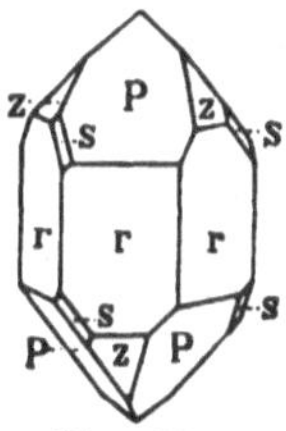

Fig. 371.

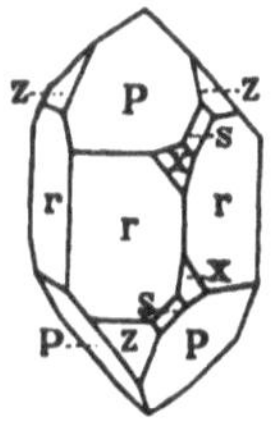

Fig. 372.

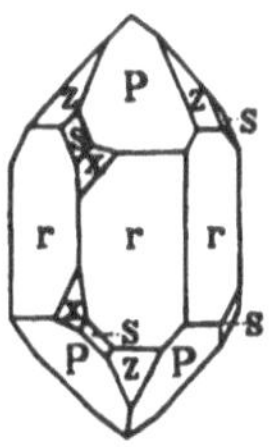

Fig. 373.

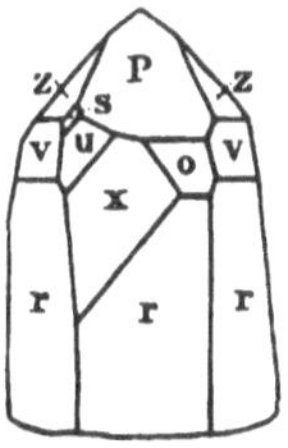

Fig. 374.

Bei solchen Verzerrungen ist es nicht selten schwer, die einzelnen Flächen richtig zu deuten, die Streifung auf r zeigt aber meist den Weg. Sehr selten fehlen die Flächen z vollständig, so dass ein Rhomboëder mit dem 1. Prisma nach Art der Fig. 134 combinirt ist. Neben den Rhomboëdern P und z finden sich häufig solche, welche von der Hauptaxe grössere Stücke abschneiden, so dass sie die Kanten P/r, resp. z/r abstumpfen; dabei ist meist nur P/r oder nur z/r abgestumpft, je die andern nicht, oder die Kante P/r ist durch die Flächen anderer solcher steilerer Rhomboëder abgestumpft als die Kante z/r. Solche Rhomboëder, deren zuweilen mehrere übereinander vorkommen, sind z. B. $o = 3R\,(30\bar{3}1)$; $o/r = 165^{0}\ 18'$ (Fig. 366); $t = 4R\,(40\bar{4}1)$; $t/r = 168^{0}\ 52'$ (Fig. 367); $v = -\frac{7}{2}R$ $(07\bar{7}2)$ (Fig. 368, 374); $v/r = 161^{0}\ 19'$; $l = -11R\,(0.11.\overline{11}.1)$; $l/r = 175^{0}\ 54'$ u. A. Diese steilen Rhomboëderflächen wechseln nicht selten mit den Flächen r treppenförmig ab; dadurch entstehen zuweilen Prismen mit scheinbar convergirenden Kanten, welche liegen wie die S. K. eines spitzen Rhomboëders, was Fig. 369 andeutet. Stumpfere Rhomboëder als R und z sind selten; so findet sich z. B. zuweilen das nächste stumpfere $\alpha = -\frac{1}{2}R$ $(01\bar{1}2)$, dessen Flächen die E. K. von P gerade abstumpfen, und andere.

Diejenigen Flächen, durch welche die Tetartoëdrie am häufigsten in die Erscheinung tritt, sind die Trigonoëder- und Trapezoëderflächen. Von Trigonoëdern findet sich sehr häufig: $s = \frac{2P2}{4}$ $(11\bar{2}1)$; in den Zonen $[Pr]$ und $[zr]$ liegend und die Ecken $Pzrr$ abstumpfend, so dass je zwei gegenüberliegende Kanten auf s parallel sind (Rhombenflächen); sie liegen an einfachen Krystallen oben und unten nur an den abwechselnden Kanten r/r und sind auf diese gerade aufgesetzt; fehlen dagegen stets an den zwischenliegenden (Fig. 370, 371); $s/r = 142^0\ 3'$, $s/P = s/z = 151^0\ 6'$. Zuweilen haben die Flächen s eine feine Streifung, welche stets in der Richtung der Kante P/s verläuft und mittelst welcher man daher die Flächen P von z unterscheiden kann, was häufig durch die Betrachtung der Flächen P und z allein unmöglich ist. Die Flächen s liegen, wenn man den Krystall mit der Axe c aufrecht und mit einer Fläche P gegen den Beschauer stellt, entweder rechts oder links von der unter P liegenden Prismenfläche r, sie gehören entweder einem rechten oder einem linken Trigonoëder an, und man nennt die Krystalle darnach rechte (Fig. 370) und linke (Fig. 371). Selten sind die Flächen des Trigonoëders $\xi = \frac{P2}{4}$ $(11\bar{2}2)$, welche die abwechselnden Kanten $P:z$ gerade abstumpfen. Die Flächen der häufigsten Trapezoëder liegen in den Zonen $[zr]$ und stumpfen, wenn die in denselben Zonen liegenden Flächen s vorhanden sind, die Kanten s/r ab, liegen also unter den Flächen P, und zwar auch wieder entweder nur rechts an den rechten Krystallen (Fig. 372) oder nur links an den linken (Fig. 373). Sie gehören also zu Skalenoëdern von der Stellung des Hauptrhomboëders P, also zu $+$ Skalenoëdern (Skal. 1. Stellung), sie sind also selbst positiv, und zwar ebenso häufig rechts, als links. Ihre Flächen haben, wenn sie mit s vorkommen, was aber nicht immer der Fall ist, da s häufig fehlt, Trapezform, und werden darnach Trapezflächen genannt. Die Zahl derselben ist ziemlich gross, die gewöhnlichsten sind $x = \frac{6P\frac{6}{5}}{4}$ $(51\bar{6}1)$, $r/x = 168^0\ 0'$ und die matte $u = \frac{4P\frac{4}{3}}{4}$ $(31\bar{4}1)$, eventuell die Kante s/x abstumpfend (Fig. 366, 367, 372—374). An einfachen Krystallen liegen, wie es die Figuren 372 und 373 zeigen, diese Flächen wie die Flächen s an den abwechselnden Prismenkanten oben und unten, und zwar oben auf der andern Seite der Kante als unten, und fehlen an den zwischenliegenden Prismenkanten. Andere Trapezoëder als diese unter P liegenden positiven rechten oder linken kommen viel seltener vor, man kann also an der Lage dieser Trapezfläche wieder die Flächen P von z unterscheiden, unter welchen letzteren fast nie solche Flächen liegen, welche dann zu negativen Skalenoëdern gehören. Allerdings wird wohl die Kante s/r unter der Fläche z zuweilen einmal durch eine Trapezfläche abgestumpft, z. B. durch $x' = -\frac{6P\frac{6}{5}}{4}$ $(6\bar{1}\bar{5}1)$ und $u' = -\frac{4P\frac{4}{3}}{4}$ (4131), welche eine x und u entsprechende Lage haben; ebenso die Kanten s/P und

s/z oben an der Fläche s (diese letzteren Abstumpfungsflächen werden darnach obere Trapezflächen im Gegensatz zu den unteren genannt, welche die unten anliegenden beiden Kanten s/r abstumpfen), auch kommen zuweilen Trapezoëder vor, deren Flächen gar nicht in einer der Zonen der Fläche s mit den umliegenden Flächen P, z, r liegen und dann keine Trapezgestalt haben, z. B. schiefe Abstumpfungen der Kanten P/z, P/P etc., aber dies sind immer Seltenheiten; häufig sind, wie gesagt, nur die von den unter P liegenden unteren Trapezflächen, bes. x und u begrenzten rechten und linken positiven Trapezoëder; negative Trapezoëder kommen kaum vor. Correlate rechte und linke Trapezoëder, zusammen ein Skalenoëder bildend (Fig. 224), sind an demselben einfachen Krystall noch nicht beobachtet, ebensowenig correlate, sich zu einem Dihexaëder 2. Art ergänzende Trigonoëder s, dagegen kommen das rechte und das linke Trigonoëder ξ und ξ' zuweilen neben einander vor. Sieht man von diesen seltenen Fällen ξ ab, so schliessen sich die rechten und linke Hälften der positiven und ebenso die der negativen Skalenoëder, sowie rechte und linke Rhombenflächen derart aus, dass nie an einer Prismenfläche r gleichzeitig rechts und links solche Flächen liegen, wenn auch von verschiedenem Symbolen; dagegen kommen Trapezoëderflächen rechts und links von einer Fläche s gleichzeitig neben einander vor. Die rechten und linken positiven, sowie die rechten und linken negativen Trapezoëder schliessen sich gegenseitig aus, ebenso die rechten und linken Trigonoëder s, dagegen kommen rechte positive und linke negative Trapezoëder zuweilen neben einander und mit einer rechten Trigonoëderfläche s vor, und ebenso linke positive und rechte negative mit linken Flächen s, also z. B. x' und u' neben x und u. Darnach charakterisiren sich rechte (resp. linke) einfache Quarzkrystalle ganz allgemein so, dass sie bei obiger Stellung des Krystalls nur an der Prismenkante rechts (resp. links) von P Rhomben- und Trapezoëderflächen tragen, je auf der andern Seite nicht. Prismen ausser r sind selten; es findet sich das zweite Prisma $d = \frac{\infty P2}{4}$ $(11\bar{2}0)$, als dreiseitiges Prisma ausgebildet, die abwechselnden Kanten r/r gerade abstumpfend und zwölfseitige Prismen ebenfalls wegen der Tetartoëdrie nur mit der halben Flächenzahl als symmetrisch sechsseitige Prismen die abwechselnden Kanten r/r zuschärfend, z. B. $k = \frac{\infty P\frac{4}{3}}{4}$ $(41\bar{5}0)$ (Fig. 368). Die Basis ist mit voller Sicherheit beim Quarz noch nicht beobachtet, jedenfalls ist sie sehr selten; die zuweilen in der Richtung der Basis beobachteten Flächen sind wohl alle Scheinflächen.

Zwillingsbildungen sind beim Quarz ungemein häufig, viel häufiger als einfache Krystalle, besonders solche mit parallelen, weniger mit gekreuzten Hauptaxen. Zu den ersteren gehört der (100b) beschriebene Zwilling aus zwei rechten oder zwei linken Individuen (Fig. 221), sowie der einem einfachen Krystall ähnliche „Dauphinéer Zwilling" (Fig. 222). Derselbe ist äusserlich nur zu erkennen, wenn die Flächen s und x

vorhanden oder die Unterschiede im Glanz auf P und z bemerkbar sind; ist dies, was nicht selten vorkommt, nicht der Fall, so entzieht sich diese Verwachsung der äusseren und auch der optischen Beobachtung vollkommen, kann aber durch die Beobachtung der Verhältnisse der Pyroelektricität erkannt werden (s. u.). Zuweilen verwächst auch ein rechtes mit einem linken Individum mit lauter parallelen Axen; an diesen sog. „brasilianischen Zwillingen" sind alle Flächen P, z, r des einen mit den entsprechenden Flächen des andern parallel, aber die Trapezflächen x sind dann in der in Fig. 224 angegebenen Weise vertheilt, so dass sie zusammen ein scheinbares Skalenoëder bilden. Die beiden einfachen Individuen sind häufig sehr complicirt durcheinander gewachsen und wechseln auch zuweilen in, der dihexaëdrischen Begrenzung parallelen, Schichten regelmässig mit einander ab, bes. beim Amethyst. Hier ist eine Constatirung der Verwachsung auf optischem und pyroelektrischem Wege möglich. Ausser an brasilianischen Krystallen kommt diese Verwachsung auch an Amethysten aus den Melaphyren des Nahethals und von den Farör vor, und optische und pyroelektrische Untersuchungen haben gezeigt, dass auch viele scheinbar einfache Krystalle nach diesem Gesetz gebildet sind, z. B. die von Brilon und manche andere. Ein Zwilling mit gekreuzten Axen ist Fig. 375 abgebildet, wie er bei Munzig in Sachsen, in Japan etc. vorkommt. Beide Individuen haben eine die Endkante P/z abstumpfende Fläche $\xi = \frac{P2}{4}$ $(11\bar{2}2)$ gemein und liegen umgekehrt, so dass eine Fläche r an beiden Individuen sich ununterbrochen fortsetzt; die Axen c schneiden sich unter 84^0 34'.

Fig. 375.

(G. Rose, Abh. der Berl. Akad. für 1844. E. Weiss, Abh. naturf. Ges. Halle. Bd. V. 1860. Des Cloizeaux, Mémoire sur la cristallisation etc. du quartz. 1855. Websky, Neues Jahrb. für Min. 1871 und 1874 und noch viele andere Abhandlungen. Leydolt, Sitzgsber. Wiener Ak. Bd. 15. Laspeyres. Zeitschr. d. deutsch. geol. Ges. 1874. G. vom Rath, Zeitschr. Kryst. V. und X. Scharff, Abh. Senkenb. Ges. Bd. 3.)

Der Quarz ist parallel den Rhomboëder- und Prismenflächen P, z und r sehr wenig deutlich spaltbar, die Blätterbrüche lassen sich kaum willkürlich darstellen, entstehen aber zuweilen durch Zufall beim Erhitzen, beim Zerbrechen etc. der Stücke. Der Bruch ist muschlig, in einzelnen besonders derben und dichten Varietäten splittrig, uneben etc. Spröde; H. = 7, giebt am Stahl Funken. G. = 2,5—2,8; der reinste Q. (Bergkrystall) 2,65—2,66. Glas-, zuweilen fettglänzend; durchsichtig bis undurchsichtig. Farblos und wasserhell, aber auch alle möglichen Farben und Farbenschattirungen, auch mehrfache Färbung an demselben Stück, oft sehr ausgezeichnet.

D. Br. +, schwach; $\omega = 1,54090$, $\varepsilon = 1,54990$ (Linie B); $\omega = 1,55817$, $\varepsilon = 1,56772$ (H); ausgezeichnete Cirkularpolarisation (162), und zwar drehen die rechten Krystalle die Polarisationsebene rechts, die linken links. Hierauf beruht die Erkennung der brasilianischen etc. Krystalle als Zwillinge auf optischem Wege: einzelne Stellen einer Platte senkrecht zur Axe drehen die Polarisationsebene nach rechts, andere drehen sie nach links. Solche Platten geben ferner auch die isochromatischen Kreise ohne das schwarze Kreuz; liegt eine Schicht linken und rechten Quarzes übereinander, so entstehen Airy'sche Spiralen, welche stets auf Verwachsung ungleichartiger Quarze hinweisen und welche an brasilianischen Zwillingen häufig beobachtet werden. Die Drehung der Polarisationsebene beträgt in einer Platte von 1 mm Dicke: 15°, 3740 für die Linie *B*, 47°, 1478 für die Linie *H* des Spectrums. Die Krystalle sind ausgezeichnet pyroelektrisch. Ueber die einfachen Krystalle gehen 6 abwechselnd + und — elektrische Zonen hin, welche genau in der Richtung der Axe *c* verlaufen, so dass die abwechselnden Kanten + und — sind. Die Kanten sind am stärksten erregt, je weiter man von der Kante gegen die Mitten der anstossenden Flächen kommt, desto schwächer wird die Erregung. Dabei ist die Anordnung so dass an rechten Krystallen die Prismenkanten rechts, an linken die Prismenkanten links (also diejenigen Prismenkanten, welche ev. die Rhomben- und Trapezflächen tragen) beim Abkühlen negativ sind, wenn man die Krystalle mit den Flächen *P* gegen sich gekehrt aufstellt, wie oben bei der Betrachtung der Vertheilung der Flächen *s* und *x* etc. Die zwischenliegenden Kanten (also ev. diejenigen ohne die Flächen *s* und *x* etc.) sind beim Abkühlen positiv. Man kann also auch aus der Vertheilung der Elektricität unmittelbar den optischen Charakter des Quarzes erkennen. Eine andere Vertheilung der Elektricität als die genannte weist stets auf Zwillingsbildung hin. An Zwillingen mit parallelen Axen ist die Vertheilung der elektrischen Zonen in beiden Individuen die entgegengesetzte. Die Beobachtung der Pyroelektricität (am bequemsten mittelst des Kundt'schen Verfahrens (184)) ergiebt also, ob ein Krystall ein einfacher oder ein Zwilling ist; welcher der beiden oben erwähnten Zwillinge vorliegt, zeigt die optische Untersuchung einer Platte senkrecht zur Axe. (v. Kolenko, Zeitschr. Kryst. IX.)

V. d. L. ist der Quarz unschmelzbar, dagegen leicht im Knallgasgebläse; er erstarrt nach dem Schmelzen zu einer amorphen Masse von dem spec. Gew. = 2,2 wie Opal, an welcher $n = 1{,}449$—$1{,}457$ beobachtet worden ist. Von Alkalien kaum angegriffen, ebensowenig von Säuren, nur von HFl aufgelöst. Er wird darnach auch von den Atmosphärilien sehr schwer angegriffen, und da er infolge seiner grossen Härte auch mechanischen Einwirkungen nur wenig unterworfen ist, so bleibt er bei der Verwitterung quarzhaltiger Gesteine fast unverändert in einzelnen losen Körnern zurück, wenn auch alles Andere völlig zerstört ist (Quarzsand). Beim Aetzen der Oberfläche mit HFl entstehen Aetzfiguren, welche durch ihre schiefe, unsymmetrische Lage auf die Tetartoëdrie der Quarzkrystalle hinweisen. (Baumhauer, Wied. Ann. Bd. 1.) Beim Aetzen mit Flusssäure wurden die Quarzkrystalle besonders an den Kanten *P*/*P*, *P*/*x* und *P*/*s* stark angegriffen, so dass an ihnen schmale Aetzflächen entstehen, welche diese Kanten abstumpfen. Geschmolzener Quarz verhält sich auch gegen Lösungsmittel wie Opal und löst sich in Alkalien auf. Mit Soda zusammengeschmolzen giebt der Quarz wie der Opal bei richtigem Mengenverhältniss eine klare Perle; dabei entweicht die CO_2 unter Aufbrausen.

Der Quarz ist eines der wichtigsten und verbreitetsten Mineralien. Er findet sich z. Th. in deutlich ausgebildeten Krystallen, welche entweder auf Drusen und Hohlräumen aller Art aufgewachsen, oder in Gesteinen (Kalk, Gyps, Porphyr, Trachyt etc.) eingewachsen sind. Diese Krystalle sind theils an der Oberfläche glänzend, theils matt; die meisten sind compakt und erfüllen den Raum vollkommen, häufig sind aber auch die Flächen in der Mitte kastenartig eingesenkt, oder es sind sogar nur Skelette vorhanden, an denen die Substanz fast ausschliesslich längs den Kanten abgelagert ist, den inneren Raum nur unvollständig anfüllend. Seltener sind Krystalle mit eingekerbten Kanten. Am häufigsten und massenhaftesten findet sich aber der Quarz derb; in einzelnen Körnern ist er ein äusserst verbreiteter Gemengtheil mancher massenhaft in der Erdkruste vorhandener Gesteine: Granit, Gneis, Glimmerschiefer, Quarzporphyr, Quarztrachyt etc.); von denen er bei der Verwitterung derselben fast allein unverändert übrig bleibt und lose Sandmassen und durch Verkittung der Sandkörner Sandsteine bildet; fast aller Sand ist Quarzsand. Der Quarz setzt auch ausgedehnte Felsmassen für sich allein zusammen (Quarzfels, Quarzit, namentlich den krystallinischen Schiefern eingelagert). Sodann findet er sich häufig auf Gängen entweder mit andern Mineralien, u. A. namentlich mit Erzen zusammen, oder auch in grossen Massen für sich allein, oder mit einzelnen Körnern eingesprengter anderer Mineralien, z. B. von Gold; auf den Hohlräumen im Innern der grösseren in Gang- oder Lagerform vorkommenden Quarzmassen vielfach Drusen ausgebildeter Quarzkrystalle. In geringerer Menge bildet er auch stengelige Massen, zuweilen excentrisch strahlig mit auf den einzelnen Stengeln nach aussen aufgesetzter dihexaëdrischer Endigung, so wie fasrige, oolithische und dichte Aggregate. Quarz ist ein häufiges Versteinerungsmittel von Petrefacten thierischer und pflanzlicher Natur und findet sich auch als Pseudomorphose nach anderen Mineralien sehr häufig, so nach Kalkspath, Feldspath, Schwerspath, Gyps, Bleiglanz etc. Auch trifft man andere Mineralien in Form von Quarz, zum Beweis, dass dieses Mineral nicht absolut unangreifbar für das im Gebirge circulirende Wasser ist; so finden sich namentlich Pseudomorphosen von Speckstein nach Quarz (Göpfersgrün im Fichtelgebirge). Mit andern Mineralien, namentlich mit Kalkspath, findet er sich in regelmässiger krystallographisch definirbarer Verwachsung, welche in constanter Weise ziemlich häufig wiederkehrt (Reichenstein in Schlesien).

Einige der vielen nur z. Th. scharf charakterisirten, meist durch Uebergänge mit einander verbundenen Varietäten des Quarzes sind die folgenden:

a. *Edler Quarz.* Durchsichtig, meist deutliche Krystalle. *Bergkrystall*, wasserhell, farblos; auf Klüften und Hohlräumen der Silicatgesteine in den Hochgebirgen, den Tyroler, Schweizer und französischen Alpen, aufgewachsen mit Feldspath, Titanit, Rutil, Glimmer, Chlorit u. a. deutlich krystallisirten Mineralien; oft in grossen Hohlräumen und in grosser Menge (Krystallkeller); weniger häufig in den Mittelgebirgen (Striegau und Järischau in Schlesien etc.). Aus den Gebirgen gelangt er zuweilen in die Betten der Wasserläufe, wo er abgerollt wird, wie die andern Flussgeschiebe auch; so findet er sich z. B. im Rhein, aus den Alpen stammend als sog. Rheinkiesel. Zuweilen bildet er sehr grosse Massen, wie z. B. in Madagaskar, von wo centnerschwere Bruchstücke riesiger Krystalle in den Handel kommen. Die Bergkrystalle sind meist lang prismenförmig, die Rhomben- und Trapezflächen sind entwickelt; zuweilen ist er in der Richtung einer Nebenaxe verlängert und um dieselbe in eigenthümlicher Weise spiralig gedreht (gewundene Bergkrystalle aus den Alpen). Einschlüsse von Flüssigkeiten in der oben beschriebenen Weise sind häufig (Quarz von Poretta), ebenso Bildung von Skeletten ohne vollkommene innere Erfüllung mit Substanz. Auch feste Einschlüsse anderer Mineralien sind sehr gewöhnlich, oft ist sogar der Quarz ganz mit solchen erfüllt, so z. B. mit staubförmigem Chlorit, der die Krystalle grün und undurchsichtig macht. Auch auf Drusen anderer als Silicatgesteine, z. B. in dem Marmor von Carrara, findet man Bergkrystall aufgewachsen. Eingewachsene, meist kleine Krystalle kommen in manchen Kalken und Mergeln, auch im Gyps vor, so im Marmoroscher Comitat in Ungarn (Marmoroscher Diamanten), in Herkimer Co. in New York wo sie zuweilen Körner schwarzen Bitumens einschliessen etc. Der *Rauchtopas* ist durch organische Substanz braun gefärbt und wird durch Glühen farblos; er verhält sich sonst in allen Beziehungen der Ausbildung, des Vorkommens etc. wie Bergkrystall, findet sich auch an denselben Orten, aber nur auf-, nicht eingewachsen. Die Färbung ist heller oder dunkler, der ganz dunkle, fast schwarze heisst *Morion*. Ein berühmter Fundort ist der Krystallkeller am Tiefengletscher im Canton Uri, wo viele Rauchtopaskrystalle, z. Th. von mehr als 1 Ctr. Gewicht gefunden wurden. *Amethyst*, ist violblau, mehr oder weniger dunkel, der dunkle als Edelstein sehr geschätzt; zuweilen auch fleckig; mancher ist nur halbdurchsichtig. Er ist häufig aus einzelnen helleren und dunklern Schalen aufgebaut, und zwar vielfach von abwechselnd rechtem und linkem Quarz, daher zeigt er auf dem Bruch eigenthümliche, parallel mit der äussern Begrenzung verlaufende gerade Linien. Die Platten senkrecht zur Axe geben Airy'sche Spiralen. Die Verwachsung rechter und linker Krystalle ist zuweilen sehr regelmässig (Brasilianische Zwillinge, vergl. Fig. 224, wo die schalige Uebereinanderlagerung durch die Linien auf den Rhomboëderflächen angedeutet ist). Die Farbe geht beim Erhitzen in Gelb über (gebrannter A., vielfach als Topas verschliffen (Goldtopas), auch Citrin genannt). Findet sich vorzugsweise auf Mandelräumen vulkanischer Gesteine, und zwar meist in niedern Krystallen, an denen beinahe nur die Dihexaëderflächen, nicht aber die Prismenflächen entwickelt sind, so im Melaphyr des Nahethals bei Oberstein, in Brasilien und

Uruguay, hier z. Th. alle Arten von Quarzmineralien in z. Th. prachtvollen Exemplaren als Gerölle in Flussbetten oder in losen Stücken im Schuttgebirge. Als Geschiebe in den Edelsteinsaifen von Ceylon, Brasilien etc. Auch auf Gängen kommt er vor, hier meist lang prismenförmig mit wohlentwickelten Prismenflächen *r*; so bei Schemnitz in Ungarn (hier auch als Scepterquarz, ein kurzer dicker Krystall auf das Ende eines langen dünnen parallel aufgewachsen), bei Mursinsk im Ural, zuweilen mit kastenartig eingesenkten Flächen oder in Form von Krystallskeletten. Nicht selten enthält auch der Amethyst fremde Krystalle eingeschlossen, so z. B. lange Nadeln von Goethit etc. *Citrin*, gelb, von der Insel Arran; der meiste Citrin der Sammlungen soll gebrannter Amethyst sein.

b. *Gemeiner Quarz*. Undurchsichtig, bis höchstens durchscheinend, trübe; kaum mehr völlig farblos, weiss, meist wenn auch nur wenig gefärbt, von hell rauchgrau bis ins intensive Roth, Braun, Gelb, Grün, je nach der Natur der färbenden Beimengungen. Es sind theils deutlich ausgebildete Krystalle, theils einzelne derbe Körner oder grössere derbe Massen. Die Krystalle sind kaum von andern Flächen als von *P*, *z*, *r* begrenzt. Sie sind entweder eingewachsen in allen möglichen Gesteinen, und zwar theilweise in der Richtung der Hauptaxe stark verkürzt, so dass die Flächen des Prismas sehr klein sind (Fig. 363), oder sie sind an einem Ende aufgewachsen. Die aufgewachsenen Krystalle sind theils lang prismenförmig, wie Bergkrystalle, theils sind es niedere nur von *P* und *z* begrenzte Dihexaëderspitzen, wie gewisse Amethyste, welche dicht gedrängt neben einander sitzend vielfach umfangreiche Drusen bilden. Diese dihexaëdrischen Spitzen sitzen häufig auf derbem Quarz, zuweilen auf stengligem, und zwar so, dass jede Spitze auf einem von einem Individuum gebildeten Stengel aufsitzt und ihn nach aussen regelmässig krystallographisch begrenzt. Diese Stengel und die Krystallspitzen zeigen zuweilen eine ebensolche Schalenbildung wie der Amethyst: hellere und dunklere Lagen wechseln mit einander ab, und auch hier sind die abwechselnden Lagen nicht selten rechts- und linksdrehend. Die Schalenbildung geht zuweilen so weit, dass sich von den Krystallen einzelne dihexaëdrisch begrenzte Schichten von einander abheben lassen, so dass Hohldihexaëder entstehen (Kappenquarz von Schlackenwalde etc.). Fundorte aufgewachsener Krystalle gemeinen Quarzes sind sehr häufig, z. B. die Erzgänge des Erzgebirges, im Zinnwalde u. a. O., ebenso die Erzgänge vieler anderer Gegenden, als sehr gewöhnliches Mineral in z. Th. sehr grossen, z. Th. ganz kleinen Krystallen, welche oft auf ziemlich weite Erstreckung eine dünne zusammenhängende Quarzhaut auf andern Mineralien bilden, die Gänge im Granit des Riesengebirges, im bunten Sandstein, Schwarzwald, in der Grauwacke bei Usingen in Nassau etc. Eingewachsene Krystalle finden sich um und um ausgebildet, z. Th. mit krummen Flächen und wenig entwickelten Prismen, in manchen Porphyren, z. B. von Altenberg in Sachsen, in vielen Trachyten, im Kalk von Sundwig in Westphalen etc.

Die ausgedehnteste Verbreitung hat aber der gemeine Quarz als unregelmässig begrenzter derber gemeiner Quarz. Als solcher findet er sich in einzelnen Körnern als Gemengtheil der Granite, Gneise, Porphyre, Trachyte. Die Körner werden nach der Verwitterung dieser Gesteine isolirt und bilden die Sande und Sandsteine. Als Quarzit ist er in grossen compacten Massen dem Glimmerschiefer eingelagert, auch erfüllt der gemeine Quarz nicht selten Klüfte und Spalten, zuweilen von erheblicher Mächtigkeit in kieselsäurehaltigen Gesteinen.

Einige Varietäten des gemeinen Quarzes, welche durch ihre specielle Beschaffenheit vorzugsweise ins Auge fallen, sind mit besonderen Namen belegt worden. *Fettquarz,* fettglänzend; *Milchquarz,* milchweiss, Hohnstein bei Pirna und Grönland; *Rosenquarz,* von rosenrother, am Licht ausbleichender Farbe, Bodenmais im bayr. Wald; *Rauchquarz*, durch bituminöse Bestandtheile rauchgrau bis braun gefärbt und beim Zerbrechen brenzlig riechend (Stinkquarz); ringsum ausgebildete Krystalle dieser Art bei Pforzheim in Baden im Muschelkalk; *Siderit* (Sapphirquarz), blau durch eingewachsene Krokydolithfasern, von Golling im Salzburgschen; *Eisenkiesel*, durch Eisenoxyd roth oder durch Eisenoxydhydrat braun gefärbt: rothe Krystalle im Gyps und im Aragonit von San Jago di Compostella in Spanien; braune bei Iserlohn in Westphalen, hier zu dünnen Schichten zusammengehäuft. Die Eisenkieselkrystalle sind vielfach aus rechten und linken Individuen ebenso complicirt verwachsen wie Amethyst, ohne dass man äusserlich eine Andeutung davon wahrnehmen könnte. Derber und dichter Eisenkiesel sehr verbreitet. *Prasem,* durch Strahlsteinnadeln grün gefärbt; Krystalle bei Breitenbrunn in Sachsen; geschliffen unter den antiken Gemmen in Rom. *Sternquarz,* weisse excentrisch strahlige Aggregate, die einzelnen Stengel laufen zuweilen da mit dihexaëdrischen Spitzen aus, wo sie an einem Hohlraum endigen; von Hohenelbe in Böhmen. *Faserquarz,* parallelfasrige Schnüre, die Fasern auf den Begrenzungsflächen derselben senkrecht, seideglänzend, braun, am Cap der Guten Hoffnung, hier zolldicke Platten, die Substanz ist braun und nimmt nach dem Schleifen einen schönen Lichtschein an, daher als „Tigerauge" zu Schmuckgegenständen benutzt (vergl. Katzenauge); es ist umgewandelter Krokydolith. Auch in der Braunkohle von Teplitz und in der Steinkohle von Löbejün bei Halle. Fasriger Amethyst bei Issoir in der Auvergne. *Quarzpisolith,* oolithisch, ähnlich dem Karlsbader Erbsenstein, Aegypten, Sicilien. *Zellquarz,* löcherig, von ähnlicher Entstehung wie der sog. *zerhackte* Quarz, der durch Abformung papierdünner Krystallplättchen anderer Mineralien, namentl. auf Erzgängen entsteht; diese Plättchen wurden dann aufgelöst, weggeführt und ihre Hohlformen blieben zurück, die den Quarz wie mit dem Beil zerhackt erscheinen lassen. *Katzenauge,* gelber oder grüner gemeiner Quarz, von parallel liegenden Asbestfasern oder von hohlen Röhrchen durchzogen, welche auf der in der Richtung der Fasern verlaufenden, rundlich geschliffenen Oberfläche einen eigenthümlichen

Lichtschein zeigen, daher als Edelstein benutzt, bes. der von Ceylon. Findet sich aber auch bei Treseburg am Harz, bei Hof im Fichtelgebirge etc.

c. *Dichter Quarz.* Dichte oder auch feinkörnige Aggregate; der Bruch z. Th. splittrig; höchtens kantendurchscheinend. *Hornstein,* trübe, graue, braune, gelbe, auch röthliche Farben; kantendurchscheinend, wenig glänzend, mit ausgezeichnet splittrigem Bruch; hauptsächlich auf Erzgängen sehr verbreitet, z. B. im Erzgebirge. Vielfach Pseudomorphosen bildend, nach Kalkspath, Flussspath etc., in besonders ausgezeichneter Weise nach Datolith, sog. Haytorit, nach dem Fundort Haytor in Devonshire, sowie als Versteinerungsmittel bes. von Pflanzen, z. B. am Kyffhäuser, bei Chemnitz in Sachsen etc. Hornstein findet sich auch schichtenförmig und in unregelmässig begrenzten Massen im Kalk. *Chrysopras* ist ein durch Nickel grün gefärbter Hornstein aus dem verwitterten Serpentin der Gegend von Frankenstein in Schlesien. *Avanturin*, ein etwas körniger Hornstein, der durch eingelagerte braune und rothe Goethit- resp. Eisenglimmerschüppchen einen eigenthümlichen Lichtschein besitzt; Koliwan im Altai, zu Vasen u. a. ähnlichen Gegenständen verschliffen. Zum dichten Quarz rechnet man auch den *Kieselschiefer*, schwarz, geschichtet, schon sehr unrein; manche Varietäten desselben schmelzen v. d. L. und gehören also gar nicht mehr zum Quarz. Bruch muschlig, nicht splittrig. Im Harz, Voigtland, im rheinischen Schiefergebirge etc.; früher kam er von Lydien (Lydit); es ist der Probirstein der Juweliere.

Jaspis, braun, roth, gelb, sehr unrein, bes. stark eisenhaltig. Bruch eben, nur schimmernd bis matt; nicht selten in Form runder Kugeln oder Knollen (Kugeljaspis), z. B. der rothe J. aus den Bohnerzgruben von Auggen bei Freiburg i. Br. und der braune J., der unter den Geröllen des Nils vorkommt (Nilkiesel). Gemeiner, nicht kugeliger Jaspis, vielfach auf Eisenerzlagerstätten, steht dem dichten rothen Eisenkiesel sehr nahe.

(*Bandjaspis*, braun, grün, roth etc. gebändert, vom Harz, Ural etc. ist kein Quarz, sondern von feldspathähnlicher Zusammensetzung; *Porcellanjaspis* ist durch Kohlenbrände gebrannter Thon (nördl. Böhmen); *Basaltjaspis*, ein ähnliches Brandgebilde durch die Hitze des Basalts.)

Chalcedon.

SiO_2, welche sich in Alkalien z. Th. löst, z. Th. nicht; wird daher wohl für ein dichtes Gemenge von Quarz und Opal gehalten. Die dichte Masse hat einen unebenen, splittrigen, nicht stark glänzenden Bruch; die Oberfläche ist vielfach traubig, nierenförmig, auch stalaktitisch. Die Masse ist dann oft nach dieser krummen Oberfläche ausgezeichnet schalig. Im Innern beobachtet man zuweilen Spuren fasriger Beschaffenheit (Glaskopfquarz). Der Ch. ist stark durchscheinend, die Farbe ist meist matt, wenig intensiv, wenn überhaupt Färbung vorhanden ist; dabei ist entweder das ganze Stück gleich gefärbt oder die Farben wechseln in Streifen parallel mit den genannten Schalenoberflächen ab. Darnach unterscheidet man gestreiften und ungestreiften Chalcedon.

Ungestreifter Chalcedon. Hierher gehören vor allem die farblosen oder schwach graulich, bläulich oder gelblich gefärbten Absätze SiO_2-haltiger heisser Quellen in Island, auf den Faröer, im Yellowstone River-Gebiet etc., entweder unregelmässige Platten, oder nierige, traubige oder stalaktitische Gebilde, hier aber ohne Farbenabwechslung und ohne deutliche Schalenbildung. Findet sich in ähnlicher Weise auf Erzgängen, z. B. in Ungarn, andere Mineralien, z. B. Grauspiessglanzerz, überrindend; eigenthümlich sind die blauen würfeligen Pseudomorphosen von Ch. nach Flussspath von Tresztyan in Siebenbürgen. Die gleichmässig gefärbten Ch. haben besondere Namen erhalten. *Carneol,* roth, zuweilen ins Gelbe; *Plasma,* grün; *Heliotrop,* grün mit rothen Punkten. *Enhydros* nennt man Chalcedone, welche grosse flüssigkeitserfüllte Hohlräume umschliessen; bei Vicenza in Oberitalien, Uruguay, urspr. Mandeln im Melaphyr. *Moosachat* (Mokkasteine) sind farblose Chalcedone mit schwarzen Dendriten. Ein milchweisser, trüber Ch., zuweilen ziemlich locker und porös, z. B. von Hüttenberg in Kärnten ist *Kascholong* genannt worden.

Gestreifter Chalcedon (Achat). Deutlich schalig aus einer grossen Menge einzelner sehr dünner Schichten aufgebaut, welche verschieden gefärbt und auch sonst vielfach von verschiedener Beschaffenheit sind, z. B. die einen porös, die andern compact ohne Poren, und welche sich zuweilen leicht von einander trennen. Findet sich vorzugsweise auf Mandelräumen von Melaphyren, die äussere Partie der Mandel bildend; auf dem Achat sitzen dann nach innen Amethystkrystalle, Zeolithe, Kalkspath und andere Mineralien. Seltener ist das Vorkommen auf Spalten in Silicatgesteinen, z. B. von Schlottwitz bei Glashütte in Sachsen. Hier wie bei den Achatmandeln gehen die Schalen und die Farbenstreifen der Fläche parallel, auf welcher der Achat abgelagert ist. Die Färbung der Schichten ist im natürlichen Zustande meist wenig intensiv, meist sind sie nur abwechselnd mehr oder weniger dunkel grau; sie lassen sich aber zuweilen künstlich stärker färben, weil sie in Folge ihrer porösen Beschaffenheit z. Th. mit Flüssigkeiten imprägnirt werden können, welche Pigmente enthalten. So kann man z. B. durch Imprägnation mit Honiglösung und dann mit concentrirter Schwefelsäure, welche aus dem Honig Kohlenstofftheilchen abscheidet, intensiv schwarz färben. Dabei nehmen nur die porösen Schichten die Farbe an, die zwischenliegenden, nicht porösen bleiben ungefärbt, so dass dann bei solchen gefärbten die Streifung noch deutlicher hervortritt. Die durch diese Streifung hervorgebrachte künstliche oder natürliche Farbenzeichnung ist je nach der Form der Streifen verschieden, und man spricht darnach von Bandachat, Festungsachat, Wolkenachat etc. Schwarz und weiss gebänderte Achate heissen Onyx, roth und weisse Sardonyx etc. Der Regenbogenachat lässt in dünnen Platten in Regenbogenfarben spielendes

Licht durch. Hauptfundorte von Achat waren früher die Mandeln der Melaphyre in der Gegend von Oberstein a. d. Nahe, wo sich eine rege Industrie entwickelte, die auf das Verschleifen dieser als Halbedelsteine zu Schmucksachen, zu Reibschalen etc. benutzten Steine gerichtet war. Jetzt bezieht man fast alles Rohmaterial aus Brasilien und Uruguay, wo zahlreiche lose Stücke mit Amethyst etc. zusammen im Schuttgebirge zerstreut liegen. Der Achat von Schlottwitz in Sachsen ist schon erwähnt. An einzelnen Stellen ist dieser Gang zertrümmert und die einzelnen Stücke sind später wieder durch Kieselmasse zu einer festen Breccie verkittet worden; dadurch entstand der sog. Trümmerachat. Der Achat ist das Resultat einer äusserst häufig wiederholten Füllung und Wiederentleerung der betr. Hohlräume mit SiO_2-haltigem Wasser; jedesmal blieb eine dünne Wasserschicht zurück, die vorhandene Wand überziehend und sie beim Verdunsten mit einer neuen Kieselhaut bedeckend. Vielleicht waren es intermittirende Thermen, wie der Geysir in Island; die Eintrittsöffnung des Wassers ist an den Achatmandeln oft noch sehr deutlich zu sehen (Spritzloch).

(Reusch, Pogg. Ann. Bd. 123. Brewster, ibid. Bd. 61. Leydolt, Jahrb. geol. Reichsanstalt Bd. II. pag. 124.)

An den Chalcedon schliesst sich der *Feuerstein* (Flint) an, eine ausgezeichnet muschlig brechende, mehr oder weniger dunkel-rauchgraue Kieselmasse, zuweilen unregelmässig begrenzt, zuweilen runde Knollen bildend oder die Formen von Knochen und andern rundlichen Körpern nachahmend. An der Oberfläche oft mit einem weissen Kieselmehl bedeckt. Kantendurchscheinend, von Alkalien stark angegriffen. Diese Knollen bilden ganze Schichten, namentlich in der weissen Schreibkreide in England, Frankreich, Dänemark, der Insel Rügen etc. Früher zu Flintensteinen verarbeitet. Häufig als Versteinerungsmittel; enthält organische Ueberreste, Foraminiferen und auch grössere, eingeschlossen.

Tridymit (Asmanit).

SiO_2, wie Quarz, rhombisch; einfache Kryställchen in dem Meteoriten von Rittersgrün als grosse Seltenheiten (Asmanit). Die terrestrischen Kryställchen (Tridymit) bilden dünne sechsseitige Plättchen, pseudohexagonale Drillinge rhombischer Täfelchen von der Form des Asmanit. Diese Drillingstäfelchen verwachsen vielfach so, dass drei derselben fächerartig von einer gemeinsamen Linie unter spitzen Winkeln ausstrahlen, Drillinge höherer Ordnung bildend. Ziemlich deutliche Bl. Br.; sehr spröde. H. = 7 (Tr.) und = $5\frac{1}{2}$ (As.). Farblos, durchsichtig bis durchscheinend, glasglänzend; schwach doppelbrechend, zweiaxig, bei hoher Temperatur einaxig. (Tr.). G. = 2,25—2,33. Unschmelzbar, aber in der Sodaperle unter Aufbrausen gelöst; von Säuren nicht angegriffen, aber in heisser Sodalösung aufgelöst. Der Tr. findet sich in kleinen aufgewachsenen Kryställchen auf Hohlräumen mancher

Trachyte des Siebengebirgs bei Bonn, in der Rhön, am Mont Dore, in Ungarn, den Euganeen, in Irland, Island, zuerst beobachtet im Trachyt vom Berg San Cristobal bei Pachuca in Mexiko, auch auf Drusenräumen im Porphyrit von Waldbökelnheim a. d. Nahe. Findet sich auch als mikroskopischer Gemengtheil trachytischer Gesteine, sowie in den Opalen von Kosemütz in Schlesien, Kaschau in Ungarn, Hüttenberg in Kärnten etc.

Der Tr. wurde früher für hexagonal gehalten, sodann auf Grund der optischen Eigenschaften für triklin, aber die Abweichungen von den Verhältnissen rhombischer Krystalle sind minimal und sind wahrscheinlich Anomalien, welche mit der complicirten Zwillingsbildung zusammenhängen. (G. vom Rath, Pogg. Ann. 135, 1868 und 152, 1874. Schuster, Tschermak, Min. Mitthlgn. 1878. v. Lasaulx, Zeitschr. Kryst. Bd. II. Maskelyne, Philos. transact. 1871 pag. 361.)

Brookit.

TiO_2, meist 94—99 TiO_2, 1—4½ FeO_3 und andere Verunreinigungen. Rhombisch, nach einigen Beobachtern monoklin; Prisma $M = \infty P$ (110) $M/M = 99^0\ 40'$ (vorn); die vordere Kante durch die meist sehr ausgedehnte vertical gestreifte Querfläche $a = \infty \bar{P} \bar{\infty}$ (010), die seitliche durch die schmale Längsfläche $b = \infty \breve{P} \breve{\infty}$ (010) abgestumpft. Nach a sind die Krystalle meist dünn tafelförmig. An den Rändern einer solchen Tafel treten dann die andern Flächen als meist ganz schmale Facetten auf. Neben dem Prisma M sind vielfach noch andere Prismen vorhanden, die Kanten M/a abstumpfend; die Oktaëder $o = P(111)$ und $z = \frac{1}{2}P$ (112) sind auf den Prismenflächen M gerade aufgesetzt, eine Zone [Moz] bildend.

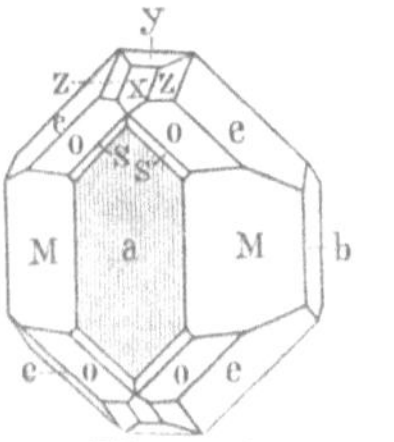

Fig. 376.

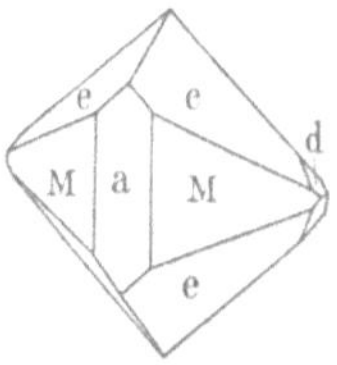

Fig. 377.

Die Kanten o/a werden durch die schmalen Flächen von $s = \frac{3}{2}\bar{P}\frac{3}{2}$ (322) abgestumpft, und in derselben Zone [aso] liegen noch die Flächen des meist am grössten ausgebildeten Oktaëders $e = \breve{P}2$ (122), die seitl. E. K. von o zuschärfend; $e/e = 135^0\ 37'$ und $101^0\ 3'$ (E. K.); daneben noch manche andere Oktaëder. Auch Makrodomen sind vielfach ausgebildet: z. B. $x = \frac{1}{2}\bar{P}\bar{\infty}$ (102), in der Zone [ezx] die vordere E. K. e/e abstumpfend; $y = \frac{1}{4}\bar{P}\bar{\infty}$ (104) u. A.; auch Brachydomen, z. B. $t = 2\breve{P}\breve{\infty}$ (021) und die Basis $c = oP$ (001) kommen vor. Ein dünn tafelförmiger Krystall von Miask im Ural ist in Fig. 376 abgebildet, Fig. 377 giebt den davon abweichenden Typus des sog. *Arkansit* von Magnet Cove in Arkansas, an welchem a weniger ausgedehnt ist und wo das Oktaëder e beinahe allein die Krystalle oben und unten begrenzt, welche nicht mehr dünn tafelförmig sind. Bl. Br. b undeutlich. H. = 5½—6. Spröde. G. = 3,8—4,2, nach dem Glühen wie das des Rutil. Heller oder dunkler rothbraun und durchscheinend, metallartiger Demantglanz (eigentlicher Brookit); der Arkansit ist matt, halbmetallisch, schwarz und undurchsichtig. Opt. A. E. *ac* für blaues, *ab* für rothes Licht, für gelbgrünes Licht sind die Krystalle einaxig; seltener liegen die Axen für alle Farben in derselben Ebene; stets ist die Brachydiagonale *a* M. L.; D. Br. +. V. d. L. etc. wie Rutil. Es ist das seltenste der aus TiO_2 bestehenden Mineralien. Die Krystalle sind aufgewachsen, hauptsächlich im Gebiet der krystallinischen Schiefer, zuweilen mit Rutil und Anatas: z. B. bei Bourg d'Oisans im Dauphiné, am St. Gotthard, im Maderaner Thal und a. O. der Schweizer Alpen, in den Tiroler Alpen, hier zuweilen besonders ausgedehnte Tafeln; bei Tremadoc in Wales auf Grünstein, bei Miask im Ural, hier zuweilen die Plättchen zu zweien nach *a* verwachsen; Biancavilla am Aetna im vulkanischen Tuff; als Geschiebe in australischen Goldsaifen etc. Der Arkansit von Arkansas z. Th. in Rutil verwandelt. Br. bildet auch Pseudomorphosen nach Titanit.

(Schrauf, Sitzgsber. Wiener Ak. Bd. 74, 1876. Zeitschr. Kryst. I. 1877 und IX. 1884.)

Anatas (Oktaëdrit).

TiO_2 mit wenig Fe_2O_3 und SnO_2. Quadratische spitze Oktaëder $P = P(111)$; $P:P = 136^0\ 36'$ (S. K.) vielfach für sich die Krystalle begrenzend; häufig sind die Endecken durch $r = \frac{1}{5}P(115)$ zugeschärft (Fig. 378). Andere stumpfe Oktaëder sind: $v = \frac{1}{7}P\ (117)$; $n = \frac{2}{7}P(227)$; auch das nächste stumpfere $e = P\infty\ (101)$ und das nächste schärfere $d = 2P\infty\ (201)$ kommen vor, sowie Dioktaëder, z. B. $s = \frac{5}{19}P5\ (5.1.19)$. Die Basis $c = 0P(001)$ stumpft nicht selten die Endecken ab, und zwar z. Th. nur ganz wenig, z. Th. auch sehr stark, so dass dick tafelförmige Krystalle entstehen. Prismen finden sich weniger häufig. Eine flächenreiche Combination ist in Fig. 379 abgebildet. Bl. Br. nach *P* vollkommen, weniger deutlich nach *c*. Spröde. H. = $5\frac{1}{2}$ bis 6. G. = 3,83—3,93, nach dem Glühen wie beim Rutil. Selten farblos, meist sehr dunkel blau, auch roth, gelb oder braun. Heller gefärbte Krystalle sind durchsichtig; sehr starker glasartiger oder metallartiger Diamantglanz, je nach der Durchscheinenheit. D. Br. —, $\omega = 2{,}535$, $\varepsilon = 2{,}496$ (*Na*-Licht). V. d. L. etc. wie Rutil. Findet sich nur in Krystallen, bes. ausgezeichnet auf Klüften des Gneises der Alp Lercheltiny im Binnenthal und a. a. O. der Alpen (Tavetsch, Bourg d'Oisans); im Harz und im Fichtelgebirge rothe Kryställchen auf zersetztem Grünstein; ferner im Ural etc. In Brasilien im Flusssande grosse Krystalle (Minas Geraës). Mikroskopisch kleine Anataskrystalle sind in vielen Gesteinen sehr verbreitet.

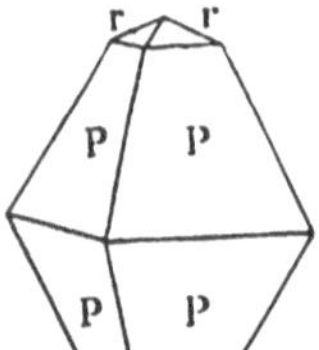

Fig. 378.

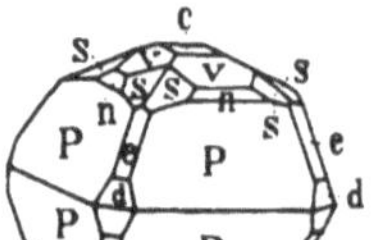

Fig. 379.

(Klein, N. Jahrb. Min. etc. 1871, 1872, 1875. v. Zepharovich, Zeitschr. Kryst. Bd. VI. G. vom Rath, Pogg. Ann. Bd. 158.)

Rutil.

TiO_2, 60,0 *Ti*, bis $2\frac{1}{2}\%$ FeO_3, der schwarze unreine sog. Nigrin sogar 11—14% FeO_3. Quadratisch; $s = P(111)$, $s/s = 84^\circ 40'$ (S. K.); $123^\circ 8'$ (E. K.). Das nächste stumpfere Oktaëder $e = P\infty\,(101)$ stumpft häufig die E. K. von s ab, dazu treten beide quadratische Prismen, nach welchen die Krystalle meist stark in die Länge gezogen sind: $g = \infty P(110)$ und $l = \infty P\infty\,(100)$. Nicht selten kommen noch ditetragonale Prismen dazu, die Kante g/l abstumpfend, so dass zuweilen walzenförmig gerundete Krystalle entstehen; z. B. $r = \infty P\frac{3}{2}$ (320) Fig. (380), auch $h = \infty P3$ (310); letztere zuweilen als einziges Prisma mit dem Hauptoktaëder s (Fig. 235). Die Prismenflächen sind meist stark vertikal gestreift. Auch Dioktaëder kommen vor, z. B. $i = P3$ (313), die Kanten e/s, und $z = 3P\frac{3}{2}$ (321) die Kanten s/r abstumpfend. Die Basis findet sich selten. Zwillingsbildung ist sehr häufig. Zw. Fl. e, die beiden lang prismenförmigen Individuen bilden ein Knie, in welchem die beiden Hauptaxen 114° 25′ machen; an das zweite Individuum wächst häufig ein drittes an, und zwar entweder so, dass alle drei Hauptaxen in einer Ebene liegen (Fig. 235), oder so, dass nur bei je zwei benachbarten dies der Fall ist (Fig. 236). In dieser Weise können die verschiedenartigsten Bildungen entstehen, so finden sich zuweilen ringförmig geschlossene Achtlinge (Magnet Cove in Arkansas). Zuweilen durchkreuzen sich dünne Nädelchen von Rutil nach drei Richtungen unter ca. 60°, ein feines Maschenwerk bildend (Sagenit), vielleicht nach einem anderen Zwillingsgesetze (nach $y = 3P\infty$ (301)). Spaltbar nach g und l vollkommen, Bruch muschlig bis uneben. Spröde. H. $= 6—6\frac{1}{2}$. G. $= 4{,}2—4{,}3$. Dunkelroth, in dünnen Nädelchen hyazinthroth bis gelb; unreine Massen schwarz (Nigrin, G. $= 4{,}5$). Strich gelblich braun; metallartiger Demantglanz. Durchscheinend bis undurchsichtig. D. Br. + stark: $\omega = 2{,}6158$; $\varepsilon = 2{,}9029$ (*Na*-Fl.). Der Rutil ist v. d. L. unschmelzbar, wird von Säuren nicht angegriffen, aber im Borax und Phosphorsalz gelöst, wobei er die TiO_2-Reaction giebt. Häufigstes der aus TiO_2 bestehenden Mineralien; die langprismenförmigen und nadelförmigen Krystalle, vielfach an den Enden nur unvollkommen ausgebildet, zuweilen mit Anatas und Brookit auf- oder eingewachsen in verschiedenen Gesteinen und andern Mineralien, besonders im Bergkrystall; auch derbe Massen, wie die Krystalle in krystallinischen Schiefern, im Quarzit, auch im Granit, Diorit und ähnlichen Gesteinen eingewachsen, sowie als Geschiebe im Schuttgebirge. So findet sich der Rutil an vielen Orten in den Alpen (St. Gotthard, Binnenthal, in Graubünden, Tyrol, Steiermark, Kärnten etc.); bei Limoges in Frankreich, im böhm.-bayr. Wald (hier bei Bärnau und bei Tirschenreuth der Nigrin als Gerölle im Fluss-

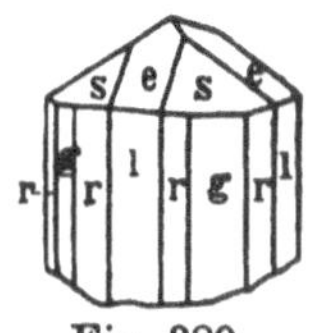

Fig. 380.

kies); im Erzgebirge, Riesengebirge, Fichtelgebirge; bei Ohlapian in Siebenbürgen als Geschiebe ebenfalls Nigrin; bei Arendal, Krageró u. a. O. in Norwegen; im Ural, z. B. an der Takowaja; auch im Goldsande, z. B. bei Syssersk. Der Rutil von Miask ist als Ilmenorutil bezeichnet worden. Sehr schöne grosse Krystalle von Magnet Cove in Arkansas; hier auch Paramorphosen nach Brookit (Arkansit); auch sonst findet sich der Rutil vielfach in den Vereinigten Staaten, ebenso in Brasilien, wo gleichfalls Paramorphosen nach Anatas vorkommen. In regelmässiger Verwachsung mit dem alpinen Eisenglanz (siehe diesen, pag. 313). Mikroskopisch kleine Nädelchen in manchen Glimmern, z. B. den asterisirenden, in Thonschiefern, sowie in sehr vielen andern frischen und zersetzten Gesteinen.

(Bärwald, Zeitschr. Kryst. Bd. VII. G. Rose, Pogg. Ann. Bd. 115. Haidinger, Sitzgsber. Wiener Akad. Bd. 39. v. Zepharovich, Zeitschr. Kryst. Bd. VI. v. Lasaulx, ibid. Bd. VIII pag. 54. Rinne, N. Jahrb. Min. 1885. II. 3.)

Zinnstein (Zinnerz, Kassiterit, Graupen der Bergleute).

SnO_2 mit 78,6 Sn, jedoch meist verunreinigt durch Beimischung von FeO_3 (bis 9 %), SiO_2 (bis $6\frac{1}{2}$ %), Ta_2O_5 (bis $2\frac{1}{2}$ %), MnO_3, AlO_3 etc. Das quadratische Oktaëder $s = P$ (111); $s/s = 87^0\ 7'$ (S. K) und $121^0\ 40'$ (E. K.) ist stets vorhanden, ebenso das 1. Prisma: $g = \infty P$ (110); dazu gesellt sich meist das nächste stumpfere Oktaëder $e = P\infty$ (101) und das 2. Prisma: $l = \infty P\infty$ (100). Die in Fig. 381 dargestellte Combination mit den genannten Flächen ist sehr häufig. Von Dioktaëdern ist am häufigsten $z = 3P\frac{3}{2}$ (321); statt des

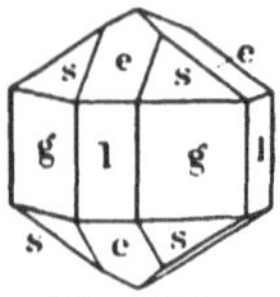

Fig. 381.

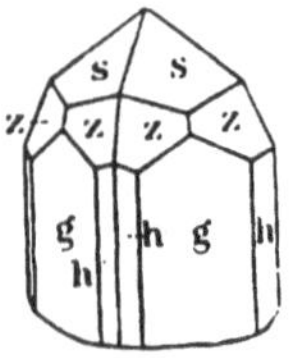

Fig. 382.

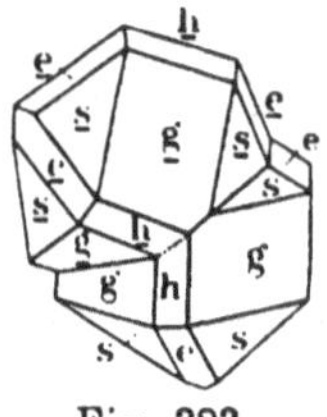

Fig. 383.

Prismas l sind auch wohl die Flächen des ditetragonalen Prismas $h = \infty P2$ (210) vorhanden (Fig. 382). Selten findet sich die Basis. Die Flächen s, z, g, h finden sich an den kleinen nadelförmigen einfachen Krystallen von Cornwall (sog. Nadelzinn, Fig. 382). Solche einfache Krystalle sind aber selten; meistens sind es Zwillingsverwachsungen, wie beim Rutil: Zw. Fl. e (Fig. 383). Die Hauptaxen beider Individuen machen $113^0\ 10'$. Zwei Flächen e und $\underset{\smile}{e}$ machen an der Zw. Gr. häufig einspringende Winkel, sog. Visire, daher der erzgebirgische Bergmannsname Visirgraupen; zuweilen setzt sich die Zwillingsbildung mit parallelen und nichtparallelen Zw. Fl. fort, indem an mehrere oder auch alle Endkannten s/s eines Centralindividuums Zwillingsindividuen angesetzt sind, so dass Fünflinge entstehen, auch ringförmige Viellinge, wie beim Rutil (Fig. 235) etc. Kein deutl. Blätterbruch, kleinmuschliger Bruch. Spröde. H. = 6—7. G. = 6,8—7,1; unreines (Holzzinn) 6,3—6,4. Sehr selten farblos und durchsichtig, meist schwarz, braun, roth, grau mit sehr hellem Strich; dann höchstens durchscheinend. Metallischer Diamantglanz auf Krystall-, Fettglanz auf Bruchflächen. D. Br. +. V. d. L. unschmelzbar; schwierig auf Kohle mit Soda zu *Sn* reducirt; in Säuren unlöslich. Findet sich meist in Krystallen, aber auch in derben Stücken, sowie als fasrige haarbraune Körner, manchmal versteinertem Holz ähnlich (Holzzinn). Häufig auf ursprünglicher Lagerstätte, auf Gängen, im Granit, Gneis und ähnlichen Gesteinen, welche auch zuweilen von dem Zinnstein imprägnirt sind, der ihnen in einzelnen Krystallen oder Körnern eingewachsen ist. Aus diesen ursprünglichen Lagerstätten kommt der Zinnstein in das Schuttgebirge und bildet die Zinnsaifen. Aus beiden Arten von Lagerstätten wird der Zinnstein als einziges Zinnerz gewonnen. Wichtig sind besonders das Erzgebirge (Zinnwald, Schlaggenwald etc.), Cornwall (St. Austell), Finnland, die Halbinsel Malakka, Insel Bangka etc. in Hinterindien; auch Australien (Victoria, Tasmanien etc.), die Vereinigten Staaten (Dacota), Mexiko, Bolivia (Gegend von Oruro). Im Kalkstein liegt das Zinnerz bei Campiglia maritima in Toskana. Das Holzzinn findet sich in den Saifen in Cornwall, Mexiko und Queensland. Als Neubildung in fossilen Knochen.

Eigenthümlich sind Pseudomorphosen von Zinnstein nach Orthoklas von Cornwall, wahrscheinlich Orthoklaskrystalle, welche sehr viel Zinnsteinkörner bei der Krystallisation eingeschlossen haben (vergl. den krystallisirten Sandstein von Fontainebleau). (Becke, Tschermak, Mineral. etc. Mittheilgn. 1877. Reyer, das Zinn, 1882.)

Zirkon (Hyacinth).

ZrO_2 und SiO_2 in isomorpher Mischung, beide meist zu gleichen Theilen: $ZrO_2 + SiO_2$; doch giebt es auch einen Zirkon, den *Auerbachit* von Mariapol im Ural, der nach der Formel $2ZrO_2 + 3SiO_2$ zusammengesetzt ist, ohne dass die Krystallform eine andere wäre, als bei den gewöhnlichen Zirkonen von der Formel $ZrO_2 + SiO_2$. Quadratisches Oktaëder: $s = P(111)$; $s/s = 84^0 20'$ (S. K.) und $= 123^0 19'$ (E. K.) findet sich häufig mit dem ersten Prisma g (vergl. Fig. 156) namentlich beim gemeinen Zirkon; ebenso auch oft mit dem zweiten Prisma l (Fig. 157) namentlich beim Hyacinth. Ein spitzeres Oktaëder derselben Stellung wie s: $u = 3P(331)$ stumpft nicht selten die Kanten s/g ab; neben g ist noch das zweite Prisma l vorhanden, und in den Zonen der Endkanten von u liegen die Flächen des Dioktaëders $x = 3P3$ (311), diese E. K. zuschärfend; dadurch entsteht die nicht seltene Combination Fig. 384. Zwillinge, welche beim Rutil und Zinnstein so häufig vorkommen, finden sich hier an grösseren Krystallen selten und sind bisher nur an den mikroskopisch kleinen Zirkoneinschlüssen in manchen Mineralien und Gesteinen beobachtet worden. Spaltbarkeit unvollkommen, Bruch muschlig, spröde, H. = $7\frac{1}{2}$; G. = 4,4—4,7.

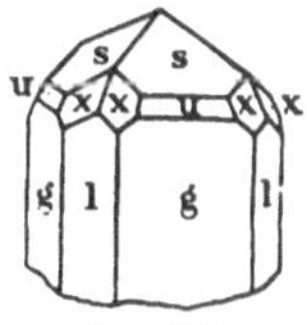

Fig. 384.

Glas- bis diamantglänzend. Der Z. ist entweder durchsichtig, farblos, (selten, Pfitschthal in Tirol, Laacher See) grün etc., meist aber gelbroth (*Hyacinth*), so in manchen Basalten, z. B. bei Unkel am Rhein, auch im Flusssande, z. B. an der Iserwiese, bei Expailly in der Auvergne, in den Edelsteinsaifen von Ceylon etc., stets nur in kleinen mehr oder weniger abgerollten Körnern und Krystallen. D. B. +; $\omega = 1{,}92$, $\varepsilon = 1{,}94$ (r.); wird als Edelstein verwendet, der von den Juwelieren H. genannte Stein ist aber meist Granat (Kaneelstein) von ganz ähnlicher Farbe. Oder der Z. ist undurchsichtig (*gemeiner Z.*), braun oder grau; so im Zirkonsyenit des südlichen Norwegens, bei Laurvig, Frederikswärn etc., in einem Gang-Granit bei Hitterö, im Anfang der Verwitterung (*Malakon*); im Miascit von Miask am Ural; in Nordamerika an mehreren Stellen, besonders grosse Krystalle in Renfrew Co. in Canada, überhaupt vielfach in Graniten und ähnlichen Gesteinen. Als mikroskopische Kryställchen in sehr vielen ursprünglichen und auch in vielen Trümmergesteinen (z. B. Sandsteinen) sehr verbreitet.

Thorit (schwarz), *Orangit* (orangefarbig), SiO_2- und ThO_2-haltig, sind mit Zirkon isomorph.

Polianit.

MnO_2. Kurze rhombische Prismen $\infty P(110)$ von 92° 52′, ganz ähnlich manchen Krystallen des Pyrolusit, spaltbar nach den Flächen $\infty \breve{P}\infty$ (010). H. = $6\frac{1}{2}$—7. G. = 4,83—5,06. Licht stahlgrau, metallisch. Aufgewachsene, meist sehr kleine Krystalle; auch derbe, körnige und fasrige Aggregate, zuweilen mit nierenförmiger Oberfläche. Platten und Johanngeorgenstadt im Erzgebirge, im Siegenschen, in Cornwall etc., aber selten frisch. Geht unter Abnahme der Härte (bis H. = 2), aber bei gleichbleibender Krystallform und Zusammensetzung durch molekulare Umwandlung in Pyrolusit über, eine Paramorphose von Pyrolusit nach Polianit bildend. Doch ist dieser Vorgang noch nicht ganz aufgeklärt.

Pyrolusit (Braunstein, Grau- oder Weichmanganerz).

MnO_2, meist etwas BaO, SiO_2, H_2O etc. enthaltend. Ist kein ursprüngliches Mineral, sondern durch Umwandlungsprocesse aus Polianit oder auch aus Manganit, $H_2Mn_2O_4$, aus letzterem durch Austritt von H_2O und Eintritt von O entstanden; zuweilen auch aus anderen Mineralien, z. B. Kalkspath, in dessen Formen (Skalenoëder) er als Pseudomorphose sich findet, wie auch in den Formen der erstgenannten beiden Materialien. Zwischen jenen und dem Pyrolusit findet man alle möglichen Uebergänge, welche man an einem gewissen Wassergehalt und an einer die geringe Härte H. = 2 des Pyrolusit übersteigenden Härte erkennt. Die Blätterbrüche des Manganit und die des Polianit sind auch am Pyrolusit zu beobachten. Ein solches Zwischenglied zwischen Pyrolusit und Manganit bildet z. B. der sog. *Varvicit* aus Warwickshire mit nur 5—6 H_2O (der Manganit hat ca. 9% H_2O). Entsteht auch aus Manganspath, $MnCO_3$, sowie aus Mn-haltigen Eisenspath.

Der Pyrolusit findet sich meist in derben strahligen oder fasrigen bis dichten, auch erdigen Massen; vollkommen undurchsichtig, schwarz mit schwarzem Strich und wenig lebhaftem, halbmetallischem Glanz. G. = 4,7 – 5,0. Spröde ins Milde, an den Fingern abfärbend. Unschmelzbar, giebt beim Glühen für sich und beim Erhitzen mit H_2SO_4 Sauerstoff, beim Erhitzen mit HCl dagegen Chlorgas; namentlich auf letzterem Verhalten beruht die ausgedehnte Benützung des Pyrolusit bei der Bleicherei. Der P. bildet den wichtigsten und hauptsächlichsten Bestandtheil des Braunsteins des Handels, neben ihm ist noch Manganit, Psilomelan, Braunit, Hausmannit etc. darin vorhanden. Er bildet grosse gang- und lagerförmige Lagerstätten, z. B. in der Nähe des Lahnthals in Nassau und in Hessen (Gegend von Giessen), in der Gegend von Ilmenau im Thüringer Wald, bei Ilfeld im Harz, im Erzgebirge, bei Romanêche im Dep. de l'Yonne (Frankreich), in Spanien, wo sehr viel gewonnen wird, in Skandinavien, Nordamerika etc.

Schwerbleierz (Plattnerit); PbO_2. Hexagonale, eisenschwarze, metallartig demantglänzende Kryställchen von Leadhills in Schottland.

Cervantit. SbO_2, dünne weisse Nädelchen, auch derb; von Cervantes in Spanien (Gallicien) und von Pereta in Toskana. *Tellurit* (Tellurocker), TeO_2, kleine demantglänzende, gelblich-weisse, zuweilen zu Büscheln vereinigte Kryställchen von Zalathna in Siebenbürgen.

Oxyde RO_3.

Molybdänocker, MoO_3. Schwefelgelber pulveriger Beschlag auf Molybdänglanz von Lindås in Schweden und Nummedalen in Norwegen.

Wolframocker, WO_3. Grünlich-gelber Beschlag auf Wolframit; Monroe in Connecticut und Cornwall.

b. Hydroxyde und Hydrate.

Der Oxyde RO.

Brucit; $H_2MgO_2 = H_2O \cdot MgO$. Rhomboëdrische, in einer Richtung leicht spaltbare, weisse, durchsichtige bis durchscheinende, perlmutterglänzende, sehr weiche, gypsähnliche Massen im Serpentin der Insel Unst, bei Predazzo in Tyrol, Pischminsk im Ural, Hoboken in N.-Yersey, hier auch fasrig *(Nemalith)*. Der Brucit findet sich in mikroskopischen Kryställchen in manchen Kalken eingewachsen, welche dadurch MgO- und HO_2-haltig werden, z. B. im Predazzit etc. (siehe diesen, pag. 361). Am Jakobsberg im Kirchspiel Nordmarken in Wermland ein gelber bis braunrother 15 % MnO-haltiger *Manganbrucit*. Derselbe führt zu dem *Pyrochroit*, H_2MnO_2, dem Brucit sehr ähnlich und vielleicht mit ihm isomorph, fleischroth, braun und schwarz verwitternd; im Magneteisen vom Pajsberg bei Philipstad und von Mosgrufva in Wermland.

Der Oxyde $\text{F̶e}O_3$.

Hydrohämatit.

$H_2\text{F̶e}_2O_7 = H_2O \cdot 2\text{F̶e}O_3$; 94,7 $\text{F̶e}O_3$. Krystallinisch, kurz stenglig mit nierenförmiger Oberfläche, die äussersten Schichten auf braunem Glaskopf bildend. Dunkelgrauschwarz, mit einem deutlichen Stich ins Roth, dunkelkirschrother Strich, halbmetallisch glänzend. G. = 4,29 —4,49, H. = $6\frac{1}{2}-7\frac{1}{2}$. Sehr stark dekrepitirend und im Kolben H_2O

gebend. In HCl löslich. Nur mit anderen Eisenerzen, bes. Brauneisenstein, zusammen, zuweilen in nicht unbedeutender Menge. Siegen, Neuenbürg im Schwarzwald, Stebnitz im Fichtelgebirge, in Schlesien, Südfrankreich, Mexiko etc.

Der dichte *Turgit* von derselben Zusammensetzung von Bogoslawsk am Ural scheint ein Gemenge zu sein.

Isomorphe Gruppe des Goethits:

Rhombisch: $H_2\bar{R}O_4 = H_2O \,.\, \bar{R}O_3$.

Goethit:	$H_2\bar{F}eO_4$;	$a:b:c = 0{,}9182:1:0{,}6061$.
Diaspor:	$H_2\bar{A}lO_4$;	$= 0{,}9372:1:0{,}6038$.
Manganit:	$H_2\bar{M}nO_4$;	$= 0{,}8441:1:0{,}5448$.

Goethit (Pyrrhosiderit).

$H_2\bar{F}eO_4 = H_2O \,.\, \bar{F}eO_3$, 89,7 $\bar{F}eO_3$. Rhombisch, meist kleine, nicht sehr deutlich ausgebildete Kryställchen; theilweise kurzprismatisch, oder dicktafelförmig, oder langnadelförmig (Nadeleisenerz) oder in Form sehr dünner Plättchen (Rubinglimmer) in Drusen aufgewachsen. Die wichtigsten Krystallformen sind: $m = \infty P$ (110), $m/m = 94^0\ 58'$; $p = \infty \bar{P}2$ (210); $b = \infty \breve{P}\infty$ (010); $p = P$ (111); $s = \bar{P}2$ (212); $e = \breve{P}\infty$ (011), $e/e = 117^0\ 30'$ (oben). (Fig. 385 einen Krystall von der Botallakgrube in Cornwall auf dichtem Brauneisenstein darstellend). Die Krystalle von Clifton bei Bristol sind nach b dünne, oblonge Täfelchen; am Rande der Tafeln sind schmale Facetten p und e. Diesen sehr ähnlich sind die sehr dünnen Krystalle von Eiserfeld etc. im Siegenschen, wo aber am Rande der Blättchen die Querfläche $a = \infty \bar{P}\infty$ (100), das steile Makrodoma $x = 4\bar{P}\infty$ (401), $x/x = 41^0\ 30'$ (oben), sowie e vorkommt, während p und s fehlt (Fig. 386). Nach b vollkommen spaltbar, spröde, wenig biegsam; H. $= 5\frac{1}{2}$—6, auch $4\frac{1}{2}$. G. $= 3{,}8$—$4{,}2$. Hell- bis dunkelbraun, bis fast schwarz, rothbraun, die dünnen Blättchen dunkelroth durchscheinend (Rubinglimmer, Fig. 386), Strich gelblichbraun; alle Grade der Durchscheinenheit, aber kaum völlig durchsichtig. Glanz demantartig ins Metallische, zuweilen sehr lebhaft, aber oft auch matt; manchmal seidenartig. Schwach magnetisch. V. d. L. giebt er im Kolben H_2O und wird roth; schmilzt schwer und wird in der Red.-Fl. schwarz und magnetisch; in HCl löslich. Findet sich theils in aufgewachsenen Krystallen auf Quarz, dichtem Brauneisenstein etc., so das Nadeleisenerz, der Rubinglimmer und der in etwas grösseren Krystallen ausgebildete Goethit; das Nadeleisenerz in von einem Punkt ausstrahlenden Büscheln im Bergkrystall und Amethyst, z. B. von der Wolfsinsel im Onegasee in Russland, bei Oberstein etc. Fundorte verschieden

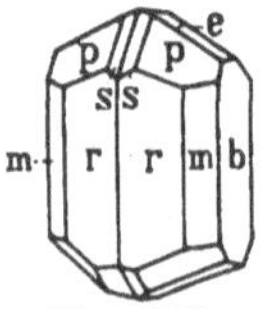

Fig. 385.

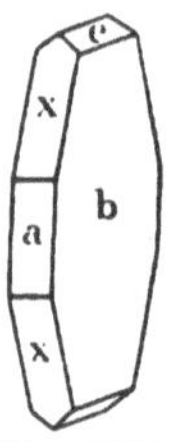

Fig. 386.

ausgebildeter Krystalle sind: das Siegensche (Rubinglimmer auf Brauneisenerz); Nahethal, einzelne Krystalle in Achatdrusen; in Nassau, im Westerwald bei Obernkirchen, bei Zwickau und Raschau in Sachsen, die Gegend von Lostwithiel in Cornwall, Nordamerika. Eigenthümlich ist das Vorkommen kleiner Kryställchen in Knochen fossiler Saurier. Auch in derben fasrigen Massen findet sich G. nicht selten, zuweilen radialfasrig mit runder Oberfläche (*Lepidokrokit*), mit nelkenbrauner Farbe auf dem Bruch; zuweilen in stalaktitischen Gestalten (Neuenbürg im Schwarzwald, im Siegenschen, Westerwald) auf Brauneisenstein sitzend. Hieran schliesst sich die *Sammetblende* von Přibram, braune runde Kugeln, auf welchen äusserst zarte kleine Nädelchen sitzen, die der Oberfläche das Anfühlen und Ansehen eines braunen Samtes verleihen. *Dichter Goethit* findet sich häufig als Pseudomorphose, namentlich nach Schwefelkies, der leicht in diese Substanz übergeht, auch nach Spatheisenstein.

Diaspor.

$H_2\overline{Al}O_4 = H_2O \cdot \overline{Al}O_3$. Die rhombischen Krystalle sind klein, meist undeutlich und gerundet; ähnlich denen des isomorphen Goethits, die Winkel nur annähernd bekannt. Nach $\infty P \breve{\infty}$ (010) vollkommen blättrig; meist derbe Massen bildend. H. = 5—6. Sehr spröde. G. = 3,4. V. d. L. unschmelzbar, sehr stark zerknisternd, in Säuren nicht löslich. Perlmutterglänzend, durchsichtig bis durchscheinend. Weiss (im Thon, sog. Dillnit von Schemnitz in Ungarn) oder braun (im Ural bei Kossoibrod im Chloritschiefer mit Smirgel), auch sonst als Begleiter des Smirgels. Opt. A. E. *ac*, + M. L. *a*. Starker Trichroismus.

Manganit (Braunmanganerz).

$H_2\overline{Mn}O_4 = H_2O \cdot \overline{Mn}O_3$; 90,9 $\overline{Mn}O_3$; etwas $\overline{Fe}O_3$, BaO, SiO_2 etc. An den rhombischen, nach verschiedenen Typen ausgebildeten Krystallen findet sich stets das Prisma $m = \infty P$ (110); $m/m = 99^0\ 40'$. Die stumpfe Kante ist häufig durch die Querfläche $a = \infty P\bar{\infty}$ (100) abgestumpft, andere Prismen schärfen die Kanten von m zu, so z. B. $d = \infty P\bar{2}$ (210) die stumpfe vordere, $l = \infty P\breve{2}$ (120) die scharfe seitliche Kante. Die Flächen der Prismenzone sind stark vertikal gestreift. Die Endigung der Prismen ist sehr mannigfaltig. Zuweilen ist nur die Basis vorhanden, in der Richtung der Axe b stark gestreift. Oder es findet sich eine Anzahl rhombischer Oktaëder: $s = P\bar{2}$ (212), $\varrho = P\bar{5}$ (515) nebst dem Makrodoma $u = P\bar{\infty}$ (101). Zuweilen ist die Zahl dieser Oktaëder, die zusammen am gleichen Krystalle vorkommen, eine ganz erhebliche, alle liegen so, dass ihre Flächen in der Zone einer vorderen E. K. liegen, sich also unter lauter dieser parallelen Kanten schnei-

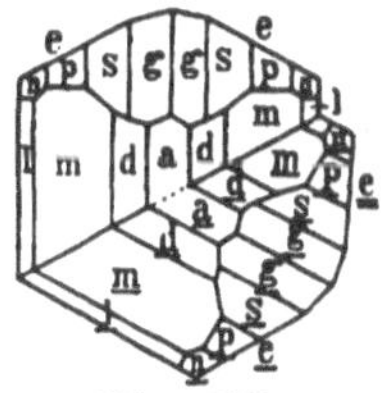

Fig. 387.

den, während u, welches diese Kante gerade abstumpfen würde, fehlt. Eine solche Combination zeigen die beiden Individuen des Zwillings Fig. 387; wo neben s noch vorkommt: $g = P\bar{3}$ (313); $p = P$ (111); $n = 2P\breve{2}$ (121); die seitliche E. K. von p wird durch die Flächen des Brachydomas $e = P\breve{\infty}$ (011) gerade abgestumpft, $e/e = 122^0\ 50'$ (oben). Bei noch anderen Krystallen treten zu den genannten Oktaëdern Makrodomen in grösserer Zahl, darunter wieder das schon erwähnte u, sodann $\eta = \frac{1}{5}P\infty$ (105) etc., sowie die Basis $c = oP$ (001) und statt e das Brachydoma $f = 2P\breve{\infty}$ (021), sowie einige Oktaëder ausserhalb jener Reihe, z. B. $z = \frac{6}{5}P\breve{2}$ (365). Zwillinge nach e sind häufig, die Individuen sind entweder aneinander gewachsen (Fig. 387) oder durcheinander hindurch. Die Krystalle sind entweder prismenförmig, sogar nadelförmig in der Richtung der Axe c, oder dicktafelförmig nach der Querfläche a, stets aufgewachsen, meist auf derbem, fasrigem, strahligem und dichtem Manganit, auch auf Schwerspath. Nach der selten als Krystallfläche ausgebildeten Längsfläche $b = \infty P\breve{\infty}$ (010) ein vollkommener Bl. Br. Spröde ins Milde. H. = $3\frac{1}{2}$—4, wenn ganz frisch, häufig weicher, bis zu H. = 2 (siehe unten). G. = 4,3—4,4. Dunkeleisenschwarz mit braunem Strich, undurchsichtig, meist unvollkommener Metallglanz. In HCl unter Cl-Entwicklung löslich; giebt im Kolben über 200⁰ Wasser; unschmelzbar. Findet sich mit Pyrolusit zusammen, an den dort erwähnten Fundorten; gute Krystalle bes. bei Ilfeld am Harz und bei Ilmenau (Oehrenstock, Elgersburg) im Thüringerwald. Nicht selten als Pseudomorphose nach Kalkspath in Skalenoëdern $R3$ (21$\bar{3}$1).

Geht durch Verlust von H_2O und Aufnahme von O allmählig in Pyrolusit über, wird dabei allmählig immer weicher bis zu H. = 2, und der ursprünglich braune Strich wird schwarz. Dabei bilden sich Gemenge von MnO_2 und $H_2\bar{M}nO_4$, also von Pyrolusit und Manganit in den verschiedensten Verhältnissen, welche z. Th. mit besonderen Namen belegt worden sind (Varvicit, vergl. Pyrolusit, pag. 346 f.).

(Vergl. Groth, Mineraliensammlung der Universität Strassburg.)

Brauneisenstein (Limonit).

$H_6\bar{F}e_2O_9 = 3H_2O \,.\, 2\bar{F}eO_3$; 85,6 $\bar{F}eO_3$; etwas $\bar{M}nO_3$, SiO_2, CuO, CaO, CoO, auch Va_2O_5, P_2O_5, TiO_2, CrO_3, As, S etc.; besonders der dichte und erdige ist zuweilen sehr stark verunreinigt, auch mit andern Eisenoxydhydraten und sonstigen Eisenerzen; nicht selten stark mit Thon, auch mit Kalk etc. gemengt. Findet sich häufig krystallisirt, aber nie in deutlichen Krystallen, sondern nur in excentrisch-fasrigen Aggregaten, meist mit nieriger oder traubiger Oberfläche oder stalaktitisch. Die Oberfläche ist glänzend schwarz, mit ihr parallel vielfach innere ebenso glänzend schwarze Absonderungsflächen; dies ist der braune Glaskopf. Häufig ist das Brauneisenerz auch dicht und erdig. Die Farbe ist braun. Der erdige Br., ebenso beim Glaskopf und beim dichten Br. der Strich sind braungelb; die schwarze Oberfläche des Glaskopfs ist vielfach bunt angelaufen. Der Glanz ist halbmetallisch, beim fasrigen ins Seidenartige, zuweilen auch ins Wachsartige, auf dem Bruch meist nicht sehr lebhaft; undurchsichtig. Die Härte schwankt in ziemlich weiten Grenzen und geht bis H. = $5\frac{1}{2}$. Der erdige Br. färbt an den Fingern ab. Auch das spec. Gewicht schwankt, und zwar zwischen G. = 3,3—3,9. Giebt im Kolben H_2O und wird roth (Fe_2O_3); v. d. L. schwer schmelzbar; nach dem Glühen auf Kohle magnetisch.

Findet sich mit andern Eisenerzen zusammen auf Gängen und Lagern oft in grossen Massen, und ist eins der wichtigsten Eisenerze. Die genannten drei Varietäten, der dichte und erdige Br. und der braune Glaskopf, sind meist neben einander vorhanden, die Hauptmasse bildet der dichte Br., dazwischen liegt der erdige nesterförmig oder Ueberzüge bildend, und nach aussen, sowie gegen Hohlräume hin, welche die Masse einschliesst, wird der dichte Br. fasrig, nimmt eine rundliche Oberfläche an und wird damit zum braunen Glaskopf, der die Höhlungen auskleidet. Hauptfundstellen sind im Harz: Grund, Elbingerode, Clausthal etc.; im Erzgebirge: Schneeberg, Johanngeorgenstadt, Eibenstock etc.; Lobenstein im reuss. Voigtlande; Schmalkalden, Brotterode, Saalfeld etc., im Thüringer Wald; im Fichtelgebirge, in Schlesien, in den Rheingegenden an vielen Orten, im Siegenschen, in Nassau, an der Lahn etc.; im Schwarzwald bei Neuenbürg; in den Alpen, in Steiermark, Kärnten etc.; auf Elba, in den Pyrenäen, in Spanien, Nord- und Südamerika, im Ural, namentlich hier ist es ein ausserordentlich verbreitetes Mineral.

Zum Brauneisenstein gehört der fettglänzende braunschwarze amorphe *Stilpnosiderit* (Eisenpecherz, Glanzeisenstein) mit ausgezeichnet muschligem Bruch; derselbe findet sich im Siegenschen, im Westerwald, bei Bodenmais in Bayern, Nadabula in Ungarn etc. Ganz ähnlich sieht das *Kupferpecherz* von Moldawa im Banat, dem Ural etc. aus, das als ein mit *Cu*-Verbindungen verunreinigtes Eisenoxydhydrat und wahrscheinlich als ein Verwitterungsproduct von Kupferkies und Buntkupfererz anzusehen ist.

Was die Entstehung des Brauneisensteins anbelangt, so ist er wohl meist durch Umwandlung anderer Mineralien gebildet worden, in deren Formen man denselben nicht selten antrifft; so findet er sich z. B. als Pseudomorphose nach Kalkspath, Eisenglanz und besonders nach Eisenspath, der häufig zur Entstehung von Br. Veranlassung gegeben hat, mit welchem er auch vielfach im Grossen in einer Weise verbunden ist, dass eine Entstehung aus ihm angenommen werden muss, so z. B. in Steiermark, Kärnten, im Schwarzwald. Auf der Insel Elba und an andern Orten ist er durch Wasseraufnahme aus Eisenglanz entstanden. Der *Xanthosiderit,* in feinen gelben Nadeln und in gelben radialfasrigen Aggregaten mit nieriger Oberfläche mit Manganerzen bei Ilmenau im Thüringer Wald vorkommend, ist wahrscheinlich eine Pseudomorphose von Br. nach Goethit. Auch durch Verwitterung von Schwefelkies kann sich Brauneisenstein bilden. Umgekehrt kann der Brauneisenstein durch Verlust von H_2O schon bei gewöhnlicher Temperatur in Eisenoxyd übergehen, und man hat wohl die Ansicht ausgesprochen, der rothe Glaskopf sei durch Wasserverlust aus braunem entstanden.

Gemenge des Brauneisensteins mit andern Substanzen sind zuweilen in Massen vorhanden und sind dann mit besonderen Namen belegt worden, um so mehr, als auch sie z. Th. sehr wichtige Eisenerze bilden. So giebt es z. B. SiO_2-haltigen *Kieseleisenstein*, $CaCO_3$-haltigen *Kalkeisenstein*, sog. Braunerz, z. B. von Elbingerode, am Harz, in den Alpen etc. Wichtig ist der mit Manganerzen gemengte Brauneisenstein, das meist mulmige ebenfalls sog. Braunerz der Lahngegenden etc. Am wichtigsten ist aber der *thonige Brauneisenstein*, der in Massen sich findet. Derselbe ist äusserlich und auch bei genauerer Untersuchung von dem thonigen Spatheisenstein und dem thonigen Rotheisenstein schwer zu unterscheiden. Er bildet entweder compacte braune dichte Massen, oder runde, zuweilen ziemlich grosse Knollen im Thon (thoniger Sphärosiderit), kleinere Knollen (Eisennieren) sind oft im Innern hohl; ein kleiner eingeschlossener Körper bringt beim Schütteln ein klapperndes Geräusch hervor (Klapper- oder Adlerstein). Besonders wichtig sind aber die kleineren runden Körner, welche an manchen Orten in grossen Massen zusammengehäuft sind, namentlich auf Klüften und Spalten der Felsen des Weissen Jura der schwäbischen und fränkischen Alb, ferner in Krain etc.; sie bilden das sog. *Bohnerz*. Noch massenhafter ist aber das Vorkommen von *oolitischem Brauneisenerz*, das z. B. am Kressenberg in den bayrischen Alpen sich findet, ebenso in Luxemburg, Lothringen, im Harz etc. Ein etwas thonhaltiges, okeriges braunes Eisenoxydhydrat ist auch die als Malerfarbe verwendete türkische *Umbra* von der Insel Cypern.

Zum Brauneisenstein gehörte in der Hauptsache der starkverunreinigte, P_2O_5-haltige, mit Sand und andern unorganischen Körpern, sowie auch mit organischen Substanzen gemengte *Raseneisenstein*, der von dichter, löcheriger Beschaffenheit ist und im Glanz und Aussehen vielfach an den Stilpnosiderit erinnert. Er besteht zuweilen aus einzelnen runden Knollen und Kugeln und ist sogar in gewissen Vorkommnissen oolithisch; vielfach auch ockerig und dann gelb, sonst braun. Alle die hierhergehörigen Massen sind moderne Bildungen, welche noch heutzutage entstehen, und welche nach der speciellen Art und Weise ihrer Entstehung und dem darnach ziemlich stark variirenden Aussehen mit verschiedenen Namen benannt worden sind. Der eigentliche Raseneisenstein bildet sich unter dem Rasen feuchter Wiesen (*Wiesenerz*) an sehr vielen Orten des norddeutschen Flachlandes, zuweilen in ausgedehnten Lagern, welche sogar zu seiner Verhüttung Veranlassung gegeben haben; das *Morasterz* oder *Sumpferz* auf dem Grund von Sümpfen und Morästen; das *Seeerz* auf dem Grunde von Seen, bes. in Schweden, vor allem im Helgasee, und in Finnland, meist als ein dunkelbrauner eisenhaltiger Schlamm, der zuweilen Anfänge oolithischer Bildung zeigt; derselbe wird in Schweden zur Verhüttung gesammelt und ergänzt sich stets wieder von neuem. Alle diese Erze sind Ausscheidungen aus eisenhaltigen Gewässern, z. Th. unter Vermittelung von organischen Wesen (Gallionella ferruginea).

Gelbeisenstein.

Manche gelbe ockerige Eisenerze scheinen H_2O-reichere Hydrate zu sein, als der Brauneisenstein, und zwar von der Zusammensetzung: $H_4FeO_5 = 2H_2O . FeO_3$ mit 18,4 H_2O. Sie sind meist stark verunreinigt, namentlich mit Thon, und die richtige Formel ist daher schwer festzustellen. Sie finden sich mit Brauneisenerz zusammen, namentlich das dichte und erdige Brauneisenerz begleitend, das fast stets zu einem gewissen Antheil solche meist lockere, ockerige, gelbe Substanz beigemischt enthält, so z. B. die Eisennieren, bei denen braune festere und gelbe lockerere Schichten mit einander abwechseln; auch die Raseneisenerze sind mit der gelben Masse vielfach gemengt. Zuweilen finden sich grössere Lager solcher gelben erdigen Massen, welche dann gewonnnen und als Malerfarbe verwendet werden (gelber Eisenocker). Dieselbe Substanz wird von manchen eisenhaltigen Quellen abgesetzt.

Auch für den oben erwähnten Xanthosiderit (pag. 351) von Ilmenau wird die Formel H_4FeO_5 angegeben.

Beauxit (Bauxit, Wocheinit).

Ist eine sehr unreine Masse, welche in der Hauptsache $H_4AlO_5 = 2H_2O . AlO_3$, entsprechend dem Gelbeisenstein sein soll. Daneben ist aber meist viel FeO_3, SiO_2 etc. vorhanden. 30—64 % AlO_3, 8—28 % H_2O. Es sind z. Th. thonähnliche, weisse oder braune Massen, wie in der Wochein bei Feistritz in Krain (Wocheinit); auch im Westerwald und in der Umgegend von Giessen als Verwitterungsprodukt des Basalts; oder oolithische rothe Körner in Kalkspath eingewachsen. In letzterer Form findet sich das Mineral bei Beaux unweit Arles und an andern Orten im südl. Frankreich massenhaft. Es wird gewonnen und zur Herstellung von Alaun und Aluminium sowie zu feuerfesten Ziegeln, zu Cement etc. benutzt.

Hydrargillit (Gibbsit). $3H_2O . AlO_3 = H_6AlO_6$. Es sind dünne weiche, scheinbar hexagonale, monokline weisse Täfelchen, welche meist schuppige Aggregate oder radialfasrige Kugeln und Zapfen bilden. Slatoust im Ural, Richmond in Massachusetts, Brasilien.

Sassolin.

$H_3BO_3 = 3H_2O . B_2O_3$, 56,5 B_2O_3. Trikline, weisse perlmutterglänzende, leicht in einer Richtung spaltbare, biegsame, durchsichtige Schüppchen, die auch zu losen, zuweilen stalaktitischen Aggregaten vereinigt sind. Vielleicht mit Hydrargillit isomorph. H. = 1, fettig anzufühlen. G. = 1,45. Schmilzt leicht und färbt die Flamme grün;

löst sich in Wasser. Ist ein Sublimationsproduct mancher Vulkane, z. B. auf Vulcano; auch gelöst in den heissen Quellen der Maremmen in Toskana; als Quellabsatz bei Sasso. Er wird gewonnen und zu Borsäurepräparaten technisch verwendet; dem Rohmaterial sind häufig fremde Substanzen beigemengt, z. B. dem S. von Vulcano gelbe Schwefelkörnchen etc. (Haushofer, Zeitschr. Kryst. Bd. 9.)

Der Oxyde RO_2.

Stiblith. $H_2Sb_2O_5 = H_2O \cdot 2SbO_2$. Gelbes, fettglänzendes oder erdiges ziemlich hartes (H. = 5) Umwandlungsproduct des Antimonglanzes, in dessen Form er sich häufig findet; stets mit diesem Erz zusammen. Mayen in Rheinpreussen, Kremnitz und Felsöbanya in Ungarn, Constantine in Algier, Mexiko, Borneo. Der *Antimonocker* von Bräunsdorf, Wolfsberg am Harz etc. ist vielleicht dasselbe, doch wird auch ein Wassergehalt angegeben.

Der Oxyde RO und R_2O_3.

Hydrotalkit (Völknerit), ein Magnesia-Thonerdehydrat von wechselnder Zusammensetzung. Hexagonal, in tafelförmigen Krystallen, meist derbe blättrige, zuweilen fasrige Aggregate, mild, H. = 2, fettig anzufühlen, weiss, durchscheinend, in Säuren löslich. Bei Snarum in Norwegen im Serpentin (Hydrotalkit) und an der Schischimskaja Gora bei Slatoust im Ural (Völknerit); vielleicht ist es an beiden Orten ein Gemenge von Zersetzungsproducten eines andern Minerals, vielleicht von Ceylanit. Ein solches Verwitterungsproduct ist zweifellos der ähnlich dem Hydrotalkit zusammengesetzte *Houghit*, der in weissen oder grauen oktaëdrischen Pseudomorphosen sich mit Skapolith, Spinell etc. im körnigen Kalk von Sommerville in New-York findet. Aehnliche Pseudomorphosen finden sich auch am Monzoni in Tyrol. Ein dem Hydrotalkit ungefähr entsprechendes, ebenfalls hexagonales Magnesia-Eisenoxydhydrat in goldglänzenden, undeutlich fasrigen dünnen Schnüren im Serpentin der schottischen Insel Haaf-Grunay und auf den Eisenerzlagerstätten von Longban in Wermland in Schweden ist der *Pyroaurit* (Igelströmit).

Anhangsweise folgt eine Anzahl von hierher gehörigen Mineralien, deren Zusammensetzung noch nicht vollkommen sicher ermittelt ist.

Psilomelan.

$RO \cdot 4MnO_2$ mit $1\frac{1}{2}$ bis 6 % H_2O, wo $R = Ba$, K_2, Li_2; auch Cu, Co, Ca, Mg, Tl, Ni in geringen Mengen kommt vor; 77—94 MnO_2, 0—16 BaO, 0—5 K_2O, auch MnO etc. K_2O und BaO nie im nämlichen Stück, so dass man Baryt- und Kalipsilomelan unterscheiden kann; die Li_2O-haltigen Ps. werden auch als Lithionpsilomelan unterschieden. Dichte oder amorphe, blauschwarze Massen, zuweilen mit nieriger oder traubiger Oberfläche, manchmal concentrisch schalig, aber nie im Innern fasrig (schwarzer Glaskopf). Bruch eben, H. = $5\frac{1}{2}$—6; G. = 4,0—4,3. Wenig glänzend bis matt, Strich bräunlich schwarz und glänzend. V. d. L. sehr schwer schmelzbar, verknisternd und O ausgebend; mit HCl wird Cl entwickelt. Mit Braunstein und Brauneisenstein zusammen sehr verbreitet: im Siegenschen, in Westphalen, im Schwarzwald, bei Ilmenau im Thüringer Wald, im Erzgebirge (bes. bei Schneeberg), bei Salm-Chateau in Belgien etc. Auch in Pseudomorphosen nach Kalkspath, Flussspath etc.

Lithiophorit ist ein weicher, *Li*- (1,23—1,42 LiO_2) und *Al*-haltiger (10,67 AlO_3) vielleicht verwitterter Psilomelan von Schneeberg. Dasselbe ist der *Kakochlor* von Rengersdorf bei Görlitz. (Laspeyres, Journ. prakt. Chem. 13. 1876.)

Wad.

Die Zusammensetzung ist schwankend, ähnlich der des Psilomelan, im Durchschnitt etwas mehr H_2O und weniger K_2O und BaO. Häufig ebenfalls mit stalaktitischer nierenförmiger oder traubiger Oberfläche. Das Mineral ist aber weich (H.=1, selten 3), braun, schimmernd bis matt; im Innern rissig und vielfach sehr porös, so dass es an der Zunge hängt und scheinbar leichter ist als Wasser, aber G. = 2,3 — 3,0. Es ist wahrscheinlich ein Verwitterungsproduct des Psilomelan, mit dem es häufig zusammen vorkommt, zuweilen auch des *Mn*-haltigen Eisenspaths. Am Iberg im Harz, bei Arzberg im Fichtelgebirge, in Siegen, Nassau, in Devonshire, Groroi, Dep. Mayenne (Groroilith, stenglig abgesondert). Als *Manganschaum* in röthlich braunen, dünnen, lockeren Ueberzügen auf braunem Glaskopf. Zum Wad resp. Psilomelan sind wohl die schwarzen Dendriten zu stellen, welche auf Schichtflächen von Kalken und sonstigen Gesteinen, sowie auf den Wänden enger Klüfte sich finden.

Kupfermanganerz. $2CuO \cdot MnO_2 \cdot 3H_2O$; CuO z. Th. durch MnO ersetzt; schwarz, mit schwarzem Strich, amorph, traubig, stalaktitisch, nierig etc. Von Camsdorf bei Saalfeld. Aehnlich, aber wasserfrei, der *Crednerit* von Friedrichsroda.

Schwarzer Erdkobalt (Asbolan, Kobaltmanganerz). Ist ein wasserhaltiges Gemenge, enthaltend MnO_2, CoO (19—32%), CuO etc. Matt, schwarz mit schwarzem Strich. H. = 1; abfärbend, sehr milde; zuweilen mit nierenförmiger Oberfläche oder stalaktitisch. Zersetzungsproduct von Speiskobalt und andern *Co*-Erzen. Schwarzwald, Camsdorf bei Saalfeld, Riechelsdorf in Hessen. Zur Smaltebereitung benutzt. *Brauner* und *gelber* Erdkobalt sind ebenfalls Verwitterungsproducte des Speiskobalts, enthalten aber wesentlich As_2O_5.

V. Klasse.

Borate.

a. Wasserfreie Borate.

Boracit.

$Mg_7B_{16}O_{30}Cl_2 = 2Mg_3B_8O_{15} \cdot MgCl_2 = 2(3MgO \cdot 4B_2O_3) + MgCl_2$ mit 62,5 B_2O_3. Die äussere Gestalt des Boracits ist genau regulär, tetraëdrisch. Die Hauptformen sind Würfel *w*, Oktaëder, resp. die beiden correlaten Tetraëder *o* und o^1 und Granatoëder *g*, bald die eine, bald die andere Form vorherrschend. Ein durch Vorherrschen eines Tetraëders *o* deutlich hemiëdrisch ausgebildeter Krystall ist Fig. 388 (a. f. S.) abgebildet; die Würfelflächen *w* stumpfen die Kanten von *o* schmal ab, die Granatoëderflächen *g* schärfen die Ecken von *o* zu. Einen Krystall mit vorherrschendem Granatoëder zeigt Fig. 389. Die vierkantigen Ecken sind durch kleine Würfelflächen *w*, die abwechselnden dreikantigen Ecken durch die Flächen *o* und o^1 der beiden Tetraëder abgestumpft; *o* und o^1 sind physikalisch verschieden: o^1 ist matt, sogar löcherig, *o* ist glatt und glänzend; *o* oder o^1 fehlt auch wohl ganz. Zuweilen sind noch weitere Flächen ausgebildet, so die Pyramidentetraëderflächen $i = \frac{2O2}{2}$ (211), die Granatoëderkanten um die matten Tetraëderflächen o^1 herum abstumpfend, so dass das matte Tetraëder o^1 und *i* von gleicher Stellung sind. An den in Fig. 390 und 391 abgebildeten Krystallen herrscht der

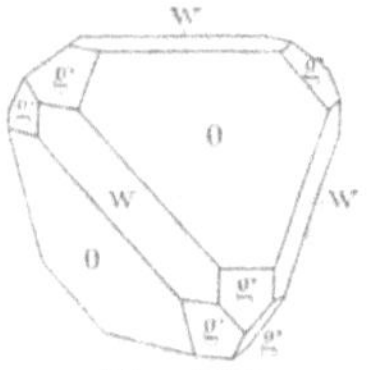
Fig. 388.

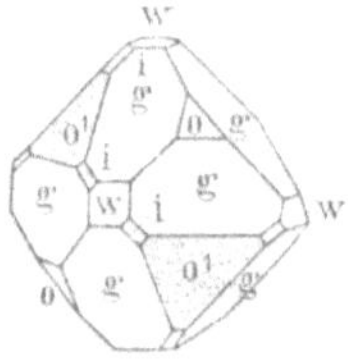
Fig. 389.

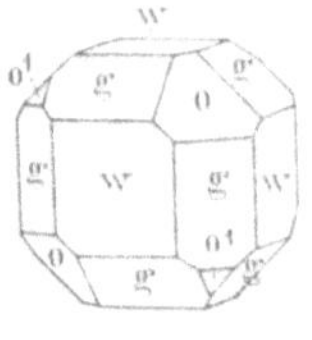
Fig. 390.

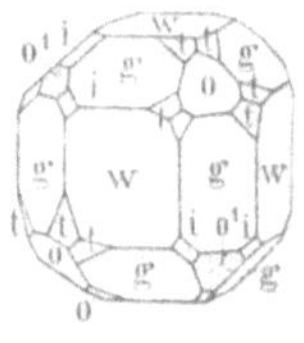
Fig. 391.

Würfel *w*, dessen Kanten durch die Granatoëderflächen *g* und dessen Ecken durch die Tetraëderflächen *o* und o^1 abgestumpft werden; auch hier ist o^1 matt, *o* glänzend, und auch hier fehlt zuweilen *o* oder o^1. In Fig. 391 sind wieder die Kanten *g g* um o^1 herum durch die Flächen *i* abgestumpft, wie in Fig. 389, während um *o* herum die Flächen des Hexakistetraëders: $t = -\frac{5O\frac{5}{3}}{2}$ (531) gruppirt sind, so dass *t* mit dem glänzenden Tetraëder *o* von gleicher Stellung ist. Zwillinge sind kaum bekannt. Keine Spaltbarkeit; Bruch kleinmuschlig. Spröde; H. = 7; G. = 2,9—3,0. Glasglänzend, durchsichtig bis durchscheinend: durch theilweise Umwandlung in eine weisse undurchsichtige Substanz von fasriger Beschaffenheit, aber sonst unbekannter Natur (Parasit) trübe. Der B. zeigt bei niederer Temperatur Doppelbrechung und Zweiaxigkeit und stellt sich im polarisirten Licht dar als aus zwölf zweiaxigen (rhombischen) Individuen zwillingsartig nach Granatoëderflächen als Zwillingsflächen oder auch in anderer complicirterer Weise verwachsen, so dass seine reguläre Krystallform mimetisch wäre. Aber bei der Erwärmung verschieben sich die scheinbaren Zwillingsgrenzen, und bei 265° ist der B. völlig isotrop, wie es mit den streng regulären Krystallformen übereinstimmt. Ausgezeichnet pyroelektrisch, polar nach den vier Richtungen, welche je zwei gegenüberliegende Würfelecken verbinden. Die vier Flächen des matten Tetraëders o^1 sind analog, die des glänzenden *o* antilog (vergl. (184)). Ueber 265°, wo der B. anfängt isotrop zu sein, hört er auf, Pyroelektricität zu zeigen. Farblos, gelblich, graulich, grünlich. Schwer schmelzbar, in *HCl* löslich. Findet sich in kleinen Kryställchen in Gyps eingewachsen, so vor allem bei Lüneburg in Hannover, seltener bei Segeberg in Holstein und bei Stassfurt. Hier auch in Gestalt von weissen erdigen oder fasrigen Knollen *(Stassfurtit)* in grösserer Menge. Selten ist der *Eisenstassfurtit* mit einem kleinen Eisengehalt.

(G. Rose, Abh. Berl. Ak. 6. Apr. 1843. Klein, N. Jahrb. Min. 1880. II. 229. 1881. I. 239. 1884. I. 235. Mack, Zeitschr. Kryst. Bd. VIII. 503. Baumhauer, Zeitschr. Kryst. Bd. III. 337 und Bd. V. 273.)

Der sehr seltene *Rhodizit* ist die dem Boracit entsprechende Ca-Verbindung, die dem B. sonst in jeder Beziehung gleicht. Sarapulsk und Schaitansk bei Mursinsk im Ural auf rothem Turmalin.

Ludwigit, $(Mg, Fe)_4 FeB_2O_{10}$. Stenglige bis fasrige, zähe, rabenschwarze Aggregate von seidenartigem Metallglanz. Im Magneteisen von Morawitza im Banat.

Jeremejewit, hexagonal, *Eichwaldit*, rhombisch, beide AlB_3O_6; mit einander verwachsen am Berge Soktuj in Daûrien (Sibirien).

b. Wasserhaltige Borate.

Tinkal (Borax).

$Na_2B_4O_7 . 10H_2O = Na_2O . 2B_2O_3 . 10H_2O$, mit 36,7 B_2O_3. Monoklin, sehr ähnlich dem Augit. Ein Prisma $m = \infty P(110)$ hat vorn den Winkel: $m/m = 87^0\ 0'$; seine Flächen sind ziemlich deutlich blättrig, leichter noch die Querfläche $a = \infty P\bar{\infty}$ (100), weniger die Längsfläche $b = \infty P\breve{\infty}$ (010). Zu diesen Flächen tritt die Basis $c = oP(001)$ und ein hinteres augitartiges Paar: $s = + P(\bar{1}11)$; $o/o = 122^0\ 45'$ in der S. E., auch wohl $o = + 2P(\bar{2}21)$. Zuweilen Zwillinge nach a. Bruch muschlig; spröde ins Milde; H. = 2—2½. G. = 1,7—1,8. Durchsichtig bis durchscheinend, fettglänzend, farblos oder gelblich, auch grünlich. Ausgezeichnetes Beispiel der gekreuzten Dispersion (152). + M. L. Axe b; $\varrho > v$. $2E = 59^0\ 30'$ (r.); $59^0\ 8'$ (g.); $56^0\ 50'$ (bl.). $\beta = 1,470$. Der Borax schmilzt leicht unter Aufblähen und löst Metalloxyde in der Hitze leicht auf, von welchen ihm viele eine charakteristische Farbe verleihen, daher Anwendung als Löthrohrreagens. Sonst namentlich bei Löthprocessen verwendet. Löst sich im Wasser und findet sich daher im Wasser mancher Seen gelöst, so im westlichen Tibet, im Clearlake in Californien etc.; am Ufer scheiden sich im Schlamm Krystalle aus. Sehr reich sind die Boraxlager im Salzsumpf Columbus Marsh in Nevada, ebenso ist Borax in andern Seen in Nevada und dem südöstlichen Californien gelöst und auch z. Th. in Massen abgelagert, vielfach mit Soda, auch mit Steinsalz zusammen. Der früher in der Technik verwendete Borax stammte fast aller aus den centralasiatischen Boraxseen, heutzutage wird der meiste künstlich dargestellt aus dem rohen Borax von Californien und Nevada, aus der in den heissen Quellen der toskanischen Maremmen und in Vulkanen (Vulcano) sublimirten Borsäure (siehe Sassolin), aus Stassfurtit, Borocalcit etc.

Lagonit, $FeB_6O_{12} . 3H_2O$, ockergelb, erdig; in den B_2O_3-haltigen Quellen der toskanischen Maremmen als Ausscheidung. *Larderellit* $(NH_4)_2B_8O_{13} . 4H_2O$ (?):

weisse, perlmutterglänzende Inkrustationen, ebendort; und ebenso *Bechilit*, $CaB_4O_7 . 4H_2O$. Weitere wasserhaltige Kalkborate sind: der in schönen monoklinen datolithähnlichen Krystallen vorkommende *Colemannit* aus Californien, $Ca_2B_6O_{11} . 5H_2O$, mit welchem die derben: *Pricëit*, ebendaher, und *Pandermit* von Panderma am schwarzen Meer mit $3H_2O$ vielleicht identisch sind; ferner der *Boronatrocalcit* (Ulexit) $Ca_2B_6O_{11} . Na_2B_4O_7 . 18H_2O$ mit 45,66 B_2O_3; weiche, weisse perlmutterglänzende Krystallplättchen und Nädelchen, zu Knollen vereinigt; mit Steinsalz, Gyps, Glauberit etc. in den südamerikanischen Salpeterlagern (Tiza), wo das Mineral behufs Verwerthung der B_2O_3 gesammelt wird; auch in den Soda- und Borax-Districten von Nevada und Californien. *Borocalcit* (Hayesin), $CaB_4O_7 . 6H_2O$, soll in ähnlichen Knollen mit dem vorigen zusammen vorkommen. Dem Ulexit sehr nahe steht der *Tinkalcit* (Natroborocalcit), sog. Boraxkalk; er ist ein ähnlich zusammengesetztes und in ähnlichen Knollen vorkommendes Mineral von der Westküste Afrikas, von wo es unter dem falschen Namen Rhodizit (vergl. pag. 357) in den Handel kommt.

Mg-haltige Borate sind der *Pinnoit*, in gelben und grünen, seltener röthlichen und grauen, verstecktfasrigen Knollen, $MgB_2O_4 . 3H_2O$, selten, bei Stassfurt; der *Szajbelyit*, $3Mg_5B_2O_8 . 4H_2O$ im körnigen Kalk von Rézbánya im Banat; der *Mn*-haltige *Sussexit*; und der *Hydroboracit*, in strahligblättrigen, weissen, gypsähnlichen Aggregaten von der Zusammensetzung: $CaMgB_6O_{11} . 6H_2O$, selten, am Kaukasus und bei Stassfurt; endlich auch der *Lüneburgit*, fasrige Knollen eines P_2O_5-haltigen Borats: $3MgO . B_2O_3 . P_2O_5 . 8H_2O$ mit 14,7 B_2O_3 aus dem Gyps von Lüneburg.

VI. Klasse.

Carbonate und Nitrate.

a. Wasserfreie Carbonate und Nitrate.

Die in der Natur vorkommenden wasserfreien Carbonate und Nitrate bilden in der Hauptsache eine grosse isodimorphe Reihe, in welcher die Verbindung $CaCO_3$ die wichtigste ist. Dieselbe krystallisirt in zwei Formenreihen: rhomboëdrisch als Kalkspath, rhombisch als Aragonit; an jede dieser beiden heteromorphen Modificationen schliesst sich eine Anzahl isomorpher Mineralien an, und zwar an Kalkspath vorzugsweise die Carbonate von *Mg*, *Fe*, *Mn*, *Zn*, während *Ba*, *Sr*, *Pb* nur eine äusserst geringe Rolle spielen; an Aragonit im Gegensatz dazu gerade die Carbonate der letztgenannten Metalle, während die der erstgenannten nur von untergeordneter Bedeutung sind. Isomorphe Mischungen, namentlich der rhomboëdrischen Reihe, spielen eine sehr grosse Rolle, sehr wichtige Mineralien sind hierher zu rechnen. Die rhomboëdrischen Carbonate sind durch vollkommene Spaltbarkeit in der Richtung der Flächen eines Rhomboëders ausgezeichnet, welche Winkel von 105° 5′ — 107° 40′ (E. K.) mit einander machen. Dieses Spaltungsrhomboëder wird allgemein als Hauptrhomboëder der krystallographischen Betrachtung zu Grunde gelegt. Viel weniger vollkommen ist die Spaltbarkeit der rhombischen Carbonate. Ausserhalb dieser isodimorphen Reihe steht hauptsächlich der monokline Barytocalcit, der aber mit dem rhombischen Alstonit heteromorph ist, und das amorphe Kalkcarbonat, die sog. Kreide. Von den Nitraten ist der *Na*-Salpeter mit dem Kalkspath, der *K*-Salpeter mit dem Aragonit isomorph.

Darnach hat man folgende Uebersicht über die wasserfreien Carbonate und Nitrate, welche als Mineralien in der Natur vorkommen:

Rhomboëdrisch (Kalkspathreihe).	Rhombisch (Aragonitreihe).	Monoklin.	Amorph.
Kalkspath: $CaCO_3$; $a:c = 1:0,8543$.	Aragonit: $CaCO_3$; $a:b:c =$ 0,6228 : 1 : 0,7207.		Kreide, $CaCO_3$.
Talkspath: $MgCO_3$; 1 : 0,8095.	Witherit: $BaCO_3$; 0,5949 : 1 : 0,7413.		
Dolomit: $(Ca,Mg)CO_3$; 1 : 0,8322.			
Eisenspath: $FeCO_3$; 1 : 0,8171.	Strontianit: $SrCO_3$; 0,6089 : 1 : 0,7237.		
Manganspath: $MnCO_3$; 1 : 0,8183.	Weissbleierz: $PbCO_3$; 0,6102 : 1 : 0,7232.		
Ankerit: $(Ca,Fe)\ CO_3$; 1 : 0,8320.	Alstonit: $(Ba,\ Ca)\ CO_3$; 0,5910 : 1 : 0,7390.	Barytocalcit: $(Ba,Ca)CO_3$.	
Breunnerit: $(Mg,Fe)CO_3$; 1 : 0,8129.			
Braunspath: $(Ca,Mg,Fe,Mn)\ CO_3$; 1 : 0,82.			
Zinkspath: $ZnCO_3$; 1 : 0,8062.			
Natronsalpeter: $NaNO_3$; 1 : 0,8276.	Kalisalpeter: KNO_3; 0,5843 : 1 : 0,7028.		

(Vergl. Tschermak, Min. und Petr. Mitthlgn. Bd. IV.)

Kreide. $CaCO_3$ in amorphem Zustand, in mikroskopisch kleinen runden Kügelchen, wie sie auch beim Ausfällen von $CaCO_3$ aus Lösungen unter gewissen Umständen entstehen, scheint der in der Hauptsache aus Foraminiferen- etc. Resten bestehenden weissen *Schreibkreide* in einer gewissen Menge beigemengt zu sein. Man hat die ganze Kreide wohl früher für amorphen $CaCO_3$ gehalten und den letzteren daher mit diesem Namen benannt. Ebensolche runde Körnchen neben krystallisirten Nädelchen beide von mikroskopischer Kleinheit findet man in der *Bergmilch* (Montmilch, Mondmilch), einem weissen lockeren Staub von $CaCO_3$, der sich entweder nesterförmig oder als Anflug auf Spaltenwänden im Kalkstein in geringen Mengen findet; ebenso in der aus $CaCO_3$ bestehenden *Osteokolla*, welche vielfach an der Stelle von Pflanzenwurzeln, und deren Gestalt nachahmend, im sandigen Boden stecken, lockere weisse Aggregate bildend, zuweilen in sehr grosser Zahl, z. B. an den Rehbergen bei Berlin und an anderen Orten im norddeutschen Flachlande.

Kalkspath (Calcit).

$CaCO_3$; 56,0 CaO, 44,0 CO_2; der wasserhelle sog. Doppelspath von Island ist fast chemisch rein, doch ist der meiste Kalkspath wenigstens etwas, mancher sehr stark verunreinigt, indem entweder andere rhomboëdrische Carbonate isomorph beigemischt, oder fremde Substanzen mechanisch beigemengt sind. So findet man häufig $MgCO_3$ beigemischt, z. Th. in erheblicher Menge (dolomitischer Kalk), auch $FeCO_3$ (eisenschüssiger Kalk), $MnCO_3$ (ein *Mn*-haltiger Kalkspath ist *Spartait* genannt worden), seltener $ZnCO_3$ (bis 4%); sogar die

Carbonate der Aragonitreihe finden sich zuweilen, z. B. $PbCO_3$ im sog. *Plumbocalcit* von Wanlockhead und Leadhills in Schottland bis 8 % PbO, bei Bleiberg in Kärnten sogar 23 % $PbCO_3$; der *Neotyp* von Cumberland ist ein $BaCO_3$-, der *Strontianocalcit* von Girgenti in Sicilien ein $SrCO_3$-haltiger Kalkspath. Von Beimengungen

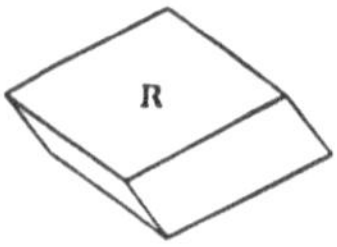

Fig. 392.

Fig. 393.

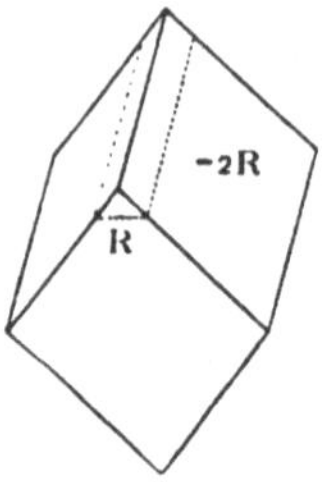

Fig. 394.

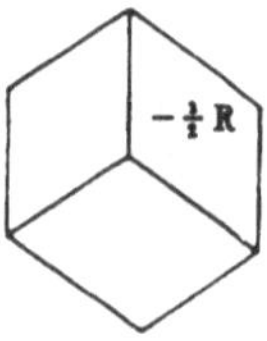

Fig. 395.

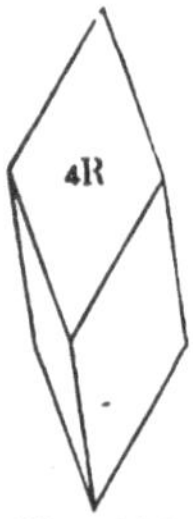

Fig. 396.

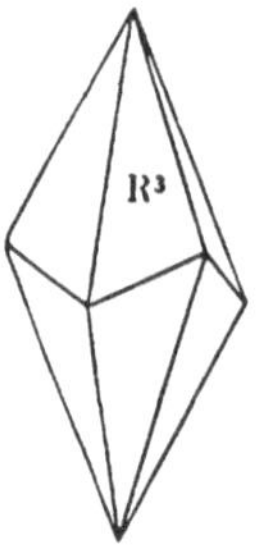

Fig. 397.

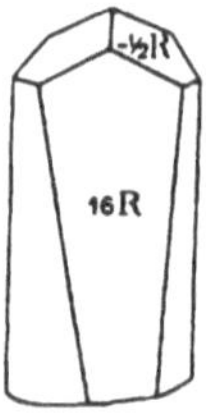

Fig. 398.

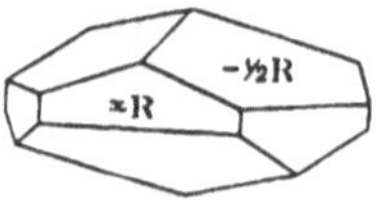

Fig. 399.

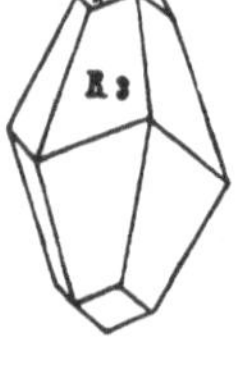

Fig. 400.

Fig. 401.

Fig. 402.

Fig. 403.

spielt besonders Quarzsand eine Rolle, der bis über 2/3 des Gewichts zuweilen die Krystalle erfüllt (z. B. der sog. krystallisirte Sandstein von Fontainebleau); sodann findet man häufig bituminöse Substanzen beigemengt (z. B. Anthrakonit), welche das Mineral schwarz oder braun färben und beim Zerbrechen einen brenzligen Geruch hervorbringen (Stinkkalk); auch FeO_3 ist beigemengt (Hämatoconit); namentlich aber Thon, besonders in dem dichten Kalkspath (Kalkstein), welcher durch stärkere Thonbeimengung in *Mergel* übergeht. Manche Kalke schliessen auch geringe Mengen von Brucit (H_2MgO_2) ein und werden dadurch MgO- und H_2O-haltig (Predazzit und Pencatit von Predazzo in Tyrol).

Der Kalkspath ist der ausgezeichnetste Repräsentant der rhomboëdrischen Hemiëdrie. Seine Krystalle sind parallel mit den Flächen eines Rhomboëders mit einem E. K.-Winkel von 105° 5′ ausgezeichnet spaltbar; dieses Rhomboëder, das als Krystallform selten vorkommt, wird bei der krystallographischen Betrachtung des Kalkspaths als Hauptrhomboëder zu Grunde gelegt (Fig. 392), es ist $P = R\,(10\bar{1}1)$.

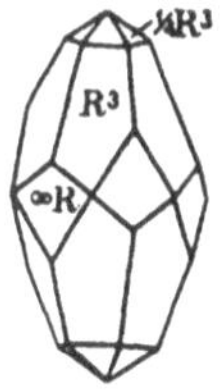

Fig. 404.

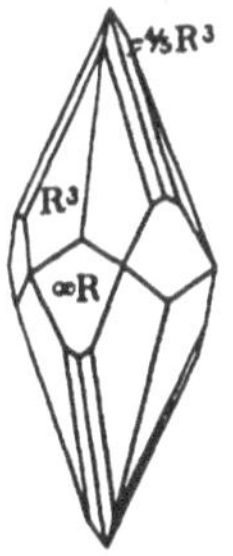

Fig. 405.

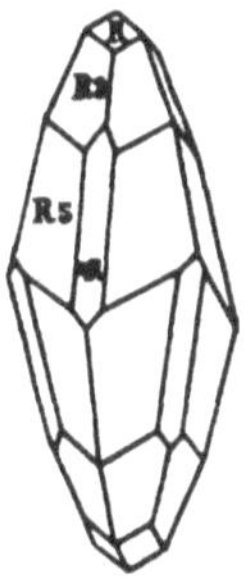

Fig. 406.

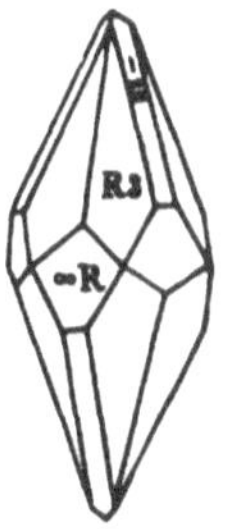

Fig. 407.

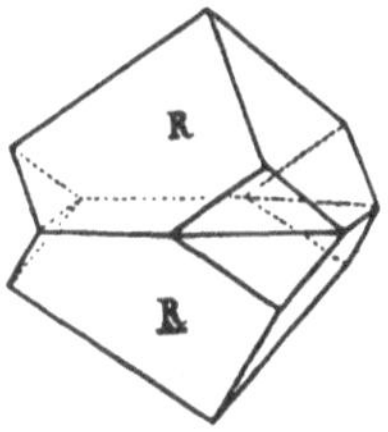

Fig. 408.

Fig. 409.

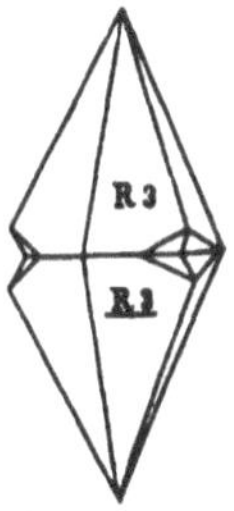

Fig. 410.

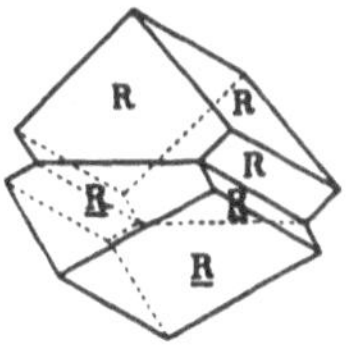

Fig. 411.

Wegen der ausgezeichneten Spaltbarkeit gehen den Flächen dieses Rhomboëders häufig ebene und irisirende Spalten und Risse parallel, an welchen man dasselbe, auch wenn es nicht als Fläche ausgebildet ist, im Innern der Krystalle der Richtung nach leicht erkennen kann, was die Orientirung in den oft sehr complicirten Combinationen nicht selten wesentlich erleichtert. (An einzelnen Figuren ist die Lage von R durch punktirte Linien angegeben.) Auch das Gegenrhomboëder: $-R\,(01\bar{1}1)$ kommt als Krystallfläche vor, aber noch viel seltener, als R; seine Flächen zeigen keine Spur von Spaltbarkeit, sie schneiden sich aber ebenfalls in den E. K. unter 105° 5′. Sehr häufig ist das nächste stumpfere Rhomboëder: $-\frac{1}{2}R\,(01\bar{1}2)$, E. K. = 134° 57′, dessen Flächen die E. K. von R gerade abstumpfen, und dessen Seitenecken von den Bl. Br. nach R so abgestumpft werden, dass auf den Flächen von $-\frac{1}{2}R$ parallele Kanten entstehen (Fig. 393); etwas weniger häufig ist das nächste schärfere Rhomboëder: $-2R$ $(02\bar{2}1)$, dessen E. K. von den Bl. Br. nach R gerade abgestumpft werden (Fig. 394); nicht ganz selten ist das würfelähnliche Rhomboëder: $-\frac{3}{2}R$ $(03\bar{3}2)$, 88° 18′ (E. K.) (Fig. 395). Zuweilen kommen sehr spitze Rhomboëder vor: das zweite schärfere: $4R$ $(40\bar{4}1)$, E. K. 65° 50′ (Fig. 396, 406); das vierte schärfere: $16R$ $(16.0.\overline{16}.1)$ (Fig. 398), ebenso: $-14R$ $(0.14.\overline{14}.1)$. Die S. K. aller dieser Rhomboëder sind nahezu parallel, ihre Flächen schneiden sich in diesen Kanten unter Winkeln, welche von 120° wenig abweichen, z. B. bei $16R$ unter 119° 41′; dieselben stehen also der Grenzform aller Rhomboëder, dem ersten Prisma: ∞R $(10\bar{1}0)$ schon sehr nahe. Dieses selbst kommt sehr häufig vor (Fig. 118, 114, 134, 399, 404, 405, 407); selten ist dagegen das 2. Prisma: $\infty P2$ $(11\bar{2}0)$, ebenso dihexagonale Prismen. Zu den gewöhnlichen Erscheinungen gehört wieder die Basis, theils in Combination mit ∞R (Fig. 112, 114), lange Prismen oder dicke Nadeln (Kanonenspath) und niedere Tafeln oder dünne Plättchen (Papierspath) bildend, theils an Rhomboëdern und Skalenoëdern die Endecken abstumpfend (Fig. 130). Am Kalkspath sind bisher 48 verschiedene Rhomboëder beobachtet worden, noch grösser ist aber die Zahl der bekannten Skalenoëder, nämlich 103. Das verbreitetste darunter ist $r = R3$ $(21\bar{3}1)$ (Fig. 397) in der Stellung des Hauptrhomboëders R, eventuell die S. K. von R und die E. K. von $4R$ zuschärfend (Fig. 400, 403); seine Winkel sind: $r/r = 132°\,58'$, (S. K.) und 144° 24′ und 104° 38′ (E. K.); sodann: $\frac{1}{4}R3$ $(21\bar{3}4)$, meist die E. E. von r zuschärfend (Fig. 404); ferner $R5$ $(32\bar{5}1)$, ebenfalls die S. K. von R (oder von $R3$) zuschärfend (Fig. 406); endlich $R2$ $(31\bar{4}2)$ und $\frac{2}{5}R2$ $(31\bar{4}5)$ (Fig. 402). Von Skalenoëdern der andern Stellung findet sich hauptsächlich: $-2R2$ $(13\bar{4}1)$ in der Zone der S. K. von $-2R$, diese in Combinationen zuschärfend (Fig. 401) und $-\frac{4}{5}R3$ $(4.8.\overline{12}.5)$ in der Zone der scharfen E. K. von $R3$, diese zuweilen zuschärfend (Fig. 405). Auch Dihexaëder 2. St., die Grenzformen zwischen den beiden Arten von Skalenoëdern, fehlen nicht; z. B. $\frac{4}{3}P2$ $(11\bar{2}3)$. Weitaus die wichtigsten und verbreitetsten unter den sämmtlichen genannten Formen sind: ∞R, $-\frac{1}{2}R$, $-2R$, $R3$, vielleicht auch $0R$. Combinationen sind sehr mannigfaltig und z. Th. sehr complicirt und flächenreich. Schon erwähnt ist die Combination $\infty R . 0R$, dabei ist ∞R häufig glatt und glänzend, $0R$ rauh und matt und eigenthümlich milchweiss; dass das Prisma das erste ist und nicht das zweite, sieht man daran, dass die Bl. Br. R auf die abwechselnden Flächen aufgesetzt sind (nicht auf die Prismenkanten), die Kanten zwischen ∞R und $0R$ abstumpfend (vergl. Fig. 134. 135); sehr verbreitet ist: $\infty R . -\frac{1}{2}R$, die Prismenflächen stumpfen die Seitenecken des Rhomboëders ab; sie sind theils lang (Fig. 134), theils kurz (Fig. 399). Oben schon erwähnt oder doch angedeutet sind ferner die Combinationen $R3 \,.\, R$ (Fig. 400); $R3 \,.\, 4R$ (Fig. 403); $R3 \,.\, \frac{1}{4}R3 \,.\, \infty R$ (Fig. 404); $-2R \,.\, -2R2$ (Fig. 401); $\infty R \,.\, R3 \,.\, -\frac{4}{5}R3$ (Fig. 405); erwähnt sei noch: $\infty R \,.\, -2R \,.\, R3$ (Fig. 407), sodann: $16R \,.\, -\frac{1}{2}R$ (Fig. 398), wo von $16R$ nur ein Theil der mittleren Partie zwischen den oberen und unteren Seitenecken vorhanden ist, diese selbst, sowie die Endecken sind durch das Rhomboëder $-\frac{1}{2}R$ abgeschnitten; endlich das sog. Pyramidenrhomboëder (Fig. 402) $R \,.\, R2 \,.\, \frac{2}{5}R5$ und die flächenreiche Combination $R \,.\, 4R \,.\, R3 \,.\, R5$ (Fig. 406). Eine Combination des Kalkspaths ist auch der oben (72) beschriebene und in Fig. 138 dargestellte Krystall.

Zwillinge finden sich nach mehreren Gesetzen, von denen aber nur zwei verbreitet und wichtig sind: 1. Zw. E. die Basis $0R$ (0001). Bei Skalenoëdern entstehen in der Ebene der Nebenaxen an den abwechselnden Seitenecken aus- und einspringende Winkel, und gleichartige E. K. stossen in dieser Ebene auf einander (Fig. 410). Auch bei Rhomboëdern tritt dieser Zwilling in ganz ähnlicher Weise auf (Fig. 408); aus derben Massen, welche nach diesem Gesetz zuweilen gebildet sind (Auerbach a. d. Bergstrasse, Zuffenhausen bei Stuttgart), lassen sich trigonoëderähnliche (Fig. 144) Stücke herausspalten; zuweilen sind auch beide Rhomboëder durcheinander gewachsen, die Seitenecken des einen ragen aus den Flächen des andern heraus (Fig. 409); die Hauptaxe ist, wie überhaupt bei allen diesen Zwillingen, beiden Individuen gemeinsam. 2. Zw. Fl. die Fläche des nächsten stumpferen Rhomboëders $-\frac{1}{2}R$ $(01\bar{1}2)$; findet sich besonders an Spaltungsstücken nach R (Fig. 411). Häufig wiederholt sich die Zwillingsbildung, so dass der ganze Krystall aus lauter papierdünnen Zwillingslamellen aufgebaut erscheint (102), welche auf zwei gegenüberliegenden Rhomboëderspaltungsflächen eine geradlinige Streifung in der Richtung der langen Diagonale hervorbringen. Nicht selten sind diese Zwillingslamellen nach zwei oder allen drei Flächen von $-\frac{1}{2}R$ eingelagert, dann sind alle Spaltungsflächen gestreift. Diese Zwillinge können auch künstlich hergestellt werden, da die Flächen $-\frac{1}{2}R$ Gleitflächen sind (127). Auch in der Natur sind die Zwillinge nach diesem Gesetz häufig erst nachträglich nach der Bildung des Krystalls durch Pressung entstanden; namentlich sind die häufig wiederholten Zwillingslamellen erst nachträglich durch äusseren Druck in die Krystalle hineingekommen, wenigstens finden sie sich nur an Stücken, welche mit hoher Wahrscheinlichkeit oder sicher solchem Druck im Gebirge ausgesetzt gewesen sind. Wenn in ein Rhomboëder Zwillingslamellen nach mehreren Richtungen eingewachsen sind, so durchschneiden sich dieselben und lassen zwischen sich ihrer Dicke entsprechende hohle Kanäle (G. Rose, Abh. Berl. Ak. 1868). 3. Zw. Fl. eine Fläche des Hauptrhomboëders R; 4. Zw. Fl. eine Fläche des nächsten schärferen Rhomboëders $-2R$.

Die Bl. Br. $\parallel R$ sind schon erwähnt, sie sind so ausgezeichnet, dass nur selten und nur durch Zufall der gleichfalls ausgezeichnete muschliche Bruch zum Vorschein kommt; parallel mit den Flächen von $-\frac{1}{2}R$ gehen ausgezeichnete Gleitflächen, ähnliche Trennungsflächen auch parallel $0R$ und $\infty P2$. Die Schlagfigur auf den Flächen R bildet ein gleichschenkliges Dreieck, dessen Seiten zarte Streifen parallel gehen (128). Spröd; H.=3, aber an verschiedenen Stellen und in verschiedenen Richtungen verschieden (123). Aetzfiguren vergl. (129.) Ausdehnung durch die Wärme und die damit verbundene Verkleinerung des Endkantenwinkels vergl. (182). Durch Druck stark elektrisch. G.=2,716–2,728 (der reinste, z. B. isländischer Doppelspath); für unreine Var.: 2,6–2,8. Durchsichtig bis undurchsichtig, reine Krystalle, bes. aber der genannte Doppelspath vollkommen farblos und wasserhell; durch färbende Beimischungen alle möglichen meist wenig intensive, trübe Farben. Glasglanz; auf Blätterbrüchen vielfach ins Perlmutterartige; irisirend. Sehr starke doppelte Lichtbrechung (daher Doppelspath); sie ist negativ (145); $\omega_B = 1,65308$, $\varepsilon_B = 1,48391$; $\omega_H = 1,68330$, $\varepsilon_H = 1,49780$ (für die Linie B und H des Spectrums nach Rudberg). V. d. L. unschmelzbar, aber trübe werdend, da CO_2 weggeht, und sehr stark leuchtend; in HCl unter Aufbrausen sehr leicht löslich, und zwar schon in der Kälte (Unterschied von Dolomit, der sich in HCl erst in der Wärme mit Brausen löst); auch in CO_2-haltigem Wasser ist derselbe löslich. Aus einer solchen Lösung wird bei niederer Temperatur $CaCO_3$ als Kalkspath wieder ausgeschieden, bei höherer Temperatur bildet sich vorwiegend Aragonit, ebenso aus stark verdünnten Lösungen.

Der Kalkspath ist nächst dem Quarz das verbreitetste und wichtigste Mineral; es findet sich an sehr vielen Orten und stellenweise in Masse, sogar gebirgsbildend. Die Varietäten sind sehr mannigfaltig. Ausgezeichnete Krystalle, stets auf-, nie eingewachsen, zu Drusen vereinigt sind häufig, namentlich auf Klüften und Spalten von Kalkgebirgen, aber auch auf Erzgängen, in Mandelräumen vulkanischer Gesteine etc. Die Zahl der Fundorte guter Krystalle ist eine sehr grosse. Besonders berühmt ist das Vorkommen auf den Erzgängen von Andreasberg im Harz, auch an andern Lokalitäten daselbst, z. B. bei Zorge, am Iberg bei Grund, bei Ilfeld. In Sachsen sind es die Erzgänge des Erzgebirgs (Freiberg, Schneeberg, Annaberg, Marienberg); auch andere Orte, wie die Gegenden von Chemnitz, Oschatz, Maxen, Tharand etc. In Schlesien: Reichenstein, Striegau etc. In Böhmen die Erzgänge des Erzgebirges, dann Přibram, die Gegend von Prag. In den Alpen ist eine Anzahl von Fundorten guter Krystalle: Bleiberg und Lölling in Kärnten, das Ahrenthal in Tyrol, Rauris, am St. Gotthard, das Maderaner Thal, ferner die Eisenerzlagerstätten von Traversella etc. In Süd-Deutschland findet man schöne Krystalle vorzugsweise auf den Klüften und Spalten der Kalkgebirge, im Muschelkalk z. B. bei Gross-Sachsenheim in Württemberg Skalenoëder $R3$, zuweilen von beträchtlicher Grösse, auch an vielen Orten im schwäbischen und fränkischen Jura etc. Im Nahethal sitzen Kalkspathkrystalle in den Melaphyrmandeln. Aus Italien werden solche aus der Gegend von Poretta bei Bologna etc. erwähnt. Von französischem Vorkommen sei hauptsächlich der sog. krystallisirte Sandstein von Fontainebleau erwähnt, grosse zu Gruppen verwachsene Krystalle — $2R$ ((01$\bar{1}$2) in Tertiärsandstein eingelagert, welche bis über 60% Sandkörner einschliessen. Besonders ausgezeichnet sind einige Gegenden in Norden, vor allem Island mit seinem Doppelspath in derben Massen und gut ausgebildeten Krystallen, der sich in einer grossen Spalte im „Dolerit" am Nordufer des Eskifjords an der Ostseite der Insel findet; sodann Kongsberg (auf den Silbererzgängen) und Arendal in Norwegen u. a. O. In England und Schottland findet man gute Krystalle auf den Bleiglanzlagerstätten in Cornwall, Derbyshire, Devonshire, Wales, bei Kingston cave in Irland etc. In Nordamerika sind die Kupfererzlagerstätten im Staate Michigan am Oberen See als Fundorte berühmt; erwähnt wird ferner Agaëte auf Gran Canaria etc. Die Zahl der Fundorte ist eine ausserordentlich grosse und kann hier nicht annähernd erschöpft werden.

Neben den deutlichen Krystallen sind auch derbe Massen in den verschiedenartigsten Structurformen vorhanden und zum Theil ausserordentlich weit und massenhaft verbreitet, zuweilen als Grundlage der Krystalle, welche auf ihnen aufgewachsen sind, so dass die nach aussen gekehrten Individuen eine regelmässige Begrenzung besitzen. Grosskörnige derbe Massen finden sich nicht selten als Ausfüllung von Spalten oft von erheblicher Mächtigkeit, aus einzelnen Individuen von sehr beträchtlicher Grösse bestehend und sehr häufig die Zwillingsstreifung nach dem 2. Zwillingsgesetz (— $\frac{1}{2}R$, siehe oben) zeigend, z. B. bei Auerbach a. d. Bergstrasse etc. An andern Stellen sind diese Aggregate auch wohl weniger grosskörnig. Grobkörnige bis feinkörnige Aggregate sind förmlich gebirgsbildend, also ausserordentlich massenhaft vorhanden, namentlich den krystallinischen Schiefern eingelagert, aber auch in anderer Weise in der Natur vorkommend als sog. *Marmor*, worunter man mineralogisch den gebirgsbildend auftretenden körnigen Kalk (oder Kalkspath) versteht (im Gegensatz zu dem Sinne, den die Künstler damit verbinden, welche unter Marmor alle durch irgend welche Eigenschaften zu künstlerischen Zwecken sich eignenden Kalksteine verstehen (siehe unten). Der Marmor im mineralogischen Sinne enthält übrigens neben den in überwiegender Masse vorhandenen Kalkspathkörnern auch einzelne mehr oder weniger zahlreiche Aragonitkörner. Er ist nicht immer rein weiss, zuweilen durch eingemengte Mineralien verunreinigt, z. B. durch Graphitblättchen grau gefärbt etc. Berühmt ist der carrarische M., der Kohlenformation angehörig; sodann der parische, pentelische etc. in den krystallinischen Schiefern; aber auch die deutschen Gebirge, in welchen krystallinische Schiefer auftreten, so in Schlesien, Sachsen etc.. schliessen Marmor in grossen Massen ein.

Noch massenhafter aber ist der *dichte Kalk*, der *gemeine Kalkstein*, verbreitet; er setzt die meisten Kalkgebirge, namentlich diejenigen sedimentären Ursprungs, auf der ganzen Erde zusammen und ist meist ziemlich unrein, $MgCO_3$, thon- etc. haltig. Der Bruch ist muschlig und splittrig, auch eben. Einige dichte Kalke sind besonders wichtig, so der durch seine regelmässige dünne Schichtung, die helle Farbe und die ausserordentliche Feinheit und Gleichmässigkeit des Korns ausgezeichnete lithographische Kalk (oder Schiefer) von Solenhofen in Bayern; gewisse Varietäten zeigen hübsche Farben und Farbenzeichnungen, so dass sie als „Marmor" im Sinne der Künstler Verwendung finden, so der sog. Ruinenmarmor, aus der Gegend von Florenz und viele andere, die in besonders reicher Auswahl in den Trümmern des alten Rom etc. vorkommen. Die Farbe des gemeinen Kalks ist sehr mannigfaltig, weiss, grau, gelb, braun, schwarz etc. Er ist meist deutlich geschichtet, sogar schiefrig; z. B. der genannte lithographische Kalk von Solenhofen. Er enthält häufig Versteinerungen und ist in der Hauptsache wohl organischen Ursprungs, durch Zusammenhäufung von Kalktheilen verschiedener Thiere, Mollusken, Korallen, Echinodermen etc., auch von Kalkalgen entstanden, deren organische Structur vielfach durch stets vor sich gehende Umwandlungsprocesse im Laufe der Zeiten verloren gegangen ist. Bekannt wegen des Farbenspiels der eingeschlossenen Petrefacten ist der Muschelmarmor (Lumachello) von Bleiberg in Kärnten. Eine besondere Abart des dichten Kalks ist der löcherige und poröse *Kalktuff* oder *Travertin*, ein Absatz von kalkhaltigen Quellen und Seen, in manchen Gegenden massenhaft vorkommend.

Der dichte Kalk in allen seinen Varietäten ist sehr wichtig als Baustein und als Material zur Bereitung des Mörtels und des Wassermörtels (der unreine thonhaltige, Cement).

Dem körnigen und dichten Kalk gegenüber treten die andern Structurvarietäten des Kalkspaths sehr zurück, was Wichtigkeit und Verbreitung anbelangt. Ein geradeschaliger Kalkspath aus einzelnen dünnen, parallel übereinanderliegenden Lamellen zusammengesetzt findet sich zuweilen auf Erzgängen. Stengliger Kalkspath, parallel oder verworren, ist nicht selten, besonders als Spaltenausfüllung in Kalkgebirgen; die Stengel sind in der Richtung der Hauptaxe verlängert und haben oben und unten deutliche Blätterbrüche, wodurch sich der stenglige Kalkspath sofort von dem oft sehr ähnlichen stengligen Aragonit unterscheidet, dem die Blätterbrüche fehlen. Auch fasriger Kalkspath (Faserkalk) findet sich zuweilen, aber nicht häufig; die Fasern sind meist parallel und füllen Spalten aus, auf deren Wänden sie senkrecht stehen, so im Serpentin von Reichenstein in Schlesien.

Manchmal haben die körnigen, stengligen und fasrigen Varietäten des Kalkspaths eine runde, nierenförmige Oberfläche. Dies ist der Fall bei denjenigen Vorkommen, welche an der Oberfläche von Höhlungen und Spalten im Kalkgebirge sich durch Verdunsten von darüber hinfliessenden $CaCO_3$-haltigen Wasser, als sog. *Kalksinter* gebildet haben. Dieser findet sich theilweise in Gestalt von mehr oder weniger dicken im Innern körnigen oder strahligen Krusten, welche weithin die Oberfläche der Kalksteine überziehen; die Massen sind häufig im Innern parallel zu der nierigen Oberfläche schalig. Von den Decken der Hohlräume sieht man häufig in innigem Zusammenhang mit diesen rundlichen Krusten zapfenförmige Gebilde oft von sehr erheblicher Länge und Dicke herabhängen, und zwar an solchen Stellen, an welchen das den Kalk herbeiführende Wasser abtropfen musste. Diese Zapfen sind theils vollkommen drehrund, kegelförmig, theils unregelmässiger gestaltet, im Innern häufig von der centralen Kegelaxe aus strahlig oder fasrig und parallel mit der runden Oberfläche schalig. Diese sind die sog. *Tropfsteine* oder *Stalaktiten*, welche von der Decke der Hohlräume herab durch Vermittlung des tropfenden Wassers senkrecht nach unten wachsen. Jeder abfallende Wassertropfen führt aber auch etwas Kalk dem Boden zu, und so wird allmählig an der Stelle, an welcher das abtropfende Wasser den Boden trifft, ein in die Höhe wachsender Kalkkegel, gewissermassen ein umgekehrter Stalaktit aufgeführt, der ebenfalls eine rundliche Oberfläche hat, die mit derjenigen der Stalaktiten in der Form im allgemeinen übereinstimmt, aber allerdings viel weniger regelmässig ist; die Structur im Innern ist dieselbe wie bei den Stalaktiten. Es sind dies die sog. Stalagmiten, welche im Laufe der Zeiten vielfach mit den Stalaktiten verwachsen, und dadurch die mannigfaltigen Formen hervorbringen, welche man in den Tropfsteinhöhlen (Adelsberger Grotte in Krain, Nebelhöhle in der schwäb. Alb, Muggendorfer Höhle im fränkischen Jura, Baumanns- und Bielshöhle im Harz etc.) bewundert. Von grosser Wichtigkeit ist endlich noch der *oolithische* (pisolithische) Kalk (Kalkoolith, Kalkpisolith), einzelne concentrisch-schalige und radialfasrige Kügelchen, zu grossen gebirgsbildenden Massen zusammengehäuft; hierher gehören die dem Buntsandstein in Thüringen in mächtigen Schichten eingelagerten Rogensteine, die Oolithe des schwäbischen Jura etc., ebenfalls massenhaft auftretend. Ferner sei erwähnt der Dutenkalk oder Nagelkalk, zapfenförmig ineinandergesteckte Kalkschichten, besonders in den Liasbildungen, u. a. m.

Kalkspath ist häufig als Versteinerungsmittel von Petrefacten, ebenso findet er sich in Form von Pseudomorphosen nach manchen andern Mineralien: Aragonit (besonders ausgezeichnet bei Klein-Sachsenheim in Württemberg etc.), Flussspath, Gyps, Anhydrit, Gay-Lussit (sog. Gerstenkörner von Sangerhausen (pag. 379) etc.). Auch findet man häufig Eisenoxyde, Manganhyperoxyd, Quarz etc. in der Form von Kalkspath.

(Jrby, On the crystallography of calcite. Diss. Bonn 1878. Zippe, Denkschr. Wien. Ak. Bd. IV. Hochstetter, ibid. Bd. VI. Mügge, N. Jahrb. für Min. etc. 1883. I. 32. Inostranzeff, Tschermak, Min. Mittheilgn. I. 1872. pag. 45.)

Talkspath (Magnesitspath, Giobertit, Bitterspath z. Th.).

$MgCO_3$ mit 47,62 MgO, daneben geringe Mengen von CaO, MnO, FeO etc. Ausgezeichnet blättrige Rhomboëder R $(10\bar{1}1)$ mit Winkeln (E. K.) von 107° 10′—107° 30′, je nach der Reinheit, ist die Hauptform; seltener ist ∞P $(10\bar{1}0)$; $\infty P2$ $(11\bar{2}0)$; $0R$ (0001) und andere, auch Zwillinge nach $0R$. Spröde; H. = $4\frac{1}{2}$. G. = 2,9–3,1. Durchscheinend; glasglänzend; farblos; gelblich bis bräunlich. Von HCl nur in der Wärme gelöst, das Aufbrausen erfolgt also erst beim Erwärmen. Die Krystalle (auch derbe Körner) finden sich an wenigen Orten einzeln in gewissen Gesteinen eingewachsen, so z. B. in grosser Zahl im Chlorit- und Talkschiefer der Tiroler Alpen, im Zillerthal, bei Pfitsch etc., auch in Kärnten, Steiermark (Bruck), im Salzburg'schen (Flachau) etc., im Serpentin und Talkschiefer von Snarum in Norwegen etc., kleine schwarze, derbe Partien im Gyps von Hall in Tirol neben deutlichen kleinen schwarzen Krystallen von Dolomit (s. d. mit dem spitzen Rhomboëder: $4R(40\bar{4}1)$ pag. 369); grosse Massen linsenförmig im Thonschiefer der Steirischen Alpen, bes. bei Trieben, weiss mit schwarzen Adern, als Werkstein gebraucht (*Pinolith*). Schneeweisser dichter $MgCO_3$ (sog. *Magnesit*), vielfach in Gestalt rundlicher Knollen mit geborstener Oberfläche, findet sich besonders im Gebiet des Serpentins als Verwitterungsproduct desselben und des ursprünglichen Olivins (218). Zuweilen mit SiO_2 imprägnirt (Kieselmagnesit) und dann härter. Gegend von Frankenstein etc. in Schlesien, Hrubschütz in Mähren, Baldissero in Piemont (Baudisserit) etc., auch im Gebiete basaltischer und doleritischer Gesteine, z. B. im Kaiserstuhl, aber seltener. Dient zur Herstellung von CO_2 für kohlensaures Wasser.

(Rumpf, Tschermak, Min. Mitth. III u. IV. 1873. 1874.)

Dolomit (Bitterspath z. Th.).

$(Ca, Mg)\ CO_3$; in Krystallen ist das Mischungsverhältniss fast stets $Ca : Mg = 1 : 1$, so dass man die Formel des Dolomits auch wohl schreibt: $CaMgC_2O_6$ oder $CaCO_3 + MgCO_3$, entsprechend: 54,35 $CaCO_3$ und 45,65 $MgCO_3$. Doch kommen auch andere Mischungsverhältnisse vor, so sind z. B. kleine Krystalle $4R(40\bar{4}1)$ von Hall in Tirol: $2CaCO_3 + MgCO_3$ mit 70,4 $CaCO_3$; meist überwiegt $CaCO_3$; stets ist auch noch etwas $FeCO_3$ vorhanden. Die Krystalle zeigen meist das deutlich blättrige Rhomboëder $R\ (10\bar{1}1)$; $R/R = 106^0 15' - 106^0 20'$ E. K. häufig in Zwillingen nach $0R$ (Fig. 409); z. B. bei Traversella in Piemont mit Bergkrystall. Auch $4R\ (40\bar{4}1)$, mit $0R\ (0001)$ die kleinen Krystalle im Gyps von Hall in Tirol begrenzend (s. o.), u. a. Formen. Zuweilen sind die Krystalle sehr flächenreich, z. B. die auf Drusen des körnigen Dolomits vom Binnenthal in Wallis. An solchen flächenreicheren Krystallen kann man zuweilen beobachten, dass die vorkommenden Skalenoëder nur mit der Hälfte ihrer Flächen ausgebildet sind, und zwar ist die Gruppirung dieser Flächen die der rhomboëdrischen Tetartoëdrie. Da auch die Aetzfiguren darauf hinweisen, so hat man wohl den Dolomit für rhomboëdrisch-tetartoëdrisch zu halten. Grössere Krystalle sind häufig aus kleinen, unvollkommen parallelen Rhomboëderchen aufgebaut, die Flächen sind dann sattelförmig gekrümmt. Spröde; H. = 4. G. = 2,85 — 2,95. Zuweilen wasserhell und durchsichtig, häufiger aber blos durchscheinend und meist matte, trübe Farben: gelb, grün etc., auch wohl schwarz. Nur in heisser HCl unter Aufbrausen löslich. Die Krystalle sind z. Th. eingewachsen (im Gyps von Hall in Tirol, schwarz, neben derben schwarzen Partien von Talkspath); schwarze Krystalle im Gyps auch bei Terruel und a. a. O. in Spanien; ferner mit Talkspath zusammen im Talkschiefer und Chloritschiefer der Tiroler Alpen in, den Talkspathkrystallen ganz ähnlichen Rhomboëdern $R(10\bar{1}1)$; z. Th. aufgewachsen, und zwar meist auf körnigem Dolomit, sowie auf Gängen. Fundorte guter Krystalle sind: Traversella, im Binnenthal, Leogang im Salzburgischen, bei Tharand in Sachsen (Tharandit); Diez in Nassau, Lugano, im Fassathal in Tirol und an vielen andern Orten. Körniger, marmorähnlicher Dolomit, schneeweiss, mit vielen eingewachsenen fremden Mineralien (bes. Silicaten und Schwefelverbindungen) im Binnenthal im Wallis und ähnlich bei Campolongo am St. Gotthard; feinkörniger bis dichter Dolomit in grossen Massen, gebirgsbildend, meist porös, die Wände der Hohlräume mit kleinen Dolomitkryställchen besetzt, vorzugsweise steile und schroffe Felswände bildend: im Devon der Eifel, im schwäbischen und fränkischen Jura; im Zechstein Thüringens; vor allem aber in den Tiroler Alpen (Seisseralpe etc.). Der gesteinsbildende Dolomit ist wohl meist ein Auslaugungsproduct von dolomitischem Kalk (218), aus welchem CO_2-haltige Gewässer mehr *Ca* als *Mg* auflösen. Vollkommen dichte D. sind der *Gurhofian* von Gurhof in Oesterreich, der *Konit* etc. Oolithisch findet er sich bei Zepce in Bosnien, erdig bei Dächingen unweit Ulm; zuweilen auch stenglig und grobkörnig. Bildet zuweilen Pseudomorphosen nach Kalkspath.

(Hessenberg, Min. Notizen. Rumpf, Tschermak, Min. Mitthlgn. Bd. III pag. 263 und IV. pag. 281 (1873 u. 1874). Hintze, Zeitschr. Kryst. Bd. VII.)

Eisenspath (Spatheisenstein, Siderit).

$FeCO_3$; 62,07 FeO, fast stets einige % *Mn*-, *Mg*- und *Ca*- Carbonat. Rhomboëder R $(10\bar{1}1)$, $R/R = 107^0 0'$, vollkommen blättrig, ist die häufigste Form; seltener $-\frac{1}{2}R\,(01\bar{1}2)$; $-2R$ $(02\bar{2}1)$; $R3\,(21\bar{3}1)$; $-2R3$ $(24\bar{6}1)$; ∞R $(10\bar{1}0)$; $0R$ (0001); letztere beide Formen die Krystalle zuweilen allein begrenzend. Die grösseren Krystalle häufig durch hypoparalleles Aneinanderwachsen kleiner Rhomboëderchen gebildet und daher krummflächig. (Klein, N. Jahrb. Min. 1884. I. pag. 256.) H. = 4. G. = 3,7—3,9. Durchscheinend bis undurchsichtig, glas- bis perlmutterglänzend, farblos oder hellgelblich im frischen Zustand; verwittert aber sehr leicht zu Brauneisenstein (reifer Spatheisenstein), der sich vielfach in der Form des Eisenspaths findet; es geht dadurch die weisse oder gelbliche Färbung allmählig in hellbraun und schwarzbraun über. Unschmelzbar, aber v. d. L. schwarz und magnetisch werdend. In heisser HCl unter Brausen löslich. Häufig in Krystallen auf Erzgängen und besonders auf derbem Eisenspath. Neudorf a. Harz, im Siegenschen, bei Lintorf bei Preuss. Oldendorf grosse Rhomboëder R mit kleinen Skalenoëderflächen $-2R3$ an den

Seitenecken; Lobenstein im Voigtlande, Freiberg in Sachsen, Přibram, Hüttenberg und Eisenerz, bei Traversella, in Cornwall und Devonshire etc. Derbe Aggregate sind entweder fasrig, z. B. die excentrisch-fasrigen braunen kugelförmigen oder kleintraubigen sog. *Sphärosiderite* im Anamesit von Steinheim bei Hanau; bes. wichtig sind aber die körnigen Aggregate, welche an einzelnen Stellen in ungeheuren Massen, in Flötzen und Stöcken, auch in Gängen in krystallinischen Schiefern und im Flötzgebirge sich finden, eines der wichtigsten Eisenerze bildend, so am Stahlberg bei Müsen, bei Lobenstein, und vor allem in den Alpen (Hüttenberg in Kärnten, Eisenerz in Steiermark), bei Irun und a. a. O. in Spanien etc. Bemerkenswerth ist das Vorkommen des Spatheisensteins bei Eiserfeld im Siegenschen, wo ein Basaltgang die Masse durchbrochen und das Mineral in schwarzes, mulmiges Magneteisen verwandelt hat.

Spatheisenstein ist vielfach mit Thon gemengt und bildet einen Theil des *Thoneisensteins*. Findet sich nicht selten in runden, im Innern dichten kugel- oder nierenförmigen Concretionen von z. Th. erheblicher Grösse in beträchtlicher Zahl im Thon eingeschlossen, vielfach ist das $FeCO_3$ durch Verwitterung ganz oder z. Th. in Oxydhydrat übergegangen (*thoniger Sphärosiderit*); Fundorte sind z. B. Lebach im Saarbrückenschen, manche Jura- und Kreideschichten in England, wo diese Knollen zu den wichtigen Eisenerzen gehören etc. Mit Kohle gemischt ist der Thoneisenstein in schwarzen Schichten der Kohlenformation in Westphalen, England etc. eingelagert (*Kohleneisenstein* oder *Blackband*); ebenfalls ein wichtiges Eisenerz.

Oligonspath von Ehrenfriedersdorf in Sachsen ist $3FeCO_3 + 2MnCO_3$.

Ankerit.

Enthält ca. 50 % $CaCO_3$ und 34 $FeCO_3$ nebst ca. 4 $MnCO_3$ und 12 $MgCO_3$, ist also: $CaCO_3 + (Fe, Mg, Mn)CO_3$; Fe überwiegt über Mg, aber: $Ca : Fe + Mg + Mn = 1 : 1$. Meist derbe, grosskörnige Aggregate, deutlich spaltbar nach einem Rhomboëder von 106° 12′ in der E. K.; doch sind auch Krystalle bekannt, darunter rhomboëdrisch-tetartoëdrisch ausgebildete, wie sie auch am Dolomit beobachtet sind. Zwillinge nach $-\frac{1}{2}R$ $(01\bar{1}2)$ in Form von Zwillings-Lamellen, welche in die Individuen der derben Massen eingelagert sind. G. = 2,9—3,1. H. = 4; spröde. V. d. L. sehr stark decrepitirend und zu feinem Pulver zerfallend; wird durch Glühen schwarz und magnetisch. Schon in kalter HCl ziemlich leicht unter Aufbrausen löslich. Wird durch Verwitterung braun, ursprünglich ist er weiss oder gelb. Findet sich auf den Spatheisenlagerstätten, bei Eisenerz in Steiermark und bei Hüttenberg in Kärnten (Rohwand oder Wandstein der Bergleute); bei Lobenstein im Voigtlande, bei Ems etc.

(Bořicky, Tschermak, Mineralog. Mittheilgn. Bd. VI. pag. 47. 1876.)

Braunspath.

Isomorphe Mischungen von $CaCO_3$ (ca. 50 %), $MgCO_3$ (25—30 %)

und $FeCO_3$ (5—20 %); $FeCO_3$ tritt gegen $MgCO_3$ zurück (Unterschied von Ankerit); daneben wenig (2—3 %) $MnCO_3$, und zwar so, dass die Formel: $CaCO_3 + (Mg, Fe, Mn) CO_3$ stattfindet, wo, wie beim A. $Ca : Mg + Fe + Mn = 1 : 1$. Kleine, blättrige Rhomboëderchen, $R/R = 106^0\ 30'$ (schwankend), durch Aneinanderwachsen grössere Krystalle mit krummen, oft sattelförmig gekrümmten Flächen und Kanten bildend. Zuweilen bilden langspiessige Krystalle in der Mitte eingeschnürte, garbenförmige Büschel. H. = $3\frac{1}{2}$—$4\frac{1}{2}$. Spröde. G. = 2,85—2,95. Hellgelb, braun oder grau bis farblos, durchscheinend, durch Verwitterung dunkelbraun und undurchsichtig. Glasglanz zuweilen perlmutterartig (Perlspath). Aufgewachsene Krystalle meist klein, auch derb; vorzugsweise auf Erzgängen sehr verbreitet, so z. B. im Erzgebirge (Freiberg, Schneeberg), Siegen, Schwarzwald, Schemnitz in Ungarn etc., auch auf Klüften und Hohlräumen von Kalk und Dolomit; sowie in Hohlräumen von Petrefacten im schwäbischen Jura. Nur in heisser HCl löslich; v. d. L. schwarz und magnetisch werdend. Ist ein ausserordentlich verbreitetes Mineral.

Breunnerit. Isomorphe Mischungen von $MgCO_3$ und $FeCO_3$; $CaCO_3$ fehlt. Hierher gehört u. A. der *Mesitinspath* von Traversella mit Dolomitkrystallen zusammen, $2MgCO_3 + FeCO_3$; grosse gelbliche Rhomboëder R, $R/R = 107^0\ 14'$, aber wegen Flächenkrümmung flache Linsen, welche scheinbar einem stumpferen Rhomboëder angehören. Der grosskörnige derbe *Pistomesit* von Flachau bei Radstadt in den Salzburger Alpen ist $MgCO_3 + FeCO_3$. Durch den *Sideroplesit*, $FeCO_3$ mit nur 11—12% MgO von Böhmsdorf bei Schleiz wird der Uebergang zum Eisenspath hergestellt.

Manganspath (Dialogit, Rhodochrosit).

$MnCO_3$, aber daneben stets $MgCO_3$ (bis 4 %) und namentlich $FeCO_3$ (bis 15 %) sowie $CaCO_3$ (bis 13 %); der *Röpperit* von Stirling in New-Jersey enthält 50 $CaCO_3$ neben 44 $MnCO_3$. Spaltbar nach einem Rhomboëder von ca. 107^0. Krystalle meist schlecht ausgebildet und sattelförmig gekrümmt: R $(10\bar{1}1)$ am häufigsten; $-\frac{1}{2}R$ $(01\bar{1}2)$; ∞R $(11\bar{2}0)$; $R3$ $(21\bar{3}1)$; oR (0001) etc. Häufig bilden sie mehr oder weniger regelmässig runde, im Innern körnige oder fasrige Gruppen. H. = $3\frac{1}{2}$—$4\frac{1}{2}$. Spröde. G. = 3,3—3,6. Hellrosa (Himbeerspath) bis dunkelbräunlich roth; je mehr Ca, desto heller. In der Kälte schwierig, in der Wärme leicht in HCl löslich; v. d. L. zerknisternd und schwarz werdend. Auf Eisen- und andern Erzlagerstätten, in aufgewachsenen Krystallen oder derben, traubigen Massen. Horhausen, Diez und Oberneisen in Nassau mit Eisenerzen, Freiberg in Sachsen, auf den Goldlagerstätten von Nagyag und Kapnik in Siebenbürgen, Vieille in den Pyrenäen. Wird durch Verwitterung schwarz.

Hier schliesst sich an der *Manganocalcit* von Schemnitz in Ungarn, mit 68—78% $MnCO_3$ neben 20% $CaCO_3$, den man früher für rhombisch und isomorph mit Aragonit hielt; derselbe hat aber die rhomboëdrischen Blätterbrüche des Manganspaths, er ist also nichts anderes als Manganspath; doch scheinen auch Mn-Silikate (Rhodonit) in den Sammlungen mit diesem Namen bezeichnet zu sein.

Zinkspath (Galmei, Smithsonit).

$ZnCO_3$ mit 64,8 *ZnO*; stets etwas *$CaCO_3$* (bis 5 %), *$MgCO_3$* (bis 4 %) *$MnCO_3$* (bis 15 %) und besonders *$FeCO_3$* (bis gegen 50 %); die stark eisenhaltigen *Z.* hat man *Eisenzinkspath*, *Zinkeisenspath*, *Kapnit* oder *Monheimit* genannt. Zuweilen findet sich auch *$CdCO_3$* (bis 3 %, Wiesloch in Baden), *$PbCO_3$* und *$CuCO_3$* ($3\frac{1}{2}$ % in dem grünen *Herrerit* von Mexiko). Die nach einem Rhomboëder von 107° 40′ spaltbaren Krystalle sind meist klein und schlecht ausgebildet; sie sind stets auf dichtem Galmey aufgewachsen, entweder rhomboëdrisch, oder durch Vorherrschen undeutlicher Skalenoëder spiessig. Neben R $(10\bar{1}1)$ werden als Krystallformen: $\infty P2$ $(11\bar{2}0)$; $-\frac{1}{2}R$ $(01\bar{1}2)$; $2R$ $(20\bar{2}1)$; $0R$ (0001); besonders aber $4R$ $(40\bar{4}1)$ und $R3$ $(21\bar{3}1)$ angeführt. Häufig sind derbe Massen mit nierenförmiger und traubiger Oberfläche, krustenförmige Ueberzüge bildend, und mit diesen im Zusammenhang tropfsteinförmige Zapfen, im Innern faserig bis dicht. Am verbreitetsten und massenhaftesten sind aber derbe bis dichte, vielfach poröse, auch erdige und dann ziemlich unreine Massen. Starker etwas ins Fette gehender Glasglanz, durchscheinend bis durchsichtig; farblos, wenn rein, aber auch nicht selten intensiv grün und blau gefärbt, die unreinen, derben Massen sind braun durch beigemengtes Eisenoxydhydrat. H. = 5; G. = 4,1—4,5. Spröde. V. d. L. unschmelzbar, auf Kohle *Zn*- (und *Cd*-) Beschlag. In *HCl* unter Aufbrausen in der Wärme löslich, auch in Kalilauge löslich. Der unreine Galmei findet sich massenhaft im Kalk und Dolomit, durch deren Umwandlung er vielfach entstanden ist; auf Hohlräumen die Krystalle und die nierenförmigen Krusten, sowie die Stalaktiten. Es ist eines der wichtigsten, bis vor kurzem das einzige *Zn*-Erz. Wichtige Fundorte sind die Gegend von Aachen auf preussischem und belgischem Gebiet (Altenberg); Wiesloch in Baden; Tarnowitz in Oberschlesien; Bleiberg und Raibl in Kärnten; Rezbanya und Dognazka im Banat; Chessy bei Lyon; Matlock und Mendip bei Bristol in England; Sardinien; Spanien; Laurium in Griechenland; Nertschinsk in Transbaikalien.

Kobaltspath (Sphärocobaltit). *$CoCO_3$*, grobstrahlige Kugeln, aussen schwarz, innen rosenroth, an der Oberfläche kleine Rhomboëderchen; von Schneeberg. Auch manche andere Carbonate enthalten geringe Mengen *$CoCO_3$*, z. B. ein rother Bitterspath von Přibram $7\frac{1}{2}$ %.

Natronsalpeter (Chilisalpeter).

$NaNO_3$ mit 63,53 Salpetersäure. Nach dem Rhomboëder R vollkommen spaltbar; R/R 105° 50′ E. K. Sehr ähnlich dem Kalkspath, mit dem er auch die Gleitflächen nach $-\frac{1}{2}R(01\bar{1}2)$ gemein hat, so dass man aus ihm auch künstliche Zwillinge nach $-\frac{1}{2}R$ durch Druck darstellen kann (127). H. = $1\frac{1}{2}$. G. = 2,1—2,2. Durchsichtig bis durchscheinend, farblos oder hell gefärbt. In *H_2O* löslich, hygroskopisch; schmilzt sehr leicht und verpufft mit Kohle. Findet sich in Massen im Thon und Sand auf weite Strecken hin im District von Iquique und

von Tarapaca im nördlichen Chili, 3—4000 Fuss über dem Meere, mit Steinsalz, Gyps, Glauberit, borsäurehaltigen Mineralien, Sandkörnern etc. gemengt. Wird dort gesammelt als Hauptquelle der technisch verwendeten Salpetersäure.

Kalisalpeter.

KNO_3, 53,47 Salpetersäure, aber stets mehr oder weniger stark verunreinigt. Rhombisch. Findet sich in der Natur nie in Form von deutlichen Krystallen, sondern als feine Haare oder Nadeln oder meist als feine erdige oder krystallinisch-mehlige Ausblühung auf den Kalkwänden gewisser Höhlen (Salpeterhöhlen), z. B. Leonhardshöhle bei Homburg unweit Würzburg, bei Molfeta in Apulien, in Ceylon etc.; oder als Ausblühung des Bodens, der mit organischen Substanzen getränkt ist, aus welchen sich Salpetersäure bildet, so z. B. in Ungarn in der Nähe vieler Dörfer, in Algier, Quito etc. Er findet sich stellenweise in solchen Massen, dass die technische Gewinnung lohnend ist, sog. Kehrsalpeter, da man ihn durch Zusammenkehren der ausgeblühten Massen sammelt. Durch Umkrystallisiren wird er gereinigt. Ein ausgedehntes Lager von Kalisalpeter findet sich in der Natronsalpeterregion von Chili in dem District Tarapaca. Heutzutage wird der meiste Kalisalpeter aus Natronsalpeter hergestellt.

Wasserhaltig ist der *Ca*- und *Mg*-Salpeter, welche sich ebenfalls als Efflorescenzen bilden. Auch *Ba*-Salpeter ist beobachtet worden.

Aragonit.

$CaCO_3$, 56,0 CaO; kleine Beimischungen von *Mg*-, *Fe*- und bes. von *Sr*-Carbonat, zuweilen bis 4 % SrO, worin man früher den Grund der rhombischen Krystallform erkannt zu haben glaubte; auch bis 9 % $PbCO_3$ (*Tarnowitzit* von Tarnowitz in Oberschlesien).

Die Krystalle bilden rhombische Prismen: $m = \infty P$ (110); $m/m = 116^0\ 10'$; die seitl. Kante m/m ist durch die Längsfläche $b = \infty P\breve{\infty}$ (010) abgestumpft; dazu tritt nicht selten als einzige Endbegrenzung die zuweilen in der Richtung der Axe a deutlich gestreifte Basis $c = 0P$ (001), besonders bei den Zwillingen von Molina in Spanien und a. a. O. (Fig. 420 a. f. S.). Auch das Oktaëder $o = P$ (111) ist nicht selten auf die Prismenflächen gerade aufgesetzt und dazu das Brachydoma $p = P\breve{\infty}$ (011) (Fig. 412), das die seitliche E. K. von o abstumpft (Fig. 413); $p/p = 108^0\ 26'$ (oben); in Fig. 413 sind auch die Kanten p/o durch die Flächen des Oktaëders $n = P\breve{2}$ (122) abgestumpft, unter welchem noch die kleinen Flächen des Oktaëders $s = 2P\breve{2}$ (121) liegen. Die einfache Combination m, b, p ist Fig. 412 abgebildet, in Fig. 416 tritt dazu noch das stumpfere Brachydoma $x = \frac{1}{2}P\breve{\infty}$ (012), die obere Kante von p zuschärfend. Aber auch steile Brachydomen kommen vor: $i = 4P\breve{\infty}$ (041) (Fig. 419). Zuweilen sind die Krystalle langspiessig durch das Auftreten sehr spitzer Oktaëder $6P$, $9P$ etc., und Domen von ähnlich steiler Lage der Flächen, die aber meist nicht genauer bestimmbar sind (Nadelspath) (Fig. 414). Zwillinge nach *m* sind sehr häufig; dieselben sind in sehr verschiedenartiger Weise ausgebildet. Juxtapositionszwillinge der Combination *mbp* (Fig. 415) sind nicht selten; die Längsflächen *b* und die Domenflächen *p* machen entweder einspringende Winkel (Fig. 415), oder beide Individuen sind so ausgedehnt, dass die Flächen *m* und $\underline{m}$ in der Zwillingsgrenze zusammenstossen, so dass dann nur

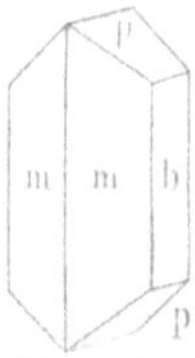

Fig. 412.

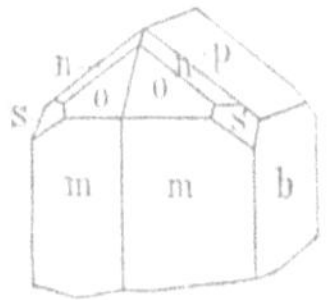

Fig. 413.

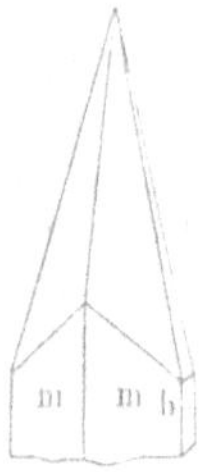

Fig. 414.

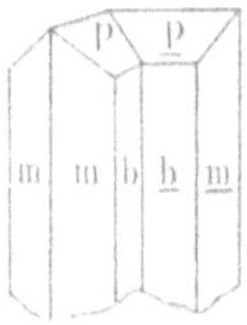

Fig. 415.

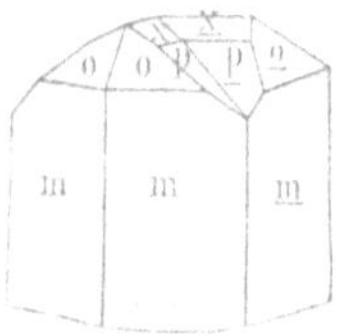

Fig. 416.

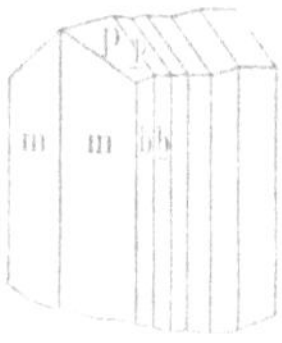

Fig. 417.

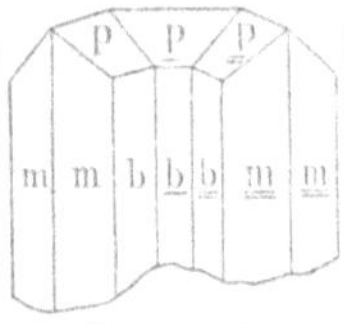

Fig. 418.

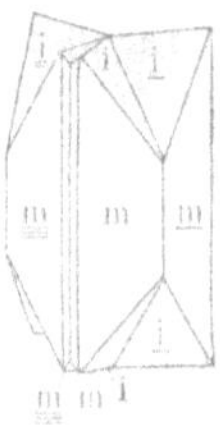

Fig. 419.

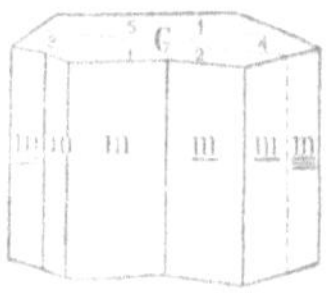

Fig. 420.

noch die Domenflächen *p* und *x* einspringende Winkel bilden (Fig. 416). Die Zwillingsbildung setzt sich häufig fort. Dies geschieht entweder reihenförmig, wie in Fig. 417, wo die Zwillingsflächen alle parallel sind; ein Specialfall ist der, wo in einem grösseren Individuum eine oder mehrere dünne Lamellen parallel mit einer Fläche *m* eingewachsen sind (Fig. 227). Oder es geschieht kreisförmig, das dritte Individuum legt sich an die Prismenfläche m_2, wenn das zweite sich an die andere m_1 des mittleren Individuums gelegt hat (101), (103). Dabei berühren sich die Einzelkrystalle im Centrum nicht, Fig. 418, wo drei Individuen *mbp* gewissermassen einen Halbkreis bilden, der noch dadurch sich compliciren kann, dass jedem der drei Individuen noch mehr oder weniger zahlreiche und dicke Zwillingslamellen nach demselben Gesetz in der vorher beschriebenen Weise eingelagert sind, wodurch eine Verbindung der reihen- und kreisförmig vermehrten Zwillingsbildung hervorgebracht wird. Ein solcher Drilling ist oft derartig gebildet, dass parallel mit beiden Prismenflächen *m* eines grossen Krystalls dünne Zwillingslamellen sich in demselben finden (Fig. 234). Meist stossen die Individuen aber im Mittelpunkt zusammen, wie dies schematisch in Fig. 231 und 233 angedeutet ist. Entweder sind es Vierlinge, ähnlich wie z. B. in Fig. 231, oder es sind Penetrations-Zwillinge, resp. Drillinge, wie sie in Fig. 233 angedeutet sind; aber auch in solchen Penetrationsviellingen sind häufig mehr als drei Individuen meist sehr complicirt mit einander verwachsen. Solche complicirte Bildungen finden sich z. B. bei Krystallen, welche nur die Flächen *m* und *c* zeigen (Fig. 420) und die sich zuweilen einem hexagonalen Prisma mit Basis nähern, an dem aber die Winkel von 120° abweichen (vergl. Fig. 231) und wo auch oft stumpfe einspringende Winkel über die Flächen hinweggehen in der Richtung der Prismenkanten. Die Zwillingsgrenze lässt sich bei diesen Bildungen oft sehr schwer erkennen; zuweilen an der Streifung auf *c* in der Richtung der Axe *a*, oder auch nur in dünnen Platten senkrecht zur Prismenkante im polarisirten Licht (171), oder durch Anätzen. Einen ebensolchen cyklischen Vielling (Vierling) von Individuen, an denen das steile Doma *i* ausgebildet ist, siehe Fig. 419.

Die Spaltbarkeit nach *m* und *b* ist wenig deutlich (Unterschied von Kalkspath); der Bruch ist muschlig. Spröde; H. = $3\frac{1}{2}$—4. G. = 2,9—3,0; beide grösser als beim Kalkspath. Glasglänzend, durchsichtig bis durchscheinend, auch undurchsichtig; farblos, gelblich, grünlich, bläulich, röthlich, violett, selten intensiv gefärbt. D. Br. —, opt. A. E. *bc*, M. L. *c*; daher zeigen die Zwillinge in Platten parallel der Basis die Lemniskaten der Interferenzfigur (Fig. 301) für jedes Individuum in der seiner Orientirung entsprechenden Lage. Manche Krystalle sind idiocyklophan (165) und zeigen die Lemniskaten direct ohne Polarisationsinstrument. $\alpha = 1,68589$; $\beta = 1,68184$; $\gamma = 1,53013$; $2E = 30^0\ 53'$ (*Na*-Fl.) bei 15° C.; bei steigender Temperatur diese Zahlen abnehmend; $\varrho < v$. V. d. L. und gegen Säuren wie Kalkspath; erhitzt man einen Krystall im Glasrohr, so zerfällt er in ein Pulver, das aus rhomboëdrischen Kryställchen von Kalkspath besteht.

Der Aragonit findet sich häufig in schönen Krystallen, die theils auf-, theils eingewachsen sind, jedoch weniger häufig als Kalkspath. Eingewachsene Krystalle in Gyps und Thon, stets Viellinge von der Ausbildung ähnlich der Fig. 419 und 420, finden sich bei Bastennes in den franz. Pyrenäen, bei Molina u. a. O. in Aragonien (daher der Name) etc. Aufgewachsene Krystalle von derselben Ausbildung wie Fig. 420 bei Leogang im Salzburgischen und bei Herrengrund in Ungarn etc. auf Erzgängen, sowie in den Schwefellagern von Girgenti etc. in Sicilien; auf den Brauneisenerzlagerstätten bei Kamsdorf in Thüringen, am Iberg im Harz, bei Hüttenberg in Kärnten, bei Iglo in Böhmen (Igloit), in der Serpentinbreccie des Aostathals in Piemont etc. spiessige Krystalle der Form Fig. 414, welche aber auch häufig in complicirter Weise zwillingsverwachsen sind. Solche Formen, als kleine dünne Nädelchen, zuweilen zu kugelförmigen Drusen vereinigt, sind überhaupt sehr häufig. Die Formen Fig. 412, 413 und 415—418 finden sich sehr schön in den Basalttuffen von Böhmen (z. B. bei Horschenz unweit Bilin), wie überhaupt auf Drusenräumen in vulkanischen Gesteinen (Basalten etc.) nicht selten Aragonit vorkommt. Derber Aragonit häufig; stenglig, ähnlich stengligem Kalkspath, aber nicht blättrig, z. B. bei Horschenz; fasrig, Spalten, z. B. im Eisenerz von Hüttenberg in Kärnten, erfüllend; auch häufig mit nieriger Oberfläche als Sinter- oder Krustenbildung aus heissen Quellen ausgeschieden, z. B. der Sprudelstein von Karlsbad, auch im Basalt; zuweilen sogar tropfsteinförmig. Eigenthümliche Bildungen sind der jetzt nicht mehr sich bildende Erbsenstein von Karlsbad, ein oolithischer A., und die Eisenblüthe von Hüttenberg in Kärnten, schneeweiss von zackiger Gestalt. Felsbildend findet sich A. nie, doch finden sich einzelne Körner dem Kalkspath im Marmor beigemengt. Findet sich als Pseudomorphose nach Kalkspath, ebenso dieser nach Aragonit. Eine Pseudomorphose nach Gyps ist der *Aphrit* (Schaumspath) im Zechstein in Thüringen, z. B. bei Gera.

(v. Zepharovich, Sitzgsber. Wiener Ak. 1875 Bd. 71. G. Rose, Abh. Berl. Ak. 1856. 1858. 1860. Leydolt, Sitzgsber. Wiener Ak. 1856 Bd. 19. Websky, Zeitschr. d. Deutsch. geol. Ges. 9. 737. Schrauf, Sitzgsber. Wiener Ak. Bd. 62 und 65. Laspeyres, Zeitschr. Kryst. I. Séuarmont, Ann. ch. phys. ser. 3. Bd. 41. pag. 60.)

Witherit.

$BaCO_3$, 77,68 BaO. Rhombisch; $m = \infty P$ (110), $m/m = 117^0\,48'$; $p = P\breve{\infty}$ (011), $p/p = 107^0\,44'$. Meist Zwillingsverwachsungen; drei Individuen sind zu einem Drilling verwachsen und alle drei setzen sich über die ihnen gemeinsame Kante hinaus fort, so dass scheinbare Dihexaëder entstehen, an denen die Zwillingsgrenzen durch die E. K. gehen (Fig. 232). Die Krystalle sind aufgewachsen, häufig eine grössere Zahl solcher dihexaëderähnlicher Krystallspitzen zu einer Druse vereinigt; meist derb, körnig, stenglig, auch fasrig, zuweilen mit rundlicher Oberfläche. Opt. A. E. *ac*, M. L. *c*; $\varrho > v$. Farblos, gelblich oder grünlich; fettglänzend, durchscheinend. H. = $3\frac{1}{2}$. G. = 4,2—4,3. In verdünnter, nicht aber in concentrirter HCl löslich; färbt die Flamme grün. V. d. L. schmelzbar. Auf Bleierzgängen in Cumberland (Alston), Northumberland (Hexham), Shropshire und Westmoreland. Zuweilen unter Beibehaltung der Form in $BaSO_4$ (Schwerspath) verwandelt. Wird als Rattengift und zur Herstellung von *Ba*-Präparaten benutzt. (Litt. vergl. Alstonit.)

Alstonit; $CaCO_3 + BaCO_3$. Findet sich in ähnlichen, wie ein scheinbares Dihexaëder gestalteten Viellingen, wie der Witherit (vergl. Fig. 302), gebildet aus an- und durcheinander gewachsenen rhombischen Individuen. Bromley hill bei Alston (Bromlit) mit Witherit; Fallowfield bei Hexham in Northumberland. (Vergl. Sénarmont, Ann. chim. phys. 3. ser. Bd. 41 pag. 60. auch für Witherit.)

Barytocalcit. Wie Alstonit zusammengesetzt, kleine, in drei Richtungen deutlich spaltbare, monokline aufgewachsene Kryställchen; von denselben Fundorten wie Alstonit, auch von Longban in Schweden.

Strontianit.

$SrCO_3$, 70,3 SrO; rhombisch. $m = \infty P$ (110); $m/m = 117^0\,18'$; $p = P\breve{\infty}$ (011), $p/p = 108^0\ 12'$. Kleine nadelförmige, auch grössere prismenförmige Krystalle; vielfach in Zwillingsverwachsung nach m; stets aufgewachsen; auch kommen derbe strahlige und fasrige Massen vor. Farblos, grünlich, gelblich. Durchsichtig bis durchscheinend, glas- bis fettglänzend. Opt. A. E. bc; M. L. c; $\varrho < v$. H. = $3\frac{1}{2}$. G. = 3,6—3,8. In HCl löslich; färbt die Flamme roth. Schmilzt v. d. L. In kleinen aufgewachsenen Krystallen auf Erzgängen bei Clausthal im Harz, bei Bräunsdorf, unweit Freiberg, bei Leogang im Salzburgischen, Strontian in Schottland. In grösseren Massen auf Gängen der Kreideformation in der Gegend von Hamm in Westphalen. Wird hier gewonnen und in der Zuckerfabrication, auch in der Feuerwerkerei und zur Herstellung von Sr-Präparaten benutzt.

(Laspeyres, Verhdlgn. naturhist. Verein Rheinl.-Westph. Bd. XXXIII. Zeitschr. Kryst. I. Hessenberg, Min. Not. 1870.)

Stromnit; von der Orkneyinsel Stromness, hat 68,6 $SrCO_3$ und 27,5 $BaCO_3$.

Weissbleierz (Cerussit).

$PbCO_3$, 83,52 PbO, zuweilen etwas Ag, $ZnCO_3$ (bis 7 %, *Iglesiasit* von Mte Poni bei Iglesias auf der Insel Sardinien). Rhombische Prismen $m = \infty P$ (110); $m/m = 117^0\ 14'$; meist wenig ausgedehnt oder fehlend; die seitlichen Kanten meist abgestumpft durch die häufig ziemlich grosse Längsfläche $b = \infty P\breve{\infty}$ (010); auf ihr aufgesetzt das Doma $p = P\breve{\infty}$ (011); $p/p = 108^0\ 16'$ (oben); sehr häufig und auch nicht selten mit sehr ausgedehnten Flächen entwickelt ist das Oktaëder $o = P$ (111), das mit dem Brachydoma: $i = \frac{1}{2}P\breve{\infty}$ (012) einen dihexaëderähnlichen Körper bildet (Fig. 421), der sich aber sofort durch das Auftreten der kleinen Prismenflächen m an nur vier

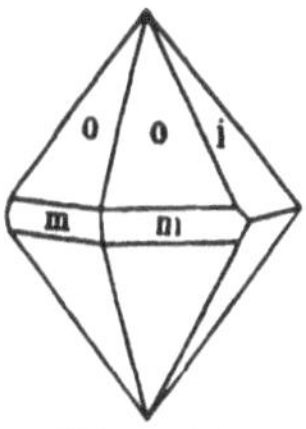

Fig. 421.

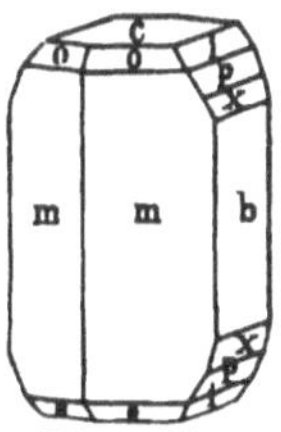

Fig. 422.

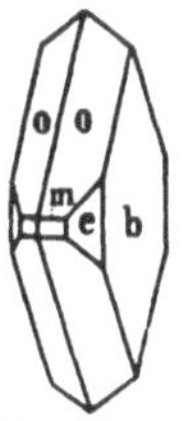

Fig. 423.

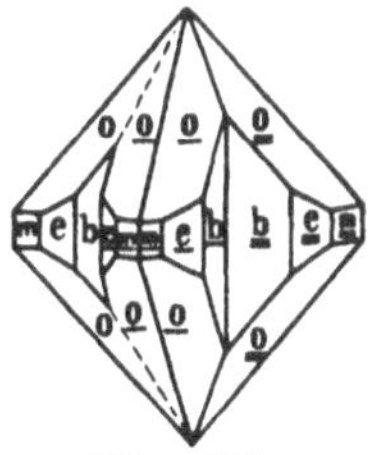
Fig. 424.

S. K. (statt an allen 6) als rhombisch erweist. Auch in Fig. 422 tritt der hexagonale Typus hervor: m und b bilden ein scheinbar hexagonales Prisma, o und i wie in Fig. 421 ein scheinbares Dihexaëder, c die Basis: $0P$ (001); hier sind es die Brachydomen p und $x = 3P\breve{\infty}$ (031), welche die richtige Erkenntniss der Krystalle sofort vermitteln. Solche steilere Brachydomen sind eine häufige Erscheinung, es kann noch $z = 4P\breve{\infty}$ (041) erwähnt werden; auch die Querfläche fehlt nicht, überhaupt ist die Zahl der einfachen Formen sehr gross, ebenso die der Combinationen. Dass diese nicht immer sich hexagonalen Formen nähern, zeigt Fig. 423: das Oktaëder *o* wird durch Vorherrschen von *b* tafelförmig; die Prismenflächen *m* und *e* $= \infty P\breve{3}$ (130) sind klein. Letztere Combination tritt in den sehr häufigen Zwillingen nach *m* nicht selten auf: es sind meist Penetrationsdrillinge mit einspringenden Winkeln $b\underline{b}$ (Fig. 424). Zwillingsbildung ist auch nach *e* beobachtet, derartige Verwachsung ist aber seltener. Spaltbarkeit nach *m* wenig deutlich, muschliger Bruch; H. $= 3\frac{1}{2}$; spröde. G. $= 6{,}4-6{,}6$. Durchsichtig bis durchscheinend; ausgezeichneter fettartiger Diamantglanz; farblos, wasserhell, auch gelb, grau, blau, grün, schwarz (durch Beimengung von Bleiglanz etc., Schwarzbleierz). D. Br. —, stark; opt. A. E. *ac*; M. L. *c*. $\varrho > v$. $2E = 16^{\circ}\ 54'$; $\alpha = 2{,}0780$; $\beta = 2{,}0763$; $\gamma = 1{,}8037$ (*Na*-Fl.) bei 18° C. V. d. L. heftig decrepitirend, leicht schmelzend und leicht zu *Pb* reducirt. Auf Kohle Bleibeschlag. In HNO_3 unter Aufbrausen löslich, auch in Kalilauge gelöst. Ausgezeichnete Krystalle, stets aufgewachsen, sind häufig; sie finden sich meist mit Bleiglanz zusammen und sogar auf ihm aufgewachsen, und sind wie überhaupt alles W. ein Verwitterungsproduct des Bleiglanzes. Auch stenglige und fasrige Aggregate (Clausthal und Zellerfeld im Harz) sowie derbe Massen. Besonders bekannte Fundorte sind: Badenweiler im Schwarzwald; Commern in der Eifel mit Bleiglanz (Knottenerz) in einzelnen Körnern im bunten Sandstein, oder es ist auch der ganze Sandstein mit Weissbleierz durchtränkt, welches dann geradezu das Bindemittel der Sandkörner bildet; Bernkastel a. d. Mosel, Braubach und Ems in Nassau, Johanngeorgenstadt, Freiberg u. a. O. im Erzgebirge, Tarnowitz in Schlesien (hier auch als Pseudomorphose nach Phosgenit), Mies und Přibram in Böhmen, Bleiberg in Kärnten, Kirlibaba in der Bukowina, Rezbanya und Sazka im Banat; Insel Sardinien an mehreren Orten; Leadhills in Schottland; Barnaul am Altai, Nertschinsk in Transbaikalien. Zuweilen ist W. mit Thon etc. gemischt und bildet dann die braune, häufig knollige, durch ihr hohes Gewicht sich auszeichnende sog. *Bleierde*, welche wie das reine W., wenn sie in etwas grösserer Menge vorkommt, als Bleierz benutzt wird. Bildet Pseudomorphosen nach Bleiglanz (Beresowsk) und Brauneisenstein (Friedrichssegen bei Ems in Nassau), Phosgenit (s. o.) etc.

(v. Kokscharow, Materialien (vergl. 3), an mehreren Stellen. v. Zepharovich, Sitzgsber. Wiener Ak. Bd. LXII. 1870. Schrauf, Tschermak, Mineralog. Mitthlgn. 1873. Sadebeck, Pogg. Ann. Bd. 156 pag. 558. 1876. Seligmann, N. Jahrb. für Min. etc. 1880. I. pag. 338.)

b. Wasserhaltige Carbonate.

Alkalihaltige.

Soda (Natron).

$Na_2CO_3 . 10H_2O$. Monoklin, aber natürliche Krystalle unbekannt; nur weisse, krustenartige Ueberzüge und Ausblühungen des Bodens, z. B. in der Nähe von Debreczin in Ungarn. Besonders zu erwähnen ist die im Wasser der Natronseen in Unterägypten aufgelöste Soda, die beim Verdunsten desselben mit andern Salzen: Steinsalz, Thermonatrit, Trona etc., gemischt sich in Massen ausscheidet und dann gewonnen und in den Handel gebracht wird. Reich sind auch gewisse Gegenden in Nordamerika, z. B. im Staate Nevada und im südöstl. Californien, mit Borax; auch in Ostindien.

Thermonatrit. $Na_2CO_3 . H_2O$. Rhombisch; ähnlich der Soda. Findet sich mit derselben in den genannten Ausblühungen und in den Ausscheidungen der Natronseen. Entsteht aus Soda durch freiwilligen Wasserverlust an der Luft.

Trona (Urao). $H_2Na_4C_3O_9 . 3H_2O = 2Na_2O . 3CO_2 . 4H_2O$. Monoklin. Meist perlmutterglänzende, aus strahligen Blättchen zusammengesetzte Platten kommen aus der Gegend von Fezzan in den Handel *(Trona)*; findet sich auch mit der rohen Soda der ägyptischen Natronseen; ebenso aus einem See bei Merida in Columbien ausgeschieden *(Urao)*. Löst sich in Wasser, wird aber dabei zersetzt, krystallisirt nicht mehr aus, sondern es bildet sich Soda. Verwittert nicht wie Soda an der Luft, daher in der Gegend von Fezzan als Baustein verwendet. Ist überall von Steinsalz und Glaubersalz begleitet.

Gay-Lussit (Natrocalcit). $Na_2CO_3 . CaCO_3 . 5H_2O$. Monokline, farblose durchsichtige Krystalle mit Urao zu Lagunilla bei Merida in Columbien im Thon eineingewachsen, auch in Nevada und Californien in den Soda- und Boraxdistricten. Durch H_2O wird Na_2CO_3 ausgelaugt und es bleibt $CaCO_3$. So sollen die sog. Gerstenkörner (Thinolit) welche bei Sangerhausen u. a. O. im Thon liegen, entstanden sein, die also Pseudomorphosen von $CaCO_3$ nach G. darstellten. (Arzruni, Zeitschr. Kryst. Bd. VI. 1881. Edw. S. Dana, Bull. U. S. geol. survey. No. 12. 1884.)

Cu-, Zn-, Ni- etc. haltige.

Malachit.

$Cu_2CO_4 . H_2O$; 71,95 CuO, 19,9 CO_2. Monokline, nadelförmige Kryställchen, in zwei aufeinander senkrechten Richtungen, nach der Längsfläche und senkrecht dazu vollkommen spaltbar; es sind meist Zwillinge und selten in deutlicher Ausbildung; sie scheinen auf den ersten Blick rhombisch zu sein und sind zu Büscheln, Sternen und ähnlichen Drusen vereinigt. Häufiger findet man fasrige Aggregate, die Fasern laufen oft von einem Mittelpunkt aus und die Oberfläche ist nierig und traubig; parallel mit der runden Oberfläche gehen häufig Absonderungsflächen durch die Masse, nach welchen manchmal ein nur geringer Zusammenhalt besteht. Spröde; H.$=3\frac{1}{2}$; G. $= 3,6-4,0$. Grün am nämlichen Stück in verschiedenen Nüancen und in verschiedenen Zeichnungen, auf der rundlichen Oberfläche oft schwarz; der Strich heller grün; perlmutterglänzend, auch seidenglänzend und matt; durchscheinend bis undurchsichtig. In Säuren unter Aufbrausen löslich; auch in Ammoniak löslich. V. d. L. auf Kohle schmelzbar und zu *Cu* reducirt. Im Kolben geht H_2O fort und die Probe wird schwarz. Entsteht leicht durch Verwitterung aus anderen Kupfererzen, nach denen es häufig Pseudomorphosen bildet: so nach ged. Kupfer, Rothkupfererz (Chessy bei Lyon), Kupferlasur, Atakamit etc.; auch nach Fahlerz, Kupferglanz und Kupferkies. Findet sich häufig mit andern Kupfererzen, auch mit Eisenerzen, aber meist nicht in sehr grossen Massen, am massenhaftesten in einigen uralischen Gruben, wo es in centnerschweren reinen Blöcken gefunden wird, welche zu Schmuckgegenständen, Schalen, Vasen etc. verarbeitet werden, so bei Bogoslawsk, Nischne-Tagilsk, Gumeschewsk etc. Andere Fundorte sind: Rheinbreitenbach, im Westerwald, im Siegenschen, bei Moldawa im Banat, in Cornwall, an vielen Orten in Amerika, in Australien etc. Selten ist es in solcher Menge vorhanden, dass es als *Cu*-Erz verwendet werden kann.

Kupferlasur (Azurit, Chessylith).

$Cu_3C_2O_7 \cdot H_2O$; 69,21 CuO, 25,57 CO_2, 5,22 H_2O. Monoklin; meist kurzsäulenförmige oder tafelförmige Krystalle bildend. $m = \infty P\,(110)$, $m/m = 99^0\,32'$ (vorn), häufig mit dem schiefen Prisma $k = -P\,(111)$, $k/k = 106^0\,14'$ (vorn) und der Basis $c = 0P\,(001)$ zusammen; $c/m = 91^0\,48'$. Diese Combination noch mit dem auf die seitliche Prismenkante aufgesetzten Klinodoma $l = \frac{1}{3}P\breve{\infty}\,(013)$ giebt Fig. 425. Die Querfläche $a = \infty P\infty$ (100) ist gewöhnlich (Fig. 426); auf ihr ist vorn und hinten noch eine Schiefendfläche $s = -\frac{1}{2}P\infty$ (102) und $s' = +\frac{1}{2}P\infty\,(\bar{1}02)$ aufgesetzt. $a/s = 137^0\,12'$; $a/s' = 134^0\,56'$; die Längsfläche ist selten; ein hinteres schiefes Prisma $x = +\frac{1}{2}P\,(\bar{1}12)$, dessen mittlere Kante von s' gerade abgestumpft wird, ist nicht selten; namentlich ist aber häufig eine Reihe von Klinodomen entwickelt, deren Flächen auf die seitliche Kante m/m aufgesetzt sind und deren in der S. E. liegende Kanten von c gerade abgestumpft werden; so $p = P\infty$ (011) neben dem schon erwähnten l; c, l, p und die andern noch in dieser Weise vorkommenden Klinodomen liegen also alle in einer Zone und schneiden sich in parallelen Kanten; $a:b:c = 0,8461 : 1 : 1,7603$; $\beta = 92^0\,21'$.

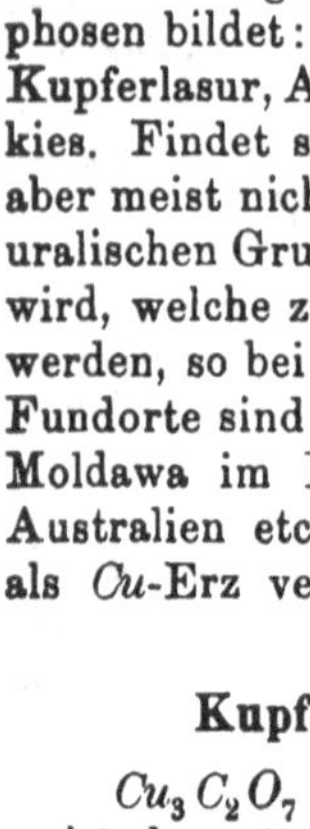

Fig. 425.

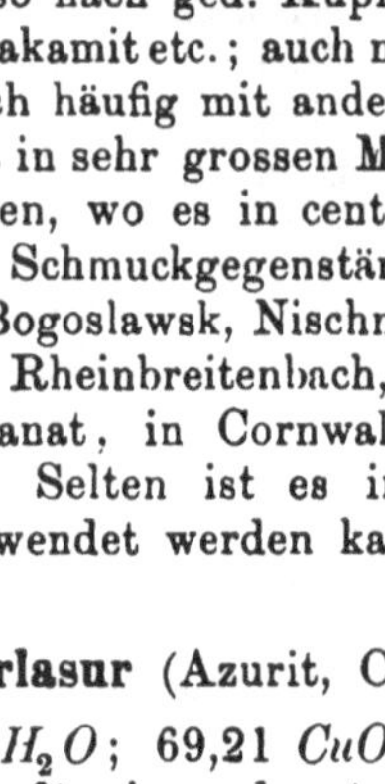

Fig. 426.

Nach p ziemlich deutlich spaltbar; Bruch muschlig. H. = $3\frac{1}{2}$ — 4. Spröde. G. = 3,7 — 3,8. Glasglänzend, durchscheinend, dunkelblau mit hellblauem Strich. Opt. A. E. $\perp$ ac; + M. L. in der der S. E. ac nach hinten geneigt, mit Axe a 75° machend. $\varrho > v$. Grosser Axenwinkel. V. d. L. etc. wie Malachit, in den es nicht selten sich verwandelt, wobei es grün wird. Die Krystalle sind meist aufgewachsen, auch wohl eingewachsen, zu Gruppen vereinigt, z. B. im Thon die ausgezeichneten Krystalle von Chessy bei Lyon. Auch derb und erdig und in kleinen Kugeln; mit andern Kupfererzen, sparsamer als Malachit. Bulach im Schwarzwald, Moldawa im Banat, Cornwall, Ural, Altai, Südamerika, Australien etc.

(Schrauf, Sitzgsber. Wiener Ak. 1871. Bd. 64. 123. Zippe, Krystallgestalten der Kupferlasur, Prag 1830, und Pogg. Ann. Bd. 22 pag. 393 (Chessy).)

Zinkblüthe (Hydrozinkit), $Zn_3CO_5 . 2H_2O$ mit 75,24 ZnO. Hellgelbe oder weisse, erdige oder dichte, zuweilen nierenförmig begrenzte oder stalaktitische Massen mit Galmei; Raibl in Kärnten, Mte Poni in Sardinien, Spanien etc ; z. Th. noch heute sich bildend. *Messingblüthe* (Aurichalcit); ein wasserhaltiges Zinkkupfercarbonat, hellblaue Krystallnädelchen von Loktewsk am Altai; eine ähnliche himmelblaue oder grüne, aber Ca-haltige Substanz ebendaher ist *Buratit* genannt worden.

Nickelsmaragd; $Ni_3CO_5 . 6H_2O$, bildet dünne smaragdgrüne kleintraubige Ueberzüge auf Chromeisenstein von Texas in Pennsylvanien (Texasit), Cap Ortegal in Spanien (Zaratit), Insel Unst etc.

Basische wasserhaltige Carbonate von Wismuth giebt es mehrere: *Bismutit:* $Bi_6CO_{11} . H_2O$, schmutzig grün, auf Spatheisenstein von Ullersreuth im Voigtlande. *Wismuthspath:* $2Bi_8C_3O_{18} . 9H_2O$, weiss, dem Weissbleierz ähnlich, in den Goldgruben von Chesterfield in Süd-Carolina und in Mexico, hier in grösseren Mengen; beide genannte Mineralien sind vielleicht nicht wesentlich verschieden; beide sind wohl Verwitterungsproducte von Bi_2S_3. Diese Bi-Carbonate enthalten gegen 90 % Bi_2O_3. Ein ähnliches Hydrocarbonat von Wismuth findet sich auch im Corrèze-Departement in Frankreich in Mengen, welche den Abbau lohnen. Der *Bismutosphärit* von Neustädtl bei Schneeberg in Sachsen ist wasserfrei: $Bi_2CO_5 . Bi_2O_3$.

Lanthanit (Hydrocerit), $(La, Di) CO_3 . 3H_2O$ von der Bastnäsgrube bei Riddarhyttan in Schweden mit Cerit. Auch Yttriumcarbonat wird angegeben (Tengerit).

Verschiedene U-haltige Carbonate sind wohl Zersetzungsprodukte des Uranpecherzes. Der rhombische gelblichgrüne *Schröckingerit* von Joachimsthal ist ein solches Hydrocarbonat von Uran. Der grüne *Liebigit* von Adrianopel ist Ca-haltig. Ausserdem noch Cu enthält der smaragdgrüne *Voglit* von Joachimsthal.

Der *Dawsonit* von Pian Castagnaio bei Siena in Toskana soll ein monoklines Aluminium-Natroncarbonat, $Na_2AlC_2O_8 . 2H_2O$ sein.

VII. Klasse.

Titanate, Zirkoniate, Thorate.

Titanit (Sphen).

$CaTiSiO_5 = CaSi_2O_5 . CaTi_2O_5$; 28,57 CaO, 30,61 SiO_2, 40,82 TiO_2, etwas CaO ist durch FeO ersetzt; in dem fleischrothen *Greenovit* von St. Marcel in Piemont sind 30 % MnO; in manchen Titaniten ist AlO_3 und FeO_3 enthalten, diesen kommt vielleicht eine etwas andere Formel zu. Monoklin mit dem Axenverhältniss: $a : b : c = 0,4272 : 1 : 0,6575$, $\beta = 94^0\ 38'$. Ein Prisma l, wo $l/l = 133^0\ 52'$ (vorn) wird als Vertikalprisma genommen: $l = \infty P(110)$. Die Kanten desselben sind selten abgestumpft; es ist oft gross entwickelt und die Krystalle nach demselben prismenförmig. Sehr gewöhnlich ist die

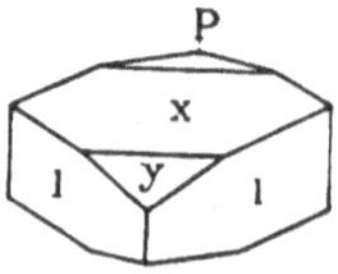

Fig. 427.

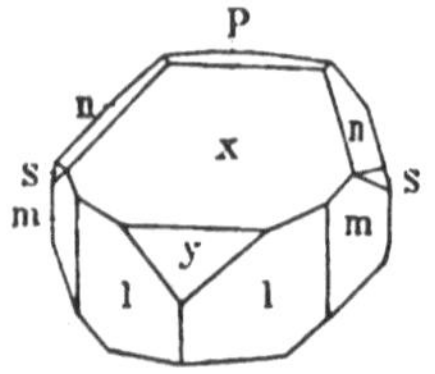

Fig. 428.

Fig. 429.

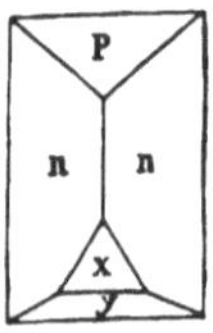

Fig. 430.

Fig. 431.

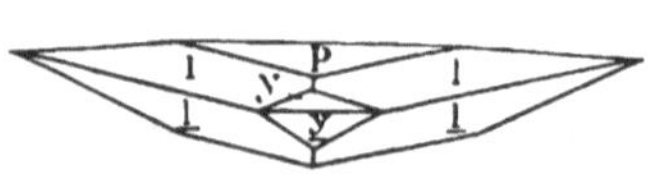

Fig. 432.

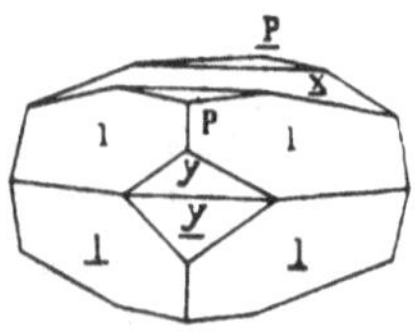

Fig. 433.

Basis $P = 0P(001)$, $P/l = 94^0\ 15'$ (vorn), mit zwei hinteren Schiefendflächen $x = \frac{1}{2}\text{Ꝑ}\infty\ (\bar{1}02)$ ($x/P = 140^0\ 43'$) und $y = \text{Ꝑ}\infty\ (\bar{1}01)$ ($P/y = 119^0\ 43'$), die Prismen l oben und unten begrenzend (Fig. 427). Dazu tritt vielfach noch das Vertikalprisma $m = \infty\text{Ꝑ}3$ (130); $m/m = 76^0\ 7'$, sowie die beiden schiefen Prismen $n = \frac{2}{3}\text{Ꝑ}2$ $(\bar{1}23)$ und $s = \text{Ꝑ}4$ $(\bar{1}44)$; $n/n = 136^0\ 12'$; $s/s = 67^0\ 57'$ (Fig. 428). Diese sind hier nicht sehr gross, zuweilen entwickeln sie sich aber sehr stark, das Prisma l tritt dann sehr zurück oder fehlt ganz. In Fig. 429 ist der Krystall nach s prismatisch, y stumpft die vordere Kante s/s gerade ab, dazu die Basis P und die hintere (hier wie in Fig. 427 und 428 nach vorn gezeichnete) Schiefendfläche x.

Häufig sind auch die Flächen *n* ausgedehnt und die Krystalle prismatisch nach diesen. Zuweilen daneben noch die Basis *P* und die hintere Schiefendfläche *x*, ein schiefes Oblongoktaëder bildend, neben *x* auch wohl noch *y* (Fig. 430). Etwas complicirter ist Fig. 431 wo neben dem vorherrschenden *n* noch *y* und das Klinodoma $r = \mathfrak{P}\infty$ (011) vorkommt, dessen vordere Kante von 113° 30′ die Basis *P* gerade abstumpft. Die Zahl der einfachen Formen, sowie die der Combinationen ist sehr zahlreich. Zwillinge nach *P* sind häufig; ihre Ausbildung ist verschieden. Ein Juxtapositionszwilling ist Fig. 432 abgebildet; die Flächen *y* und $\underline{y}$ machen vorn eine horizontale Rinne und zwar ist $y/\underline{y} = 120^0\ 34'$, hinten schneiden sich *x* und $\underline{x}$ in einer ausspringenden horizontalen Kante von 78° 34′. Einen Penetrationszwilling giebt Fig. 433, an dem die Flächen *y* vorn und hinten und *x* oben und unten horizontale Kanten in der Richtung der Axe *b* bilden.

Kein deutlicher Blätterbruch; Bruch muschlig; spröde; H. = 5—5½; G. = 3,4—3,6, bei einigen Varietäten etwas geringer. Durchsichtig, durchscheinend bis undurchsichtig; Glasglanz, ins Demantartige und Fettige; meist grün, gelb, braun, auch roth, zuweilen am gleichen Stück rothe und grüne Stellen. Opt. A. E. *ac*, + M. L. beinahe ⊥ zu *x*; also geneigte Dispersion, aber wenig deutlich; der Axenwinkel ist für verschiedene Strahlen sehr verschieden, daher die Interferenzfigur eigenthümlich gefärbt. $2E = 53^0 - 56^0$ (r.); $= 32^0 - 34^0$ (bl.) also $\varrho > v$. $\beta = 1{,}905$ (r.) V. d. L. schwer schmelzbar zu schwarzem Glase; von HCl unvollständig, von H_2SO_4 vollständig zersetzt.

Der T. findet sich in prismen- oder tafelförmigen Krystallen auf- oder eingewachsen oder in derben Partien. Der grüne, stellenweise rothe, im allgemeinen durchsichtige Titanit (Sphen) (Fig. 427—429, 432, 433) findet sich auf Klüften und Spalten des Urgebirges in den Hochalpen mit Bergkrystall, Feldspath, Chlorit etc. an vielen Stellen, in Tirol, der Schweiz, Piemont etc., zuweilen mit staubförmigem Chlorit imprägnirt, dann undurchsichtig grün; findet sich ähnlich auch bei Achmatowsk im Ural. Braune und gelbe undurchsichtige Krystalle (Fig. 430, 431), auch derbe Parthien (Braun- resp. Gelbmenakerz) in älteren krystallinischen Silicatgesteinen, bes. in Hornblende führenden eingesprengt, so im Syenit, Diorit, Hornblendeschiefer und andern ähnlichen Gesteinen, z. B. im Plauenschen Grunde bei Dresden, im Odenwald, in der Normandie, im Ilmengebirge im Ural etc.; ferner im körnigen Kalk, z. B. bei Bolton in Pennsylvanien; im Magneteisen von Arendal mit Epidot. Auch in jüngeren Eruptivgesteinen, bes. in manchen Trachyten, findet sich T. in glänzenden gelben Kryställchen, z. B. am Laacher See (Semelin oder Spinellin); ebenso in den Phonolithen der Gegend von Aussig im böhmischen Mittelgebirge und anderen Gegenden, auch in manchen Sommaauswürflingen. Fasriger bis dichter T. ist der grünlich-weisse *Titanomorphit*, ein Umwandlungsproduct von Rutil und Titaneisen, in Hornblendeschiefern, Diabasen etc., diese Mineralien in Krusten umgehend; dasselbe ist der Leukoxen. (v. Lasaulx, Ztschr. Kryst. Bd. IV.)

(Hessenberg, Min. Notizen. Vergl. (3.) Jeremejeff, Verhdlg. Min. Ges. St. Petersburg II. 14. 254. 1881. G. Rose, Dissertation, Berlin 1820).

Yttrotitanit (Keilhauit). Brauner im Glimmerschiefer von Buo bei Arendal eingewachsener *Ce*- und *Y*-haltiger Titanit.

Guarinit. Sehr ähnlich zusammengesetzt wie Titanit, aber sehr kleine rhombische Kryställchen in Sommaauswürflingen bildend.

Schorlomit (Ferrotitanit). Reguläres schwarzes CaO und $Fe O_3$-haltiges Titanat und Silicat von Magnet-Cove in Arkansas.

Pseudobrookit. Dünne rhombische Täfelchen, dem Brookit ähnlich, vorzugsweise aus TiO_2 und FeO_3 bestehend. Dunkelbraun bis schwarz, diamantglänzend; in Hohlräumen des Andesits vom Aranyerberg in Siebenbürgen mit Hypersthen (Szaboit) und vom Mont Dore.

Perowskit.

$CaTiO_3$. In der äusseren Form vollkommen regulär und zwar pyritoëdrisch; meist Würfel, sodann Granatoëder und Oktaëder; alle andern Formen des regulären Systems kommen ebenfalls vor; die Krystalle sind zuweilen sehr flächenreiche Combinationen. Mit der regulären Form stimmt aber nicht die starke Doppelbrechung, und auch die Aetzfiguren weisen auf eine andere als reguläre Symmetrie hin. Daher werden die Krystalle von Manchen für aus rhombischen Krystallen verwachsene mimetische Bildungen gehalten (105. 172). Hexaëdrisch spaltbar; H. = $5\frac{1}{2}$, G. = 4,0 — 4,1. Schwarz, seltener hyacinthroth bis gelb, höchstens halbdurchsichtig; starker diamantartiger Glasglanz. Unschmelzbar, von Säuren kaum angegriffen. Die Krystalle sind theils auf-, theils eingewachsen, besonders im Talk- und Chloritschiefer; Hauptfundorte sind: Wildkreuzjoch im Zillerthal in Tirol, aufgewachsen; Zermatt in der Schweiz im Talkschiefer; Achmatowsk im Ural im körnigen Kalk; Magnet-Cove in Arkansas (ein verwitterter P. von hier ist *Hydrotitanit* genannt worden); mikroskopisch in manchen Basalten.

(Ben Saude, Ueber den Perowskit, Göttingen 1882. Baumhauer, Zeitschr. Kryst. Bd. IV. pag. 147. Hessenberg, Min. Notizen.)

Dysanalyt. Kleine schwarze, früher für Perowskit gehaltene Würfelchen, im körnigen Kalk von der Voigtsburg bei Schelingen im Kaiserstuhl; $6RTiO_3 . RNb_2O_6$; $R = Ca, Fe, Mn, Ce, Na_2 . Nb_2O_5$ neben TiO_2 enthält auch der rhombische *Polykras* aus dem Granit von Hitterö in Norwegen und der gleichfalls rhombische *Euxenit* aus Norwegen von verschiedenen Punkten; beide *Y*, *Er*, *Ce*, *U* etc. -haltig. ThO_2 neben TiO_2 und Nb_2O_5, auch *Ce*, *La*, *Y* enthält der *Aeschynit* im Granit von Miask im Ilmengebirge und von Hitterö. ZrO_2 ist enthalten in dem gelben monoklinen *Wöhlerit* aus dem Zirkonsyenit von Brevig in Norwegen (neben SiO_2 und Nb_2O_5); in dem gelben hexagonalen *Katapleït* von dort und dem rhomboëdrischrothen *Eudialyt* von Grönland und Brevig (sog. Eukolit), der auch $NaCl$ und SiO_2 neben ZrO_2 enthält. ZrO_2 neben TiO_2 in dem rhombischen langprismatischen *Polymignyt* aus dem Zirkonsyenit von Frederikswärn im südlichen Norwegen. Alle diese seltenen Mineralien sind, sofern nicht etwas anderes angegeben, bräunlichschwarz oder schwarz und halbmetallisch. Vergl. auch die Klasse der Tantalate und Niobate).

VIII. Klasse.

Silicate.

Die hierher gehörigen Mineralien folgen sich im Allgemeinen in der Art, dass zuerst die SiO_2-reichsten, dann die SiO_2-ärmeren und zuletzt die SiO_2-ärmsten kommen. Doch ist diese Anordnung nicht vollkommen streng durchgeführt, sondern es sind vielfach an SiO_2-reiche Mineralien SiO_2-ärmere angeschlossen, welche zu jenen in Bezug auf Krystallform oder physikalisches oder chemisches Verhalten etc. gewisse Beziehungen erkennen lassen.

Zunächst zerfallen die Silicate in die zwei Abtheilungen der wasserfreien und der wasserhaltigen.

a. Wasserfreie Silicate.

Sie umfassen die grosse Masse der Silicate. Einige von ihnen enthalten H, und geben daher in der Glühhitze H_2O, das bei der Zerstörung der Substanz entstanden ist und später nicht wieder aufgenommen wird. An einige von ihnen wird eine Anzahl von H_2O-haltigen Silicaten unmittelbar angeschlossen, welche mit jenen in der allgemeinen Zusammensetzung, in der Gesammtheit ihrer Eigenschaften gewisse nähere Beziehungen zeigen, so namentlich an den Kaolin und an den Serpentin.

Gruppe des Feldspaths.

Die hierher gehörigen, z. Th. äusserst häufigen und verbreiteten Mineralien sind Silicate von der Härte 6—7, welche neben der nie fehlenden $\overset{\text{VI}}{Al}O_3$ noch K_2O, Na_2O und CaO entweder einzeln oder nebeneinander enthalten. Diejenigen, welche nur einen dieser letztgenannten Stoffe enthalten und die darnach als Kali-, Natron- und Kalkfeldspathe (s. u.) bezeichnet werden, sind die Grundverbindungen, aus welchen durch isomorphe Mischung Feldspathe entstehen, welche gleichzeitig K_2O und Na_2O, Na_2O und CaO etc. enthalten.

Nach der gegenwärtig verbreitetsten Ansicht bilden die Feldspathe eine isodimorphe Gruppe. Der Kalifeldspath, $K_2\overset{\text{VI}}{Al}Si_6O_{16}$, sowohl als der Natronfeldspath, $Na_2\overset{\text{VI}}{Al}Si_6O_{16}$, sind dieser Ansicht zufolge dimorph und krystallisiren theils monoklin, theils triklin; der Kalkfeldspath, $Ca\overset{\text{VI}}{Al}Si_2O_8$, ist bisher nur triklin beobachtet worden. Je die monoklinen resp. die triklinen Modificationen sind isomorph; ihre Krystallformen stehen einander auch in der That sehr nahe. Aber auch die monoklinen und die triklinen Formen der verschiedenen Feldspathe sind einander sehr ähnlich und zeigen durchweg nur sehr geringe Winkelunterschiede, wie sie sonst nur bei isomorphen Substanzen vorzukommen pflegen. Die Aehnlichkeit erstreckt sich aber noch weiter auf die Spaltbarkeit. Bei monoklinen sowohl als bei triklinen Feldspathen sind zwei sehr deutliche Blätterbrüche vorhanden, welche, wie unten gezeigt wird, in ihrer Lage bei den monoklinen und triklinen Feldspathen sich vollkommen entsprechen. Sie stehen der Symmetrie des Systems zufolge bei den ersteren genau auf einander senkrecht und sind bei den letzteren wenigstens sehr annähernd zu einander normal, so dass sie den wenig schiefen Winkel von ca. 93° mit einander machen. Darnach nennt man die monoklinen Feldspathe auch allgemein *Orthoklase* und unterscheidet einen *Kaliorthoklas* (Orthoklas im engeren Sinn) und einen *Natronorthoklas*. Die triklinen Feldspathe dagegen nennt man, der schiefen Spaltung entsprechend *Plagioklase* und unterscheidet einen *Kaliplagioklas* (sog. Mikroklin) und einen *Natronplagioklas* (sog. Albit). Der trikline *Kalkfeldspath* (Kalkplagioklas) bildet das Mineral Anorthit.

In den isomorphen Mischungen werden je nur monokline resp. trikline Grundverbindungen angenommen, und die Mischungen selbst sind darnach ebenfalls monoklin oder triklin. Von diesen sind hauptsächlich wichtig die Mischungen von Albit und Anorthit, die triklinen Kalknatronfeldspathe, welche zuerst von Tschermak in dieser Weise als isomorphe Mischungen klar erkannt worden sind (Tschermak'sche Feldspaththeorie). Sie bilden eine ganz allmählich vom reinen Albit zum reinen Anorthit fortschreitende Reihe, in der einzelne Mischungsverhältnisse mit besonderen Namen (Oligoklas, Labradorit u. s. w.) belegt worden sind. Auch K_2O- und Na_2O-haltende Mischungen sind häufig, der reine Natronorthoklas ist sogar noch nicht vorgefunden, er enthält stets beträchtliche Mengen K_2O; Mischungen mit CaO und K_2O sind wenig wichtig. Als Seltenheiten kommen zuweilen auch BaO-haltige Feldspathe (Barytfeldspath) vor, und zwar Na_2O neben BaO enthaltende von trikliner vorzugsweise aber K_2O-haltige von monokliner Krystallform. (Das Nähere über alle die genannten Feldspathe s. u. bei der Beschreibung der einzelnen Species.)

Nach dem oben Angeführten hat man folgende Uebersicht über die Gruppe der Feldspathe in chemischer und krystallographischer Beziehung:

a. Monokline Feldspathe (Orthoklase).

Orthoklas: $(K_2\text{Al}Si_6O_{16})$; $a:b:c = 0{,}6585:1:0{,}5554$; $\beta = 116^0\ 3'$.

Natronorthoklas: $((Na,K)_2\text{Al}Si_6O_{16})$; $= 0{,}6358:1:0{,}5468$; $\beta = 116^0\ 22'$.

Barytfeldspath: $\begin{pmatrix} Ba\text{Al}Si_2O_8 \\ K_2\text{Al}Si_6O_{16} \end{pmatrix}$; $= 0{,}6581:1:0{,}5416$; $\beta = 115^0\ 44'$.

b. Trikline Feldspathe (Plagioklase).

Mikroklin: $(K_2\text{Al}Si_6O_{16})$;
$a:b:c = 0{,}65:1:0{,}55$; $\alpha = 90\tfrac{1}{3}^0$; $\beta = 116^0$; $\gamma = 90^0$ ca.

Albit: $(Na_2\text{Al}Si_6O_{16})$;
$= 0{,}6333:1:0{,}5575$; $\alpha = 94^0\ 4'$; $\beta = 116^0\ 28'$; $\gamma = 88^0\ 8'$.

Oligoklas: (ca. 3 Mol. Albit + 1 Mol. Anorthit);
= 0,6322 : 1 : 0,5525; $\alpha = 93^0\ 4\frac{1}{2}'$; $\beta = 116^0\ 23'$; $\gamma = 90^0\ 4'$.
Labradorit: (1 Mol. Albit + ca. 3 Mol. Anorthit);
= 0,6190 : 1 : 0,5385; $\alpha = 92^0\ 38'$; $\beta = 115^0\ 35'$; $\gamma = 90^0\ 52'$.
Anorthit: ($Ca\bar{A}lSi_2O_8$);
= 0,6347 : 1 : 0,5501; $\alpha = 93^0\ 13'$; $\beta = 115^0\ 55'$; $\gamma = 88^0\ 48'$.
Barytfeldspath: $\begin{pmatrix} Ba\bar{A}lSi_2O_8 \\ Na_2\bar{A}lSi_6O_{16} \end{pmatrix}$.

a. Monokline Feldspathe.

Orthoklas.

$K_2\bar{A}lSi_6O_{16} = K_2O\ .\ \bar{A}lO_3\ .\ 6SiO_2$; 64,68 SiO_2, 18,43 $\bar{A}lO_3$, 16,89 K_2O. Beinahe stets eine grössere oder kleinere Menge Na_2O,

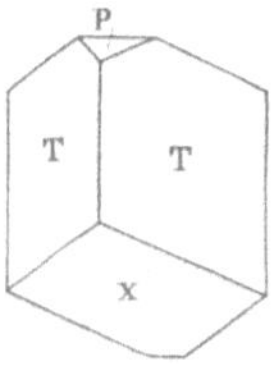
Fig. 434.

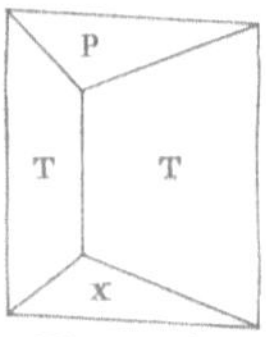
Fig. 435.

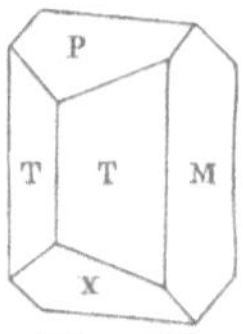
Fig. 436.

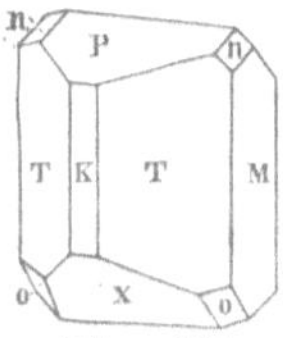
Fig. 437.

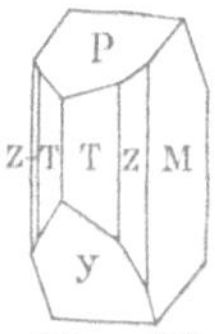
Fig. 438.

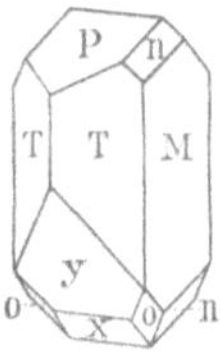
Fig. 439.

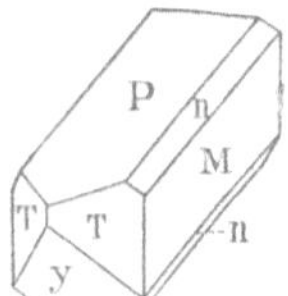
Fig. 440.

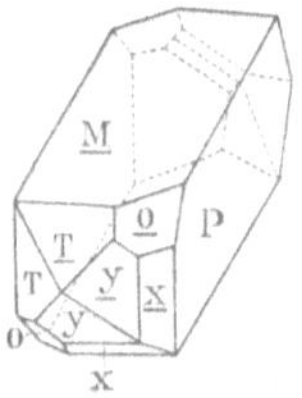
Fig. 441.

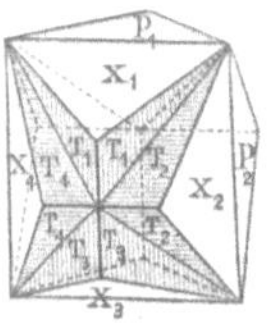
Fig. 442.

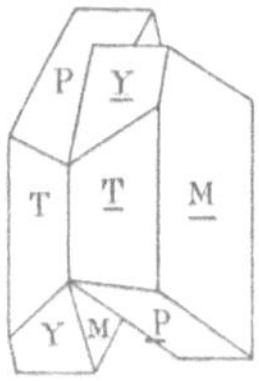
Fig. 343.

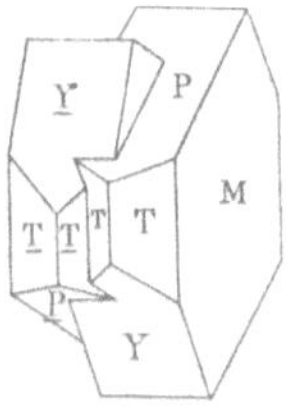
Fig. 444.

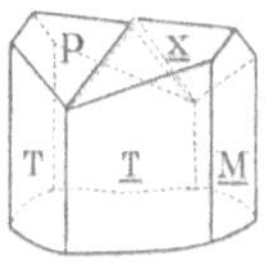
Fig. 445.

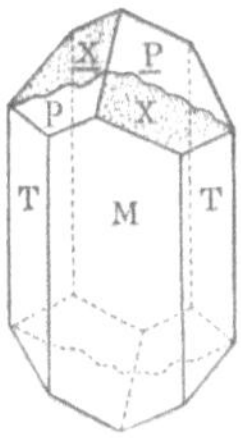
Fig. 446.

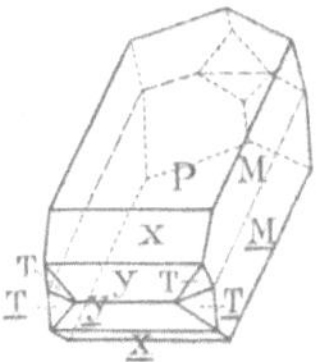
Fig. 447.

auch etwas CaO, MgO, $\bar{F}eO_3$ etc. Kleine Mengen H_2O zeigen beginnende Verwitterung an.

Monoklin. Das Vertikalprisma $T = \infty P(110)$ hat vorn $T/T = 118^0 48'$; es fehlt wohl an keinem Krystall und ist theils lang, wie z. B. in Fig. 436, theils kurz, wie in Fig. 440, welcher Krystall nicht, wie gewöhnlich, nach der Axe c, sondern nach a prismatisch verlängert ist. Daneben, die Kanten T/M abstumpfend, häufig $z = \infty P3$ (130) (Fig. 438). Fast stets ist die scharfe seitliche Kante von T durch die Längsfläche $M = \infty P\infty$ (010) abgestumpft (Fig. 436), seltener fehlt M (Fig. 434, 435); weniger häufig ist die Abstumpfung der stumpfen vorderen Kante durch die meist schmale Querfläche $k = \infty P\infty$ (100) (Fig. 437). Die Basis $P = 0P$ (001) fehlt fast nie; $P/T = 112^0\ 13'$; $P/M = 90^0$; $P/k = 116^0\ 3'$; doch ist sie zuweilen sehr klein (Fig. 434). Von hinteren Schiefendflächen ist besonders $x = P\infty$ ($\bar{1}01$) wichtig und verbreitet (Fig. 436), $x/P = 129^0\ 43'$; ebenso auch $y = 2P\infty$ ($\bar{2}01$); $y/P = 99^0\ 37'$; in Fig. 438 ist y allein, in Fig. 439 ist y neben x an der Hinterseite der Prismen. Die Kanten P/M werden durch die Flächen des Klinodomas $n = 2P\infty$ (021) (Fig. 437, 440) und die Kante x/M durch die Flächen der hinteren Hemipyramide: $o = P$ ($\bar{1}11$) (Fig. 437, 439) abgestumpft. Die Abstumpfung der Kante P/M durch n ist fast gerade, denn es ist: $P/n = 135^0\ 3\frac{1}{2}'$; $n/M = 134^0\ 56\frac{1}{2}'$; ferner ist $x/o = 153^0\ 7'$; $M/o = 116^0\ 53'$. Die Abbildungen geben die verbreitetsten Combinationen, deren Vorkommen bei den einzelnen Varietäten des Orthoklases unten angegeben werden soll. Alle Feldspathkrystalle, so auch die des Orthoklases, sind ausgezeichnet durch einen vollkommenen Blätterbruch in der Richtung von P, den ersten oder Hauptblätterbruch, und einen zweiten etwas weniger vollkommenen in der Richtung von M; P und M sind der Symmetrie entsprechend, beim Orthoklas auf einander senkrecht. Auch die Prismenflächen T sind blättrig, aber nur undeutlich, und zuweilen ist die Spaltbarkeit nach der einen Fläche T weniger deutlich, als nach der anderen. Der Bl. Br. nach P ist an dem deutlichen Perlmutterglanz und an dem Irisiren leicht kenntlich, auf M verlaufen häufig geradlinige feine Spalten in der Richtung von P, was alles vielfach die Orientirung in den Krystallen und namentlich in derben Massen erleichtert.

Zwillinge sind sehr häufig nach mehreren Gesetzen; besonders wichtig sind das sog. Karlsbader und das Bavenoer Zwillingsgesetz; weniger wichtig, aber immer noch von Bedeutung ist das der Manebacher Zwillinge; anders gebildete Zwillinge sind seltener. 1) *Karlsbader Zwillinge.* Zw. Fl. k, oder auch Zw. A. c (96[c]); zuerst beobachtet an Zwillingen im Granit von Karlsbad, dann an vielen andern Orten. Die Bl. Br. M sind in beiden Individuen parallel, ebenso die Prismenflächen T und die Vertikalaxen c; der Bl. Br. P des einen Individuums ist nach vorn, der des andern nach hinten geneigt. Selten sind die Individuen nur nach einer Fläche M verwachsen, meist durchdringen sie sich z. Th. (Fig. 443, 444). Man unterscheidet linke (Fig. 443) und rechte (Fig. 444) Zwillinge, je nachdem P links oder rechts von $\underline{x}$ und y liegt. Ist die Schiefendfläche $\underline{x}$ neben P vorhanden, so fällt P und $\underline{x}$ vorn und $\underline{P}$ und x hinten theoretisch beinahe, aber nicht ganz in ein Niveau, denn $P/k = 116^0\ 3'$, $x/k = 114^0\ 13'$;

und in der That sieht man auch an manchen Krystallen, z. B. sehr deutlich an solchen aus den Drusen im Granit von Baveno, dass *P* und *x* nicht vollkommen in ein Niveau fallen (Fig. 445), während umgekehrt bei andern, z. B. bei solchen aus den Drusen des Granits von Elba *P* und *x* genau in demselben Niveau zu liegen scheinen (Fig. 446). Zuweilen beobachtet man polysynthetische Wiederholungen dieser Zwillingsbildung, wo dann Flächenelemente *P* und *x* hinten sowohl, als vorn mehrere Male mit einander abwechseln. 2) *Bavenoer Zwillinge.* Zw. Fl. *n*; besonders schön zu beobachten an vielen Krystallen aus den Drusen des Granits von Baveno. Hier haben sie die Form Fig. 441 und können aus zwei nach der Axe *a* verlängerten Individuen (Fig. 440) verwachsen gedacht werden; man denkt sich das einfache Individuum Fig. 440 parallel mit einer Fläche *n* durchgeschnitten und dreht die obere Hälfte um 180° herum. Am einen Ende haben diese Zwillinge lauter ausspringende Winkel, am andern sind auch einspringende; mit letzterem Ende sind sie meist aufgewachsen, so dass fast stets nur das erstere Ende zu sehen ist, welches in Fig. 441 nach vorn gekehrt ist. Sie bilden beinahe genau rechtwinklige Prismen, aber in der Zwillingsgrenze stossen an einer Kante dieses Prismas zwei Flächen *M*, an der gegenüberliegenden zwei Flächen *P* zusammen, welche einander unter nahezu rechten Winkeln schneiden. Das hängt damit zusammen, dass die Zw. Fl. *n* die Kante *P/M* beinahe gerade abstumpft (s. o.) und ist für die Bavenoer Zwillinge besonders charakteristisch. An das zweite Individuum setzt sich häufig nach demselben Gesetz, aber nach der andern Fläche *n* ein drittes, an dieses ebenso ein viertes etc. an, und es entstehen dadurch Drillinge, Vierlinge etc., bei denen die Individuen häufig sehr complicirt und zu schwer entzifferbaren Gruppen durcheinander gewachsen sind; sie finden sich vorzugsweise an den Adularen der Alpen. Ein derartiger Vierling ist in Fig. 442 abgebildet; bei einem solchen ist *P* des ersten und dritten, sowie des zweiten und vierten Individuums beinahe genau parallel. Dass auch hier die Richtung des ersten Blätterbruchs *P* im einen Individuum beinahe genau mit der Richtung des zweiten Blätterbruchs *M* im andern Individuum zusammenfällt, wie dies für die Bavenoer Zwillinge charakteristisch ist, zeigt Fig. 442 deutlich, obgleich die Flächen *M* hier nicht ausgebildet sind. 3) *Manebacher Zwillinge.* Zw. Fl. *P*; nach den Krystallen im Porphyr von Manebach bei Ilmenau im Thüringer Wald benannt, an welchen zuerst dieses Gesetz beobachtet wurde (Fig. 447). Zwei nach dem Manebacher Gesetz verwachsene Individuen liegen sehr nahe, wie die Individuen 1 und 3 resp. 2 und 4 eines Bavenoer Vierlings, aber doch nicht ganz genau, da bei den Manebachern die Flächen *P* genau, bei den Bavenoern nur sehr annähernd parallel sind, was sich allerdings oft praktisch kaum unterscheiden lässt. Zuweilen sind auch mehrfache Zwillingsbildungen gleichzeitig nach mehreren Gesetzen, z. B. dem ersten und zweiten, beobachtet worden. Alle andern Zwillinge z. B. nach *T*, *x* etc. sind selten (Krystalle aus dem Riesengebirge).

Spröde. H. = 6, G. = 2,5—2,6. Durchsichtig und farblos (Adular) oder undurchsichtig, trübe und gefärbt (gemeiner Feldspath oder Orthoklas), graulich, gelblich, röthlich, bräunlich, seltener intensiv roth oder grün. Glasglänzend, auf *P* perlmutterglänzend und irisirend. Manche Orthoklase zeigen in der Richtung von *k* und *y* ein lebhaftes blaues Farbenspiel, ähnlich wie der Labradorit (labradorisirender Feldspath von Frederiksvaern im südlichen Norwegen); manche durchsichtige Adulare haben ein eigenthümliches bläuliches, mildes, mondartiges Licht auf denselben Flächen. Auslöschungsschiefe auf einer Platte ∥ *M* zur Kante $P/M = + 5^0\ 18'$ (r.) (Fig. 448), auf *P* ist eine Auslöschungsrichtung der Symmetrie entsprechend, der Kante *P/M* genau parallel. Opt. A. E. nahezu ⊥ *P*, aber nach hinten etwas mehr abwärts geneigt, so dass sie 5^0 mit *P* macht. — M. L. in der S. E., also horizontale Dispersion. $\varrho > v$; $2E = 120^0\ 12'$, $\beta = 1{,}5237$ (g.) bei 18^0 C. (beim Adular). Beim Erwärmen wird $2E$ kleiner, bei einer bestimmten Temperatur, welche für die verschiedenen Farben etwas verschieden ist, ist $2E = 0$ und bei noch weiterer Steigerung gehen die Axen in der Medianebene wieder auseinander, wobei die M. L. ihre Lage fast genau beibehält. Diese neue Lage der opt. Axenebene ist also auf der früheren senkrecht, und statt der horizontalen Dispersion hat man nun die geneigte. Ist die Erhitzung nicht zu weit gegangen, so nimmt der Adular seinen ursprünglichen Zustand beim Erkalten wieder an; nach zu starker Erhitzung bleibt der neue Zustand mehr oder weniger vollständig bestehen und die Platte zeigt statt des ursprünglichen grossen Axenwinkels in der zur S. E. senkrechten Ebene einen ganz kleinen oder auch einen solchen in einer der S. E. parallelen Richtung. Diese kleinen Axenwinkel findet man bei manchen Feldspathen (Sanidinen) aus vulkanischen Gesteinen in ihrem natürlichen Zustande und schliesst daraus, dass dieselben früher heftigen Hitzeeinwirkungen ausgesetzt gewesen sein müssen. Der Orthoklas ist, wie die andern Feldspathe, schwer schmelzbar und wird von Säuren nicht angegriffen.

Man unterscheidet verschiedene Varietäten des Orthoklases:

Adular. Der farblose, durchsichtige oder nur wenig trübe Feldspath auf Klüften und Spalten der krystallinischen Schiefer des Hochgebirges der Alpen, auf denen er mit Bergkrystall, Titanit, Chlorit, Kalkspath, Apatit u. a. Mineralien aufgewachsen ist, an vielen Stellen der Schweiz, Tirol etc. Der Chlorit imprägnirt zuweilen die Krystalle oder bedeckt sie an der Oberfläche, besonders auf gewissen Flächen, auf anderen nicht. Es sind theils einfache Krystalle, bes. der flächenarmen Combination Fig. 434. 435, oder complicirte Zwillinge, Drillinge und Vierlinge nach dem Bavenoer Gesetz (Fig. 442). Mancher Adular zeigt den schon oben erwähnten bläulichen Lichtschein auf *k* und *y*, der besonders auf rundlich geschliffenen Oberflächen hervortritt. Solche sog. *Mondsteine*, deren schönste von Ceylon kommen, werden als Edelsteine verwendet. Auch auf Erzgängen findet sich A. als Seltenheit (Felsöbanya).

Gemeiner Feldspath (Orthoklas im engeren Sinne). Undurchsichtig; selten farblos, meist trübe Farben, gelblich, bläulich, fleischroth, dunkelroth, grün (O. aus dem Gneiss von Bodenmais im bayr. Wald). Der O. aus dem Zirkonsyenit des südl. Norwegen zeigt auf *k* und *y* den schon erwähnten blauen Lichtschein *(labradorisirender Feldspath)*. Ist hauptsächlich als Gemengtheil der Granite, Syenite und Gneisse, Porphyre etc. ausserordentlich verbreitet und wichtig. Es sind theils regelmässig ringsum ausgebildete Krystalle, z. B. von der Form der Fig. 436—439, aber zuweilen auch von der Form Fig. 440; oder Zwillinge, Karlsbader sowohl wie Bavenoer und Manebacher etc.; meistens aber sind es mehr oder weniger grosse, einfache oder verzwillingte derbe Individuen, deren deutliche Bl. Br. sie leicht erkennen und von anderen Mineralien unterscheiden lassen. Die grossen derben Feldspathe der Granite, Syenite und Gneisse sind z. Th. *Pegmatolith* genannt worden. In der Grundmasse der Orthoklas führenden Porphyre sind die Feldspathkörner mikroskopisch klein, ebenso im dichten Feldspath (Feldstein), zu welchem mancher durch seine Schmelzbarkeit ausgezeichnete sog. Kieselschiefer oder Bandjaspis eher als zum Quarz gestellt zu werden verdiente. Die Feldspathe, welche Gemengtheile von Gesteinen sind, sind von derselben Entstehung wie diese. Von wässriger Entstehung sind die auf Drusenräumen aufsitzenden Krystalle, welche ebenfalls theils einfach, theils Zwillinge sind; die aus den Granitdrusen von Elba und Baveno sind schon genannt, schöne Krystalle finden sich z. B. noch in den Drusen des Granits der Gegend von Penig in Sachsen, von Striegau und von Warmbrunn in Schlesien, und an vielen andern Orten. Eine Neubildung von Feldspath auf wässrigem Wege sind ferner die Krystalle, die in der Porphyrbreccie von Euba in Sachsen auf Hohlräumen aufgewachsen sind *(Paradoxit)*. Die O. mancher Lokalitäten haben besondere Namen erhalten, so heisst der von Dawlish in Devonshire *Murchisonit* etc. Gewaltige Massen von späthigem, grosskrystallinischen Kalifeldspath, der für die Porcellanindustrie gewonnen wird, finden sich bei Arendal und Kragerö im südl. Norwegen, der überwiegende Theil desselben ist aber Mikroklin, mit wenig Orthoklas etc. gemengt. Mancher Orthoklas ist mit Albit regelmässig verwachsen (vergl. Albit), so dass letzterer entweder äusserlich an die Orthoklaskrystalle angewachsen ist (s. u.), oder auch diese Krystalle im Innern durchsetzt. Letzteres ist bes. bei dem derben *Perthit* von Perth in Canada der Fall, wo weisse Albitlamellen parallel mit dem Orthopinakoid den rothen Orthoklas durchsetzen. Auf solche Durchwachsung, die übrigens auch nach den Flächen *M* und *T* oder ganz unregelmässig stattfindet, ist wohl die Erscheinung zurückzuführen, dass manchmal die eine Fläche des Prismas *T* weniger deutlich blättrig ist, als die andere (siehe Albit). Dieselbe Erscheinung beobachtet man beim adularähnlichen *Loxoklas*, der bei Hammond in New-York in „geflossenen“ Krystallen im Kalkspath eingewachsen ist und der 7—9 % Na_2O neben 2—3 % K_2O enthält in Folge der Einschiebung zahlreicher Albitlamellen.

Sanidin (glasiger Feldspath) ist der Orthoklas der jüngeren Eruptivgesteine und der vulkanischen Gesteine. Er ist fast nie intensiv gefärbt, namentlich nicht roth, meistens farblos bis grau, glasglänzend, durchsichtig bis durchscheinend, oft rissig. Er enthält häufig einen grösseren oder geringeren *Na*-Gehalt, der bis über die Hälfte der Gesammtmenge des Alkali hinausgehen und also den Kaligehalt übertreffen kann. In diesen Sanidinen wird der reine *Natronorthoklas*, $Na_2 Al Si_6 O_{16}$, den man isolirt noch nicht kennt, als isomorphe Beimischung zum Kaliorthoklas angenommen. Solche stark *Na*-haltige Sanidine, sog. Natronorthoklase, sind besonders von der italienischen Insel Pantellaria beschrieben worden, wo sie einen Gemengtheil der Trachyte bilden. Diese Gesteine bilden überhaupt die wichtigsten Fundpunkte für Sanidin, der in ihnen theils in deutlichen Krystallen von der Form des Orthoklases (Drachenfels bei Bonn), theils in derben Körnern eingewachsen ist. Wasserhell findet man den S. in den Auswürflingen der Somma aufgewachsen (Eisspath, Rhyakolith), ebenso im Albaner Gebirge, am Laacher See etc.; einzelne mehr oder weniger grosse derbe, durchsichtige spaltbare Massen sind in gewissen vulkanischen Tuffen der Eifel eingeschlossen; die optischen Verhältnisse des S. sind oben mit angeführt, der Axenwinkel ist vielfach klein, die Axenebene bald parallel, bald senkrecht zur Symmetrieebene, wie es bei stark geglühten Orthoklasen sein muss (s. o.). (Förster, Zeitschr. f. Kryst. VIII. 125. 1883.)

Von der Bildung der Feldspathkrystalle ist schon im Vorbeigehen die Rede gewesen, es sei noch erwähnt, dass sich Feldspathkrystalle auch zuweilen bei Hüttenprocessen bilden, z. B. hat man einmal solche in grosser Zahl in dem Boden eines Kupferschmelzofens bei Sangerhausen gefunden. Man kann ihn auch beliebig künstlich darstellen, aber nur in der Wärme, entweder durch überhitzte Lösungen, oder durch Schmelzung, oder aus Gasen; aus solchen, also durch Sublimation, sind wohl die in vulkanischen Gesteinen auf Drusen sitzenden Kryställchen entstanden.

Der Feldspath geht mancherlei Veränderungen ein. Die wichtigste ist die zu Kaolin, bei welcher K_2O und ein Theil der SiO_2 vom Wasser aufgelöst und weggeführt wird, während der Rest H_2O aufnimmt und $2H_2O . AlO_3 . SiO_2$ (Kaolin) bildet. Sodann geht er häufig in Kaliglimmer über, welcher nicht selten als Pseudomorphose nach Orthoklas vorkommt; ebenso entsteht aus ihm vielfach, namentlich in Graniten und ähnlichen Gesteinen Epidot (Pistazit) und er wird dabei grün; seltener ist die Verwandlung in andere Mineralien, deren noch manche in der Form des Orthoklases als Pseudomorphosen sich finden. Durch Zersetzung vermittelst *S*-haltiger und SO_3-bildender Dämpfe geht der Orthoklas (Sanidin) in Alaunstein (218) und in manche andere wasserhaltige Aluminiumsulphate, wie Alaun etc., über.

Benutzt wird Orthoklas als Düngemittel wegen seines Kaligehalts, bei der Porcellanfabrication zur Glasur etc.

(Strüver, Ztschr. f. Kryst. I. Klockmann ibid. Bd. VI. E. Weiss, Beiträge zur Kenntniss der Feldspathbildung, pag. 22. Beutell, Ztschr. Kryst. VIII. Scharff, Abh. Senkenb. Ges. 1866. Kloos, N. Jahrb. Min. 1884. Bd. II.)

Barytfeldspath. Ein solcher von der Formel $K_2AlSi_6O_{16} + BaAlSi_2O_8$, das letzte Glied entsprechend dem Anorthit; monoklin von der Form des Orthoklases findet sich auf Drusenräumen des Dolomits von Binnenthal in gelblichen bis wasserhellen Krystallen aufgewachsen *(Hyalophan).* Monokline *Ba*-haltige Feldspathe finden sich auch bei Jakobsberg in Wermeland und in Pennsylvanien (Cassinit). Gesteinsbildend im Nephelinit von Meiches. Auch trikline *Ba*-Feldspathe sind bekannt (pag. 386, 387). (Rinne, N. Jahrb. Min. 1884. I. 207.)

b. Trikline Feldspathe.

Mikroklin.

Ist von der Zusammensetzung des Orthoklases, enthält aber vielfach Na_2O neben K_2O; hat auch das Aussehen und sehr nahe die Krystallform dieses Minerals, es ist aber $P/M = 90^0\ 16'$, also keine Symmetrie mehr auf der Längsfläche *M*. $P/T = 112^0\ 25'$; $T/l = 118^0\ 31'$; $l/M = 119^0\ 11'$. Blätterbrüche wie beim Orthoklas, aber nach *T* leichter spaltbar, als nach *l* (Fig. 448), dem triklinen Krystallsystem entsprechend. Dieses tritt am deutlichsten hervor bei der optischen Untersuchung. Auf Plättchen in der Richtung von *P* (Spaltungsplättchen) verläuft eine Auslöschungsrichtung nicht wie beim Orthoklas in der Richtung *P/M*, sondern man beobachtet eine Auslöschungsschiefe von $+ 15^0 - 16^0$ gegen diese Richtung. Auf Plättchen ‖ *M* ist die Auslöschungsschiefe $+ 5^0$ gegen Kante *P/M* (Fig. 448) wie beim Orthoklas. Zwillingsbildung nach *M*, wie bei den anderen Plagioklasen (vergl. Albit und (102)), ist sehr gewöhnlich, doch ist auf *P* selten die charakteristische Zwillingsstreifung in der Richtung der Kante *P/M* zu sehen. Diese Zwillingsbildung tritt aber deutlich hervor im polarisirten Licht: feine Streifen verlaufen parallel mit dieser Kante, daneben vielfach auch solche annähernd senkrecht dazu, so dass dann ein feines Netz- oder Gitterwerk entsteht, das für Mikroklin besonders charakteristisch ist. Manchmal fehlt allerdings auch diese feine Gitterung ganz. In beinahe allen Mikroklinen ist Albit ganz in derselben Weise eingewachsen wie im Orthoklas, auch mit Orthoklas ist er fast stets verwachsen. Der Mikroklin gleicht dem Orthoklas äusserlich so, dass er nur durch genaue mikroskopisch-optische Untersuchung sicher erkannt und von diesem unterschieden werden kann, kommt auch ganz ebenso wie dieser vor und ist früher stets damit verwechselt worden. Deutliche Krystalle finden sich in den Gängen und Hohlräumen im Granit bei Lomnitz, Striegau u. a. O. in Schlesien, bei Arendal in Norwegen, Magnet-Cove in Arkansas (dieser enthält keinen Albit und Orthoklas eingewachsen und ist vollkommen reiner homogener Mikroklin). Zum M. gehört auch der grüne *Amazonenstein* vom Ural, Amazonenstrom und vom Pikes Peak in Colorado und die kleinen Krystalle des *Chesterlith* im Kalk von Pennsylvanien. Die Krystalle des M. zeigen vielfach die Zwillingsbildung des Orthoklases nach dem Karlsbader, aber auch nach dem Bavenoer und Manebacher Gesetz. In derben mit Albit und besonders mit Orthoklas verwachsenen Körnern auch als Gemengtheil in Graniten etc. sehr verbreitet, dagegen ist glasiger Mikroklin wie Sanidin in vulkanischen Gesteinen (Trachyten etc.) noch nicht beobachtet worden.

(Des Cloizeaux, Ann. chim. phys. ser. V. Bd. 9. 1876. Vergl. auch Klockmann und Beutell bei Orthoklas.)

Albit (Tetartin, Cleavelandit).

$Na_2 Al Si_6 O_{16} = Na_2O \,.\, AlO_3 \,.\, 6 SiO_2$; 11,82 Na_2O, 19,56 AlO_3, 68,62 SiO_2, es ist der SiO_2-reichste Feldspath; daneben meist etwas, und zwar bis zu 3 % K_2O, etwas CaO, MgO, FeO_3. Die Krystallform des A. giebt Fig. 448 in schematischer Dartellung. Die Form entspricht fast ganz der Fig. 436 beim Orthoklas, aber *P* und *M* stehen hier nicht mehr aufeinander senkrecht, sondern es ist $P/M = 93^0\ 36'$; correspondirende Kanten auf beiden Seiten des Krystalls sind hier nicht mehr einander gleich und die Flächenvertheilung ist rechts und links verschieden. So ist die Kante M/x nur auf einer Seite durch *o* abgestumpft, und wenn ja auch die andere Kante M/x abgestumpft ist, so ist diese zweite Abstumpfungsfläche von der ersten physikalisch verschieden. Es ist nämlich *o* spaltbar (Fig. 448), die entsprechende

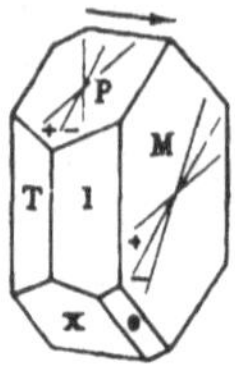

Fig. 448

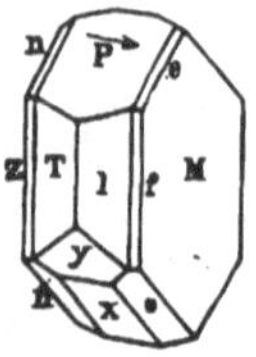

Fig. 449.

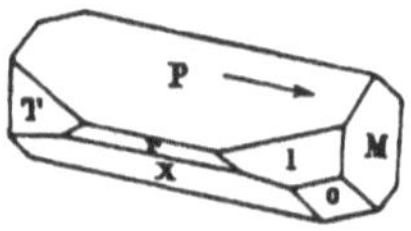

Fig. 450.

Fläche auf der anderen Seite (*n* unten, Fig. 449) dagegen nicht. Ebenso ist von den beiden Prismenflächen nur die eine *l* blättrig, die andere *T* nicht. Die Fläche *M* kann also hier nicht mehr S. E. sein, die Krystalle sind triklin, aber wie die Flächenwinkel, die ganze Flächenentwicklung und -Gruppirung und die ausgezeichneten Bl. Br. nach *P* (1. Bl. Br.) und *M* (2. Bl. Br.) zeigen, haben die Formen die grösste Aehnlichkeit mit denen des monoklinen Orthoklases.

Die Krystalle des Albits wie aller andern Plagioklase werden bei der krystallographischen Betrachtung meist so gestellt, dass die Kante T/l aufrecht steht und die Fläche *P* dem Beschauer entgegen nach vorn geneigt ist, und zwar so, dass die stumpfe Kante P/M rechts liegt, dass die Fläche *P* also in der Richtung des Pfeiles (Fig. 448—450) nach rechts abfällt. Dann haben die Flächen der in Fig. 449 dargestellten Combination und dem entsprechend die der andern Krystalle folgende, den Flächenzeichen des Orthoklases ganz analoge Symbole: $l = \infty P'$, (110); $T = \infty,P$ $(1\bar{1}0)$; $f = \infty P',\breve{3}$ (130); $z = \infty,P\breve{3}$ $(1\bar{3}0)$. $M = \infty P\breve{\infty}$ (010); $P = 0P$ (001); $x = ,P,\infty$ $(10\bar{1})$; $y = 2,P,\infty$ $(20\bar{1})$; $o = P,$ $(11\bar{1})$; *v* (in Fig. 449 steht fälschlich *n* (neben *x*) statt *v*) $= ,P$ (111); $e = 2P'\breve{\infty}$ (021); $n = 2'P\breve{\infty}$ $(0\bar{2}1)$. Die Querfläche fehlt beim Albit. Die wichtigsten Flächenwinkel sind: $P/M = 93^0\ 36'$; $l/T = 120^0\ 47'$; $P/l = 114^0\ 42'$; $P/T = 110^0\ 50'$;

$M/l = 119\ 33'$: $M'/T = 119^0\ 40'$; $P/e = 136^0\ 50'$; $P/n = 133^0\ 14'$; $n/e = 89^0\ 59'$, vielleicht genau 90^0; $x/o = 152\ 40'$; $x/v = 154^0\ 8'$. (Die Winkel P/e und P/n, x/o und x/v, M/l und M'/T etc. müssten bei monoklinen Feldspathen gleich sein, denn e entspricht der zweiten Fläche n, v der zweiten Fläche o eines monoklinen Orthoklases; hier beim triklinen Albit sind aber o und v, e und n verschiedene Flächen.) Ferner ist: $M/x = 93^0\ 39'$ (rechts) und $M'/x = 86^0\ 21'$ (links); $P/x = 127^0\ 43'$; $P/y = 97^0\ 54'$ (obere Kante).

Einfache Albitkrystalle sind selten; sie finden sich z. B. im Magnetkies am Schneeberg im Passeir in Tirol. Meist bildet der Albit Zwillinge, und zwar hauptsächlich nach folgenden Gesetzen: 1. *Albitgesetz.* Zw. Fl. M (Fig. 451); zwei Flächen T und $\underline{T}$ sind nach vorn, zwei Flächen l und $\underline{l}$ nach hinten gekehrt, am einen Ende machen die beiden Flächen P und $\underline{P}$ einen einspringenden Winkel parallel der Kante

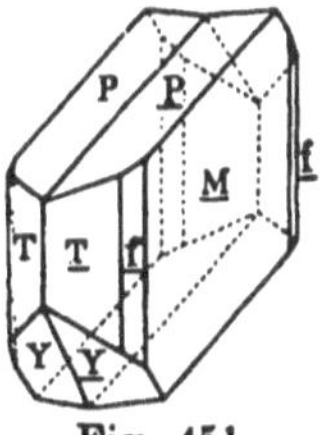

Fig. 451.

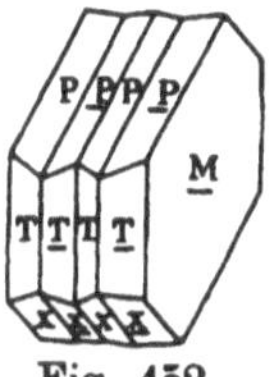

Fig. 452.

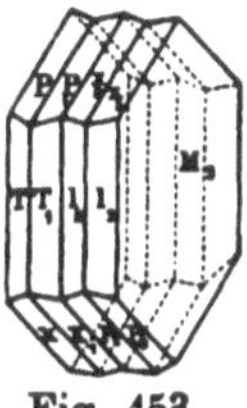
Fig. 453.

P/M nach vorn; $P/\underline{P} = 2 . 93^0 36' = 187^0\ 12'$ und die der beiden Flächen x und $\underline{x}$ resp. y und $\underline{y}$ einen solchen parallel M/x, resp. M/y nach hinten; $x/\underline{x} = 2 . 93^0\ 39' = 187^0\ 18'$; am andern Ende sind die entsprechenden ausspringenden Winkel, mit dieser Seite sind aber die Krystalle meist aufgewachsen, diese Seite ist also selten zu sehen. Manchmal sind beide Individuen über die Kante T/l hinaus fort- und kreuzweise durcheinander gewachsen; auch sind nach den Flächen M häufig mehr als zwei Individuen nach diesem Gesetz verbunden, z. B. in Fig. 452 deren vier; häufig ist eines von diesen lamellenartig dünn. (Es ist selbstverständlich, dass beim monoklinen Orthoklas durch Verwachsung nach der Längsfläche kein Zwilling entstehen könnte, da diese Fläche hier S. E. ist; nach der Drehung des einen Individuums um 180^0 um die Zw. Axe (Axe b) würden beide Individuen nach wie vor der Drehung genau parallel sein). 2. *Karlsbader Gesetz.* Zw. A. die Vertikalaxe c. Meist sind zwei Zwillinge nach dem Albitgesetz nach diesem Gesetz zu einem Zwilling höherer Ordnung verwachsen (Fig. 453); hier ist auf der einen Seite der Zwillingsfläche der einspringende Winkel $P/\underline{P}$, auf der andern Seite der einspringende Winkel $x/\underline{x}$ und entsprechend einerseits zwei Flächen T, andrerseits zwei Flächen l der beiden nach dem ersten Gesetz verwachsenen Zwillinge nach vorn gekehrt. Nach diesen beiden Gesetzen sind hauptsächlich Individuen vereinigt, welche nach der Axe c verlängert sind (Fig. 448. 449). 3. *Periklingesetz.* Zw. A.

Axe *b*. Nach diesem Gesetz sind hauptsächlich Individuen aneinander gewachsen, welche in der Richtung der Axe *b* verlängert und nach der Axe *c* sehr stark verkürzt sind, so dass sich die obere Fläche *P* und die untere *x* vorn in einer der Axe *b* parallelen scharfen Kante schneiden (Fig. 450), welche zuweilen noch durch die hintere Schiefendfläche $r = \frac{1}{3},P,\infty$ $(40\bar{3})$ abgestumpft ist. Diese Albitkrystalle, welche fast stets nach dem genannten Gesetz zwillingsartig verwachsen sind, hat man *Periklin* genannt. Die beiden Individuen liegen schematisch so gegen einander, wie Fig. 209 zeigt (96 b). Sie sind aber nicht mit einer Fläche *P* verwachsen, denn dann würden an der Zwillingsgrenze die Berührungs- und Verwachsungsflächen beider Individuen sich nicht vollkommen decken können, sondern die Kanten des einen Individuums würden die entsprechenden des andern z. Th. kreuzen, wie *P*/*M* und $\underline{P}/\underline{M}$, oder sie würden über das andere Individuum herausragen, wie z. B. *P*/*T* (Fig. 209) über das untere Individuum. Eine vollkommene Berührung beider Individuen in der Verwachsungsfläche mit allen Kanten und Ecken findet nur statt, wenn die Verwachsung nach dem sog. rhombischen Schnitt geschieht, einer der Fläche *P* nahe liegenden Ebene parallel der Axe *b*, welche so gerichtet ist, dass ihr Schnitt mit dem Vertikalprisma *T*/*l* ein Rhombus ist, d. h. dass die Schnittkanten derselben mit den beiden Axenebenen *ac* und *bc* (entsprechend der Längs- und Querfläche am Krystall) aufeinander senkrecht stehen. Eine solche Fläche entspricht nicht einer möglichen Krystallfläche, die Zwillingskanten $M/\underline{M}$, in welcher die Flächen *M* und $\underline{M}$ auf einer Seite einen sehr stumpfen einspringenden Winkel bilden, ist nicht parallel der Kante *P*/*M*, sondern, wie auch der rhombische Schnitt selbst, etwas nach hinten hinabgeneigt (Fig. 454). Auch nach diesem Gesetz ist wiederholte Zwillingsbildung und Durchwachsung der Individuen beobachtet; die Ausbildung ist auch häufig derart, dass in ein grösseres einfaches Individuum eine oder mehrere keilförmige dünne Lamellen zwillingsartig nach diesem Gesetz eingelagert sind, welche man leicht an den einspringenden Winkeln auf *M* erkennt. An den über die Prismenflächen weggehenden Zwillingsgrenzen (Fig. 454) stossen je *T* und $\underline{l}$ und *l* und $\underline{T}$ zusammen und machen stumpfe aus- und einspringende Winkel. Die Flächen *P* sind in beiden Individuen parallel. Andere Zwillingsgesetze sind seltener. Nach dem Manebacher Gesetz (Zw. Fl. *P*) sind zuweilen zwei Periklinzwillinge zu einem Doppelzwilling verwachsen, auch das Bavenoer Gesetz (Zw. Fl. *n*) ist als Seltenheit beobachtet worden und andere mehr.

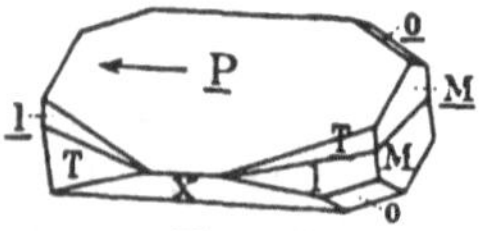

Fig. 454.

Die Bl. Br. des Albit sind schon angegeben, sie gehen parallel *P*, *M*, *l* und *o*. Spröde. H. = 6—7½. G. = 2,5—2,6; der reine Albit von Kasbek hat: G. = 2,618. Der Albit ist glasglänzend, auf *P* perlmutterglänzend und irisirend; durchsichtig bis durchscheinend, selten gefärbt, meist farblos. Die optischen Verhältnisse sind derart, dass auf einem Plättchen nach P die Auslöschungsrichtung nach der mit $+$ bezeichneten Seite (Fig. 448) einen Winkel von $4^{0}\ 30'$ mit der Kante P/M macht; auf einem Plättchen nach M macht eine Auslöschungsrichtung nach der $+$ Seite 19^{0} mit der Kante P/M. Diese beiden Auslöschungsschiefen: $+\ 4^{0}\ 30'$ und $+\ 19^{0}$ sind für den Albit charakteristisch. Schmilzt schwer v. d. L.; wird von Säuren nicht angegriffen.

Krystalle des Minerals, sowohl die nach M tafelförmigen und nach Axe c verlängerten Krystalle des eigentlichen Albit, als auch die nach P tafelförmigen und nach Axe b verlängerten des Periklin finden sich meist auf Spalten in den krystallinischen Silicatgesteinen der Alpen aufgewachsen, bes. in Tirol und in der Schweiz. Der eigentliche Albit z. B. bei Schmirn in Tirol, bei Zöptau in Mähren, auch im Harz, im Riesengebirge, bei Striegau in Schlesien, auf Elba, im Ural etc. Der Periklin kommt in den Schweizer und Tiroler Alpen an vielen Stellen vor. Selten sind im Kalk oder Dolomit eingewachsene ringsum ausgebildete Krystalle von Albit, so am Col du Bonhomme in Savoyen, in den Pyrenäen; auch im Chloritschiefer und im Magnetkies finden sich zuweilen eingewachsene Albitkrystalle. Derb als Gesteinsgementheil ist Albit nicht von erheblicher Bedeutung, findet sich aber in manchen Gneissen, er zeigt dann auch die charakteristische Streifung der triklinen Feldspathe auf P parallel der Kante P/M (102), welche durch Zwillingsverwachsung nach dem Albitgesetz entsteht. Mit Adular und Orthoklas ist Albit zuweilen regelmässig verwachsen, und zwar so, dass beide eine Fläche M und die Vertikalaxe c (Kante T/M) gemein haben. Die Albitkrystalle sitzen meist auf der Fläche T des Orthoklases auf und zwar so, dass die auf der rechts gelegenen Fläche $T = 110$ aufgewachsenen Albite zu den auf den links gelegenen Flächen $T = 1\bar{1}0$ aufgewachsenen in Zwillingsstellung nach dem Albitgesetz sich befinden (vergl. auch Perthit, pag. 391).

Der Albit findet sich vielfach als Neubildung; zuweilen als Pseudomorphose nach andern Mineralien.

(G. v. Rath, Sitzgs.-Ber. Berl. Ak. 1876. 147 (auch die Krystallformen anderer trikliner Feldspathe berücksichtigend). Pogg. Ann. Erg.-Band V. pag. 425. G. Rose, Gilb. Ann. 1823 und Pogg. Ann. Bd. 125 pag. 129. F. E. Neumann, Abh. Berl. Ak. 1830. Brezina, Tschermak, Min. Mitthlgn. III. 19. 1873. Rumpf, ibid. IV. 97. 1874. Bärwald, Ztschr. Kryst. Bd. VIII.)

Anorthit (Christianit).

$CaAl Si_2 O_8 = CaO \,.\, Al O_3 \,.\, 2 SiO_2$; 20,10 CaO, 36,82 $Al O_3$, 43,08 SiO_2; meist etwas Na_2O, K_2O, MgO, $Fe O_3$ etc.; kleine Mengen H_2O deuten auf beginnende Verwitterung. Die triklinen Krystalle sind sehr ähnlich denen des Albits. Ein flächenreicher einfacher Krystall ist Fig. 455 abgebildet, an welchem ausser den am Albitkrystall Fig. 449 vorhandenen und mit denselben Buchstaben

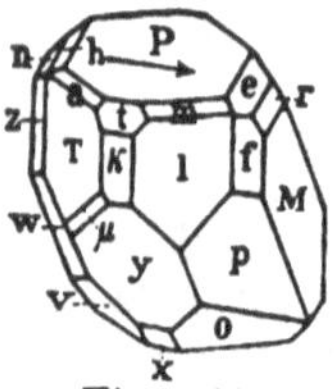

Fig. 455.

bezeichneten Flächen noch vorhanden sind: die Querfläche $k = \infty P\bar{\infty}$ (100), welche hier häufig ist, während sie beim Albit fehlt; $r = 6P'\breve{\infty}$ (061); $h = \frac{2}{3}'P\breve{\infty}$ $(0\bar{2}3)$; $t = 2'P'\bar{\infty}$ (201); $m = P'$ (111); $a = 'P$ $(1\bar{1}1)$; $\mu = 4,P\bar{2}$ $(4\bar{2}\bar{1})$. Einige Winkel sind: $T/l = 120^0 30'$; $P/M = 94^0 10'$ (über e); $P/k = 116^0 3'$; $P/l = 114^0 7'$; $P/T = 110^0 40'$; $P/x = 128^0 34'$; $P/y = 98^0 46'$. P ist auch hier der erste, M der zweite Bl. Br. Die Krystalle sind theils kurze Prismen (Fig. 455), theils sind sie ähnlich wie der Periklin nach P tafelförmig. Zwillinge sind auch hier die gewöhnlichste Erscheinung, besonders nach dem Albitgesetz, oft mit mehrfacher, sogar mit sehr häufiger Wiederholung, so dass auf der Spaltungsfläche P die eigenthümliche Streifung trikliner Feldspathe entsteht (102). Dies ist hauptsächlich bei dem derben als Bestandtheile mancher Gesteine vorkommenden A. der Fall. Auch das Periklingesetz kommt hier ganz ähnlich vor, wie beim Albit; Zwillinge nach dem Karlsbader Gesetze (Zw. Axe c) und nach einem vierten, wo die in M liegende Normale zur Vertikalaxe c Zw. A. ist, sind selten. Die charakteristische Auslöschungsschiefe auf P ist hier: — 37°, auf M: — 36° (vergl. Albit, Fig. 448). Der A. ist durchsichtig bis durchscheinend, farblos und wasserhell oder trübe gefärbt, bläulich, gelblich, röthlich, rosenroth etc. Glasglänzend, manchmal etwas ins Fette. Spröde, H. = 6 – 6½; G. = 2,7 bis 2,8. Schmilzt schwer, wird von HCl unter Ausscheidung schleimiger Kieselsäure leicht zersetzt. Findet sich theils in auf- und eingewachsenen Krystallen, theils in derben körnigen Stücken als Gemengtheil mancher Gesteine, z. B. im sog. Eukrit von Hammerfest, bei Bogoslawsk im Ural etc., hier sind infolge beginnender Verwitterung die Stücke oft fast dicht und ohne deutliche Bl. Br. Auch in manchen vulkanischen Gesteinen auf Island findet sich A., ebenso in Meteoriten, z. B. in dem von Juvenas; als Contactbildung am Monzoni in Tirol; besonders schöne wasserhelle Krystalle finden sich aber in den Auswürflingen der Somma.

(G. vom Rath, Pogg. Ann. 138 und 147. von Kokscharow, Materialien (3.) Band 4.)

Zum Anorthit gehören noch als z. Th. in Verwitterung begriffene Varietäten: der röthliche *Amphodelit* von Lojo in Finnland, der *Rosit* von Tunaberg in Schweden, der *Leptolith* und *Linseït* (Lindsayit) von Orijäfvi in Finnland, der *Tankit* von Arendal, der *Esmarkit* von Bräkke in Norwegen, der *Latrobit* von Grönland, der *Indianit* aus Indien, das Muttergestein der dortigen Korunde, der *Thjorsauit* aus einem Lavastrom des Hekla etc.

Barsowit ist wie der Anorthit $CaAlSi_2O_8$, aber nicht triklin, sondern rhombisch (vielleicht monoklin), also mit Anorthit heteromorph. G. = 2,58, also leichter als An. In HCl bildet feines Pulver fast momentan eine steife Gallerte. Weisse körnige Geschiebe in einer Goldsaife bei Barsowsk am Ural; das Muttergestein des dortigen Korunds u. a. Mineralien. (Bauer, N. Jahrb. Min. etc. 1880. Bd. II. pag. 67.)

Kalknatronfeldspathe.

Alle diese sind nach der Tschermak'schen Feldspaththeorie (pag. 386) als isomorphe Mischungen von Anorthit und Albit aufzufassen. Dass diese beiden Mineralien einander in der Krystallform so ähnlich sind wie irgend welche isomorphe Körper, zeigt obige Beschreibung der Krystalle und die Vergleichung der Winkel derselben. Die chemische Formel beider ist allerdings nicht übereinstimmend, wird es aber bis zu einem gewissen Grade (193), wenn man die Formel des Anorthit verdoppelt. Tschermak schreibt also:

$$\text{Albit} = Ab = Na_2 AlSi_6 O_{16} = Na_2 AlSi_2 Si_4 O_{16}.$$
$$\text{Anorthit} = An = Ca_2 Al_2 Si_4 O_{16} = Ca_2 AlAl_2 Si_4 O_{16},$$

wobei dann die Atome, aber nicht durchaus solche von gleicher Werthigkeit, eins fürs andere sich vertreten. Der *Ca*-freie Albit hat 68,6 SiO_2, der *Na*-freie Anorthit hat nur 43,0 SiO_2, es muss daher in einer solchen Mischung mit von 43,0—68,6 % stetig steigendem SiO_2-Gehalt gleichzeitig auch der Na_2O-Gehalt von 0—11,8 % stetig zu- und ebenso der CaO-Gehalt von 20,1—0 % stetig abnehmen. Dies ist auch in der That zu constatiren, wenn man alle richtigen Plagioklasanalysen, nach dem SiO_2-Gehalt geordnet, hintereinander schreibt.

Jede solche Analyse lässt sich, ohne dass ein Rest bleibt, berechnen nach der Formel $mAb + nAn$, wo *Ab* und *An* je ein Molekül Albit und Anorthit in obigem Sinne darstellt und wo für *m* und *n* jede beliebige ganze Zahl (incl. 0) stehen kann. Früher hatte man einige besonders häufig vorkommende Mischungsverhältnisse für feste und constante Verbindungen gehalten, daraus Formeln berechnet und die betreffenden Mineralien mit besonderen Namen belegt, so den Na_2O-reichen Oligoklas, den *Ca*-reichen Labradorit und andere; die Zwischenstufen von intermediärer Zusammensetzung wurden als durch Verwitterung oder Verunreinigung mittelst beigemengter fremder Körper hervorgebracht angesehen. Jene Namen sind auch heute noch im Gebrauch, aber sie bezeichnen heute nicht ganz bestimmte feste Formeln, sondern innerhalb gewisser Grenzen schwankende Mischungsverhältnisse der genannten Grundverbindungen. Man nennt jetzt Oligoklas die Mischungsverhältnisse vom reinen Albit *Ab* bis zu $Ab_3 An$, d. h. 3 Mol. *Ab* auf 1 Mol, *An*; Andesin die von $Ab_3 An_1$ bis $Ab_1 An_1$; Labradorit die von $Ab_1 An_1$ bis $Ab_1 An_3$ und Bytownit die von $Ab_1 An_3$ bis zum reinen Anorthit etc. In der folgenden von Tschermak berechneten Tabelle ist die theoretische Zusammensetzung der oben erwähnten Grenzmischungsverhältnisse im Vergleich mit der des Albit und Anorthit angegeben, ebenso auch die entsprechenden specifischen Gewichte, welche von dem des Albit ganz allmählich bis zu dem des Anorthit steigen, und welche ebenfalls aus dem spec. Gewicht des Albit und Anorthit und aus dem Mischungsverhältniss sich berechnen lassen, wie der CaO- und Na_2O-Gehalt aus dem SiO_2-Gehalt und umgekehrt.

	Ab	Ab_3An_1	Ab_1An_1	Ab_1An_3	*An*
SiO_2	68,6	61,9	55,4	49,1	43,0
$\text{Æ}lO_3$	19,6	24,2	28,5	32,8	36,9
CaO	—	5,2	10,4	15,3	20,1
Na_2O	11,8	8,7	5,7	2,8	—
G	2,624	2,659	2,694	2,728	2,758.

Darnach hat also der Oligoklas 61,9—68,6 % SiO_2, der Andesit 55,4—61,9 % SiO_2 u. s. w.

(Tschermak, Sitzgsber. Wiener Ak. Bd. 50. 1864. G. vom Rath, Pogg. Ann. 144. pag. 219 und Zeitschr. d. deutsch. Geol. Ges. Bd. 27. 295 (1875.) Rammelsberg, ibid. 1866, 1872.)

Wie Oligoklas, Andesin u. s. w. in Bezug auf die chemische Zusammensetzung und das specifische Gewicht zwischen Albit und Anorthit stehen, so thun sie dies auch in jeder andern Beziehung, und zwar ist die Mischung derjenigen Endverbindung *Ab* oder *An* am ähnlichsten, der sie in der Zusammensetzung am nächsten steht. So wird Albit durch Säuren kaum angegriffen, Oligoklas schon etwas mehr, noch stärker Labrador, Bytownit wird fast schon ebenso vollkommen zersetzt wie Anorthit. Auch die optischen Verhältnisse zeigen einen stetigen Uebergang zwischen denen der beiden Endglieder, wie die folgende Tabelle der Auslöschungsschiefen auf *P* und *M* zeigt (siehe Albit, Anorthit und Fig. 448). Für einen Plagioklas von der Zusammensetzung

Ab	ist die Auslöschungsschiefe auf	$P = +\ 4^0 30'$,	auf $M = +19^0$
Ab_3An_1	„ „ „ „	$P = +\ 1^0 4'$,	„ $M = +\ 4^0 36'$
Ab_1An_1	„ „ „ „	$P = -\ 5^0 10'$,	„ $M = -16^0$
Ab_1An_3	„ „ „ „	$P = -17^0 40'$,	„ $M = -29^0 38'$
An	„ „ „ „	$P = -37^0$,	„ $M = -36^0$.

(M. Schuster, Tschermak, Min. Mitth. III. 1880 u. V. 1882. Des Cloizeaux, Bull. société minér. France 1883.)

Diese gemischten Plagioklase sind z. Th. wenigstens sehr viel verbreiteter als Albit und Anorthit für sich, sie sind aber meist nicht deutlich auskrystallisirt, sondern bilden derbe Gemengtheile mancher Gesteine. Sie lassen sich als Plagioklase leicht erkennen, daran, dass diese derben Körner in den Gesteinen fast stets nach dem Albitgesetz verwachsene Zwillinge bilden, so dass auf der Basis die charakteristische geradlinige Zwillingsstreifung in der Richtung der Kanten *P*/*M* zu sehen ist (gestreifte Feldspathe). Bei beginnender Verwitterung wird allerdings die Streifung an der Oberfläche leicht undeutlich und verschwindet endlich ganz; im Dünnschliff aber lässt sich stets diese Zwillingsbildung an ausgezeichneter Bänderung in der Richtung der Kante *P*/*M* erkennen, die im polarisirten Licht unter dem Mikroskop farbig hervortritt, und die einen Plagioklas von einem sonst sehr ähnlichen Orthoklas unterscheiden lässt. Wie die Streifung auf *P*, so verschwinden infolge der Verwitterung häufig auch die Blätterbrüche mehr oder weniger vollständig in den derben Plagioklasen der Gesteine, besonders im Anorthit und Bytownit. Zuweilen unterscheidet man von den in den älteren plutonischen Gesteinen vorkommenden *Plagioklasen* im engern Sinne die in jüngeren, vulkanischen Gesteinen sich findenden dem Sanidin (pag. 391) entsprechenden unter dem Namen *Mikrotin*.

Oligoklas (Natronspodumen). Findet sich nur selten in deutlichen Krystallen: wasserhelle und meist nach dem Albitgesetz verbundene Zwillinge in den Sommaauswürflingen; häufiger trübe, hellgefärbt, in einer dem Periklin ähnlichen Ausbildung mit Epidot etc. im Kalkspath von Arendal in Norwegen. Ausserordentlich verbreitet ist dagegen der Ol. in derben Körnern, in allen möglichen Gesteinen: im Granit, Gneiss, Syenit neben Orthoklas, im Diorit, Porphyrit etc. ohne diesen. Er ist meist farblos oder grünlich gefärbt, selten roth, welche Farbe in den Gesteinen dem Orthoklas eigenthümlich zu sein pflegt, und verwittert auch leichter als dieser, so dass man meist beide Feldspathe leicht auseinander kennt, auch wenn die Verwitterung die Streifung undeutlich gemacht hat. Zuweilen, z. B. in dem Rapakiwi genannten finnischen Granit, ist der rothe Orthoklas von einer grünen Oligoklasrinde umhüllt, welche mit dem Orthoklas ebenso parallel verwachsen ist, wie der Albit mit dem Orthoklas (siehe pag. 397). Auch in vulkanischen Gesteinen, Trachyten, Basalten etc. kommt Ol. vor in einer Varietät (Mikrotin), welche in Aussehen und Beschaffenheit dem glasigen Feldspath (Sanidin) entspricht. Ol. schmilzt etwas leichter als Orthoklas und Albit, und wird von Säuren etwas leichter angegriffen. Ein bemerkenswerthes derbes Vorkommen von Ol. ist der Sonnenstein aus dem Kersanton von Tvedestrand in Norwegen, in welchem kleine Eisenglanzschüppchen, parallel mit dem sehr schön gestreiften Blätterbruch P eingewachsen, ein röthliches Farbenspiel hervorbringen. (G. vom Rath, Pogg. Ann. 138. 464.)

Andesin. Weniger verbreitet als Oligoklas, so in manchen Andesiten der Anden und Ungarns, in manchen Basalten; ferner in manchen Dioriten, in dem Tonalit der Adamellogruppe in den Tiroler Alpen etc. bisher fast nur derb; als Seltenheit in wasserhellen Krystallen auf einer Druse in einem Sommaauswürfling aufgewachsen.

Labradorit. Ist wieder verbreiteter, besonders im Gabbro, im Norit und in manchen Dioriten, Basalten etc. Selten in deutlich ausgebildeten Krystallen, so in den Aschen der Mti Rossi am Aetna, im Quarzandesit von Verespatak in Siebenbürgen etc. Der L. bildet Zwillinge nach verschiedenen Gesetzen, bes. nach dem Albitgesetz, auch nach dem Periklingesetz; häufig sogar nach beiden Gesetzen gleichzeitig, so dass an derben Stücken Zwillingsstreifung auf beiden Bl. Br. P und M entsteht; an den Krystallen von Verespatak ist sogar zuweilen gleichzeitig das Albitgesetz, das Karlsbader und das Bavenoer Gesetz zu beobachten. Der L. ist farblos, grau, braun etc., selten durchsichtig. Berühmt sind besonders die L. mit dem ausgezeichneten Farbenspiel (Labradorisiren, Farbenwandlung) in blauen, rothen, gelben und grünen brennenden Farben, die im Gegensatz zum labradorisirenden Feldspath (Orthoklas) (pag. 391) hauptsächlich auf M und auf einer Fläche τ hervortreten, welche, die Kante M/x abstumpfend, dieselbe Lage hat, wie o am Albit (Fig. 449); dies ist beim Schleifen des Labradorits zu Schmuckgegenständen zu berücksichtigen, auf anders gerichteten Flächen ist das Farbenspiel schwach oder fehlt ganz. Diese Erscheinung findet sich übrigens nur an wenigen Vorkommnissen des L., so vorzugsweise an den an verschiedenen Stellen der Küste von Labrador bes. bei Nain und auf der gegenüberliegenden St. Paulsinsel als Gerölle neben nicht farbenspielendem Labradorit vorkommenden derben Massen, sodann in Canada, in Ingermanland, bei Ojamo in Finnland, bei Kiew etc. Nicht farbenspielender, meist grauer, trüber L. findet sich in den oben genannten Gesteinen an vielen Orten, aber auch in vulkanischen Gesteinen, z. B. im Quarzandesit von Verespatak in Siebenbürgen (siehe oben). Der L. schmilzt leichter als Oligoklas und wird von HCl fast vollständig zersetzt.

(Tschermak, Min. Mitthlgn. Bd. IV u. V. Reusch, Pogg. Ann. 120. Schrauf, Sitzgsber. Wiener Ak. 60. Vogelsang, Archive neerland. Bd. III. 1868.)

Bytownit. Hierher gehören einige Feldspathe, welche man früher Anorthit nannte, so der derbe und auf Drusen auch auskrystallisirte aus dem sog. Forellenstein von Volpersdorf in Schlesien (mit Hornblende), der aus dem Radauthal im Harz, im Kugeldiorit von Corsica etc. Das ursprünglich B. genannte Mineral von Bytown in Canada ist sehr stark verunreinigt.

(Websky, Zeitschr. d. Deutsch. geol. Ges. Bd. 16. 330. Zirkel, Tschermak Min. Mitthlgn. I. pag. 61.)

Saussurit ist eine sehr zähe, dichte, weisse oder grünliche Masse, welche in manchen Gabbros sich findet und welche zuweilen eine feldspath- und zwar labradoritähnliche Zusammensetzung zeigt. Man hat es hier jedenfalls mit einer unreinen Substanz, wahrscheinlich einem Umwandlungsproduct des Feldspaths zu thun. Manche S. nähern sich in der Zusammensetzung mehr dem Zoisit. G. = 2,65 — 3,36. H. = 6 und 7. Corsica, Gegend von Genua, am Genfer See in Geröllen etc.

Milarit. $HKCa_2AlSi_{12}O_{30}$ hexagonale oder scheinbar hexagonale lange Prismen, die aber durch Zwillingsbildung aus rhombischen Individuen entstanden sind; farblos, stark glasglänzend, im Val Giuf bei Ruäras in der Schweiz. Erst in der Glühhitze geht Wasser weg. (Ludwig, Tschermak Min. Mitthlgn. VII. 347. Rinne, N. Jahrb. Min. 1885. II. 1.)

Leucit (Amphigen).

$K_2AlSi_4O_{12} = K_2O \, . \, AlO_3 \, . \, 4SiO_2$ mit 54,97 SiO_2, 23,50 AlO_3, 21,53 K_2O, meist mit etwas Na_2O.

Der Leucit krystallisirt in Formen, Fig. 456, welche dem regulären Ikositetraëder sehr nahe stehen und welche man auch früher für wirkliche Ikositetraëder (Leucitoëder) $2O2$ (211) gehalten hat (58). Man hat dann später gefunden, dass die Krystalle nicht die Symmetrie des regulären Systems haben, und schrieb ihnen diejenige des quadratischen Systems zu, so dass die Flächen o als P (111) und i als $4P2$ (421) aufgefasst wurden. Die Winkelmessungen ergeben nämlich im Mittel: $o/o = 130^0\ 3'$ (E. K.) und $i/i = 131^0\ 49'$ (S. K.); während beim Ikositetraëder diese beiden Winkel $= 131^0\ 48'\ 37''$ sein müssten. Zwillingsbildungen nach den selten als Begrenzungsflächen auftretenden Flächen $u = 2P\infty$ (201), welche die Ecken ($iioo$) abstumpfen, sind sehr häufig; dünne Lamellen sind nach diesen Flächen den Krystallen oft in grosser Zahl eingelagert sie bilden auf den Flächen o und i aus- und einspringende Winkel und eine mehr oder weniger feine Parallelstreifung, wie sie bei den Plagioklasen auf der Fläche P zu sehen ist. Am Ikositetraëder wäre eine solche Fläche u eine Granatoëderfläche und könnte daher nicht Zwillingsfläche sein; die Zwillingsverwachsung nach dieser Fläche ist also für sich allein schon ein Beweis gegen die reguläre Form des Leucits. Nun hat man aber in neuester Zeit beobachtet, dass auch nach den beim Ikositetraëder ebenfalls als Granatoëderflächen aufzufassenden Flächen ∞P (110), welche die Ecken ($iiii$) abstumpfen würden, solche Zwillingslamellen in ganz derselben Weise wie nach u eingelagert sind. Diese Flächen würden an einem quadratischen Krystall dem ersten Prisma entsprechen, dessen Flächen ebenfalls nicht Zwillingsflächen sein können, und so kann der Leucit keine höhere Symmetrie als die des rhombischen Systems haben,*) aber mit sehr grosser Annäherung der Formen an das reguläre. Die Combination Fig. 456 wird dann von drei rhombischen Oktaëdern gebildet.

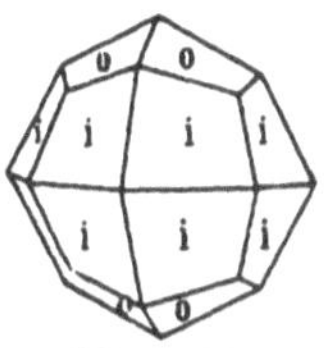

Fig. 456.

Kein Bl. Br., Bruch muschlig; spröde; H. $= 5\frac{1}{2}-6$; G. $= 2{,}45-2{,}50$; farblos, gelblich, graulich, glasglänzend, auf den Bruchflächen etwas ins Fette; durchscheinend, selten durchsichtig; + D. Br. schwach.

Höchst merkwürdig ist das Verhalten des Leucit in der Hitze; er wird bei ca. 500^0 vollkommen isotrop und die Zwillingsstreifen auf den Flächen o und i verschwinden gleichzeitig, so dass bei dieser Temperatur das Mineral vollkommen regulär ist, um beim Erkalten wieder doppeltbrechend zu werden und seine Zwillingslamellen wieder zu erlangen, allerdings nicht nothwendig mehr genau in derselben Weise, wie vorher, aber genau nach demselben Gesetz. V. d. L. unschmelzbar. Durch Säuren unter Abscheidung schleimiger Kieselsäure vollkommen zersetzt.

Findet sich ausschliesslich in vulkanischen, von der Tertiärzeit ab gebildeten Gesteinen, auch in modernen Laven, nie in plutonischen oder andern Gesteinen, älter als tertiär. Selten aufgewachsen in durchsich-

*) Vergl. C. Klein, Nachr. Gött. Ges. Wiss. 1884 pag. 421 oder N. Jahrb. Min. Beilage-Bd. III. Diese Arbeit ist erst nach dem Druck der früheren Paragraphen dieses Buchs erschienen, daher die theilweise Abweichung dieser Angaben von in früheren Paragraphen enthaltenen, welche den Leucit betreffen, z. B. (79) pag. 87.

tigen Krystallen als Sublimationsproduct vulkanischer Gase auf Hohlräumen vesuvischer Laven; sehr häufig eingewachsen, meist trübe, mit zahlreichen, vielfach mikroskopischen Zwillingslamellen und nicht selten parallel den Krystallflächen in Zonen gruppirten Einschlüssen von Magneteisenkörnern etc.; meist ringsum schön auskrystallisirt, von Nussgrösse bis zu mikroskopischer Kleinheit in Leucitophyren, Phonolithen, Leucittephriten, Leucitbasalten etc. Grössere Leucitkrystalle, häufig nur halblose im Gestein sitzend, finden sich z. B. an mehreren Orten am Vesuv in älteren Laven, im Albaner Gebirge und an der Rocca monfina in eben solchen, im Leucitophyr von Rieden am Laacher See, in Gesteinen des Kaiserstuhls im Breisgau etc.; zuweilen werden auch lose Leucitkrystalle von den Vulkanen ausgeworfen, so z. B. 1855 vom Vesuv. Mikroskopisch kleine Leucite enthalten alle Laven am Vesuv, im Albaner Gebirge und anderen Vulkanen in der Gegend von Rom; viele vulkanische Gesteine des Laacher Seegebiets und des Kaiserstuhls, die Leucitbasalte etc. im Erzgebirge, böhmischen Mittelgebirge, der Lausitz, Thüringer Wald, Hessen, Nassau, in Schonen etc. Aussereuropäische Leucitgesteine sind z. Z. wenige und auch diese erst seit kurzem bekannt, z. B. auf Java, in Colorado, in Peru in Laven.

Der Leucit verwittert leicht, z. B. sind die grossen Krystalle aus dem Leucittephrit der Rocca monfina vielfach stark angewittert. Manchmal geht der L. unter Aufnahme von Na_2O in Analcim (Kaiserstuhl) oder in ein Gemenge von Sanidin und Glimmer über (Ober-Wiesenthal im Erzgebirge) und bildet dann auch wohl förmliche Pseudomorphosen; am Vesuv finden sich solche, wo der L. in ein Gemenge von Nephelin und Sanidin verwandelt ist.

(G. vom Rath, Sitzgsber. Berl. Ak. 1872. N. Jahrb. Min. 1873. Pogg. Ann. Erg.-Bd. VI. pag. 198. Sitzgsber. nat.-hist. Vereins Bonn 1883. pag. 42. C. Klein, Nachr. Gött. Ges. Wiss. 1884. pag. 139 und 421. Baumhauer, Zeitschr. Kryst. I. 257. Rosenbusch, N. Jahrb. Min. 1885. II. Hirschwald, Tschermak, Mineralog. Mitthlgn. 1875).

Pollux, ein reguläres *Cs*-Silicat: $H_2Cs_2\overline{Al}Si_5O_{15}$; wasserhell; selten; mit Castor auf den Pegmatitgängen von Elba.

Nephelin (Eläolith).

Die chemische Zusammensetzung dieses wichtigen und verbreiteten Minerals wird etwas verschieden angegeben; nach den neuesten Analysen ist sie: $R_8\overline{Al}_4Si_9O_{34} = 4R_2O\,.\,4\overline{Al}O_3\,.\,9SiO_2$; $R = H, Na, K$ mit etwas CaO als Vertreter von R_2O. Eine Analyse hat folgende Zahlen geliefert: 44,08 SiO_2, 33,28 $\overline{Al}O_3$, 16,00 Na_2O, 4,76 K_2O, 1,85 CaO, 0,15 H_2O. Vielleicht hat der N. aber auch die einfache Formel: $Na_2\overline{Al}Si_2O_8 = Na_2O.\overline{Al}O_3\,.\,2SiO_2$. (Dölter, Zeitschr. Kryst. IX. pag. 321. 1884.) Alle N. enthalten Spuren von Cl. Hexagonal; Prismen mit der Basis fehlen nie, daneben Dihexaëder, welche die Kanten der Prismenflächen gegen die Basis abstumpfen, oft zu mehreren übereinander, unter ihnen: $P\,(10\bar{1}1)$ mit einem Winkel von $88^0\,10'$ (S. K.) und $a:c =$

1:0,8390. Auch das 2. Prisma, sowie Dihexaëder 2. Stellung finden sich in complicirteren Combinationen (vergl. Fig. 547, 548). Kein deutlicher Bl. Br.; Bruch muschlig. Spröde; H. = 6; G. = 2,58—2,64. Starke —D. Br. Gelatinirt mit HCl.

Bildet nach Aussehen und Vorkommen zwei Varietäten: 1. *Nephelin* in vulkanischen Gesteinen, theils als Gemengtheil in vielen Basalten, welche darnach Nephelinbasalte heissen, in Körnern von mikroskopischer Kleinheit; in deutlichen Körnern oder Krystallen in den sog. Nephelindoleriten oder Nepheliniten, z. B. von Meiches in Hessen, vom Katzenbuckel im Odenwald, von Löbau in Sachsen etc., sodann in den Nephelintephriten, in vielen neuen Laven und besonders im Phonolith, ebenfalls meist mikroskopisch klein. Aufgewachsene Krystalle findet man drusenbildend nicht selten auf Hohlräumen der genannten Gesteine, bes. ausgezeichnet aber in den Auswürflingen der Somma in wasserhellen Krystallen. Dieser vulkanische (oder glasige) N. ist farblos und oft wasserhell, zuweilen auch trübe und graulich, gelblich, bräunlich, aber nicht intensiv gefärbt, glasglänzend und schwer schmelzbar. (Baumhauer, Zeitschr. Kryst. Bd. VI.) 2. *Eläolith* im Syenit und in ähnlichen älteren Gesteinen, bei Frederiksvärn, Laurvig etc. im südlichen Norwegen, bei Miask im Ilmengebirge, Ditro in Siebenbürgen etc., sehr selten in Krystallen, meist grosse derbe Stücke, trübe, fettglänzend, roth oder grün, leicht schmelzbar. Der Fettglanz und die leichte Schmelzbarkeit werden wahrscheinlich durch zahlreiche parallel orientirte mikroskopische Einschlüsse hervorgebracht, die einer fremden, nicht näher bekannten Substanz angehören.

Der N. verwittert leicht und liefert verschiedene Verwitterungsproducte, u. A. Zeolithe (z. B. Natrolith), welche dann zuweilen die Form des ursprünglichen Nephelins haben. Dies ist z. B. am Eläolith des südl. Norwegens beobachtet, sowie am vulkanischen N. des Kaiserstuhls. Auch Pseudomorphosen nach Nephelin von der Zusammensetzung des Kaliglimmers oder Pinits kommen vor, so der grünliche *Liebenerit* in einem Porphyr bei Predazzo in Tirol und der braune *Gieseckit* aus Grönland, beide in trüben hexagonalen Prismen mit Basis.

In naher Beziehung zum N. stehen auch der *Davyn*, in kleinen wasserhellen Krystallen von der Somma und auf Hohlräumen von Vesuvlaven als Sublimationsproduct, und der *Mikrosommit*, ebenfalls ein Sublimationsproduct in Vesuvlaven. Beide stehen dem N. in Krystallform und chemischer Zusammensetzung sehr nahe, der D. enthält aber neben der N.-Substanz etwas $CaCO_3$, der M. etwas $NaCl$, SO_3 etc. In ähnlicher Beziehung steht der rosenrothe, gelbe, grüne oder blaue *Cancrinit* zu dem Eläolith; er ist im Ansehen dem E. ähnlich, hexagonal, enthält aber neben der Substanz des E. ebenfalls etwas $CaCO_3$ und H_2O; Ditro in Siebenbürgen, Brevig in Norwegen, Litchfield in Maine, Miask im Ilmengebirge. Bei allen diesen Mineralien ist, wie es scheint, nicht $CaCO_3$ der Substanz des Nephelin beigemengt, sondern es liegt eine Molekularverbindung vor. (Rauff, Ztschr. Kryst. II. 1878.)

Isomorphe Reihe des Sodaliths.

Diese Mineralien enthalten neben einem dem Nephelin sehr ähnlichen oder gleichen Silicat: $Na_2\text{Al}Si_2O_8 = Na_2O \,.\, \text{Al}O_3 \,.\, 2SiO_2$ stets noch ein Chlorid oder ein Sulphat oder auch beides; sie gelatiniren leicht und vollkommen mit HCl. Sie krystallisiren regulär, vorwiegend in Rhombendodekaëdern, deren Flächen deutliche Bl. Br. parallel gehen. Zwillinge häufig (Fig. 208); zuweilen durchdringen sich auch die Individuen und es entstehen einspringende Winkel.

(Vogelsang, die natürlichen Ultramarinverbindungen 1873.)

Sodalith. $3Na_2AlSi_2O_8 . 2NaCl$; $37,08 SiO_2$, $31,71 AlO_3$, $25,50 Na_2O$, $7,31 Cl$; farblos, auch gelblich-, grünlich- und graulichweiss, sowie blau und grün; glas- und fettglänzend und durchsichtig und wasserhell, auch durchscheinend und trübe. Leicht schmelzbar. In vulkanischen Gesteinen, wenig gefärbt, auf- und eingewachsen, z. Th. in guten Krystallen: Ischia, Vesuv, Laacher See etc.; in älteren Granit-, Syenit- etc. ähnlichen Gesteinen, nur derb, dunkler gefärbt, blau und grün: Ditro in Siebenbürgen (blau); Brevig in Norwegen; bei Miask im Ilmengebirge, blau (war früher nicht als Sodalith erkannt und daher mit dem Namen Cancrinit belegt worden); Litchfield im Maine, ebenfalls blau; Kangerdluarsuk in Grönland (grün) mit Arfvedsonit.

(Hessenberg, Min. Not. 1858. Bamberger und Feussner, Ztschr. Kryst. Bd. V.)

Nosean (Spinellan). $3Na_2AlSi_2O_8 . Na_2SO_4$ mit etwas Ca, doch sind die Analysen schwankend und auch etwas Cl in isomorph beigemischter Sodalithsubstanz ist vorhanden. Grau, durch Erhitzen oft blau, auch roth; glasglänzend. G. = 2,25—2,27. Nur in vulkanischen Gesteinen. Zuerst beobachtet in unregelmässig begrenzten Körnern, seltener in deutlichen Krystallen, in den Sanidingesteinen am Laacher See; sodann als Bestandtheil der meisten Phonolithe erkannt; besonders ausgezeichnet u. A. im Laacherseegebiet (Rieden), am Hohentwiel im Hegau etc. Verwitterter N. soll der derbe graue *Ittnerit* vom Kaiserstuhl sein, ebenso auch der ähnliche *Skolopsit*.

Haüyn. Vom Nosean nur durch einen grösseren Kalkgehalt unterschieden; beide sind wahrscheinlich am besten zu vereinigen. G. = 2,4—2,5. Meist blau, zuweilen grün, auch roth und schwarz, selten farblos (Berzelin). Nur vulkanisch im Peperin des Albaner Gebirgs (Albano, San Marino), am Vesuv, am Vultur bei Melfi, wo er ganz besonders reich an mikroskopischen gasförmigen Einschlüssen ist, hier in grosser Menge in der Haüynophyrlava; in den Sanidinblöcken am Laacher See in blauen Körnern, seltener in deutlichen Krystallen; in der basaltischen Mühlsteinlava bei Niedermendig in derben blauen Körnern, auch zuweilen in mikroskopisch kleinen Körnern in andern Basalten.

Lasurstein (Lapis lazuli). Schön dunkelblau. Die Zusammensetzung noch nicht ganz genügend aufgeklärt, aber der des Haüyns etc. ähnlich; entwickelt mit HCl unter Entfärbung H_2S wegen eines (?) Schwefelcalciumgehalts. Entfärbt sich auch in der Hitze; schmilzt v. d. L. zu einem weissen blasigen Glas. Selten deutliche granatoëdrische Krystalle, meist derbe, sehr feinkörnige Aggregate im Kalk, die wenig homogen sind und namentlich viele kleine Schwefelkieskryställchen eingesprengt enthalten. Kein deutlicher Bl. Br. G. = 2,4, H. = 5½. Kommt in grösserer Menge aus Centralasien und wird zu Schmuckgegenständen aller Art verarbeitet, früher auch zu einer blauen Malerfarbe (natürl. Ultramarin) die jetzt künstlich dargestellt wird. In kleinern Mengen am Vesuv, in Chili etc. Der aus Ch. stammende phosphorescirt mit prachtvollem grünen Lichte.

Isomorphe Reihe des Skapoliths.

Hierher gehört eine Anzahl feldspathähnlich zusammengesetzter Thonerde-Silicate von sehr schwankender Zusammensetzung, welche neben AlO_3 vorzugsweise noch CaO, oder Na_2O, oder beides neben einander enthalten, und zwar derart, dass mit steigendem Na_2O-Gehalt der SiO_2-Gehalt zu-, mit steigendem CaO-Gehalt dagegen abnimmt. Um die mannigfach von einander abweichenden Analysen unter einem Gesichtspunkt auffassen zu können, hat man alle diese Mineralien aus zwei isomorphen Grundverbindungen, einer CaO-haltigen, Na_2O-freien, dem Meionit ähnlichen (*Me*) mit weniger SiO_2, und einer CaO-freien, Na_2O- und etwas Cl-haltigen, dem Marialith ähnlichen (*Ma*) mit mehr SiO_2 abgeleitet. Diesen Grundverbindungen werden die Formeln zugeschrieben:

Meionitsubstanz: $Ca_8 Al_6 Si_{12} O_{50} = 8CaO \,.\, 6AlO_3 \,.\, 12SiO_2 = Me$

Marialithsubstanz: $Na_8 Al_3 Si_{18} O_{48} Cl_2 = 3Na_2O \,.\, 2NaCl \,.\, 3AlO_3 \,.\, 18SiO_2 = Ma$

entsprechend der Zusammensetzung:

$$Me = 40{,}31\ SiO_2 + 34{,}60\ AlO_3 + 25{,}09\ CaO = 100$$

$$Ma = 63{,}83\ SiO_2 + 18{,}26\ AlO_3 + 14{,}66\ Na_2O + 4{,}20\ NaCl = 100{,}95.$$

Diese beiden Substanzen kommen in den zwei genannten Mineralien in ziemlicher Reinheit vor; für die Na_2O neben CaO enthaltenden Zwischenglieder geben die Analysen intermediäre Werthe, und man hat angenommen, dass sie aus *Me* und *Ma* isomorph gemischt seien und also unter dem Schema: $mMe + nMa$ dargestellt werden können. Dies ist aber nur möglich, wenn man einen kleinen K_2O-Gehalt, den man fast stets findet, vernachlässigt und wenn man gleichzeitig kleine Mengen CO_2, SO_3, MgO, H_2O etc. unberücksichtigt lässt, von denen allerdings noch nicht festgestellt ist, welche Rolle sie in den Skapolithen spielen, ob sie zu der Verbindung gehören, oder ob sie eine Folge von fremden Beimengungen oder z. Th. von beginnender Verwitterung sind.

(Tschermak, Sitzgsber. Wiener Ak. Bd. 88. Vergl. dagegen: Rammelsberg, Sitzgsber. Berl. Ak. 1885. pag. 589.)

Alle diese Mineralien sind quadratisch und zwar pyramidal-hemiëdrisch; die Krystalle sind in der Richtung der Hauptaxe verlängerte Prismen (Fig. 457—459). Der Winkel des Hauptoktaëders in den E. K. schwankt bei allen um 136° (136° 12'—135° 56'). Die häufigsten Formen sind: $o = P$ (111); $t = P\infty$ (101); $z = 3P3$ (311), die

Kante a/o **einseitig abstumpfend; ferner die Prismen:** $b = \infty P$ (110); $a = \infty P \infty$ (100); $f = \infty P2$ (210). Die Hemiëdrie zeigt sich in der Vertheilung der Flächen z (Fig. 457) oben und unten an den abwechselnden Prismenkanten, auf derselben Seite der Kante a/b. Dies ist aber selten zu sehen, da die Krystalle meist an einem Ende aufgewachsen sind; die Vertheilung der Flächen z ist auch nicht selten unregelmässig (v. Kokscharow, Materialien etc.). Für die Hemiëdrie sprechen auch die Aetzfiguren auf den Prismenflächen: Trapeze, welche so gestellt sind, dass sie nach oben und unten gleiche, nach rechts und links

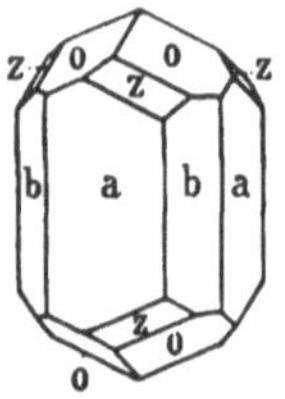

Fig. 457.

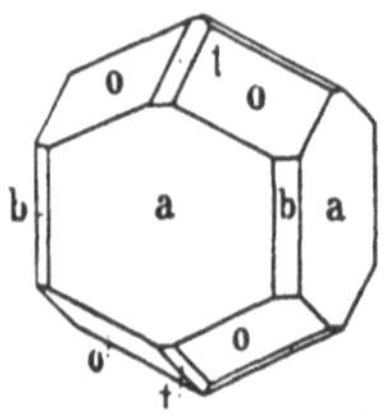

Fig. 458.

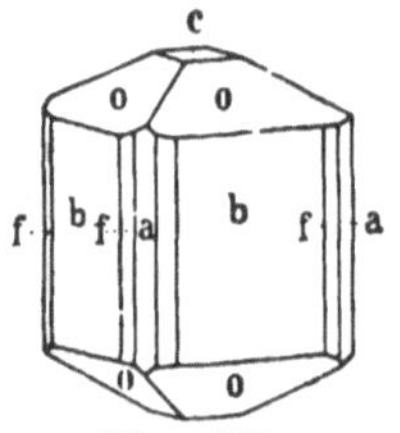

Fig. 459.

verschiedene Ausbildung zeigen. Parallel den Prismenflächen gehen deutliche Blätterbrüche, nach a vollkommener als nach b. H. = 5—6, zuweilen mehr; G. schwankend je nach der Zusammensetzungen: für *Me* ist G. = 2,764; für *Ma* G. = 2,540; für die Mischung beider liegen die Zahlen zwischen diesen, und zwar ist G. um so grösser, je grösser die Menge von *Me*, d. h. je kleiner der SiO_2- und der Na_2O-, je grösser der CaO- und der AlO_3-Gehalt.

Die Skapolithe finden sich theils in vulkanischen Gesteinen auf Drusenräumen aufgewachsen und auch als Gemengtheil eingewachsen; oder aber in krystallinischen Schiefern, im Gneiss und besonders im körnigen Kalk. Die vulkanischen Sk. sind glasglänzend, durchsichtig, häufig farblos, nie intensiv gefärbt; die Sk. der krystallinischen Schiefer sind undurchsichtig, trübe, wenig glänzend, meist grau oder doch wenig gefärbt, zuweilen aber doch auch intensiver, blau, roth etc., ihr Glasglanz geht ins Perlmutterartige und Fette.

Diese Mineralien schmelzen meist unschwer unter Aufschäumen; sie sind z. Th. durch HCl zersetzbar, um so leichter, je mehr sie *Me* enthalten, also je SiO_2-ärmer sie sind. Die SiO_2 wird dabei nicht als Gallerte, sondern als ein schleimiges Pulver ausgeschieden. Marialith und die ihm nahestehenden Mischungsglieder werden von HCl nicht angegriffen. Die Skapolithe unterliegen auch leicht der Verwitterung, was ihre Zusammensetzung nicht unwesentlich verändert. Hierauf schob man früher fast ausschliesslich die grosse Verschiedenheit der Ergebnisse der Skapolithanalysen, welche mit Krystallen von vollkommener krystallographischer Uebereinstimmung angestellt wurden. Vermöge der leichten Verwitterbarkeit bildet der Sk. nicht selten, wie der Feldspath, Kaolin, sogar an einzelnen Stellen in grossen

Massen (Passau), sowie Glimmer, Epidot und andere Mineralien, welche sich zuweilen als Pseudomorphosen in der Form des Sk. finden; namentlich findet man häufig die Skapolithprismen mit einer mehr oder weniger dicken Schicht von Muscovitblättchen bedeckt, welche durch Umwandlung aus dem Sk. entstanden sind.

Nach der Zusammensetzung unterscheidet man drei Gruppen hierher gehöriger Mineralien, alle drei ein vulkanisches, wasserhelles glasiges Glied enthaltend, an welches sich eine Anzahl trüber Mineralien aus dem Gebiet der krystallinischen Schiefer anschliesst; für diese letzteren Skapolithe hat man viele Namen gemacht, unter denen Skapolith und Wernerit die verbreitetsten sind. Ausserdem gehören noch einige ähnlich zusammengesetzte quadratische, aber ihrer Zusammensetzung nach in das Schema $mMe + nMa$ nicht ganz hineinpassende Mineralien in die Reihe.

1. *Meionitgruppe.* Me bis Me_2Ma_1, 40—48 SiO_2; von HCl vollständig zersetzbar. *Meionit* bildet kleine wasserhelle Prismen von der Form Fig. 457. 458, aufgewachsen auf Drusenräumen der Sommaauswürflinge und am Laacher See; sehr selten an beiden Enden ausgebildet; G. = 2,72—2,73. Die zugehörigen trüben, stets langsäulenförmig ausgebildeten Mineralien hat man unter dem Namen *Wernerit* zusammengefasst; es sind die Vorkommnisse im Kalk, aus den Magneteisenlagern von Arendal in Norwegen welche früher *Wernerit, Skapolith, Paranthin* etc. genannt worden sind, wenigstens zum grossen Theil, ferner ein blauer Sk. vom Gulsjö in Schweden, ebenso der graue oder grüne *Nuttalith* von Bolton in Massachusetts, der blaue *Glaukolith* vom Baikalsee, der etwas verwitterte *Paralogit* und der *Stroganowit*, letzterer hellgrün und durch Verwitterung CO_2-haltig, ebendaher.

2. *Mizzonitgruppe.* Me_2Ma_1 bis Me_1Ma_2, 48—56 SiO_2; von HCl unvollständig zersetzt. *Mizzonit* bildet wasserhelle Kryställchen, ähnlich wie der Meionit in den Sommaauswürflingen und am Laacher See, aber von der Form Fig. 459. Die trüben Glieder dieser Gruppe werden unter dem Namen *Skapolith* (im engeren Sinn) vereinigt. Hierher gehören ebenfalls einige von den früher mit dem Namen Paranthin, Wernerit, Skapolith etc. belegte Krystalle von Arendal, u. A. die stark durchscheinenden und die intensiv ziegelrothen von dort, ferner ein Theil der ganz ähnlichen Krystalle von Gulsjö in Schweden, von Pargas in Finnland (Eckebergit und Scolexerose), von Gouverneur in New-York, von Bolton etc. Hierher gehört sodann namentlich der *Porcellanspath* von Hafnerzell bei Passau in Bayern (Passauit), lange weisse Strahlen, stark verwittert, z. Th. in Kaolin umgewandelt, in grössere Massen dem Gneiss eingelagert.

3. *Marialithgruppe.* Me_1Ma_2 bis Ma, 56—64 SiO_2; von HCl nicht zersetzt. *Marialith*, kleine wasserhelle Kryställchen, aus dem Piperno, einer Phonolithlava von der Pianura in den phlegräischen

Feldern bei Neapel. Die trüben hierher gehörigen Mineralien werden zusammengefasst unter dem Namen *Riponit*. Es sind: der *Dipyr* aus dem Kalk von Bagnères de Bigorres in den Pyrenäen und der davon wohl nicht verschiedene *Couseranit* von dort, der sog. *Prehnitoid* von Wexiö in Schweden etc.

Verwitterte Skapolithe von verschiedenen Orten sind Atheriastit, Algerit, Wilsonit etc. genannt worden.

Zu der Familie des Skapolith gehören folgende ähnlich zusammengesetzte und ebenfalls quadratische Mineralien aus vulkanischen Gesteinen, deren Zusammensetzung aber durch eine Mischnng von *Me* und *Ma* nicht dargestellt werden kann: *Sarkolith*. Fleischrothe durchsichtige Krystalle mit etwas anderen Winkeln als die Skapolithe, z. B. Meionit, auch CaO-reicher als dieser, in den Sommaauswürflingen. Durch einen sehr grossen CaO-Gehalt (ca. 32% CaO) zeichnet sich der *Melilith* aus, kleine quadratische Prismen und Nadeln mit basischer Spaltbarkeit, gelblich weiss bis gelblich braun, schwierig schmelzbar, von HCl zersetzt. Auf Drusenräumen der Lava vom Capo di Bove bei Rom, am Herchenberg im Brohlthale etc. Mikroskopischer Bestandtheil mancher Basalte (Stelzner, N. Jahrb. Min. etc. Beil.-Bd. II. 1882. pag. 369), z. B. der schwäb. Alb, auch in der Eifel, sowie der Lava am Capo di Bove, in diesen Gesteinen meist von weisser Farbe. Damit identisch ist der graue oder weisse *Humboldilith* (Sommervillit) aus Sommaauswürflingen; an den Prismen eine sehr ausgedehnte Basis. Bildet sich auch bei Schmelzprocessen in den Eisenschlacken. Nicht vulkanisch ist der *Gehlenit*, trübe grünlichgraue bis braune quadratische Prismen mit der Basis; FeO_3-, auch FeO- und MgO-haltig, im Kalk in der Contactzone am Monzoni in Tirol; von HCl vollständig zersetzt.

Gruppe des Pyroxens und des Amphibols.

Die Pyroxene und Amphibole (Augite und Hornblenden) bilden zwei Reihen sehr weit verbreiteter und wichtiger Mineralien von der Zusammensetzung der Bisilicate, die aufgefasst werden können als die isomorphen Mischungen von Grundverbindungen der Formel $RO.SiO_2 = RSiO_3$, wo R hauptsächlich $= Ca$ und Mg, beide meist neben einander; fast nie fehlt eine geringere Menge Fe. Ausserdem enthalten aber noch viele Pyroxene und Amphibole ein in verschiedenen Fällen verschieden zusammengesetztes AlO_3-haltiges Silicat, in dem AlC_3 zuweilen durch etwas FeO_3 ersetzt ist, und man unterscheidet darnach die thonerdehaltigen Mineralien beider Reihen von den thonerdefreien, welche letztere von diesem Silicat nur ganz wenig oder nichts enthalten. In manchen dieser Mineralien findet man auch Alkalien, (Na_2O und Li_2O), welche man durch die Annahme eines alkalihaltigen Silicats als Beimischung zu den schon genannten erklären kann. In den Amphibolen findet sich auch nicht selten ein kleiner Fl-Gehalt. (Die speciellen Verhältnisse siehe unten bei der Betrachtung der einzelnen Pyroxen- und Amphibolspzies.)

Was die krystallographischen Verhältnisse betrifft, so krystallisiren die *Pyroxene* theils rhombisch, theils monoklin, theils triklin; bei allen, das System mag sein welches es will, ist ein Prisma von ca. 87° (bei den monoklinen an der in der S. E. gelegenen Kante) vorhanden, dessen Flächen mehr oder weniger deutliche Blätterbrüche parallel gehen. Ueberhaupt sind die rhombischen, monoklinen und triklinen Formen einander so ähnlich, dass nur ganz geringe Winkelunterschiede zwischen ihnen vorhanden sind; die monoklinen und triklinen Formen können infolge dessen auf beinahe rechtwinklige Axen bezogen werden, deren Längen von denen der rhombischen Formen kaum verschieden sind, und ebenso weichen die Axenwinkel nur wenig von 90^0 ab; z. B. ist der Winkel β beim monoklinen Diopsid $= 90^0\ 22'$. Die meisten *Amphibole* sind monoklin, aber auch hier finden sich, wenngleich sparsamer, rhombische und trikline Formen, bei denen allen ein Prisma von ca. 124^0 (bei monoklinen in der S. E.) vorkommt, dessen Flächen meist sehr deutliche Blätterbrüche parallel gehen. Diese beiden Spaltungsprismen von 87^0 und 124^0 charakterisiren die Augite und die Hornblenden in krystallographischer Hinsicht. Ueber die Beziehungen zwischen diesen beiden Reihen von Mineralien siehe am Schluss.

Gruppe des Pyroxens (Augits).

a. Rhombische Pyroxene.

(Die vorzugsweise *MgO*-haltigen und *CaO*-freien; sie sind in der Hauptsache frei von $\ddot{A}lO_3$.)

Enstatit. Das reine Magnesiasilicat: $MgSiO_3 = MgO\ .\ SiO_2$, 40,0 MgO, 60,0 SiO_2, daneben aber stets etwas FeO, (bis ca. 3%) als $FeSiO_3$, etwas $\ddot{A}lO_3$ (bis 2%) etc. Die Flächen des rhombischen Prismas schneiden sich unter ca. 88^0, welche Kante, wie bei den monoklinen Pyroxenen, hier nach vorn gekehrt gedacht wird, so dass Axe $a > b$; beide Kanten sind häufig abgestumpft. Grosse, flächenreiche Krystalle fanden sich auf einer Apatitlagerstätte bei Bamle in Norwegen mit Rutil u. a. Mineralien auf Spalten im Hornblendeschiefer, die Krystalle bis 40^{cm} lang, sind aber nur mit dem Anlegegoniometer messbar; die Formen sind von denen des Bronzits (s. u.) nicht wesentlich verschieden. Nach den Prismenflächen deutlich, nach der Längs- und Querfläche weniger deutlich spaltbar; zuweilen etwas fasrig. H. $= 5\frac{1}{2}$. G. $= 3{,}10 - 3{,}19$; spröde. Opt. A. E. *bc*, also brachydiagonal, + M. L. *c*. Farblos, gelblich, bräunlich, grünlich; durchscheinend; auf Spaltungsflächen perlmutterglänzend; nur schwach dichroitisch. Fast unschmelzbar, von Säuren nicht angegriffen. Der reinste E. im Meteorstein von Bishopville in S. Carolina (Shepardit, G. Rose; Chladnit, Shepard) und in einigen anderen Meteoriten; kleine, derbe, fasrige Prismen bei Aloisthal in Mähren im serpentinähnlichen Pseudophit eingewachsen; bei Bamle (s. o.) und in derben Massen im Amt Nordland in Norwegen. Verwandelt sich leicht in ein talk- oder specksteinähnliches Umwandlungsproduct, in welches z. B. die grossen Krystalle von Bamle an der Oberfläche umgeändert sind.

(G. vom Rath und Brögger, Zeitschr. Kryst. I. 1877).

Bronzit. $MgSiO_3$ mit grösseren Mengen von $FeSiO_3$ in isomorpher Beimischung. (ca. 6—15% FeO); auch etwas $\ddot{A}l_3$ und $\ddot{F}eO_3$. Deutliche

Krystalle im Meteoriten von Breitenbach im Erzgebirge (mit 13,58 FeO). $m = \infty P(110)$, $m/m = 88^0\ 16'$ (vorn); $p = P\infty(101)$, $p/p = 148^0\ 8'$ (oben); daher: $a:b:c = 1{,}0303:1:0{,}2938$. Meist nur krystallinisch derb, auch etwas fasrig. Spaltbarkeit nach m, besonders vollkommen aber brachydiagonal, nach der Querfläche $a = \infty\bar{P}\bar{\infty}\ (100)$, Diese Spaltungsfläche, die scharfe vordere Prismenkante abstumpfend, ist vielfach in horizontalen Wellen hin- und hergefaltet, was auf Zwillingsbildung nach $\frac{1}{4}P\infty\ (104)$ beruht. In der Richtung der Querfläche sind den Krystallen dünne Plättchen einer fremden Substanz eingelagert, welche vielleicht die Ursache der leichten Trennung nach dieser Fläche sind; der Bl. Br. wäre dann als schalige Absonderung aufzufassen. Spröde; H. = 4—5. G. = 3,0—3,5. Opt. A. E. bc, brachydiagonal, + M. L. c bei eisenarmen Bronziten. Der Axenwinkel um die + M. L. (oder um die Axe c) ist um so kleiner, je kleiner der FeO-Gehalt und wächst im allgemeinen stetig mit diesem, bei einem gewissen FeO-Gehalt (ca. 10 %) ist der innere Axenwinkel $= 90^0$, und bei noch mehr FeO: $> 90^0$; von da ab ist die M. L. ‖ der kleinen Axe b; diese ist dann —, denn bei allen Br. ohne Ausnahme ist die Axe c die Axe der kleinsten Elasticität. Von hier an nimmt mit steigendem FeO-Gehalt der spitze Axenwinkel an der Axe b ab, der stumpfe Axenwinkel um die Axe c dagegen fortdauernd zu. Der Bronzit ist durchscheinend bis undurchsichtig; auf dem Hauptblätterbruche a ist vielfach ein metallischer Schiller, auf den Prismenflächen Seidenglanz; grün in verschiedenen Nüancen, auch gelb und braun; nur schwach dichroitisch. V. d. L. fast unschmelzbar, von Säuren nicht angegriffen, findet sich ausser in dem oben genannten noch in einigen anderen Meteoriten; unregelmässig begrenzte Bronzitindividuen, zuweilen ziemlich gross, kommen vielfach mit Olivin zusammen im Gabbro vor, auch in manchen daraus entstandenen Serpentinen, so bei Kupferberg im Fichtelgebirge, im Ultenthal in Tirol, bei Kraubat in Steiermark, am Mont Brésouard bei Markirch in den Vogesen, sodann im Olivinfels, aus dem Basalt in der Eifel, vom Stempel bei Marburg, im Olivinfels vom See Lherz in den Pyrenäen etc. Olivin-Enstatitgesteine finden sich in den Vogesen, am Mte. Rosa, im sächsischen Granulitgebiet etc. Besonders zu erwähnen ist der Bronzit, der sich mit Olivin, Serpentin und anorthitähnlichem Feldspath an der Baste im Radauthal im Harz findet (*Protobastit*); derselbe ist wie noch einige andere im Serpentin eingewachsene Bronzite dadurch ausgezeichnet, dass bei ihm die opt. A. E. ac, also makrodiagonal, die — M. L. a ist. Derselbe geht durch Verwitterung in den gelblich metallisch glänzenden *Diaklasit* und weiterhin in den weichen *Schillerspath* (Bastit) von serpentinähnlicher Zusammensetzung über. Der Bronzit verwittert überhaupt leicht wie der Enstatit zu talk- oder serpentinähnlichen Verwitterungsproducten; ein solches von talkähnlicher Beschaffenheit ist z. B. der sehr weiche noch metallisch glänzende *Phästin* von Kupferberg im Fichtelgebirge. Auch manche Trachyte z. B. in Ungarn enthalten Bronzit (vergl. Hypersthen).

(V. v. Lang, Sitzgsber. Wiener Ak. 59. 1869. Tschermak, Mineralog. Mitthlgn. I. 1871. 17.)

Hypersthen. Hierher gehören die eisenreichsten Mischungen mit ca. 15—34 *FeO,* alle enthalten auch etwas $Al O_3$ und $Fe O_3$, einzelne in erheblicher Menge (bis 10%). Deutlich ausgebildete kleine Kryställchen finden sich in vulkanischen Gesteinen, so in Sanidinbomben am Laacher See (*Amblystegit,* 25,60 *FeO,* 5,05 $Al O_3$) und im Trachyt des Mt. Capucin am Mont Dore in Frankreich; bei Málnás und am Aranyerberg in Ungarn (*Szaboit*) mit 19 *FeO,* in den Santorinlaven, sowie in Persien am Demavend, in den Aschen des Krakatau und in Augitandesiten von Sumatra, in Andesgesteinen von Ecuador und an andern Orten. Die Formen und die Winkel derselben stimmen mit denen des Bronzit aus dem Meteoriten von Breitenbach sehr nahe überein: $m/m = 88^0\ 20'$ und das Axenverhältniss: $a:b:c =$ 1,0295 : 1 : 0,2934. Der H. ist nach den Prismenflächen wenig, nach der Querfläche *a*, die scharfe Prismenkante abstumpfend, vollkommen spaltbar oder lamellar abgesondert. Annähernd nach Fläche *a,* in den Flächen eines 7—8^0 gegen *a* geneigten Brachydomas sind viele mikroskopisch kleine, dünne Plättchen eingelagert, die auf ihr einen ausgezeichneten metallischen, kupferigen Schiller und vielleicht die Absonderung nach *a* hervorrufen. Die Farbe des H. ist schwärzlichbraun oder -grün; der Dichroismus ist stark. Durchscheinend bis undurchsichtig. A. E. *bc*; — M. L. *b*., dem hohen *FeO*-Gehalt entsprechend (vergl. Bronzit, pag. 412). G. = 3,4—3,5. V. d. L. etwas leichter schmelzbar, als Bronzit, zu einem schwarzen wenig magnetischen Glas; von Säuren nicht angegriffen. Ausser an den genannten Orten findet man H. in einigen Meteoriten, z. B. dem von Manegaum; sodann mit Feldspath den Hypersthenfels (Hyperit) bildend. Der typische Hypersthen findet sich auf der St. Paulsinsel an der Labradorküste in grösseren derben Stücken (sog. *Paulit*), in Begleitung von Geröllen des farbenspielenden Labradorits, beide aber nicht im gleichen Gestein. Hypersthen-Gesteine finden sich auf der Insel Skye bei Farsund in Norwegen (dieser H. sehr $Al O_3$ reich, 10,5 $Al O_3$) etc. Auch in manchen Gabbros, z. B. dem von Volpersdorf in Schlesien, Penig in Sachsen etc. sind einzelne Krystalle von Hypersthen eingeschlossen, ebenso in Colorado, und zwar vielfach in Parallelverwachsung mit dem Diallag des Gabbro, so dass beide die Vertikalaxe und die Bl. Br. gemein haben. Ueberhaupt scheint der Hypersthen ein Gemengtheil vieler ähnlicher Gesteine zu sein. Grosse, undeutlich begrenzte Krystalle im Magnetkies von Bodenmais im bayr. Wald.

(G. vom Rath, Pogg. An. 138. 529., Erg.-Bd. V. 152. Kosmann, N. Jahrb. Min. etc. 1868. A. Schmidt, Ztschr. Kryst. X. 210. 1885.)

Die rhombischen Pyroxene bilden in chemischer Beziehung eine ununterbrochene Reihe vom reinen *Mg*-Silicat bis zum eisenreichsten Hypersthen, und in ähnlicher Weise ändern sich auch die optischen Verhältnisse ganz stetig. Die Grenzen, welche die drei Mineralien Enstatit, Bronzit und Hypersthen bestimmen, sind ganz willkürlich gewählt. Am naturgemässesten würde es sein, die Grenze zwischen Br. und H. so zu wählen, dass H. alle optisch negativen, Br. alle optisch positiven eisenhaltigen Verbindungen umfassen würde, während alle eisenfreien Enstatit genannt werden müssten.

b. Monokline Pyroxene.

α. Thonerdefreie.

Enthalten keine oder nur wenig AlO_3 und FeO_3 (0—3⁰/₀).

Wollastonit (Tafelspath). $CaSiO_3 = CaO . SiO_2$, 48,28 CaO, 51,72 SiO_2. Die seltenen Krystalle sind in der Richtung der Axe *b* verlängert und nach der Querfläche tafelförmig. Das Vertikalprisma ∞P (110) hat in der S. E. einen Winkel von 87⁰ 18′; die Krystalle können auf das fast rechtwinklige Axensystem: $a : b : c$ = 1.0534 : 1 : 0,2420, $\beta = 95^0 30'$ bezogen werden. Die Flächen parallel der Axe *b* sind besonders zahlreich. Häufig Zwillinge nach der Querfläche; vier mehr oder weniger deutliche Bl. Br. gehen der Axe *b* parallel. H. = $4\frac{1}{2}$, G. = 2,8—2,9. Röthlich-, gelblich-, graulichweiss, glas-, auch perlmutter und seideglänzend. Opt. A. E. *ac.* Schwierig schmelzbar, von HCl unter Abscheidung von Kieselgallerte zersetzt. Findet sich meist derb, auch fasrig im körnigen Kalk von Auerbach a. d. Bergstrasse, bei Cziklowa im Banat, bei Perheniemi und auf Pargas in Finnland etc. z. Th. in grösseren Stücken; feinkörnig im Gabbro des Radauthales im Harz; kleine z. Th. deutliche Krystalle aufgewachsen in Sommaauswürflingen, auch am Capo di Bove bei Rom; in den neuen Laven der Insel Santorin etc. (G. vom Rath, Pogg. An. Bd. 138 und 144.) Ein z. Th. verwitterter weisser, fasriger oder asbestartiger W. ist der *Okenit* aus einem vulkanischen Tuff von Grönland; ein angewitterter strahliger W. ist der *Pektolith*, beide etwas H_2O enthaltend.

Diopsid. $CaMgSi_2O_6 = CaO . MgO . 2SiO_2$; 25,93 CaO, 18,52 MgO, 55,55 SiO_2, mit etwas FeO (bis 5⁰/₀), das einen Theil der MgO vertritt und als $CaFeSiO_6 = CaO . FeO . 2SiO_2$ isomorph beigemischt gedacht wird, denn stets ist $Ca = Mg + Fe$; sehr wenig AlO_3. Findet sich in ausgezeichneten Krystallen, alle aufgewachsen und nach der Axe *c* prismatisch verlängert. $M = \infty P$ (110); $M/M = 87^0 5'$;

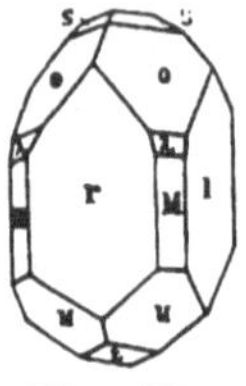
Fig. 460.

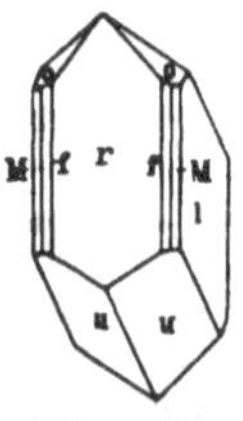
Fig. 461.

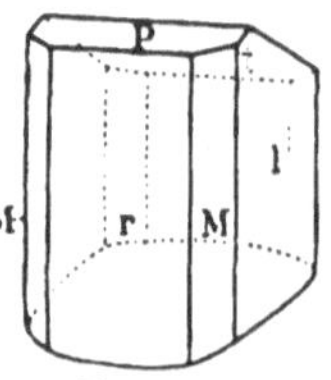

Fig. 462.

beide Kanten sind abgestumpft durch die Längsfläche: $l = \infty P\!\!\!\!\!\backslash\infty$ (010) und die Querfläche: $r = \infty P\!\!\!\!\!-\infty$ (100), und zwar meist so stark, dass ein oblonges Prisma entsteht begrenzt von *l* und *r*, dessen Kanten durch die Flächen *M* nur sehr schmal abgestumpft werden (Fig. 460 bis 462).*) An dem in Fig. 461 dargestellten Krystall ist noch das

*) Die Figuren sind so gezeichnet, dass ihre Hinterseite nach vorn gekehrt ist; ebenso die andern auf Augit bezüglichen (mit Ausnahme von 465).

Vertikalprisma $f = \infty P3$ (310) vorhanden; Krystalle mit diesen Prismen- und Pinakoidflächen ohne regelmässige Endbegrenzung sind nicht selten, die Flächen deutlich längs gestreift und etwas gebogen. An Krystallen mit Endflächen sind vordere und hintere schiefe Prismen (augitartige Paare) häufig, zuweilen mehrere an demselben Krystall; vorn: $u = -3P\frac{3}{2}$ (321), $u/u = 131^0\ 30'$; hinten: $s = 2P2$ ($\bar{1}21$); $s/s = 120^0\ 48'$; $o = 4P\frac{4}{3}$ ($\bar{3}41$), $o/o = 95^0\ 48'$; $\lambda = 6P\frac{6}{5}$ ($\bar{5}61$), u, M, λ, o, s liegen alle in einer Zone; eine vordere Schiefendfläche derselben Zone ist: $t = -P\infty$ (101); eine hintere (ev. die in der S. E. gelegene Kante s/s abstumpfend): $P = P\infty$ ($\bar{1}01$) vergl. Fig. 465, $t/r = 106^0\ 1'$, $P/r = 105^0\ 22'$. Das Axenverhältniss ist: $a:b:c = 1{,}0585:1:0{,}2871$; $\beta = 90^0\ 22'$.

Dieses beinahe rechtwinklige Axensystem ist hier gewählt worden, um die krystallographischen Beziehungen zwischen den rhombischen und monoklinen Pyroxenen besser hervortreten zu lassen. Meist wird aber dem monoklinen Pyroxen ein sehr schiefwinkliges Axensystem untergelegt, bei welchem $s = P$ ($\bar{1}11$) und $u = -P(111)$. Aus $s/s = 120^0\ 48'$; $u/u = 131^0\ 30'$, in Verbindung mit dem Prismenwinkel: $m/m = 87^0\ 5'$ erhält man: $a:b:c = 1{,}0903:1:0{,}5893$; $\beta = 105^0\ 49'$; die andern genannten Flächen haben dann die Ausdrücke: $o = 2P$ ($\bar{2}21$); $\lambda = 3P$ ($\bar{3}31$); $t = 0P$ (001); $P = P\infty$ ($\bar{1}01$); die Ausdrücke von M, f, r, l in der Prismenzone bleiben dabei dieselben wie oben. (v. Kokscharow, Materialien, Bd. IV. Hessenberg, Mineralog. Notizen. Sjögren, Ztschr. Kryst. Bd. IV. Lehmann, ibid. Bd. V.)

Zwillinge nach r und t nicht selten, in letzterer Richtung häufig mehrfach wiederholt durch Einschiebung von Zwillingslamellen, welche eine schalige Absonderung nach dieser Fläche hervorbringen; bei den Zwillingen nach r sind die Individuen zuweilen kreuzweise durcheinander gewachsen. Spaltbarkeit nach M deutlich, nach r und l weniger deutlich; spröde. H. $= 5\frac{1}{2}$—6. G. $= 3{,}2$—$3{,}3$. Glasglänzend, durchsichtig bis durchscheinend, farblos, heller oder dunkler bouteillengrün, um so dunkler, je mehr FeO, auch grau, zuweilen am angewachsenen Ende eines Krystalls dunkelgrün, am freien farblos, höchstens gelblich, Pleochroismus schwach. Opt. A. E. ac, + M. L. ist im vorderen stumpfen Winkel β gegen c unter $39^0\ 15'$ geneigt: $\rho > v$; geneigte Dispersion. Der innere, wahre Axenwinkel $2V = 59^0\ 8'$; $\beta = 1{,}6781$ (r.). Auf der Querfläche sieht man im Polarisationsinstrument für convergentes Licht eine Axe, auf Platten senkrecht zur Vertikalkante die andere austreten; bei Zwillingen nach r treten auf dieser letzteren Platte 2 Hyperbeln auf, von jedem Individuum eine. Die genannten Zahlenwerthe sind mit wechselndem FeO-Gehalt, kenntlich an der helleren oder dunkleren Färbung, etwas veränderlich. Schwer schmelzbar, von Säuren nicht angegriffen. Findet sich mit Granat und Klinochlor in Klüften des Serpentins der Mussaalp im Alathal in Piemont; mit denselben Mineralien auf Klüften des Chloritschiefers von Achmatowsk bei Mursinsk im Ural; im Chloritschiefer im Zillerthal in Tirol; die fast weissen Krystalle von Nordmarken in Schweden sitzen auf Magneteisen. Schön dunkelgrüner D. wird als Edelstein verschliffen. (Der Chromdiopsid ist AlO_3-haltig, siehe unten).

Mit dem Diopsid von gleicher Zusammensetzung sind die undurchsichtigen, trübe gefärbten, grauen, grünlichen etc. Krystalle und krystallinischen Aggregate des *Salit* (Malakolith). Typisch sind die graugrünen Krystalle von den Erzlagerstätten von Sala in Schweden, an denen Oblongprismen *rl* mit durch *M* schmal abgestumpften Kanten zu beobachten sind. Eine ausgezeichnete Querabsonderung nach *t* infolge von Zwillingsbildung nach *t*, wie beim Diopsid, ist vorhanden und eine solche Spaltungsfläche *t* begrenzt meist die Prismen allein an den Enden; auch nach *r* ist eine Absonderung vorhanden. Dasselbe Mineral findet sich zuweilen in grösseren derben Stücken erratisch im norddeutschen Diluvium, ferner bei Wurlitz im Fichtelgebirge; sodann gehören hierher die grauen krystallinischen Strahlen von Reichenstein in Schlesien, von Schwarzenberg in Sachsen; ferner die graulich-grünen schilfartigen Strahlen von der Mussaalp im Alathal in Piemont (Mussit oder Alalith), von Zermatt im Kanton Wallis, im Zillerthal in Tirol etc. In manchen Gneissen und Hornblendegesteinen Schlesiens als mikroskopischer Bestandtheil. Aehnliche Mineralien finden sich auch im Kalk eingewachsen, so bei Pargas in Finnland, bei Gulsjö in Schweden, bei Arendal in Norwegen, bei Bolton in Massachusetts und a. a. O. in Nordamerika. Zum S. ist endlich noch zu rechnen der grüne *Baikalit*, welcher mit Apatit und Magnesiaglimmer am Baikalsee vorkommt, zuweilen in gut ausgebildeten Krystallen.

Eisenreichere und damit MgO-ärmere und meist zugleich etwas MnO enthaltende, stets dunkelgrüne und nur in dünnen Schichten durchsichtige Pyroxene, welche jedoch mit den eisenfreien oder -armen Diopsid oder Salit durch ganz allmählige Uebergänge verbunden sind, kennt man von verschiedenen Fundorten, bes. in Skandinavien; so erhält z. B. ein solcher schwarzgrüner Augit vom Taberg in Wermland 17,38 FeO und 4,99 MgO. Einige haben besondere Namen erhalten, so der *Kokkolith*, mit Kalkspath lagerartig im Magneteisen von Arendal in Norwegen, meist grün in verschiedenen helleren und dunkleren Nüancen, ein Aggregat lose verbundener unregelmässig polyëdrisch begrenzter Körner von Linsen- bis Erbsengrösse, zuweilen auch kleiner; es sind darunter aber auch heller gefärbte Fe-ärmere Abänderungen; der *Funkit* von Bocksäter in Gotland liegt im Kalk, beide ca. 10 % FeO. Je grösser der FeO-Gehalt, desto leichter die Schmelzbarkeit.

Die reinen, MgO-freien Kalkeisenaugite $CaFeSi_2O_6$ (29.43 FeO, 22,18 CaO) heissen *Hedenbergit*; es sind dunkel schwarzgrüne, im Strich heller grüne, undurchsichtige derbe Massen, mit einem Spaltungsprisma von 87° 5'. G. = 3,47; auf den Erzlagerstätten von Tunaberg in Schweden im körnigen Kalk; auch bei Arendal. Der braune *Schefferit* von Långban in Schweden ist ein 10 % MnO enthaltender Kalkmagnesiapyroxen, der schwarze *Jeffersonit* von Franklin und Stirling in New-York enthält ZnO und MnO.

Augite lassen sich durch Zusammenschmelzen der Bestandtheile darstellen; sie finden sich auch in Hüttenschlacken. Auch durch

Sublimation aus vulkanischen Dämpfen sind Augitkrystalle gebildet worden. Geschmolzener Pyroxen (auch AlO_3-haltiger) erstarrt, langsam abgekühlt, wieder als Pyroxen.

Diallag (Blätteraugit) ist ein monokliner, meist AlO_3-armer (1—4% AlO_3) selten daran reicherer Pyroxen von mittlerem FeO-Gehalt (8—16% FeO mit etwas MnO), der sich nur durch eine vollkommene Spaltbarkeit (oder Absonderung infolge der nach der Querfläche eingewachsenen mikroskopischen Krystallplättchen) nach der Querfläche auszeichnet. Auch die Flächen des Vertikalprismas M sind etwas blättrig, $M/M = 87°$ ca., doch sind deutlich ausgebildete Krystalle selten; meist findet man nur unregelmässig begrenzte blättrige, zuweilen etwas fasrige Platten oder Körner in den Gabbrogesteinen, zuweilen mit Hypersthen zusammen und mit diesem parallel verwachsen (pag. 413). H. = 4—5. G. = 3,2 bis 3,4. Braun, grau oder grün; auf dem Blätterbruch einen metallischen Schiller durch jene in seiner Richtung eingewachsene dünne tafelförmige Kryställchen von mikroskopischer Kleinheit; höchstens kantendurchscheinend; Dichroismus wenig bedeutend. Die Lage der optischen Elasticitätsaxen ist im Allgemeinen wie beim Diopsid, so dass also auf einem Spaltungsplättchen ein Bild einer Axe wahrnehmbar ist (Unterschied von den rhombischen Augiten, welche zuweilen äusserlich sehr ähnlich sind); es sind aber in dieser Beziehung manche Unregelmässigkeiten zu beobachten. Hauptfundorte sind die Gabbros: im Radauthal im Harz, bei Penig in Sachsen, Volpersdorf in Schlesien, im Grossarlthal im Salzburgschen, Ultenthal in Tirol, bei Pacher in Steiermark, Le Prese im Veltlin, Ivrea in Piemont, Prato in Toskana, im Ural, in Australien etc.; Krystalle bei Wildschönau in Tirol. V. d. L. und gegen Säuren wie Diopsid, verwittert ziemlich leicht und daher meist etwas H_2O-haltig. Das Endprodukt der Umwandlung ist eine talk- oder serpentinähnlich zusammengesetzte weiche Substanz.

β. Thonerdehaltige (Augit im engern Sinne).

Sie enthalten 4—9 Al% O_3 nebst FeO_3, sind übrigens nicht scharf von den thonerdefreien geschieden, welche AlO_3 in geringen Mengen ebenfalls vielfach enthalten. Meist sind ca. 10% FeO vorhanden. Sie werden als isomorphe Mischungen von: $mMgCaSi_2O_6 + nMgAlSiO_6$ oder: $mMgO \cdot CaO \cdot 2SiO_2 + nMgO \cdot AlO_3 \cdot SiO_2$ aufgefasst, wo MgO z. Th. durch FeO und MnO, AlO_3 durch FeO_3 vertreten ist; demnach muss stets $Mg + Fe > Ca$ sein, was auch meist die Analysen ergeben; ein nicht selten vorhandener kleiner Na-Gehalt scheint auf der Beimischung einer kleinen Menge von Na_2AlSiO_6 zu beruhen. Manche betrachten auch die AlO_3-haltigen Augite als isomorphe Mischung von $RSiO_3$ und AlO_3, wie die AlO_3-haltigen Hornblenden. Die Farbe ist dunkelgrün oder -braun bis fast schwarz, undurchsichtig, nur in dünnen Lamellen durchscheinend. Sie schmelzen nicht sehr schwer zu schwarzer, magnetischer Schlacke.

Bei den Krystallen pflegen, im Gegensatz zum AlO_3-freien Diopsid, die Prismenflächen *M* über die Pinakoide *r* und *l* vorzuherrschen; es entstehen dadurch meist achtseitige Prismen mit annähernd gleich grossen Flächen oder solche, wo die Kanten von *M* nur wenig, seltener gar nicht, abgestumpft sind. Die Krystalle, bald ein-, bald aufgewachsen, sind z. Th. sehr schön ausgebildet. Manche sind flächenarm, manche bilden sehr complicirte Combinationen. Ein sehr einfacher Krystall ist der in Fig. 463 abgebildete, an dem das hintere augitartige Paar *s* = 2Ᵽ2 ($\bar{1}21$) die alleinige Endbegrenzung bildet; dazu gesellt sich dann auch wohl häufig die Basis *n* = 0*P* (001) und die vordere Schiefendfläche *t* = —Ᵽ∞ (101) (Fig. 464); die Fläche *n* überwiegt zuweilen und der Krystall ist dann am Ende von einer rauhen rundlichen Fläche begrenzt, welche annähernd senkrecht zu der Prismenkante liegt. Diese Formen, ringsum ausgebildet, finden sich an dem Augit von Basalten, Melaphyren etc. und deren Tuffen (*basaltischer Augit*). Viel flächenreicher sind aber häufig die ähnlich wie Diopsid vorkommenden, auf Klüften von Silicatgesteinen aufgewachsenen Krystalle des *Fassaits* (Pyrgoms): ein solcher ist Fig. 465*)

Fig. 463.

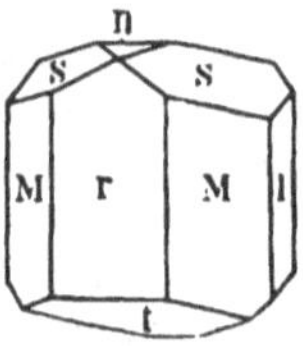

Fig. 464.

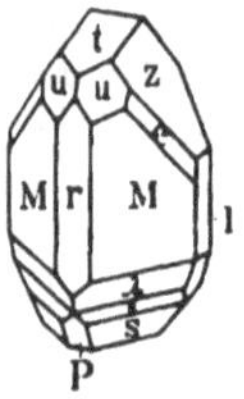

Fig. 465.

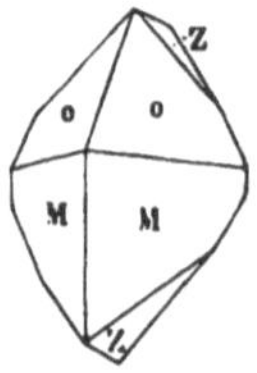

Fig. 466.

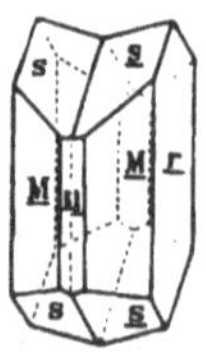

Fig. 467.

abgebildet, wo ausser den schon beim Diopsid angeführten Flächen *M*, *r*, *l*, *λ*, *o*, *s*, *u*, *t*, *P* noch die beiden vordern augitartigen Paare: *z* = —4Ᵽ4 (141) und *e* = —6Ᵽ2 (361) vorkommen (welche in dem schiefwinkligen Axensystem die Ausdrücke: *z* = 2Ᵽ∞ (021) und *e* = —3Ᵽ3 (131) haben). Eine etwas einfachere Combination des Fassaits giebt Fig. 466, an welcher nur die Flächen *o* und *z* neben dem Prisma *M* vorkommen, dessen Kanten nicht abgestumpft sind. Zwillinge sind bei dem thonerdehaltigen Augit nach verschiedenen Gesetzen beobachtet; so besonders nach der Querfläche *r*; einen solchen, wie er beim basaltischen Augit häufig vorkommt, giebt Fig. 467 (vergl. Fig. 204—207); andere Gesetze sind seltener. Die Winkel und die optischen Verhältnisse sind hier ähnlich wie beim Diopsid; die Neigung der + M. L. gegen die Axe *c*, sowie die Winkel der opt. Axen sind mit der Zusammensetzung etwas schwankend; der Dichroismus ist meist sehr merklich, aber nicht so stark wie bei den entsprechenden Amphibolen.

*) In dieser Abbildung kehrt der Krystall seine Vorderseite dem Beschauer zu, bei den anderen die Hinterseite, vergl. pag. 414.

Man unterscheidet verschiedene Varietäten der thonerdehaltigen Augite:

Gemeiner Augit, meist dunkelgrünlich bis grünlichschwarz (rabenschwarz), findet sich in älteren Gesteinen als Gemengtheil, so z. B. in den Diabasen, meist derb; ferner gehören zum gemeinen Augit die Krystalle aus den Magneteisenlagern der Gegend von Arendal; ein Theil des *Kokkolith* (der schwarze), der schwarze Augit aus dem Kalk von Pargas in Finnland etc. Heller gefärbt sind zuweilen die auf Klüften und Spalten der Silicatgesteine der Alpen etc. sitzenden Krystalle des *Fassaits (Pyrgoms)* (Fig. 461. 462) z. B. bei Traversella in Piemont, oder aus der Contactzone des Kalks und der Silicatgesteine im Fassathal in Tirol. Thonerdehaltig ist ferner der grösste Theil der verschieden gefärbten braunen oder grünen kleinen glänzenden Krystalle auf den Drusen der Sommaauswürflinge.

Der *Basaltische Augit* (muschliger A.) in vulkanischen Gesteinen, vorzugsweise in Phonolithen, Basalten und Malaphyren und deren Tuffen, auch in modernen Laven eingewachsen, als Gemengtheil oder lose in den vulkanischen Sanden und Aschen (Fig. 463, 464, 467), meist in schönen Krystallen. Zeigt zuweilen eine „geflossene", rundliche Oberfläche; Blätterbrüche wenig deutlich, Bruch muschlig; höchstens durchscheinend; braunschwarz (pechschwarz). Besonders schöne und grosse Krystalle in dem Basalttuff von Boreslaw in Böhmen; ferner am Kaiserstuhl bei Freiburg im Breisgau, wo er ca. $3\,TiO_2$ enthält, am Laacher See, in der Eifel, in der Rhön; ferner am Vesuv und Aetna, in der Auvergne, auf den Azoren, Canaren etc. Ganz ähnlich ist der A. aus dem Augitporphyr von Bufaure im Fassathal, mit gerundeter Endbegrenzung *n* (Fig. 464) (siehe oben).

Alle diese $\overline{\overline{Al}}O_3$-haltigen Augite verwittern nicht schwer und geben Thon (z. B. Anauxit), auch chloritische Substanzen (Grünerde, Seladonit), welche als Pseudomorphosen nach Augit vorkommen.

Thonerdehaltig ist auch der smaragdgrüne *Chromdiopsid* mit einigen Procent $\overline{\overline{Al}}O_3$, der in kleinen Körnern in manchen Olivingesteinen, z. B. in den Olivinbomben des Dreiser Weihers in der Eifel, in den Olivineinschlüssen vieler Basalte z. B. am Stempel bei Marburg, im Lherzolith vom See Lherz in den Pyrenäen etc. vorkommt. Ebenso auch der lauch- oder grasgrüne *Omphazit*, derb, strahlig-blättrig, mit grasgrüner Hornblende (Smaragdit) verwachsen im Eklogit des Fichtelgebirgs, der Saualpe in Kärnten, von Pacher in Steiermark etc.

Thonerdehaltige Augite sind zuweilen unter Beibehaltung der Form in mehr oder weniger deutlich parallelfasrige Hornblende verwandelt, die man an den Blätterbrüchen erkennt (*Uralit*, vergl. pag. 426).

(v. Kockscharow, Materialien Bd. I. v. Zepharovich, N. Jahrb. für Min. 1871. Hessenberg, Min. Notizen an vielen Stellen. Tschermak, Miner. Mitthlgn. I. 1871. Dölter, Tschermak, Min. Mitthlgn. VII. 1877. Miner. und petrogr. Mitthlgn. I. 1878, II. 1880, V. 1882. Rammelsberg, Pogg. Ann. 103. Ztschr. d. deutsch. Geol. Ges. 1867. Wiik, Ztschr. Kryst. Bd. VIII. Herwig, Gymnasialprogramm, Saarbrücken 1884. Dölter, N. Jahrb. Min. 1885. I. pag. 43. Mann, N. Jahrb. Min. 1884. II. pag. 173.) (Siehe auch ganz am Schluss der Amphibolgruppe.)

γ. Alkalihaltige

sind im ganzen wenig wichtig:

Spodumen (Triphan), $Li_2O . AlO_3 . 4SiO_2$ mit 7,09 Li_2O. Monoklin, zuweilen in deutlichen, der Augitform entsprechenden Krystallen, meist in derben, breitstrahligen Massen, weiss bei Norwich in Massachusetts (hier in Krystallen), in den Block Hills in Dakota etc., grün auf den Magneteisenlagern von Utö in Schweden. Der schön smaragdgrüne Sp. von Alexander Cty. in N. Carolina, der als Edelstein verschliffen wird, ist *Hiddenit* genannt worden. In der Form steht sehr nahe der viel SiO_2-reichere und daher auch wohl von der Augitgruppe getrennte *Petalit*: $Li_2O . AlO_3 . 8SiO_2$, weiss, ins Rosenrothe, fettartiger Glasglanz; auf Utö mit Spodumen in körnigen Massen, bei Bolton in Massachusetts. Der wasserhelle, stark glasglänzende P. auf den Granitgängen von Elba mit Pollux ist *Castor* genannt worden; ein Verwitterungsproduct desselben ist der *Hydrocastorit*. Ein Na-haltiger Spodumen ist der *Jadëit*, $Na_2O . AlO_3 . 4SiO_2$, mit zwei sich unter 87° ca. schneidenden Bl. Br. Meist sind es feinkörnige bis dichte, zähe Massen von splittrigem Bruch und weisser bis dunkelgrüner Farbe. H. $= 6\frac{1}{2} - 7$. G. $= 3,28 - 3,35$. Wie alle alkalihaltige Augite leicht schmelzbar. In Europa bis vor kurzem mit Sicherheit nur zu Steinbeilen und anderen Geräthen verarbeitet, nicht roh gefunden; roher J. bisher nur in Central- und Südasien; neuerdings sind Gerölle davon am Neuenburger See gefunden worden, welche wahrscheinlich aus den Alpen stammen. (Cohen, N. Jahrb. Min. 1884 Bd. I. pag. 71.) Eisenhaltig ist der bisher nur in (zu Steinbeilen etc.) verarbeitetem Zustand gefundene grüne *Chloromelanit* (vergl. auch bezgl. des Jadeit pag. 422 (Nephrit)).

Akmit, $Na_2O . FeO_3 . 4SiO_2$. Dunkelbraune Krystalle von der Form des Augit, aber in etwas abweichender Ausbildung; durch Ausdehnung der Querfläche r tafelförmig, theils am Ende durch die steilen Flächen o sehr spitzig, theils durch die stärker gegen die Axe c geneigten Flächen P und s stumpf begrenzt; im Quarz bei Brevig in Norwegen. Von ihm nicht verschieden ist der schwarze *Aegyrin* im Zirkonsyenit des südl. Norwegen, in langen, stark längsgestreiften Prismen und in einem ähnlichen Gestein im Julians-haab-District in Grönland, früher z. Th. für Arfvedsonit gehalten. Beide ebenfalls sehr leicht schmelzbar. (Dölter, Tschermak, Mineralog. und petrgr. Mittheilgn. I. 1878.)

c. *Trikline Pyroxene.*

Besonders die MnO-haltigen. *Rhodonit* (Mangankiesel, Pajsbergit); $MnSiO_3$ mit etwas Ca und Fe. Die Krystallform ähnlich der des Augit. Ein Spaltungsprisma hat einen Winkel von 87° 38'. H. $= 5\frac{1}{2}$. G. $= 3,5 - 3,6$. Dunkelrosenroth, durch Verwitterung schwarz. Krystalle: Pajsberg in Schweden, St. Marcel in Piemont; derbe körnige, bis beinahe dichte Massen im Harz und bei Katharinenburg im Ural, hier in sehr grossen Massen, wird hier zu Kunstgegenständen verarbeitet; bei Vicenza etc. Sehr ähnlich ist der stark kalkhaltige *Bustamit* von Mexiko und der Zn-haltige *Fowlerit* von Sterling in New-Jersey. Triklin und in der Form dem Augit sehr ähnlich ist auch der schwarze *Babingtonit* von Arendal, Baveno und Nassau etc., CaO, FeO und MnO, neben FeO_3 enthaltend.

Gruppe der Hornblende (Amphibol).

a. *Rhombische Amphibole.*

(Ebenfalls die MgO-haltigen und CaO-freien, wie in der Pyroxengruppe pag. 411.)

Anthophyllit. $MgSiO_3 = MgO . SiO_2$, mit etwas FeO als $FeSiO_3$ und wenig AlO_3, ungefähr entsprechend dem Bronzit. Deutliche Krystalle sind nicht bekannt, meist sind es lange, breitstrahlige, auch etwas fasrige und sogar asbestartige

Aggregate. Nach der optischen Untersuchung, wornach eine Auslöschungsrichtung der Prismenkante parallel geht, rhombisch; zwei Spaltungsflächen nach den Prismenflächen machen $124\frac{1}{2}$—125°; die leichteste Spaltbarkeit geht nach der Querfläche, welche die stumpfe Prismenkante von $124\frac{1}{2}$° abstumpft. Opt. A. E. *ac*, — M. L. *c*. Braun, metallisch schillernd; stark dichroitisch. Kongsberg in Norwegen, in Grönland, auch am Schneeberg in Passeir in Tirol. Bei manchen sonst ganz ähnlichen Mineralien, z. Th. von denselben Fundorten, ist die eine Auslöschungsrichtung nicht mit der Prismenkante parallel; diese sind daher monoklin (*Antophyllit-Amphibol*). Alle sind sehr schwer schmelzbar. Ein *FeO*- und $\ddot{A}lO_3$-reicher Anthophyllit ist der braune *Gedrit* von Gèdres in den Pyrenäen; ein fast reiner Magnesia-Anthophyllit, $MgSiO_3$, dem Enstatit entsprechend, ist der grüne *Kupfferit* vom Ilmengebirge im Ural und ein Anthophyllit von Perth in Canada.

b. *Monokline Amphibole.*

Sie sind im allgemeinen *MgO*-reicher als die Pyroxene, manche enthalten etwas *Fl*, im Pargasit bis 3%. Geschmolzen und langsam erkaltet, erstarren sie in der Form des Augit unter entsprechender Erhöhung des spec. Gewichts.

α. Thonerdefreie.

Sie zeigen nur das Prisma $\infty P(110)$ von 124° 28′ mit der Längsfläche $\infty\breve{P}\infty$ (010) ohne Endflächen; die lang prismatischen Krystalle sind Zwillinge nach der Querfläche. Die Spaltbarkeit nach den Prismenflächen ist vollkommener, als bei den Augiten. Bis gegen 2% $\ddot{A}lO_3$.

Man unterscheidet einige Varietäten:

Tremolit (Grammatit). $Mg_3CaSi_4O_{12} = 3MgO \cdot CaO \cdot 4SiO_2$, 28,85 *MgO*, 13,35 *CaO*, 57,70 SiO_2, *FeO*-frei oder -arm (bis 3% *FeO*). Lange, weisse bis graue, glasglänzende, durchscheinende bis undurchsichtige Prismen, mit ebenen Flächen und scharfen Kanten, oder weisse seidenglänzende, fasrige z. Th. asbestähnliche Aggregate, meist im körnigen Kalk. H. = $5\frac{1}{2}$—6. Sehr spröde und zerbrechlich. G. = 2,9—3,0. Opt. A. E. *ac*, — M. L. 75° gegen die Axe *c* geneigt, und zwar im stumpfen Winkel β (vergl. pag. 422, β). Schmilzt schwer, die bei der Erstarrung erhaltene Masse hat die Augitform und es ist G. = 3,2, statt vorher 3,0. Von Säuren nicht angegriffen. Bei Campo longo am St. Gotthard u. a. O. der Alpen, in Skandinavien etc., stellenweise massenhaft als Tremolitschiefer. *Strahlstein* (Aktinolith) ist stark eisenhaltig durch Beimischung von $3FeO \cdot CaO \cdot 4SiO_2$ (6—13 *FeO*). Bouteillengrün mit merklichem Dichroismus, was überhaupt vielfach die gefärbten Amphibole von den im allgemeinen weniger dichroitischen Pyroxenen unterscheidet; durchscheinend bis durchsichtig. G. = 3,03 —3,17. H. = $5\frac{1}{2}$—6. Entweder in einzelnen langen Prismen ohne Endbegrenzung, aber mit ebenen Flächen im sog. Talkschiefer der Tiroler Alpen, bes. im Zillerthal, oder in strahligen Aggregaten, auch auf Erzgängen, z. B. bei Schwarzenberg und Breitenbrunn im Erzgebirge, sowie im Kalk bei Wolkenstein in Sachsen; auch bei Reichenstein u. a. a. O. in Schlesien. In den Alpen stellenweisse Strahlsteinschiefer bildend in grösseren Massen. Als ein dichter Strahlstein, z. Th. mit eingemengten Diopsidkörnern, ist der dichte, verworrenfasrige, äusserst zähe *Nephrit* (Jade) von grüner, graulicher bis weisser Farbe anzusehen; Bruch splitterig, schwer schmelzbar; H. = 5½—6. G. = 2,97—3,0. Anstehend in Neuseeland (Punamustein), von den Eingeborenen zu Waffen und Geräthen verarbeitet; ebenso in Centralasien, in Turkestan, im Kwenlun, anstehend und in Geröllen in den dortigen Wasserläufen, von wo er zu den Chinesen kommt, die ihn als den Stein Yü zu verschiedenartigen Geräthen herrichten. In Europa in prähistorischen Zeiten vielfach benützt; es wurde vorausgesetzt, das Material sei aus Asien importirt worden, auch hier sind aber neuestens Fundstellen anstehenden Ns. bekannt geworden, und zwar im Zobtengebirge bei Jordansmühl in Schlesien in Verbindung mit Serpentin und Granulit; Gerölle, wahrscheinlich einheimischen Ursprungs, am Neuenburger See.

(H. Fischer, Nephrit und Jadeit 1875. Arzruni, Zeitschr. für Ethnologie 1883. Traube, N. Jarhrb. Min., Beil.-Bd. III. 412, 1884. A. B. Meyer, Mitthlgn. Anthropolog. Ges. Wien 1883. 1885.)

Fast reines Eisensilicat ist der dunkelgrüne fasrige *Grünerit*, $FeO \cdot SiO_2$; Spaltungswinkel der Hornblende; Colobrières in Frankreich. Die AlO_3-freien Hornblenden verwittern zu talk- und serpentinähnlichen Massen.

β. Thonerdehaltige (Hornblenden im engeren Sinne).

Diese sind häufig mit Endflächen auskrystallisirt. Der AlO_3-Gehalt ist häufig grösser als bei den Pyroxenen (bis 18 %); meist finden sich geringe Mengen von Na_2O (auch K_2O). In der Hauptsache sind es isomorphe Mischungen von $3MgO \cdot CaO \cdot 4SiO_2$, $3FeO \cdot CaO \cdot 4SiO_2$ und einem noch nicht genauer bekannten AlO_3-haltigen Silicat, vielleicht von der Form: $CaO \cdot MgO \cdot 2AlO_3 \cdot 2SiO_2$ nebst der entsprechenden FeO_3-Verbindung in verschiedenen Mischungsverhältnissen; bei den etwas Alkali enthaltenden gesellt sich dazu noch in geringer Menge ein Glied vielleicht von der Form: $Na_2O \cdot AlO_3 \cdot 4SiO_2$. (Scharitzer, N. Jahrb. Min. etc. 1884. Bd. II. pag. 143.) Manche betrachten die AlO_3-haltigen Hornblenden wie die Augite als isomorphe Mischungen von $R^{II}SiO_3$ und AlO_3. G. = 3,1—3,3. H. = 5½—6. Diese Amphibole sind meist dunkel gefärbt, grün oder braun bis ins Schwarze (raben- oder pechschwarz), seltener bläulich (Pargas) oder dunkelblau (Utö). Auch hier ist der Dichroismus stark. Opt. A. E. *ac*, die M. L. selten (Pargasit) +, meist —, liegt im stumpfen Winkel β, macht mit Axe *c* 70—88°, ist also z. Th. fast normal zur Querfläche (vergl. Tremolit) und daher auf dieser die Interferenzfigur mit beiden optischen Axen zu sehen; der Winkel der M. L. gegen die Axe *c*, sowie der opt. Axenwinkel ist mit der Zusammensetzung etwas schwankend; geneigte Dispersion; $\rho < \nu$. Schmilzt nicht schwer, um so leichter, je grösser der *Fe*- und Alkaligehalt ist. Wird nur nach dem Schmelzen von Säuren merklich angegriffen.

Zu der thonerdehaltigen Hornblende gehören vor allem die dunkelschwarzgrünen (rabenschwarzen) Varietäten in plutonischen Gesteinen (*gemeine Hornblende*). Dieselben sind zuweilen in deutlichen aufgewachsenen Krystallen ausgebildet, so auf den Magneteisenlagerstätten von Arendal in Norwegen, vom Taberg in Wermland und von Philippstad in Schweden. Eine hier vielfach vorkommende Krystallform ist in Fig. 468 abgebildet. Das vollkommen spaltbare Prisma $M = \infty P$ (110) hat den Winkel $M/M = 124^0\ 11'$, der aber etwas schwankend ist und dessen vordere Kante die Querfläche: $s = \infty \bar{P} \infty$ (100) gerade abstumpft; dazu kommt das Klinodoma $l = \grave{P}\infty$ (011), dessen vordere E. K. die Basis $P = 0P$ (001) gerade abstumpft; $l/l = 148^0\ 16'$; $P/s = 104^0\ 58'$; daraus: $a : b : c = 0,5318 : 1 : 0,2936$; $\beta = 104^0\ 58'$; seltener ist auch die scharfe seitliche Kante von M durch die Längsfläche $x = \infty \grave{P} \infty$ (010) abgestumpft; auch begrenzt zuweilen P die Krystalle am Ende allein.

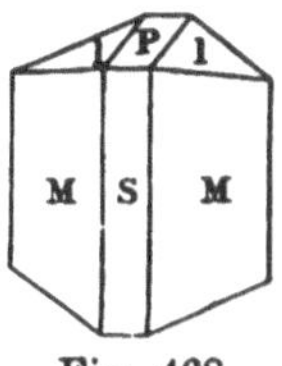

Fig. 468.

Das Hauptvorkommen der gemeinen Hornblende ist aber in derben, deutlich nach M spaltbaren, zuweilen fasrig aussehenden Körnern und und Aggregaten, welche einen Bestandtheil der Syenite, Diorite, Hornblendeschiefer und anderer ähnlicher Gesteine ausmachen. Die gemeine Hornblende ist stets sehr stark dichroitisch und unterscheidet sich dadurch von dem oft ähnlichen, aber meist nur schwach dichroitischen gemeinen Augit. Wegen des Vorkommens in solchen älteren Gesteinen schliessen sich hier einige etwas abweichende und z. Th. mit besonderen Namen belegte Varietäten an, so der braune *Karinthin* aus dem Eklogit der Saualpe in Kärnten; der grasgrüne, strahligblättrige *Smaragdit*, zuweilen mit ähnlichem grünen Augit (Omphacit) verwachsen, ebenfalls im Eklogit; der weisse, tremolitähnliche *Kokscharowit*, der mit dem centralasiatischen Lasurstein zusammen vorkommt; der hellbläulichgrüne *Pargasit*, in oft rundlich begrenzten, „geflossenen", Krystallen im körnigen Kalk von Pargas in Finnland eingewachsen u. a. mehr. Thonerdehaltig sind auch die kleinen glänzenden Hornblendekryställchen aus den Auswürflingen der Somma.

Besonders gehört aber noch zu den thonerdehaltigen Amphibolen die *basaltische Hornblende* von braunschwarzer (pechschwarzer) Farbe, welche ähnlich wie der basaltische Augit an vielen Stellen in vulkanischen Gesteinen (Basalten, Trachyten etc. und deren Tuffen) in derben, nach M spaltbaren Individuen und in deutlichen Krystallen vorkommt; namentlich ausgezeichnet im böhmischen Mittelgebirge, besonders im Basalttuff am Wolfsberg bei Cernosin. Die Krystalle sind ringsum ausgebildet und zeigen bald einfache, bald complicirtere Combinationen und vielfach Zwillinge nach der Querfläche. Eine sehr gewöhnliche einfache, scheinbar rhomboëdrische Combination siehe Fig. 469. An dem Prisma M mit nahe denselben Winkeln und derselben Spaltbarkeit, wie bei der gemeinen Hornblende, stumpft die Längsfläche $x = \infty \grave{P} \infty$ (010) die scharfe seitliche Kante ab, so dass ein scheinbar hexagonales Prisma entsteht. Die stumpfe vordere Kante ist nie abgestumpft; darnach unterscheidet man diese Krystalle leicht von den sonst sehr ähnlichen des basaltischen Augit, an welchen ein scheinbar quadratisches Prisma mit abgestumpften Kanten auftritt; an diesem sind auch die Bl. Br.

viel weniger deutlich. Die Endbegrenzung bildet die Basis $P = 0P$ (001) und das hintere augitartige Paar $r = P(\bar{1}11)$, wo $r/r = 148^0\ 30'$ und $r/P = 145^0\ 35'$, so dass auch in den Winkeln die Flächen P und r ein scheinbares Rhomboëder zu dem scheinbaren 2. hexagonalen Prisma Mx bilden. Häufig treten noch weitere Flächen dazu,

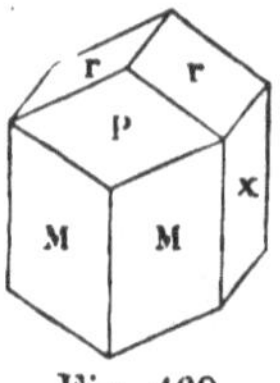

Fig. 469.

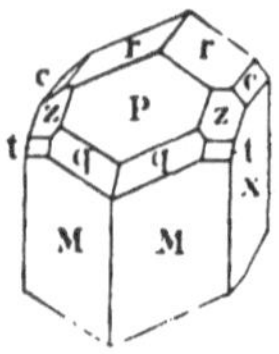

Fig. 470.

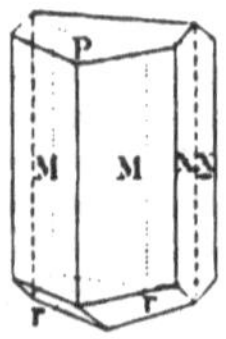

Fig. 471.

complicirtere Combinationen z. B. von der Form der Fig. 470 bildend: $\underline{q} = -P$ (111), $P/q = 152^0\ 36'$ und $q/q = 154^0\ 26'$; $c =$ 3Ꝑ3 $(\bar{1}31)$, $c/x = 130^0\ 35'$; $t = -$ 3Ꝑ3 (131); $z =$ 2Ꝑ∞ (021), $P/z = 150^0\ 13'$, $z/z = 120^0\ 26'$.

(Franzenau, Zeitschr. Kryst. VIII. 568. v. Kokscharow, Materialien etc. Bd. VIII. 1881.)

Die Flächen der Hornblende lassen sich wie die des Augits auf ein beinahe rechtwinkliges Axensystem beziehen, das mit dem rechtwinkligen des Augits sehr grosse Aehnlichkeit hat. Nimmt man M wieder als Vertikalprisma ∞P (110) und r als vorderes schiefes Prisma: $r = -$ 2Ꝑ2 (121), dann wird, dem Zonenzusammenhang entsprechend: $P =$ Ꝑ∞ $(\bar{1}01)$; $z =$ 4Ꝑ4 $(\bar{1}41)$; $c = -$ 6Ꝑ6 (161); $t =$ 6Ꝑ2 $(\bar{3}61)$; $q =$ 3Ꝑ$\frac{3}{2}$ $(\bar{3}21)$, der Ausdruck für die Längsfläche x bleibt stets derselbe. Die angeführten Winkel geben dann: $a : b : c = 0{,}5297 : 1 : 0{,}1469$; $\beta = 90^0\ 34'$ (vorn). Dieses Axensystem würde das naturgemässeste sein, da aber die rhombischen Amphibole noch nicht in Krystallen bekannt sind und überhaupt eine sehr geringe Rolle spielen, so ist hier das weitaus gebräuchlichste schiefwinklige Axensystem beibehalten worden. (Vergl. Augit und die Schlussbetrachtung, pag. 414 und 425.)

Zwillinge nach der Querfläche sind häufig. An solchen bilden die zwei Flächen P und $\underline{P}$ am einen Ende ein Makrodoma und die vier Flächen r am andern ein scheinbar quadratisches Oktaëder, wo $r/r = 148^0\ 30'$ und $r/\underline{r}$ beinahe genau ebenso gross (Fig. 471); einspringende Winkel kommen kaum vor. Die Krystalle haben häufig eine gerundete (geflossene) Oberfläche. Als Fundorte ausser dem genannten sind für die basaltische Hornblende etwa noch anzuführen: die Basalttuffe der schwäbischen Alb, manche Basalte und Tuffe der Rhön, der Stenzelsberg im Siebengebirge (im Trachyt), Dockweiler in der Eifel im Tuff etc.

Die Hornblenden verwittern leicht zu Thon wie die Augite und gehen auch sonstige Umwandlungsprocesse ein.

Zum Amphibol gehört auch der *Breislakit*, braune, haarfeine Krystallnädelchen, vielfach filzartig verwebt, in Hohlräumen mancher Basalte und Laven, z. B. bei Rom, Neapel etc.

γ. Alkali- (Na_2O-) haltige,

nicht von erheblicher Wichtigkeit, auch AlO_3-haltig, z. Th. AlO_3 durch FeO_3 ersetzt (vergl. β).

Arfvedsonit, $Na_2O \cdot FeO_3 \cdot 4SiO_2$, mit wenig $FeO \cdot SiO_2$ gemischt. Gleicht gemeiner Hornblende in der Farbe und im Aussehen. Schmilzt schon in der Lichtflamme. Im Zirkonsyenit des südl. Norwegens und Grönlands (vergl. Aegyrin). Eine fasrige Var. desselben ist der blaue *Krokydolith* vom Orange River am Cap (hier häufig in braunen Faserquarz (Tigerauge) verwandelt), und von Golling im Salzburg'schen im Sapphirquarz (Dölter, Zeitschr. Kryst. IV. 39).

Glaukophan. Ist in der Hauptsache $Na_2O \cdot AlO_3 \cdot 4SiO_2$. Krystalle wie Hornblende, meist aber derbe körnige und stenglige Aggregate; blau, stark dichroitisch, leicht schmelzbar. Bildet förmliche Glaukophangesteine in den krystallinischen Schiefern der Insel Syra und anderer Gegenden in Griechenland, bei Zermatt in der Schweiz, bei St. Marcel in Piemont (Gastaldit) und auf der bretonischen Insel Groix, sowie in Neu-Caledonien. (Lüdecke, Zeitschr. deutsch. geol. Ges. 1876. 248. v. Lasaulx, Sitzgsber. der niederrhein. Ges. in Bonn. 3. Dezbr. 1884. Bodewig, Pogg. Ann. 158 pag. 224.)

c. *Trikline Amphibole*

sind ganz unwichtig; hierher gehört der *Cossyrit* von der Insel Pantelleria; der *Hermannit*, $MnSiO_3$ von Cummington, Massachusetts, ist vielleicht ebenfalls ein trikliner Amphibol.

Asbest. Manche Hornblendevarietäten, namentlich Tremolit und Strahlstein, aber nicht ausschliesslich diese, kommen zuweilen in sehr feinen, kürzeren bis ziemlich langen meist weissen Fasern vor, welche im Talkschiefer oder auch im Kalk eingewachsen sind und welche *Asbest* heissen. Diese feinen Haare sind bald leicht von einander zu trennen, bald sind sie filzartig innig durcheinander gewebt. Manche sind spröde *(Byssolith)*, manche, und besonders die feinsten, sind biegsam (*Amianth*, *Bergflachs*). Letztere lassen sich zu Geweben verarbeiten oder zu anderen technischen Zwecken verwerthen, wo ein zartes, weiches Material hohe Temperatur ertragen muss, z. B. zum Dichten von Dampfröhren etc. Der in dieser Weise technisch verwendbare Asbest wird an manchen Orten in grösseren Mengen gewonnen, so in den lombardischen Alpen, in Canada etc. Auch in Corsica und im Ural ist er massenhaft vorgekommen. Zuweilen bilden diese verfilzten Fasern auch compactere Massen, welche die Namen *Bergfleisch*, *Bergleder*, *Bergkork* etc. führen, je nach der grösseren oder geringeren Härte und Festigkeit und dem den genannten Substanzen entsprechenden Beschaffenheit. Uebrigens stehen ähnliche fasrige Massen auch mit Diopsid und namentlich mit Serpentin in Zusammenhang (Serpentinasbest). (Vergl. auch Breislakit.)

Beziehungen zwischen Pyroxen und Amphibol. Beide sind als heteromorphe Zustände derselben Substanz aufzufassen: Hornblende erstarrt nach dem Schmelzen in der Form des Augit ohne Aenderung der Zusammensetzung und des absoluten, aber mit Aenderung des specifischen Gewichts (beim Tremolit von 3,0 in 3,2) und der Spaltbarkeit. Beide Mineralien haben aber auch sehr grosse Aehnlichkeit in der Krystallform, so dass man sie auf dasselbe Axensystem beziehen kann.

Fasst man die oben erwähnten nahe rechtwinkligen Axen zur Vergleichung ins Auge, so ist für:

Bronzit: $a:b:c = 1{,}031 : 1 : 0{,}2938$, $\beta = 90^0$
Augit: $a:b:c = 1{,}0585 : 1 : 0{,}2971$, $\beta = 90^0\ 22'$
Hornblende: $a:b:c = 0{,}5297 : 1 : 0{,}1469$, $\beta = 90^0\ 34'$ oder:
$= 1{,}0594 : 2 : 0{,}2938$,

wenn man bei der Hornblende alle Axen verdoppelt. Dann ist a und c bei beiden Mineralien nahe gleich, aber b (Hbl.) $= 2b$ (Aug.). Beinahe vollkommene Uebereinstimmung fände statt, wenn man die Axe b der Hbl. halbirte, m. a. W. für das Prisma ∞P (110) der Hornblende den Ausdruck $\infty \bar{P}2$ (210) wählte, resp. wenn man die Axe b des Augits verdoppelte. Diese Aehnlichkeit in der Form spricht sich noch weiter in der häufigen Parallelverwachsung beider Mineralien aus, welche stets so vor sich geht, dass die Vertikalaxen und die Längsflächen in beiden parallel sind und dass der Augit seine Flächen s dahin kehrt, wo die Hornblende ihre Flächen z hat; beide Flächen s und z fallen dann beinahe genau in ein Niveau. s ist $= \bar{1}21$; $z = \bar{1}41$, je an dem für Augit und Hornblende geltenden nahe rechtwinkligen Axensystem; bezieht man z auf das Axensystem des Augit, so ist sein Ausdruck nach dem obigen ebenfalls $= \bar{1}21$; vergleicht man die Winkel von s und z je mit der Längsfläche l resp. x, so ist: $s\,l = 119^0\ 36'$ (Augit), $z\,x = 119^0\ 47'$ (Hornblende), also beide sehr nahe gleich. Ebenso ist $s\,s = z/z$, denn $s/s = 120^0\ 48'$ und $z\,z = 120^0\ 48'$ und ferner sind die Winkel annähernd gleich, welche die Kanten $s\,s$ resp. z/z mit der Vertikalaxe c (Vertikalprismenkante) machen, diese sind: $105^0\ 22'$ für Kante s/s und $104^0\ 58'$ für z/z.

Vielfach findet man Krystalle von der Form des Augit, deren Substanz aber die der Hornblende mit dem Spaltungsprisma von 124^0 ist; der ganze Inhalt der Augitform ist ein fasriges Aggregat dünner parallelstehender Hornblendesäulchen. Es ist dies wahrscheinlich eine Paramorphose von Hornblende nach Augit, sog. *Uralit.* Zuerst im Augitporphyr des Urals gefunden, dann bei Predazzo in Tirol im gleichen Gestein, bei Arendal in Norwegen etc. Eine ähnliche Bildung sind wohl auch die hell lauchgrünen fasrigen Prismen des *Traversellit* von Traversella in Piemont. Durch Umwandlung in Amphibol fasrig gewordener Pyroxen wird darnach uralitisirt genannt. Der Uralitisirungsprocess kommt bei AlO_3-haltigen und -freien Pyroxenen vor.

(Vergl. zu Pyroxen und Amphibol: Tschermak, Min. Mitthlgn. Bd. I. 1871. Rammelsberg, Pogg. Ann. Bd. 103.)

Beryll.

$Be_3AlSi_6O_{18} = 3BeO \,.\, AlO_3 \,.\, 6SiO_2$; 66,84 SiO_2, 19,05 AlO_3, 14,14 BeO, meist etwas Fe, auch Cr wird angegeben, sowie etwas H_2O und organische Substanz. Hexagonal, ausgezeichnet vollflächig; $a:c = 1:0{,}4999$. $M = \infty P\ (10\bar{1}0)$, meist langprismatisch entwickelt, mit der Basis $m = 0P\ (0001)$ eine gewöhnliche Combination (Fig. 472); durch das gleichzeitige Auftreten des zweiten Prismas: $n = \infty P2\ (11\bar{2}0)$ und von dihexagonalen Prismen neben M und n entstehen scheinbar cylindrische Prismen, und die Flächen der Prismenzone erscheinen stark längsgestreift (vergl. Fig. 112). Dihexaëder der Stellung von M sind mehrere beobachtet: $p = P\ (10\bar{1}1)$; $m/p = 150^0\ 3'$ (neben M und m in Fig. 473); sodann das steilere $u = 2P\ (20\bar{2}1)$, $u/m = 130^0\ 58'$; ein Dihexaëder der andern Stellung in zwei Zonen $[pM]$ ist $s = 2P2\ (11\bar{2}1)$, $s/c = 135^0\ 4'$; endlich das Didodekaëder $k = 3P\frac{3}{2}\ (21\bar{3}1)$, die Kanten s/M abstumpfend; alle genannten Flächen treten zuweilen zusammen und bilden die Combination Fig. 474. Keine Zwillinge. Der Basis geht ein ziemlich deutlicher Bl. Br. parallel; Bruch kleinmuschlig; spröde; H. $= 7\frac{1}{2}$. G. $= 2,68-2,72$ (Beryll); $2,70-2,76$ (Smaragd). Glasglanz, auf $0P$ perlmutterartig; durchsichtig bis durchscheinend. Smaragdgrün (*Smaragd*, als Edelstein sehr geschätzt); blaugrün oder meergrün (*Aquamarin*), ebenfalls als Edelstein benutzt, aber viel weniger werthvoll, als Smaragd, wie dieser häufig von inneren Rissen durchsetzt und da-

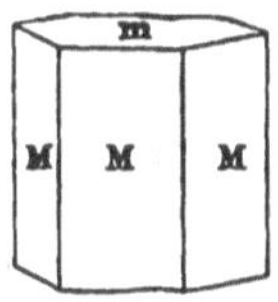

Fig. 472.

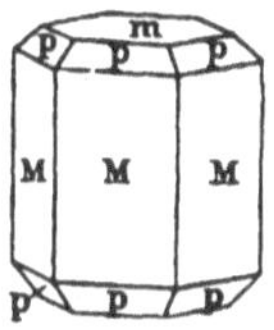

Fig. 473.

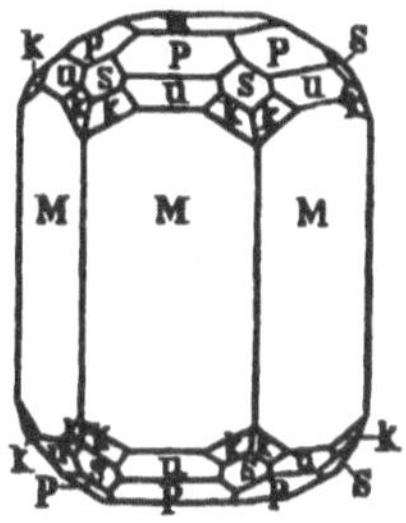

Fig. 474.

durch getrübt; auch gelblichgrün, rosenroth, sowie farblos und wasserhell. Oder auch undurchsichtig, höchstens kantendurchscheinend (*gemeiner Beryll*); trübgrünlich oder gelblichweiss. D. Br. —; $\omega = 1,5841$, $\varepsilon = 1,5780$ (gr.) (Smaragd von Muso); nicht selten durch innere Spannungen zweiaxig. Schmilzt v. d. L. schwer zu einer blasigen Schlacke; von Säure nicht angegriffen. Findet sich in Krystallen auf- und eingewachsen, und in derben Massen. Der *Smaragd* auf Drusen in einem bituminösen Kalk bei Muso in Neugranada mit Kalkspath, Quarz, Schwefelkies und Parisit; hier wird er bergmännisch gewonnen; an der Takowaja bei Katharinenburg im Ural im Glimmerschiefer mit Chrysoberyll, Phenakit, Apatit, Rutil etc.; im gleichen Gestein kleine, aber schön grüne Prismen im Habachthale im Salzburg'schen; mit Feldspath, Quarz und Glimmer bei Eidsvold am Südende des Mjösensees in Norwegen; bei Alexander Co. in Nordcarolina; auch bei Kosseir am rothen Meer in Aegypten. Der *Aquamarin* und andere durchsichtige Berylle finden sich vielfach im Granit auf Drusenräumen aufgewachsen, ferner auch in krystallinischen Schiefern; auf Elba rosenroth und farblos, in den Mourne Mountains in Ireland, bei Mursinsk, Schaitansk etc. im Ural, bei Nertschinsk in Transbaikalien, im Adontschilongebirge, im Altai; in Brasilien, hier auch als Gerölle im Sande, in Ostindien etc. *Gemeiner Beryll* häufig in deutlichen scharfkantigen Krystallen der Combination M, m; aber auch in derben Massen bis zu centnerschwer meist im Granit, auch im Gneiss etc. eingewachsen: Langenbielau in Schlesien, Bodenmais im bayr. Wald, Limoges in Frankreich, Finbo in Schweden, Grafton in New-Hampshire, Goshen in Massachusetts (Goshenit) u. a. O. in Nordamerika. Verwittert zu Kaolin, auch zu Glimmer.

(v. Kokscharow, Materialien Bd. I (vergl. 3). Vrba, Zeitschr. Kryst. Bd. V.)

Leukophan. Dicktafelförmige rhombische oder monokline, schalige und stenglige, hellgelbliche bis grünlichgraue Aggregate von der ungefähren Zusammensetzung $(Ca, Be)_8 Si_4 O_{13} . 2NaFl$, aus dem Zirkonsyenit des Langesundfjords im südl. Norwegen, bes. von Lamö. Der ähnlich zusammengesetzte gelbe *Melinophan* von Brevig und Frederiksvärn in derselben Gegend ist quadratisch.

Cordierit (Dichroit).

$Mg_2(Al, Fe)_2 Si_5 O_{18} = 2MgO . 2(Al, Fe)O_3 . 5SiO_2$; ca. 50 % SiO_2. Rhombisch, meist von hexagonalem Habitus. $M = \infty P(110)$, $M/M = 119^{\circ} 10'$ und $l = \infty P\breve{\infty}$ (010) geben ein scheinbar hexagonales Prisma und $t = \frac{1}{2}P(112)$, $t/t = 57^{\circ} 46'$, (S. K.), mit $s = P\breve{\infty}$ (011), $s/s = 58^{\circ} 22'$ (S. K.) ein scheinbares Dihexaëder derselben Stellung, dazu die Basis $P = 0P$ (001). Daneben treten vielfach andere Flächen auf. Zwillinge nach M selten. Spaltbarkeit nach l ziemlich deutlich, nach der Basis P zuweilen eine schalige Absonderung (s. u.). Bruch muschlig. Spröde. H. = $7\frac{1}{2}$, G. = 2,6—2,7. Glasglänzend, durchscheinend bis durchsichtig, farblos, gelblich, graulich, grün, vor allem blau und ausgezeichnet dichroitisch, und zwar ist die Flächenfarbe auf der Basis dunkelblau, auf der Querfläche hellblau, auf der Längsfläche gelblichgrau. Opt. A. E. *bc*, — M. L. *c*, Axenwinkel schwankend. Von Säuren nicht angegriffen, v. d. L. schwer schmelzbar. Der Cordierit findet sich entweder in kurzprismenförmigen Krystallen von unregelmässiger Ausbildung mit rundlichen rauhen Flächen, meistens im Granit und in krystallinischen Schiefern eingewachsen, besonders bei Bodenmais im bayr. Wald (sog. Peliom) mit Magnetkies; oder in derben Massen an vielen Orten, ebenfalls vorwiegend in krystallinischen Schiefern, bes. im Gneiss (Dichroitgneiss) z. B. bei Lunzenau in Sachsen; Cabo de Gata in Spanien (Jolith); Arendal und Kragerö in Norwegen, Fahlun in Schweden, Orijärfvi in Finnland (Steinheilit), Haddam in Connecticut, in Grönland etc. Durchsichtige blaue Geschiebe finden sich in den Edelsteinsaifen von Ceylon; diese werden auch als Edelsteine verschliffen (Luchs- oder Wassersapphir). Selten in vulkanischen Gesteinen (Trachyten) (Laacher See, Ungarn, bei Campiglia maritima in Toskana, vielleicht auch der spanische).

(Tamnau, Pogg. Ann. 12. 495. v. Lasaulx, Zeitschr. Kryst. Bd. VIII. Szabó, N. Jahrb. Min. 1. Beil.-Bd. pag. 302.)

Der C. ist sehr der Verwitterung unterworfen, wobei H_2O, K_2O und CaO aufgenommen, MgO und SiO_2 abgegeben wird; daher geben auch die Analysen etwas schwankende Resultate. Eine Folge der Verwitterung ist eine ausgezeichnete schalige Absonderung nach der Basis, die auch bei anscheinend frischen Stücken schon merklich ist. Die Masse wird dabei weich und matt und die Endproducte der Verwitterung sind vielfach von muskovitähnlicher Zusammensetzung und von brauner, grüner und rother Farbe. Solche Verwitterungsproducte sind der braune säulenförmige dichte *Pinit*, fast genau wie ein Kaliglimmer zusammengesetzt, im Granit von Schneeberg und Aue in Sachsen, der Auvergne, Bretagne, von Haddam in Connecticut und vielen andern Orten; davon nicht wesentlich verschieden ist der weisse *Oosit* von Oos bei Baden-Baden. (Uebrigens ist manches, was Pinit genannt wird, nicht aus Cordierit, sondern aus Turmalin u. a Mineralien entstanden.) Ferner der *Fahlunit* von Fahlun in Schweden; der braune *harte F.* ist noch beinahe unveränderter Cordierit, der *weiche F.* ist schon stark umgewandelt. Hierher gehört auch der *Praseolith* und *Esmarkit* von Brevig in Norwegen, der *Aspasiolith* von Kragerö, der *Gigantolith*,

Pyrargillit und *Bonsdorffit* aus Finnland etc. Alle diese kommen in ganz ähnlicher Weise in den krystallinischen Schiefern etc. vor, wie der unveränderte Cordierit und mit diesem häufig auch zusammen und im Innern noch unzersetzte Cordierittheilchen beherbergend. (Wichmann, Zeitschr. d. deutsch. geol. Ges. Bd. 26.)

Isomorphe Reihe des Granats.

Reguläre Mineralien von der allgemeinen Formel: $M_3\overline{R}Si_3O_{12} = 3MO \, . \, \overline{R}O_3 \, . \, 3SiO_2$, wo $M = Ca, Fe, Mg, Mn, Cr$ (?); $\overline{R} = \overline{Al}, \overline{Fe}, \overline{Cr}$. Die der allgemeinen Formel entsprechenden Verbindungen, welche in der Natur eine Rolle spielen, sind darnach die folgenden:

Kalkthongranat: $Ca_3\overline{Al}Si_3O_{12} = 3CaO \, . \, \overline{Al}O_3 \, . \, 3SiO_2$.
Eisenthongranat: $Fe_3\overline{Al}Si_3O_{12} = 3FeO \, . \, \overline{Al}O_3 \, . \, 3SiO_2$.
Magnesiathongranat: $Mg_3\overline{Al}Si_3O_{12} = 3MgO \, . \, \overline{Al}O_3 \, . \, 3SiO_2$.
Manganthongranat: $Mn_3\overline{Al}Si_3O_{12} = 3MnO \, . \, \overline{Al}O_3 \, . \, 3SiO_2$.
Kalkeisengranat: $Ca_3\overline{Fe}Si_3O_{12} = 3CaO \, . \, \overline{Fe}O_3 \, . \, 3SiO_2$.
Kalkchromgranat: $Ca_3\overline{Cr}Si_3O_{12} = 3CaO \, . \, \overline{Cr}O_3 \, . \, 3SiO_2$.

Diese Grundverbindungen finden sich theils isolirt in der Natur, meist sind sie aber mit einander isomorph gemischt in verschiedenen Verhältnissen, so dass vielfach z. B. CaO durch FeO, $\overline{Al}O_3$ durch $\overline{Fe}O_3$ etc. theilweise ersetzt ist. In diesen Mischungen sind auch oft noch einige andere Grundverbindungen, die den obigen ganz analog gebaut sind und die sich im einzelnen Fall aus den Analysen von selbst ergeben, dieselben spielen aber neben den obigen wichtigsten und verbreitetsten eine untergeordnete Rolle und sind daher hier nicht speciell mit aufgeführt; statt SiO_2 findet man zuweilen etwas TiO_2; auch YO kommt manchmal vor (Yttergranat).

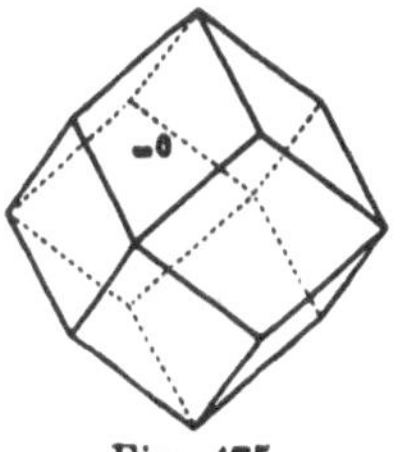
Fig. 475.

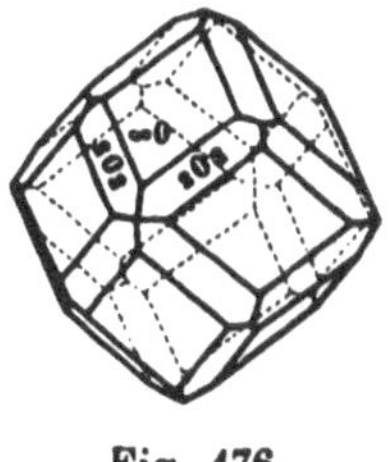
Fig. 476.

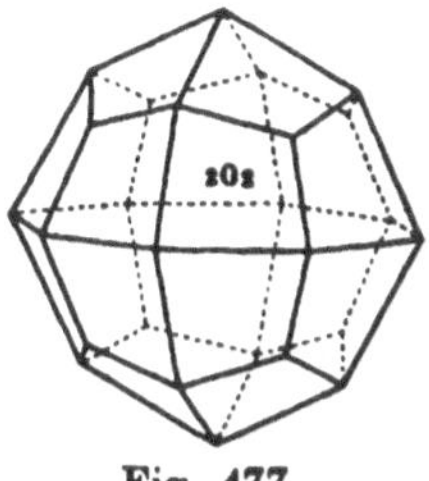
Fig. 477.

Die Krystallform ist vorzugsweise das Rhombendodekaëder (Granatoëder), theils allein (Fig. 475), theils mit abgestumpften Kanten in Combination mit den Ikositetraëder $2O2$ (211) (Fig. 476) oder auch wohl letzterer Körper allein, mit in der Richtung der langen Diagonale gestreiften Flächen (Fig. 477). Auch Hexakisoktaëder kommen nicht selten vor, z. B. $3O\frac{3}{2}$ (321), die Combinationskanten zwischen ∞O (110) und $2O2$ (211) abstumpfend (Fig. 477a); sodann ein sehr granatoëderähnliches Hexakisoktaëder, scheinbar ein Granatoëder, aber mit nach den

Fig. 477a.

Diagonalen etwas geknickten Kanten, das an manchen Granatvarietäten sich findet; es hat den Ausdruck: $64O\frac{64}{63}$ (64. 63. 1). Die einfachsten regulären Formen, Oktaëder und besonders der Würfel, gehören beim Granat zu den Seltenheiten; Pyramidenwürfel und Pyramidenoktaëder kommen zwar vor, sind aber ebenfalls nicht häufig. (Bauer, Zeitschr. der deutsch. geol. Ges. Bd. 26.)

Blätterbrüche fehlen; Bruch kleinmuschlig; spröde. H. = 7 – 8. G. = 3,5—4,2, je nach der Zusammensetzung. Glasglänzend, durchscheinend bis undurchsichtig, seltener durchsichtig (edler Granat). Mancher Gr. ist vollkommen isotrop, mancher andere wirkt auf das polarisirte Licht. (Klein, N. Jahrb. für Min. etc. 1883. I. 87.)

Zuweilen farblos, meist gefärbt, häufig roth, auch braun, gelb, grün, schwarz, kurz alle Farben ausser blau. Alle schmelzen, den unschmelzbaren Chromgranat ausgenommen, mehr oder weniger leicht ohne Gewichtsverlust, das spec. Gewicht der erstarrten amorphen Schmelze ist aber erheblich geringer als das des ursprünglichen Krystalls: bei einem sog. Grossular vom Wiluifluss in Sibirien ist: G. = 3,63 vor und = 2,95 nach dem Schmelzen. Von Säuren wird nur die Schmelze angegriffen und unter Bildung von Kieselgallerte zersetzt, nicht aber der ungeschmolzene Granat.

Kalkthongranat. Findet sich in der Natur theils ziemlich rein, theils ist eine mehr oder weniger grosse Menge CaO durch FeO und AlO_3 durch FeO_3 ersetzt, so dass Uebergänge zum Eisenthon- und Kalkeisengranat entstehen. Die reine Verbindung besteht aus: 34,23 CaO, 22,77 AlO_3, 40,00 SiO_2; sie ist annähernd repräsentirt durch den farblosen, z. Th. wasserhellen Granat von Auerbach an der Bergstrasse, Jordansmühl in Schlesien, Telemarken in Norwegen, welche aber schon kleine Mengen FeO, MnO etc. enthalten. Etwas FeO und MnO enthält auch der hyacinthrothe sog. *Hessonit* (Kaneelstein), der sich in schönen durchsichtigen aufgewachsenen Krystallen mit Diopsid und Chlorit bei Alt-Kemnitz in Schlesien, Ala in Piemont und Achmatowsk im Ural findet, ferner auch bei Friedeberg in Oesterr. Schlesien; auf Feldspath in den Granitgängen von Elba, sodann in den Sommaauswürflingen; bei Malsjö in Schweden im Kalk, an vielen Orten in Amerika, in Ceylon in grösseren Massen anstehend im Gneiss und als durchsichtige Gerölle im Flusskies mit anderen Edelsteinen; der letztere wird unter dem Namen Hyacinth als Edelstein verschliffen. Solche klare Geschiebe auch bei Ohlapian in Siebenbürgen. Dichter Hessonit ist der *Romanzovit* von Kimito in Finnland. Die grünen und grauen Granate dieser Gruppe nennt man *Grossular*. Dieser findet sich nicht selten mit Vesuvian zusammen in grossen, wohlausgebildeten Krystallen. Ein vielgenannter Fundort desselben ist am Wiluifluss in der Nähe des Baikalsees im Ural, wo er mit Wiluit (Vesuvian) vorkommt; er selbst wird wohl ebenfalls Wiluit genannt; auch an andern Orten in Sibirien, z. B. an der Slüdjanka; bei Slatoust im Ural etc. Als Contactmineral findet er sich bei Orawicza im Banat, am Monzoni im Fassathal, bei Auerbach an der Bergstrasse; ferner bei Dobschau in Ungarn auf Spalten im Serpentin, vielfach in den Alpen etc. Hierher gehört noch ein rosenrother Gr. im Kalk aus Mexiko, der fleischrothe, von Oktaëder und Pyramidenoktaëder begrenzte aus den grünen Schiefern von Elba, der sehr stark glänzende, fast farblose bis beinahe smaragdgrüne sog. *Demantoid* in runden Knollen aus den Talkschiefer von Syssersk im Ural und andere. Brauner und gelber Kalkthongranat findet sich auch in den Sommauswürflingen.

Eisenthongranat. 43,32 *FeO*, 20,58 $\text{Al}O_3$, 36,10 SiO_2; *FeO* durch *CaO*, FeO_3 durch $\text{Al}O_3$ in mehr oder weniger grosser Menge vertreten. G. = 4,2 vor, 4,1 nach dem Schmelzen. Ist z. Th. durchsichtig und columbinroth (mit einem Stich in's Blaue, *Almandin*); derselbe wird wie der Hessonit als Edelstein verschliffen (sirischer oder orientalischer Granat). Findet sich in Geschieben mit andern Edelsteinen in Brasilien, Hinterindien (z. B. bei der Stadt Sirian in Pegu), auf Ceylon etc. Der undurchsichtige, trübe ist der verbreitetste aller Granaten; er findet sich in grösseren oder kleineren gut ausgebildeten Krystallen als accessorischer Bestandtheil in vielen Gneissen und Glimmerschiefern u. a. ähnlichen Gesteinen, auch in Gestalt unregelmässig runder Körner und in derben, oft schalig abgesonderten Massen; seltener in Eruptivgesteinen wie Syenit, Diorit, Porphyrit etc. Im Eklogit bildet er sogar einen wesentlichen Bestandtheil. Besonders grosse Krystalle, über Faustgrösse, finden sich in Tyrol, bei Fahlun in Schweden und in Grönland; kleinere ausserdem noch an vielen Orten in Schweden, Norwegen (z. B. bei Arendal, Tvedestrand etc.) und Finnland, und daher auch in den Diluvialgeschieben des norddeutschen Flachlands. Auch in den deutschen Mittelgebirgen des Südens und Nordens, in den Alpen, Pyrenäen etc. eine gewöhnliche Erscheinung, die Zahl der Fundorte ist ausserordentlich gross. Seltener ist er in vulkanischen Gesteinen, so in einigen Trachyten der Auvergne, der Canaren etc. Häufig in den Auswürflingen der Somma. Selten auch im Kalk eingewachsen und auf Erzgängen; so an einigen Stellen im Erzgebirge: bei Altenberg, Ehrenfriedersdorf und Schwarzenberg in Sachsen, Garppenberg in Schweden etc.

Magnesiathongranat. Findet sich nicht rein in der Natur; der bekannteste ist der schwarze von Arendal in Norwegen in Granatoëdern mit abgestumpften Kanten, der 22 $\text{Al}O_3$ und neben 13 *MgO* auch 6 *MnO*, $6\frac{1}{2}$ *CaO* und 9 *FeO* enthält. Dieser Granat ist wenig verbreitet. An ihn schliesst sich der *Pyrop* (böhmischer Granat) an, durchsichtig von blutrother Farbe (mit einem Stich ins Gelbe); derselbe enthält neben 15 *MgO* noch 10 *FeO*, 5 *CaO*, $2\frac{1}{2}$ *MnO* und 4 *CrO*; von Sesquioxyden nur $\text{Al}O_3$. Findet sich im Serpentin und in einem durch Zersetzung desselben entstandenen unreinen, braunen Opal, sowie in einer lockeren Erde von verwittertem Serpentin in der Gegend von Neupaka, Gitschin etc. in Böhmen, wo er durch Waschen gewonnen und als Edelstein verarbeitet wird. Nie deutliche Krystalle, stets rundliche Körner, selten von mehr als Erbsengrösse. G. = 3,7 bis 3,8. H. = 7½. Fast unschmelzbar. Findet sich übrigens auch sonst im Serpentin und damit in Beziehung stehenden Gesteinen, so bei Zöblitz in Sachsen und an vielen andern Orten. Zuweilen äusserlich in fasrige Hornblende oder Augit verwandelt.

Manganthongranat (Spessartin). Neben AlO_3 etwas FeO_3, neben MnO meist viel FeO; wenig verbreitet. Rothbraune bis dunkel gelbrothe, meist kleine Körner und Krystalle im Granit und in krystallinischen Schiefern, so bei Aschaffenburg im Spessart, bei Salm-Chateau in den Ardennen, bei St. Marcel in Piemont, Haddam in Connecticut. MnO-reich, aber auch stark FeO_3-haltig sind manche Granaten aus schottischen Graniten.

Kalkeisengranat. 33,07 CaO, 31,50 FeO_3, 35,43 SiO_2. FeO_3 ist zum Theil durch AlO_3 ersetzt, auch FeO, MnO, MgO und YO ist vielfach statt CaO vorhanden. Die hierher gehörigen Granaten sehen äusserlich sehr verschieden aus. *Melanit* bildet schwarze Granatoëder mit abgestumpften Kanten, in vulkanischen Gesteinen und Tuffen eingelagert und ringsum ausgebildet, so bei Frascati im Albaner Gebirge, am Laacher See am Rhein, bei Oberbergen am Kaiserstuhl; glänzende aufgewachsene Kryställchen in den Sommaauswürflingen. *Topazolith* bildet kleine grüngelbe, bald mehr gelbe, bald mehr grüne, aufgewachsene Kryställchen $64O\frac{6}{6}\frac{4}{3}$ (64.63.1); Erzgebirge, Wurlitz im Fichtelgebirge, Mussaalp in Piemont; wenig verbreitet. *Aplom*, grüne und braune Krystalle an vielen Stellen verbreitet, so in den Kies-, Blende- und Magneteisenlagerstätten des Erzgebirgs, besonders bei Schwarzenberg, Breitenbrunn, Geyer, Ehrenfriedersdorf etc., ferner im Kalkstein von Boden bei Marienberg neben Hessonit; im Harz bei Altenau (gelb) und auf den Erzgängen von Andreasberg, bei Schmiedefeld im Thüringer Wald; in den Alpen bei Zermatt; an mehreren Orten in Skandinavien: z. B. bei Arendal in Norwegen dunkelbraune Krystalle im Kalk; bei Hesselkulla, Lindbo, Sala (gelbbraun) etc. in Schweden; bei Pitkairanta in Finnland; im Ural z. B. bei Achmatowsk (gelbbraun) und in Sibirien; in Nordamerika. Der pechglänzende lockerkörnige *Kolophonit* von Arendal gehört z. Th. hierher, z. Th. zum Vesuvian. Derbe und dichte Massen meist von grüner oder brauner, auch gelber Farbe haben vielfach die Zusammensetzung des Kalkeisengranats; sie sind z. Th. *Allochroit* genannt worden, so derjenige von Drammen in Norwegen, sonst vielfach mit dem gleich zusammengesetzten Aplom zusammen, z. B. an den genannten Fundorten des Erzgebirgs; ferner bei Wurlitz im Fichtelgebirge, bei Pfunders, am Schwarzenstein und am Wildkreuzjoch in Tirol, bei Zermatt in der Schweiz etc. Hierher gehört auch der gelbe sog. *Rothoffit* von Långban in Schweden und manches Andere.

Kalkchromgranat (Chromgranat, Uwarowit); fast rein, 22—23% CrO_3, daneben wenig AlO_3. G. = 3,42—3,50. H. = 7½—8. Smaragdgrüne durchscheinende Oktaëder oder krystallinische Krusten. Auf Chromeisenstein, sehr selten, Syssersk und Kyschtimsk im Ural.

Der Granat verwittert leicht und geht je nach der Zusammensetzung verschiedene Veränderungen ein. Thonerdefreier Granat giebt serpentin- und specksteinähnliche Umwandlungsproducte, sehr eisenreicher auch Rotheisenstein. Thonerdehaltiger Gr. giebt Chlorit, Glimmer etc., welche auf ursprünglichen Spaltrissen eingewachsen liegen oder auch die Krystalle an der ganzen Oberfläche bedecken und auch Pseudomorphosen nach Granat bilden. Der Granat bildet endlich sog. Perimorphosen, papierdünne Hüllen von der Form und Zusammensetzung des Granats, im Innern erfüllt von einem Gemenge von Kalk, Quarz, Epidot, Skapolith etc.; finden sich im körnigen Kalk von Arendal in Norwegen.

Prehnit.

$H_2Ca_2\bar{Al}Si_3O_{12} = H_2O \,.\, 2CaO \,.\, \bar{Al}O_3 \,.\, 3SiO_2$; bis 7% $\bar{Fe}O_3$ statt $\bar{Al}O_3$. H_2O geht erst in der Glühhitze weg. Rhombische Prismen mit 99° 38′ in der vorderen Kante, nebst der Basis bilden meist niedere Tafeln, an denen die Kanten zwischen den Prismenflächen und der Basis zuweilen durch Oktaëderflächen abgestumpft werden. Diese Tafeln sind häufig in annähernd paralleler Stellung zu fächerförmigen, scheinbar an der stumpfen Prismenkante aufgeblätterten Aggregaten verwachsen, in denen die einzelnen Tafeln die Axen *b* gemein haben, und wo die Basisflächen kleine Winkel mit einander machen; auch finden sich kugelige und traubige, auch wohl unregelmässig begrenzte Aggregate von strahliger und fasriger Structur. Nach der Basis deutlich blättrig. H. = $6^1/_2$. G. = 2,8—3,0. Durchscheinend, glasglänzend; meist grün, auch gelblich, selten farblos. Opt. A. E. *ac*, seltener *bc*, + M. L. *c*. Ziemlich schwer schmelzbar; von Säuren nur nach vorgängigem Glühen zersetzt. Findet sich als Zersetzungsproduct mancher Silicate auf Klüften und Hohlräumen älterer krystallinischer Silicatgesteine an vielen Orten, aber immer nur in geringer Menge, oft mit Epidot zusammen, so namentlich im Diorit, Melaphyr, Gabbro; weniger im Granit und in krystallinischen Schiefern; auch auf Erzlagerstätten besonders mit Kupfer. Einige vielgenannte Fundorte sind: Oberstein a. d. Nahe im Melaphyr, zuweilen mit ged. Kupfer; bei Harzburg im Harz im Gabbro; im Riesengebirge; bei Ratschinges und im Fassathal in Tirol; Bourg d'Oisans im Dauphiné; bei Barèges in den Pyrenäen (Kupholith); in Schottland; bei Aedelfors in Schweden (Edelith); am Cap der guten Hoffnung; in den Kupferlagerstätten am Oberen See im Staat Michigan etc. Hier auch in kleinen rundlichen grünen radialfasrigen Geröllen, sog. Chlorastrolith.

Karpholith. $H_4R\bar{R}Si_2O_{10}$; $R = Mn$ und wenig Fe; $\bar{R} = \bar{Al}$ und wenig $\bar{Fe}$; fasrige und strahlige büschelförmige gelbe und grüne seidenglänzende Aggregate; Schlaggenwalde in Böhmen, auch Wippra im Harz.

Isomorphe Reihe des Olivins.

$R_2SiO_4 = 2RO \,.\, SiO_2$, rhombisch; $R = Mg, Fe, Ca, Zn, Mn$.

Dieselbe Formel kommt auch den Mineralien der rhomboëdrischen Willemitreihe zu; sie ist also dimorph. Die Krystallform des Olivins ist ähnlich der des Chrysoberylls.

Forsterit: Mg_2SiO_4; $a : b : c = 0,4666 : 1 : 0,587$;
Eisenfrischschlacke: Fe_2SiO_4; $a : b : c = 0,4623 : 1 : 0,5831$.
Monticellit: $MgCaSiO_4$; $a : b : c = 0,43337 : 1 : 0,5865$;
Olivin: $(Mg, Fe)_2SiO_4$; $a : b : c = 0,4657 : 1 : 0,5866$;
Hyalosiderit: $(\frac{2}{3} Mg, \frac{1}{3} Fe)_2SiO_4$; $a : b : c = 0,465 : 1 : 0,584$;
Hortonolith $(Fe, Mg, Mn)_2SiO_4$; $a : b : c = 0,466 : 1 : 0,601$.
Röpperit: $(Fe, Mn, Zn, Mg)_2SiO_4$; $a : b : c = 0,466 : 1 : 0,586$.
Tephroit: Mn_2SiO_4; $a : b : c = 0,4600 : 1 : 0,5937$.

Forsterit. Kleine, stark glänzende, durchsichtige, farblose Kryställchen auf Sommaauswürflingen. Damit identisch ist der graue *Boltonit* im körnigen Kalk von Bolton in Massachusetts.

Monticellit. Farblose oder sehr licht gefärbte durchsichtige bis durchscheinende olivinähnliche Kryställchen, zuweilen Zwillinge und Drillinge, in Kalkauswürflingen der Somma. Grössere, undurchsichtige, grünliche Krystalle am Monzoni in Tirol, theilweise in Serpentin und in Fassait verwandelt. (G. vom Rath, Zeitschr. d. deutsch. geol. Ges. 1875. 379. Pogg., Ann. 135. 581.) Der identische blaugraue derbe *Batrachit* liegt im Kalk eingewachsen in der Contactzone, ebendort.

Olivin (Peridot, Chrysolith).

$2(Mg,Fe)O \cdot SiO_2$; $7-10 FeO$, ca. $50 MgO$ und $40 SiO_2$, SiO_2 z. Th. durch etwas (4—6 %) TiO_2 ersetzt (Titanolivin von Pfunders in Tirol und von Zermatt in der Schweiz). Findet sich nicht selten in deutlich ausgebildeten rhombischen Krystallen: $n = \infty P$ (110); $n/n = 130^0\ 2'$; die vordere Kante meist, aber nicht immer ziemlich stark abgestumpft durch die längsgestreifte Querfläche $M = \infty \bar{P} \infty$ (100); zuweilen ist noch $s = \infty \breve{P} 2$ (120) in der Prismenzone, die Kante n/T abstumpfend, und die scharfe Kante n/n ist durch die meist nur schmale Längsfläche $T = \infty \breve{P} \infty$ abgestumpft. An den Enden trifft man häufig das Oktaëder: $e = P$ (111), dessen Flächen aber meist klein sind, nebst dem Makrodoma: $d = \bar{P} \infty$ (101), das die vorderen E. K. von e abstumpft und das Brachydoma: $k = 2 \breve{P} \infty$ (021); $d/d = 76^0\ 54'$ (oben) und $k/k = 80^0\ 53'$ (oben) (Fig. 478, 479.) Zwillinge selten; finden sich bei Snarum in Norwegen und an manchen basaltischen etc. Olivinen (Kalkowsky, Ztschr. Kryst. X. 17; vergl. G. vom Rath bei Monticellit). Blätterbrüche nach T meist deutlich, Bruch muschlig, spröde.

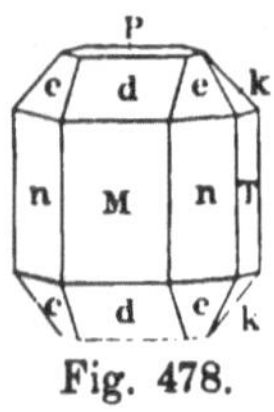

Fig. 478.

Fig. 479.

H. $= 6\frac{1}{2}-7$. G. $= 3,3$ bis $3,5$. Glasglänzend, durchsichtig bis durchscheinend; grün, durch beginnende Verwitterung gelb, braun und roth. Opt. A. E. ab, + M. L. a. $2V = 87^0\ 40'$; $\beta = 1,678$ (g.). $\varrho < v$. V. d. L. sind nur die sehr eisenreichen, und zwar schwer schmelzbar, die andern nicht; mit HCl gelatinirend. Gute Krystalle kommen lose aus dem Orient (Oberägypten) und aus Brasilien, hier auch in abgerollten durchsichtigen Stücken, welche als Edelsteine verschliffen werden (Chrysolith); die runden Körner im Meteoreisen von Krasnojarsk in Sibirien (Pallaseisen) haben einzelne kleine Krystallflächen. Sehr grosse Krystalle im Kalkspath von Achmatowsk im Ural, etwas kleinere im Talkschiefer vom Itkulberg im Ural bei Syssersk. Seltener deutlich ausgebildete Krystalle, häufiger unregelmässige Körner von Olivin sind in den Basalten und basaltischen Laven eingeschlossen, sodann im Pikrit, Melaphyr, in manchen Diabasen (Olivindiabas), z. B. bei Biedenkopf in Hessen, auch in manchen Gabbros (Olivingabbro), z. B. bei Volpersdorf in Schlesien, im Radauthal im Harz, im Ultenthal in Tirol, bei Elfdalen in Norwegen etc. Stellenweise nimmt der O. derart überhand, dass das Gestein in einen Olivinfels übergeht, in welchem dem O. noch Chromdiopsid, Picotit, Diallag u. a. Mineralien in einzelnen Körnern beigemengt sind. Aehnliche Olivingesteine stehen auch mit krystallinischen Schiefern in Verbindung. Einige Fundorte von Olivingesteinen sind: In der Umgebung des Sees Lherz in den Pyrenäen (Lherzolith), in Neuseeland in den Dunmountains (Dunit); im Ural im Talkschiefer (Glinkit) bei Syssersk und Kyschtimsk und im Glimmerschiefer von Birkedal bei Stat in Norwegen. Einzelne Brocken von Olivinfels, mit denselben accessorischen Mineralien wie der anstehende, finden sich ebenfalls im Basalt, ebenso aber auch in vulkanischen Tuffen vielfach eingeschlossen (Olivinbomben), z. B. am Dreiser Weiher in der Eifel, bei Naurod bei Wiesbaden, am Stempel bei Marburg, bei Kapfenstein in Steiermark etc. Man nimmt daher wohl an, dass bei den Eruptionen Stücke von Olivinfels im Innern der Erde losgerissen und an die Oberfläche gebracht worden sind. Das Vorkommen von meteorischem O. im Pallaseisen ist schon erwähnt; in vielen Meteoriten findet sich O.; manche Meteorsteine, wie der von Chassigny, bestehen beinahe ganz aus diesem Mineral.

Der O. verwittert ausserordentlich leicht und geht dabei in Serpentin, zuweilen auch in Talk etc., kurz in Al_2O_3-freie Magnesiasilicate über. Der meiste Serpentin ist umgewandelter O., resp. Olivinfels. Pseudomorphosen von S. nach O. sind nicht selten, am bekanntesten sind diejenigen von Snarum bei Modum in Norwegen, z. Th. grosse Krystalle, in deren Innerem, wie in dem vieler anderen Serpentine noch unzersetzte O.-Körner sich finden. Ein in der Verwitterung begriffener H_2O-haltiger O. von Traversella in Piemont ist *Villarsit* genannt worden.

(Tschermak, Sitzgsber. Wien. Ak. Bd. 56. N. v. Kokscharow, Materialien Bd. V. G. Rose, Abh. Berl. Ak. 1864. Sandberger, N. Jahrb. für Min. etc. 1866. 1867.)

Hyalosiderit ist ein sehr eisenreicher O., welcher sich in kleinen dunkelbraunen, an der Oberfläche messingglänzenden Kryställchen von der Form der Fig. 479 im Limburgit von Sasbach im Kaiserstuhl findet. *Fayalit*, schwarze Gerölle am Strande der Insel Fayal, wurde für reinen Eisenolivin gehalten; ist wahrscheinlich nicht zu der Olivingruppe zu rechnen, vielleicht ein Kunstproduct. Ein ächter, fast reiner Eisenolivin findet sich bei Tunaberg in Schweden im Eulysit und in der Lava vom Hafvefjord auf Island. Künstliche Eisenolivine sind die Eisenfrischschlacken (Laspeyres, Zeitschr. Kryst. VII.). Der *Hortonolith* von Monroe in New-York enthält 4 % MnO neben 45 FeO und 17 MgO; *Röpperit* (Stirlingit) enthält 17 MnO und 11 ZnO; Stirling in New-Jersey. Der *Knebelit* von Ilmenau und von Dannemora hat 35 % FeO und ebensoviel MnO. Reiner Manganolivin Mn_2SiO_4 endlich ist der graue bis braunrothe, schwarz anlaufende *Tephroit* von Långban in Schweden; ein MgO-haltiger T. von dort ist *Pikrotephroit* genannt worden.

An den Olivin schliessen sich die *Fl*-haltigen Magnesiasilicate der *Humit*-Gruppe an, welche wohl alle drei: $Mg_5Si_2(O.Fl_2)$ sind. Es ist: der rhombische *Humit* und die monoklinen *Chondrodit* und *Klinohumit*. Alle drei finden sich in gelben und braunen, stark glänzenden, aufgewachsenen Krystallen in den Sommaauswürflingen. Sie wurden früher für chemisch etwas verschieden, aber alle für rhombisch, z. Th. mit hemiëdrischer Ausbildung gehalten, und als Humite vom 1., 2. und 3. Typus unterschieden, bis die optische Untersuchung die monokline Krystallisation des 2. und 3. Typus feststellte. Der Chondrodit findet sich auch in gelben, braunen und rothen, höchstens durchscheinenden Körnern im körnigen Kalk von Pargas in Finnland, von Åker in Schweden, Sparta in New-Jersey und von Monroe in New-York; in trüben Krystallen bei Nyakopparberg in Schweden und Tilly-Foster-Mine in New-York. (G. vom Rath, Pogg. Ann. Erg.-Bd. IV. pag. 321, Bd. 138, pag. 515. 144, pag. 563 und 147, pag. 246. E. S. Dana, Transact. of the Conn. Ac. Bd. III. und Am. Journ. Bd. IX. 1876. Klein, N. Jahrb. Min. 1876. Sjögren, Ztschr. Kryst. Bd. VII. pag. 113 und 344.)

Lievrit (Ilvait).

$H_2R_6FeSi_4O_{18}$; $6R = 4Fe + 2Ca$, zuweilen etwas MnO. Bildet ausgezeichnete langprismatische, aufgewachsene Krystalle, wie in Fig. 480. $M = \infty P(110)$; $M/M = 112^0\ 45'$; die seitliche Kante zugeschärft durch $s = \infty P\breve{2}$ (120); $s/s = 73^0\ 45'$ vorn; die Flächen der Prismenzone stark vertikal gestreift. Keine Abstumpfung der Kanten des Prismas. Das Oktaëder $o = P$ (111) ziemlich gross; $M/o = 128^0\ 36'$; die vordere E. K. von o durch die Flächen des Makrodomas $p = P\bar{\infty}$ (101) sehr breit abgestumpft, $p/p = 112^0\ 49'$ (oben). Keine Zwillinge. Die Krystallform ähnlich der des Humits. Bruch muschlig; H. = $5\frac{1}{2}-6$; G. = 3,8 bis 4,1. Schwarz, durch Verwitterung braun, Strich schwarz; undurchsichtig; halbmetallisch. Krystalle und strahlige Massen: Elba und das gegenüberliegende toskanische Festland auf Drusen im Glimmerschiefer; bei Kupferberg in Schlesien, derb und in grossen Krystallen im asbestartigen Strahlstein auf der Grube „Einigkeit". Der von Herborn etc. in Nassau auf Rotheisenerzlagern; auch bei Kangerdluarsuk in Grönland. Leicht schmelzbar und durch HCl zersetzt.

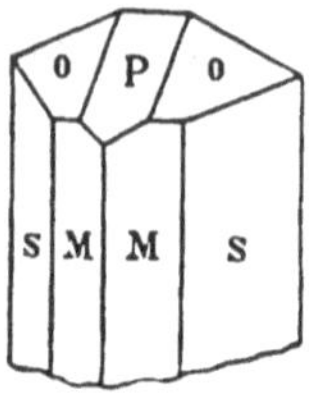

Fig. 480.

Grosse Formähnlichkeit mit Lievrit zeigt der *Ardennit* (Dewalquit), ein As_2O_5- und V_2O_5-haltiges Silicat von AlO_3 und MnO; gelbe bis braune langstrahlige Aggregate, sehr selten deutliche Krystalle, auf Quarz bei Ottrez in den Ardennen. (v. Lasaulx, Tschermak, Min. Mittheilgn. 1873.)

Isomorphe Reihe des Willemits.

Rhomboëdrische und rhomboëdrisch-tetartoëdrische Mineralien von der allgemeinen Formel des Olivins (siehe diesen): R_2SiO_2, wo $R = Be, Zn, Mn, Fe, Mg$, von welchen Metallen Be in der Olivinreihe nicht vorkommt, während das dort besonders wichtige Mg hier nur in geringen Mengen sich findet:

Phenakit:	Be_2SiO_4;	$a : c = 1 : 0,6611$;
Willemit:	Zn_2SiO_4;	$a : c = 1 : 0,6695$;
Troostit:	$(Zn, Mn, Fe, Mg)_2SiO_4$;	$a : c = 1 : 0,6739$;
Dioptas:	H_2CuSiO_4;	$a : c = 1 : 0,6601$.

Phenakit. Tetartoëdrisch. Am Hauptrhomboëder R (10$\bar{1}$1) ist $R/R = 116^{\circ}\ 36'$ (E. K.), daneben häufig das zweite Prisma $\infty P2$ (11$\bar{2}$0), nach welchem die Krystalle zuweilen verlängert, zuweilen verkürzt sind, und das Dihexaëder $\frac{2}{3}P2$ ($\bar{1}$1$\bar{2}$3). Nicht selten Zwillinge mit parallelen Axen: die Individuen sind ganz durcheinander gewachsen, so dass an den Grenzen die Rhomboëderflächen einspringende Winkel machen, welche von den Endecken aus verlaufen. Bruch muschlig. H. = $7\frac{1}{2}$—8. G. = 2,96—3,00. Stark glasglänzend ins Diamantartige, weiss bis braun, durchsichtig bis durchscheinend. Auf den Eisensteinslagerstätten bei Framont in Lothringen; an der Takowaja im Ural im Glimmerschiefer, bei Miask im Ilmengebirge mit Amazonenstein, neuerdings auch in der Schweiz gefunden. (v. Kokscharow, Materialien etc. II. Websky, Sitzgsber. Berl. Ak. 1881. Nov. Seligmann, N. Jahrb. Min. 1880. I. 29.)

Willemit. 73,08 ZnO. Kleine, dünne hexagonale Prismen mit Rhomboëder R; $R/R = 116^{\circ}\ 1'$, keine tetartoëdrische Formen beobachtet, selten Zwillinge. Gelb, braun, grün, auch blau (Grönland). Auf andern Zn-Erzen, namentlich bei Altenberg unweit Aachen. Ein W. mit $6\frac{1}{2}$ FeO und MnO ist der *Troostit*, der sich in grossen, schwarzen, rundkantigen Prismen im Kalkspath von Stirling in New-Jersey findet.

Dioptas (Kupfersmaragd). H_2CuSiO_4 von der Form Fig. 147. Ein Rhomboëder $r = \frac{8}{5}R$ (80$\bar{8}$5), $r/r = 95^{\circ}\ 28'$ (E. K.) und das zweite Prisma $m = \infty P2$ (11$\bar{2}$0) herrschen vor; die Flächen von r sind in der Richtung einer Kante r/m gestreift und je eine solche Kante abwechselnd oben und unten ist zuweilen abgestumpft durch die Flächen s eines Rhomboëders der dritten Stellung; ein deutlicher Bl. Br. stumpft die E. K. von r gerade ab. H. = 5; G. = 3,27—3,35. Schön smaragdgrün; Glasglanz, in der Richtung des Bl. Br. an der E. K. von r Perlmutterglanz. Beim Glühen geht H_2O weg und die Substanz wird braun; durch HCl zersetzt. Hauptfundort am Berge Altyn-Tübe am Altai im Kalk, in einigen uralschen Goldsaifen und an einigen Stellen der südamerikanischen Cordilleren (Websky, Pogg. Ann. Bd. 69. v. Kokscharow, Materialien Bd. VI. Credner, N. Jahrb. Min. etc. 1839 pag. 404. Bauer, Zeitschr. d. deutsch. geol. Ges. Bd. 32.)

Ein amorphes wasserhaltiges Kupfersilicat ist das *Kieselkupfer* (Kieselmalachit, Chrysokolla, Kupfergrün, Kupferblau) mit ca. 45 % SiO_2, blau oder grün und von verschiedener Beschaffenheit, Härte etc. Man hat es hier wahrscheinlich mit einem durch Verwitterung von Kupfererzen und anderen Mineralien gebildeten Gemenge mehrerer Substanzen zu thun. Das Mineral findet sich hauptsächlich auf Kupfererzlagerstätten im Erzgebirge, Harz, bei Camsdorf in Thüringen, im Banat, in Cornwall, Chili, im Ural etc. Hier, bei Nischne-Tagilsk, findet sich auch der himmelblaue weiche *Demidowit*, mit einem kleinen Phosphorsäure-Gehalt, als dünne Kruste auf dem Malachit.

Als Be-Silicate schliessen sich an den Phenakit die Mineralien der regulär-tetraëdrischen isomorphen Reihe des *Helvin*: $3R_2SiO_4 . RS$, wo beim *Helvin*: $R = Mn, Be, Fe$, beim *Danalith*: $R = Fe, Zn, Be, Mn$. *Helvin* bildet kleine gelbe, braune oder grüne durchscheinende Tetraëder; H. = 6—$6\frac{1}{2}$. G. = 3,2. Breitenbrunn und Schwarzenberg in Sachsen, Brevig und Modum in Norwegen. Grosse tetraëdrische Pseudomorphosen vom Fluss Achtaragda in Sibirien (*Achtaragdit*) sind auf H., aber auch auf andere Mineralien bezogen worden. *Danalith*, ist meist derb, fleischroth, im Granit von Rockport und Gloucester in Massachusetts, mit Lithionglimmer.

Die heteromorphe Gruppe der Substanz $Bi_4Si_3O_{12} = 2Bi_2O_3 . 3SiO_2$ umfasst den regulären *Eulytin* (Kieselwismuth, Wismuthblende) in kleinen tetraëdrischen, sehr stark glänzenden grauen und braunen, zuweilen zwillingsverwachsenen Kryställchen, sehr leicht schmelzbar, welche Drusen auf den Kobaltgängen von Schneeberg in Sachsen bilden; sowie den äusserlich sehr ähnlichen *Agricolit*, in kleinen monoklinen Kryställchen, welche zu kugelförmigen Aggregaten vereinigt sind; am gleichen Ort vorkommend.

Kieselzinkerz (Kieselgalmey, Calamin, Hemimorphit).

$H_2Zn_2SiO_5 = H_2O \,.\, 2ZnO \,.\, SiO_2$; 25,0 SiO_2, 67,5 ZnO, 7,5 H_2O. das erst beim Glühen entweicht. Rhombisch und ausgezeichnet hemimorph nach der Vertikalaxe (Fig. 481, 482). $g = \infty P$ (110); $g/g = 103^0\,50'$, nebst Längs- und Querfläche $b = \infty P\breve{\infty}$ (010) und $a = \infty P\bar{\infty}$ (100). $s = 2P\breve{2}$ (121) zuweilen herrschend auf einer Seite

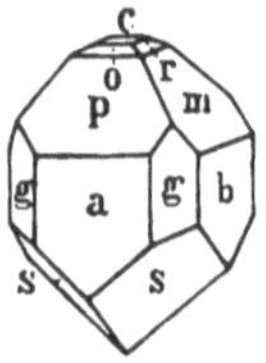

Fig. 481.

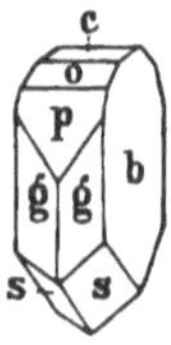

Fig. 482.

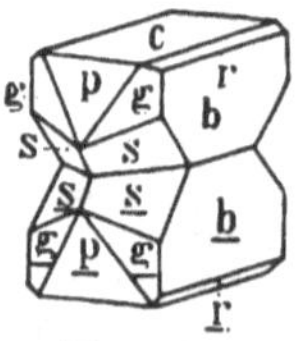

Fig. 483.

der Axe der Hemimorphie; $s/s = 101^0\,35'$ und $132^0\,26'$ (E. K.); am andern Ende die Basis $c = 0P$ (001) und die Domen: $o = P\bar{\infty}$ (101); $p = 3P\bar{\infty}$ (301); sowie $r = P\breve{\infty}$ (011); $m = 3P\breve{\infty}$ (031); $o/o = 117^0\,2'$; $p/p = 57^0\,8'$; $r/r = 129^0\,2'$; $m/m = 69^0\,56'$, alle Winkel über c gemessen. Zuweilen ist an diesem Ende s untergeordnet, die Kante p/m abstumpfend, dazu auch noch andere Oktaëder, z. B. $z = 2P\bar{2}$ (211) (Fig. 21) als Abstumpfung der Kante m/s. (In dieser Figur bedeutet M die in obigen Figuren mit g bezeichneten Flächen, d ist p, f ist m). Zwillinge, welche die Axen des Hemimorphismus gemein haben, so dass sie ihre Spitzen s gegen einander kehren, und bei denen die beiden andern Axen a und b parallel sind, kommen zuweilen vor (Fig. 483). Spaltbar nach g deutlich, weniger nach a: spröde; H. = 5; G. = 3,35—3,50. Durchsichtig bis durchscheinend, glasglänzend, farblos oder licht gefärbt, auch intensiv grün und blau. Opt. A. E. bc, + M. L. c. Polar pyroelektrisch in der Richtung der Axe c, das Ende mit der Basis c analog. Unschmelzbar, aber stark decrepitirend. Von HCl zersetzt. Krystalle, meist mit dem von s begrenzten Ende aufgewachsen, selten an beiden Enden ausgebildet: zu Drusen, vielfach von fächerförmiger Anordnung, vereinigt. Häufig derbe, strahlige und fasrige Aggregate mit nieriger und traubiger Oberfläche, auch stalaktitisch, dicht und erdig. Mit Galmey zusammen bei Iserlohn, Altenberg bei Aachen, Raibl in Kärnten, Rezbanya im Banat, in Derbyshire, bei Nertschinsk in Transbaikalien, bei Phenixville in Pennsylvanien etc., auf Kalk, Zinkspath, Blende etc. aufgewachsen, mehrfach auch mit Bleiglanz. Wird mit Zinkspath, der aber viel häufiger ist, auf *Zn* verhüttet. Bildet Pseudomorphosen nach Kalkspath, Grünbleierz, Bleiglanz etc.

(G. Rose, Abh. Berl. Ak. 1843. Dauber, Pogg. Ann. 92. Schrauf, Sitzgsber. Wiener Ak. Bd. 38. Hessenberg, Min. Notizen 1858. Seligmann, Zeitschr. Kryst. I.)

Cerit (Cerinstein). $H_2(Ce, La, Di)_2SiO_5$; die reine *Ce*-Verbindung gäbe: 73,5 CeO, 20,41 SiO_2. Die Zusammensetzung ist wohl noch nicht unzweifelhaft festgestellt. Sehr selten hexagonale Krystalle, meist sehr feinkörnige bis dichte, braunrothe Aggregate von splittrigem Bruch und hohem spec. Gew. = 4,9 — 5,0. Von HCl vollkommen zersetzt; unschmelzbar. Von Bastnäs bei Riddarhyttа in Westmanland (Schweden); viele fremde Substanzen sind eingewachsen, z. B. Molybdänglanz, Cerin (Orthit) etc., mit Kupferkies und Strahlstein im Gneiss.

Gruppe des Glimmers.

Diese Gruppe umfasst neben einigen weniger wichtigen Gliedern eine Anzahl von Mineralien von der Härte 2 ca., sehr vollkommener Spaltbarkeit in einer Richtung und elastischer Biegsamkeit, welche sehr verbreitet sind und namentlich als Bestandtheile mancher Gesteine (Granit, Gneiss, Glimmerschiefer etc.) grosse Bedeutung haben.

In chemischer Beziehung sind es K_2O-, seltener auch Na_2O- und Li_2O-haltige Thonerdesilicate, in einigen Glimmerarten spielt neben dem Alkali- auch MgO eine hervorragende Rolle. Man unterscheidet darnach Kali, Natron-, Lithion- und Magnesiaglimmer, von den letzteren ist aber zu bemerken, dass in denselben neben der MgO stets auch noch erhebliche Mengen K_2O enthalten sind. H_2O wird beim Glühen von allen Glimmern ausgegeben, es ist in ihnen als Vertreter von K_2O etc. vorhanden, nicht, wie man früher wohl annahm, infolge beginnender Verwitterung. MgO ist manchmal durch FeO und AlO_3 durch FeO_3 theilweise vertreten, bei manchen Glimmern ist sogar alle MgO durch FeO ersetzt (Eisenglimmer), auch findet sich häufig ein kleiner Fl-Gehalt, sowie etwas B_2O_3 etc.

Alle Glimmer sind monoklin; früher hat man sie z. Th. für rhombisch mit hemiëdrischer Flächenausbildung, z. Th. für rhomboëdrisch gehalten. Ein Prisma *M* von nahe 120° mit durch die Längsfläche *b* abgestumpften seitlichen Kanten ist häufig, annähernd senkrecht dazu ist die Basis *c*. Parallel mit der Basis lassen sich die Krystalle ausserordentlich leicht spalten, so dass man Spaltungslamellen von äusserster Dünne und von ausgezeichneter elastischer Biegsamkeit herstellen kann. (Unterschied von dem ebenfalls in einer Richtung sehr leicht spaltbaren, aber gemein biegsamen Chlorit.) In der Richtung der Flächen des genannten Prismas *M* von annähernd 120° und der Längsfläche gehen secundäre Blätterbrüche, welche auf den Spaltungsflächen häufig durch zarte Risse und Spalten angedeutet sind. Man kann sie mit Hülfe der Körnerprobe (128) beliebig herstellen; sie bilden auf dünnen Spaltungsplättchen sechsstrahlige Sterne α, deren Strahlen, wie Fig. 484 und 485 zeigt, parallel mit *M* und *b* verlaufen (Schlagfigur). Dies gestattet, auch in unregelmässig begrenzten Glimmerplatten die Richtungen *M* und *b* leicht aufzufinden und sich dadurch krystallographisch zu orientiren. Um aber die Richtungen *M* von der Richtung *b* unterscheiden zu können, was ohne weiteres nicht möglich ist, müssen auch die optischen Eigenschaften des Glimmers berücksichtigt werden.

Derselbe ist 2axig, der Axenwinkel bald gross (2 *E* bis über 80°), bald annähernd = 0. Die M. L. ist —, sie ist stets sehr annähernd senkrecht zur Hauptspaltungsebene (Basis) *c*. Die Ebene

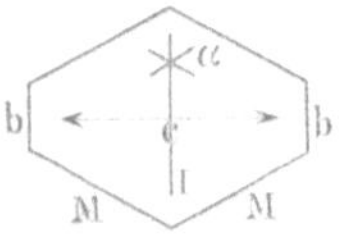

Fig. 484.

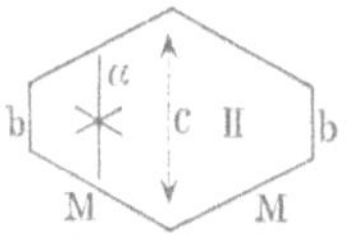

Fig. 485.

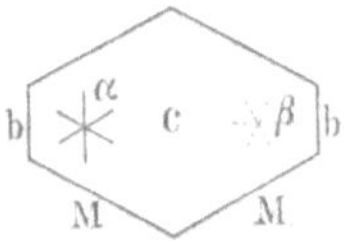

Fig. 486.

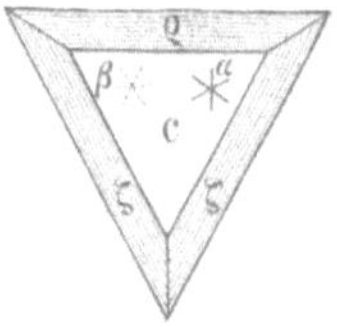

Fig. 487.

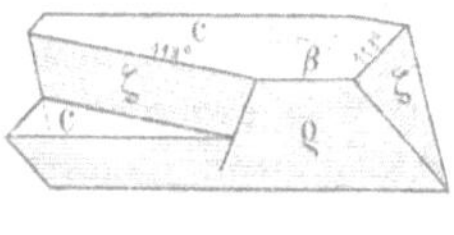
Fig. 488.

Fig. 489.

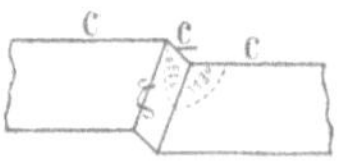

Fig. 490.

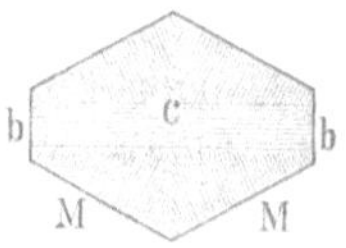

Fig. 491.

der optischen Axen ist aber bald senkrecht, bald parallel zu der Symmetrieebene *b*, und man unterscheidet darnach Glimmer 1. und 2. Art (Fig. 484, 485, in denen die Pfeile die Richtung der optischen Axenebene angeben). Diese Richtung muss somit nothwendig entweder den einen Strahl der Schlagfigur, der mit der S. E. *b* parallel geht, senkrecht durchschneiden (Glimmer 1. Art, Fig. 484) oder mit ihm parallel sein (Glimmer 2. Art, Fig. 485), und man kann daran die beiden Gruppen der Glimmer von einander unterscheiden, ebenso aber auch die Richtungen *M* von der Richtung *b*. Den in letzterer Richtung verlaufenden Strahl der Schlagfigur, der also parallel oder senkrecht zur Richtung der opt. Axenebene ist, und der in den beiden Figuren verlängert gezeichnet ist, nennt man die „charakteristische Schlaglinie". Die parallel mit *M* verlaufenden Schlaglinien machen mit der Richtung der Axenebene Winkel von 60° (Gl. 2. Art) oder 30° (Gl. 1. Art).

Ausser den Spaltungsflächen nach *c*, *M* und *b* sind am Glimmer noch Flächen leichtester Trennung der Theilchen vorhanden, welche den Charakter der Gleitflächen (127) haben, und welche an Glimmerplatten häufig in grösserer Ausdehnung beobachtet werden. Diese Flächen verlaufen in drei Richtungen schief zur Basis *c*, welche mit dieser Winkel von ca. 113° machen und welche den Flächen eines vorderen schiefen Prismas ζ und einer hinteren Schiefendfläche ϱ (Fig. 487) parallel gehen; diese Flächen haben an dem für den Glimmer gewöhnlich angenommenen Axensystem (vergl. unten die krystallographische Beschreibung der einzelnen Glimmerarten) die Ausdrücke: $\zeta = -$ P3 (133) und $\varrho = \frac{1}{2}$ P∞ ($\bar{1}02$); sie begrenzen, wenn sie gleichzeitig ausgebildet sind, einen rhomboëderähnlichen Körper, dessen Endecke durch den Hauptblätterbruch *c* abgestumpft wird. Diese Flächen sind nicht ursprüngliche Begrenzungsflächen, sondern sie sind stets nachträglich durch Druckwirkungen in den Glimmertafeln hervorgebracht worden. Sie unterscheiden sich von Krystallflächen durch ihre fasrige Beschaffenheit, die Fasern verlaufen in der Richtung der Kanten ζ/c und ϱ/c; auch erstrecken sie sich vielfach in das Innere der Glimmertafeln hinein, wie dies Fig. 488 andeutet. Sie finden sich nur an solchem Glimmer, der in Gesteinen eingewachsen ist und daher nothwendig vielfachen Pressungen durch den Gebirgsdruck ausgesetzt war, nie an Krystallen, die auf Drusen aufgewachsen sind und daher solche mechanische Einwirkungen nicht erleiden konnten. Man kann den Verlauf der Gleitflächen auf dem Hauptblätterbruch in ähnlicher Weise darstellen, wie den der secundären Blätterbrüche nach *M* und *b*, indem man ein Spaltungsplättchen nach *c* auf eine weiche Unterlage legt und mit einem am Ende runden Stift in diese eindrückt. Es entsteht dann ein sechsstrahliger Stern β, der demjenigen der Schlagfigur sehr ähnlich, aber um 30° gegen denselben verdreht ist (Fig. 486). Seine Strahlen verlaufen den Richtungen der Flächen ϱ und ζ entsprechend und schneiden sich wie die Strahlen von α unter nahezu 60°. Die Figur β heisst im Gegensatz zur Schlagfigur α die Druckfigur; auch sie kann zur krystallographischen Orientirung in unregelmässig begrenzten Glimmerplatten dienen. Ihre Stellung gegen die Ebene der optischen Axen ergiebt sich aus dem obigen und aus den genannten Figuren von selbst.

Zwillinge sind nicht selten. Sie sind nach verschiedenen Gesetzen gebildet, welche bei den verschiedenen Glimmerarten in gleicher Weise wiederkehren. Nach dem einen Gesetz haben die beiden Individuen den Hauptblätterbruch *c* und die Kante *M/c* gemein; Zwillingsfläche ist eine Fläche senkrecht zu *c*, welche durch die Kante *M/c* hindurchgeht. Meist sind die Individuen nach Flächen senkrecht zu *c* verwachsen, und die Blätterbrüche *c* setzen sich dann vom einen in das andere Individuum hinein ununterbrochen fort. Solche Zwillinge erkennt man nur bei regelmässiger äusserer Begrenzung ohne weiteres als solche (Fig. 489); bei unregelmässiger Begrenzung erkennt man die Zwillingsbildung im parallelen polarisirten Licht, wo das eine Individuum vollkommene Auslöschung zeigt, während das andere noch hell ist. Nach einer Drehung der Platte um 60° ist dann das zweite Individuum dunkel, das erste dagegen hell. Dabei tritt auch die Verwachsungslinie der Individuen scharf hervor, welche oft ziemlich complicirt und keineswegs stets der Kante M/c parallel ist. Die Richtung der Axenebene im einen Individuum macht 60° mit der im andern Individuum; die Schlaglinien in beiden sind resp. parallel. Wächst an das zweite Individuum ein drittes an, so entstehen Drillinge. Die Individuen derselben wachsen nicht selten über den Mittelpunkt hinaus fort und bilden Formen wie Fig. 494, wo die Streifen in der Richtung der grossen Diagonale des von M gebildeten Rhombus die Zwillingsgrenzen andeuten, längs welchen sie federartig stehen. Zuweilen sind beide Individuen nach der Fläche c verwachsen, in einem Spaltungsplättchen überlagern sich dann zwei Individuen mit verschiedener Orientirung, deren Richtungen sich so wie im obigen Falle gegen einander verhalten. Bei dieser Verwachsung findet im parallelen polarisirten Licht in keinem Azimut völlige Auslöschung statt und im convergenten Licht durchkreuzen sich zwei Lemniskatensysteme unter 60°, den Richtungen der Axenebenen entsprechend. Auch bei der Verwachsung nach c können Drillinge entstehen.

Eine andere Art von Zwillingen hängt mit den Gleitflächen zusammen. Zwillingsfläche ist eine Gleitfläche $\underline{\zeta}$ oder $\underline{\varrho}$; bei beiden Individuen schneiden sich die Flächen c und $\underline{c}$ unter $2 \,.\, 113^0 = 226^0$ resp. 134°. Die Ausbildung ist derart, dass an das stets schmale zweite Individuum ein drittes in der Stellung des ersten angewachsen ist, so dass eine in der Richtung einer Drucklinie verlaufende geradlinige Treppe entsteht, welche in Fig. 490 in Querschnitt dargestellt ist. In der geradlinigen Fortsetzung einer solchen Treppe sind die Glimmertafeln häufig nach Flächen getrennt, welche in Richtung und Beschaffenheit genau mit einer der oben beschriebenen Gleitflächen übereinstimmen; dabei löst sich das schmale mittlere Individuum ganz in ein Haufwerk mehr oder weniger zarter Fasern auf. Auch solche Zwillingstreppen trifft man ebenso wie die damit im Zusammenhang stehenden Gleitflächen nach ζ und ϱ stets nur an Glimmertafeln, welche im Gestein eingewachsen sind. Ausser diesen Treppen trifft man in derselben Richtung wie diese, also parallel mit den Strahlen der Druckfigur, häufig eine geradlinige feine Fältelung oder grobe Streifung auf dem Hauptblätterbruch c (Fig. 491). Die Fältchen oder Streifen stehen senkrecht zu den Kanten M/c und b/c und verlaufen, wenn sie nach allen diesen Richtungen ausgebildet sind, so, dass die Streifen senkrecht zu b über die ganze Platte sich hinziehen, während diejenigen senkrecht zu den Flächen M meist nur kurz sind, sich in der kurzen Diagonale des Rhombus der Flächen M nicht treffen, aber an den Streifen senkrecht zu b ganz scharf absetzen, so dass hier eine nicht mit Zwillingsbildung in Zusammenhang stehende federartige Streifung entsteht. Dass aber auch beim Glimmer ähnliche federartige Streifung durch Zwillingsbildung entstehen kann, wurde oben gezeigt. (Vergl. Fig. 494.)

(Rammelsberg, Wied. Ann. Bd. 9. Bauer, Pogg. Ann. 138. 1869; Zeitschr. der deutsch. geol. Ges. 1874. Sitzgsber. Berl. Ak. 1877. Tschermak, Sitzgsber. Wien. Ak. Bd. 76. 1877. und 78. 1878. Reusch, Sitzgsber. Berl. Ak. 1868. 1869. 1873.)

Kaliglimmer (Muscovit).

$H_4K_2Al_3Si_6O_{24} = 2H_2O . K_2O . 3AlO_3 . 6SiO_2$; ca. 45% SiO_2, 8—12% Alkalien, überwiegend K_2O, zuweilen tritt für K_2O etwas Na_2O ein, auch sind geringe Mengen MgO, FeO und Fl vorhanden. Beispielsweise erhält der gelbe Gl. von Utö: 45,75 SiO_2, 35,48 AlO_3, 1,86 FeO_3, 0,52 MnO, 0,42 MgO, 10,36 K_2O, 1,58 Na_2O, 2,50 H_2O, 1,32 Fl. Einige Kaliglimmer, besonders die aus dem Gneiss des sächsischen Erzgebirges, enthalten etwas mehr (52%) SiO_2 (*Phengit*), sie enthalten der Annahme nach ein dem Lepidolith (s. u.) entsprechendes Silicat in isomorpher Beimischung zu dem obigen. Bei allen entweicht H_2O erst in der Glühhitze.

Monokline Krystalle nicht selten, aber selten mit messbaren Flächen; theils auf-, theils eingewachsen; entweder dünnere oder dickere Tafeln oder auch spitze Pyramiden bildend. Ein aufgewachsener Krystall ist in Fig. 492 dargestellt. $M = \infty P$ (110); $M/M = 120^0\ 11'$; der Basis $c = 0P$ (001) entspricht der vollkommene Bl. Br.; $M/c = 94^0\ 24'$; zuweilen $m = P$ $(\bar{1}11)$, die hinteren Kanten M/c abstumpfend, $c/m = 98^0\ 30'$; die Längsfläche $b = \infty P\infty$ (010) stumpft die seitliche Kante M/M, Klinodomenflächen zuweilen die Kanten c/b ab. Aus den genannten Winkeln folgt: $a : b : c = 0,5777 : 1 : 2,217$; $\beta = 95^0\ 5'$. An den eingewachsenen Krystallen, so z. B. an den spitzpyramidalen (Fig. 493) sind die Flächen rauh und oft nicht genau zu bestimmen; an einem solchen Krystall aus dem Granit vom Ilmensee im Ural wird ausser M, m, b, c noch angegeben: $o = P$ (111) und ein steiles, nicht näher bestimmbares Klinodoma r. Zwillinge mit parallelem Hauptblätterbruche sehr häufig (siehe oben). Die elastische Biegsamkeit ist ausgezeichnet. Trennung nach fasrigen Gleitflächen und treppenförmige Zwillinge nach den Gleitflächen sind häufig zu beobachten, auch rhomboëderähnliche Absonderungsstücke wie Fig. 587, 588, finden sich vielfach, sowie die feine Fältelung oder Streifung wie in Fig. 491. Die Schlag- und Druckfiguren verhalten sich wie oben angegeben. Die opt. Axenebene ist senkrecht, zur S. E., geht also in der Richtung der langen Diagonale des Prismas M, der Kaliglimmer ist also stets 1. Art (Fig. 484); die M. L. ist nicht genau normal zur Basis c, sondern um ca. 2^0 nach hinten hinabgeneigt; die Zweiaxigkeit stets sehr deutlich, daher auch zweiaxiger Glimmer genannt, im Gegensatz zu dem zuweilen scheinbar einaxigen Magnesiaglimmer. Der Axenwinkel ist schwankend, aber stets gross: $2E = 65^0 - 85^0$; $\varrho > v$. Selten farblos, aber stets hell gefärbt, gelblich, bräunlich, grünlich; häufig durchsichtig und auf c

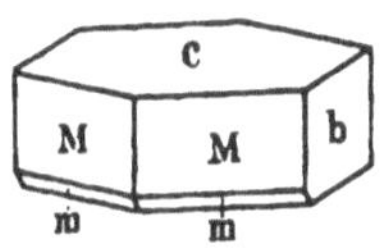

Fig. 492.

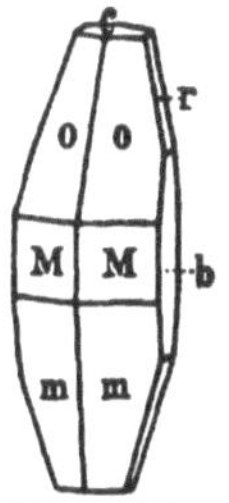

Fig. 493.

ausgezeichnet perlmutterglänzend. G. = 2,76—3,1. H. = 2. Schmilzt nicht sehr schwer zu weissem Email und wird von HCl und H_2SO_4 nicht angegriffen. Krystalle finden sich aufgewachsen z. B. am St. Gotthard, im Zillerthal in Tirol etc. auf Klüften von älteren Silicatgesteinen; oder eingewachsen, z. B. im Granit des Ilmengebirgs, an mehreren Orten in Nord-Amerika etc. Sehr verbreitet ist aber der Kaliglimmer in unregelmässig begrenzten Körnern und Platten oft von grossem Umfang und bedeutender Dicke als Gemenge älterer Gesteine, wie Granit, Syenit, Gneiss, Glimmerschiefer etc., theils allein, theils neben dunkel gefärbtem Magnesiaglimmer, zuweilen schuppige Aggregate oder blumigblättrige Gruppen bildend (Granit von Pressburg in Ungarn). Fundorte grosser Glimmertafeln sind besonders im Ural, daher russisches Glas oder Muscovit, auch aus Bengalen und aus Nord-Amerika kommen solche: sie werden statt Glas zu Geräthen verarbeitet, welche in grosser Hitze durchsichtig bleiben und nicht zerspringen, z. B. Verschlüsse von Oeffnungen an Feuerungen, Lampentheile etc. Vielgenannte andere Muscovite, deren Fundorte zahllos sind, sind z. B. der gelbliche von Utö und der graue, in kleinen rhombischen Prismen vorkommende von Skogböle bei Kimito in Finnland mit in der Mitte vertiefter Spaltungsfläche, napfförmige Spaltungsstücke liefernd. Im körnigen Kalk selten, z. B. bei Pargas in einzelnen Plättchen; auf Kluftflächen von Sandsteinen häufig in mehr oder weniger dichten Schichten, wahrscheinlich als Neubildung. Bei Verwitterung Al_2O_3-haltiger Mineralien entsteht überhaupt häufig Kaliglimmer, wie man aus Pseudomorphosen nach Feldspath, Skapolith, Nephelin, Turmalin, Cordierit (vergl. Pinit), Andalusit, Korund etc. sieht, wo der Glimmer entweder in deutlichen Blättchen oder Schüppchen, oder als dichtes Aggregat vorhanden ist. Der Kaliglimmer selbst ist zu Verwitterung wenig geneigt. Er fehlt vollständig in vulkanischen Gesteinen.

Fuchsit (Chromglimmer) ist ein kleinschuppiger smaragdgrüner Muscovit mit 4 % CrO_3 von Schwarzenstein in Tirol, Syssersk im Ural auf Chromeisenstein etc. *Damourit* ist weisser dichter bis feinschuppiger Muskovit, das Muttergestein des Stauroliths in der Bretagne. Aehnlich ist der *Margarodit* vom Greiner etc. in Tirol. *Onkosin* ist ein dichter hellgrünlicher oder bräunlicher Phengit von Tamsweg im Salzburgischen; in der Nähe steht der dichte sog. *Agalmatolith* vom Ochsenkopf bei Schwarzenberg in Sachsen; auch ein Theil des chinesischen Bildsteins oder Agalmatoliths hat eine muskovitähnliche Zusammensetzung (vergl. Speckstein und Pyrophyllit). *Sericit* ist ein grünlicher talkähnlich aussehender Kaliglimmer, in manchen Glimmerschiefern (Sericitschiefer), besonders im Taunus (Laspeyres, Zeitschr. Kryst. Bd. IV). Ein ähnlicher Glimmer findet sich in dem Protogyn genannten Granit der Alpen. *Barytglimmer* (Oellacherit) ist ein weisser feinschuppiger Muscovit mit 5—6 % BaO vom Pfitschthal in Tirol mit Chlorit.

Natronglimmer (Paragonit).

$H_4Na_2Al_3Si_6O_{24}$, ganz analog dem Kaliglimmer. Bisher nur als feinschuppiges, weisses, wenig glänzendes Aggregat bekannt, dessen Schüppchen einen grossen optischen Axenwinkel zeigen. H. = 2—2½.

G. = 2,78. Schmilzt v. d. L. und wird durch H_2SO_4 zersetzt. Bildet als Paragonitschiefer das Muttergestein des Stauroliths und Cyanits am Mte. Campione bei Faido im Canton Tessin am Südabhang des St. Gotthards; vollkommen dicht im Zillerthal in den Tiroler Alpen, als Muttergestein des Strahlsteins; hellgrün bei Pregratten im Pusterthal (Pregrattit mit 1,7 % K_2O), auch auf der Insel Syra. Paragonit in massenhaftem Vorkommen als Paragonitschiefer findet sich auch am Oberen See im Staate Michigan, sowie im Ural. Mehr Na als K enthält auch der *Euphyllit* von Unionville in Pennsylvanien.

Lithionglimmer (Lithionit).

Sie sind theils Fe-frei (*Lepidolith*), theils Fe-haltig (*Zinnwaldit*); beide haben eine etwas verschiedene Formel. Wenig verbreitet. (Baumhauer, Zeitschr. Kryst. Bd. III.)

Lepilolith. $K_2Li_2\bar{Al}_2Si_6O_{19}Fl_2$ oder $K_2O \,.\, Li_2O \,.\, 2\bar{Al}O_3 \,.\, 6SiO_2$, wo ein Theil des O durch Fl ersetzt ist, statt eines Theils der Alkalien auch stets etwas H; die relative Menge K und Li etwas schwankend. Stets SiO_2-reicher als Zinnwaldit. Die obige Formel giebt die Zahlen: 50,6 SiO_2; 28,9 $\bar{Al}O_3$; 13,2 K_2O; 4,2 Li_2O; 5,4 Fl. Noch keine messbaren Krystalle bekannt; weisse oder rosenrothe, auch grüne, selten regelmässig begrenzte Plättchen, deren wesentliche physikalische Eigenschaften von denen des Kaliglimmers nicht abweichen. G. = 2,8—2,9. Glimmer 1. Art; $\varrho > v$. Grosser Axenwinkel: $2E = 50^0 - 70^0$. Bildet ausser den grössern Täfelchen auch, und zwar häufiger, kleinblättrige und körnige rosenrothe, weisse, graue oder grünliche Aggregate. Grössere Täfelchen finden sich bei Penig in Sachsen, auf Elba, bei Alabaschka und an andern Orten im Ural, bei Paris in Maine, auf Gängen im Granit; derbe Aggregate bei Rozena in Mähren, meist rosenroth, in ziemlich grossen Massen, welche zur Herstellung von Li-Präparaten im Grossen benützt werden; Utö bei Stockholm, grünlich. Schmilzt leicht zu weissem, nicht magnetischem Email; von Säuren nur nach dem Schmelzen angegriffen.

Zinnwaldit. SiO_2 ärmer als Lepidolith und eisenhaltig. Die Zusammensetzung ist etwas schwankend; der Z. von Zinnwalde giebt die Formel: $R^{I}_6R^{II}_4\bar{R}_6Si_{20}O_{65}$, wo $R^{I} = K, Li$, wenig Na, H; $R^{II} = Fe$, wenig Mn und Mg; $\bar{R} = \bar{Al}$, wenig $\bar{Fe}$; ein Theil des O durch Fl (6—8 %) ersetzt; $46\frac{1}{2}$ SiO_2, davon, wie es scheint, manchmal ein Theil durch SnO_2 vertreten. Der Z. bildet deutliche Krystalle: niedere sechsseitige Tafeln mit deutlich blättriger Basis, welche durch sechs auf den Seiten des Sechsecks senkrechte Streifensysteme in sechs gleichseitig dreieckige Felder eingetheilt ist. Es sind durcheinander gewachsene Drillinge, bei denen die Basis allen Individuen gemein ist (Fig. 494). In den nicht genauer zu

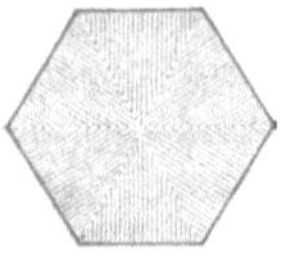

Fig. 494.

bestimmenden Winkelverhältnissen jedenfalls dem Muskovit sehr nahe stehend. H. = $2\frac{1}{2}$. G. = 2,95—3,19. Der Z. ist ein Glimmer 2. Art. $\rho < v$. Der opt. Axenwinkel sehr verschieden, z. Th. sehr klein, steigt aber bis gegen 50°. Schmilzt leicht zu einer dunkeln, schwach magnetischen Schlacke; von Säuren angegriffen. Farbe braun. Findet sich in aufgewachsenen zu Drusen vereinigten Krystallen auf den Zinnerzlagerstätten von Zinnwalde im Erzgebirge (eine besonders eisenreiche Varietät von dort ist Rabenglimmer genannt worden) und von Cornwall.

SiO_2-reicher ist der sonst dem Z. ganz ähnliche *Kryophyllit:* $53\frac{1}{2}$ SiO_2, dunkelgrün von Rockport in Massachusetts.

Magnesiaglimmer (Biotit).

Fast stets dunkel, braun oder grün mit einem Stich ins Braune, gefärbt, daher von dem fast durchgängig sehr hell gefärbten Kali- (und Lithion-) Glimmer leicht zu unterscheiden. Er ist z. Th. in ausgezeichneten Krystallen ausgebildet, die dem monoklinen System angehören, findet sich aber meist in unregelmässig begrenzten Plättchen und Tafeln, deren allgemeine Structurverhältnisse schon eingangs angegeben sind. Aller Magnesiaglimmer ist optisch zweiaxig, der Axenwinkel ist aber fast stets klein, im Mittel ca. 15°, selten viel höher bis 56° im Maximum, zuweilen fallen die Axen fast ganz zusammen, so dass man den betr. Glimmer für einaxig zu halten geneigt ist. Früher wurde aller Magnesiaglimmer für einaxig gehalten und daher im Gegensatz zu dem stets deutlich zweiaxigen Kali- (und Lithion-) Glimmer „einaxiger Glimmer" genannt. Als man dann später einige Glimmer als zweiaxig erkannt hatte, nannte man die noch für einaxig gehaltenen *Biotit* und die richtig als zweiaxig erkannten *Phlogopit*, welche Namen jetzt in einem andern Sinn gebraucht zu werden pflegen (s. u.). Die hierher gehörigen Glimmer sind theils 2. Art, dies sind die häufigsten (Meroxen), bei ihnen ist $\rho < v$; seltener 1. Art und dann $\rho > v$ (Anomit). In allen Magnesiaglimmern findet sich Kali neben Magnesia; letztere ist stets theilweise, zuweilen ganz durch FeO ersetzt (Eisenglimmer). Heutzutage unterscheidet man nach der Lage der Ebene der opt. Axen, der Zusammensetzung, dem Vorkommen etc. folgende Arten des Magnesiaglimmers:

Meroxen, Magnesiaglimmer 2. Art. Werden wohl als Mischungen folgender Silicate angesehen: 1) $K_2AlSi_2O_8 = K_2O \,.\, AlO_3 \,.\, 2SiO_2$, worin statt K etwas H und Na, statt O etwas Fl; und 2) des Olivinsilicates: $Mg_2SiO_4 = 2MgO \,.\, SiO_2$, worin Mg z. Th. durch Fe vertreten. Das Mischungsverhältniss beider Silicate schwankt zwischen 1:1 und 2:1. Das erstgenannte Silicat enthält: 3,23H_2O, 16,84K_2O, 36,92AlO_3, 43,01SiO_2; das zweite: 57,14MgO. 42,86SiO_2. Der Meroxen findet sich, namentlich in den Sommaauswürflingen am Vesuv, in kleinen, aber von sehr glänzenden Flächen begrenzten Krystallen, auf deren Kenntniss zu einem guten Theil die Kenntniss der Krystallformen des Glimmers überhaupt beruht, weil es beinahe die einzigen scharf messbaren Glimmerkrystalle sind, die man kennt. Man hat sie früher wegen eines Prismenwinkels von 120°, wegen der Flächengruppirung und wegen der an einigen Krystallen beobachteten scheinbaren opt. Einaxigkeit für rhomboëdrisch, dann später für hemiëdrisch-rhombisch gehalten, heute ist kein Zweifel, dass sie monoklin sind, was auch die genauere opt. Untersuchung bestätigt. Eine sehr häufige Combination von der Somma ist in Fig. 495, eine andere in Fig. 496 abgebildet. $o = -P\,(111)$; $m = +P\,(\bar{1}11)$; $o/o = 122^{0}\,50'$ (vorn); $m/m = 120^{0}\,44'$ (hinten); $c = 0P\,(001)$, Hauptblätterbruch; $o/c = 106^{0}\,58'$; $m/c = 98^{0}\,41'$; $b = \infty P\!\!\!/\infty$ (010); $e = P\!\!\!/\infty$ (011); $e/c = 114^{0}\,30'$; ferner $s = \frac{1}{2}P\,(\bar{1}12)$; $z = -3P\!\!\!/3$ (131); $r = P\!\!\!/\infty\,(\bar{1}01)$; $z/c = 99^{0}\,59\frac{1}{2}'$; $r/c = 100^{0}\,0'$. Das Axenverhältniss ist wie beim Muscovit, $\beta = 95^{0}\,3'$. Auch Zwillinge. (Hessenberg, Min. Notizen. v. Kokscharow, Materialien etc. an versch. Stellen und: Mem. de l'Ac. de St. Petersbourg. Bd. 24; vergl. auch Litt. am Schluss des Abschn. über Glimmer.)

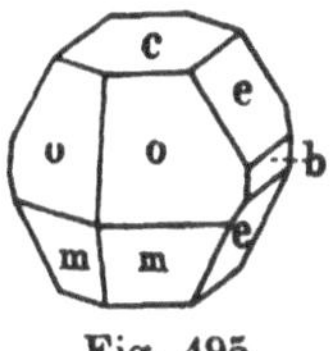

Fig. 495.

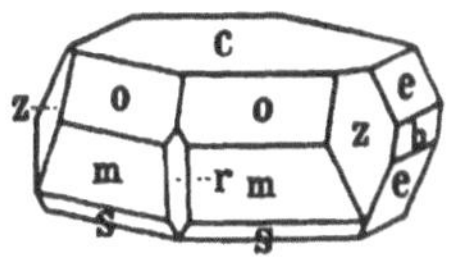

Fig. 496.

Cohäsionsverhältnisse wie beim Muscovit. G. = 2,8—3,0. Opt. A. E. brachydiagonal, also, wie schon erwähnt, ein Glimmer 2 Art und damit $\varrho < v$. Die M. L. ist nur um einen sehr kleinen Winkel gegen die Normale zu c geneigt; auch der Axenwinkel ist meist klein, steigt aber doch in einigen Fällen über 50°. Hellgrün und braun, sogar bis gelb, aber meist dunkler bis fast schwarz; ausgezeichneter Dichroismus, namentlich ist der Farbenunterschied, senkrecht und parallel zur Basis hindurch gesehen, sehr bedeutend. V. d. L. um so leichter schmelzbar, je dunkler und damit je Fe-haltiger. Von HCl wenig angegriffen, von HSO_4 vollkommen zersetzt. Findet sich in deutlichen Krystallen ausser in den Sommablöcken noch auf Hohlräumen anderer vulkanischer Gesteine, so im Albanergebirge, am Laacher See etc.; seltener in älteren Gesteinen, wie Granit, Gneiss etc. In diesen in derben blättrigen Körnern und Plättchen sehr weit verbreitet, als Gemengtheil, zuweilen Platten von erheblichem Umfang bildend, so in Grönland, im Ural, in manchen skandinavischen Gesteinen dieser Art etc.; zuweilen für sich allein, zuweilen mit Kaliglimmer, mit dem der Magnesiaglimmer häufig parallel verwächst, so dass die Blätterbrüche durch beide ununterbrochen hindurchgehen und die Schlagfiguren in beiden parallel sind. Bildet auch zuweilen schuppige Aggregate. Magnesiaglimmer mit Ausschluss von Kaliglimmer findet sich, allerdings stets nur in geringerer Menge und in kleinen Plättchen, in vulkanischen Gesteinen (Basalten, Trachyten), häufig in regelmässig sechsseitiger Umgrenzung.

Der Meroxen und ebenso in der Hauptsache die andern Magnesiaglimmer verwittern ziemlich leicht. Solche Verwitterungsproducte sind: Der rothe *Rubellan* in manchen vulkanischen und der schwarze *Voigtit* in granitischen Gesteinen. Der *Vermiculit* von verschiedenen Punkten Nordamerikas, beim Erhitzen v. d. L. sich wurmförmig aufblähend und krümmend, ist wohl ebenfalls ein in Verwitterung begriffener Meroxen. Umgekehrt bilden sie sich auch leicht solche Glimmer, und zwar aus verschiedenen anderen Mineralien, in deren Form sie als Pseudomorphosen vorkommen, so nach Hornblende, Augit, Dichroit, Skapolith etc.

Unter *Phlogopit* versteht man jetzt die etwas SiO_2-reicheren Magnesiaglimmer 2. Art in den Kalken, Dolomiten und im Serpentin. Sie sind häufig rothbraun, doch auch von gelber und grüner Farbe. Krystallographisch und optisch vom Meroxen nicht verschieden. Zuweilen ausgezeichnet asterisirend, z. B. der von South Burgess in Canada. Findet sich noch an mehreren anderen Orten in Nordamerika, sodann im Fassathal in Tirol, bei Campolongo im Ctn. Tessin, bei Rezbanya im Banat (sehr licht gefärbt), bei Pargas in Finnland etc.

Anomit ist der *Mg*-Glimmer 1. Art. $\rho > v$, sonst ganz ähnlich dem Meroxen. Der A. ist seltener: bei Greenwood Fournace in New-York in grossen dunkelgrünen Platten, sehr häufig mit Gleitflächen und Treppenzwillingen und in rhomboëderähnlichen Absonderungsstücken (Fig. 487, 488, 490); auch an andern Orten in Nordamerika etc., ferner am Baikalsee im Kalkspath, in den vulkanischen Tuffen vom Laacher See und von der schwäbischen Alb, von Brevig und vom Merefjord in Norwegen, in Griechenland etc.

Lepidomelan, schwarz, kleinschuppig, sehr reich an FeO und FeO_3, sonst wie die andern Magnesiaglimmer, von Persberg in Wermland in Schweden; auch manche Magnesiaglimmer der Granite und Gneise gehören hierher.

Der Zusammensetzung nach schliessen sich vielleicht an den Glimmer an: *Glaukonit*, ein K_2O-haltiges FeO_3- und AlO_3-Silicat in Form grüner runder Körnchen, welche entweder für sich erdige Aggregate bilden oder in Sandstein, Thon, Kalk etc. eingewachsen sind. Es entstehen dadurch grüne sandige Gesteine (Grünsand), welche besonders in der Kreideformation eine Rolle spielen (Grünsandformation), aber auch in der Trias und namentlich im Tertiär, wo z. B. die Bernstein führenden Schichten des Samlands in Ostpreussen (blaue Erde) stark glaukonithaltig sind. Wegen des K_2O-Gehalts ist Glaukonit als Düngemittel zu verwenden. *Seladonit* (Grünerde z. Th.) wie der Glaukonit, von sehr verschiedener Zusammensetzung, aber auch durch K_2O-Gehalt ausgezeichnet und überhaupt diesem im allgemeinen ähnlich. Es ist ein dunkel-lauchgrünes Verwitterungsproduct AlO_3-haltiger Hornblenden und Augite, in deren Form er als Pseudomorphose vorkommt, z. B. der typische S. vom Mte. Baldo bei Verona. Der S. findet sich besonders in vulkanischen Gesteinen (Tuffen) verbreitet (Böhmen, Fassathal); auch als Auskleidung und Ausfüllung von Mandelräumen (Faröр, Island). Vielfach als grüne Farbe benützt, schon im Alterthum.

Zur Gruppe der Sprödglimmer führt hinüber der:

Margarit (Kalkglimmer, Perlglimmer). Er ist $H_2CaAl_2Si_2O_{12}$. Deutliche Krystalle kaum bekannt. Es sind Aggregate monokliner, durchscheinender, meist schneeweisser, perlmutterglänzender, in einer Richtung sehr leicht spaltbarer Plättchen, welche in dieser Beziehung dem Glimmer sehr ähnlich sind; aber die Plättchen sind nicht elastisch und nicht biegsam, sondern spröde und viel härter (H. = $4\frac{1}{2}$). G. = 2,80—3,10. Opt. A. E. makrodiagonal wie beim Muscovit. Der Margarit ist also ein Glimmer 1. Art. Die opt. M. L. ist nicht genau senkrecht zur Spaltungsfläche. Axenwinkel meist gross; in einzelnen Fällen beinahe = 0°. $\rho < v$. Findet sich im Chloritschiefer des Zillerthals in Tirol, bei St. Marcel in Piemont, als Begleiter des Smirgels auf Naxos und in Kleinasien (*Emerylith*); an der Takowaja im Ural mit Smaragd, Phenakit und Chrysoberyll (*Diphanit*); mit Korund in Pennsylvanien.

Gruppe des Clintonits (Sprödglimmer).

Umfasst eine Anzahl von Mineralien, deren monokline, aber selten deutlich ausgebildete Krystallform der des Meroxens sehr ähnlich ist. Sie haben alle eine von der des Glimmers abweichende, aber untereinander sehr ähnliche Zusammensetzung und lassen sich als Mischungen von $H_2CaMg_4Si_3O_{12} = H_2O \cdot CaO \cdot 4MgO \cdot 3SiO_2$ und $H_2CaMgAl_3O_{12} = H_2O \cdot CaO \cdot MgO \cdot 3AlO_3$ auffassen und berechnen. Sie haben einen sehr deutlichen Bl. Br., sind aber doch weniger leicht spaltbar als der Glimmer; die dünnen Spaltungsplättchen sind nicht elastisch biegsam, sondern brechen sehr leicht durch, da sie spröde sind. H. = 5—6, zuweilen etwas härter oder aber auch weicher; die Härte der ächten Glimmer ist stets viel geringer. G. = 3,0—3,1. Die einzelnen hierhergehörigen Mineralien lassen sich nicht mit grosser Schärfe von einander trennen. (Tschermak, Sitzgsber. Wiener Akad. Bd. 78. 1878. Des Cloizeaux, Bull. soc. min. France Bd. VII pag. 80.)

Xanthophyllit. Gelbe, vollkommen spaltbare Plättchen mit 16,3 SiO_2 aus dem Talkschiefer der Schischimskaja Gora bei Slatoust im Ural; etwas verwittert. Das frische Mineral, bouteillengrün, durchsichtig, z. Th. in deutlichen Krystallen, ist bei Achmatowsk im Ural im Chloritschiefer gefunden und *Walujewit* genannt worden. (v. Kokscharow, Zeitschr. Kryst. II.)

Clintonit (Seybertit). 19,19 SiO_2. Bildet kupferrothe, röthlich braune bis gelbe sechsseitige Tafeln mit einem stark perlmutterglänzenden Bl. Br. Im serpentinhaltigen Kalk von Amity in New-York mit Hornblende, Augit, Spinell, Graphit etc. Wesentlich dasselbe ist der lauchgrüne oder röthlichgraue *Brandisit* (Disterrit) aus der Contactzone im Kalk des Fassathals in Tirol, mit Augit, Ceylanit etc., Gruppen sechsseitiger glimmerähnlicher Krystalle bildend.

Aeusserlich ähnlich den Sprödglimmern, ebenfalls monoklin, aber chemisch etwas verschieden ist: *Chloritspath* (Chloritoid). $H_2FeAlSiO_7 = H_2O \cdot FeO \cdot AlO_3 \cdot SiO_2$ mit 24—26 SiO_2; zuweilen etwas MnO in Vertretung von FeO (Salmit von Vielsalm in Belgien); sechsseitige Tafeln oder schuppige Aggregate bildend, schwärzlich grün, undurchsichtig, spröde; H. = $6\frac{1}{2}$. Nach einer Richtung ebenfalls deutlich spaltbar. Im Quarz bei Pregratten in Tirol und mit Diaspor, Brauneisenstein und Smirgel im Kalk in der Gegend von Katharinenburg im Ural; mit dem Smirgel in Kleinasien; im sächsischen Voigtlande und in Canada den Chloritoidschiefer bildend. Dem Chl. sehr nahe stehen die derben, schwärzlich-grünen blättrigen Aggregate des *Sismondin* aus dem Chloritschiefer von St. Marcel in Piemont, vom Val de Chisone und von Zermatt; ähnliche Mineralien von der Insel Groix u. a. a. Orten der Bretagne. Ferner der dunkelgrüne, blättrige *Masonit* von Middletown in Rhode Island im Chloritschiefer. In optischer Beziehung etwas abweichend sind die unregelmässig sechsseitigen dunkelgrünen harten Plättchen des *Ottrelith* aus dem Thonschiefer von Ottré in Belgien; derselbe ist nicht stark dichroitisch, was bei den andern genannten Mineralien in hohem Grade der Fall ist.

Zu den Sprödglimmern wird auch zuweilen gerechnet der *Sapphirin*, $Mg_4Al_3Si_2O_{17}$, 14,86 SiO_2, 63,25 AlO_3, 19,28 MgO, derbe kleinkörnige Aggregate mit einem deutlichen Bl. Br., 2-axig, monoklin, blau, dichroitisch. H. = $7\frac{1}{2}$. G. = 3,4 bis 3,5. Im Glimmerschiefer von Fiskenäs in Grönland.

Anhangsweise sei hier erwähnt der *Astrophyllit*, ein TiO_2-haltiges Silicat von FeO_3, FeO, MnO und Alkalien. Triklin, spröde, aber in einer Richtung vollkommen spaltbar, wie die Glimmer; bildet gelbbraune, halbmetallisch glänzende, langstrahlige Krystalle und krystallinische Aggregate im Zirkonsyenit des südl. Norwegens (Brögger, Zeitschr. Kryst. II. 1878) und in El Paso Co. in Colorado, ebenfalls mit Zirkon.

Melanglimmer. Als Melanglimmer hat man die folgenden, ebenfalls in einer Richtung deutlich spaltbaren Mineralien von schwarzer Farbe mit grauem Strich zusammengefasst. Dieselben sind stark eisenhaltig. Cronstedtit enthält FeO und FeO_3, der typische Stilpnomelan von Obergrund ergab nur viel FeO, der amerikanische auch FeO_3; vielleicht ist dies bei jenem übersehen, dann wären alle Melanglimmer durch einen starken FeO_3-Gehalt chemisch charakterisirt. *Cronstedtit;* $H_6Fe_3FeSi_2O_{13}$, etwas MgO für FeO; kleine Kryställchen, rhomboëdrisch mit basischer Spaltbarkeit: auch derb und kleintraubig; von Lostwithiel in Cornwall und Přibram in Böhmen, selten. Der Cr. von Conghonas do Campo in Brasilien ist *Sideroschisolith* genannt worden. *Stilpnomelan;* krummblättrige bis dichte schwarze, fast undurchsichtige, stark dichroitische Aggregate mit Kalkspath, von Obergrund bei Zuckmantel in Oesterreichisch-Schlesien, Antwerp in New-York etc. FeO_3-haltig sind ferner: der feinblättrige bis schuppig-dichte *Thuringit*, die einzelnen Individuen des Aggregats in einer Richtung deutlich spaltbar, dunkelgrün mit hellgrünem Strich. Leicht zu schwarzer magnetischer Kugel schmelzbar und von HCl zersetzt; von Schmiedefeld bei Saalfeld und an andern Orten im östlichen Thüringer Wald, im reuss. Voigtlande, vom Zirmsee in Kärnten und von Harpers Ferry am Potomacfluss in Nordamerika (Owenit).

Vollkommen dichte, Wasser und Eisenoxyd enthaltende Silicate, welche sich vielleicht am besten hier anschliessen, sind: die schwarzen, mit nieriger Oberfläche versehenen Krusten des *Thraulit* auf Magnetkies von Bodenmais in Bayern und der *Hisingerit* von Riddarhyttan in Schweden und manche andere; es sind stark durch Beimengungen verunreinigte Umwandlungsproducte anderer Mineralien.

Oxydulsilicate ohne Sesquioxyde sind: *Pyrosmalith*, $H_{14}Mn_5Fe_5Si_8O_{32}Cl_2$, grünlich-braune, hexagonale niedere Prismen mit der Basis oder dicke Tafeln, mit deutlicher basischer Spaltbarkeit; auf dem Magneteisen der Bjelkesgrube bei Philipstad in Wermland in Schweden. Der *Friedelit* von Adervieille in den Pyrenäen ist ein Fe-freier Manganpyrosmalith.

Chamoisit, ein oolithisches, sehr basisches FeO-Silicat, 14,3 SiO_2, 60,5 FeO, 7,8 AlO_3, 17,4 H_2O enthaltend: grünlich-schwarz mit grünem Strich. Bildet Lager im Kalkschiefer des Chamoisonthales in Wallis und wird als Eisenerz benützt.

Gruppe des Chlorits.

Die hierher gehörigen, in mancher Beziehung dem Glimmer ähnlichen Mineralien sind H-haltige, aber im Gegensatz zum Glimmer alkalifreie Magnesia-Thonerdesilicate, in denen MgO z. Th. durch FeO, AlO_3 durch FeO_3 vertreten ist, auch etwas CrO_3 ist in einzelnen Fällen vorhanden. H_2O geht erst in starker Glühhitze, und zwar in reichlicher Menge, weg. Man hat u. A. versucht, die Chlorite als Mischungen von $H_4Mg_3Si_2O_9 = 2H_2O \,.\, 3MgO \,.\, 2SiO_2$ und von $H_4Mg_2AlSiO_9 = 2H_2O \,.\, 2MgO \,.\, AlO_3 \,.\, SiO_2$ in verschiedenen Verhältnissen aufzufassen und darzustellen, was wenigstens ein ungefähres Bild der chemischen Zusammensetzung giebt, aber endgültig ist diese bisher noch nicht festgestellt. Der SiO_2-Gehalt schwankt zwischen 25 und 35%. Manche Analysen geben auch etwas bei geringerer Temperatur entweichendes H_2O. (Jannasch, N. Jahrb. Min. 1885. I.)

Die Chlorite sind theils rhomboëdrisch, theils monoklin, in einer Richtung sehr leicht spaltbar, aber doch weniger leicht, als Glimmer, und die Spaltungsplättchen sind gemein biegsam, nicht elastisch wie dort. Die Härte ist eher geringer, als die des Glimmers: H. $= 1\frac{1}{2}-2$, allerdings auch zuweilen 3; sehr milde. Durchscheinend, nur sehr dünne Plättchen vollkommen durchsichtig, auf dem Bl. Br. Perlmutterglanz. Die Farbe ist meist grün in verschiedenen Nüancen, oft mit einem Stich ins Blaue, also ganz anders als beim grünen Glimmer, der meist einen Stich ins Braune hat und dadurch sich meist leicht durch den blossen Anblick unterscheiden lässt; Strich heller grün; in seltenen Fällen sind diese Mineralien gelb oder dunkelroth. Meist ausgezeichnet dichroitisch. V. d. L. blättern sie sich auf und schmelzen schwer, die eisenreichen leichter, als die eisenarmen, zu einem je nach dem *Fe*-Gehalt weissen bis schwarzen Email. Von *HCl* wenig, nach dem Glühen stärker angegriffen; von H_2SO_4 werden manche vollkommen zersetzt.

Nach der Zusammensetzung und Krystallform unterscheidet man: 1) *Pennin* und 2) *Klinochlor*, beide gleich zusammengesetzt, und zwar aus obigen beiden Silicaten ziemlich zu gleichen Theilen, entsprechend: 30—35% SiO_2, 14—20 AlO_3, 32—38 MgO, selten mehr als 5 FeO, meist weniger, 10—14 H_2O. P. ist rhomboëdrisch, Kl. monoklin, aber die Formen beider zeigen eine gewisse Aehnlichkeit (siehe unten). Chemisch von diesen verschieden, und zwar SiO_2-ärmer und viel FeO-reicher ist der wahrscheinlich hexagonale 3) *Chlorit*, in welchem obige Grundbestandtheile annähernd in dem Verhältniss 1 : 2 gemischt sind, was 25,4 SiO_2, 21,8 AlO_3, 26,6 FeO, 14,8 MgO, 11,4 H_2O entspricht, wenn $Mg : Fe = 1 : 1$. Der Eisengehalt ist hier immer sehr gross.

Die Chlorite finden sich z. Th. massenhaft als Chloritschiefer, allerdings nicht alle hierher gehörigen Mineralien in gleicher Menge, einige sind sogar grosse Seltenheiten. Vielfach sind sie secundärer Entstehung, aus der Umwandlung anderer Mineralien, und zwar AlO_3-haltiger, hervorgegangen; häufig findet sich Chlorit als Pseudomorphose, so nach Granat, Hornblende, Augit, Vesuvian, Turmalin, Axinit etc.

Pennin.

Zusammensetzung siehe oben. Krystallisirt in sehr spitzen Rhomboëdern $R = R$ $(10\bar{1}1)$, deren Basis c ein sehr deutlicher Bl. Br. parallel geht. $R/R = 65^0\ 28'$ (E. K.); $c/R = 103^0\ 45'$ (Fig. 497); auch ein noch steileres Rhomboëder $3R$ $(30\bar{3}1)$, ein Dihexaëder und das Prisma 2. Stellung sind beobachtet; Zwillinge nach der Basis (Fig. 498). Die Krystalle sind aufgewachsen und häufig zu Drusen vereinigt, in denen alle Individuen parallel dicht

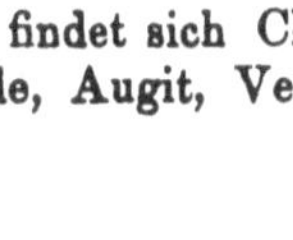

Fig. 497.

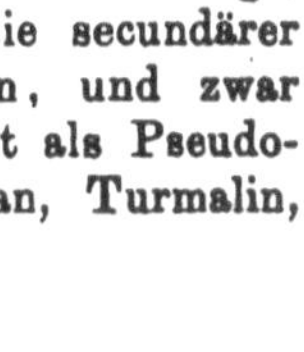

Fig. 498.

nebeneinander stehen; diese selbst bilden dickere oder dünnere Tafeln oder auch verlängerte prismenähnliche Körper. Milde, H. $= 2\frac{1}{2}$. G. $= 2{,}6-2{,}8$. Durchsichtig bis durchscheinend; bläulichgrün und ausgezeichnet dichroitisch: auf die Basis in der Richtung der Axe gesehen grün, quer zur Axe braunroth. D. Br. sehr gering, theils $+$, theils $-$, und zwar auf demselben Plättchen verschieden an verschiedenen Stellen; zuweilen anomal zweiaxig. V. d. L. aufgeblättert und zu gelblichem Email schmelzbar; von HCl unter Ausscheidung flockiger Kieselsäure zersetzt. Schöne Krystalle im Binnenthal und bei Zermatt im Wallis; im Alathal in Piemont; im Zillerthal und in Pfitsch in Tirol.

Für dichten Pennin hält man den grünlichen serpentinähnlichen, aber AlO_3-haltigen *Pseudophit* vom Berge Zdiar bei Aloisthal in Mähren, das Muttergestein des dortigen Enstatits und das ähnliche Mineral von Markirch in den Vogesen.

Ausserdem gehören zum Pennin den wesentlichen Eigenschaften nach: der gelbe *Leuchtenbergit*, in einaxigen hexagonalen Tafeln oder schaligen Aggregaten von der Schischimskaja Gora bei Slatoust im Ural; der carmoisinrothe, ins Bläuliche spielende *Kämmererit*, mit 5 % CrO_3, sechsseitige Tafeln, optisch einaxig, auch blättrige Aggregate, auf Chromeisenstein mit Uwarowit bei Sissersk im Ural, auch bei Texas in Pennsylvanien. Dichter K. ist der rothe *Rhodochrom* von Bissersk und Kyschtimsk am Ural.

Klinochlor (Chlorit G. Rose, Ripidolith v. Kobell).

Zusammensetzung siehe oben. Monoklin (Fig. 499), die Krystalle zeigen eine gewisse Formähnlichkeit mit Pennin, auch mit dem Glimmer vom Vesuv (vergl. Fig. 490), doch sind die Winkel etwas verschieden. Die Combinationen sind oft sehr flächenreich: $M = \infty P$ (110), $M/M = 125^0\ 37'$; $P = 0P$ (001); $M/P = 113^0\ 57'$; $o = P$ ($\bar{1}11$); $o/P = 102^0\ 7'$; $n = \frac{2}{3}P$ ($\bar{2}23$); $n/P = 118^0\ 32'$; $i =$ Ꝑ∞ ($\bar{1}01$); $v = \infty$Ꝑ3 (130); $i/P = 103^0\ 55'$ und $v/P = 104^0\ 23'$ (die Flächen i und v liegen sehr nahe wie die Flächen des Rhomboëders R am Pennin, wo R/c, den beiden Winkeln i/P und v/P entsprechend, $= 103^0\ 45'$); $h = \infty$Ꝑ∞ (010); $t = 4$Ꝑ∞ (041); $t/P = 108^0\ 14'$; $s = \frac{3}{2}$Ꝑ3 ($\bar{1}32$); $s/P = 116^0\ 45'$; $a : b : c = 0{,}5774 : 1 : 0{,}8531$; $\beta = 117^0\ 9'$. (v. Kokscharow, Materialien. Bd. II.)

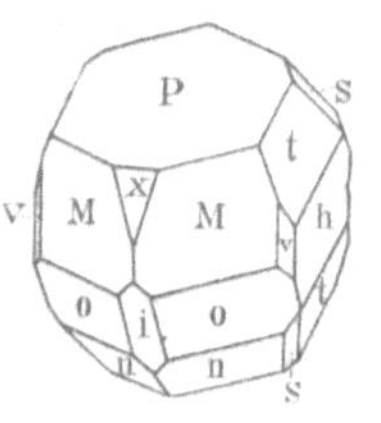

Fig. 499.

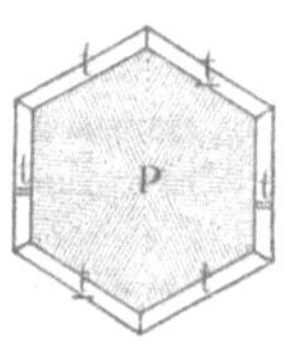

Fig. 500.

Mit P geht der Hauptblätterbruch parallel. Drillinge, bei welchen der Hauptblätterbruch durch alle Individuen ununterbrochen hindurchgeht, also ähnlich gebildet wie beim Glimmer, sind häufig (Fig. 500, vergl. Fig. 494); die federartige Streifung auf P deutet die Zwillingsbildung und die Zwillingsgrenzen an. Die opt. A. E. meist parallel, theils auch senkrecht zur S. E., also theils 2., theils 1. Art, wie beim Magnesiaglimmer: $+$ M. L. stets in der S. E., $12-15^0$ gegen die Normale zu P geneigt. Axenwinkel $2E$ zwischen 10^0 und 86^0

schwankend. Bläulich- bis schwärzlichgrün, Dichroismus ähnlich wie beim Pennin. Durchsichtig bis durchscheinend. G. = 2,55—2,8. H. = 2; viel milder als Glimmer. Findet sich auf Klüften im Chloritschiefer in aufgewachsenen Krystallen, zuweilen mit Granat und Diopsid: Alathal in Piemont, Zermatt in der Schweiz, Pfitsch und Zillerthal in Tirol, Achmatowsk im Ural, West-Chester in Pennsylvanien, Ashville in Neu-Carolina (*Korundophyllit*). Uebrigens auch in unregelmässig begrenzten Tafeln, z. B. bei Traversella in Piemont; zuweilen im Chloritschiefer als Gemengtheil eingewachsen.

Der *Tabergit*, entenblau (blaugrün), von den Magneteisenlagerstätten am Taberg in Wermland in Schweden, hat die Zusammensetzung des Kl., ist aber theils einaxig, theils zweiaxig, also wohl ein Gemenge von Klinochlor und Pennin. Dichter Kl. ist der grünliche *Grochauit*, das Muttergestein des Magnochromit genannten Chromeisenstein von Frankenstein in Schlesien; vielleicht auch der serpentinähnliche *Allophit* von Langenbielau in Schlesien. *Kotschubeyit* ist ein rother Klinochlor aus den Goldsaifen von Karkadinsk im südl. Ural.

Chlorit (Werner). Ripidolith (G. Rose).

Deutlich ausgebildete Krystalle sind nicht bekannt; man beobachtet zuweilen sehr kleine sechsseitige Schüppchen oder Täfelchen, auch längere Säulchen, welche dann vielfach wurmförmig gekrümmt und gebogen sind. Die optische Untersuchung widerspricht der Annahme des hexagonalen Krystallsystems nicht, doch ist sie nicht entscheidend, wegen der Kleinheit und der geringen Durchsichtigkeit der Kryställchen. Mild und sehr weich, H. = 1, biegsam; G. = 2,78—2,95. Lauchgrün bis schwärzlichgrün in verschiedenen Nüancen, bald heller, bald dunkler; Strich heller. Dichroitisch, durchscheinend, schwach glänzend, stellenweise perlmutterartig. Nicht leicht schmelzbar zu schwarzem Glas; in conc. H_2SO_4 zersetzbar. Der Ripidolith findet sich vorzugsweise im Hochgebirge der Alpen. Die gekrümmten sechsseitigen Säulchen und krystallisirten Körnchen sind vielfach dem dortigen Quarz, Feldspath, Titanit etc. aufgewachsen (sog. *Helminth*); solcher feine Chloritstaub erfüllt nicht selten diese Krystalle so vollständig auch im Innern, dass dieselben ganz dunkelgrün gefärbt sind. Kleinere, meist lockere Partien krystallinischen, schuppigen oder körnigen Ripidoliths finden sich zuweilen nesterweise in krystallinischen Schiefern, z. B. im Gneiss, Chloritschiefer etc. oder im Granit und Serpentin, auch auf Klüften dieser Gesteine. In geringen Mengen auf Eisenerzlagerstätten in England, Schweden und Norwegen. Am verbreitetsten ist der Ripidolith aber im Chloritschiefer, dessen feinschuppige, seltener grösserblättrige Massen er zum grössten Theil zusammensetzt, der aber auch grössere oder geringere Mengen der anderen Chlorite enthält und dem vielfach andere Mineralien, vorzugsweise Magneteisenkrystalle eingewachsen sind, so z. B. im Zillerthal und in anderen Gegenden der Tiroler Alpen, im Ural etc. Chem. Zusammensetzung pag. 451.

Zu dem Chlorit gehört ferner der *Delessit* (Grünerde z. Th.); alkalifrei, stark FeO_3-haltig, schuppige bis dichte und erdige dunkelgrüne Aggregate bildend, seltener fasrig, kleidet die Mandelräume von Mandelsteinen aus und erfüllt sie zuweilen ganz, so z. B. in den Gesteinen des Nahethals, in Sachsen, den Vogesen, der Auvergne etc. (vergl. die alkalihaltige Grünerde, Seladonit). Vom Delessit ist vielleicht nicht wesentlich verschieden der Grengesit auf den Magneteisenlagerstätten vom Grengesberg in Dalekarlien.

An den Chlorit schliesst sich eine Anzahl von Mineralien, welche wohl meist Umwandlungsproducte und unreine Massen sind:

Metachlorit, ein statt MgO fast nur FeO enthaltender dunkelgrüner, strahlig blättriger Chlorit aus dem Schalstein von Elbingerode am Harz. Ebenso *Epichlorit*, dünnstenglige, fettglänzende grüne Aggregate von Harzburg im Harz und als grünfärbender Bestandtheil mancher Diabase. *Diabantachronnyn*, das staubartig feine grüne Pigment mancher Diabase, MgO und FeO enthaltend. *Aphrosiderit*, einem dunkelgrünen feinschuppigen Chlorit sehr ähnlich, viel FeO und auch FeO_3 enthaltend, von Weilburg in Nassau und aus dem Granit von Striegau in Schlesien. Von hier stammt auch der noch FeO_3-reichere *Strigovit*, ein lockeres, chloritähnliches Aggregat bildend. Ein H- oder H_2O-haltiges Magnesiathonerdesilicat ist endlich der *Pimelith* durch 3 % NiO apfelgrün gefärbt, fettig anzufühlen und schwach fettglänzend, mit Chrysopras von Frankenstein in Schlesien. Derselbe Name ist übrigens einem AlO_3-freien, mager anzufühlenden, sonst diesem ähnlichen wasserhaltigen Nickelsilicat von dort mit 33 % NiO gegeben worden.

Talk.

$H_2Mg_3Si_4O_{12} = H_2O \,.\, 3MgO \,.\, 4SiO_2$; 63,5 SiO_2, 31,7 MgO, 4,8 H_2O, das erst bei starker Glühhitze entweicht; statt MgO ist 1—5 % FeO, auch ist etwas AlO_3 vorhanden (bis 2 %). Nur derb, nie in deutlichen Krystallen; rhombisch oder monoklin, in einer Richtung ausgezeichnet spaltbar, wie Glimmer, ist aber weicher, als dieser und fettig anzufühlen, H. = 1, und gemein biegsam. G. = 2,7 – 2,8. Hellapfelgrün bis weiss; durchsichtig bis durchscheinend; perlmutterglänzend. Opt. zweiaxig, die — M. L. vollkommen oder doch jedenfalls sehr nahe senkrecht zum Bl. Br.; der Axenwinkel klein: = 17—18°. V. d. L. sehr schwer schmelzbar, dabei sehr stark leuchtend und sich aufblätternd; die Masse wird dabei viel härter: H. = 6. Von Säuren nicht angegriffen; mit Kobaltsolution geglüht, blassroth. Der T. findet sich in mehr oder weniger grossblättrigen, auch stengligen und schuppigen Aggregaten, oft in grossen Massen gesteinsbildend als Talkschiefer, in den Alpen in den krystallinischen Schiefern, bes. in Tirol, Steiermark, Piemont, am St. Gotthard und a. a. Stellen; ferner im Ural etc. Dieser Talkschiefer ist das Muttergestein vieler Mineralien, welche meist ringsum auskrystallirt in demselben eingewachsen sind: Magneteisen, Dolomit, Bitterspath, Strahlstein, Apatit (Spargelstein), Pyrit etc. Im Ural umschliesst der Talkschiefer grössere Massen des *Glinkit* genannten Olivingesteins, aus welchem der dortige T. durch Umwandlung entstanden ist. Ueberhaupt ist T. vielfach durch Umwandlung aus andern Mineralien, und zwar aus Mg-haltigen und AlO_3-freien, entstanden, wie die Pseudomorphosen nach Enstatit, Augit, Hornblende etc. zeigen. Dichter Talk ist der *Speckstein* (Steatit), von weisser Farbe, mit unebenem bis splitterigem Bruch und häufig mit traubiger Oberfläche. Nicht selten in Pseudomorphosen nach Dolomit, Quarz, auch Kalkspath etc., welche allseitig von der dichten Masse umschlossen, aber an einer Stelle auch mit ihr verwachsen sind. So findet sich der Speckstein besonders ausgezeichnet auf einem ausgedehnten Lager im Glimmerschiefer bei Göpfersgrün unweit Wunsiedel im Fichtelgebirge; ferner bei Briançon in Frankreich etc.

Eine Pseudomorphose von Speckstein nach Augit von Canton in New-York und von Canada ist *Rensselaerit*, eine solche von Greenville in Canada ist *Pyrallolith* genannt worden. Der Talk wird in feingepulvertem Zustand als Schmiermittel, der Speckstein zu Gasbrennern und wie Kreide zum Zeichnen, namentlich auf Tuch benutzt (craie de Briançon). Zum Sp. gehört auch ein Theil des chinesischen *Bildsteins* (Agalmatolith, Pagodit), aus welchem in China die bekannten Figuren etc. geschnitzt werden (andere Bildsteine sind wasserhaltige Thonerdesilicate). Ein mit Glimmer und Chlorit gemengter feinkörniger Talkschiefer aus der Gegend von Chiavenna ist *Topfstein* (Lavezstein) genannt worden; derselbe lässt sich auf der Drehbank zu Töpfen und anderen ähnlichen Geräthen verarbeiten; findet sich auch bei Zöptau in Mähren etc.

Einige wasserhaltige Magnesiasilicate schliessen sich hier an:

Meerschaum. $Mg_2Si_3O_8 \, . \, 4H_2O = 2MgO \, . \, 3SiO_2 \, . \, 4H_2O$. Milde weisse, feinerdige Massen mit muschligem Bruch und öfters Knollen mit nieriger Oberfläche bildend. H. $= 2-2\frac{1}{2}$. G. $= 2{,}0$, aber sehr porös, an der Zunge hängend und daher in grösseren Stücken im Wasser schwimmend. Fühlt sich etwas mager an, wird durch Glühen hart, zieht sich zusammen und schmilzt schwer. Brennt sich im Kolben schwarz; mit Kobaltsolution wird er roth, von HCl wird er zersetzt. Findet sich hauptsächlich in Kleinasien und einigen griechischen Inseln mit Serpentin, als dessen Verwitterungsproduct er wohl anzusehen ist. Wird zu Pfeifenköpfen, zu Cigarrenspitzen etc. verarbeitet.

Ein feinfasriger M. von Utha wurde *Sapiolith*, ein anderes, ganz ähnlich zusammengesetztes und aussehendes Mineral von Långbanhyttan in Schweden *Aphrodit* genannt. Etwas $\ddot{A}lO_3$-haltig ist der *Seifenstein* (Saponit) von specksteinähnlichem Aussehen, weiss bis röthlich-braun, sehr weich, fettig anzufühlen, auf Klüften des Serpentins von Cap Lizard in Cornwall. Sehr ähnlich ist der *Piotin* von Svardsjö in Dalekarlien.

Serpentin.

$H_4Mg_3Si_2O_9 = 2H_2O \, . \, 3MgO \, . \, 2SiO_2$; 43,48$SiO_2$, 43,48$MgO$, 13,04 H_2O, was erst beim Glühen ganz entweicht; bis zu 13% FeO, in einer analog gebildeten FeO-Verbindung isomorph beigemischt, ersetzt einen Theil des MgO; auch ein geringer NiO-Gehalt ist nicht selten. $\ddot{A}lO_3$ fehlt im reinen S., geringe Mengen kommen durch beigemengte Mineralien hinein; stark $\ddot{A}lO_3$-haltige Substanzen können aber nie hierher gerechnet werden. Der eigentliche S. ist nicht deutlich krystallisirt, stets dicht; einige Abänderungen aber sind blättrig und schiefrig oder stenglig und fasrig. Aber auch der eigentliche dichte S. zeigt vielfach u. d. M. feinfasriges Gefüge und wirkt auf das polarisirte Licht, so dass man den S. nicht für amorph erklären kann. Die blättrigen, stengligen und fasrigen Varietäten wirken sogar sehr stark und geben z. Th. im convergenten poralisirten Licht die Interferenzfiguren der Krystalle. G. $= 2{,}7-2{,}8$, zuweilen geringer bis zu 2,3. H. $= 3-4$. Der Bruch ist muschlig oder splittrig und matt, der Strich glänzend, so dass der S. politurfähig ist: er ist ferner mild, bis wenig spröde und lässt sich auf der Drehbank etc. bearbeiten, was die technische Verwendbarkeit zum Theil bedingt. Schwach durchscheinend, kantendurcheinend bis undurchsichtig; die Farbe ist hell bis dunkelgrün, in den verschiedensten Nüancen ins Gelbe, Graue etc. bis ins Schwarze, auch braun, roth, gelb etc., selten einfarbig, meist in verschiedener Weise gezeichnet: geadert, gewolkt, geflammt etc. V. d. L. ist der S. schwer und nur an ganz feinen Kanten und Ecken schmelzbar, im Kolben geht bei Glühen das Wasser weg und die Substanz wird schwarz. Von HCl wird das Mineral langsamer, von H_2SO_4 rascher und vollständig zersetzt und es entsteht Bittersalz, das im Grossen aus S. dargestellt wird.

Der S. findet sich häufig in Pseudomorphosen nach andern und zwar nur nach AlO_3-freien Mineralien, er umschliesst, auch wo er ohne jede regelmässige äussere Begrenzung vorkommt, häufig Körner solcher Mineralien, die in S. allmählig übergehen, so dass man annehmen muss, dass er stets ein Umwandlungsproduct derselben ist. Das wichtigste unter ihnen ist der Olivin, $2MgO \,.\, SiO_2$, der durch Aufnahme von H_2O und Abgabe von MgO in Serpentin übergeht. Pseudomorphosen von S. nach O. finden sich in ausgezeichneter Weise bei Snarum im Kirchspiel Modum in Norwegen, z. Th. von sehr erheblicher Grösse und mit ausgezeichnet erhaltener Krystallform im Kalk. Man beobachtet hier zwischen beiden Mineralien alle möglichen Uebergänge; bei manchen Krystallen ist nur die äussere Kruste in S. verwandelt, bei manchen ist der Process bis ins Innere eingedrungen, stets sind aber noch einzelne unzersetzte Olivinkörner zwischen der Serpentinmasse zerstreut, was man aus der grösseren Härte, aus der chemischen Zusammensetzung und aus der Beobachtung unter dem Mikroskop leicht entnehmen kann. Der Serpentinisirungsprocess geht nämlich in sehr charakteristischer Weise von sehr feinen Spalten aus vor sich, welche bei Beginn des Processes die ganze Olivinmasse durchsetzen, so dass ein Maschengewebe von Serpentin Körner von noch nicht umgewandeltem Olivin allseitig umschliesst, so lange der Process noch nicht vollkommen beendet ist. Solche Pseudomorphosen von S. nach O. sind noch von vielen andern Orten bekannt, so von Cursdorf bei Penig in Sachsen, von Zermatt in der Schweiz, vom Monzoni im Fassathal (nach Monticellit); Traversella in Piemont (sog. Villarsit, ein im Beginn der Umwandlung stehender Olivin von der Zusammensetzung: $2Mg_2SiO_4 \,.\, H_2O$); Hodritsch bei Schemnitz in Ungarn, Katharinenburg im Ural, Antwerp in New-York etc. Pseudomorphosen nach Augit kennt man z. B. von Sala in Schweden (nach Salit, sog. Pikrophyll), von Easton in Pennsylvanien etc.; nach Enstatit und Broncit (sog. Schillerspath) von der Baste im Radauthal im Harz, bei Todtmoos am Feldberg im Schwarzwald, aus den Vogesen etc.; ferner kennt man Pseudomorphosen nach Diallag, Amphibol (Rauenthal in den Vogesen, Pressnitz in Böhmen, im Eulengebirge, bei Mattrey und am Wildkreuzjoch im Pfitschthal in Tirol, in der Tilly-foster mine und in New-York bei Easton etc.):

nach Chondrodit, Brucit, Dolomit etc. Als solches Umwandlungsproduct kommt der S. nicht nur in einzelnen Körnern oder kleinen Partien in andern Mineralien oder in Gesteinen eingewachsen vor, sondern er findet sich auch in gewaltigen Lagern und Stöcken ganze Berge bildend, hauptsächlich im Gebiete der krystallinischen Schiefer und in Verbindung mit Gabbro, Diabas etc. Auch hier ist es vorzugsweise der Olivin in der Form des Olivinfelses in den verschiedensten Arten seines Vorkommens, der zur Entstehung des S. Veranlassung gegeben hat. In der That sieht man auch vielfach den S. allmählig in den Olivinfels übergehen, und man findet auch in dem als Gestein massenhaft auftretenden S. vielfach noch grössere oder kleinere unzersetzte Olivinreste, welche den ursprünglichen Zustand anzeigen. Auf die Entstehung aus den Olivingesteinen werfen auch manche in Serpentin eingewachsene Mineralien ein Licht, wie Granat (Pyrop), Augit, Diallag, Enstatit, Broncit, manche Feldspathe etc., welche mit dem Olivin das ursprüngliche Gestein gebildet haben, das später in Serpentin übergegangen ist, wobei diese Mineralien erhalten geblieben oder ebenfalls umgeändert worden sind. Auch Chromeisen und Magneteisen findet man im Serpentin häufig. Uebrigens sind nicht nur Olivingesteine, sondern auch Amphibol- und Pyroxengesteine der Umwandlung in S. fähig und auch nicht selten in Serpentin verwandelt worden.

Nach der speciellen Beschaffenheit unterscheidet man verschiedene Varietäten:

Edler Serpentin (Ophit) sind die reineren, stärker durchscheinenden und heller gefärbten, vielfach hell zeisiggrünen, beinahe gelben Serpentine, meist in Kalk eingewachsen. Hierher gehört die Mehrzahl der Vorkommnisse, welche oben bei Gelegenheit der Besprechung der Olivinpseudomorphosen aufgeführt worden sind, und zwar nicht nur die eigentlichen Pseudomorphosen, sondern auch die damit in Zusammenhang stehenden derben und dichten Massen. Ausser den genannten Vorkommnissen ist vielleicht noch der edle S. von Sala in Schweden und der dunkelgrüne aus den Brossothale in Piemont zu erwähnen.

Das Aussehen und die Beschaffenheit, namentlich die Durchscheinenheit und die helle Farbe des edlen S. haben auch die folgenden besonders benannten Varietäten: *Pikrolith*, dünne graue und grüne Platten und Ueberzüge auf Spalten im gemeinen S., z. B. von Zöblitz in Sachsen, Reichenstein in Schlesien, Biedenkopf in Hessen, vom Taberg in Schweden etc., der zeisiggrüne *Schweizerit* von Zermatt; der apfelgrüne *Williamsit* von Texas in Pennsylvanien; der nephritähnliche *Bowenit* von Smithfield in Rhode Island; der fettglänzende bräunlichgelbe *Retinalith* von Greenville in Canada im Kalkstein; ferner der dünnschiefrige *Antigorit* vom Antigoriothal in Piemont und von Triebis im reuss. Voigtlande, dessen dünne Blätter das Axenbild zweiaxiger Krystalle zeigen; der blass spargelgrüne *Marmolith* von Hoboken in New-Jersey; der grünlichweisse stenglige *Metaxit* von Reichenstein und von Biedenkopf, im gemeinen S. eingewachsen; ein *FeO*-reicher Metaxit vom Taberg in Schweden ist *Hydrophit* genannt worden: und der parallel- und sehr feinfasrige, seidenglänzende gelbe, grüne oder bräunliche *Chrysotil* (Serpentin-Asbest z. Th.), in Schnüren den gemeinen S. durchziehend, zu deren Wänden die leicht sich von einander trennenden Fasern stets senkrecht stehen, ebenfalls von Reichenstein, auch von Natal in Südafrika etc., sowie der ähnliche *Baltimorit* von den Barehills in Maryland. Dünne Platten des Chrysotils senkrecht zu den Fasern geschliffen geben das Axenbild zweiaxiger Krystalle.

Alle diese Var. finden sich nur in geringen Mengen dem *gemeinen Serpentin* gegenüber, der die S.-Berge in der Hauptsache zusammensetzt. Hieher gehören die weniger reinen, weniger glänzenden bis matten und weniger durchscheinenden, dunkler und vielfach an verschiedenen Stellen in mehrfachen Zeichnungen (siehe oben) verschieden gefärbten S., welche in fast allen Gebirgen in grösserer oder geringerer Menge vorkommen. Dieser S. findet sich in Sachsen bei Zöblitz, Rosswein, Greiffendorf; im Fichtelgebirge, der Gegend von Biedenkopf in Hessen, in den Vogesen, den Alpen an vielen Stellen, in Oesterreich, Böhmen, Mähren, in Frankreich, Toskana, in Cornwall, in Skandinavien an vielen Orten, besonders reich daran ist der Ural, Nordamerika, Neuseeland etc. Der gemeine S. wird vielfach zu Geräthen, wie Lampen, Leuchter etc., zu Ornamenten für Kamine, zu Säulen und anderen Gegenständen der Architektur verarbeitet, bes. bei Zöblitz in Sachsen.

Der S. erleidet häufig eine Umwandlung, indem Mg ausgeschieden wird, da sich als Magnesit, $MgCO_3$ in der Nähe ablagert, während die SiO_2 als Opal, Chalcedon, Hornstein (Chrysopras) etc. zurückbleibt, so z. B. bei Frankenstein in Schlesien.

(J. Roth, Abh. Berl. Ak. 1870. Websky, Zeitschr. deutsch. geol. Ges. Bd. 10. Tschermak, Sitzgsber. Wien. Ak. Bd. 65. Sandberger, N. Jahrb. Min. etc. 1866, vergl. auch die Litt. zu Olivin.)

Zum gemeinen Serpentin gehört das *Bergholz* (Xylotil) von Sterzing in Tirol, der *Bergkork* von Dannemora und das *Bergleder* aus dem Zillerthal, doch sind dies Zersetzungsproducte, welche manchen Asbestvorkommnissen sehr ähnlich sehen. Ueberhaupt bildet auch der gemeine S. vielfach asbestähnliche fasrige Aggregate (*Serpentin-Asbest*), welche sich äusserlich vom gewöhnlichen Hornblende-Asbest (pag. 425) nicht unterscheiden lassen (vergl. aber den an den edlen S. sich anschliessenden Chrysotil). Massenhaft z. B. in manchen Gegenden in Canada, wo der S.-Asbest, wie der andere, zu technischer Verwendung gesammelt wird.

Einem fasrigen Pikrolith oder gemeinen Asbest gleicht auch der grüne *Pikrosmin*, $2MgSiO_3 . H_2O$, also SiO_2-reicher ($55SiO_2$) als Serpentin; vom Greiner in Tirol, von Waldheim in Sachsen und von Pressnitz in Böhmen.

An den Serpentin schliesst sich noch eine ganze Anzahl wasserhaltiger amorpher oder doch nicht deutlich krystallisirter Magnesiasilicate an: FeO-haltig sind der feinkörnige oder krystallinischblättrige gelbe *Monradit* von Bergenstift in Norwegen, sowie der braune und grüne, nierenförmige und stalaktitische *Dermatin* im Serpentin von Waldheim in Sachsen. Der ebenfalls hierher gehörige *Kerolith* ist eine stark zerklüftete, leicht zerbrechliche, amorphe, weisse, gelbe oder röthliche, schwach fettglänzende und fettig anzufühlende, durchscheinende Masse, die auf Spalten im verwitterten Serpentin am Gumberge bei Frankenstein in Schlesien vorkommt; er ist vollkommen thonerdefrei. Ihm ähnlich ist der wie Gummi arabicum aussehende *Gymnit* (Deweylit), krummschalig, weiss bis gelb, aus dem Serpentin im Fleimser Thal in Tirol und den Bare hills bei Baltimore, sowie aus dem Kalk von Passau in Bayern; ebenso der *Retinalith* aus dem Kalk von Greenville in Canada. *Ni*-haltig (29 NiO neben $15\frac{1}{2}$ MgO) ist der *Nickelgymnit* (Genthit), dünne grüne Krusten auf dem Chromeisenstein von Texas in Pennsylvanien bildend. An diesen schliesst sich eine Anzahl von wasserhaltigen Nickelsilicaten an, so der grüne, amorphe *Röttisit* von Röttis bei Reichenbach im Voigtlande und der ebenso zusammengesetzte, aber krystallinische *Komarit* von da; ferner eines der *Pimelith* genannten Mineralien von Frankenstein in Schlesien; endlich der *Garnierit* und *Numeait* aus einem Gang im Basalt in Neu-Caledonien; letztere beide finden sich massenhaft und werden auf *Ni* verhüttet; sie zeigen schwankende Zusammensetzung und enthalten bis 45% NiO; es sind grüne amorphe Massen; der G. zerfällt im Wasser, der N. dagegen nicht. Aehnliche Substanzen auch im Staate Oregon.

Gruppe des Kaolins.

Eine Anzahl von erdigen, mikrokrystallinischen oder amorphen, weichen, *H*- oder auch H_2O-haltigen Thonerdesilicaten, welche wohl alle als Verwitterungsproducte H_2O-freier AlO_3-Silicate aufzufassen sind; bei manchen ist AlO_3 zum Theil durch FeO_3 vertreten, so dass auch sehr FeO_3-reiche Silicate hierher gehören.

Kaolin (Porcellanerde).

$H_4AlSi_2O_9 = 2H_2O . AlO_3 . SiO_2$; 46,40 SiO_2; 39,68 AlO_3; 13,92 H_2O, das erst bei starker Glühhitze vollständig entweicht. Er bildet ein schön weisses lockeres, zerreibliches erdiges Aggregat, dessen staubförmige Einzeltheilchen unter dem Mikroskop z. Th. deutliche krystallinische Beschaffenheit erkennen lassen. Man sieht dünne sechsseitige, durchscheinende bis durchsichtige optisch zweiaxige Plättchen mit einer deutliche Spaltbarkeit nach der Basis, auf welcher die opt. M. L. senkrecht steht. H. = 1. G. = 2,2. Die Massen fühlen sich in trockenem Zustande mager an, mit Wasser angerührt werden sie aber ausserordentlich plastisch. V. d. L. unschmelzbar; wird wie alle reinen Thonerdesilicate durch Glühen mit Kobaltsolution blau. Von H_2SO_4 vollkommen zersetzt, nicht aber von HCl. Der meiste K. ist ein Verwitterungsproduct von Feldspath (Orthoklas); alles K_2O (resp. Na_2O etc.) nebst einem Theil der SiO_2 geht weg und H_2O wird aufgenommen (218). In der in Umwandlung begriffenen Masse findet man häufig noch frische Körner der ursprünglichen Substanz eingemengt. Nicht selten finden sich Pseudomorphosen von K., so nach Feldspath, aber auch nach Skapolith, Beryll, Topas, Augit, Prosopit etc., welche alle durch Verwitterung Kaolin geben können. In grossen Massen bildet sich Kaolin als Verwitterungsproduct feldspathhaltiger und zwar orthoklashaltiger Gesteine, so von Graniten, Gneissen, Porphyren, Trachyten etc. Seltener entsteht er im Grossen aus den andern genannten Mineralien, so aus dem Porcellanspath (Passauit), einem Skapolith, der in Massen in der Nähe von Passau vorkommt; aus Beryll (Limoges in Frankreich) etc.

In den genannten verwitterten oder verwitternden Feldspathgesteinen ist der Kaolin ausser mit noch unzersetzten Feldspathpartikeln mit den andern Bestandtheilen jener Gesteine gemengt, so namentlich mit dem unzersetzbaren Quarz, von dem er durch Abschlämmen getrennt und so rein erhalten werden kann. Solcher K. zeigt dieselbe Art des Vorkommens und der Lagerung wie das betreffende Gestein, das zu seiner Entstehung Veranlassung gegeben hat. Zuweilen wird aber auch in der Natur der leichte Kaolin von den schwereren beigemengten fremden Theilchen durch fliessende Wässer abgeschlämmt und anderwärts auf secundärer Lagerstätte wieder abgesetzt, sei es in Spalten und Klüften und sonstigen Hohlräumen der Gesteine, sei es in mehr oder weniger ausgedehnten Lagern und Schichten. Dabei bleibt der K. z. Th. rein, ja er ist oft reiner, als er auf der ursprünglichen Lagerstätte war, da er durch den natürlichen Schlämmprocess von den ursprünglichen Verunreinigungen getrennt worden ist. Meist aber nimmt der Kaolin bei diesem Transport Beimengungen verschiedenster Art auf, und es entstehen dabei sehr verchiedenartige unreine Kaolinmassen, die verschiedenen Thone, Lehme etc., von denen unten weiter die Rede sein wird.

Der reine Kaolin ist das Rohmaterial für die Porcellanfabrication; bedeutende Massen davon finden sich, ausser bei Passau, zu Morl bei Halle (verwitterter Felsitporphyr), ebenso in der Gegend von Meissen in Sachsen; bei Aue im Erzgebirge im Granit; bei Limoges in Frankreich im Gneiss; in Devonshire und Cornwall im Granit etc. In Thüringen ist häufig das Bindemittel lockerer Sandsteine der Buntsandsteinformation ein reiner weisser Kaolin; der Kaolin ist ein, wenigstens in kleineren Partien sehr verbreitetes Mineral.

Ein kaolinähnliches Verwitterungsproduct von Labradorit aus Andesitgesteinen hat manchmal die Zusammensetzung: $H_2O . Al_2O_3 . 3SiO_3$, mit etwas weniger H_2O und mehr SiO_2 als Kaolin.

Mit dem K. stimmt in allen wesentlichen Beziehungen überein der *Nakrit*, aus Erzgängen des Erzgebirges, kleine sechsseitige, aufgewachsene, fächerförmig gruppirte Täfelchen von der Zusammensetzung des Kaolins, mit einem deutlichen Blätterbruch, daher perlmutterglänzend. Die Täfelchen sind Drillinge, die einzelnen Individuen nehmen die sechs Sectoren (vergl. Fig. 494) des Sechsecks ein, zwei gegenüberliegende Sectoren gehören zu einem Individuum. Diese sind zweiaxig und die M. L. ist zum Blätterbruch senkrecht. Zum K. gehört ferner der weisse, z. Th. wachsähnliche *Pholerit* auf Spalten der Kohlenformation von Fins (Dep. Allier) und bei Mons in Belgien, welcher die krystallinische Beschaffenheit u. d. M. deutlich zeigt. Ebenfalls genau von der Zusammensetzung des K. und von derselben mikrokrystallinischen Structur ist das sog. *Steinmark*, weisse derbe Massen, aber nicht locker erdig, mit den Fingern zerreiblich, sondern verfestigt und nur noch mit dem Fingernagel zu zerdrücken; auf Klüften und Hohlräumen von Gesteinen, z. B. mit dem Topas im Topasfels vom Schneckenstein bei Auerbach in Sachsen, auf den Silbererzgängen des Erzgebirges, auf den dortigen Zinnerzlagerstätten, auf den Eisenerzlagerstätten des Voigtlandes, als Ausfüllungsmasse von Melaphyrmandelräumen bei Zwickau etc. Hierher gehört wohl auch der *Gilbertit* von den Zinnerzlagerstätten des Erzgebirges und Cornwalls. Zum Steinmark werden auch wohl der fleischrothe derbe *Carnat* mit flachmuschligem Bruch und der weisse *Myelin* (Talksteinmark) mit traubiger Oberfläche und concentrisch schaligem Gefüge gerechnet. Beide sind chemisch mit dem Kaolin identisch (Carnat enthält etwas $\ddot{F}e O_3$), aber sie sind nicht krystallinisch. Sie finden sich nesterweise in dem Porphyr von Rochlitz in Sachsen und sind von einander nicht wesentlich verschieden. Kaolin, Nakrit und das ächte krystallinische Steinmark werden zuweilen auch ihrer krystallinischen Beschaffenheit wegen unter dem Namen *Kaolinit* zusammengefasst.

Thon ist mehr oder weniger stark verunreinigter und daher nicht mehr rein weisser Kaolin. Die Verunreinigungen sind: Quarz in oft sehr feiner Vertheilung, Kalk, Eisenoxyd und Eisenoxydhydrate, alkalihaltige Verbindungen, Feldspathreste etc. Thon mit wenig Kalk und Eisen ist noch unschmelzbar (feuerfest) und giebt daher feuerfeste Backsteine; die beiden genannten Bestandtheile in grösserer Menge machen ihn schmelzbar. Eisenreiche Thone werden beim Brennen roth; andere nicht. Im trockenen Zustand sind die Thone mager anzufühlen und erdig, im feuchten plastisch. Manche sind sehr porös, hängen an der Zunge und saugen Wasser und namentlich Fette begierig auf (*Walkerde* zum Walken der Tücher, z. B. von Nutfield in Surrey in England, Rosswein in Sachsen etc.). Die Farbe ist weiss, gelb und grau, durch kohlige Bestandtheile oft schwarz. Nach dem Grade der Reinheit des Thons und der daraus folgenden Verwendbarkeit zu mehr oder weniger feinen Thongeräthen hat man wohl unterschieden: Porcellanthon, Pfeifenthon, Töpferthon und Lehm, der sehr unrein ist und namentlich auch Sand beigemengt enthält und nur noch zu den allergröbsten Thonwaaren verarbeitet werden kann, wie zu Backsteinen, Lehmwänden etc. Mehr oder weniger stark verhärtete schiefrige Thone sind Letten, Schieferthon und Thonschiefer, letzterer auch als Pulver im Wasser aufgerührt nicht mehr plastisch, was bei den beiden ersteren noch der Fall ist. Starke Beimengung von Kalk giebt den aus diesem Grunde mit HCl stark brausenden *Mergel*, von kohligen Bestandtheilen den *Brandschiefer*; ein weicher, feinerdiger Brandschiefer ist der Zeichenschiefer (schwarze Kreide) etc. Alle diese Thone finden sich stellenweise in grossen Massen; einige bilden ganze Gebirge und sind eher Gegenstände der Petrographie, um so mehr, als sie infolge der starken Beimengung fremder Bestandtheile auch eigentlich nicht mehr zu den einfachen Mineralien gezählt werden können. Zuweilen werden Thone durch Braunkohlenbrände zu perlgrauer, gelber oder rother, fester und harter Fritte gebrannt (*Porcellanjaspis*, vielorts im nördl. Böhmen, am Meissner); dasselbe geschieht auch manchmal durch Basalte (*Basaltjaspis*, an vielen Orten, z. B. am Stempel bei Marburg).

Man hat noch eine grosse Zahl H- oder H_2O-haltiger Thonerdesilicate von ähnlicher Beschaffenheit wie Thon und Kaolin, theils amorph, theils mikrokrystallinisch, mit besonderen Namen unterschieden. Dieselben sind jedoch z. Th. noch wenig genau untersucht, und vielfach nichts anderes als etwas abweichend aussehende oder vorkommende Thone und Kaoline oder stark verunreinigte Massen. Einige solche Namen sind: *Halloysit*, in der Zusammensetzung von Kaolin nicht wesentlich verschieden: wachsglänzend, wird im Wasser ohne zu zerfallen durchscheinend, von Angleur bei Lüttich (sog. Galapectit) und Miechowitz in Oberschlesien. Ein stark durch Beimengungen verunreinigter Halloysit ist der sog. *Schrötterit* von Freienstein in Steiermark mit nur 12 SiO_2. Dem H. sehr ähnlich ist der *Lenzin* von Kall in der Eifel und der *Glagerit* mit Brauneisenstein bei Bergnersreuth im Fichtelgebirge. *Bol* (Bolus) ist ein brauner oder gelber, H_2O- und FeO_3-reicherer Thon, dessen Stücke zwar im Wasser in eckige Brocken zerspringen, aber nicht plastisch werden; sie finden sich hauptsächlich auf Spalten und Drusenräumen in Basalten, so bei Striegau in Schlesien, am Scheibenberge bei Freiberg in Sachsen, am Säsebühl bei Göttingen, auf den Hebriden etc. Der Bol ist früher als Medicament benutzt worden, besonders renommirte Sorten hat man in flache runde Scheiben geformt und ein Siegel aufgedrückt (terra sigillata). Eine ähnlich verwendete, dem Bol sehr ähnlich aussehende, aber viel SiO_2-reichere Substanz ist die gelblichgraue *Lemnische Erde* (Sphragid) von der Insel Lemnos. Dem Bol ist ähnlich der als Malerfarbe benützte *Sinopit* aus Kleinasien (pompejanischroth) und der *Hypoxanthit* (terra di Siena) aus Toskana, der *Ochran* von Orawicza im Banat, der *Fettbol* aus den Erzgängen von Freiberg in Sachsen (mit viel FeO_3 und nur 3% AlO_3). Der Farbe nach gehört hierher die allerdings nur 14 SiO_2, aber 48 FeO_3 enthaltende türkische oder cyprische *Umbra* von der Insel Cypern, vergl. pag. 352 Brauneisenstein. (Die wie diese als Malerfarbe benutzte sog. *kölnische Umbra* ist pulverförmige Braunkohle.) Sehr unreine Massen und namentlich stark eisenhaltig sind: *Eisensteinmark* (Teratolith), blaugrau und roth, zuweilen mit weissen Bändern; bildet Lager in der Kohlenformation von Planitz in Sachsen; es ist die berühmte, ebenfalls als Medicament benützte sächsische Wundererde; die schwarze, fettig sich anfühlende *Bergseife* von Olcucz in Polen, Aussig in Böhmen und von der Insel Skye und der ähnliche *Plinthit* von Antrim in Irland; endlich die gelbe feinerdige *Gelberde* (Melinit) von Amberg in Bayern etc., ein durch Eisenoxydhydrat stark verunreinigter Thon, der sich an den gelben Eisenocker anschliesst; brennt sich roth. Ein fast AlO_3-freies Eisenoxydsilicat von thonähnlicher Beschaffenheit bildet der weiche, fettig sich anfühlende, gelbe oder grüne *Nontronit* aus den Brauneisensteingruben von Nontron (Dep. de la Dordogne) in Frankreich u. a. a. O.; davon ist kaum verschieden der zeisiggrüne *Unghwarit* von Unghwar in Ungarn, welcher daselbst den Opal grün färbt (Chloropal); der grasgrüne *Gramenit* von Menzenberg im Siebengebirge im Basalttuff und der ebenfalls zeisiggrüne *Pinguit* von Wolkenstein in Sachsen im Schwerspath.

Sehr SiO_2-arm (14 SiO_2) und AlO_3-reich (46 AlO_3) durch beigemengten Diaspor oder Hydrargyllit ist der *Kollyrit*, der ebenfalls im Wasser durchscheinend wird, aber nicht zerspringt; von Schemnitz in Ungarn, Weissenfels in Thüringen etc. und der *Dillnit*, das Muttergestein des Diaspors von Schemnitz in Ungarn. CrO_3-haltig ist der grüne und blaue *Miloschin* von Studniak in Serbien und ein ähnliches Mineral aus Toskana; sie führen zu dem sehr CrO_3-reichen und fast AlO_3-freien *Wolchonskoit*, ganz einem dunkelgrünen Thon ähnlich, aus dem Gouvernement Perm in Russland. Ein ähnlich zusammengesetztes SiO_2-armes Silicat ist schliesslich noch der weisse oder durch Kupfer grün oder blau gefärbte glasglänzende, opalähnliche, krusten- und tropfsteinförmige *Allophan* von Dehrn in Nassau, Camsdorf in Thüringen, Zuckmantel in Oesterr.-Schlesien, Moldawa im Banat etc. Etwas ähnliches ist der *Carolathin*, mit Kohlenpartikelchen imprägnirt, in der Steinkohlenablagerung von Zabrze in Oberschlesien.

Einen höheren Kieselsäuregehalt als Kaolin haben schliesslich: der graulichweisse, stark poröse *Cimolith* von der Insel Argentiera und von Ekaterinowska mit 63 SiO_2; der ähnliche *Pelikanit* im Granit bei Kiew; der grünlichweisse *Anauxit*, 62 SiO_2, thoniges Verwitterungsproduct des Augits bei Limburg im Kaiserstuhl und bei Bilin in Böhmen; der *Razumoffskin*, grün und weiss gefleckt, mit Pimelith bei Kosemütz in Schlesien; endlich der sehr weiche, rosenrothe *Montmorillonit* von Montmorillon, Dep. de la Vienne, in Frankreich.

Pyrophyllit. $H_2AlSi_3O_{10} = H_2O \cdot AlO_3 \cdot 3SiO_2$, z. Th. auch SiO_2-reicher: $H_2AlSi_4O_{12} = H_2O \cdot AlO_3 \cdot 4SiO_2$ (59 oder 66% SiO_2); optisch 2axige, sehr leicht spaltbare, radialstenglig angeordnete Plättchen; sehr weich; H. = 1. G. = 2,78—2,92; die Plättchen sind mild, biegsam; weiss, gelblich, apfelgrün. V. d. L. sich stark aufblähend und dabei sich wurmartig hin und her windend; mit Kobaltsolution geglüht blau. Spaa in Belgien, Zermatt in der Schweiz, Westanå-Eisengrube in Schweden, Beresowsk im Ural etc. Geht durch Verwitterung in Kaolin über. Dichter P. ist ein Theil des chinesischen Bildsteins (Agalmatolith, Pagodit vergl. Speckstein und Damourit). In die Nähe des P. gehören auch die weissen, perlmutterglänzenden Plättchen des *Gümbelit*, das Versteinerungsmittel mancher Steinkohlenpflanzen und der Graptolithen; auch in schmalen Lagen im Thonschiefer bei Nordhalben im Fichtelgebirge.

Gruppe des Epidots.

Eine isomorphe Reihe monokliner Mineralien, deren Zusammensetzung z. Th. noch nicht hinreichend genau bekannt ist (Orthit). Mit dem einen Glied, dem Epidot, ist der rhombische Zoisit von gleicher Zusammensetzung, beide sind also heteromorph. Ihre Krystallform zeigt aber in manchen Punkten grosse Uebereinstimmung. Sie sind alle hart, H. = 6—7, meist stark gefärbt, deutlich spaltbar, schwer schmelzbar und werden meist von Säuren wenig angegriffen:

Zoisit: $H_2Ca_4Al_3Si_6O_{26} = H_2O \, . \, 4CaO \, . \, 3AlO_3 \, . \, 6SiO_2$;
rhombisch: $a : b : c = 0{,}6196 : 1 : 0{,}3429$.

Epidot: $H_2Ca_4(Al,Fe)_3Si_6O_{26} = H_2O \, . \, 4CaO \, . \, 3(Al,Fe)O_3 \, . \, 6SiO_2$;
monoklin: $a : b : c = 1{,}5807 : 1 : 1{,}8057$: $\beta = 115^0\,24'$.

Manganepidot: $H_2Ca_4(Al,Mn,Fe)_3Si_6O_{26} = H_2O \, . \, 4CaO \, . \, 3(Al,Mn,Fe)O_3 \, . \, 6SiO_2$;
monoklin: $a : b : c = 1{,}6100 : 1 : 1{,}8326$; $\beta = 115^0\,21'$.

Orthit: ? $H_2(Ca,Fe)_4(Al,CeFe)Si_6O_{26} = H_2O \, . \, 4(Ca,Fe)O \, . \, 3(Al,Ce,Fe)O_3 \, . \, 6SiO_2$;
monoklin: $a : b : c = 1{,}5527 : 1 : 1{,}7784$; $\beta = 115^0\,0'$.

Zoisit.

39,5 SiO_2, 33,9 AlO_3, 24,6 CaO, 2,0 H_2O. 2—3% FeO_3 statt AlO_3 (vergl. Epidot). Die rhombischen Krystalle selten an den Enden deutlich begrenzt, meist langgezogene, stark gestreifte Prismen mit einem deutlichen Blätterbruch ‖ der Längsfläche *b*. An den Krystallen beobachtet man: $m = \infty P(110)$, $m/m = 116^0\,26'$; $u = 2P\breve{\infty}\,(021)$, $u/b = 125^0\,27'$. Die Prismen oft gebogen und geknickt. H. = $6\frac{1}{2}$; G. = 3,22—3,36. Durchscheinend bis undurchsichtig, selten durchsichtig, glasglänzend, meist grau, selten roth (sog. *Thulit* von Souland in Telemarken in Norwegen) oder grün oder farblos. Opt. M. L. *a*; A. E. bald *ab*, bald *ac*, sogar an verschiedenen Stellen desselben Krystalls verschieden. $2E = 40^0$—70^0; mit der Temperatur sich stark ändernd. Schwierig unter Blasenwerfen schmelzbar zu einem klaren Glase; von Säuren erst nach dem Glühen erheblich angegriffen. In Krystallen oder langstengligen Aggregaten, oft mit Quarz in krystallinischen Schiefern: an vielen Orten in den Alpen: Saualpe in Kärnten (Saualpit), Pregratten, Pfitsch, Sterzing, Faltigl etc. in Tirol, Fusch im Salzburgischen, Gefrees im Fichtelgebirge, Goshen in Massachusets, Ducktown in Tennessee mit Kupferkies, grün, durchsichtig, hier in Krystallen mit Endflächen; Thulit siehe oben, ebenfalls zuweilen in deutlichen Krystallen.

Der feinkörnige bis dichte Saussurit (pag. 402) hat z. Th. die Zusammensetzung des Zoisits.

(Tschermak, Sitzgsber. Wiener Ak. Bd. 82. 141. Brögger, Zeitschr. Kryst. III.)

Epidot (Pistazit).

Der Epidot unterscheidet sich vom Zoisit in der Zusammensetzung dadurch, dass er neben AlO_3 bis zu 17% FeO_3 enthält. Er lässt sich darstellen als eine isomorphe Mischung des FeO_3-freien Zoisitsilicats mit einem entsprechenden AlO_3-freien und FeO_3-haltigen Silicat, also als: $m\,(H_2Ca_4Al_3Si_6O_{26}) + n\,(H_2Ca_4Fe_3Si_6O_{26})$; letzteres Silicat enthält: 33,3 SiO_2, 44,3 FeO_3, 20,7 CaO, 1,7 H_2O, die Zusammensetzung des ersteren siehe beim Zoisit.

Die ausgezeichneten monoklinen Krystalle sind im allgemeinen in sofern von anderen monoklinen Krystallen abweichend ausgebildet, als sie meist nach der Orthodiagonale b prismenförmig verlängert sind. Dieser Axe parallel gehen die beiden deutlichen Bl. Br., der vollkommenere M und der weniger vollkommene T. Man stellt die Krystalle meist so, dass $T = \infty P\!\!\!\!-\infty\,(100)$ und $M = 0P\,(001)$ wird; die scharfe Kante M/T ist durch $r = P\!\!\!\!-\infty\,(\bar{1}01)$, die Kante r/T durch $l = 2P\!\!\!\!-\infty\,(\bar{2}01)$ abgestumpft, ebenso die stumpfe Kante M/T durch $e = -P\!\!\!\!-\infty\,(101)$ und die Kante M/r durch $i = \frac{1}{2}P\!\!\!\!-\infty\,(\bar{1}02)$ (Fig. 501).

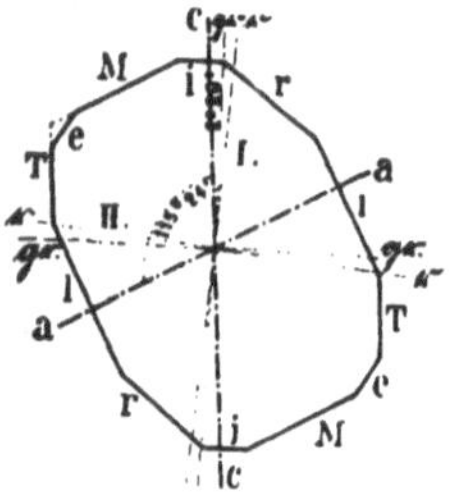

Fig. 501.

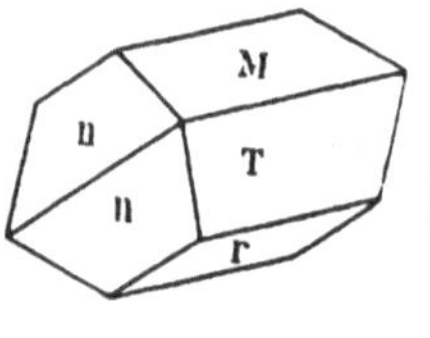

Fig. 502.

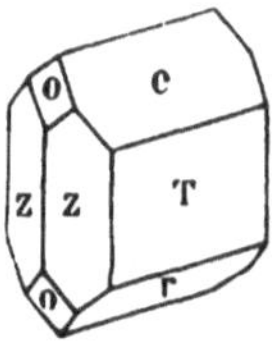

Fig. 503.

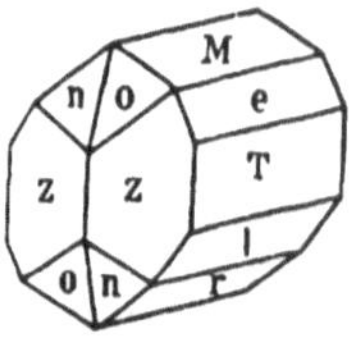

Fig. 504.

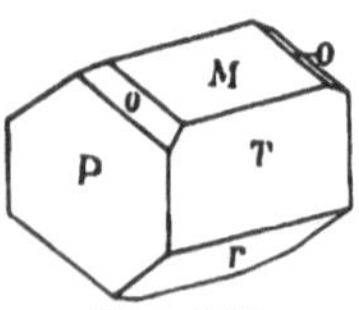

Fig. 505.

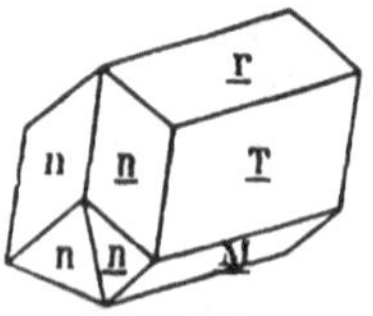

Fig. 506.

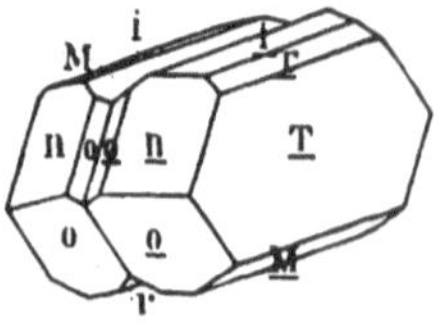

Fig. 507.

$M/T = 115^\circ\,24'$; $M/i = 145^\circ\,39'$; $M/r = 116^\circ\,18'$ über i; $M/l = 90^\circ\,33'$ (über i und r). $T/e = 150^\circ\,6'$. Das Vertikalprisma $z = \infty P\,(110)$; $z/z = 109^\circ\,0'$ ist weniger häufig als das hintere schiefe Prisma $n = P\,(\bar{1}11)$; $n/n = 109^\circ\,35'$, das häufig mit den Flächen

M, T, r die Krystalle allein begrenzt (Fig. 502); häufig ist auch das Klinodoma: $o = \mathrm{P}\infty (011)$, $o/M = 121^0\ 31'$, entweder nur mit z das Horizontalprisma r, T, e (Fig. 503) oder mit z und n das Horizontalprisma M, T, r, e, l (Fig. 504) begrenzend; $n/o = 146^0\ 6'$; $z/o = 145^0\ 47'$. Die Zahl der an den Enden der Orthodiagonale b auftretenden Flächen ist eine sehr grosse; im ganzen sind über 200 einfache Krystallformen am Epidot bekannt, der dadurch eines der formenreichsten Mineralien ist, die man kennt; auch die Zahl der Combinationen ist sehr erheblich. Eine wenig verbreitete Fläche ist die Längsfläche $P = \infty\mathrm{P}\infty$ (010), welche zuweilen die Krystalle am Ende beinahe allein abschliesst (Fig. 505 neben o und M, T, r). Zwillinge nach T sind häufig, die Endflächen n, o etc. machen an denselben aus- und einspringende Winkel (Fig. 506), oder auch die Flächen M, r und o (Fig. 507); häufig wiederholt sich diese Zwillingsbildung und nicht selten findet man in scheinbar einfachen Individuen dünne Lamellen nach diesem Gesetz zwillingsartig eingewachsen, welche erst beim Dünnschliff zum Vorschein kommen. Selten Zwillinge nach M.

Bl. Br. siehe oben nach T und M; Bruch muschlig und splittrig. H. = $6\frac{1}{2}$. G. = 3,3—3,5. Selten farblos oder hellgelb oder -grau oder -grün, häufiger dunkelpistaziengrün (Pistazit), um so dunkler je mehr FeO_3; selten roth (Zillerthal). Glasglänzend, durchscheinend bis durchsichtig; sehr stark dichroitisch in grünen und braunen Farben: z. B. senkrecht zu T, ziemlich genau in der Richtung einer Elasticitätsaxe, der 2. Mittellinie gesehen, braun, in der Richtung der 1. Mittellinie senkrecht zu i, grün, in der Richtung der Symmetrieaxe gelb. Das in der Richtung der Symmetrieaxe b schwingende Licht wird in dunkelgrünen Epidoten beinahe vollständig absorbirt, diese Epidote können daher polarisirende Apparate liefern, ähnlich den Turmalinplatten. Bei dunkelgrünen eisenreichen Krystallen ist die opt. A. E. die S. E., die — M. L. fast genau $\parallel T$ und senkrecht zu i. Im spitzen Axenwinkel β macht sie mit der Axe c $2^0\ 26'$ für grünes, $2^0\ 56'$ für rothes Licht (Fig. 501). Die zweite M. L. ist beinahe senkrecht zu T, daher sieht man auf T im Polarisationsinstrument häufig die Interferenzfiguren. Diese sieht man auf T auch häufig direct ohne Instrument, viele Epidotkrystalle sind idiocyclophan. $\beta = 1{,}75405$ (r.) und $1{,}76213$ (gr.); der wahre Axenwinkel: $2V = 73^0\ 48'$ (r.) und $73^0\ 36'$ (gr.), also $\varrho > v$; die Dispersion ist die geneigte. Diese Zahlen gelten für die dunkelgrünen Krystalle von der Knappenwand im Salzburgischen, für hellere, eisenärmere sind dieselben etwas anders.

Der E. schmilzt unter Blasenwerfen ziemlich schwer und nur in dünnen Splittern zu einer blumenkohlähnlich aufgeblähten Masse und ist dann nicht mehr schmelzbar; von Säuren erst nach dem Schmelzen zersetzt. Er findet sich in deutlichen aufgewachsenen Krystallen, oder in derben excentrisch strahligen und stengligen Aggregaten auf Klüften und Hohlräumen in allen möglichen alten krystallinischen Silicatgesteinen mit Krystallen von Quarz, Feldspath und anderen Silicaten, Apatit etc. zusammen; auch in hellergrünen, derben, feinkörnigen bis dichten Aggregaten ausserordentlich häufig als Umwandlungsproduct von Feldspath, Augit, Hornblende und anderen Silicaten, nach welchen auch Pseudomorphosen bekannt sind. Als Fundorte guter Krystalle sind namentlich die folgenden zu erwähnen: die Knappenwand im Untersulzbachthal im Pinzgau, dunkelgrün, ganz besonders schön; sodann die Magneteisenlagerstätte von Arendal in Norwegen, häufig sehr grosse dunkelgefärbte, nur durchscheinende Krystalle (Akanthikon), bei ihnen ist eine grosse Neigung zur schaligen Absonderung und man kann häufig einzelne Schalen kappenförmig abheben. In den Alpen sind ausser dem genannten noch mehrere Fundorte: Bourg d'Oisans im Dauphiné (Delphinit, Krystalle wie Fig. 505); Traversella in Piemont; Zermatt und Tavetsch in der Schweiz; rother Kopf im Zillerthal in Tirol, kleine hellgefärbte Krystalle, auch rothe, wie Thulit; Zöptau in Mähren, hier sehr helle und sehr dunkle in isomorpher Verwachsung; Striegau in Schlesien; Achmatowsk im Ural, schwarzbraun, im Kalk, die Krystalle nach der Axe *b* sehr stark verkürzt, so dass die der Axe *b* parallelen Flächen *M*, *T*, *l*, *r* etc. ganz fehlen (*Bucklandit*). Ein feines grünes Pulver von E. findet sich in den Goldwäschen von Muska in Siebenbürgen (die sog. Skorza). In dem sog. Epidosit (Epidotfels) tritt E. felsbildend auf; Elba, Blansko in Mähren, in Canada, Neuholland etc.

(Ludwig, Tschermak, Min. Mitthlgn. 1872. 187. Laspeyres, Zeitschr. f. Kryst. III. 525. Klein, N. Jahrb. für Min. etc. 1874 pag. 1 u. a. a. Stellen. Bücking, Zeitschr. für Kryst. Bd. II 1878. 320.)

Manganepidot (Piemontit), bildet krystallinisch-langstrablige schilfähnliche Aggregate, selten mit deutlicher Krystallfläche, von dunkelkirschrother Farbe und etwas hellerem Strich, im Quarz; sehr hart. Von St. Marcel in Piemont. Krystallographisch und optisch ähnlich dem Pistazit, die Mittellinie ist aber + (Laspeyres, Zeitschr. für Kryst. IV. 1880. 435). *Pikroepidot* mit MgO statt CaO, mit Lasurstein aus dem östlichen Sibirien.

Orthit (Allanit) sind *Ce-*, *La-* und zuweilen *Y*-haltige Mineralien von der Krystallform des Epidots. Die Zusammensetzung ist aber schwankend, was mit der Schwierigkeit der Analyse bei der genauen Bestimmung der *Ce*-Metalle (10—20 %) und mit meist eingetretener starker Verwitterung und Umwandlung zusammenhängt, die sich durch stärkeren H_2O-Gehalt und dadurch zu erkennen giebt, dass trotz der unzweifelhaft monoklinen Krystallform der O. häufig optisch isotrop ist. Die H_2O-freien wurden wohl Allanit, die H_2O-haltigen Orthit genannt, beide sind aber nach dem Obigen nicht zu trennen: die Orthite sind wohl nichts anderes als angewitterte Allanite. Die hierher gehörigen Mineralien sind schwarz, undurchsichtig und nicht deutlich spaltbar und finden sich in deutlichen, meist eingewachsenen Krystallen oder in langen, büschelförmig gruppirten Strahlen oder in derben Massen, in krystallinischen Silicatgesteinen, in Granit, Syenit, krsytallinischen Schiefern, bes. häufig in Scandinavien: Hitterö in Norwegen: Arendal (früher *Bucklandit* genannt); Fahlun in Schweden; bei der Bastnäsgrube bei Riddarhyttan in Schweden (sog. *Cerin*) mit Cerit; bei Helsingfors in Finnland, hier mit dem isomorphen Epidot parallel verwachsen; bei Miask im Ural (*Uralorthit*); ebenso bei Achmatowsk (*Bagrationit*); Grönland etc. Seltener im Süden: im Syenit von Weinheim und im Kalk von Auerbach im Odenwald, bei Schmiedefeld im Thüringer Wald an der Schwarzen Krux im Magneteisen: am Mauersberg bei Boden bei Marienberg in

Sachsen (Bodenit und Muromontit), in Schlesien etc. In vulkanischen Gesteinen in einzelnen Kryställchen, so am Laacher See (ebenfalls *Bucklandit* genannt); auch am Vesuv. Der *Pyrorthit* bildet die langen schwarzen, geradlinigen Strahlen von Kårarfvet bei Fahlun in Schweden im Feldspath; es ist unreiner, mit Bitumen gemengter Orthit, welcher, einmal glühend, fortbrennt (v. Kokscharow, Materialien Bd. III. G. v. Rath, Pogg. Ann. Bd. 113. Bauer, Zeitschr. d. deutsch. geol. Ges. Bd. 24).

Vesuvian (Idocras).

Die Zusammensetzung ist complicirt und wird etwas verschieden angegeben, jedenfalls ist sie von der des Granats verschieden, mit dem man den V. früher für gleich zusammengesetzt hielt. $H_4 Ca_{12} Al_8 Si_{10} O_{43} = 2 H_2O . 12 CaO . 3 AlO_3 . 10 SiO_2$ mit 37,2 SiO_2, 19,1 AlO_3, 41,5 CaO und 2,2 H_2O. Die Analysen geben 37—39 SiO_2, 13—16 AlO_3, 33—37 CaO, Alkalien höchstens 1%, 2—3 H_2O, daneben aber 4—9 FeO_3, 0—3 FeO, 2—6 MgO, zuweilen etwas MnO (3,23 bei Jordansmühl in Schlesien, Manganidokras) und TiO_2 (1,77 bei Deutsch-Tschammendorf in Schlesien), häufig etwas Fl und in dem Wiluit ca. 3% B_2O_3.

Der V. krystallisirt ausgezeichnet quadratisch; $a : c = 1 : 0,5372$. Die Zahl der einfachen Formen und der Combinationen ist sehr gross, Prismen meist verlängert und vertical gestreift; $d = \infty P$ (110), $M = \infty P\infty$ (100), sowie die Basis: $p = 0P$ (001) fehlen fast nie;

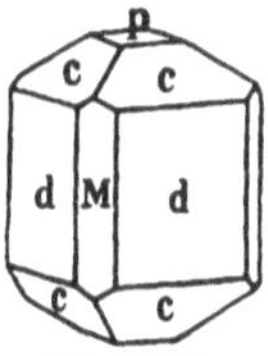

Fig. 508.

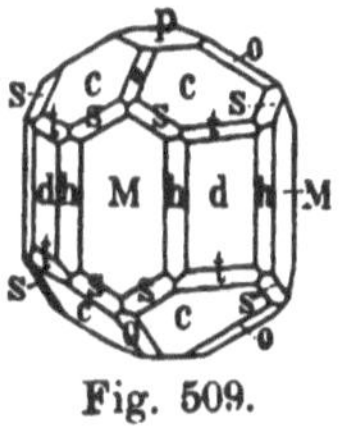

Fig. 509.

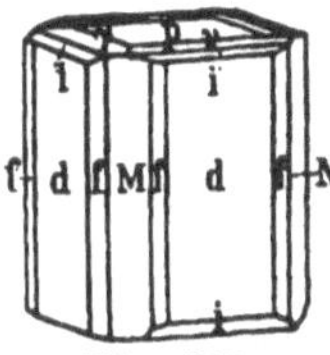

Fig. 510.

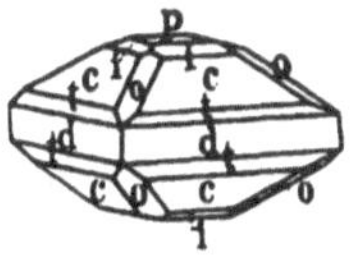

Fig. 511.

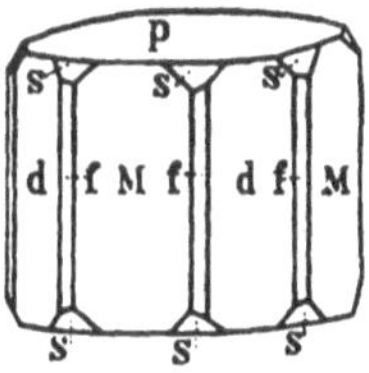

Fig. 512.

tritt dazu das Oktaëder $c = P$ (111), $c/c = 74^0\ 27'$ (S. R.) und $129^0\ 21'$ (E. K.), so entsteht eine der gewöhnlichsten Combinationen (Fig. 508). Zu den beiden Prismen M und d treten nicht selten achtseitige Prismen, und zwar häufiger $f = \infty P2$ (210), seltener $h = \infty P3$ (310) (Fig. 509, 510, 512), zuweilen scheinbar cylindrische Krystalle bildend. Ausser dem Hauptoktaëder c findet man noch u. A. folgende Oktaëder 1. Stellung: $t = 3P$ (331) (Fig. 509, 511), die

Kante *c/d*, und $i = \frac{1}{3}P$ (113). die Kante *c/p* abstumpfend (Fig. 510. 511) und das ganz flache $\gamma = \frac{1}{5}P$ (118) (Fig. 510). Das nächste stumpfere Oktaëder $o = P\infty$ (101) stumpft häufig die Endkanten von *c* ab (Fig. 509, 511). Dazu treten noch Dioktaëder, meist untergeordnet, so z. B. $s = 3P3$ (311) in den Zonen /*cM*/ und /*tt*/, die Kanten *c/M* abstumpfend (Fig. 509) oder auf die Flächen *f* schief aufgesetzt (Fig. 511). Zwillinge sind noch nicht beobachtet. Keine Bl. Br., Bruch kleinmuschlig; H. = 7; G. = 3,34—3,44. Durchsichtig bis durchscheinend, auch undurchsichtig; glasglänzend, zuweilen ins Fette; grün, braun bis beinahe schwarz, seltener gelb, blau (Cyprin) und roth. Geringer Dichroismus. — D. Br., zuweilen anomal, scheinbar 2axig. Schmilzt ziemlich leicht unter Blasenwerfen zu einem gelblichen Glas von erheblich geringerem specifischen Gewicht. Erst nach dem Schmelzen von HCl vollständig zersetzt, vorher von Säuren nicht angegriffen. Findet sich in eingewachsenen und in aufgewachsenen Krystallen; eingewachsen besonders im Kalk in Contactzonen; auch in stengligen oder körnigen Aggregaten und dicht, in den letzteren Formen ist das Vorkommen oft sehr ähnlich manchen Granatvorkommnissen. Benannt nach den Krystallen in den Auswürflingen der Somma am Vesuv, findet sich in ganz ähnlicher Weise auch im Albaner Gebirge; ferner in den Alpen: an der Mussaalp in Piemont, bei Zermatt in der Schweiz und Schwarzenstein in Tirol, hauptsächlich auf Klüften in den krystallinischen Schiefern mit Diopsid, Chlorit, Granat etc.; in den Contactzonen am Monzoni in Tirol und bei Cziklowa etc. im Banat im Kalk, ebenso bei Auerbach a. d. Bergstrasse; bei Haslau unweit Eger in Böhmen, braune strahlige Massen (*Egeran*), in Norwegen u. A. zu Eker bei Drammen und bei Egg ähnliche braune Aggregate, ebenso bei Sandford in Maine. Bei Arendal in Norwegen findet sich der lockerkörnige, fettglänzende, gelbe, braune bis schwarze und graue *Kolophonit*, der zum grössten Theil Vesuvian, aber z. Th. auch Granat ist und im Kirchspiel Souland in Telemarken der blaue *Cyprin* mit dem rothen Thulit und dem wasserhellen Granat. Die grossen Krystalle von Christianssand sind schalenförmig abgesondert und es lassen sich einzelne Kappen abheben. Ausgezeichnete Krystalle kommen von Sibirien, so von Achmatowsk im Ural, vom Wiluifluss der sog. *Wiluit* (Fig. 508) mit (ebenfalls zuweilen Wiluit genanntem) Granat (Grossular); in Nordamerika bei Amity in New-York (*Xanthit*). Wird zuweilen als Edelstein verschliffen, bes. der vesuvische.

(v. Zepharovich, Sitzgsber. Wiener Ak. Bd. 49. Brezina, Tschermak, Min. Mittheilgn. VII. 1877. Strüver, Zeitschr. Kryst. Bd. 1. Jannasch, N. Jahrb. Min. etc. 1884. Bd. I. pag. 269. Rammelsberg, Sitzgsber. Berl. Akad. 1873.)

Isomorphe Reihe des Turmalins.

Die Turmaline umfassen eine Reihe rhomboëdrisch-hemimorpher Bor-haltiger Silicate von complicirter Zusammensetzung, die sich zwar alle krystallographisch auf dieselbe Grundform beziehen lassen, welche aber nicht alle der gleichen chemischen Formel folgen. Alle sind isomorphe Mischungen mehrerer Grundverbindungen und man kann darnach drei Gruppen unterscheiden. 1. Für die schwarzen, braunen und gelben T. kann man die Formel aufstellen: $m(Mg, Fe)_3 Al_2 B_2 Si_4 O_{20} + n(H, Na, K)_6 Al_2 B_2 Si_4 O_{20}$, wo $m > n$, d. h. wo die zweiwerthigen Metalle über die einwerthigen überwiegen. Sie enthalten: 36—39 SiO_2, 30—34 AlO_3, 8—12 B_2O_3, 1—11 FeO, 1—15 MgO, diese beiden sich gegenseitig vertretend, wenig MnO und CaO, $1\frac{1}{2}$—$2\frac{1}{2}$ Alkalien, namentlich Na_2O, 2—3 H_2O, das erst bei Glühhitze weggeht, endlich bis gegen 1 Fl, das aber auch fehlen kann; Li_2O fehlt. Ein smaragdgrüner T. aus dem Chromeisen von Syssersk im Ural hat 11 CrO_3. 2. Die viel weniger verbreiteten farblosen, hellgrünen und rosenrothen T. lassen sich dagegen schreiben: $m(Mg, Mn)_3 Al_6 B_4 Si_9 O_{45} + n(H, K, Na, Li)_6 Al_6 B_4 Si_9 O_{45}$, $m < n$; sie unterscheiden sich also von jenen durch das Ueberwiegen der einwerthigen Metalle und durch einen wesentlichen Gehalt an MnO und Li_2O, während FeO ganz fehlt.

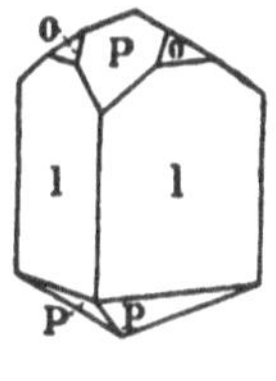

Fig. 513.

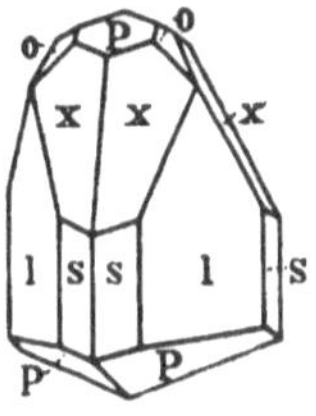

Fig. 514.

Fig. 515.

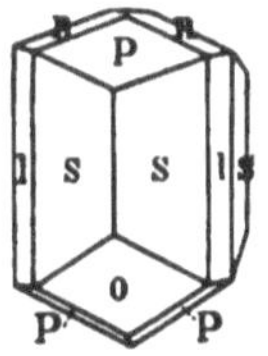

Fig. 516.

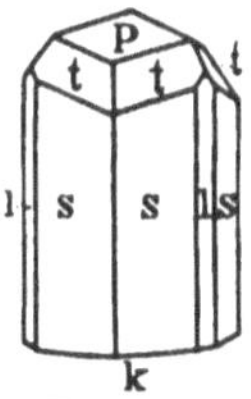

Fig. 517.

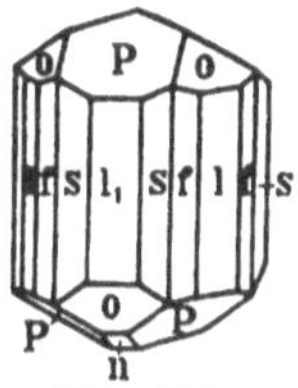

Fig. 518.

Die Analysen geben bis 41 SiO_2, 44 AlO_3, 10 B_2O_3, $MgO + MnO$ nur bis 3%, 2—3 Alkalien, auch hier vorzugsweise Na_2O, aber auch $\frac{1}{2}$—$1\frac{1}{2}$ Li_2O, 2—3 H_2O und 1 Fl. 3. Einige dunkelgrüne T. sind als isomorphe Mischungen der in der dunkeln und in der hellen T. gefundenen Verbindungen aufzufassen. Nicht selten beobachtet man auch isomorphe Ueberwachsungen, z. B. einen Kern von rothem T., umgeben von einer blauen oder grünen Hülle z. B. auf Utö bei Stockholm etc.

Die Krystalle sind fast alle in der Richtung der Hauptaxe, welche auch die Axe der Hemimorphie ist, verlängert. Das 1. Prisma $l = \infty R$ $(10\bar{1}0)$ ist infolge des Hemimorphismus 3seitig (72a), weil die abwechselnden Flächen fehlen (Fig. 513); auch wenn neben l noch andere Prismenflächen vorkommen, tritt die Dreiseitigkeit meist deutlich hervor. Von solchen anderen Prismen ist das zweite: $s = \infty P2$ $(11\bar{2}0)$ sehr häufig und stets vollflächig (s vorherrschend Fig. 515—517, untergeordnet Fig. 514, 518), wogegen die zwölfseitigen Prismen infolge des Hemimorphismus symmetrisch sechsseitig auftreten, so z. B. $f = \infty P\frac{5}{4}$ $(41\bar{5}0)$ (Fig. 518). An diesem Krystall ist auch l_1 neben l, als zweite Hälfte des 1. Prismas, hier sind aber die beiden dreiseitigen Prismen l und l_1 von einander ganz unabhängig und ihre Flächen physikalisch verschieden. Wenn viele Prismen nebeneinander auftreten, werden die Krystalle oft scheinbar walzenförmig rund. Von Endflächen ist die Basis $k = 0P$ (0001) nicht sehr häufig (Fig. 517 unten); häufiger sind Rhomboëder und Skalenoëder, und zwar an beiden Enden der Prismen im allgemeinen verschiedene. Das Hauptrhomboëder: $P = R$ $(10\bar{1}1)$ ist häufig (Fig. 515, sodann Fig. 513—515 am unteren Ende herrschend, fehlt in keiner der abgebildeten Combinationen). $P/P = 133^{0}\ 10'$ (E. K.) übrigens etwas schwankend, giebt: $a:c = 1:0{,}4474$; ebenso sind häufig das nächste stumpfere Rhomboëder: $n = -\frac{1}{2}R$ $(01\bar{1}2)$ (Fig. 516, 518) und das nächste schärfere: $o = -2R$ $(02\bar{2}1)$ (z. B. Fig. 513, 514, 517, 518). Bei allen Rhomboëdern sind am einen Ende des Krystalls die Flächen P auf die Flächen, am andern Ende auf die Kanten des dreiseitigen Prismas l gerade aufgesetzt (Fig. 513). Von Skalenoëdern beobachtet man häufiger: $t = R3$ $(21\bar{3}1)$ (Fig. 517); $x = R5$ $(32\bar{5}1)$ (Fig. 514) etc. Die verschiedene Ausbildung der beiden Enden der Krystalle zeigen fast alle Abbildungen, zuweilen sind übrigens auch oben und unten dieselben Flächen (Fig. 515), die Flächen oben sind aber dann von denen unten verschieden. Beiderseits ausgebildete Krystalle sind nicht sehr häufig. Zwillinge sind nicht bekannt.

Keine Bl. Br., Bruch kleinmuschlig. H. = 7. G. = 2,9—3,2. Glasglanz, alle Grade der Durchscheinenheit; auch die scheinbar schwarzen undurchsichtigen Krystalle sind in dünnen Lamellen noch durchsichtig, braun oder grün; die Farbenreihe ist gross (siehe oben). Die hellgefärbten durchsichtigen T. nennt man auch wohl edle Turmaline, sie werden zuweilen als Edelsteine verschliffen. Manchmal sind am gleichen Krystall beide Enden verschieden. Ausgezeichnet dichroitisch, besonders die dunkleren, z. B. gelblichbraun parallel zur Hauptaxe c, spargelgrün senkrecht zu c gesehen; oder dunkelbraun-violett $\parallel c$, grünlichblau $\perp c$; oder purpurroth $\parallel c$, blau $\perp c$. Im allgemeinen wird von dem in der Richtung der Axe schwingenden Licht weniger absorbirt, als von dem senkrecht zur Axe schwingenden, ja von dunkel gefärbtem T. wird sogar letzteres vollständig absorbirt (Anwendung zu Turmalinzangen) (156). Besonders geeignet dazu ist der braune aus Brasilien und Ceylon. Die Folge dieser Absorptionsverhältnisse ist, dass senkrecht zur Axe geschliffene Platten immer dunkler sind, als gleich dicke parallel der Axe aus demselben Krystall, was namentlich bei der Benutzung als Schmuckstein zu bedenken ist. — D. Br. ziemlich stark. $\omega = 1{,}6366$, $\varepsilon = 1{,}6193$ (*Na* Fl.) für einen farblosen Krystall. Stark pyroelektrisch, polar nach der Axe *c*, namentlich die heller gefärbten T. und unter ihnen besonders die grünen brasilianischen; im allgemeinen, nicht immer, ist das flächenreichere Ende antilog. Wird auch durch Reiben elektrisch. Schmilzt theils leicht, theils schwer, z. Th. unter Aufblähen; manche schmelzen gar nicht. Von Säuren nicht angegriffen, nach dem Schmelzen aber von kochender H_2SO_4 zersetzt.

Der T. findet sich bald in vollständig ausgebildeten Krystallen, bald in langstrahligen krystallinischen Aggregaten; theils auf-, theils eingewachsen. Die aufgewachsenen Krystalle, dicke Prismen bis zu dünnen Nadeln, bilden Drusen in Höhlungen des Granits, besonders die helleren, aber auch dunklere Varietäten, z. B. in den Pegmatitgängen bei Penig in Sachsen, auf Elba etc. Der eingewachsene T. bildet einen häufigen accessorischen Gemengtheil des Granits, Gneisses und anderer plutonischer Gesteine, besonders im Quarz der krystallinischen Schiefer, namentlich die dunkel gefärbten Varietäten; die Prismen sind nicht selten geknickt oder infolge vielfacher Knickung scheinbar krumm gebogen. Zu erwähnen ist auch das Vorkommen im körnigen Dolomit, z. B. von Campo longo am St. Gotthard und im Binnenthal im Canton Wallis. In vulkanischen Gesteinen fehlt der Turmalin. Auf secundärer Lagerstätte findet er sich im Sande und Schuttlande mit Edelsteinen zusammen, in Brasilien, Ceylon etc. Fundorte der einzelnen Varietäten sind für den farblosen T. (Achroit) und für hellgrüne und rosenrothe: Paris in Maine, Penig in Sachsen, S. Piero auf Elba, die hellgefärbten von Elba zuweilen mit einem schwarzen Ende (Mohrenköpfe); lange hellrothe Strahlen sind auf dem Lepidolith von Rozena in Mähren aufgewachsen. Dunkelrother T. (Siberit, Rubellit) von Sarapulsk bei Schaitansk im Ural im Granit, ebenfalls mit Lepidolith; hellgrün sind die obengenannten aus dem Dolomit von Campo longo, dunkler die brasilianischen von Villarica (sog. brasil. Smaragd der Juweliere, zu Schmucksteinen verschliffen). Der blaue T. (Indigolith) findet sich auf dem Lepidolith von Utö (siehe oben), bei Goshen in Massachusetts etc., schliesst zuweilen einen centralen Kern von rothem T. in paralleler Umwachsung ein; auch mancher brasilianische und ceylonesische ist blau und im Gegensatz zu dem von den zwei genannten Lokalitäten durchsichtig (brasil. Sapphir); rothbraun ist der T. von Gouverneur in New-York mit stark ausgebildeten Skalenoëdern (vergl. Fig. 514) und ebenfalls mancher ceylonesische und brasilianische; dunkelbraunen T. (Dravit) findet man im Talkschiefer und Chloritschiefer des Zillerthals in Tirol, bei Unterdrauburg in Kärnten im Glimmerschiefer etc. Der schwarze T. (Schörl) ist sehr verbreitet. zuweilen in Prismen von sehr erheblicher Länge und Dicke. auch in krystallinisch-strahligen Massen. Mehrfach genannte Fundorte sind: Rosenbach bei Gnadenfrei in Schlesien im Gneiss, ebenso bei Marschendorf in Mähren und viele in den Alpen, ferner der Sonnenberg bei Andreasberg im Harz, wo T. auf Drusen im Granit in kleinen glänzenden Krystallen sich findet; auch im Granit des Schwarzwalds und Odenwalds an mehreren Stellen, im Erzgebirge, bayrischen Wald; bei Bovey Tracy in Devonshire; auf den Magneteisenlagern von Arendal; im Ural, in Nordamerika, Grönland etc.; in mikroskopischen Nädelchen sehr häufig in Thonschiefern.

Der T. verändert sich nicht selten und geht in eine glimmerartig zusammengesetzte pinitähnliche Masse über. Auch Pseudomorphosen von T. nach anderen Mineralien, z. B. nach Feldspath, werden angegeben, sowie Neubildungen von Turmalinnädelchen in manchen Sanden.

(Rammelsberg, Pogg. Ann. 80. 81. 139. G. Rose, Abh. Berl. Ak. 1836. 1843. Pogg. Ann. 39. 285.)

Axinit.

$H_2 R_6 Al_3 Si_8 O_{32} = H_2O . 6RO . 3AlO_3 . 8SiO_2$, wo $RO = CaO$, wenig FeO und etwas MnO und MgO; statt H_2O findet sich etwas K_2O, AlO_3 ist z. Th. durch B_2O_3 und etwas FeO_3 vertreten. Eine Analyse des A. von Bourg d'Oisans im Dauphiné ergab: 43,46 SiO_2, 16,33 AlO_3, 5,61 B_2O_3, 2,80 FeO_3, 6,78 FeO, 2,62 MnO, 1,73 MgO, 0,11 K_2O, 1,45 H_2O = 101,08. Trikline Krystalle, die Flächen schneiden sich z. Th. in sehr scharfen Kanten (Fig. 519). $P = \infty{}'P(1\bar{1}0)$; $u = \infty P'(110)$; $P/u = 135^0\,26'$; die stumpfe Kante P/u abgestumpft durch $l = \infty\bar{P}\infty\,(100)$; $P/l = 151^0\,1'$; ferner $r = {}'P\,(1\bar{1}1)$; $P/r = 134^0\,48'$ und $r/u = 115^0\,38'$; Kante r/u abgestumpft durch $s = 2'P'\infty\,(201)$, $s/u = 152^0\,0'$ und in der Zone $[s\,P]$: $x = P'\,(111)$, $s/x = 163^0\,55'$. Keine Zwillinge. Die scharfen Kanten P/u und P/r durch deutliche Blätterbrüche abgestumpft. H. = 7. G. = 3,0 – 3,3; braun oder graubraun, zuweilen ins Blau, Violett oder Roth; sehr deutlich dichroitisch. Durchsichtig bis durchscheinend, glasglänzend, nicht selten von grünem, pulverigem Chlorit ganz durchsetzt. Schmilzt leicht zu dunkelgrünem Glas; nur geschmolzen von HCl völlig zersetzt. Aufgewachsene Krystalle und derbe Massen auf Klüften in krystallinischen Schiefern und anderen älteren krystallinischen Silicatgesteinen, seltener auf Erzgängen. Vielfach in den Alpen: Bourg d'Oisans im Dauphiné, am Skopi in der Schweiz etc.; Botallak in Cornwall; Treseburg im Harz, derb; mehrfach im Erzgebirge, z. B. bei Ehrenfriedersdorf, Thum (daher Thumerstein); im Granit von Striegau in Schlesien, in Ungarn, im Ural etc.

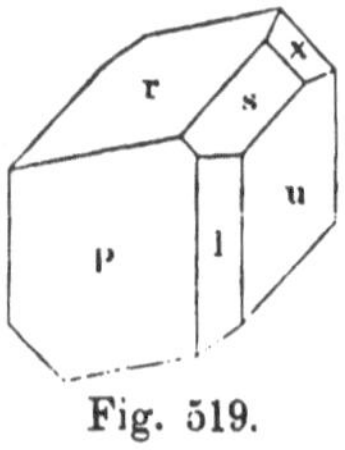

Fig. 519.

(Websky, Tschermak. Min. Mittheilgn. II. 1872. G. vom Rath, Pogg. Ann. Bd. 128. 1866. Hessenberg, Min. Notizen.)

Isomorphe Reihe des Datoliths.

Monokline isomorphe Mineralien:

Datolith: $H_2Ca_2B_2Si_2O_{10}$; $a:b:c = 0{,}6329:1:0{,}6345$; $\beta = 89^0\ 51'$.
Homilit: $FeCa_2B_2Si_2O_{10}$; $a:b:c = 0{,}6249:1:0{,}6412$; $\beta = 89^0\ 21'$.
Euklas: $H_2Be_2AlSi_2O_{10}$; $a:b:c = 0{,}6303:1:0{,}6318$; $\beta = 88^0\ 18'$.
Gadolinit: $FeBe_2Y_2Si_2O_{10}$(?); $a:b:c = 0{,}6249:1:0{,}6592$; $\beta = 89^0\ 28'$.

Datolith.

$H_2O \cdot 2CaO \cdot B_2O_3 \cdot 2SiO_2$; 37,50 SiO_2, 21,88 B_2O_3, 35,00 CaO, 5,62 H_2O. Ausgezeichnete aufgewachsene Krystalle (Fig. 520). $g = \infty P$ (110); $g/g = 115^0\ 22'$; $f = \infty P2$ (120); $f/f = 76^0\ 38'$ (vorn); $s = \infty P\infty$ (100), meist klein, fehlt oft ganz; $a = -P\infty$ (101); $a/s = 134^0\ 52'$; $b = 0P$(001); $b/s = 90^0\ 9'$; $b/a = 135^0\ 4'$; $c = -P2$ (122); $b/c = 141^0\ 7'$; $d = 2P\infty$ (021); $b/d = 147^0\ 38'$. Keine Zwillinge, keine Bl. Br. Bruch kleinmuschlig. H. = 5—5½. G. = 2,9—3,0, farblos ins Grünliche, Gelbliche etc.; fetter Glasglanz. Opt. A. E. ac; — M. L. um ca. 4⁰ nach hinten gegen c geneigt, so dass sie im spitzen Winkel β liegt. Erst bei sehr starkem Glühen geht H_2O weg. Schmilzt leicht zu einem klaren Glas. Von HCl leicht unter Gallertbildung zersetzt. Findet sich ähnlich wie die Zeolithe, zu denen der D. früher gerechnet wurde, auf Mandelräumen von Mandelsteinen, auf Klüften von älteren krystallinischen Silicatgesteinen, bes. von Grünsteinen etc.; so bei Andreasberg am Harz auf Klüften im Diabas; zu Theiss bei Klausen und an der Seisser Alp in Tirol; bei Toggiana in Modena; auf den Magneteisenerzlagern von Utö; bei Bergenhill in New-York, am Obern See etc., überall in niederen Prismen; auch derb; eine kleintraubige Varietät von Arendal heisst *Botryolith*. Eine Pseudomorphose von bräunlichem Hornstein nach D. in ausgezeichnet ausgebildeten grossen Individuen von Hay-Tor in Devonshire heisst *Haytorit*.

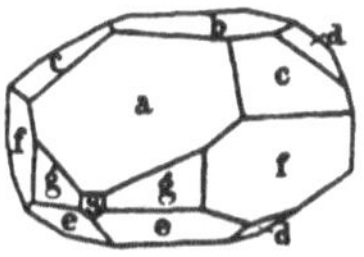

Fig. 520.

(Ed. Dana, Tschermak, Min. Mittheilgn. Bd. IV. 1874. pag. 1. Bodewig, Pogg. Ann. 158 pag. 230. Hessenberg, Min. Notizen an versch. Stellen.)

Homilit, sehr selten, bei Brevig in Norwegen mit Melinophan etc. im Syenit.

Euklas. Ausgezeichnete Krystalle mit besonders zahlreichen Verticalprismen und einem vollkommenen Blätterbruch nach der Symmetrieebene; hell meergrün, ähnlich dem Aquamarin, gelblich bis fast farblos, durchsichtig bis durchscheinend, glas-, auf dem Bl. Br. perlmutterglänzend; Brasilien bei Boa Vista in Drusen im Chloritschiefer; Peru; am Fluss Sanarka im Ural in den Goldsaifen. Sehr selten. (Schabus, Denkschr. Wiener Ak. Bd. VI. 1852.)

Gadolinit, z. Th. umgewandelt, *Be*-frei und isotrop. Schwarze Körner mit grauem Strich und muschligem Bruch; auf diesem meist starker fettartiger Glasglanz. Im scandinavischen Granit: Hitterö in Norwegen, Fahlun in Schweden etc. V. d. L. verglimmend (178).

Gruppe der Thonerdesilicate.

Die Verbindung $AlSiO_5 = AlO_3 . SiO_2$; 36,90 SiO_2, 63,10 AlO_3 findet sich in der Natur in verschiedener Weise krystallisirt ausgebildet: als Cyanit (triklin); als Andalusit (rhombisch); ebenso als Sillimanit. In dem gleichfalls rhombischen Topas ist der *O*-Verbindung $AlSiO_5$ noch die entsprechende *Fl*-Verbindung $AlSiFl_{10}$, meist im Verhältniss 5 : 1 isomorph beigemischt. Die Krystallformen des Andalusits und Topases stehen einander sehr nahe (Grünhut, vergl. bei Topas).

Cyanit (Disthen).

$AlSiO_5$ (siehe oben). Triklin, langprismatisch ausgebildete Krystalle mit zwei Blätterbrüchen: $M = \infty \bar{P}\infty$ (100), sehr vollkommen, und $T = \infty \breve{P}\infty$ (010) weniger vollkommen; $M/T = 106^0 15'$; die Abstumpfungen der scharfen und stumpfen Kante M/T sind $o = \infty 'P$ (1$\bar{1}$0) und $l = \infty P'$ (110). Quer zu diesen Verticalflächen sind $P = 0 P$(001), selten als ursprüngliche Fläche ausgebildet, sondern meist als Gleitfläche, nach der Kante PM gestreift, zuweilen in derselben Richtung gekrümmt und von etwas fasriger Beschaffenheit: $P/T = 93^0 24'$; $P/M = 100^0 50'$. Die Fläche P macht auf M eine geradlinige Streifung und geradlinige feine Spalten, welche mit der Kante M/T oder M/l einen beinahe rechten, aber doch deutlich als schief erkennbaren Winkel von $90^0 23'$ bildet; endlich seien noch erwähnt die seltenen Flächen: $n = P'\breve{\infty}$ (011) und $r = 'P\breve{\infty}$ (0$\bar{1}$1), welcher letzteren ebenfalls ein, allerdings wenig deutlicher Blätterbruch parallel geht; $M/r = 89^0 24'$; $P/r = 143^0 25'$ (Fig. 521). $a:b:c = 0{,}899 : 1 : 0{,}697$, $\alpha = 90^0 23'$; $\beta = 100^0 18'$; $\gamma = 106^0 1'$. Zwillinge sehr häufig; bei den meisten ist M Zwillingsfläche und die Normale zu M Zwillingsaxe; die Flächen o und T beider Individuen machen seitlich, P oben einspringende Winkel (Fig. 522); diese Zwillingsbildung kann sich auch mehrfach wiederholen. Verwachsungen zweier oder mehrerer Individuen nach M nach anderen Zwillingsgesetzen sind seltener. Ferner sind Zwillinge beobachtet, bei denen die beiden Individuen sich unter ca. 60^0 schneiden und wo $Z = 2P,\breve{2}$ ($\bar{1}\bar{2}$1) Zw. Fl. ist: endlich solche nach P und nach einer hinteren Schiefendfläche: $\frac{3}{8},P,\infty$ ($\bar{3}$08), welcher ebenfalls Gleitflächencharakter zukommt. Diese letztern Zwillinge sind so ausgebildet, dass dünne Lamellen nach den genannten beiden Flächen in ein grösseres Individuum eingewachsen sind, wie bei den Kalkspathzwillingen nach $-\frac{1}{2}R$, und sie sind wie diese auch wohl durch den Gebirgsdruck in den Krystallen nachträglich hervorgebracht worden.

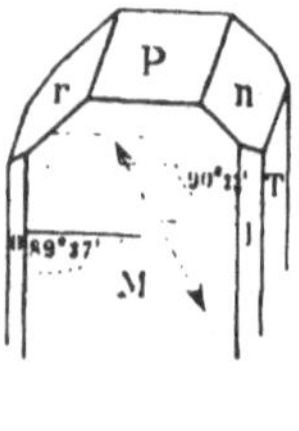

Fig. 521.

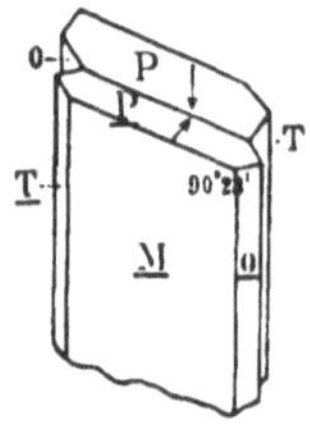

Fig. 522.

Die Härte des *C.* ist an verschiedenen Stellen des nämlichen Krystalls sehr verschieden; auf M in der Richtung M/T ist H. = $4\frac{1}{2}$, in der Richtung *M*/*P* = 6; auf *T* und *o* ist H = 7. Spröde, z. Th. ins Milde, die langen Prismen sind in der Richtung der Kante *M*/*P* etwas biegsam, daher die eingewachsenen Krystalle in dieser Richtung häufig etwas gekrümmt. G. = 3,5 — 3,7. Glasglanz, auf *M* Perlmutterglanz; durchsichtig bis durchscheinend; farblos, gelblich, hauptsächlich blau oder weiss und blau gefleckt; zuweilen durch Beimengungen (von Kohle?) grau gefärbt.

Die — opt. M. L. steht beinahe genau auf *M* senkrecht, die A. E. geht durch den spitzen ebenen Winkel von 89° 37′, den die Kanten *P*/*M* und *T*/*M* auf der Ebene *M* miteinander einschliessen, und macht ca. 30° mit der Kante *M*/*T* (siehe den Pfeil in Fig. 521). $2E = 81^0 - 82^0$. Unschmelzbar, von Säuren nicht angegriffen. Die Krystalle sind fast stets ohne natürliche Endflächen; vielfach auch derbe breitstrahlige Aggregate, blau wie die Krystalle; beide hauptsächlich eingewachsen in krystallinischen Schiefern; und ebendort auch fasrige und schmalstrahlige gelbe, zuweilen schwarze Massen (*Rhätizit*). Sehr selten auf derbem C. aufgewachsene Kryställchen mit Endflächen. Eine Hauptfundstelle guter Krystalle (im weissen Paragonitschiefer) ist am Mte. Campione bei Faido am St. Gotthard mit Staurolith, mit welchem der C. oft regelmässig verwachsen ist (107); derbe Aggregate, auch der Rhätizit, am Greiner in Tirol, bei Pfitsch ebendort, bei Petschau in Böhmen; als mächtiges Lager bei Hörrjesberg in Schweden; in Nordamerika, Neuseeland. Im Eklogit findet sich C. häufig in Gestalt kleiner, dünner, blauer Prismen; als Gerölle in den Goldsaifen im Ural mit Euklas etc. Sehr dunkelblaue Varietäten werden als Edelsteine verschliffen (Sapparé). Verwandelt sich bei der Verwitterung zuweilen in Muskovit, aber seltener und schwieriger, als der gleich zusammengesetzte Andalusit.

(Bauer, Zeitschr. d. deutsch. geol. Ges. 1878 pag. 283 und 1879 pag. 244 und 717. G. vom Rath, Zeitschr. Kryst. III. 1. V. 17.)

Andalusit.

$\overset{}{Al}SiO_5$. Rhombisch und in mancher Beziehung ähnlich dem Topas; annähernd quadratische Prismen von 90° 50′ mit Basis sind die gewöhnlichsten Formen, seltener gesellen sich dazu noch Flächen eines anderen Prismas, sowie solche eines Makrodomas, welche auf die stumpfe Prismenkante aufgesetzt sind und andere, aber alle nur untergeordnet. Keine Zwillinge. Deutliche Bl. Br. fehlen (Unterschied von Topas). Bruch kleinmuschlig bis uneben. H. = 7—7½. G. = 3,1—3,2. Glasglänzend, durchsichtig bis undurchsichtig; farblos, grau, gelb, roth, braun, grün. Deutlich dichroitisch. Opt. A. E. *ac*, — M. L. *c*. Unschmelzbar, von Säuren nicht angegriffen. Mit Quarz in den krystallinischen Schiefern, z. B. bei Lisenz in Tyrol und a. a. O. in den Alpen, bei Goldenstein in Mähren, im Riesengebirge in Schlesien, im bayrischen Wald bei Herzogau, in Andalusien, bei Dublin in Ireland. Monroe in New-York (grün, sog. Monrolith); durchsichtige Geschiebe in Brasilien.

Eine Varietät des A. ist der *Chiastolith* (Hohlspath), lange farblose, grauliche oder bräunliche Prismen, zuweilen nadelförmig dünn, zuweilen fingerdick im Thonschiefer eingewachsen. Das Eigenthümliche ist, dass längs der centralen Axe und längs den vier Prismenkanten Stäbchen von schwarzem Thonschiefer von mehr oder weniger grossem Querschnitt in die Krystalle eingewachsen sind, welche durch dünne diagonal verlaufende Thonschieferplättchen mit einander in Verbindung stehen. Auf dem Querschnitt tritt dann eine schwarze kreuzförmige Figur auf weissem oder doch hellem Grund hervor, daher solche Querschnitte als Amulette getragen werden. Dicke Prismen bei San Jago di Compostella in Galicien (Spanien), auch in Nordamerika; dünne Nadeln z. B. bei Gefrees im Fichtelgebirge.

Der A. verwittert leicht zu Glimmer, viel leichter als der gleich zusammengesetzte Cyanit; an der Oberfläche sind die Krystalle oft mit einer dicken, weissen Glimmerschicht bedeckt.

(Grünhut, Zeitschr. Kryst. IX. 1884.)

Ebenfalls rhombisch ist der gleich zusammengesetzte *Sillimanit;* zahlreiche farblose, graue oder braune krystallinische Strahlen und Nadeln mit einer deutlichen Spaltbarkeit, im Gneiss und Glimmerschiefer, bes. in Nordamerika, auch in Frankreich; H. = 7. Aehnliche Mineralien giebt es noch mehrere, welche vielleicht alle zum Andalusit oder zum Sillimanit gehören. *Faserkiesel* (Fibrolith), einzelne Nadeln oder feinfasrige, filzartig verwebte Aggregate, grau, gelb, grün, H. = 6—7; im Gneiss bei Bodenmais in Bayern, im Eulengebirge in Schlesien, im sächsischen Granulitgebiet, bei Marschendorf und Goldenstein in Mähren, bei Lisenz in Tirol (Buchholzit), in Centralfrankreich zuweilen zu prähistorischen Steingeräthen verarbeitet, Ostindien. Etwas ähnliches ist der *Bamlit* von Bamle in Norwegen, sowie der *Xenolith* und *Wörthit*, welche sich in Geschieben in der Gegend von St. Petersburg fanden. Solche fasrige Thonerdesilicate kommen auch in Gneissgeschieben des norddeutschen Flachlands zuweilen vor.

Topas.

$5AlSiO_5 + AlSiFl_{10}$: 33,16 SiO_2, 56,70 AlO_3, 17,50 Fl = 107,36, doch ist der Fl-Gehalt etwas schwankend, die Substanz daher als eine isomorphe Mischung der O- und Fl-Verbindung aufzufassen. Häufig mit zahlreichen Gas- und Flüssigkeitseinschlüssen (flüssige CO_2 etc.). Ausgezeichnet rhombisch krystallisirt. Verticalprisma $M = \infty P$ (110), $M/M = 124^0\ 17'$ ähnlich dem Verticalprisma bei der Hornblende, daher spricht man auch beim Topas von einem Hornblendeprisma im Gegensatz zu dem Prisma $l = \infty P\breve{2}$ (120), welches die seitliche scharfe Kante M/M stets zuschärft und wo vorn ähnlich wie beim Augitprisma: $l/l = 86^0\ 49'$; dieses nennt man darnach das Augitprisma des Topases. Die Kanten beider Prismen sind fast nie abgestumpft, von den 3 Pinakoiden ist nur die Basis $P = 0P$ (001) vorhanden, der ein ausgezeichneter Bl. Br. parallel geht. Das Oktaëder $o = P$ (111) begrenzt die Prismen zuweilen für sich allein (Fig. 523), so z. B. an den Krystallen von Mughla in Kleinasien, und an solchen von Brasilien: $o/o = 141^0\ 0'$ und $101^0\ 40'$ (E. K.). Zuweilen tritt dazu ein sehr ausgedehntes Brachydoma $n = 2P\breve{\infty}$ (021); $n/n = 92^0\ 42'$

(oben Fig. 525); auch wohl die **Basis** (Krystalle von Adontschilon in Sibirien). Bei den Krystallen vom Schneckenstein in Sachsen ist auch noch $s = \frac{2}{3}P$ (223) und $x = \frac{4}{3}\breve{P}2$ (243) vorhanden, die Kanten o/P und o/n abstumpfend (Fig. 524). An den Krystallen sind selten die beiden Enden des Prismas regelmässig begrenzt; sie sind dann zuweilen an beiden Enden etwas verschieden ausgebildet, aber nicht eigentlich hemimorph. Zwillinge sind noch keine beobachtet. H. = 8. G. = 3,51—3,56. Durchsichtig bis durchscheinend, auch undurchsichtig; glas-, auf P perlmutterglänzend; farblos, gelb, rothbraun, braungelb, meergrün; die braunrothen werden durch Glühen pfirsichblüthroth; die Farben, namentlich die meergrüne, bleichen am Licht zuweilen aus. Dichroismus merklich. Opt. A. E. ac, + M. L. c,

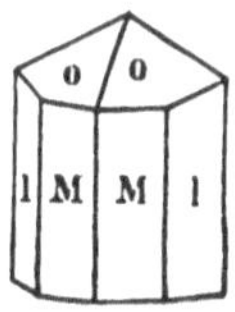

Fig. 523.

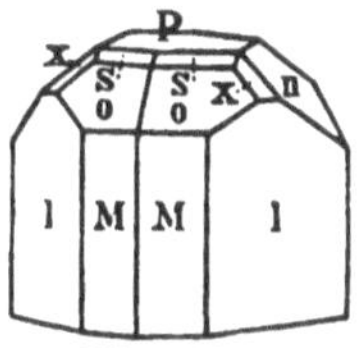

Fig. 524.

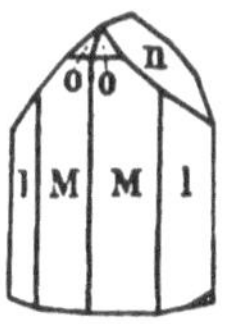

Fig. 525.

Spaltungsstücke geben daher das Interferenzbild in der Richtung der Brachydiagonale; $\varrho > v$. Für den farblosen T. von Brasilien ist: $\beta = 1{,}6150$, $2E = 120^0\ 40'$ (gelb); $2E$ ist aber schwankend. Durch Pressen, Reiben und Temperaturänderung stark elektrisch. Unschmelzbar, von Säuren nicht angegriffen. Bildet schöne Krystalle, welche fast stets aufgewachsen sind. Klein auf den Zinnerzlagerstätten des Erzgebirges und in Cornwall, sowie am Mt. Bischoff in Tasmanien, hier auch dicht. Grösser auf Klüften krystallinischer Schiefer und im Granit. Am Schneckenstein im sächsischen Voigtlande, im sog. Topasfels, hell weingelb; in den Mourne mountains in Ireland; bei Mughla in Kleinasien; Mursinsk im Ural, meergrün, im Granit; Miask im Ilmengebirge, Adontschilon bei Nertschinsk in Transbaikalien, in Nordamerika, Brasilien, bei Villa rica; lose in den uralischen und brasilischen Goldsaifen, in letzteren am Rio Belmonte zuweilen abgerollte hellbläuliche bis wasserhelle Körner, sog. Pingos d'agoa. Die durchsichtigen T. werden als Edelsteine verschliffen, doch gehen auch geglühte Amethyste und Citrine als Topase im Edelsteinhandel (spanischer Topas, Goldtopas) und wasserhelle T. (z. B. die Pingos d'agoa) werden zuweilen für Diamanten verkauft, denen sie im Aussehen sehr ähnlich und im specifischen Gewicht ganz gleich sind. Undurchsichtige, weisse bis grünliche oder gelbliche Topase sind mit besonderen Namen belegt worden: *Pyrophysalith* (Physalith) sind grosse, nach der Basis vollkommen spaltbare, unregelmässig begrenzte, an der Oberfläche in Glimmer verwandelte Krystalle oder derbe Partien im Granit von Broddbo bei Fahlun in Schweden; *Pyknit* sind deutlich quer spaltbare stenglige Aggregate von solchem trüben Topas, mit Zinnwaldit auf den erzgebirgischen Zinnerzlagerstätten, genannt worden.

Der T. geht zuweilen in Glimmer und in weiche steinmarkähnliche Massen über.

(Groth, Zeitschr. d. deutsch. geol. Ges. 1870, pag. 381. v. Kokscharow, Materialien. Laspeyres, Zeitschr. Kryst. I. 347. 1877. Grünhut, ibid. IX. 1884. Rammelsberg, Sitzgsber. Berl. Ak. 1865.)

In der Krystallform sehr ähnlich dem Topas ist der rhombische *Danburit*, $CaB_2Si_2O_8 = CaO \cdot B_2O_3 \cdot 2SiO_2$, den man früher wohl für einen dem Anorthit analog zusammengesetzten Borfeldspath hielt. Er findet sich in aufgewachsenen prismatischen, glasglänzenden, farblosen bis bräunlichen Krystallen bei Danbury in Connecticut, Russel in New-York, sowie am Skopi in Graubünden. (Schuster, Tschermak, Min. Mittheilgn. Bd. V. 1883 pag. 397 und VI. 1884 pag. 301. Dana. Am. Journ. Bd. XX. 1880. Grünhut, siehe Topas.)

Staurolith.

$H_2(Fe, Mg)_3 Al_6 Si_6 O_{34} = H_2O \cdot 3(Fe, Mg)O \cdot 6Al_2O_3 \cdot 6SiO_2$, wo $Fe : Mg = 3 : 1$, entsprechend: 30,37 SiO_2, 51,92 Al_2O_3, 13,66 FeO, 2,53 MgO, 1,52 H_2O. In dem trüben St. findet man bis über 50 % SiO_2, herrührend von eingemengtem Quarz, welcher durch HFl herausgeätzt werden kann. Rhombisch. $m = \infty P(110)$; $m/m = 129^\circ 26'$ mit Basis $p = 0P$ (001), Längsfläche $o = \infty\breve{P}\breve{\infty}$ (010) und dem Makrodoma $r = \bar{P}\infty$ (101); $r/r = 69^\circ 32'$ (oben) (Fig. 526; 527) nicht

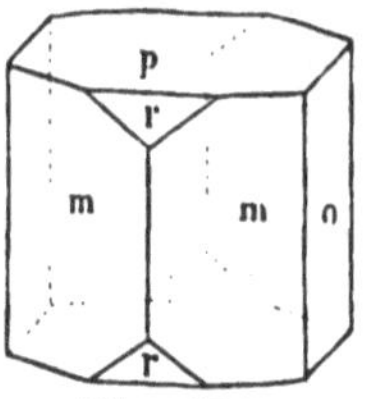

Fig. 526.

Fig. 527.

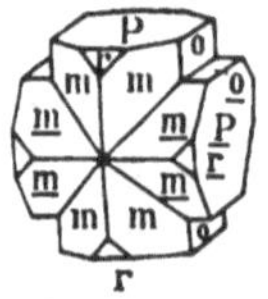

Fig. 528.

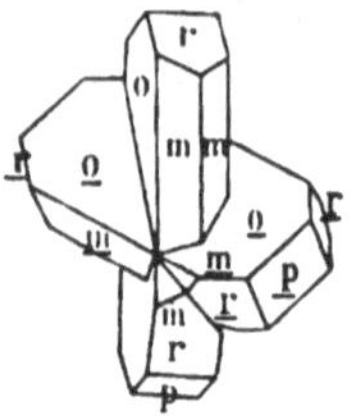

Fig. 529.

selten fehlt auch r. Sehr häufig Zwillinge mit durcheinander gewachsenen Individuen, hauptsächlich nach 2 Gesetzen: 1. Zw. Fl. $\frac{3}{2}\breve{P}\breve{\infty}$ (032), die Individuen kreuzen sich beinahe rechtwinklig, ihre Verticalaxen, d. h. die Kanten m/m und $\underline{m}/\underline{m}$, liegen parallel mit einer beiden Individuen gemeinsamen Querfläche; $r, m, \underline{m}, \underline{r}$ liegen mit der Zw. Fl. in einer Zone (Fig. 528). 2. Zw. Fl. $\frac{3}{2}\breve{P}\frac{3}{2}$ (232); beide Individuen durchschneiden sich unter annähernd 60°; die Kanten m/m und $\underline{m}/\underline{m}$ liegen ganz anders gegen einander als vorhin und $r, o, \underline{o}, \underline{r}$ liegen in einer Zone, in welcher auch die Zw. Fl. liegt (Fig. 529); anders gebildete Zwillinge, z. B. nach m, ebenso Drillinge etc. sind weniger verbreitet. Spaltbarkeit nach o ziemlich deutlich, kleinmuschliger Bruch. H. = $7\frac{1}{2}$, G. = 3,34—3,77, die niederen Zahlen gelten für die unreinen, trüben, mit Quarz gemengten Krystalle. Glasglanz, meist ganz matt, braunroth, häufig sehr dunkel, undurchsichtig (die unreinen) bis fast durchsichtig.

Opt. A. E. *bc*, + M. L. *c*; fast unschmelzbar, von Säuren, auch von *HFl* nicht angegriffen. Findet sich nur in meist deutlich ausgebildeten, stets eingewachsenen Krystallen im Glimmerschiefer und Thonschiefer; so mit Cyanit in dem weissen Paragonitschiefer am St. Gotthard, mit Cyanit vielfach in regelmässiger Verwachsung (107); ferner bei Radegund in Steiermark, Sterzing in Tirol, Zöptau und Goldenberg in Mähren, bei Quimper in der Bretagne sehr unrein, San Jago di Compostella in Spanien, im Ural an mehreren Orten, ebenso in Nordamerika etc.

(v. Lasaulx, Tschermak, Min. Mitthlgn. 1872. Rammelsberg, Sitzgsber. Berl. Ak. 1873. v. Kokscharow, Mat. Min. Russland, Bd. VII und VIII.)

b. Wasserhaltige Silicate.

Nachdem eine Anzahl wasserhaltiger Silicate in die Nähe von verwandten wasserfreien in der vorhergehenden Abtheilung untergebracht worden ist und wenn einige andere seltene als unwichtig übergangen werden, so bleibt noch die Gruppe der *Zeolithe* zu betrachten übrig. Es sind meist gut krystallisirte Thonerdesilicate, welche zugleich Na_2O, CaO oder auch wohl einen andern alkalischen Bestandtheil enthalten; wenige sind AlO_3-frei (Apophyllit). Das Krystallwasser geht bei verschiedenen Temperaturen fort, bei einzelnen schon in trockener Luft in der Kälte, bei andern erst in der Wärme und wird dann später meist wieder aufgenommen; manche enthalten aber neben dem Krystallwasser noch *H*, welches in der Glühhitze unter vollständiger Zersetzung der Substanz als Wasser entweicht und später in feuchter Luft nicht wieder aufgenommen wird. Das wasserfreie Silicat erinnert in der Zusammensetzung vielfach an Feldspathe oder Nephelin. Die Z. schmelzen mehr oder weniger leicht unter Blasenwerfen und sie werden durch *HCl* unter Abscheidung gallertartiger oder schleimiger Kieselsäure vollständig zersetzt. Sie sind an sich farblos und dann durchscheinend bis durchsichtig und stark glänzend, seltener gefärbt, vielfach durch organische Beimengungen. Von manchen durch organische Substanz braun oder gelb gefärbten Z. lassen sich Tropfen eines flüssigen Bitumens abdestilliren. Zuweilen intensiv ziegelroth durch eingelagerte Eisenglanzschüppchen. Das spec. Gewicht ist gering, G. = 2,2—2,3; die Härte geht bis 5. Die Z. finden sich häufig auf Hohlräumen zersetzter vulkanischer Gesteine (Mandeln, Spalten etc.), durch deren Verwitterung sie entstanden sind, so namentlich in Island, auf den Farör, im böhmischen Mittelgebirge, bei Oberstein im Nahethal, im Fassathal in Tirol etc.; seltener in Granit und Gneiss; endlich auch auf Erzgängen bei Andreasberg, Kongsberg, Přibram in Böhmen etc., wohl überall von secundärer Entstehung aus wasserfreien Silicaten. Die Mineralien, durch deren Umwandlung das Material zu ihrer Entstehung geliefert wird, sind alle thonerdehaltig, namentlich sind es Feldspathe, Nephelin, Leucit, die Glieder der Sodalithgruppe etc., nach denen sie zuweilen Pseudomorphosen bilden. Auch als Neubildung in altem (römischem) Mauerwerk und in den Absätzen von Thermen, z. B. bei Plombières, Olette in den Pyrenäen, Bourbonne-les-Bains etc. (Apophyllit, Chabasit, Harmotom).

Apophyllit (Ichthyophthalm).

$4H_2CaSi_2O_6 . KFl . H_2O$, mit 52,97 SiO_2, 24,72 CaO, 15,90 H_2O; 6,40 KFl. Quadratisch; das scharfe Oktaëder $p = P$ (111), $P/P =$ 104° 3′ (E. K.) und 120° 56′ (S. K.) und das 2. Prisma: $m = \infty P\infty$ (100), die Seitenecken von P abstumpfend fehlen nie; das erste Prisma ∞P (110) ist kaum beobachtet, dagegen schärft das achtseitige Prisma:

$r = \infty P2$ (210) sehr häufig die Kanten von *m* zu; Krystalle mit den Flächen: *P*, *m*, *r*, an denen die Flächen *m* und *r* stark vertical gestreift sind und durch allmählige Krümmung in einander übergehen, sind häufig (Fig. 532). Auch die Basis *c* ist nicht selten, entweder nur

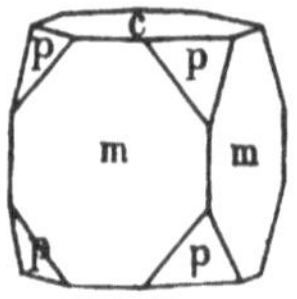

Fig. 530.

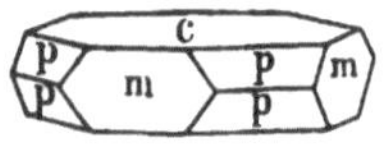

Fig. 531.

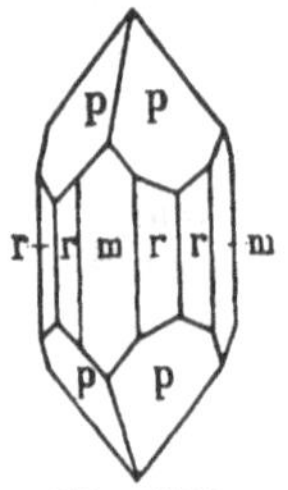

Fig. 532.

klein, die Endecken der erwähnten Combination schwach abstumpfend: oder auch stark ausgedehnt, so dass niedere Prismen oder dünne Tafeln entstehen (Fig. 530, 531), welche ausser von *c* noch von den Flächen *p* und *m* begrenzt sind. Zwillinge sehr selten. Nach *c* sind die Krystalle sehr deutlich spaltbar; spröde; H. = $4\frac{1}{2}$. G. = 2,3—2,4. Glasglanz, auf *c* ausgezeichneter Perlmutterglanz; durchsichtig bis durchscheinend, zuweilen trübe und undurchsichtig; farblos oder wenig gefärbt, fleischroth, rosa (Andreasberg), grün (Island, sog. Xylochlor im fossilen Holz der Basalttuffe), bläulich (bei Bombay). Sehr schwache Doppelbrechung, meist +, aber auch — (z. B. die Krystalle von Orawicza im Banat); zuweilen sind einzelne Stellen eines Plättchens +, andere —, oder man findet die Plättchen — für roth, + für blau, oder auch wohl umgekehrt. In convergentem Licht sieht man zuweilen nur undeutliche Farbenringe um den Mittelpunkt des schwarzen Kreuzes (Leukocyclit), wenn sie deutlich sind, so sind die Ringe eigenthümlich gefärbt. Vielfach beobachtet man, dass das Kreuz bei der Drehung des Plättchens sich öffnet und noch andere Andeutungen von anomaler Zweiaxigkeit, so dass man das Mineral auch für mimetisch und aus monoklinen Individuen zwillingsverwachsen angesehen hat.

V. d. L. unter Aufschäumen leicht zu klarem Glas schmelzbar. Von *HCl* unter Abscheidung schleimiger Kieselsäure zersetzt; in Wasser unter hohem Druck und bei hoher Temperatur unzersetzt löslich, aus der Lösung wieder krystallisirend.

Krystalle stets aufgewachsen: auf Erzgängen, bes. bei Andreasberg im Harz (Fig. 532), bei Freiberg, Kongsberg in Norwegen. Krystalle von der Form niedriger Tafeln (Fig. 531) auf den Magneteisenerzlagern von Utö in Schweden, ferner im Fassathal in Tirol, hier in verwittertem, vulkanischem Gestein, zusammen mit geradschaligem, derbem, hellfleischrothem A., dem Ichthyophthalm. Ganz dünne Plättchen auch auf Hohlräumen von Basalt im Siebengebirge. Viele Fundstellen sind überhaupt in vulkanischen Gesteinen verschiedener Beschaffenheit. aus denen der A. neben anderen Zeolithen durch Verwitterung entsteht, so im Vicentinischen in Oberitalien, im böhmischen Mittelgebirge z. B. bei Aussig (trübe, milchweisse Krystalle, Albin), auf der Insel Skye in Form von kleinen Kugeln (Gyrolith oder Gurolith); auf den Faröer, bes. Nalsjö (Tesselith, blos begrenzt von den Flächen *m* und *c*, würfelähnliche Krystalle bildend); in Island, z. B. bei Oxhaver (Oxhaverit, vergl. auch den grünen Xylochlor); in der Gegend von Punah in Ostindien bes. schöne und grosse Krystalle, vielfach von der Form Fig. 530.

(Rumpf, Tschermak, Min. Mitthlgn. Bd. II. 1879. Klocke, N. Jahrb. Min. etc. 1880. II. pag. 11. Ref.)

Heulandit (Blätterzeolith, Stilbit z. Th.).

$H_4Ca\overline{Al}Si_6O_{18} . 3H_2O = 2H_2O . CaO . \overline{Al}O_3 . 6SiO_2 . 3H_2O$; 59,06 SiO_2, 16,83 $\overline{Al}O_3$, 9,34 CaO z. Th. durch Na_2O ersetzt, 14,77 H_2O. Monokline Formen, häufig gut ausgebildet (Fig. 533, 534): $Z = 2P$ ($\bar{2}21$); $Z/Z = 136^0\ 4'$, meist klein; $M = \infty P\infty$ (010) meist gross, durch deutliche Spaltbarkeit und Perlmutterglanz ausgezeichnet; $T = 0P$ (001) ebenfalls klein; grösser ist $N = \infty P\infty$ (100) und $P = P\infty$ ($\bar{1}01$); $N/P = 129^0\ 40'$; $N/T = 116^0\ 20'$; zuweilen findet sich auch $r = 2P\infty$ (021); $r/r = 98^0\ 44'$ (E. K.). Eine sehr gewöhnliche Combination wird auch von den Flächen *P, N, T, M* gebildet (Fig. 533 ohne *Z*). Manche Krystalle haben auf *P* eine Streifung, wie die Zwillingsstreifung beim Plagioklas, daher auch für triklin gehalten. Tafelförmig nach *M*, zuweilen nach der Axe *b* mehr oder weniger stark verlängert. Sehr spröde; H. = $3\frac{1}{2}$—4. G. = 2,1 — 2,2. Glasglanz, auf *M* Perlmutterglanz; durchsichtig bis durchscheinend, farblos, gelb, zuweilen intensiv ziegelroth, auch wohl andere Farben. Opt. A. E. sehr nahe parallel oder auch zuweilen senkrecht zu *T*. Die + M. L. ist stets die Axe *b*; ausgezeichnete gekreuzte Dispersion. Dispersion der optischen Axen schwach, bald $\varrho > v$, bald $\varrho < v$; der Axenwinkel ist sehr verschieden, manchmal von 0^0 kaum abweichend mit der Temperatur veränderlich. Beim stärkeren Erwärmen gehen 3 Mol. H_2O leicht fort, und die Krystalle erleiden dabei gewisse optische Veränderungen: Aenderung des Axenwinkels, der Lage der Axenebenen etc.; ist die Erwärmung nicht zu weit gegangen (unter 180^0 C.), so wird durch Wasseraufnahme in feuchter Luft der ursprüngliche Zustand wieder hergestellt. Die letzten 2 Mol. H_2O gehen erst beim Glühen und unter vollständiger Zerstörung der Substanz fort. Unter Aufblähen schmelzbar. Durch Säuren zersetzt unter Abscheidung von schleimiger SiO_2. In vul-

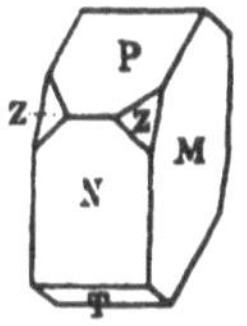

Fig. 533.

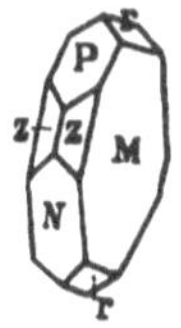

Fig. 534.

kanischen Gesteinen an vielen Orten: Fassathal in Tirol (ziegelroth, Heulandit im engeren Sinn); Schottland, Farör, Island, seltener im Gneiss und Granit, z. B. bei Striegau in Schlesien und auf Erzgängen: Andreasberg, Kongsberg. Enthält zuweilen mikroskopische Quarzkryställchen eingeschlossen.

(Mallard, Bull. soc. min. France 1883. Jannasch, N. Jahrb. Min. etc. 1884. II. 206.)

Ein dem Heulandit isomorpher, BaO- und SrO-haltiger Zeolith ist der *Brewsterit* von Strontian in Schottland; der scheinbar quadratische *Beaumontit* von Baltimore ist dem H. sehr ähnlich. Der seltene *Epistilbit* vom Finkenhübel bei Glatz, Viesch im Wallis, von Schottland und Island ist sehr ähnlich zusammengesetzt wie der H. und ebenfalls monoklin, aber von andern Dimensionen. Von ihm sind wahrscheinlich nicht verschieden der *Parastilbit* von Island und der *Reissit* von Santorin. (Tenne, N. Jahrb. Min. etc. 1879. 1880. Bd. I.; Trechmann, ibid. 1882. Bd. II. Hintze, Zeitschr. Kryst. Bd. VIII. Jannasch, vergl. Heulandit.)

Isomorphe Reihe des Harmotoms.

Hierher gehört eine Anzahl scheinbar rhombischer und auch lange für rhombisch gehaltener Mineralien, welche aber aus *monoklinen* Individuen, zuweilen recht complicirt verwachsene Zwillinge (resp. Viellinge) sind und welche chemisch als isomorphe Mischungen von einigen isolirt noch nicht bekannten Grundverbindungen aufgefasst werden können, die, wasserfrei gedacht, dem Albit und Anorthit ähnlich sind.

Desmin: $(Ca,Na_2)\ddot{Al}Si_6O_{16}.6H_2O$; $a:b:c = 0{,}762:1:1{,}194$; $\beta = 50^0\ 50'$.

Harmotom: $\left\{\begin{matrix} mBa\ddot{Al}Si_6O_{16}.6H_2O \\ nBa_2\ddot{Al}_2Si_4O_{16}.6H_2O \end{matrix}\right\}$; $a:b:c = 0{,}703:1:1{,}231$; $\beta = 55^0\ 10'$.

Phillipsit: $\left\{\begin{matrix} mCa\ddot{Al}Si_6O_{16}.6H_2O \\ nCa_2\ddot{Al}_2Si_4O_{16}.6H_2O \end{matrix}\right\}$; $a:b:c = 0{,}709:1:1{,}256$; $\beta = 55^0\ 37'$.

(Streng, N. Jahrb. Min. 1874 und 1875. Des Cloizeaux, An. chim. phys. IV. ser. XIII. 1868. v. Lasaulx, Zeitschr. Kryst. II. 1878. Trippke, Zeitschr. d. deutsch. geol. Ges. 1878. Fresenius, Zeitschr. Kryst. Bd. III. Baumhauer, ibid. Bd. II.)

Desmin (Stilbit z. Th., Strahlzeolith).

$CaO.\ddot{Al}O_3.6SiO_2.6H_2O$ giebt 57,41 SiO_2, 16,43 $\ddot{Al}O_3$, 8,93 CaO, 17,23 H_2O, ein Theil des CaO ist aber durch Alkalien, bes. Na_2O vertreten (bis zu 3% $Na_2O + K_2O$); die Zusammensetzung ist aber überhaupt etwas schwankend und man hat vielleicht ein dem Anorthit entsprechendes Silicat wie im Phillipsit isomorph beigemischt anzunehmen, bei welchem ebenfalls CaO z. Th. durch Na_2O ersetzt ist (siehe oben), vergl. auch (190). Die gewöhnlichste Krystallform ist Fig. 535 abgebildet; es sind Durchkreuzungszwillinge zweier monoklinen Individuen, begrenzt von: $r = \infty P\,(110)$, $r/r = 118^0\ 50'$; der Längsfläche $T = \infty\mathrm{P\!\!\!\!\!\;\;}\infty\,(010)$ und der Basis: $M = 0P\,(001)$, $M/r = 122^0\ 56\frac{1}{2}'$. M ist Zwillingsfläche, die Zwillinge bilden scheinbare rhombische Oktaëder r mit Quer- und Längsflächen M und T, an welchen $r/r = 114^0\ 2'$, also die E. K. über T; seltener finden sich noch einige andere Flächen ausser den genannten. Einfache Krystalle sind

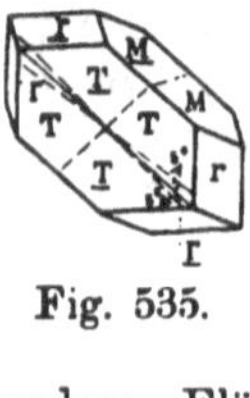

Fig. 535.

bis jetzt noch nicht bekannt. Diese pseudorhombischen Zwillings-Krystalle sind sehr häufig hypoparallel zusammengewachsen und bilden in der Mitte eingeschnürte garbenförmige Gruppen, deren beide Enden die Flächen *r* bilden. *M* ist undeutlich, *T* deutlich blättrig und perlmutterglänzend, sonst Glasglanz. Durchsichtig bis durchscheinend, farblos oder durch organische Substanz braun, gelb, auch röthlich etc. gefärbt, zuweilen dunkelziegelroth durch eingelagerte Eisenglanzschüppchen. Die opt. A. E. || *T*. Die M. L. macht 5° mit der Kante *M/T* (Fig. 535, die punktirten Linien auf *T*). Spröde; H. = $3\frac{1}{2}$—4. G. = 2,1—2,2. V. d. L. schwierig schmelzbar; durch Säuren unter Abscheidung schleimiger SiO_2 zersetzt. Vorkommen wie beim Apophyllit: Auf Erzgängen von Andreasberg und Kongsberg; auf den Magneteisenlagern von Arendal; hauptsächlich in vulkanischen Gesteinen: Farör, Island, hier z. Th. auf Doppelspath aufgewachsen, Kilpatrik in Schottland, Insel Staffa, Siebenbürgen, Theiss und Fassathal in Tirol, Punah in Ostindien. Im Granit von Striegau, Bodenmais, Baveno etc., überall z. Th. in Krystallen, z. Th. in strahligblättrigen Massen. Neugebildet in der heissen Quelle von Olette in den Pyrenäen.

Der *Pufflerit* aus dem Pufflerloch an der Seisseralp in Tirol ist ein im Melaphyr in kleinen runden Kugeln vorkommender D. Dem D. ähnlich ist auch der *Koresit* aus den Granitdrusen von Elba.

Harmotom (Kreuzstein, Barytkreuzstein).

In der oben angeführten Formel des H. ist ein Theil des *BaO* durch K_2O und Na_2O ersetzt. Der H. von Andreasberg enthält: 47,52 SiO_2, 16,94 AlO_3, 20,25 *BaO*, 1,00 K_2O, 1,09 Na_2O, 13,45 H_2O. Krystallographisch complicirter als Desmin. Einfache monokline Krystalle sind, wie beim Desmin bis jetzt noch unbekannt; die einfachen Formen, aus welchen die Krystalle zwillingsartig verwachsen

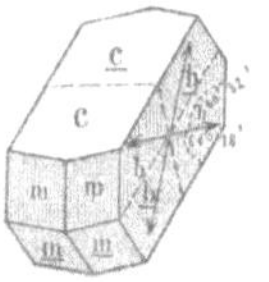
Fig. 536.

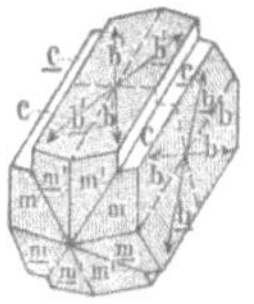
Fig. 537.

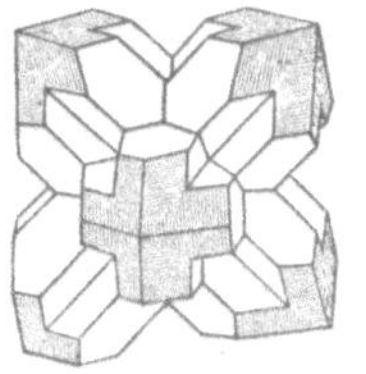
Fig. 538.

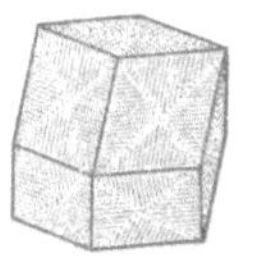
Fig. 539.

sind, werden wie beim D. meist begrenzt vom Verticalprisma *m* = ∞P (110), *m/m* = 120° 1', der Längsfläche *b* = $\infty \breve{P} \infty$ (010) und der Basis: *c* = 0*P*(001), *m/c* = 119° 39'; zuweilen stumpft die Querfläche $\infty \bar{P} \infty$ (100) die Kante *m/m* ab. Diese bilden zunächst Zwillinge, welche ganz ähnlich den Krystallen des Desmins sind (Fig. 536); auch hier sind zwei nach der Basis *c* zwillingsartig verbundene Individuen durcheinander gewachsen. Die Flächen *m* sind vertical gestreift, ebenso häufig die Flächen *b*, auf denen dann beim Zwilling eine doppelte Federstreifung entsteht. Auch solche einfach gebaute Zwillinge sind nicht häufig (vergl. unten Morvenit); in gewöhnlichen Krystallen sind zwei solche Zwillinge nach einer die Kante *b/c* beinahe gerade abstumpfenden Fläche P̆∞ (011) zwillingsartig verbunden und durcheinander gewachsen, so dass Vierlinge von der Form Fig. 537 entstehen. In diesen fällt fast genau *b* des einen Zwillings in die Richtung von *c* des andern und umgekehrt, die Flächen *c* machen am Rande einspringende Winkel von annähernd 90°; endlich fallen die federförmig gestreiften Flächen *m* und *m'*, *m* und *m'* etc. fast genau in ein Niveau, so dass sehr stumpfgeknickte Flächen entstehen, auf welchen die Streifen längs der der Zwillingsgrenze entsprechenden Knickung ebenfalls federartig stehen. Dieser Typus solcher Vierlinge entsteht, wenn die constituirenden Zwillinge (Fig. 536) nach *c* breit tafelförmig sind, so dass die Flächen *c* gross, *b* aber nieder und schmal werden. Ist dies umgekehrt, sind die Zwillinge nach *b* tafelförmig, so entsteht ein zweiter seltenerer Typus von Vierlingen, bei denen die Flächen *c* statt *b* nach aussen gekehrt sind und die Flächen *b* an den Rändern statt *c* die einspringenden Winkel bilden. Die Vierlinge verwachsen nun wieder zuweilen zu dreien derart, dass die drei Kanten *b/c* sehr annähernd senkrecht aufeinander stehen (Fig. 538); es entstehen dann Zwölflinge, bei welchen je zwei federartig gestreifte Flächen *m* über die einspringenden Winkel hinweg in ein Niveau fallen. Diese Flächen ∞P sind bei der letzteren Verwachsung als Zwillingsflächen anzusehen; zwischen den drei Vierlingen sind vielfache einspringende Kanten und Ecken (vergl. Phillipsit). Die opt. A. E. ist senkrecht zur Fläche *b*, die + M. L. ebenfalls, also, abweichend vom Desmin, der Symmetrieaxe parallel; die A. E. macht auf der Fläche *b* den Winkel von 64° 18' mit der Kante *b/c* und 60° 32' mit der Kante *b/m* (vergl. die Pfeile in Fig. 536, 537). Meist wenig durchscheinend, glasglänzend; farblos oder licht gefärbt Unvollkommen spaltbar, spröde; H. = $4\frac{1}{2}$. G. = 2,4—2,5. V. d. L. ziemlich schwer und ohne Aufwallen schmelzbar; von HCl unter Abscheidung von schleimiger SiO_2 zersetzt. Findet sich nur in aufgewachsenen Krystallen, meist von geringer Grösse. Auf den Erzgängen von Andreasberg, Rudelstadt in Schl., Kongsberg, bei Strontian in Schottland auf Bleierzgängen mit Brewsterit auf Kalkspath und zwar z. Th. als Zwillinge der Fig. 536 (sog. Morvenit); in den Mandelsteinen von Oberstein a. d. Nahe; am Marienberg bei Aussig in Böhmen im Phonolith; ferner bei Dumbarton in Schottland. (Kloos N. Jahrb. Min. 1885. Bd. II. pag. 212.)

Phillipsit (Kalkharmotom, Christianit).

In ihm ist (vergl. die oben angegebene Formel) CaO z. Th. durch K_2O und Na_2O ersetzt, BaO fehlt. Der Gehalt an SiO_2 schwankt zwischen 44 und 48%, Al_2O_3 zwischen 22 und 24%, CaO 3—8%, K_2O 4—11%, Na_2O 0—6%, H_2O 15—17%. Die Krystallformen sind wesentlich dieselben wie beim Harmotom ebenso die Streifung auf *m* und *b*, dagegen ist, abweichend vom Harmotom, die Querfläche und die Fläche *c* hier vielfach parallel der gemeinsamen Kante fein gestreift. Der Zwilling (Fig. 536) ist noch nicht beobachtet, dagegen der Vierling (Fig. 537; häufigerer Typus, z. B. vom Stempel bei Marburg); ausser diesen Krystallen, wo die Flächen *b* nach auswärts gekehrt sind und die Flächen *c* an den Kanten *b/b'* etc. einspringende Winkel bilden, giebt es auch hier einen zweiten selteneren Typus, z. B. bei Nidda, wo umgekehrt die Flächen *c* nach aussen gehen und die Flächen *b* an den Kanten *c/c* einspringende Winkel bilden. Allerdings fehlen diese einspringenden Winkel auch häufig ganz, so dass scheinbar einfache quadratische Prismen mit dem Oktaëder der andern Stellung entstehen. Diese Vierlinge sind auch hier, und zwar häufiger als beim Harmotom, in der Art der Fig. 538 zu Zwölflingen senkrecht durcheinander gewachsen, dieselben sind aber stark verkürzt, so dass die einspringenden Kanten und Ecken am Zwölfling oft ganz wegfallen und die Flächen *m* scheinbare Granatoëder bilden (Fig. 539), deren Flächen nach beiden Diagonalen ganz schwach geknickt und federartig gestreift sind. Der Winkel *m/m* ist hier $= 119^0 18'$; $m/c = 118^0 26'$. Die opt. A. E. ist senkrecht auf der Fläche *b*, ebenso die M. L., also wie beim Harmotom; der Winkel der Axenebene gegen die Kante *b/c* wird von 10^0 bis $22\frac{1}{2}^0$ angegeben, überhaupt sind die optischen Constanten des Phillipsits schwankend. Durchscheinend, seltener durchsichtig, glasglänzend, farblos. Spröde; H. $= 4\frac{1}{2}$. G. $= 2{,}15-2{,}20$. V. d. L. sich wenig aufblähend und schwierig zu blasigem Glase schmelzbar. Von HCl unter Abscheidung von schleimiger SiO_2 zersetzt. Nur in Hohlräumen vulkanischer Gesteine, bes. verbreitet in Basalten: Stempel bei Marburg, Annerod, Saasen und Grossenbuseck bei Giessen, Nidda und Lauterbach am Vogelsberg, Limberger Kopf bei Buchholz östl. vom Siebengebirge, bei Kassel, Sasbach im Kaiserstuhl im Breisgau, bei Sirgwitz in Schlesien, im böhmischen Mittelgebirge (Salesl); in Ireland; ferner am Capo di bove bei Rom, am Vesuv, bei Aci Castello u. a. a. O. in Sicilien, meist kleinere Krystalle, als beim Harmotom.

(v. Zepharovich, Verh. Vereins Lotos 1879. Des Cloizeaux, Bull. soc. min. France VI. 1883, pag. 305 und VII. 1884 pag. 135. Stadtländer, N. Jahrb. Min. 1885. II. Bd pag. 122.)

In der Nähe stehen vielleicht die noch unvollständig bekannten Zeolithe *Zeagonit* und *Gismondin*, letzterer z. B. am Schiffenberg bei Giessen im Basalt (Streng, N. Jahrb. Min. etc. 1874).

Chabasit.

Der Ch. zeigt eine schwankende Zusammensetzung; er wird daher auch als aus einigen Grundverbindungen isomorph gemischt aufgefasst und zwar, wasserfrei gedacht, aus denselben wie die Glieder der Harmotomgruppe. Die Formel des Ch. wäre demnach: $mCaAl_2Si_6O_{16} \,.\, 8H_2O + nCa_2Al_2Si_4O_{16} \,.\, 8H_2O$ oder $m(CaO \,.\, Al_2O_3 \,.$

$6SiO_2 . 8H_2O + n(2CaO . 2Al_2O_3 . 4SiO_2 . 8H_2O)$, wobei etwas CaO durch K_2O ersetzt ist; der SiO_2-gehalt schwankt zwischen 44 und 50 %. Rhomboëdrisch, häufig das Hauptrhomboëder $P = R$ $(10\bar{1}1)$; $R/R = 94^0\ 46'$ (E. K.) mit einer längs der schiefen Diagonale federartigen Streifung; häufig für sich allein. Nicht selten tritt dazu noch das nächste stumpfere Rhomboëder $n = -\frac{1}{2}R$ $(01\bar{1}2)$ als Abstumpfung der Endkanten und das nächst schärfere $r = 2R$ $(02\bar{2}1)$ als Abstumpfung der Seitenecken von P (Fig. 540). Sehr häufig Zwillinge nach der Basis, bei denen beide Individuen so durcheinander gewachsen sind, dass die Seitenecken des einen aus den Flächen des andern herausragen (Fig. 541, wo die Buchstaben n und r zu vertauschen sind). Eine besondere Ausbildungsweise dieser Zwillinge ist die des sog. *Phakolith* (Fig. 542, wo r statt n zu setzen ist), an denen noch $t = \frac{2}{3}P2$ $(11\bar{2}3)$ und die Basis $c = 0P$ (0001) auftreten, ebenso schmale Flächen des zweiten Prismas $p = \infty P2$ $(11\bar{2}0)$ oder in deren Abwesenheit einspringende Winkel n/n. Diese Krystalle, meist klein, haben vielfach krumme Flächen und sind dann linsenförmig. Zwillinge nach einer Fläche von R $(10\bar{1}1)$ sind seltener, z. B. bei Nidda. Kein deutlicher Bl. Br. Bruch muschlig bis uneben: spröde; H. $= 4\frac{1}{2}$. G. $= 2.1-2.2$. Farblos oder wenig

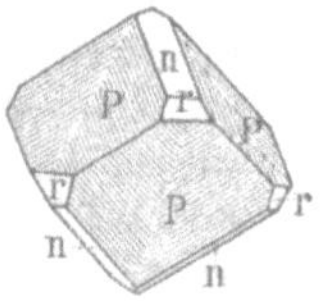

Fig. 540.

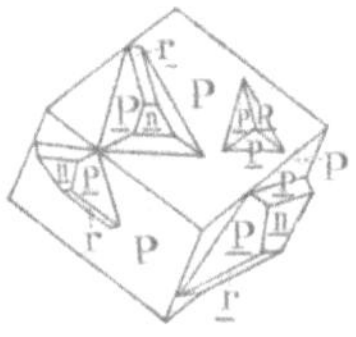

Fig. 541.

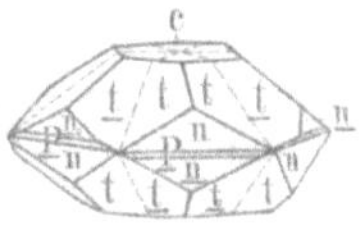

Fig. 542.

gefärbt, glasglänzend, durchsichtig bis durchscheinend, häufig durch innere Spannungen optisch zweiaxig. Wird daher auch für mimetisch, und die Rhomboëder aus 6 triklinen Individuen verwachsen angesehen. V. d. L. unter Aufblähen zu blasigem Glase schmelzbar; von HCl unter Abscheidung pulveriger SiO_2 zersetzt. Findet sich hauptsächlich in verwitterten Basalten, Phonolithen und ähnlichen Gesteinen. Ausgezeichnet die Krystalle von Salesl und andern Punkten des böhmischen Mittelgebirges, sodann bei Oberstein a. d. Nahe, in den Basalten bei Marburg, bei Nidda am Vogelsberg, im Fassathal in Tirol, bei Dumbarton in Schottland, auf den Farör, in Island, hier in fossilen Muscheln, in Grönland etc. meist mit andern Zeolithen zusammen. Als Neubildungen in den Thermen von Plombières. Zuweilen im Granit, z. B. im Okerthal im Harz, bei Striegau, Baveno etc., im Gneiss von Baltimore in Maryland *(Haydenit)*; selten auf Erzgängen (Andreasberg); *Phakolith* findet sich in den Basalten von Michelnau bei Nidda am Vogelsberg, vom Stempel bei Marburg, von Leipa und Lobositz in Böhmen, und besonders schön und gross in denen von Richmond bei Melbourne in Australien (*Seebachit*).

Vom Ch. ist nicht wesentlich verschieden der viel Na_2O als Vertreter von CaO enthaltende *Herschelit* von Aci Castello bei Catania in Sicilien, der *Levyn* von der Insel Skye und den Farör mit ausgedehnter Basis und der *Gmelinit* von Vicenza. (Streng, Bericht, Oberhess. Ges. für Natur- und Heilkunde 1877. Becke, Tschermak, Mineralog. Mittheilgn. II. 1879. G. vom Rath, Pogg. Ann. Bd. 158 pag. 387.)

Analcim.

$Na_2AlSi_4O_{12} . 2H_2O = Na_2O . AlO_3 . 4SiO_2 . 2H_2O$; 54,47 SiO_2, 23,29 AlO_3, 14,07 Na_2O, 8,17 H_2O, zuweilen etwas CaO- und K_2O-haltig. Regulär, häufig als Ikositetraëder $2O2$ (211) (Fig. 543) oder dieses in Verbindung mit dem Würfel (Fig. 544). Kein deutlicher Blätterbruch, Bruch uneben, spröde; H. = $5\frac{1}{2}$. G. = 2,1—2,3. Farblos, röthlich, graulich. Durchsichtig und wasserhell, bis kantendurchscheinend. Glasglänzend; die einfache Lichtbrechung durch innere Spannungen häufig gestört. Schmilzt ruhig zu einem klaren Glase und wird von HCl unter Abscheidung schleimiger SiO_2 zersetzt. Hauptsächlich in vulkan. Gesteinen: bes. grosse fleischrothe, trübe Krystalle im Fassathal in Tirol, wasserhelle auf den Cyklopeninseln bei Catania. Der sog. Pikranalcim von Caporciano bei Mte. Catini in Toskana, bei Montecchio maggiore; sodann im Basalt am Stempel bei Marburg, im böhm. Mittelgebirge, bei Dumbarton in Schottland, auf den Faröer etc.; in Thoneisensteingeoden bei Duingen in Hannover; auf dem Magneteisenlager bei Arendal und bei Blagodat im Ural, hier derb (*Cuboit*); selten auf Erzgängen (Andreasberg).

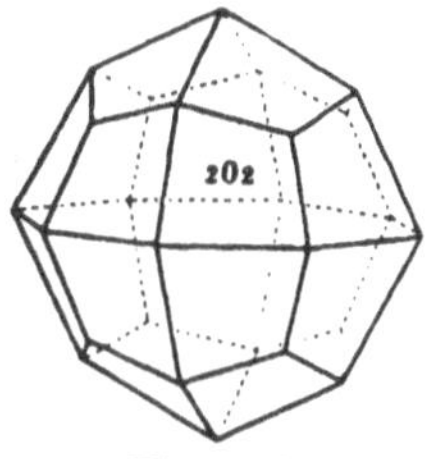

Fig. 543.

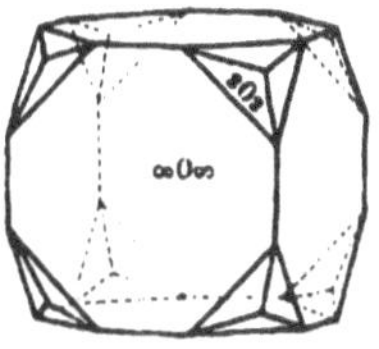

Fig. 544.

(v. Lasaulx, Zeitschr. Kryst. Bd. VI. 1881. Arzruni, ibid. Ben-Saude, Nachr. Ges. Wiss. Göttingen 1881. Stadtländer, N. Jahrb. Min. 1885. II. Bd. pag. 101.)

Der *Eudnophit* im Zirkonsyenit von Brevig hat die Zusammensetzung des Analcims, ist aber rhombisch.

Ein ebenfalls regulärer Zeolith, aber von anderer Zusammensetzung als A.: $H_4Na_2CaAl_2Si_{10}O_{30} . 18H_2O$ ist der *Faujasit;* weisse oder braune Oktaëder vom Kaiserstuhl im Breisgau aus basaltischen Gesteinen, ebenso von Annerod und von Grossenbuseck bei Giessen, vom Stempel bei Marburg, von der Pflasterkaute bei Eisenach etc.

Laumontit (Lomonit).

$H_4CaAlSi_4O_{14} . 2H_2O$ = 50,0 SiO_2, 21,8 AlO_3, 11,9 CaO, 16,2 H_2O, wovon die eine Hälfte erst in der Glühhitze fortgeht. Monoklin, da aber die Krystalle durch H_2O-verlust leicht trübe werden und zerfallen, so sieht man sie selten in deutlicher Ausbildung. Nach den Flächen eines Prismas von 86° 16′ in der vordern Kante deutlich spaltbar. H. = 3—$3\frac{1}{2}$. G. = 2,25—2,35; weiss oder röthlich. Bläht sich v. d. L. auf und schmilzt zu klarem Glas. Von Säuren unter Bildung von Kieselgallerte zersetzt. Im Mandelsteine von Oberstein a. d. Nahe und am oberen See in Amerika mit *Cu* etc., bei Botzen im Porphyr, im Plauenschen Grunde bei Dresden im Syenit, auf Erzgängen bei Huelgoët in der Bretagne; ferner bei Schemnitz (*Leonhardit*), im Floitenthal in Tirol, bei Caporciano bei Mte. Catini in Toskana (*Caporcianit*).

Natrolith (Mesotyp).

$Na_2AlSi_3O_{10} . 2H_2O = Na_2O . AlO_3 . 3SiO_2 . 2H_2O$ mit 47,3 SiO_2, 26,9 AlO_3, 16,3 Na_2O, 9,5 H_2O, etwas Na_2O durch CaO, ersetzt. Rhombisch; bildet beinahe rechtwinklige Prismen: $M = \infty P(110)$, wo $M/M = 91^0 9'$, darüber ein niederes Oktaëder $o = P(111)$; $o/o = 143^0 12'$ und $142^0 22'$ (E. K.); $M/o = 116^0 44'$ (Fig. 545), zuweilen die seitliche Kante des Prismas durch die Längsfläche abgestumpft. Verwachsungen zweier Individuen kommen manchmal derart vor, dass beide die Axe c und eine der Basis parallele Fläche gemein haben und dass die Makrodiagonale des einen Individuums in die Richtung der Brachydiagonalen des andern fällt und umgekehrt. (Stempel bei Marburg.) Deutliche Bl. Br. nach M. Spröde, H. = $5-5\frac{1}{2}$. G. = 2,2—2,3. Weiss und durchsichtig bis durchscheinend; auch fleischroth oder gelb, grau und dann trübe. Opt. A. E. ac, + M. L. c. Schmilzt sehr leicht und ohne Aufblähen; von HCl sehr leicht zersetzt unter Abscheidung von Kieselgallerte. Findet sich in aufgewachsenen, nur selten an beiden Enden der Prismen ausgebildeten, nadel- oder langprismenförmigen Krystallen, Drusen bildend, oder in strahligen und fasrigen Aggregaten. In vulkanischen Gesteinen sehr verbreitet, im böhmischen Mittelgebirge, z. B. bei Aussig; in der Auvergne; auf den Farör: in Island etc.; auch bei Brevig in dem Zirkonsyenit des südlichen Norwegens gute Krystalle (*Brevicit*); im Phonolith des Hohentwiels im Höhgau gelbe fasrige Schnüre, auf deren Hohlräumen zuweilen kleine Kryställchen sitzen. Verworren fasrige Aggregate bilden der Spreustein, Radiolith und Bergmannit, meist von rother Farbe im norwegischen Zirkonsyenit: bilden auch Pseudomorphosen nach dem Eläolith und dem Feldspath dieses Gesteins.

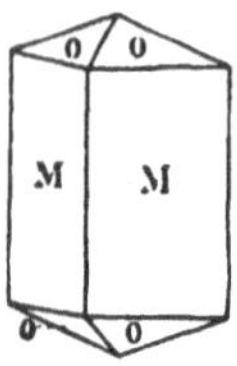

Fig. 545.

(Stadtländer, N. Jahrb. Min. 1885. II. Bd. pag. 113.)

Galaktit von Glenfarg und Bishoptown in Schottland, *Lehuntit* von Glenarm in Ireland sind stark *Ca*-haltige Natrolithe.

Skolezit, $CaAlSi_3O_{10} . 3H_2O$ mit 45,85 SiO_2 ist monoklin, aber dem Natrolith sehr ähnlich (Fig. 546); $M/M = 91^0 35'$; $o/o = 144^0 20'$; $o/o = 144^0 40'$. Meist Zwillinge nach der Querfläche, auf der Längsfläche r an der Zwillingsgrenze eine Federstreifung; farblos, stark polar-pyroelektrisch. Ausser in deutlichen, lang nadelförmigen, dünnen Krystallen auch in radialstrahligen Aggregaten; spärlich in Hohlräumen vulkanischer Gesteine: Island, Farör, Auvergne, Punah in Ostindien (*Punalith*). (O. Luedecke, N. Jahrb. Min. 1881. Bd. II.)

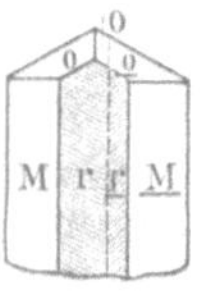

Fig. 546.

Als aus Skolezit- und Natrolithsubstanz gemischt stellt sich chemisch der CaO- und Na_2O-haltige trikline *Mesolith* dar, meist in farblosen radialstrahligen und

-fasrigen Aggregaten, aber auch in Krystallen, welche denen des N. und Sk. sehr nahe stehen. Das Vorkommen ist ebenfalls dasselbe wie bei jenen beiden Mineralien; in den vulkanischen Gesteinen von Island, den Farör, der Insel Skye, am Giants causeway in Ireland, an der Seisser Alp in Tirol etc. Hierher gehört auch der *Antrimolith* und der *Harringtonit* aus der Grafschaft Antrim in Ireland, sowie die sog. *Mesole* von den Farör (Faröelit) etc.

Thomsonit (Comptonit). $2(Ca, Na_2)AlSi_2O_8 . 5H_2O$. Rhombische Prismen von 90^0 26′, ähnlich wie beim Natrolith, mit brachy- und makrodiagonaler Spaltbarkeit, auch excentrisch strahlige und fasrige Aggregate; in vulkanischen Gesteinen: Dumbarton in Schottland, Farör (Thomsonit); im böhmischen Mittelgebirge am Seeberg bei Kaaden, bei Waltsch (Comptonit) und bei Hauenstein (früher für Mesolith gehalten); auch an der Pflasterkaute bei Eisenach, in alten Vesuvlaven, auf den Cyklopeninseln bei Aci Castello in Sicilien und endlich im Zirkonsyenit in Norwegen. Für einen Th., in welchem AlO_3 z. Th. durch UO_3 ersetzt ist, wird der zeisiggrüne *Uranophan* im Granit von Kupferberg in Schlesien gehalten.

Ein sehr seltener quadratischer und zwar tetraëdrischer. BaO-haltiger Zeolith ist der *Edingtonit* von Dumbarton in Schottland.

IX. Klasse.

Tantalate und Niobate.

(Rammelsberg, Sitzgsber. Berl. Akad. 1870—1872.)

Isodimorphe Gruppe des Niobits:

Niobit: $FeNb_2O_6$; rhombisch: $a : b : c = 0,4074 : 1 : 0,3347$.

Tantalit: } $FeTa_2O_6$: { rhombisch: $a : b : c = 0,4083 : 1 : 0,3259$.

Tapiolit: } $FeTa_2O_6$: { quadratisch: $a : c = 1 : 0,6464$.

Fast stets ist ein Theil des Nb durch Ta ersetzt und umgekehrt und Fe ist durch eine grössere oder geringere Menge Mn vertreten.

Niobit (Columbit). Nb überwiegt über Ta. Kurz prismatische bis tafelförmige Krystalle im Kryolith von Grönland; meist aber in alten Silicatgesteinen, besonders im Granit, so bei Bodenmais in Bayern, Limoges in Frankreich, in Schweden und Finnland an mehreren Stellen, bei Miask im Ilmengebirge, Haddam in Connecticut. Die Krystalle sind braunschwarz mit rothbraunem oder schwarzem Strich und muschligem Bruch; undurchsichtig mit halbmetallischem Glanz. H. = 6; G. = 5,4—6,4, um so schwerer, je mehr Nb durch Ta ersetzt ist. Dies ist meist in erheblicher Menge der Fall; Ta-frei ist der N. von Grönland, bei andern ist $Nb : Ta = 3 : 2$ etc. Die Ta-armen werden durch H_2SO_4 zersetzt. (Schrauf, Wiener Akad. Sitzgsber. Bd. 44. 1861. 445.)

Tantalit heissen diejenigen Mineralien dieser Reihe, bei welchen Ta über Nb überwiegt. Die reine Ta-Verbindung ist noch nicht bekannt, in den Nb-reichsten T., denen von Broddbo bei Fahlun, ist $Ta : Nb = 1 : 1$, sie bilden die Grenze zum Niobit. Manche enthalten SnO_2. Die Krystalle sind ähnlich denen des Niobits, vielfach nach der stark vertical gestreiften Querfläche tafelförmig. Zwillingsbildung häufig. Auch das Aussehen ist wie bei N. H. = 6. G. = 6,3—7,4, die Nb-reichsten am leichtesten. Im Granit an mehreren Orten in Schweden (Broddbo bei Fahlun) und

Finnland (Tamela, Kimito), in Yancey Cty. in Nord-Carolina. Durch H_2SO_4 nicht zersetzt.

Tapiolith. Dem Tantalit ähnlich, von Tamela in Finnland im Granit. $Ta : Nb = 4 : 1$. Die Krystalle denen des Rutil ähnlich. Quadratisch sind auch die kleinen gelblichweissen Kryställchen des *Azorit*, $CaNb_2O_6$ in einem Trachyt von den Azoren (vergl. Mikrolith, weiter unten).

Yttrotantalit. $R_2Ta_2O_7$; $R = Y, Er, Ce, Ca, Fe$; etwas Nb_2O_5: schwarze, rhombische, aber selten deutliche Krystalle; im Gneiss von Ytterby in Schweden. G. = 5,39. Diesem ähnlich, aber Y-ärmer ist der *Hjelmit* aus dem Granit von Korarfvet bei Fahlun. Mit dem schwarzen Y. zusammen findet sich bei Ytterby der *gelbe Yttrotantalit*, chemisch jenem fast gleich, aber G. = 5,88 und wahrscheinlich amorph. Davon verschieden ist wieder der *braune Yttrotantalit* (Fergusonit), $R_3(Ta, Nb)_2O_8, R$ wie beim schwarzen Y.; etwas H_2O-haltig, quadratisch und zwar pyramidal-hemiëdrisch, wie Scheelit, dem die Krystalle auch in den Winkeln nahe stehen; im Quarz am Cap Farewell in Grönland, im Gneiss von Ytterby mit dem schwarzen und gelben Yttrotantal, bei Helle unweit Arendal (Tyrit und Bragit). Dem braunen Yttrotantal steht nahe der *Kochelit* im Ganggranit an den Kochelwiesen bei Schreiberhau im Riesengebirge, in dem aber Nb_2O_5 z. Th. durch ZrO_2 und ThO_2 ersetzt ist. *Samarskit* (Uranotantal, Yttroilmenit), rhombisch, ähnlich dem Niobit; sammetschwarz mit dunkelbraunrothem Strich; muschliger Bruch mit ausgezeichnetem, fettartigem Metallglanz; leuchtet beim Erwärmen noch unter der Glühhitze vorübergehend auf; ist ein *Ce, La, Di, Y* etc. und besonders auch U enthaltendes Niobat; mit Aeschynit im Granit von Miask im Ilmengebirge und bei Mitchell Cty. in N.-Carolina. *Koppit*, ein reguläres, in kleinen Würfeln krystallisirendes, Alkali, *Ca-, Ce-, La-, Di-*, etc, sowie *Fe*-haltiges, aber TiO_2- und ThO_2-freies Niobat: $R_5Nb_4O_{15}$ von schwarzer Farbe, im körnigen Kalk von Schelingen im Kaiserstuhl; wurde früher für Pyrochlor gehalten, der ihm nahe steht; der *Pyrochlor* ist aber ein TiO_2- und ThO_2-haltiges Niobat von *Ca, Ce, Fe, Na* und findet sich in schwarzbraunen regulären Oktaëdern im Granit von Miask im Ilmengebirge, im Syenit von Brevig und Frederiksvärn. Eine Varietät des Pyrochlors ist vielleicht der gelbe bis rothbraune, reguläre *Mikrolith* aus einem Albitgang von Chesterfield in Massachusetts etc.; es ist hauptsächlich ein etwas *Fe*-haltiger tantal- und niobsaurer Kalk (vergl. den quadratischen Azorit). Ebenfalls regulär ist der *Atopit*, in der Hauptsache antimonsaurer Kalk mit 73 Sb_2O_5, 18 CaO, 3 FeO, 4 Na_2O etc., vielleicht mit Mikrolith isomorph, mit Hedyphan und Rhodonit bei Långban in Wermland. Wesentlich antimonsaures Silber und Kupfer ist der *Stetefeldtit* von Nevada, ähnlich der *Partzit* von mehreren Punkten der peruanischen Anden; es sind dies wahrscheinlich Verwitterungsproducte antimonhaltiger Bleiglanze und anderer Mineralien.

X. Klasse.

Phosphate, Arseniate, Vanadinate.

a. Wasserfreie Phosphate etc.

Eine grosse Anzahl derselben, darunter die wichtigsten, sind *Cl*- und *Fl*-haltig.

Isomorphe Reihe des Apatits.

Hexagonale, pyramidal-hemiëdrische Mineralien von der allgemeinen Formel: $M_6R_3O_{12}Cl = 3M_3R_2O_8 . MCl_2$, wo $M = Ca, Pb$, $R = P, As, V$ und wo Fl statt Cl stehen kann, aber nur wenn $M = Ca$.

Apatit:	$3Ca_3P_2O_8 . Ca(Cl, Fl)_2$;	$a : c = 1 : 0,7346$.
Pyromorphit:	$3Pb_3P_2O_8 . PbCl_2$;	$= 1 : 0,7362$.
Polysphärit:	$3(Pb, Ca)_3P_2O_8 . (Pb, Ca)Cl_2$;	
Mimetesit:	$3Pb_3As_2O_8 . PbCl_2$;	$= 1 : 0,7276$.
Kampylit:	$3Pb_3(As, P)_2O_8 . PbCl_2$	$= 1 : 0,725$.
Hedyphan:	$3(Pb, Ca)_3As_2O_8 . (Pb, Ca)Cl_2$;	
Vanadinit:	$3Pb_3V_2O_8 . PbCl_2$;	$= 1 : 0,7122$.

Apatit (mit Phosphorit).

$3Ca_3P_2O_8 . CaCl_2$ (Chlorapatit) oder mit $CaFl_2$ (Fluorapatit); entsprechend 40,92 (42,26) P_2O_5; 53,80 (55,55) CaO; 6,82 Cl (3,77 Fl). Häufig Cl neben Fl, also isomorphe Mischung beider. Nicht selten kleine Mengen von Fe_2O_3, MgO (gegen 10% MgO, der uralische sog. Talkapatit), MnO etc.

Krystalle sind sehr verbreitet, entweder lange hexagonale Prismen oder dicke Tafeln. Das 1. Prisma M fehlt wohl

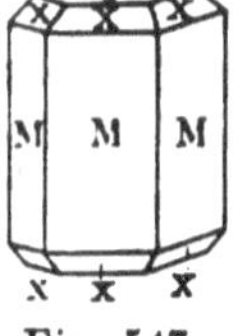

Fig. 547.

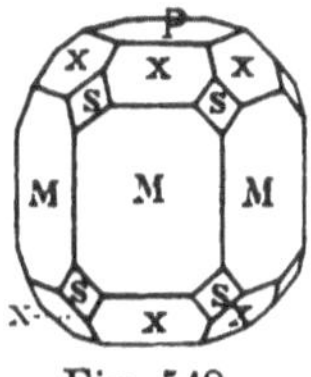

Fig. 548.

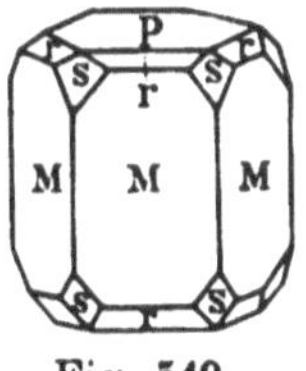

Fig. 549.

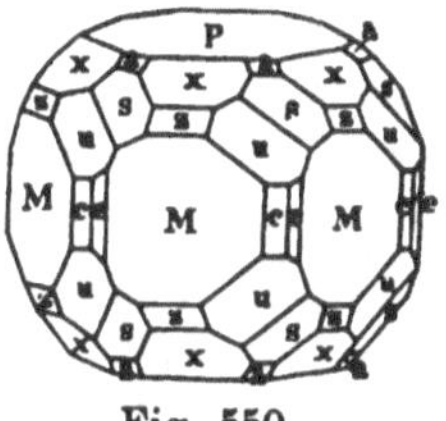

Fig. 550.

nie, dazu häufig die Basis P (Fig. 113) oder das Dihexaëder $x = P$ $(10\bar{1}1)$: $x/x = 142^0 20'$ (E. K.); $P/x = 139^0 47'$ (Fig. 117); oder auch x neben der Basis P, als Abstumpfung der Kanten P/M (Fig. 547). Auch stumpfere Dihexaëder der 1. Stellung, z. B. $r = \frac{1}{2}P$ $(10\bar{1}2)$, $P/r = 157^0 5'$ (Fig. 549) und schärfere, z. B. $z = 2P$ $(20\bar{2}1)$, $P/z = 120^0 31'$ (Fig. 550) finden sich; ebenso Dihexaëder der 2. Stellung: $s = 2P2$ $(11\bar{2}1)$, (Fig. 548–550), $a = P2$ $(11\bar{2}2)$, das nächste stumpfere zu x (Fig. 550) etc. Auch das 2. Prisma: $c = \infty P2$ $(11\bar{2}0)$ fehlt nicht, mit dem 1. Prisma und der Basis Combinationen wie in Fig. 112 bildend, (auch in Fig. 550). Die Hemiëdrie tritt bei den dihexagonalen Prismen, z. B. $c = \infty P\frac{3}{2}$ $(21\bar{3}1)$ hervor, welche an jeder Prismenfläche e nur die eine Kante M/e abstumpft, die andere nicht: ebenso an den Didodekaëdern, z. B. $u = 3P\frac{3}{2}$ $(21\bar{3}1)$, welche nur die abwechselnden Kanten M/s abstumpft, aber oben und unten auf derselben Seite der Prismenkanten M/M. (Fig. 550.) In seltenen Fällen treten die dihexagonalen Prismen c und Pyramiden u etc. auch vollflächig auf (an Krystallen vom Wildkreuzjoch in Tirol. Schlaggenwalde im Erzgebirge etc.).

Die Hemiëdrie wird auch durch die Gestalt der Aetzfiguren deutlich angezeigt (Fig. 245). Keine Zwillinge, keine deutliche Spaltbarkeit; kleinmuschliger Bruch, spröde, H. = 5. G. = 3,16 – 3,22. Durchsichtig bis durchscheinend und undurchsichtig; glasglänzend, auf Bruchflächen fettglänzend; farblos, gelb (Spargelstein), zeisiggrün, blaugrün (Moroxit). blauviolett, roth etc.: zuweilen stark dichroitisch. — D. Br. schwach, nicht selten scheinbar 2axig. Manche Apatite phosphoresciren beim Erwärmen mit prachtvoller grüner Farbe. V. d. L. schwer schmelzbar: in HCl löslich.

Der Apatit ist sehr verbreitet, besonders in Silicatgesteinen, älteren sowohl als jüngeren. Er findet sich in aufgewachsenen, wohlausgebildeten Krystallen, welche zu Drusen vereinigt sind, auf den Zinnerzlagerstätten des Erzgebirges und in Cornwall, häufig lebhaft violett, grün etc. gefärbt; farblos auf Spalten der krystallinischen Silicatgesteine der Alpen mit Tritopyramiden und -prismen, so am St. Gotthard u. a. a. O. der Schweiz; in ausgezeichnet grossen und wasserklaren Krystallen mit dem Epidot an der Knappenwand im Untersulzbachthal im Salzburgischen; auf Klüften des Lepidoliths bei Rozena in Mähren etc.; ferner in eingewachsenen Krystallen im Zillerthal in Tirol im Talk-, Chloritschiefer und Glimmerschiefer (im Talkschiefer des Zillerthals der gelbe Spargelstein); bei Snarum in Norwegen, an der Takowaja im Ural etc. im Glimmerschiefer; auch im Granit, z. B. bei Miask im Ilmengebirge, und in Grünsteinen (Diabasen etc. und deren Tuffen) ist der A. sehr verbreitet; ferner auf den Magneteisensteinlagern von Schweden (z. B. Utö) und Lappland, sowie im körnigen Kalk. Die Krystalle häufig mit „geflossenen“ Kanten, so bei Arendal in Norwegen, Pargas in Finnland, Gouverneur in New-York, in New-Jersey, Canada, hier in sehr grossen Krystallen, an der Slüdjanka am Baikalsee (blau, Lasurapatit). In basaltischen und trachytischen Gesteinen ist Apatit sehr verbreitet, seltener in grösseren Krystallen (Nephelindolerit von Meiches in Hessen, den Lesesteinen am Laacher See etc.), meist in mikroskopischen Säulchen, so auch in den meisten Grünsteinen, sowie in Porphyren, im Granit, Gneiss und andern krystallinischen Schiefern etc. In einem basaltischen Gestein kommen auch die kleinen grüngelben Krystalle von Jumillo in Spanien vor. Zuweilen bildet der A. kleintraubige bis nierige Aggregate, z. B. der *Francolit* von Devonshire und der stark phosphorescirende *Eupychroit* von Hurdstown in New-Jersey.

An einzelnen Stellen ist der Apatit so massenhaft angehäuft, dass er bergmännisch gewonnen und zur künstlichen Düngung verwendet werden kann, so bei Bamle (Snarum, Kragerö) im südl. Norwegen, gangförmige Massen im Gabbro, Hornblendeschiefer und anderen ähnlichen Gesteinen; in Canada und New-Jersey bildet er Lager in den krystallinischen Schiefern.

Eine besondere Abänderung des A. ist der *Phosphorit*, ein unreiner, erdiger bis dichter A., der sich massenhaft, besonders mit Schalsteinen zusammen in den Lahngegenden in Nassau, bei Amberg in Bayern, in Estremadura in Spanien etc. findet. Zuweilen finden sich reinere krustenförmige Ueberzüge mit traubiger Oberfläche auf den derben Massen (*Staffelit*) auch zuweilen deutlich ausgebildete Kryställchen; auch der Phosphorit wird zur Düngung verwerthet. Sehr unreine rundliche Phosphoritknollen sind in einzelnen Gegenden sehr verbreitet, so in Ost- und Westpreussen, in einzelnen Theilen von Galizien, Podolien, etc. Zum Phosphorit gehört auch der *Sombrerit*, das Korallengestein der westindischen Insel Sombrero, das durch Sickerwasser aus auflagerndem Guano in Apatit verwandelt wurde und das ähnlich wie Phosphorit benutzt wird. Aehnliche Bildungen auch an andern Orten. *Hydroapatit* und *Pseudoapatit* sind etwas H_2O enthaltende Verwitterungsproducte des Apatits.

(C. Klein, N. Jahrb. Min. 1868. 1871. 1872. v. Kokscharow, Materialien etc. G. Rose, Pogg. Ann. Bd. 12.)

Osteolith ist eine weisse lockere bis erdige Masse, $Ca_3P_2O_8$, auf Spalten und Klüften von zersetzten Basalten, z. B. bei Ostheim bei Hanau.

Berzeliit, $(Ca, Mg, Mn)_3As_2O_8$ von Longban in Schweden, ist regulär. Ein ähnlich aussehendes, ebenfalls B. genanntes Mineral, anisotrop und wahrscheinlich rhombisch, hat die Zusammensetzung: $(Ca, Mg)_{10}As_6O_{25}$.

Pyromorphit (Grün-, Bunt-, Braunbleierz, z. Th.).

$3Pb_3P_2O_8 . PbCl_2$, entsprechend 82,27 PbO, 15,71 P_2O_5, 2,62 Cl. Vielfach etwas Ca statt Pb (in dem beinahe dichten traubigen *Polysphärit* von Freiberg 6,47 CaO oder 11 $Ca_3P_2O_8$, in dem ganz ähnlichen *Miesit* von Mies in Böhmen 7,7 $Ca_3P_2O_8$); diese Ca-haltigen P. enthalten auch etwas Fl, nicht aber die Ca-freien. Auch As ist zuweilen vorhanden. Die Krystallform sehr ähnlich der des Apatits ($P/x = 139^0 38'$); mit dem As-gehalte etwas schwankend, parallel mit den Flächen von P geht ein undeutlicher Bl. Br. Besonders häufig sind die Combinationen Fig. 113, 547; hemiëdrische Formen aber noch nicht beobachtet. H. = 3—4. G. = 6,9—7,0, die Ca-reichen leichter, z. B. der Polysphärit G. = 6,09. Weiss, braun, grün, in verschiedenen Nüancen, dichroitisch; demant- bis fettglänzend, durchscheinend; — D. Br. Schmilzt v. d. L. sehr leicht, erstarrt zu einer polyëdrisch begrenzten Perle und giebt Pb-Reaction. In Salpetersäure und Kalilauge löslich. Findet sich in deutlichen, aufgewachsenen Krystallen zuweilen mit bauchigen Prismenflächen und in fasrigen nierigen Massen, meist als Zersetzungsproduct von Bleiglanz mit diesem zusammen, so bei Johanngeorgenstadt u. a. O. des Erzgebirges, bei Zschoppau in Sachsen, Mies in Böhmen, Clausthal am Harz, am Bleiberg bei Commern in der Eifel, bei Braubach und Ems in Nassau, Hofsgrund bei Freiburg im Breisgau, Huelgoët in der Bretagne, bei Phönixville in Pennsylvanien, bei Beresowsk im Ural etc. Zuweilen in solcher Menge, dass er verhüttet werden kann. Bildet Pseudomorphosen nach Bleiglanz, der auch umgekehrt in den Formen des P. vorkommt (Blaubleierz); auch als Pseudomorphose nach Weissbleierz.

Mimetesit.

$3Pb_3As_2O_8 . PbCl_2$: 74,96 PbO, 23,20 As_2O_5, 2,39 Cl; zuweilen kalkhaltig, z. B. der derbe graue sog. *Hedyphan* von Longbanhyttan in Schweden mit 10—14 CaO; auch P_2O_5 findet sich, ebenfalls im Hedyphan, sodann vorzugsweise in dem mehr oder weniger dunkel orangerothen *Kampylit*, dessen sechsseitige Prismen mit der Basis wegen der starken Krümmung der Prismenflächen eine fassähnliche Gestalt besitzen; dieser hat 14—19 $Pb_3P_2O_8$. Beim Mimetesit ist hauptsächlich das Prisma mit der Basis, sodann die Combination Fig. 547 ausgebildet, wie beim Pyromorphit ohne hemiëdrische Flächen. Im Gegensatz zu diesem herrscht hier im allg. die gelbe Farbe, doch sind die Krystalle auch weiss und grau, aber kaum deutlich grün. Findet sich in deutlichen, stets aufgewachsenen Krystallen und in derben, zuweilen auch erdigen Partien, nicht selten mit kleintraubiger Oberfläche. H. = $3\frac{1}{2}$—4. G. = 7,1—7,3. Diamantartiger Fettglanz. Findet sich seltener, als Pyromorphit: Johanngeorgenstadt, Badenweiler im Schwarzwald, Přibram in Böhmen, Cumberland (Kampylit), Phönixville in Pennsylvanien, bei Zacatecas in Mexico etc.

Vanadinit (Vanadinbleierz).

$3Pb_3V_2O_8 . PbCl_2$, für V meist etwas P, nie As. Hexagonale Formen wie der Pyromorphit und Mimetesit; auch fasrige Aggregate mit nierenförmiger und traubiger Oberfläche. Gelb, braun, roth, fettglänzend. H. = 3. G. = 6,8—7,2. V. d. L. stark verknistsend. Berg Obir in Kärnten, Wanlockhead in Schottland, Beresowsk im Ural, Zimapan in Mexico, Sierra de Cordoba in Argentinien; auf verschiedenen Gruben im Silberdistrict von Arizona und in den Lake-Valley-Gruben in Neu-Mexico. Ein As_2O_5-haltiger Vanadinit von dort ist der in gelben hexagonalen Kryställchen vorkommende *Endlichit*. (Websky, Sitzgsber. Berl. Ak. 1880. Vrba, Zeitschr. Kryst. V. 1880.)

Andere Pb-, sowie Zn- und auch Cu-haltige Vanadinate sind die folgenden, für deren mehrere ein Hauptfundort neuerer Zeit auf verschiedenen Gängen in der Sierra de Cordoba in Argentinien entdeckt worden ist (vergl. Rammelsberg, Sitzgsber. Berl. Ak. Juli 1880, auch Brackebusch, Boletin de la Acad. nac. de Ciencias en Cordoba 1883): *Dechenit*, PbV_2O_6, kleine rhombische Kryställchen oder kleintraubige Aggregate bilden dünne Schichten von rother, brauner oder gelber Farbe; Kappel in Kärnten, Niederschlettenbach in der Pfalz, Zähringen in Baden. *Eusynchit*, $(Pb,Zn)_3V_2O_8$, rothgelb, kleintraubig, Hofsgrund bei Freiberg. *Araeoxen* $(Pb,Zn)_3(V,As)_2O_8$, dem vorigen äusserlich sehr ähnlich, Dahn in der Pfalz. *Descloizit*, $H(Pb,Zn)_2VO_5$.

kleine, stark glänzende, braune und grüne bis schwarze Kryställchen, monoklin, Sierra de Cordoba in Argentinien, Lake-Valley-Silbergruben in Neu-Mexico, auch Berg Obir in Kärnten, an diesen Stellen mit Vanadinit. (Websky, Sitzgsber. Berl. Ak. 1880.) *Mn*, *Fe* und etwas *Zn* neben *Pb* enthält der in schwarzen Kryställchen in der Sierra de Cordoba vorkommende *Brackebuschit*. Ein Mineral von der Zusammensetzung des Descloizit, aber mit 8 *Cu*, von S. Luis-Potosi ist *Cuprodescloizit* genannt worden. Ebenfalls in der Sierra de Cordoba sowie in Montana findet sich der *Psittacinit*, $H_2\ (Pb, Cu)_4\ V_2O_{10} . H_2O$, mit etwas P_2O_5, kryptokrystallinische, zeisig- bis olivengrüne kleintraubige Krusten bildend, auch erdig.

Hieran schliesst sich ferner noch der *Pucherit*, $BiVO_4$, sehr kleine, braune, stark glänzende, rhombische Kryställchen vom Pucherschacht bei Schneeberg in Sachsen und bei Ullersreuth im reuss. Voigtlande. (Websky, Tschermak, Min. Mittheilgn. 1872.)

Die nachfolgenden wasserfreien Phosphate und Arseniate sind alle wenig verbreitet und wichtig.

Li-, Mg-, Fe- und Mn-haltige.

Triphylin. $Li(Fe, Mn)PO_4$; derbe, graue, blaugefleckte, in einer Richtung leicht spaltbare fettglänzende Massen, welche dem rhombischen System angehören; sie sind kantendurchscheinend, leicht schmelzbar und in HCl löslich. Wird durch Verwitterung schwarzbraun (sog. *Pseudotriplit*, FeO_3- und H_2O-haltig, von Bodenmais im bayr. Wald); ein ähnliches Verwitterungsproduct ist auch der *Heterosit* von Limoges in Frankreich. Der Triphylin findet sich im Granit von Bodenmais, bei Norwich in Connecticut u. a. a. O. in Nordamerika; der gelbe *Mg*-haltige Tr. von Tamela in Finnland ist *Tetraphylin* genannt worden; ein beinahe *Fe*-freier Triphylin von Branchville, Fairfield Co. in Connecticut ist der *Lithiophilit*; von der fast *Fe*-freien bis zu der fast *Mn*-freien Verbindung sind alle möglichen Uebergänge bekannt, bei allen ist der *Li*-Gehalt ziemlich constant derselbe (ca. 9 % Li_2O).

Fluorhaltig ist der *Wagnerit*, $Mg_3P_2O_8 . MgFl_2$; glänzende gelbe bis weisse monokline Prismen, sehr selten, bei Werfen im Salzburgischen; grössere gelbe, fettglänzende derbe Partien, z. Th. in Apatit umgewandelt, auf den Apatitlagerstätten im Kirchspiel Bamle im südlichen Norwegen (Kjerulfin). Der *Triploidit* von Branchville krystallisirt ähnlich wie Wagnerit, er hat die Formel: $(Fe,Mn)_3P_2O_8 . (Fe,Mn)(HO)_2$, beide sollen isomorph und *Fl* durch (HO) ersetzt sein. *Triplit* (Eisenpecherz z. Th.), $(Fe, Mn)_3P_2O_8 . (Fe, Mn)Fl_2$; G. = 3,6—3,8. Dunkelbraune, fettglänzende derbe Aggregate, die Zusammensetzungsstücke nach zwei auf einander senkrechten Richtungen ungleich spaltbar, wahrscheinlich monoklin, von Schlaggenwalde im Erzgebirge, Limoges in Frankreich etc. im Granit. Der *Zwieselit* (Eisenapatit) von Zwiesel bei Bodenmais in Bayern ist ebenso zusammengesetzt wie der Triplit, die Krystallform ist aber anders, als bei letzterem und ähnlich der des Triphylins, aus dem er vielleicht entstanden ist. G. = 3,9—4,0, höher als beim Tr. Etwas ähnliches ist auch der *Sarkopsid* aus einem Granitgang im Eulengebirge in Schlesien.

Ein *Mn*-haltiges Antimoniat ist der *Manganostibiit*, $Mn_5(Sb, As)_2O_{10}$; in schwarzbraunen, dem Hausmannit ähnlichen Körnern im Kalk von Nordmarken in Wermland in Schweden auf den dortigen Manganerzlagerstätten.

Y-, Ce- etc. haltige.

Xenotim (Ytterspath), $Y_3P_2O_8$ mit etwas *Ce* statt *Y*, die Analysen stimmen aber z. Th. nicht sehr genau mit der Formel. Quadratische Oktaëder, ähnlich denen des Zirkons; braun, fettglänzend, kantendurchscheinend. Hitterö in Norwegen, zuweilen mit Malakon parallel verwachsen, Ytterby in Schweden, Schreiberhau sowie Schwalbenberg bei Königshayn in Schlesien im Granit; die starkglänzenden kleinen Krystalle von der Fibbia am St. Gotthard sind *Wiserin* genannt worden; im Goldsande von Clarksville in Georgien und von Bahia in Brasilien (*Castelnaudit*). Dieselbe Formel wie der X. hat der monokline *Monazit* $(Ce, La, Di)_3P_2O_8$; schwach fettglänzend, braunroth, in einer Richtung spaltbar, im Granit von Miask, auch bei Slatoust im Ural (*Mengit*), sowie in uralischen Goldsaifen, ferner bei Norwich in Connecticut (*Edwardsit*) und bei Schreiberhau in Schlesien. Der *Eremit* ist ebenfalls ein amerikanischer M. Mit dem M. identisch ist der *Turnerit*, kleine, auf Klüften der krystallinischen Schiefer aufgewachsene, stark glasglänzende, gelbe Kryställchen von Tavetsch und vom Binnenthal in der Schweiz sowie in den vulkanischen Auswürflingen des Laacher Sees. (G. v. Rath, Sitzgsber. bayr. Akad. 1870. Trechmann. Neues Jahrb. Min. etc. 1876.) Davon wieder verschieden ist der abermals nach der gleichen Formel zusammengesetzte *Kryptolith*. $Ce_3P_2O_8$, in mikroskopischen Nädelchen im Apatit von Arendal, welche bei der Auflösung desselben in HCl zurückbleiben.

AlO_3- und FeO_3-haltige.

Amblygonit. $AlP_2O_8 . 2LiFl$, triklin: weisse, fettglänzende, durchscheinende. meist derbe, in mehreren Richtungen spaltbare Massen von Penig in Sachsen, Montebras bei Limoges (Montebrasit), Hebron in Maine (Hebronit). Eine analoge Formel hat auch der monokline *Durangit*, $AlAs_2O_8 . 2NaFl$, aus der Zinnerzlagerstätte von Durango in Mexico.

Der rothe *Karminspath* von Horhausen in Nassau ist: $PbFe_{35}As_{12}O_{48}$.

b. Wasserhaltige Phosphate, Arseniate etc.

(Fast keins von erheblicher Bedeutung).

Am-, *Ca*-, oder *Mg*-haltige.

Struvit.

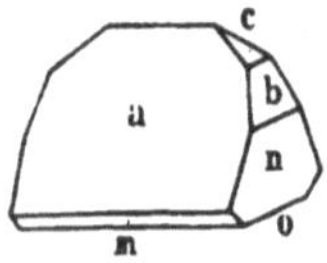

Fig. 550a.

$AmMgPO_4 . 6H_2O$; rhombisch mit ausgezeichnetem Hemimorphismus (Fig. 550a); $a = P\infty$ (101), $a/a = 63^0\ 7'$ (oben); $b = 4P\breve{\infty}$ (041), $b/b = 30^0\ 32'$; $c = P\breve{\infty}$ (011), $c/c = 95^0\ 0'$; $n = \infty P\breve{\infty}$ (010); $m = \frac{1}{3}P\bar{\infty}$ (10$\bar{3}$); $o = 0P$ (00$\bar{1}$); (Sadebeck. Tschermak. Min. Mittheilg., 1877). Spaltbar nach n: durchscheinend; graue bis braune Krystalle in einer Moorerde in Hamburg und Braunschweig. wahrscheinlich alten Düngergruben; im Guano bei Ballarat in Australien und an der Westküste von Afrika (*Guanit*).

Im australischen Guano finden sich ferner: *Hannayit*, triklin, $H_4Am_2Mg_3P_4O_{16} . 8H_2O$ und *Newberyit*, $HMgPO_4 . 3H_2O$, rhombisch. Sodann durch Vermittlung des Guano gebildet, im Sombrerit von Sombrero (pag. 493): *Brushit*. kleine, glänzende, monokline Krystalle, $HCaPO_4 . 2H_2O$; *Metabrushit*, ebenfalls monoklin, $2HCaPO_4 . 3H_2O$ und der amorphe *Kollophan* $Ca_3P_2O_8H_2O$, der Klüfte ausfüllt. Ausser Zusammenhang mit Guano sind die folgenden: *Haidingerit*, $HCaAsO_4 . H_2O$, kleine rhombische Kryställchen, weisse Krusten bildend, sehr selten; Joachimsthal (?), Wittichen im Schwarzwald etc. mit Pharmakolith und Wapplerit. *Pharmakolith* (Arsenblüthe), $2HCaAsO_4 . 5H_2O$; kleine monokline Nädelchen bilden weisse Kugeln, auch erdige Beschläge, welche häufig durch Kobaltblüthe roth gefärbt sind (Kobaltbeschlag z. Th.); vielfach mit Speiskobalt und andern *As*-haltigen *Co*-Mineralien, durch deren Zersetzung die Arsensäure gebildet wird. Erzgebirge, Biber und Riechelsdorf in Hessen, im Schwarzwald etc. Der ähnliche *Pikropharmakolith* von Riechelsdorf enthält etwas MgO. *Wapplerit*, $2H(Ca.Mg)AsO_4 . 7H_2O$, monoklin (?), bildet weisse durchsichtige glänzende Krusten, zuweilen als Unterlage von Pharmakolith; Joachimsthal. Wittichen, Biber etc. *Isoklas* $Ca_4P_2O_9 . 5H_2O$, monokline weisse Nadeln von Joachimsthal. *Roselith* $(Ca,Co,Mg)_3As_2O_8 . 2H_2O$, kleine trikline, rothe, beim Erhitzen blau werdende Kryställchen von Schneeberg; traubig, bei Wittichen: bildet wegen des *Co*-Gehalts den Uebergang zur folgenden Reihe, in welcher namentlich die Kobaltblüthe durch einen grossen *Co*-Gehalt ausgezeichnet ist.

*Fe-, Mn-, Co-, Ni-, Zn-*haltige.

Hureaulit, $H_2(Mn,Fe)_5P_4O_{16}.4H_2O$; monoklin, hyacinthroth durchscheinend; kleine Spalten im Granit von Hureault bei Limoges ausfüllend, sowie in knolligen und kugligen Aggregaten. *Ludlamit*; $Fe_7P_4O_{17}.9H_2O$, hellbouteillengrüne, durchsichtige, glasglänzende, monokline Krystalle auf Schwefelkies aus Cornwall. *Chondroarsenit* bildet gelbe fettglänzende Körner, $Mn_6As_2O_{11}.3H_2O$, im Schwerspath von Pajsberg in Wermland, wo noch andere ähnliche Mineralien vorkommen. Auf der Manganerzlägerstatte von Nordmark in Wermland in Schweden finden sich folgende H_2O-haltige Manganarseniate: der bräunlichrothe monokline *Allaktit*; der dunkelrothe radialstrahlige *Hämafibrit*; der dunkelrothe rhomboëdrische *Diadelphit* und der schwarzbraune monokline *Synadelphit*. (Hj. Sjögren, Ztschr. Kryst. X. 1885, pag. 113.) Eine Anzahl *Mn*-Phosphate hat sich in einem Gang von albitreichem Gneiss bei Branchville, Fairfield Cty. in Connecticut gefunden: *Dickinsonit*, $4(Mn,Ca,Fe,Na_2)_3P_2O_8.3H_2O$, grün, glimmerähnlich, monoklin. *Fillowit*, wachsgelb, auch vom Rabenstein im bayr. Wald, $3(Mn,Fe,Na_2,Ca)_3P_2O_8.H_2O$. *Fairfieldit*, $(Ca,Mn,Fe)_3P_2O_8.2H_2O$, hellgelb, triklin. *Reddingit*, $(Mn,Fe)_3P_2O_8.3H_2O$, blassroth, rhombisch in Formen ähnlich denen des Skorodits.

Schliesslich gehört hierher die:

Isomorphe Gruppe des Vivianits.

Monoklin, von der Formel: $M_3R_2O_8.8H_2O$, wo $R = P$, As; $M = Fe$, Ca, Ni, Zn, Mg. Die einzigen in deutlichen Krystallen sich findenden Glieder der Gruppe sind:

Vivianit:	$Fe_3P_2O_8.8H_2O$;	$a:b:c = 0{,}7498:1:0{,}7017$;	$\beta = 75^0\ 34'$.
Kobaltblüthe:	$Co_3As_2O_8.8H_2O$;	$a:b:c = 0{,}75\ :1:0{,}70$;	$\beta = 75^0$ ca.

Die andern unten aufgeführten Mineralien, welche ihrer allgemeinen Formel nach hierher gestellt werden, hat man bisher nicht in deutlichen Krystallen, sondern meist nur in Form erdiger Beschläge gefunden.

Vivianit (Blaueisenerz).

$Fe_3P_2O_8.8H_2O$. Bildet aufgewachsene, meist dünnprismatische Krystalle, nach deren Längsfläche ein sehr deutlicher Blätterbruch geht; zuweilen radial fasrige und stenglige, nierenförmige und kuglige Aggregate; auch erdig. Der V. ist dunkelblau, im Strich hellblau, an der Luft dunkler werdend; wahrscheinlich ist derselbe ursprünglich farblos gewesen und erst durch theilweise Oxydation blau geworden, wie auch in der That der blaue V. stets erhebliche Mengen Fe_2O_3 enthält; stark dichroitisch. Erdiger V. ist anfänglich farblos und wird erst allmählig durch Oxydation blau (Blaueisenerde). Dünne Plättchen sind durchscheinend, biegsam, milde. H. = 2. G. = 2,6—2,7. Schöne Krystalle bei Bodenmais auf Magnetkies; auf Spalten des Thonschiefers von St. Agnes in Cornwall; auch von Tavistock in Devonshire auf Schwefelkies; ferner auf Schlacken eines Steinkohlenbrands bei La Bouiche, Commentry und Crausac in Frankreich. Strahliger V. ist der *Anglarit* von Anglar in Frankreich; bei Kertschin der Krimm in Muscheln der Tertiärformation; häufig sind auch fossile Knochen mit strahligen V. ausgefüllt; Mullica hills in New-Jersey (*Mullicit*) ebenfalls in Muscheln. *Blaueisenerde* in Torfmooren und auf Thonen sehr verbreitet, in letzteren zuweilen in grösseren Partien, die blaue Farbe kommt aber erst nach dem Liegen an der Luft zum Vorschein, wie schon erwähnt wurde. (G. v. Rath, Pogg. Ann. Bd. 136 pag. 405.)

Kobaltblüthe (Erythrin). $Co_3As_2O_8 . 8H_2O$; bildet entweder deutlich begrenzte, in einer Richtung vollkommen spaltbare, zu excentrischstrahligen Rosetten gruppirte Krystallnadeln, welche beim schwachen Erhitzen blau werden; oder erdige rothe Beschläge auf Speiskobalt und andern *As*-haltigen *Co*-Erzen, durch deren Verwitterung das Mineral entsteht (Kobaltbeschlag z. Th.) und deren *Co*-gehalt es durch seine rothe Farbe anzeigt. In die Vivianitgruppe gehört ferner noch: *Symplesit*, $Fe_3As_2O_8 . 8H_2O$, blaugrüne, büschelförmig gruppirte Kryställchen von Lobenstein im Reussischen Voigtlande. *Nickelblüthe* (Annabergit, Nickelocker), $Ni_3As_2O_8 . 8H_2O$, grüner, krystallinischer Verwitterungsbeschlag auf Chloanthit und anderen *As*-haltigen *Ni*-Erzen, deren *Ni*-Gehalt die grüne Farbe des Beschlags andeutet. *Cabrerit*, $(Ni,Mg,Co)_3As_2O_8 . 8H_2O$, der Nickelblüthe sehr ähnlich, auf Braunspath der Sierra Cabrera in Spanien, auch bei Laurium in Griechenland. *Köttigit*, $(Zn,Co,Ni)_3As_2O_8 . 8H_2O$, der Kobaltblüthe ähnlich, von Schneeberg in Sachsen; endlich: *Hörnesit*, $Mg_3As_2O_8 . 8H_2O$, ziemlich grosse, aber nicht sehr deutlich begrenzte, sternförmig gruppirte, weisse, talkähnliche Krystalle mit einem vollkommenen Blätterbruch; nur ein Stück unbestimmter Herkunft bekannt. Alle diese Mineralien sind durch Verwitterung anderer Mineralien entstandene Neubildungen.

Cu- und Zn-haltige.

Hierher gehört zunächst die isomorphe Reihe des *Olivenits*: *Olivenit*, $Cu_4As_2O_9 . H_2O$; *Libethenit*: $Cu_4P_2O_9 . H_2O$ und *Adamin*: $Zn_4As_2O_9 . H_2O$; alle sind rhombisch, vielleicht monoklin, mit sehr ähnlichen Winkeln. *Olivenit* (fasriges Olivenerz) bildet dunkelgrüne, meist nadelförmige Kryställchen; Redruth in Cornwall, Nischne-Tagilsk im Ural etc. *Libethenit* (blättriges Olivenerz) bildet dunkelgrüne, dem regulären Oktaëder in der Gestalt ähnliche Krystalle; Libethen in Ungarn, Nischne-Tagilsk, bes. auch Ullersdorf im Voigtlande. *Adamin*, kleine gelbe, rothe, grüne, blaue Kryställchen, auch feinkörnige Aggregate; Cap de Garonne in Frankreich, Laurium in Griechenland, Chanarcillo in Chili (Laspeyres, Ztschr. Kryst. Bd. II.). Dieselbe allgemeine Formel wie die Glieder der Olivenitreihe hat auch der *Volborthit*, $(Cu,Ca)_4V_2O_9 . H_2O$; zeisiggrüne dünne Schüppchen oder erdige Anflüge auf den Mineralien der Kupfergruben von Nischne-Tagilsk im Ural; ebenso auch auf dem Sandstein der permischen Formation im Ural. *Kalkvolborthit*, ebenso, aber ohne *Cu*, bei Friedrichsroda im Thüringer Wald.

Hieran schliesst sich noch eine ganze Reihe anderer Phosphate und Arseniate:

Phosphate. *Phosphorochalcit* (Pseudomalachit, Lunnit, Phosphorkupfererz) $Cu_6P_2O_{11} . 3H_2O$; grüne, radialfasrige Aggregate mit nierenförmiger, vielfach schwarzer, matter Oberfläche und schwarzen Flecken auf dem Faserbruch, was von dem sonst sehr ähnlichen Malachit leicht unterscheidet, der auch zum Unterschied von Phosphorochalcit mit Säuren braust; am Virneberg bei Rheinbreitenbach auf Quarz, bei Nischne-Tagilsk im Ural. Davon chemisch und im Aussehen wenig verschieden sind: *Dihydrit*, $Cu_5P_2O_{10} . 2H_2O$; an denselben Orten. (Analoge Arseniate sind die unten erwähnten: Strahlerz und Erinit.) *Ehlit*, $Cu_5P_2O_{10} . 3H_2O$, bildet radialfasrige, nierige Aggregate rhombischer Kryställchen; die Oberfläche der Aggregate ist rauh; grün, sehr weich, $H. = 1\frac{1}{2} - 2$. Ehl am Rhein, Libethen in Ungarn, Cornwall, Nischne-Tagilsk. Ein ebenso aussehendes und zusammengesetztes, aber mit glatter nieriger Oberfläche versehenes Mineral von Libethen ist *Prasin* genannt worden. Ein etwas H_2O-ärmeres, sonst aber ebenfalls sehr ähnliches Mineral ist der *Pseudolibethenit* von Ehl und Libethen. Ferner gehört hierher der *Tagilit*, $Cu_4P_2O_9 . 3H_2O$, monokline Kryställchen, welche grüne, nierige oder kuglige Aggregate oder schwammige Massen mit rauher Oberfläche bilden, von Nischne-Tagilsk im Ural und bei Ullersreuth im Reuss'schen Voigtlande. Ein *Zn*-Phosphat ist der sehr seltene *Hopeit*: $Zn_3P_2O_8 . 4H_2O$, rhombisch, von Altenberg bei Aachen. *As*-haltig sind die folgenden, welche daher den Uebergang zu den Arseniaten vermitteln: *Konichalcit* von Andalusien; und *Veszelyit*, $Cu_9Zn_8P_2As_2O_{25} . 18H_2O$, monoklin (?); grünlich-blaue Krusten von Morawicza im Banat.

Ein H_2O-haltiges Vanadinat ist der *Mottramit* $(Cu,Pb)_5V_2O_{10}.2H_2O$; in kleinen, undeutlichen, schwarzen, gelb durchscheinenden Kryställchen, welche zu Krusten vereinigt sind, die den Sandstein von Mottram St. Andrews in Cheshire bedecken (vergl. pag. 494 und 495).

Arseniate. *Strahlerz* (Abichit, Klinoklas), $Cu_6As_2O_{11}.3H_2O$; kleine schwarzgrüne, beim Ritzen himmelblau werdende, monokline Kryställchen von Cornwall. Die Zusammensetzung ist analog der des Phosphochalcits. *Erinit*, $Cu_5As_2O_{10}.2H_2O$, analog dem Dihydrit; smaragdgrün, nicht krystallisirt, von Limerik in Ireland. *Euchroit:* $HCu_2AsO_5.3H_2O$; ziemlich grosse rhombische, kurz prismatische Krystalle, zu Drusen vereinigt, smaragdgrün; auf Glimmerschiefer zu Libethen. *Chlorotil*, kleine, grüne, haarförmige Krystalle, $Cu_3As_2O_8.6H_2O$, auf Quarz von Schneeberg und Zinnwalde mit Scheelit. *Kupferglimmer* (Chalkophyllit), $H_{10}Cu_8As_2O_{18}.7H_2O$, etwas $\overline{Al}O_3$-haltig; schöne rhomboëdrische Krystalle; sehr spitze Rhomboëder $R\,(10\bar{1}1)$, $R:R = 69^0\ 12'$ (E. K.), mit denen die deutlich blättrige, perlmutterglänzende Basis dünne Tafeln bildet; starke — D. Br.; smaragdgrün ins Blaue; Cornwall und Nischne-Tagilsk. *Kupferschaum*, $H_4Cu_5As_2O_{12}.7H_2O$, ebenfalls deutlich in einer Richtung spaltbar, bildet strahlig blättrige Anflüge oder Kugeln, Schwatz in Tirol (*Tirolit*), Bulach im Schwarzwald etc. Aehnlich sieht der *Trichalcit*, $Cu_3As_2O_8.5H_2O$ aus, auf Fahlerz von Turginsk und Beresowsk im Ural. *Cornwallit*, $H_4Cu_5As_2O_{12}.3H_2O$, dunkelgrün, amorph, in Cornwall, bei Nischne-Tagilsk etc. mit Olivenit. $\overline{Al}$-haltig ist auch das *Linsenerz* (Liroconit), $Cu_4\overline{Al}As_2O_{12}.12H_2O$, aber die Analysen sind schwankend; es sind niedere monokline himmelblaue Oblongoktaëder, mit Kupferglimmer in Cornwall, ferner bei Herrngrund in Ungarn, Ullersreuth im Voigtlande etc. vorkommend. Die Cu-haltigen Arseniate und Phosphate sind einander zum Theil sehr ähnlich und häufig kaum anders als durch eine quantitative Analyse von einander zu unterscheiden).

$\overline{Al}$-Phosphate.

Türkis (Kallait).

$H_8\overline{Al}PO_7.H_2O$, etwas schwankend; mikrokrystallinisch, scheinbar amorph mit muschligem Bruch; blau oder grün durch einen kleinen Cu-Gehalt; undurchsichtig, wenig glänzend, durch Politur glänzender. Wird beim Glühen schwarz, dann braun; unschmelzbar, in Säuren löslich. H. = 6; G. = 2,6—2,8. Bildet die Ausfüllung dünner Spalten und krustenförmige Ueberzüge z. Th. mit kleintraubiger Oberfläche meist im Kieselschiefer; so z. B. die blauen orientalischen Türkise aus dem nördlichen Persien, die als Edelsteine bes. im Orient geschätzt sind; ebensolche aus Porphyr im Megarathal am Sinai. Grüne T. sind häufig, aber als Edelstein nicht geschätzt: Jordansmühl in Schlesien, Oelsnitz in Sachsen etc., ebenfalls im Kieselschiefer; auch in Mexiko. (Bücking, Ztsch. Kryst. II. 162.)

(Zahntürkis nennt man die durch Cu-Salze grün und blau gefärbten Zähne fossiler Säugethiere.) Vom T. wenig verschieden ist der *Callainit*, aus alten Keltengräbern in Frankreich, sowie der *Variscit* aus dem Kieselschiefer von Plauen im Voigtlande und aus Arkansas (Montgomery City). Aehnlich ist auch der blauweisse *Coeruleolactin*, kryptokrystallinisch, matt, dünne Lagen, schmale Spalten in dem Brauneisenstein von Rindsberg bei Katzenellnbogen in Nassau erfüllend.

Wavellit.

$\overline{Al}_8P_4O_{19}.12H_2O$, enthält oft etwas Fluor. Rhombische nadelförmige Kryställchen, nach mehreren Richtungen spaltbar, beinahe nie deutlich ausgebildet, sind zu excentrisch-fasrigen Kugeln mit rauher drusiger Oberfläche oder zu rosettenförmigen Aggregaten gruppirt; meist auf Klüften im Kieselschiefer, Thonschiefer und Sandstein. H. = $3\frac{1}{2}$—4. G. = 2,3—2,5. Glasglänzend, stellenweise ins Perlmutterartige; durchscheinend, farblos, gelblich, graulich, grün, blau. V. d. L. aufschwellend, in Säuren und Kalilauge löslich. Schwarzwald, Waldgirmes bei Giessen in Hessen, in Nassau auf Phosphorit, bei Amberg in Bayern auf Brauneisenerz *(Lasionit)*, Langenstriegis bei Freiberg *(Striegisan)*, Cerhovic bei Beraun in Böhmen, Barnstaple in Devonshire etc.

Wesentlich dasselbe wie W. ist der smaragdgrüne *Peganit* von Langenstriegis, der grasgrüne *Fischerit* von Nischne-Tagilsk und der *Planerit* von Gumeschewsk im Ural mit 4% CuO, in dünnen, traubigen grünen Krusten auf Quarz. Fernere Al-Phosphate sind: *Zepharovichit*, $AlP_2O_8 . 5H_2O$ von Cerhovich in Böhmen: weissliche, krustenförmige Ueberzüge auf Sandstein. *Evansit*, $H_6Al_3P_2O_{20} . 12H_2O$ sehr lockere, weisse, fasrige Aggregate mit nieriger Oberfläche auf Brauneisenstein von Szirk im Gömörer Comitat in Ungarn; auch stalaktitisch. Der *Augelith* von Westanä in Schonen ist $Al_2P_2O_{11} . 3H_2O$, analog dem Kraurit (s. u.): ganz ähnliche Zusammensetzung haben der *Berlinit* und der *Trolleit* von dort.

Fe-Phosphate und Arseniate.

Isom. Gruppe des *Skorodits*: $FeR_2O_8 . 4H_2O, R = As, P$; rhombisch.
Skorodit: $FeAs_2O_8 . 4H_2O$; a : b : c = 0,8673 : 1 : 0,9558.
Strengit: $FeP_2O_8 . 4H_2O$; a : b : c = 0,8435 : 1 : 0,9468.

Skorodit bildet kleine aufgewachsene Krystalle oder fasrige bis dichte Krusten, hell- bis dunkelgrün, auch roth, blau etc., durchsichtig, glasglänzend. Am Graul bei Schwarzenberg in Sachsen, bei Dernbach in Nassau, in Cornwall, in Brasilien, bei Nertschinsk in Krystallen. Der in Nertschinsk vorkommende grüne *Arseniksinter*, amorph, die Berylle umhüllend, ist chemisch von Skorodit nicht wesentlich verschieden. (G. v. Rath, N. Jahrb. für Min. etc 1876. v. Lasaulx, N. Jahrb. für Min. 1875.) *Strengit* bildet meist kuglige oder nierige, rothe Aggregate auf Brauneisenstein der Grube Eleonore bei Giessen, in Rockbridge Co. in Virginia. Ein neben FeO_3 auch etwas AlO_3-haltiger Str. ist vielleicht der *Barrandit* von Cerhovic in Böhmen; er bildet undeutlich krystallisirte Krusten auf Sandstein.

Der *Koninckit*, radialfasrige, fast farblose Kugeln monokliner Individuen von Visé in Belgien ist $FeP_2O_8 . 6H_2O$. *Kraurit* (Grüneisenerz, grüner Glaskopf), $Fe_2P_2O_{11} . 3H_2O$, (analog Augelith); monokline, scheinbar rhombische Nädelchen bilden kleine excentrischfasrige Kugeln, dunkelgrün mit hellgrünem Strich und mit kleintraubiger, brauner Oberfläche; auf Brauneisen im Siegenschen, bei Waldgirmes unweit Giessen, bei Hirschberg im Reuss'schen Voigtlande (Dufrénit) etc. *Würfelerz* (Pharmakosiderit), $H_3Fe_2As_3O_{15} . 6H_2O$, bildet grüne, seltener gelbe Würfelchen mit abgestumpften Kanten und Ecken; die Ecken abstumpfenden Flächen abwechselnd verschieden, also sind die Krystalle tetraëdrisch; auch sind die Würfelflächen einseitig diagonal stumpf geknickt; im Schwarzwald, am Graul bei Schwarzenberg, in Cornwall etc.; wie Skorodit durch Verwitterung As-haltiger Kiese entstanden. *Eleonorit*; $H_6Fe_3P_4O_{22} . 5H_2O$: monoklin; rothbraune bis hyacinthrothe Drusen und Krusten auf Brauneisenstein der Grube Eleonore bei Giessen und bei Waldgirmes ebendort. Vom El. wahrscheinlich nicht wesentlich verschieden und vielleicht aus Vivianit umgewandelt ist der *Beraunit*, rothe, blättrige und strahlige Aggregate bildend, St. Benigna in Böhmen und Scheibenberg in Sachsen: die Zusammensetzung wird meist durch die Formel: $H_{12}Fe_5P_6O_{38} . 6H_2O$ angegeben. *Kakoxen*, $H_6Fe_2P_2O_{14} . 18H_2O$; sehr zarte, zu seidenglänzenden Aggregaten mit sammetartiger Oberfläche vereinigte, gelbbraune Kryställchen; Amberg in Bayern, St. Benigna und Cerhovic in Böhmen, Grube Eleonore und Waldgirmes bei Giessen, meist auf Brauneisenstein oder Sandstein.

Picit, ein ähnlich zusammengesetztes Mineral von Colophonium-ähnlichem Aussehen von Waldgirmes und St. Benigna (vergl. die äusserlich ganz ähnlichen, aber SO_3-haltigen Eisensinter: Diadochit und Pitticit). Aehnlich aber *Fl*-haltig ist der *Richellit* von Visé in Belgien.

II

R- und Al-haltige Phosphate.

Lazulith. $(Mg, Fe), AlP_2O_9 . H_2O$; ausgezeichnete monokline Krystalle: —P(111).+P($\bar{1}$11), bilden ein monoklines Oktaëder, dessen vordere und hintere E. K. häufig durch —P∞(101) und +P∞($\bar{1}$01) und dessen E. E. durch die Basis 0P (001) abgestumpft werden; zuweilen Zwillinge; blau, durchscheinend bis undurchsichtig; im Sandstein der Graves Mountains in Georgia mit Rutil etc.; bei Werfen im Salzburgschen und Krieglach in Steiermark auf Kieselschiefer; hier auch der derbe L. (Blauspath) in weissem Quarz. (v. Lasaulx, Stzber. niederrhein. Ges. Bonn 1883.) *Childrenit* $(Fe,Mn,Ca)_2AlP_2O_{10} . 4H_2O$, *FeO* überwiegend; bildet kleine gelblichweisse bis braunschwarze, rhombische Oktaëderchen; Devonshire, Cornwall, Hebron in Maine. Davon nur durch das Vorherrschen des *MnO* unterschieden der *Eosphorit* von Branchfield in Connecticut.

Ca- und Fe-haltige Arseniate.

Arseniosiderit, $Ca_3Fe_3As_4O_{22} . 6H_2O$; gelbbraune, excentrisch-fasrige, auf dem Faserbruch seidenglänzende Aggregate von Romanêche in Frankreich. Ein ähnlich zusammengesetztes Phosphat ist der braune *Delvauxit* von Visé in Belgien, Leoben etc.

Bi-haltige Arseniate.

Rhagit; $5Bi_2O_3 . 2As_2O_5 . 8H_2O$; hellgrüne zu Gruppen vereinigte wachsglänzende Kügelchen mit Walpurgin und Uranerzen bei Neustädtl im Erzgebirge. *Walpurgin*, ein *U*-haltiges *Bi*-arseniat, gelbe, dünne trikline Kryställchen, in einer Richtung deutlich spaltbar, fettglänzend; mit Uran-Mineralien zu Neustädtel. *Mixit*, ein triklines *Cu*-haltiges *Bi*-arseniat von Joachimsthal, grüne, radialfasrige Aggregate oder Anflüge bildend.

U-haltige Phosphate und Arseniate.

Gruppe der Uranglimmer (Uranite). Die hierher gehörigen Mineralien haben alle die Formel $MU_2R_2O_{12} . 8H_2O$, wo $M = Cu,Ca$, oder *Ba*, $R = P$ oder *As*; sie sind quadratisch oder rhombisch, aber die rhombischen Formen stehen den quadratischen in den Winkeln so nahe, wie dies bei isomorphen Substanzen der Fall ist. Dies zeigen die folgenden Axenverhältnisse:

Kupferuranglimmer:	$CuU_2P_2O_{12} . 8H_2O$;	quadr.	:a:a:c	= 1:	1:2,9382
Zeunerit:	$CuU_2As_2O_{12} . 8H_2O$;	„	:a:a:c	= 1:	1:2,9123
Kalkuranglimmer:	$CaU_2P_2O_{12} . 8H_2O$;	rhomb.	:a:b:c	= 0,9876:	1:2,8530
Uranospinit:	$CaU_2As_2O_{12} . 8H_2O$;	„	a:b:c	= 1,00:	1:2,9123
Uranocircit:	$BaU_2P_2O_{12} . 8H_2O$;	„	Axen noch unbekannt.		

Die arsenhaltigen Mineralien dieser Gruppe werden nur durch die *As*-Reaction sicher erkannt und von den ganz gleich aussehenden Phosphaten unterschieden. *Kupferuranglimmer* (Kupferuranit, Chalkolith, Torbernit) bildet spitze, quadratische Oktaëder, deren E. E. durch die hier wie bei allen anderen hierher gehörigen Mineralien sehr deutlich blättrige Basis sehr stark abgestumpft werden, meist so stark, dass dünne, seltener dicke quadratische Tafeln entstehen. Stets aufgewachsen, Smaragdgrün, durchscheinend bis durchsichtig; einaxig; — D. Br. schwach. Im Erzgebirge und in Cornwall an mehreren Orten; Limoges in Frankreich. In diese Gruppe gehört wohl auch der röthlichbraune *Fritzschëit* von Neudeck in Böhmen und von Johanngeorgenstadt, der *Mn* statt *Cu* enthält. *Zeunerit*, vom Kupferuranit äusserlich nicht zu unterscheiden, Neustädtel bei Schneeberg, Joachimsthal, Cornwall.

Kalkuranglimmer (Kalkuranit, Autunit) quadratisch aussehende Plättchen wie oben, aber opt. zweiaxig; zeisiggrün bis gelb. Johanngeorgenstadt, Eibenstock etc. im Erzgebirge, Autun in Frankreich, Cornwall, Nordamerika. *Uranospinit*, vom vorigen äusserlich nicht zu unterscheiden, Neustädtel bei Schneeberg. *Uranocircit*, ebenfalls zeisiggrün, in einer Richtung vollkommen spaltbar, aber keine deutlichen Krystalle, von Falkenstein im sächs. Voigtlande.

Trögerit. $U_3As_2O_{14}.12H_2O$, monoklin, dünntafelförmige nach $\infty P\infty$ (010) vollkommen spaltbare hellgelbe Kryställchen von Neustädtel im Erzgebirge.

Phosphate etc., welche Schwefelsäure enthalten.

Beudandit. Enthält FeO_3,PbO, wenig SO_3 und entweder P_2O_5 oder As_2O_5 in ziemlich wechselnden Verhältnissen. Kleine Rhomboëderchen, $R/R = 91^0\ 18'$ E. K. mit basischer Spaltbarkeit, olivengrün, glasglänzend, durchsichtig. Der B. von Horhausen ist meist As_2O_5-haltig, P_2O_5 enthält dagegen der B. von Dernburg in Nassau und der B. von Cork in Irland. Mit B. wahrscheinlich isomorph ist *Svanbergit*, SO_3,P_2O_5,AlO_3 und Na_2O-haltige kleine Rhomboëderchen, $R/R = 90^0 5$ E.K., von Hörrjesberg in Wermland. Bei beiden ist die Zusammensetzung stark schwankend. Hierher gehören auch die *Eisensinter*, amorphe, Colophonium-ähnliche, einer eingetrockneten Gallerte gleichende, braune oder gelbe Massen, glas- bis fettglänzend, durchscheinend; entweder P_2O_5 enthaltend (*Phosphoreisensinter*, *Diadochit*) G. = 1,9 — 2,0 von Gräfenthal und Saalfeld im Thüringer Wald, oder As_2O_5 (*Arseneisensinter*, *Pittizit*) mit höherem G. = 2,3 — 2,5, von Freiberg (hier zuweilen noch weich), am Graul bei Schwarzenberg, bei Gastein etc. Es sind in der Zusammensetzung wechselnde, wohl nicht homogene Zersetzungsproducte von Arsenkies und anderen ähnlichen Mineralien. (Ganz ähnlich aussehende Substanzen und auch in ganz ähnlicher Weise entstanden sind zuweilen schwefelsäurefrei, vergl. Picit pag. 501.)

XI. Klasse.

Wolframiate und Molybdate.

Isomorphe Reihe des Scheelits.

MRO_4; $M = Ca,Pb$; $R = W,Mo$. Quadratisch, pyramidal-hemiëdrisch.

Scheelit:	$CaWO_4$;	a : c = 1 : 1,536.
Gelbbleierz:	$PbMoO_4$;	= 1 : 1,574.
Scheelbleierz:	$PbWO_4$;	= 1 : 1,567.

(Vergl. den quadratischen *Reinit*, $FeWO_4$ (s. u.))

Scheelit (Tungstein, Scheelspath, Schwerstein).

$CaWO_4$, 19,45 CaO, 80,55 WO_4. Hauptoktaëder $P = P$ (111); $P/P = 130^0\ 33'$ (S. K.); $= 100^0\ 4'$ (E.K.) und nächstes stumpferes O.: $e = P\infty$ (101); letzteres ist meist herrschend (Fig. 553), selten ersteres (Fig. 552), zuweilen begrenzt P allerdings die Krystalle auch allein.

Die Basis $c = 0P$ (001) ist zuweilen so ausgedehnt, dass niedere Tafeln entstehen (Fig. 551). Besonders interessant sind aber die hemiëdrischen Oktaëder von Zwischenstellung, von denen $h = \frac{P3}{2}$ (313) und $s = \frac{3P3}{2}$ (131) die häufigsten sind; h stumpft die Kante P/e ab und auf der andern Seite von P liegt s in der Zone $[ehP]$ (Fig. 553). Zuweilen sind neben h und s auch noch die andern Hälften der betr. Diokta-

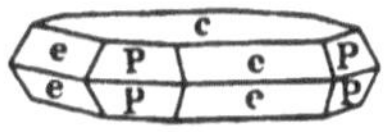

Fig. 551.

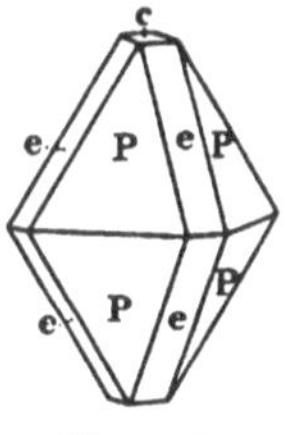

Fig. 552.

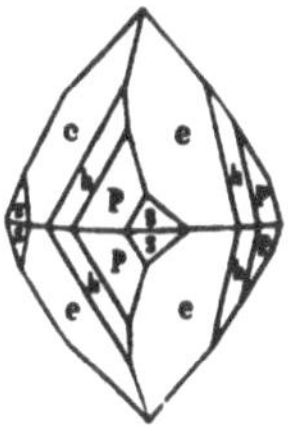

Fig. 553.

ëder, h' und s' ausgebildet, diese Flächen sind aber dann von den von h und s verschieden. Prismen sind selten. Zwillinge mit parallelen Axen nicht ungewöhnlich, zuweilen sind beide Individuen durcheinandergewachsen, so dass die Flächen s an den S. K. einspringende Winkel bilden. Deutliche Bl. Br. nach P, weniger deutliche nach e und c. H. $= 4\frac{1}{2}$—5. G. $=$ 5,9—6,2. Durchsichtig bis durchscheinend; fetter Glasglanz; weiss, gelb, braun. V. d. L. schwierig schmelzbar, durch HCl unter Hinterlassung gelber, in Ammoniak löslicher WO_3 löslich; die Lösung in HCl wird durch Erwärmen mit Zinn blau. In Drusen auf Zinnerzlagerstätten mit Wolframit, aus dem er durch Umwandlung entsteht, so bei Zinnwalde und Schlaggenwalde im Erzgebirge und in Cornwall in England; auf anderen Erzlagerstätten bei Neudorf a. Harz, Framont in den Vogesen etc. Im Kalk der krystallinischen Schiefer auf Drusenräumen aufgewachsen im Riesengrund im Riesengebirge, ausgezeichnete Krystalle, ebenso bei Fürstenberg in Sachsen, mit Flussspath; ferner bei Carrockfells in Cumberland. In Talk- und Chloritschiefer eingewachsen: Traversella in Piemont. Tavistock in Cornwall mit Wolframit. Massenhaft in Connecticut in Nordamerika.
(Bauer, Württemb. naturw. Jahresheft 1871.)

Cuproscheelit mit 6,8 CuO von La Paz in Untercalifornien.

Scheelbleierz (Stolzit) $PbWO_4$. Kleine, meist undeutlich ausgebildete spiessige Krystalle auf Quarz. H $=$ 3. G. $=$ 7,8 — 8,2. Zinnwalde.

Gelbbleierz (Wulfenit, Molybdänbleierz).

$PbMoO_4$, 61,4 PbO, 38,6 MoO_3. Das G. von Kreuth in Kärnten und ein solches aus den Altai enthalten CaO, es sind also isomorphe Mischungen von $PbMoO_4$ und $CaMoO_4$. Quadratisch; $P = P(111)$; $P/P = 131^0$ 48, (S. K.); $m = \infty P$ (110); $c = 0P$ (001); (Fig. 554); auch niedere Oktaëder: $b = \frac{1}{3}P$ (113); $e = P\infty$ (101), das nächste stumpfere zu P; und $d = \frac{2}{3}P\infty$ (203), das nächste schärfere zu b (Fig. 555); ferner $o = \frac{1}{2}P\infty$ (Fig. 556); hier sind es hauptsächlich die achtseitigen Prismen, welche hemiëdrisch auftreten z. B. in Fig. 557: $r = \frac{\infty P2}{2}$ (210) neben P, und andere. Nach P ziemlich deutlich spaltbar; spröde

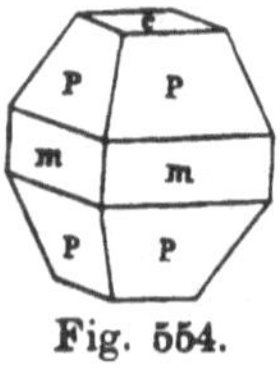

Fig. 554.

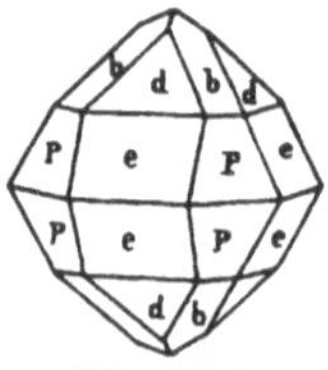

Fig. 555.

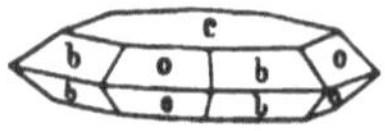

Fig. 556.

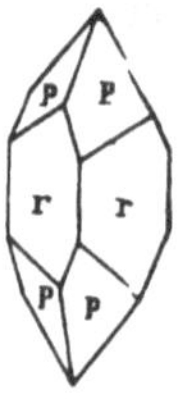

Fig. 557.

ins Milde; H. = 3. G. = 6,3—6,9. Durchsichtig bis durchscheinend, diamantglänzend; grau und gelb in verschiedenen Nüancen, auch roth V. d. L. heftig zerknisternd und leicht schmelzbar; von Säuren zersetzt. Mit H_2SO_4 erhält man auf Zusatz von Alkohol eine blaue Lösung. Bleiberg u. a. O. in Kärnten, schöne gelbe Krystalle stets aufgewachsen, ebenso bei Přibram in Böhmen graue (vielfach fälschlich für Scheelbleierz gehalten); derbe Massen bei Garmisch unweit Partenkirchen in den bayrischen Alpen. Rothe Kryställchen von Rezbanya im Banat, aus der Kirgisensteppe, von Phönixville in Pennsylvania, letztere etwas CrO_3 enthaltend (Chrommolybdänbleierz). (Koch, Zeitschr. Kryst. Bd. VI. 1882. p. 380.)

Isodimorphe Reihe des Wolframits.

RWO_4; $R = Mn$ und Fe. Dimorph, monoklin und quadratisch.

Monoklin:			
	Ferberit:	$FeWO_4$;	a : b : c = 0,8229 : 1 : 0,8463. β unbekannt.
	Wolframit:	$(Fe, Mn)WO_4$;	a : b : c = 0,8300 : 1 : 0,8881; $\beta = 90^0 38'$.
	Hübnerit:	$MnWO_4$;	a : b : c = 0,8315 : 1 : 0,8651; β unbekannt.
Quadratisch:	*Reinit:*	$FeWO_4$:	a : c = 1 : 0,638.

Wolframit (Wolfram).

$(Fe, Mn)WO_4$, bald Fe, bald Mn überwiegend; FeO geht von 2—19, MnO von 22—6 %; ein W. von Schlaggenwalde im Erzgebirge mit 5—7 FeO und 20—23 MnO ist *Megabasit* genannt worden; der WO_3-Gehalt schwankt um 75 %. Monoklin, früher für rhombisch gehalten. $M = \infty P$ (110); $M/M = 100^0\ 37'$; dazu häufig ein anderes Prisma: $b = \infty P2$ (210); die Querfläche $r = \infty P\infty$ (100) fehlt selten; sie und die Prismenflächen sind deutlich vertikal gestreift; fast nie findet sich die Längsfläche als Abstumpfung der seitlichen Kanten M/M, in ihrer Richtung geht aber eine sehr vollkommene Spaltbarkeit, so dass sie wenigstens als Blätterbruch häufig vorhanden ist. Von Endflächen finden sich vielfach: $P = -\frac{1}{2}P\infty$ (102), meist vorwiegend über die andern, *r*/*P* = 118° 6′; *n* = $\frac{1}{2}$P∞ ($\bar{1}$02), *r*/*n* = 117° 6′; *u* = P∞ (011), *u*/*M* = 115° 9′; *s* = −2P2 (121), die **Kante** *M*/*u* abstumpfend (Fig. 558); die **Kante** *s*/*P* wird selten noch durch eine schmale Fläche *a* = − *P* (111) abgestumpft. Zwillinge nach *r* nicht selten; beide Flächen *u* und *u̲* fallen fast genau in eine Ebene, die Flächen *P* und *P̲* machen oben einen einspringenden Winkel, dessen Kante ‖ der Axe *b* (Fig. 559, wo *r* statt *b* zu setzen ist). Seltener Zwillinge nach $\frac{2}{3}$P∞ (023), bei denen beide Flächen *r* und *r̲* beinahe genau in einer Ebene liegen und die Axen *c*, sowie die Streifen auf *r*, *b*, *M* sich unter 119° 54′ schneiden. Spröde; H. = 5—5½. G. = 7,14—7,54. Metallisch glänzend; nur in sehr dünnen Schichten rothbraun durchscheinend bis durchsichtig; dickere Stücke sind pechschwarz mit dunkelrothbraunem Strich. Opt. A. E. *ac*; M. L. macht mit *c* einen Winkel von 19—20°. V. d. L. schwer zu einer schwarzen magnetischen Perle schmelzbar. Von Säuren in der Wärme zersetzt; mit HCl bleibt ein gelber in Ammoniak löslicher Rückstand von WO_3; mit H_2SO_4 wird das Pulver beim Erwärmen blau. Die Krystalle sind meist kurzprismenförmig, auch wohl als dünne Nadeln ausgebildet, zuweilen sind sie nach *r* dicktafelförmig, oder sie bilden ganz dünne Plättchen (im Trachyt von Felsöbanya); krystallinische strahlige Aggregate sind ebenfalls nicht selten. Die Hauptfundstätten sind die Zinnerzlager im Erzgebirge und in Cornwall; ohne Zinnstein auf den Gängen von Neudorf am Harz; im Granit von Limoges in Frankreich, Grube Bajewsk bei Kamensk (der einzige durchsichtige W., der bis jetzt bekannt ist und an dem alle optischen Untersuchungen angestellt sind); bei Nertschinsk in Sibirien; Monroe in Connecticut. Durch Verwitterung desselben bildet sich Scheelit, Wolframocker etc.; er ist das verbreitetste und massenhafteste *Wolfram*-haltige Mineral. (Des Cloizeaux, Ann. chim. phys. 4. Ser. Bd. XVIII. 1869; Krenner, Tschermak, Min Mitthlgn. 1875. Groth, Pogg. Ann. 149. pag. 235.)

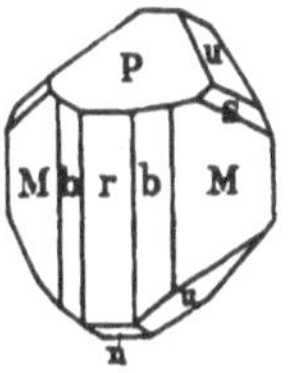

Fig. 558.

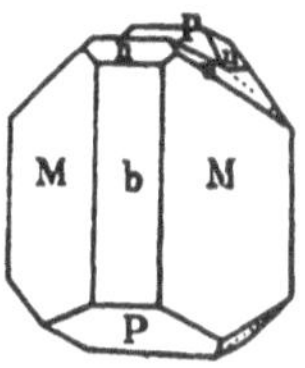

Fig. 559.

Ferberit, fast reiner *Fe*-Wolframit; bildet derbe Wolframit-ähnliche, länglichkörnige Aggregate; aus der Sierra Almagrera in Spanien. *Hübnerit* ist der reine *Fe*-freie *Mn*-Wolframit von Nevada; schwarz, dunkelroth durchscheinend.

Die Zusammensetzung des Ferberits: $FeWO_4$ hat auch der quadratische *Reinit*, schwarzbraun, halbmetallisch, von Japan. Die Flächenwinkel sind sehr ähnlich denen des Rutil und Tapiolith, während sie mit denen der Scheelithreihe weniger stimmen, mit der also R. wohl nicht isomorph ist.

XII. Klasse.

Chromate.

Rothbleierz (Krokoit).

$PbCrO_4$; 69,04 PbO, 30,96 CrO_3. Monoklin; das Vertikalprisma: $m = \infty P$ (110), $m/m = 93^0\ 42'$ und die vordere Hemipyramide $t = -P$ (111), $t/t = 119^0\ 12'$, $m/t = 146^0\ 3'$ begrenzen häufig die Krystalle allein (Fig. 560); sie fehlen wohl selten an einem Krystall, vielfach treten aber andere Flächen noch dazu, so die hinteren Schiefendflächen $l = 4P\infty$ ($\bar{4}01$) (Fig. 561) oder $x = 3P\infty$ ($\bar{3}01$) oder beide; t und l sind häufig sehr ausgedehnt. Abstumpfungen der Prismenkanten m/m sind selten, Zuschärfungen sind häufiger, so diejenige der scharfen Kante durch $f = \infty P2$ (120), $f/f = 56^0\ 10'$ (vorn) (Fig. 561), welche zuweilen auch als einziges Prisma statt m auftritt. Flächenreich sind die Krystalle selten. Nach m ziemlich deutlich blättrig; milde; H. = $2\frac{1}{2}$—3. G. = 5,9—6,0. Gelbroth mit gelbem Strich, stark dichroitisch, durchscheinend; diamantglänzend. Opt. A. E. $\perp$ ac; M. L. fast genau $\parallel c$. Sehr starke Lichtbrechung. V. d. L. stark decrepitirend und unter Detonation Pb-Kügelchen ausscheidend. Von Säuren zersetzt, in Kalilauge löslich. Aufgewachsene kleine prismenförmige, längsgestreifte Krystalle im verwitterten Granit von Beresowsk im Ural; ferner von Minas Geraës in Brasilien im Talkschiefer, und von der Insel Luzon. (Dauber, Sitzgsbr. Wiener Akad. Bd. 42. 1860. Hessenberg, Min. Notizen. Abhandlgn. Senkenb.. Ges. III. 1860. Bärwald, Ztschr. Kryst. Bd. VII.)

Fig. 560.

Fig. 561.

Melanochroit (Phönicit, Phönikochroit), $Pb_3Cr_2O_9$. Dunkelrothe, derbe Partien mit hellrothem Strich; Begleiter des Rothbleierzes bei Beresowsk. *Laxmannit* ist ein Chromophosphat von Pb und Cu, dunkelgrüne Krystalle und Krusten und hellgrünes erdiges Pulver, Begleiter des Rothbleierzes bei Beresowsk und in Brasilien. *Vauquelinit*, phosphorsäurefreies Chromat von Pb und Cu, sehr selten. Der Laxmannit obiger Fundorte wurde früher für V. gehalten. Ein Kalichromat, *Tarapacit*, ist dem Salpeter von Tarapaka zuweilen beigemischt.

XIII. Klasse.

Sulphate.

a) Wasserfreie Sulphate.

Alkalisulphate sind unwichtig: *Glaserit* (Arcanit) K_2SO_4, rhombische Krystalle bei Racalmuto in Sicilien im Steinsalz, vielfach *Na*-haltig. *Aphthalos*, $KNaSO_4$ Anflüge auf Sommalaven. *Misenit*, $HKSO_4$, weisse, seidenglänzende Fasern im vulkanischen Tuff in der Grotte von Miseno. *Mascagnin* mit Glaserit isomorph, Am_2SO_4, erdige Anflüge auf Aetna- und Sommalaven; auch in den Suffionen der toskanischen Maremmen. *Thenardit*, Na_2SO_4, rhombisch und wahrscheinlich mit dem vorigen isomorph, bei Aranjuez in Spanien im Steinsalzgebirge und aus dem Boden ausblühend, in den Salpeterlagern von Südamerika in Menge; auch in den Soda- und Borax-Districten in Californien und Nevada. (Arzruni, Ztschr. Kryst. Bd. VI. Mügge, N. Jahrb. Min. etc. 1884. Bd. II.) Alle diese sind in Wasser löslich.

Isomorphe Reihe des Schwerspaths.

RSO_4 . $R = Ba, Sr, Pb, Ca$ (?), rhombisch.

Schwerspath: $BaSO_4$;	a : b : c = 0,8152 : 1 : 1,3136.	
Cölestin: $SrSO_4$;	a : b : c = 0,7789 : 1 : 1,2800.	
Barytocölestin: $(Ba, Sr)SO_4$;	a : b : c = 0,7666 : 1 : 1,2534.	
Vitriolblei: $PbSO_4$;	a : b : c = 0,7852 : 1 : 1,2894.	Ferner:
(?) Anhydrit: $CaSO_4$;	a : b : c = 0,8932 : 1 : 1,0007.	

Ob letzteres Mineral in diese Reihe gehört, ist mindestens zweifelhaft. Der A. ist zwar rhombisch, hat aber ganz andere Blätterbrüche und eine ganz andere Formenentwickelung als die anderen. Es ist kein Axensystem vorhanden, auf welches man die Anhydritformen beziehen kann, das den Axen der anderen Mineralien so nahe steht, wie dies sonst bei Axen isomorpher Substanzen der Fall ist. Dagegen findet man in jenen Mineralien häufig *Ca*, was wohl unzweifelhaft als eine isomorphe Beimischung von $CaSO_4$ gedeutet werden muss, was aber vielleicht mit einem Dimorphismus dieser Substanz zusammenhängt. Das hier angegebene Axensystem, das noch am ehesten eine Vergleichung mit den Axen des Schwerspaths ermöglicht, gilt für die Annahme, dass die Fläche *s* (pag. 513 Fig. 577) des Anhydrits als $P\breve{\infty}$ (011) und *T* als Basis $0P$(001) angenommen wird. Bei der Beschreibung des Minerals auf pag. 513 ist eine andere Annahme gemacht, welche aus Fig. 577 ersichtlich ist.

Schwerspath (Baryt).

$BaSO_4$; 65,7 BaO, 34,3 SO_3; häufig etwas SrO (bis 15 %, Gorzig im Anhaltischen, was zum Barytocölestin führt); etwas CaO (bis 6 %, *Kalkbaryt*); SrO und CaO im *Calstronbaryt* von Schoharie in New-York; vielfach durch Bitumen braun, besonders viel im *Hepatit* von Kongsberg. Rhombische Prismen $M = \infty P$ (110), $M/M = 101^0$ 40′, deutlich blättrig; noch vollkommener spaltbar ist die Basis $P = 0P$ (001). *M* und *P* bilden häufig niedere Tafeln (Fig. 562) und sogar papierdünne Plättchen; seltener sind die Krystalle nach *c* verlängert sog. *Wolnyn* z. B. von Muszay, Rosenau etc. in Ungarn und aus dem Ural). Die scharfe Kante *M/M* ist zuweilen durch

$k = \infty\breve{P}\infty$ (010) (Fig. 563), die stumpfe seltener durch $s = \infty\bar{P}\infty$ (100) abgestumpft. Andere Vertikalprismen als *M* kommen kaum vor. Vielfach sind die Flächen des Brachydomas $o = \breve{P}\infty$ (011) auf die scharfe, die des Makrodomas $u = \bar{P}\infty$ (101) auf die stumpfe Kante *M*/*M* aufgesetzt (Fig. 565); $o/P = 127^0\ 18'$, $u/P = 121^0\ 49'$; noch häufiger, als *u* sitzen aber auf dieser stumpfen Kante die Flächen

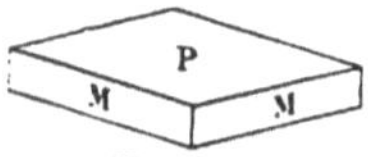

Fig. 562.

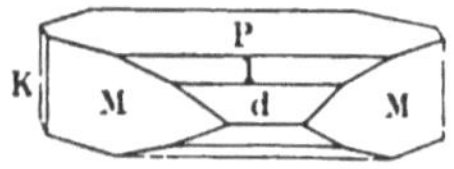

Fig. 563.

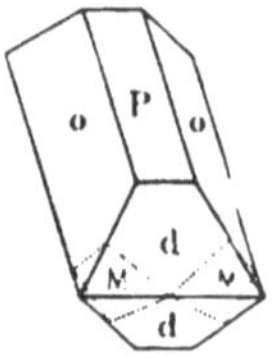

Fig. 564.

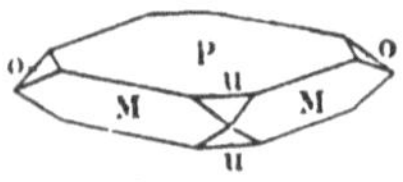

Fig. 565.

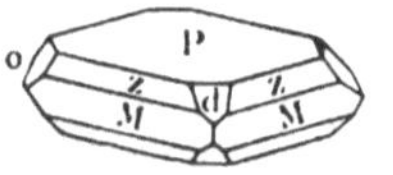

Fig. 566.

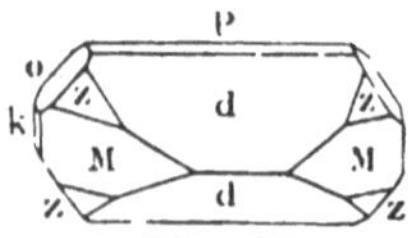

Fig. 567.

$d = \frac{1}{2}\bar{P}\infty$ (102), $d/P = 141^0\ 8'$ (Fig. 566); dieses Doma bildet zuweilen mit dem Brachydoma *o* allein ein Oblongoktaëder, dessen Flächen *o*, seltener *d* stark verlängert sind (Fig. 564) und dessen obere Ecke resp. die obere Kante *o*/*o* oder *d*/*d* meist durch die Basis *P* abgestumpft ist; *o* und *d* unterscheiden sich an einem solchen Krystall leicht daran, dass die seitliche Kante $o/o = 105^0\ 24'$ viel stumpfer ist, als $d/d = 77^0\ 44'$; die Seitenecken dieses Oblongoktaëders werden durch die Prismenflächen *M*, ev. durch die diesen entsprechenden Bl. Br. abgestumpft, wie die punktirten Linien in Fig. 564 zeigen; auf den Flächen *M* machen die beiden Kanten *d*/*M* einen spitzeren Winkel miteinander, als die beiden Kanten *o*/*M*. Ein anderes Oblongoktaëder bilden zuweilen *d* und *M*. Nicht selten ist *d* neben *u* vorhanden, aber auch noch andere Makrodomen kommen vor, z. B. das stumpfere $l = \frac{1}{4}\bar{P}\infty$ (104), $P/l = 158^0\ 4'$ (Fig. 563) etc. Von Oktaëdern ist besonders das Hauptoktaëder $z = P$ (111) wichtig, dessen Flächen auf die Prismenflächen *M* gerade aufgesetzt sind (Fig. 566, 567), so dass die S. K. *z*/*z* von *M* gerade abgestumpft werden; sehr gewöhnlich bilden die Flächen *z* eine oft nur ganz schmale Abstumpfung der Kante *P*/*M* (Fig. 566). Die Flächen des Oktaëders $y = \breve{P}2$ (122) stumpfen die Kanten *o*/*z* ab etc. Die Combinationen sind meist einfach, doch sind auch sehr complicirte nicht ausgeschlossen; die Zahl der einfachen Formen ist sehr gross (über 100), die häufigsten von allen sind *M, P, o, d*. Zwillinge kommen kaum vor. Die drei oben genannten Bl. Br. nach *P* und *M*, welche sich durch Sprünge meist leicht kenntlich machen, geben Spaltungsstücke von der Form Fig. 562, die sich von den häufig sehr ähnlichen Kalkspathspaltungsstücken leicht durch die geringere Vollkommenheit der Spaltung nach *M* als nach *P* und durch die zwei rechten Winkel *P/M* resp. die rechten ebenen Winkel auf *M* unterscheiden. Spröde; H. = 3—3½. G. = 4,3—4,7, eines der schwersten, nicht ein schweres Metall enthaltenden Mineralien. Opt. A. E. *ac*, + M. L. *a*, $2E = 63^0$ (r.). Die Axenbilder treten auf der Querfläche auf, $\varrho < v$. Zuweilen wasserhell durchsichtig, meist aber trübe bis undurchsichtig und auch sehr häufig gefärbt, hell- bis dunkelfleischroth, gelb, braun, grau, blau; zuweilen stark dichroitisch, bes. die gelben von der Auvergne. Glasglanz, auf den Blätterbrüchen, namentlich auf *P* schöner Perlmutterglanz und die Erscheinung des Irisirens. V. d. L. stark zerknisternd, und kaum schmelzbar, von Säuren nicht angegriffen.

Findet sich in meist aufgewachsenen Krystallen zuweilen von bedeutender Grösse, welche oft zu sehr schönen Drusen vereinigt sind, namentlich auf Erzgängen, so besonders auf Silber-, Blei- und Kobaltgängen, auch häufig auf Brauneisen- und andern Eisenstein-, sowie auf Manganerzlagerstätten; er fehlt dagegen auf Zinnerzlagerstätten. So findet er sich am Iberg bei Grund, bei Clausthal, Ilfeld etc. im Harz; bei Ilmenau im Thüringerwald; im Erzgebirge an vielen Orten, z. B. bei Freiberg, Marienberg etc.; in Böhmen bei Mies, Přibram, Komorau, Horzowitz, Svarow etc., auf den Eisenerzlagerstätten in Steiermark und Kärnten; bei Kapnik in Siebenbürgen und bei Schemnitz und Felsobanya in Ungarn, hier nicht selten mit Auripigment durchsetzt und gelb gefärbt, auch mit Realgar und Antimonglanz verwachsen, dessen lange nadelförmige Krystalle die Schwerspathtafeln durchbohren, (das Vorkommen des sog. Wolnyns in Ungarn siehe oben); in England besonders auf den Bleierzgängen von Cornwall, Derbyshire, Cumberland; in Schottland bei Strontian mit Witherit; im Ural; überhaupt an sehr vielen Orten, es ist eines der verbreitetsten Mineralien. Ausser Verbindung mit Erzen finden sich Krystalle ebenfalls, so häufig auf Drusen und Hohlräumen grösserer derber Massen von Schwerspath, im Innern von Ammoniten und andern Versteinerungen, z. B. auf der schwäbischen Alb, in Mandelräumen des Melaphyrs von Oberstein a. d. Nahe und in Böhmen etc.; in England bei Dufton in Westmoreland ausgezeichnete Krystalle bis zu 1 Ctr. Gewicht in einer Höhle; in der Auvergne in Frankreich etc. Die Krystalle sind zuweilen in besonderer Weise verwachsen und bilden charakteristische Gruppen, hierher gehört namentlich der „kammförmige Schwerspath", bei dem einzelne dünne Tafeln, von einer gemeinsamen geraden Linie fächerförmig ausstrahlend, rundliche kugelförmige Aggregate bilden; im Innern sind diese kugeligen Gruppen schalig, nach aussen ist jede einzelne Tafel von schmalen Facetten begrenzt; findet sich besonders auf den Gängen des Erzgebirgs. Derber grosskrystallinischer und blättriger bis körniger, selten dichter Schwerspath erfüllt an manchen Stellen weite Spalten allein oder mit Flussspath zusammen, auf den Höhlungen sitzen Krystalle; so im Schwarzwald, im Thüringerwald (bei Brotterode), der derbe Schw. von Unterwirbach bei Rudolstadt ist *Allomorphit* genannt worden, ferner im Odenwald, im Spessart, in Schlesien, bei Biber in Hessen, in den Tiroler Alpen etc. Undeutlich ausgebildete, langgezogene, sehr stark gestreifte, runde, federkieldicke Prismen, oft vielfach durcheinandergewachsen (*Stangenspath* von Freiberg) führen zu dem fasrigen und strahligen Schwerspath; das bekannteste Vorkommen davon ist der sog. *Bologneser Spath,* aussen rauhe, rundliche, braune Kugeln und Knollen, im Innern excentrisch strahlig oder fasrig, im Mergel des Mte. Paterno bei Bologna; an diesem ist zuerst die Erscheinung der Phosphorescenz beobachtet worden; fasriger Schwerspath bei Dürkheim in der Pfalz, Ruttenberg in Tirol etc.; zuweilen hat der fasrige Schw. nierenförmige Oberfläche, wie der von Durham in England und der von Chaudefontaine bei Brüssel; oder er ist stalaktitisch, wie der braune von New-Haven in Derbyshire, der zugleich parallel mit der nierigen oder zapfenförmigen Oberfläche concentrisch-schalig ist und der zu Ornamenten verarbeitet wird. Blumigblättrig in weissen straussartigen Gruppen findet er sich bei Osterode am Harz im schwarzen bituminösen Mergel (*Aehrenstein* oder *Straussasbest*); schuppigkörnig zu Peggau in Steiermark; feinkörnig wie Marmor bei Naurod unweit Wiesbaden, bei Aschaffenburg, bei Villarica in Brasilien im Gneis; ebenso, aber fleischroth bei Riechelsdorf in Hessen; auch vollkommen dicht mit splittrigem Bruch z. Th. mit nieriger Oberfläche im Rammelsberg bei Goslar, auf den Erzlagerstätten von Clausthal und Freiberg, bei Meggen in Westphalen lagerförmig in der Kreide etc.; erdig ist er u. a. bei Freiberg und in Nestern in der westphälischen Kreide gefunden worden (*Baryterde*). Bildet Pseudomorphosen nach Witherit und Barytocalcit; tritt auch zuweilen als Versteinerungsmittel auf. Wird zu einer weissen Farbe (blanc fixe) und zur Verfälschung von Bleiweiss, Mehl etc. im Grossen gewonnen und verwendet; auch zur Bereitung anderer *Ba*-Verbindungen, hierzu ist aber wohl Witherit wichtiger. (Helmhacker, Denkschr. Wiener Akad. 1872. Bd. XXXII. Heusser, Pogg. Ann. Bd. 87. Arzruni, Zeitschr. Kryst. Bd. I. pag. 165.)

Cölestin (Schützit).

$SrSO_4$; 56,52 SrO, 43,48 SO_3; zuweilen statt *Sr* etwas *Ca* und *Ba*. Die Krystalle sind gewissen Schwerspathcombinationen sehr ähnlich; eine bei Girgenti häufige Combination stelltFig. 568 dar; die Buchstaben haben meist dieselbe Bedeutung wie beim Schwerspath. $M/M = 104^0\ 10'$; $o/o = 76^0\ 0'$ (oben), $104^0\ 0'$ (S. K.); $d/d = 78^0\ 49'$ (S. K.). Bl. Br. wie beim Schwerspath, H. = 3—3½. G. = 3,9—4,0. Durchscheinend, seltener durchsichtig; farblos, blau, zuweilen roth, glasglänzend. Opt. A. E. *ac*, + M. L. *a*. V. d. L. stark zerknisternd, leichter als Schwerspath schmelzbar. Ausgezeichnete farblose Krystalle auf den sicilischen Schwefelgruben, aufgewachsen auf Thon, Schwefel u. a. Mineralien, z. B. bei Girgenti etc.; bei Pschow in Oberschlesien auf Spalten im Kalk; ebenso auch bei Rüdersdorf und bei Jühnde unweit

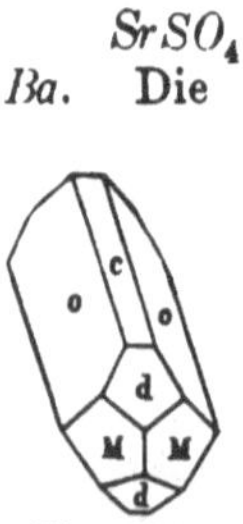

Fig. 568.

Göttingen; fernere Fundorte sind: Leogang im Salzburgschen, Herrengrund in Ungarn, Montecchio maggiore in Oberitalien, meist derbe blättrige Massen; derb, körnig, zerborstene unreine Knollen bildend, am Montmartre bei Paris, auf den Rissen dieser Knollen zuweilen deutliche Krystalle; bei Bristol in England, bei Lockport u. a. a. O. in Nordamerika, bei Mokattam unweit Kairo. Cölestinkrystalle finden sich in Ammonitenkammern und Hohlräumen anderer Petrefacten, neben solchen von Schwerspath etc. Besonders wichtig und verbreitet sind blaue parallelfasrige Schnüre im Kalk und Thon, so an der Dornburg bei Jena, im obersten Buntsandstein, bei Frankstown in Pennsylvania etc. Er wird in Massen gewonnen, namentlich diese letztere Varietät, und zu *Sr*-Präparaten verarbeitet. (Auerbach, Sitzgsber. Wiener Akad. 1869. Bd. 59. Arzruni, Zeitschr. deutsch. Geol. Ges Bd. 24. 1872. 477. Websky, Ztschr. deutsch. Geol Ges. IX. 303.)

Barytocölestin ist eine isomorphe Mischung von $BaSO_4$ und $SrSO_4$, die Dimensionen der Krystalle liegen aber nicht zwischen denen des Schwerspaths und Cölestins (siehe oben die Tabelle); Greiner in Tirol im Talkschiefer, Binnenthal im Wallis im Dolomit, Jocketa in Sachsen, Nörten bei Göttingen etc. (Neminar, Tschermak Mineralog. Mitth. 1. Ser. Bd. VI. 1876. 59; v. Zepharovich, Sitzgsber. Wiener Akad. Bd. 57.)

Vitriolblei (Anglesit, Bleivitriol).

$PbSO_4$; 73,6 PbO, 26,4 SO_3; häufig fast ohne fremde Beimischungen. Die Krystallisation ist der des Schwerspaths sehr ähnlich; $M/M = 103^0\,43'$; $d/d = 101^0\,13'$; $o/o = 75^0\,36'$. Die Fig. 569

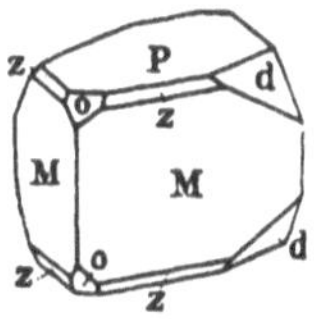
Fig. 569.

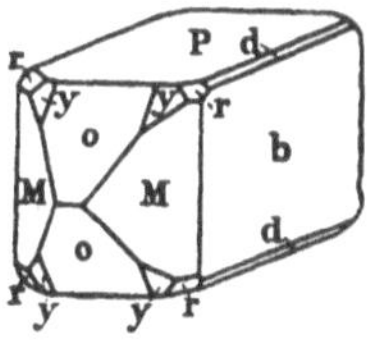
Fig. 570.

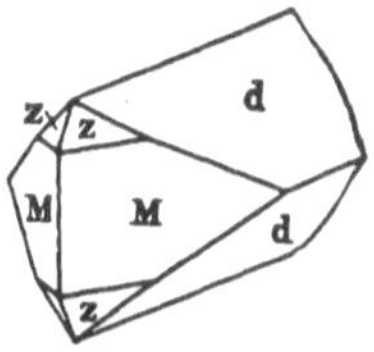
Fig. 571.

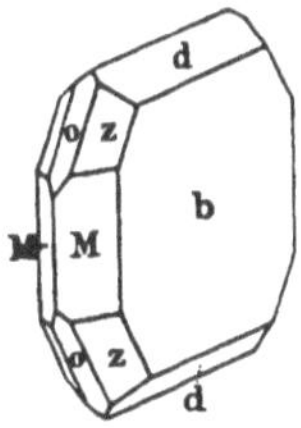
Fig. 572.

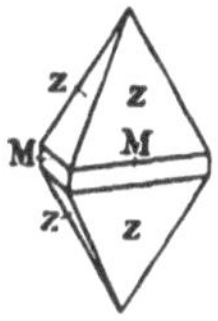
Fig. 573.

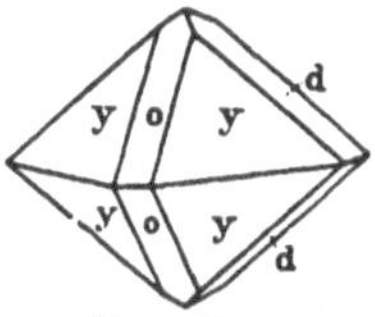
Fig. 574.

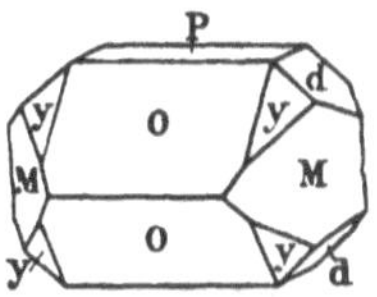
Fig. 575.

bis 575 geben eine Anzahl von Combinationen, welche z. Th. von solchen des Schwerspaths nicht wesentlich verschieden sind (vergl. z. B. Fig. 569 und 566); die Flächenbezeichnung ist dieselbe wie dort; in den Figuren sind aber hier die Axen *b* und die Flächen *o* nach vorn, die Axen *a* und die Flächen *d* seitwärts gerichtet. Die Zahl der einfachen Krystallformen und die der Combinationen ist sehr gross. Die Spaltbarkeit nach *M* und *P* ist nicht sehr deutlich, der Bruch ist muschlig. Sehr spröde; H. = 3, G. = 6,3—6,4. Meist durchsichtig und wasserhell, ausgezeichnet diamantglänzend; auch grau, braun etc., und zuweilen auch weniger vollkommen durchsichtig. Opt. A. E. *ac*, + M. L. *a*; starke Lichtbrechung und Dispersion; $\beta =$ 1,875 (r.) und = 1,882 (g.) $\varrho < v$. V. d. L. nicht sehr heftig zerknisternd; leicht schmelzbar und auf Kohle zu *Pb* reducirt. In Säuren nicht löslich. In aufgewachsenen Krystallen mit Bleiglanz, aus welchem er bei der Verwitterung entsteht und auf dessen Hohl- und Drusenräumen er sitzt, so die herrlichen Krystalle vom Mte. Poni auf der Insel Sardinien. Andere Fundorte sind u. A. Badenweiler im Schwarzwald, Müsen im Siegenschen, Clausthal im Harz, Schwarzenbach in Kärnten, Felsöbanya in Ungarn, Dognatzka u. a. O. im Banat, Anglesea in England, Leadhills in Schottland, Beresowsk im Ural, Nertschinsk in Transbaikalien, Phönixville in Pennsylvanien etc., nirgends in grosser Menge. In grösseren Massen findet sich ein schwarzes erdiges Mineral bei Coquimbo in Chili, was amorphes $PbSO_4$ sein soll. Der Anglesit bildet zuweilen Pseudomorphosen nach Bleiglanz und geht selbst zuweilen unter Beibehaltung der Form in $PbCO_3$ über. (V. v. Lang, Sitzgsber. Wien. Ak. 36. 1859. Krenner, Zeitschr. Kryst. I. 1877. Qu. Sella, Acc. dei Lincei. 1879 und N. Jahrb. Min. etc. 1880. I. Ref. Arzruni, Zeitschr. Kryst. I. 1877. pag. 165).

An das Vitriolblei schliessen sich folgende seltene $PbSO_4$ enthaltende Mineralien an: *Lanarkit* (Halbvitriolblei) Pb_2SO_5, früher für CO_2 haltig gehalten, monoklin, in einer Richtung vollkommen spaltbar, grünlich-, gelblich-, graulichweiss, diamantartiger Perlmutterglanz; von Leadhills in Schottland. *Leadhillit* (Tenärbleierz) $2PbCO_3 . Pb_2SO_5 . H_2O$; früher $PbSO_4 . 3PbCO_3$ geschrieben; monoklin in einer Richtung vollkommen spaltbar; Diamant- bis Perlmutterglanz auf dem Bl. Br., sonst Fettglanz, durch Erhitzen bis auf 287° entstehen auf Spaltungsflächen Zwillingslamellen und die Substanz zeigt keine Doppelbrechung mehr, sondern die Verhältnisse eines einaxigen Krystallplättchens zur Axe. (Mügge, N. Jahrb. Min. etc. 1884. I.). Selten farblos, meist gelb, grau, grünlich, braun. Derbyshire in England, Leadhills in Schottland; Iglesias in Sardinien (Maxit), Nertschinsk. (Laspeyres, Zeitschr. Kryst. 1877. Hintze, Pogg. Ann. 152.) Dieselbe Zusammensetzung wie L. hat der *Susannit;* derselbe ist hexagonal und kann aus L. durch Erhitzen über 287° C. hergestellt werden; Susannagang bei Leadhills, äusserlich dem heteromorphen L. ähnlich. *Caledonit* $5PbSO_4 . 2(H_2PbO_2) . 3(H_2CuO_2)$, rhombisch oder monoklin, grün, fettglänzend; Leadhills in Lancashire, Red-Gill in Cumberland, Retzbanya in Siebenbürgen, Beresowsk im Ural (Jeremejew, Mem. Ac. imp. Petersb. 1883.) *Linarit* (Bleilasur) $H_2PbCuSO_6$, monoklin, lasurblau, demantglänzend, durchsichtig bis durchscheinend, Linares in Spanien, Leadhills, Beresowsk.

Zinkosit, $ZnSO_4$, von der Sierra Almagrera in Spanien, soll rhombisch und mit Schwerspath isomorph sein; vielleicht auch der *Selenbleispath*, $PbSeO_4$, gelbe Kugeln von Tannenglasbach bei Hildburghausen. Der blaue rhombische vom Vesuv sublimirte *Hydrocyan* ist $CuSO_4$, und soll in den Winkeln dem Vitriolblei nahe stehen; monoklin ist der *Dolerophan* vom Vesuv, ebenfalls $CuSO_4$.

Anhydrit (Muriacit, Karstenit).

$CaSO_4$; 41,18 CaO, 58,82 SO_3. Rhombisch, aber krystallographisch noch nicht genügend bekannt. Die kleinen Krystalle aus dem Kieserit von Stassfurt haben die Form Fig. 576: $s = \infty P$ (110); $s/s = 90^0\,4'$. Die Flächen sind stark vertikal gestreift und an der vorderen Kante gehen sie durch allmählige Rundung in einander über; zuweilen ist auch eine rundliche Querfläche vorhanden, welche ebenfalls Vertikalstreifung zeigt; $r = P\breve{\infty}$ (011), $r/r = 96^0\,30'$ (oben); dazu kommen zuweilen noch andere Brachydomen. Bei Aussee wurde u. A. der Fig. 577 abgebildete Krystall gefunden: $P = 0P$ (001), $M = \infty P\breve{\infty}$ (100) und $T = \infty P\bar{\infty}$ (010) sind die drei auf einander senkrechten Pinakoide, dazu kommt das Brachydoma r und drei Oktaëder in der Zone [Mr]: $o = P$ (111); $n = 2P\bar{2}$ (211); $f = 3P\bar{3}$ (311); sowie das Vertikalprisma s. Zwillinge nach r sind nicht selten, in dieser Richtung sind häufig feine Zwillingslamellen eingelagert, welche man durch Erhitzen auch künstlich erzeugen kann (Mügge, N. Jahrb. Min. 1883. Bd. II. pag. 258). Auch $\infty P\breve{2}$ (120) ist zuweilen Zwillingsfläche. Nach P, M, T gehen vollkommene Blätterbrüche, am vollkommensten nach T, am wenigsten vollkommen nach P, unvollkommen nach s. Auf T ausgezeichneter Perlmutterglanz, bes. nach dem Erhitzen im Glasrohr, auch Irisiren. M hat einen mehr glasartigen, P einen fettigen Glanz. Durchscheinend bis durchsichtig, farblos, roth, blau, grau. Opt. A. E. bc, + M. L. c, $2E = 71\frac{1}{2}{}^0$, auf einem würfelähnlichen Spaltungsstück erkennt man also die drei oft nicht leicht unterscheidbaren Bl. Br. nach P, M, T daran, dass man auf P die Lemniskaten in der Richtung von M sieht. H. = 3; G. = 2,8—3,0. Von Wasser ganz langsam und allmählig aufgelöst, längere Zeit in Berührung mit Wasser geht er allmählig in Gyps, $CaSO_4 . 2H_2O$, über; von Säuren wenig angegriffen. Schmilzt schwer, aber fliesst leicht mit Flussspath zusammen zu einer klaren, nach dem Erkalten trüben Perle. Kleine Krystalle (Fig. 576) finden sich eingewachsen im Kieserit von Stassfurt, grössere aufgewachsen auf derbem Anhydrit bei Aussee, Berchtesgaden und auf anderen Salzlagern jener Gegend; kleine, wahrscheinlich sublimirte Krystalle in Hohlräumen der Laven auf Santorin und am Vesuv. Grosskörniger, blättriger, vielfach rother A. findet sich vorzugsweise in den genannten alpinen Salzlagerstätten, besonders massenweise kommt aber der feinkörnige bis dichte A. vor, in manchen Gegenden Berge bildend, so am Südrande des Harzes, am Kyffhäuser etc. Namentlich findet er sich mit Steinsalz zusammen, dasselbe überlagernd und mit diesem sowie mit andern Gesteinen schichtenförmig wechselnd; in den Alpen, bei Stassfurt und an vielen andern Orten in Norddeutschland, in den süddeutschen Salzlagern z. B. am untern und am obern Neckar

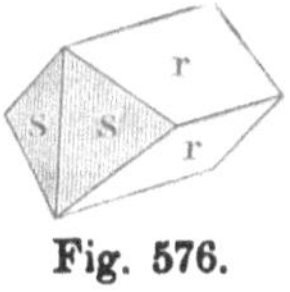

Fig. 576.

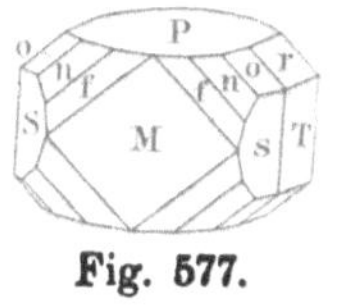

Fig. 577.

(z. B. blau bei Sulz). Ein ähnlicher blauer feinkörniger A. ist auch der sog. *Vulpinit* von Vulpino bei Bergamo. Der massenhaft vorkommende Anhydrit geht durch allmählige Wasseraufnahme nach und nach in Gyps über und bläht sich dabei sehr bedeutend auf; so dass sich der ursprünglich horizontale Boden in die Höhe wölbt (vergl. Gyps, pag. 515). Zuweilen sind dünne Anhydritschnüre in schwarzen Thon eingelagert, welche sich bei der Volumenvermehrung infolge der Wasseraufnahme und Gypsbildung wurmförmig krümmen und den sog. *Gekrösestein* oder *Schlangenalabaster* bilden. Selten ist A. auf Erzgängen (Kapnik, Andreasberg); zu erwähnen ist das Vorkommen in Ammonitenkammern (Hallstadt). Fasriger A. findet sich bei Lüneburg in Hannover; derselbe und mancher sonstige Anhydrit soll durch Verlust von H_2O aus Gyps entstanden sein. (Hessenberg, Min. Notizen Nr. 10. Abhandl. Senkenberg. Gesellsch. Bd. VIII. 1871. Hammerschmidt, Tschermak, min. und petr. Mitthlgn. 1883.)

Glauberit (Brongniartin).

$CaSO_4 . Na_2SO_4$, letzterer Bestandtheil durch H_2O ausziehbar, so dass $CaSO_4$ zurückbleibt. Monokline flachtafelförmige Krystalle (Fig. 578): $M = \infty P$ (110), $M/M = 83^\circ 2'$ (vorn); $f = -P$ (111); $P = 0P$ (001); $P/M = 104^\circ 30'$; $P/f = 147^\circ 31'$. Vollkommen blättrig nach P. H. $= 2\frac{1}{2}$—3; G. $= 2{,}7 - 2{,}8$. Farblos, roth, gelb, durchsichtig bis durchscheinend, wird an feuchter Luft trübe und bedeckt sich an der Oberfläche mit einem weissen Pulver von Gyps.

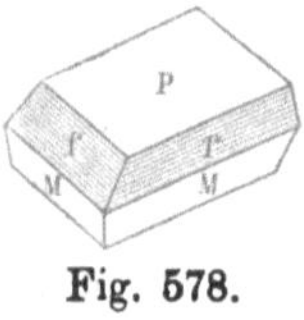

Fig. 578.

Opt. A. E. zur S. E., die M. L. liegt im stumpfen Winkel β und macht in der S. E. ca. 8^0 mit der Normale von P und ca. 30^0 mit der Axe c; geneigte Dispersion. $2E$ klein, beim Erwärmen wird es kleiner, bei einer bestimmten Temperatur ist der Glauberit für eine bestimmte Farbe einaxig, z. B. bei 46^0 C. für gelb, und von da an ist die A. E.. bei weiteren Erwärmen ‖ der S. E. V. d. L. zerknisternd und leicht schmelzbar. Villarubia in Spanien bes. schöne Krystalle; meist derb zu Westeregeln bei Stassfurt, Vic in Lothringen, Berchtesgaden, Ischl; auch in den Steinsalzlagern des Pendschab in Indien, sowie in den Salpeterlagern von Chili. (Laspeyres, Zeitschr. Kryst. I. 1877. v. Zepharovich, Sitzgsber. Wien. Ak. Bd. 69.)

b) Wasserhaltige Sulphate.

Alkalisulphate.

Glaubersalz (Mirabilit).

$Na_2SO_4 . 10\,H_2O$; 19,3 Na_2O, 24,8 SO_3, 55,9 H_2O. Monoklin, aber wegen der leichten Löslichkeit in H_2O selten in natürlichen Krystallen. Verliert an der Luft 8 Mol. H_2O. Bildet mehlartige Anflüge auf Gyps und Steinsalz an vielen Orten; in einzelnen Krystallen findet er sich in den Steinsalzablagerungen des Salzkammerguts (Hallstadt, Aussee, Hallein), in grösseren Mengen mit Steinsalz wechsellagernd bei Logrono in Spanien, ohne Steinsalz bei Bompensieri in Sicilien und am Kaukasus bei Muchrevan unweit Tiflis; in einer Höhle bei New-Albany in Indiana; pulverförmig in der Umgebung des Neusiedler Sees in Ungarn als Ausblühung des Bodens. Auch in den Sublimationsproducten des Vesuvs und in manchen Quellen in grösserer Menge gelöst, auch im Meerwasser.

(v. Zepharovich, Jahresber. Verein Lotos 1877.)

Sulphate zweiwerthiger Metalle.

Kieserit.

$MgSO_4 . H_2O$; 29,98 MgO, 57,98 SO_3, 13,04 H_2O. Monokline Krystalle ähnlich denen des Lazuliths, zuweilen deutlich ausgebildet (Hallstadt); eben dort auch grobkörnig, meist aber dicht. Nach P und $\frac{1}{3}P$ vollkommen spaltbar. H. = 3, G. = 2,57. Farblos, graulich, gelblich, durchscheinend. Im Wasser langsam löslich; nimmt an der Luft H_2O auf, überzieht sich mit einem weissen Mehl und geht dabei allmählig in Bittersalz (Reichardtit) über. Das Pulver, mit wenig Wasser angerührt, erstarrt wie Gyps. In Massen bei Stassfurt mit Steinsalz wechsellagernd, wird mit den andern Abraumsalzen gewonnen und zu Bittersalz verarbeitet; auch bei Hallstadt und bei Kalusz in Galizien.

Gyps (Selenit).

$CaSO_4 . 2H_2O = CaO . SO_3 . 2H_2O$; 32,54 CaO, 46,51 SO_3, 20,95 H_2O. Häufig durch Thon und andere Beimengungen verunreinigt. Monoklin; $a:b:c = 0,6891:1:0,4156$; $\beta = 98^0\ 55'$. Das wichtigste Vertikalprisma ist $f = \infty P$ (110), $f/f = 111^0\ 30'$; die seitliche Kante ist fast stets durch die Längsfläche $P = \infty \breve{P} \infty$ (010) abgestumpft, welcher ein ausgezeichneter Bl. Br. parallel geht, an welchem man diese Richtung stets leicht wiedererkennt. Nach P sind die Krystalle meist dicktafelförmig (Fig. 579). Zuweilen finden sich noch andere Vertikalprismen: $h = \infty \breve{P} 2$ (120) (Fig. 582); $r = \infty \breve{P} 3$ (130) etc. Zu f und P tritt sehr häufig das augitartige Paar $l = -P$ (111), $l/l = 143^0\ 30'$, die sehr verbreitete Combination Fig. 579 bildend, an welcher l von f sich leicht unterscheidet dadurch, dass der Winkel l/l sehr viel grösser, als f/f; dazu gesellt sich nicht selten $n = P(\bar{1}11)$, $n/n = 138^0\ 32'$ (Fig. 580). f ist zuweilen lang prismenförmig, wie in Fig. 579, 582, zuweilen ist es kurz, wie in Fig. 581, und fehlt sogar manchmal ganz. In der letztgenannten Figur tritt noch die Schiefendfläche $o = \frac{1}{3}\bar{P}\infty$ ($\bar{1}03$) hinzu; bei solchen Krystallen sind die Flächen l und o sehr häufig nicht glatt und eben, sondern gekrümmt und gehen allmählig und ohne scharfe Kanten ineinander über; wenn die Flächen f zusammen mit P zu gleicher Zeit zurücktreten oder ganz fehlen, so entstehen linsenförmige Krystalle, die sehr häufig bei dem in Thon eingewachsenen Gyps gefunden werden, an denen aber ausser den genannten vielfach auch noch andere gekrümmte Flächen. z. B. die hintere Hemipyramide: $\delta = \frac{10}{13}P2$ ($\bar{5}.10.13$), die vordere Schiefendfläche $p = -\frac{1}{3}P\infty$ (103) etc. mit auftreten. Der deutliche Bl. Br. nach *P*, sowie die in der Horizontalebene verlaufende scharfe Kante erleichtern die Orientirung dieser linsenförmigen Krystalle. Ausser dem genannten ausgezeichneten Bl. Br. nach *P* sind noch mehrere andere weniger vollkommene vorhanden, welche zur Orientirung in den undeutlich begrenzten Spaltungsstücken nach *P* von Werth sind. Die vordere Prismenkante *f*/*f* wird durch einen in der

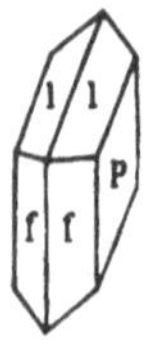

Fig. 579.

Fig. 580.

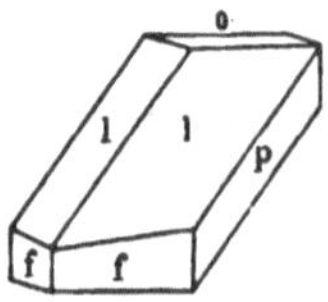

Fig. 581.

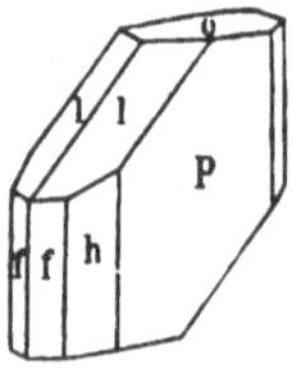

Fig. 582.

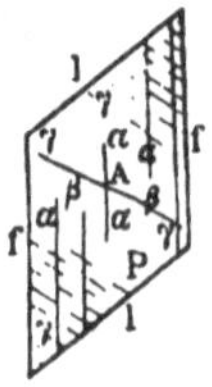

Fig. 583.

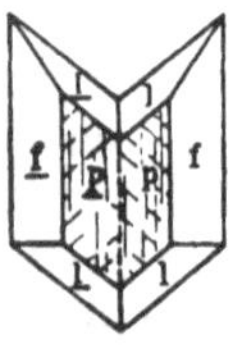

Fig. 584.

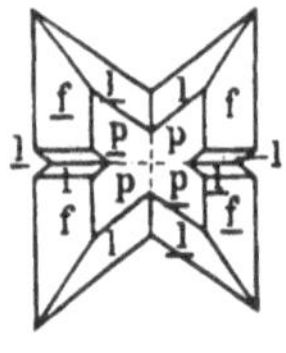

Fig. 585.

Fig. 586.

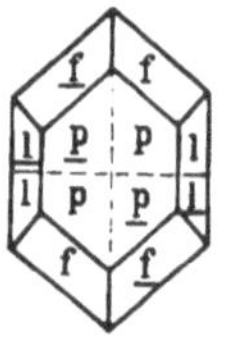

Fig. 587.

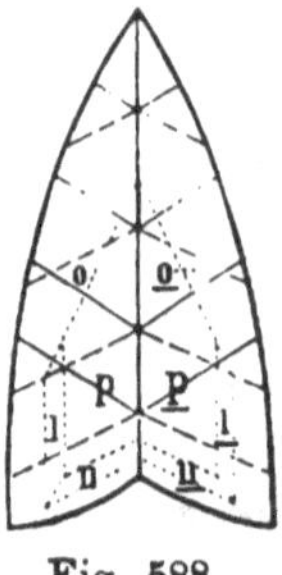

Fig. 588.

Richtung der Querfläche verlaufenden Bl. Br. von muschliger Beschaffenheit, den sog. *muschligen Bruch* abgestumpft; in der Richtung der Kante *n*/*n* lassen sich die Krystalle ebenfalls leicht trennen, und der Bruch, welcher die von den Flächen *l* und *f* gebildete scharfe Ecke abstumpft (Fig. 579), ist durch fasrige Beschaffenheit und Seidenglanz ausgezeichnet (sog. *fasriger Bruch*). Derselbe entspricht den beiden Flächen *n*, und die beiden Brüche parallel *n* geben durch treppenförmige Abwechslung einen scheinbar einfachen Bl. Br., welcher die Kante *n*/*n* gerade abstumpft; die Richtung des Faserbruchs ist auf der Fläche *P* häufig durch geradlinige Risse und Sprünge angedeutet. Ausserdem kann man noch einen weiteren Bruch in der Richtung von $\beta = \frac{5}{9}P\infty$ ($\bar{5}09$) auf dünnen Spaltungsstücken nach *P* mittelst der Körnerprobe (128) herstellen. In Fig. 583, wo *f* und *l* die den Kanten *f*/*f* und *l*/*l* eines solchen Spaltungsstückes nach *P* entsprechenden Richtungen sind, geben die gestrichelten Linien γ den fasrigen, die Richtung f den muschligen Bruch, in dessen Richtung ebenfalls zuweilen die durch die ausgezogenen Linien angedeuteten Spalten a verlaufen. Von der Ansatzstelle des Körners bei A geht zunächst eine Spalte $\alpha\alpha$ in der Richtung des muschligen Bruchs, dann eine solche $\beta\beta$ in der Richtung des letztgenannten Bruchs β; und an dessen beiden Enden schliessen sich, bei β in stumpfem Knie eingebogen, zwei Spalten $\beta\gamma$ in der Richtung des fasrigen Bruchs an, so dass $\angle A\beta\gamma = 165^0\ 56'$. Der Bruch β und der Faserbruch haben den Charakter von Gleitflächen (127). Eine solche Fläche verläuft auch noch in einer Richtung sehr annähernd senkrecht zur Kante f/f über die Spaltungsfläche P hin. In der Richtung des Faserbruchs kann man den Gyps biegen, in derjenigen des muschligen Bruchs und des Bruchs β lässt er sich brechen, doch verhalten sich verschiedene Varietäten des Minerals hierin verschieden: einzelne sprödere, z. B. die vom Montmartre bei Paris, von Aschersleben etc. brechen leicht, andere weniger spröde thun dies weniger vollkommen.

Zwillinge finden sich nach 2 Gesetzen: 1. Zw. Fl. die als Krystallfläche fast unbekannte Querfläche $a = \infty P\infty$ (100). In beiden Individuen fallen die Bl. Br. P in ein Niveau, die muschlichen Brüche sind parallel und die den Faserbrüchen entsprechenden Linien stossen von rechts und links schief unter $66^0\ 14'$ gegen die Zwillingsgrenze. Die Flächen l machen am einen Ende einen ausspringenden, am andern einen einspringenden Winkel (Schwalbenschwanz, Fig. 584), die gestrichelten Linien auf P geben die Richtung des fasrigen, die voll ausgezogenen die des muschligen Bruchs; zuweilen sind die Individuen durcheinander gewachsen, dann sind an beiden Enden einspringende Winkel (Fig. 585). Zwillinge nach diesem Gesetz finden sich besonders im Steinsalzgebirge in aufgewachsenen Krystallen. 2. Zw. Fl. die Fläche $d = -P\infty$ (101), welche die Kante l/l abstumpft, aber als Krystallfläche ebenfalls keine Rolle spielt. Diese Zwillinge bilden den vorigen sehr ähnliche Schwalbenschwanzzwillinge (Fig. 586, 588); hier machen aber die Flächen f (oder n) die einspringenden Winkel und die Flächen l, P, $\underline{l}$ und $\underline{P}$ liegen in einer Zone. Auch hier ist beiden Individuen der Hauptblätterbruch P gemeinsam, die muschligen Brüche sind aber hier ebenso wie die fasrigen gegen die Zwillingsgrenze geneigt, wie die ausgezogenen und gestrichelten Linien in der Figur zeigen; dabei fällt der Faserbruch des einen Individuums beinahe genau in die Richtung des muschligen Bruchs des andern. Zuweilen findet man Durchwachsungen wie in Fig. 587, an denen einspringende Winkel nicht vorhanden sind. Nicht selten, besonders ausgezeichnet am Montmartre in Paris, werden diese Zwillinge linsenförmig (Fig. 588). Die eingeschriebenen, dem fasrigen und muschligen Bruch entsprechenden Linien, sowie die schematische Figur eines entsprechenden ebenflächig begrenzten Krystalls machen einen solchen Zwilling ohne Weiteres verständlich. Die krummen Flächen, welche den einspringenden Winkel bilden, gehören dem hinteren Augitpaar n, die grossen Flächen, welche oben die spitze Ecke bilden, den Flächen l

und *o* an. Manche langprismenförmige Krystalle, z. B. die von Reinhardsbrunn in Thüringen, sind oft sehr complicirt, hin und her geknickt nach einer auf der Kante *f/f* senkrechten, in dem Blätterbruch *P* liegenden Richtung; es sind wahrscheinlich Zwillinge nach einer noch nicht näher bekannten Zw. Fl., welche der oben angedeuteten neben β vorhandenen Gleitfläche entspricht. Nicht selten sieht man auf Spaltungsplatten nach *P* senkrecht zur Kante *f/f* geradlinige treppenförmige Falten wie beim Glimmer (Fig. 490) sich hinziehen, welche ebenfalls mit Gleitflächen und Zwillingsbildung zusammenhängen.

Milde. H. = 2. G. = 2,2—2,4. Glasglanz, auf *P* perlmutterglänzend und irisirend. Durchsichtig und wasserhell bis undurchsichtig. Farblos, roth, gelb, grau, braun bis schwarz. Opt. A. E. *ac*, die — M. L. geht durch den stumpfen Axenwinkel $\beta = a/c$ und macht ca. 50° mit der Axe *c*, wie der Pfeil auf *P*, Fig. 580, zeigt, Der opt. Axenwinkel ist gleich 60° ca. bei gewöhnlicher Temperatur. Ausgezeichnete geneigte Dispersion; bei Erhöhung der Temperatur nähern sich die opt. Axen, auch die M. L. ändert ihre Lage etwas; die eine Axe bewegt sich rascher als die andere, wie man im Polarisationsinstrument leicht sieht. Bei ca. 150° C. fallen beide Axen zusammen (die Temperatur ist für verschiedene Farben etwas verschieden): sodann gehen die Axen senkrecht zur S. E. *ac* wieder auseinander, um so mehr, je höher die Temperatur, und die Dispersion ist nun horizontal. Die Ausdehnung durch die Wärme ist in verschiedenen Richtungen sehr verschieden (182); Pyroelektricität vergl. (184a). Bei einer wenig über 100° steigenden Temperatur geht das H_2O fort und wird von dem Pulver nachher sehr rasch und unter bedeutender Wärmeentwicklung wieder aufgenommen, wenn die Erwärmung nicht zu weit gegangen war; das mit Wasser angerührte Pulver erstarrt dabei sehr schnell (Anwendung zu Gypsabgüssen etc.). Nach zu starkem Erhitzen wird das Wasser nicht wieder rasch aufgenommen, der Gyps ist „todtgebrannt" und verhält sich dann wie Anhydrit. Im Wasser in ca. 420 Theilen bei gewöhnlicher Temperatur, also verhältnissmässig leicht löslich; von Säuren nicht mehr angegriffen, als vom Wasser. V. d. L. zu weissem Email schmelzbar, mit Flussspath leicht zusammenfliessend (vergl. diesen).

Der Gyps ist ein ausserordentlich verbreitetes Mineral und findet sich theils in deutlich ausgebildeten Krystallen, theils in späthigen, auch typisch flasrigen, derben Aggregaten, endlich als körnige bis dichte Masse, und in dieser Form ist er ganz besonders wichtig. Die Krystalle bilden sich sehr leicht; sie sind theils eingewachsen und zwar entweder im Thon, z. B. in der Braunkohlenformation der Mark und Ostpreussens, ferner bei Oxford in England und an sehr vielen anderen Orten, oder im körnigen Gyps, z. B. am Montmartre etc., theils findet er sich aber auch auf Klüften und Hohlräumen aufgewachsen, besonders auf Steinsalzlagerstätten, in denen der Gyps stets massenhaft vorkommt und eine wichtige Rolle spielt, und im dichten oder körnigen Gyps. Solche aufgewachsenen Gypskrystalle, langprismatisch bis nadelförmig, auch zu sternförmigen Drusen gruppirt, finden sich im Gypsgebirge zu Reinhardsbrunn, bei Wilhelmsglück in Württemberg, Bex im Canton Wallis, im Salzkammergut und noch an unzähligen anderen Orten, ebenso auf den Schwefellagern von Girgenti etc. in Sicilien; auf Erzgängen ist er selten. Derbe, blättrige, wasserhelle Aggregate (Marienglas, Fraueneis) sind namentlich nesterweise im dichten und körnigen Gyps eingeschlossen; bekannt ist das Vorkommen sehr grosser Gypsplatten bei Aschersleben. Der seidenglänzende Fasergyps bildet dünne Schnüre im Thon und dichten Gyps, die Fasern sind parallel und stehen auf den Spaltenwänden senkrecht. Auch oolithischer Gyps kommt zuweilen vor. Körniger und dichter Gyps findet sich in gewaltigen Massen, Berge bildend, wie Anhydrit und mit diesem zusammen, so dass der Gyps die äussere Schale, der Anhydrit den Kern bildet. So findet er sich fast in allen geologischen Formationen, in Norddeutschland hauptsächlich im Zechstein, in Süddeutschland in der Trias, bei Paris und in Galizien (Wieliczka) im Tertiär etc., vielfach das Muttergestein anderer Mineralien (Quarz, Boracit, Schwefel, Aragonit, Dolomit etc.) bildend.

Die grossen Gypsmassen sind Absätze aus Meereswasser; entweder hat sich dabei unmittelbar Gyps gebildet, oder zunächst Anhydrit, der dann nachträglich durch Wasseraufnahme in Gyps überging. Die Krystalle sind theils durch Auflösen des Gypses im Wasser und Wiederabsatz an einer anderen Stelle entstanden, so namentlich alle die aufgewachsenen Krystalle des Salz- und Gypsgebirges; oder sie haben sich unter Vermittlung der Schwefelsäure verwitternder Kiese gebildet, wie z. B. die im Thon eingewachsenen Krystalle, deren CaO aus dem Thon, SO_3 aber aus dem im Thon eingewachsenen Pyrit stammt. Als vulkanische Bildung ist Gyps selten (Vesuv, Vulkano). In einem Sandstein der Sahara bildet Gyps das Bindemittel, in manchen Gypskrystallen finden sich zahlreiche Quarzkörner, ähnlich wie im Kalkspath von Fontainebleau. Gyps entsteht aus Anhydrit durch Wasseraufnahme, zuweilen auch umgekehrt Anhydrit aus Gyps durch Wasserabgabe. Der weisse schuppige Schaumspath (Aphrit, pag. 376) im Zechstein Thüringens ist eine Pseudomorphose von Aragonit nach Gyps. Selten als Versteinerungsmittel (z. B. am Asberg in Württemberg).

Die technische Verwerthung des Gypses ist sehr mannigfaltig; als Düngemittel, zu Mörtel und Gypsabgüssen etc. Manche Varietäten, besonders die rein weissen und starkdurchscheinenden des körnigen und dichten Gypses eignen sich zu Bildhauerarbeiten, dies ist der sog. *Alabaster;* berühmt ist der von Volterra in Toskana; auch zu Glasuren, in der Porcellanfabrication etc. wird Gyps verwendet.

(Laspeyres, Tschermak, Min. Mitthlgn. 1875. Brezina, ebenda 1872. Reusch, Sitzgsber. Berl. Akad. 1883. Coromilas, Diss. Tübingen 1877. E. Neumann, Pogg. Ann. 27. V. v. Lang, Sitzgsber. Wiener Akad. 1877. Hammerschmidt (bei Anhydrit). Hessenberg, Min. Notizen.)

Wenig wichtig ist eine Anzahl von wasserhaltigen Kupfersulphaten:

Brochantit, $Cu_4SO_7 . 3H_2O$; kleine, dunkelgrüne, rhombische Kryställchen und fasrige Aggregate; in H_2O nicht löslich. Bei Rezbanya im Banat, am Ural, in Chili mit andern Kupfererzen. Als vulkanisches Sublimationsproduct auf einer Lava bei Krisuvig in Irland *(Krisuvigit)*. *Langit*, $Cu_4SO_7 . 5H_2O$, rhombisch, grünlichblau; Cornwall; ein lichtblaues Gemenge von L. mit Gyps ist *Devillin* genannt worden. *Herrengrundit* (Urvölgyit), etwas *Ca*-haltig vielleicht von eingewachsenem Gyps; dünne grüne Plättchen von Herrengrund in Ungarn. *Kupfervitriol* (Chalkanthit), $CuSO_4 . 5H_2O$; triklin, Krystalle (Fig. 204) natürlicher Entstehung wegen der leichten Löslichkeit in Wasser kaum bekannt. Findet sich meist als Verwitterungsproduct *Cu* und *S* enthaltender Mineralien, z. B. Kupferkies als blauliches Pulver oder in Form von dunkelblauen mehr oder weniger deutlich krystallinischen Krusten oder Stalaktiten auf Kupfererzgruben, so im Rammelsberg bei Goslar, in Cornwall, im Banat, bei Rio tinto in Spanien, bei Laurium in Griechenland etc. In Grubenwasser oft gelöst und kann dann mittelst Eisen Kupfer aus der Flüssigkeit abgeschieden werden (Cementwasser, Cementkupfer). (Pape, Pogg. Ann. Erg.-Bd. 6.) Bei niederer Temperatur bilden sich Krystalle $CuSO_4 . 7H_2O$ von der Form des Eisenvitriols.

Isodimorphe Reihe der Vitriole.

$RSO_4 . 7H_2O$: monoklin und rhombisch.

Monoklin:		rhombisch:	
Eisenvitriol:	$FeSO_4 . 7H_2O$;	Tauriscit:	$FeSO_4 . 7H_2O$;
Pisanit:	$(Fe,Cu)SO_4 . 7H_2O$;		
Mallardit:	$MnSO_4 . 7H_2O$;	Fauserit:	$MnSO_4 . 7H_2O$;
Kobaltvitriol:	$CoSO_4 . 7H_2O$;		
		Bittersalz:	$MgSO_4 . 7H_2O$;
Cupromagnesit:	$(Cu,Mg)SO_4 . 7H_2O$;		
		Zinkvitriol:	$ZnSO_4 . 7H_2O$;
		Nickelvitriol:	$NiSO_4 . 7H_2O$.

Eisenvitriol (Melanterit), $FeSO_4 . 7H_2O$, bildet sich als Verwitterungsproduct von Eisenkies und ähnlichen Mineralien in Gestalt von grünen, weisslich verwitternden, körnigen, zuweilen fasrigen Krusten, Stalaktiten etc., auch erdige Beschläge; Krystalle selten. Rammelsberg bei Goslar, Grube Gieshübel bei Bodenmais, Schwarzenberg im Erzgebirge, Herrengrund in Ungarn, Fahlun in Schweden etc. Ein atwas *Mn*-haltiger Eisenvitriol von der Silbergrube Luckyboy in Utah ist *Luckit* genannt worden. *Tauriscit* (siehe unten). *Pisanit*, $(Fe,Cu)SO_4 . 7H_2O$ ist ein *Cu*-reicher Eisenvitriol aus einem türkischen Kupferbergwerk; etwas Aehnliches kommt von Massa Marittima in Toskana. *Manganvitriol* (Mallardit), $MnSO_4 . 7H_2O$, parallel fasrige, leicht lösliche Massen von der Silbergrube Luckyboy in Utah (siehe unten Fauserit). *Kobaltvitriol* (Bieberit), $CoSO_4 . 7H_2O$, blassrosenrothe Anflüge oder Krusten von Bieber bei Hanau. *Cupromagnesit*. $(Cu,Mg)SO_4 . 7H_2O$, grüne Ueberzüge auf Vesuvlava von 1872.

Bittersalz (Epsomit).

$MgSO_4 . 7H_2O$; 16,3 MgO, 32,5 SO_3, 51,2 H_2O. Rhombische Prismen von 90° 38′ (Fig. 186), beinahe quadratisch, und ein rhombisches Oktaëder, das zuweilen hemiëdrisch als Tetraëder ausgebildet ist. Natürliche Krystalle kommen kaum vor (Anthrazitgrube von Peychagnard, Dep. Isère), da das Bittersalz sehr leicht in Wasser löslich ist; daher schmeckt es auch auf der Zunge und zwar bitterlich-salzig. Es ist farblos oder zufällig gefärbt und findet sich in Form von Anflügen, Ausblühungen, körnigen und fasrigen Krusten und Stalaktiten etc., vielfach auch im

Quellwasser gelöst (Bitterwasser), z. B. bei Epsom (Epsomit) in England, Saidschütz und Püllna in Böhmen, Ofen in Ungarn etc.; auch im Meerwasser. Als Ausblühung in den russischen Steppen an der unteren Wolga, in der Nähe des Eltonsees etc.; vielfach im Gyps, z. B. am Montmartre bei Paris, in Aragonien etc. Auf Thonschiefer in den Quecksilbergruben von Idria (dort *Haarsalz* genannt); durch *Co* rothgefärbte Stalaktiten bei Herrengrund in Ungarn, auch bei Kremnitz; als Zersetzungsproduct der alpinen Talkschiefer etc. durch verwitternden Schwefelkies auch im Gletscherwasser, aus dem es sich in sehr unreinem Zustande ausscheidet *(Gletschersalz)*; in Peru, Chili; in einer Höhle am Bosjemansriver in Südafrika etc. Entsteht in derben körnigen Massen als sog. *Reichardtit* aus Kieserit ($MgSO_4 . H_2O$) durch Wasseraufnahme; Stassfurt.

Zinkvitriol (Goslarit), ein Verwitterungsproduct von Zinkblende in Erzgruben in Gestalt von weissen krustenförmigen Ueberzügen und Stalaktiten. Rammelsberg bei Goslar, bei Schemnitz in Ungarn, Fahlun in Schweden. *Nickelvitriol* (Morenosit), smaragdgrün, fasrig, haarförmig, auch dicht. Riechelsdorf in Hessen, am Cap Ortegal in Spanien, am Huronsee in Nordamerika. *Fauserit* (Manganvitriol z. Th.) bildet ziemlich grosse, röthlich- und gelblichweisse, durchsichtige Krystalle und körnige Stalaktiten bei Herrengrund in Ungarn. *Tauriscit*, mit Eisenvitriol zusammen an demselben Stück, von der Windgälle in der Schweiz; die schönen hellgrünen Krystalle sind bittersalzartig.

$\overline{Al}$-*Sulphate.*

Aluminit. $\overline{Al}SO_6 . 9H_2O$, bildet milde weisse Knollen kleiner doppeltbrechender, schuppiger oder prismatischer Kryställchen; bei Halle a/S. im Braunkohlensande, Mühlhausen bei Kralup in Böhmen, Auteuil bei Paris, New-Haven in Sussex (Websterit), bei Brighton als Spaltenausfüllung. Aehnlich ist der *Felsöbanyit* von Felsöbanya in Ungarn, weisse Knollen auf Schwerspath, $\overline{Al}_2SO_9 . 10H_2O$. Beide nicht in H_2O löslich. *Keramohalit* (Haarsalz, Halotrichit), $\overline{Al}S_3O_{12} . 18H_2O$; haarförmige Kryställchen oder fasrige Aggregate, farblos oder gelb, mit nieriger Oberfläche; in H_2O löslich; besonders in der Braunkohlenformation von Freienwalde bei Berlin, Kolosoruk in Böhmen etc.; in der Steinkohlenformation bei Potschappel in Sachsen, über dem Steinkohlenbrand von Dudweiler; bei Königsberg in Ungarn, bei Adelaide in Australien in Menge; auch als Fumarolenproduct der Vulkane.

$\overline{Fe}$-*Sulphate.*

Coquimbit. $\overline{Fe}S_3O_{12} . 9H_2O$, dicktafelförmige, hexagonale Krystalle, meist aber feinkörnige Aggregate; farblos, gelblich, bläulich, grünlich; Coquimbo in der Provinz Copiapo in Chili. Ebendort die ganz gleich zusammengesetzten regulären Oktaëder des *Blackeit.* Mit C. findet sich auch der gelbe in einer Richtung leicht spaltbare und perlmutterglänzende, rhombische *Copiapit*, $\overline{Fe}_2S_5O_{21} . 13H_2O$ und der gelblichweisse oder grüne, radialfasrige Krusten bildende *Fibroferrit*, sowie der fasrige, grünlichgelbe *Stypticit* von sehr ähnlicher Zusammensetzung. Aehnliche Mineralien von anderen Fundorten und, wie die vorigen, Zersetzungsproducte von Schwefelkies oder Oxydationsproducte des Eisenvitriols sind: *Misy*, $\overline{Fe}_4S_9O_{39} . 11H_2O$, citronengelbes krystallinisches Pulver vom Rammelsberg bei Goslar. *Ihleït*, $\overline{Fe}S_3O_{12} . 12H_2O$; röthlichgelbe Ausblühungen des mit dem Graphit von Mugran im Böhmerwald vorkommenden Schwefelkieses. *Glockerit*, $\overline{Fe}_2SO_9 . 6H_2O$, braune Stalaktiten von Obergrund bei Zuckmantel in Oesterreichisch-Schlesien mit Stilpnomelan. Dieselbe Zusammensetzung hat der *Vitriolocker*, eine ockergelbe, pulvrige Substanz von Fahlun in Schweden und vom Rammelsberg bei Goslar. *Tekticit* (Braunsalz), braune, büschelförmig gruppirte Kryställchen, zerfliesslich, vom Graul bei Schwarzenberg in Sachsen. *Apatelit*, gelbe, schuppige Aggregate, $Fe_3S_5O_{24} . 2H_2O$; im Thon von

Auteuil in Frankreich. *Pissophan*, colophoniumähnlich, grün, braun und gelb, $Fe_2SO_9 . 15H_2O$, von Saalfeld in Thüringen und Reichenbach in Sachsen. Alle diese Mineralien sind nahe verwandt und wohl z. Th. nicht wesentlich von einander verschieden. Der rhomboëdrische *Uthait* von Utha ist $Fe_3S_3O_{18}H_2O$.

U-haltige Sulphate.

Uranvitriol (Johannit): $USO_4 . H_2O$(?), ein grünes, in nierenförmigen Aggregaten vorkommendes Zersetzungsproduct des Uranpecherzes von Joachimsthal im Erzgebirge. SO_3-haltig sind noch manche andere Umwandlungsproducte des letzt genannten Minerals.

Doppelsulphate.

Polyhalit.

$2CaSO_4 . MgSO_4 . K_2SO_4 . 2H_2O$; 45,17 $CaSO_4$, 19,92 $MgSO_4$, 28,93 K_2SO_4, 5,89 H_2O. Keine deutlichen Krystalle bekannt, meist derbe, nach zwei unter 115° gegen einander geneigten Flächen ziemlich vollkommen spaltbar; auch langstenglig, fasrig bis dicht; nach dem optischen Verhalten wahrscheinlich monoklin. Weiss, grau, roth; durchscheinend; fett- bis perlmutterglänzend. G. = 2,7—2.8. H. = 3. In H_2O theilweise löslich, Gyps bleibt zurück; leicht schmelzbar. Hellgrauer, feinkörniger P. in dünnen Schnüren mit Steinsalz wechsellagernd, zu Stassfurt in der darnach sogenannten Polyhalitregion (der zweiten von unten); rother grosskörniger stengliger und fasriger P. in den Steinsalzlagern der Alpen: Ischl, Berchtesgaden etc., an allen diesen Orten im unteren Theil der ganzen Ablagerung.

Syngenit (Kaluszit), $K_2SO_4 . CaSO_4 . H_2O$. Monoklin; langgestreckte, tafelförmige Krystalle bilden Drusen; farblos und durchsichtig; mit Sylvin und Steinsalz bei Kalusz in Galizien. (v. Zepharovich, Sitzgsber. Wiener Akad. Bd. 67. Rumpf Tschermak, Min.Mitthlgn. Bd. II. 1872.) *Blödit*; $Na_2SO_4 . MgSO_4 . 4H_2O$. Monoklin, deutliche Krystalle mit vielen Flächen von Ischl, Hallstadt und Stassfurt, hier auf einer Druse im Carnallit; (G. v. Rath, Pogg. Ann. Bd. 144. Groth, Zeitschr. d. deutsch. geol. Ges. 1871 pag. 670); findet sich auch in den Salzlagern im Pendschab in Indien. (Schimper. Zeitschr. Kryst. Bd. I. pag. 70; sog. Warthit). *Simonyit*; sind die meist feinkörnigen bis dichten Aggregate des Blödits von Ischl und Hallstadt genannt worden. Ausser an den genannten Orten findet sich der Bl. auch als Ablagerungen gewisser Seen der unteren Wolga mit Steinsalz (*Astrakanit*). *Loewëit* $2Na_2SO_4 . 2MgSO_4 . 5H_2O$; quadratisch, doch beinahe nur derb bekannt; mit Anhydrit bei Ischl.

Isomorphe Reihe des Alunit.

Alunit.	$K_2SO_4 . Al_3S_3O_{18} . 6H_2O$,	rhomboëdrisch, a : c = 1 : 1,252,	und des
Jarosit.	$K_2SO_4 . Fe_3S_3O_{18} . 6H_2O$,	a : c = 1 : 1,250.	

Alunit (Alaunstein).

11,33 K_2O, 37,10 AlO_3, 38,56 SO_3, 13,01H_2O. Kleine Rhomboëderchen von 89° 10′ S. K. mit basischer Spaltbarkeit; selten andere Formen: auf Drusenräumen der meist körnigen, dichten oder auch erdigen Masse. G. = 2,6—2,8. H. = 3½—4; häufig härter wegen Beimengung von Quarz und anderen Mineralien. Durchscheinend, farblos, röthlich, gelblich etc.

In concentrirter H_2SO_4 gar nicht, in HCl schwer löslich. Nach dem Glühen von Wasser zersetzt, das Alaun auszieht. Hierauf beruht die Verwendung zur Herstellung des Alauns. Findet sich in Ungarn an verschiedenen Orten, so bei Muszay, Beregszaz etc.; bei Tolfa in der Gegend von Civita vecchia, am Mont Dore in Frankreich, auf der Insel Milo etc. Stets mit Trachyt in Verbindung, aus dem er durch Zersetzung mittels SO_2-haltiger Dämpfe entstanden ist (208).

Sehr ähnlich ist der *Löwigit* zusammengesetzt, der aber $9H_2O$ hat; gelbliche amorphe Knollen, in HCl löslich; in der Steinkohlenformation von Zabrze in Oberschlesien, von Muszay in Ungarn und von Tolfa.

Jarosit. Stark glänzende, braune bis honiggelbe, durchscheinende Rhomboëderchen, basisch spaltbar, von 89° 8′ (S. K.), auf körnigen Aggregaten sitzend, von dem Jarosogange in der Sierra Almagrera, bei Beresowsk, auch bei Hauptmannsgrün und Schwarzenberg in Sachsen auf Brauneisenstein. Etwas ganz Aehnliches ist das *Gelbeisenerz* (nicht Gelbeisenstein, pag. 353), gelbe, knollige oder plattige Partien von muschligem oder erdigem Bruch, ein Zersetzungsproduct des Schwefelkieses von Tschermig und Kolosoruk in Böhmen, Modum in Norwegen etc.

Gruppe der Alaune.

Sehr wenig wichtig, fast nie in deutlichen Krystallen. *Kalialaun*, $K_2SO_4 . \overline{Al}S_3O_{12} . 24H_2O$. Bildet mehlartige weisse Efflorescenzen auf kieshaltigen Thonen und Schiefern (Alaunthone und -schiefer) an vielen Orten; auch als Sublimationsproduct auf brennenden Kohlenfeldern und in Vulkanen. *Natronalaun* (Mendozit), weisse, fasrige Aggregate von Mendoza in Argentinien und auf der Insel Milo. *Ammoniakalaun* (Tschermigit), dünne, fasrige Platten in der Braunkohle von Tschermig in Böhmen; auch als vulkanisches Sublimationsproduct (Aetna, Solfatara etc.). Alaunähnlich zusammengesetzt aber mit nur $22H_2O$ und wahrscheinlich monoklin sind: *Magnesiaalaun* (Pickeringit), $MgSO_4 \overline{Al}S_3O_{12} . 22H_2O$, haarförmig von der Delagoabay in Südafrika. Eine isomorphe Mischung dieser beiden weiss, seidenglänzend von Iquique. *Manganalaun* (Apjohnit), $MnSO_4 . \overline{Al}S_3O_{12} . 22H_2O$, letzteren ist der *Bosjemanit* $(Mg, Mn) SO_4 . \overline{Al}S_3O_{12} . 22H_2O$, ein schneeweisses Aggregat langer Fasern aus einer Höhle am Bosjemans River in Südafrika mit Bittersalz. *Eisenalaun* (Halotrichit, Federalaun), $FeSO_4 . \overline{Al}S_3O_{12} . 22H_2O$; rothe, grüne oder weisse seidenglänzende Fasern bilden asbestähnliche Aggregate auf den Quecksilbergruben von Idria und in der Pfalz, bei Björkbakkagard in Finnland, am Urumiasee in Persien; ähnlich ist das sog. *Hversalt* von Island, auf vulkanischen Gesteinen, etwas MgO und $\overline{Fe}O_3$-haltig. *Dietrichit* $(Zn, Fe, Mn)SO_4 . \overline{Al}S_3O_{12} . 23H_2O$ von Felsöbanya.

Von noch weiter abweichender Zusammensetzung ist der *Voltait*, $FeSO_4 . \overline{Fe}S_3O_{12} . H_2O$; der H_2O-Gehalt nicht genau bekannt, schwarzgrüne, fettglänzende, reguläre Kryställchen vom Rammelsberg bei Goslar, Kremnitz in Ungarn und aus den Fumarolen der Solfatara. Ferner schliesst sich hieran der *Roemerit*, $FeSO_4 . \overline{Fe}S_3O_{12} . 12H_2O$, mit einem kleinen Zn-gehalt, monoklin, hell- bis dunkelbraunviolett, in H_2O löslich; in den alten Halden des Rammelsberges und in Persien. Ganz ähnlich ist der gleichfalls monokline, in kleintraubigen fasrigen Aggregaten vorkommende, stark dichroitische, braungelbe *Botryogen* von Fahlun. Der *Urusit*, $2Na_2O . \overline{Fe}O_3 . 4SO_3 . 8H_2O$, aus kleinen gelbrothen, rhombischen Kryställchen zusammengefügte weiche Knollen von der Hochfläche Urus auf der Insel Tscheleken im kaspischen Meer, mit Eisenvitriol. *Ettringit*, $6CaO . \overline{Al}O_3 . 3SO_3 . 32H_2O$; feine hexagonale Nädelchen in Kalkeinschlüssen, in dem vulkanischen Gestein des Ettringer Bellerberges am Laacher See.

Ein basisches Kupferaluminiumsulphat ist der *Lettsomit* (Kupfersammeterz), hellsmalteblaue, haarförmige rhombische Individuen bilden sammetähnlich glänzende Kügelchen und Polster. Moldawa im Banat, Grube La Garonne im Dep. du Var in Frankreich. Aehnlich zusammengesetzt ist der blaue durchsichtige *Woodwardit* von Cornwall.

XIV. Klasse.

Mineralsubstanzen organischen Ursprungs.

Einige Salze organischer Säuren sind homogen, die andern Mineralien dieser Klasse sind alle mehr oder weniger complicirte, wenn auch z. Th. homogen aussehende Gemenge.

Salze organischer Säuren.

Honigstein (Mellit). $AlC_{12}H_{12} . 18H_2O$; 40,30 Honigsteinsäure $C_{12}O_9$, 14,36 AlO_3, 45,34 H_2O; in Wasser unlöslich. Niedere quadratische Oktaëder P; $P:P = 93^0 5'$ (S. K.); häufig sind die Endecken durch eine krumme Basis, die Seitenecken durch kleine Flächen des Prismas der andern Stellung abgestumpft. Die weissen oder gelben, auch rothgelben Krystalle zeigen muschligen Bruch, H. $= 2 — 2\frac{1}{2}$. G $=$ 1,57—1,64; Fettglanz; — D. Br., sind häufig scheinbar zweiaxig. Einzeln eingewachsen in der Braunkohle bei Artern und Esperstädt in Thüringen; als mikrokrystallinischer Ueberzug in der Braunkohle von Dransfeld bei Göttingen; findet sich ferner bei Luschitz in Böhmen, Walchow in Mähren etc.; ebenso in der Braunkohle von Milöwka im Gouv. Tula. V. d. L. ohne Geruch verkohlend, zuletzt bleibt ein weisser Rückstand von AlO_3. *Oxalit* (Humboldtin). $2FeC_2O_4 . 3H_2O$, haarförmige Krystalle, auch derb, erdig, traubig, ähnlich dem Gelbeisenerz, gelb, schwach fettglänzend; in der Braunkohle von Grossallmerode in Hessen, Luschitz und Kolosoruk bei Bilin in Böhmen, Gegend von Duisburg etc. *Whewellit* (Oxalsaurer Kalk). $CaC_2O_4 . H_2O$; monoklin, auf einer Kluft im Liegenden eines Steinkohlenflötzes bei Burgk im Plauenschen Grund bei Dresden; auch an einem unbekannten Fundort (Ungarn?) auf Kalkspath. *Thierschit*, grauliche warzige Krusten von Kalkoxalat auf den Marmorsäulen des Parthenon in Athen.

Kohlenwasserstoffe.

Erdöl (Naphta, Steinöl, Petroleum).

Eine Mischung vieler Kohlenwasserstoffe von verschiedener Zusammensetzung, bei sehr verschiedenen Temparaturen siedend. Sie sind alle von der Formel: $CnH2n—2$ und um so flüchtiger, je weniger C sie enthalten. Man kann sie daher durch fractionirte Destillation von einander trennen. Der Geruch ist aromatisch. Die Substanz ist theils leichtflüssig, dann auch hell gefärbt und oft stark fluorescirend (Naphta), oder gelb bis braun und dicker flüssig (Steinöl) oder endlich zähflüssig, fast schwarz (Bergtheer). Die dickflüssigen Varietäten enthalten Paraffin; übrigens wird auch das anfänglich leichtflüssige Erdöl beim Stehen an der Luft mit der Zeit dickflüssig und dunkel. Das ganz helle leichtflüssige Naphta kommt natürlich kaum vor, kann aber durch Destillation aus dem dunkleren leicht künstlich erhalten werden. G. $= 0,8 — 0,9$. Sorten, welche viele leichtflüchtige Kohlenwasserstoffe enthalten, entzünden sich sehr leicht, manche Lagerstätten derselben entwickeln so viel leichtentzündliche Gase, dass förmliche Gasquellen entstehen, die leicht Feuer fangen, z. B. bei Baku am kaspischen Meere. Findet sich in manchen Gegenden in ungeheuren Massen in Sedimentgesteinen, in denen es entweder in unterirdischen Becken stagnirt, so dass es beim Anbohren im Bohrschacht in die Höhe steigt oder gar als Springquell hoch über die Mündung emporsprudelt, oder es durchzieht die Sprünge und Spalten der Gesteine oder durchtränkt sie vollständig; dann quillt es vielfach an geeigneten Stellen mit dem Wasser an die Erdoberfläche. Häufig ist es mit Steinsalz zusammen. Besonders petroleumreiche Länder sind Nordamerika, vornehmlich Pennsylvanien, aber auch noch New-York und Ohio, sodann Britisch-Birma in der Gegend von Rangun; die Halbinsel Apscheron am kaspischen Meere; in Mittel-Europa besonders die Gegend von Peine in Hannover, die Gegend von Boryslaw in Galizien, in Italien an mehreren Orten, etc. Benützt wird es zur Bereitung von Brenn- und von Schmieröl; es ist wahrscheinlich ein Umwandlungsproduct von Pflanzenresten.

Asphalt (Erdpech, Judenpech, Bitumen).

Bald fest, bald flüssig, stets dunkel braunschwarz gefärbt. Der zähflüssige Asphalt gleicht dem Bergtheer, mit dem er durch allmählige Uebergänge verbunden ist. Der reine feste A. bildet eine braunschwarze, stark harzglänzende Masse von sehr vollkommen grossmuschligem Bruch, nicht sehr spröde, weich, H. = 2, G. = 1,2. Er riecht bituminös, schmilzt leicht und ist leicht entzündlich. In Alkohol, Aether, Erdöl und Terpentinöl ganz oder theilweise löslich. Nicht immer ist er rein, sondern häufig mit Sand und anderen unorganischen Substanzen gemengt, oder es sind Sandsteine, Kalk, Thonschiefer, Mergel etc. mit Asphalt imprägnirt, welche dann bituminös heissen, oder da sie beim Zerschlagen bituminös riechen, Stinkkalk, Stinkschiefer etc. Zu diesen Schiefern gehört jedenfalls theilweise die Blätterkohle (Dysodil, siehe diesen). Von diesen Schiefern können die imprägnirenden Kohlenwasserstoffe, die theilweise leicht flüchtig sind, abdestillirt werden; sie geben z. Th. ein klares, leicht flüssiges, petroleumähnliches Destillat, sog. Schieferöl, das auch wie Petroleum verwendet wird. Chemisch ist A. ein Gemenge mehrer, z. Th. O-haltiger Substanzen; in manchem A. ist der O-Gehalt gross (bis 23%), aber auch vielfach ganz gering ($O + N = 1\frac{1}{2}\%$), so dass er wohl an die Kohlenwasserstoffe anzuschliessen ist, auch wegen seiner vielfachen nahen Beziehungen zum Petroleum, aus dem er wohl durch Aufnahme von O etc. sich gebildet hat. Der C-Gehalt beträgt 67—88%, dazu ausser dem O noch 7—10% H. Der A. findet sich in Massen am Todten Meere, am Ufer Lager bildend und auf dem Wasser schwimmend; ebenso auf der Insel Trinidad; ferner in Hannover (Limmer); Elsass (Lobsan), in der Schweiz (Val de Travers) etc.; in kleineren Mengen, Chalcedon überziehend, in der Auvergne; auf Erzgängen (Andreasberg, Kongsberg, fälschlich Anthracit genannt); in den Eisensteinlagern von Dannemora etc. Zuweilen füllt er Spalten im Gebirge, so der glänzend schwarze *Albertit*, obsidianähnlich, aber weicher, in der Kohlenformation von Neu-Schottland, und der *Grahamit* aus Virginien. Asphaltähnlich ist auch der *Wallait*, welcher einen dünnen schwarzen Ueberzug auf Kalkspath oder Dolomitkrystallen des Rossnitz-Oslawaner Steinkohlenbeckens bildend, diese abformt und Umhüllungspseudomorphosen bildet. An den A. mehr als an die Kohlen schliesst sich wohl an die *Bogheadkohle* (Bituminit), welche mit Kännelkohle zusammen in manchen Gegenden bis 2' mächtige (Torbane-hill, bei Bathville in Schottland, daher auch Torbanit) Lager bildet, bei Pilsen in Böhmen, im Gouv. Tula in Russland, Australien etc. Es ist eine matte, weiche, schneidbare, aber zähe schwarze Masse mit hellem, gelbbraunem Strich, die sich sehr leicht entzündet und nicht schmilzt, mit weisser Flamme brennt und bei der trockenen Destillation viel Leuchtgas giebt; ist aber sehr aschenreich, 25% Asche. Zeigt keine Spur von Pflanzenstructur, ist also vielleicht ein sehr bitumenreicher Schiefer. Ein solcher ist auch der aus papiernen Plättchen bestehende *Dysodil* (Blätter- oder Papierkohle), und zwar ein bituminöser Kleb- (Diatomeen-) Schiefer; Climbach in Hessen, Rott bei Bonn, Westerwald, Kirchheim in Württemberg etc.

Ozokerit (Erdwachs, nat. Paraffin).

Bräunliche, gelbliche oder grünliche, gestreifte oder gefleckte, gelb oder roth durchscheinende, grobfasrige Massen von der Zusammensetzung CH_2 mit 85% C. Ist bei gewöhnlicher Temperatur halbfest und zähe, leicht (bei 52—82°) schmelzbar, schon zwischen den Fingern beginnt die Erweichung, lässt sich also in den Fingern kneten. In Terpentinöl und Benzol leicht, in Alkohol und Aether schwer löslich. G. = 0,94 — 0,97. Findet sich mit dem Petroleum zusammen in den dieses umschliessenden Sandsteinen und Schiefern, besonders in der Gegend von Slanik und Boryslaw in Galizien. Es wird mit dem Petroleum gewonnen und auf Paraffin verarbeitet. Aehnliche Substanzen vom kaspischen Meere sind *Neftgil* und *Kir* genannt worden. Mit Oz. ist wahrscheinlich identisch der *Hatchettin*, der eine reinere und z. Th. krystallinische Modification der Substanz darstellt; derselbe bildet weisse, schwach perlmutterglänzende, opt. 2axige, weiche, biegsame, zähe, fettig anzufühlende Plättchen ohne Geruch. G. = 0,6. Bologna, Wallis, Böhmen, Wettin bei Halle (sog. Chrismatin, butterartig). Dem Ozokerit ähnlich, aber im kalten Aether löslich, ist der *Urpethit*, der Hauptbestandtheil des sog. Ozokerits von Urpeth Colliery. Dagegen ist der sog. Ozokerit von Zietrisika in der Moldau vollkommen in Aether löslich und daher als

Zietrisikit von dem sonst ganz gleichen Ozokerit abgetrennt worden. In der Zusammensetzung ist von Oz. nicht verschieden der *Elaterit* (elast. Erdpech), also ebenfalls CH_2; auch er ist weich, biegsam, elastisch, zähe, etwas klebrig, röthlichbraun, an der Luft dunkler werdend; stark riechend. Als Ueberzug in derben Massen auf den Bleierzgängen von Castleton in Derbyshire und von New-Haven in Connecticut. Sehr paraffinreich wie der Ozokerit ist auch der *Pyropissit* (Wachskohle), der auf der Grenze zu den Harzen steht; eine lockere, sehr leichte, gelbliche oder bräunliche Masse, matt mit glänzendem Strich und etwas fettig; leicht schmelzbar und entzündlich; findet sich in der oberen Braunkohle von Gerstewitz u. a. O. bei Weissenfels (Prov. Sachsen) in 6—30″ mächtigen Schichten, z. Th. mit erdiger Braunkohle gemischt und dadurch gefärbt, ferner bei Helbra unweit Eisleben in 3—1‴ mächtigen Schichten, bei Asendorf und Etzdorf (Prov. Sachsen), bei Eger etc. und wird auf Paraffin verarbeitet.

Einige seltenere Kohlenwasserstoffe sind: *Fichtelit*, kleine, monokline, weisse Plättchen, C_5H_8, mit 87% C auf Klüften des bituminösen Nadelholzes im Torfmoor von Redwitz im Fichtelgebirge und bei Holtegaard in Dänemark, hier *Tekoretin* genannt. *Könleinit* bildet kleine spröde monokline Krystalplättchen, C_5H_4, ebenfalls bei Redwitz; *Scheererit*, CH_4, krummblättrige Krystalschuppen auf Kiefernholz in der diluvialen Braunkohle von Uznach in der Schweiz. Der *Hartit*, C_5H_8 bildet trikline, säulen- oder tafelförmige Kryställchen mit einer vollkommenen Spaltbarkeit, weiss, grau, gelb, in der Braunkohle von Oberhart bei Gloggnitz in Oesterreich und von Köflach u. a. O. in Steiermark. Der hyacinthrothe amorphe *Ixolith* von Oberhart soll dem Hartit ähnlich sein, schmilzt aber bei höherer Temperatur. Endlich ist zu erwähnen das *Idrialin*, C_3H_2 oder unter Berücksichtigung eines kleinen O-Gehalts $C_{40}H_{27}O$, weiss, mit Zinnober und anderen unorganischen Stoffen gemischt, das Quecksilberbranderz bildend (siehe dieses); selten rein ohne diese; lässt sich durch Terpentinöl ausziehen. Idria in Krain. Auch auf der Quecksilbergrube New-Almaden in Californien findet sich mit dem Zinnober zusammen ein Kohlenwasserstoff, der rhombisch krystallisirte, flüchtige, in Terpentinöl, Alkohol und Aether unlösliche *Aragotit*.

Harze.

Bernstein (Succinit).

Der Bernstein ist das wichtigste unter den fossilen Baumharzen. Er findet sich in Stücken von weniger als Erbsengrösse bis zu 20 *U.*, vorzugsweise und in grossen Quantitäten in den preussischen Ostseeländern, namentlich in Ostpreussen. Seine ursprüngliche Lagerstätte ist hier eine verschieden, aber stets wenig mächtige Schicht eines feinkörnigen, thonigen, grünen glaukonitischen Sandes der dortigen untern Tertiärformation (sog. blaue Erde). In dieser ist der Bernstein in so grosser Menge enthalten, dass in jedem Kubikfuss der Schicht ein oder mehrere Stücke von grösserem oder geringerem Volumen liegen. Aus dieser wird das Mineral vielfach von Gewässern verschiedener Art ausgewaschen, fortgeführt, und an anderen Stellen in z. Th. reichlicher Menge wieder abgelagert. Auf die Weise gelangt der B. nester- und strichweise in die Diluvial- und Alluviallagerungen. Eine sehr reiche Alluvialablagerung dieser Art findet sich vom nordöstlichen Theil des kurischen Haffes bedeckt, in der Nähe von Memel, bei Schwarzort auf der kurischen Nehrung. Vielorts wird der aus der blauen Erde ausgewaschene B. aber auch heutzutage noch an der Erdoberfläche abgelagert, namentlich am Strande der Ostsee. Auf deren Grund streicht die Bernsteinschicht mehrorts zu Tage aus, wird von den Meereswellen zerstört und der darin enthaltene Bernstein bleibt entweder auf dem Meeresgrunde liegen oder er wird bei heftigen landeinwärts gerichteten Winden mit den Tangmassen vom Boden losgerissen und ans Ufer geworfen, so namentlich am samländischen Weststrande, der nicht selten mit kleinen Bernsteinstückchen dicht übersäet ist.

Dass der Bernstein ein Baumharz ist, folgt aus seiner ganzen Beschaffenheit unzweideutig. Er findet sich vielfach in übereinander geflossenen, aus zahlreichen dünnen Lamellen bestehenden, zapfen-, röhren-, faden-, tropfsteinförmigen und sonstigen Gebilden, welche auf Erstarrung aus einem ursprünglich zähflüssigen Zustande hinweisen (sog. Schlauben); häufig ist er aber auch vollkommen compact und massiv, in Form runder Tropfen oder unregelmässig stumpfeckiger und rundlicher Stücke mit glatter oder warziger, zerborstener, rauher Oberfläche, und zwischen der vollkommen compacten Beschaffenheit und dem Aufbau aus dünnen Lamellen finden sich alle möglichen Uebergänge. Ausserordentlich häufig, und zwar fast ausschliesslich im klaren, kaum je im trüben Bernstein, besonders in den schaligen Schlauben sind Insecten eingeschlosssen, vorzugsweise Dipteren, aber auch Neuropteren, Ameisen, Käfer, Blattiden etc., sowie Spinnen, und als Seltenheit auch Landschnecken; alles an Bäumen lebende Thiere, welche vom fliessenden Harz umhüllt wurden. Sehr verbreitet sind auch undeutliche mulmige, kohlige Pflanzenreste, um so seltener dagegen deutlich erkennbare und bestimmbare vollständigere Pflanzentheile, Nadeln, Blätter, Blüthen etc. Schon grössere Holzstücke kommen nicht häufig vor, was mit der leichten Zerstörbarkeit des Holzes und der geringen Zersetzbarkeit des Harzes zusammenhängt. Uebrigens enthält der B. auch Einschlüsse anderer Art, so namentlich zuweilen flüssigkeitserfüllte Poren und Hohlräume, Schwefelkies in dünnen Lamellen auf feinen Rissen und Spalten von secundärer Entstehung und Anderes.

Die Bäume, welche das Harz geliefert haben, das uns heute als Bernstein vorliegt, sind Coniferen, welche Pinites succinifer genannt worden sind. Es sind aber wohl mehrere Arten von Bäumen gewesen, welche Bernstein erzeugt haben, so dass dieser Name als Sammelname für mehrere nicht sicher unterscheidbare Species anzusehen ist.

Auch in chemischer Beziehung hat der Bernstein das Wesen eines Harzes. Die Zusammensetzung ist mit der gleich zu erwähnenden physikalischen Beschaffenheit etwas schwankend. Die Analysen des reinen B. haben neben ca. $\frac{1}{5}$ % unorganischer Aschenbestandtheile im Mittel ergeben: 79 C; 10,5 H; 10,5 O, was der Formel: $C_{10}H_{16}O$ entspricht. Es ist aber kein einheitlicher Körper, sondern ein Gemenge mehrerer Substanzen, wie man aus den Löslichkeitsverhältnissen und aus dem Verhalten in der Hitze erkennt, wobei man zwar stets dieselben Produkte, aber bei den verschiedenen Bernsteinsorten in etwas verschiedenen Mengen enthält.

In Wasser ist der B. unlöslich, Alkohol, Aether, Chloroform und Terpentinöl lösen in der Wärme $\frac{1}{4}$—$\frac{1}{5}$ davon auf. In Alkohol löst sich aus dem feinen Pulver in der Wärme 17—22 % eines bei 105° schmelzbaren Harzes; in Aether 5—6 % eines in Alkohol unlöslichen, bei 145° schmelzbaren; und in alkoholischer Kalilauge 7—9 % eines in Alkohol und Aether unlöslichen, bei 175° schmelzbaren Harzes. Dazu kommen ca. 45 % eines in allen diesen Mitteln unlöslichen Rückstandes, des sog. Bernsteinbitumens und 3,2—8,2 % Bernsteinsäure, welche mit Kalilauge ausgezogen werden kann und welche aus Bernstein auch technisch dargestellt wird. Letztere ist in ganz frischen Stücken in geringer Menge (ca. 3 %) vorhanden, nimmt an Menge um so mehr zu, je stärker verwittert das Stück ist, und findet sich in grösster Menge (8 %) in ganz zersetzten Stücken. Es ist daher zu vermuthen, dass diese Säure jedenfalls in ihrer Hauptmenge gar kein ursprünglicher Bestandtheil des Bernsteinharzes gewesen, sondern erst durch theilweise Umwandlung desselben entstanden ist. Concentrirte Schwefelsäure löst pulverisirten B. schon in der Kälte, conc. kochende Salpetersäure zersetzt denselben vollständig.

Bei der Erhitzung erweicht der B., bläht sich auf und giebt einen charakteristischen Geruch von sich. Bei 280—290° schmilzt er unter Zersetzung und Ausstossung weisser Dämpfe. Es geht, bes. bei den trüben Sorten, etwas Wasser, sodann etwas ätherisches Bernsteinöl und andere flüchtige Bestandtheile, namentlich die Bernsteinsäure weg und es bleiben ca. 70 % einer nicht flüchtigen glänzend schwarzen Substanz, des Bernsteincolophons zurück, die sich in Leinöl und Terpentinöl löst und so den Bernsteinfirniss und -Lack giebt, der wegen grosser Härte ausgezeichnet brauchbar, aber wegen zu dunkler Farbe doch nur von beschränkter Verwendung ist. Beim Kochen in Leinöl wird der B. ohne wesentliche Aenderung des Aussehens und ohne weitergehende Zersetzung weich, und einzelne kleinere Stücke lassen sich dann zu grösseren zusammenpressen; doch ist das Verfahren noch nicht ausgebildet genug, um im Grossen Verwendung finden zu können, und derartig gebildete grössere Stücke sind als solche von ursprünglich einheitlichen vom Kenner leicht zu unterscheiden.

Bei höherer Temperatur entzündet sich der B. und brennt mit heller Flamme unter Entwicklung des erwähnten charakteristischen aromatischen Geruchs; daher findet der B. auch als Räucherwerk zuweilen Verwendung.

Das Aussehen des Bernsteins ist ebenfalls das eines Harzes, der Glanz ist Harzglanz, am ähnlichsten ist es dem Copal. Die Farbe ist im allgemeinen gelb: sie geht vom beinahe farblosen, das aber sehr selten ist, durch alle Nüancen bis ins Braun; sehr selten sind grüne, blaue und rothe Farben; helle Stücken werden am Licht und an der Luft dunkler. Der meiste B. ist durchsichtig und klar; sehr häufig ist er aber auch trübe, und zwar entweder, wie es scheint, infolge einer gleich beim Erstarren aufgenommenen kleinen Wassermenge, oder in Folge tiefer gehender späterer durch Verwitterung hervorgebrachter Umwandlung; z. Th. ist aber die Beschaffenheit des Bernsteins wohl auch davon abhängig, ob er ursprünglich bei kaltem oder warmem, trockenem oder nassem Wetter, oder überhaupt davon, dass er unter verschiedenen Umständen ausgeflossen ist. Auch der trübe B. ist immer noch stark durchscheinend, er ist kaum jemals ganz gleichmässig, sondern fast stets durch Abwechselung klarerer und trüberer Stellen gewolkt und geadert, geflammt oder sonstwie gezeichnet, wobei die durch verschiedene Farben und Klarheit sich unterscheidenden Stellen meist sehr allmählig in einander verfliessen. Der durch einen kleinen Wassergehalt trübe Bernstein (sog. Bastard), wird durch Erwärmen, indem eine kleine Menge Wasser entweicht, klar und dabei rissig, während der durch Verwitterung trübe auch bei der Erwärmung nicht klar wird (sog. Knochen); das Innere des letzteren ist namentlich an grösseren Stücken noch meist frisch und klar. Der oben erwähnte Kohlenmulm ist zuweilen in so grosser Menge eingemengt, dass die Masse ganz schwarz wird; (der uneigentlich sog. „schwarze Bernstein" ist Gagat).

Manche Stücke fluoresciren, einzelne sogar sehr stark, namentlich solche von Catania. G. = 1,05—1,10. H. = 2; spröde, lässt sich aber leicht auf der Drehbank bearbeiten, bohren und schnitzen und nimmt eine schöne Politur an, wenigstens sofern er nicht schon verwittert ist; der verwitterte, u. a. der oben genannte Knochen, ist nicht mehr so politurfähig. Der B. wird durch Reiben elektrisch, und zwar mit der Hand oder mit Wollenzeug —. Bei sehr starkem Reiben giebt er den bekannten charakteristischen Geruch. Die Masse ist vollkommen amorph und meist auch isotrop, doch beobachtet man auch zuweilen, namentlich um fremde Einschlüsse herum, Doppelbrechung durch innere Spannungen. Der Bruch ist vollkommen muschlig; grössere Stücke sind vielfach von feinen Rissen und Spalten durchzogen.

Ausser zu den oben genannten Zwecken (Darstellung von Bernsteinsäure, von Bernsteinfirniss und zum Räuchern), wozu stets nur die kleinsten Stücke benützt werden, dient der B. vorzugsweise zu Cigarren- und Pfeifenspitzen und zu Schmucksachen verschiedener Art, namentlich zu Perlen, welche auf Schnüre gefasst und so als Halsbänder etc. getragen werden. Er ist besonders im Orient geschätzt, und zwar vor allem die trüben Bastardsorten, welche übrigens auch in Europa den klaren vorgezogen werden. Umgekehrt ist es in China, welches neuerer Zeit ebenfalls angefangen hat, den B. in grösseren Quantitäten zu verwenden. Die trüben Sorten sind daher die theureren, namentlich wenn sie recht gleichmässig sind; besonders werthvoll ist der „perlfarbige", sehr hellgelbe, trübe, stark durchscheinende B.; sodann der „kumstfarbige" (Kumst gleich Sauerkraut), etwas dunkler gefärbt, sonst wie der perlfarbige. Die Zahl der Handelssorten, welche nach dem Aussehen, der Grösse und der Form der Stücke unterschieden werden, ist sehr gross; letztere beiden Factoren bedingen die Verwendbarkeit zu den oder jenen Gegenständen und somit im Verein mit Farbe und Aussehen den Preis. Im Allgemeinen wächst der Preis mit der Grösse der Stücke in weit höherem Maasse als das Gewicht, da die Stücke je grösser um so seltener sind. Stücke von mehreren Pfunden kommen nur einzeln vor. Die zwei grössten bekannten Stücke wiegen $13\frac{1}{2}$ und 20 Pfund, das erste in der Gegend von Insterburg in Ostpreussen, das andere bei Cammin in Pommern gefunden.

Häufig wird der B. künstlich in betrügerischer Weise durch andere Harze nachzuahmen versucht. Man erkennt solche Falsificate meist leicht daran, dass sie bei starkem Reiben und in der warmen Hand an der Oberfläche klebrig werden und beim Liegen in Alkohol oder Aether ihre Politur verlieren, was beim ächten B. nie der Fall ist. Stücke mit scharf gegen einander absetzenden klaren und trüben Stellen sind mit grosser Wahrscheinlichkeit nicht ächter Bernstein, namentlich nicht solche, wo eine einzige scharf umgrenzte klare Stelle mit einem Insect rings von trüben Massen umschlossen ist.

Der Hauptstapelplatz für die Verarbeitung und den Vertrieb des Bernsteins ist Wien; die Production der weitaus überwiegenden Masse (alles was bergmännisch und durch Baggern und Tauchen gewonnen wird) ist in den Händen der Firma Stantien und Becker in Königsberg concentrirt.

Die Production des Bernsteins in Preussen, das hierbei allein von allen Ländern der Erde in Betracht kommt, vorzugsweise die Provinz Ostpreussen, ist ein Regal; die Regierung verpachtet die Erlaubniss der Gewinnung an Private, welche dieses Recht in der verschiedenartigsten Weise ausnützen.

Der meiste Bernstein wird durch Baggern aus dem Grunde des kurischen Haffes bei Schwarzort unweit Memel, sowie in ausgedehnten Bergwerksanlagen an der samländischen Westküste bei Palmnicken nördlich von Pillau gewonnen. Bei Palmnicken werden auch grössere Mengen durch Taucher von dem Grunde des Meeres heraufgeholt. Geringer ist die Menge des Minerals, welche durch oberirdische Gräbereien, durch Fischen der in den sturmbewegten Meereswellen wirbelnden bernsteinbeladenen Tangmassen und durch Auflesen der ausgeworfenen Stücke am Strande (sog. Strandsegen), sowie durch Stechen und Schöpfen im Meere mit besonderen Instrumenten gewonnen wird. 1884 betrug die Gesammtmasse des in Ostpreussen gewonnenen Bernsteins im Ganzen ca. 3000 Ctr. (1874: 1100 Ctr.); davon wurden durch Baggern in Schwarzort 1000 Ctr. von 1000 Arbeitern, in Palmnicken im Bergwerk 1700 Ctr. von 700 Arbeitern und durch Tauchen 200 Ctr. von 200 Arbeitern gewonnen; ausserdem und an vielen Orten 100 Ctr. durch Fischen, Lesen, Schöpfen, Stechen, Graben etc. Sehr unbedeutend ist dem gegenüber die Bernsteingewinnung in den anderen preussischen Provinzen, von denen nach den baltischen vorzugsweise noch Schlesien zu nennen ist; unbedeutend ist sie ferner in den ausserdeutschen baltischen Ländern (Dänemark etc.) und noch mehr in andern Ländern, in denen meist nur vereinzelte Funde gemacht werden. Von diesen andern Fundorten des Bernsteins ist vielleicht vor den andern das Mündungsgebiet des Simeto in Sicilien in der Gegend von Catania zu erwähnen, wo abgerollte, meist dunkelrothgelbe, vielfach prächtig grün und blau fluorescirende durchsichtige Stücke von geringer Grösse vorkommen. Bei Lemberg finden sich kleine Stücke bis zu Faustgrösse in einem tertiären Sandstein, ausserdem sind noch manche andere Fundorte in Oesterreich, Ungarn, Rumänien, Russland, z. B. im Angernsee bei Riga, Spanien etc. und auch ausserhalb Europas bekannt geworden, jedoch ist vielfach der ächte Bernstein mit anderen ähnlich aussehenden Harzen verwechselt worden.

Mit dem Bernstein zusammen findet sich noch eine Anzahl anderer Harze, z. Th. nur als Seltenheiten; einige davon sind äusserlich dem B. sehr ähnlich. Hierher gehört vor allem der *Gedanit* (mürber Bernstein), äusserlich vom B. nur vom Kenner zu unterscheiden. Er hat denselben Glanz, dieselben Farbennüancen, kurz, genau dasselbe Aussehen. Besteht aus 81 C, $11\frac{1}{2}$ H, $7\frac{1}{4}$ O, $\frac{1}{4}$ S, enthält also weniger O als Bernstein, und namentlich keine Bernsteinsäure; hat auch einen niedrigeren Schmelzpunkt (etwa 140° bis gegen 180°, wo er zu einer geruchlosen klaren Flüssigkeit schmilzt) und geringere Härte: H. = $1\frac{1}{2}$—2. G. = 1,058—1,068. In Alkohol und Aether ist er etwas leichter löslich, als Bernstein. Der Gedanit ist etwas spröder als letzterer, lässt sich aber noch auf der Drehbank bearbeiten und nimmt eine feine Politur an, wird daher wie B. verarbeitet und mit dem ächten B. zusammen verkauft; nur lässt er sich nicht mehr gut bohren und schnitzen, da er leicht splittert. Der Gedanit findet sich mit Bernstein zusammen im Samland in nicht geringer Menge, die aber doch gegenüber der Menge des ächten B. verschwindet.

Der sog. „unreife B." ist ein als grosse Seltenheit mit Bernstein zusammen vorkommendes weiches schneidbares Harz, das mit dem *Krantzit*, $C_{10}H_{16}O$, identisch sein soll, der in Stücken bis Faustgrösse, in z. Th. stalaktitischen Massen von gelber, brauner bis schwarzer Farbe und mit rother Durchscheinenheit in der Braunkohle von Lattorf bei Magdeburg sich findet. Der seltene *Glessit*, ein anderer Begleiter des Bernsteins, soll ein fossiles Gummiharz sein.

Im Ansehen von Bernstein verschieden sind der braune in kleinen runden Knollen sich findende *Beckerit* und der mehr in eckigen Körnern vorkommende schwarze *Stantienit*; vielleicht sind unter beiden Namen mehrere einander sehr ähnliche, aber doch verschiedene Harze zusammengefasst. Auch asphaltähnlich aussehende schwarze spröde Körner finden sich nicht ganz selten in Begleitung der letztgenannten Harze mit dem Bernstein zusammen.

Im Aussehen ist der Bernstein häufig sehr dem Copal ähnlich, der auch Insecten oft in grosser Anzahl einschliesst und der vielfach in ähnlicher Weise aus dem Boden gegraben wird, wie jener, und der wahrscheinlich ebenfalls z. Th. von Bäumen früherer geologischer Epochen herrührt. *Copalin* ist ein sehr ähnliches Harz aus den eocenen Thonen der Highgate hills bei London. Ausserdem ist von bernsteinähnlichem Aussehen der hyacinthrothe *Schraufit*, $C_{11}H_{16}O_2$, in kleinen Stücken im Karpathensandstein von Wamma in der Bukowina, theilweise in Alkohol, Aether und Chloroform löslich, bei 323° unter Zersetzung schmelzbar. Hierher gehört auch der sog. Bernstein vom Libanon. Bernsteinähnlich im Aussehen ist auch der *Walchowit*, gelb bis braun, durchsichtig bis durchscheinend, aus der Braunkohle von Walchow in Mähren; ferner der *Bucaramangit* von Bucaramanga in Südamerika und der gelblichgraue *Ambrit*, in grossen Stücken in der Provinz Auckland in Neu-Seeland gefunden und vielfach mit dem ebendort vorkommenden Dammaraharz verwechselt und mit ihm zusammen ausgeführt.

Ausser den genannten Harzen finden sich mit Braunkohle: der *Jaulingit*, hyacinthrothe Knollen, heller und dunkler, der helle dem Bernstein, der dunkle dem Ixolith ähnlich aussehend, aus den Braunkohlen von Jauling bei St. Veith in Nieder-Oesterreich; und der *Euosmit*, braungelb, höchstens durchscheinend, mit kampherartigem Geruch (Kampherharz), in kaltem Alkohol und Aether leicht löslich: derbe Stücke, leicht zerbrechlich mit muschligem Bruch oder staubartige Partien in der Braunkohle in und auf dem Basaltzug zwischen dem Fichtelgebirge und dem Oberpfälzer Walde bei Erbendorf unweit Thumsenreuth.

Unter dem Namen *Retinit* (Retinasphalt) fasst man eine Anzahl wenig genau bestimmter gelber bis grauer wachsglänzender Harze zusammen, welche an verschiedenen Orten in der Braunkohle vorkommen, meist in Alkohol vollständig löslich und zu einer dunkeln Masse schmelzbar. Es sind entweder rundliche Stücke von meist geringer Festigkeit und grosser Sprödigkeit, oder es ist eine erdige Masse (Bernerde). Das ursprünglich Retinit genannte Harz stammt von Bovey-Tracy in Devonshire; ähnliche Harze sind aber seitdem in sehr vielen Braunkohlenablagerungen in allen Welttheilen gefunden worden. In Deutschland ist er z. Th. in grösseren Mengen in der Wetterau, dem Westerwald, dem Vogelsgebirge, der Rhön, bei Ronneburg in Hessen, bei Riestedt u. a. a. O. in der Provinz Sachsen, in Brandenburg, Schlesien, ferner in Böhmen, Mähren etc. vorgekommen. Hierher gehört auch der sog. Bernstein von Grönland, kleine gelbe Körnchen in Braunkohle von der Haseninsel. Der in kleinen hellgelblichen Knollen im Braunkohlensande von Siegburg bei Bonn vorkommende *Siegburgit* ist ein fossiler Storax, welcher auf mitvorkommende Liquidambararten zurückgeführt wird; andere fossile Harze aus der Braunkohle sind u. A. *Piauzit*, schwarzbraun durch kohlige Beimischungen, aus der Braunkohle von Piauze in Krain; *Rosthornit*, röthlich braune Knollen in der Braunkohle von Klagenfurt: *Pyroretin*, ebenfalls durch kohlige Beimischungen schwarz, von Salesl bei Aussig in Böhmen, am Contact der Braunkohle mit einem Basaltgang; *Bombiccit*, trikline weisse Krystalle aus der Braunkohle von Castelnuovo im oberen Arnothale; ebendort der gelbliche kampferähnliche krystallinische *Dinit; Rochlederit* (Melanchym), gelbe bis braune, harzähnliche oder leicht zerreibliche Masse $C_{10}H_{14}O$, in 1—1½' mächtigen Lagen und Knollen in der Braunkohle bei Eger und Strakonitz in Böhmen, bei Walberberg unweit Bonn etc.

Im irischen Torf findet sich der *Butyrit*, $C_8H_{16}O$, weiss, butterähnlich, beim Erstarren weisse Krystallnädelchen liefernd.

So häufig Harze in der Braunkohle vorkommen, — die Zahl der in dieser beobachteten, allerdings z. Th. nur sehr oberflächlich bekannten Harze ist eine sehr erhebliche (vergl. u. A. Zinken, Physiographie der Braunkohle) — so wenig findet man derartiges in der Steinkohle. Einige Harze sind aber auch aus ihr bekannt: ***Middletonit***, $C_{20}H_{22}O$, rothbraun, an der Luft schwarz werdend, durchscheinend, harzglänzend, kaum in heissem Alkohol, Aether und Terpentinöl löslich, bei 210° noch nicht schmelzbar, zerbrechlich, in sehr dünnen rundlichen Massen oder in nur wenige Millimeter dicken Lagen in der Steinkohle von Middleton und Newcastle; *Skleretinit*, $C_{10}H_{14}O$, braunschwarze, röthlich durchscheinende, höchstens haselnussgrosse Stückchen aus der Steinkohle von Wigan in England; in Alkohol und Aether unlöslich.

Einige Harze sind S-haltig: *Trinkerit* mit 4,7 S, stark fettglänzende hyacinthrothe Massen aus den Tertiärschichten von Istrien, ebenso der *Tasmanit* mit 5,32 S, kleine röthlichbraune Linsen in einem bituminösen Blätterschiefer am Mersey-Fluss im Norden von Tasmanien. Der Schwefel ersetzt hierbei einen Theil des Sauerstoffs.

Kohlen.

Sind mehr oder weniger stark zersetzte Ueberreste von Pflanzen, die neben den Aschenbestandtheilen hauptsächlich aus C, H, O und wenig N in sehr schwankenden Verhältnissen bestehen. Bei manchen ist die Pflanzenstructur mit blossem Auge deutlich zu erkennen, bei den meisten andern zeigt sie sich nach zweckmässiger Präparation der Probe u. d. M.; bei manchen ist aber auch die Umwandlung so weit fortgeschritten, dass die organische Structur vollständig verschwunden ist. In demselben Verhältniss, in dem die Pflanzenstruktur undeutlicher wird, nimmt ungefähr der C-Gehalt zu und der Gehalt von O und H ab, so dass die Kohlen mit deutlich erhaltener Pflanzenstructur im allgemeinen am ärmsten an C und am reichsten an H und O sind, der Substanz lebender Pflanzen (dem Holz oder Torf) am ähnlichsten. Im Allgemeinen sind in den Kohlen, welche den ältesten geologischen Formationen eingelagert sind, die ursprünglichen Pflanzentheile am meisten zersetzt, bei denen der jüngsten Formationen sind sie es am wenigsten, doch trifft dies nicht immer zu, zuweilen zeigen sehr alte Kohlen noch deutlich erhaltene Pflanzenstructur und ganz junge sind sehr stark umgeändert.

Nach der mehr oder weniger starken Umänderung der Pflanzensubstanz hat man Steinkohle und Braunkohle, erstere stark, letztere weniger stark umgewandelt, unterschieden, doch lassen sich beide nicht scharf mineralogisch charakterisiren und scheiden, und man unterscheidet daher jetzt diese beiden Kohlensorten meist nach dem geologischen Alter, mit dem ja der Grad der Umwandlung der ursprünglichen Pflanzensubstanz, bis zu einem gewissen Grade wenigstens, zusammenhängt. Darnach sind Steinkohlen die fossilen Kohlen der älteren geologischen Formation bis zum Tertiär, besonders die der Kohlenformation; Braunkohlen sind die Kohlen der Tertiärformation und die noch jüngeren. In der Hauptsache stimmt dies damit zusammen, dass die Steinkohlen meist glänzend schwarz sind, mit schwarzem Strich, und dass sie sich in Kalilauge nicht lösen und daher diese Flüssigkeit nicht färben, während Braunkohlen meist braun mit braunem Strich sind, sich in Kalilauge theilweise lösen und letztere daher braun färben.

Steinkohlen.

Sind in ihrer typischen Erscheinung sammetschwarz mit schwarzemStrich, zuweilen bunt angelaufen, ziemlich stark glänzend (Glanzkohle), seltener matt, mit muschligem Bruch, spröde. H. = 2—3; G. = 1,25—1,4. Sie finden sich in mehr oder weniger mächtigen Schichten (Flötzen), welche durch Querabsonderung in grosse polygonale Stücke zerfallen (Grobkohle). Zuweilen sind die einzelnen Schichten schiefrig abgesondert (Schieferkohle). Meist nur in geringen Mengen der andern Kohle zwischengelagert findet sich die matte schwarze, fasrige Faser- oder Russkohle; sie ist es vorzugsweise, welche in den Kohlenflötzen die schiefrige Absonderung hervorbringt; seltener bildet sie Flötze in der Hauptsache für sich allein. Von diesen gewöhnlichen Kohlensorten entfernt sich im Aussehen stark die *Kännelkohle* von pechschwarzer Farbe und mattem, wachsähnlichem Glanz und ebenem Bruch. Die Schichten sind parallel mit der Schichtfläche in dünne Platten abgesondert. Die Masse ist fest, zähe, nicht spröde und lässt sich auf der Drehbank etc. bearbeiten und poliren. Man macht aus ihr daher Trauerschmuck und andere kleine schwarze Gegenstände. Aehnliches Aussehen und ähnliche Verwendung hat der *Gagat* (Jet), die allerdings nur in geringer Menge vorkommende Kohle des Lias von Whitby in England und aus der schwäbischen Alb.

In chemischer Beziehung bestehen die Steinkohlen im Durchschnitt aus 82 % *C*, 5 *H*, 13 *O*, 0,8 *N*; doch ist die Zusammensetzung sehr schwankend. Der Aschengehalt ist zuweilen sehr gering (¼ %, namentlich bei der Kännelkohle), steigt aber auch auf 20 % und noch höher. Ein stets vorhandener grösserer oder geringerer *S*-Gehalt rührt von eingemengtem Schwefelkies und anderen Schwefelmineralien her. Erhitzt man die Steinkohlen bei Luftabschluss, so entweichen bituminöse Stoffe, wie Kohlenwasserstoffe, im Gaszustand, die als Leuchtgas Verwendung finden, sowie Theer; ebenso aber auch Kohlensäure, kohlens. Ammoniak etc. Essigsäure fehlt unter den Producten der trockenen Destillation der Steinkohlen. Je mehr *H* vorhanden ist, desto mehr bituminöse Bestandtheile entweichen bei der trockenen Destillation, am meisten aus der Kännelkohle. Solche Kohlen sind daher zur Gasfabrication besonders geschätzt, auch brennen die Kohlen um so leichter, je mehr bituminöse Bestandtheile sie beim Erhitzen zu entwickeln vermögen. Solche bitumenreiche Kohlen nennt man fett, die daran armen mager; letztere entzünden sich schwer und brennen nur in starkem Luftzuge fort. Bei der Erhitzung verhalten sich die Kohlen sehr verschieden. Die fetten schmelzen und backen zusammen und hinterlassen schliesslich eine poröse, schwammige Masse, die sehr wenig *H* und *O* und keinen *S* mehr enhält (Coaks). Dies sind die sog. Backkohlen. Die mageren Kohlen sintern z. Th. nur ein wenig zusammen (Sinterkohlen), oder sie zerfallen in ein loses Pulver (Sandkohle). Die bituminösen Bestandtheile der Kohlen wurden zuweilen auf natürlichem Wege durch die Hitze von emporbrechenden Eruptivgesteinen ausgetrieben und dadurch anthracitähnliche (siehe diesen), vielfach stenglig abgesonderte Massen erzeugt, z. B. in der Grube Fixstern in Niederschlesien im Contact mit Porphyr (Stangenkohle). Kocht man Steinkohle mit Natronlauge, so wird diese nicht braun gefärbt (vergl. Braunkohle).

Die Steinkohle findet sich in grossen Massen besonders in der Kohlenformation, wo sie in vielen Millionen von Tonnen jährlich gewonnen wird. Eine grosse Zahl von Flötzen von geringer Mächtigkeit bis zu vielen Fussen liegt übereiander, mit Schieferthonen, Sandsteinen etc. wechsellagernd. Am kohlenreichsten in Europa ist England und Schottland, auf dem Continent Deutschland (Westphalen, Saargegend, Sachsen, Ober- und Niederschlesien und eine Anzahl kleinerer Kohlenlagerungen), sodann Belgien, Frankreich, Oesterreich, auch Russland, hier z. B. im Gouv. Tula, wo sie vielfach noch ihre Pflanzenstructur so deutlich wie viele Braunkohlen erhalten haben. In Italien und Spanien sind bisher noch keine Steinkohlen gefunden. Ausser Europa sind sehr reich Nordamerika, sowie China und andere weniger bekannte Gegenden. Ausserhalb der Kohlenformation findet man grössere Kohlenlager z. B. in der rhätischen Formation von Schonen und Bornholm, in der Juraformation bei Fünfkirchen in Ungarn, namentlich in der unteren Kreide (Wälderformation) in Hannover (Wälderkohle), kleinere Mengen in der oberen Kreideformation (Senon) bei Löwenberg in Schlesien. Die Kännelkohle findet sich bes. in Schottland, mit andern Steinkohlen zusammen, auch im Saarbecken und in Westphalen, sowie in Nordamerika (die Bogheadkohle siehe oben pag. 525).

Anthracit (Kohlenblende) hat man eine ganz besonders magere Steinkohle mit ca. 96 *C* genannt, welche sich auch äusserlich von der andern Steinkohle durch eine eisenschwarze, etwas ins Graue gehende Farbe und einen starken Metallglanz unterscheidet. Der A. hat einen grossmuschligen Bruch, ziemlich bedeutende Härte (gegen 3) und G. = 1,5—1,7, im allgemeinen mehr als die anderen Steinkohlen. Er giebt infolge seiner Zusammensetzung kein Gas, brennt sehr schwer an, und nur in starkem Luftzug brennt er fast ohne Flamme unter Hinterlassung einer meist nur geringen Menge Asche fort. Beim Erhitzen decrepitirt er stark. Findet sich besonders massenhaft in Nordamerika, vor allem in Pennsylvanien, aber auch bei Aachen, in Westphalen, Schlesien, Frankreich etc., in Flötzen wie andere Steinkohlen, z. Th. in älteren Schichten als die Kohlenformation eingelagert, z. B. im südl. Schottland. Gewöhnliche Steinkohle (und auch Braunkohle) nimmt zuweilen im Contact mit Eruptivgesteinen einen A. ähnlichen Charakter an (siehe diese).

Braunkohlen.

Sind meist mehr oder weniger dunkelbraun und haben einen braunen Strich. Der *C*-Gehalt ist im Durchschnitt geringer als bei Steinkohle (69 % *C*). Doch ist auch hier die Zusammensetzung stark schwankend; *O* ist mehr als bei Steinkohlen (25%), *H* und *N* ungefähr ebensoviel. Auch der Aschengehalt ist bei den verschiedenen Sorten sehr verschieden und steigt zuweilen sehr hoch. Manche Vorkommnisse schliessen viel hygroskopisches Wasser ein, das bei niederer Temperatur in trockener Luft schon entweicht. Die meisten Braunkohlen brennen leicht und mit einem unangenehmen Geruch. Bei der trockenen Destillation wird eine grössere oder geringere Menge Essigsäure entwickelt, aus manchen Braunkohlen auch Paraffin, das technisch verwerthet wird. Zur Coaksbereitung nicht geeignet, ebensowenig zur Darstellung von Leuchtgas, da nur wenig mit leuchtender Flamme brennendes Kohlenwasserstoffgas überdestillirt wird. Zuweilen im Contact mit Eruptivgestein (Basalt z. B. am Meissner in Hessen) der flüchtigen Bestandtheile beraubt; dabei wird die Kohle dem Anthracit ähnlich und erleidet eine stenglige Absonderung, ganz ebenso wie die Steinkohle. In Kalilauge werden manche Braunkohlen zum grössten Theil gelöst, theilweise fast alle, die Lauge wird dadurch braun.

Die äussere Beschaffenheit der Br. ist sehr verschieden bei verschiedenen Vorkommnissen; man unterscheidet darnach eine Reihe von Varietäten: *Pechkohle* (muschlige Braunkohle) steht der Steinkohle am nächsten, der Glanz ist geringer, ins Fette, die Farbe geht ins Braun, der Strich ist ebenfalls braun. Sie ist fest und compact, der Bruch muschlig. *Moorkohle*, matt mit glänzendem Strich, braun, seltener schwarz, nicht sehr fest. Meist viel Feuchtigkeit einschliessend, dann oft noch mehr oder weniger plastisch. Beim Trocknen an der Luft erhält sie Risse nach allen Richtungen und zerberstet, zuweilen zerfällt sie sogar in ein mehr oder weniger feines Pulver. Getrocknet sieht sie aus wie zusammengehäuftes, durch Zersetzung gebräuntes Holzmehl. Manchmal schliesst sie grössere Holzstücke und andere festere Pflanzentheile ein. Sie führt zur *erdigen Braunkohle*, welche ein lockeres Pulver bildet; zu ihr gehört die *Kölnische Umbra*, welche als braune Malerfarbe Verwendung findet. Am deutlichsten zeigt die Pflanzenstructur das *bituminöse Holz* (Lignit). Zuweilen findet man eine massenhafte Zusammenhäufung von Holzstämmen, die mit ihren Aesten und Zweigen vollkommen erhalten sind, so dass man sie sägen und spalten und auch hobeln und auf der Drehbank bearbeiten kann. Dazwischen finden sich andere Pflanzentheile, Wurzeln, Früchte und Samen, auch Bast (Bastkohle) in sehr deutlicher Erhaltung. Die sog. *Blätterkohle* (Papierkohle) ist Dysodil (pag. 525). Manche Braunkohlen wie manche Steinkohlen enthalten viel Schwefelkies und geben dann bei der Verwitterung Eisenvitriol, resp. bei Anwesenheit von Thon Thonerdesulphate und auf Zusatz von Kali Alaun (*Vitriol-* und *Alaunerde*). Die Braunkohlen sind als Brennmaterial weniger wichtig als die Steinkohlen, aber immer noch von grosser Bedeutung. Sie finden sich ebenfalls in häufig sehr mächtigen Flötzen, aber meist nur wenige solche übereinander. Vorzugsweise im norddeutschen Flachland, aber auch noch im nördlichen Böhmen und südlich durch Hessen bis in die Gegend von Frankfurt a/M. Diluviale Braunkohlen finden sich bei Uznach in der Schweiz; die Braunkohle von Island heisst *Surturbrand*.

Die Braunkohle wie auch die Steinkohle sind wohl vielfach in ähnlicher Weise an der Stelle angesammelt worden, wo sie sich jetzt finden, wie heutzutage der Torf, und sie haben dann durch allmählige mehr oder weniger weitgehende Umwandlung der ursprünglichen Pflanzensubstanz ihre jetzige Beschaffenheit angenommen. Auch recenter Torf zeigt zuweilen schon einen mancher Braunkohle ähnlichen Zustand. Ein Umwandlungsproduct der Torfpflanzen, also eine Uebergangsstufe zwischen Pflanzensubstanz und Torf oder Braunkohle ist *Dopplerit* genannt worden, eine braune, schwarze, weiche, elastische Masse, die aber an der Luft erhärtet und ganz braunkohlenähnlich wird.

Register zum allgemeinen Theil.

A.

B.

C.

Mineralverzeichniss zum speciellen Theil.

A.

B.

C.

D.

F.

G.

H.

I. J.

K.

L.

M.

P.

Q.

R.

S.

T.

U.

V.

W.

X.

Y.

Z.

Druckfehlerverzeichniss.

Seite 3 Zeile 18 von unten lies Kobell statt Kobeli.

„ 38 „ 10 „ oben „ [$\bar{2}\bar{1}3$] „ [$2\bar{1}\bar{3}$].

„ 53 „ 18 „ oben „ $\bar{h}k\bar{l}$ „ $\bar{k}h\bar{l}$.

„ 68 „ 8 „ unten „ $hk\bar{l}i$ „ $hkl\bar{i}$.

„ 68 „ 5 „ „ „ $21\bar{3}1$ „ $213\bar{1}$.

„ 139 „ 26 „ oben „ (Hornblende); Längsfläche (Gyps); etc. statt (Hornblende): Längsfläche (Gyps), etc.

„ 170 „ 26 von oben lies 156a statt 159a.

„ 269 „ 24 „ „ „ *n* „ *u*.

„ 271 „ 13 „ „ „ Reihen statt Reihe.

„ 272 „ 9 „ „ „ fortbrennt. (Vgl. . . .) statt (fortbrennt vgl. . . .).

„ 274 „ 13 „ „ „ Argentinien, hier kupferhaltig, statt Argentinien. Kupferhaltig.

„ 296 „ 15 von unten lies Brongniartit statt Brongniartin.

„ 320 „ 12 „ „ „ Kreittonit, *Zn* (. . .) statt Kreittonit (*Zn* (. . .).

„ 330 „ 2 „ „ „ ($4\bar{1}\bar{3}1$) statt (4131).

„ 344 Fig 383 lies *l* statt *h*.

„ 387; am Schluss von Zeile 1 uud 3 füge bei: (vgl. pag. 398 ff.).

„ 399 Zeile 11 von unten lies An_1 statt *An*.

„ 406 „ 18 „ oben „ $2Na_2\cancel{Al}Si_2O_8$ . . . statt $3Na_2$ . . .

„ 409 „ 25 „ unten das , hinter Kalk fällt weg.

„ 413 „ 7 „ oben lies FeO statt $\cancel{Fe}O$.

„ 413 „ 9 „ „ „ $12\cancel{Fe}O_3$ statt $19\cancel{Fe}O$.

„ 445 „ 14 „ „ „ Lepidolith statt Lepilolith.

„ 478 „ 5 „ unten „ $\infty P\breve{3}$ statt *m*.

„ 481 „ 9 „ „ setze nach abweichend ein ,.

„ 496 „ 14 „ oben lies $Pb_3\cancel{Fe}_5As_{12}O_{48}$ statt $Pb\cancel{Fe}_{35}As_{12}O_{48}$.

G. Pätz'sche Buchdruckerei (Otto Hauthal) in Naumburg a/S.

Kolibri 360 GmbH
Ferdinand-Jühlke-Straße 7
99095 Erfurt, Deutschland
produktsicherheit@kolibri360.de